LES

LOIS FRANÇAISES

EXPLIQUÉES

IMP. DU PROGRÈS. — CH. LÉPICE, 7, RUE DU BOIS, ASNIÈRES.

LES

LOIS FRANÇAISES EXPLIQUÉES

LÉGISLATIONS CIVILE, PÉNALE, COMMERCIALE, INDUSTRIELLE, RURALE, FINANCIÈRE, MILITAIRE, MUNICIPALE, ADMINISTRATIVE, ETC., ETC.

VÉRITABLE GUIDE EN AFFAIRES

Comprenant

LES NOTIONS DE DROIT PRATIQUE INDISPENSABLES A TOUS CEUX QUI DÉSIRENT GÉRER EUX-MÊMES LEURS AFFAIRES ET CONTROLER LES ACTES DE PROCÉDURE

Ouvrage accompagné de 100 formules des actes les plus usuels

Et mis au courant des modifications les plus récentes introduites dans nos Codes

Telles que la nouvelle procédure en **MATIÈRE DE DIVORCE**

La **DERNIÈRE LOI MILITAIRE** et celle relative à la **LIQUIDATION JUDICIAIRE**

PAR

P. MORIDE, avocat

PARIS
A LA LIBRAIRIE ILLUSTRÉE
8, RUE SAINT-JOSEPH, 8

PRÉFACE

Cet ouvrage ne s'adresse ni aux jurisconsultes, ni aux avocats, ni aux étudiants; son objectif est plus modeste : il est fait pour tous ceux qui n'ont jamais eu l'occasion de se livrer à une étude même superficielle de la science aride du Droit, et dont les occupations ou les goûts sont en quelque sorte incompatibles avec elle.

Pour les rentiers, les industriels, les agriculteurs, les commerçants, les personnes appartenant à l'armée, le Code est une sorte de livre mystérieux que l'on regarde avec respect, mais dans lequel on doit bien se garder de chercher un renseignement quelconque, de peur de se perdre dans les lois multiples et obscures qu'il contient.

C'est de l'hébreu ! dit-on. Eh bien, c'est cet hébreu que nous avons tenté de traduire et de mettre à la portée de ceux qui jusqu'à présent ont renoncé à le comprendre. Cette tâche est sans doute bien terre à terre, mais elle nous a paru vraiment pratique, et, suivant nous, l'heure est bien choisie pour l'accomplir.

De tous côtés, des écoles s'élèvent; les différentes classes rivalisent d'ardeur pour donner à la jeunesse les moyens d'acquérir à la fois une instruction générale et des connaissances spéciales. La loi sur l'enseignement obligatoire, mise à exécution, produit déjà ses effets.

N'est-il pas indispensable que chacun connaisse les obligations qui lui sont imposées par le législateur, que par exemple le commerçant soit instruit des causes et des conséquences de la banqueroute, des exigences du Code en matière de comptabilité; — que l'agriculteur n'ignore point les règles applicables aux baux ruraux, les mesures sanitaires prescrites en cas d'épizootie, les principes de la police rurale, la législation sur la chasse, la pêche, etc.; — que l'industriel possède quelques notions sur les brevets d'invention, les marques de fabrique, le travail des enfants dans les manufactures, etc.?

Et le jeune homme qui, à la sortie du collège, se demande quelle carrière il doit choisir, n'a-t-il pas grand intérêt à savoir, lui aussi, quelles conditions sont exigées des candidats aux grandes écoles du gouvernement, quels examens ont à subir ceux qui désirent embrasser la profession de médecin, d'avocat, d'ingénieur, quelle est la durée des études à entreprendre et quelles dépenses elles peuvent occasionner?

Tout Français assurément devrait connaître dans ses plus grands détails la législation sur le Recrutement, et cependant il en est peu qui puissent en indiquer seulement les grandes lignes avec quelque précision.

Enfin, si nous passons au droit civil, combien en est-il, dans le grand public auquel cet ouvrage est destiné, qui sauraient exposer avec exactitude les règles sur les successions, le contrat de mariage, la tutelle, la vente, le prêt, les donations?

Nous pourrions multiplier les exemples, mais ce qui vient d'être dit suffit pour démontrer l'utilité pratique de l'œuvre de vulgarisation que nous avons entreprise. Nous ajouterons seulement que « *Les Lois Françaises expliquées* » contiennent une centaine de formules ou modèles d'actes se rattachant aux diverses matières traitées. Mais, comme il ne s'agit point ici d'un formulaire, nous avons volontairement laissé de côté tous les actes qui doivent être dressés par des officiers ministériels (notaires, avoués, huissiers, etc.).

Encore une fois, nous ne nous adressons qu'aux personnes absolument étrangères au Droit. Nous avons cherché à *expliquer* notre législation, — et cela n'a pas été, nous l'avouons, le côté le moins délicat de notre tâche. Nous avons donc écarté de parti-pris toutes les controverses, toutes les incertitudes de la jurisprudence, ainsi que les termes trop techniques n'appartenant qu'à la langue des jurisconsultes.

Il convient d'appeler l'attention du public sur ce qui constitue suivant nous la véritable originalité de notre ouvrage. Nous inspirant du but essentiellement pratique que nous poursuivions, nous avons été amenés à établir en premier lieu, et dans l'ordre naturel des choses, les règles que toute personne, quelle que soit sa position sociale, quelle que soit sa profession, est appelée à observer; nous voulons parler des règles générales contenues dans notre Code civil. Puis, considérant spécialement chacune des sphères de l'activité humaine, sans nous préoccuper de l'ordre établi par les codes et rompant absolument avec toutes les traditions suivies jusqu'ici pour les livres de Droit, nous avons divisé notre ouvrage en *dix* grandes parties intitulées :

Vie Civile. — *Vie Judiciaire.* — *Vie Publique.* — *Vie Religieuse.* — *Vie Militaire.* — *Vie Commerciale.* — *Vie Industrielle.* — *Vie Financière.* — *Vie Agricole.* — *Vie Libérale.*

C'est là un plan tout nouveau. Pour en connaître les grandes lignes, il suffit de se reporter à la *table méthodique* que nous avons dressée et qui indique l'*ordre des matières*.

Mais, en vue de faciliter les recherches, nous avons considéré qu'il était indispensable d'établir une *table analytique*. Cette table, faite avec le plus grand soin, indique *dans l'ordre alphabétique* tous les sujets traités dans le corps de l'ouvrage, et, comme son nom l'indique, elle donne sous forme de sommaire, immédiatement après le mot principal, les points essentiels de chaque matière. Par exemple, au mot *Mariage*, on lit : célébration du mariage, contrat de mariage, séparation de corps, divorce. Désire-t-on connaître les règles édictées pour les Donations entre époux, on cherche au mot *Donations*, et dans le sommaire on voit : Donations entre époux, à *telle* page. On peut donc trouver ainsi en une seconde, pour ainsi dire, l'endroit précis de notre ouvrage que l'on tient à consulter.

De prime abord, le lecteur s'étonnera sans doute de voir l'*administration communale* rangée parmi les matières de la *Vie Agricole*. Mais s'il songe que d'une part, sur les 36.000 communes de France, plus de 35.000 rentrent dans la catégorie des communes rurales, et que, d'autre part, ce livre est fait pour le plus grand nombre, c'est-à-dire notamment pour les populations agricoles, cet ordre lui apparaîtra immédiatement comme le seul logique et le seul naturel.

En terminant cette préface, il nous reste un devoir à remplir : nous adressons ici un témoignage de reconnaissance aux éminents professeurs de la Faculté de Droit de Paris, dont les vues si larges et les idées si élevées nous ont guidé maintes fois dans ce travail accompli sans prétention, dans le seul but de mettre *à la portée de tous* les notions élémentaires et les règles primordiales de la législation française.

LA VIE CIVILE

Dans ce premier chapître nous considérerons l'individu dans les différentes phases de l'existence. Nous l'envisagerons d'abord à sa naissance, puis nous dirons qui doit prendre soin de lui pendant sa minorité. Nous traiterons du mariage, des différents actes que l'homme devenu majeur et maître de ses biens peut avoir à accomplir pendant sa vie, et nous terminerons ce chapître par l'étude de la succession de cet individu que nous aurons accompagné, pour ainsi dire, du berceau à la tombe.

CHAPITRE Ier

LA NAISSANCE

SECTION PREMIÈRE

La nationalité

Certains droits sont réservés par la loi à celui qui a la qualité de Français. Nous avons donc à nous demander d'abord à qui appartient la nationalité française.

Qui a la qualité de Français? — Est Français : 1° l'enfant né de parents Français, quelque soit le lieu de sa naissance; 2° l'enfant né, *même hors de France*, d'un père Français, quand bien même sa mère, étrangère par sa naissance, ne serait devenue Française que par son mariage (art. 10, al. 1, C. civ.). Mais l'enfant naturel reconnu par sa mère seule suit la nationalité de celle-ci. Si elle est Française, il l'est également. — Lorsque l'enfant naturel est reconnu par son père et par sa mère, il a la nationalité de son père.

L'enfant abandonné trouvé sur le sol français est Français, puisqu'on ignore la nationalité de ses parents.

L'enfant né en France d'un étranger *qui lui-même y est né* est provisoirement considéré comme Français, mais, dans l'année qui suit sa majorité, c'est-à-dire dans sa vingt-deuxième année, il a le droit de renoncer à la nationalité française.

A l'inverse, l'enfant né en France d'un étranger *qui n'y est pas né* est regardé comme étranger jusqu'à sa majorité, mais dans l'année qui suit sa majorité, fixée par la loi *étrangère*, il est admis à réclamer la qualité de Français. On lui permet même de la réclamer avant cet âge, pour qu'il puisse entrer dans les écoles du gouvernement où les Français sont seuls admis (à l'école Saint-Cyr par exemple), mais il lui faut pour cela le consentement de son père, ou celui de sa mère, si son père est décédé ou interdit. Cette faveur n'est du reste accordée au jeune homme que s'il a été reçu aux examens d'admission. (Voy. VIE MILITAIRE.)

L'individu né en France d'un étranger peut réclamer la qualité de Français même après l'année qui a suivi sa majorité, s'il sert ou a servi dans l'armée française, ou si, sommé de satisfaire à la loi du recrutement par les autorités militaires, il ne s'est pas retranché, pour éviter cette obligation, derrière sa qualité d'étranger.

L'enfant né en pays étranger d'un père d'origine française qui s'est fait naturaliser dans le pays où il s'est établi, peut, dans l'année qui suit sa majorité, réclamer la qualité de Français, mais il faut qu'il déclare avoir l'intention de fixer son domicile en France et qu'il l'y fixe dans l'année qui suit cette déclaration; s'il habite déjà la France il déclarera simplement qu'il entend s'y fixer.

Cette même déclaration est exigée de l'enfant né en France d'un étranger, ainsi que de l'enfant né à l'étranger d'un étranger naturalisé Français, et *mineur* lors de la naturalisation de son père. Mais si ce mineur a un frère majeur dès cette époque, ce frère devra réclamer la qualité de Français dans l'année qui suivra l'époque de la naturalisation.

Quant aux enfants de l'individu naturalisé Français qui sont nés après cette naturalisation, ils naissent d'un Français, ils sont donc Français.

L'étrangère qui épouse un Français devient Française, mais si son mari meurt avant elle, elle ne recouvre point la nationalité qu'elle a perdue par son mariage; elle reste Française, et la femme devenue étrangère par son mariage avec un étranger ne redevient pas Française par le décès de celui-ci, à moins qu'elle ne réside en France ou qu'elle n'y rentre avec l'autorisation du Président de la République, en déclarant qu'elle entend s'y fixer (art. 19).

La naturalisation. — Un étranger peut devenir Français par la naturalisation qui n'est en somme qu'une nationalité *artificielle*, mais pour arriver à acquérir ainsi la qualité de Français il faut remplir certaines conditions : Celui qui veut se faire naturaliser doit d'abord demander au Garde des Sceaux l'autorisation de fixer son domicile en France ; c'est la première chose à faire. — Cette autorisation obtenue, il faut avoir son domicile en France pendant *trois années*. Le délai de trois ans commence à courir du jour du *dépôt* de la demande d'autorisation au ministère de la Justice. Ce n'est qu'après l'expiration de ce délai que la naturalisation peut être obtenue. Mais ce délai ne peut commencer à courir avant que l'étranger ait atteint vingt-et-un ans. On peut du reste, pendant le cours de ces trois années, s'absenter pour faire un petit voyage d'affaires ou pour passer, par exemple, une saison dans une ville d'eaux; mais l'absence ne doit pas trop se prolonger. — Le délai de trois ans expiré, on demande au Garde des Sceaux à être naturalisé. Le Garde des Sceaux fait procéder à une enquête portant sur la conduite de l'étranger. Si sa moralité est douteuse, la naturalisation est refusée. — C'est le Président de la République qui, sur le rapport du Garde des Sceaux, ministre de la Justice, accorde la naturalisation par décret rendu au Conseil d'Etat. (Voy. VIE PUBLIQUE.) L'étranger qui a rendu de grands services à la France peut obtenir la naturalisation au bout *d'un an;* il suffit pour cela d'avoir créé en France de grands établissements industriels ou entrepris d'importantes exploitations agricoles (Loi du 29 juin 1867, art. 17). — Le naturalisé a tous les droits du Français, même les droits *politiques*, il est électeur et *éligible*.

Il ne faut pas croire que l'autorisation de fixer son domicile en France ne soit utile que pour obtenir la naturalisation ; elle donne d'autres avantages.

Le Français qui poursuit un étranger et qui devrait, si l'on suivait les principes généraux, l'assigner devant le tribunal étranger, devant le tribunal de son domicile, a le droit de l'assigner devant un tribunal français. C'est là un droit civil proprement dit, c'est-à-dire un droit qui n'appartient qu'aux personnes de nationalité Française. Eh bien, ce droit est accordé par faveur aux étrangers autorisés à établir leur domicile en France. (14. C. civ.)

Les étrangers qui sont dans cette catégorie privilégiée peuvent poursuivre un Français devant une juridiction française sans avoir à fournir caution, tandis que les étrangers non autorisés à fixer leur domicile en France doivent donner caution pour le cas où ils perdraient le procès et seraient condamnés aux frais ou même à des dommages-interêts. Ils ne sont dispensés de fournir cette caution, appelée, dans la pratique du droit, *caution judicatum solvi*, que si le procès est un procès commercial, ou s'ils possèdent en France des immeubles d'une valeur suffisante pour assurer le paiement des frais du procès et des dommages-intérêts (art. 16).

Cependant les étrangers non autorisés à fixer leur domicile en France sont dispensés de ces obligations si, *par suite de traités diplomatiques* conclus entre leur pays et la France, les Français en sont eux-mêmes dispensés vis-à-vis de leurs tribunaux. Il faut bien remarquer que cette réciprocité, qui peut porter du reste sur tous les droits *civils*, c'est-à-dire sur tous les droits accordés par un pays à ses nationaux en vertu du droit *positif* — et non pas en vertu des règles du droit *naturel* (par exemple le droit d'adopter et d'être adopté), doit résulter d'actes diplomatiques et non des *lois* des pays étrangers. Or la France a conclu des traités diplomatiques de ce genre avec un grand nombre de puissances, notamment avec l'Espagne, l'Italie, l'Autriche-Hongrie, etc.

Perte de la qualité de Français. — Le Français qui se fait naturaliser en pays étranger perd la qualité de Français. De même le Français qui, sans l'autorisation du Président de la République, accepte des *fonctions publiques* conférées par un gouvernement étranger (par exemple les fonctions de gouverneur, de ministre, d'ambassadeur) ou prend du service militaire à l'étranger (art. 17).

Enfin le Français qui s'établit à l'étranger *sans esprit de retour*, c'est-à-dire avec l'intention de se fixer pour toujours dans le pays — question de fait qui ne peut être résolue que d'après les circonstances — perd sa nationalité.

Mais les maisons de commerce ne sont jamais considérées comme preuve de la perte de l'esprit de retour; on présume que, dès que le commerçant aura fait sa fortune, il reviendra en France, et la qualité de Français lui est conservée (17, al. 2).

Du reste celui qui a perdu la nationalité Français n'a, pour la recouvrer, qu'à rentrer en France avec l'autorisation du Président de la République, à déclarer qu'il entend s'y fixer et qu'il renonce à toute distinction contraire à la loi Française; mais la nationalité Française n'est recouvrée que pour l'avenir, *non pour le passé*.

Il y a un cas où la loi est plus sévère, c'est lorsque l'ex-Français a perdu sa nationalité d'origine pour avoir pris du service militaire à l'étranger sans autorisation. Alors, pour redevenir Français, il lui faut obtenir du Président de la République des *lettres de relief* (sorte de lettres de grâce). Tant que ces lettres ne sont point accordées, l'ex-Français est incapable de succéder en France. — Le Français qui s'est fait naturaliser à l'étranger sans l'autorisation du gouvernement est frappé de la même incapacité. Lui aussi doit obtenir ces *lettres de relief* qui effacent tout, en supposant qu'on n'ait pas porté les armes contre la France, autrement il y aurait lieu à l'application des peines édictées contre les traitres (Décret du 26 août 1811).

La femme devenue ou restée Française par son mariage ne devient point étrangère si son mari se fait naturaliser. En France la naturalisation est personnelle. En se mariant la femme n'a pas entendu accepter par avance de son mari toute nationalité qu'il lui conviendrait de lui conférer. Aussi donnons-nous la même solution pour tous les cas où le mari perd la qualité de Français. Les enfants existant à cette époque conservent également leur nationalité d'origine.

SECTION II

Des actes de l'état civil

Les actes de l'état civil sont des actes authentiques dressés par des officiers publics qui portent le titre d'*Officiers de l'état civil.* L'état civil d'un individu, c'est la situation particulière qu'il occupe dans la société civile; c'est cet état civil qui détermine ses droits et ses devoirs.

Les actes de l'état civil ont pour objet d'indiquer officiellement cette situation par l'enregistrement des évènements qui créent, modifient ou annulent l'état civil d'une personne. De là, trois catégories d'actes de l'état civil :

1° Les actes de naissance;
2° Les actes de mariage;
3° Les actes de décès.

Avant de nous attacher spécialement aux actes de naissance, nous indiquerons d'abord les règles qui s'appliquent aux trois catégories que nous venons d'établir.

C'est le maire qui, en principe, doit remplir les fonctions d'officier de l'état civil. En cas d'absence ou d'empêchement — par exemple pour cause de maladie — ses adjoints peuvent le remplacer sans délégation spéciale (1), tandis qu'il leur en faut une en dehors de ces deux hypothèses; et, dans les villes d'une certaine importance, les fonctions d'officier de l'état civil étant très lourdes, le maire délègue souvent, pour les remplir, un de ses adjoints.

Dans les petites communes, les adjoints, peu nombreux, peuvent par hasard être dans l'impossibilité de remplacer le maire. Dans ce cas, celui-ci devra désigner pour le suppléer le premier conseiller municipal, c'est-à-dire celui qui a obtenu le plus de voix aux élections municipales, et qui, par suite, est en tête de la liste. S'il désignait le second, tous les actes qu'il dresserait seraient nuls, à

(1) Néanmoins il est plus prudent que le maire leur en donne une, car la jurisprudence n'est pas constante sur ce point.

moins que le premier conseiller n'eût pu être désigné pour cause d'empêchement.

On croit généralement que les actes de l'état civil que l'on délivre aux particuliers sont les véritables actes. C'est une erreur. Ce ne sont que des *copies*. L'acte véritable, c'est l'acte inscrit sur le registre de l'état civil.

Les registres de l'état civil doivent être tenus *doubles*. L'un des doubles est déposé chaque année aux archives de la commune; l'autre est déposé au greffe du Tribunal de première instance. Ce dépôt doit être effectué dans le *mois* qui suit la date de l'expiration de l'année, date à laquelle les registres doivent être clos et arrêtés par l'officier de l'état civil (43). Dans ce même délai il doit dresser une table alphabétique de tous les actes reçus dans l'année.

Bien que la loi ne l'exige pas, il est bon que les actes de chaque catégorie aient leur registre spécial; en effet, quand il n'y a qu'un seul registre pour tous les actes de l'état civil (actes de naissance, de mariage, de décès), les recherches sont plus difficiles et plus longues. — Mais, nous le répétons, tout registre de l'état civil doit être tenu double, ce qui porte le nombre de ces registres à *six*.

Le président du Tribunal d'arrondissement, ou le juge qui le remplace, doit, avant qu'un registre ait servi, coter (c'est-à-dire *numéroter*) tous ses feuillets. Sur le dernier, outre le numéro du feuillet, il écrit « dernier feuillet », afin qu'on ne puisse faire disparaître les dernières pages.

Mais il ne suffit pas que le registre soit coté, il faut encore qu'il soit paraphé par le même magistrat à *toutes les pages*, autrement on pourrait en détacher une et la remplacer par une autre sur laquelle on inscrirait la même cote.

Sur les registres il ne faut pas laisser d'intervalle, de blanc entre les différents actes, afin qu'on ne puisse intercaler des actes fantaisistes. Les ratures et renvois doivent être approuvés et signés de la même manière que l'acte. Aucun mot ne doit être abrégé, les dates doivent être mises en *lettres*.

On a vu quelquefois des maires attendre, pour inscrire les actes de l'état civil sur les registres, qu'ils en eussent plusieurs à dresser, et les rédiger ensuite en masse, tous les mois, par exemple. Ce sont là des abus que le procureur de la République a mission d'empêcher. Que l'officier de l'état civil meure avant d'avoir dressé les actes sur les registres, et voilà immédiatement de graves difficultés qui s'élèvent.

Pour des raisons analogues, le maire doit bien se garder de signer *à l'avance* plusieurs pages du registre, il ne doit y apposer sa signature qu'au fur et à mesure.

Toute personne, même celle qui n'y a aucun intérêt véritable, a le droit de se faire délivrer un extrait des registres de l'état civil (ici le mot *extrait* ne signifie pas la partie essentielle de l'acte, mais l'acte *tout entier* qui est *extrait* du registre de l'état civil). Quand elle est délivrée conforme, ou plutôt *certifiée conforme* aux registres, cette copie fait foi *jusqu'à inscription de faux*, dès que la signature de l'officier de l'état civil a été légalisée par le président du Tribunal ou le juge qui le remplace. La copie vaut alors comme moyen de preuve tout autant que l'acte original. Pour attaquer la véracité d'un extrait des registres de l'état civil, il faut s'inscrire en faux. La preuve contraire n'est pas admise (45).

Mais si les registres ont été perdus, par suite d'un incendie par exemple, ou s'il n'y en a jamais eu, on dresse les actes de l'état civil d'après les *papiers* des père et mère *décédés* lors de l'accident, ou même d'après les témoignages recueillis, mais seulement si le Tribunal le juge à propos. Il peut, du reste, consulter les papiers des père et mère vivants au moment de la perte des registres, mais il est à craindre qu'ils n'aient été fabriqués pour les besoins de la cause.

Quant aux actes de l'état civil faits à l'étranger, qu'ils concernent des Français ou des étrangers, ils sont tout aussi probants que les actes dressés en France même, pourvu qu'ils soient dressés suivant les formes usitées dans le pays où ils ont été faits. C'est l'application de cette règle si importante, suivant laquelle un acte est valable en la forme dès qu'il a été dressé d'après les règles de forme édictées dans le pays d'où il émane, quand bien même cet acte serait soumis à des formalités plus rigoureuses d'après la loi française (47).

Nos agents diplomatiques et nos consuls sont officiers de l'état civil à l'égard des Français à l'étranger ; mais, pour que les actes qu'ils dressent soient valables, il faut que les dispositions du Code sur les actes de l'état civil soient observées, et encore ne sont-ils admis comme authentiques en France qu'après leur vérification au ministère des Affaires étrangères : ils doivent ensuite être transcrits en France sur les registres de la commune du dernier domicile de la personne qu'ils concernent (48).

Les actes de l'état civil doivent énoncer la date et l'heure de la déclaration qui a été faite, les prénoms, noms, âge, profession et domicile de toutes les personnes qui y sont inscrites (34).

Les officiers de l'état civil ne doivent relever dans la déclaratio qu'ils reçoivent des déclarants que les renseignements exigés pa la loi.

Sauf pour le mariage, les personnes intéressées ne sont point tenues de comparaître en personne ; elles peuvent se faire représenter par un mandataire muni d'un mandat spécial et en outre *authentique*, c'est-à-dire dressé par acte notarié.

Les témoins exigés pour la confection des actes de l'état civil doivent être choisis autant que possible par les parties intéressées ; ils peuvent être leurs parents, il suffit qu'ils soient du sexe masculin et âgés de vingt-et-un ans ; ils peuvent être étrangers ; il n'est même pas nécessaire qu'ils sachent signer, ni qu'ils soient domiciliés dans la commune. Nous verrons que la loi est plus exigeante quand il s'agit des témoins des actes notariés.

L'officier de l'état civil doit donner lecture de l'acte aux parties et aux témoins, et indiquer dans l'acte l'accomplissement de cette formalité.

Les dépositaires des registres de l'état civil sont responsables des altérations qu'on leur a fait subir (51).

Si l'officier de l'état civil inscrit l'acte sur une feuille volante, ou se rend coupable d'un faux ou d'une altération, il est condamné à des dommages-intérêts envers la partie intéressée, et, en outre, il est puni par les tribunaux répressifs, sur la réquisition du procureur de la République, qui, lors du dépôt du registre au greffe, doit le vérifier et dresser ensuite le procès-verbal de vérification (52-53).

Actes de naissance. — Le père doit déclarer la naissance de son enfant dans les *trois jours* (55), et présenter l'enfant, même s'il est mort en naissant. S'il y a danger à transporter l'enfant à la mairie, l'officier de l'état civil doit aller au lieu où se trouve l'enfant.

Lorsque le père, pour une cause ou pour une autre, ne peut faire la déclaration, cette charge incombe au médecin ou à la sage-femme, ou à toute personne présente à l'accouchement; et, si la femme est accouchée hors de son domicile, cette obligation pèse sur la personne chez qui l'accouchement a eu lieu (56).

Si la déclaration de naissance est fausse, la loi punit le déclarant de la réclusion. — Si la déclaration exigée n'est pas faite dans les trois jours, les personnes qui eussent dû la faire sont condamnées à six jours de prison au minimum, à six mois au maximum, et frappées d'une amende de 16 francs à 300 francs (art. 346, C. pén.).

L'acte de naissance est rédigé immédiatement après la déclaration, en présence du déclarant et des deux témoins. Il énonce la *date* et le *lieu* de la naissance, le *sexe* de l'enfant, les *prénoms* qui lui sont donnés — on ne peut choisir que parmi les noms du calendrier — les prénoms, noms, profession et domicile des père et mère et des témoins (57).

La personne qui trouve un enfant nouveau-né doit le remettre, avec tous les vêtements et objets qu'il a sur lui, à l'officier de l'état civil, et lui déclarer où et quand elle l'a découvert; l'officier inscrit sur les registres un procès-verbal indiquant ces circonstances, le sexe, les noms donnés à l'enfant, l'autorité à laquelle il sera confié (58).

Si la naissance a lieu en mer, l'acte de naissance est dressé et inscrit à la suite du rôle de l'équipage par l'officier d'administration, sur les navires de l'État, et par le capitaine ou le patron du navire, sur les navires marchands, et cela dans les 24 heures de la naissance, en présence du père, s'il est à bord, et de deux officiers, ou, à défaut, de deux hommes de l'équipage. Au premier port de relâche on dépose deux expéditions authentiques au bureau du préposé à l'inscription maritime, si c'est un port francais, — au consulat, si c'est un port étranger. L'une d'elle est transmise au ministre de la Marine qui en envoie copie certifiée à l'officier de l'état civil du domicile du père de l'enfant — ou de sa mère, si le père est inconnu — et l'officier de l'état civil inscrit de suite l'acte sur les registres (60).

Mais, à l'arrivée dans le port de désarmement, le rôle est déposé entre les mains du préposé à l'inscription maritime, qui envoie une expédition de l'acte à l'officier de l'état civil dont nous venons de parler.

En marge de l'acte de naissance de l'enfant naturel qui est reconnu par la suite, on doit mentionner l'acte de reconnaissance (62).

Actes de mariage. — Nous renvoyons l'explication de cette matière au ch. II (Du mariage).

Actes de décès. — Cette étude trouvera tout naturellement sa place au début du ch. XIX (Des successions).

CHAPITRE II

LE MARIAGE

Nous traiterons, dans une première section, du mariage en lui-même; dans une seconde, des conséquences du mariage au point de vue pécuniaire, c'est-à-dire du Contrat de mariage ou du Régime matrimonial des époux; dans une troisième section, nous parlerons de la Dissolution du mariage par le divorce; et, dans une quatrième, de la séparation de corps.

SECTION PREMIÈRE

Le mariage

Le mariage, c'est-à-dire l'union de deux personnes de sexe différent en vue d'une existence commune, et surtout dans le but de fonder une famille, est sans contredit l'acte le plus important de la vie. Aussi la loi, dans l'intérêt même de chacun des époux, comme dans l'intérêt des familles auxquelles ils appartiennent, et dans celui de la société, a-t-elle entouré l'institution du mariage de règles rigoureuses.

Conditions à remplir pour pouvoir se marier. — Le jeune homme ne peut se marier avant dix-huit ans *accomplis*, ni la jeune fille avant *quinze* ans (144). Cependant, pour des motifs graves, le chef de l'État, sur le rapport du garde des sceaux, peut accorder des dispenses, mais il faut des circonstances tout-à-fait extraordinaires pour qu'elles soient obtenues par des jeunes gens n'ayant pas encore dix-sept ans révolus, ou par des jeunes filles avant quatorze ans accomplis.

Les dispenses d'âge pour mariage sont frappées de droits s'élevant en bloc à 180 fr. ; les personnes qui seraient dans l'impossibilité *absolue* de les payer peuvent obtenir une diminution ou même une exemption totale.

Les demandes de dispense sont remises au procureur de la République, qui les envoie au ministre de la Justice en y joignant son avis.

On ne peut contracter mariage lorsqu'on est déjà marié (147). Le procureur de la République a qualité pour empêcher cet acte qui constitue le crime de bigamie. Le bigame est passible des travaux forcés à temps ; la même peine frappe l'officier de l'état civil qui a consenti à marier une personne qui est déjà dans les liens du mariage.

Le fils qui n'a pas encore *vingt-cinq ans* accomplis et désire se marier doit obtenir au moins le consentement de son père, mais la mère *doit* être consultée. Si le père ou la mère est décédé ou atteint d'aliénation mentale, le consentement de l'autre parent du futur époux suffit (148-149).

La jeune fille n'a besoin du consentement de ses parents que jusqu'à *vingt-et-un ans* accomplis (148).

Si le père et la mère sont morts, ou que, pour une cause ou pour une autre, ils ne puissent manifester leur volonté, c'est aux aïeuls et aïeules des futurs époux qu'il appartient d'accorder ou de refuser ce consentement. Si l'aïeul et l'aïeule paternels ne peuvent se mettre d'accord il suffit du consentement de l'aïeul ; — de même pour l'aïeul et l'aïeule maternels ; — si les aïeuls d'une ligne consentent, peu importe que ceux de l'autre ligne refusent leur adhésion : La loi, favorable aux mariages, décide que le futur époux peut contracter valablement mariage (150).

Si le jeune homme ou la jeune fille n'a pas encore atteint vingt-et-un ans accomplis et que tous ses ascendants soient décédés, la loi exige le consentement du conseil de famille ; mais, dès que la majorité est atteinte, aucune autorisation n'est plus demandée à la personne qui se trouve dans ce cas.

A partir de vingt-cinq ans révolus pour les jeunes gens, et de vingt-et-un ans révolus pour les jeunes filles, il suffit que la personne qui désire se marier notifie *trois* actes respectueux aux parents dont le consentement serait obligatoire, si le jeune homme, par exemple, n'avait pas encore vingt-cinq ans, pour les sommer de consentir au mariage. Ces actes respectueux, appelés vulgairement *sommations*, sont notifiés aux parents par deux notaires ou par un notaire et deux témoins, le second acte un mois après le premier, le troisième un mois après le second ; et, si les parents continuent à s'opposer au mariage, le mariage n'en est pas moins valable, à condition qu'il ne soit célébré *qu'un mois* après la notification du dernier acte respectueux (152-154).

Si le futur époux a plus de trente ans, si la future épouse a dépassé vingt-cinq ans, il n'est plus besoin de trois actes respectueux, *une seule sommation* suffit (153).

L'officier de l'état civil qui aurait procédé à la célébration du mariage sans qu'il ait été fait d'actes respectueux serait condamné à un mois de prison au minimum, et en outre à une amende pouvant s'élever à 300 francs (157). S'il fallait non pas seulement des sommations mais le *consentement des parents*, il serait passible de la même amende et de six mois d'emprisonnement au moins (156).

Mais le mariage contracté sans que les sommations préalables aient été faites ne peut être annulé.

Il en est autrement du mariage pour lequel il fallait le consentement des père et mère, ou celui des ascendants ou du conseil de famille de l'un des époux. Dans ce cas en effet, cet époux, ainsi que ceux dont le consentement était requis, peut demander l'annulation du mariage aux tribunaux. Mais l'époux perd ce droit s'il n'en a pas usé dans l'année qui s'est écoulée depuis qu'il a atteint vingt-cinq ou vingt-et-un ans — suivant qu'il s'agit du mari ou de la femme. Quant aux parents dont le consentement était requis, ils ne peuvent demander l'annulation du mariage après *qu'un an* s'est écoulé depuis qu'ils ont eu connaissance du mariage ; ils ne le peuvent plus, même avant l'expiration de cette année, dès qu'ils ont approuvé, ne serait-ce que tacitement — par exemple en recevant chez eux la personne qu'ils ne voulaient pas voir entrer dans leur famille — le mariage irrégulier dont il s'agit.

Pour que le mariage soit valable, il faut le consentement des deux époux. Si l'un d'eux ne consent pas au mariage et que l'officier de l'état civil passe outre, le mariage n'est qu'apparent, il n'est même pas besoin de le faire annuler. Si le consentement de l'un des époux n'est pas libre, s'il n'est donné que sous l'empire de menaces de violence, le mariage existe légalement, mais il peut être annulé sur la demande de l'époux dont le consentement est vicié. Lui seul, du reste, peut poursuivre cette annulation, et encore ce droit lui est-il enlevé s'il a cohabité avec son conjoint pendant *six mois* depuis qu'il a conquis sa liberté morale (181).

Du consentement arraché par menaces ou par violence il faut rapprocher le consentement donné par erreur, car les mêmes règles sont suivies dans les deux hypothèses. Mais l'erreur doit porter sur *l'identité* de la personne (le jeune homme voulait épouser Mlle X..., de haute naissance, il a épousé une aventurière qui portait illégalement le nom de cette jeune fille et s'est procurée, par des moyens frauduleux, ses papiers de famille). — Mais une erreur sur les *qualités* de la personne ne suffirait point. On a cru épouser un honnête homme, on a épousé un ancien forçat. Tant pis ! le mariage n'est pas annulable. Il n'y a pas d'erreur dans la personne, par suite le mariage est valable (180).

La parenté, dans certains cas, est un obstacle au mariage. C'est ainsi que le mariage est prohibé en ligne directe, c'est-à-dire entre le père et sa fille ou sa petite-fille, ou son arrière petite-fille, on sa belle-fille (la femme de son fils). Le frère et la sœur, le beau-frère et la belle-sœur, l'oncle et la nièce, la tante et le neveu ne peuvent se marier, mais cette prohibition ne s'étend point aux nièces et neveux par alliance. Du reste les mariages entre beau-frère et belle-sœur, oncle et nièce, tante et neveu peuvent être autorisés par le Président de la République, sur la demande formée par les intéressés, mais les frais nécessités par ces dispenses de parenté pour mariage s'élèvent à 300 francs environ. Ces droits peuvent du reste être remis en tout ou en partie aux indigents (161-164).

Les enfants naturels reconnus sont soumis, aussi bien que les enfants légitimes, aux dispositions de la la loi touchant le consentement des père et mère ou les actes respectueux, mais l'enfant naturel reconnu qui a perdu ses père et mère n'a point à obtenir le consentement de ses grands parents, car, à vrai dire, la loi ne lui reconnaît pas de grands parents; à plus forte raison n'a-t-il point à leur présenter des actes respectueux, mais, s'il est mineur, il doit obtenir le consentement d'un tuteur qui lui est nommé pour cette hypothèse spéciale. C'est cette règle qui est suivie également pour l'enfant naturel non reconnu et qui a moins de vingt-et-un ans (159).

FORMULE N° 1

Demande de dispense d'âge

» *A Monsieur le Garde des Sceaux, ministre de la Justice.*

» Monsieur le Ministre,

» J'ai l'honneur de solliciter de votre haute bienveillance une dispense d'âge qui me permette de contracter mariage avec Mademoiselle L.., fille de M. et Mme L.., domiciliée chez ses parents à Tours, rue Royale n° 10.

» Des raisons très sérieuses légitiment ma demande. (Exposer les faits quimilitent en faveur de la dispense d'âge.)

» Nul autre obstacle ne s'oppose à l'union que je demande de contracter. Je ne suis âgé que de dix-sept ans et demi, il est vrai, mais j'ai déjà l'habitude des affaires, ayant été émancipé il y a deux ans, et je jouis d'une santé excellente et d'une forte constitution. Les parents de la jeune fille que je désire épouser ont donné leur consentement, et mes propres parents sont favorables au mariage projeté.

» J'espère, Monsieur le Ministre, que, convaincu par les raisons que je viens de vous exposer, vous voudrez bien m'accorder la faveur que j'ose demander.

» Veuillez agréer, Monsieur le Ministre, l'assurance de mon profond respect. »

Albert RODIER.
Horloger, 17, rue Saint-Lazare, Paris.

(*Le postulant doit annexer à cette demande son acte de naissance.*)

FORMULE N° 2

Demande en autorisation de mariage avec un proche parent (ou allié)

» *A Monsieur le Garde des Sceaux, ministre de la Justice.*

» Monsieur le Ministre,

» De puissantes raisons me forcent à vous demander de vouloir bien me permettre d'épouser mademoiselle N..., fille unique de ma sœur madame veuve R.., décédée le 15 septembre dernier. En principe la loi prohibe les mariages de ce genre, mais dans les circonstances où mademoiselle N... et moi nous nous trouvons, je crois que cette prohibition pourrait être levée sans aucun inconvénient.

» En effet mademoiselle N... est orpheline, sans fortune et d'une santé délicate. Elle n'a que moi pour parent; et je possède une fortune qui me permettrait de lui donner tous les soins dont elle a besoin. D'un autre côté il n'existe qu'une faible différence d'âge entre nous (indiquer quelle est cette différence d'âge).

» Pour tous ces motifs, j'ai bon espoir que vous voudrez bien, Monsieur le Ministre, donner une réponse favorable à la présente demande. J'attends cette réponse avec confiance et vous prie d'agréer l'assurance de ma haute considération. »

Jean Daurès,
Propriétaire. 31, rue Crébillon, Nantes (Loire-Inf.).

(*De son côté la future adresse au Ministre la même demande, ou bien les deux intéressés revêtent de leurs signatures une lettre unique.*)

Formalités relatives à la célébration du mariage. — Avant toutes choses, il faut procéder aux *publications* du mariage. Il doit être fait *deux* publications à *huit* jours d'intervalle (deux dimanches de suite), et pendant ces huit jours un extrait de l'acte de publication reste affiché à la porte de la mairie. Le mariage ne peut être célébré que le troisième jour qui suit celui de la seconde publication. Si donc la seconde publication a été faite le dimanche 22 mars, le mariage ne pourra avoir lieu que le mercredi 25. Mais le mariage doit être célébré dans l'année qui suit ce délai, autrement les publications devront être renouvelées (64-65).

Ces publications doivent être faites à la mairie du domicile de chacun des futurs époux, et même, si l'un d'eux a changé de domicile depuis moins de six mois, à celle de son ancien domicile. — Celui des époux qui a besoin, pour se marier, du consentement de ses parents — le fils qui n'a pas encore vingt-cinq ans ou la fille qui n'a pas encore vingt-et-un ans — est tenu de faire publier son mariage à la mairie du domicile de ceux de ses parents dont le consentement est exigé par la loi (168).

Le procureur de la République, dans des cas graves, peut dispenser de la seconde publication. Le mariage peut alors être célébré le troisième jour qui suit la publication unique (169).

Celui ou celle qui voit son conjoint faire les démarches nécessaires pour contracter un nouveau mariage, peut former opposition au mariage ; de même le père, à son défaut la mère, à leur défaut les aïeuls et aïeules des futurs, peuvent former opposition au mariage de leurs enfants, quand bien même ceux-ci auraient plus de vingt-cinq ans (173).

Au cas où le mineur qui veut contracter mariage n'a pas obtenu le consentement de son conseil de famille et persiste dans sa résolution, ses collatéraux, jusqu'au degré de cousin-germain inclusivement, peuvent, s'ils sont majeurs, faire opposition à son mariage. Mais ils n'ont ce pouvoir que si le mineur n'a plus d'ascendants, autrement le consentement du conseil de famille ne serait pas nécessaire.

Les parents collatéraux du futur époux peuvent, jusqu'au degré de cousin-germain inclusivement, faire opposition au mariage en se fondant sur la démence de leur parent, mais à condition de réclamer en même temps l'interdiction de ce parent (174).

Hors ces deux cas, les collatéraux ne peuvent former opposition au mariage. — Quant au tuteur du mineur, il ne peut former opposition au mariage de ce mineur qu'avec l'autorisation du conseil de famille. Le curateur de l'interdit n'a pas un pouvoir plus étendu vis-à-vis de l'interdit qui veut se marier (175).

L'acte d'opposition au mariage doit contenir les motifs de l'opposition, à moins qu'elle n'émane d'un ascendant. Le parent qui forme opposition au mariage doit, dans cet acte, élire domicile dans le lieu où le mariage doit être célébré, et énoncer la qualité en vertu de laquelle il a le droit de s'opposer au mariage. Toutes ces conditions sont prescrites à peine de nullité (176).

Le futur contre lequel est dirigée l'opposition peut en demander la mainlevée au tribunal, qui doit statuer dans les *dix* jours, à charge d'appel. La Cour d'appel a le même délai pour se prononcer. Si l'opposition n'est pas admise par les Tribunaux, ils en donnent mainlevée, et les opposants peuvent être condamnés à des dommages-intérêts, à moins qu'ils ne soient ascendants du futur époux (179).

FORMULE N° 3

Demande pour obtenir l'autorisation de se marier avant la seconde publication du mariage

» *A Monsieur le Procureur de la République.*

» Monsieur le Procureur de la République,

» Les soussignés (prénoms, noms, professions et adresses) ont l'honneur de vous demander de leur permettre de célébrer leur mariage sans attendre une seconde publication de leurs bans. La première publication a été faite hier 10 août; d'après les dispositions de la loi, leur mariage ne peut avoir lieu avant le 20 août. Or de graves circonstances (*les indiquer*) obligent l'un d'eux à s'absenter immédiatement pour plusieurs mois, et il est né de relations qui existaient entre les soussignés depuis longtemps, un enfant qu'ils ont reconnu et qu'ils voudraient légitimer par leur mariage. L'un d'eux peut décéder avant que le voyage dont il s'agit ne soit terminé. Il est donc d'un grand intérêt que leur mariage puisse avoir lieu avant la longue séparation qui leur est imposée.

» Les soussignés espèrent, Monsieur le Procureur de la République, que vous accueillerez avec bienveillance leur requête, et vous prient de vouloir bien agréer l'expression de leur profond respect. »

(Signatures et adresses)

Célébration du mariage. — Le mariage est célébré à la mairie du domicile de l'un des deux conjoints. Mais il faut que ce conjoint habite la commune depuis *six mois au moins* et d'une façon continue, à moins qu'il n'y ait son *domicile légal* (Voy. DOMICILE); s'il l'habite depuis moins de six mois, son mariage devra être célébré dans la commune où il était domicilié auparavant. — Les époux sont unis par l'officier de l'état civil, c'est-à-dire par le maire, ou, en cas d'empêchement, par l'adjoint; si l'adjoint est empêché, le maire délègue les fonctions d'officier de l'état civil au conseiller municipal qui est en tête de la liste des conseillers.

L'officier de l'état civil donne lecture : 1° des pièces constatant que les conditions et les formalités prescrites par la loi pour la validité du mariage ont été remplies ; 2° des articles 212-226 du Code civil qui indiquent les droits et devoirs respectifs des époux. Il demande aux futurs époux, ainsi qu'aux parents qui ont autorisé leur union, s'il a été fait un contrat de mariage, et, dans le cas de l'affirmative, la date de ce contrat, le nom et le lieu de résidence du notaire devant lequel il a été passé. Il demande ensuite successivement à chacun des futurs conjoints s'ils consentent à se prendre pour époux. S'ils répondent affirmativement, il les déclare unis, et dresse immédiatement l'acte de mariage qui doit contenir les prénoms, noms, profession, âge, lieu de naissance et domicile des époux; indiquer s'ils sont majeurs ou mineurs; relater les prénoms, noms, professions et domiciles des père et mère, le consentement des parents ou du conseil de famille dans le cas où ils sont exigés (si les parents dont le consentement est exigé ne sont pas présents, leur consentement doit être établi par *acte notarié*), les actes respectueux, les publications *dans les divers domiciles*, les oppositions et leur mainlevée ou la mention qu'il n'y a pas eu d'opposition, la déclaration des contractants de se prendre pour époux, la déclaration de leur union par l'officier de l'état civil, les prénoms, noms, âges, professions et domiciles des *quatre* témoins qui doivent assister au mariage, et leur déclaration s'ils sont parents ou alliés des parties, dans la ligne paternelle ou maternelle, et à quel degré; enfin la déclaration qu'il a été fait ou non un contrat de mariage, ainsi que les noms et le lieu de résidence du notaire qui l'a reçu. L'officier de l'état civil qui dresserait un acte de mariage incomplet serait passible d'une amende de 100 francs (76).

Le mariage civil, c'est-à-dire le mariage célébré à la mairie *publiquement* en présence des quatre témoins, doit précéder le mariage religieux; le prêtre qui violerait cette règle serait passible, la première fois, d'une amende de 16 à 100 francs, la deuxième fois de deux à cinq ans de prison, la troisième fois de la détention (199 et 200, C. pén.).

La loi n'attache aucune valeur au mariage religieux; elle ne reconnaît que le mariage civil; s'il a été fait opposition au mariage, l'officier de l'état civil ne peut le célébrer qu'après avoir reçu la mainlevée de cette opposition, sous peine de 300 francs d'amende et, en outre, de dommages-intérêts. Il n'a, en effet, aucune excuse, puisque les actes d'opposition lui sont signifiés par les opposants et qu'il a dû en faire immédiatement mention sur le registre où il a inscrit les jours, lieux et heures des publications.

Avant de célébrer le mariage, l'officier de l'état civil doit se faire remettre l'acte de naissance des futurs époux et, si les publications ont été faites dans d'autres communes, un certificat délivré par l'officier de l'état civil de chacune de ces communes, constatant qu'il n'a point été signifié d'opposition au mariage.

Au cas où l'un des futurs époux ne peut se procurer son acte de naissance pour une raison ou pour une autre, il suffit qu'il produise un *acte de notoriété* délivré par le juge de paix du lieu de sa naissance ou par celui de son domicile (70). Cet acte de notoriété contient la déclaration de *sept témoins* de l'un ou l'autre sexe, parents ou non parents, des prénoms, nom, profession et domicile du futur époux et de ceux de ses père et mère s'ils sont connus; le lieu et l'époque de sa naissance et les causes qui empêchent de présenter l'acte de naissance. Cet acte de notoriété est signé du juge de paix et des sept témoins ou du moins de tous ceux qui savent signer. — Ce n'est pas tout, l'acte de notoriété doit être homologué par le tribunal du lieu où sera célébré le mariage, et cette homologation n'est accordée que si les déclarations des témoins et les causes qui empêchent de produire l'acte de naissance paraissent suffisantes aux juges (71).

FORMULE N° 4

Requête à fin d'homologation d'un acte de notoriété

« *A Monsieur le Président du Tribunal de première instance d'Ancenis.*

» Monsieur le Président,

» Le sieur Albert B... domicilié à , canton de , arrondissement d'Ancenis, requiert qu'il vous plaise homologuer l'acte de notoriété reçu par M. le juge de paix de , arrondissement d'Ancenis, le quinze octobre 1885 dûment enregistré, et ferez justice. »

(*Signature*)

Droits et devoirs résultant du mariage. — Les époux se doivent mutuellement fidélité, secours, assistance (212). Le mari doit protection à sa femme et la femme obéissance à son mari (213). Elle est obligée d'habiter avec lui et de le suivre partout où il juge à propos de s'établir, mais en revanche le mari est obligé de recevoir sa femme et de lui fournir tout ce qui lui est nécessaire, selon ses moyens de fortune (214).

La femme, pour paraître en justice, doit être autorisée de son mari, quel que soit le régime matrimonial des époux, même si elle exerce un commerce séparé. Elle n'a pas besoin de cette autorisation quand elle est poursuivie non devant les tribunaux civils mais devant les tribunaux répressifs (tribunal de simple police, tribunal correctionnel ou cour d'assises).

Si le mari refuse d'autoriser sa femme, celle-ci peut s'adresser au tribunal qui lui accorde l'autorisation dont elle a besoin, si le refus du mari n'est pas fondé sur des motifs sérieux.

Quel que soit le régime matrimonial des époux, la femme ne peut s'obliger, faire une donation, consentir des ventes, hypothéquer, recevoir une donation ou faire des achats sans le consentement de son mari.

Ce consentement doit être donné par écrit, mais il résulte implicitement du concours du mari dans l'acte. Si le mari refuse son autorisation, la femme s'adresse encore au tribunal du domicile commun, le mari est entendu en la chambre du conseil et le tribunal accorde ou refuse l'autorisation (215-219. — Voy. VIE LÉGALE).

Si le mari est mineur, interdit ou absent (*l'absent* est l'individu dont l'existence est incertaine) la femme s'adresse *directement* et dans tous les cas que nous venons d'examiner, au tribunal, pour se faire autoriser. Même règle si le mari est frappé d'une condamnation emportant peine afflictive (réclusion) ou infamante (bannissement) (221).

FORMULE N° 5

Demande formée par une femme mariée en vue d'obtenir une autorisation que son mari refuse d'accorder

« *A Monsieur le Président du Tribunal.*

» Monsieur le Président,

La soussignée (nom, prénoms, domicile) épouse M. Ed. R... a perdu, il y a un mois, son oncle M. X..., dont elle était la seule héritière *ab intestat*. Avant de mourir, et alors que sa raison était déjà affaiblie, M. X... a fait un testament par lequel il a institué légataire universelle sa servante, la demoiselle Émilie B... La soussignée a demandé à son mari de l'autoriser à demander aux tribunaux l'annulation du testament, mais cette autorisation lui a été refusée pour des raisons qui, sans aucun doute, vous paraîtront peu convaincantes. (*Exposer ces raisons.*) Aussi la soussignée est-elle décidée à demander à la justice l'autorisation qui lui est nécessaire pour intenter l'action en nullité du testament dont il s'agit. Elle vous prie donc, Monsieur le Président, de vouloir bien rendre une ordonnance lui permettant de citer son mari en chambre du conseil, pour qu'il expose devant le tribunal les causes de son refus, et ferez justice. »

Pauline R... née BAUDOT.

La femme peut tester sans l'autorisation de son mari (226).

Les actes que la femme ne peut accomplir sans l'autorisation du mari ou de justice et qu'elle accomplit sans elle sont annulables, mais la femme (ou son mari, ou ses héritiers) peut seule invoquer cette nullité; la partie qui a contracté avec elle n'a pas ce droit (1125).

Du reste, cette nullité ne peut être invoquée que pendant *dix ans*, à compter du jour de la dissolution du mariage (1304). Ces actes peuvent cesser d'être annulables par suite de leur ratification, soit par le mari au cours du mariage (mais la femme conserve le droit d'en poursuivre la nullité), soit par la femme ou ses héritiers après la dissolution du mariage.

Les époux doivent nourrir, entretenir et élever leurs enfants, — tant que ceux-ci sont dans l'impuissance de pourvoir à leurs besoins, car si, pouvant gagner leur vie, ils refusent de travailler, ils n'ont plus le droit de réclamer une pension alimentaire à leurs parents Mais les époux ne sont pas tenus de doter leurs enfants, ni de les établir (203-204).

Lorsque les époux sont tombés dans le besoin, la loi oblige leurs enfants à leur fournir une pension alimentaire; ces enfants sont astreints à la même obligation vis-à-vis de leurs grands parents; à l'inverse, les enfants tombés dans la misère ont le droit de réclamer à leurs parents ou grands parents une pension alimentaire. Pour la fixation de ces pensions on s'attache aux besoins de celui qui les réclame et à l'importance de la fortune de celui qui les doit (208). Si ce dernier tombe plus tard dans la misère ou dans la gêne, il peut demander que la pension soit réduite ou même annulée, surtout quand celui qui y avait droit n'en a plus guère besoin.

Si la personne qui doit la pension prouve au tribunal qu'elle ne peut la payer, le tribunal peut l'autoriser à fournir la pension *en nature*, c'est-à-dire à offrir simplement la table et le logement à celui qui jouit de la pension.

Les gendres et belles-filles doivent également des pensions alimentaires à leurs beau-père et belle-mère dans le besoin (réciproquement les gendres et belles-filles dans le besoin ont le droit d'exiger une pension alimentaire de leurs beau-père et belle-mère. — Cette obligation cesse si la belle-mère s'est remariée; si c'est le beau-père qui se remarie, elle persiste. Elle cesse encore si l'époux qui produisait l'alliance et les enfants issus de l'union sont décédés, ou si les deux conjoints ont divorcé — à moins toutefois qu'il n'y ait des enfants issus de leur mariage (206).

Les enfants naturels reconnus ont droit, aussi bien que les enfants légitimes, à une pension alimentaire, mais ils ne peuvent l'exiger de leur aïeul ou aïeule.

Mariages annulables. — Le mariage qui n'a point été contracté publiquement ou qui n'a point été célébré devant l'officier de l'état civil compétent peut être attaqué par les époux eux-mêmes, par les père et mère, par les ascendants, par le procureur de la République et par tous ceux qui ont un intérêt pécuniaire déjà existant — un intérêt éventuel ne suffirait pas — à ce que le mariage soit annulé. Pour les père et mère et ascendants l'intérêt moral suffit.

C'est aux tribunaux qu'il appartient de décider si le mariage n'a pas été célébré publiquement. Cela dépend des circonstances; au cas où le mariage aura eu lieu devant un officier de l'état civil incompétent, soit qu'il ait été célébré hors du territoire de la commune dont il est officier de l'état civil, soit qu'il ait été célébré sur ce territoire, alors qu'il eût dû être célébré dans une autre commune, et par conséquent devant un autre officier de l'état civil, les juges auront à se demander si vraiment la célébration du mariage a été entachée de clandestinité, et dans ce cas seulement ils devront annuler le mariage.

Supposons un mariage contracté entre deux époux qui n'ont atteint ni l'un ni l'autre l'âge exigé par la loi pour pouvoir contracter mariage; cette union pourra être attaquée jusqu'à ce qu'il se soit écoulé *six mois* depuis que les époux auront atteint l'âge fixé par la loi. Quand c'est la femme seule qui s'est mariée de trop bonne heure, l'annulation du mariage ne peut plus être demandée, si elle a conçu avant qu'il se soit écoulé six mois depuis qu'elle a atteint ses quinze ans (185).

Le père, la mère, les ascendants ou le conseil de famille, qui ont donné leur consentement bien que le futur conjoint fût trop jeune pour contracter mariage, n'ont pas le droit d'invoquer la nullité du mariage pour trop grande jeunesse des époux (186).

Nous savons déjà que les mariages entachés de *bigamie* ou d'*inceste* sont annulables. — Toute personne intéressée peut en poursuivre la nullité.

Le mariage qui a été annulé produit néanmoins tous ses effets à l'égard des époux qui l'ont contracté de bonne foi, c'est-à-dire dans l'ignorance du vice qui a fait annuler leur mariage. Par conséquent, jusqu'à l'annulation du mariage, le contrat de mariage établira les droits patrimoniaux de chacun des époux. Mais si la bonne foi n'existait que chez l'un des époux, l'autre ne pourra invoquer les avantages que lui conférait le contrat de mariage. Quant aux enfants issus du mariage, peu importe qu'un seul des époux ait été de bonne foi, ils ont la qualité d'enfants légitimes et sont dans la situation dont ils jouiraient si le mariage de leurs parents était valable. Nous venons d'indiquer là les effets du *mariage putatif.*

Mariage du Français à l'étranger. — Pour que le mariage d'un Français à l'étranger soit reconnu valable par la loi française, il suffit que ce Français ait l'âge exigé par la loi française pour le mariage, qu'il ait respecté cette loi en ce qui touche le consentement des parents et les publications, et qu'il se soit marié *suivant les formes* usitées dans le pays étranger où il a contracté mariage. Ainsi il y a des pays où le mariage religieux est seul célébré ; le mariage civil n'existe pas ou plutôt le mariage religieux est en même temps le mariage civil. Dans ces pays, le Français, en contractant un mariage religieux, contractera un mariage absolument valable vis-à-vis de la loi française, même si sa femme est Française (170).

Mais au cas où les deux futurs sont Français, ils peuvent opter entre la célébration de leur mariage, suivant la loi du pays, devant les autorités locales, et la célébration de leur mariage, suivant les formes prescrites en France, devant les Consuls ou les représentants diplomatiques de notre nation.

Quand un Français s'est marié à l'étranger, il doit, dans les *trois mois* qui suivent son retour en France, faire transcrire l'acte de célébration de son mariage sur le registre des mariages du lieu de son domicile, et, si ce domicile est différent de celui qu'il avait avant son départ, il devra faire transcrire cet acte sur le registre du lieu du domicile qu'il avait autrefois. Si cette transcription n'est pas faite dans les *trois mois* il faudra un jugement pour l'autoriser.

Des seconds mariages. — Le mari peut se remarier immédiatement après la mort de sa femme. Au contraire, la femme veuve ne peut se remarier qu'après *dix mois* révolus depuis la dissolution du mariage précédent (228).

Preuve du mariage. — En principe, le mariage ne peut être prouvé que par la présentation de l'acte de mariage; la possession d'état, c'est-à-dire la vie commune entre les deux personnes qui se prétendent unies par le mariage, ne suffit pas. Cependant les enfants issus de deux personnes qui ont vécu publiquement comme mari et femme *et qui sont décédés*, sont considérés comme légitimes, même s'ils ne peuvent produire l'acte de mariage de leurs parents. Ici la possession d'état suffit pour prouver le mariage, mais la loi ne l'a admise qu'en faveur des enfants, et encore faut-il que leur acte de naissance concorde avec la possession d'état qu'ils invoquent pour prouver l'union légitime de leurs parents (197).

Par exception, le mariage peut être prouvé par témoins ou à l'aide de papiers de famille, si les registres de l'état civil sur lequel se trouvait l'acte de célébration du mariage ont été détruits ou perdus (46).

Lorsqu'un acte de mariage est incomplet ou inexact — nous pouvons supposer par exemple que le nom de l'un des époux a été modifié — il faut, afin d'éviter tout embarras pour l'avenir, s'adresser au tribunal de première instance de l'arrondissement auquel appartient la commune où le mariage a été célébré. Le tribunal statue sur la rectification demandée, mais seulement après avoir entendu l'avis du procureur de la République (99). Les parties intéressées sont appelées s'il y a lieu, et le jugement, qui est d'ailleurs susceptible d'appel, ne produit aucun effet, favorable ou défavorable, vis-à-vis des personnes intéressées à la question de rectification qui n'ont point été appelées dans l'instance.

Les jugements qui apportent des rectifications à l'acte de mariage sont inscrits sur le registre de l'officier de l'état civil dès qu'ils lui sont remis, et, *en marge* de l'acte rectifié, l'officier de l'état civil doit mentionner la rectification ; il ne suffit pas de renvoyer simplement au jugement rendu (10).

A dater de la rectification de l'acte de mariage, les extraits de cet acte sont délivrés avec la mention expresse de la rectification.

SECTION II

Du contrat de mariage

Notions générales. — Le contrat de mariage est un acte *passé par devant notaire*, et réglant les rapports des époux au point de vue pécuniaire, établissant en un mot le *régime matrimonial.*

Le législateur, dans la crainte que l'un des époux ne prît sur l'autre un ascendant moral exagéré, a organisé différents régimes matrimoniaux qu'il donne comme modèles aux futurs conjoints pour les protéger contre les conséquences de leur faiblesse. C'est ainsi qu'il a établi :

1° Le régime de la communauté légale ou conventionnelle ;
2° Le régime sans communauté ;
3° Le régime de la séparation de biens ;
4° Le régime dotal.

En effet, les circonstances, la situation de la fortune de chacun des futurs époux peuvent exiger l'adoption de tel ou tel régime, et c'est précisément là ce qui fait l'utilité du contrat de mariage ; car, lorsqu'il n'en est point dressé, la loi soumet les conjoints à un régime général : le régime de la communauté légale (1400).

Le contrat de mariage est un acte authentique, puisqu'il est passé par devant notaire. Il n'est pas nécessaire, du reste, que le second notaire ou les deux témoins instrumentaires soient présents lors de sa signature par les futurs époux. Mais le contrat de mariage doit être rédigé et signé par les parties, les notaires et les témoins *avant la célébration du mariage*, sinon il n'a aucune valeur, et les époux sont mariés sous le régime de la communauté légale. Il en serait de même s'il était fait sous seing privé, c'est-à-dire sous la forme d'un acte non notarié.

Jusqu'à la célébration du mariage, le contrat n'est qu'un simple projet; si le mariage n'est pas célébré ou s'il est annulé après sa célébration — sauf au cas de mariage putatif — le contrat est considéré comme n'ayant jamais existé, il ne peut produire aucun effet.

Mais, à l'inverse, le contrat de mariage, devenu parfait par la célébration du mariage lui-même, n'est plus susceptible de modifications (1395). C'est là une exception au grand principe de la liberté des conventions. On a voulu éviter les résultats, funestes parfois, de l'influence morale que peut acquérir l'un des époux sur l'autre. En effet, si les conjoints pouvaient modifier leur régime matrimonial au cours du mariage, on verrait trop souvent l'un d'eux se dépouiller sans réflexion de sa fortune au profit de l'autre.

D'ailleurs, jusqu'au jour de la célébration du mariage, les fiancés sont absolument libres d'apporter au contrat qu'ils ont déjà signé tous les changements qui peuvent leur convenir, mais ces modifications sont soumises à de sévères formalités.

Si l'un des futurs époux a moins de vingt-et-un ans, chaque clause du contrat de mariage doit être approuvée par toutes les personnes dont le consentement est exigé pour qu'il puisse se marier valablement. Le futur époux qui a plus de vingt-et-un ans et moins de vingt-cinq ans n'a pas besoin de ce consentement; mais, en fait, les parents dont le consentement lui est nécessaire pour se marier pourront l'empêcher facilement d'adopter des clauses qui leur déplaisent en le menaçant de refuser leur consentement au mariage.

Pour que les modifications apportées par les futurs conjoints au contrat de mariage primitif soient valables il faut d'abord qu'elles soient rédigées sous la forme *authentique* comme l'acte qu'elles transforment en partie. Il faut de plus l'approbation *simultanée* de toutes les personnes qui ont joué un *rôle juridique* dans la confection du contrat primitif; ces personnes doivent être réunies au moment de la signature des nouvelles clauses, et, lorsqu'elles sont toutes *présentes*, on leur demande de donner en même temps, *simultanément*, leur consentement. C'est ainsi qu'il faut la présence et le consentement de celui qui a fait une donation aux futurs époux dans le contrat primitif — sinon la donation tombe — ainsi que la présence et le consentement des parents du futur conjoint *mineur*. Du reste, chacune des personnes dont l'assentiment est exigé par le législateur peut se faire représenter par un mandataire spécial et authentique (c'est-à-dire agissant en vertu d'une procuration notariée). Les futurs conjoints eux-mêmes peuvent agir ici par mandataire (1396). — Lorsque des modifications ont été apportées au contrat de mariage, le notaire doit les transcrire à la suite de la minute, et ne peut délivrer d'expédition du contrat de mariage sans le faire suivre de ces changements, sous peine de dommages-intérêts envers les conjoints qui ne peuvent opposer aux tiers les nouvelles clauses (1397).

Dans un même contrat de mariage on peut insérer des clauses particulières à chacun des régimes tracés d'avance par le Code civil. C'est ainsi que, tout en adoptant en principe la communauté légale, les futurs époux peuvent emprunter telle ou telle clause au régime dotal ou au régime de la séparation de biens. On dit alors que les conjoints sont mariés sous le régime de la communauté conventionnelle. Dans leur contrat de mariage, les futurs époux peuvent même déclarer qu'ils adoptent un régime matrimonial réglé par une loi étrangère (la loi espagnole, par exemple). Mais si l'on veut se soumettre à des clauses usitées avant la rédaction du Code civil, il faut reproduire textuellement les textes que l'on entend appliquer. Au contraire il est parfaitement permis de renvoyer à l'un des régimes matrimoniaux que la loi, on peut le dire, donne pour *types*, et de déclarer, par exemple, que les futurs époux adoptent le régime dotal tel qu'il est réglé par le Code civil (1391, al. 1er).

Au point de vue des intérêts pécuniaires, toute liberté est donc laissée aux parties pour la confection du contrat de mariage. Mais à un autre point de vue il y a des clauses qui ne peuvent être insérées dans ce contrat. C'est ainsi que les conventions matrimoniales ne peuvent modifier l'ordre légal des successions, porter atteinte aux droits du père comme chef de famille, le priver par exemple du droit de puissance légale que la loi lui donne expressément sur les biens personnels de ses enfants, ou encore enlever à la femme le droit de ne pas consentir à l'adoption de son enfant, etc., etc. (1388).

Le notaire qui a fait signer le contrat de mariage doit remettre aux futurs époux un certificat sur papier *libre* et *sans frais* constatant qu'il a été fait un contrat de mariage à telle date, et indiquant le nom et le domicile du notaire. Au moment de la célébration du mariage l'officier de l'état civil doit réclamer ce certificat aux futurs époux, et il mentionne, dans l'acte de mariage, la réception de ce certificat et les renseignements qu'il contient. Tout cela est fait dans l'intérêt des tiers qui auront à traiter avec les futurs époux ou avec l'un d'eux au cours du mariage (1394). Supposons en effet que les conjoints aient adopté le régime dotal. Sous ce régime les biens immobiliers de la femme sont inaliénables — en principe du moins — et ne peuvent être hypothéqués. Lorsqu'un tiers voudra faire inscrire une hypothèque, par exemple, sur un immeuble de la femme, pour savoir si cet immeuble peut être hypothéqué, il lui suffira de consulter l'acte de mariage des époux auxquels il a affaire, car cet acte lui indiquera s'il a été fait un contrat de mariage, et, lorsqu'il en a été fait un, quel est le notaire qui l'a rédigé; avant de traiter il exigera qu'on lui communique le contrat de mariage. — Si, sur la demande de l'officier de l'état civil, les futurs époux déclarent *mensongèrement* n'avoir point fait de contract de mariage, alors qu'ils ont adopté le régime dotal, et que plus tard un tiers, trompé par cette fausse déclaration, achète un immeuble dotal, l'aliénation sera parfaitement valable, et les époux seront considérés, vis-à-vis de ce tiers, comme étant mariés sous le régime de la communauté légale (1391, al. 4). Si, regrettant la fraude qu'ils ont commise, les conjoints, en traitant avec ce tiers, déclarent qu'ils se sont mariés sous tel ou tel régime, naturellement le tiers ne pourra se plaindre et refuser dans la suite de reconnaître les effets de ce contrat de mariage sur la capacité de la femme notamment.

Mais voici une autre hypothèse : L'officier de l'état civil a négligé de demander aux époux, ainsi qu'aux personnes qui autorisent le mariage et qui sont présentes, s'il a été fait un contrat de mariage; ou bien encore il leur a posé la question, mais il n'a point mentionné la réponse dans l'acte de mariage. Les époux ne peuvent avoir à subir les conséquences de cette négligence; personne ne pourra méconnaître les effets de leur contrat de mariage, mais l'officier de l'état civil sera passible d'une amende de 100 francs, sans compter les dommages-intérêts qu'il devra aux tiers, et le procureur de la République pourra demander la rectification de l'acte de mariage.

1. — LA COMMUNAUTÉ LÉGALE

Le régime de la communauté légale, c'est le régime matrimonial des époux qui n'ont pas fait de contrat de mariage. Il présente de grands avantages, car il établit entre les deux conjoints une communauté d'intérêts qui correspond tont naturellement à la communauté d'existence qui dérive du mariage. De plus, nous le verrons, il donne de grandes garanties aux tiers et par suite un grand crédit aux époux.

On peut dire que, sous le régime de la communauté légale, il y a trois patrimoines à considérer séparément :

1° Le patrimoine du mari ;

2° Le patrimoine de la femme ;

3° Le patrimoine commun, ou, suivant l'expression employée généralement, le patrimoine de la communauté.

Le régime de la communauté légale produit ses effets à partir de la célébration du mariage. Il peut se faire que, tout en adoptant en principe le régime de la communauté tel qu'il est établi par la loi, les futurs époux désirent y faire quelques modifications. Dans ce cas, ils devront faire un contrat de mariage indiquant que les époux adoptent le régime de la communauté légale, mais sous telle et telle modifications. On dit alors que les époux sont mariés sous le régime de la communauté *conventionnelle*, et ce régime peut être établi, suivant la volonté des contractants, sur des règles empruntées soit au régime dotal, soit à tout autre régime matrimonial. Mais, quand le contrat de mariage ne s'explique pas pour telle ou telle hypothèse particulière, on doit appliquer les règles de la communauté légale.

Lorsqu'un contrat de mariage quelconqne est incompréhensible (sa rédaction est défectueuse par exemple) ou annulé (il n'a point été fait devant notaire), les époux tombent sous le régime de droit commun : ils sont sounis aux règles du régime de la communauté légale.

Le patrimoine de la communauté légale, dont les deux époux sont co-propriétaires, comprend d'abord les *biens mobiliers* (créances, meubles, valeurs mobilières telles que : actions, obligations que possédait chaque époux au jour de la *célébration du mariage* — et non pas les biens mobiliers qu'il possédait au jour du *contrat*). Il comprend encore tous les *biens mobiliers* qui adviennent à l'un des époux *pendant le mariage* par donation ou testament, ainsi que les fruits des immeubles appartenant *en propre* à l'un quelconque des époux ; et par *fruits* il faut entendre tous les *produits périodiques*, c'est-à-dire recueillis périodiquement — par exemple : les récoltes, les fruits proprement dits, les coupes des bois aménagés (mais non celles des bois de haute futaie) — qu'elles aient lieu par période de trois ans ou de cinq ans ou de dix ans — les prix des loyers et des fermages, les produits des mines, carrières et tourbières (à moins que ces carrières et tourbières n'aient été mises en exploitation que depuis la célébration du mariage), car il faut dire immédiatement que la communauté a la jouissance des biens appartenant en *propre* à chacun des époux, et même elle a sur ces biens des droits supérieurs à ceux de l'usufruitier. En effet, elle n'a point à faire inventaire, elle n'est point tenue de fournir caution et elle a droit à indemnité pour les semences et frais de labour qu'elle a payés, lorsqu'elle n'a pas récolté le produit de ces semences et de ces travaux, le régime matrimonial ayant pris fin avant la récolte (1403). — (Voy. Usufruit).

Quant aux immeubles qui appartiennent au patrimoine de la communauté, il est évident que tous leurs produits, *qu'ils soient ou non périodiques*, tombent dans ce même patrimoine, tandis que les produits *non périodiques* des biens *propres* aux époux (par exemple la coupe d'une futaie non aménagée) restent, quant à leur valeur, dans le patrimoine de l'époux propriétaire du bien.

Les *immeubles* (maisons, fonds de terre) appartenant à l'un des époux lors de la célébration du mariage ne tombent point dans la communauté. Mais il y a une exception remarquable à ce principe. Lorsque l'époux s'est rendu propriétaire d'un immeuble après la signature du contrat de mariage, mais avant la célébration du mariage lui-même, l'immeuble ne reste point propre à l'époux, il devient bien dela communauté. La loi évite ainsi une fraude qui eût été commise fréquemment : Dans le contrat de mariage l'un des futurs époux aurait déclaré posséder 100 000 francs, par exemple, en *valeurs mobilières* ; l'autre futur, confiant dans cette déclaration, eût consenti à certaines clauses qu'il n'aurait pas admises si ces 100 000 francs n'eussent dû être appelés à faire partie du patrimoine commun. Puis le futur époux propriétaire de 100 000 francs de valeurs mobilières eût acheté un immeuble avant la célébration du mariage, et, les immeubles ne tombant pas dans la communauté, l'autre conjoint eût été frustré. Le législateur ne l'a pas voulu (1404).

Les immeubles acquis pendant le mariage *à titre onéreux*, aux frais de la communauté, font partie du patrimoine commun. Ces immeubles portent le nom *d'acquêts* ou de *conquêts* (biens acquis en commun). Au contraire les immeubles acquis également pendant le mariage mais *à titre gratuit* (c'est-à-dire par succession ou donation) appartiennent exclusivement à l'époux successeur ou donataire; ils ne rentrent dans le patrimoine de la communauté que si le donateur ou testateur les a laissés aux deux époux *conjointement*, c'est-à-dire sans attribution de part ou de quote part à chacun des époux.

Si l'immeuble est donné à l'un des époux par son ascendant, sous la condition qu'il acquittera une dette contractée par le donateur envers une tierce personne, ou s'il s'agit d'un immeuble donné en paiement d'une dette contractée par l'ascendant vis-à-vis du descendant lui-même, le bien, quoique payé en fait avec les deniers de la communauté, reste propre à l'époux descendant, seulement celui-ci devra indemniser la communauté de l'avance du paiement de la dette. — En effet il y a là plutôt un acte à titre gratuit, — une donation avec charge, — qu'une acquisition à titre onéreux (1406).

L'immeuble acquis pendant le mariage en échange d'un immeuble ou d'un meuble appartenant *en propre* à l'un des époux ne tombe pas dans la communauté. Mais si l'immeuble acquis en échange est d'une valeur supérieure à celle du propre échangé, la communauté paiera la différence (cet excédant porte le nom de *soulte*), et, lors du règlement qui aura lieu à la dissolution de la communauté, le patrimoine commun aura droit à une indemnité — à une *récompense* — égale à cette soulte (1407).

Supposons qu'au jour du mariage l'un des époux possède une part *indivise* dans une propriété immobilière (il est co-propriétaire pour 1/3 ou pour 1/4 par exemple). Au cours du mariage l'indivision cesse et cet époux se rend adjudicataire de l'immeuble. Quand bien même le prix de l'adjudication serait payé par la communauté, l'immeuble appartient exclusivement à l'époux adjudicataire; il ne tombe point dans la communauté, mais lors de la dissolution de la communauté le conjoint propriétaire de l'immeuble devra restituer au patrimoine commun le prix de l'acquisition.

Supposons que ce soit la femme, qui, au moment du mariage, ait un droit de copropriété sur un immeuble, et que, durant le mariage, le mari agissant seul, sans avoir reçu mandat de sa femme, acquière une autre part *indivise* de l'immeuble, ou même se porte adjudicataire de tout l'immeuble *en son nom personnel*. Lors de la dissolution de la communauté, la femme aura à choisir entre deux partis : prendre l'immeuble — ou la quote-part acquise à la communauté par le mari — et alors elle devra tenir compte à la communauté du prix d'acquisition, ou abandonner la propriété de l'immeuble à la communauté, et dans ce cas elle aura droit à une récompense proportionnée à la quote-part indivise qu'elle avait jadis en propriété. Ainsi, l'immeuble a-t-il été adjugé 40 000 francs au mari, et la femme n'était-elle propriétaire que *pour un quart*, elle aura droit à une indemnité de 10 000 francs. — La femme a intérêt à garder l'immeuble si sa valeur a augmenté depuis l'adjudication, elle a intérêt à le laisser à la communauté si sa valeur a diminué (1408).

La femme peut prendre parti du reste avant la dissolution de la communauté, mais on ne peut l'y forcer, tandis qu'à dater de la dissolution de la communauté les tiers peuvent l'obliger à faire son option par une mise en demeure.

Les *immeubles* que chacun des époux acquiert au cours du mariage par *succession* ou *donation* tombent dans le patrimoine particulier de l'époux donataire ou successeur, mais la communauté en a la jouissance, ainsi que nous l'avons déjà dit : Les revenus, les fruits de ces immeubles appartiennent à la communauté (1402, al. 2).

Nous avons déterminé quels sont les *biens* qui composent le patrimoine commun des époux mariés sous le régime de la communauté légale. Mais quelles sont les *charges* de ce patrimoine?

La communauté est tenue de toutes les dettes dont les époux étaient grevés au jour de la célébration du mariage, des dettes contractées au cours du mariage par le mari — et même par la femme munie de l'autorisation maritale — et des intérêts de toutes ces dettes. C'est à elle également qu'incombent les réparations d'entretien nécessaires à la conservation des immeubles, — qu'ils appartiennent au patrimoine commun ou au patrimoine particulier de l'un des époux. Enfin, l'entretien et l'éducation des enfants, leur nourriture, l'entretien et la nourriture des époux, le loyer, et, en général, toutes les charges du mariage sont à la charge de la communauté (1409).

Quand une succession est échue à l'un des époux, la communauté, suivant les cas, doit payer la totalité ou une fraction plus ou moins importante des dettes de la succession. La succession est-elle immobilière ? Aucune portion ne tombe dans la communauté, et les créanciers de la succession ne peuvent en principe se faire payer que sur les immeubles de la succession (1412). Au contraire, les biens de la succession sont-ils tous mobiliers, ils tombent en totalité dans le patrimoine de la communauté et la communauté a la charge de toutes les dettes (1411). La succession est-elle mobilière pour un tiers, immobilière pour les deux tiers, la communanté n'a à payer qu'un tiers des dettes de la succession. — Or, la valeur relative des meubles ou des immeubles de la succession est établie par un inventaire que le mari a le *devoir* de faire dresser. S'il néglige cette formalité et que la succession soit échue à la femme, celle-ci, lors de la dissolution de la communauté, pourra établir la valeur du mobilier non inventorié par tous les moyens possibles, même *par commune renommée* — par des on-dit — tandis que le mari négligent ne peut pas employer ce moyen de preuve pour combattre les prétentions de sa femme ou de ses héritiers, ou pour prouver la valeur du mobilier dont il a hérité lui-même pendant la communauté (1415).

Si une succession immobilière est échue au mari, les créanciers de la succession peuvent se faire payer non seulement sur les biens personnels du mari, mais même sur le patrimoine de la communauté, qui, on peut le dire, se confond durant le mariage avec le patrimoine du mari. Mais, à la dissolution de la communauté, le mari devra tenir compte au patrimoine commun de la somme qu'il aura fournie (1412).

Si, au contraire, c'est à la femme qu'est échue la succession immobilière, et qu'elle l'ait acceptée *avec le consentement de son mari*, les créanciers pourront se faire payer sur les immeubles de la succession et sur le patrimoine propre de la femme. — Mais si la femme a accepté la succession avec l'autorisation du tribunal, son mari lui ayant refusé la sienne, les créanciers ne pourront poursuivre leur paiement que sur les immeubles de la succession et sur la *nue-propriété* des biens *personnels* de la femme ; ils ne pourront porter atteinte au *droit d'usufruit* du mari sur le patrimoine de sa femme. Quant à la communauté, les créanciers de la succession *immobilière* échue à la femme ne pourront la poursuivre en paiement des dettes successorales.

Lorsque la succession est en partie mobilière, en partie immobilière, les créanciers peuvent poursuivre leur paiement sur les biens de la communauté si la succession est échue au mari ou à la femme autorisée par son mari à l'accepter. Seulement la communauté aura droit à *récompense*, pour ce qu'elle aura payé au delà de sa part, lors de la dissolution de la communauté. Et il en est de même si la succession a été acceptée par la femme sans l'autorisation du mari, mais avec l'autorisation de justice, lorsque le mobilier n'a point été inventorié. La loi a voulu punir ici la négligence du mari (1416). Au contraire, s'il a été dressé un inventaire, les créanciers de la succession échue à la femme non autorisée par son mari ne peuvent poursuivre leur paiement que sur les biens de la succession et sur la *nu-propriété* des autres biens personnels de la femme; le droit d'usufruit du mari est ainsi hors de toute atteinte (1417).

Toutes les règles que nous venons d'appliquer aux successions s'appliquent également aux cas de donations faites à l'un des époux au cours du mariage (1418).

Administration de la communauté. — Sous le régime de la communauté légale le mari a des pouvoirs très étendus. Il administre seul les biens dépendant du patrimoine de la communauté, il peut aussi les grever d'hypothèques, de servitude, d'usufruit, les donner en gage sans le concours de sa femme, *et même malgré son opposition.* Il peut gaspiller les capitaux qu'il a entre les mains (sauf le droit qu'a la femme de demander la séparation de biens). Mais il ne peut faire donation des *immeubles* de la communauté, ni donner en bloc la totalité du mobilier ou seulement une quote-part telle que un quart, un sixième, à moins que ces donations ne soient faites en faveur des enfants qu'il a eus de son associée dans la communauté, afin de leur permettre de s'établir ou de se marier. Il peut en revanche faire des donations de sommes d'argent, de créances, de meubles à n'importe qui, pourvu qu'il ne se réserve pas la jouissance des objets donnés (1423).

Le mari n'a pas seulement l'administration du patrimoine commun; il administre encore tous les biens *personnels* de la femme. C'est à lui qu'il appartient de recevoir les capitaux appartenant à la femme, d'en donner quittance, de toucher les loyers, les fermages venant des immeubles de la femme; c'est lui qui ordonne les réparations, interrompt les prescriptions s'il y a lieu. Aussi est-il responsable du dépérissement des biens personnels de sa femme, si les détériorations proviennent de sa négligence et de sa mauvaise administration. Il ne peut aliéner par vente ou échange les *immeubles* appartenant *personnellement* à sa femme sans le consentement de celle-ci, mais il peut toucher valablement les créances de sa femme et en donner quittance, et exercer en justice les actions mobilières qui lui appartiennent, c'est-à-dire poursuivre les tiers au sujet des droits qu'elle peut avoir sur tel ou tel bien mobilier (sur des valeurs par exemple). Il a même l'exercice des *actions immobilières possessoires* qui appartiennent à sa femme — c'est ainsi qu'il peut poursuivre sans son concours ceux qui possèdent depuis moins d'un an des immeubles qu'elle possédait elle-même auparavant sans en être propriétaire : c'est là ce qu'on appelle une action immobilière *possessoire*. — Quant aux actions immobilières *pétitoires* — action dirigée contre le possesseur d'un immeuble de la femme — le mari ne peut les exercer qu'avec le consentement de la femme. En principe, c'est la femme qui doit les exercer, mais avec l'autorisation de son mari ou de justice (1428). — Le mari peut louer les immeubles de sa femme, et les baux qu'il passe ainsi sont absolument inattaquables, quelle que soit leur durée, tant que dure la communauté; mais à la dissolution de la communauté les baux faits par le mari ne sont valables que *pour neuf ans* vis-à-vis de la femme. Ainsi, la *veille* de son décès, le mari a loué un immeuble de la femme ou de la communauté pour quinze ans; si la femme le juge convenable elle ne reconnaîtra le bail que pendant *neuf ans*; à la fin de cette période elle ne sera plus liée et pourra louer l'immeuble à un autre que le locataire choisi par le mari. Si le bail avait été passé *six ans* avant la mort du mari, la femme sera tenue jusqu'à la fin de la période de *neuf ans*, elle devra donc respecter le bail pendant *trois ans* à dater du décès de son mari. Si le bail avait été consenti dix ans avant le décès au contraire, la femme se trouverait dans la même situation que si le mari, après avoir consenti un bail de neuf années, avait consenti un nouveau bail pour six années seulement: la femme devra respecter le bail jusqu'à la fin de la quinzième année. La durée du bail est donc divisée par périodes de neuf ans.

Il peut se faire que le locataire ou le fermier ait obtenu un nouveau bail avant la fin du premier. Si ce renouvellement a eu lieu moins de *deux ans* avant la fin du premier bail et qu'il s'agisse de la location d'une *maison*, ce renouvellement est opposable à la femme. Or, le mari pouvant consentir un bail de neuf ans, la femme sera tenue en vertu de ce bail pendant onze années, si nous supposons que le mari est décédé le lendemain du renouvellement, car elle devra respecter l'ancien bail pendant deux ans et en outre le nouveau bail de neuf ans. Si le nouveau est d'une durée plus longue, la femme ne sera obligée de le respecter que pendant neuf ans (1429).

Lorsqu'il s'agit d'un *bail rural*, c'est-à-dire d'un bail ayant pour objet des *fonds de terre* — d'un *bail à ferme*, en un mot — le renouvellement peut être fait valablement par le mari *dans les trois ans* qui précèdent l'expiration du bail primitif. Si donc le mari décède immédiatement après avoir consenti un nouveau bail de neuf ans, *trois ans* avant l'expiration du bail actuel, la femme sera tenue vis-à-vis du fermier pendant *douze ans* (3 + 9).

Mais supposons que le renouvellement d'un bail rural ait eu lieu quatre ans avant l'expiration du bail, ce renouvellement ne sera opposable à la femme que si, *lors du décès du mari* — lors de la dissolution de la communauté, d'une manière générale — le bail primitif est expiré et *l'exécution* du renouvellement *commencée*. De même s'il s'agit d'un renouvellement d'un bail ayant pour objet une maison et consenti *plus de deux ans* — trois ans par exemple — avant la fin du bail en cours d'exécution (1430).

Lorsque le mari a autorisé sa femme à contracter une dette, le créancier de la femme peut poursuivre son paiement sur les biens de la femme, sur tous les biens de la communauté, et même sur les biens *personnels* du mari. Si la communauté paie la dette, la femme, qui est la véritable débitrice, devra *l'indemniser* lors de la dissolution de la communauté. Si le paiement est effectué aux dépens du mari, c'est lui qui aura droit, à la même époque, à une récompense qui sera supportée par la femme (1419). — Quand la femme a contracté la dette, non pas avec l'autorisation du mari, mais en vertu d'un mandat général ou spécial qu'elle a reçu de lui et qui lui donne pouvoir de contracter des dettes, cette dette tombe à la charge de la communauté : le créancier peut poursuivre son paiement non seulement sur les biens de la communauté, mais encore sur le patrimoine propre du mari. Les biens personnels de la femme sont hors de son atteinte, car ici la femme n'a joué que le rôle de mandataire; par conséquent, elle n'est point débitrice comme dans l'hypothèse précédente (1420). — La femme qui s'oblige *solidairement* avec son mari pour les affaires de la communauté ou dans l'intérêt du mari, et qui a payé la dette au cours du mariage, a droit à récompense lors de la dissolution de la communauté. Sans doute les créanciers ont pu se faire payer sur ses biens personnels puisqu'elle était débitrice solidaire, mais le législateur ne la considère pas comme une véritable débitrice et la traite comme une *caution* (1431). Il en serait tout autrement si la femme s'était obligée solidairement avec son mari pour une affaire l'intéressant *spécialement*, et non pour une affaire de la communauté ou du mari. Dans ce cas elle n'aurait droit à aucune indemnité, étant tenue personnellement de cette dette qui lui est propre (1431).

FORMULE N° 6

Dette contractée par une femme mariée avec l'autorisation de son mari

» Je soussignée Marie A.., épouse de M. Georges V.., mariée avec lui *sous le régime de la séparation de biens* (par exemple), et dûment autorisée par lui, reconnais devoir à M. N..., rentier, la somme de mille francs qu'il m'a prêtée pour me permettre de faire des réparations indispensables à un immeuble à moi appartenant, laquelle somme je m'oblige à lui restituer le quinze juin 1886 avec les intérêts légaux produits à compter de ce jour jusqu'à la dite échéance.

» Bon pour mille francs.

» Marie A... femme V.

» Demeurant à rue n°

» Fait à....., le... mil huit cent...

» Bon pour autorisation.

» Georges V.

FORMULE N° 7

Reconnaissance d'une dette contractée solidairement par le mari et la femme

Les soussignés Albert D.., marchand de draps à Pontoise, et Jeanne E.. son épouse, dûment autorisée par lui, reconnaissent devoir à M. R..., propriétaire, la somme de deux cents francs qui leur a été prêtée pour les aider dans leur commerce et s'obligent solidairement à lui rendre cette somme avec les intérêts calculés à cinq pour cent et courant à partir de ce jour, le trois décembre mil huit cent...

» Fait à Pontoise, le trois décembre mil huit cent...

» *Bon pour deux cents francs* (de la main de la femme).

Signature de la femme)

» *Bon pour deux cents francs* (de la main du mari).

(Signature du mari)

Nous avons vu que la femme munie de l'autorisation de son mari pouvait aliéner ses immeubles. Le mari, lui, peut aliéner les immeubles qui font partie de son patrimoine sans aucune autorisation; quant aux immeubles appartenant à la femme, il peut également les aliéner s'il a reçu d'elle mandat à cet effet. Les sommes recueillies à la suite de ces aliénations tombent dans la communauté puisqu'il s'agit de valeurs mobilières; mais, lors de la dissolution de la communauté, l'époux, ancien propriétaire de l'immeuble aliéné, a droit à la restitution du prix tombé dans le patrimoine commun. Il prélèvera ce prix sur la masse de la communauté avant tout partage Au cas d'aliénation partielle, la même règle est observée. Le mari a-t-il cédé un droit de servitude sur son immeuble — un droit de passage par exemple — il a le droit d'effectuer un prélèvement égal au prix dont la communauté a bénéficié.

Lorqu'à la suite de l'aliénation d'un immeuble qui lui était personnel, le mari a acquis, avec l'argent provenant de cette aliénation, un autre immeuble, et qu'il a déclaré, lors de cette acquisition, qu'elle était faite à titre de *remploi* à l'aide des fonds provenant de l'aliénation, l'immeuble nouvellement acquis n'est point considéré comme conquêt; il ne tombe point dans la communauté, mais dans le patrimoine du mari; il y prend la place qu'occupait l'immeuble aliéné. C'est ce qu'on appelle le *remploi* (1434).

Supposons que la femme ait aliéné un de ses immeubles. Le prix est tombé dans la communauté; quelque temps après le mari acquiert un immeuble et déclare dans l'acte que cet immeuble est acquis en remploi de l'immeuble vendu par la femme : Lors de la dissolution de la communauté, la femme aura à opter entre la récompense que lui doit la communauté pour la somme qu'elle a reçue comme prix de l'immeuble aliéné, et l'acceptation du remploi fait en son nom par son mari. Du reste, elle peut prendre parti sur ce point dès que le mari a fait la déclaration de remploi. Si la femme n'opte pas, l'immeuble est considéré comme un conquêt de la communauté, et récompense est allouée à la femme. Cette récompense tombe à la charge des biens personnels du mari en cas d'insuffisance des biens de la communauté; et, nous le répétons, elle est égale au prix touché par le mari comme chef de la communauté (1435).

Lorsque le prix de l'immeuble propre du mari, aliéné au cours du mariage n'a pas été remployé, la communauté est tenue également de le restituer au mari lors de sa dissolution; mais si les biens sont insuffisants pour la restitution intégrale du prix de l'immeuble vendu, le mari ne pourra poursuivre son paiement sur les biens personnels de la femme et devra supporter la perte de la somme que la communauté ne pourra lui fournir (1436).

Voilà les règles du remploi *facultatif*. Mais le remploi peut aussi être *obligatoire* pour le mari. Il suffit pour cela qu'on ait inséré l'obligation du remploi dans le contrat de mariage. Il est en effet très fréquent d'insérer dans le contrat de mariage que, si tel immeuble de la femme est aliéné, il sera fait remploi dans un délai déterminé — dans les trois mois par exemple — du prix de l'immeuble. Le mari est tenu alors d'effectuer le remploi dans le délai fixé et, au besoin, il y est contraint par la femme. Le remploi obligatoire s'accomplit dans les mêmes formes que le remploi facultatif. Il a les mêmes effets.

Toutes les fois qu'il est pris, sur le patrimoine de la communauté, une somme pour acquitter une dette *personnelle* à l'un des époux ou pour faire des réparations, des améliorations à des biens du patrimoine du mari ou de la femme, l'époux à qui la somme a profité doit la restituer à la communauté lors de la dissolution du mariage. Il en est de même si cette somme a servi à libérer l'immeuble de l'un des époux d'une servitude *passive* — d'un droit de puisage par exemple — ou à compléter le paiement du prix de cet immeuble acheté récemment, et généralement toutes les fois que l'un des conjoints a tiré un profit personnel de fonds appartenant à la communauté (1437).

Les dots que constituent les époux au profit de leurs enfants donnent aussi lieu à des récompenses. Si les époux ont doté *conjointement* l'un de leurs enfants, sans fixer la part pour laquelle chacun d'eux contribuera définitivement au paiement de la dot, chaque époux est débiteur de la moitié de la dot. Si la totalité de la dot est payée par la communauté et qu'à la dissolution du mariage la femme renonce, comme elle en a le droit, à la communauté, elle sera tenue, vis à vis de son mari, sur ses biens *personnels* pour la *moitié* de la dot.

Mais si cette dot est payée aux dépens du patrimoine *personnel* de l'un des époux, l'autre conjoint devra, lors de la dissolution de la communauté, porter à son *passif* la *moitié* de la valeur de la dot.

Et, si la dot consistait en un bien dont la valeur a varié depuis sa constitution, on devra considérer, dans le règlement de compte, la valeur qu'avait le bien *lors de la constitution de dot* (1438).

Lorsque la dot a été constituée par les deux époux, non plus conjointement, mais *solidairement*, le paiement peut en être poursuivi contre la femme *pour la totalité*, et elle est tenue de ce paiement intégral *même sur ses biens personnels*. Quant au mari, que la dot ait été constituée solidairement ou conjointement, il est toujours tenu du paiement *intégral*; car il s'agit dans notre hypothèse d'une dette de la communauté, et le mari, comme chef de la communauté, est tenu du paiement de toutes les dettes de la communauté, même aux dépens de son patrimoine *personnel*. — Si le mari *seul* a constitué la dot, c'est là encore une dette à la charge de la communauté, quand le bien objet de la dot fait partie du patrimoine commun. Durant le mariage les créanciers de la dot pourront en poursuivre le paiement sur les biens de la communauté, et, au besoin, sur les biens *personnels* du *mari*. Mais, lors de la dissolution de la communauté, la femme ne contribuera en rien à la dot si elle renonce à la communauté; et si elle l'accepte, elle n'en sera tenue que pour la moitié (1439).

Au contraire, si la dot a été constituée par la femme *seule*, avec l'autorisation du mari, la femme supportera la charge de la *totalité* de la dot à la dissolution de la communauté, mais *durant le mariage* le créancier de la dot pourra en poursuivre le paiement non seulement sur les biens de la femme, mais encore sur les biens de la communauté, et, par suite, sur les biens personnels du mari; car, durant la communauté, le patrimoine du mari se confond, pour ainsi dire, avec le patrimoine commun. Seulement, si la dot constituée par la femme autorisée a été payée par la communauté ou par le mari, la femme, qui doit supporter la dot en dernière analyse, devra récompense, lors de la dissolution de la communauté, au patrimoine qui aura fourni la dot.

Si la femme a constitué la dot avec la seule autorisation de justice, l'autorisation maritale lui ayant été refusée, le paiement de la dot ne peut être poursuivi, *durant la communauté*, que sur la nue-propriété des biens personnels de la femme, car le mari est usufruitier de ces biens, en tant que chef de la communauté, et il ne doit pas souffrir d'une constitution de dot qu'il a refusé d'autoriser, et qui lui a été imposée, en fait, par la justice.

Séparation de biens judiciaire. — Nous avons vu que les pouvoirs du mari durant le mariage sont de beaucoup supérieurs à ceux de la femme. Comme contrepoids à cette sorte de toute-puissance du mari la loi a accordé à la femme différents bénéfices que nous signalerons. Mais il en est un qui se rattache plus spécialement à l'administration du mari au cours du mariage, et dont nous allons parler immédiatement.

Lorsque, pendant le mariage, le mari se montre mauvais administrateur; lorsqu'il se livre à des spéculations exagérées, lorsqu'il fait des pertes de jeu ou que les affaires commerciales qu'il a entreprises prennent une tournure fâcheuse, la femme peut demander au tribunal du domicile conjugal de prononcer la séparation de biens entre elle et son conjoint (1443). Pour l'obtenir, il lui suffira de montrer que la reprise de sa dot et des récompenses qui lui sont dues est mise en *péril*. Pour soutenir sa demande en justice la femme n'a pas besoin d'être autorisée par son mari. Elle n'a qu'à présenter une requête au président du tribunal : Le président lui accorde l'autorisation de former sa demande en séparation de biens.

Le tribunal prononce-t-il la séparation de biens ? Les effets du nouveau régime matrimonial, dont nous parlerons plus loin avec détails, se produisent *en arrière* pour ainsi dire. La séparation de biens *rétroagit* jusqu'au jour de la demande en séparation formée par la femme, c'est-à-dire qu'elle est censée avoir été prononcée le jour même où la femme a assigné son mari. Par suite, tous les actes — autres que ceux de bonne administration — qu'a accomplis le mari durant le procès, sont absolument *sans valeur;* autrement, il lui eût été trop facile d'achever, par simple esprit de vengeance, de gaspiller le patrimoine de sa femme. Mais les effets du jugement ne remontent pas au jour de l'assignation à l'égard des tiers qui n'ont été avertis par aucune formalité légale de la demande en séparation; et il en est de même lorsque la séparation de biens n'a été que la conséquence de la séparation de corps — car il est bon de dire tout de suite que la séparation de corps entraîne de plein droit, sans qu'on la demande, la séparation de biens.

Le greffier du tribunal doit inscrire, dans l'auditoire du tribunal, un extrait de la demande en séparation que l'avoué de la femme doit lui avoir remis dans les *trois jours* de la demande. Cet extrait doit être affiché également dans l'auditoire du tribunal de commerce, dans les chambres des avoués de première instance et des notaires (867, pr.); il doit encore être inséré dans l'un des journaux de l'arrondissement et, s'il n'y en a pas, dans l'un des journaux du département (868, pr.). Cette dernière formalité doit être accomplie par la femme elle-même ou par son avoué.

Le jugement ne pourra être prononcé *qu'un mois* après l'accomplissement de ces formalités; s'il était prononcé avant l'expiration de ce délai, les créanciers du mari — ou le mari lui-même — pourraient faire annuler la séparation de biens (869, pr.).

Le jugement de séparation doit être lu au tribunal de commerce du lieu, s'il y en a, et un extrait de ce jugement contenant les renseignements essentiels (la désignation des époux séparés, par exemple) est affiché pendant *un an* dans l'auditoire des tribunaux de première instance et de *commerce* du domicile du mari, *même lorsqu'il n'est pas négociant*; s'il n'y a pas de tribunal de commerce, cet extrait sera affiché dans la principale salle de la *mairie* (872, pr.). Enfin il doit être inséré au tableau exposé dans la chambre des avoués et dans celle des notaires.

Le jugement de séparation de biens ne peut être exécuté qu'après l'accomplissement de ces formalités, mais la femme doit poursuivre le paiement de ce qui lui est dû par son mari, dans la *quinzaine* de la *prononciation du jugement*, sous peine de voir la séparation de biens annulée. Si l'exécution du jugement — le paiement des reprises de la femme — a lieu avant l'accomplissement des formalités que nous avons indiquées, elle est annulée (1445).

Nous avons déjà laissé entendre que la séparation de corps entraînait la séparation de biens. Mais si la femme n'a pas demandé, *en outre de la séparation de corps*, la séparation de biens, les effets de la séparation de biens ne remontent au jour de la demande qu'à l'égard du mari, *non à l'égard des tiers*, de sorte que la femme ne pourra leur opposer la séparation de biens au sujet des actes d'aliénation accomplis par le mari, comme chef de la communauté, entre la demande en séparation et la prononciation du jugement. Si au contraire la femme a demandé formellement, *cumulativement*, et la séparation de corps et la séparation de biens, ces actes ne seront pas valables *à l'égard des tiers*, à moins que la femme n'ait pas pris les mesures de publicité mentionnées ci-dessus.

Les créanciers personnels *de la femme* ne peuvent demander la séparation de biens sans son consentement, mais si le mari tombe en faillite ou en déconfiture (faillite du non-commerçant), ils peuvent réclamer ce à quoi ils auraient droit si la séparation de biens était prononcée (1446).

Quant aux créanciers du mari, ils peuvent intervenir dans le procès en séparation de biens pour s'y opposer, et si la séparation de biens est prononcée grâce à des fraudes commises par la femme ou par les deux époux, ils n'ont qu'à se pourvoir en justice contre cette séparation (1447).

La femme qui a obtenu la séparation de biens doit supporter une part dans les dépenses du ménage, ainsi que dans les frais d'éducation des enfants. S'il ne reste rien au mari, elle supporte ces dépenses *en totalité*. Si elle a une fortune équivalant à la moitié de celle de son mari elle n'en supportera que *le tiers* (1448).

La séparation de biens ne peut être établie au cours du mariage que par la justice; les époux ne pourraient l'établir par une convention, quand bien même elle serait constatée par un acte *notarié* (1443 al. 2).

Nous indiquerons plus loin quelle est la capacité de la femme séparée de biens.

La communauté dissoute par la séparation de biens peut être rétablie si les deux époux y consentent. Mais ce rétablissement ne peut se faire que par acte *passé par devant notaire*, et une copie de acte (l'original porte le nom de *minute* et la copie celui d'*expédition*) est affichée dans les lieux mêmes où a été affiché l'extrait du jugement prononçant la séparation, sauf peut-être au tribunal de commerce, si le mari n'est pas commerçant. Et alors la séparation de biens est censée n'avoir jamais été prononcée. La communauté reprend son effet du *jour du mariage*. Du reste toute modification apportée au contrat de mariage rendrait nulle la convention, car le contrat de mariage ne peut être modifié par les époux au cours du mariage. Mais il ne faut pas croire que les actes accomplis au cours de la séparation de biens, et qui, permis à la femme séparée, sont interdits à la femme mariée sous le régime de la communauté, ne doivent point être considérés comme valables : *Ces actes conservent toute leur force* (1451, al. 3).

A la différence de la séparation de corps, le divorce dissout le mariage. Par suite, au point de vue *pécuniaire*, le divorce de deux époux doit avoir les mêmes conséquences, en principe, que la mort de l'un d'eux qui dissout également le mariage. Aussi le divorce entraîne-t-il la dissolution de la communauté; mais, au cas de divorce, il faut appliquer une règle spéciale formulée ainsi par la loi : « L'époux contre lequel le divorce aura été admis perdra tous les *avantages* que l'autre époux lui avait faits, soit par le contrat de mariage, soit depuis le mariage contracté (299). »

Et par « *avantages* » il faut entendre les donations, les legs, les droits de survie stipulés dans le contrat de mariage. — Les tribunaux appliquent la même peine à l'époux contre lequel la séparation de corps a été prononcée.

Quant à l'époux qui a obtenu gain de cause, soit dans l'instance en divorce, soit dans le procès en séparation de biens, il ne peut exercer ces droits de survie dès la dissolution de la communauté, mais seulement à la mort de son conjoint (1452).

Nous avons indiqué quelles sont les causes de la dissolution de la communauté, autres que le décès de l'un des époux. Nous allons maintenant dire comment s'opère cette dissolution, quand il y a lieu à partage, comment ce partage s'effectue, et nous appuierons particulièrement sur ce qui concerne les biens de la femme.

Dissolution de la communauté. — En résumé la communauté se dissout :

1° Par la mort de l'un des époux;
2° Par le divorce;
3° Par la séparation de corps;
4° Par la séparation de biens (1441).

Lors de la dissolution de la communauté, la femme (ou ses héritiers, lorsque la communauté a été dissoute par la mort de la femme) a le droit de *renoncer à la communauté*, ce qui veut dire qu'elle peut refuser sa part dans la communauté. Cette part vient se confondre alors, pour la totalité, dans le patrimoine du mari, qui en recueille tous les droits et aussi toutes les *charges* (1558).

Au cas de dissolution de la communauté par la mort de l'un des époux, la première chose qu'ait à faire l'époux survivant, c'est de procéder à l'inventaire du patrimoine de la communauté, car s'il y a des enfants *mineurs* nés du mariage, le défaut d'inventaire fait perdre à l'époux survivant la jouissance de leurs revenus. Quant au subrogé tuteur qui n'a point forcé l'époux tuteur à faire l'inventaire, il est *solidairement* tenu avec lui de tous les dommages-intérêts qui pourront être accordés au mineur par les tribunaux.

Ce n'est pas tout. S'il n'a point été fait d'inventaire de la communauté, les créanciers de la communauté pourront prouver, même *par commune renommée*, c'est-à-dire non seulement par témoins — quand bien même il s'agirait d'une somme de beaucoup supérieure à 150 francs, limite au delà de laquelle la preuve par témoins n'est plus admise en principe — mais même par la rumeur publique, par des « on-dit » la valeur du patrimoine de la communauté (1442).

Lorsque c'est la femme qui survit, le défaut d'inventaire est encore sanctionné plus sévèrement. En effet, pour qu'elle conserve la faculté de renoncer à la communauté à partir d'une certaine époque, il faut que l'inventaire fidèle et exact de tous les biens de la communauté soit fait dans les *trois mois* qui suivent le décès du mari. Cet inventaire doit être dressé en présence des héritiers du mari, ou eux dûment appelés (1456). De plus la femme doit, au moment même de la clôture de l'inventaire, affirmer devant l'officier public qui a reçu cet inventaire, qu'il est sincère et véritable.

Si la veuve meurt avant l'expiration du délai de trois mois, et que l'inventaire soit terminé, ses héritiers auront, pour prendre parti, c'est-à-dire pour opter entre l'acceptation et la renonciation, un délai de *quarante jours*; mais si la veuve est décédée avant d'avoir fait ou terminé l'inventaire, et avant l'expiration des trois mois, ses héritiers auront trois mois, *à partir de son décès*, pour faire ou terminer l'inventaire, et quarante jours à dater de la clôture de l'inventaire — et non à dater de l'expiration de trois mois — pour prendre parti.

La femme survivante qui veut renoncer à la communauté doit faire sa renonciation au greffe du tribunal du domicile de son mari, et le greffier inscrit la renonciation sur le registre consacré aux renonciations à succession (1457). Cette renonciation doit être faite dans les *trois mois et quarante jours* qui suivent le décès du mari, à moins que le tribunal n'ait accordé un plus long délai sur la demande de la femme, ou de ses héritiers si elle est décédée (1458).

La veuve qui a fait inventaire dans les délais prescrits, et qui n'a point agi en propriétaire à l'égard des biens de la communauté conserve la faculté de renoncer, *même après l'expiration* des quarante jours qui ont suivi la clôture de l'inventaire fait dans les délais prescrits; seulement, à dater du quarante-et-unième jour, elle peut être poursuivie comme si elle avait accepté la communauté, jusqu'à ce qu'elle ait renoncé; elle sera tenue de payer les dettes de la communauté, et lorsqu'elle se décidera à renoncer, les frais de poursuites seront à sa charge (1459). — Mais la situation de la femme qui n'a point fait inventaire est encore plus critique. Dès que le délai de trois mois et quarante jours est expiré, elle ne peut plus renoncer à la communauté, la loi la déclare acceptante.

La femme qui, avant de renoncer à la communauté, a agi en propriétaire sur les biens du patrimoine commun perd le droit de renoncer à la communauté, même si elle a fait dresser inventaire. La même déchéance frappe la femme qui a soustrait ou recélé des effets de la communauté. Et ces dispositions, ne l'oublions pas, s'appliquent également aux héritiers de la femme prédécédée (1460).

Lorsque l'inventaire a été terminé avant l'expiration des trois mois, le délai de quarante jours commence à courir immédiatement. Ces quarante jours sont accordés à la femme survivante ou aux héritiers de la femme prédécédée pour étudier la situation et prendre le parti d'accepter la communauté ou d'y renoncer.

Est encore déchue de la faculté de renoncer, la femme qui, après le décès de son mari, a pris dans un acte la qualité de commune.

De quelque façon que la communauté ait été dissoute, la femme a la faculté de renoncer à la communauté. Mais la femme divorcée ou séparée de corps — or nous savons que, la séparation de corps entraînant la séparation de biens, la communauté est dissoute par le seul fait du jugement qui prononce la séparation, — qui n'a pas accepté la communauté dans les trois mois et quarante jours écoulés après la prononciation *définitive* du divorce ou de la séparation de corps, est considérée par la loi comme y ayant renoncé (1463).

Lorsque la femme (ou ses héritiers) a renoncé à la communauté pour frustrer ses créanciers, ceux-ci peuvent attaquer cette renonciation devant les tribunaux et, s'ils prouvent la fraude, ils seront admis à accepter la communauté à la place de la femme, dont ils exerceront tous les droits. Mais cette acceptation ne pourra, bien entendu, préjudicier à la femme; elle n'aura à son endroit aucun effet (1464).

Que la veuve accepte la communauté ou qu'elle y renonce, elle a le droit, pendant trois mois et quarante jours, de prendre sa nourriture et celle de ses domestiques sur les provisions de ménage appartenant à la communauté, et, lorsqu'elles sont épuisées, la loi lui donne le droit d'en acheter de nouvelles aux frais de la communauté, mais à la condition qu'elle ne les gaspillera pas (1465, al. 1).

De plus, *pendant les mêmes délais*, la veuve a droit au logement qu'elle occupait avec son mari au moment de la dissolution de la communauté. Si elle habitait une maison appartenant à son mari, elle ne devra aucune indemnité de logement aux héritiers de son conjoint; si cette maison avait été louée simplement par son mari, le loyer sera payé aux dépens de la masse de la communauté (1465, al. 2).

Enfin le deuil de la femme est payé par les héritiers du mari, mais les dépenses sont proportionnées à la fortune du défunt.

Tous ces droits appartiennent à la femme qui renonce à la communauté aussi bien qu'à celle qui l'accepte.

Acceptation de la communauté par la femme. — Lorsque la femme accepte la communauté, il y a lieu de partager en deux lots le patrimoine qui, durant le mariage, était commun aux deux époux. A cet effet, on établit une sorte de bilan : d'une part on fixe l'actif de la communauté, d'autre part le passif, et, l'excédent actif ou passif ainsi déterminé, le partage s'effectue.

L'actif de la communauté comprend, outre les biens existant au moment de la dissolution du mariage dans le patrimoine de la communauté, tout ce qui lui est dû par l'un quelconque des époux, à titre de récompense ou d'indemnité, par exemple : les sommes dont elle a fait l'avance à l'un des époux, pour que de grosses réparations fussent faites sur l'un des immeubles propres à cet époux. Il comprend la valeur des biens mobiliers, c'est-à-dire les créances, les titres de rentes, les actions, obligations, bijoux, meubles, livres, pianos, etc., etc., dont un des conjoints a usé pour doter un de ses enfants du premier lit, ou pour doter *personnellement* — et non pas conjointement — un enfant issu du mariage qui a donné naissance à la communauté actuellement en liquidation. Il est à remarquer que toutes ces indemnités portent intérêt du jour même de la dissolution de la communauté.

Mais il faut distraire des biens actuellement existants dans le patrimoine de la communauté le prix des immeubles propres à l'un des époux, aliénés durant le mariage et dont il n'a pas été fait remploi, et les indemnités dues, pour une raison ou pour une autre, à l'un des époux par la communauté. Ici encore les indemnités portent intérêt du jour de la dissolution de la communauté (1473).

Les prélèvements de la femme sont faits avant ceux du mari. Mais que les prélèvements soient effectués par la femme ou par le mari, ils s'exercent d'abord sur l'argent se trouvant actuellement dans le patrimoine commun ; s'il n'y a pas assez d'argent, sur le mobilier, et enfin, à défaut de mobilier suffisant, sur les immeubles de la communauté. Le choix des immeubles appartient à l'époux qui effectue le prélèvement (1471).

Le mari ne peut exercer ses reprises que sur le patrimoine commun ; s'il est insuffisant, il ne peut exercer qu'un prélèvement partiel, tandis que la femme (ou ses héritiers) peut exercer ses reprises même sur le patrimoine *personnel* du mari, lorsque celui de la communauté ne suffit pas (1472).

Les prélèvements exécutés, tout ce qui reste dans le patrimoine commun se partage par moitié entre les deux époux, ou entre l'époux survivant et les héritiers de l'époux prédécédé (1474).

Si c'est la femme qui a prédécédé et que l'un de ses héritiers accepte la communauté, tandis que l'autre y renonce, le mari recueille la part à laquelle avait droit l'héritier qui a renoncé à la communauté (1475).

L'époux qui a diverti ou recélé un bien quelconque — un meuble par exemple — qui faisait partie du patrimoine commun, perd tout droit sur ce bien, qui est attribué *exclusivement* à son conjoint, sans qu'il en soit tenu compte dans le partage (1477).

Alors que les récompenses dues par l'un des époux à la communauté, ou par la communauté à l'un des époux, portent intérêt de plein droit du jour de la dissolution de la communauté, les dettes de l'un des conjoints envers l'autre ne produisent intérêt que du jour de l'*assignation* lancée par l'époux créancier contre l'époux débiteur. Comme exemple d'une créance personnelle entre époux nous pouvons citer celle qui naîtrait du paiement effectué par l'un des époux, au moyen d'un immeuble de son patrimoine propre, d'une dette de l'autre époux, contractée à la suite de grosses réparations faites sur un de ses immeubles.

Il ne faut pas s'imaginer que la donation faite par l'un des époux à l'autre soit prélevée sur les biens de la communauté. Elle s'exécute sur la part du donateur dans la communauté et sur ses biens personnels (1480).

Maintenant que nous avons déterminé la composition de l'actif de la communauté lors de sa dissolution, il nous faut examiner avec soin la composition de son passif.

Chacun des époux est tenu pour moitié des dettes que la communauté doit supporter effectivement, définitivement, et parmi lesquelles on doit ranger les frais de scellés, d'inventaire, de vente du mobilier, de liquidation et de partage nécessités par la dissolution de la communauté (1482).

Bien que le mari ne soit débiteur *effectivement* que de la moitié du passif, néanmoins les créanciers de la communauté peuvent le poursuivre *pour le tout*; il ne pourra qu'exercer son recours contre la femme ou ses héritiers pour la moitié de ce qu'il aura payé (1484). — Mais cette règle comporte des exceptions : dès que la communauté est dissoute, le mari ne peut être poursuivi que pour la moitié de la dette quand cette dette est née du chef de la femme, c'est-à-dire lorsque la somme actuellement due par la communauté a été employée au profit des biens personnels de la femme (1485).

Le paiement des dettes de la communauté ne peut être poursuivi contre la femme que *jusqu'à concurrence de son émolument* (1483). Si l'actif de la communauté est de 50 000 francs et que son passif s'élève à 100 000 francs, la femme débitrice de 50 000 francs, ne peut être poursuivie utilement que jusqu'à concurrence de 25 000 francs, somme qui forme ce que la loi désigne sous le nom *d'émolument*. Mais la femme ne jouit de cette faveur énorme que s'il a été fait par elle inventaire à la dissolution de la communauté. D'ailleurs cette disposition ne peut être invoquée par la femme lorsqu'elle est poursuivie pour le paiement des dettes qui sont entrées *de son chef* dans le patrimoine de la communauté, par exemple pour le paiement d'une dette d'une succession à elle échue. Pour ces dettes là elle peut être forcée au paiement *intégral*. Mais n'oublions pas que, ce paiement une fois effectué par elle, elle a un recours contre son mari (ou ses héritiers) pour la moitié de la dette, puisque c'est en somme une dette de la communauté (1486).

La femme qui, par une erreur de calcul ou par étourderie, a payé au créancier de la communauté plus de la moitié de la dette, ne peut demander au créancier de lui restituer ce qu'elle a payé en trop que lorsqu'il a été formellement indiqué dans la quittance qu'elle n'entendait payer que la moitié de cette dette (1488).

Lorsque la dette de la communauté a été contractée par les deux époux, c'est-à-dire lorque la femme a apposé sa signature sur le titre de la créance à côté de celle du mari, la femme est personnellement obligée; et cependant les créanciers ne pourront la poursuivre pour le tout que si la dette a été contractée *solidairement* par elle et par son mari. Si elle ne s'est point obligée solidairement, elle ne peut être *poursuivie* que jusqu'à concurrence de la *moitié* de la dette (1487). — Le mari ne peut invoquer cette disposition : il est tenu *pour le tout*.

Les héritiers de l'époux prédécédé ont, en cette matière, absolument les mêmes droits que ceux qui eussent appartenu à l'époux qu'ils représentent. C'est ainsi que l'héritier de la femme a le droit de renoncer à la communauté ou de l'accepter. Mais cela ne s'étend point au droit à l'habitation et à la pension alimentaire, droit qui n'est accordé qu'à la femme *elle-même*.

Effets de la renonciation de la femme à la communauté. — La femme qui renonce à la communauté perd tout droit sur le patrimoine commun, mais elle conserve le linge et les vêtements qui lui appartenaient lors de la dissolution de la communauté (1492).

Bien entendu, elle garde tous ses biens propres, c'est-à-dire ses immeubles, le prix de ses immeubles aliénés, lorsque le remploi n'a point été fait, ainsi que les indemnités qui lui sont dues par la communauté, par exemple pour les sommes qu'elle a consacrées à des réparations faites pendant le mariage à des immeubles de la communauté (193).

La femme renonçante n'ayant plus aucun droit sur l'actif de la communauté, il est juste qu'elle n'ait point à payer les dettes de la communauté. Cependant, les créanciers de la communauté pourront la poursuivre lorsqu'elle se sera obligée *conjointement* avec le mari, ou pour les dettes tombées de son chef dans le patrimoine commun, absolument comme si elle avait accepté la communauté.

Seulement, la femme se fera rembourser par son mari ou par ses héritiers (1494). — Pour les indemnités à elle dues par la communauté, elle peut se faire payer non seulement sur le patrimoine de la communauté devenu biens personnels du mari, mais encore sur les biens qui appartenaient à celui-ci, même avant la dissolution de la communauté (1495).

§ 2. — LA COMMUNAUTÉ CONVENTIONNELLE.

Nous avons déjà fait remarquer que les futurs époux pouvaient modifier dans une très large mesure les règles qui constituent le régime de la communauté légale.

Nous allons examiner les modifications les plus pratiques, et qui par conséquent se rencontrent le plus fréquemment dans les contrats de mariage établissant le régime de la communauté conventionnelle c'est-à-dire adoptant en principe la communauté légale, mais y apportant des modifications.

Régime de la communauté réduite aux acquêts. — Sous le régime de la communauté réduite aux acquêts, le patrimoine de la communauté ne se compose que des biens *acquis* par chacun des époux durant le mariage, des appointements ou du salaire du mari ou de la femme et des économies qu'ils ont réalisées sur les revenus des biens immobiliers qui leur appartiennent en propre (1498).

Les biens mobiliers — sommes d'argents, titre de rentes, actions, obligations, meubles, livres, bijoux etc., — que possédait chaque époux au jour de la célébration du mariage, les dettes antérieures au mariage ne tombent point dans la communauté — au point de vue du partage à la dissolution de la communauté, car au point de vue des pouvoirs du mari il faut faire la distinction entre les *propres mobiliers parfaits* et les *propres mobiliers imparfaits* (Voy. CLAUSE DE RÉALISATION). Bien plus les dettes provenant d'une succession échue à l'un des époux pendant le mariage, les charges imposées par le donateur à l'époux donataire — la donation intervenant au cours du mariage — le mobilier provenant d'une donation ou d'une succes sion restent propres à l'époux donataire ou héritier.

Mais, ici encore, l'inventaire a une grande utilité : si le mobilier existant lors du mariage ou acquis *à titre gratuit* au cours du mariage n'a pas été inventorié, ou s'il n'en a point été dressé d'état en bonne forme, ce mobilier est réputé *conquêt* (c'est-à-dire bien acquis pendant le mariage) et par suite il tombe dans le patrimoine commun, à moins que l'époux à qui il appartient n'établisse son droit et encore ne lui est-il pas permis de prouver *à l'encontre des tiers*, créanciers de la communauté, que le mobilier lui est échu personnellement pendant le mariage (1499).

La communauté réduite aux acquêts a le grand avantage d'établir pendant toute la durée du mariage l'union, la communauté des intérêts des deux époux, et, d'un autre côté, il remédie à un très grave inconvénient qui résulte dans certains cas du régime de la communauté légale. — Supposons en effet qu'au moment du mariage l'un des deux conjoints possède 20 000 francs en *rentes*, tandis que l'autre possède également une fortune de 20 000 francs placée en *terres* ou en *maisons*. Si les époux adoptent la communauté légale, le premier n'aura plus que 10 000 francs comme commun en biens — les 20 000 fr. tombant dans la communauté — tandis que le second conservera intégralement sa fortune foncière. — Si au contraire c'est le régime de la communauté réduite aux acquêts qui est adopté chacun des époux conservera ses 20 000 francs. Leur situation respective sera parfaitement équilibrée.

Le partage de la communauté réduite aux acquêts est bien simple. Chacun des conjoints (ou ses héritiers) prélève les valeurs, meubles et immeubles, qui ne rentrent point dans les acquêts. Ces prélèvements effectués, le partage des acquêts — nous avons indiqué cidessus quels biens portaient ce nom — sont partagés par moitié.

Clause de réalisation. — Dans le contrat de mariage il peut être stipulé que les biens mobiliers appartenant aux époux lors de la célébration du mariage n'entreront pas dans la communauté ou n'y entreront que pour partie. Et alors il n'y a absolument que les biens mobiliers advenant pendant le mariage par donation ou succession qui deviennent communs. — Ou bien au contraire les conjoints conviennent que le mobilier qui leur adviendra au cours du mariage ne tombera pas dans la communauté, et alors les biens mobiliers qu'ils possèdent lors de la célébration du mariage font seuls partie du patrimoine. C'est là ce qu'on appelle la *clause de réalisation*. — La *clause d'apport* est analogue à la clause de réalisation, car si je dis que *j'apporte tels meubles dans la communauté*, cela signifie que j'entends exclure mes autres meubles du patrimoine commun. Or c'est bien là une clause d'apport.

Les biens mobiliers qui, par suite de la clause de réalisation ou de la clause d'apport, ne tombent point dans la communauté, portent le nom de *propres mobiliers* — ils restent en effet propres à l'époux propriétaire. — Ils sont *propres parfaits* lorsque le mari peut s'en servir sans les altérer (des tableaux par exemple), et *propres imparfaits* lorsque le mari, ne pouvant en jouir sans les consommer (il s'agit de sommes d'argent par exemple), a, par la force même des choses, le droit de les aliéner à sa charge, ou bien encore lorsqu'il s'agit de biens mobiliers estimés dans le contrat de mariage. A la dissolution de la communauté il est tenu compte à la femme de la valeur de ces propres imparfaits.

Les biens mobiliers qui échoient à l'un des époux pendant le mariage doivent être constatés par un *inventaire*. S'il n'en a point été dressé le mari ne peut, à la dissolution du mariage, reprendre ce qui lui est échu, à moins qu'il ne possède un *titre authentique* (acte notarié par exemple) susceptible de remplacer l'inventaire. Quant à la femme qui, en somme, ne doit point souffrir de la négligence, peut-être voulue, de son mari, elle peut prouver la valeur et la composition des biens mobiliers qui lui sont échus au cours du mariage et lui sont restés propres, par tous les moyens de preuve, même par *commune renommée*. Nous avons indiqué plus haut le sens de cette expression (1504). — Quant à l'apport mobilier effectué par chacun des époux *lors du mariage* et dont la réalité doit être prouvée, il est justifié, *du côté du mari*, par la déclaration (émanée de lui et portée au contrat de mariage) que son mobilier est de telle valeur; tandis que la femme doit présenter, pour justifier de la valeur et de la réalité de son apport, la quittance que son mari a dû lui donner à elle, ou à ceux qui l'ont dotée (1502).

Clause d'ameublissement. — La clause d'ameublissement est introduite dans les contrats de mariage, dans le même but que celle qui réduit la communauté aux acquêts, et cependant elle établit une situation inverse. — Reprenons notre exemple de tout à l'heure : L'un des époux a 20 000 francs en valeurs; l'autre 20 000 fr. immeubles. La clause d'ameublissement établit une fiction légale : Les 20 000 francs *d'immeubles* sont considérés comme biens *mobiliers*, ils sont faits meubles, ils sont *ameublis* et tombent par suite dans la communauté, dont ils seraient exclus sous le régime de la communauté légale. Chacun des époux apporte la même valeur dans la communauté, tandis qu'en l'absence de la clause d'ameublissement l'un eût conservé ses 20 000 francs en terres, alors que l'autre, dépouillé par la communauté de ses 20 000 francs de valeurs, aurait été obligé, lors de la disolution de la communauté, de laisser 10 000 francs à son conjoint.

L'époux qui a ameubli un immeuble a, lors du partage qui suit la dissolution de la communauté, le droit de le placer dans son lot; mais sa valeur au moment du partage, doit être déduite naturellement de la part qu'il toucherait, s'il n'exerçait pas ce prélèvement (1509).

On peut ameublir un immeuble *pour le tout* ou *jusqu'à concurrence d'une certaine somme*. L'un des époux peut encore ameublir tous ses immeubles *présents* ou tous les immeubles qui lui *adviendront* au cours du mariage, ou tous ses immeubles jusqu'à concurrence d'une somme déterminée.

Les immeubles ameublis *pour la totalité* peuvent être aliénés (vendus) par le mari comme les biens de la communauté, c'est-à-dire sans le consentement de la femme; au contraire, les immeubles ameublis jusqu'à concurrence d'une certaine somme ne peuvent être aliénés par le mari qu'avec le consentement de la femme, mais ils peuvent être hypothéqués *sans ce consentement* pour le montant de la somme à laquelle est limité l'ameublissement (1507-1508).

Lorsque l'un des époux a ameubli ses immeubles jusqu'à concurrence d'une certaine somme, à la dissolution de la communauté il a à désigner les immeubles qui doivent être considérés comme des biens communs et soumis au partage. Ces immeubles doivent être d'une valeur totale égale à la somme jusqu'à concurrence de laquelle l'ameublissement a été établi (1508).

Clause de séparation de dettes. — Le régime de la communauté peut encore être modifié par l'insertion, dans le contrat de mariage, de la clause de *séparation de dettes*.

Voici dans quel cas on la rencontre : L'un des époux est grevé, lors de la célébration du mariage, de dettes considérables, alors que son conjoint apporte à la communauté un actif important et un passif très minime. Sous le régime de la communauté légale les dettes du premier conjoint tomberaient à la charge de la communauté et l'actif de l'autre conjoint serait fortement entamé. Cet inconvénient est éludé par la stipulation *de séparation de dettes* : il est convenu que les dettes de chaque conjoint resteront exclusivement à sa charge. Elles pourront être payées par la communauté, mais elles ne le seront qu'à *charge de récompense*, sauf cependant pour les intérêts qui auront couru du jour de la célébration du mariage (1510).

Lorsque les époux déclarent apporter telle somme ou tel bien mobilier dans la communauté, il y a séparation de dettes *tacite :* c'est la clause *d'apport franc et quitte;* les dettes qui peuvent diminuer cet apport n'ayant point été déclarées, la loi considère que l'époux qui fait l'apport a entendu les garder à sa charge, et, si la communauté les paie, elle sera indemnisée à la dissolution de la communauté, non seulement du paiement du capital, mais encore de celui *des intérêts*, à la différence de ce qui a lieu lorsqu'il n'y a que *séparation de dettes*.

Si l'un des époux a déclaré dans le contrat de mariage n'avoir point de dettes présentes, et que cette déclaration soit inexacte, l'autre conjoint se fera indemniser sur la part de communauté revenant à l'époux débiteur et — si cette part est insuffisante — sur ses biens personnels. Bien plus, si le père, la mère, l'ascendant ou tuteur de l'époux débiteur ont fait eux-mêmes la déclaration dont nous venons de parler, ils sont tenus d'indemniser le conjoint lésé, au cas où les biens personnels de l'époux débiteur ne suffiraient pas. Et cette poursuite peut être exercée contre eux par le mari même durant la communauté, lorsque la dette provient de la femme. Mais ces garants (père, mère, ascendant, tuteur,) seront remboursés par elle à la dissolution de la communauté (1513).

Clause de reprise d'apport franc et quitte. — Dans le contrat de mariage la femme peut stipuler qu'au cas où elle renoncerait à la communauté elle pourra reprendre tout ou partie de ce qu'elle aura apporté dans la communauté, ou de ce qui y sera tombé *de son chef* durant le mariage (par exemple le mobilier qui lui adviendra par succession, ou tels et tels meubles présents). C'est ce qu'on appelle la faculté pour la femme de reprendre son apport *franc et quitte*. En effet, cette clause dispense la femme renonçante de supporter en fin de compte les dettes de la communauté, mais il est bien entendu que cet apport ne peut être repris qu'après déduction des dettes personnelles de la femme que la communauté a acquittées au cours du mariage, et pour lesquelles il y a lieu à récompense.

La femme qui désire que cette faculté appartienne à ses héritiers, au cas où elle viendrait à décéder avant son mari, doit le stipuler *formellement* (1514). — Mais si la femme accepte la communauté le partage a lieu comme sous le régime de communauté légale.

Il ne faut pas confondre la clause *d'apport franc et quitte* avec la clause *de reprise d'apport franc et quitte*. La clause de franc et quitte est appliquée quel que soit le parti que prenne la femme.

Clause de préciput. — Les époux peuvent encore convenir que celui d'entre eux qui survivra à l'autre pourra prélever, avant le partage du patrimoine de la communauté, telle somme ou tel bien. C'est la *clause de préciput*. La femme qui renonce à la communauté ne peut exercer ce prélèvement que s'il est dit expressément dans le contrat de mariage que, *même renonçante*, la femme aura droit au préciput (1515).

Lorsque la dissolution de la communauté est produite, non par la mort de l'un des époux, mais par le divorce ou la séparation de corps, l'époux qui a obtenu le divorce ou la séparation conserve seul son droit au préciput. Si c'est la femme, et qu'elle renonce à la communauté — en admettant que le contrat de mariage lui laisse le droit, même dans ce cas, d'invoquer le préciput — le mari devra donner *caution*, ou présenter un tiers répondant pour lui du paiement, pour le montant de ce préciput (1518). — Si la femme accepte la communauté, le partage du montant du préciput s'effectuera par moitié; la femme recevant dès lors la moitié de son préciput, le mari ne devra plus fournir caution que pour l'autre moitié.

Partage inégal de la communauté. — En l'absence de conventions spéciales sur la part de chaque époux dans le partage du patrimoine de la communauté, la loi dit que chacun des conjoints a droit à la moitié de ce patrimoine ; mais, dans le contrat de mariage, les époux peuvent parfaitement établir une proportion différente. Ainsi, la femme, par exemple, n'aura droit d'après le contrat de mariage qu'au *tiers* du patrimoine commun, ou bien elle ne pourra réclamer qu'une somme déterminée : 15 000 francs par exemple, ou bien encore tout le patrimoine de la communauté appartiendra au survivant des deux époux (1520).

Mais il est bien entendu que l'époux qui n'a droit, de par cette clause, qu'à *un tiers* du patrimoine commun n'aura à payer *qu'un tiers* des dettes communes, ni plus ni moins, *sous peine de nullité de la clause de partage inégal.* De même, si la part de l'un des époux est fixée à une somme déterminée, que le patrimoine de la communauté soit suffisant ou non, peu importe, l'époux aura droit à la somme convenue (1521-1522).

Si c'est la femme qui survit, et que le contrat de mariage donne à l'époux survivant le droit de conserver intégralement, moyennant le paiement d'une certaine somme, le patrimoine de la communauté, elle peut abandonner ce droit et renoncer à la communauté, auquel cas les héritiers du mari recueilleront l'actif et le passif de la communauté. Si elle accepte au contraire, toutes les dettes resteront à sa charge, bien qu'elle paie aux héritiers du mari la somme fixée par le contrat de mariage et qui est prise, *en fait*, sur l'actif de la communauté (1524). — Voilà ce qu'on entend par *le forfait de communauté.*

Lorsqu'il aura été établi par le contrat de mariage que l'époux survivant — ou *tel* époux *s'il survit* — aura la totalité du patrimoine de la communauté, les héritiers de l'époux prédécédé exerceront la reprise des biens mobiliers et des sommes tombés dans la communauté du chef du conjoint auxquels ils succèdent, déduction faite des dettes de ce conjoint lors du mariage, si ces dettes ont été payées par la communauté (1525, al. 1).

Enfin nous citerons, comme dernier exemple de clauses modifiant la communauté légale, celle qui établit la communauté à titre universel. Dans la communauté universelle tous les biens des époux, les immeubles, les meubles qui leur appartiennent actuellement, les immeubles et meubles qui leur adviendront au cours du mariage tombent dans le patrimoine de la communauté; les époux n'ont plus de biens propres. Les futurs conjoints peuvent du reste ne faire rentrer dans la communauté que tous leurs biens présents (actuels) ou tous leurs biens à venir (1526), car, nous le répétons, la liberté des conventions est pour ainsi dire complète : elle n'est limitée que par les lois d'ordre public et le respect des bonnes mœurs.

— Ainsi, quel que soit le régime établi par le contrat de mariage, les parties ne peuvent restreindre les droits du père de famille, les faveurs accordées à la femme (par exemple le droit de renoncer à la communauté, le bénéfice d'émolument, etc., etc.). La clause insérée dans le contrat de mariage, et suivant laquelle les enfants mâles suivront la religion de leur père, les filles celle de leur mère, est absolument *nulle*, car il n'est point permis d'attenter au droit d'éducation qui est l'un des droits les plus précieux du père de famille. Donc, malgré cette clause, le père sera libre d'élever tous ses enfants dans la religion qui lui conviendra.

§ 3. — LE RÉGIME SANS COMMUNAUTÉ

Lorsque les futurs époux ont déclaré dans leur contrat de mariage qu'ils entendaient se marier sans communauté, le mari administre tous les biens, mobiliers ou immobiliers, de sa femme, et tous les revenus de ces biens lui appartiennent, mais c'est lui seul qui doit supporter toutes les charges du mariage. — A la dissolution du mariage, le mari restitue aux héritiers de sa femme tous les biens qu'elle a apportés en dot, mais il garde toutes les économies qu'il a réalisées sur les revenus de ce patrimoine; elles lui appartiennent en totalité (1531). Le mari n'a point à restituer les biens apportés par sa femme quand il n'eût pu en faire usage sans les consommer, par exemple: les fruits, récoltes, etc., ni les meubles qui ont été estimés dans le contrat de mariage. Lorsqu'il en a fait usage comme administrateur, il suffit qu'il paie aux héritiers de la femme leur valeur, d'après l'estimation qui en a été faite dans un état joint au contrat de mariage, ou dressé au cours du mariage pour les biens advenus à la femme après la célébration du mariage (1532).

La femme peut exiger, dans le contrat de mariage, qu'elle touchera aux lieu et place de son mari, sur ses seules quittances, telle portion des revenus de ses biens pour ses besoins personnels (pour sa toilette, par exemple). Mais cette clause ne lui donne point le droit d'aliéner ceux de ses immeubles dont les revenus sont affectés à son usage particulier, ou du moins pour les aliéner valablement, il lui faudrait l'autorisation de son mari, ou l'autorisation de justice, au cas où le mari refuserait d'accorder la sienne (1534-1535).

§ 4. — LA SÉPARATION DE BIENS

Sous le régime de la séparation de biens, il y a séparation absolue de la fortune du mari et de la fortune de la femme. Chacun des conjoints administre son patrimoine, en recueille les revenus et les emploie à sa guise. Mais le contrat de mariage détermine dans quelle proportion chacun des époux supportera les charges du ménage. S'il est muet sur ce point, la femme doit contribuer à ces charges jusqu'à concurrence du *tiers* de ses revenus (1537).

Même sous ce régime, la femme ne peut aliéner ses immeubles sans l'autorisation de son mari, ou, s'il la refuse, sans l'autorisation de justice (1538, al. 1), et, si le contrat de mariage renferme l'autorisation donnée par le mari à la femme d'aliéner ses biens immobiliers, cette autorisation n'a aucune valeur. La loi exige, pour chaque aliénation, une autorisation spéciale (1538, al. 2). — Mais la femme séparée de biens peut disposer de son patrimoine *mobilier*, en ce sens qu'elle peut le vendre : ainsi elle peut céder ses valeurs mobilières, *mais elle ne peut les donner* (1449).

La femme séparée de biens peut laisser à son mari l'administration et même la jouissance de sa fortune. Dans ce cas, le mari devra faire face naturellement à toutes les charges, et, à la dissolution du mariage, il n'aura à rendre compte que des revenus qui ne seront point encore consommés, mais non des revenus qu'il aura capitalisés (1539).

Le régime de séparation de biens est rarement adopté par les futurs conjoints; le plus souvent, il n'est établi qu'après-coup, pour ainsi dire, au cours du mariage, à la suite des mauvaises affaires du mari. En effet, ce régime sépare trop complètement les intérêts des époux pour que les futurs conjoints qui se disposent à vivre l'un près de l'autre le préfèrent à d'autres régimes plus en harmonie avec une existence commune.

Nous avons parlé de la séparation de biens judiciaire à propos de régime de la communauté légale ; nous renvoyons aux passages qui lui sont consacrés. Mais toutes les règles que nous venons d'indiquer s'appliquent aux époux séparés de biens à la suite d'un jugement, comme à ceux qui sont séparés de biens d'après leur contrat de mariage.

§ 5. — LE RÉGIME DOTAL

Le régime dotal n'est point appelé ainsi parce que la dot de la femme y occupe une plus grande place que sous les autres régimes, car il peut y avoir régime dotal sans que la femme apporte aucune dot au mari, mais bien parce que la dot est soumise sous ce régime à des règles spéciales. — Et d'abord, pour qu'il y ait régime dotal, il faut que les époux déclarent *expressément* qu'ils se marient sous ce régime ; il ne suffit point que le contrat de mariage contienne la mention d'une dot constituée à la femme. Mais, cette déclaration faite, tout ce que la femme se constitue en dot, ou tout ce qui lui est donné dans le contrat de mariage, est considéré, à moins de stipulation contraire, comme faisant partie de la dot. — La constitution en dot de tous les biens de la femme ne comprend pas les biens qui lui *adviendront* au cours du mariage, à moins de déclaration contraire (1541).

La dot peut être promise soit par la femme, soit par ses père et mère, soit par une personne quelconque. Mais, quel qu'il soit, celui qui a constitué la dot est tenu de garantir les époux contre l'éviction qu'ils pourraient avoir à subir à l'égard des biens dotaux (1547) — (Voy. La Vente).

Si le paiement de la dot ne doit être effectué, d'après le contrat de mariage lui-même, que quelque temps après la célébration du mariage, celui qui a promis la dot doit les intérêts de la dot qu'il a constituée *du jour du mariage*, à moins qu'il n'en soit dispensé par le contrat de mariage lui-même (1548).

La dot ne peut être constituée ni même augmentée pendant le mariage. Par suite on ne pourra donner à la femme, au cours du mariage, un immeuble, sous la condition qu'il sera *dotal*, lorsque le contrat de mariage n'aura pas déclaré dotaux les biens qui pourront advenir à la femme au cours du mariage (1543).

C'est le mari *seul* qui peut administrer les biens dotaux pendant le mariage. Non seulement il peut poursuivre les débiteurs de sa femme, mais il peut encore s'adresser à la justice, *sans le concours de sa femme*, pour se faire restituer les *immeubles dotaux* possédés ou détenus indûment par des tiers, en prouvant le peu de fondement de leurs prétentions (1549). C'est lui qui perçoit les revenus et qui reçoit les capitaux appartenant à la femme; mais le contrat de mariage peut donner à la femme le droit de toucher une partie de ses revenus pour ses besoins personnels ; — il peut même lui réserver l'administration de tous ses biens et le droit d'en percevoir tous les revenus — mais alors la femme doit contribuer, dans une juste proportion, aux charges du mariage (1549).

Le mari peut être obligé par le contrat de mariage de fournir caution pour la valeur de la dot qu'il reçoit (1550).

Les immeubles constitués en dot *ne peuvent être aliénés ou hypothéqués pendant le mariage*, ni par le mari, ni par la femme, *même après la prononciation de la séparation de biens* (1554).

Mais l'immeuble acquis avec l'argent de la dot n'est point considéré en principe comme un immeuble dotal; il peut par conséquent être vendu. De même l'immeuble donné par le constituant à la place de la somme qu'il avait promise d'abord en dot (1553).

Quant aux objets mobiliers faisant partie de la dot, le mari a parfaitement le pouvoir de les aliéner, s'ils ont été *estimés* par le contrat : le mari en est devenu propriétaire et à la dissolution du mariage il n'aura qu'à rembourser aux héritiers de la femme leur estimation (1551).

Mais si dans le contrat de mariage il est dit que « l'estimation ne vaut pas vente » le mari ne devient pas propriétaire des objets estimés, et il ne peut les aliéner; seulement, au cas de destruction ou de disparition de ces objets, il sera quitte en remboursant le prix d'estimation (1551).

La jurisprudence admet que le mari, comme administrateur de la dot, a le droit d'aliéner, même sans le concours de sa femme, les valeurs mobilières dotales (titres de rente, actions, obligations), quand cette aliénation est avantageuse, et cependant elle déclare que la dot mobilière de la femme est inaliénable en principe.

Dans certains cas le principe de l'inaliénabilité des immeubles dotaux lui-même reçoit exception. — D'abord le contrat de mariage peut permettre l'aliénation des immeubles dotaux. D'un autre côté la femme peut, avec l'autorisation de son mari, qui, ici, ne peut être remplacée par l'autorisation de justice, donner ses biens dotaux à ses enfants pour leur permettre de se marier ou de s'établir, en qualité de commerçants, par exemple. Elle peut même faire cette donation à des enfants qu'elle aurait eus d'un mariage précédent : il lui suffira pour cela de l'autorisation du tribunal, mais, dans ce cas là, le mari gardera la *jouissance* des biens donnés (1555).

Les immeubles dotaux ne sont plus inaliénables quand il s'agit pour la femme de réparer les conséquences de son délit ou de son quasi-délit (Voy. QUASI-DÉLITS).

L'immeuble dotal peut encore être aliéné avec l'autorisation du tribunal — l'autorisation du mari ne suffit pas — pour tirer de prison le mari ou la femme, dans les cas, très rares du reste, où la contrainte par corps est appliquée, ou bien pour fournir des aliments aux parents qui peuvent exiger des époux une pension alimentaire (père et mère, ascendants, enfants, beau-père, belle-mère, gendre ou bru), pour payer les dettes de la femme ou de ceux qui ont constitué la dot, lorsque ces dettes existaient déjà au moment de la signature du contrat de mariage; mais, pour que cela soit établi, la loi exige que ces créances aient été enregistrées avant cette date, ou constatées par un acte notarié, ou, tout au moins, qu'elles aient été mentionnées dans des procès-verbaux de scellés ou d'inventaire antérieurs.

L'immeuble dotal peut encore être aliéné lorsque la femme n'en possède qu'une part indivise, c'est-à-dire lorsque l'immeuble appartient à plusieurs copropriétaires, et qu'il est reconnu impartageable.

On peut enfin aliéner une partie de l'immeuble dotal lorsque le prix doit être employé à faire faire de *grosses réparations* indispensables pour la conservation de la partie du bien immobilier que l'on conserve.

Mais dans tous ces cas là l'excédant du prix de la vente sur les dépenses nécessaires sera *dotal* et l'immeuble acheté avec cette somme sera, par suite, *inaliénable*. — Les aliénations doivent être faites aux enchères et après affichage de la vente (1558).

L'immeuble dotal peut être échangé contre un autre immeuble, si l'utilité de cet échange décide les juges à donner leur autorisation; mais, pour qu'elle soit accordée, il faut que les *trois experts* nommés par le tribunal pour estimer les deux immeubles que l'on se propose d'échanger déclarent que la différence entre la valeur des deux immeubles n'excède pas *un cinquième* au *profit* de l'immeuble *dotal* (1559).

Nous avons passé en revue les exceptions au principe d'après lequel les immeubles dotaux sont inaliénables. En dehors de ces exceptions, l'aliénation de l'immeuble dotal pourra être annulée *après la dissolution du mariage*, quand bien même la femme aurait consenti à la vente *conjointement* avec son mari, et l'annulation de cette vente pourra être demandée, soit par la femme, soit par ses héritiers.

Durant le mariage le mari pourra faire révoquer l'aliénation, même si c'est lui qui l'a faite; mais, dans ce dernier cas, il devra des dommages-intérêts à l'acheteur, à moins que, lors de la vente, il ne l'ait prévenu de l'inaliénabilité de l'immeuble en lui déclarant qu'il était dotal (1560). — Après la séparation de corps ou de biens, le mari n'a pas le droit de faire annuler l'aliénation, pas plus que ses héritiers après son décès.

Les immeubles dotaux, sauf lorsqu'ils ont été déclarés aliénables dans le contrat de mariage, ne peuvent être prescrits par des tiers, si la prescription n'était pas encore commencée lors de la célébration du mariage. Cependant quand, au cours du mariage, la séparation de biens est prononcée entre les époux, les immeubles dotaux deviennent prescriptibles (1561).

Les immeubles dotaux, déclarés aliénables par le contrat de mariage sont prescriptibles; mais si la prescription s'accomplit par la faute du mari il en est responsable et devient passible de dommages-intérêts envers sa femme.

Comme sous tous les autres régimes matrimoniaux, lorsque la femme voit sa dot mise en péril par la mauvaise administration ou les dilapidations de son mari, elle peut demander aux tribunaux de prononcer la séparation de biens.

Biens paraphernaux. — On appelle *biens paraphernaux*, sous le régime dotal, tous les biens de la femme qui n'ont point été constitués en dot (1574). Or la femme a *l'administration* de ses biens paraphernaux et elle en a aussi la *jouissance*; elle peut en toucher les revenus et les dépenser à sa fantaisie (1576).

On peut dire que, quant à ses biens paraphernaux, la femme mariée sous le régime dotal est absolument dans la même situation que si elle était séparée de biens. — Si tous ses biens sont paraphernaux, si la femme n'a pas de biens dotaux, le contrat fixe le plus souvent la proportion dans laquelle elle doit contribuer aux charges du ménage. Quand il est muet sur ce point, la loi décide que la femme contribuera à ces charges pour *un tiers* (1575).

La femme mariée sous le régime dotal ne peut vendre, donner, ou hypothéquer ses biens paraphernaux sans l'autorisation du mari ou, à son refus, sans l'autorisation du tribunal, car, nous le répétons, elle est traitée, pour cette partie de son patrimoine, comme la femme séparée de biens (1576, al. 2).

Si l'administration de ses biens paraphernaux lui donne trop d'embarras, elle peut la confier à son mari qui joue alors le rôle d'un simple mandataire et doit lui rendre compte des revenus de ces biens. — Si la femme concède à son mari la jouissance de ses biens paraphernaux, celui-ci devra, à la dissolution du mariage, ou lorsque la femme le lui demandera, lui restituer les revenus qui ne seront point encore dépensés et les fruits non encore consommés (1578).

Quand au contraire le mari a joui des biens paraphernaux de sa femme malgré la défense et l'opposition de celle-ci, il doit lui rendre compte des revenus et des fruits encore existants, et, en outre, de tous ceux qu'il a consommés (1579). Or l'opposition de la femme peut résulter de toute preuve *écrite* témoignant de sa résistance et de l'usurpation commise par son mari (1579).

Naturellement le mari qui a la jouissance des biens paraphernaux est tenu de toutes les obligations de l'usufruitier puisqu'il en a tous les droits ; toutefois il est dispensé de fournir caution (1580).

Restitution de la dot. — A la dissolution du mariage ou lorsqu'il y a séparation de biens, ou séparation de corps — ce qui entraîne la séparation de biens — la dot de la femme doit lui être restituée immédiatement. Mais ce principe reçoit une exception importante lorsque le mariage a été dissous par la mort de l'un des époux ou par le divorce. Dans ces deux cas, lorsque la dot consiste en argent ou en meubles *estimés* par le contrat de mariage — car le mari n'est plus débiteur vis-à-vis de la femme que de *l'estimation* — la restitution ne peut être exigée du mari ou de ses héritiers *qu'un an* après la dissolution du mariage (1565). — Au cas de séparation de corps ou de biens *tout* doit être restitué immédiatement. — Quant aux meubles *non estimés* dans le contrat de mariage le mari n'est tenu de rendre que ceux qui restent et dans l'état où ils se trouvent, même s'ils ont dépéri par l'usage, pourvu que la perte des meubles qu'il ne restitue point et les dégradations des autres ne proviennent pas de sa faute (1566, al. 1).

Si la dot comprenait des actions, obligations, créances, titres de rente dont la valeur a diminué ou est annulée, le mari est quitte en restituant les titres, pourvu que la perte subie par la femme ne puisse être imputée à sa négligence (1567).

Si les échéances fixées par le contrat de mariage, pour le paiement de la dot constituée à la femme, sont échues depuis *plus de dix ans* au moment de la dissolution du mariage, quand bien même le paiement de la dot n'aurait jamais été effectué, la femme (ou ses héritiers) pourra exiger du mari qu'il restitue le montant de cette prétendue dot, et le mari ne pourra, lui, demander de prouver que la dot lui a été remise. Il devra payer, à moins qu'il ne prouve au tribunal qu'il a fait tout ce qu'il a pu pour obtenir le paiement de la dot promise, et que ses efforts n'ont point été suivis de succès. La loi a voulu punir la négligence et la mollesse du mari (1569). — Cette règle est spéciale au régime dotal.

Si le mariage est dissous par la mort de la femme, les revenus et intérêts des biens dotaux que le mari doit restituer aux héritiers leur appartiennent depuis le *jour de la dissolution du mariage* (1570, al. 1).

Lorsque le mariage est dissous par la mort du mari, la femme a le droit d'exiger des héritiers les intérêts de sa dot *pendant l'année du deuil*, ou, *si elle le préfère*, une pension alimentaire pendant le même laps de temps. De plus, la succession de son mari doit payer son logement pendant cette même année, ainsi que ses vêtements de deuil (1570, al. 2.). On voit par là que la veuve a des droits différents, suivant qu'elle était mariée sous le régime dotal ou sous le régime de la communauté. — La veuve mariée sous le régime de la communauté conventionnelle, ou sous le régime sans communauté, ou sous le régime de la séparation de biens, est traitée à ce point de vue comme la femme mariée sous le régime de la communauté légale, et non point comme la femme mariée sous le régime dotal.

A la dissolution du mariage, les fruits ou les revenus (loyers, fermages, récoltes) sont partagés entre les époux, ou entre l'un des époux et les héritiers de l'autre, en proportion de la fraction de l'année comprise entre l'anniversaire du mariage et le jour de la dissolution. Ainsi, le mariage a été célébré le 1er mars 1875, l'un des époux meurt le 1er juin 1880 : La dernière année du mariage a commencé le 1er mars 1880; le mariage s'étant dissous à la fin du premier trimestre, le mari (ou ses héritiers) aura droit au *quart* de la somme représentant les produits *naturels* (moissons, légumes, etc.), ou *civils* (loyers, fermages) des biens dotaux, pendant l'année comprise entre le 1er mars 1880 et le 1er mars 1881, et la femme (ou ses héritiers) touchera les trois autres quarts (1571).

Le régime dotal présente bien des inconvénients au point de vue économique : Il met obstacle à la circulation des biens et porte atteinte au crédit du mari.

Enfin les intérêts des époux sont peut-être trop distincts. Mais on peut remédier à cet inconvénient dans une assez large mesure en établissant par le contrat de mariage, *à côté du régime dotal*, pour ainsi dire, une *société d'acquêts*. Les époux sont alors associés quant aux biens *acquêts*, comme les conjoints mariés sous la communauté réduite aux acquêts (1581). Sur ce point nous n'avons qu'à renvoyer aux explications antérieures.

SECTION III

Le divorce

Le code civil admettait le divorce parmi les causes de dissolution du mariage. Mais, sous la Restauration, la loi du 8 mai 1816 abrogea la partie du code qui traitait de cette matière et, du même coup, supprima le divorce. La loi du 27 juillet 1884 l'a rétabli, tout en apportant quelques modifications de détail aux dispositions en vigueur avant 1816.

Causes de divorce. — Le mari peut demander le divorce pour cause d'adultère de sa femme (229), et réciproquement la femme peut demander le divorce pour cause d'adultère de son mari (230); il n'est plus nécessaire pour cela que le mari ait entretenu sa maîtresse dans le domicile conjugal. — Pour prouver l'adultère, on peut employer non seulement la preuve par témoins mais aussi les *présomptions*, sorte de *demi-preuves* rendant l'adultère *vraisemblable*.

Les époux peuvent réciproquement demander le divorce pour *excès*, *sévices* ou *injures graves* de l'un envers l'autre (231). Est considéré comme excès tout acte pouvant porter atteinte à la santé; lorsqu'un mari maltraite sa femme il commet ce que la loi appelle un *sévice*. Quand la femme refuse d'habiter avec son mari elle commet à son égard une injure grave pouvant légitimer la demande en divorce.

Si l'un des époux est condamné à une peine *afflictive et infamante* (la réclusion, les travaux forcés sont des peines afflictives et infamantes; — mais les condamnations *correctionnelles*, même des condamnations à cinq ans de prison pour *vol* ne rentrent pas dans cette classe), l'autre époux peut demander le divorce. Mais, encore une fois, une infraction telle que l'outrage public à la pudeur, l'abus de confiance, qui n'entraîne qu'une condamnation correctionnelle, ne peut donner lieu au divorce (232), car il n'est point d'autres causes de divorce que celles qui viennent d'être indiquées.

Le divorce par consentement mutuel n'est pas admis (art. 17 de la loi du 27 juillet 1884).

Procédure. — La demande en divorce est portée devant le tribunal dans l'arrondissement duquel est établi le *domicile conjugal* (234). Cette demande est remise au président du tribunal par l'époux qui réclame le divorce (et non par son avoué ou tout autre mandataire). Si la maladie l'empêche d'aller trouver en personne le président, ce magistrat, sur la présentation d'un certificat de deux médecins attestant la gravité de la maladie, se transporte au domicile de l'époux demandeur pour recevoir la demande qui contient les faits détaillés sur lesquels s'appuie la réclamation du divorce (236).

Le président fait à l'époux demandeur les observations qu'il juge convenables, et dresse *à l'instant même* un procès-verbal constatant les pièces qui lui sont remises. Le demandeur en divorce doit signer ce procès-verbal (237). Le magistrat ordonne aux deux époux de comparaître devant lui à l'heure et au jour qu'il leur indique. L'époux contre qui le divorce est demandé est prévenu par une *copie* de l'ordonnance du président, qui lui est adressée (238).

Lors de la comparution des époux à la date fixée, le président cherche à les rapprocher et à faire renoncer le demandeur au divorce. S'il n'y réussit pas, il ordonne le renvoi des époux devant le *tribunal* (239) qui seul peut autoriser l'époux demandeur à assigner son conjoint. Cette autorisation est accordée ou refusée dans les *trois jours* qui suivent la comparution devant le président, mais le tribunal peut la suspendre pendant vingt jours au plus. — Dès qu'il a obtenu l'autorisation, l'époux demandeur appelle son conjoint devant le tribunal par une citation; huit jours après, les époux comparaissent devant le tribunal siégeant *à huis clos* (l'audience n'est pas publique). Le demandeur expose les motifs de sa demande et nomme les témoins qu'il a l'intention de faire entendre. Le demandeur doit se présenter *en personne*; quant à l'autre conjoint, il peut se faire représenter par un fondé de pouvoirs; il combat les motifs de la demande en divorce, et nomme à son tour les témoins qu'il a l'intention de faire déposer. Le procès-verbal de cette comparution est lu aux époux qui y apposent leur signature (244). Puis le tribunal fixe le jour et l'heure de l'*audience publique*. Si le défendeur n'a pas comparu, l'époux demandeur lui adresse copie de l'ordonnance du tribunal; il doit le faire dans le délai fixé par le tribunal (245). — A l'audience publique le tribunal examine d'abord les arguments invoqués par le défendeur pour que la demande en divorce soit rejetée; le ministère public — c'est-à-dire le procureur de la République ou son substitut — donne son avis; puis le tribunal prononce l'*admission* ou le *rejet* de la *demande* en divorce. S'il la rejette, le procès est terminé (sauf lorsque le demandeur interjette appel, comme nous le verrons plus loin); s'il l'admet, il procède immédiatement à l'examen des faits invoqués par le demandeur à l'appui de sa demande. Les trouve-t-il suffisamment établis, il rend un jugement admettant le divorce, et autorise le demandeur à le faire prononcer par l'officier de l'état civil — car ce serait une erreur de croire qu'une fois le jugement rendu, le divorce est prononcé (258).

Avant que le procureur de la République ne donne son avis, les parties soutiennent leur cause; l'avoué du demandeur ne peut le remplacer, le demandeur devant comparaître en personne (248).

Si au contraire le tribunal estime que l'affaire n'est pas en état d'être jugée et qu'il est utile d'ouvrir une enquête, il ordonne qu'il y soit procédé, et le président engage les parties à désigner les témoins qu'elles n'ont pas encore indiqués, en les avertissant qu'elles ne pourront plus le faire à partir de ce moment de la procédure (249). Aussitôt les parties indiquent au tribunal les témoins de leur adversaire qu'elles veulent écarter et le tribunal statue. Mais le mari, par exemple, ne peut faire écarter comme témoins les parents de sa femme — même son père ou sa mère — sous le prétexte qu'ils sont parents de son adversaire, à moins que ces parents ne soient des *descendants* (enfants ou petits-enfants). — Les domestiques non plus ne peuvent être écartés, mais le tribunal ne perdra pas de vue que le témoin étant parent ou domestique peut manquer d'impartialité et n'avoir pas une entière indépendance d'esprit (251).

Les témoins déposent au jour indiqué par le tribunal, devant le tribunal lui-même, *à huis clos*, en présence du procureur de la République, des époux et de *trois* conseils (avoué, avocat) ou amis pour chaque époux (253). Les époux ou leurs conseils peuvent poser des questions aux témoins, mais ne peuvent les interrompre dans leurs dépositions (254). Le procès-verbal d'enquête (contenant les questions posées et les dépositions) est lu aux témoins et aux époux; tous doivent y apposer leur signature. — Le tribunal, l'enquête terminée, renvoie les époux au jour qu'il fixe pour l'audience *publique;* l'époux demandeur fait signifier cette ordonnance du tribunal dans le délai qu'elle indique. Lors de l'audience publique le juge rapporteur lit son rapport, les parties peuvent faire ensuite elles-mêmes les observations qu'elles jugent utiles, et le procureur de la République donne son avis — ses *conclusions* comme disent les jurisconsultes. Puis le tribunal statue comme nous l'avons indiqué ci-dessus pour le cas où il n'y a point eu d'enquête.

Lorsque la demande en divorce est formée pour cause d'excès, sévices ou injures graves, le tribunal a la faculté de rendre un *jugement d'épreuve*, pour ainsi dire. Il autorise la femme à quitter son mari; si elle n'a point de ressources suffisantes, il lui accorde une pension alimentaire que le mari doit lui payer et qui est proportionnée à la fortune de celui-ci. Cette épreuve dure *un an;* dès l'expiration de ce délai l'époux qui réclame le divorce peut assigner son conjoint à comparaître devant le tribunal, qui dès lors ne peut plus reculer le jugement définitif et doit admettre le divorce (260).

On voit que la procédure du divorce est extrêmement compliquée. Le législateur a voulu qu'il en fût ainsi, afin que les divorces ne fussent pas trop fréquents.

Mais lorsque le divorce est demandé pour cette raison que l'époux défendeur a été condamné à une peine *afflictive et infamante*, aux travaux forcés par exemple, il suffit de présenter au tribunal une *expédition* (copie) de l'arrêt de la Cour d'assises, avec un certificat du greffier constatant que la condamnation ne peut plus être modifiée ou annulée. Ce certificat doit être *visé* — c'est-à-dire revêtu de la signature du procureur général ou du procureur de la République (261).

On peut en appeler, du jugement qui admet la *demande en divorce* et du jugement qui admet *le divorce*, à la Cour d'appel; mais l'appel doit être interjeté dans un délai de *deux mois*. Ce délai part de la signification du jugement à l'époux contre lequel le divorce ou la demande en divorce est admis. Après l'arrêt rendu par la Cour d'appel, l'époux contre lequel il est prononcé peut se pourvoir en cassation. Il a, pour ce faire, le même délai de deux mois, à compter de la signification qui lui a été faite de l'arrêt. L'exécution du jugement est suspendue non seulement par l'appel interjeté, mais encore par le pourvoi en cassation (263). Le divorce ne peut encore être prononcé.

Dès que la demande en divorce est formée, il y a lieu de prendre, dans l'intérêt des enfants notamment, certaines mesures provisoires. En principe, l'administration de la fortune des enfants issus du mariage, la surveillance et la garde des enfants eux-mêmes restent au mari. Mais le tribunal, si la mère, la famille ou le procureur de la République le demande, peut les confier à leur mère ou à une autre personne recommandable, suivant le parti le plus favorable aux enfants (267).

Durant le procès, la femme — même dans le cas où la demande en divorce est dirigée contre elle — a le droit de quitter le domicile de son mari et de demander au tribunal une pension alimentaire que devra fournir le mari et qui, du reste, est proportionnée à sa fortune. Le tribunal en fixe le chiffre ou la refuse, suivant les circonstances, et il indique la maison dans laquelle la femme devra résider (268). La femme, toutes les fois qu'elle en sera requise par le tribunal, devra prouver qu'elle réside bien dans la maison indiquée. Si elle ne peut l'établir, le mari a le droit de refuser de lui payer sa pension alimentaire; bien plus, si c'est la femme qui réclame le divorce, il pourra demander au tribunal de s'opposer à la continuation du procès (269).

La femme mariée sous le régime de la communauté peut demander l'apposition des scellés sur les biens *mobiliers* du patrimoine commun, dès que le président du tribunal à qui la demande en divorce a été remise a ordonné aux époux de comparaître devant lui; autrement le mari eût pu détourner des objets de la communauté. — Lors de la levée des scellés, le mari doit représenter les choses inventoriées le jour de l'apposition des scellés; il répond de la valeur de celles qu'il ne peut représenter (270).

Dans tous les cas où la femme y a intérêt, par exemple quand il y a une communauté d'acquêts entre les époux, elle peut requérir l'apposition des scellés.

Si, postérieurement à l'ordonnance par laquelle le président du tribunal fixe le jour de la comparution des époux devant lui, le mari a cherché à nuire à la femme en contractant des obligations à la charge du patrimoine commun, ou en aliénant des immeubles dépendant de ce même patrimoine, la femme peut faire annuler ces obligations et ces aliénations par le tribunal, à moins que la personne qui a contracté avec le mari ne l'ait fait de bonne foi et dans l'ignorance des manœuvres frauduleuses de ce dernier (271).

Lorsque, depuis les faits invoqués *légitimement* comme cause de divorce ou depuis la demande en divorce, les époux se sont réconciliés, le procès ne peut continuer; le demandeur est déclaré non recevable dans son action en divorce (272). Mais si, depuis cette réconciliation, l'époux jadis poursuivi a commis d'autres faits pouvant amener au divorce, son conjoint peut former une nouvelle demande et l'appuyer non seulement sur les faits nouveaux, mais encore sur les causes de divorce invoquées par lui dans la première demande. Les effets de la réconciliation sont absolument anéantis (273).

Il peut arriver qu'après la réconciliation l'époux qui réclamait le divorce, regrettant sa faiblesse, prétende qu'il ne s'est jamais réconcilié avec son conjoint. Celui-ci pourra prouver la fausseté de cette allégation par des lettres, par le témoignage des personnes qui assistaient à la réconciliation des époux, et même par des présomptions (par exemple le mari démontrera que sa femme est rentrée au domicile conjugal). Les témoins déposeront devant le tribunal, et les juges verront s'ils doivent arrêter le procès ou le laisser continuer (274).

Prononciation du divorce. — Le jugement définitif qui termine la procédure du divorce ne fait qu'*autoriser* la dissolution du mariage. C'est l'officier de l'état civil du domicile du mari, seul, qui peut *prononcer* le divorce. L'époux qui a obtenu gain de cause se présente devant lui après avoir appelé son conjoint à comparaître. Les deux époux sont accompagnés de *quatre* témoins, et l'officier de l'état civil *désunit* les époux. — L'époux demandeur n'a que *deux mois* pour appeler son adversaire devant l'officier de l'état civil. Après l'expiration de ces *deux mois* il ne peut plus invoquer le jugement qui autorise le divorce, et il n'est en droit de recommencer le procès que si son conjoint fournit de nouvelles causes de divorce, auquel cas il pourra invoquer les causes sur lesquelles il fondait sa première demande en dissolution du mariage.

Quand le jugement du tribunal n'a pas été frappé d'appel, ce délai de deux mois part de l'expiration des deux mois écoulés depuis la *signification* du jugement à l'époux défendeur (car il n'avait que deux mois pour interjeter appel) ; si le jugement a été rendu *par défaut* (l'époux défendeur n'ayant pas comparu et ne s'étant pas fait représenter), le délai de deux mois part de l'expiration du délai accordé à l'époux qui a fait défaut pour former opposition (ce délai est de huit jours à dater de la signification du jugement) ; (Voy. VIE JUDICIAIRE). S'agit-il d'un arrêt de la Cour d'appel (l'époux qui avait perdu le procès en première instance a interjeté appel), le délai de deux mois part de l'expiration du délai donné à l'époux atteint par l'arrêt pour se pourvoir en cassation, délai qui est également de deux mois (265).

Effets du divorce. — Le divorce *dissout* le mariage, et, par suite, met fin au régime matrimonial qui réglait les rapports des conjoints au point de vue *pécuniaire*. — Le mariage étant dissous, chacun des époux peut contracter mariage avec une autre personne. Si le nouveau mariage de l'un d'eux est dissous par le divorce, les anciens époux ne pourront plus se réunir; si le nouveau mariage est dissous par le décès du nouveau conjoint, l'époux divorcé pourra s'unir de nouveau avec son ancien conjoint, pourvu que celui-ci soit célibataire ou veuf, mais alors il faudra procéder à une nouvelle célébration du mariage, et les époux seront forcés de vivre sous le régime matrimonial adopté par eux lors de leur première union. Quant à cette seconde union, elle ne pourra être dissoute par le divorce. — Cependant, il y a une exception à ce principe : Si l'un des conjoints est condamné à une peine afflictive et infamante prononcée depuis leur seconde union, l'autre conjoint peut réclamer le divorce (295).

La femme divorcée ne peut se remarier que *dix mois* après que le divorce a été prononcé (296). Le mari peut, au contraire, se remarier aussitôt après le divorce.

Lorsque le divorce a été accordé pour cause d'adultère, l'époux qui a commis l'adultère ne peut épouser son complice (298).

L'époux contre lequel le divorce est prononcé, pour quelque cause que ce soit, perd tous les avantages que son conjoint lui a faits soit par contrat de mariage (donation, prélèvement sur le patrimoine de la communauté au cas où il aurait survécu à l'autre époux, etc.), soit au cours du mariage, tandis que l'époux qui a obtenu le divorce conserve absolument tous ces avantages (299), quand bien même il s'agirait d'avantages que les deux conjoints se seraient faits réciproquement. Ainsi, il était stipulé que le conjoint qui survivrait à l'autre recueillerait tout le patrimoine commun. Si c'est l'époux demandeur en divorce qui survit, il invoquera cette clause avec succès ; si, au contraire, c'est l'époux contre lequel le divorce a été prononcé, il ne pourra s'en prévaloir (300).

Le tribunal peut accorder à l'époux qui a obtenu le divorce une pension alimentaire — qui sera payée par l'autre époux, mais dont le montant ne doit pas dépasser le *tiers* de ses revenus — au cas où le conjoint ne pourrait suffire à ses besoins, même avec l'appoint que peuvent lui donner les avantages qu'il avait stipulés dans le contrat de mariage ; mais, dès que ses ressources suffiront à son existence, l'autre époux pourra faire prononcer par le tribunal l'extinction de la pension alimentaire. — Quant au décès du conjoint débiteur, il ne fait pas tomber cette pension, ses héritiers sont tenus de la servir à son ancien conjoint.

La femme divorcée doit cesser de porter le nom de son conjoint et reprendre son nom de jeune fille, qu'elle n'a, du reste, jamais perdu; car, devant la loi, la femme mariée n'a qu'un nom : celui de ses parents. — En principe, les enfants sont confiés à l'époux qui a obtenu le divorce. Mais, si la famille ou le procureur de la République le demande, le tribunal, après avoir examiné quel parti l'intérêt bien entendu des enfants commande de prendre, peut les confier aux soins de l'autre époux ou d'une autre personne (un grand-parent, par exemple). Ainsi, il confiera l'enfant en bas âge à la mère, s'il est constaté qu'elle seule peut lui donner les soins nécessaires — quand bien même le divorce serait prononcé contre elle, et l'enfant qui a atteint déjà un certain âge au mari demandeur en divorce (302). Du reste, quelle que soit la personne à qui la garde des enfants sera donnée, les époux ou l'époux à qui les enfants n'auront pas été confiés surveilleront leur entretien, leur éducation, et devront contribuer aux frais de cette éducation et de cet entretien suivant leurs ressources. Par exemple, sur des frais montant à 3000 francs, l'époux *deux fois* plus riche que son conjoint aura à payer le tiers, soit 1000 francs (303).

Les enfants des époux divorcés ne doivent point souffrir de la dissolution du mariage de leurs parents par le divorce. Aussi conservent-ils les avantages pécuniaires que ceux-ci ont pu leur faire par avance dans leur contrat de mariage, ou que la loi leur réserve, mais ils n'en jouiront qu'au moment où ils auraient pu les revendiquer s'il n'y avait pas eu de divorce (304). C'est ainsi qu'ils restent héritiers réservataires de leurs parents, mais, bien entendu, ils ne pourront rien réclamer avant leur décès.

La reproduction *par la voie de la presse* des *débats* sur les instances en divorce est interdite ; la violation de cette interdiction est punie d'une amende de 100 à 2000 francs (art. 3 de la loi du 27 juillet 1884).

SECTION IV

La séparation de corps.

On l'a dit avec assez de justesse : la séparation de corps, c'est le *divorce des catholiques*. En somme, c'est un *diminutif* du divorce : le mariage n'est pas dissous ; par suite, chacun des époux ne peut se remarier tant que son conjoint n'est pas décédé.

Les causes de la séparation de corps sont, depuis la loi du 27 juillet 1884, les mêmes que celles du divorce : adultère de l'un des époux, excès, sévices, injures graves, condamnation à une peine afflictive et infamante (306). Mais la procédure diffère de celle du procès en divorce, sauf au début. Ainsi, l'époux qui veut obtenir la séparation de corps présente au *président* du Tribunal du domicile conjugal (c'est-à-dire le domicile du mari) une requête exposant *brièvement* les faits sur lesquels il appuie sa demande, ainsi que les pièces qui peuvent avoir quelque utilité (875, proc.). Le président rend une ordonnance indiquant le jour de la comparution des époux devant lui. Les époux doivent comparaître *en personne* et ne peuvent se faire assister ni d'avoués, ni d'avocats (876-877, proc.). Le président s'efforce de les réconcilier ; s'il ne peut y parvenir, il rend une deuxième ordonnance qui ordonne le renvoi du procès devant le *tribunal* (dès lors, l'époux qui réclame la séparation peut assigner son conjoint), et tout se déroule comme pour n'importe quel procès; seulement le procureur de la République devra donner son avis à l'audience (879, proc.).

La même ordonnance autorise la femme à se retirer *provisoirement* dans la maison que les parties ont choisie (si elles ne se mettent pas d'accord, le président désigne lui-même la maison), et prescrit au mari de remettre à la femme son linge, ses vêtements, tout ce qui est affecté à son usage personnel (878, proc.). La femme peut demander au *tribunal* d'ordonner à son mari de lui fournir la somme nécessaire pour faire face aux frais du procès et à ses besoins durant l'instance, si ses ressources ne sont pas suffisantes.

Nous avons indiqué plus haut les formalités qu'il faut accomplir pour que la séparation de biens, qui, nous le savons déjà, est une des principales conséquences de la séparation de corps, produise ses effets à l'égard des tiers, c'est-à-dire à l'égard de toutes personnes autres que les époux. Il n'y a donc pas lieu de revenir sur ces mesures de publicité.

Effets de la séparation de corps. — La séparation de corps entraîne toujours et forcément la séparation de biens (311); par conséquent, elle dissout la communauté pécuniaire qui pouvait exister entre les époux. Mais, à la différence du divorce, elle maintient le mariage, et la femme conserve le nom de son mari; seulement elle a la liberté de choisir le lieu de sa résidence, elle n'est pas tenue de suivre son mari, tandis qu'en principe la femme mariée peut être forcée, même *matériellement*, par la force publique, de l'accompagner.

Quant aux enfants nés du mariage, ils sont absolument traités comme les enfants des époux divorcés : ils sont confiés soit au père, soit à la mère, soit à une tierce personne. — L'époux contre lequel le jugement de séparation de corps a été prononcé perd, comme l'époux contre lequel le divorce a été admis, tous les avantages à lui faits par son conjoint, soit dans le contrat de mariage, soit depuis la célébration de leur union.

La réconciliation des époux avant le jugement de séparation de corps met obstacle — de même que la réconciliation au cours de l'instance en divorce — à la continuation du procès (272-274). — Au sujet de l'appel, de l'opposition et du pourvoi en cassation, nous n'aurions qu'à répéter les règles que nous avons indiquées pour le jugement qui admet le divorce.

Lorsque la séparation de corps dure depuis *trois ans* au moins, l'*un quelconque* des époux peut obtenir du tribunal la conversion de la séparation de corps en divorce. A cet effet, il n'a qu'à adresser au *président* du tribunal une *requête* exposant l'objet de sa demande. Le président rend une ordonnance l'autorisant à assigner son conjoint et fixant la date de la comparution des deux époux devant le *tribunal*. Les débats ont lieu en chambre du conseil (à huis clos), le jugement seul est rendu en audience publique (310). — Les débats qui ont lieu à l'occasion d'un procès en séparation de corps ne peuvent être reproduits par la presse. Cette reproduction est un véritable délit qui est puni d'une amende de 100 à 2000 francs (art. 3 de la loi du 27 juillet 1884).

NOTA. — Au moment de la promulgation de la loi qui rétablit le divorce, il y avait de nombreuses demandes en séparation de corps pendantes devant les tribunaux. Le législateur a pensé qu'il était bon d'autoriser l'époux demandeur à transformer sa demande et à réclamer le divorce. Il est même allé plus loin, puisqu'il autorise l'époux qui, au moment de la promulgation, était déjà en appel, à convertir en demande en divorce sa demande en séparation de corps.

Dès que cette conversion est opérée, la procédure de la séparation de corps est remplacée par la procédure du divorce.

Quant aux jugements de séparation de corps devenus *définitifs* (absolument irrévocables) avant la promulgation de la loi sur le divorce, ils pourront être convertis par les tribunaux comme les jugements de séparation de corps rendus après cette promulgation, et dans les mêmes conditions, c'est-à-dire *trois ans* après la séparation des époux, sur la demande de celui contre lequel elle a été prononcée, ou de celui qui l'a obtenue (art. 4 de la loi du 17 juillet 1884).

CHAPITRE III

LA PATERNITÉ. — LA CAPACITÉ DES PERSONNES

SECTION Ire

De la puissance paternelle

L'enfant, à tout âge, doit honneur et respect à ses père et mère (371); mais, jusqu'à sa majorité (ou son émancipation), il est soumis à la puissance paternelle, qui, nous allons le voir, n'est pas un vain mot (372).

L'enfant ne peut quitter la maison paternelle, sans la permission de son père, avant l'époque de sa majorité, c'est-à-dire avant l'âge de vingt-un ans accomplis — si ce n'est pour entrer dans l'armée, et encore faut-il qu'il ait vingt ans révolus (art. 46 de la loi du 27 juillet 1872).

Le père seul exerce l'autorité paternelle ; la mère ne peut l'exercer qu'après le décès de son mari, ou son interdiction, ou s'il est en état d'aliénation mentale, ou s'il a poussé à la corruption de son enfant.

Le père, mécontent de la conduite de son enfant, a le droit de le faire détenir en prison pendant *un mois* au plus. Il lui suffit de demander, au président du tribunal de son domicile, un ordre d'arrestation que ce magistrat ne peut lui refuser si l'enfant n'a pas encore quinze ans *accomplis* (376) ; si, au contraire, l'enfant est entré dans sa seizième année, le président du tribunal, avant d'accorder l'ordre d'arrestation, doit demander l'avis du procureur de la République, et peut refuser de délivrer cet ordre, ou tout au moins abréger la durée de la détention réclamée par le père. — Mais il faut remarquer que le père peut obtenir que la durée de la détention soit portée à *six mois*, si l'enfant — qui n'est encore ni majeur, ni émancipé — est âgé de plus de quinze ans (377).

Le père est toujours maître d'abréger la durée de la détention qu'il a exigée ou obtenue. Si, après sa sortie de prison, l'enfant tombe dans de nouveaux écarts, le père peut user de nouveau du droit de le faire détenir (379).

Lorsque le père fait emprisonner son enfant, il est tenu de s'engager à payer tous les frais, notamment les dépenses de nourriture pendant la durée de la détention (378).

Si le père s'est remarié, il ne peut *exiger* la détention de son enfant du premier lit, même âgé de moins de quinze ans révolus ; il ne peut que la *demander*. Le législateur a craint l'influence de la belle-mère.

Le père est-il mort, interdit ou fou, la mère peut faire détenir son enfant, mais elle ne peut *exiger* la détention ; le président peut refuser l'ordre d'arrestation ou tout au moins accorder une durée de détention moindre que celle demandée par la mère ; et encore, pour que la demande de la mère soit valable, il faut qu'elle ait obtenu le concours des deux plus proches parents de l'enfant *du côté du père* (381). — La mère remariée ne peut faire détenir son enfant du premier lit. On a craint l'influence du second mari.

Nous avons supposé jusqu'ici que l'enfant n'exerçait aucun état, ou n'avait pas de fortune personnelle. Mais, quand l'enfant a un métier ou des biens à lui propres, son père ne peut *exiger* sa détention, même s'il a moins de quinze ans révolus ; il ne peut que la demander.

Le père a-t-il abusé de son autorité, l'enfant peut adresser un mémoire exposant les faits au procureur général. Celui-ci fait un rapport, après enquête, au président de la Cour, qui peut modifier ou annuler l'ordre d'arrestation délivré *volontairement* par le président du tribunal de première instance ; mais l'ordre d'arrestation *exigé* par le père ne peut être atteint (382).

Afin que l'avenir de l'enfant ne soit pas brisé par une détention de ce genre, aucune des formalités auxquelles elle donne lieu n'est constatée par écrit, si ce n'est l'ordre d'arrestation qui, du reste, ne contient pas les motifs de la détention (378, al. 2).

Les enfants naturels reconnus sont, comme les enfants légitimes, soumis à ce droit de correction.

FORMULE

Requête adressée au président du tribunal par le père d'un enfant insoumis

» *A Monsieur le Président du Tribunal de première instance.*

» Monsieur le Président,

» C'est avec une bien vive douleur que le sieur N..., demeurant à Cholet, se voit forcé d'user du droit de correction que la loi accorde au père de famille, mais son fils, bien que fort jeune encore, lui donne de si graves sujets de mécontentement qu'il lui est impossible de ne pas lui infliger une punition exemplaire. Dernièrement encore il n'a pas craint de briser le secrétaire de son père, d'y prendre une somme assez importante et de s'enfuir du domicile paternel. Il est rentré chez ses parents quelques jours après, ayant gaspillé tout l'argent qu'il avait détourné.

» Le soussigné cite ce fait entre plusieurs pour vous montrer, Monsieur le Président, que la mesure qu'il réclame n'est pas trop sévère.

» Le fils du soussigné, Pierre N.., est âgé de quinze ans; il n'a aucun bien personnel. Son père aurait le droit de demander qu'il fût détenu pendant un mois, mais il espère qu'un emprisonnement de moindre durée suffira. En conséquence, le soussigné demande que son fils soit interné pendant huit jours seulement.

(Signature et adresse)

Le père a un droit de jouissance sur la fortune personnelle de ses enfants, jusqu'à ce qu'ils atteignent dix-huit ans accomplis, ou jusqu'à leur émancipation, si elle a lieu avant cette époque. Après le décès du père, ce droit de jouissance passe à la mère. Il y a là une sorte d'usufruit établi par la loi. Les parents ont sur ces biens les mêmes droits qu'un usufruitier, *mais ils ne sont pas tenus de donner caution.* Ils touchent tous les revenus de leurs enfants; mais ils doivent payer la nourriture, l'entretien et l'éducation de ces enfants, les frais de l'enterrement de la personne dont les enfants sont héritiers ou légataires, ainsi que les dépenses causées par la maladie du défunt, et faire face aux charges que la loi impose aux usufruitiers (384-385).

La mère qui se remarie perd son droit de jouissance légale. De même, l'époux — père ou mère de l'enfant — contre lequel le divorce a été prononcé (386).

Les biens que les enfants acquièrent par un travail *distinct de celui de leurs parents* ne sont pas soumis au droit de jouissance légale; de même, les biens qui leur sont donnés à la condition que les père et mère n'en jouiront pas (387). — Les parents n'ont pas la jouissance de la fortune personnelle de leurs enfants *naturels.*

Durant le mariage, le père est administrateur des biens de ses enfants mineurs jusqu'au jour de leur émancipation.

Les père et mère ont le devoir de surveiller leurs enfants, de leur donner une éducation et une instruction convenables, de leur fournir le vêtement et la nourriture ; et, sous ce rapport, leurs obligations croissent avec leurs ressources. Chargés de surveiller leurs enfants, ils sont responsables pécuniairement des dommages que ceux-ci peuvent causer pendant leur minorité (1384, al. 2) ; chargés de leur instruction, ils ont le droit de mettre leur enfant dans tel ou tel collège, et de l'y ramener par la force s'il s'en échappe.

SECTION II

La filiation

L'enfant conçu pendant le mariage a pour père le mari de la femme qui l'a mis au monde, quand bien même son acte de naissance indiquerait un père autre que ce mari (123). C'est là ce qu'on appelle en législation une *présomption légale;* la loi suppose ici que ce qui arrive le plus souvent arrive toujours ; elle le suppose dans l'intérêt de la constitution de la famille. Cependant elle admet le mari à désavouer sa paternité, s'il prouve qu'à partir du trois-centième jusqu'au cent-quatre-vingtième jour avant la naissance de l'enfant il a été dans l'impossibilité *physique* de cohabiter avec sa femme par suite d'absence, ou par l'effet de quelque accident (312, al. 2). Mais l'impuissance naturelle du mari ne suffit pas. — L'adultère de la femme n'est admis comme cause légitime de désaveu que si la naissance de l'enfant a été *cachée* au mari. Alors seulement il est admis à prouver qu'il n'est pas le père de l'enfant (313).

L'article 2 de la loi du 27 juillet 1884 (loi sur le divorce et la séparation de corps) donne au mari demandeur ou défendeur en divorce ou en séparation de corps le droit de désavouer l'enfant né trois cents jours après la décision autorisant la femme à avoir un domicile séparé, et moins de cent-quatre-vingt jours depuis la réconciliation des époux ou le rejet définitif de la demande en divorce ou en séparation de corps. — Du reste, si entre le trois-centième et le cent-quatre-vingtième jour il y a eu réunion de fait entre les époux, l'action en désaveu ne peut plus être admise, la loi considérant — d'après les données de la science — que l'enfant naît au plus tôt le cent-quatre-vingtième jour à partir de la conception, au plus tard le trois-centième jour.

Il est de principe que l'enfant né avant le cent-quatre-vingtième jour du mariage peut être désavoué par le mari, à moins que ce dernier n'ait eu connaissance, avant le mariage, de la grossesse de la femme, ou que, ayant assisté à la rédaction de l'acte de naissance, il ait signé cet acte ou déclaré simplement qu'il ne savait pas signer. Enfin, lorsque l'enfant — né avant ce cent-quatre-vingtième jour — n'est pas déclaré viable, l'action en désaveu n'a point d'intérêt pratique ; aussi la loi ne l'admet-elle pas (314).

L'action en désaveu doit être intentée par le mari dans *le mois* de la naissance de l'enfant, dans les *deux mois* si à cette époque il était absent; dans les *deux mois* qui suivent la découverte faite par lui de la naissance, si elle lui a été cachée (316).

Le mari peut mourir avant l'expiration de ces délais. Dans ce cas ses héritiers ont *deux mois* pour intenter à sa place l'action en désaveu, à compter de l'époque où l'enfant s'est mis en possession des biens du mari dont il se prétend le fils, ou encore à partir de l'époque où ils seraient troublés dans la possession de ces biens par l'enfant contre lequel l'action en désaveu peut être intentée (317).

Au cas où l'enfant est né trois cents jours après la mort du mari, sa légitimité peut être contestée par les héritiers de celui-ci (315).

L'acte contenant le désaveu formulé par le mari ou par ses héritiers doit être suivi, *dans le mois*, d'une assignation dirigée contre un tuteur spécial nommé par un conseil de famille pour prendre la défense des intérêts de l'enfant (cette nomination est faite en présence de la mère), autrement le désaveu n'est pas pris en considération (318).

Des preuves de la filiation. — La filiation est le lien de parenté qui unit l'enfant à ses parents. La filiation des enfants légitimes se prouve par l'acte de naissance (319), ou même simplement par la *possession d'état* d'enfant légitime. La possession d'état s'établit par les faits qui rendent vraisemblable la filiation : l'enfant qui a toujours porté le nom du père qu'il prétend avoir, qui a été traité par lui comme son fils, et a été considéré comme tel par la famille et la société, a la possession d'état d'enfant légitime (321). — Lorsque la possession d'état est conforme à l'acte de naissance, l'enfant ne peut réclamer une autre filiation, pas plus qu'il n'est permis de lui contester celle qu'il a (322).

Lorsque l'enfant qui veut prouver sa filiation n'a ni acte de naissance suffisant, ni possession d'état, il peut employer la preuve par témoins, s'il a été inscrit sous de faux noms ou comme né de père et mère inconnus; et encore la preuve testimoniale n'est-elle admise que s'il possède ce que la loi appelle un *commencement de preuve par écrit*, ou du moins s'il peut établir, sans avoir besoin de recourir à des témoins, des présomptions ou indices assez puissants pour être pris en considération (323). La production de titres de famille, de registres et de papiers domestiques du père ou de la mère, des actes émanés d'une partie intéressée dans la contestation, est considérée ici comme un commencement de preuve par écrit (324). — Mais les adversaires de l'enfant peuvent alors établir par tous moyens que l'enfant n'est pas le fils du mari de sa mère, ou même qu'il n'est pas le fils de celle qu'il prétend avoir pour mère (325).

L'enfant, pendant toute sa vie, peut intenter *l'action en réclamation d'état* (328). C'est ainsi que l'on désigne la recherche de la filiation. — En supposant que l'enfant dont la filiation n'est pas établie meure avant d'avoir atteint vingt-six ans révolus et sans avoir intenté l'action en réclamation d'état, ses héritiers peuvent l'intenter, ce qu'ils n'ont pas le droit de faire quand l'enfant est mort après avoir atteint vingt-six ans accomplis, à moins qu'au moment de son décès il n'eût déjà intenté l'action en réclamation d'état; et encore ne peuvent-ils reprendre le procès commencé si les poursuites ont été suspendues pendant plus de trois ans, ou si l'enfant a renoncé *formellement* à sa prétention (330).

De la filiation des enfants naturels. — Il y a trois catégories d'enfants naturels : 1° l'*enfant naturel simple*, c'est-à-dire l'enfant né des relations de deux personnes non mariées; 2° l'*enfant adultérin*, né de deux personnes dont l'une au moins est dans les liens du mariage; 3° l'*enfant incestueux*, né de deux personnes parentes à un degré assez rapproché pour mettre obstacle au mariage.

L'enfant naturel simple est bien mieux traité par la loi que l'enfant adultérin ou incestueux : il peut être reconnu par ses parents alors que l'enfant adultérin ou incestueux ne peut l'être (335); et, par suite, il peut être légitimé par le mariage de ses parents contracté postérieurement à sa reconnaissance.

La reconnaissance de l'enfant naturel se fait par testament authentique ou par acte notarié; le plus souvent c'est l'acte de naissance qui la contient (334). Mais la reconnaissance faite par le père seul n'a d'effet qu'à son égard, à moins qu'il n'indique, dans l'acte de reconnaissance, le nom de la mère, avec l'autorisation de celle-ci (336).

Du reste, la reconnaissance de la part du père ou de la mère peut être contestée par tout intéressé.

L'enfant naturel reconnu n'a pas, sur la succession de celui ou de ceux qui l'ont reconnu, les mêmes droits que s'il était enfant légitime. Nous le verrons en traitant des successions. Au contraire l'enfant légitimé, c'est-à-dire l'enfant naturel dont les parents se sont mariés ensemble *après l'avoir reconnu*, a tous les droits de l'enfant légitime; il est censé être né le jour du mariage. Mais sa reconnaissance doit avoir lieu au plus tard dans l'acte de célébration du mariage (331).

Recherche de la paternité naturelle. — La recherche de la paternité naturelle est interdite en principe. Par exception, elle est permise lorsque la mère a été enlevée et que l'époque de l'enlèvement correspond à celle de la conception de l'enfant. Dans ce cas les intéressés peuvent demander que le ravisseur soit déclaré père de l'enfant (340).

Recherche de la maternité naturelle. — La recherche de la maternité naturelle est permise en faveur de l'enfant. Mais l'enfant doit prouver d'abord que celle qu'il prétend être sa mère est accouchée, et qu'il est précisément l'enfant dont elle est accouchée. Il peut le prouver non-seulement par écrit mais encore par témoins, à condition qu'il produise un commencement de preuve par écrit (titres de famille, registres, paipi, domestiques etc.). (341). Mais le droit de rechercher la maternité n'appartient point aux héritiers de l'enfant, il n'appartient qu'à lui.

Les enfants incestueux ou adultérins ne sont jamais admis à la recherche de la maternité ou de la paternité (342).

SECTION III

La tutelle

Les enfants *mineurs* qui perdent leur père ou leur mère tombent en tutelle, à moins qu'ils ne soient déjà émancipés. — La tutelle appartient *de plein droit* au survivant des père et mère (390). Mais, si c'est le père qui est prédécédé, il a pu décider que la mère ne pourrait faire aucun acte de tutelle sans l'avis d'une personne désignée par lui, soit dans son testament, soit dans une déclaration faite devant le juge de paix assisté de son greffier, soit dans un acte passé devant notaire (392). — Lors du décès du mari, si la femme est enceinte, le conseil de famille nomme un curateur chargé de la surveiller pour empêcher toute fraude (simulation de grossesse par exemple). A la naissance de l'enfant la mère est tutrice et le curateur est *de plein droit* subrogé-tuteur (393).

En principe, le père survivant est tenu d'être le tuteur de ses enfants; au contraire, la mère survivante peut refuser d'exercer la tutelle, — mais elle doit en remplir les devoirs jusqu'à ce qu'elle ait fait nommer un tuteur par le conseil de famille (394). — Si la mère a accepté la tutelle et que dans la suite elle veuille se remarier, elle doit, *avant le mariage*, convoquer le conseil de famille — qui a à décider si la tutelle doit lui être conservée — sous peine de perdre la tutelle *de plein droit*, et de rendre son nouveau mari responsable solidairement avec elle de toutes les conséquences des actes de tutelle accomplis par elle depuis son nouveau mariage (396).

Lorsque le conseil de famille, convoqué par la mère tutrice avant son second mariage, lui conserve la tutelle, il est tenu de lui donner pour *co-tuteur* le second mari qui est solidairement responsable des actes de tutelle accomplis postérieurement au mariage (396).

Le père survivant ou la mère survivante a le droit de désigner quel sera, après son décès, le tuteur de l'enfant mineur. Mais ce droit est enlevé à la mère remariée qui n'a pas été maintenue tutrice lors de son second mariage (399). Quant à la mère remariée et maintenue tutrice elle peut bien désigner le tuteur, mais son choix doit être confirmé par le conseil de famille (400). Ce tuteur est désigné par le père survivant, ou la mère survivante soit dans un testament, soit dans une déclaration faite devant le juge de paix (assisté de son greffier) ou devant notaire (398).

Si ce choix n'a pas été fait, la tutelle apppartient *de droit* au grand-père paternel, à son défaut au grand-père maternel du mineur; à défaut d'aïeul, la tutelle appartient au bisaïeul, grand-père paternel du père du mineur; à son défaut au bisaïeul grand-père maternel du père maternel; s'il n'y a de bisaïeuls que dans la ligne maternelle le conseil de famille est tenu de nommer tuteur l'un de ces ascendants; s'il n'y en a qu'un, il est tuteur *de droit* (404).

Dans le cas où le mineur n'a plus d'ascendants, c'est le conseil de famille qui nomme le tuteur (405). Le conseil de famille se compose de *six* parents ou alliés — trois de la ligne paternelle et trois de la ligne maternelle — habitant dans la commune où la tutelle est ouverte ou dans un rayon de cinq lieues. — La tutelle s'ouvre au domicile du père du mineur, si c'est le père qui vient de décéder. Le parent est préféré à l'allié du même degré, et de plusieurs parents du même degré — cousins par exemple — c'est le plus âgé qui l'emporte. — Les parents du mineur, ses créanciers et tous autres intéressés peuvent demander au juge de paix du domicile du mineur de convoquer le conseil de famille. Toute personne peut apprendre au juge de paix le fait qui donne lieu à la nomination du tuteur, et ce magistrat peut convoquer spontanément le conseil de famille. — Le conseil de famille est présidé par le juge de paix qui a voix prépondérante en cas de partage (416).

Le conseil de famille peut, dans certains cas, se composer de plus de sept membres (y compris le juge de paix) : c'est lorsque les frères et les beaux-frères du mineur atteignent un nombre supérieur à six. Ils sont *tous* membres du conseil de famille qui peut comprendre en outre les ascendants excusés de la tutelle ou les ascendantes veuves — grand-mère du mineur, par exemple (408).

Si dans la commune de l'ouverture de la tutelle et dans les cinq lieues de rayon il n'y a pas assez de parents ni d'alliés pour compléter le conseil de famille, le juge de paix peut convoquer des parents résidant à une plus grande distance, ou même des amis du père ou de la mère du mineur domiciliés dans la commune. — Le juge de paix peut composer le conseil de parents habitant à une assez grande distance, quand bien même il y aurait assez de parents sur les lieux, pourvu que ceux qu'il préfère ne soient pas d'un degré plus éloigné (410). —Le juge de paix fixe le jour de la réunion du conseil de famille, mais les parents doivent recevoir la lettre de convocation au moins *trois jours* avant le jour fixé. Ce délai est même augmenté *d'un jour* par 12 lieues 1 2 de distance — au delà du rayon de cinq lieues entre le lieu de l'ouverture de la tutelle et le domicile du parent convoqué (411).

Les membres du conseil de famille peuvent se faire représenter par un mandataire muni d'un mandat *spécial*. Une même personne ne peut représenter deux membres (412). Le juge de paix condamne à une amende de 50 francs (au plus) le membre du conseil de famille qui, convoqué par citation d'huissier, ne comparaît pas et ne peut présenter une excuse légitime. Si au contraire son absence est suffisamment justifiée le juge de paix ajourne la réunion ou la reporte à une heure plus avancée de la journée, suivant les circonstances. — Pour que le conseil de famille puisse délibérer valablement, il faut au moins la présence des *trois-quarts* des membres convoqués (415).

Le conseil de famille ne peut nommer qu'un seul tuteur, à moins que le mineur n'ait des biens dans les colonies, auquel cas il est nommé, en vue de l'administration de ces biens, un second tuteur appelé *protuteur*, dont la gestion est absolument indépendante de celle du tuteur proprement dit (417).

Le conseil de famille doit nommer en outre un subrogé-tuteur chargé de défendre les intérêts du mineur toutes les fois qu'il sont en opposition avec ceux du tuteur (420).

Ce subrogé-tuteur doit donc surveiller la conduite du tuteur. Lorsque le tuteur n'a pas été nommé par le conseil de famille — il a été désigné, par exemple, par le père survivant — c'est à lui de faire convoquer le conseil de famille pour la nomination du subrogé tuteur; s'il commence à gérer la fortune du mineur sans avoir rempli cette obligation, il risque de se voir retirer la tutelle, s'il a violé exprès la loi, et d'être obligé d'indemniser le mineur du préjudice qu'il a pu lui causer (421).

Le tuteur appartient-il à la ligne paternelle du mineur, le subrogé-tuteur ne peut être pris que dans l'autre ligne, et réciproquement. Mais le mineur qui a un frère pour tuteur peut avoir un autre frère pour subrogé-tuteur (423). — Le tuteur ne peut prendre part au vote qui a lieu pour la nomination du subrogé-tuteur, ni provoquer sa destitution, ni voter dans les conseils de famille convoqués pour délibérer sur cette mesure (426).

Lorsque la tutelle devient vacante — par exemple par suite du décès du tuteur — le subrogé-tuteur doit provoquer la nomination d'un nouveau tuteur, sous peine de se voir condamner, s'il y a lieu, à des dommages-intérêts envers le mineur (424).

Les fonctions de tuteur constituent une lourde charge que l'on est forcé d'assumer en principe. Mais il y a des cas de dispense. C'est ainsi que les sénateurs, députés, membres de la cour de cassation, de la cour des comptes, du Conseil d'État, curés ou desservants, préfets, militaires en activité de service, diplomates, consuls et tous citoyens exerçant une fonction *publique* à l'étranger ou dans un département autre que celui où la tutelle s'établit (les notaires par exemple), sont dispensés de la tutelle — (427-428).

Tout individu âgé de soixante-cinq ans accomplis peut refuser la tutelle (434). Une infirmité grave est aussi une cause de dispense (434). — Celui qui a déjà deux patrimoines de mineur à gérer comme tuteur est dispensé des charges d'une troisième tutelle. L'homme marié déjà chargé d'une tutelle ne peut être chargé d'une seconde, à moins qu'il ne s'agisse de celle de ses enfants (435). — Le père de cinq enfants *légitimes* est dispensé de toute tutelle — à l'exception de celle de ses enfants. Les enfants morts sont comptés dans ce nombre s'ils ont laissé des enfants encore vivants, ou s'ils sont morts en activité de service dans l'armée (436).

Le parent ou allié nommé tuteur, qui a le droit de ne pas accepter et qui veut user de cette faculté, doit, s'il est présent à la délibération, invoquer *immédiatement* son droit à la dispense de la tutelle. S'il n'a pas assisté à sa nomination, il doit, dans les *trois jours* qui suivent la notification qu'il a reçue, requérir la convocation du conseil de famille. Ce délai est augmenté *d'un jour* par 12 lieues et 1/2 de distance du lieu de son domicile à celui de l'ouverture de la tutelle (439). Le conseil de famille rejette-t-il ses excuses, il peut recourir aux tribunaux, mais il doit remplir *provisoirement* les fonctions de tuteur. — Si les tribunaux le dispensent de la tutelle, les membres du conseil de famille qui avaient rejeté l'excuse supportent les frais du procès ; si les tribunaux rejettent son excuse, ces frais tombent à sa charge (441).

Celui qui, pouvant être dispensé de la tutelle, l'a acceptée à l'origine, ne peut plus s'en faire dispenser plus tard (431).

Si le tuteur est nommé préfet, par exemple, au cours de la tutelle, il doit, s'il veut se faire décharger des fonctions du tuteur, faire convoquer dans *le mois* un conseil de famille, pour qu'il soit procédé à son remplacement.

Lorsque le tuteur atteint l'âge de soixante-dix ans, il peut se faire décharger de la tutelle (433).

Les fonctions de tuteur ne sont obligatoires pour une personne qui n'est ni *parente* ni *alliée* du mineur que dans le cas où, dans un rayon de dix lieues, il n'y a ni parents ni alliés capables d'être tuteurs (432).

Les mineurs, sauf le *père* ou la *mère* de l'enfant dont il s'agit de nommer le tuteur, ne peuvent être ni tuteurs, ni membres d'un conseil de famille. — De même les interdits. Une femme ne peut être tutrice, ni faire partie du conseil de famille, à moins qu'elle ne soit la mère ou l'aïeule ou la bisaïeule du mineur. Mais les individus pourvus d'un conseil judiciaire peuvent être membres d'un conseil de famille. — Ne peuvent être tuteurs ou membres du conseil de famille ceux qui sont en procès avec le mineur — à moins que ce procès n'ait qu'un intérêt pécunaire minime (442). Les fils de ceux qui ont ce procès avec le mineur sont frappés de la même incapacité.

La condamnation à une peine *afflictive* (réclusion par exemple) ou *infamante* (bannissement), entraîne de plein droit l'exclusion de la tutelle et même la destitution du tuteur déjà nommé. Les tribunaux correctionnels peuvent enlever le droit d'être tuteur ou membre du conseil de famille (42, C. pén.). — Sont encore exclus de la tutelle ou du conseil de famille les gens d'une inconduite *notoire* (la mère par exemple), et ceux qui sont ou incapables d'administrer les biens du mineur, ou d'une probité douteuse (444).

Mais la destitution ou l'exclusion de la tutelle par le conseil de famille doit être motivée dans le procès-verbal, et la décision ne peut être prise qu'après audition ou convocation du tuteur (447). S'il y a lieu à la destitution du tuteur, et que le subrogé-tuteur ne convoque pas le conseil de famille, tout parent ou allié du mineur (jusqu'au degré de *cousin-germain*), a le droit d'exiger cette convocation du juge de paix (446).

Le tuteur exclu ou destitué de la tutelle peut réclamer devant les tribunaux son maintien ; à cet effet, il assigne le subrogé-tuteur qui, de son côté, demande à la justice d'homologuer la décision du conseil de famille (448).

Administration du tuteur. — Le tuteur doit prendre soin de la personne de son pupille; il doit en outre gérer sa fortune. Dans les *dix jours* qui suivent celui où il apprend sa nomination, il doit requérir la levée des scellés qui ont pu être apposés sur les biens du mineur, et faire procéder à l'inventaire en présence du *subrogé-tuteur*. Le notaire lui demande alors s'il a quelque créance contre son pupille. Le tuteur qui néglige de faire cette déclaration perd sa créance (451). — Dans *le mois* qui suit la clôture de l'inventaire, le tuteur est tenu de faire vendre aux enchères, *en présence du subrogé-tuteur*, tous les meubles que le conseil de famille ne l'a pas autorisé à conserver. — Quant aux *meubles incorporels* (valeurs mobilières telles que : actions, obligations), il faut l'autorisation du conseil de famille pour qu'ils puissent être aliénés. Si les valeurs dépassent 1500 francs *en capital*, cette autorisation doit être homologuée par le tribunal. L'aliénation des valeurs négociables à la bourse doit être opérée par le ministère d'un agent de change. — Dans *les trois mois* de l'ouverture de la tutelle, le tuteur doit convertir les titres au porteur non aliénés en titres nominatifs. Un délai plus long peut être accordé pour cette conversion par le conseil de famille. — Mais la *conversion* des titres nominatifs en titres au porteur est soumise aux mêmes formalités que *l'aliénation* des titres (loi du 27 février 1880).

Le conseil de famille fixe, d'après l'importance des biens du mineur les dépenses annuelles, les frais d'administration; il peut autoriser le tuteur à s'aider dans sa gestion d'un ou de plusieurs administrateurs salariés, gérant sous sa responsabilité (454). Le conseil indique aussi à partir de quelle somme le tuteur devra placer les économies réalisées par lui. Si cet emploi n'est pas fait dans les *six mois* à compter du jour où le chiffre fixé a été atteint, le tuteur doit les intérêts à partir de l'expiration de ce délai. Le tuteur qui ne fait pas fixer cette somme par le conseil doit les intérêts de tout argent non employé, du jour de l'expiration des six mois écoulés depuis sa réception (456).

Lorsque la tutelle appartient au père ou à la mère du mineur, le conseil de famille n'a pas à déterminer la dépense annuelle du pupille; la vente des meubles n'est plus obligatoire, le père ou la mère peut les garder, à condition de les faire estimer par un expert *désigné par le subrogé-tuteur*, et les meubles qui ne peuvent être représentés à la fin de la tutelle sont remplacés par le montant de leur estimation (453).

Nous l'avons déjà dit, le tuteur est un gérant; il administre, il a donc tous les pouvoirs d'un administrateur; il représente le mineur, reçoit les sommes qui sont dues à celui-ci (capitaux ou intérêts), en donne quittance, paie les dettes de son pupille, fait faire les réparations nécessaires au bon entretien des biens du mineur, empêche toute prescription de courir contre lui, peut donner à ferme ou à loyer les biens du mineur; mais les baux qu'il accorde ne doivent pas dépasser *neuf ans* (un bail de douze ans serait réduit à neuf ans). Sur ce point, le tuteur a les pouvoirs d'un mari sur les immeubles de sa femme sous la communauté.

Il peut intenter une action mobilière ou défendre à une action de ce genre. Il peut même intenter des actions possessoires ou y défendre. — Mais il est certains actes qui ne rentrent pas dans la catégorie des actes d'administration, et que le tuteur ne peut accomplir qu'en remplissant préalablement certaines formalités; ainsi, il ne peut *emprunter* pour le mineur, ni *aliéner* ou *hypothéquer* ses immeubles, sans y être autorisé par le conseil de famille, — et encore cette autorisation doit-elle être *homologuée* par le tribunal. Or, le conseil de famille ne doit autoriser ces actes que pour cause d'une nécessité *absolue* ou d'un avantage *évident*. Il n'y aura nécessité absolue que si le tuteur démontre que les biens mobiliers et les revenus de son pupille sont insuffisants. Le conseil de famille indique les immeubles qui doivent être vendus de préférence, règle les conditions de l'emprunt, etc. (457).

La vente des immeubles d'un mineur est faite *aux enchères* et en présence du subrogé-tuteur, après l'apposition d'affiches (459).

Il y a d'autres actes pour lesquels l'homologation du tribunal n'est point exigée, mais que le tuteur ne peut accomplir sans l'autorisation du conseil de famille. Nous voulons parler de l'acceptation ou de la répudiation d'une succession échue au mineur (l'acceptation sous bénéfice d'inventaire est seule possible, ici l'acceptation ne peut jamais être pure et simple). Même obligation pour l'acceptation d'une donation faite au mineur. — Le tuteur a encore besoin de l'autorisation du conseil de famille pour intenter en justice une action relative à un immeuble du mineur (*action immobilière*), ou pour admettre la prétention d'un tiers sur cet immeuble (464). — Le mineur étant co-propriétaire d'un immeuble, le tuteur a besoin de l'autorisation du conseil de famille pour provoquer le partage; mais si le partage est demandé par un des co-propriétaires du mineur, il peut s'opposer à cette demande sans avoir besoin d'autorisation (465). Disons tout de suite que le partage auquel est intéressé un mineur doit être effectué *en justice*, après estimation faite par experts nommés par le tribunal du lieu de l'ouverture de la succession qui a amené l'indivision. Ce sont ces mêmes experts qui forment les lots. Le partage qui ne serait point fait en justice n'aurait de valeur qu'au point de vue des revenus, de la jouissance; mais il serait nul quant à la propriété elle même.

La transaction étant un acte très délicat, le tuteur ne peut transiger au nom du mineur que s'il obtient: 1° l'approbation de trois jurisconsultes désignés par le procureur de la République; 2° l'autorisation du conseil de famille; 3° l'homologation de la transaction par le tribunal (467).

Naturellement, les actes pour lesquels on ne peut se faire représenter sont interdits au tuteur. C'est ainsi qu'il ne peut tester pour son pupille, ni l'engager dans les liens du mariage, ni *compromettre* (c'est-à-dire remettre ses droits entre les mains d'arbitres). Il ne peut non plus consentir une donation au nom du mineur, mais il a le droit de faire les dons d'usage (étrennes, pourboires). — Enfin il lui est interdit d'acheter les biens de son pupille, de se rendre cessionnaire d'un droit quelconque ou d'une créance contre lui. Toutefois il peut obtenir du conseil de famille l'autorisation de prendre à bail un bien du mineur. Le mineur est alors représenté par son subrogé-tuteur (450).

Le tuteur est tenu de surveiller la conduite de son pupille, de pourvoir à son éducation, à ses besoins matériels. Si le mineur lui donne de graves sujets de mécontentement il peut se plaindre au conseil de famille et, *avec son autorisation*, faire détenir le mineur comme son père lui-même eût pu le faire, sauf au cas où le droit de correction appartient à une autre personne (à la mère, par exemple).

Les comptes de tutelle. — Durant la tutelle le tuteur peut être contraint par le conseil de famille de fournir au *subrogé-tuteur* des états de situation de sa gestion à telle époque, mais une fois par an au plus. — Ces états sont rédigés sur papier libre.

Le tuteur, lorsqu'il est le père du mineur, est dispensé de cette obligation; de même la mère tutrice, mais non point le co-tuteur mari de la mère remariée (470). — Lorsque la tutelle prend fin, pour une cause ou pour une autre, l'ex-tuteur doit rendre compte de sa gestion (469.) Les frais de ce compte sont à la charge du mineur (sauf au cas où le tuteur est destitué de la tutelle), mais c'est toujours le tuteur qui en fait l'avance. Le tuteur — même père ou mère du mineur — ne peut être dispensé de rendre compte.

Le tuteur doit administrer les biens de son pupille en bon père de famille. Toutes les dépenses de quelque utilité dont il pourra justifier d'une façon ou d'une autre lui seront remboursées. Mais les intérêts des sommes qui lui sont dues, comme reliquat du compte, ne courent que du jour de la *sommation* de payer. — Au contraire, quand c'est le tuteur qui doit au mineur, la somme due par lui produit intérêt du jour de la clôture du compte (474). — Le mineur ne peut poursuivre son tuteur relativement aux faits de la tutelle que pendant *dix ans* à compter du jour de sa majorité (475).

Entre l'ex-tuteur et le mineur devenu majeur, aucun traité pouvant avoir pour résultat indirect de soustraire le tuteur à l'obligation de rendre compte (par exemple une acceptation du compte de tutelle) ne peut intervenir avant la reddition d'un compte de tutelle détaillé et la remise à l'ex-mineur des pièces justificatives, ni même dans les *dix jours* qui suivent la délivrance par l'ex-mineur du récépissé de ces pièces (472). Le législateur s'est défié avec raison de l'ascendant, parfois excessif, du tuteur sur le mineur.

Incapacité du mineur. — Quelle est en principe la valeur des actes accomplis par le mineur ? — Ces actes sont annulables, mais le mineur seul (ou ses représentants, ses héritiers) peut en demander l'annulation aux tribunaux. — La personne qui a contracté avec le mineur ne peut invoquer cette nullité, établie par la loi uniquement dans l'intérêt du mineur. Si donc le mineur devenu majeur exige de son co-contractant l'accomplissement de la convention, ce dernier est tenu comme s'il avait contracté avec un majeur.

D'ailleurs, il faut bien remarquer que la nullité de l'acte accompli par le mineur seul n'est admise que si les intérêts du mineur ont été *lésés*, autrement l'acte est absolument valable. Ainsi le mineur a passé un bail avec telle personne. Le prix du bail est trop peu élevé, — le mineur est lésé : le bail est annulable. Il ne le serait pas si le prix était convenable — car il n'y aurait pas lésion, — à condition toutefois que la durée du bail ne dépasse pas neuf ans ; s'il s'agissait d'un bail de douze ans, par exemple, l'acte serait nul pour vice de forme, puisque pour ces baux l'autorisation du conseil de famille est exigée; or le vice de forme rend l'acte annulable quand bien même le mineur ne serait pas lésé : c'est ainsi que l'emprunt fait par un mineur est toujours annulable. Mais lorsque l'emprunt a profité au mineur, lorsqu'il s'en est servi pour acheter des objets de valeur, pour faire des réparations, il est tenu de restituer au prêteur la somme représentant pour lui le profit retiré de l'emprunt, même après l'annulation de cet acte. Toutefois le prêteur doit prouver le profit réalisé par le mineur; s'il ne peut faire cette preuve, ou si le mineur a gaspillé l'argent prêté, ce dernier, dès que l'emprunt est annulé, ne doit plus rien à l'emprunteur (1312).

La nullité de l'acte accompli par le mineur seul peut être invoquée pendant *dix ans*, à compter du jour de sa majorité ou de son décès (1304). — Le mineur devenu majeur (ou après sa mort ses héritiers) peut ratifier l'acte annulable. Cet acte devient dès lors inattaquable (1311).

Tels sont les principes qui régissent les actes du mineur, mais ils ne sont pas absolus. Le Code, dans un sentiment d'équité, y apporte une exception au cas où le mineur commet un *délit* ou un *quasi-délit* : le mineur est responsable des délits qu'il commet, et par suite les obligations qui résultent pour lui d'un délit ou d'un quasi-délit ne sont pas annulables. En cette matière, il est tout aussi capable qu'un majeur (1310). — Cependant le mineur qui déclare à la personne avec laquelle il contracte qu'il a atteint sa majorité peut demander que la convention soit annulée — bien qu'il ait commis là, en somme, une manœuvre frauduleuse, — car celui qu'il a trompé n'avait qu'à consulter son acte de naissance pour s'assurer de la véracité de la déclaration (1306).

Lorsque la lésion résulte d'un évènement casuel et imprévu, les représentants du mineur ne peuvent l'invoquer pour faire annuler l'acte accompli par le mineur seul (1306).

Voilà ce que décide la loi à l'égard des actes que le tuteur eût pu faire sans aucune autorisation, et qui ont été accomplis par le mineur. — Pour les actes que le tuteur n'eût pu accomplir qu'avec l'autorisation du conseil de famille (acceptation d'une donation faite au mineur), il n'en est pas de même : *qu'il y ait ou non lésion*, l'acte accompli par le mineur est annulable (1311).

SECTION IV

L'émancipation. — La majorité

L'émancipation donne une certaine capacité ; elle prépare le mineur à la gestion de sa fortune, à la conduite de ses affaires. Le père — à défaut de père, la mère — peut émanciper son enfant dès qu'il a atteint l'âge de *quinze* ans accomplis (477). Il lui suffit pour cela de déclarer sa volonté devant le juge de paix assisté de son greffier. Ce magistrat dresse l'acte d'émancipation. — L'orphelin peut être émancipé par son conseil de famille, mais il ne peut l'être avant *dix-huit* ans accomplis. L'émancipation résulte alors de l'autorisation du conseil de famille et de la déclaration que son président, le juge de paix, insère dans le procès-verbal de la délibération. Le juge de paix constate, dans cet acte, *que le mineur est émancipé* (478). Tout parent ou allié du mineur, jusqu'au degré de *cousin-germain* inclusivement, peut, lorsqu'il juge le mineur assez capable et qu'il le croit digne d'être émancipé, requérir le juge de paix de convoquer le conseil de famille à ce sujet ; mais, en général, c'est le tuteur qui prend cette initiative (479).

Dès qu'un mineur est émancipé, le conseil de famille lui nomme un *curateur* qui l'assiste dans le règlement du compte de tutelle, — car l'un des effets de l'émancipation c'est de mettre fin à la tutelle (480).

L'émancipation résulte *de plein droit* du mariage du mineur (476). Si c'est la femme qui est encore en minorité, son mari remplit les fonctions de curateur.

Le mineur non émancipé est représenté dans tous les actes par son tuteur ; au contraire, le mineur émancipé agit lui-même : son curateur ne le représente pas, il l'assiste pour tous les actes qui ne rentrent pas dans la catégorie des actes de pure administration. Quant aux actes de *pure administration*, le mineur émancipé les accomplit valablement sans cette assistance. C'est ainsi qu'il reçoit ses *revenus*, en donne quittance, interrompt les prescriptions qui courent contre lui, intente les actions possessoires ou y défend, prescrit les réparations d'entretien, vend les récoltes, intente les actions mobilières ou y défend, fait des baux de neuf ans et au-dessous, etc. (481). — Au contraire, pour intenter une action immobilière ou y défendre, pour recevoir un *capital* et en donner quittance, pour faire de grosses réparations, il lui faut l'autorisation de son curateur qui a, en outre, le droit de surveiller l'emploi des capitaux reçus par le mineur (482). — Pour tous les autres actes : emprunt, aliénation d'immeubles, constitution d'hypothèques, d'usufruit, de servitudes, etc., acceptation ou répudiation de succession, acceptation de donation, etc., le mineur émancipé est soumis aux mêmes règles que le mineur non émancipé. Ainsi, pour l acceptation d'une donation, il lui faut non-seulement l'assistance de son curateur, mais encore l'autorisation du conseil de famille. Quant à l'aliénation des meubles incorporels (valeurs), elle est soumise aux règles inscrites dans la loi du 27 février 1880, sauf au cas où l'émancipation dérive du mariage. Dans cette dernière hypothèse, l'assistance du curateur suffit. (1) (484, al. 1).

Le mineur émancipé peut s'obliger, mais si les obligations qu'il contracte sont excessives (il a acheté par exemple un bel équipage alors que sa fortune est très modeste), les tribunaux peuvent, *sur sa demande*, réduire ces engagements. Ils doivent considérer dans ce cas les ressources de l'émancipé, l'utilité ou l'inutilité des dépenses, la bonne ou mauvaise foi des personnes qui ont traité avec lui. Cette réduction accordée, le père — à défaut de père la mère, à défaut de mère le conseil de famille — peut retirer à l'émancipé le bénéfice de l'émancipation. Le retrait de l'émancipation se fait dans les mêmes formes que sa concession (485). Mais il faut bien remarquer que l'émancipé peut *seul* demander la réduction de ses engagements ; s'il ne la demande pas, le retrait de l'émancipation

(1) De même lorsque l'émancipation a été accordée par le père ou la mère

est impossible. Par exception, l'émancipation résultant du mariage ne peut être révoquée dans aucun cas ; elle est absolue.

Après la révocation de l'émancipation, le mineur retombe dans la situation où il était avant d'être émancipé, et l'émancipation ne peut plus résulter pour lui que du mariage (486).

Souvent l'émancipation est conférée à un mineur pour lui permettre de se livrer au commerce, l'émancipé ayant la capacité d'un majeur pour les faits relatifs à son commerce (487).

Autres effets de l'émancipation : la jouissance légale que le père ou la mère a sur les biens personnels de son enfant, jusqu'à ce qu'il ait atteint dix-huit ans, cesse par l'émancipation. — L'émancipé n'est plus soumis à la puissance paternelle ; il peut demeurer où bon lui semble, s'engager dans l'armée sans autorisation, etc.

La majorité. — L'homme qui a atteint vingt-et-un ans accomplis est *majeur*, c'est-à-dire qu'il est en possession de toute sa capacité au point de vue de ses droits civils, de ses intérêts pécuniaires ; il peut disposer de sa fortune comme il l'entend, sans avoir à rendre de comptes à personne, sans aucune autorisation. A ce moment, la tutelle prend fin ; si le mineur n'était point en tutelle, mais sous l'autorité de ses parents — ou plutôt de son père — les fonctions d'administrateur légal que celui-ci remplissait prennent fin également faute d'objet, et le père rend compte à son enfant de l'administration de sa fortune, dont il a eu la jouissance jusqu'à ce que le mineur ait atteint dix-huit ans.

La femme est également majeure à vingt-et-un ans, mais elle ne possède toute sa capacité que si elle n'est point mariée ; la femme mariée, nous le savons déjà, n'a qu'une capacité restreinte.

SECTION V

L'interdiction

Il est des majeurs qui sont complètement incapables d'administrer leur fortune. Nous voulons parler de ceux qui sont dans un état *habituel* d'imbécibillité, de démence ou de fureur — la loi désigne ainsi les idiots, les aliénés et les fous furieux. — C'est pour ces personnes que l'interdiction est établie. Tout parent peut provoquer cette mesure. L'époux peut demander l'interdiction de son conjoint, et le subrogé-tuteur a le droit de demander, au nom des enfants mineurs, l'interdiction du père, leur tuteur légal (490).

Sauf au cas de folie furieuse, le procureur de la République ne peut provoquer l'interdiction que si l'aliéné n'a ni époux, ni parents connus ; au contraire, il *doit* la provoquer au cas de *folie furieuse*, si elle n'est réclamée ni par l'époux, ni par les parents du fou furieux (491).

Ceux qui poursuivent l'interdiction ont d'abord à établir *par écrit* les faits sur lesquels ils fondent leur demande. Le tribunal consulte le conseil de famille — formé suivant les règles ci-dessus indiquées — sur l'état de la personne dont on demande l'interdiction, mais ceux qui la réclament ne peuvent faire partie du conseil de famille, à moins que ce ne soit l'époux ou les enfants — et encore n'ont-ils pas voix délibérative (495). L'avis reçu, le tribunal procède, à huis-clos, à l'interrogatoire du défendeur en interdiction, en présence du procureur de la République. Si le défendeur ne peut quitter sa demeure, un juge, assisté du greffier, vient l'interroger chez lui (496). Après l'interrogatoire, le tribunal, s'il y a lieu, nomme un administrateur provisoire chargé de prendre soin de la personne et des biens du défendeur durant le procès. Le jugement est rendu en audience publique. — Tout en rejetant l'interdiction comme mesure excessive, le tribunal peut parfaitement ordonner que le défendeur, vu sa faiblesse d'esprit, ne pourra plus plaider, transiger, aliéner ni hypothéquer ses biens, etc., sans l'assistance d'un conseil — sorte de curateur désigné sous le nom de *conseil judiciaire* (499). — L'interdiction produit son effet du jour du jugement. Tous actes passés désormais par l'interdit sont nuls *de plein droit* — en ce sens que le tribunal ne peut se dispenser d'annuler ces actes, sous prétexte qu'ils ont été faits avec sagesse et dans un intervalle lucide (502). Quant aux actes antérieurs à l'interdiction, ils peuvent être annulés si la folie existait *notoirement* à l'époque où ils ont été faits, mais il n'y a point là d'obligation pour le juge (503).

Une personne non interdite meurt; les actes faits par elle ne peuvent être attaqués pour cause de démence, à moins que l'interdiction n'ait été provoquée avant le décès; dans ce cas il suffit de prouver la démence au moment de la signature de l'acte ; ce n'est même pas nécessaire quand la démence résulte de l'acte attaqué (504). — Pour les donations et les testaments il y a une règle spéciale : la preuve que le donateur ou le testateur n'était pas sain d'esprit au moment de la donation ou de la confection du testament suffit pour faire annuler la donation ou le testament, alors même que l'interdiction n'aurait pas été demandée avant le décès du donateur ou testateur (901).

L'interdiction étant définitivement prononcée, l'interdit est pourvu d'un tuteur et d'un subrogé-tuteur. — La femme interdite a pour tuteur son mari, — à moins que les époux ne soient séparés de corps, auquel cas c'est le conseil de famille qui désigne le tuteur et le subrogé-tuteur, comme lorsqu'il s'agit d'un interdit célibataire (505). — Est-ce le mari qui est interdit? La femme peut être nommée tutrice par le conseil de famille, qui règle la forme et les conditions de l'administration des biens du mari (506). La femme tutrice de son mari interdit a tous les pouvoirs dont le mari était armé avant son interdiction. Mais la femme de l'interdit, qu'elle soit ou non la tutrice, est toujours tenue de se faire autoriser pour les actes qui intéressent sa fortune propre : seulement elle demande cette autorisation au tribunal directement. — Le subrogé-tuteur est toujours nommé par le conseil de famille.

Dès que le tuteur et le subrogé-tuteur sont désignés, l'administrateur provisoire rend compte au tuteur de la situation (505).

En principe, le tuteur d'un interdit a le droit d'exiger du conseil de famille son remplacement au bout de *dix* ans de gestion. Mais ce droit n'appartient pas au tuteur s'il est conjoint, ascendant ou descendant de l'interdit (508).

La gestion du tuteur de l'interdit est soumise aux mêmes règles que celle du tuteur du mineur. Mais l'interdit est moins capable, juridiquement, que le mineur, même pendant les intervalles lucides; les actes accomplis par le mineur ne sont annulables en principe que si le mineur a été lésé, tandis que tous les actes de l'interdit peuvent être annulés, quand bien même l'interdit n'a éprouvé aucune lésion. Il ne faut pas oublier d'ailleurs que les représentants de l'interdit peuvent seuls demander l'annulation de ses actes; la personne qui a contracté avec l'interdit n'a pas ce droit (1225).

Le tuteur d'un interdit doit employer les revenus de l'incapable à adoucir son sort et à accélérer sa guérison. Le conseil de famille décide si l'interdit sera soigné à son domicile ou placé dans un hospice ou dans une maison de santé (510).

Lors du mariage de l'enfant d'un interdit, c'est un avis du conseil de famille de l'interdit qui règle la constitution de dot, les conventions matrimoniales; mais cet avis doit être homologué par le tribunal de première instance (511).

Quant à l'interdit, bien que la loi soit muette sur ce point, il ne peut se marier. Le lui permettre, ce serait léser les intérêts de la société.

Dès que l'interdit recouvre sa raison, dès que ses facultés intellectuelles renaissent, on peut demander au tribunal la *main-levée* de l'interdiction. — Pour la main-levée on suit la même procédure que pour l'obtention de l'interdiction (interrogatoire de l'interdit, enquête, etc.). L'interdit reprend l'exercice de tous ses droits quand le jugement de main-levée est devenu définitif (512). L'interdit peut demander lui-même, contre son tuteur, la main-levée de son interdiction. — L'ex-interdit a *dix ans* pour poursuivre l'annulation des actes accomplis par lui durant son interdiction. Ce délai court du jour de la cessation de l'interdiction (1304).

Aliénés non interdits. — La loi du 30 juin 1838 sur les aliénés décide que les actes faits par une personne *non interdite*, mais placée dans un établissement d'aliénés (hospice, maison de santé), peuvent être annulés pour cause de démence. Cette annulation ne peut être demandée que par l'aliéné ou ses héritiers; les juges ne l'accordent que s'il leur est prouvé que l'acte a été accompli dans un moment de démence. Le délai de dix ans donné pour poursuivre cette nullité court du jour où l'ex-aliéné a eu connaissance, après sa sortie *défi-*

nitive de la maison d'aliénés, de l'acte juridique accompli par lui sous l'empire de la démence, et, pour les héritiers, du jour où ils ont eu connaissance de l'acte annulable, depuis la mort de l'aliéné décédé dans l'établissement (art. 39 de la loi du 30 juin 1838).

SECTION VI

Le conseil judiciaire

L'institution du conseil judiciaire est dirigée contre les *prodigues*, que l'on veut protéger contre eux-mêmes. C'est, comme on l'a dit souvent, une sorte de *demi-interdiction*. Le prodigue pourvu d'un conseil judiciaire, c'est à dire d'un *curateur* nommé par le tribunal, par *jugement*, accomplit *lui-même* les actes qui l'intéressent; mais, pour certains d'entre-eux, il lui faut l'assistance de son conseil judiciaire. Il ne peut transiger, emprunter, aliéner, hypothéquer, recevoir un capital mobilier ou en donner décharge sans une autorisation *écrite*, *spéciale* de son conseil judiciaire. Il ne peut plaider sans l'assistance de ce curateur. Mais il n'a besoin d'aucune autorisation pour recevoir ses revenus et en donner quittance, ni pour faire des actes de pure administration (ordonner des réparations d'entretien, passer des baux de neuf ans au plus, interrompre les prescriptions qui courent contre lui). Il peut même acheter tout ce qui est nécessaire à ses besoins et à ceux de sa famille, pourvu que les engagements occasionnés par ces fournitures soient en rapport avec ses ressources. Enfin il peut tester (513).

Dans le paragraphe relatif à l'interdiction, nous avons dit que le tribunal saisi d'une demande en interdiction contre une personne faible d'esprit, incapable de gérer sa fortune, pourrait refuser l'interdiction et se borner à nommer un conseil judiciaire ; le faible d'esprit pourvu d'un conseil judiciaire est absolument dans la même situation que le prodigue dernier interdit (499).

Tout parent du prodigue ou du faible d'esprit peut demander la nomination d'un conseil judiciaire. Ce droit appartient également au conjoint. Le procédure d'ailleurs est la même qu'en matière d'interdiction (interrogatoire du prodigue ou du faible d'esprit, enquête, avis du procureur de la République, etc.).

L'incapacité partielle de l'individu pourvu d'un conseil judiciaire cesse par un jugement de main-levée demandé, soit par le prodigue lui-même, soit par un de ceux qui ont le droit de provoquer la nomination d'un conseil judiciaire (parent, à défaut de parent connu le procureur de la République) — (514).

L'individu pourvu d'un conseil judiciaire peut faire tous les actes que la loi ne lui défend pas d'accomplir. Il peut donc faire son testament, se marier, choisir tel ou tel régime matrimonial, faire dans son contrat de mariage une donation à son conjoint, sans l'assistance de son conseil. — Quant aux actes qu'il ne peut accomplir seul et qu'il se permet d'accomplir, ils sont annulables pendant dix ans : à tous les points de vue ils sont soumis aux règles qui régissent les actes accomplis par l'interdit au cours de son interdiction (Voy. ci-dessus).

SECTION VII

Adoption et tutelle officieuse

L'adoption. — Pour pouvoir adopter, il faut avoir au moins *cinquante ans* d'âge et *quinze ans* de plus que la personne que l'on se propose d'adopter. L'adoption n'est pas permise à ceux qui ont des enfants ou des descendants *légitimes* (343). Une personne mariée ne peut adopter quelqu'un sans le consentement de son conjoint (344).

On ne peut adopter un mineur. Si l'individu qu'il est question d'adopter n'est pas orphelin, il faut que ses parents (ou celui d'entre eux qui survit) donnent leur consentement; néanmoins, si le futur adopté a plus de vingt-cinq ans, il lui suffira de leur faire *un seul* acte respectueux (346). — L'adoption n'est permise qu'après *six ans* de secours et de soins *non interrompus* prodigués pendant la *minorité* de l'adopté.

Cependant, lorsque celui qu'il est question d'adopter a sauvé la vie à la personne qui désire l'adopter, la loi est moins exigeante. Il suffit que le futur adoptant soit *majeur* et plus âgé que l'adopté, qu'il n'ait ni enfants ni descendants *légitimes*, et, s'il est marié, que son conjoint consente à l'adoption. Il n'est plus question dans ce cas de soins fournis pendant six ans au moins, ni d'une différence d'âge de quinze ans entre l'adoptant et l'adopté (345).

Les enfants naturels peuvent être adoptés par leurs parents. — Les prêtres catholiquespeuvent adopter.

Effets de l'adoption. — L'adopté ajoute à son nom celui de l'adoptant (347); il reste dans sa famille et y conserve tous ses droits (droits de succession, droit à une pension alimentaire, etc.); mais il fait partie, en outre, de la famille de l'adoptant; aussi le mariage est-il prohibé entre l'adoptant, l'adopté et ses descendants, entre les enfants adoptifs du même individu, entre l'adopté et les enfants que pourrait avoir plus tard l'adoptant; entre l'adopté et l'ex-conjoint de l'adoptant, entre l'adoptant et l'ex-conjoint de l'adopté (348). De plus il y a obligation alimentaire *réciproque* entre l'adoptant et l'adopté, comme entre les père et mère et leurs enfants (349). — L'adopté succède à l'adoptant comme s'il était son fils, il a absolument les mêmes droits, mais il ne succède point aux parents de l'adoptant (350). L'adoptant ne succède pas à l'adopté mort sans testament.

Supposons qu'après le décès de l'adoptant, l'adopté meure sans descendants *légitimes*. Tout ce qui lui vient de l'adoptant retourne aux *descendants* de celui-ci — ou du moins tout ce qui subsiste *en nature*. Si l'immeuble laissé par l'adoptant a été aliéné par l'adopté, le prix de l'immeuble ne revient point aux descendants de l'adoptant — car la loi ne s'applique qu'aux biens retrouvés *en nature* dans la succession de l'adopté — mais bien aux parents de l'adopté (351).

Autre hypothèse : l'adoptant a fait donation d'un bien à l'adopté. Ce dernier vient à mourir avant l'adoptant. S'il laisse des descendants, le bien donné leur sera transmis, mais s'il est décédé sans postérité, le bien, objet de la donation, reviendra à l'adoptant. Il lui reviendra encore si l'adopté a laissé des descendants auxquels l'adoptant survit (352).

Procédure de l'adoption. — L'adoption a lieu devant le juge de paix du domicile de *l'adoptant*. Celui qui veut adopter et celui qui consent à être adopté se présentent devant ce magistrat, donnent leur consentement à l'adoption, et il est procédé à la rédaction de l'acte d'adoption (353). Dans les *dix jours* l'adopté ou l'adoptant remet copie de cet acte au procureur de la République près le tribunal du domicile de l'adoptant. Le tribunal se procure les renseignements nécessaires et vérifie en chambre du conseil (c'est-à-dire à huis-clos) si la loi a été observée et si l'adoptant a une bonne réputation (355). Le procureur de la République donne son avis, et le tribunal rend un jugement *non motivé* ainsi conçu : « Il y a lieu à l'adoption, » ou au contraire : « Il n'y a pas lieu à l'adoption. » — Dans le *mois* qui suit, l'adoptant ou l'adopté saisit la cour d'appel de l'affaire qui est instruite de la même manière qu'en première instance, et la Cour rend un arrêt non motivé ainsi conçu : « Le jugement est confirmé ; en conséquence il y a lieu (ou il n'y a pas lieu) à l'adoption » ou au contraire : « Le jugement est infirmé, en conséquence etc. » L'arrêt qui repousse l'adoption n'est pas prononcé en audience publique (357) ; mais l'arrêt qui admet l'adoption est lu à l'audience et affiché partout où la Cour le juge convenable (368). Dans les *trois mois* qui suivent l'arrêt, l'adoptant ou l'adopté fait inscrire l'adoption sur le registre de l'état civil du domicile de l'adoptant, en produisant une *expédition* (copie authentique) de l'arrêt de la Cour. L'adoption est absolument sans effet si l'inscription n'est pas faite dans ce délai de trois mois (359).

Le décès de l'adoptant, advenant au cours de la procédure de l'adoption, ne l'empêche pas de se poursuivre, mais les héritiers de l'adoptant qui ne voient pas l'adoption d'un œil favorable peuvent remettre au procureur de la République un mémoire relatant leurs observations et les raisons qu'ils invoquent contre l'adoption projetée (360).

La tutelle officieuse. — Nous avons vu qu'on ne peut adopter une personne avant qu'elle ait atteint sa majorité ; l'adoption est donc rendue impossible par le décès du futur adoptant avant cette époque. C'est pour remédier à cet inconvénient que la loi a organisé la *tutelle officieuse*. — Cette tutelle ne peut avoir lieu qu'au profit d'enfants âgés de moins de *quinze* ans. — Le tuteur officieux est soumis à l'obligation de nourrir, d'élever son pupille et de le mettre en état de gagner sa vie. Le pupille était-il antérieurement en tutelle ou a-t-il des biens personnels, l'administration de sa fortune passe au tuteur officieux qui conserve néanmoins la charge de l'éducation de l'enfant; il ne peut en imputer les dépenses sur les revenus du pupille (365). Il a à rendre compte de cette administration à la fin de la tutelle officieuse (370). — Un époux ne peut devenir tuteur officieux qu'avec le consentement de son conjoint (362). On ne peut être tuteur officieux avant l'âge de *cinquante* ans. L'existence d'enfants ou de descendants légitimes met obstacle à la tutelle officieuse. — Pour devenir le tuteur officieux d'un enfant, il faut obtenir le consentement de ses père et mère ou du survivant d'entre eux. — Si l'enfant est orphelin de père et de mère, c'est le consentement du conseil de famille qui est exigé. S'agit-il d'un enfant trouvé et recueilli dans un hospice ou d'un enfant qui n'a point de parents connus, c'est, suivant les cas, le consentement des administrateurs de l'hospice ou celui de la municipalité du lieu de sa résidence qu'il faut obtenir (361).

Les formes de la tutelle officieuse sont bien simples: la tutelle officieuse est établie par le juge de paix du domicile de *l'enfant;* il est dressé un procès-verbal relatant les consentements exigés (363).

Au bout de *cinq ans* de tutelle officieuse, le tuteur officieux peut, s'il craint de mourir avant la majorité de son pupille, l'adopter par *testament*. Mais cette adoption testamentaire ne produit pas d'effet si le tuteur officieux laisse des enfants légitimes ou s'il ne décède qu'après la majorité du pupille (366).

Le tuteur officieux meurt-il moins de cinq ans après l'établissement de la tutelle officieuse — ou après ces cinq ans, mais sans avoir adopté son pupille par testament — la loi oblige les héritiers du tuteur à fournir au pupille des moyens d'existence jusqu'à sa majorité. Les parents du pupille se concertent avec les héritiers du tuteur pour arriver à la fixation de cette pension alimentaire. S'ils ne peuvent s'entendre, c'est le tribunal qui en règle l'importance (367).

Dans l'hypothèse où le tuteur officieux existe encore lors de la majorité du pupille, il peut l'adopter suivant la procédure suivie en matière d'adoption ; il suffit pour cela que le pupille donne son consentement (368). Si dans les *trois mois* qui suivent la majorité, le tuteur ne se décide pas, malgré les instances de son pupille, à l'adopter, et que ce derniere ne soit pas en état de gagner sa vie, il peut être condamné à lui fournir des secours et à lui procurer les moyens d'apprendre un métier (369).

CHAPITRE VI

LES BIENS

SECTION Ire

De la distinction des biens

Les biens peuvent être classés en deux grandes catégories : 1° les biens du domaine public ; 2° les biens du domaine privé. Nous renvoyons, pour l'étude de la première catégorie, à la partie de notre ouvrage consacrée au droit administratif (Voy. LA VIE PUBLIQUE), et nous ne traiterons ici que des biens du domaine privé, c'est-à-dire de biens qui peuvent faire partie du patrimoine des particuliers.

Les biens se divisent encore en meubles et en immeubles (516). Les biens immobiliers sont ceux qui ne sont pas susceptibles de déplacement — soit par leur *nature* (fonds de terre, maisons), soit par leur *destination* (matériel d'une exploitation agricole ou industrielle, animaux livrés au fermier *par le propriétaire du fonds* pour la culture de ce fonds : bœufs, moutons, etc.), soit *par l'objet auquel ils s'appliquent* (droits portant sur des immeubles : usufruit, droit de servitude, actions immobilières de la Banque de France).

Les semences données au fermier, les pigeons des colombiers, les lapins de garenne, les ruches à miel, les pressoirs, les pailles, les engrais sont des immeubles par destination. Rentrent dans la même catégorie les objets que le propriétaire a attachés au fonds à perpétuelle demeure : glaces faisant corps avec la boiserie d'un appartement, statues placées dans des niches pratiquées pour les recevoir, objets scellés à ciment et que l'on ne peut enlever sans détérioration, etc. (525).

Les biens mobiliers sont les objets susceptibles de déplacement (meubles proprement dits) et les droits placés par la loi dans la catégorie des meubles (*meubles par la détermination de la loi*), par exemple : les actions, les obligations, les rentes perpétuelles ou viagères, les créances, le droit d'usufruit sur des meubles, les parts d'intérêt dans les Compagnies financières — quand bien même le patrimoine de ces Compagnies se composerait d'immeubles (529).

Les navires, les bains sur bateaux sont des meubles (531). Les récoltes coupées, les arbres abattus sont également des biens mobiliers (520). — Par *meubles meublants*, il faut entendre les meubles destinés à l'usage et à l'ornement d'un appartement : tapisseries mobiles, sièges, glaces ne faisant pas corps avec la boiserie de l'appartement, mais non pas les collections de tableaux ou autres objets d'art (534).

La distinction des immeubles et des meubles est extrêmement importante. Lorsque nous avons traité du contrat de mariage nous avons montré combien les règles qui régissent les meubles diffèrent de celles applicables aux immeubles. Dans la suite nous constaterons, à propos des privilèges, des hypothèques, des ventes, des prescriptions, de nombreuses différences entre ces deux classes de biens.

SECTION II

De la propriété et de ses démembrements

Le droit le plus absolu qu'on puisse avoir sur un bien faisant partie du domaine privé est le droit de propriété. — Mais, à côté du droit de propriété, il faut ranger d'autres droits moins étendus, qui ne sont, pour ainsi dire, qu'un démembrement de la propriété, qui ne donnent, par exemple, qu'un droit de jouissance ou d'usage. Tels sont les droits d'usufruit, d'usage, d'habitation, de servitude (543).

La propriété. — Le propriétaire a le droit de jouir et de disposer de sa propriété suivant son caprice, pourvu qu'il respecte les lois et règlements d'ordre public qui protègent l'intérêt général contre les intérêts particuliers. Le propriétaire ne peut être exproprié que pour cause d'utilité publique, d'après une procédure spéciale et moyennant une indemnité convenable et payée d'avance (545). Il a le droit de vendre, de donner sa propriété, d'en faire tel usage qu'il lui plaît, de la détruire même, si cela lui convient. — Les fruits d'un fonds appartiennent au propiétaire du fonds (les loyers et fermages sont des *fruits civils* par opposition aux récoltes, fruits proprement dits, qui sont des *fruits naturels* ou *industriels*). — La propriété du sol emporte la propriété du dessus et du dessous, elle donne donc le droit de faire des constructions, des plantations, des fouilles même (552), sauf application des lois sur les mines et des règlements de police dont nous parlerons au chapitre de la VIE INDUSTRIELLE.

Le propriétaire d'un fonds situé sur le bord d'un cours d'eau profite des accroissements qui portent le nom *d'alluvions;* mais il faut que ces accroissements se produisent imperceptiblement; s'ils se produisaient instantanément — par l'adjonction brusque d'une portion de terrain — il n'en serait pas de même (556); le propriétaire de la partie enlevée pourrait réclamer sa propriété dans l'année, ou même après l'expiration de ce délai, si le riverain n'en a pas pris possession (559). — Quant aux propriétaires riverains d'un lac ou d'un étang, ils n'acquièrent point la propriété des terres qui cessent d'être couvertes par l'eau; que le volume d'eau diminue ou augmente, le propriétaire du lac ou de l'étang conserve toujours l'étendue de terrain que l'eau couvre quand elle est à la hauteur de la décharge de l'étang (558).

L'île qui se forme dans une rivière non navigable et non flottable appartient aux propriétaires riverains du côté où l'île s'est formée; si elle s'est formée vers le milieu du cours d'eau, on partage l'île entre les riverains des deux côtés. suivant une ligne qu'on suppose tracée au milieu de la rivière (561). S'agit-il d'une rivière navigable ou flottable, l'île appartient à l'État. — Mais, si un cours d'eau, en se divisant, transforme en île une portion d'une propriété riveraine, la propriété du terrain reste au même propriétaire (562).

Quand un fleuve ou une rivière change de lit, les propriétaires envahis reçoivent en compensation le lit abandonné, chacun dans la proportion du terrain qu'il a perdu (563).

Lorsque deux choses appartenant à différents maîtres, et qui ont été unies de manière à former un tout, sont néammoins *séparables*, le tout appartient au maître de la chose qui forme la partie principale, à la charge de payer à l'autre *la valeur* de la chose accessoire. Supposons un tableau encadré : le propriétaire du tableau paiera la valeur du cadre (566). — Si un ouvrier ou un artiste a employé une matière qui ne lui appartenait pas à former une chose d'une nouvelle espèce, le propriétaire de la matière a le droit de réclamer la chose en remboursant le prix de la *main-d'œuvre*, à moins que ce prix ne surpasse de beaucoup la valeur de la matière (bloc de marbre dont on a fait une statue par exemple), auquel cas l'ouvrier ou l'artiste a le droit de garder la chose en remboursant le prix de la *matière* (571). — Du reste ceux qui ont employé des matières ne leur appartenant pas, à l'insu du propriétaire, peuvent être condamnés à des dommages-intérêts, et même, dans certains cas, passer devant le tribunal correctionnel sous l'inculpation de vol, d'escroquerie ou d'abus de confiance (577).

L'usufruit. — L'usufruit est le droit d'user et de jouir d'un bien dont un autre est propriétaire, comme le propriétaire lui-même. Mais tandis que le propriétaire peut disposer de sa chose, en changer le mode d'usage, la détruire même, l'usufruitier n'a pas la faculté de disposer de la chose qu'il a en usufruit : le fonds qu'il a le droit d'exploiter est-il planté en vignes, il ne peut transformer le champ en prairie, à moins que la viticulture ne soit devenue impossible (578). Mais l'usufruitier a la propriété de tous les fruits naturels, industriels ou civils (loyers, fermages, arrérages de rentes) produits par le bien mobilier ou immobilier sur lequel porte son droit d'usufruit. — Les fruits civils s'acquièrent jour par jour, tandis que les fruits naturels (croît des animaux) ou industriels (récoltes) s'acquiérent par la perception ; de sorte que l'usufruitier d'une terre affermée aura droit, au bout de six mois d'usufruit, à la moitié du prix du bail à ferme, tandis que l'usufruitier qui cultive lui-même la terre sur laquelle porte son usufruit aura droit à toute la récolte si son usufruit cesse après la récolte, et n'y aura aucun droit dans le cas contraire (586).

L'usufruitier doit jouir du bien qu'il a en usufruit comme le propriétaire lui-même (597). S'il s'agit d'un bois en coupe réglée, il doit observer l'ordre des coupes établi par le propriétaire avant l'ouverture de l'usufruit (589). Il profite des alluvions qui se produisent, il jouit des droits de servitude, de passage, concédés précédemment. — Il peut continuer l'exploitation des mines, carrières ou tourières, mais il ne peut la commencer (598).

Tels sont les droits de l'usufruitier lorsque le bien donné en usuruit est une chose *non fongible*, c'est-à-dire un bien qui, pour le propriétaire, ne peut être remplacé par un autre bien de la même espèce. — Mais si l'usufruit porte sur une chose *fongible*, par exemple sur des marchandises, sur des objets se consommant par premier usage, ne pouvant avoir d'utilité que par leur consommation, comme des fruits, des légumes, de l'argent, il n'en est plus de même : l'usufruitier d'une chose *fongible* a sur elle autant de droits que s'il en était plein propriétaire : il peut la consommer, la détruire, la vendre, à charge de restituer à la fin de l'usufruit des marchandises semblables, de même quantité et qualité, ou le montant de l'estimation des choses données en usufruit, si cette estimation a été faite au début du *quasi-usufruit* (c'est le nom donné à cette sorte d'usufruit) (587).

Quand l'usufruit porte sur des choses qui se détériorent par l'usage (linge, meubles), l'usufruitier, à moins que les détériorations ne proviennent de sa négligence ou de sa malice, n'est tenu que de les rendre à la fin de l'usufruit, dans l'état où elles se trouvent (589).

Avant d'entrer en jouissance l'usufruitier doit faire dresser, en présence du propriétaire — qui est désigné pendant toute la durée de l'usufruit sous le nom de *nu-propriétaire* — un inventaire (notarié ou fait sous seing-privé) des biens soumis à l'usufruit (600). Il doit donner caution de jouir en bon père de famille, et la caution doit avoir des propriétés foncières suffisantes (2019). — L'usufruitier peut être dispensé de fournir caution par l'acte constitutif d'usufruit (601), mais, hormis ce cas, s'il ne fournit pas caution, les biens grevés d'usufruit ne tombent point entre ses mains (les immeubles sont affermés ou mis sous sequestre, les sommes placées, les denrées vendues) ; les intérêts, les fermages seuls lui sont remis (603).

Les père et mère qui jouissent de l'usufruit légal des biens de leurs enfants n'ont point à fournir caution : celui qui vend ou donne un bien en se réservant l'usufruit jouit de la même faveur (604).

L'usufruitier est tenu de toutes les charges *annuelles* (contributions, réparations d'entretien) du bien sur lequel porte son droit d'usufruit. Les grosses réparations sont supportées par le nu-propriétaire, à moins qu'elles ne soient nécessitées par la négligence de l'usufruitier qui, par exemple, n'a point ordonné les réparations d'entretien indispensable (605). Par grosses réparations il faut entendre les réparations des murs et des voûtes, le rétablissement des poutres et des couvertures *entières*, des digues et des murs de soutènement et de clôture *en entier* (606). Mais, ni l'usufruitier, ni le nu-propriétaire n'est tenu de rebâtir ce qui est tombé de vétusté ou ce qui a été détruit par cas fortuit (incendie, orage, inondation) (607.)

L'usufruitier doit au nu-propriétaire, pendant toute la durée de l'usufruit, l'intérêt des sommes dépensées par ce dernier pour le bien grevé d'usufruit. S'il a avancé lui-même les dites sommes il est dispensé évidemment de cette obligation et à la fin de l'usufruit il réclame le capital au propriétaire (609).

L'usufruitier est tenu des frais des procès qui concernent la *jouissance* du bien grevé d'usufruit; quant à ceux qui concernent la *propriété*, leur charge incombe au nu-propriétaire (613). — Mais si, durant l'usufruit, un tiers commet quelque usurpation sur le fonds, ou attente aux droits du propriétaire, l'usufruitier doit dénoncer cette usurpation à celui-ci, sous peine de dommages-intérêts envers lui pour le préjudice causé par sa négligence (614).

L'usufruit s'éteint par la mort de l'usufruitier, par l'expiration du temps pour lequel il a été accordé, par la réunion dans la même personne des qualités d'usufruitier et de propriétaire, par l'abandon du droit pendant *trente ans*, par la perte totale de la chose grevée d'usufruit, ou par l'abus que l'usufruitier fait de sa jouissance en commettant des dégradations ou en n'entretenant pas le bien (617). — Au cas d'abus de jouissance. les juges annulent absolument l'usufruit ou font rentrer simplement le propriétaire dans la jouissance de son bien, à la charge pour lui de payer chaque année à l'usufruitier une somme déterminée, jusqu'au moment où l'usufruit aurait dû cesser (jusqu'à la mort de l'usufruitier par exemple) (618).

L'usufruit n'est point transmissible aux héritiers de l'usufruitier ; il s'éteint au plus tard à la mort de ce dernier. — S'il est accordé jusqu'à ce qu'une personne autre que l'usufruitier ait atteint un âge fixé, l'usufruit subsiste jusqu'à cette époque, bien que le tiers meure avant l'âge fixé (620).

La vente de la chose grevée d'usufruit n'éteint pas le droit de l'usufruitier, car l'usufruit est un droit *réel*, c'est-à-dire un droit portant sur le *bien* lui-même, quel que soit le propriétaire (621).

L'usufruitier peut disposer de son droit d'usufruit : il peut l'aliéner, mais, même alors, l'usufruit s'éteindra par sa mort, et non par celle de la personne à laquelle il l'aura cédé.

L'usage et l'habitation. — Les droits d'usage et d'habitation sont, pour ainsi dire, des droits d'usufruit *rétréci*. En pratique leur étendue est déterminée par les titres qui les confèrent; à défaut de titre, celui qui a l'*usage* des fruits d'un fonds ne peut en exiger qu'autant qu'il lui en faut pour lui et pour les besoins de sa famille. Et, par *famille*, il faut entendre ici l'ensemble des personnes habitant dans la même maison : père, mère, enfants, *domestiques* (630). — Le droit d'habitation est en somme un droit d'usage portant sur une maison; il se restreint à ce qui est nécessaire pour l'habitation de celui qui le possède et de sa famille (633).

L'usager qui absorbe tous les fruits d'un fonds doit supporter les frais de culture, les impôts; s'il n'en absorbe que la moitié, il n'est tenu que de la moitié de ces dépenses. — La même règle s'applique à celui qui a le droit d'habitation, pour la charge des réparations d'entretien et des contributions (635).

Toute personne qui a un droit d'usage ou d'habitation doit fournir caution et faire dresser les mêmes état et inventaire que l'usufruitier (626). Les droits d'usage et d'habitation ne peuvent être ni aliénés, ni loués — à la différence du droit d'usufruit (631 et 634).

Les servitudes. — On appelle *servitude* ou *service foncier* une charge imposée sur un fonds de terre ou une maison pour l'usage et l'utilité d'un immeuble appartenant à un autre propriétaire. — Certaines servitudes dérivent de la situation naturelle des lieux, ou simplement de la volonté du législateur; on peut les désigner sous le nom de *servitudes légales*. Les autres sont créées par la volonté de deux propriétaires; aussi portent-elles le nom de *servitudes conventionnelles* (créées par convention) (639). Nous indiquerons d'abord celles qui rentrent dans la première catégorie.

Les fonds inférieurs, sont assujettis, envers les fonds plus élevés, à recevoir les eaux qui en découlent naturellement par la pente du terrain; le propriétaire inférieur ne peut élever une digue pour empêcher cet écoulement, mais le propriétaire du fonds supérieur n'a pas le droit d'ajouter aux eaux qui découlent *naturellement* les eaux accumulées *artificiellement* par des travaux de dessèchement (640). — Celui qui a une source dans son fonds peut en disposer comme il l'entend, la détruire même, si cela lui plaît, ou user de la totalité des eaux. Mais si le propriétaire inférieur a fait des travaux *apparents* destinés à faciliter le cours de l'eau dans sa propriété, et s'il a joui depuis, pendant trente ans, du cours d'eau, il a le droit d'exiger que le propriétaire du fonds où naît la source maintienne cet état de choses (642).

Le propriétaire de la source ne peut en changer le cours lorsqu'elle fournit aux habitants d'un village ou hameau l'eau qui leur est *nécessaire;* il ne peut que réclamer une indemnité, et encore ce droit n'existe-t-il plus pour lui au bout de trente ans (643).

Au chapitre de la Vie agricole nous traiterons des servitudes d'aqueduc, d'irrigation, de barrage (644-648).

Au point de vue pratique, la *mitoyenneté*, qui résulte d'une servitude légale, a une grande importance. Le mur mitoyen marque la séparation entre deux propriétés. Il appartient également aux deux propriétaires, il est en *état d'indivision*, comme disent les jurisconsultes. La réparation et la reconstruction de ce mur sont à la charge de tous les co-propriétaires. Sans doute, tout co-propriétaire d'un mur mitoyen peut se dispenser de contribuer à la dépense, mais, pour cela, il lui faut abandonner son droit de mitoyenneté ; — il faut, en outre, que le mur ne soutienne pas un bâtiment à lui appartenant (656). — Le co-propriétaire qui veut exhausser le mur mitoyen paie seul la dépense de l'exhaussement, les réparations au-dessus de la hauteur primitive, et l'indemnité de la charge provenant de l'exhaussement (658). Quant au voisin qui n'a point contribué à l'exhaussement, il peut en acquérir la mitoyenneté en payant la moitié de la dépense (660). — Tout co-propriétaire d'un mur mitoyen peut faire bâtir contre ce mur (657).

Supposons qu'un propriétaire fasse élever un mur sur la limite de sa propriété ; le propriétaire voisin peut le forcer à lui céder la co-propriété de ce mur, moyennant la moitié de la valeur du sol sur lequel le mur est bâti et la moitié de la valeur du mur lui-même : c'est ici qu'on aperçoit clairement en quoi consiste la servitude légale de mitoyenneté (661).

FORMULE

Acte constitutif de mitoyenneté

« Entre les soussignés :

» M. (*nom, prénom, profession et domicile*). d'une part,

Et M. (*nom, prénom, profession et domicile*). d'autre part,

Il a été convenu ce qui suit :

» M. , seul et unique propriétaire d'un mur qui sépare le jardin attenant à la maison qu'il possède à , rue , n° , de la propriété de M..., son voisin, transporte par les présentes au dit M... (*le voisin*), ainsi qu'à tous ses ayants-cause, la propriété de la moitié du mur séparatif dont il s'agit, pour lui en jouir ainsi qu'il appartient à tout propriétaire mitoyen.

» Cette cession est faite moyennant le paiement d'une somme de que M. (*le vendeur*) reconnaît avoir reçue et dont il donne présentement quittance.

» M. (*l'acquéreur*) s'engage à observer les dispositions de la loi sur la mitoyenneté, et notamment à ne pratiquer dans le corps dudit mur aucun enfoncement et à n'y appuyer aucun ouvrage sans le consentement de M... (*le vendeur*). En cas de désaccord la contestation serait tranchée par un expert choisi par les deux parties.

» Fait double à , le mil huit cent.....

» Approuvé l'écriture. » Approuvé l'écriture.

(*Signature du vendeur*) (*Signature de l'acquéreur*)

Le co-propriétaire d'un mur mitoyen ne peut y pratiquer aucun enfoncement, ni y appliquer aucun ouvrage de charpente ou de maçonnerie sans le consentement de l'autre co-propriétaire. Mais, si ce consentement lui est refusé, il peut exécuter l'ouvrage projeté à condition de payer à son co-propriétaire une indemnité qui est fixée par experts (663).

Dans les villes et faubourgs, chacun peut *contraindre* son voisin à contribuer aux constructions et réparations du mur qui sépare leurs maisons, murs et jardins. — Dans les villes de moins de 50 000 habitants, le mur doit avoir au moins 2m 60 de haut, et dans les autres villes 3m 60. Ces hauteurs peuvent être modifiées par des règlements ou des usages spéciaux à chaque localité. Dans les communes rurales, cette servitude n'existe pas (663). — Tout mur servant de séparation entre deux bâtiments ou entre cours et jargins, et même entre enclos dans les champs, est présumé mitoyen, à moins qu'il n'y ait titre contraire, ou que la sommité du mur soit droite d'un côté, et de l'autre présente un plan incliné, ou qu'il n'y ait de chaperon ou de filets de pierre que d'un seul côté, — auquel cas le mur est censé appartenir *exclusivement* au propriétaire du côté duquel est le plan incliné, le chaperon ou le filet de pierre (654). — L'un des voisins ne peut pratiquer aucune ouverture dans le mur mitoyen sans le consentement de l'autre (675). Mais le propriétaire d'un mur non mitoyen peut y pratiquer des jours ou des fenêtres garnies d'un trellis de fer et d'un *verre dormant*. Les mailles du treillis ne peuvent avoir plus de 10 centimètres d'ouverture (676). Ces jours doivent être établis à 2m 60 de hauteur (au minimum) au-dessus du plancher de la chambre que l'on veut éclairer, si cette chambre est au rez-de-chaussée — à 1m 90, si elle est à un étage supérieur. Cette disposition ne s'applique point aux jours pratiqués dans les caves, évidemment (677).

On ne peut établir de vues *droites*, ni de balcons sur la propriété de son voisin, à une distance inférieure à 1m 90 (678) ; pour les vues *de côté* (vues obliques), une distance de 0m 60 suffit (679). La distance se compte de la ligne *extérieure* de la fenêtre ou du balcon jusqu'à la ligne de séparation des deux propriétés (680).

Tout propriétaire d'une maison doit établir les toits de sa propriété de manière que les eaux pluviales s'écoulent sur son terrain ou sur la voie publique ; il n'a pas le droit de les faire verser sur le fonds de son voisin (681).

Le propriétaire d'un fonds enclavé peut exiger un passage sur les fonds voisins, afin qu'il lui soit plus facile d'exploiter sa propriété, mais il doit payer au propriétaire grevé de cette servitude de passage, une indemnité proportionnée au dommage et à la gêne qu'il lui cause. — Le passage doit être pris du côté où le trajet est le plus court pour arriver à la voie publique, à moins qu'il n'y ait un trajet moins gênant pour le propriétaire du fonds sur lequel est établi le droit de passage (682-684).

Avant de creuser un puits ou une fosse d'aisance, ou de construire une cheminée, une forge, un four, ou de bâtir une étable, ou d'établir un magasin de matières corrosives près de la propriété d'un voisin, il faut consulter les règlements publics et les usages locaux relatifs à ces travaux.

Ainsi que nous l'avons déjà laissé entendre, il est permis aux propriétaires d'établir *sur* leurs propriétés ou *en faveur* de leurs propriétés toute espèce de servitudes, pourvu que leur établissement ne soit pas contraire à l'ordre public. La loi désigne ces servitudes *conventionnelles* sous le nom de *servitudes établies par le fait de l'homme*. Leur étendue se règle d'après le titre qui les constitue; à défaut de titre, par les dispositions que nous allons indiquer (686).

Ces servitudes sont *continues* ou *discontinues*, *apparentes* ou *non apparentes*. Les servitudes continues sont celles dont l'exercice ne nécessitent pas le fait *actuel* de l'homme (conduites d'eau, vues, etc.); les servitudes discontinues exigent au contraire, pour leur exercice, le fait actuel de l'homme : droits de passage, de puisage, etc. (688).

Les servitudes apparentes s'annoncent par des ouvrages *extérieurs* (la servitude de vue par une fenêtre); les servitudes non apparentes ne sont pas visibles : la prohibition de bâtir sur un fonds, par exemple (689).

Une servitude peut être continue et apparente (conduite d'eau), ou discontinue et apparente (droit de passage), ou continue et non apparente (prohibition de bâtir), ou discontinue et non apparente (droit de passage souterrain). — Or, les servitudes continues et apparentes sont les seules qui puissent s'établir par la prescription de trente ans ; toutes les autres, ne peuvent s'établir que par titre : une possession de mille ans ne pourrait remplacer le titre (691).

Bien plus, lorsqu'il est prouvé que deux fonds, dont l'un est grevé d'une servitude continue et apparente au profit de l'autre, ont appartenu autrefois à une même personne, et que c'est elle qui a établi le lien de servitude entre les deux fonds, la servitude est maintenue; elle est aussi solide que si elle avait été établie *par destination du père de famille* (692-693). Mais, la destination du père de famille n'entraine nullement le maintien des servitudes continues et non apparentes, ou discontinues et non apparentes. Quant aux servitudes discontinues et apparentes (droit de passage, par exemple), elles ne subsistent, après la division des deux fonds, que si le contrat qui constate l'aliénation et qui ne contient rien de contraire au maintien de la servitude est représenté (694).

Le titre constitutif de la servitude peut être remplacé — quels que soient les caractères de la servitude — par un titre émanant du propriétaire dont le fonds est grevé de la servitude, et contenant reconnaissance de cette charge (695).

Quand on établit une servitude, on est censé accorder tout ce qui est nécessaire pour en user. C'est ainsi que le droit de puiser à la fontaine située dans le fonds d'autrui emporte le droit de passage (696).

Celui qui jouit d'un droit de servitude peut faire tous les ouvrages nécessaires pour en user et pour la conserver, mais ces ouvrages sont à ses frais, à moins de convention contraire ; et encore, quand le propriétaire du fonds grevé de servitude s'est engagé à supporter ces dépenses, il peut s'affranchir de cette charge en abandonnant son fonds au propriétaire de l'autre fonds (697-699).

Lorsqu'une propriété, en faveur de laquelle a été établie une servitude, vient à être partagée — à la suite du décès du propriétaire, par exemple — chaque lot jouit de la servitude comme en jouissait la propriété entière. Ainsi, la servitude consiste-t-elle dans le droit donné aux propriétaire du fonds de passer à travers une autre propriété pour pénétrer dans la sienne? Ce droit appartient aux propriétaires de tous les lots, pourvu toutefois que l'exercice du droit de passage ne soit pas plus gênant qu'avant la division pour le propriétaire du fonds grevé de la servitude (700). — Le propriétaire du fonds asservi ne peut rien faire qui tende à diminuer l'étendue de la servitude ou à en rendre l'exercice plus incommode. Ainsi, en principe, il ne peut transporter l'exercice de la servitude (du droit de passage par exemple) dans un endroit différent, à moins que l'usage de la servitude ne l'empêche de faire des réparations avantageuses, ou qu'il soit devenu plus lourd depuis la création de la servitude, —mais il doit alors offrir, au propriétaire de l'autre fonds, un endroit aussi commode pour lui que le premier (701).

Fonds dominant. — Quant au propriétaire du fonds dominant (c'est ainsi qu'on appelle le fonds en faveur duquel la servitude a été établie), il ne peut aggraver, pour le fonds servant, l'état de choses résultant de l'existence de la servitude (704).

Les servitudes conventionnelles sont innombrables (droit de passage, de pacage, d'aqueduc, d'abreuvage, de vue, prohibition de bâtir, etc.); mais, pour qu'il y ait servitude *réelle*, il faut que le droit établi par la volonté des propriétaires soit créé dans l'intérêt de l'un des fonds sur l'autre fonds. Ainsi le droit de couper du bois dans un taillis ne constitue une servitude que si ce bois doit être utilisé pour la construction ou l'entretien de la propriété de celui à qui ce droit est accordé.

Toute servitude s'éteint lorsque les deux fonds auxquels elle se rattache sont réunis dans la même main (705). — Les servitudes s'éteignent encore par non-usage, mais ce non-usage doit durer pendant *trente ans* au moins (706). Pour la prescription extinctive des servitudes *discontinues*, ces trente ans partent du jour où l'on a cessé d'exercer la servitude (par exemple du jour où l'on a puisé de l'eau pour la dernière fois), et pour celle des servitudes *continues*, du jour où l'on a fait un acte contraire à la servitude (du jour où l'on a bouché la conduite d'eau (707).

L'étendue de la servitude se restreint également par le non-usage de trente ans (pendant trente ans on est passé à pied alors qu'on pouvait passer en voiture, le droit de passer en voiture est annihilé) (708).

Si le fonds *dominant* appartient à plusieurs co-propriétaires et que l'un d'eux soit mineur, le non-usage ne produit pas d'effet contre lui tant que dure sa minorité, d'après les principes généraux en matière de prescription. Bien plus, cette faveur s'étend aux co-propriétaires du mineur, qui conservent ainsi leur droit à la servitude, malgré le non-usage (709).

Les servitudes foncières sont des *droits réels*, comme on dit en droit; c'est-à-dire que le fonds dominant, *en quelques mains qu'il passe*, jouit de la servitude : tout propriétaire du fonds peut l'exercer, car il s'agit là d'un droit réel, concédé à un fonds, et non à tel propriétaire du fonds. — De même le fonds servant, après son aliénation, reste grevé de la servitude qui pèse sur lui, parce que cette servitude n'a pas été établie sur son ex-propriétaire. Le législateur n'admet pas qu'on puisse constituer des servitudes sur des personnes : les servitudes ne peuvent que grever le bien lui-même, abstraction faite de son propriétaire.

CHAPITRE V

LES OBLIGATIONS

L'obligation est un *lien de droit* qui enchaîne la liberté d'une personne, ou tout au moins la *restreint* : cette personne est *obligée* de tenir la promesse qu'elle a faite à une autre personne, dans un contrat par exemple.

Les obligations résultent soit d'un contrat, soit d'un quasi-contrat, soit d'un délit, soit d'un quasi-délit. — Pour le moment, nous n'envisagerons que les obligations nées d'un contrat (obligations conventionnelles). Ce sont les plus pratiques et les plus importantes.

Et d'abord, qu'est-ce qu'un contrat? — Le contrat est une convention par laquelle une personne s'oblige envers une autre à lui transférer la propriété d'un bien, ou bien encore à faire ou à ne pas faire quelque chose (1101). — Le contrat est *synallagmatique* ou *bilatéral* lorsque chacun des contractants s'oblige (1102); il est au contraire *unilatéral* quand l'une des parties s'oblige envers l'autre qui, elle, ne s'engage à rien (1103). La vente, le louage sont des contrats synallagmatiques : l'une des parties s'oblige à vendre ou à louer, l'autre à payer le prix ou le loyer. Le prêt d'argent est un contrat unilatéral : le prêteur ne contracte aucune obligation.

Les contrats se divisent à un autre point de vue en *contrats de bienfaisance* et *contrats à titre onéreux*. Il y a contrat de bienfaisance ou contrat *à titre gratuit* lorsque l'un des contractants procure à l'autre un avantage *gratuit* (la donation est un contrat de bienfaisance); il y a contrat à titre onéreux lorsque l'avantage procuré par l'une des parties à l'autre ne l'est pas gratuitement (Ainsi la vente, le prêt *à intérêt* sont des contrats à titre onéreux).

Enfin les contrats sont *commutatifs* ou *aléatoires* : le contrat est commutatif lorsque l'obligation qui en résulte est fixée dans son étendue, quoi qu'il arrive; il est aléatoire lorsque chacune des parties court la *chance* de gagner ou de perdre. Le contrat de rente viagère est le type des contrats aléatoires (1104-1105).

En principe, toute personne peut contracter. Mais nous avons vu que les interdits, les mineurs et les femmes mariées en sont incapables en droit, ou du moins que les conventions auxquelles ces personnes ont pris part sont annulables sur leur demande ou sur celle de leurs représentants. Nous avons traité ces points, nous n'y revenons pas.

Pour que le contrat soit absolument valable il ne suffit pas que les contractants soient capables de s'obliger d'après la loi, il faut encore que leur consentement soit *libre* et *complet*. S'il a été extorqué par *violence* à l'une des parties, au moyen de menaces proférées par l'autre partie ou par un tiers; s'il a été obtenu à l'aide de manœuvres frauduleuses, d'un *dol* commis par l'autre partie, ou s'il n'a été déterminé que par une *erreur* sur les qualités *substantielles* de l'objet du contrat, sur les qualités qu'on avait surtout en vue (on entendait acheter un vase du Japon et le vase n'est pas authentique) le contrat est annulable : la loi donne ici une action en nullité qui peut être intentée pendant *dix ans* à partir du jour de la cessation de la violence ou de la découverte du dol ou de l'erreur (1304).

Quant à la lésion qu'a pu éprouver l'un des contractants, elle ne rend l'obligation annulable que dans certains cas exceptionnels que nous indiquerons au fur et à mesure; en principe, elle n'a aucune influence sur le sort du contrat (1118).

Il y a violence quand le moyen d'intimidation est de nature à faire impression sur une personne raisonnable — (on considère du reste ici l'âge, le sexe et la condition des personnes) — et à lui inspirer la crainte d'exposer sa personne ou sa fortune à un danger grave et imminent (1112). — La violence rend le contrat annulable, même lorsqu'elle n'a pas été exercée sur le contractant lui-même, mais sur son *conjoint* ou sur ses *ascendants* ou *descendants* (1113). Quant à l'influence morale — sorte de violence intellectuelle — exercée par le père ou la mère du contractant, elle n'est point une cause de nullité du contrat (1114).

Lorsque le consentement n'est pas vicié, mais inexistant, par exemple lorsqu'il a été exercé des violences *matérielles* (on a tenu la main du contractant pour le forcer à signer) le contrat n'est pas seulement annulable, il est *nul*, c'est-à-dire que chacun des contractants, adjuré de remplir ses engagements, peut en invoquer la nullité, et cela *indéfiniment*, après dix ans, même après trente ans. De plus ce contrat ne peut être ratifié, tandis que les contrats annulables peuvent l'être (1108).

Sont encore nuls, inexistants, les contrats qui n'ont pas pour objet une chose déterminée au moins quant à son espèce (dans le contrat de vente, par exemple, on n'indique pas s'il s'agit d'une terre ou d'une maison, ou de telles ou telles marchandises), — ou qui ont pour objet des choses qui ne sont pas *dans le commerce*, c'est-à-dire qui ne sont point susceptibles d'être aliénées (comme la qualité de fils légitime de telle personne, ou un bien du domaine public : par exemple une route nationale) (1128-1129).

Les obligations contractées sur une *fausse cause*, ou sur une *cause illicite*, ou *sans cause*, sont radicalement nulles. — Je m'engage à payer 100 francs à quelqu'un dont je crois à tort être le débiteur : voilà une obligation contractée *sur fausse cause*. Je m'engage envers Paul à lui donner telle somme au cas où je ne tuerais pas telle personne : voilà une obligation qui a une *cause illicite*. Enfin, je loue une maison moyennant 1 200 francs de loyer, la maison brûle deux mois après que je m'y suis installé : je ne dois au propriétaire que 200 fr. ; pour les dix autres mois, mon obligation est *sans cause* (1131).

Les conventions valables ont force de *loi* entre les parties et ne peuvent être révoquées que de leur consentement mutuel (1134).

L'obligation née du contrat peut être l'obligation de transférer la propriété d'une chose. Cette obligation emporte celle de *livrer* la chose et de *veiller à sa conservation* jusqu'à sa livraison (1136). Mais, dès que les deux parties contractantes sont d'accord, même avant la rédaction par écrit de la convention, même avant la livraison de la chose, les *risques* sont pour le contractant à qui la livraison est ou doit être faite. — Par *risques* il faut entendre la perte ou le gain produit par un cas *fortuit* ou *de force majeure*. Ainsi Jean achète à Pierre un bœuf qui, avant la livraison, périt à la suite d'une maladie imprévue qui n'a point été causée par la négligence du vendeur, Jean devra néanmoins payer à Pierre le prix convenu.

Mais, si la partie tenue de livrer la chose à telle époque, retarde la livraison et reçoit *sommation* de livrer, les risques sont pour elle à dater de la sommation ; elle supporte la perte qui peut se produire, à moins qu'elle ne prouve que la perte se serait également produite si la chose avait été livrée à l'autre partie (1138).

Celui qui s'est engagé à livrer une chose peut être contraint de remplir son obligation par divers moyens ; mais, lorsqu'il s'agit d'une obligation de faire ou de ne pas faire, il n'en est pas de même. On ne peut forcer un sculpteur à faire une statue, un écrivain à faire un livre. — Au cas d'inexécution de l'engagement, celui envers qui il a été pris ne peut que demander des dommages-intérêts, ou se faire autoriser par le tribunal du domicile du débiteur à faire exécuter l'obligation par une autre personne, aux frais de son co-contractant (1144).

Celui qui s'est engagé *à ne pas faire* (par exemple à ne pas bâtir une maison qui boucherait la vue que son voisin a sur la campagne), et qui manque à son engagement, est, par cela seul, passible de dommages-intérêts, et l'autre partie a le droit de demander que ce qui a été fait soit détruit; elle peut même se faire autoriser par le tribunal à détruire l'ouvrage commencé, aux dépens du contrevenant (1143).

Pour les obligations qui consistent dans le paiement d'une somme d'argent, les dommages-intérêts résultant du retard ne consistent que dans la condamnation au paiement de l'intérêt légal (5 0/0) ; la gravité du dommage causé n'entre point ici en ligne de compte. L'intérêt court du jour de *l'assignation*, en principe ; mais, dans une foule de cas que nous indiquerons au moment voulu, il commence à courir bien avant (1153).

S'agit-il d'obligations ne consistant pas dans le paiement d'une somme, les dommages-intérêts sont fixés d'après la perte éprouvée et le gain qui eût été fait si l'obligation avait été exécutée. Dans le cas où l'obligé n'a commis aucun dol, il n'est tenu compte que des dommages qu'on a pu prévoir lors de la conclusion de la convention ; lorsque l'obligé s'est livré à des manœuvres frauduleuses, dolosives, on tient compte, pour la fixation des dommages-intérêts, même des dommages non prévus lors de la convention, mais seulement de ceux qui résultent *directement* de l'inexécution de l'obligation (1151).

Si l'obligé justifie que l'inexécution de la convention provient d'une cause étrangère, qui ne peut lui être imputée, d'un cas fortuit ou de force majeure (par exemple d'une maladie qui l'a empêché de faire le travail qu'il devait effectuer), ces dommages-intérêts ne peuvent lui être imposés (1147-1148).

Règles à suivre pour l'interprétation des conventions. — Les clauses ambigues s'interprètent par ce qui est d'usage dans le pays où le contrat est passé (1159). — Lorsque le sens d'une partie de la convention est douteux, obscur, il faut l'entendre suivant l'intérêt de celui qui s'oblige et aux dépens de la personne envers laquelle il s'est obligé (1162).

Effet des conventions à l'égard des tiers. — Les conventions n'ont d'effet qu'entre les parties contractantes ; en principe elles ne profitent ni ne nuisent aux tiers (1165). — Cependant les créanciers d'une personne peuvent exercer tous les droits et actions de leur débiteur, sans son consentement, et même sans autorisation de justice, à l'exception de ceux qui sont exclusivement attachés à la personne. — Ainsi ils peuvent interjeter appel d'un jugement rendu contre leur débiteur, poursuivre les débiteurs de leur débiteur, interrompre les prescriptions qui courent contre lui ; mais ils ne peuvent demander la séparation de biens au nom de leur débitrice sans son consentement (1166).

Les créanciers ont le droit d'attaquer les actes faits par leur débiteur en fraude de leurs droits. Ils peuvent faire annuler par exemple une donation consentie par leur débiteur, si elle le rend insolvable ; mais il leur faut aussi prouver que le donateur a agi *en fraude de leurs droits*, c'est-à-dire qu'il a eu connaissance du préjudice qu'il leur causait ; de plus, s'il s'agit, non d'un acte *á titre gratuit* tel qu'une donation, mais d'un acte *à titre onéreux*, la nullité n'est accordée par les tribunaux que si le co-contractant du débiteur — l'acheteur, s'il s'agit d'une vente — a été complice de la fraude (1671).

Diverses espèces d'obligations. — Les obligations sont *pures et simples*, ou *à terme*, ou *conditionnelles*, ou *alternatives*, ou *solidaires*, ou *divisibles*, ou *indivisibles*.

Une obligation est *pure et simple* lorsqu'elle porte sur un objet déterminé, qu'elle est à la charge de telle personne, et qu'elle doit être exécutée immédiatement.

L'obligation est *à terme* lorsque son *exécution* est retardée jusqu'à une époque déterminée. — Le terme peut être *certain* ou *incertain*. Il est incertain lorsqu'il consiste dans l'arrivée d'un événement qui se produira certainement, mais on ne sait encore à quelle date (la mort d'un individu est un terme incertain). Quand la date peut être fixée d'avance, le terme est certain (1185).

L'obligation est *conditionnelle* lorsqu'on la fait dépendre d'un évènement *futur* et *incertain*. Ce n'est pas l'*exécution* de l'obligation qui est suspendue, c'est son *existence* même. Je m'engage à prendre pour 100 000 francs d'actions dans une société financière, si cette société se forme dans l'année : mon obligation est conditionnelle (1168).

Il y a diverses sortes de conditions : la condition *casuelle*, qui dépend absolument du hasard (si tel navire arrive à bon port) ; la condition *potestative*, qui fait dépendre le sort de l'obligation d'un événement que l'une ou l'autre des parties peut faire arriver ou empêcher (si j'achète telle maison) ; la condition *mixte* qui dépend de la volonté de l'un des contractants et de celle d'un tiers (si je me marie avec telle personne) ; la condition *suspensive*, qui fait dépendre l'obligation d'un événement futur et incertain ou d'un événement actuellement arrivé, mais encore inconnu des parties. Dans le premier cas (si je me marie) l'obligation n'existe qu'après l'événement (après le mariage, dans notre hypothèse) ; dans le second cas (si tel navire arrive à bon port) l'obligation a son effet du jour du contrat (1181).

Enfin dernière sorte de condition : la condition *résolutoire*, dont l'arrivée opère la résolution de l'obligation exécutée dès l'origine comme si elle était pure et simple, et qui remet les choses au même état que si l'obligation n'avait pas existé : vente sous condition de paiement dans les deux mois, par exemple (1183).

Quant aux conventions contractées sous une condition contraire aux bonnes mœurs ou prohibée par la loi, elles sont nulles. — L'obligation soumise à la condition de faire une chose impossible est également nulle ; au contraire, l'obligation contractée sous la condition de *ne pas faire* une chose impossible est parfaitement valable. — Est encore nulle l'obligation soumise à une condition purement potestative *pour celui qui s'oblige*, c'est-à-dire qui s'accomplira ou ne s'accomplira pas suivant la volonté *exclusive* du débiteur, de l'obligé (1172-1174).

La condition est réputée accomplie lorsque c'est l'obligé qui en a empêché l'accomplissement (1178). Avant que la condition soit accomplie, le créancier — c'est-à-dire celui envers lequel l'obligation conditionnelle est contractée — peut exercer tous les actes qui rentrent dans la catégorie des actes *conservatoires*; il a le droit, par exemple, d'interrompre la prescription qui pourrait lui être opposée après l'arrivée de la condition (1180).

Quand l'obligation a été contractée sous condition *suspensive*, les risques sont pour le débiteur de la chose due sous condition; si cette chose périt en *totalité* par cas *fortuit* (incendie, inondation), avant l'arrivée de la condition, la perte est pour le débiteur de la chose : il ne peut exiger le prix convenu, bien que la condition s'accomplisse; — au cas de perte *partielle* (détérioration) la règle diffère : le créancier peut prendre la chose, dans l'état où elle se trouve, pour le prix convenu, ou bien invoquer la résolution de l'obligation ; si la détérioration provient de la négligence du débiteur, il a en outre le droit de demander des dommages-intérêts. — Lorsque la perte totale est causée par la faute du débiteur, le créancier peut également lui demander de l'indemniser (1182).

L'arrivée de la condition *résolutoire* oblige le créancier de la chose objet de l'obligation à restituer ce qu'il a reçu lors de la conclusion de la convention. — Dans les contrats synallagmatiques (vente, louage, société, etc.), les obligations sont contractées sous la condition *résolutoire* que chacune des parties satisfera à son engagement, Que l'une d'elles manque à sa promesse, l'autre peut, ou bien demander aux tribunaux la résolution du contrat et des dommages-intérêts ou forcer son co-contractant à l'exécution de la convention. — Le tribunal saisi de la demande en résolution peut du reste accorder un délai au défendeur pour exécuter la convention, et ne prononcer la résolution qu'à l'expiration de ce délai (1184).

Dans les obligations *à terme*, le terme est toujours présumé en faveur du *débiteur;* mais le terme peut avoir été fixé dans l'intérêt du créancier seul, ou dans l'intérêt des deux parties.

Ce qui n'est dû qu'à terme ne peut être exigé avant le terme, à moins qu'il n'ait été fixé qu'en faveur du créancier, car on a toujours le droit de renoncer à une faveur. Aussi lorsque le débiteur a obtenu un terme pour le paiement, a-t-il le droit de payer avant l'arrivée de l'échéance; mais il ne peut ensuite demander au créancier qu'il a payé d'avance de lui restituer l'argent, quand bien même il aurait effectué ce paiement par erreur (1186).

La faillite, la déconfiture (faillite d'un non commerçant) font tomber le bénéfice du terme. — Le débiteur à terme qui détruit ou diminue les garanties qu'il avait données à son créancier (hypothèque, droit de gage, etc.), perd également le bénéfice du terme : il doit payer immédiatement (1188).

Paul s'engage à donner à Pierre un cheval ou 1 000 francs. C'est là une obligation *alternative*. A moins de convention contraire le choix appartient au débiteur Paul : il se libère en livrant à Pierre, suivant sa volonté, soit l'argent, soit le cheval (1189-1191). Si l'une des choses promises périt, le débiteur est tenu de livrer l'autre. — Si toutes deux ont péri et que la perte de l'une d'elles provienne de la faute du débiteur, il doit payer au créancier le prix de celle qui a péri la dernière (1193)

Supposons maintenant que le choix appartienne au *créancier*, d'après la convention : Au cas de perte de l'une des deux choses, le créancier doit avoir celle qui reste, et si la perte a été causée par la négligence ou la maladresse du débiteur, le créancier peut demander la chose qui reste, ou le prix de celle qui a péri. — Les deux choses ont-elles péri, l'obligation est éteinte si aucune d'elles n'a été détruite par la faute du débiteur (1195), mais quand la perte de l'une d'elles ou de toutes les deux provient de la faute du débiteur, le créancier a le droit de demander le prix de l'une ou de l'autre, à son choix (1194).

Les mêmes règles s'appliquent au cas où il y a plus de deux choses comprises dans l'obligation alternative (1196).

Une obligation est *solidaire* soit lorsqu'il y a plusieurs débiteurs et que chacun d'eux peut être forcé au paiement *total* de la dette par le créancier, soit lorsqu'il y a plusieurs créanciers et que chacun d'eux peut obliger le débiteur à lui payer la *totalité* de la somme due. — Que la solidarité existe entre les débiteurs ou les créanciers, un seul paiement éteint la dette vis-à-vis des débiteurs, ou la créance vis-à-vis des créanciers (1197 et 1200).

Le débiteur de plusieurs créanciers solidaires peut payer à l'un quelconque d'entre eux, tant qu'il n'a pas été poursuivi ; mais s'il est poursuivi par l'un des créanciers, c'est entre les mains de ce créancier, plus diligent que les autres, qu'il doit se libérer (1198).

Supposons qu'une créance appartenant à plusieurs créanciers solidaires soit sur le point d'être prescrite, et que l'un des créanciers interrompe la prescription : cette interruption profite à tous ses co-créanciers (1199), car les créanciers solidaires sont mandataires les uns des autres à l'effet de conserver la créance.

La solidarité existe-t-elle *entre les débiteurs*, le créancier peut s'adresser à celui des débiteurs qu'il lui plaît de choisir, et exiger de lui le paiement *intégral* de sa créance ; mais il a le droit de s'adresser aussi aux autres débiteurs (1203-1204). — Les poursuites faites contre l'un des débiteurs solidaires interrompent du reste la prescription à l'égard de tous (1206) ; la demande d'intérêts formée contre l'un d'eux fait également courir les intérêts à l'égard de tous (1207).

Pour que la solidarité existe entre les créanciers ou les débiteurs, il faut qu'elle soit *expressément* stipulée, ou qu'elle résulte des textes de la loi (1202). C'est ainsi que le co-tuteur et la tutrice sont solidairement responsables de la tutelle.

D'ailleurs les co-débiteurs solidaires peuvent n'être pas tous tenus de la même manière : l'un d'eux, par exemple est débiteur sous condition suspensive, tandis que l'autre l'est *à terme*, ou même purement et simplement (1201).

Lorsque l'un des débiteurs devient héritier du créancier, ou que le créancier devient héritier de l'un des débiteurs, la créance n'est détruite que pour la part de l'héritier dans la dette (1209).

Le co-débiteur solidaire, poursuivi par le créancier, peut lui opposer tous les moyens de défense, toutes les *exceptions* résultant de la *nature* de l'obligation : il peut invoquer, par exemple, la nullité de cette obligation, basée sur tel ou tel motif ; le co-débiteur solidaire peut encore opposer les exceptions *communes* à tous les co-débiteurs (l'exception tirée du paiement, par exemple), mais non pas celles qui sont *personnelles* à l'un des co-débiteurs (comme l'exception tirée de l'interdiction ou de la minorité d'un autre débiteur) (1208).

Le débiteur solidaire qui a payé la totalité de la dette ne peut réclamer, à chacun de ses co-débiteurs, que sa part dans la dette commune, et non pas tout ce qu'il a payé en sus de sa part, car, entre les débiteurs solidaires, la dette se divise *de plein droit*. — Si l'un des co-débiteurs est insolvable, chacun des autres co-débiteurs supporte *proportionnellement* les conséquences de cette insolvabilité (1213-1214). Soit une dette de 3 000 fr. à la charge de trois débiteurs *solidaires* : Paul, Pierre et Jean. Jean est insolvable : Paul et Pierre se partageront tout le poids de la dette, chacun d'eux aura à payer 1 500 francs.

Si l'affaire qui a donné lieu à une dette solidaire n'intéresse que l'un des co-débiteurs, celui-là seul a à supporter définitivement la totalité de la dette ; ses co-débiteurs ne sont en réalité que des cautions, obligées seulement d'avancer les fonds (1216).

Une obligation est *divisible* ou *indivisible* selon qu'elle a pour objet une chose ou un fait qui est divisible ou indivisible (1217). — Il ne faut pas confondre l'indivisibilité avec la solidarité. La solidarité ne vient que de la volonté de la loi ou de celle des parties contractantes, tandis que l'indivisibilité résulte surtout de la *nature* de l'objet ou du fait promis.

En principe, les créances sont indivisibles, en ce sens que le créancier a le droit de refuser un paiement partiel, un acompte, et d'exiger le paiement intégral. — Mais cette indivisibilité cesse à l'égard des héritiers du créancier ou du débiteur. Les héritiers du débiteur ne sont tenus de payer la dette que pour la part héréditaire dont ils sont *saisis*. Supposons que les héritiers du débiteur soient ses deux fils ; si chacun d'eux hérite de la moitié du patrimoine paternel, chacun d'eux n'est tenu que du paiement de la moitié de la dette. — Est-ce le créancier qui décède, chacun de ses héritiers ne peut poursuivre le débiteur que pour la part héréditaire dont il est saisi (1220). Mais, bien entendu, quand l'objet dû est indivisible par sa *nature* (c'est un tableau mis dans le lot de l'un des héritiers), ou encore s'il s'agit d'une dette, garantie par hypothèque, qui grève un immeuble placé dans le lot de l'un des héritiers; ou s'il résulte de la nature de l'engagement ou du but que l'on s'est proposé dans le contrat, que l'intention des contractants a été que la dette ne pût s'acquitter partiellement, la dette reste indivisible (1221), et alors chaque héritier du créancier peut exiger l'exécution totale de l'obligation (1224).

L'héritier du débiteur qui a l'objet dû dans son lot est tenu d'éteindre intégralement la dette, mais évidemment ses co-héritiers ont à l'indemniser de ce qu'il a payé en sus de sa part dans cette dette (1225).

La personne qui contracte une obligation s'engage parfois à payer une somme déterminée, ou à accomplir tel acte, au cas où elle n'exécuterait pas la convention. On dit alors qu'il y a là une obligation *avec clause pénale*. En somme c'est une fixation *à forfait* et par avance des dommages-intérêts auxquels donnera lieu l'inexécution de la convention (1229). Du reste, même après avoir mis son débiteur en demeure — ce qui donne le droit d'invoquer la clause pénale — le créancier peut, s'il le préfère, poursuivre l'exécution de l'obligation (1228). — Lorsque l'obligation a été exécutée partiellement, le tribunal peut réduire les dommages-intérêts résultant de la clause pénale (1231). — La nullité ou l'extinction de l'obligation principale entraîne celle de la clause pénale ; mais la réciproque n'est pas vraie (1227).

L'obligation est-elle indivisible, la peine établie par la clause pénale est encourue par la contravention d'un seul des héritiers du débiteur, et peut être poursuivie, pour la totalité, contre cet héritier ou contre chacun des héritiers du débiteur, pour leur part dans l'hérédité, sauf leur recours contre leur co-héritier coupable (1232). — Au contraire, l'obligation est-elle divisible. la peine n'est encourue que par celui des héritiers du débiteur qui contrevient à l'obligation, et seulement pour sa part dans la dette. N'y a-t-il que deux héritiers, et la clause pénale fixe-t-elle l'indemnité à 10000 francs? Le co-héritier aura à payer 5000 francs au créancier (1223).

Droit d'enregistrement dû pour les billets portant reconnaissance de dette ou obligation, constatant des prêts d'argent, etc.: 1 franc par 100 francs.

FORMULE N° 1

Obligation pure et simple

« Je soussigné (*nom, prénom, profession et domicile*) reconnais devoir à M... (*nom, prénom, profession et domicile du créancier*) la somme de dix huit cents francs, valeur reçue en marchandises (*par exemple, ou toute autre cause*), que je m'engage à lui rendre avec intérêts au taux légal de 5 0/0, à première réquisition de sa part.

» Fait à...., le cinq septembre mil huit cent...

» Bon pour mille francs.
(*Signature*)

FORMULE N° 2

Obligation à terme

(*Ajouter simplement, à la formule n° 1, après indication de la cause de la créance*) : «...que je m'engage à lui rendre avec intérêts au taux légal de 5 0/0 dans le délai d'un an (*par exemple*) à dater de ce jour.

» Fait à...., le...., milhuit cent...

» Bon pour mille francs.
(*Signature*)

FORMULE N° 3

Obligation conditionnelle

(Même formule que précédemment (Voy. formule n° 1) à laquelle on ajoute l'indication précise et détaillée de la condition *suspensive* ou *résolutoire*.)

FORMULE N° 4

Obligation solidaire

« Les soussignés (*noms, prénoms, professions et domiciles des débiteurs solidaires*) reconnaissent devoir à M..... (*nom, prénom, profession et domicile du créancier*) la somme de francs qu'ils s'engagent solidairement à lui payer le trente-un décembre prochain (*ou* : pour la première moitié le , et pour l'autre moitié le), avec les intérêts au taux légal de 5 0/0 ou de 6 0/0 (*suivant la destination de la somme prêtée*).

» Fait à...., le..... mil huit cent...,

Bon pour francs.
» Approuvé l'écriture.
(*Signature du 1er débiteur solidaire*)

(*Meme mention pour chaque signature de débiteur.*)

Extinction des obligations. — Les obligations s'éteignent par le paiement, par la compensation, par la confusion, par l'annulation, par la remise volontaire de la dette et par la prescription. Elles s'éteignent quelquefois aussi par la novation, par la cession des biens, la perte de la chose due ou l'arrivée de la condition résolutoire.

Le paiement. — C'est le mode normal d'extinction des obligations. En droit, le sens du mot *paiement* est élargi, il signifie l'*exécution de l'obligation.* Un peintre s'engage à faire un portrait; le paiement consistera précisément dans la réalisation de sa promesse.

Une obligation peut être acquittée par un co-obligé, par une caution, et même par un *tiers* qui n'y est point intéressé, s'il est mandataire du débiteur, *ou même sans qu'il ait cette qualité* (1236). Mais l'obligation de faire (il s'agit d'une œuvre d'art par exemple) ne peut être remplie par un tiers malgré le créancier, lorsque ce dernier a intérêt à ce qu'elle soit remplie par le débiteur lui-même (1237). — Le paiement fait à une personne qui n'a point pouvoir de recevoir pour le créancier n'est valable que si celui-ci le ratifie ou s'il en a profité (1239).

On peut réclamer la somme qu'on a payée sans la devoir, mais cette réclamation n'est point admise à l'égard des obligations *naturelles* — c'est-à-dire *dépourvues de sanction légale* — telles que les dettes de jeu, qui ont été payées par le débiteur, alors qu'il savait parfaitement que les tribunaux ne pouvaient le forcer à acquitter cette dette (1235).

Le paiement fait à un incapable (à un mineur, par exemple) n'est valable que dans la mesure du profit qui en a été retiré par cet incapable, et c'est au débiteur de prouver ce profit (1241).

Le débiteur qui paie son créancier malgré une saisie-opposition faite par un tiers peut être contraint à payer une seconde fois sa dette; mais il a ensuite un recours contre son créancier (1262).

Le créancier ne peut être contraint de recevoir une autre chose que celle qui lui est due, quand bien même celle qui lui est offerte serait plus belle (1243).

Le créancier n'est point obligé de recevoir un paiement partiel, un acompte de son débiteur. Cependant le tribunal devant lequel est poursuivi le débiteur peut accorder des délais modérés appelés *délais de grâce*, en considération de la position du débiteur parfois très digne d'intérêt (1244).

La dette consiste-t-elle en un objet déterminé seulement quant à son *espèce* (un sac de blé par exemple), l'objet livré doit être au moins de qualité *moyenne* (1246).

Si la convention n'indique pas le lieu du paiement, ce paiement doit être effectué au *domicile du débiteur*, à moins qu'il ne s'agisse de ce que la loi appelle un corps certain et déterminé (une machine par exemple, une voiture, un cheval), auquel cas l'objet dû doit être livré à l'endroit où il était au moment de la conclusion de la convention (1247).

Les frais du paiement sont à la charge du débiteur; c'est lui qui doit fournir le timbre-quittance de 10 centimes. Ce timbre doit être revêtu de la signature du créancier et de la date.

Quant à l'amende de 50 francs encourue pour le défaut d'apposition du timbre-quittance, c'est le créancier qui doit la payer; de même pour les frais de la poursuite (art. 18, 20, 23 de la loi du 23-25 août 1871).

Il peut arriver que, le débiteur ne pouvant acquitter sa dette, un tiers offre au créancier de la payer, à condition de jouir des droits accessoires, tels que droits de gage, d'hypothèque, de privilège, qui appartiennent à ce créancier. Le tiers, qui prend ainsi la place du créancier, lui est *subrogé;* mais, pour qu'il en soit ainsi, le créancier doit le déclarer *expressément*, au moment même du paiement.

La subrogation peut se produire d'une autre façon : le débiteur emprunte à un tiers la somme qu'il doit, mais le prêteur exige en retour que le débiteur le subroge aux droits du créancier. Dans ce cas, pour que la subrogation soit valable, l'acte d'emprunt et la quittance fournie par le créancier doivent être *notariés*; l'acte d'emprunt doit contenir la déclaration que la somme a été empruntée pour faire le paiement, et de la quittance il doit résulter expressément que le paiement a été fait à l'aide de la somme fournie par le prêteur. Le créancier ne peut s'opposer à la subrogation (1250).

Enfin, il y a des cas où la subrogation a lieu de plein droit. Nous les indiquerons à propos des privilèges et hypothèques, du cautionnement et du bénéfice d'inventaire.

Le débiteur de plusieurs dettes vis-à-vis d'une même personne a le droit de déclarer, lorsqu'il paie, quelle dette il entend acquitter (1253). Mais, s'il s'agit d'une créance produisant des intérêts, le paiement *partiel* s'impute d'abord sur les *intérêts*, — à moins que le créancier ne consente à l'imputer en premier lieu sur le capital (1254).

Lorsque le débiteur de plusieurs dettes a accepté une quittance imputant le paiement sur telle dette déterminée, il ne peut réclamer une autre imputation que si le créancier a cherché à le tromper et à le surprendre (1255). — Quand la quittance ne contient aucune imputation, le paiement s'impute, entre plusieurs dettes *déjà échues*, sur la plus onéreuse, par exemple sur la créance qui produit 6 °/。 d'intérêts, tandis que les autres ne donnent que 5 °/。; naturellement, si une seule d'entre elles est échue, et si l'intérêt qu'elles produisent est le même, le paiement s'impute sur la créance qui est née la première; sont-elles toutes de la même époque, l'imputation porte proportionnellement sur toutes les dettes (1256).

Lorsque le créancier refuse le paiement qui lui est offert — il prétend, par exemple, qu'il lui est dû une plus forte somme — le débiteur est en droit de lui faire des *offres réelles*, et, s'il ne les accepte pas, la somme ou la chose offerte est consignée; le débiteur est libéré, les risques sont naturellement à la charge du créancier. C'est lui également qui supporte les frais des offres réelles et de la consignation, si elles sont valables. — Or, pour être valables, les offresréelles doivent être faites par un *notaire* ou un *huissier*, au lieu dont on est convenu pour le paiement, et, à défaut de lieu indiqué dans la convention, au domicile du créancier lui-même, s'il est capable de recevoir un paiement; autrement, l'offre doit être faite à son représentant, ou au domicile choisi pour l'exécution de la convention. — Ces offres doivent comprendre la totalité du capital et des intérêts dûs, ainsi que tous les frais auxquels le débiteur a pu donner lieu.

Quand la créance est soumise à un terme ou à une condition, les offres réelles ne peuvent intervenir qu'après l'arrivée du terme ou de la condition (1258).

Si le créancier repousse les offres réelles, il reçoit une sommation contenant l'indication du jour et de l'heure de la consignation. Au moment indiqué le débiteur consigne la somme offerte. — A Paris ces consignations sont faites à la Caisse des dépôts et consignations; dans les chefs-lieux de département, entre les mains du receveur général des finances; dans les chefs-lieux d'arrondissement, entre les mains du receveur particulier; on y joint les intérêts produits jusqu'au jour du dépôt. Le notaire ou l'huissier dresse procès-verbal, et, si le créancier n'a pas comparu lors du dépôt, ce procès-verbal lui est signifié avec sommation de retirer la chose déposée.

Si la chose due n'est point une somme d'argent mais une machine, par exemple, qui doit être livrée au lieu où elle se trouve, il suffit que le débiteur somme le créancier de la chose d'en prendre livraison. Si celui-ci refuse, le débiteur doit demander au tribunal l'autorisation de déposer la chose due dans un endroit déterminé (1264).

Tant que la consignation n'a point été acceptée par le créancier, le débiteur peut retirer la chose consignée. Mais si le créancier accepte la consignation, c'est-à-dire s'il accepte en paiement la somme consignée, la dette est éteinte, et les cautions ou les hypothèques qui pouvaient en garantir le paiement sont éteintes également (1261).

Droit d'enregistrement dû pour les quittances : 0 fr. 50 par 100 francs.

La compensation. — Il y a compensation entre deux dettes lorsque deux personnes sont *réciproquement* débitrices l'une de l'autre pour une somme égale; si les deux créances ne sont pas d'une importance égale, la compensation a lieu jusqu'à concurrence de la somme la plus faible. Cette extinction de dettes se produit *de plein droit, même à l'insu des débiteurs*, au moment où elles sont des dettes coexistantes (1290). — Mais la compensation n'a lieu qu'entre exigibles immédiatement et *liquides*, c'est-à-dire fixées avec précision à telle somme; du reste il ne peut être question de compensation qu'entre dettes de sommes d'argent ou de choses fongibles *de la même espèce* (vin, blé, betteraves, etc., etc.).

Les dettes ou prestations *périodiques* (dettes en nature d'un métayer par exemple), en grains, en denrées, *non contestées*, et dont le prix est réglé par les mercuriales, peuvent se compenser avec des sommes d'argent (1291).

Mais il n'y a point compensation entre la dette dont un déposant ou prêteur est tenu envers le dépositaire ou emprunteur et les sommes ou les denrées que celui-ci a reçues en dépôt et doit au déposant en qualité de dépositaire ou d'emprunteur. — La compensation n'est point admise non plus entre une créance insaisissable (droit à une pension alimentaire par exemple) et une créance ordinaire (1293).

La caution, poursuivie par le créancier, peut lui opposer la compensation qui s'est produite entre la créance et une créance appartenant au débiteur contre le créancier. Mais le débiteur poursuivi ne peut opposer au créancier la compensation qui a pu se produire entre sa créance et une créance appartenant à sa caution contre le créancier poursuivant. — Le débiteur solidaire ne peut non plus opposer la compensation de ce que le créancier doit à son co-débiteur solidaire (1294).

La confusion. — Il y a *confusion* lorsque les qualités de créancier et de débiteur se confondent dans une même personne (par exemple à la suite d'un décès du débiteur dont le créancier est l'héritier). Alors, par la force des choses, il n'y a plus de paiement possible, la créance est éteinte et par suite les cautions sont libérées (1300). Mais, si c'est une caution qui hérite du créancier, la créance subsiste; est-ce un co-débiteur solidaire, la dette solidaire subsiste encore, seulement elle est diminuée de la portion de la dette afférente à l'ex-débiteur solidaire (1301).

Annulation ou la rescision des conventions. — Cette cause d'extinction des obligations existe en faveur des incapables (mineurs, interdits, femmes mariées); dans certains cas exceptionnels, dont nous parlerons plus loin, elle peut même être invoquée, au cas de lésion, par des majeurs capables. Nous avons vu déjà que la violence, le dol et l'erreur rendaient annulables les conventions; nous n'insisterons donc point ici sur cette cause d'extinction que nous avons voulu simplement rappeler.

Remise volontaire de dette. — Il arrive parfois que le créancier, mû par un sentiment de générosité, fait remise de la dette au débiteur. Cette dette était-elle garantie par des cautions ou par des hypothèques, ces cautions sont libérées, ces hypothèques sont éteintes. — Lorsque la dette est remise, non pas au débiteur, mais à l'une des cautions, la dette subsiste : mais la caution n'est plus exposée aux poursuites du créancier; elle est déchargée (1287). Si cette caution a donné une certaine somme au créancier pour obtenir de lui décharge, ce paiement doit être imputé sur la dette et libérer d'autant le débiteur et les autres cautions vis-à-vis du créancier; mais la caution déchargée a naturellement un recours contre le débiteur pour se faire rembourser (1288).

La libération du débiteur, par suite du paiement, résulte de la remise *volontaire* du titre *original* sous seing-privé faite au débiteur par le créancier (billet à ordre, reconnaissance de dette). — Au contraire, la remise du *brevet* (acte notarié original, et non rédigé en minute) ou de la *grosse* de l'acte notarié (copie de l'acte notarié rédigé en minute et revêtue de la formule exécutoire) constatant la créance, n'a que la valeur d'une présomption de paiement: la preuve du non-paiement est admissible (1283).

Le créancier accorde-t-il la remise de la dette à l'un des co-débiteurs solidaires, tous les autres sont libérés, à moins que le créancier n'ait réservé *expressément* ses droits contre eux, et encore, dans cette hypothèse, ne peut-il poursuivre contre eux le paiement de sa créance que déduction faite de la part du débiteur auquel il a fait la remise (1285).

Droit d'enregistrement pour remise de dettes 0 fr. 50 par 100 francs.

La prescription. — La matière de la prescription est très importante. Nous parlerons d'abord de la prescription *extinctive* puisque nous traitons des causes d'extinctoin des obligations, mais nous aurons à nous occuper ensuite de la prescription *acquisitive*.

On dit qu'il y a prescription — prescription extinctive — lorsqu'un créancier a laissé passer, sans agir, la période pendant laquelle il pouvait forcer son débiteur à accomplir son obligation. Ainsi, en principe, un créancier a *trente ans* pour poursuivre le paiement de sa créance. S'il ne poursuit son débiteur qu'après l'expiration de ce délai, le débiteur, pour triompher, n'aura qu'à lui opposer la prescription; il n'aura nullement besoin de prouver qu'il a payé : il est libéré (2262).

Supposons que Paul soit débiteur d'une rente vis-à-vis de Pierre. Au bout de trente ans Paul pourrait prétendre que son obligation est éteinte par prescription en s'appuyant *faussement* sur le non-paiement des arrérages. Pour éviter cette fraude, le législateur permet au créancier de la rente de contraindre son débiteur à lui fournir un nouveau titre au bout de *vingt-huit ans*. Cette reconnaissance nouvelle de la rente, appelée *titre nouvel*, est fournie aux frais du débiteur.

FORMULE N° 5

Titre Nouvel

» Entre les soussignés :

» M. (*nom, prénom, profession et domicile du débiteur de la rente*),
d'une part,

» Et M. (*nom, prénom, profession et domicile du rentier*),
d'autre part ;

» Il a été convenu ce qui suit :

» M..... reconnaît expressément par les présentes devoir à M..... une rente de..... francs, constituée à titre onéreux par acte sous-seing privé, en date du ..... mil huit cent... enregistré, et s'engage à en servir les arrérages aux mêmes termes et conditions que ceux relatés dans l'acte sus-indiqué, le présent n'ayant pour but que d'empêcher toute prescription de s'accomplir.

» De son côté M..... (*le rentier*) reconnaît qu'il ne lui est dû présentement aucuns arrérages, M..... lui ayant toujours fidèlement servi ladite rente, mais sous réserve de son droit aux arrérages devant courir à compter de ce jour.

» Les frais du présent acte seront supportés par M.....

» Fait double, à...., le..... mil huit cent.....

» Approuvé l'écriture
(Signature)

» Approuvé l'écriture
(Autre signature)

Il n'y a pas de délai de prescription qui soit supérieur à trente ans; mais il en est de bien moins longs. Ainsi, les créances des ouvriers, des journaliers, celles des hôteliers et des restaurateurs, celles des maîtres, professeurs et instituteurs se prescrivent par *six mois* (2271). — Pour les médecins, pharmaciens, huissiers, maîtres de pension, patrons d'apprentis, domestiques, le délai est porté à *un an*.

Les créances des marchands et fournisseurs (tailleurs, modistes, chapeliers etc.) contre leurs clients se prescrivent également par *un an*; pour chaque fourniture, il y a une prescription spéciale (2272).

Pour les avoués la prescription est de *deux ans*, à compter du jour où l'affaire s'est terminée; si l'affaire n'a point eu de solution, la prescription ne s'accomplit qu'au bout de *cinq ans* (2273).

Mais il faut bien remarquer que, s'il y a compte arrêté (même par une simple lettre missive) entre les parties, une nouvelle prescription court, à partir du jour du règlement du compte, et cette fois la prescription ne s'accomplit que par *trente ans* (2274).

Les prescriptions de six mois, un an, etc. — les *courtes prescriptions*, comme on dit en droit — étant fondées sur cette idée que la dette a dû être payée, sont susceptibles d'être écartées par le serment, c'est-à-dire que le créancier peut déférer le serment à son débiteur si celui-ci lui oppose la prescription. « Jurez que vous m'avez payé, lui dira-t-il », et, si l'autre refuse de prêter ce serment, le tribunal ne pourra que le condamner à payer. — Au contraire, la prescription de trente ans n'étant pas fondée sur une présomption de paiement, le refus de prêter serment ne ferait pas tomber l'argument tiré de la prescription : par cela seul que le débiteur prouve que trente ans se sont écoulés, sa dette est éteinte.

Parmi les courtes prescriptions il faut ranger la prescription de *cinq ans* qui court contre les arrérages de rentes perpétuelles, de rentes viagères et de pensions alimentaires, contre les loyers et les fermages, contre les intérêts des sommes prêtées, et en général contre toutes les sommes payables par année ou à des termes périodiques *plus courts* (prix de leçons payables par trimestre, abonnements, etc.). — Mais le créancier ne peut déférer le serment à son adversaire s'il vient à invoquer cette prescription (2277).

La prescription de trente ans ne court point contre les créanciers qui sont ou *mineurs* ou *interdits;* elle est *suspendue* à leur profit. — Au contraire les prescriptions de six mois, un an, deux ans, cinq ans ne sont point suspendues à leur égard. Mais, si les tuteurs les laissent s'accomplir, ils sont responsables de leur négligence vis-à-vis des incapables dont ils ont à gérer la fortune (2278).

La prescription ne court, à l'égard d'une créance conditionnelle ou à terme, qu'à partir de l'arrivée de la condition ou du terme (2257). — Dans tous les cas où les poursuites de la femme mariée contre son débiteur réfléchiraient contre le mari (si, par exemple, le mari est caution du débiteur de la femme), la prescription de la créance est suspendue (2256, art. 2). — Enfin, la prescription ne court point entre époux (2253).

La prescription peut aussi être *interrompue*, et, dans ce cas, une *nouvelle prescription* commence à courir immédiatement après l'interruption ; car il ne s'agit pas là d'une simple trêve, comme au cas de suspension de prescription. — Pour interrompre une prescription en cours, il suffit de faire procéder à une *saisie* contre le débiteur ou de lui adresser un *commandement*, une assignation ou une citation en conciliation devant le juge de paix — pourvu que cette citation soit suivie d'une assignation dans le mois qui s'écoule après la non-conciliation (2245 C. civ., et 57 pr.). Mais l'interruption est regardée comme non avenue si la demande du créancier est rejetée, ou s'il abandonne les poursuites (2247).

La prescription est encore interrompue par la reconnaissance du droit du créancier par le débiteur (2248). Que la reconnaissance d'une dette solidaire émane d'un des débiteurs solidaires, la présomption est interrompue, même vis-à-vis des autres débiteurs solidaires (2249). — La reconnaissance émanée du débiteur interrompt également la prescription contre la caution ; mais si la caution reconnaît seule l'existence de la créance, la prescription qui court au profit du débiteur n'est nullement interrompue (2250).

Tels sont les principes en matière de prescription extinctive. Il nous reste à parler de la prescription acquisitive.

La prescription acquisitive, c'est la prescription invoquée par celui qui a *possédé* un immeuble, absolument comme s'il en était propriétaire. Il l'a donné à bail, ou bien il l'a cultivé lui-même et il n'a jamais payé aucune somme pour cette jouissance ; il n'a jamais été troublé dans sa possession, il a possédé le bien au grand jour. Eh bien ! au bout d'une certaine période, dont nous allons déterminer la durée, ce possesseur est regardé par la loi comme étant le véritable propriétaire ; et, si une autre personne prétend que le bien possédé par lui appartient à elle seule, le possesseur, pour triompher, n'a qu'à opposer la prescription. Il a *acquis* la propriété par prescription. De là le nom de prescription acquisitive.

Ceux qui possèdent ou plutôt qui *détiennent* le bien pour autrui (les fermiers, les locataires, les dépositaires, les usufruitiers) ne peuvent l'acquérir par prescription ; leurs héritiers ne le peuvent pas non plus (2236-2237). Cependant, si un détenteur prétend *ouvertement* que le propriétaire n'a pas le droit de porter ce titre, il peut dès lors, quand bien même ses prétentions seraient repoussées, commencer à prescrire contre celui qui est regardé comme le propriétaire du bien (2238). — Quant à ceux qui ont acheté, au fermier ou au dépositaire, ou à l'usufruitier, le bien qu'il détenait, ils peuvent parfaitement l'acquérir par prescription (2239).

La prescription acquisitive s'accomplit par *trente ans* (à moins qu'elle n'ait été interrompue ou suspendue) si le possesseur était de mauvaise foi au moment où il commencé à posséder. Si, au contraire, le possesseur était de bonne foi au début de la possession, et s'il a un *juste titre* — c'est-à-dire un titre de propriété qui serait absolument valable s'il émanait du véritable propriétaire, au lieu d'émaner d'un usufruitier, par exemple — la prescription s'accomplit par *dix ans*, lorsque le véritable propriétaire habite dans le ressort de la cour d'appel dans l'étendue de laquelle l'immeuble est situé, par *vingt ans* dans le cas contraire. — Au cas où pendant les premières années de la possession seulement le propriétaire habitait hors du ressort, *deux années* passées hors du ressort comptent pour *un an* dans le délai de *dix ans* : est-il resté *trois ans* hors du ressort par exemple, la prescription ne sera accomplie qu'au bout de *onze ans et demi* (2265-2266).

La bonne foi du possesseur est toujours présumée, c'est donc à celui qui le poursuit et revendique la propriété, de prouver que la mauvaise foi existait au moment où la possession a *commencé* ; mais si le possesseur n'est devenu de mauvaise foi que par la suite, l'accomplissement de la prescription n'est nullement retardé (2269).

Que le possesseur *de bonne foi* décède avant l'accomplissement de la prescription, ses héritiers, lors même qu'ils seraient de mauvaise foi, voient la prescription s'accomplir par le laps de temps nécessaire à la possession de bonne foi, car la loi les considère comme tenant la place du possesseur de bonne foi décédé. C'est ce qu'on appelle la *jonction de possession*. — Dans notre hypothèse elle assure une grande faveur aux héritiers ; mais si nous supposons au contraire que le possesseur décédé était de mauvaise foi, ses héritiers ne pourraient prescrire, malgré leur bonne foi, que par trente ans de possession, en tenant compte naturellement de la durée de la possession de leur *auteur*, c'est-à-dire de celui auquel ils ont succédé.

Si le possesseur transmet par legs à titre particulier, par donation ou par vente, le bien possédé par lui, le légataire, le donataire ou l'acheteur peut, suivant son intérêt, continuer la possession de l'ex-possesseur, ou au contraire commencer une nouvelle possession. L'ex-possesseur était-il de mauvaise foi, et lui, acheteur, était-il de bonne foi à l'origine, il prendra le second parti et pourra prescrire par dix ans — à moins qu'il reste moins de dix ans à attendre pour prescrire par trente ans en invoquant la possession de l'ex-possesseur, auquel cas il suivrait le premier parti (2235).

La prescription acquisitive, comme la prescription extinctive, est interrompue par une assignation, un commandement ou une saisie, mais elle peut être aussi l'objet d'une interruption naturelle.

Il y a interruption *naturelle* lorsque le possesseur est privé *pendant plus d'un an* de la jouissance de la chose, soit par le véritable propriétaire, soit même par un tiers (2243). Mais le possesseur a l'exercice d'une action possessoire qui lui permet d'éviter cette interruption dans sa possession (Voy. VIE JUD.).

La prescription acquisitive ne court pas contre les mineurs et les interdits; elle ne court point non plus entre époux. Elle est suspendue pendant le mariage, dans le cas où la femme ne pourrait revendiquer le bien qu'après avoir opté entre l'acceptation et la renonciation à la communauté, ainsi que dans tous les cas où les poursuites de la femme refléchiraient contre le mari (2256.) — Nous le savons déjà, les immeubles dotaux sont imprescriptibles — tant que le régime dotal subsiste — à moins que leur prescription n'ait commencé antérieurement au mariage (1561). Les biens qui ne sont point dans le commerce, les biens du domaine public, par exemple (églises, monuments, routes, chemins vicinaux), sont également imprescriptibles (2265).

Les droits qui appartiennent à tout propriétaire sur sa chose — le droit de bâtir sur le terrain qui lui appartient, par exemple — ne peuvent être perdus par prescription, car leur exercice constitue des *actes de pure faculté* et ces actes ne fondent ni possession, ni prescription (2232). — Même solution pour les actes de *pure tolérance*, c'est-à-dire pour les actes qu'un propriétaire permet à son voisin d'accomplir sur sa propriété, par esprit de bon voisinage (droit de passage, droit de puiser de l'eau à une fontaine, etc.).

Pour que les juges puissent déclarer qu'il y a prescription, il faut que la prescription soit invoquée par celui qui a intérêt à la faire établir (2223).

La prescription peut être invoquée du reste en tout état de cause, même devant la cour d'appel pour la première fois, à moins que les circonstances ne fassent présumer la renonciation (2224), — car on peut parfaitement renoncer à une prescription acquise. On peut y renoncer expressément ou tacitement; la renonciation tacite résulte d'un fait qui suppose l'abandon des droits acquis (2221).

Cependant on ne peut renoncer *d'avance* à une prescription qui n'a point encore commencé à courir (2220). — Du reste la renonciation n'est admise que de la part de celui qui peut aliéner. C'est ainsi qu'un interdit ne pourrait renoncer à une prescription acquise (2222).

Quand un possesseur, étant en droit d'invoquer la prescription, y renonce, absolument, ses créanciers, ou toute autre personne ayant intérêt à ce que la prescription soit établie, peuvent prendre sa place et invoquer ce moyen de défense (2225).

Nous nous sommes occupés jusqu'ici de la prescription des immeubles, des créances, des actions en rescision (prescription de dix ans — art. 1304), mais nous n'avons point envisagé la prescription, en ce qui concerne les objet mobiliers, les meubles. Sur quels principes repose-t-elle?

Celui qui a *perdu* ou auquel il a été *volé* une chose *mobilière* peut la revendiquer pendant *trois ans*, à compter du jour de la perte ou du vol, contre celui dans les mains duquel il la trouve, bien que ce dernier soit de bonne foi (2279). Si le possesseur actuel de la chose l'a achetée dans une foire ou dans un marché, ou dans une vente publique, ou d'un marchand vendant des choses *pareilles* (il s'agit d'un portrait acheté chez un marchand de tableaux par exemple) le propriétaire ne peut se la faire rendre qu'en remboursant le prix d'achat ; mais il n'est nullement obligé de faire ce remboursement lorsque le possesseur a acheté l'objet à un marchand qui ne vendait pas des choses pareilles. — Quant à celui qui a trouvé la chose perdue ou qui a volé l'objet, il n'en prescrit la propriété que par *trente ans*.

S'agit-il d'un objet mobilier qui n'a été ni perdu ni volé, mais qui vient d'une personne qui n'en était point propriétaire (fermier, usufruitier, etc.), l'acheteur *de bonne foi* invoquera la règle « en fait de meubles possession vaut titre » (2279), ce qui veut dire que le possesseur de cet objet en est devenu *instantanément* propriétaire comme s'il avait un titre régulier. Mais l'acheteur de mauvaise foi ne pourrait invoquer cette règle, pas plus que la prescription de trois ans : il ne peut opposer avec succès que la prescription de trente ans.

La loi du 15 juin 1872 indique les mesures que doit prendre le propriétaire de titres au porteur au cas de perte de ces valeurs, et établit des règles particulières que nous exposerons dans une autre partie de cet ouvrage (Voy. Vie Financière).

La novation. — Lorsqu'un créancier change de débiteur à l'occasion d'une même dette, on dit qu'il y a novation par changement de débiteur. Est-ce au contraire le créancier qui change, il y a novation par changement de créancier. Enfin le débiteur peut contracter envers son créancier une nouvelle dette qui se substitue à l'ancienne. C'est encore là une novation (1271). — Mais la novation ne se présume pas, il faut que la volonté de l'opérer soit clairement exprimée (1273). Aussi, la simple indication, faite par le débiteur, d'une personne qui doit payer à sa place, ou celle faite par le créancier d'une personne qui doit recevoir pour lui, n'opère point novation (1277).

La novation a des effets remarquables. C'est une des causes de l'extinction des obligations, car s'il y a novation par changement de débiteur, les privilèges et hypothèques qui garantissaient la créance s'éteignent, ils ne grèvent nullement les biens du nouveau débiteur (1279). — Lorsqu'il y a novation par changement de créancier, la nouvelle créance n'est fortifiée par les privilèges et hypothèques qui, nous le supposons, fortifiaient l'ancienne, que si le créancier s'est *formellement* réservé ces sûretés, et encore ne peut-il les conserver quand les tiers propriétaires des biens hypothéqués refusent leur consentement (1278).

La novation opérée à l'égard d'un débiteur libère les cautions qui garantissaient le paiement de la dette. — Tous les débiteurs *solidaires* sont libérés également par la novation accomplie entre le créancier et l'un d'eux (1281).

Il arrive parfois qu'un débiteur fournit à son créancier un autre débiteur qui s'oblige envers lui ; si le créancier déclare *expressément* que le premier débiteur est dégagé vis-à-vis de lui, il y a là une novation par changement de débiteur. — Que le débiteur délégué devienne insolvable, le créancier n'aura de recours contre son ancien débiteur que s'il s'est réservé expressément ce droit, ou encore si lors de la délégation, le débiteur délégué était déjà en faillite ou en déconfiture (1276).

FORMULE N° 6

Novation par changement de débiteur.

« Entre les soussignés :
» M. (*nom, prénom, profession, et domicile*) d'une part,
M. (*nom, prénom, profession et domicile*) d'autre part,
» Il a été convenu ce qui suit :
» M. s'engage à payer à M. créancier de M. X. pour une somme de francs, ainsi qu'il appert de la reconnaissance de dette taite sous seing privé le mil huit cent par le sieur X, (*le débiteur*) ladite somme de le trente-un décembre prochain, avec intérêts à 5 0[0, et ce en vue de libérer M. X (*le débiteur*) ; M. (*le créancier*) prenant acte de l'engagement contracté par M. à fin de novation, déclare qu'il accepte ce dernier pour débiteur à la place de M. X et qu'il reconnaît par suite ledit M. X comme absolument libéré envers lui.
» Fait double à le mil huit cent......
» Approuvé l'écriture » Approuvé l'écriture
(*Signature du nouveau débiteur*) (*Signature du créancier*)

La cession de biens. — On appelle ainsi l'abandon qu'un débiteur insolvable fait de tous ses biens à ses créanciers, lorsqu'il ne peut payer ses dettes. Si les créanciers l'acceptent, la cession de biens est *volontaire;* s'ils la refusent, le débiteur *malheureux de bonne foi* et *menacé de la contrainte par corps* a la ressource de faire en justice l'abandon de tous ses biens ; c'est la cession de biens *judiciaire* qui donne aux créanciers le droit de faire vendre les biens aux enchères à leur profit, et d'en percevoir les revenus jusqu'à la vente. — Dans le cas de cession judiciaire c'est un *jugement* qui autorise le débiteur à faire l'abandon de ses biens (1268). — Les étrangers, les banqueroutiers frauduleux, les personnes condamnées pour vol ou escroquerie, les stellionataires (ceux qui, par exemple, ont dissimulé l'existence d'une hypothêque sur leurs biens) ne peuvent obtenir cette autorisation, pas plus que les personnes comptables, les administrateurs, tuteurs et dépositaires pour l'extinction des créances nées de leurs fonctions (905 pr.).

La cession de biens judiciaire ne libère le débiteur que jusqu'à concurrence de la valeur des biens abandonnés; s'il lui en survient d'autres par la suite, il doit les abandonner jusqu'à parfait paiement (1270). — Au contraire, la cession de biens volontaire résultant d'un accord intervenu entre le débiteur et ses créanciers, ses effets sont déterminés par la convention elle-même.

Perte de la chose due. — Les obligations qui ont pour objet un corps certain et déterminé, (un cheval, un meuble, un bijou, etc.), s'éteignent par la perte, la disparition de cet objet, lorsque cette perte ne provient point de la faute du débiteur. Cependant si le débiteur était mis en demeure, c'est-à-dire s'il était sommé de livrer la chose due, c'est lui qui doit supporter les conséquences de la perte arrivée fortuitement, à moins qu'il ne prouve que la chose eût également péri chez le créancier, si elle lui eût été livrée (1302). — Quand la chose est perdue, détruite ou mise hors du commerce sans la faute du débiteur, et avant qu'il ait été mis en demeure, le débiteur n'est point responsable du dommage, mais il doit céder au créancier de la chose toutes les actions en indemnité qu'il peut avoir, par rapport à cette chose, contre la personne que l'on est en droit d'accuser de la perte qui est advenue (1303).

La condition résolutoire. — A propos des différentes divisions des obligations nous avons défini la condition résolutoire, et nous avons indiqué quel était le sort de l'obligation contractée sous condition résolutoire, lors de l'arrivée de la condition : Elle est absolument anéantie, elle est censée n'avoir jamais existé. La condition résolutoire est donc bien, elle aussi, une cause d'extinction des obligations.

CHAPITRE IV

LA VENTE

La vente est une convention par laquelle l'une des parties (le vendeur) s'oblige à donner une chose, et l'autre (l'acheteur) à la payer (1582). Dès qu'on est convenu de la *chose* et du *prix*, la vente est parfaite entre les parties (nous verrons qu'à l'égard des tiers il n'en est pas toujours de même), car la vente est un contrat *consensuel*, c'est-à-dire se formant par le seul consentement des parties; dès qu'elles se sont mises d'accord, la *propriété* de la chose vendue est transférée à l'acheteur, à moins qu'il ne s'agisse de marchandises vendues *à la mesure* (50 fr. les 100 kilogr. par exemple); dans cette dernière hypothèse, en effet, la vente ne devient *parfaite* que par le mesurage, puisque jusque-là les marchandises sont aux risques du vendeur, mais l'acheteur a le droit de demander l'exécution de l'engagement (1585). — La vente *en bloc* de marchandises qu'il est d'usage de mesurer ou de compter est parfaite même avant le mesurage. Ainsi je vous vends tout le blé qui est dans mon magasin pour tel prix : la vente est parfaite et par suite, dès à présent, les risques sont pour vous, l'acheteur (1586).

Tant que l'acheteur n'a pas goûté et agréé les choses qu'il est d'usage de goûter avant d'en faire l'achat (vin, huile, etc.), la vente n'est point accomplie, — à moins que l'acheteur n'ait donné ordre au marchand d'expédier la marchandise qu'il lui envoie habituellement, et que la fourniture soit faite avec loyauté (1587).

La promesse de vente vaut vente lorsque les deux parties sont d'accord sur la *chose* et sur le *prix;* l'acheteur et le vendeur sont liés, mais si l'un des contractants a donné des arrhes à l'autre, il peut se départir de sa promesse en lui abandonnant ces arrhes. — Est-ce au contraire celui qui a reçu les arrhes qui veut se dégager, il doit restituer à son co-contractant le double de la somme (1590).

Le plus souvent le prix est fixé par les parties, mais il leur est permis de s'en remettre pour cela à l'estimation d'un tiers; si celui-ci ne peut ou ne veut pas la faire, il n'y a point de vente, car le prix est une condition *essentielle* du contrat de vente (1592).

La vente peut être faite par acte notarié ou par acte sous seing privé. Si elle est faite par acte sous seing privé, il faut *deux actes originaux*, l'un pour l'acheteur, l'autre pour le vendeur ; et chaque original doit mentionner le nombre des originaux qui ont été dressés (1325). — Les frais d'actes et d'enregistrement sont à la charge de l'acheteur, ainsi que les frais de transport. Les frais de mesurage et d'emballage des marchandises sont à la charge du vendeur (1593).

La vente qui n'est faite que *verbalement* est parfaitement valable ; mais, à moins qu'il n'y ait un commencement de preuve par écrit, elle ne peut être prouvée par témoins si le prix est supérieur à 150 fr.

En principe, le contrat de vente peut avoir lieu entre toutes personnes, mais ce principe comporte des exceptions. — C'est ainsi que les tuteurs ne peuvent acheter les biens de ceux dont ils ont la tutelle. Les mandataires ne peuvent se rendre acquéreurs des biens qu'ils sont chargés de vendre, ni les administrateurs acheter les biens confiés à leurs soins (le maire ne peut acheter un bien de la commune, tandis qu'un conseiller municipal le pourrait, le préfet n'a pas le droit de se porter acquéreur d'un bien appartenant à l'Etat ou au département qu'il administre).

Les juges, les magistrats du ministère public (procureurs de la République, substituts) les greffiers, huissiers, avoués, avocats, notaires ne peuvent acquérir les *droits litigieux*, — c'est-à-dire les droits qui sont contestés ou qui sont de nature à donner lieu à un procès — lorsque ces droits sont de la compétence du tribunal auquel ces personnes se rattachent. Un conseiller à la Cour de cassation ne peut donc se rendre cessionnaire d'un droit litigieux de la compétence d'un tribunal français quelconque, puisque la Cour de cassation a une compétence générale, mais un juge d'un tribunal de première instance peut acquérir un droit litigieux de la compétence du tribunal de l'arrondissement voisin (1597).

Entre époux le contrat de vente ne peut avoir lieu que dans trois cas :

1° Après la séparation de corps ou de biens, lorsque l'un des époux cède des biens à l'autre en paiement de ses droits; 2° lorsque la femme, à la place de la dot promise au mari, lui cède un immeuble par exemple, — mais seulement s'il n'y a pas communauté entre les époux; 3° lorsque, en échange d'immeubles aliénés par le mari ou de sommes d'argent appartenant en propre à la femme, le mari cède certains de ses biens personnels (1595).

Tout ce qui est dans le commerce, c'est-à-dire tout ce qui ne rentre pas dans le domaine public ou dans la catégorie des droits inaliénables (droits d'usage et d'habitation, droits de famille, etc.) peut être vendu, à moins que l'aliénation ne soit prohibée par des lois spéciales (1598).

La vente de la chose d'autrui est nulle, en ce sens que l'acheteur peut en demander l'annulation pendant *dix ans* à compter de la découverte de la fraude, et obtenir en outre des dommages-intérêts. Mais le vendeur ne peut invoquer la nullité de la vente, quand bien même il l'aurait conclue de bonne foi, croyant que la chose était à lui (1599).

Supposons la vente d'une chose aliénable et appartenant au vendeur. Si, au moment de la conclusion du contrat, la chose était périe en totalité, (c'est un cheval qu'on a été obligé d'abattre à la suite d'un accident arrivé à l'insu de son propriétaire, le vendeur), la vente est nulle. — Si la perte n'est que partielle au contraire (le meuble vendu a été détérioré), l'acheteur peut ou bien abandonner son projet d'achat, ou réclamer la chose qu'il a achetée et payer un prix inférieur au prix fixé ; la réduction du prix est faite au moyen d'une estimation qui porte le nom de *ventilation* (1601).

Obligations du vendeur. — Toute clause obscure du contrat de vente s'interprète contre le vendeur (1602).

Le vendeur est tenu de délivrer la chose vendue à l'acheteur; il doit la mettre à sa disposition. La délivrance consiste dans la remise des clefs, si l'objet vendu est un bâtiment; si c'est un fonds de terre, dans la remise des titres de propriété (1605). Quant aux biens mobiliers, leur délivrance s'opère par la remise des clefs des bâtiments qui les contiennent, ou par la remise des objets vendus entre les mains de l'acheteur, ou même par le seul consentement des parties, si l'acheteur les avait déjà en sa possession, comme usufruitier, par exemple

(1606). — Pour les droits incorporels (droits de servitudes foncières, d'usage, d'habitation, etc.) la tradition consiste dans la remise des titres ou même simplement dans l'usage que l'acquéreur fait du droit cédé, du consentement du vendeur (1607).

La délivrance doit se faire au lieu où était la chose au moment de la vente, à moins de convention contraire (1609). Lorsque le vendeur ne fait pas la délivrance à l'époque fixée, et que l'acquéreur éprouve un préjudice par suite de ce retard, ce dernier a droit à des dommages-intérêts (1611), et il peut *à son choix* demander la résolution de la vente ou la délivrance de la chose, si le retard ne vient que du fait du vendeur (1610).

Mais le vendeur n'est pas tenu de délivrer la chose avant le paiement quand lorsque la vente est faite au comptant (1612). Et même, quand il a accordé à l'acheteur un certain délai pour le paiement, il n'est pas tenu non plus de lui délivrer l'objet vendu, si depuis la vente cet acheteur est tombé en faillite ou en déconfiture, — à moins que celui-ci ne lui donne caution de payer au terme convenu (1613).

Tous les fruits produits par la chose depuis le jour de la vente appartiennent à l'acheteur (1614).

Si la vente d'un immeuble a été faite avec indication de la contenance, à raison de tant la mesure (500 mètres de terrain, à 2 fr. le mètre carré, par exemple), et que le vendeur ne puisse délivrer la quantité indiquée, il est obligé de souffrir une diminution porportionnelle du prix (1617). — Si au contraire la contenance est plus grande que celle exprimée au contrat d'un vingtième, l'acheteur peut, ou renoncer à l'achat ou fournir le supplément du prix (1618). L'excédent est-il inférieur à un vingtième, le vendeur a droit à un supplément proportionnel du prix; l'acheteur ne peut renoncer à l'achat.

Lorsque la désignation de la contenance ne paraît avoir qu'une importance secondaire, quand, par exemple, la vente n'est pas faite à raison de tant la mesure, mais *en bloc*, pour un prix ferme, l'erreur sur la contenance ne donne lieu à une augmentation ou à une diminution du prix (suivant que la mesure réelle est supérieure ou inférieure à celle indiquée dans l'acte) que si la différence est d'*un vingtième* quant *à la valeur* — et non quant à la superficie — de la totalité du fonds de terre, ou des divers fonds de terre, s'il y a vente de plusieurs fonds distincts (1619). — Mais quand il y a lieu à une augmentation de prix pour excédent de mesure, l'acquéreur peut se désister du contrat, ou fournir le supplément du prix, avec les intérêts s'il a gardé l'immeuble (1620).

Lorsque la contenance déclarée est supérieure à la contenance réelle, l'acheteur ne peut exiger la résolution de la vente qu'en démontrant que la contenance réelle ne peut suffire à ses besoins.

Dans tous les cas où l'acheteur a le droit de se désister du contrat le vendeur doit lui rembourser les frais de la vente (1621). — Les actions en supplément ou en diminution du prix, ainsi que l'action en résiliation du contrat pour erreur sur la contenance, doivent être intentées dans l'année à compter du jour du contrat, à peine de déchéance (1622).

Le vendeur ne doit pas seulement délivrer à l'acheteur la chose vendue, il est tenu, en outre, de lui en garantir la possession paisible et il est responsable des vices rédhibitoires (1625).

Le vendeur, garantissant implicitement à l'acheteur la possession paisible, doit le protéger contre toute tentative d'éviction totale ou partielle, c'est-à-dire contre les poursuites d'un tiers qui se prétend le propriétaire du bien vendu ou le titulaire d'un droit réel (servitude foncière, usufruit, usage, etc.) dont l'existence n'a pas été déclarée par le vendeur lors du contrat. — Il est vrai que les parties peuvent parfaitement convenir que le vendeur ne sera soumis à aucune garantie de ce genre, mais il faut pour cela une clause *formelle* (1627), et encore, même lorsque le vendeur est dégagé de toute garantie, il est tenu de ne point évincer la personne à laquelle il a vendu, et ses héritiers sont astreints à la même obligation (1628). Du reste, au cas d'éviction (c'est-à-dire au cas d'expropriation, d'expulsion) subie par l'acheteur, le vendeur, même non garant, est tenu de rembourser le prix de vente, à moins que l'acquéreur n'ait connu, lors de la conclusion du contrat, le danger de l'éviction, ou qu'il n'ait acheté à ses risques et périls (1629).

Lorsque le contrat ne contient aucune clause de non-garantie, l'acquéreur évincé a le droit d'exiger du vendeur, outre la restitution du prix de vente, le paiement des frais occasionnés par le procès à fin d'éviction et par la demande en garantie, des dommages et intérêts, les frais et loyaux coûts du contrat (papier timbré, enregistrement, etc.) et la restitution de la valeur des fruits qu'il a été obligé de livrer au propriétaire qui l'a évincé (1630). — Le vendeur doit restituer à l'acheteur la totalité du prix, quand bien même, à l'époque de l'éviction, la chose vendue aurait diminué de valeur, fût-ce par la négligence de l'acheteur (1631). Cependant si l'acquéreur a profité des dégradations (il a démoli une grange et vendu les matériaux, par exemple) le vendeur a le droit de déduire le profit réalisé (1632).

Dans le cas où la chose a *augmenté de valeur* depuis la vente, le vendeur doit payer sa valeur *lors de l'éviction*, et s'il l'a vendue sachant parfaitement qu'elle ne lui appartenait pas, il est obligé de rembourser à l'acheteur les dépenses d'agrément que celui-ci a faites et qui n'augmentent en rien la valeur du bien. — Si au contraire il croyait que la chose lui appartenait, en un mot, s'il a agi avec bonne foi, il n'est tenu que du remboursement des dépenses utiles ; dépenses nécessaires et dépenses d'amélioration; les premières sont remboursées intégralement, les dépenses d'amélioration jusqu'à concurrence de la plus-value réalisée (1634-1635).

Voilà pour le cas d'éviction totale. Quant à l'éviction partielle, l'acquéreur qui en est victime peut obtenir la résiliation de la vente s'il prouve qu'il n'aurait point acheté le bien sans la partie dont il a été évincé (1636). Lorsqu'il n'y a point résiliation, le vendeur doit restituer la valeur de la partie du bien dont l'acheteur a été évincé, suivant l'estimation lors de l'éviction (1637).

Dans le cas où le fonds grevé se trouve grevé de servitudes *non apparentes* assez lourdes pour faire présumer que l'acquéreur n'aurait pas acheté si on lui en avait indiqué l'existence, il peut demander soit une indemnité, soit même la résiliation du contrat (1638). S'agit-il au contraire de servitudes apparentes, il est en faute, il eût dû s'apercevoir de leur existence, aussi n'a-t-il droit à aucun dédommagement. Au reste, lorsque l'acheteur connaissait d'une façon ou d'une autre l'existence de la servitude non apparente, il n'a point le droit d'exiger la résiliation, ni même une indemnité.

Dès que l'acheteur est menacé d'éviction, il doit, pour être prudent, appeler le vendeur en cause, — c'est-à-dire le charger de soutenir ses droits, — plutôt que d'assumer toute la charge du procès, pour poursuivre ensuite son vendeur en garantie, car alors celui-ci pourrait prouver que son acheteur s'est mal défendu, qu'il aurait pu, par exemple, invoquer la prescription, et cette preuve le dégagerait absolument de son obligation de garantir l'acheteur contre l'éviction (1640).

Le vendeur n'est tenu d'aucune obligation à raison des vices *apparents* de la chose vendue, vices dont l'acheteur a pu se convaincre lui-même; mais, pour les défauts *cachés*, qui rendent la chose vendue impropre à l'usage auquel on la destine, ou qui diminuent tellement cet usage que l'acheteur ne l'aurait pas acquise ou n'en aurait donné qu'un moindre prix s'il les avait connus, il en est différemment (1641). L'acheteur a le droit de rendre la chose et de se faire restituer le prix et les frais de la vente (1646), ou de la garder et de se faire rendre une partie du prix fixé par experts — que le vendeur ait connu ou non l'existence de ces *vices cachés* (désignés dans la pratique sous le nom de *vices rédhibitoires*; mais s'il en connaissait l'existence, il est passible de dommages-intérêts (1645). Toutes ces obligations du vendeur subsistent quand la chose a péri par suite de sa mauvaise qualité; elles s'éteignent au contraire si la perte est arrivée par cas fortuit (par exemple le chien vendu et atteint de vices rédhibitoires a été écrasé par une voiture) — (1647).

En matière d'immeubles, le délai pour intenter l'action rédhibitoire (c'est le nom donné à l'action fondée sur l'existence de vices rédhibitoires) est laissé à l'appréciation du tribunal; en matière de meubles la loi dit simplement que l'action doit être intentée dans un bref délai et suivant l'usage du lieu où la vente a été faite. Mais la loi du 2 août 1884, que nous analyserons ailleurs (Voy. VIE AGRICOLE), établit des règles spéciales quant aux délais pour intenter l'action rédhibitoire en matière de vente d'animaux domestiques (chevaux, moutons, etc.), et quant aux maladies qui doivent être comprises sous le nom de vices rédhibitoires.

Obligations de l'acheteur. — L'acheteur doit d'abord effectuer le paiement du prix au jour et au lieu réglés par la vente ; si le contrat garde le silence sur ce point, le paiement doit être fait au lieu et au moment de la délivrance de la chose vendue (1650-1651). L'acheteur doit en outre l'intérêt du prix de vente du jour de la délivrance jusqu'au jour du paiement, lorsque la chose vendue produit des fruits ou des revenus; dans le cas contraire, du jour de la sommation, si l'acheteur a été sommé de payer par exploit d'huissier (1652).

Mais l'acheteur qui a juste sujet de craindre, une éviction totale ou partielle a le droit de suspendre le paiement du prix jusqu'à la cessation du trouble, à moins de stipulation contraire ou de cautionnement fourni par le vendeur (1653).

Lorsqu'il n'y a aucune éviction à craindre le vendeur peut demander la résolution de la vente si l'acheteur ne paie pas le prix (1654).

Le vendeur d'un immeuble est-il en danger de perdre la chose et le prix (la maison va être démolie par l'acheteur, qui, nous le supposons, est insolvable) le tribunal doit prononcer immédiatement la résolution de la vente; si ce danger n'existe pas, la justice a le droit d'accorder un délai à l'acheteur pour le paiement; mais, le délai expiré, les juges ne peuvent que prononcer la résolution de la vente (1655).

Le contrat de vente contient parfois une clause établissant que, faute de paiement à l'époque convenue, la vente sera résolue de plein droit; cependant, malgré les mots *de plein droit*, l'acquéreur peut éviter la résolution du contrat en payant avant d'être mis en demeure. — Ici la mise en demeure résulte d'une sommation (1656).

Les règles qui précèdent ne s'appliquent qu'en matière de vente d'immeubles, car la résolution de la vente de denrées et d'effets mobiliers a lieu *de plein droit* et *sans sommation* dès l'expiration du terme convenu par les parties pour le *retirement* des objets vendus (1657).

Effets de la vente à l'égard des tiers. — Nous avons analysé les effets de la vente entre le vendeur et l'acheteur. Nous avons vu qu'elle a lieu, en principe, par le seul consentement de parties, avant toute livraison, par cela seul que le vendeur et l'acheteur se sont mis d'accord sur les conditions de la vente, sur la chose et sur le prix. Mais vis-à-vis de tiers, le plus souvent parfaitement ignorants de la convention, il n'en est point de même. — S'il s'agit de la vente d'une chose *mobilière*, c'est la tradition, la *livraison* de la chose vendue, signe irrécusable de la vente, qui rend la convention opposable à ces tiers. Aussi, qu'un individu vende un meuble *successivement* à deux personnes, l'acheteur reconnu propriétaire par la loi n'est pas celui qui a été partie dans la première convention, mais celui qui a été mis le premier en possession réelle du meuble, quand bien même ce serait le second acheteur — pourvu qu'il soit de bonne foi, c'est-à-dire nullement instruit de la première vente (1141).

Lorsque l'objet vendu est un *immeuble*, la règle est bien différente : la vente n'est opposable aux tiers qu'à partir de la *transcription* de l'acte de vente sur les registres du conservateur des hypothèques de l'arrondissement dans lequel l'immeuble est situé, et dans l'hypothèse de tout à l'heure ce n'est pas le premier acheteur, ni celui qui est mis le premier en possession du bien acheté, qui est propriétaire, c'est celui qui a fait transcrire le premier son acte de vente.

Ainsi donc, *à l'égard des tiers*, la vente d'un immeuble ne s'effectue point par le consentement des parties, mais par la *transcription*; c'est-à-dire par la *copie intégrale* de l'acte d'aliénation sur les registres du conservateur. C'est là un point essentiel en matière de vente et qu'il ne faut jamais perdre de vue; le premier soin de l'acheteur d'un immeuble doit donc être de faire procéder à cette transcription; car, jusqu'à ce qu'elle soit effectuée, le vendeur peut céder valablement l'immeuble vendu à un autre acheteur, ou le grever d'hypothèques, de privilèges, de servitudes; l'acheteur sera obligé de supporter ces charges, pourvu que celui qui en profite ait rempli les conditions prescrites par la loi pour leur établissement (s'il s'agit d'une hypothèque, par exemple, elle ne vaut que si elle a été inscrite avant la transcription de la vente) — (Art. 6 de la loi du 23 mars 1885).

Du reste il ne faut pas donner au mot *tiers* un sens trop large, car ni les héritiers du vendeur, ni ses créanciers ordinaires (créanciers non garantis par un privilége ou une hypothèque) ne peuvent invoquer le défaut de transcription pour repousser l'acheteur; à leur égard la vente existe par le seul consentement des parties.

Par vente d'immeuble, nous n'entendons pas seulement la vente de la pleine propriété d'un immeuble, mais encore la cession d'un droit immobilier (usufruit, servitude, nu-propriété). Toutes les ventes ayant ces droits pour objet ne deviennent opposables aux tiers que par la transcription. Au reste, la transcription n'est point exigible seulement en matière de vente; nous allons d'ailleurs profiter de l'occasion pour indiquer en quels cas cette formalité doit être accomplie.

Doivent être transcrits : tous les actes constitutifs d'antichrèse (constitution d'un gage *immobilier*), de servitude, d'usage et d'habitation, les actes entre-vifs translatifs de propriété immobilière ou d'usufruit, les actes portant renonciation à ces mêmes droits, les jugements qui en déclarent l'existence par suite d'une convention *verbale*, les baux de *plus de dix-huit ans*, les actes ou jugements constatant quittance ou cession de *trois années* de loyers ou fermages non échus. — A défaut de transcription, ces droits ne peuvent être opposés aux tiers dont nous avons parlé plus haut : le bail de plus de dix-huit ans est réduit à dix-huit ans seulement.

Quant aux jugements prononçant la *résolution*, *nullité* ou *rescision* d'un acte transcrit, ils doivent être mentionnés en marge de la transcription de l'acte, *dans le mois* qui suit le jour où le jugement a acquis force de chose jugée (c'est-à-dire le jour où il est devenu définitif, n'étant plus susceptible d'appel ni d'opposition), sous peine de 100 francs d'amende pour l'avoué qui a obtenu le jugement. Mais le défaut de mention n'empêche nullement le jugement d'être opposable aux tiers (art. 1-4 de la loi du 23 mars 1885).

Cette loi nous parle de jugements prononçant résolution de la vente. Nous savons en effet qu'à défaut de paiement du prix, le vendeur peut faire prononcer la résolution de la vente; il n'a pour cela qu'à exercer l'action résolutoire. Mais cette action, il ne peut plus l'exercer dès qu'il a perdu le privilège que la loi lui accorde, et là, comme on le verra par la suite, le privilège du vendeur tombe lorsque la transcription de l'acte de vente n'ayant point été effectuée dans les quarante-cinq jours du contrat, des créanciers privilégiés ou hypothécaires se sont fait inscrire avant que la vente n'ait été transcrite (art. 7, même loi).

Droit d'enregistrement dû pour vente de meubles ou pour vente d'un fonds de commerce : 2 francs par 100 francs, pour vente d'immeubles, 5 fr. 50 par 100 francs (*droit de transcription de* 1 fr. 50 p. 100 *compris*).

FORMULE N° 1

Vente d'une maison.

« Entre les soussignés :

M. (*nom, prénom, profession et domicile du vendeur ou de l'acheteur*) d'une part;

Et M. (*nom, prénom, profession et domicile l'autre partie*) d'autre part.

» Il a été convenu ce qui suit :

» M. propriétaire d'une maison sise à rue n° (*indiquer les tenants et les aboutissants, et donner une description générale de la maison*), déclare par les présentes vendre et céder en toute propriété ladite maison en l'état où elle se trouve, franche de toutes servitudes et hypothèques, à M. (*l'acheteur*), qui accepte, moyennant le prix de que celui-ci s'engage à payer comptant le jour de l'entrée en jouissance qui est fixée à la date du 15 juillet mil huit cent quatre vingt cinq.

» M. (*le vendeur*) s'engage à garantir à M. (*l'acheteur*) contre toutes évictions, contre tous troubles de droit et tous autres empêchements quelconques.

» M. , acquéreur de ladite maison, s'engage à respecter les baux passés par le vendeur avec M. le (*date*) et avec M. le et dont l'expiration est fixée, pour le premier bail au (*date*), et pour le second au . Le dit acquéreur s'engage en outre à acquitter tous droits d'enregistrement et autres frais du présent acte de vente.

» M. (*vendeur*) s'oblige à remettre à M. (*acheteur*) les titres de propriété et les clefs de ladite maison au jour fixé pour l'entrée en jouissance.

» Fait double à le mil huit cent.....

» Approuvé l'écriture (*Signature du vendeur*) » Approuvé l'écriture (*Signature de l'acquéreur*)

FORMULE N° 2

Acte de vente d'un fonds de commerce.

« Entre les soussignés, etc., (*voir formule n° 1.*)

» Il a été convenu ce qui suit :

» M. vend à M. , qui accepte, le fonds de commerce de boulangerie qu'il tient à rue n° ensemble tout le mobilier et tout le matériel qui en dépend, ainsi que les marchandises se trouvant actuellement dans la boutique, l'arrière-boutique et les caves y annexées et qui sont estimées d'un commun accord entre les parties à la somme de francs. Il cède en outre au dit M. son droit au bail passé sous seing privé le mil huit cent..., enregistré, avec tous les droits et obligations qui en découlent.

» La vente du dit fonds de commerce est consentie moyennant le paiement d'une somme de six mille francs que M. (*l'acquéreur*) s'engage à verser entre les mains de M. par fractions de deux mille francs payables la première au jour de l'entrée en jouissance du fonds cédé, c'est-à-dire au trente juin prochain, la deuxième au trente-un décembre prochain, la troisième au trente juin suivant.

» M. (*l'acquéreur*) s'engage en outre à accomplir toutes les conditions imposées par le bailleur dans le bail à lui cédé par le vendeur du dit fonds.

» M. (*le vendeur*) s'engage de son côté à ne point exploiter, à quelque époque que ce soit, un fonds de commerce de boulangerie dans la ville de , ni dans un rayon de deux kilomètres de la maison où est établi le fonds de commerce visé par les présentes.

» Fait double à le

» Approuvé l'écriture (*Signature du vendeur*) » Approuvé l'écriture (*Signature de l'acquéreur*)

De la faculté de rachat. — La vente à réméré. — Le vendeur peut se réserver la faculté de reprendre la chose vendue moyennant la restitution du prix, des frais et loyaux coûts de la vente, le remboursement des dépenses faites en réparations nécessaires et de la plus-value résultant de dépenses d'amélioration (1659 et 1673). C'est là ce qu'on appelle une *vente à réméré* ou *avec faculté de rachat*. Du reste cette faculté ne peut être stipulée pour plus de *cinq ans;* stipulée pour un terme plus long elle est réduite à la période de cinq ans (1660).

Si le vendeur n'exerce point son droit de réméré, l'acquéreur, dès que le délai fixé est expiré, demeure propriétaire irrévocable; et il faut bien remarquer que le délai court même contre les interdits et les mineurs (1662-1663).

L'acquéreur exerce du reste tous les droits du vendeur, et il peut opposer le *bénéfice de discussion* aux créanciers de ce dernier qui voudraient exercer le réméré en son nom : il peut exiger tout d'abord qu'ils vendent tous les biens de leur débiteur pour se payer (1663 et 1665).

Si l'acquéreur a vendu le bien à un tiers avant l'expiration du délai fixé pour le rachat, le vendeur peut néanmoins exercer son action en réméré contre ce sous-acquéreur (1664).

Que le vendeur à pacte de rachat meure laissant plusieurs héritiers, l'acquéreur peut exiger, au cas où certains d'entre eux voudraient exercer la faculté de réméré, qu'ils se mettent tous d'accord pour le rachat du bien *tout entier*; s'ils ne s'entendent point, il a le droit de refuser le rachat partiel (1670).

Lorsque le vendeur rentre dans son bien par l'effet du pacte de rachat, toutes les charges réelles (droits d'usage, d'usufruit, servitudes foncières, hypothèques) établies par l'acquéreur tombent immédiatement; mais il est tenu de respecter les baux faits, lui, *sans fraude* — Aucun droit de mutation n'est dû à l'occasion de la rentrée du bien dans le patrimoine du vendeur (1673, al. 2).

Droit d'enregistrement dû pour exercice du réméré : 0 fr. 50 par 100 francs.

Rescision de la vente pour cause de lésion. — Le propriétaire d'un immeuble, pressé par des besoins d'argent, vend cet immeuble à vil prix : 10 000 francs, par exemple, alors qu'il vaut 100 000 francs. Eh bien ! ce vendeur, gravement lésé dans ses intérêts, a le droit de demander la rescision de la vente *pendant deux ans*, à compter du jour du contrat, et ce droit subsiste pour lui quand même il y aurait expressément renoncé, quand même il aurait déclaré faire donation à l'acheteur de l'excédent de la valeur du bien sur le prix. Mais la rescision pour lésion n'est possible que si cette lésion est de plus des 7/12 de la valeur totale, c'est-à-dire si le prix n'atteint pas les 5/12 de la valeur de l'immeuble lors de la vente. Ainsi, la valeur de l'immeuble est de 12000 francs, le bien est vendu 5000 francs, la rescision pour lésion est inadmissible ; elle est possible au contraire si le prix est de 4990 francs, par exemple. — Le délai de deux ans court contre les femmes mariées, les absents, les interdits et les mineurs héritiers du vendeur (1674-1676).

L'acheteur qui éprouve une forte lésion, ayant acheté le bien à un prix bien supérieur à sa valeur réelle, ne peut demander la rescision de la vente pour cause de lésion (1683). — Et même, s'il s'agit de la vente d'un objet *mobilier*, le vendeur ne peut obtenir la rescision.

Le vendeur qui désire faire rescinder la vente doit adresser une requête au tribunal, cette requête contient l'exposé des faits, et, si le tribunal les trouve assez graves, il autorise le vendeur à prouver la lésion (1677).

La preuve de la lésion doit être établie devant le tribunal par un rapport de *trois* experts nommés *d'office*, c'est-à-dire désignés par le tribunal lui-même, lorsque les parties n'ont pu s'entendre sur leur choix (1677 à 1680). La demande en rescision est-elle admise, l'acquéreur doit rendre l'immeuble, à moins qu'il ne préfère le garder et payer le supplément du juste prix, sous la déduction du *dixième* du prix total. Ainsi l'immeuble de 12 000 francs a été vendu 4 990 francs, l'acheteur doit payer, outre ce prix, l'excédent de 12 000 francs sur 4990 francs moins 1 200 francs, c'est-à-dire 5 810 francs — et, de plus, l'intérêt de cette somme du jour de la demande en rescision (1682 al. 1).

Dans le cas où l'acheteur préfère rendre l'immeuble, il a le droit de le garder en sa possession tant que le vendeur ne lui a pas restitué le prix qu'il lui a payé (1681) et l'intérêt de ce prix du jour de la demande en rescision (ou du jour du paiement, s'il n'a perçu aucun fruit). S'il a perçu des fruits, il doit rendre au vendeur ceux qu'il a touchés depuis le jour de la demande (1682 al. 2 et 3).

Les ventes qui ne peuvent être faites que d'autorité de justice, et non à l'amiable, ne peuvent être rescindées pour cause de lésion (1684). Nous citerons comme exemple les ventes judiciaires résultant de saisies immobilières.

FORMULE N° 3

Vente avec faculté de rachat.

« Entre les soussignés, etc. (*voir formule n° 1*).

» Il a été convenu ce qui suit :

» M.   propriétaire d'une maison (*formule analogue à la forme n°* 1). (*Ajouter la clause de rachat*). Toutefois M.   (*le vendeur*) se réserve pour une durée de *deux années*, à compter du   mil huit cent   , la faculté de résilier la présente vente et de rentrer en propriété et en jouissance de ladite maison, moyennant la restitution à M.   (*l'acquéreur*) du prix de vente ci-dessus stipulé et des frais et loyaux coûts de ladite vente ainsi que des sommes qu'il pourra avoir dépensées pour toutes réparations nécessaires, et de la plus-value que des dépenses d'amélioration pourront avoir donnée à la maison cédée par les présentes.

» Fait double à   le

» Approuvé l'écriture (*Signature du vendeur*)   » Approuvé l'écriture (*Signature de l'acquéreur*)

La Licitation. — Si une chose commune à plusieurs personnes ne peut être partagée commodément et sans perte, ou si, dans un partage fait de gré à gré de biens communs, il s'en trouve qu'aucun des co-partageants ne puisse ou ne veuille prendre, la vente s'en fait aux enchères — c'est là ce qu'on appelle une *licitation* — et le prix est partagé entre les co-propriétaires (1686).

Lorsque l'un des co-propriétaires est mineur, les *étrangers* (c'est-à dire les personnes autres que les co-propriétaires) sont nécessairement appelés à prendre part aux enchères, mais quand tous les co-propriétaires sont majeurs, les étrangers ne prennent part à la licitation que si l'un des co-propriétaires le demande (1687).

Si l'adjudicataire est l'un des co-propriétaires, la licitation a les effets du partage : (on tient compte, par suite, de la lésion de plus d'un quart, tandis que si l'adjudicataire est un étranger on ne tient compte que de la lésion de plus des sept douzièmes, suivant la règle admise en matière de vente.

Lorsque tous les propriétaires sont majeurs — *capables*, dans le sens juridique du mot — présents ou représentés par mandataire, ils peuvent renoncer à la procédure de la licitation judiciaire et s'entendre pour procéder au partage ou à la vente du bien à l'amiable (985 C. pr.).

Vente ou cession des créances. — Lorsqu'un créancier vend sa créance à un tiers, qui prend le nom de *cessionnaire* de la créance, celui-ci ne devient véritablement créancier à l'égard des tiers (c'est-à-dire à l'égard du débiteur, des créanciers du cédant, etc). que par la signification de la cession au débiteur, ou par l'acceptation de cette cession par le débiteur dans un acte *authentique*. (1690). — Si le débiteur a payé le cédant avant d'avoir reçu signification de la vente de la créance, ou avant de l'avoir acceptée dans un acte notarié, il est absolument libéré de sa dette (1691).

La vente d'une créance comprend la cession des cautionnement, privilège et hypothèque qui peuvent la garantir (1692). — Le créancier cédant garantit *l'existence* de la créance au moment de la cession, mais non pas la solvabilité du débiteur, sauf convention contraire. — Lorsqu'il garantit expressément la solvabilité du débiteur, il ne garantit que sa solvabilité *actuelle*, et seulement jusqu'à concurrence du *prix* qu'il a retiré de la vente de la créance. Mais il peut aussi garantir la solvabilité actuelle et future du débiteur cédé, et même s'engager jusqu'à concurrence du montant intégral de la créance (1693-1695).

Ces règles ne s'appliquent pas aux ventes de titres au porteur, de titres nominatifs ou de billets à ordre. En effet, les titres au porteur se transmettent comme de simples meubles, les titres nominatifs donnent lieu à un transfert, et les billets à ordre sont transmissibles par endossement.

Mais la vente ou cession d'une *hérédité* a lieu suivant les formes exigées pour la vente d'une créance, et il en est de même pour la cession d'un droit litigieux.

Le vendeur d'une hérédité ouverte ne garantit que sa qualité d'héritier. (1696). Il est tenu de rembourser à l'acquéreur tout ce qu'il a pu recevoir comme héritier (par exemple les fruits et produits d'un fonds se rattachant à la succession, ou le montant d'une créance héréditaire, à moins qu'il n'en soit dispensé par le contrat) — (1697). — De son côté l'acquéreur doit rembourser au vendeur tout ce que celui-ci a eu à payer comme héritier, et lui tenir compte des créances qu'il peut avoir contre la succession (1698). — Si le cessionnaire de l'hérédité n'est point co-héritier du cédant, il peut être exclu par l'un quelconque des co-héritiers, moyennant le remboursement du prix de la cession (841).

On dit qu'un droit est *litigieux* lorsqu'il y a procès et contestation sur le *fond* de ce droit (1700). Or l'acheteur, le cessionnaire d'un droit litigieux — créance litigieuse, par exemple, peut se le voir enlevé par celui contre lequel il est invoqué. — En effet, pour déposséder le cessionnaire, le débiteur n'a qu'à lui rembourser, avec le prix *réel* de la cession, les frais et loyaux coûts du contrat, ainsi que les intérêts du prix, à compter du jour où le cessionnaire a payé le prix de la cession (1699). Le cessionnaire n'est point exposé à cette expropriation — le mot n'est pas trop fort — lorsqu'il est co-héritier du cédant ou co-propriétaire du droit litigieux, ou encore lorsque la cession lui a été faite par le cédant en paiement de ce que ce dernier lui doit, ou s'il est possesseur de l'héritage sujet au droit litigieux et qu'il veuille ainsi consolider ses prétentions (1701).

FORMULE N° 4

Transport de créance.

« Entre les soussignés, etc. (*voir formule n° 1.*)

» Il a été convenu ce qui suit :

» M.   créancier de M. X (*le débiteur cédé*) pour une somme de   , ainsi qu'il résulte du titre de créance revêtu de la signature du dit M. X, cédé ladite créance avec tous droits accessoires résultant d'hypothèque, de privilège, ou de cautionnement (*suivant le cas*) à M.   (*le cessionnaire*) qui l'accepte et reconnaît par le présent avoir reçu le titre de créance.

» Cette cession est faite avec la garantie de droit que la créance cédée est réelle et valable (*si le cédant garantit la solvabilité du débiteur cédé, ajouter* : et que M.   débiteur est actuellement solvable).

» Le transport de ladite créance est fait moyennant le paiement d'une somme de   que M.   (*le cédant*) reconnaît avoir reçue de M.   (*le cessionnaire*) en échange du titre de la créance cédée lors de la signature des présentes, cette reconnaissance valant quittance et décharge.

» Fait double à   , le   mil huit cent

» Approuvé l'écriture
(*Signature du cessionnaire*)

» Approuvé l'écriture
(*Signature du cédant*)

FORMULE N° 5

Cession de droits litigieux.

« Entre les soussignés, etc. (*voir formule n° 1.*)

» Il a été convenu ce qui suit :

M.   (*le cédant*) cède et transmet sans aucune garantie à M.   (*le cessionnaire*) qui accepte, ses droits et actions contre le sieur X... dont il se prétend créancier pour une somme de mille francs, en vertu d'un titre de créance revêtu de la signature du dit sieur X.., alors que ce dernier prétend ne lui rien devoir, ce qui a motivé du cédant des poursuites actuellement pendantes devant le tribunal civil de   et dirigées contre le dit sieur X...

» Le présent transport est fait moyennant la somme de dix-huit cents francs payée par M.   (*l'acquéreur*) au moment de la signature du présent et dont M. donne quittance. M. reconnaît n'avoir droit à aucun recours contre M. (*le vendeur*) au cas où ses prétentions ne seraient point admises par les tribunaux.

» Fait double à , le mil huit cent

» Approuvé l'écriture (*Signature du cédant*)

» Approuvé l'écriture (*Signature du cessionnaire*)

Droits d'enregistrement dûs : 1° pour cession de créances, 1 franc par 100 francs (c'est le capital de la créance cédée et non le prix de la cession qu'il faut considérer).

2° Pour vente d'une hérédité, mêmes droits que pour les *ventes ordinaires* de meubles et d'immeubles, suivant la nature des biens de la succession (Voy. *ci-dessus*).

3° Pour vente de droits litigieux, 1 0/0, 2 0/0, ou 5,50 0/0 (y compris le droit de transcription) suivant qu'il s'agit d'une créance, de meubles ou d'immeubles.

De l'échange. — Partout l'échange a été la forme primitive de la vente, qui est, on peut le dire, l'échange des sociétés civilisées. Aujourd'hui encore, l'échange est la forme normale que revêt la vente dans certaines parties de l'Afrique. Mais, en droit français, l'échange n'a pas absolument les mêmes effets que la vente : ainsi, la rescision pour cause de lésion n'a pas lieu dans le contrat d'échange (1706). — Les clauses ambiguës ne peuvent être interprétées contre l'un des *co-échangistes*, puisqu'ici chacune des parties vend en même temps qu'elle achète.

Si l'une des parties prouve que l'autre n'était point propriétaire de la chose qu'elle a reçue en échange, elle ne peut être forcée de délivrer ce qu'elle a promis en contre-échange, mais alors elle doit rendre la chose qu'elle a reçue (1704).

Pour tout le reste (risques, éviction totale ou partielle), les règles du contrat de vente s'appliquent à l'échange (1707).

FORMULE N° 6

Echange avec soulte.

« Entre les soussignés :

» M. (*nom, prénom, profession, et domicile*) d'une part,

Et M. (*nom, prénom, profession et domicile*) d'autre part,

» Il a été convenu ce qui suit :

» M. déclare par le présent céder en toute propriété et jouissance à M. , qui accepte... (*indiquer avec précision et détails le bien mobilier ou immobilier donné en échange; s'il s'agit d'un immeuble, énumérer ses tenants et aboutissants*) estimé d'un commun accord entre les parties à francs.

M. il abandonne en contre-échange à M, qui accepte (*indiquer le bien donné en contre-échange*) estimé à francs et s'engage s'engage en outre à payer, à titre de soulte, le trente-un décembre prochain, la somme de mille francs destinée à compenser l'écart existant entre les estimations respectives des deux biens échangés.

Fait double à , le mil huit cent

» Approuvé l'écriture » Approuvé l'écriture
(Signature de l'échangiste) *(Signature du contre-échangiste)*

Droit d'enregistrement dû pour échange : 1 0/0, 2 0/0 ou 3,50 0/0 suivant qu'il s'agit d'un échange de créances, de meubles ou d'immeubles; s'il y a soulte : 5 fr. 50 par 100 fr. (on considère le montant de la soulte).

CHAPITRE VII

LE CONTRAT DE LOUAGE

Il y a deux sortes de contrats de louage : le *louage de choses* et le *louage d'ouvrage*. Le louage de choses est un contrat par lequel l'une des parties (le bailleur) s'oblige à faire jouir l'autre partie (le locataire ou fermier) d'une chose mobilière ou immobilière pendant un certain temps, moyennant un certain prix, tandis que le louage d'ouvrage est un contrat par lequel une personne s'engage à faire quelque chose pour une autre, moyennant un prix convenu (le marché passé avec un ouvrier est un louage d'ouvrage).

Du louage de choses. — On peut louer toutes sortes de biens meubles ou immeubles (1713). — On appelle *bail à loyer* le louage des maisons ou des meubles, et *bail à ferme* le louage des fonds de terre, des biens ruraux (1711). Établissons d'abord les règles générales applicables aux baux à loyer comme aux baux à ferme.

Le bail peut être fait par acte authentique ou par acte sous seing-privé. S'il est fait par acte sous seing privé, il doit être fait en double original comme le contrat de vente, et chaque original doit mentionner que le contrat a été fait *en double*. Le bail peut être fait verbalement; mais, si l'existence d'un bail verbal qui n'a encore reçu aucune exécution est niée par l'une des parties, la preuve par témoins ne peut être admise, quand bien même il s'agirait d'une somme inférieure à 150 fr. — Seulement la partie qui nie le bail peut se voir déférer le *serment* ou être soumise à un *interrogatoire sur faits et articles* qui aura souvent pour résultat de lui faire *avouer* l'existence du bail (1715).

Lorsqu'il y a contestation sur le *prix* — non sur l'*existence* du bail *verbal*, et que l'exécution du contrat est commencée, le propriétaire est cru sur son serment, lorsqu'il n'y a point de quittance indiquant le prix du loyer, — à moins que le locataire ne demande l'estimation par experts. Si l'estimation est inférieure ou égale au prix qu'il a déclaré être le prix fixé, les frais de l'expertise sont à la charge du propriétaire; si l'estimation est supérieure au prix déclaré par le locataire, ils sont à la charge de ce dernier (1716).

Le preneur ou locataire a le droit de sous-louer et même de céder son bail, — c'est-à-dire de vendre le bail à un tiers pour telle somme *une fois payée*, si cette faculté ne lui est pas interdite par le contrat, car la sous-location ou la cession de bail peut lui être interdite pour le tout ou pour partie. — Le preneur auquel il est défendu par le bailleur de céder le bail ne peut le faire sous prétexte qu'il ne peut continuer à en profiter lui-même; car, nous dit la loi, la clause prohibant la sous-location ou la cession de bail est de rigueur (1717). La défense de céder le bail n'entraîne pas celle de sous-louer, tandis que l'interdiction de sous-louer entraîne l'interdiction de céder le bail.

Le bailleur est tenu de délivrer au preneur la chose louée, de l'entretenir de façon qu'elle puisse servir à l'usage pour lequel elle a été louée, et d'en *faire jouir paisiblement* le preneur pendant toute la durée du bail (1719). Aussi, qu'un incendie vienne à détruire la maison louée, le locataire, à partir du jour du sinistre, ne doit plus de loyer, puisque le bailleur ne lui procure pas la jouissance des lieux loués.

Le bailleur est tenu de délivrer la chose *en bon état*, et il doit faire pendant la durée du bail toutes les réparations nécessaires, à l'exception des *réparations locatives*, qui sont le plus souvent à la charge du preneur (1720). — On désigne sous le nom de réparations locatives les petites réparations occasionnées par l'usage des lieux loués et livrés en bon état. Elles ne sont supportées par le locataire que s'il ne peut démontrer que les dégradations proviennent exclusivement d'un long usage ou d'un cas de force majeure (1731).

Le bailleur doit garantie pour tous les vices ou défauts de la chose louée qui en rendent l'usage moins avantageux, quand bien même il ne les aurait pas connus lors du contrat, et il est tenu d'indemniser le preneur de toute perte résultant pour lui de ces vices (1721).

Si, pendant la durée du bail, la chose louée est détruite *en totalité* par cas fortuit (inondation par exemple), le bail est résilié *de plein droit;* quand la perte est *partielle*, le preneur peut demander soit une diminution du prix, soit la résiliation du bail; s'il ne demande pas la résiliation, le bail subsiste, mais le preneur ne peut exiger que le propriétaire fasse les reconstructions nécessaires pour remettre l'immeuble en état (1722).

Le bailleur ne peut, pendant la durée du bail, changer la forme de la chose louée, mais le preneur doit supporter les réparations urgentes, quelque incommodité qu'elles lui causent; seulement, si ces réparations durent *plus de quarante jours*, le preneur a droit à une diminution du prix du bail, à proportion du temps et de la partie de la chose dont il aura été privé. — Par exception, dans le cas où les réparations rendent inhabitables les pièces nécessaires à son logement à celui de sa famille, il peut faire résilier le bail (1724).

Le bailleur doit garantir le preneur contre les troubles *de droit* (action en revendication d'un tiers sur l'immeuble par exemple), mais il n'est point tenu à garantie pour les troubles *de fait* apportés par des tiers à la jouissance de la chose louée (1725).

Le preneur troublé dans sa jouissance par une action en revendication intentée par un tiers, doit dénoncer immédiatement ce trouble à son bailleur, et il a droit alors à une diminution proportionnée sur le prix du bail (1726). — Est-il assigné pour se voir condamner à délaisser la chose louée ou à souffrir l'exercice d'une servitude, il doit appeler son bailleur en garantie, et, s'il l'exige, il est mis hors de cause en nommant celui qui lui a loué le bien (1727).

Le preneur doit user de la chose louée en bon père de famille, c'est-à-dire *en bon administrateur*, et suivant la destination qui lui a été donnée par le bail, ou, à défaut de convention, suivant la destination présumée d'après les circonstances (le locataire est-il un cordonnier, il est vraisemblable que la boutique qu'il loue est destinée à la vente des chaussures). — S'il emploie la chose louée à un autre usage que celui auquel elle a été destinée, ou à un usage duquel il puisse résulter un dommage pour le bailleur, celui-ci peut, *suivant les circonstances*, faire résilier le bail (1729).

Le locataire prudent doit exiger du bailleur un état des lieux loués, sinon il est présumé les avoir reçus en bon état, et par suite il doit les rendre exempts de toute dégradation. Sans doute il peut faire la preuve du contraire, mais cela lui sera souvent bien difficile. Au contraire, s'il a été fait un état des lieux, le preneur est simplement tenu de rendre la chose dans l'état où il l'a reçue (si l'état des lieux constate qu'elle lui a été remise en mauvais état, il peut la restituer en mauvais état à son bailleur).

Lorsque l'état des lieux constate que la chose a été livrée en bon état au preneur, celui-ci n'est pas tenu néanmoins des dégradations survenues par vétusté ou par force majeure (1730).

Le preneur est tenu des dégradations causées par les personnes de sa maison, ou par un sous-locataire (1735). Il répond aussi de l'incendie, à moins qu'il ne prouve qu'il est arrivé par cas fortuit ou force majeure (il provient d'un bombardement, par exemple), ou par vice de construction, ou qu'il ne démontre que le feu a été communiqué par une maison voisine (1733). — S'il y a plusieurs locataires, ils sont responsables de l'incendie proportionnellement à la valeur locative de la partie de l'immeuble qu'ils occupent, à moins qu'ils ne prouvent que l'incendie a commencé dans l'habitation de l'un d'eux (dans ce cas, celui-ci est seul responsable) ou que quelques-uns ne prouvent que l'incendie n'a pu commencer chez eux, et alors ils sont dispensés de payer des dommages-intérêts (1734 modifié par la loi du 5 janvier 1883).

Lorsque le bail a été fait pour une durée *indéterminée*, l'une des parties ne peut donner congé à l'autre qu'en observant les délais fixés par les usages locaux (1736). — Le congé doit être donné par écrit, car il ne peut être prouvé par témoins, et la personne qui le donne agit prudemment en le faisant signifier par huissier.

Le bail fait pour une durée *déterminée* cesse au contraire *de plein droit* à l'expiration du terme fixé (le congé est inutile ici). Mais, si le preneur reste et est laissé en possession après l'expiration du bail, il s'opère une *tacite reconduction*, c'est-à-dire un nouveau bail conclu tacitement, mais ce nouveau bail est soumis aux règles des baux de durée indéterminée (1737-1738).

La tacite reconduction ne peut être invoquée par le preneur qui a continué à jouir du bien malgré qu'il ait reçu signification du congé à lui donné par le bailleur (1739).

Il arrive parfois que le bailleur exige du locataire la présentation d'une caution destinée à garantir le paiement du loyer. Cette caution est déchargée par l'expiration du bail : elle ne garantit nullement les obligations du preneur nées d'une tacite reconduction (1740).

Le décès du bailleur ou du preneur n'entraîne point la résolution du bail (1742). Mais, si le preneur et le bailleur ne remplissent pas leurs engagements respectifs, il y a lieu à la résolution du contrat de louage (1741). — Une loi du 12 février 1872 établit des règles spéciales pour le cas de faillite du locataire; nous les indiquerons ailleurs. (Voy. FAILLITE.)

Si le propriétaire vend la chose louée, l'acquéreur a le droit d'expulser le preneur qui n'a point de bail ayant date certaine, mais il ne peut expulser le preneur qui produit un bail ayant date certaine et antérieure à celle de la vente (bail notarié ou bail sous seing privé *enregistré*), à moins que, dans le contrat de bail, la faculté d'expulsion pour l'acquéreur n'ait été stipulée par le bailleur (1743). Mais, dans ce dernier cas, le bail paie au locataire évincé, comme dommages-intérêts, une somme égale au prix du loyer pendant le temps qui, suivant les usages locaux, est accordé entre le congé et la sortie, s'il s'agit d'une maison, d'un appartement, ou d'une boutique; s'il s'agit de biens ruraux (fermes, champs, etc.), l'indemnité est égale au *tiers* du prix du bail pour tout le temps qui reste à courir jusqu'à l'expiration du terme fixé par le contrat de louage. Enfin, s'il s'agit d'une manufacture ou d'une usine, ou d'un établissement exigeant de grandes avances, l'indemnité est réglée par experts (1745-1747).

Le locataire d'un immeuble, exproprié pour cause d'utilité publique, a droit à une indemnité quoique son bail n'ait point date certaine antérieure à l'expropriation. Mais c'est là une exception, car l'acquéreur, en principe, peut expulser le locataire dont le bail n'a pas date certaine sans avoir à lui payer de dommages-intérêts (1750).

Les preneurs ne peuvent être expulsés avant d'être payés par le bailleur, ou, à son défaut, par l'acquéreur, des dommages-intérêts, dont nous venons de parler (1749).

L'acquéreur à pacte de rachat ne peut jamais expulser le preneur avant l'expiration du délai fixé pour l'exercice du réméré, car c'est seulement à partir de cette date qu'il devient propriétaire définitif (1751).

Le locataire qui ne garnit pas la maison de meubles suffisants peut être expulsé, à moins qu'il ne donne des garanties pour le paiement du loyer (1752).

Le locataire d'un locataire, est désigné sous le nom de *sous-locataire;* il n'est tenu envers le propriétaire que du prix de sa sous-location dont il peut être débiteur lors de la saisie de ses meubles par le propriétaire, mais il ne peut invoquer les paiements qu'il a faits au locataire par anticipation. Toutefois les paiements effectués d'avance, en vertu d'une clause du bail ou des usages locaux, sont opposables au propriétaire, car ils ne sont pas considérés comme paiements anticipés (1753).

Le curement des puits et fosses d'aisance est à la charge du bailleur, sauf stipulation contraire (1756). — Quant aux réparations locatives, qui sont en principe à la charge du locataire, elles consistent *notamment* dans les réparations de menu entretien faites aux âtres et tablettes de cheminée, aux pavés et carreaux de chambres, aux vitres, croisées, portes, targettes, serrures, etc., etc. (1754).

Le louage du mobilier d'un appartement garni, d'une boutique ou d'une maison est censé fait pour la durée ordinaire des baux de maisons, boutiques et appartements, selon l'usage des lieux. — Mais le bail d'un appartement meublé est censé fait à l'année, au mois ou au jour, suivant qu'il a été fait à *tant* par an, par mois ou par jour. Si rien n'indique que le bail a été fait à *tant* par an, par mois ou par jour, la location est censée faite suivant l'usage des lieux, à moins que la durée du bail ne résulte de l'intention des parties (1757-1758).

Si le locataire qui a loué pour une durée déterminée continue sa jouissance après l'expiration du bail, et cela sans opposition de la part du bailleur, il est censé occuper l'immeuble loué aux mêmes conditions qu'auparavant et pour le terme fixé par l'usage des lieux (trois mois à Paris, un an dans beaucoup de villes de France). Mais il ne peut quitter l'immeuble ni en être expulsé qu'après un congé donné dans le délai fixé par l'usage des lieux (1759).

En cas de résiliation causée par la faute du locataire, par les abus de jouissance qu'il a commis, il doit payer le prix du bail pendant le temps nécessaire à la relocation, ou plutôt le prix du bail pour tout le terme en cours et pour celui qui suit, si le bien n'est pas encore loué — sans compter les dommages-intérêts auxquels il est condamné pour ses abus de jouissance (1760).

Le bailleur ne peut expulser son locataire sous prétexte qu'il veut occuper lui-même la maison louée, à moins que le contrat ne lui donne ce droit, mais, dans ce dernier cas, il doit signifier d'avance, aux époques déterminées par les usages locaux, un congé régulier à son locataire (1761 et 1762).

Les baux de plus de dix-huit années doivent être transcrits au bureau des hypothèques, sinon ils ne peuvent être opposés aux tiers que pour une durée de dix-huit ans (art. 2-3 de la loi du 23 mars 1855).

Nous exposerons les règles particulières aux baux à ferme dans la partie consacrée à la VIE AGRICOLE. C'est également là que nous parlerons des différents baux à cheptel.

Droit d'enregistrement dû pour les baux : 0 fr. 20 par 100 fr. sur l'ensemble des loyers dus pendant toute la durée du bail (ainsi lorsque le bait est de *six* ans : 0 fr. 20 par 100 fr. sur *six* fois le loyer annuel) (Voy. ENREGISTREMENT). — Pour les états des lieux : droit fixe de 3 fr.

FORMULE N° 1

Bail à loyer d'une maison.

« Entre les soussignés :

» M. (*nom, prénom, profession et domicile du bailleur*) d'une part,
Et M. (*nom, prénom, profession et domicile du locataire*) d'autre part,

» Il a été convenu ce qui suit :

» M. (*le bailleur*) déclare par ces présents donner à bail à M. (*le preneur*) qui accepte, une maison sise rue n° à composée de (*indiquer le nombre des étages et des pièces, donner la description de la maison, les tenants et les aboutissants, dire si elle donne sur la rue ou si elle est située entre cour et jardin ou sur la cour*) et dont M. (*le preneur*) déclare par les présentes, avoir parfaite connaissance.

» Le présent bail est fait pour une durée de trois, six ou neuf années au choix du preneur (ou du bailleur), à la charge pour lui de prévenir le bailleur trois mois à l'avance (ou plus, *suivant l'usage des lieux*) de son intention.

Cette location est faite moyennant un loyer annuel de... (*la somme en toutes lettres*) payable d'avance par trimestre, en quatre paiements égaux, les... janvier, avril, juillet, octobre (ou : payable par an, à Noël par exemple). M...(*le preneur*) a versé entre les mains de M...(*le bailleur*) qui le reconnaît et en donne quittance, la somme de , montant du premier terme qui commencera à courir le janvier, date de l'entrée en jouissance pour le preneur.

» M. (*le preneur*), qui reconnait recevoir les lieux en bon état de réparations locatives, s'engage à garnir ladite maison de meubles suffisants pour la sûreté du loyer, à rendre la maison à la fin du bail en bon état de réparations locatives, après l'avoir entretenue en ce même état pendant toute la durée du bail. Le preneur s'engage, en outre, à souffrir les grosses réparations sans avoir à réclamer aucune indemnité à ce sujet ; à payer l'impôt des portes et fenêtres ainsi que la contribution personnelle et mobilière, à supporter les charges de ville et règlements de police auxquels les locataires sont ordinairement tenus et à se conformer aux dispositions suivantes : 1°..., 2°..., 3°..., (indiquer ici les exigences particulières du bailleur, relatives par exemple au transport de fournitures ou autres marchandises par l'escalier de service, aux animaux que le preneur ne pourra avoir dans la maison, etc., etc.)

(Au cas où le bailleur ne consentirait pas à permettre au locataire de sous-louer; ajouter :) « M. (*le bailleur*) interdit au preneur de sous-louer ou de céder son droit au présent bail pour la totalité ou pour une portion des lieux loués, sauf au cas de nécessité et avec son consentement exprès et donné par écrit.

» Fait double à , le (*date en toutes lettres*)

» Approuvé l'écriture (*Signature du bailleur*) » Approuvé l'écriture (*Signature du preneur*)

FORMULE N° 2

Bail d'un appartement.

« Entre les soussignés (*voir la formule ci-dessus*)

» Il a été convenu ce qui suit :

» M (*le bailleur*) donne à bail à M. (*le preneur*) qui accepte, un appartement occupant l'entresol d'une maison sise à (*localité, rue et numéro*) et composé (par exemple) d'un vestibule, de deux chambres à coucher donnant sur la rue, d'un salon, d'une salle à manger et d'une cuisine, le tout en bon état de réparations locatives. ainsi que le preneur, qui déclare avoir parfaite connaissance des lieux loués, le reconnait par le présent, etc. (*Le reste comme dans la formule qui précède*).

FORMULE N° 3

Continuation du bail.

« Entre les soussignés, etc.

» Il a été convenu ce qui suit :

» Le bail passé par acte sous seing privé, en date du , entre les soussignés M. et M. en vertu duquel l'appartement situé à l'entresol d'une maison sise à rue n° a été louée à M pour une durée de trois années qui expirent le , est renouvelé d'un commun accord entre les soussignés et aux mêmes conditions à dater du

» Fait double à le mil huit cent

» Approuvé l'écriture (*Signature du bailleur*) » Approuvé l'écriture (*Signature du preneur*)

FORMULE N° 4

Sous-location d'un appartement.

« Entre les soussignés, etc., etc.

» Il a été convenu ce qui suit :

» M. principal locataire pour une durée de d'un appartement situé au premier étage d'une maison sise à rue n° sous-loue à M. , qui accepte et déclare avoir parfaite connaissance du bail passé entre M. , (*le principal locataire*) et M. (*le propriétaire de la maison*) le (*date de la signature du bail*), ledit appartement pour ans à compter du (*date de l'entree en jouissance*), aux charges et conditions suivantes :

» M. (*le sous-locataire*) s'engage (*reproduire les clauses de la formule n° 1.*)

» Fait double à , le

» Approuvé l'écriture (*Signature du sous-bailleur*)

» Approuvé l'écriture (*Signature du sous-locataire*)

FORMULE N° 5

Quittance de loyer.

» Quittance de loyer pour le terme échu le 1er juillet 1885.

« Je soussigné (*noms, prénoms, profession et domicile*), propriétaire d'une maison sise à Lyon, rue n° , reconnais avoir reçu de M (*nom du locataire*) la somme de (*en lettres*) francs, centimes, pour un terme du loyer des lieux qu'il occupe dans la dite maison.

» Dont quittance, sans préjudice du terme courant et sous la réserve de tous mes droits.

» A Lyon, le mil huit cent.

(*Signature du bailleur*)

Du louage d'ouvrage. — Il y a trois espèces de louages d'ouvrage : 1° le louage des gens de travail qui s'engagent au service de quelqu'un; 2° celui des personnes, agences ou compagnies qui se chargent du transport des personnes ou des marchandises; 3° celui des architectes et entrepreneurs (1779).

Engagement des domestiques et ouvriers. — On ne peut engager ses services qu'à temps, ou pour une entreprise déterminée. Ainsi un domestique ne peut valablement s'obliger à servir, jusqu'à son décès, telle personne (1780). — Lorsque le maître donne congé à son domestique ou que celui-ci avertit son maître de son départ, il faut que ce congé soit donné à l'avance d'après les délais fixés par l'usage. L'ouvrier et le patron sont astreints à la même obligation réciproque.

Louage d'ouvrage consistant en transport par terre ou par eau. — Les voituriers, les compagnies de chemin de fer, les entreprises de bâtiments destinés au transport par eau des personnes ou des marchandises répondent non seulement de ce qu'ils ont déja reçu dans leurs voitures ou bâtiments, mais encore de ce qui leur a été remis sur le port ou dans l'entrepôt pour être placé dans leurs voitures ou bâtiments. Ils répondent de la perte et des avaries des choses qui leur sont confiées (car ils sont tenus de veiller à leur garde et à leur conservation), à moins qu'il ne prouvent que la perte ou avarie provient d'un cas fortuit impossible à prévenir, ou d'une force majeure (inondation, guerre, etc., etc.).

L'expéditeur n'a pas à établir que la perte a été causée par la faute du voiturier, ce dernier est présumé fautif.

Quant aux indemnités fixées à forfait, pour le cas de perte du colis, sur le bulletin imprimé délivré par les compagnies de transport à l'expéditeur, elles sont susceptibles d'être augmentées par les tribunaux, car l'expéditeur forcé d'envoyer le colis n'a pas consenti *librement* à la fixation de cette indemnité parfois dérisoire (1782-1784).

Louage d'ouvrage des architectes, des entrepreneurs et des ouvriers. — Lorsqu'un ouvrier convient avec une personne qu'il lui fera tel travail et qu'il fournira la matière nécessaire pour exécuter l'ouvrage (il s'agit de la confection d'une table, par exemple), si la matière fournie vient à être détruite ou détériorée avant d'avoir été agréée par le client, la perte est pour l'ouvrier, à à moins qu'il n'ait sommé précédemment son client de recevoir la chose promise, — tandis que si le client fournit la matière, et l'ouvrier son travail, la perte de la matière est pour le client (à moins qu'elle ne provienne de la faute de l'ouvrier). Mais l'ouvrier n'a aucun salaire à réclamer, sauf dans trois cas : si la chose a péri par le vice de la matière (le bois fourni se fendait), ou si l'ouvrage a été reçu par le client avant la perte, ou encore si le client avait été mis en demeure de vérifier et d'agréer l'ouvrage (1790). Or, s'il s'agit d'un ouvrage à plusieurs pièces (vêtement complet) ou à la mesure, la vérification peut se faire par parties, et elle est censée faite, si le maître paie l'ouvrier en proportion de l'ouvrage déjà exécuté (1791).

Les architectes et entrepreneurs sont responsables de la perte totale ou partielle de la construction ou de l'ouvrage exécuté par eux, quand elle se produit dans les *dix* années qui suivent la réception par le propriétaire des travaux exécutés — que la perte provienne d'un vice de construction, ou d'un vice du sol (1792 et 2270). Mais l'architecte n'est pas responsable des désordres survenus dans la construction par suite des *vices cachés* des matériaux employés par l'entrepreneur. — Les architectes et entrepreneurs qui construisent des ponts, élèvent des digues, des forteresses, etc., etc., sont responsables, en supposant que leurs fautes soient établies, des accidents et des dégradations qui peuvent survenir pendant la même période de dix ans.

L'architecte ou entrepreneur, qui s'est chargé de la construction à forfait d'un bâtiment, d'après un plan arrêté avec le propriétaire — le mémoire qui indique le plan et les prix estimatifs porte le nom de *devis* — ne peut demander une augmentation du prix pour augmentation de la main-d'œuvre ou des matériaux, ou pour changements et extension du plan, que si ces changements, modifications, augmentations de dépenses ont été autorisés *par écrit* par le propriétaire et le prix convenu entre les deux parties (1793).

Le propriétaire peut résilier à forfait, quoique l'ouvrage soit commencé, en remboursant à l'entrepreneur toutes ses dépenses, en lui payant tous les travaux exécutés et en outre la somme qu'il aurait pu gagner dans l'entreprise (1794).

L'entrepreneur répond du fait des personnes qu'il emploie (ouvriers-charpentiers, serruriers, etc.). — Les ouvriers employés par l'entrepreneur ont une action directe contre le propriétaire jusqu'à concurrence de la somme due par lui à l'entrepreneur au moment où ils s'adressent à ce propriétaire; ils n'ont pas à subir pour cette somme le concours des autres créanciers de l'entrepreneur qui pourraient agir au nom de celui-ci contre ses débiteurs, tandis que les sous-traitants (par exemple le maître serrurier qui s'est entendu avec l'entrepreneur pour l'exécution de tous les travaux de serrurerie) sont obligés de subir ce concours. — Quant aux ouvriers qui ont fait un marché à forfait directement avec le propriétaire, ils sont traités comme entrepreneurs (1797-1799).

Le contrat de louage d'ouvrage se dissout *de plein droit* par la mort de l'ouvrier, de l'architecte ou de l'entrepreneur, mais il ne l'est point par celle du maître ou du propriétaire : il est maintenu entre la partie survivante et les héritiers de l'autre (1795). — Le propriétaire est tenu de payer aux héritiers de celui dont il avait loué le travail la valeur des ouvrages faits et des matériaux préparés, mais seulement lorsque ces travaux ou matériaux peuvent lui être utiles (1796); s'ils ne peuvent lui être d'aucune utilité, les héritiers de l'entrepreneur ont seulement le droit d'enlever les matériaux.

Droit d'enregistrement : 1 fr. par 100 fr. sur le prix de la construction ou de tout autre ouvrage.

CHAPITRE VIII

LE CONTRAT DE SOCIÉTÉ

Le contrat de société est une convention par laquelle deux ou plusieurs personnes mettent quelque chose en commun, dans la vue de partager le bénéfice qui pourra en résulter (1832). Chaque associé fait un apport à la Société. Cet apport peut consister en biens meubles ou en immeubles, en une somme d'argent ou même en *industrie* (1833). — On dit qu'un associé fait l'apport de son industrie lorsqu'il consacre à la Société son temps et les connaissances et aptitudes spéciales qu'il peut posséder.

Le contrat de société doit être rédigé par écrit lorsque le capital social est supérieur à 150 francs; sinon l'existence de la Société ne pourra être prouvée qu'à l'aide de l'aveu ou du serment, mais non pas par témoins, sauf s'il y a commencement de preuve par écrit (1834). — (Voy. LA PREUVE).

Le contrat de société fait par acte sous seing privé exige autant d'originaux qu'il y a d'associés.

Les Sociétés se divisent en deux grandes catégories. Les *Sociétés civiles* qui ne sont pas *personnes morales* (c'est-à-dire qui ne forment pas des êtres juridiques pouvant acheter, vendre, comparaître en justice *en tant que Société*), et les *Sociétés commerciales* dont l'importance pratique est très grande, et qui, elles, sont personnes morales, qui assignent ou sont assignées directement, par exemple, alors que les membres des Sociétés civiles assignent et sont assignés *individuellement*, parce qu'ils sont considérés comme co-propriétaires du fonds social.

Nous exposerons avec soin, dans la partie consacrée à la VIE COMMERCIALE, les règles sur les Sociétés commerciales. C'est là que nous montrerons quelles sont les différences théoriques et pratiques qui séparent les deux grandes classes de Sociétés.

CHAPITRE IX

LE MANDAT

Le mandat est un contrat dans lequel l'une des parties (le mandant) charge l'autre (le mandataire) d'agir en son nom, de la représenter pour tel ou tel acte. Le mandataire n'est tenu de remplir sa mission qu'après avoir accepté les termes du contrat.

La *procuration* est une variété du mandat; c'est un écrit donnant pouvoir au mandataire de représenter le mandant (1984).

Le mandat peut être donné par acte notarié, par acte sous seing privé, par lettre ou même verbalement, mais son existence ne peut être prouvée par témoins s'il s'agit d'une somme supérieure à 150 francs. — L'exécution du mandat par le mandataire implique acceptation de la mission donnée par le mandant (1985).

En principe le mandataire n'est pas salarié; toutefois les parties peuvent parfaitement convenir que le mandataire sera rémunéré (1986). Mais le mandat salarié doit être rédigé en double original s'il est fait sous seing privé, tandis que pour le mandat *gratuit un seul* original suffit.

Le mandat conçu en termes généraux ne vaut que pour les actes d'administration (payer, recevoir, donner quittance, ordonner des réparations, etc.). — Pour que le mandataire puisse aliéner, hypothéquer, emprunter, faire un *acte de disposition*, en un mot, il lui faut un mandat *spécial* lui donnant *expressément* ce pouvoir. Bien plus, si l'acte de disposition ne peut être fait que par acte notarié (il s'agit d'une donation par exemple), la procuration doit être non seulement spéciale mais encore notariée (1988).

Le mandataire ne peut dépasser les termes de son mandat (1989).

Les femmes sont des mandataires capables lorsqu'elles sont autorisées par leur mari à accepter le mandat, et les mineurs émancipés peuvent être choisis sans inconvénient pour mandataires. — Le mineur non émancipé peut aussi être chargé de remplir un mandat, car, lorsqu'il agit, il est censé être le mandant lui-même; vis-à-vis des tiers sa capacité est égale à celle d'un majeur, mais entre le mandant et lui les obligations sont soumises aux règles qui s'appliquent aux rapports existants entre un mineur et son créancier (1990).

Le mandataire est responsable vis-à-vis du mandant des fautes qu'il commet dans sa gestion, et notamment de l'inexécution du mandat. — Il doit continuer en effet à accomplir le mandat tant que le mandant ne l'en décharge pas, et au décès de ce dernier il est tenu d'achever la chose commencée, s'il y a péril en la demeure (1991). — Le mandataire *salarié* qui a commis une faute de gestion est traité plus sévèrement par les tribunaux que le mandataire non salarié.

Tout mandataire doit rendre compte de sa gestion à son mandant, et lui remettre ce qu'il a reçu pour lui, quand bien même ce qu'il a reçu ne serait point dû. — S'il a reçu de l'argent pour le mandant, et qu'il l'ait employé à son propre usage, il en doit l'intérêt à dater du jour de cet emploi. Hormis ce cas, les sommes dues au mandant par le mandataire lors de la reddition de compte ne produisent d'intérêts qu'à compter du jour où le mandataire a reçu sommation de les remettre au mandant (1996).

S'il y a plusieurs mandataires établis par le même acte, ils ne sont tenus solidairement que si cela a été stipulé par le mandant, ou si la réparation due au mandant par les mandataires résulte d'une faute *commune* aux mandataires qui s'étaient concertés avant de la commettre (1995).

Le mandataire peut avoir du mandant l'autorisation de se substituer quelqu'un dans sa gestion, mais il répond de ce sous-mandataire s'il n'a pas été désigné par le mandant, et si, lorsqu'il l'a choisi, il était notoirement incapable et insolvable. — Le mandataire répond encore de son agent s'il n'a pas reçu de son mandant l'autosation de se substituer quelqu'un. Dans tous les cas le mandant peut agir directement contre le sous-mandataire (1994).

Quant aux obligations du mandant, elles sont basées sur l'équité : il doit exécuter les engagements contractés par le mandataire dans les limites de son mandat, mais il n'est tenu de ce qui a pu être fait au delà que s'il l'a ratifié expressément ou tacitement (1998). Il doit rembourser au mandataire les avances et les frais que ce dernier a faits; il doit lui payer les appointements qu'il a pu lui promettre, quand bien même l'affaire en vue de laquelle le mandat a été donné n'aurait pas réussi. Il ne peut même réduire le montant des frais et avances sous prétexte qu'ils pouvaient être moindres, et il doit indemniser le mandataire des pertes que celui-ci a essuyées à l'occasion de sa gestion, si toutefois elles ne proviennent pas de son imprudence; enfin l'intérêt des avances effectuées par le mandataire court du jour où, d'après constatation, l'avance a été faite (2000-2001).

Lorsque plusieurs personnes ont choisi un mandataire pour une affaire qui leur est commune, chacune d'elles est tenue *solidairement* envers lui de toutes les obligations résultant pour elles du mandat (2002).

FORMULE N° 1

Procuration générale.

« Je soussigné (*nom, prénom, profession et domicile*) donne par ces présentes à M. (*nom, prénom, profession et domicile du mandataire*) pouvoir général de, pour moi et en mon nom, gérer et administrer tous mes biens, recevoir tous revenus, loyers, fermages, pensions, arrérages de rente, donner congé à tous locataires ou fermiers, passer tous baux et renouvellements de baux, veiller à leur exécution; régler et arrêter tous comptes me concernant; recevoir tous capitaux et en donner décharge, constituer toutes hypothèques sur mes immeubles, accepter et recevoir tous legs et donations pouvant m'être faits, en donner quittance et décharge; accepter purement et simplement ou sous bénéfice d'inventaire toutes successions venant à m'échoir, y renoncer s'il y a lieu; faire apposer les scellés, faire dresser tous inventaires, former toute demande en partage, assister à la main-levée des scellés; — vendre tous meubles et immeubles, consentir tous transports de créances; faire emploi de toutes sommes reçues, contracter tous emprunts, faire toutes oppositions et saisies-exécutions; citer en conciliation, traduire devant les juges de paix, les tribunaux de première instance et les cours d'appel; constituer et révoquer avoués et avocats, se substituer tous mandataires et les révoquer; procéder tant en demandant qu'en défendant devant tous tribunaux civils; obtenir tous jugements, les faire mettre à exécution, transiger, compromettre, consentir tous paiements et généralement faire le nécessaire, promettant d'avoir le tout pour agréable et le ratifier à toute réquisition.

» Fait à , le mil huit cent...

» Approuvé l'écriture
(*Signature.*)

FORMULE N° 2

Procuration spéciale

« Je soussigné, (*nom, prénom, profession et domicile*) donne par ces présents à M. (*nom, prénom, profession et domicile*) pouvoir de, pour moi et en mon nom (indiquer *clairement* et en détai *l'objet du mandat* et les *actes* que le mandataire peut et doit accomplir pour le mandant), promettant d'avoir le tout pour agréable et de le ratifier à toute réquisition.

« Fait à . le mil huit cent...

» Approuvé l'écriture
(*Signature.*)

FORMULE N° 3

Mandat salarié

« Je soussigné (*nom, prénom, profession et domicile*) donne à M. (*nom, prénom, profession et domicile du mandataire*), qui accepte, pouvoir de, pour moi et en mon nom, vendre en totalité ou par lots la ferme de Bellefontaine (*indiquer la nature, l'étendue, la situation et les tenants et aboutissants de la propriété*) que je déclare franche et libre de toutes servitudes et charges quelconques, au prix minimun de 30 000 francs; signer tous actes d'aliénation, donner quittances et décharges au cas de paiement, accorder, s'il y a lieu, un ou plusieurs termes pour le paiement sous toutes garanties convenables, et généralement faire le nécessaire au mieux de mes intérêts, promettant d'avoir le tout apour gréable et de le ratifier à toute réquisition, promettant en outre de payer ... fr. (mettre la somme *en toutes tettres*) à mon mandataire, qui accepte, *à titre d'honoraires* pour ses bons soins, et de le rembourser intégralement de tous frais et avances faits par lui en vue de la prompte et bonne exécution du présent pouvoir.

» Fait *double* à , le mil huit cent ...

» Approuvé l'écriture.

» Bon pour ... fr. d'honoraires le ... mil huit cent...

(*Signature du mandant.*)

» Vu et approuvé.

(*Signature du mandataire.*)

Des différentes manières dont finit le mandat. — Le mandant peut révoquer sa procuration quand bon lui semble, et contraindre le mandataire à lui remettre le titre qui constate les pouvoirs qu'il lui a donnés (2004). Mais si la révocation n'est notifiée qu'au mandataire, elle ne peut être opposée par le mandant aux personnes qui ont traité, dans l'ignorance de cette révocation, avec la personne munie de la procuration ; le mandant n'a qu'un recours contre son ex-mandataire (2005).

Le choix d'un nouveau mandataire pour la même affaire vaut révocation du premier, à compter du jour où ce dernier a reçu notification de la nouvelle nomination (2007).

Le mandataire peut renoncer au mandat ; pour cela, il lui suffit de notifier au mandant sa renonciation; mais si elle préjudicie à ce dernier, le mandataire doit l'indemniser; il n'est dispensé de cette obligation que s'il se trouve dans l'impossibilité de continuer l'exécution de son mandat sans éprouver lui-même un préjudice considérable (2007).

Le mandat s'éteint par le décès, l'interdiction, la faillite ou la déconfiture du mandant ou du mandataire (2003). — Si le mandataire ignore la mort, l'interdiction la faillite ou la déconfiture du mandant, les actes qu'il accomplit dans cette ignorance sont absolument valables, et ses engagements sont exécutés àl'égard de ceux qui ont contracté avec lui *de bonne foi* (2008-2009). — Au cas où le mandat a pour objet une chose qui ne peut être faite qu'après le décès du mandant il est bien évident que ce décès ne met pas fin au mandat ; ce serait absurde.

Lors de la mort du mandataire, ses héritiers doivent en donner avis au mandant, et pourvoir, en attendant, à ce que les circonstances exigent pour l'intérêt de celui-ci (2010). — Le représentant d'un interdit mandataire d'une personne lors de son interdiction, est assujetti à la même obligation.

Droit d'enregistrement dû pour mandats, pouvoirs, ratifications : droit *fixe* de 3 francs.

CHAPITRE X

LE PRÊT

Il y a deux sortes de prêt : le *prêt à usage* (commodat) qui donne à l'emprunteur la possession matérielle et le droit de se servir de l'objet prêté, à la charge de le rendre ensuite au prêteur, et le prêt ordinaire ou *prêt de consommation*, ainsi nommé parce qu'il porte sur des choses qui peuvent être consommées par l'emprunteur, leur usage entraînant presque toujours leur consommation (prêt de denrées, prêt d'argent).

Du prêt à usage. — Le prêt à usage est *essentiellement gratuit*, car si le propriétaire de l'objet prêté recevait une rémunération, il s'agirait là en réalité d'un contrat de louage, et non plus d'un prêt à usage. — Toute chose qui est dans le commerce (nous avons indiqué, à propos de la vente, le sens de cette expression), est susceptible d'être prêtée à usage, à moins qu'on ne puisse en user sans la consommer (fruits déjà mûrs par exemple) — (1878). — Si le prêteur n'a prêté la chose qu'en considération de l'emprunteur *personnellement*, les héritiers de celui-ci n'ont pas droit à l'usage de l'objet. — Les héritiers du prêteur sont tenus de respecter vis-à-vis de l'emprunteur les effets du prêt à usage (1879). Quant à l'emprunteur, il doit veiller à la conservation de la chose et se borner à en faire l'usage déterminé par sa nature ou par la convention ; il doit, en un mot, en user comme un bon propriétaire fait de sa chose. — Bien plus, si la chose prêtée périt par un cas fortuit dont il aurait pu la garantir en employant un objet à lui appartenant, ou si, ne pouvant conserver que l'un des deux biens, il a préféré sa chose, il est tenu de la perte de l'autre (1882).

Lorsque l'emprunteur emploie la chose à un usage autre que celui auquel elle était destinée ou qu'il s'en sert pour un temps plus long que le temps fixé, il est tenu non seulement de la perte provenant de sa négligence, mais encore de la perte de la chose par cas fortuit (1881).

La chose prêtée est parfois estimée lors du prêt; dans ce cas la perte, même si elle arrive par cas fortuit, est pour l'emprunteur, qui ne peut alors se libérer qu'en payant l'estimation au prêteur (1883). — Les détériorations survenues par le seul effet de l'usage pour lequel la chose a été empruntée ne tombent point à la charge de l'emprunteur lorsqu'il n'a commis aucune faute (188).

L'emprunteur n'a pas le droit de retenir la chose par compensation de ce que le prêteur lui doit (1885). Il ne peut non plus demander à ce dernier de lui rembourser les dépenses qu'il a faites pour l'usage même de la chose (1886).

Quant au prêteur, il ne peut retirer à l'emprunteur la chose prêtée qu'après le terme convenu, ou, à défaut de convention, seulement après qu'elle a servi à l'usage pour lequel elle a été empruntée. Cependant, si, avant cette époque, le prêteur a un besoin pressant et imprévu de sa chose, et qu'il la réclame, le tribunal peut, s'il le juge nécessaire, obliger l'emprunteur à faire la restitution (1888-1889).

Le prêteur est tenu de rembourser à l'emprunteur les dépenses urgentes que ce dernier a dû faire pour la conservation de l'objet prêté, sans qu'il lui ait été possible, vu l'urgence, de prévenir le prêteur (1890). — Lorsque la chose prêtée a des défauts tels qu'elle puisse préjudicier à l'emprunteur, le prêteur est responsable si, connaissant ces défauts, il n'en a pas averti l'emprunteur (1891).

Du prêt de consommation et spécialement du prêt d'argent. — Le prêt de consommation rend l'emprunteur propriétaire des choses prêtées, mais il est tenu de restituer des choses de la *même espèce* et de la *même qualité*. — Le prêt d'argent est un prêt de consommation. Le débiteur doit rendre la *somme numérique* prêtée, en espèces ayant cours au moment du paiement. Par *somme numérique* il faut entendre la *valeur* (si les pièces d'or ont diminué de valeur le débiteur aura donc à en compter un plus grand nombre à son créancier). — Lorsque ce sont des lingots ou des denrées (vins, grains, œufs, farine, etc.), qui ont été l'objet du prêt, il en est différemment : le débiteur a toujours à rendre *la même quantité* de marchandises de la même qualité; les variations de prix sont ici sans effet (1895-1897).

Dans le prêt de consommation, comme dans le prêt à usage, le prêteur est responsable du préjudice causé à l'emprunteur par des défauts qu'il connaissait et sur lesquels il a gardé le silence ; il ne peut non plus exiger la restitution des choses prêtées avant le terme fixé, et, lorsqu'il n'en a point été fixé, le tribunal peut, s'il le juge convenable, accorder à l'emprunteur un délai pour opérer la restitution (1898-1900). — A-t-il été convenu entre les parties que l'emprunteur paierait quand il le pourrait, le tribunal lui fixe un terme de paiement plus ou moins éloigné suivant les circonstances (1901).

L'emprunteur est tenu de rendre les choses prêtées au terme convenu ; si cela lui est impossible il doit alors payer la valeur qu'elles avaient au temps et au lieu fixés pour la *restitution*; si le temps ni le lieu n'ont été désignés, la valeur est déterminée d'après le moment et le lieu de l'emprunt (1902-1904). L'emprunteur, au cas de retard pour la restitution ou le paiement de la valeur, doit l'intérêt de ce prix du jour de l'assignation lancée contre lui par son créancier (1904). — (Voy. ce que nous avons dit sur *le Paiement* : ch. des OBLIGATIONS).

A la différence du prêt à usage, le prêt de consommation (le prêt d'argent par exemple), peut parfaitement n'être pas gratuit. Le prêteur a le droit de stipuler des intérêts pour prêts d'argent, de denrées ou autres choses mobilières, mais quelle que soit la valeur de la chose prêtée, le *taux* de l'intérêt doit être fixé *par écrit*.

Ce taux est limité lorsqu'il s'agit d'un prêt d'argent. Il ne doit pas dépasser 5 0/0 en matière civile (c'est-à-dire lorsque l'emprunteur est un non-commerçant, ou, dans le cas où le prêteur est un commerçant, lorsqu'il est prouvé que l'emprunteur n'entend nullement se servir de la somme prêtée pour entreprendre des opérations commerciales); en matière commerciale sa limite est portée à 6 0/0 (loi du 3 septembre 1807). — Lorsque c'est la loi qui fait courir les intérêts (à partir de la mise en demeure par exemple) ou que les contractants ont choisi le *taux légal*, le taux est précisément de 5 0/0 en matière civile et de 6 0/0 en matière commerciale. — L'emprunteur qui a payé des intérêts alors qu'il n'en avait point été stipulé, ne peut en demander la restitution, ni en déduire le montant sur le capital qu'il a encore à payer (1906).

Droit d'enregistrement dû pour prêt d'argent : 1 fr. par 100 francs.

FORMULE N° 1

Prêt à intérêt

« Je soussigné (*nom, prénom, profession et domicile*) reconnais avoir reçu de M.... (*nom, prénom, profession et domicile*), à titre de prêt, la somme de deux cents francs que je m'engage à lui rendre le trente-un décembre prochain, ensemble les intérêts au taux légal de cinq pour cent.

» Fait à le mil huit cent...

» Bon pour la somme de deux cents francs.

(*Signature.*)

FORMULE N° 2

Prêt de consommation

« Je soussigné, Pierre-Marie Fèvre, épicier à Paris, rue , n° reconnais avoir reçu un barril d'huile de Nice de litres, revêtu de la marque..., de M.... Aicart, épicier également à rue n° à titre de prêt de consommation et m'engage à lui restituer un barril d'huile de mêmes contenance et qualité provenant de la même maison, le quinze septembre prochain, à peine de tous intérêts moratoires.

» Fait à , le mil huit cent...

(*Signature.*)

CHAPITRE XI

RENTES PERPÉTUELLES ET VIAGÈRES

La constitution de rente est le prêt d'un capital mobilier ou foncier dont le prêteur s'interdit de demander la restitution, et en échange duquel l'emprunteur s'engage à payer un intérêt que l'on désigne sous le nom *d'arrérages* de rente (Ces arrérages peuvent consister en denrées tout aussi bien qu'en argent) — (1909).

Il y a deux sortes de rentes : la *rente perpétuelle* et la *rente viagère.*

La rente perpétuelle. — Le taux de la rente perpétuelle ne peut dépasser 5 0/0 (6 0/0 en matière commerciale) ; pour la rente viagère les co-contractants sont plus libres, ainsi que nous allons le voir.

La rente constituée en perpétuel est *essentiellement* rachetable, en ce sens que le débiteur de la rente peut toujours rembourser le capital au créancier (tandis que celui-ci ne peut exiger ce remboursement). — Cependant celui qui a constitué la rente a le droit de stipuler que le rachat ne sera pas fait d'ici quelque temps (*dix ans* au plus) ou sans qu'il ait été averti tant de jours, de mois, ou d'années à l'avance (1911).

Voilà les principes, mais le législateur y a apporté des tempéraments : Ainsi, que le débiteur de la rente cesse pendant *deux ans* de payer les arrérages, ou qu'il refuse de fournir au créancier les garanties qu'il lui a promises lors du contrat (une caution par exemple), il peut être contraint de rembourser la somme avec laquelle la rente perpétuelle a été constituée (1912). — Ce capital devient également exigible au cas de faillite ou de déconfiture du débiteur.

FORMULE N° 1

Constitution de rente perpétuelle

« Entre les soussignés :

» M. (*nom, prénom, profession et domicile*) d'une part,

» Et M. (*nom, prénom, profession et domicile*) d'autre part;

» Il a été convenu ce qui suit :

» M.... (*le débi-rentier*) s'engage à payer chaque année à M.... (*le crédi-rentier*), ou à son fondé de pouvoirs, la somme de ...... francs à titre de rente annuelle et perpétuelle, exempte de toute retenue pour contributions ou impôts sur valeurs mobilières, cette somme étant payable par trimestre et par portions égales. La rente commencera à courir à dater du premier janvier mil huit cent , chaque terme étant payable d'avance.

» La présente constitution de rente est faite moyennant une somme de francs que M.... (*le crédi-rentier*) s'engage par la présente à verser entre les mains du dit M.... le trente-un décembre mil huit cent...

» M.... (*le crédi-rentier*) s'engage en outre à ne point s'opposer, à quelque époque que ce soit, au rachat de la dite rente, pourvu que M.... (*le débi-rentier*) l'ait prévenu de son intention d'opérer ce rachat au moins deux mois à l'avance.

» Fait double à , le mil huit cent...

» Approuvé l'écriture. » Approuvé l'écriture.

(*Signature du débiteur de la rente.*) (*Signature du créancier de la vente.*)

La rente viagère. — La rente viagère peut être constituée au profit de celui qui fournit le capital de la rente (somme d'argent, bien mobilier ou immobilier) ou bien encore au profit d'une autre personne; les deux parties qui prennent part à la convention peuvent décider que la rente s'éteindra par la mort de celui qui touche les arrérages, ou même par celle d'une autre personne (1971).

Lorsque la rente viagère est constituée par donation ou par testament, elle ne l'est valablement que si les formalités prescrites pour les donations et les testaments ont été accomplies (1969).

Si le contrat de rente viagère est établi par acte sous seing privé et que la rente ait été constituée en échange d'un bien mobilier ou d'un immeuble (et non pas en échange d'une somme d'argent), il faut autant d'originaux que de parties. — Dans tous les autres cas un seul original suffit.

Les donations consistant en rente viagère sont soumises aux limites fixées pour les donations ordinaires (Voy. Donations). Il en est de même pour celles qui consistent en une rente viagère au profit d'une personne autre que celle qui a fourni le capital, bien que cette dernière sorte de donations ne soit pas soumise aux règles de *forme* des donations (acte notarié, etc.) — (1969 et 1973).

La constitution d'une rente viagère qui a pour base la vie d'une personne déjà décédée au jour du contrat est de nul effet (1974). Il en est de même du contrat de rente fixant pour durée de la rente la vie d'une personne déjà atteinte de la maladie dont elle est décédée dans les *vingt jours* de la date du contrat (1975).

En principe, la rente viagère peut être constituée à n'importe quel taux (2 0/0, 25 0/0, même 50 0/0), pourvu que ce taux soit fixé d'après des évaluations *sérieuses* (fondées par exemple sur l'âge, la santé de la personne dont le décès doit mettre fin à la rente). — Si les arrérages de la rente sont inférieurs, d'après le contrat, aux revenus de l'immeuble dont ils représentent le prix, le contrat de rente n'est pas valable; le taux est évidemment trop faible (1976).

Celui au profit duquel la rente viagère a été constituée peut demander la résiliation du contrat, si le débiteur des arrérages ne lui donne pas les garanties qu'il lui a promises (1977). Mais, à la différence de ce qui se passe pour la rente perpétuelle, le défaut de paiement des arrérages n'autorise pas le bénéficiaire de la rente viagère à demander le remboursement du capital. Le crédi-rentier ne peut que saisir et faire vendre les biens du débiteur, puis faire ordonner le prélèvement, sur le produit de la vente, d'une somme suffisante pour assurer le service des arrérages. — On peut, il est vrai, stipuler dans le contrat de rente qu'à défaut de paiement des arrérages le contrat sera résolu (1978).

La rente viagère ne peut être stipulée insaisissable lorsqu'elle a été constituée à titre onéreux; elle peut l'être au contraire si elle a été constituée à titre gratuit (par donation ou testament) — (1981).

Celui au profit duquel est constituée une rente viagère n'en peut demander les arrérages qu'en justifiant de son existence ou de celle de la personne dont le décès mettrait fin à la rente. Pour cela il suffit de produire un *certificat de vie* qui est délivré *gratuitement* par le maire, le président du tribunal ou un notaire (1983).

Le débiteur de la rente viagère ne peut forcer son créancier à accepter le remboursement du capital, car la rente viagère, à la différence de la rente perpétuelle, n'est pas rachetable. Aussi la rente viagère est-elle classée parmi les *contrats aléatoires* (1964). En effet, suivant la durée de la vie de la personne dont l'existence sert de base à la durée de la rente viagère, le débiteur peut faire une affaire excellente ou désastreuse.

La loi nous dit que le contrat aléatoire est une convention dont les effets, quant aux bénéfices et aux pertes pour les parties, dépendent d'un évènement *incertain*. En matière de rente viagère, cet évènement incertain, c'est la *date* de la mort d'une personne déterminée. — Pour le jeu et le *pari* (sorte de jeu où le gain est pour celui dont les prévisions sont justifiées par les circonstances), c'est l'adresse et le hasard. Comme *contrats aléatoires* nous rencontrerons encore dans le cours de cet ouvrage le contrat d'assurance et le prêt à la grosse aventure. Mais il nous paraît utile de saisir l'occasion qui se présente ici de parler de l'*exception de jeu*. (Voy. *ci-dessous*).

Droit d'enregistrement dû pour constitution de rente : Droit gradué (Voy. ENREGISTREMENT. — VIE PUBLIQUE).

FORMULE N° 2

Constitution de rente viagère à titre onéreux

« Entre les soussignés etc. (*Voy. Form. n° 1*).

» Il a été convenu ce qui suit :

» M... (*le débiteur de la rente*) constitue au profit de M..., qui accepte, une rente viagère de... francs, payable par trimestre, en quatre paiements égaux et d'avance, et ce jusqu'au décès du dit M..., l'échéance de la première fraction d'arrérages étant fixée au trente-et-un juillet mil huit cent...

» M... (*le créancier de la rente*) s'engage de son côté à verser entre les mains de M... une somme de...... fr. à titre de capital de la rente viagère constituée à son profit par le présent, le mil huit cent

» Fait double à , mille huit cent.

» Approuvé l'écriture. » Approuvé l'écriture.

(*Signature du débi-rentier.*) (*Signature du crédi-rentier.*)

L'exception de jeu. — La loi n'accorde aucune *action* (droit de poursuite) pour une dette de jeu, ni pour le paiement de l'enjeu d'un pari, à moins qu'il ne s'agisse de prix accordés aux vainqueurs de jeux tenant à l'adresse et à l'exercice du corps — et encore le tribunal peut-il paralyser la créance, si la valeur du prix ou de l'enjeu lui paraît excessive (1965-1966).

Il suffit au débiteur poursuivi de prouver qu'il s'agit d'une dette de jue pour que le tribunal ne le condamne pas à payer (c'est ce qu'on appelle *opposer l'exception de jeu*). — Mais si, connaissant ce moyen de défense, le débiteur paie *volontairement*, sans que le gagnant ait usé de supercherie ou d'escroquerie, il ne peut réclamer ensuite au gagnant la somme qu'il a versée entre ses mains ; ainsi l'enjeu mis sur la table ne peut être retiré : on considère qu'il y a là un paiement volontaire (1967). — Quant aux billets que le gagnant fait parfois signer au perdant, ce dernier a le droit, à l'échéance d'opposer l'exception de jeu ; mais, lorsque les billets ont été mis en circulation, il est tenu de les payer — quitte à exercer ensuite son recours contre le gagnant, car alors le paiement n'est pas volontaire. — Nous parlerons plus loin des jeux de bourse (Voy. VIE FINANCIÈRE).

CHAPITRE XII

LA CAUTION

La caution est un débiteur *accessoire*, on pourrait presque dire un débiteur *suppléant* : c'est une personne qui s'engage à payer une dette au cas où le débiteur ne pourrait l'acquitter lui-même (2011).

La caution ne peut s'engager à des oonditions plus onéreuses ; si elle le fait, son engagement est réduit à celui du dèbiteur, tandis qu'elle peut s'engager pour une partie de la dette, ou contracter une obligation sous condition ou à terme, celle du débiteur étant pure et simple (2013).

On peut se rendre caution d'un débiteur à son insu (2014). — Jusqu'à 150 fr. l'engagement de la caution peut êtru prouvé par témoins ; mais, pour que la caution soit obligée, il faut qu'elle se soit engagée *expressément*, *formellement* (2015). — Le cautionnement d'une obligation principale s'étend à tous les accessoires de la dette (frais de poursuites contre le débiteur et contre la caution) — (2016).

Les héritiers d'une caution sont tenus comme elle de l'obligation qu'elle a contractée (2017).

Lorsqu'un débiteur est forcé de fournir une caution, il doit présenter une personne solvable et domiciliée dans le ressort de la Cour d'appel. Or, *sauf en matière commerciale ou lorsque la dette est modique*, la solvabilité d'une caution ne s'estime que d'après ses propriétés *foncières*, et encore faut-il qu'il ne s'agisse pas d'immeubles litigieux ou assez éloignés pour que leur vente entraîne des difficultés pratiques (2018-2019).

Lorsque le créancier a exigé telle personne déterminée pour caution, il n'a rien à réclamer si cette caution devient insolvable; mais, dans tous les autres cas, le créancier a le droit d'exiger une autre caution, lorsque la caution actuelle est devenue insolvable (2020).

Le créancier peut poursuivre la caution avant le débiteur principal, mais celle-ci a le *bénéfice de discussion*, elle peut dire au créancier : « Poursuivez d'abord le débiteur; s'il ne peut payer, faites vendre ses biens, et si le produit de cette vente ne suffit pas, eh bien! vous me demanderez le reste. » — Mais elle doit indiquer au créancier les biens du débiteur (elle ne peut citer ceux qui sont situés hors du ressort de la Cour d'appel du lieu où le paiement doit être fait, ni les biens litigieux ou hypothéqués à la dette qui ne sont plus en la possession du débiteur. Elle doit en outre avancer les frais de la vente ou *discussion* de ces biens (2023). — Ces conditions une fois remplies par la caution, si le créancier ne poursuit pas le débiteur et que celui-ci devienne insolvable, la dette est éteinte pour la caution jusqu'à concurrence de la valeur des biens qu'elle a indiqués (2025). — Naturellement, le *bénéfice de discussion* n'appartient ni à la caution qui y a renoncé, ni à la caution qui s'est engagée solidairement avec le débiteur.

La dette est-elle garantie par plusieurs cautions, chacune d'elles est tenue du paiement de la somme totale, en ce sens que le créancier peut la poursuivre pour la totalité de sa créance; mais la caution poursuivie peut exiger de lui qu'il ne lui réclame que le paiement de sa part (le quart par exemple, s'il y a quatre cautions), à moins qu'elle n'ait renoné à ce droit désigné dans la pratique sous le nom de *bénéfice de division*. — La part des cautions insolvables au moment où le bénéfice de division est invoqué est répartie entre toutes les cautions solvables. L'une des quatre cautions est insolvable : chacune des trois autres sera tenue non plus du quart, mais des *quatre-douzièmes* de la dette. Toutefois les insolvabilités survenues depuis la division n'influent en rien sur la répartition (2026). — Bien plus, si c'est le créancier qui a divisé spontanément sa créance, il ne peut revenir sur cette division, même s'il n'a point tenu compte des cautions déjà insolvables lors de la répartition (2027).

La caution qui a payé a recours contre le débiteur pour le remboursement de la somme donnée au créancier, pour les intérêts produits par cette somme depuis le paiement, pour les frais faits depuis la dénonciation au débiteur des poursuites exercées contre la caution, et pour les dommages-intérêts, s'il y a lieu; elle est subrogée en outre à tous les droits qu'avait le créancier contre le débiteur, c'est-à-dire qu'elle jouit des droits d'hypothèque, de privilège, etc., qui garantissent le paiement de la dette (2029). — Y a-t-il plusieurs débiteurs solidaires, la caution a recours contre chacun d'eux pour la totalité de ce qui lui est dû.

Lorsque la caution est poursuivie en paiement, lorsque le débiteur est en faillite ou en déconfiture, lorsque l'échéance de la dette est arrivée, ou que le terme auquel le débiteur avait fixé la libération de la caution est atteint, la caution peut agir contre le débiteur, *même avant d'avoir payé*, pour être par lui indemnisée (2032). Il en est de même lorsque la dette n'a point de terme fixe d'échéance *et que la caution est tenue depuis dix ans* (à moins cependant que l'obligation principale — obligation d'un tuteur, par exemple, — ne puisse s'éteindre avant un délai déterminé : la majorité du pupille, dans notre hypothèse).

La caution doit avoir bien soin d'avertir le débiteur du paiement qu'elle effectue; autrement, si celui-ci paie sa dette, la croyant encore existante, la caution n'a plus recours contre lui; elle ne peut que demander au créancier de lui restituer la somme qu'elle a versée entre ses mains. Ce droit est également le seul qui lui reste, lorsqu'elle a payé sans être poursuivie et sans avoir averti le débiteur principal, qui, au moment du paiement, avait tous les moyens nécessaires pour faire déclarer la dette éteinte par prescription, par exemple (2031).

Celle des cautions qui a acquitté la dette dont elles garantissaient le paiement a recours contre les autres cautions pour la part de chacune d'elles, après répartition de la part des cautions insolvables sur les cautions solvables (2033).

La caution est libérée par le paiement de la dette, par la compensation, par la perte de la chose due, par la prescription, par la confusion du patrimoine du créancier et de la caution (l'une de ces deux personnes ayant hérité de l'autre).

La caution poursuivie par le créancier peut lui opposer tous les moyens de défense appartenant au débiteur, sauf ceux qui sont *purement personnels* à ce dernier (par exemple, celui tiré de l'incapacité résultant pour lui de son état de minorité) (2036).

La caution est déchargée lorsque le créancier a renoncé aux droits accessoires (hypothèques, privilèges, gages) — auxquels, du reste, la caution qui paie a le droit d'être subrogée (2037). — Si en paiement de la dette le créancier a accepté du débiteur un bien quelconque, la caution est encore libérée ; que le créancier vienne à être évincé dans la suite de l'immeuble donné en paiement, la caution ne voit point renaître ses obligations (2038).

On appelle *caution judiciaire* celle que le débiteur est obligé de fournir en vertu d'un jugement. Or la caution judiciaire, à la différence des autres cautions, ne peut, lorsqu'elle est poursuivie avant le débiteur, demander que le créancier *discute* (c'est-à-dire fasse vendre pour se faire payer) les biens de ce dernier (2042).

Parfois le débiteur auquel on demande de présenter une caution n'a point un crédit suffisant pour en trouver une. Dans ce cas, il peut remplacer la caution par un gage ou une hypothèque convenable (2041).

FORMULE

Engagement d'une caution.

« Je soussigné (*nom, prénom, profession, domicile de la personne qui s'oblige comme caution*) m'engage à payer à M... (*nom, prénom, profession; domicile du créancier*), en qualité de caution de M... son débiteur, la somme de..., montant de la dite dette, dans le cas où le dit sieur (*le débiteur*) ne pourrait l'acquitter à l'échéance fixée au... mil huit cent...

» Fait à , le mil huit cent...

» Bon pour... francs.

(*Signature.*)

Droit d'enregistrement pour cautionnement : 0 fr. 50 par 100 francs.

CHAPITRE XIII

LE DÉPOT

Il y a deux espèces de dépôt : le *dépôt* proprement dit, qui ne peut avoir pour objet que des choses *mobilières* et qui est un contrat essentiellement gratuit, et le *dépôt-séquestre* qui peut n'être pas gratuit et qui a pour objet des meubles ou même des immeubles (1916-1918, 1957 et 1959).

SECTION PREMIÈRE

Le dépôt proprement dit

Le dépôt consiste dans la remise par le *déposant* d'un objet mobilier à une personne — le *dépositaire* — qui doit la garder, et qui, plus tard, devra la restituer (1915). Lorsque le dépositaire a déjà l'objet entre les mains, il n'est plus besoin de remise effective, il n'y a plus là qu'une *tradition feinte* (1919). — Le dépôt est souvent volontaire, mais il est aussi parfois forcé. Il prend alors le nom de *dépôt nécessaire* (1920).

Le dépôt volontaire. — Il se forme par le consentement du déposant et du dépositaire; son existence ne peut être établie par témoins que si l'objet déposé ne vaut pas plus de 150 francs; au dessus de cettte valeur, il faut un écrit, autrement les déclarations du dépositaire font foi (1924).

Si le déposant est un incapable (mineur, interdit, etc.), le dépositaire capable est tenu comme si le contrat de dépôt était absolument valable, tandis que si le dépositaire est incapable et le déposant capable, ce dernier ne peut que réclamer la chose déposée; quand cette chose a été détériorée, il ne peut exiger que la somme dont le dépositaire a profité réellement; lorsque la somme a été gaspillée par ce dépositaire incapable, la perte est pour le déposant (1926).

Le dépositaire doit avoir autant de soin pour l'objet déposé entre ses mains que pour les choses qui lui appartiennent. — Mais s'il s'est offert comme dépositaire, ou s'il reçoit une rémunération, ou si le dépôt a été fait dans son propre intérêt, ou enfin s'il s'est engagé à répondre de toute faute, il doit se conduire en bon père de famille, en excellent administrateur, par rapport à l'objet déposé, quand bien même il n'aurait pas beaucoup de soin pour les choses lui appartenant (1928). — Du reste, même dans ces divers cas, il ne répond pas des accidents de force majeure (inondation, guerre), sauf pourtant s'il a été mis en demeure (par une sommation, par exemple) de restituer l'objet mis en dépôt, lorsque l'accident s'est produit après cette mise en demeure (1929).

Le dépositaire n'a pas le droit de se servir de la chose déposée, sans la permission expresse ou *présumée* (vraisemblable) du déposant; si la chose est dans un coffre fermé ou sous une enveloppe cachetée, il ne doit point chercher à la connaître; il doit rendre identiquement ce qu'il a reçu en dépôt, mais il n'est tenu de rendre la chose que dans l'état où elle se trouve lors de sa restitution, les détériorations qui ne sont pas survenues par son fait étant à la charge du déposant (1933).

Est-ce de l'argent monnayé qui a été confié en dépôt? Que les pièces aient ou non changé de valeur, le dépositaire doit rendre les *mêmes pièces*, à moins que le déposant ne l'ait autorisé à s'en servir, à la charge de restituer la même somme (comme cela se passe pour les dépôts d'argent effectués dans les caisses des maisons de banque).

Le dépositaire auquel l'objet déposé est enlevé par une force majeure — réquisition militaire, par exemple — se libère en donnant au déposant ce qui lui a été remis en échange : le bon remis par l'autorité militaire, dans notre espèce (1934).

Il peut arriver qu'après la mort du dépositaire, son héritier, n'étant point instruit du dépôt, vende l'objet déposé; il n'est tenu alors que de remettre au déposant le prix qu'il en a retiré, ou sa créance contre l'acheteur, s'il n'a point encore été payé (1935).

Le dépositaire doit restituer au déposant les fruits et produits retirés de l'objet déposé; il n'a à lui payer les intérêts de la somme déposée qu'à partir du jour où il a été mis en demeure de la restituer : à partir de la sommation, par exemple (1936). — Le dépositaire ne doit restituer la chose déposée qu'au déposant, ou à celui au nom duquel le dépôt a été fait, ou à la personne indiquée pour recevoir la chose (1937). Si le dépositaire découvre que la chose déposée a été volée et s'il vient à savoir quel en est le vrai propriétaire, il doit informer celui-ci du dépôt, et le sommer de réclamer l'objet dans un délai déterminé (il faut que le délai ne soit pas trop court). Ce délai expiré sans réclamation de la part du propriétaire, le dépositaire a le droit de restituer la chose au déposant (1938).

Le déposant étant décédé, le dépositaire ne doit restituer la chose qu'à ses héritiers (1939). Si le déposant, capable lors du contrat, est devenu incapable (le majeur a été interdit, par exemple), le dépositaire ne peut restituer la chose qu'à l'administrateur des biens du déposant (1940). — A l'inverse, si le dépôt a été fait par le représentant d'un incapable propriétaire de l'objet déposé, et qu'à l'arrivée du terme fixé pour la restitution l'incapable soit devenu capable (le mineur a atteint sa majorité, par exemple), c'est à lui que le dépositaire doit restituer la chose, et non pas à l'ex-administrateur de ses biens (1941).

Le dépositaire est tenu de transporter et restituer la chose au lieu fixé pour la restitution, mais les frais de transport sont à la charge du déposant; si le contrat n'a point fixé de lieu, la restitution doit être faite au lieu du dépôt (1942-1943). L'objet doit être restitué au déposant dès qu'il le réclame — lors même que le contrat aurait fixé un délai plus long pour la restitution — à moins qu'une opposition (saisie-arrêt) ait été faite entre les mains du dépositaire (1944). Naturellement, si le dépositaire prouve qu'il est le véritable propriétaire de l'objet qu'il a reçu en dépôt, il n'a plus à le restituer; toutes ses obligations de dépositaire cessent (1946).

Le déposant est tenu de rembourser au dépositaire les dépenses que celui-ci a faites pour la conservation de la chose déposée; il doit aussi l'indemniser de tout le préjudice qui a pu résulter pour lui du dépôt; s'il ne veut pas payer, le dépositaire peut retenir l'objet entre ses mains jusqu'à ce qu'il ait reçu paiement *intégral* de ce qui lui est dû (1947-1948).

FORMULE N° 1

Reconnaissance d'un dépôt

« Je soussigné (*nom, prénom, profession et domicile*), reconnais avoir reçu de M... (*nom prénom, profession et domicile du déposant*), à titre de dépôt, une cassette... (*indiquer avec précision et détail la forme, les dimensions etc., dire si elle est cachetée ou non*) et m'engage à la lui rendre à sa première réquisition dans l'état où elle m'a été remise par lui, sous toutes réserves pour cas fortuits ou de force majeure.

» Fait à , le mil huit cent...

(*Signature.*)

FORMULE N° 2

Dépôt salarié.

« Entre les soussignés :

» M... (*nom prénoms, profession, domicile*) d'une part,

» Et M... (*nom, prénoms, profession, domicile*) d'autre part;

» Il a été convenu ce qui suit :

» M... (*le dépositaire*) reconnaît avoir reçu de M... à titre de dépôt, un piano (*donner des indications détaillées sur le piano, dire s'il est en ébène, en acajou ou en palissandre, s'il est droit ou à queue, etc.*), pour le garder et le préserver de tout accident, autant que faire se pourra, pendant deux mois, à dater de ce jour.

» De son côté, M..., pour dédommager M... (*le dépositaire*) de ses peines et soins et de l'embarras résultant pour lui de ce dépôt, s'engage à lui payer la somme de... francs à l'expiration du terme de deux mois susdit reconnaissant au surplus qu'il n'aura droit à la restitution du piano déposé que contre parfait et entier paiement de la dite somme.

» Fait en double à , le mil huit cent.

» Approuvé l'écriture. » Approuvé l'écriture.

(*Signature du déposant.*) (*Signature du dépositaire.*)

FORMULE N° 3

Décharge d'un dépôt.

« Je soussigné (*nom, prénoms, profession et domicile du déposant*) reconnais que M... (*nom, prénoms, profession et domicile du dépositaire*) m'a restitué ce jour, sur ma réquisition, le... (*indiquer l'objet qui avait été déposé*) que je lui avais remis le... mil huit cent... à titre de dépôt et que je déclare m'avoir été rendu en parfait état de conservation, déchargeant par le présent M... de toute responsabilité en ce qui touche ledit dépôt.

» Fait à , le mil huit cent

(*Signature.*)

Droit d'enregistrement pour dépôt : 1 franc par 100 francs.

Le dépôt nécessaire. — C'est le dépôt que le propriétaire, lors d'un incendie, d'un pillage, d'une inondation ou de tout autre évènement imprévu, est forcé de faire immédiatement entre les mains du *premier venu*. Pour prouver l'existence de ce dépôt, nul besoin d'écrit, la preuve par témoins suffit dans tous les cas. — Pour tout le reste (obligations du déposant et du dépositaire), on suit les règles qui s'appliquent au dépôt volontaire (1950-1951).

Est considéré comme dépôt nécessaire le dépôt des colis que le voyageur apporte dans un hôtel. — Les hôteliers ou aubergistes répondent du vol ou de la détérioration des bagages du voyageur, quand bien même le voleur serait un étranger allant et venant dans l'hôtellerie, quelle que soit la valeur des objets volés, lors même qu'il s'agirait de bijoux que le voyageur a négligé de déclarer et de confier à l'aubergiste, qui cependant a eu soin de placarder dans les chambres des affiches invitant les voyageurs à le faire. — Mais les hôteliers ne sont pas responsables des vols faits à main armée ou avec force majeure (1953-1954).

Ces dispositions ne s'appliquent pas aux objets apportés dans un établissement de bains, dans un café ou restaurant, ni même à ceux qui sont introduits dans un hôtel ou auberge non point par un voyageur, mais par un habitant de la localité. On en revient alors aux règles du dépôt ordinaire.

SECTION II

Le dépôt-séquestre.

Le séquestre est *conventionnel* ou *judiciaire* suivant qu'il est établi volontairement, à la suite d'une convention conclue entre les intéressés, ou qu'il est ordonné par le tribunal ; mais, dans tous les cas, il peut être défini : le dépôt, fait par une ou plusieurs personnes, d'une chose au sujet de laquelle une contestation s'est élevée, entre les mains d'un tiers qui devra la rendre dès que la contestation sera terminée, à la personne qui sera jugée devoir l'obtenir (1956).

Le séquestre peut avoir pour objet des immeubles tout aussi bien que des meubles (1959). — Le dépositaire-séquestre ne peut être déchargé avant la fin de la contestation que si toutes les parties intéressées y consentent, ou pour un motif légitime : si le dépositaire est forcé de faire un voyage urgent, par exemple — (1960).

La justice peut ordonner le séquestre des meubles du débiteur saisi, ou d'un bien mobilier ou immobilier dont la propriété ou la possession donne lieu à un procès entre deux ou plusieurs personnes, ou encore le séquestre des biens qu'un débiteur offre pour sa libération. — Le gardien doit veiller en bon administrateur à la conservation des biens sous séquestre et les représenter lors de la main-levée de la saisie ou de l'exécution de la vente. Le saisissant est tenu de lui payer le salaire fixé (1961-1962). — Si les différentes personnes intéressées ne s'accordent pas sur le choix du dépositaire-séquestre, c'est le tribunal qui le désigne (1963).

FORMULE

Séquestre conventionnel

« Entre les soussignés :

» M... (*nom prénoms, profession, domicile*) d'une part;

» M... (*id.*) d'autre part;

» Et M... (*id.*) d'autre part;

» Il a été convenu ce qui suit :

» M... et M... (*les deux parties adverses*) devant le tribunal civil de... plaidant actuellement l'un contre l'autre au sujet de la propriété d'une maison sise à rue n° et composée (décrire le nombre des étages, indiquer les tenants et aboutissants, etc.,) déclarent nommer de leur plein gré et d'un commun accord M... dépositaire séquestre du dit immeuble, le chargeant de le gérer et administrer, d'ordonner toutes réparations d'entretien et autres réparations nécessaires, de percevoir et garder les termes de loyers, de payer tous impôts grevant ladite maison, et ce jusqu'à ce que les tribunaux .aient prononcé définitivement sur la contestation survenue entre les deux parties adverses, sans qu'aucune d'elles puisse prétendre auparavant à une part quelconque de revenus de l'immeuble mis sous séquestre par les présentes.

MM... s'engagent en outre à verser entre les mains de M... (*le dépositaire*) la somme de cent francs à la fin de chaque mois à dater de ce jour, destinée à le dédommager de ses peines et soins, jusqu'au jour de la signification du jugement définitif.

M... (*le dépositaire*) déclare par la présente accepter la charge du séquestre ainsi établi, aux conditions sus-indiquées, et s'engage à remettre à la partie en faveur de laquelle le jugement définitif sera rendu, tant l'immeuble mis sous séquestre que les revenus produits par lui, ensemble les intérêts à compter de ce jour, après déduction des dépenses faites pour réparations et charges annuelles. Les frais du séquestre ainsi constitué seront à la charge de la partie qui succombera définitivement dans la contestation.

» Fait *triple* à , le mil huit cent.....

» Approuvé l'écriture
(*Signature de l'un des adversaires.*)

» Approuvé l'écriture.
(*Signature de l'autre adversaire.*)

» Approuvé l'écriture.
(*Signature du dépositaire séquestre.*)

CHAPITRE XIV

LE GAGE

Le contrat de gage est le *nantissement* d'une chose mobilière; celui d'un immeuble prend le nom d'*antichrèse*. — Or le nantissement est un contrat par lequel le débiteur remet une chose à son créancier comme *garantie* (2072).

Le gage donne au créancier (désigné ici sous le nom de *créancier gagiste*) un privilège et un droit de préférence, sur l'objet donné en gage, vis-à-vis des autres créanciers.

Si le gage ou la dette qu'il garantit n'excède pas la valeur de 150 fr., il n'est point besoin d'écrit; dans le contraire, pour que le privilège existe, il faut un écrit *ayant date certaine* (acte sous seing privé enregistré, ou acte notarié), contenant la déclaration de la somme due, ainsi que l'espèce et la nature des choses données en gage, ou un état annexé de leurs qualité, poids et mesure.

Lorsque le gage consiste en créances mobilières (valeurs, titres nominatifs ou au porteur, etc.,) il faut en outre que la constitution du gage soit signifiée au débiteur visé par la créance donnée en gage, sinon le privilège tombe (2074-2075). — Pour que le privilège subsiste, le gage doit rester en la possession du créancier gagiste ou du tiers convenu entre les parties (2076).

Le gage peut être fourni par une autre personne que le débiteur (2077).

A défaut de paiement, le créancier doit faire décider *par le tribunal* que le gage sera vendu aux enchères, ou bien qu'il lui sera laissé en paiement jusqu'à concurrence de l'estimation faite par expert. — Mais la clause du contrat de gage qui autoriserait le créancier à s'approprier le gage *spontanément* ou à l'aliéner à défaut de paiement, est absolument nulle. Jusqu'à l'expropriation ordonnée *par jugement* le débiteur reste propriétaire du gage, le créancier gagiste n'est qu'un dépositaire; aussi ce dernier est-il responsable de la perte ou de la détérioration du gage causée par sa négligence; mais, de son côté, le débiteur doit lui rembourser intégralement les dépenses *nécessaires* qu'il a faites pour la conservation du gage, et les dépenses *utiles* jusqu'à concurrence de la *plus-value* qu'elles ont donnée au gage (2080).

Par exception la Société du Crédit foncier, qui a reçu, comme gage du remboursement des avances qu'elle a faites, des *obligations foncières*, n'est point astreinte à toutes les conditions de forme dont nous avons parlé ci-dessus. L'engagement souscrit par l'emprunteur, dans les formes suivies pour les avances faites par la Société du Crédit foncier, suffit pour la conservation du privilège, et, à défaut de paiement, la Société peut, dès le lendemain de l'échéance, faire vendre par un agent de change les titres donnés en gage (art. 102 de la loi du 19 juin 1857).

Lorsque la créance donnée en gage porte intérêts, le créancier gagiste les perçoit et les impute sur ceux qui peuvent lui être dûs sur sa propre créance; si cette dernière créance ne produit pas d'intérêts, il impute les sommes qu'il touche sur le capital même de la dette (2081).

Le débiteur ne peut réclamer au créancier gagiste le gage qu'il lui a fourni qu'après lui avoir payé *intégralement* le capital et les intérêts de sa dette, et, en outre, les frais auxquels elle a pu donner lieu. Ce n'est pas tout ; si le débiteur a contracté envers son créancier, postérieurement à la constitution du gage, une nouvelle dette dont le paiement doit être effectué *avant* le paiement de la première, le créancier a le droit de retenir le gage entre ses mains jusqu'à parfait paiement de l'une et de l'autre dettes, lors même que le gage n'a nullement été affecté à la garantie de la seconde dette (2082).

Tant que la créance garantie par un gage n'est pas complétement éteinte, celui des héritiers du débiteur qui a payé sa part dans la dette ne peut demander au créancier gagiste sa portion dans le gage, lors même que la chose donnée en gage serait susceptible d'être divisée (il y a quatre héritiers, par exemple, et le gage consiste en quatre titres d'égale valeur) ; car — la loi est formelle — le gage est *indivisible*. — Pour la même raison, après le décès du créancier gagiste, l'un de ses héritiers, détenteur du gage, ne peut le remettre au débiteur, bien qu'il ait reçu de lui sa portion dans la créance ; il ne peut préjudicier ainsi à ceux de ses co-héritiers qui ne sont pas payés (2083).

Le gage commercial est soumis à des règles particulières que nous analyserons ailleurs. (Voy. Vie Commerciale.)

Les Monts-de-Piété, qui sont des maisons de prêt sur gages mobiliers autorisées, ne sont pas régis par les dispositions que nous venons d'indiquer (Voy. Vie Publique).

FORMULE N° 1

Contrat de gage

« Entre les soussignés :

» M... (*nom, prénoms, profession, domicile*) d'une part,

» Et M... (*nom, prénoms, profession, domicile*) d'autre part,

» Il a été convenu ce qui suit :

« M... (*le créancier*) reconnaît par les présentes avoir reçu à titre de gage, de M... (*le débiteur*), débiteur envers lui d'une somme de.... francs- un fusil... (décrire avec précision l'objet donné en gage),

» De son côté M... (*le débiteur*) reconnaît l'existence de la créance susdite et s'engage à payer à M... cette somme de ... francs le mil huit cent... et déclare formellement avoir remis à M... ledit fusil à titre de nantissement pour qu'il le conserve jusqu'à parfait paiement de la somme sus-énoncée.

» Fait double à , le mil huit cent.....

» Approuvé l'écriture.
(*Signature du créancier gagiste.*)

» Approuvé l'écriture.
(*Signature du débiteur.*)

L'antichrèse. — Ici le bien donné en gage est un *immeuble*. Le créancier en a la *jouissance* (à la différence du créancier gagiste proprement dit), il en perçoit les fruits naturels ou civils, qu'il impute sur les intérêts de sa créance et, à défaut d'intérêts, sur le capital. — Il est convenu parfois que les fruits se compenseront avec les intérêts totalement ou jusqu'à concurrence d'une certaine somme;

naturellement cette convention est valable, pourvu toutefois qu'elle ne cache pas une convention usuraire.

Les contributions et toutes autres dépenses annuelles sont à la charge du créancier; il doit veiller à l'entretien de l'immeuble, faire procéder à toutes les réparations nécessaires ou même simplement utiles ; il prélève du reste toutes ces dépenses sur les fruits produits par l'immeuble ; l'excédent seul est imputable sur sa créance (2085, al. 2, et 2086). — Le créancier qui trouve ces obligations trop lourdes, a le droit de contraindre le débiteur à reprendre la jouissance de son immeuble ; mais celui-ci ne peut réclamer à son créancier cette jouissance avant l'acquittement intégral de sa dette (2087).

Le créancier antichrésiste ne peut stipuler qu'à défaut de paiement au terme convenu il deviendra propriétaire de l'immeuble (2088).

Comme le meuble donné en gage, l'immeuble donné en antichrèse peut être engagé par un tiers pour le débiteur.

Le droit d'antichrèse est indivisible comme le droit de gage, il a donc les mêmes conséquences que ce dernier vis-à-vis des héritiers du débiteur ou du créancier.

L'existence de l'antichrèse ne peut être prouvée par témoins, il faut un écrit (2085, al. 1er). Cependant la preuve testimoniale est admise lorsqu'on a un commencement de preuve par écrit.

Le créancier antichrésiste doit faire transcrire le contrat d'antichrèse le plus tôt possible au bureau des hypothèques de l'arrondissement dans lequel est situé l'immeuble, car il n'est préféré qu'à ceux des créanciers hypothécaires du propriétaire qui se sont inscrits postérieurement (2091 C. civ. et art. 2 de la loi du 23 mars 1855).

FORMULE N° 2

Contrat d'antichrèse

« Entre les soussignés :

» M... (*nom, prénoms, profession, domicile*) d'une part,

» Et M... (*nom, prénoms, profession, domicile*) d'autre part.

» Il a été convenu ce qui suit :

» Comme garantie du paiement de la somme de vingt-cinq mille francs que M... reconnaît devoir à M... depuis le... mil huit cent..., avec les intérêts au taux légal de cinq pour cent, le dit M... déclare par le présent qu'il remet à M... (*le créancier*), à titre d'antichrèse, le domaine de à lui appartenant, et composé de (*indiquer nature, situation, tenants et aboutissants des différents bâtiments et pièces de terre données en antichrèse*), pour M... en jour en bon père de famille, l'administrer, en percevoir les revenus, ordonner toutes réparations nécessaires, et ce jusqu'à parfait paiement de la créance susdite de vingt-cinq mille francs.

» De son côté M... (*le créancier*) s'engage à supporter la charge de tous impôts et de toutes réparations d'entretien, et à imputer les revenus nets de l'immeuble à lui remis en antichrèse sur les intérêts et subsidiairement sur le capital de la dite créance.

» Fait à le mil huit cent.....

» Approuvé l'écriture
(*Signature du créancier.*)

» Approuvé l'écriture
(*Signature du débiteur.*)

Droit d'enregistrement dû pour antichrèse : 2 fr. par 100 francs

---

CHAPITRE XV

LES DONATIONS

Nous n'entendons parler dans ce chapitre que des donations *entre-vifs* (c'est-à-dire intervenues contre deux personnes vivantes, dont l'une se dépouille *actuellement* et *irrévocablement* de l'objet de la donation en faveur de l'autre *qui accepte ce don*). Nous réservons l'étude des règles qui régissent les testaments contenant aussi des donations, pour le chapitre consacré aux SUCCESSIONS.

Les donations, en principe, ne peuvent être faites que par acte *notarié*, et en la présence *effective* de deux notaires ou d'un notaire et de deux témoins (loi du 21 juin 1843). — La donation doit être rédigée en *minute* et non pas en *brevet*, c'est-à-dire que l'original doit rester dans l'étude du notaire ; les parties n'en peuvent avoir qu'une *copie authentique*. — Tout cela est prescrit sous peine de nullité de la donation (931).

Celui qui est appelé à bénéficier de la donation (le donataire) doit l'accepter solennellement. Si son éloignement l'empêche d'assister à la signature de l'acte de donation, il doit accepter la donation, par acte notarié et rédigé en minute, puis faire notifier par huissier cet acte à son donateur qui, dès le jour de sa réception, ne peut plus retirer ses offres (jusque là il le peut).

Si le donateur meurt avant d'avoir reçu cette notification, la donation est absolument nulle. Aussi, pour éviter ce danger, le donataire se fait-il, souvent, représenter par un mandataire chargé d'accepter en son nom lors de la signature de l'acte de donation ; mais la procuration doit être notariée et *spéciale*, c'est-à-dire donnée spécialement en vue de l'acceptation de la donation (931-933).

La femme mariée ne peut accepter une donation sans le consentement de son mari, ou tout au moins, si celui-ci refuse, sans autorisation de justice — quel que soit son régime matrimonial (934). — La donation faite à un mineur non émancipé ou à un interdit doit être acceptée *par le tuteur* muni de l'autorisation du conseil de famille ; l'*émancipé* peut accepter lui-même la donation qui lui est faite, mais il doit être assisté de son curateur (935, al. 1er).

Les père et mère du mineur (émancipé ou non) et aussi ses grands parents (même du vivant des père et mère) peuvent accepter pour lui, si la donation leur paraît avantageuse et que le tuteur ou curateur refuse d'en faire profiter le pupille (935, al. 2).

Le sourd-muet peut accepter lui-même ou par un fondé de pouvoir, s'il sait écrire; s'il ne sait pas écrire, un curateur nommé à cet effet par le conseil de famille accepte pour lui (936).

Qui peut faire une donation ? La première condition pour être capable de faire une donation, c'est d'être sain d'esprit au moment même de la donation. Ainsi donc, pour faire annuler une donation, il n'est point besoin que la preuve de la démence résulte de l'acte lui-même, il suffit de prouver que le donateur, bien que non interdit, n'était pas sain d'esprit au moment de la donation (901).

Le mineur, même émancipé, ne peut faire une donation entre-vifs; quant à la femme mariée, elle a besoin, pour accomplir cet acte, du consentement de son mari; à défaut de ce consentement, il lui faut l'autorisation de justice (904).

Le mineur devenu majeur ne peut faire une donation à son ex-tuteur qu'après la reddition du compte définitif de la tutelle, à moins que ce tuteur ne soit un de ses ascendants (907).

Nous avons indiqué tout à l'heure à quelles conditions l'acceptation d'une donation, faite à une personne capable de la recevoir, était valable. Mais il est des personnes qui, même en suivant ces règles de forme, ne peuvent bénéficier d'une donation, étant absolument incapables d'en recevoir. C'est ainsi que les médecins, chirurgiens, qui ont traité une personne pendant la maladie dont elle est morte, ne peuvent profiter de la donation qu'elle a pu leur faire durant sa maladie. — La même incapacité frappe le ministre du culte qui l'a assistée, et le pharmacien qui lui a *conseillé un traitement* mais non pas le pharmacien qui n'a fait que lui *fournir* les remèdes *prescrits par le médecin.*

Voilà la règle, mais elle comporte deux exceptions. La rémunération accordée au médecin, pharmacien, etc., est parfaitement valable lorsqu'elle est proportionnée à la fortune du malade et aux services rendus par le médecin, pharmacien, etc. — La donation est encore valable lorsque le donataire est parent du donateur jusqu'au *quatrième degré inclusivement* — c'est-à-dire jusqu'au degré de cousin germain — à moins que le donateur n'ait des héritiers en ligne directe (enfants, petits-enfants) et que le donataire ne soit pas du nombre de ces héritiers (909).

Les enfans naturels ne peuvent rien recevoir par donation de leurs parents au-delà de ce que le législateur leur accorde dans la succession de ceux-ci (908).

Il arrive parfois que, pour déguiser la donation dont il veut faire bénéficier une personne incapable de la recevoir, le donateur la fasse au père, à la mère, aux enfants légitimes ou naturels, aux descendants ou à l'époux de la personne incapable. Cette donation est nulle comme si elle était faite ouvertement à l'incapable lui-même. — Les donations faites à une personne incapable de recevoir une donation du donateur, sous forme de contrats *à titre onéreux* (ventes, échanges, transaction), subissent le même sort ; mais on admet que les donations faites à des personnes capables d'être donataires sont parfaitement valables, lorsqu'elles sont déguisées sous la forme d'une vente, pourvu que les formalités prescrites pour la vente soient respectées (si la vente apparente est faite par acte sous seing privé, il faut qu'il y ait autant d'originaux que de parties).

Les donations entre-vifs faites au profit d'un hospice, d'un établissement d'utilité publique, d'un bureau de bienfaisance, doivent en principe, pour produire leur effet, être autorisées par décret (910) (Voy. VIE PUBLIQUE).

Dès que la donation est acceptée par le donataire et que le donateur en est informé officiellement, la propriété des objets donnés est transférée immédiatement au donataire sans qu'il ait besoin pour cela d'en prendre livraison (939). — Mais, s'il s'agit de la donation d'un droit immobilier (droit de propriété, d'usufruit, d'usage, d'habitation ou de servitude sur un immeuble, bien que cela ne soit certain que pour les droits de propriété et d'usufruit), cette donation, pour être opposable aux créanciers du donateur, ou à ceux qui ont acheté au donateur le bien donné, doit être transcrite, ainsi que l'acceptation de la donation et la notification de cette acceptation, au bureau des hypothèques de l'arrondissement dans lequel est situé l'immeuble (art. 1 et 2 de la loi du 23 mars 1855). — Est-ce une femme mariée qui est donataire, son mari est chargé de faire faire cette transcription ; s'il ne remplit pas cette formalité, la femme peut y faire procéder sans aucune autorisation. Lorsque la donation est faite à des mineurs, à des interdits ou à des établissements publics, ce sont leurs représentants (tuteurs, curateurs, etc.) qui doivent faire transcrire ces actes ; s'ils ne remplissent pas ce devoir, ils sont responsables du préjudice que leur négligence cause à ceux qu'ils représentent. Cette même responsabilité incombe au mari vis-à-vis de sa femme donataire (939-940 et 942).

La donation qui n'est point transcrite est parfaitement valable entre les parties et leurs ayant cause universels, c'est-à-dire entre le donateur, le donataire, les successeurs de l'un ou de l'autre et les créanciers du donataire ; mais les créanciers du donateur et les personnes qui ont pu acheter au donateur le bien donné après la donation et ont fait transcrire leur titre d'acquisition avant la transcription de l'acte de donation, ont le droit de repousser le donataire ; à leur égard la donation est absolument nulle et de nul effet (941).

Les donations peuvent être faites sous condition ; mais on ne tient pas compte des conditions impossibles à remplir, ni des conditions contraires aux lois ou aux bonnes mœurs ; les donations faites sous des conditions semblables sont considérées comme faites purement et simplement (900). Telle serait la donation faite sous la condition que le donataire ne se mariera jamais, ou encore sous la condition qu'il assassinera quelqu'un. — La donation faite sous des conditions dont l'exécution dépend de la seule volonté du donateur est également nulle, mais elle est valable si l'accomplissement de la condition dépend de la volonté du donateur et de celle d'un tiers, par exemple si la donation est faite sous la condition que le donateur se mariera avec telle personne (944). — La donation de biens qui ne sont pas encore dans le patrimoine du donateur (biens à venir) est aussi frappée de nullité (943).

La donation peut être faite sous la condition que le donataire paiera des dettes existant actuellement à la charge du donateur, et dont l'énumération est contenue dans l'acte de donation ou dans un état annexé à cet acte ; mais la donation faite à charge de payer des dettes non encore existantes, ou des dettes actuelles mais *non énumérées* dans l'acte de donation ou dans un état annexé, n'a aucune valeur (945).

La donation d'objets mobiliers n'est valable que si un état contenant *estimation* des biens mobiliers donnés est annexé à la minute de l'acte de donation — à moins que l'acte de donation ne contienne lui-même cette estimation ; cet état doit être revêtu des signatures du donateur et du donataire ou de son mandataire. — Par *effets mobiliers*, il faut entendre non seulement les meubles et autres effets mobiliers, mais encore les titres, valeurs, que l'on désigne souvent sous le nom de biens mobiliers *incorporels* (948).

Le donateur se réserve parfois la jouissance ou l'usufruit des biens donnés ; s'il s'agit de biens mobiliers, le donataire reprend ces biens à la fin de l'usufruit dans l'état où ils sont à cette époque ; mais quand certains d'entre eux ont été détruits ou perdus, il a le droit d'en demander la valeur qui leur a été attribuée dans l'état estimatif. Bien entendu nous exceptons la perte par cas fortuit ou force majeure, qui est à la charge du donataire (950).

Le donateur peut stipuler pour lui, mais pour lui seul, et non pour un tiers, ni même pour ses héritiers, que les biens qu'il a donnés lui reviendront si le donataire (ou le donataire et ses descendants) meurt avant lui. Ce *droit de retour* — c'est le nom donné au droit découlant de cette clause — produit, lorsqu'il peut être exercé, des effets remarquables : toutes les charges (hypothèques, gage, antichrèse, servitude, usufruit, etc.) que le donataire a pu constituer sur le bien qui fait retour au donateur sont anéanties. — Il y a cependant une exception à cette règle : l'hypothèque donnée par la loi à la femme mariée pour la garantie de ses droits lors de la dissolution du mariage subsiste sur les biens du mari donataire qui, par l'effet du droit de retour, retombent dans le patrimoine du donateur; mais cela n'a lieu que si la donation a été faite par contrat de mariage, et seulement si les autres biens de l'époux donataire ne garantissent pas suffisamment les droits de la femme (952).

En principe, les donations entre-vifs sont *irrévocables;* mais il faut se départir de cette règle lorsque les conditions mises à la donation n'ont point été accomplies, lorsque le donataire a montré de l'ingratitude à l'égard du donateur, ou enfin lorsqu'il survient un enfant au donateur qui, lors de la donation, n'en avait point encore.

La donation ne peut être révoquée pour cause d'ingratitude que si le donataire a attenté à la vie du donateur, s'il s'est rendu coupable envers lui de délits graves, ou s'il lui a refusé des aliments.

Tandis que la révocation pour cause d'inexécution des conditions entraîne l'anéantissement des droits et charges dont le donataire a pu grever le bien donné (l'immeuble donné a été aliéné par exemple), la révocation pour ingratitude laisse intactes les constitutions d'hypothèques, les aliénations, etc., antérieures à l'inscription que le donateur demandeur en révocation doit faire inscrire en marge de la transcription de la donation; le donataire n'est tenu que de payer la valeur des objets aliénés, eu égard à l'époque de la demande en révocation, et les fruits naturels ou civils produits depuis le jour de cette demande (958). — Or la demande en révocation pour ingratitude doit être formée *dans l'année* du délit, ou dans l'année partant du jour où le délit a pu être *connu* du donateur. Cette révocation du reste ne peut être demandée contre les héritiers du donataire, et si le donateur meurt après l'expiration de l'année qui lui est accordée pour poursuivre la révocation, sans avoir commencé les poursuites, ses héritiers ne peuvent intenter à sa place la demande en révocation pour cause d'ingratitude, tandis qu'ils peuvent parfaitement, dans la même hypothèse, intenter l'action en révocation pour inexécution des conditions (957).

Lorsque le donateur n'avait point d'enfants légitimes au moment de la donation et qu'il lui en survient par la suite, la donation qu'il a faite est anéantie *de plein droit.* Au cas de la naissance de l'enfant légitime il faut assimiler le cas de légitimation d'un enfant naturel *né depuis* la donation, mais l'adoption d'un enfant par le donateur ne suffit point pour faire tomber la donation.

La révocation de la donation pour survenance d'enfant a lieu de plein droit; ici, à la différence de ce qui se passe en cas d'ingratitude ou d'inexécution des conditions, il n'est nullement besoin de s'adresser aux tribunaux. Bien plus, la mort de l'enfant du donateur ne fait point revivre la donation; si le donateur persiste, après la survenance de l'enfant, à maintenir les biens donnés dans le patrimoine du donataire, il lui faut faire une nouvelle donation (964). — La clause par laquelle un donateur renonce *par avance* à la révocation de la donation est absolument sans effet (965).

Supposons que le donateur devienne père de plusieurs enfants postérieurement à la donation : il a trente ans, à partir de la naissance *du plus jeune*, pour invoquer les avantages de la révocation de la donation (sans compter, bien entendu, les délais supplémentaires résultant de la suspension ou de l'interruption de la prescription). Après son décès, ses héritiers peuvent invoquer comme lui la révocation de la donation (966).

Le donataire doit restituer non seulement le bien donné, mais encore les fruits que ce bien a produits du jour que la notification de la naissance ou de la légitimation de l'enfant lui a été notifiée par le donateur ou ses héritiers (962).

La révocation pour survenance d'enfant produit, au point de vue des charges dont le donataire a pu grever le bien donné, les mêmes effets que la révocation pour ingratitude (963).

Il arrive parfois qu'entraîné par une passion plus ou moins justifiée, un père, oublieux des intérêts de ses enfants, fasse des donations véritablement exagérées. C'est en vue de ce danger que la loi a établi la *réserve*, c'est-à-dire le droit, pour les héritiers les plus proches d'un donateur ou d'un testateur, de conserver une certaine part du patrimoine de ce dernier.

La portion dont le donateur ou testateur peut disposer, porte le nom de *quotité disponible;* si cette quotité est dépassée, il y a lieu d'opérer la réduction des donations et des legs. Nous traiterons cette matière à propos des règles sur les successions, car elle s'y lie intimement.

Des substitutions. — Il est une certaine catégorie de donations qui ne sont permises par le législateur que d'une manière tout à fait exceptionnelle. Ce sont celles que l'on désigne dans la pratique sous le nom de *substitutions.* — Il y a clause de substitution lorsque le donateur donne un bien à condition que le donataire le *conservera* et le *transmettra à sa mort* à un tiers ; une simple recommandation ne suffit point pour qu'il y ait substitution, il faut un *ordre formel* du donateur. — La donation qui contient une telle clause est nulle aussi bien à l'égard du donataire, qu'à l'égard du tiers favorisé ; il y aurait là en effet l'établissement d'une véritable inaliénabilité dont les conséquences économiques seraient désastreuses (896).

Voilà le principe. Mais il est des cas où il est utile d'y faire brèche. Le législateur l'a compris. Il admet que les père et mère puissent faire des donations à leurs enfants dans les limites de la quotité disponible, à la charge pour ces derniers de transmettre les biens donnés à leurs propres enfants. C'est bien là une substitution, mais elle n'est permise qu'en faveur des petits-enfants du donataire et à condition que tous en profitent : si un seul d'entre eux en était excepté, la substitution serait absolument nulle. De plus, la valeur des biens frappés de cette substitution ne doit point excéder les limites de la quotité disponible (1058).

Le frère ou la sœur qui n'a point d'enfants, peut faire à ses frères ou sœurs, dans les limites de la quotité disponible, une donation avec clause de substitution en faveur de *tous* les enfants des donataires ou du donataire. Ici encore la substitution ne peut être faite en faveur de quelques-uns seulement de ces enfants, ni en faveur des petits-enfants des donataires (1049-1050).

Le donateur qui ordonne la substitution peut nommer le *curateur* qui lui succèdera à son décès et qui aura la mission de veiller aux intérêts des *appelés* (c'est le nom qu'on donne aux descendants du donataire qui, lui-même, est désigné sous le nom de *grevé*) ; il nomme ce curateur dans l'acte de donation ou dans un acte *notarié* fait postérieurement. S'il n'use point de ce droit, le grevé doit faire nommer le curateur par le conseil de famille dans le délai *d'un mois* à compter du jour du décès du donateur, sous peine d'être déchu de sa qualité de donataire et de la voir passer sur la tête des appelés (1056 et 1057).

Les donations faites avec clause de substitution doivent être rendues publiques par les soins du grevé ou du curateur, afin que les tiers qui auront des rapports avec le grevé sachent bien que la donation n'a pas ici tous ses effets. — La donation comprend-elle des immeubles, l'acte de donation est *transcrit* sur le registre du bureau des hypothèques de l'arrondissement où ils sont situés; sinon les tiers n'auront aucun compte à tenir des droits des appelés, quand bien même ils auraient connu par une autre voie l'existence de la clause de substitution; mais les appelés auront un recours contre le grevé et le curateur (1070-1071). — Si la donation avec clause de substitution porte sur des sommes dont le paiement est garanti par un privilège sur un immeuble, *inscription* doit être prise sur le bien affecté au privilège (1069). — Les donataires, légataires ou héritiers de celui qui a fait la donation avec substitution ne peuvent opposer le défaut de transcription ou d'inscription; les créanciers du grevé et tiers acquéreurs ont seuls ce droit.

Le curateur ne doit pas seulement veiller à la transcription et à l'inscription, il doit encore faire tout ce qui est nécessaire pour que la charge de restitution soit fidèlement acquittée par le grevé (1073).

Nous renvoyons au chapitre Impots (Voy. Vie Publique pour l'indication des droits fiscaux perçus par l'administration de l'enregistrement à l'occasion des donations.

Partages faits par père, mère ou autres ascendants entre leurs descendants. — Les père et mère et autres ascendants peuvent faire par *donation entre-vifs* la distribution et le partage de leurs biens entre leurs descendants, mais, bien entendu, il ne peut être question que des biens existant *actuellement* dans leur patrimoine, et non des biens *à venir*. Cette donation est du reste soumise à toutes les règles de forme des donations entre-vifs ordinaires (acte authentique, présence *réelle* du second notaire, acceptation expresse de la part des descendants, etc.) et les lots doivent être composés autant que possible d'objets de même nature. Si donc le partage porte sur des immeubles et sur des meubles, chacun des co-partageants doit avoir dans son lot des biens immobiliers et mobiliers (1075-1076).

Les biens que l'ascendant laisse au jour de son décès et qui n'ont point été compris dans le partage qu'il a effectué, sont partagés suivant les règles établies pour les successions ordinaires (1077).

Le partage d'ascendant a lieu aussi par testament et nous verrons plus loin (Voy. chap. des SUCCESSIONS) quelles différences séparent cette seconde forme de partage d'ascendant de la première.

Le partage peut être attaqué par l'un des co-partagés pour *lésion de plus du quart* (ayant droit à 40,000 francs il n'a reçu que 29,000 francs, par exemple), ou si, par suite d'un préciput, l'un des co-partagés a un avantage plus grand que la loi ne le permet. — L'action en rescision est prescrite au bout de dix ans, si le partage a été fait entre-vifs, tandis qu'elle ne se prescrit que par trente ans si le partage est fait par testament (le délai de dix ou trente ans court à partir du décès de l'ascendant).

Le partage doit avoir été effectué entre tous les enfants existant à l'époque du décès et les descendants de ceux qui sont prédécédés, sinon le partage est absolument nul; mais il peut en être provoqué un nouveau — qui sera effectué suivant les règles ordinaires du partage — par ceux qui n'ont reçu aucune part, et même par ceux entre lesquels le partage a été fait (1078). Si donc l'ascendant a partagé ses biens présents entre quelques-uns de ses petits-enfants, et que ceux qui n'ont eu aucune part dans la distribution existent lors du décès de l'ascendant, le partage est tenu pour nul, tandis que s'ils sont prédécédés, le partage est parfaitement valable. — Les co-partagés sont tenus des dettes de l'ascendant pour un quart s'ils ont chacun un quart de ses biens, pour un tiers s'ils n'ont qu'un tiers, etc.

Quant au partage d'ascendant effectué par testament, il est surtout utile dans les campagnes : le père partage ses biens dès son vivant, par un partage d'ascendant, entre ses fils déjà dans la force de l'âge, tandis que les infirmités ou les maladies le mettent dans l'impossible de travailler la terre ; ce partage est encore utile lorsque l'ascendant prévoit qu'il mourra avant que ses descendants aient atteint leur majorité, car toutes les formalités (ventes judiciaires, etc.), rendues nécessaires par la présence de mineurs parmi les héritiers, sont ainsi évitées, et avec elles les lenteurs et les frais qu'elles entraînent.

Donations faites par contrat de mariage aux époux. — Les parents des époux (et même des personnes non parentes) peuvent disposer de tout ou partie des biens qu'ils laisseront *à leur décès*, tant au profit des époux qu'au profit des enfants à naître du mariage, dans le cas où le donateur survivrait au donataire; si la donation est faite simplement au profit des époux ou de l'un d'eux, elle est toujours présumée faite au profit des enfants et descendants issus du mariage, lorsque les époux donataires sont décédés avant le donateur (1082). — C'est là, il faut bien le remarquer, une donation de *biens à venir*. Bien que ce genre de donation soit prohibé en principe, le législateur l'a admis ici en faveur du mariage, mais à condition que la donation soit faite dans le contrat de mariage même.

La donation dont nous venons de parler est irrévocable, en ce sens que le donateur ne peut plus disposer à titre gratuit (par donation ou testament) des objets qu'elle comprend, si ce n'est pour sommes modiques (il peut faire des cadeaux usuels, par exemple) — (1084).

La donation par contrat de mariage peut être encore faite de telle sorte que l'époux donataire ait à choisir, lors du décès du donateur, entre les biens qu'il avait au jour de la donation et le patrimoine qu'il laisse à son décès, mais ce droit d'option n'existe que si un *état* constatant le *passif* du patrimoine du donateur lors de la donation a été annexé au contrat de mariage, car si cet état n'a point été dressé le donataire ne peut réclamer que les biens du donateur existant au jour de son décès, et il doit payer toutes les charges de la succession; si la succession est mauvaise, il ne lui reste plus qu'à la répudier (1085).

La donation par contrat de mariage en faveur des époux et de leurs enfants peut encore être faite sous la condition que les donataires auront à payer tout le passif de la succession du donateur, ou sous d'autres conditions dépendant de la volonté du donateur (sous la condition de son mariage, par exemple), ce qui ne peut être inséré dans une donation entre-vifs ordinaire (1086).

Pour la validité des donations faites par contrat de mariage, il n'est point nécessaire que le donataire accepte *expressément*, l'acceptation tacite suffit (1087). — Naturellement, toute donation faite en faveur du mariage n'a aucun effet si le mariage n'a pas lieu (1088).

Lorsque celui qui a fait une donation dans le genre de celle dont nous venons de parler, par contrat de mariage, survit à l'époux donataire *et à sa postérité*, la donation est absolument annulée (1089).

Bien entendu, on peut faire une donation de *biens présents* aux époux dans leur contrat de mariage ; mais cette donation de biens présents ne peut avoir lieu au profit des enfants à naître du mariage, — du moins en principe, car si le donateur est père, mère, frère ou sœur de l'époux donataire, il peut parfaitement insérer une clause de substitution dans la donation (1081).

Les donations faites en faveur du mariage ne sont pas révocables pour ingratitude du donataire (959).

Les donations entre époux. — Les époux peuvent se faire des donations par contrat de mariage; souvent même elles sont réciproques. Ces donations peuvent être des donations de biens présents, et elles sont faites parfois sous la condition de survie du donataire. Elles peuvent porter aussi sur les biens à venir, et elles sont alors soumises aux règles que nous venons d'exposer à propos des donations faites en faveur du mariage, sauf qu'elles ne sont pas transmissibles aux enfants issus du mariage, au cas de décès de l'époux donataire avant l'époux donateur ; la donation combe.

Les époux ont le droit de se faire des donations, non-seulement par tontrat de mariage, mais aussi *pendant leur mariage*; seulement ces donations doivent être acceptées expressément par le donataire, et sont toujours *révocables* — Pour révoquer celle qu'elle a faite à son mari, la femme n'a besoin d'aucune autorisation. Le conjoint donateur peut révoquer la donation *tacitement* (en vendant simplement le bien donné). — Naturellement, les donations entre époux ne sont point révocables pour survenance d'enfants. Ce serait absurde (1096).

Sans doute, les époux peuvent se faire des donations réciproques pendant le mariage, mais ces donations ne peuvent être faites par un seul et même acte; il faut un acte spécial pour chaque donation (1097).

Le mineur qui veut faire une donation *par contrat de mariage* à son futur conjoint, a besoin du consentement et de l'assistance de ceux dont le consentement est requis pour le mariage (suivant les cas : père, mère, ascendants ou conseil de famille; le consentement du tuteur est inutile ici) (1095).

L'époux a le droit de donner à son conjoint, soit par contrat de mariage, soit pendant le mariage, tout ce qu'il pourrait donner à une personne non-réservataire, en supposant que les époux n'aient ni enfants, ni descendants. Si l'époux donateur laisse des ascendants, la donation de *l'usufruit* de la portion à laquelle ils ont droit comme héritiers réservataires, et de la *pleine propriété* de la *quotité disponible* à l'époux donataire est parfaitement valable. — Si l'époux donateur laisse des enfants ou descendants, il n'a pu donner à son conjoint que *la moitié* de ses biens *en usufruit* ou *le quart* de ses biens *en propriété* et *un autre quart* en *usufruit* (1094).

Supposons que l'époux donateur ait des enfants d'un premier lit. Dans ce cas, il ne lui est permis de donner à son nouvel époux qu'une part égale à celle de l'enfant le moins favorisé ; et même, au cas où cette part excède *un quart* de son patrimoine, la donation doit être limitée à ce quart (1098).

Lorsque la donation entre époux franchit ces limites, ou encore lorsque la donation excessive est faite indirectement, cette donation est *réduite* au maximum établi par la loi, sur la demande des intéressés (Voy. SUCCESSIONS). — Au contraire, sont *entièrement nulles* les donations déguisées (*frauduleuses* et non pas seulement indirectes) ou faites à des *personnes interposées*, c'est-à-dire aux enfants de l'époux donataire issus d'un précédent mariage, ou à un parent dont l'époux donataire est l'héritier présomptif au jour de la donation, quand bien même ce parent survivrait à l'époux (1100). — Il y a encore d'autres cas où les juges sont chargés de voir s'il y a vraiment interposition de personne, mais, dans les hypothèses que nous venons d'indiquer, ils n'ont point cette liberté d'appréciation.

Pour les droits d'enregistrement dûs en matière de donation : (Voy. ENREGISTREMENT, VIE PUBLIQUE).

CHAPITRE XVI

LA TRANSACTION

C'est un contrat par lequel les parties terminent une contestation déjà née, ou empêchent un procès de naître, et qui contient des concessions *réciproques* (2044). Les transactions devraient être moins rares ; on ne comprend pas assez qu'il vaut mieux souvent transiger qu'entamer un procès, quelle que soit la légitimité des prétentions qu'on émet. On évite ainsi bien des lenteurs, on s'épargne bien des inquiétudes.

La transaction doit être faite par écrit, même quand il s'agit d'une valeur n'excédant pas 150 francs. La preuve par témoins n'est pas admise pour prouver ce contrat — à moins qu'il n'ait été impossible de dresser un écrit, ou que l'acte ait été perdu ou détruit par cas fortuit ou par force majeure (par exemple, dans un incendie). — Mais l'aveu et le serment sont admis comme modes de preuve, à défaut d'écrit.

Pour pouvoir transiger, il faut avoir sa pleine capacité. Le mineur, l'interdit, la femme mariée ne peuvent donc le faire. — Le mineur émancipé peut transiger s'il ne s'agit que d'intérêts se rattachant à la pure administration. Ainsi, il peut signer une transaction qui termine une contestation sur le prix du loyer, sur le coût de réparations d'entretien, etc. Mais les transactions portant sur des aliénations, sur des actes de disposition, lui sont interdites comme au mineur non émancipé.

Le tuteur de l'interdit ou du mineur a le droit de transiger pour celui dont il administre les biens, mais il lui faut obtenir l'autorisation du conseil de famille et l'avis — favorable à la transaction projetée — de *trois* jurisconsultes désignés par le procureur de la République. Pour que la transaction soit valable, il faut, en outre, qu'elle soit homologuée (approuvée) par le tribunal de première instance (2045 et 467).

On ne peut transiger sur une *question d'état* (question se rattachant à l'état, à la condition des personnes). Ainsi, celui qui se prétend l'enfant de *telle* femme ne peut transiger valablement sur cette question de filiation ; l'abandon fait par lui de ses prétentions ne serait pas valable.

On peut transiger sur l'*action civile* qui résulte d'un *délit*, c'est-à-dire sur les *dommages-intérêts* que la victime du délit avait l'intention de réclamer, mais cette transaction n'empêche pas la poursuite du procureur de la République qui, lui, exerce l'*action publique* (Voy. VIE JUDICIAIRE). L'action publique ne peut être l'objet d'une transaction, si ce n'est lorsqu'elle est exercée, non plus par le parquet, mais par les administrations publiques au sujet de délits commis à leur préjudice. C'est ainsi que l'administration des postes et l'administration des douanes, entre autres, transigent très souvent avec ceux qui ont commis certaines fraudes à leur égard.

On peut stipuler, dans la convention réglant les conditions de la transaction, des dommages-intérêts contre celui qui manquera de l'exécuter (2047).

La transaction faite par l'un des intéressés ne lie pas les autres ; elle ne peut leur être opposée. Mais, en revanche, ces co-intéressés ne peuvent en profiter (2051).

Les transactions ont, *entre les personnes qui transigent*, l'autorité d'un jugement rendu en dernier ressort, en ce sens qu'elles ne peuvent être modifiées ou annulées *pour partie* (2052, al. 1er).

Elles ne peuvent non plus être annulées pour lésion — dans toute transaction, il y a au moins une des parties qui, par le sacrifice qu'elle consent, subit une véritable lésion. — Elles ne sont pas annulables pour erreur *de droit* ; au contraire, s'il y a eu erreur sur la personne avec laquelle on a contracté ou sur les *qualités* substantielles, *principales* de la chose qui était l'objet de la convention (erreur de fait) la transaction est annulable. De même, la partie victime de dol ou de violence peut faire annuler la transaction par les tribunaux (2052, al. 2, et 2053).

Sont encore annulables : les transactions faites en exécution d'un titre nul, à moins que les parties n'aient déclaré dans l'acte qu'elles connaissaient le vice du titre, et qu'elles entendaient néanmoins transiger ; au contraire, la transaction faite sur des pièces qui ont été reconnues fausses *depuis* est annulable ; elle est valable, si les pièces ont été reconnues fausses *avant la signature de l'acte* (2054-2055).

Si la contestation qui s'est terminée par une transaction a été l'objet d'un jugement rendu à l'insu des parties, il faut faire une distinction :

Le jugement est-il susceptible d'appel ou d'opposition, la transaction est absolument valable; elle est annulable dans le cas contraire (2056)

Si, depuis la signature d'une transaction, il est constaté par des titres nouvellement découverts que l'une des parties n'avait *aucun droit*, l'autre partie peut faire annuler la transaction, à moins que la transaction ne porte non pas sur telle ou telle affaire (sur la vente de tel bien, par exemple), mais sur toutes celles que les parties pouvaient avoir ensemble, car alors les titres découverts sont relativement de peu d'importance. — Cependant. même dans ce cas, la transaction est annulable si les titres avaient été cachés par la partie qui était intéressée à leur disparition (2057).

L'erreur de calcul faite dans une transaction doit être réparée; elle n'est pas opposable à la partie qui en souffrirait (2058).

Le bien qui a fait l'objet de la transaction, et qui est devenu, après l'abandon de ses prétentions par l'une des parties, la propriété incontestée de l'autre contractant, n'est pas considéré comme ayant été *transmis*, et, par suite, il n'est dû au sujet de ce bien aucun droit proportionnel de mutation. Son transport du patrimoine de celui qui l'avait en sa possession dans le patrimoine de l'autre contractant ne donne lieu qu'au paiement d'un droit fixe de 3 fr. lorsque l'acte de transaction ne contient pas de stipulations de sommes d'argent (art. 44, 8°, loi du 28 avril 1816).

Si le bien objet de la transaction, et sur lequel portait auparavant la contestation, est un immeuble, la transaction est néanmoins opposable *aux tiers* indépendamment de toute transcription, puisqu'elle n'a pas un effet translatif de propriété.

Celui qui est devenu, de par la transaction, propriétaire incontestable du bien autrefois litigieux vient-il à en être évincé, il n'a cependant aucun recours en garantie contre celui qui a consenti à transiger avec lui, car la loi n'applique point ici les principes de la vente.

On ne peut transiger sur les questions qui touchent à l'ordre public.

FORMULE

Transaction

« Entre les soussignés :

» M... (*nom, prénoms, profession, domicile*) d'une part;

» Et M... (*nom, prénoms, profession, domicile*) d'autre part;

» Il a été convenu ce qui suit :

» M..., légataire universel de M... décédé le huit octobre dernier, suivant testament olographe parfaitement régulier en la forme, en date du... mil huit cent... voulant éviter, dans l'intérêt de la mémoire du défunt, qu'il devra préserver de toute atteinte, les débats regrettables qui pourraient résulter d'une action en justice intentée par M..., frère du défunt, en vue de faire casser le dit testamant, renonce en faveur de M... (*le frère du testa teur*), qui accepte, à la moitié de biens compris dans la dite succession, à la condition que M... prenne l'engagement de n'intenter aucune action en justice en vue de faire casser le testament sus-indiqué.

» M... (*le père du testateur*) s'engage de son côté, en prenant acte de l'abandon fait par M... de la moitié du legs universel à lui advenu, à n'élever aucune réclamation, sous quelque prétexte que ce soit, devant les tribunaux contre ledit testament, et à n'intenter aucune action tendant à le faire annuler.

» Fait double à , le mil huit cent...

» Approuvé l'écriture
(*Signature du légataire.*)

» Approuvé l'écriture
(*Signature du frère du décujus.*)

Droits d'enregistrement dûs pour transaction : 1 0/0 si l'une des parties s'oblige à payer une certaine somme, droit *fixe* de 3 fr. dans tout autre cas.

CHAPITRE XVII

OBLIGATIONS NE RÉSULTANT PAS D'UN CONTRAT

Nous avons traité des obligations nées d'un contrat, d'une convention, mais il en est d'autres qui naissent tantôt d'un *quasi-contrat*, tantôt d'un *délit*, tantôt d'un *quasi-délit*, tantôt enfin des *termes de la loi* (obligations découlant des servitudes légales, par exemple). Ce sont des engagements qui ne résultent pas d'une convention préalable entre celui qui profite de l'obligation et celui qui en supporte le fardeau (1370).

SECTION PREMIÈRE

Quasi-Contrats

Le quasi-contrat résulte du fait d'une personne qui agit comme si elle avait reçu un mandat d'une autre personne. Ainsi, en l'absence de mon voisin, sans m'être entendu avec lui, je gère sa propriété comme si j'avais reçu de lui mandat d'administrer. C'est là ce qu'on appelle la *gestion d'affaires*, c'est un *quasi-contrat*, je prends la qualité de *gérant d'affaires* et le voisin dans l'intérêt duquel j'agis est le *maître* : c'est ainsi que la loi le désigne (1371).

Le législateur n'a pas voulu que le gérant d'affaires, qui accomplit en somme une bonne action, subît un préjudice ; aussi oblige-t-il le maître à rembourser au gérant d'affaires les sommes qu'il a déboursées dans son intérêt, et à remplir les engagements qu'il a pris pour son compte.

Mais le gérant d'affaires qui, sans en être prié, s'occupe d'administrer le bien d'autrui, n'a pas droit à des bénéfices; le maître ne doit l'indemniser que de ce qu'il a dépensé *utilement;* s'il a commis des fautes — s'il a gaspillé les fruits du bien, par exemple, il est responsable. La loi exige de lui qu'il se comporte en *bon père de famille*, c'est-à-dire en bon administrateur, et s'il a l'habitude de mal administrer ses propres biens, elle veut que, du moins, il se montre plus habile quand il s'agit du bien d'autrui (1374-1375).

Si le *maître* vient à décéder, le gérant d'affaires doit continuer la gestion commencée, jusqu'à ce que les héritiers du maître puissent venir le remplacer (1373). Le gérant d'affaires n'a point droit aux intérêts du jour du paiement effectué pour le compte du maître. A ces deux points de vue le mandataire est mieux traité que le gérant d'affaires. — Mais il faut observer que le gérant d'affaires devient *mandataire tacite* dès que le maître a connaissance de ses actes de gestion et les approuve, ou, pour être plus précis, dès que l'approbation du maître lui parvient, car dès lors *il y a convention*, et le quasi-contrat de gestion d'affaires est remplacé par le contrat de mandat.

Le *paiement de l'indû* est également un quasi-contrat. — Il y a paiement de l'indû lorsque celui qui a payé ne devait rien, la dette étant inexistante, ou encore lorsqu'un débiteur paie sa dette à une personne qui n'a aucune qualité pour recevoir ce paiement, ou enfin lorsque le créancier est payé par Paul, par exemple, alors que son véritable débiteur est Jacques.

Mais dans ces trois cas il faut qu'il y ait *erreur de fait* ou *erreur de droit* de la part de celui qui a payé à tort; s'il a payé *sachant parfaitement* qu'il ne devait rien, il n'a pas d'action en restitution : il est censé avoir eu l'intention de faire une donation.

Du paiement de l'indû résulte une obligation pour celui qui a été payé indûment, — celle de restituer ce qu'il a reçu, sauf dans un cas exceptionnel : Il s'agit de l'hypothèse où le créancier, persuadé que celui qui l'a payé est son véritable débiteur, détruit le *titre* de sa créance. Il a agi de bonne foi, il n'a commis aucune imprudence, tandis que la personne qui l'a payé a agi avec étourderie. C'est elle qui en supportera les conséquences; elle n'a rien à réclamer au créancier, car celui-ci, s'il restituait, ne pourrait plus se faire payer par son véritable débiteur, il serait désarmé. La loi donne simplement au pseudo-débiteur un recours contre le véritable débiteur libéré grâce à lui (1377).

Si le créancier a été payé *en nature*, — il a reçu en paiement un immeuble, par exemple, — il faut distinguer avec soin s'il est de bonne ou de mauvaise foi.

Est-il *de bonne foi*, il devra restituer l'immeuble, mais il gardera les fruits que le fonds aura produits depuis la livraison. En outre, il aura droit à une indemnité pour les dépenses *utiles* qu'il aura faites sur le bien qu'il doit restituer — et, par *dépenses utiles*, il faut entendre ici les dépenses qui n'étaient pas absolument nécessaires, qu'on aurait pu ne faire que par la suite.

Quant aux dépenses qui n'ont point servi à la conservation du bien, mais seulement à son *amélioration*, il n'en sera remboursé que partiellement la plupart du temps, car il n'a droit qu'à la *plus-value* (1380-1381).

Au contraire celui qui a reçu le bien *de mauvaise foi* doit restituer tous les fruits, et il n'est indemnisé complètement que des dépenses absolument nécessaires. Pour les dépenses utiles et les dépenses de luxe — appelées aussi *dépenses voluptuaires* — il est traité comme l'est d'ordinaire le possesseur de mauvaise foi.

Le créancier *de bonne foi*, au cas où il a vendu le bien qu'il a reçu indûment en paiement, doit, pour être dégagé de toute obligation envers celui qui lui a livré le bien, rendre à ce dernier le prix qu'il a reçu de l'acquéreur dudit bien, même *si ce prix est bien inférieur à la valeur*, tandis que le créancier de *mauvaise foi* doit la valeur *réelle* du bien, et souvent il sera condamné en outre à des dommages-intérêts. Du reste celui qui a payé indûment peut revendiquer l'immeuble contre l'acquéreur.

Au point de vue des risques, il y a encore une grande différence entre la situation de celui qui a reçu de bonne foi le paiement de l'indû, et la situation de celui qui l'a reçu de mauvaise foi. En effet, que la chose reçue périsse par *cas fortuit*, le premier est libéré, car il n'est responsable que de la perte causée par sa négligence, par sa faute, tandis que le second est responsable même de la perte résultant d'un *cas fortuit :* par exemple de la maladie du cheval qui lui a été livré, — sauf s'il parvient à prouver que l'animal aurait péri même s'il était resté chez son maître.

Dans le quasi-contrat résultant du paiement de l'indû, la bonne foi a donc une très grande importance.

Il ne faut pas croire que la gestion d'affaires et le paiement de l'indû produisent seuls des obligations quasi-contractuelles. Il en est de même de tutelle *acceptée* — et non point *imposée* par la loi (nous avons vu en effet que dans certains cas la tutelle est imposée par la loi à certaines personnes). — En cas d'indivision, si un co-propriétaire administre la propriété commune pour tous les co-propriétaires, il naît de cette gestion des obligations quasi-contractuelles.

SECTION II

Délits et quasi-délits

Ici il faut faire avec soin une distinction capitale. On doit bien se garder de confondre le *délit civil* avec le *délit criminel*. Il y a des faits qui constituent des délits civils et en même temps des délits criminels ou des *infractions*, d'autres qui ne sont que des délits civils, d'autres enfin qui ne sont que des délits criminels.

Le *délit civil* est un fait *illicite* et accompli dans l'*intention de nuire* à autrui. Le quasi-délit, — il n'y a point de quasi-délit criminel — est un fait *illicite*, mais dont l'auteur n'avait nullement l'intention de nuire.

Le *délit criminel* est un fait illicite, *puni par un texte précis de la loi pénale*, mais qui peut avoir été accompli *sans intention de nuire* et même n'avoir causé aucun préjudice, tandis que le délit et le quasi-délit civils n'existent que lorsqu'il y a eu un préjudice.

Pour nous faire mieux comprendre, nous citerons des exemples :

Un héritier veut s'approprier exclusivement un bijou qui fait partie des biens de la succession. En agissant ainsi, il a eu l'intention de nuire à ses co-héritiers. C'est là un délit civil, puni par la loi civile et *non par la loi pénale* : le code civil enlève à l'héritier coupable tout droit sur le bien qu'il a voulu détourner du partage.

Voici maintenant un délit criminel — le mot *criminel* s'applique ici à tous les faits punis par la loi pénale, même aux plus minimes, comme notre exemple va le démontrer : J'oublie la nuit d'allumer les lanternes de ma voiture. Je commets là une contravention de police, et si un procès-verbal est dressé contre moi, je suis condamné à l'amende, quand bien même j'aurais commis cette omission par simple étourderie, sans avoir l'intention de nuire à autrui; quand bien même ma négligence n'aurait causé aucun accident. Il n'y a donc pas là un délit civil, mais un délit *exclusivement pénal*.

Supposons que j'aie blessé une personne qui, dans l'obscurité, ne s'est pas aperçue de l'approche de la voiture : j'ai commis là un quasi-délit civil en même temps qu'un délit pénal, je serai passible non seulement d'une amende, mais de dommages-intérêts envers la personne que j'ai blessée.

L'intérêt pratique de ces distinctions est multiple : s'agit-il d'un délit civil (ou d'un quasi-délit), le tribunal civil est seul compétent; s'agit-il d'un délit pénal, le tribunal répressif — tribunal de simple police, tribunal correctionnel ou cour d'assises — est seul compétent, et le ministère public peut *seul* intenter les poursuites, s'il n'y a pas de victime du délit.

S'agit-il enfin d'un délit à la fois civil et pénal, le tribunal répressif saisi du délit *pénal* peut être *accessoirement* saisi du délit *civil*, de la question relative anx dommages-intérêts réclamés par la partie civile, la victime du délit. Mais si la partie civile le préfère, elle peut porter la question devant le tribunal civil. Or, au point de vue de la prescription, il y a une différence essentielle entre ces deux modes de conduite : si la partie civile préfère s'adresser au tribunal civil, elle aura *trente ans* pour intenter son action, tandis que si elle entend joindre son action à l'action publique, c'est-à-dire à l'action pénale intentée par le procureur de la République, son action subira, au point de vue de la prescription, le même sort que l'action publique (Voy. DROIT PÉNAL).

L'article 1382 du Code civil a une très grande importance. C'est un de ceux qui sont le plus souvent invoqués dans la pratique. Il est ainsi conçu :

« 1382. — Tout fait quelconque de l'homme, qui cause à autrui un *dommage*, oblige celui par la *faute* duquel il est arrivé à le réparer. »

Le mot *faute* contenu dans cet article implique bien que, pour être tenu de réparer *civilement* le préjudice qu'on a causé, il faut avoir commis une faute, une négligence, une imprudence. Si, tout en causant un préjudice, on n'a fait qu'user de son droit, on n'encourt aucune responsabilité civile. C'est là un grand principe qu'il ne faut jamais perdre de vue.

En pratique, l'expression *responsabilité civile* s'emploie surtout pour désigner la responsabilité encourue par les parents, par les patrons, par les maîtres de maison, à raison des faits dommageables commis par les enfants, les employés ou les domestiques.

Le père de famille doit surveiller son enfant, l'empêcher de nuire. Que cet enfant commette un dégât, brise la glace d'un magasin, par exemple, le père est responsable et doit réparer le préjudice causé. Si le père de l'enfant est mort ou aliéné, ou s'il a disparu sans qu'on sache s'il est encore vivant, la responsabilité passe à la mère.

Mais dès que l'enfant est majeur, les parents sont déchargés de cette responsabilité ; de même, si l'enfant *mineur* n'habite pas avec eux, soit parce qu'il est en apprentissage, soit parce qu'il est en pension. Mais, dans ce cas, ce sont les patrons et les instituteurs qui sont responsables des délits civils commis par les enfants dont ils ont la garde, pendant tout le temps qu'ils leur sont confiés.

Du reste, les parents, patrons, instituteurs peuvent échapper aux conséquences pécuniaires du quasi-délit, en prouvant qu'ils n'ont pu empêcher le dommage (1384).

Les maîtres de maison sont responsables des dommages causés par leurs domestiques *dans leur service*. — Même responsabilité pour un commerçant à l'égard des délits civils causés par ses commis. Même solution au cas où l'ouvrier, chargé par un particulier de faire un ouvrage, a, *pendant la durée de son travail*, causé un accident préjudiciable à autrui. — Mais dans ces derniers cas la loi ne permet pas que la présomption de faute soit détruite par la preuve contraire.

Le propriétaire d'un animal est responsable du dommage que cet animal cause, même après qu'il s'est échappé, même s'il est perdu. Mais l'animal est-il prêté ou loué, c'est sur celui *qui s'en sert* et non sur le propriétaire que pèse la responsabilité. Du reste, on doit admettre que la personne responsable dans ces hypothèses est déchargée de toute responsabilité quand elle prouve qu'elle n'a commis aucune faute, aucune négligence.

Le gibier n'appartenant à personne, sauf au chasseur qui s'en empare, le propriétaire d'un bois peuplé de gibier préjudiciable aux propriétés avoisinantes n'est pas responsable des dégâts, mais cette responsabilité lui incomberait s'il ne voulait pas consentir à détruire ou à laisser détruire, par les voisins victimes de ces dégâts, le gibier qui nuit à leurs propriétés (1385).

Lorsqu'un bâtiment, venant à s'écrouler par suite du défaut d'entretien ou d'un vice de construction, cause quelque dommage à un voisin, le propriétaire de ce bâtiment doit réparer le préjudice résultant de sa négligence (1386).

CHAPITRE XVIII

LES PRIVILÈGES ET LES HYPOTHÈQUES

SECTION PREMIÈRE

Les Privilèges

Si nous traitons dans la même section des privilèges et des hypothèques, c'est que ces deux matières ont de nombreux traits de ressemblance, notamment au point de vue de la conservation des droits du créancier hypothécaire ou privilégié. Mais il faut bien avoir soin de ne point confondre le privilège avec l'hypothèque, car, ainsi que nous le verrons, les effets de ces deux catégories de droits sont tout à fait différents.

Le *privilège*, c'est le droit que la *qualité* de la créance donne à un créancier d'être préféré à tous autres créanciers, même aux créanciers hypothécaires. Ainsi, un débiteur n'a que 10 000 francs; de ses deux créanciers, l'un est privilégié pour une somme de 12 000 francs : les 10 000 francs seront pour lui, l'autre créancier n'aura rien (2095). — S'il y a plusieurs créanciers privilégiés, c'est celui dont la créance, à raison de sa qualité, mérite le plus de faveur, qui est payé en premier lieu. S'agit-il de plusieurs créances de même qualité, la somme est distribuée entre les créanciers proportionnellement au montant des créances privilégiées (2096-2097).

Nous avons supposé que le privilège portait sur l'ensemble du patrimoine du débiteur, mais il n'en est pas toujours ainsi : parmi les privilèges, les uns portent sur certains meubles, d'autres sur certains immeubles (ce sont les privilèges *spéciaux*) ; d'autres enfin portent sur tous les meubles et *subsidiairement* sur tous les immeubles du débiteur (ce sont les privilèges *généraux*). Nous parlerons tout d'abord de ces derniers, car ce sont ceux qui se rencontrent le plus fréquemment.

Privilèges généraux. — Les créances auxquelles donnent lieu les frais de justice (frais de vente judiciaire, de scellés, d'inventaire, par exemple), les frais funéraires faits pour l'enterrement du débiteur ou de l'un de ses proches parents, les frais de la dernière maladie (visites de médecins, médicaments, etc.), les salaires des nourrices, les salaires des gens de service (domestiques, mais non pas journaliers) pour l'année échue et pour l'année courante (à dater de l'anniversaire de leur entrée chez le débiteur), les salaires des ouvriers (pour le *mois* qui a précédé la cessation de paiements par suite d'insolvabilité du débiteur), les appointements des commis (pour les *six* derniers mois qui ont précédé la faillite), les fournitures de *subsistances* (pain, viande, vin, fruits, etc.) faites pendant les six derniers mois par les marchands *en détail* et pendant la *dernière année* par les maîtres de pension et par les marchands *en gros* (fournisseurs en gros, alors même qu'ils auraient l'habitude de vendre au détail) — mais il ne s'agit pas ici de fournitures de toilette, vêtements, etc. — toutes ces créances sont garanties par un *privilège général* sur tous les meubles du débiteur, et le paiement de ces créances privilégiées s'effectue *dans l'ordre ci-dessus*. On paie donc d'abord les frais de justice, puis les frais funéraires, etc. (les fournisseurs et les maîtres de pension concourent entre eux, car la loi les place sur la même ligne) — (2101).

Si le produit de la vente des meubles ne suffit pas pour désintéresser ces créanciers privilégiés, ils se font payer sur le produit de la vente des immeubles, et ils passent avant tous autres créanciers, même avant les créanciers ayant hypothèque ou privilège spécial sur ces immeubles (2105).

Privilèges sur certains meubles. — Le créancier gagiste a un privilège sur l'objet mobilier qui lui a été donné en gage ; le dépositaire, l'ouvrier, a un privilège pour le remboursement des dépenses qu'il a faites en vue de la conservation de la chose qu'il a reçue en dépôt ; le bailleur, pour le paiement des loyers ou fermages et des réparations locatives, sur tout ce qui garnit la maison louée ou la ferme (meubles meublants, bijoux, argenterie — mais non argent ou valeurs, — instruments aratoires, récoltes engrangées dans un bâtiment dépendant de la ferme, etc.), ainsi que sur les fruits de la récolte de l'année. — Le privilège du bailleur ne garantit pas seulement le paiement des loyers ou fermages échus, mais encore tous les loyers ou fermages à échoir *si le bail à date certaine* (bail authentique ou bail sous seing privé *enregistré*); seulement, dans ce cas, les créanciers primés par le bailleur ont le droit de relouer la maison ou la ferme *à leur profit*, pour le restant du bail. — Si le bail n'a pas date certaine, le privilège du bailleur garantit seulement le paiement des termes échus, des termes de l'année courante et d'*une année* à partir de l'expiration de l'année courante. — Au cas de faillite du locataire il y a des règles spéciales que nous indiquerons lorsque nous traiterons de la faillite (Voy. VIE COMMERCIALE).

Parmi les créanciers privilégiés sur certains meubles il faut ranger encore le fournisseur des semences qui ont servi pour la récolte de l'année, et les moissonneurs ou journaliers (leur privilège porte sur le prix de la récolte), ainsi que le fournisseur d'ustensiles (charrues, machines à battre, etc.). Le privilège de ce dernier porte sur le prix des ustensiles par lui fournis. (2102.)

Le propriétaire peut saisir les meubles qui garnissaient sa maison ou sa ferme lorsqu'ils ont été déplacés *sans son consentement*, afin que son privilège soit conservé; il lui faut faire cette saisie-revendication dans la *quinzaine*, s'il s'agit des meubles garnissant une maison; dans les *quarante jours*, s'il s'agit du mobilier garnissant une ferme (ustensiles aratoires, récoltes, etc.), à compter du jour de l'enlèvement, ou, *s'il y a eu enlèvement clandestin*, du jour où l'enlèvement est parvenu à sa connaissance. — Du reste, on considère qu'il y a consentement *tacite* pour l'enlèvement des marchandises placées dans une boutique et destinées à la vente.

Le vendeur *d'effets mobiliers* non payés (meubles corporels ou même incorporels, tels que : titres de rente, obligations, etc.) a un privilège sur ces effets mobiliers, tant qu'ils sont en la possession de son débiteur. — Si la vente n'a pas été faite à crédit, il peut revendiquer les biens vendus tant qu'ils sont en la possession de l'acheteur, et en empêcher la revente; mais la saisie-revendication doit être faite *dans la huitaine* de la livraison, et encore, pour qu'elle soit possible, il faut supposer que les effets mobiliers se trouvent dans le même état que lors de cette livraison. — La procédure de la saisie-revendication est très simple : il suffit d'adresser une requête au président du tribunal, et celui-ci rend une ordonnance permettant de procéder à la saisie qui est faite, du reste, dans les formes de la saisie ordinaire (826, 827, 830 Pr.).

L'aubergiste (mais non le restaurateur ou le cafetier) a un privilège, pour le paiement de ce qui lui est dû, sur les bagages du voyageur qui ont été transportés dans son auberge ; la même faveur est accordée au *voiturier* — et par voiturier il faut entendre ici les compagnies de transport par terre ou par eau, telles que : messageries, compagnies de chemins de fer, etc. — pour le paiement des frais de transport et des dépenses accessoires. — Le privilège du voiturier subsiste tant que la chose transportée reste en sa possession.

Les créances résultant d'abus et de prévarications commis par les fonctionnaires publics dans l'exercice de leurs fonctions sont également privilégiées, mais ici le privilège porte sur les cautionnements fournis par ces fonctionnaires (2102).

Il peut arriver que deux créances privilégiées portent sur le même meuble. Par exemple, tel meuble, sur lequel repose le privilège du vendeur, a été donné en gage. Quel est celui des deux créanciers privilégiés (le bailleur et le créancier gagiste) qui sera payé le premier au détriment de l'autre? — Ce sera le créancier gagiste s'il ignorait, lorsqu'il a reçu cet effet mobilier en gage, qu'il n'était point encore payé ; s'il le savait, le vendeur sera payé avant lui.

Nous avons vu que le fournisseur des semences, le journalier et le bailleur avaient tous trois privilège sur le prix de la récolte ; mais le journalier passe avant le fournisseur de semences, et celui-ci est préféré au bailleur; de même, le fournisseur d'ustensiles est préféré au propriétaire de la ferme, sur le prix des ustensiles qu'il a fournis.

Entre plusieurs ouvriers ayant travaillé successivement à la conservation d'un meuble il faut préférer celui qui a réparé l'objet *en dernier lieu;* puis vient celui qui a fait l'avant-dernière réparation, et ainsi de suite.

Lorsqu'on se trouve en présence du privilège du créancier gagiste et du privilège de celui qui a fait des dépenses pour la conservation de l'objet, il faut distinguer suivant que les dépenses de conservation ont *précédé* ou *suivi* la constitution du gage : dans le premier cas, le créancier gagiste est payé le premier ; dans le second cas, le conservateur de l'objet lui est préféré. — Même solution s'il y a conflit entre le privilège du vendeur et celui de l'ouvrier qui a travaillé à la conservation de l'objet de la vente.

Privilèges sur certains immeubles. — Le vendeur d'un immeuble a un privilége sur l'immeuble vendu pour le paiement du prix; s'il y a plusieurs ventes successives, le premier vendeur est préféré au second, le second au troisième et ainsi de suite (le co-échangiste, au contraire, n'a point de privilège).

Les co-héritiers ou tous autres co-partageants ont un privilège sur les *immeubles* qui ont fait l'objet du partage, pour la garantie résultant de ce partage et pour le paiement de la somme due par l'un des co-partageants dont le lot est plus important, et fixée de telle sorte que l'égalité entre les parts soit rétablie.

Les architectes, maçons, entrepreneurs et ouvriers employés pour édifier, reconstruire ou réparer des bâtiments ou des canaux sont privilégiés pour le paiement de ce qui leur est dû sur le bâtiment qu'ils ont édifié, ou plutôt sur la *plus-value* existant à l'époque de l'aliénation de l'immeuble et résultant des travaux qu'ils ont exécutés.

Voici comment cette plus-value est établie : avant le commencement des travaux un expert, nommé *d'office* par le tribunal de première instance dans le ressort duquel le bâtiment doit être édifié, dresse un premier procès-verbal constatant l'état des lieux; dans les *six mois* qui suivent le complet achèvement des travaux un expert, également nommé *d'office* (ce peut être le même), dresse un *second* procès-verbal constatant l'état des lieux *après* la réception des travaux. La différence entre les deux évaluations représente la plus-value. — Si ces conditions ne sont pas remplies, les constructeurs n'ont aucun privilège.

Celui qui a prêté de l'argent au propriétaire pour qu'il puisse payer les architectes, ouvriers qui ont édifié ou réparé son immeuble. a privilège sur cette même plus-value, pourvu que cet emploi de son argent soit constaté par un *acte d'emprunt* fait dans la forme authentique (*acte notarié*), et, en outre, par la *quittance* délivrée par les architectes, entrepreneurs ou ouvriers.

De même celui qui a prêté de l'argent à un acheteur, pour qu'il puisse payer l'immeuble qu'il a acheté, est aussi privilégié que l'eût été le vendeur s'il n'avait point reçu son prix; mais il faut pour cela que, dans l'acte *authentique* d'emprunt, l'emploi projeté de la somme soit indiqué, et que le vendeur, dans sa *quittance*, déclare que le paiement a été fait au moyen de l'argent emprunté par l'acquéreur (2103).

Entre plusieurs vendeurs successifs, le premier, nous l'avons vu, est préféré au second; même solution, au cas de conflit entre privilèges résultant de partages successifs. Mais le privilège du vendeur non payé passe avant le privilège du co-partageant (car, en fait, le co-partageant est l'héritier d'un acquéreur qui n'a point encore effectué le paiement du prix). — Quant au privilège de l'architecte et des ouvriers, il a toujours le premier rang, puisqu'il est fondé sur l'idée de plus-value.

Le créancier auquel est attribué un privilége sur des immeubles n'a point seulement un droit de préférence; le privilège lui donne encore un *droit de suite* : *suit* l'immeuble affecté comme garantie à sa créance, en quelques mains qu'il passe; cet immeuble aliéné par le débiteur et tombé dans le patrimoine d'un tiers acquéreur reste toujours grevé du privilège. — Mais, pour avertir le tiers, la loi a organisé un système de publicité : elle exige l'inscription du privilège sur des registres tenus par le conservateur des hypothèques.

Cette inscription est absolument nécessaire pour la conservation des privilèges portant sur des immeubles, tant pour le droit de préférence que pour le droit de suite. Or comme les mêmes règles s'appliquent pour la conservation des hypothèques, nous les tracerons dans une section distincte qui embrassera à ce point de vue et les privilèges et les hypothèques (Voy. *Section III*). Mais nous pouvons dire tout de suite que les privilèges *généraux* (privilège portant sur tous les meubles et *subsidiairement sur les immeubles du débiteur*) existent vis-à-vis des tiers et se conservent sans qu'il soit besoin d'inscription.

SECTION II

Les Hypothèques

L'hypothèque est un droit portant sur un immeuble appartenant au débiteur ou même à un tiers, et garantissant le paiement d'une créance. A la différence du privilège, l'hypothèque ne peut porter que sur des *immeubles* (cependant les *navires*, depuis la loi de 1874, peuvent être hypothéqués); mais, comme le privilège, elle donne au créancier un *droit de préférence* et un *droit de suite*. Du reste, le droit de préférence du créancier hypothécaire n'a point pour base la qualité de la créance, mais bien plutôt un texte de loi, une convention intervenue entre le débiteur et le créancier, ou un jugement (2117).

Il y a en effet trois classes d'hypothèques : les hypothèques légales, les hypothèques judiciaires et les hypothèques conventionnelles (2116). Mais, avant de passer en revue ces différentes catégories, nous devons indiquer quels biens immobiliers peuvent être grevés d'hypothèque.

Les biens susceptibles d'hypothèque sont : les biens immobiliers qui sont dans le commerce (ce qui exclut par conséquent les biens du domaine public et les immeubles dotaux inaliénables) et leurs accessoires *réputés immeubles*, c'est-à-dire les *immeubles par destination*. — L'usufruitier de ces biens peut hypothéquer son droit d'usufruit, mais le plein propriétaire ne peut hypothéquer le droit d'usufruit indépendamment du droit de nu-propriété.

Les mines considérées *séparément*, c'est-à-dire abstraction faite de la surface du sol, sont aussi susceptibles d'hypothèque, de même que les actions de la Banque de France *immobilisées* (pour les immobiliser il suffit d'une déclaration faite par leur propriétaire : cette déclaration est inscrite sur les registres de transfert). — Mais les actions immobilières ordinaires (actions en revendication, par exemple) ne peuvent être grevées d'hypothèques, pas plus que les droits d'usage ou d'habitation, de servitude, considérés indépendamment du fonds qu'ils frappent. Quant aux actions que l'on peut avoir dans une société immobilière, elles ne constituent que des droits *mobiliers;* il est donc tout naturel qu'elles ne puissent être hypothéquées.

L'hypothèque est *indivisible*, ce qui veut dire que si le débiteur dont l'immeuble est grevé d'hpothèque a payé la presque totalité de sa dette, l'hypothèque continue néanmoins de gréver son immeuble, absolument comme s'il n'avait rien payé, jusqu'à ce que la créance soit adsolument éteinte. Lorsque nous traiterons des successions nous trouverons des applications remarquables de cette indivisibilité de l'hypothèque.

Hypothèques légales. — Les femmes mariées ont de *plein droit* une hypothèque générale sur les immeubles de leur mari; de même les mineurs et les interdits ont une hypothèque légale sur les biens immobiliers de leurs tuteurs. L'Etat, les communes et les établissements publics (les hospices notamment) ont également hypothèque sur les immeubles des receveurs et administrateurs comptables (trésoriers, payeurs généraux, par exemple, mais non les percepteurs) — (2121).

Le légataire à titre particulier, nous le verrons, a, lui aussi, une hypothèque légale pour garantir le paiement de son legs (1017).

Quant aux mineurs émancipés, majeurs pourvus d'un conseil judiciaire, ou enfants dont le patrimoine est sous le régime de l'administration légale, ils ne sont point protégés par une hypothèque pesant sur les biens de leur curateur, conseil judiciaire ou administrateur légal. — Mais les personnes non interdites placées dans un établissement d'aliénés peuvent être pourvues par le tribunal d'une hypothèque portant, jusqu'à concurrence d'une certaine somme, sur le patrimoine immobilier de celui qui gère leur fortune (administrateur provisoire ou curateur). — (Loi du 30 juin 1838).

En principe, pour produire leur effet, les hypothèques doivent être inscrites sur le registre du conservateur des hypothèques. — Par mineur exception les hypothèques légales de la femme mariée, du ou de l'interdit existent indépendamment de toute inscription (2135, al. 1er). Or les hypothèques prenant rang entre elles du jour de leur inscription (la première inscrite est préférée à la seconde, — c'est même là une grande différence entre l'hypothèque et le privilège), il a fallu établir une règle spéciale pour les hypothèques existant même à défaut d'inscription. C'est ainsi que l'hypothèque légale établie au profit des mineurs et des interdits porte sur les biens immobiliers de tuteur (comme garantie de sa gestion) du jour de la nomination du tuteur, s'il était présent à la séance du conseil de famille où elle a eu lieu; s'il n'y assistait point, du jour où il en a reçu notification; s'il n'y a pas lieu à une tutelle *dative*, du jour où le tuteur a appris le décès donnant ouverture à la tutelle.

L'hypothèque de la femme mariée porte sur les immeubles du mari, à compter du jour du mariage pour la restitution de la dot et l'exécution des conventions matrimoniales (gain de survie, par exemple); à compter de l'ouverture des successions, ou du jour que les donations ont eu leur effet, s'il s'agit de sommes provenant de successions échues, ou de donations faites à la femme pendant le mariage; du jour de l'obligation qu'elle a contractée avec son mari, pour l'indemnité due par celui-ci à sa femme, qui, nous le supposons, a joué le rôle d'une caution, et du jour de la vente pour le prix de ses propres aliénés par le mari (2135). — Si le mari a recouvré des créances de la femme, l'hypothèque de celle-ci prend date du jour de ce recouvrement.

Sans doute le défaut d'inscription ne peut préjudicier à la femme mariée, au mineur ou à l'interdit, mais il faut bien remarquer que les maris et tuteurs sont tenus de faire inscrire *sans délai* l'hypothèque qui grève leurs immeubles présents et à venir. — Les subrogés-tuteurs sont tenus également, sous leur responsabilité, et sous peine de dommages et intérêts, de veiller à ce que ces inscriptions soient faites, et même de les faire faire (2136-2137).

Le mari ou tuteur qui, n'ayant point fait inscrire l'hypothèque légale, laisserait prendre des privilèges ou hypothèques sur ses immeubles sans déclarer qu'ils sont grevés d'une hypothèque légale, serait *stellionataire*, et comme tel il serait privé du bénéfice de la cession de biens, qui autrefois avait encore plus d'importance qu'aujourd'hui, car il dispensait de la contrainte par corps abolie par la loi du 22 juillet 1867 (2136, al. 2).

Les parents du mineur, à leur défaut ses amis, le mineur lui-même peuvent requérir l'inscription de son hypothèque légale. Les parents du mari ou de la femme (mais non pas ses amis) ont le même droit en ce qui touche l'hypothèque légale de la femme mariée (2139).

Les époux peuvent convenir dans leur contrat de mariage que l'hypothèque légale de la femme ne frappera que tels ou tels immeubles du mari, et alors les immeubles non indiqués seront affranchis de toute hypothèque pour la dot de la femme et pour ses reprises. Mais il ne peut être stipulé qu'aucun immeuble ne sera grevé de l'hypothèque. — Du reste, pour que cette restriction soit valable, il faut que la femme soit *majeure* lors de la confection du contrat (2140).

Le conseil de famille peut également autoriser le *tuteur datif* qui possède une fortune considérable, et dont le pupille n'a qu'un petit patrimoine, à ne faire inscrire l'hypothèque que sur certains de ses immeubles. Mais le tuteur doit réclamer cette faveur dans le délai qui lui est donné pour refuser la tutelle (2141). — Le tuteur qui n'est point nommé par le conseil de famille ne peut demander la restriction de l'hypothèque légale du mineur.

Ces hypothèques restreintes de prime abord sont, en somme, des hypothèques conventionnelles, et elles ne peuvent plus être réduites. — Au contraire, si cette restriction n'a point été faite à l'origine, et que l'hypothèque générale du mineur ou de la femme mariée garantisse d'une façon *notoirement excessive* les créances du mineur contre son tuteur ou les reprises de la femme, le tuteur ou le mari peut obtenir la restriction de l'hypothèque du mineur ou de la femme aux immeubles suffisants pour opérer une pleine garantie.

Pour atteindre ce but, le tuteur dirige une demande en justice contre le *subrogé-tuteur*, après s'être pourvu d'un avis favorable du conseil de famille. Quant au mari, avant d'introduire sa demande il doit obtenir le consentement de sa femme (pour que ce consentement vaille il faut que la femme soit majeure), et demander l'avis des quatre plus proches parents de celle-ci réunis en conseil de famille. La demande est dirigée contre le procureur de la République. — Puis intervient le jugement sur la demande formée par le tuteur ou le mari : s'il réduit l'hypothèque à certains immeubles, les inscriptions prises sur les autres sont annulées (2143-2145).

Hypothèque judiciaire. — Tous les jugements portant condamnation pécunaire ou non (car, pour les questions d'état, l'hypothèque garantira le paiement des frais, et, pour les obligations de faire ou de ne pas faire, le paiement des dommages-intérêts), ainsi que les reconnaissances ou vérifications judiciaires de signatures apposées à un acte sous seing privé, emportent hypothèque judiciaire sur les immeubles actuels du débiteur, et même sur ceux qu'il pourra acquérir par la suite. — Les décisions arbitrales n'ont cet effet qu'autant qu'elles sont rendues *exécutoires* par une ordonnance du président du tribunal, mais les contraintes émanées de l'administration des douanes emportent hypothèque par elles seules.

Il faut bien remarquer que si le jugement a été rendu à l'étranger par un tribunal étranger il a besoin, pour avoir effet en France, et, par conséquent, pour donner lieu à l'inscription de l'hypothèque judiciaire, d'être revêtu de l'*exequatur* accordé par les tribunaux français. Or, en pratique, le tribunal appelé à accorder l'*exequatur* révise le jugement rendu par le tribunal étranger, et ne le rend exécutoire que s'il en approuve les termes (2123).

L'hypothèque judiciaire doit être inscrite sur les registres du conservateur des hypothèques; mais si elle résulte d'une reconnaissance d'écriture, son inscription ne peut avoir lieu avant que l'exécution de l'obligation contractée sous seing privé soit devenue *exigible* (avant l'échéance, par conséquent, s'il s'agit d'un billet à ordre.) —(Loi du 3 septembre 1807).

Hypothèques conventionnelles. — Pour consentir une hypothèque sur son immeuble, il faut avoir la capacité de *l'aliéner*; aussi, pour que l'immeuble d'un mineur soit hypothéqué, faut-il remplir les mêmes formalités que s'il s'agissait d'une aliénation (consentement du conseil de famille et homologation du tribunal). — (2124). — Le propriétaire sous condition suspensive ou résolutoire d'un immeuble, ne peut grever cet immeuble que d'une hypothèque soumise à la même *condition* (2125).

L'hypothèque conventionnelle doit être consentie par acte passé en forme *authentique* (devant deux notaires ou un notaire et deux témoins) ; on admet cependant qu'il suffit du dépôt chez un notaire d'un acte sous seing privé reconnu par *toutes les parties*. — L'hypothèque peut être consentie par mandataire, à condition que le mandat soit spécial et *authentique*.

L'hypothèque conventionnelle doit être *spéciale*, c'est-à-dire constituée sur tel immeuble déterminé *nominativement*, avec la déclaration de sa nature (pré ou maison, par exemple) et de sa situation ; du reste, l'hypothèque peut porter sur chacun de *tous* les immeubles appartenant à celui qui consent l'hypothèque (2129). — Mais les immeubles à venir, pas plus que les immeubles d'autrui, ne peuvent être soumis à l'hypothèque conventionnelle. Cependant l'hypothèque des biens à venir est admise, par exception, lorsque les biens présents et libres du débiteur sont insuffisants pour la sûreté de la créance, ou que les immeubles présents et grevés d'hypothèque ont péri ou subi des dégradations qui rendent l'hypothèque insuffisante. — Dans le premier cas, en effet, le débiteur peut, en exprimant l'insuffisance de ses biens actuels, consentir une hypothèque sur ses immeubles à venir (cette hypothèque ne prend rang qu'au moment de son inscription sur les immeubles, à la suite de leur acquisition par le débiteur) ; dans le second cas, le créancier peut opter entre le paiement immédiat de sa créance et un supplément d'hypothèque portant sur les biens à venir de son débiteur (2130-2131).

Si la créance garantie par une hypothèque est conditionnelle ou d'une valeur indéterminée, le créancier doit, dans l'inscription, indiquer que la créance est conditionnelle, ou estimer la créance indéterminée ; lorsque l'estimation est exagérée, le débiteur peut la faire réduire (2132).

L'hypothèque consentie pour la garantie d'un crédit ouvert, prend rang à compter du jour de son inscription, quand bien même la réalisation du crédit n'aurait lieu qu'ultérieurement.

L'hypothèque acquise s'étend aux améliorations apportées à l'immeuble hypothéqué : à la maison construite sur le sol grevé d'hypothèque, par exemple) — (2133).

L'hypothèque peut être consentie par une personne autre que le débiteur.

SECTION III

Inscription des privilèges et des hypothèques

Nous savons déjà que les privilèges portant sur des immeubles sont seuls soumis à la formalité de l'inscription, et que, parmi les hypothèques, celles des femmes mariées, des mineurs et des interdits sont seules dispensées de cette formalité (à l'égard des titulaires de l'hypothèque légale seulement, du reste), et encore cette dispense n'est-elle que *provisoire*, comme nous le verrons bientôt. Mais enfin, comment se font les inscriptions des privilèges et des hypothèques ?

Pour ces deux catégories de droits les mêmes règles sont édictées :

Les inscriptions se font au bureau du conservateur des hypothèques dans l'arrondissent duquel l'immeuble grevé est situé (2146). Tous les créanciers inscrits le même jour concourent ensemble (l'hypothèque inscrite le soir a la même valeur que celle inscrite dans la matinée) — (2147).

Pour opérer l'inscription, le créancier ou son mandataire n'a qu'à présenter au conservateur l'original *en brevet* ou une expédition *authentique* du jugement qui donne naissance au privilège ou à l'hypothèque. — Le légataire à titre particulier présente simplement le testament qui renferme les legs ; quant au créancier qui a un privilège général *subsidiaire* sur les immeubles du débiteur (le boucher par exemple), il n'a besoin de produire aucun titre de créance pour faire inscrire son privilège (en l'absence d'inscription, ce privilège ne serait point opposable aux tiers, et le droit de suite qu'il confère tomberait) — (2148 al. 1).

Le créancier présente ensuite *deux* bordereaux écrits *sur papier timbré* et contenant chacun : 1° les nom, prénoms, domicile du créancier, sa profession et l'élection d'un domicile pour lui dans un lieu quelconque de l'arrondissement ; 2° les nom, prénoms, domicile du débiteur, sa profession, ou, si ces renseignements ne peuvent être donnés, une désignation individuelle telle que le conservateur puisse reconnaître dans tous les cas l'individu grevé d'hypothèque ; 3° la date et la nature du titre (jugement, vente ou contrat d'hypothèque, etc.) ; 4° le montant du capital des créances (leur évaluation si elles sont indéterminées et s'il s'agit d'hypothèques conventionnelles), le montant des créances accessoires (intérêts et frais d'inscription), et l'époque de l'échéance ; 5° l'indication de l'espèce (champ, maison) et de la situation (nom de la métairie, par exemple, avec ses tenants et aboutissants) des biens grevés d'hypothèque ou de privilège. — Mais l'hypothèque légale ou judiciaire frappe tous les immeubles du débiteur situés dans l'arrondissement. Point n'est besoin dès lors d'indiquer la situation et l'espèce de ces immeubles ; ce serait, du reste, peu utile, puisque ces hypothèques portent même sur les biens à venir (2149).

Les bordereaux relatifs à une hypothèque légale, à la place de la date et de la nature du titre, indiquent simplement la nature des droits à conserver, et ils ne contiennent point l'évaluation des créances indéterminées ou éventuelles (2153).

Les inscriptions à prendre sur les biens d'une personne décédée peuvent être faites sous la désignation du défunt, absolument comme s'il existait encore (ses héritiers sont peut-être inconnus du créancier). Mais il faut bien remarquer que cette inscription ne vaut que si la succession vient à être acceptée purement et simplement; si la succession n'est acceptée que sous bénéfice d'inventaire (Voy. SUCCESSIONS), l'inscription prise depuis le décès du débiteur n'est point valable. Le même sort frappe, comme nous le verrons lorsque nous parlerons de la faillite, les inscriptions de privilèges et d'hypothèques prises après le jugement déclaratif de faillite; et même les inscriptions prises après la cessation de paiements ou dans les *dix jours* qui l'ont précédée peuvent être annulées, s'il s'est écoulé plus de *quinze jours* entre la date de l'acte constitutif de l'hypothèque ou du privilège et celle de l'inscription. — Ce délai de quinze jours est augmenté d'un jour par douze lieues et demie de distance entre le lieu où le droit a été acquis et le lieu de l'inscription (448, C. com.).

FORMULE N° 1

Bordereau exigé pour les inscriptions d'hypothèques.

« Résultant d'un acte passé pardevant M... notaire à..... le... mil huit cent.....

» Au profit de M... (*nom, prénoms, profession et domicile du créancier qui requiert l'inscription de son hypothèque*), lequel élit domicile chez M... demeurant à..... rue... n..... contre le sieur (*nom, prénoms, profession et domicile du débiteur ou du tiers dont l'immeuble est grevé de l'hypothèque*) M... (*le créancier hypothécaire*) requiert l'inscrfption de l'hypothèque constituée en sa faveur, en vertu de l'acte notarié sus indiqué, sur *tel* immeuble (*indiquer avec précision et d'une façon détaillée la nature et la situation de l'immeuble grevé d'hypothèque, avec ses tenants et aboutissants*).

» Et ce pour garantie du paiement de trois mille francs constituant le capital de la créance constatée par l'acte notarié susdit et exigible le... (*date de l'échéance*) ainsi que les intérêts et frais accessoires évalués à..... francs, soit en tout pour garantie de..... francs.

» Pour réquisition
(*Signature.*)

Le conservateur mentionne sur son registre le contenu des bordereaux, et remet au requérant, avec le titre qu'il a présenté, l'un des bordereaux, au bas duquel il certifie avoir fait l'inscription (2150). Dans la suite le requérant, ou celui auquel il a cédé son droit *par acte authentique*, peut indiquer un autre domicile élu dans l'arrondissement, et faire opérer cette modification sur le registre.

C'est le débiteur qui supporte les frais de l'inscription; mais l'avance en est faite par le créancier, qui a recours ensuite contre son débiteur (il exerce même son droit de créancier hypothécaire ou privilégié pour leur remboursement, s'il a eu soin de tenir compte de ces frais dans l'inscription); cependant, pour les hypothèques légales, c'est le conservateur qui fait l'avance, à moins que le requérant ne soit précisément le débiteur (tuteur ou mari) — (2155).

Le créancier qui a inscrit son hypothèque pour un capital produisant des intérêts, est placé, pour le paiement des intérêts produits par deux années et par l'année courante (l'année courante part de l'anniversaire de l'inscription), au même rang que pour le capital; mais pour les intérêts produits par la troisième, quatrième année, etc., il lui faut prendre une nouvelle inscription (sinon ces intérêts ne seront pas garantis par l'hypothèque), et, pour cette créance d'intérêts, il n'a rang que du jour de l'inscription (2151). — Mais cette disposition ne s'applique point au privilège : l'inscription du privilège le conserve indéfiniment; tous les intérêts produits par le capital viennent au même rang que le capital lui-même.

Les inscriptions ne conservent le privilège ou l'hypothèque que pendant *dix ans*; il faut donc avoir soin de les faire renouveler avant l'expiration de ce terme, qui part du jour où le privilège (ou l'hypothèque) a été inscrit (2154).

Si l'on exige l'indication d'un domicile élu dans l'arrondissement du bureau du conservateur, c'est que, lors du procès que peut faire le débiteur au créancier qui a pris l'inscription, le débiteur a le droit d'adresser les assignations, significations de jugement, etc., soit au domicile *réel* de son adversaire, soit au domicile *élu*, et cela même après le décès du créancier ou de celui chez lequel il a élu domicile (avoué ou notaire, par exemple) — (2156).

Radiation et réduction des inscriptions. — Les inscriptions sont rayées, soit du consentement du créancier, soit en vertu d'un jugement en dernier ressort ou contre lequel on ne peut plus interjeter appel, ni faire opposition (Voy. VIE JUDICIAIRE). Celui qui requiert la radiation dépose au bureau du conservateur l'acte *notarié* (il peut n'être fait qu'en *brevet*) constatant le consentement de la personne qui a pris l'inscription, ou une *expédition* (copie authentique) du jugement qui ordonne la radiation. — Nous ferons observer ici que la demande en radiation doit être portée en principe devant le tribunal de l'arrondissement du bureau du conservateur; mais, si l'inscription a eu lieu pour sûreté d'une condamnation sur l'exécution de laquelle le débiteur et le prétendu créancier doivent être jugés par un autre tribunal, c'est à ce dernier tribunal que la demande en radiation doit être présentée. En dehors de cette hypothèse, si le créancier et le débiteur sont convenus de porter, en cas de contestation, la demande devant *tel* tribunal, cette convention est parfaitement valable (2159). — Le tribunal ordonne toujours la radiation lorsqu'il s'agit d'une inscription qui n'est fondée ni sur la loi, ni sur un titre, ou lorsque le titre est irrégulier ou qu'il a perdu toute valeur, ou enfin lorsque le privilège ou l'hypothèque n'existe plus (2160).

Il peut arriver que les inscriptions soient prises sur plus d'immeubles qu'il n'est nécessaire à la garantie des créances. Dans ce cas, le débiteur peut obtenir une radiation partielle par une demande en réduction adressée au tribunal compétent pour la radiation ; le tribunal restreint alors le droit du créancier à des proportions convenables. Cela se rencontre souvent en matière d'hypothèque légale ou judiciaire ; mais la réduction, il faut bien le remarquer, ne peut s'appliquer ni aux hypothèques conventionnelles, ni à ces hypothèques légales qui, *en fait*, par suite d'une restriction opérée dès l'origine (hypothèque de la femme mariée restreinte par le contrat de mariage), sont devenues conventionnelles (2161).

Pour que les inscriptions soient excessives, et par suite, sujettes à la réduction, il faut qu'elles frappent plusieurs immeubles, alors que la valeur d'un seul ou de quelques-uns d'entre eux excède de *plus d'un tiers* le montant de créance en capital et accessoires (intérêts, frais, etc.) — Les inscriptions prises sur l'évaluation faite par le créancier de créances éventuelles ou indéterminées peuvent également être considérées comme excessives : les juges apprécient en se fondant sur les circonstances. S'ils réduisent l'inscription et qu'ensuite la créance indéterminée s'élève à un taux plus élevé qu'ils ne l'avaient supposé, une nouvelle inscription peut être prise, seulement elle ne prend rang que du jour de sa date (2162-2164).

Mais comment s'apprécie cet excès de plus d'un tiers dont nous avons parlé ? Il faut se livrer ici à un calcul spécial : la valeur de l'immeuble est considérée comme égale à *quinze fois* le revenu déclaré par la matrice du rôle de la contribution foncière ou indiqué par la cote de contribution sur le rôle, suivant la proportion qui existe, dans les communes où sont situés les immeubles grevés, entre cette matrice (ou cette cote) et le revenu, pour les immeubles non sujets à dépérissement (fonds de terre). — Quant au revenu des immeubles sujets à dépérissement (maisons), il est multiplié par *dix*. — Du reste les juges se renseignent en outre d'après des baux non suspects, des procès-verbaux d'estimation dressés *précédemment* à des époques rapprochées et autres actes semblables, et ils évaluent le revenu d'après une moyenne établie entre les chiffres résultant de ces divers renseignements (2163).

Droit d'enregistrement dû pour réduction d'une hypothèque : droit *fixe* de 3 fr.

Conservation des privilèges et des hypothèques au point de vue du droit de préférence. — Nous le savons déjà, les privilèges et les hypothèques confèrent en principe deux grands avantages : le *droit de préférence* et le *droit de suite*. Seuls les privilèges ne portant que sur des meubles ne donnent point le droit de suite. — Nous établirons par la suite comment se conserve le droit de suite ; quant à présent nous parlerons seulement de la conservation du droit de préférence, qui, comme son nom l'indique, donne à celui qui le possède l'avantage d'être payé *avant* les créanciers qui ne sont ni privilégiés, ni hypothécaires, d'être payé *de préférence à eux*, lorsque le débiteur ne peut acquitter qu'une portion de son passif.

La règle d'après laquelle le rang d'un créancier *hypothécaire* est déterminé au point de vue du droit de préférence est bien simple : pour les créanciers garantis par une hypothèque conventionnelle ou judiciaire ou même légale (à l'exception de celles des mineurs, interdits et femmes mariées, ce qui restreint à l'hypothèque portant sur les receveurs et administrateurs comptables de l'État, des départements, des communes et établissements publics), le rang est déterminé par la *date de l'inscription* (2134). — Quant aux hypothèques des mineurs, interdits, et femmes mariées, leur rang est fixé d'après un autre principe : l'hypothèque des mineurs ou interdits prend rang du jour de l'entrée en gestion du tuteur. A-t-elle eu lieu le 3 janvier, le mineur passe après un créancier hypothécaire du tuteur inscrit le 2 janvier, mais il est payé avant le créancier qui ne s'est inscrit que le 4. L'hypothèque de la femme, elle, prend rang tantôt du jour du mariage, tantôt du jour de l'ouverture d'une succession, etc. (Voy. HYPOTHÈQUES LÉGALES). — Mais la femme mariée devenue veuve, le mineur devenu majeur, l'interdit relevé de l'interdiction ou leurs héritiers ou ayants-cause (cessionnaires de l'hypothèque de la femme, par exemple) doivent faire inscrire leur hypothèque — si elle ne l'est déjà — *dans l'année* qui suit la dissolution du mariage ou la cessation de la tutelle ou de l'interdiction pour conserver ce rang-là, car la cessation de l'incapacité fait tomber la dispense d'inscription, et si l'hypothèque n'est inscrite qu'après l'expiration de ce délai d'un an, elle a perdu le rang qu'elle avait auparavant : toutes les hypothèques *inscrites avant elles* lui sont préférées (art. 8, loi du 23 mars 1855).

Passons maintenant à la conservation du droit de préférence des créanciers garantis par un privilège. Nous avons vu que pour eux le rang n'était déterminé que par la qualité de leur créance. — Les créanciers dont le privilège porte sur certains meubles conservent leur droit de préférence, indépendamment de toute inscription. Même règle pour ceux dont le privilège porte sur tous les meubles, et *subsidiairement* sur tous les immeubles du débiteur (bouchers, boulangers, domestiques, etc.) ; ils sont même préférés aux créanciers dont le privilège ne porte que sur certains immeubles (architectes, vendeurs, etc.), bien que la loi n'exige d'eux aucune inscription. — (2107).

Au contraire, les créanciers privilégiés sur certains immeubles ne conservent leur droit de préférence qu'en accomplissant certaines formalités de publicité. C'est ainsi que le vendeur d'immeubles doit faire transcrire le titre d'aliénation qui constate que la totalité ou une partie du prix lui est due; il n'en est dispensé que si l'acquéreur a fait faire lui-même la transcription — or il y a un grand intérêt, ainsi que nous l'avons vu en traitant de la vente.

Si le vendeur a été payé à l'aide d'argent prêté par un tiers, ce prêteur conserve son privilège par cette transcription de l'acte de vente qui constate l'emprunt qu'il a consenti. — Le conservateur est tenu, lorsque cette transcription a été faite, d'établir d'*office*, sur le registre des inscriptions, l'inscription des créances résultant de l'acte transcrit, sous peine de tous dommages-intérêts envers la victime de cette omission (2108). — Quant au co-héritier ou co-partageant, il doit faire inscrire son privilège sur les immeubles de chaque lot ou sur l'immeuble licité, *dans les soixante jours* qui suivent l'acte de partage (tirage au sort des lots) ou l'adjudication par licitation, pour conserver son rang de préférence quant au paiement de ce qui lui est dû (soulte ou prix de licitation). Mais, bien entendu, l'inscription ne peut être faite avant le partage ou la licitation. Le soixantième jour qui suit le tirage au sort il est trop tard, car le jour du partage est compris dans les soixante jours.

La conservation du droit de préférence des architectes, maçons, etc., et de celui qui a prêté au débiteur de l'argent pour les payer — argent dont l'emploi a dû être constaté — est assujetti : 1° à l'inscription du procès-verbal qui constate l'état primitif des lieux; 2° à celle du deuxième procès-verbal qui constate la réception des travaux. De plus, l'inscription du premier procès-verbal doit être prise avant le commencement des travaux, sinon le privilège devient une hypothèque, pour ainsi dire, en ce sens que le rang du créancier est déterminé par la date de l'inscription de ce premier procès-verbal. — La même sanction frappe le privilège du co-héritier ou du co-partageant lorsqu'il n'est point inscrit dans le délai de soixante jours (2109, 2110, 2113).

Conservation des privilèges et des hypothèques au point de vue du droit de suite. — Le *droit de suite*, c'est-à-dire le droit de *suivre* le bien grevé, en quelques mains qu'il passe, pour être payé sur le prix, droit qui appartient à tout créancier hypothécaire ou privilégié dont l'hypothèque ou le privilège porte sur un immeuble, ne se conserve que par l'inscription sur le registre du conservateur. Ainsi, le créancier qui a un privilège général et subsidiaire sur les immeubles de son débiteur (un fournisseur, par exemple), et qui n'a nullement besoin de faire inscrire son privilège pour la conservation de son *droit de préférence*, est tenu d'accomplir cette formalité pour pouvoir opposer son droit aux tiers (par exemple à celui qui a acquis du débiteur un des immeubles grevés), ce qui est l'exercice même du droit de suite. Or, à partir de la transcription de l'acte de vente par le tiers acquéreur, l'inscription du privilège ne peut plus être prise utilement : elle n'est point opposable à cet acquéreur. — Quant au privilège du vendeur, il doit être inscrit dans les *quarante-cinq* jours de l'acte de vente (tandis que pour la conservation du droit de préférence aucun délai n'est imposé). — Le co-partageant a également quarante-cinq jours, à compter du partage, pour faire inscrire son privilège (tandis qu'il a soixante jours pour la conservation de son droit de préférence).

Que l'acquéreur ou le co-partageant débiteur vienne à aliéner l'immeuble, quand bien même la transcription de l'acte de vente serait faite avant l'inscription de privilège du vendeur ou du co-partageant, peu importe; pourvu que ce privilège soit inscrit dans les quarante-cinq jours, il est regardé comme ayant été inscrit le jour même de la vente et du partage. La personne qui a acheté l'immeuble au co-partageant débiteur fait donc acte de prudence en se réservant le droit de ne payer le prix qu'après l'expiration des quarante-cinq jours. Mais ce terme écoulé, l'inscription du privilège n'a de valeur, pour le créancier privilégié, que si la transcription du nouvel acte de vente n'est point encore faite (art. 6 de la loi du 23 mars 1855).

Le créancier hypothécaire dont l'hypothèque doit être inscrite ne conserve le droit de suite conféré par l'hypothèque que si l'inscription est prise avant la transcription de l'acte d'aliénation accompli par son débiteur. — Mais il faut bien remarquer que cela ne s'applique point aux hypothèques légales des mineurs, des interdits, des femmes mariées, tant que ces hypothèques sont dispensées d'inscription (même art.).

Supposons le droit de suite conservé et l'aliénation de l'immeuble grevé de privilèges ou d'hypothèques accomplie. Que va-t-il se passer? Que peut faire le créancier privilégié ou hypothécaire? Quelle est la position du tiers acquéreur qui détient présentement l'immeuble?

Le tiers détenteur a le choix entre plusieurs partis.

Premier parti. — Il paiera toutes les dettes garanties par le privilège ou l'hypothèque qui grève l'immeuble (il jouit, bien entendu, des termes et délais accordés au véritable débiteur). Du reste, dans ce cas, il est tenu de payer tous les intérêts et capitaux exigibles, sauf les intérêts qui ne sont point garantis par des inscriptions (Voy. *ci-dessus*). Une fois payés, les créanciers n'ont plus d'intérêt à exercer leur droit de suite; quant au tiers détenteur, il a recours naturellement contre le débiteur, son vendeur.

Deuxième parti. — Le tiers détenteur, s'il ne veut pas payer, peut *délaisser* l'immeuble; il a ce qu'on appelle la *faculté de délaissement*. Le délaissement se fait par déclaration au greffe du tribunal dans l'arrondissement duquel l'immeuble est situé. Le tribunal donne acte de cette déclaration. Un curateur est nommé par le tribunal sur la demande des créanciers, et c'est contre ce curateur qu'est dirigée la procédure d'expropriation, — car le délaissement conduit à la vente de l'immeuble. — Pour avoir le droit de délaisser, il suffit d'avoir la capacité d'aliéner (une femme mariée ne pourrait donc délaisser sans en avoir l'autorisation), et, de plus, n'être point personnellement obligé à la dette qui, en somme, est la cause de toute cette procédure. Ainsi le débiteur, ses héritiers, les co-débiteurs, les cautions ne peuvent délaisser (2172).

Celui qui a délaissé peut reprendre l'immeuble, en payant toute la dette et les frais, jusqu'à l'adjudication, terme de l'expropriation (2173). — Le tiers détenteur doit indemnité, lorsqu'il prend le parti de délaisser, pour les détériorations qui proviennent de son fait ou de sa négligence, mais non pour celles résultant d'un cas fortuit ou de force majeure (incendie, par exemple) ; à l'inverse, il est remboursé des dépenses *nécessaires* et de la *plus-value* qu'il a donnée à l'immeuble par suite de dépenses *utiles* (dépenses d'amélioration) — (2175). Le tiers détenteur doit restituer les fruits produits par l'immeuble à partir de la sommation de payer ou de délaisser ; si les poursuites sont abandonnées pendant *trois ans*, il faut une nouvelle sommation pour marquer le point de départ de cette obligation de restituer (2176).

Lorsque celui qui délaisse avait, avant son acquisition, des droits de servitude ou d'hypothèque sur l'immeuble, ces droits, éteints par la force même des choses, renaissent après l'adjudication ; s'il a des créanciers hypothécaires, ils exercent leur hypothèque à leur rang sur l'immeuble adjugé (2177). — Naturellement, le tiers détenteur qui délaisse a un recours en garantie contre le débiteur véritable de qui il tient l'immeuble (2178).

C'est ici le moment de faire observer que le tiers détenteur, qui n'est ni caution, ni débiteur de l'ancien propriétaire de l'immeuble, en un mot qui n'est pas personnellement obligé à la dette, peut s'opposer à la vente de l'immeuble, s'il est demeuré dans le patrimoine des véritables obligés (co-débiteurs solidaires, caution) d'autres immeubles hypothéqués à la même dette, et demander qu'il soit procédé d'abord à la vente de ces immeubles (c'est le *bénéfice de discussion*), ce qui fait que l'immeuble dont il est détenteur ne sera vendu que si le produit de la vente de ces immeubles ne suffit pas à désintéresser les créanciers. Mais il doit indiquer à ceux-ci les biens qu'il s'agit de discuter, et avancer la somme nécessaire pour procéder à cette discussion. — Le moyen de défense ou *exception* fondé sur le bénéfice de discussion, ne peut être opposé ni au créancier privilégié, ni au créancier qui n'a qu'une hypothèque spéciale ; on ne peut l'invoquer, par conséquent, qu'à l'encontre de créanciers ayant une hypothèque légale ou judiciaire.

Le délaissement n'est pas admis lorsque le prix de vente de l'immeuble est supérieur au total des créances garanties par hypothèque ou privilège sur le bien vendu.

Si le tiers détenteur ne paie ni ne délaisse, tout créancier hypothécaire ou privilégié a le droit de faire vendre l'immeuble grevé. Mais auparavant, il doit adresser un commandement à son débiteur, et une sommation au tiers détenteur. Cette sommation contient l'ordre de payer la dette ou de délaisser l'immeuble. *Trente jours* après, si le tiers détenteur n'a pas répondu ou n'a point pris parti, le créancier peut procéder à la saisie-immobilière (2169).

Troisième parti. — Enfin le tiers détenteur peut faire la *purge*. Mais il y a deux sortes de purge — et il faut bien se garder de les confondre : 1° la purge ordinaire, 2° la purge légale. Pour l'instant, nous n'entendons parler que de la première.

La purge ordinaire, c'est tout simplement la libération de l'immeuble grevé, au moyen du paiement, effectué par le tiers détenteur (acquéreur, par exemple), d'une certaine somme.

Celui qui désire purger doit tout d'abord faire transcrire *en entier* son titre d'acquisition (contrat, testament, peu importe) par le conservateur des hypothèques de l'arrondissement dans lequel est situé l'immeuble (2181); puis, dans les *trente* jours à partir de la sommation de payer ou de délaisser (ou même avant les poursuites), il doit faire notifier aux créanciers intéressés, aux domiciles élus par eux dans leurs inscriptions : 1° Extrait de son titre, contenant seulement la date et la qualité de l'acte, le nom et la désignation précise du vendeur ou du donateur, la nature et la situation de l'immeuble; s'il s'agit d'un grand domaine, sa dénomination générale et les divers arrondissements dans lesquels il est situé, le prix et les charges pécuniaires qui s'y rattachent, ou l'évaluation du bien (s'il s'agit d'un immeuble donné ou échangé), lorsqu'elle a été faite; — 2° Le certificat de la transcription de l'acte que le conservateur a dû lui délivrer; — 3° Un tableau en trois colonnes dont la première indique la date des hypothèques et des inscriptions; la seconde, le nom des créanciers; la troisième, le montant des créances inscrites. — Le tiers détenteur doit déclarer par le même acte qu'il est prêt à payer le prix aux créanciers (2183-2184), en supposant, bien entendu que le détenteur soit un acheteur — et seulement dans l'hypothèse où le prix de vente est inférieur au montant des charges grevant l'immeuble dont on poursuit la purge. Au contraire lorsque cet immeuble a été l'objet non plus d'une vente, mais d'une donation ou encore d'un échange, le tiers débiteur offre simplement de payer aux créanciers qui ont des droits sur l'immeuble donné ou échangé, la valeur estimative de ce bien.

Autre hypothèse : le prix de vente ou le montant de la valeur estimative est supérieur ou tout au moins égal au montant des charges qui pèsent sur l'immeuble aliéné (par vente, échange ou donation, peu importe). — Naturellement, dans ce cas, le tiers détenteur, pour purger, n'a pas besoin de s'engager à payer plus qu'il n'est dû aux créanciers : il n'a qu'à leur notifier son intention de les désintéresser complètemeut jusqu'à concurrence de leurs créances. Par conséquent, suivant le cas, il s'engagera dans la notification dont nous parlons, au paiement du montant du prix ou de l'estimation, ou bien seulement au paiement d'une *partie* de ce prix ou de cette estimation.

FORMULE N° 2

Tableau à insérer dans la notification (1) à fin de purge

DATES DES HYPOTHÈQUES ET DE LEURS INSCRIPTIONS.	CRÉANCIERS HYPOTHÉCAIRES INSCRITS.	MONTANT DES CRÉANCES.	
1° Hypothèque constituée le 25 juin 1885; *Inscrite* le 27 juin 1885 au vol... n°...	M. Edmond Deslay. (profession) Demeurant à R... rue... n°...	En principal....	24.000 fr.
		Intérêts à 5 0/0. à dater du..... 188...........	7.000
		Frais divers *mémoire*........	
		Au total *sauf mémoire*..........	31.000 fr.
2° Hypothèque constituée le..... 188... *Inscrite* le..... 188... au vol... n°...	M. Charles Tellier (profession) Demenrant à B.. rue... n° ..	En principal....	3.000
		Intérêts à 5 0/0. à dater du..... 188...........	375
		Frais, *mémoire*.	
		Au total sauf *mémoire*........	3.375 fr.
3° Hypothèque constituée le..... 188... *Inscrite* le..... 188... au vol... n°...	M. Georges Tenauld (profession) Demeurant à C... rue... n°...	En principal....	5.800
		Intérêts à 5 0 0 à dater du.... 188...........	740
		Frais, *mémoire*.	
		Au total *sauf mémoire*........	6.540 fr.

Si les créanciers acceptent ou gardent le silence pendant *quarante jours* à dater de cette notification (plus *un* jour par 12 lieues 1/2 de distance entre le domicile élu et le domicile réel du créancier), l'immeuble est libéré de toute charge par le paiement ou la consignation du prix (du reste, les créanciers ont droit, non-seulement au prix indiqué dans la notification, mais encore à la portion du prix dissimulée dans une contre-lettre). — Seulement, tant que le délai de quarante jours n'est pas expiré, tout créancier inscrit peut, en se portant surenchérisseur pour *un dixième* du prix offert par le nouveau propriétaire, requérir la mise aux enchères de l'immeuble. Le créancier qui adopte ce parti doit prendre expressément cet engagement dans une signification qu'il adresse au nouveau propriétaire, au débiteur principal, et au précédent propriétaire non débiteur (si l'immeuble a été hypothéqué pour la dette d'autrui). — En outre, le créancier requérant doit, dans cette signification, offrir de donner caution jusqu'à concurrence du paiement du prix et

(1) L'acte de notification est rédigé par l'huissier chargé de le signifier, sur les indications qui lui sont fournies par le notaire ou l'acquéreur qui désire purger.

des charges ; il est tenu de signer l'original et les copies des significations (pour cela il peut se faire remplacer par un mandataire *exprès*, mais celui-ci doit donner copie de sa procuration).

Le tout est prescrit à peine de nullité (2185).

Puis se déroule la procédure établie pour les expropriations forcées, et qu'il serait trop long d'exposer ici (2187). Disons seulement que le nouveau propriétaire, tout aussi bien que le créancier surenchérisseur, peut poursuivre la vente; à cet effet, il doit d'abord faire apposer des affiches contenant notamment le prix déclaré par le propriétaire actuel et le montant de la surenchère, ainsi que toutes autres indications nécessaires : indication des intéressés, des biens qui doivent être vendus aux enchères, etc., etc. (836 C. proc.). L'avoué du poursuivant dirige du reste toute la procédure. Puis l'adjudication a lieu. — L'adjudicataire n'a point seulement à payer le prix d'adjudication, il doit en outre restituer à l'acquéreur dépossédé les frais de son contrat, ceux de la transcription et ceux de la notification contenant l'offre de purge. Il doit aussi les intérêts du prix d'adjudication, à compter du jour de l'adjudication (2188).

Lorsque l'adjudicataire est précisément l'acquéreur dépossédé par la procédure à fin d'adjudication, il a recours contre son vendeur (le débiteur du créancier requérant) pour le remboursement de l'excédant du prix d'adjudication sur le prix de vente, et pour l'intérêt de cet excédant à compter du jour de chaque paiement (2191).

Lors de la vente aux enchères, si le dernier enchérisseur fait une offre inférieure au prix de la vente augmenté de un dixième, le créancier requérant, qui a dû se porter surenchérisseur d'un dixième, devient par là même adjudicataire, et il a en outre à payer les frais très élevés de l'adjudication publique. — Cela peut ne point être avantageux pour lui. Aussi le créancier qui a requis la mise aux enchères se désiste-t-il quelquefois, mais il ne peut le faire qu'avec le consentement exprès de tous les autres créanciers intéressés, car la réquisition de mise aux enchères leur a profité et le désistement peut leur préjudicier (2190).

Au cas où le tiers détenteur a acquis *en bloc* un ensemble de biens situés dans différents arrondissements, il doit faire des offres séparées pour chacun des immeubles grevés, et le créancier surenchérisseur ne peut être tenu d'étendre sa surenchère sur d'autres immeubles que ceux qui sont hypothéqués à sa créance, et encore faut-il que ces immeubles soient situés dans le même arrondissement (219).

Il ne faut pas croire que tout détenteur ayant le droit de délaisser puisse purger, car la *caution réelle* (on appelle ainsi celui qui laisse hypothéquer son immeuble pour sûreté de la dette d'autrui) qui a parfaitement la faculté de délaisser, n'a pas le bénéfice de la purge; elle ne peut dire au créancier: « Acceptez la purge ou portez-vous surenchérisseur pour le dixième du prix. » C'est là une disposition très remarquable.

Maintenant que nous avons exposé les effets de la purge ordinaire, il nous reste à définir la purge légale, à montrer ses caractères distinctifs et son utilité propre.

Il n'y a que les acquéreurs d'immeubles appartenant à des maris ou à des tuteurs qui aient recours à cette sorte de purge. En effet la procédure de la purge légale a pour première conséquence de mettre fin à la dispense d'inscription des hypothèques *légales*, et nous savons que les seules hypothèques légales dispensées d'inscription sont celles des mineurs, des interdits et des femmes mariées. L'acquéreur d'un immeuble soumis à l'une de ces hypothèques non inscrites, qui désire purger, doit d'abord faire transcrire son titre. Puis il dépose une copie du contrat translatif de propriété au greffe du Tribunal du lieu de la situation de l'immeuble, et il signifie ce dépôt au procureur de la République et à la femme mariée ou au subrogé-tuteur, suivant que l'immeuble est grevé de l'hypothèque légale de la femme mariée ou de celle du mineur. Pendant *deux mois* un extrait du contrat contenant sa date, les noms, prénoms, professions et domiciles des contractants, reste affiché dans l'auditoire du Tribunal. — Ce délai de deux mois est accordé aux femmes, maris, tuteurs, mineurs, interdits, parents, amis, procureur de la République, pour faire faire les inscriptions sur l'immeuble (2194). L'inscription faite avant l'expiration de ce terme a le même effet que si elle avait été prise le jour du mariage ou le jour de l'entrée en gestion du tuteur (suivant qu'il s'agit de l'hypothèque légale d'une femme mariée ou celle d'un mineur ou interdit). Lorsqu'il existe des créanciers d'un rang antérieur, l'acquéreur les désintéresse d'abord; il est libéré du prix ou de la portion du prix qu'il leur paie, et les inscriptions prises du chef des femmes, mineurs et interdits sont rayées en totalité ou jusqu'à due concurrence. Mais lorsque l'hypothèque légale inscrite dans les deux mois a le premier rang, c'est la femme mariée, le mineur ou l'interdit qui est payé en premier lieu, et les inscriptions des autres créanciers qui ne viennent pas en ordre utile sont rayées.

Si, durant le délai de deux mois. il n'a pas été fait d'inscription au nom des femmes mariées, mineurs ou interdits, l'immeuble est libéré de toute charge, l'acquéreur le possède libre de toute hypothèque, mais le titulaire d'hypothèque légale a un recours contre le mari ou tuteur (2195). — Or, en fait, il arrive parfois que l'acquéreur ne connaissant pas le domicile de la femme mariée ou du subrogé-tuteur, déclare, dans la signification adressée par lui au procureur de la République, qu'il fera insérer la déclaration du dépôt dans les journaux du département où l'immeuble est situé. Cela suffit, en pratique, mais ces journaux peuvent ne point tomber sous les yeux des intéressés, de sorte qu'au bout de deux mois la purge se trouve accomplie sans que la femme mariée, le mineur ou l'interdit ait été averti du danger.

Cependant il ne faut point exagérer le préjudice qui résulte de cette situation. Sans doute le droit de suite est perdu, mais il n'en est pas de même du droit de préférence, à une condition cependant, c'est que l'*ordre* (c'est-à-dire le règlement de l'ordre de la distribution du prix) soit ouvert dans les *trois mois*, et que les créanciers à hypothèque légale fassent valoir leurs droits avant la clôture de l'ordre amiable (772 et 717 pr.).

On le voit, la purge légale est une procédure qui permet à l'acquéreur d'un immeuble grevé d'une hypothèque *occulte* de forcer le créancier à la faire connaître, sous peine de perdre tous les avantages qu'elle est appelée à lui procurer.

Revenons maintenant à la situation du tiers détenteur qui se trouve en présence de créanciers privilégiés ou hypothécaires, et qui a reçu d'eux sommation de payer ou de délaisser. — Supposons qu'il n'ait pris aucun des trois partis que nous avons successivent indiqués. Que doivent faire les créanciers? — Il ne leur reste plus qu'à exproprier le tiers détenteur : ils procèdent à la saisie-immobilière dès que le délai de trente jours donné au tiers détenteur pour prendre parti est expiré (si dans les *deux mois* qui *suivent* ces trente jours la saisie immobilière n'est pas commencée, le commandement doit être renouvelé; quant à la sommation de payer ou délaisser, elle n'est périmée qu'au bout de trois ans). La saisie-immobilière se termine par une adjudication. Mais les immeubles d'un mineur même émancipé ou d'un interdit ne peuvent être mis en vente avant la *discussion* (vente préalable) du mobilier, à moins cependant que les poursuites n'aient été commencées contre un majeur dont le mineur est l'héritier, ou avant l'interdiction de l'interdit, ou enfin à moins que l'incapable n'ait pour co-propriétaire un majeur et que la dette leur soit commune (2206-2207).

Le créancier ne peut poursuivre la vente des immeubles qui ne lui sont pas hypothéqués que si les biens hypothéqués sont insuffisants, — mais c'est au débiteur de prouver que ces immeubles sont parfaitement suffisants (2209). La vente forcée des immeubles ne peut avoir lieu que pour une dette certaine, liquide et dont le paiement est exigible immédiatement. Ainsi, tant que la dette n'est pas liquidée, l'adjudication ne peut avoir lieu (2213).

Si le débiteur justifie par baux *authentiques* que le revenu *net* et *libre* de ses immeubles pendant *une année* suffit pour le paiement de sa dette (intérêts et frais compris), et s'il en offre la délégation au créancier, les juges peuvent suspendre les poursuites ; elles sont reprises, du reste, dès qu'il survient quelque obstacle au paiement (2212).

La vente forcée des biens situés dans différents arrondissements ne peut être provoquée que *successivement* et non pas simultanément, — à moins qu'ils ne fassent partie d'un même domaine, auquel cas les poursuites ont lieu devant le Tribunal de l'arrondissement où se trouve le chef-lieu de l'exploitation, ou, à défaut de chef-lieu, la partie des biens qui donne la plus grosse portion de revenus (2210). Et même, lorsque les biens situés dans divers arrondissements font partie d'une même exploitation, le débiteur poursuivi peut exiger que tout soit vendu en même temps. — Le même droit appartient à celui dont le domaine n'est grevé d'hypothèque que pour partie: il peut requérir la vente simultanée de biens non hypothéqués et de biens hypothéqués, et, sur le prix d'adjudication, une portion représentant la partie du domaine non grevée est réservée exclusivement à l'exproprié (2211).

Extinction des privilèges et des hypothèques. — Les privilèges et hypothèques tombent: 1° par l'extinction de la créance elle-même (paiement, prescription, confusion, etc.); 2° par la renonciation du créancier à l'hypothèque ou au privilége (nous insisterons sur ce point dans un instant); 3° par la purge; et enfin 4° par la prescription. — Pour la prescription il faut distinguer: première hypothèse: L'immeuble grevé n'est plus dans le patrimoine du débiteur. Si le tiers débiteur a juste titre et bonne foi, la prescription s'opère par dix à vingt ans, à compter du jour de la transcription du titre d'acquisition sur les registres du conservateur. Au contraire, le tiers détenteur sans titre ni bonne foi prescrit par *trente ans* de possession. Seulement, ce qu'il faut bien remarquer, c'est que la prescription de l'hypothèque est absolument indépendante de celle de la propriété, en ce sens que l'on peut prescrire la propriété par dix ans et ne prescrire l'hypothèque que par trente ans (et réciproquement) : il suffit, pour cela, d'avoir juste titre et bonne foi pour la propriété, et d'être de mauvaise foi quant à l'hypothèque. — Deuxième hypothèse : L'immeuble grevé est resté au contraire dans le patrimoine du débiteur. Dans ce cas, l'hypothèque ou le privilége ne se prescrit que par trente ans, si la créance garantie ne se prescrit que par ce laps de temps; par six mois, un an, dix ans, si la créance est prescrite par six mois, un an, etc. C'est ainsi qu'au bout de dix ans, à compter de la cessation de la tutelle, l'hypothèque légale du mineur sur les biens de son ex-tuteur est complètement éteinte. — Les inscriptions prises par le créancier n'interrompent pas le cours de la prescription (2180).

Nous avons dit que le créancier privilégié ou hypothécaire pouvait renoncer à la garantie que la loi lui accorde. Mais il est une hypothèque légale à laquelle on ne peut renoncer valablement qu'en accomplissant certaines formalités: nous faisons ici allusion à l'hypothèque de la femme mariée. La renonciation de la femme à l'hypothèque légale doit être faite par *acte authentique*; sinon, tout intéressé peut en demander la nullité. — Cette renonciation est faite la plupart du temps pour favoriser un tiers, créancier hypothécaire du mari, qui a consenti à lui prêter de l'argent, par exemple, à la condition que son hypothèque ne serait pas primée par celle de la femme; on considère qu'il y a renonciation tacite de la part de la femme, lorsqu'elle donne son consentement à l'emprunt hypothécaire fait par le mari dans la forme authentique. Naturellement, cette renonciation n'est pas valable lorsqu'elle porte sur l'hypothèque légale garantissant, sous le régime dotal, la restitution d'immeubles dotaux *inaliénables*.

La femme n'a pas seulement le droit de *renoncer* à son hypothèque légale; elle peut la *céder* à un tiers qui viendra à sa place exercer l'hypothèque jusqu'à concurrence de sa propre créance (mais seulement lorsque la femme aura le droit d'exercer elle-même son hypothèque, à la dissolution du mariage le plus souvent). — Ici encore cette cession ou subrogation n'est valable, que si elle est faite par acte notarié, et les cessionnaires ne peuvent l'opposer aux tiers que s'ils ont inscrit l'hypothèque, ou lorsque mention de la subrogation a été faite en marge de l'inscription, dans le cas où celle-ci a déjà été prise du chef de la femme (art. 9 de la loi du 23 mars 1855).

Bien entendu, pour faire ces renonciations et ces cessions, la femme doit être autorisée par son mari ou par justice.

Il y a des hypothèses particulières où les règles générales que nous avons indiquées au sujet de la dispense d'inscription de certaines hypothèques légales reçoivent exception. Nous voulons parler des cas où il y a saisie immobilière ou expropriation pour cause d'utilité publique d'un immeuble grevé d'une hypothèque de cette espèce :

1° L'hypothèque de la femme mariée, du mineur ou de l'interdit doit être inscrite *avant la transcription du jugement d'adjudication*, qui est la conclusion de la procédure de la saisie-immobilière. Ainsi donc, la dispense d'inscription cesse dans ce cas. Au reste, la femme du saisi, les femmes des précédents propriétaires, le subrogé tuteur des mineurs ou interdits, les mineurs devenus majeurs reçoivent du poursuivant une sommation avertissant de la nécessité de l'accomplissement de cette formalité, sous peine de la perte du droit de suite conféré par l'hypothèque. Une copie de cette sommation est notifiée au procureur de la République de l'arrondissement où le bien est situé, et ce représentant du Ministère public est chargé par le législateur de requérir l'inscription des hypothèques légales existant du chef du saisi (692, pr.).

La transcription du jugement d'adjudication purge de plein droit toutes les hypothèques; les créanciers n'ont plus d'action que sur le prix; ils ne peuvent désormais se porter surenchérisseurs. Mais cette transcription doit être faite à la diligence de l'adjudicataire dans les *quarante ciuq* jours du jugement, en cas d'appel dans les quarante cinq jours de l'arrêt, sous peine de revente sur folle enchère. Or, en principe, il y *folle enchère*, lorsque l'adjudicataire ne peut payer le prix ni faire face à ses obligations; on procède alors à une revente sur folle enchère à ses frais; si le prix de la deuxième adjudication est inférieur au premier, le premier adjudicataire, c'est-à-dire le fol enchérisseur est poursuivi en paiement de la différence; s'il est supérieur, il n'a rien à lui réclamer, et le bien tombe dans le patrimoine du deuxième adjudicataire (740, pr.). — Mais il y a un cas ou la transcription n'est pas exigée: c'est lorsque l'adjudicataire est précisément l'ancien tiers détenteur, le saisi (2189).

Quant aux créanciers à hypothèques légales qui n'ont pas fait inscrire leur hypothèque avant la trancription du jugement, ils n'ont plus qu'un droit de préférence, et encore ne peuvent-ils l'invoquer que s'ils produisent leur titre, lors de la procédure d'ordre, — avant *la clôture de l'ordre* si l'ordre est *amiable*; s'il est *judiciaire*, *dans le quarante jours* de la sommation de *produire* (717 et 754 C. proc).

2° Expropriation pour cause d'utilité publique: les priviléges ou hypothèques portant sur l'immeuble exproprié doivent être inscrits, s'ils ne l'ont point encore été, dans *la quinzaine* qui suit la *transcription* du jugement provenant de l'expropriation, sinon ces priviléges et hypothèques tombent; seulement les femmes mariées, les mineurs ou interdits conservent leur droit de préférence sur le montant de l'indemnité, tant qu'elle n'a pas été payée ou bien encore tant que l'ordre n'est pas définitivement réglé. — Au cas d'expropriation pour cause d'utilité publique, comme dans l'hypothèse de l'adjudication après saisie-immobiliére, aucune surenchère n'est admise de la part des créanciers (art. 17 de la loi du 3 mai 1841).

De la subrogation en matière hypothécaire. — Il se peut qu'au moment où l'un des créanciers hypothécaires veut exercer son *droit de suite* et entamer la procédure à fin d'adjudication, la vente ne puisse se faire dans des conditions avantageuses, et qu'il vaille mieux attendre. Supposons qu'un créancier hypothécaire impatient, sûr d'être désintéressé parce que son hypothèque occupe le premier rang, ne veuille pas consentir à accorder un délai : la loi donne aux autres créanciers, qui craignent avec raison que le prix ne soit pas assez élevé pour que leur hypothèque ou privilège vienne en rang utile, le moyen de l'écarter. Il suffit pour cela que l'un de ces créanciers le désintéresse; ce créancier, après avoir payé, est *subrogé* légalement, de plein droit, à celui qu'il a désintéressé; il est mis à sa place, de sorte qu'après avoir effectué ce paiement, il passe du troisième rang — par exemple — qu'il occupait précédemment, au premier rang, qui, dans notre hypothèse, était celui du créancier éliminé, et les créanciers pourront ainsi attendre le moment favorable pour poursuivre l'adjudication de l'immeuble.

Le tiers détenteur a, sur ce point, le même droit que les créanciers hypothécaires; lors donc qu'un créancier le menace de l'expropriation, il lui suffit, pour s'en débarrasser, de lui payer ce qui lui est dû : il lui est subrogé immédiatement dans ses droits de créancier hypothécaire ou privilégié, et si, plus tard, un autre créancier qu'il ne veut pas désintéresser l'exproprie, il vient, dans la collocation du prix de l'adjudication, au rang du créancier qu'il a payé, c'est-à-dire le plus souvent au premier rang ; il est presque toujours sûr, par conséquent, d'être remboursé (1351 — 1°).

Devoirs et responsabilité des conservateurs des hypothèques. — Ils sont tenus de délivrer à tout requérant copie des actes transcrits et des inscriptions subsistantes, ou un certificat constatant qu'il n'y en a aucune (2196). — Ils sont responsables du préjudice résultant : 1° de l'omission des transcriptions et des inscriptions ; 2° du défaut de mention dans leurs certificats d'une ou de plusieurs des inscriptions existantes, à moins que leur erreur ne provienne de désignations insuffisantes qui ne leur sont point imputables (2197). (1) — Les conservateurs sont affranchis de leur responsabilité au bout de *dix ans* depuis la cessation de leurs fonctions, mais tant qu'ils exerçent leurs fonctions ils ne sont libérés qu'au bout de trente ans.

L'immeuble à l'égard duquel le conservateur a omis dans ses certificats une ou plusieurs des charges inscrites est affranchi de ces charges vis à vis du nouveau propriétaire, pourvu que celui-ci ait requis le certificat depuis la transcription de son titre, mais les créanciers peuvent toujours se faire colloquer suivant l'ordre qui leur appartient tant que le prix n'a pas été payé ou que l'ordre fait entre les créanciers n'a pas été homologué. Le conservateur répond, vis-à-vis des créanciers, de la perte de leur droit de suite (2198).

Les conservateurs n'ont pas le droit de retarder les transcriptions ou inscriptions, ni de refuser la délivrance des certificats ; s'ils retardent l'inscription ou s'ils refusent d'obtempérer à la réquisition des créanciers, les requérants n'ont qu'à faire dresser un procès-verbal de retardement ou de refus par un juge de paix, ou par un huissier ou un notaire assisté de deux témoins (2199).

Les conservateurs doivent donner aux requérants, pour chaque acte ou bordereau à inscrire, une reconnaissance *sur papier timbré* indiquant le numéro du registre sur lequel l'indication de la remise de l'acte ou du bordereau a été faite (2200).

Les conservateurs qui ne se conforment pas aux dispositions qui les concernent sont passibles d'une amende de 200 à 1000 francs pour la première contravention, et de destitution pour la seconde, indépendamment de tous dommages et intérêts envers les parties ; ces dommages et intérêts sont du reste payés avant l'amende (2202).

Il est alloué aux conservateurs 1 fr. pour toute inscription d'une hypothèque ou d'un privilège, pour la radiation d'une inscription, pour chaque extrait d'inscription et pour chaque certificat constatant qu'il n'y a aucune inscription (Décret du 21 septembre 1810.)

(1) Aussi, avant d'entrer en fonction, sont-ils tenus de fournir un cautionnement, plus ou moins important suivant le bureau où ils sont placés.

CHAPITRE XIX

DES SUCCESSIONS

SECTION Ire

Actes de décès

L'enterrement d'une personne décédée ne peut avoir lieu que vingt-quatre heures *au plus tôt* après le décès, sauf en cas d'épidémie lorsque les règlements de police abrègent ce délai en vue de la salubrité publique. — Avant l'inhumation, la personne qui s'en occupe (parent, ami, par exemple) doit se faire délivrer par l'officier de l'état civil une autorisation spéciale. Mais l'officier de l'état civil se transporte auparavant auprès de la personne décédée pour s'assurer du décès (dans les grandes villes il se fait suppléer par un docteur-médecin), et il doit attendre l'expiration du délai de vingt-quatre heures pour signer cette autorisation, qui, du reste, est délivrée sur papier libre et sans frais (Art. 77, C. Civ.).

Tout individu qui ne respecterait pas ces dispositions serait condamné à un emprisonnement de six jours à deux mois et à une amende de 16 à 50 francs. — Le ministre du culte ne peut procéder à l'inhumation avant de s'être fait remettre l'autorisation dont nous venons de parler, sous peine d'une amende de 1 à 5 francs, et, en cas de récidive, d'un emprisonnement de 1 à 3 jours (471 et 474 C. Pén.).

Les actes de décès sont soumis aux règles générales établies pour les actes de l'état-civil. (Voy. ACTES DE L'ÉTAT CIVIL. — Chap. Ier), et en outre à certaines règles spéciales qu'il nous faut indiquer ici.

L'acte de décès est dressé par l'officier de l'état civil, sur la déclaration de *deux témoins*. — Ces témoins (*majeurs et du sexe masculin*) doivent être, autant que possible, les deux plus proches parents ou voisins de la personne décédée; lorsqu'une personne est décédée hors de son domicile, l'un des témoins doit être, si cela se peut, la personne chez laquelle le décès a eu lieu (78).

L'acte de décès contient les prénoms, nom, âge, profession et domicile de la personne décédée; si elle était mariée ou en état de veuvage ; les prénoms et nom de l'autre époux; les prénoms, noms, âges, professions et domiciles des *déclarants* (les témoins), et, s'ils sont parents de la personne décédée, leur degré de parenté; et enfin, dans le cas où l'officier de l'état civil a pu se procurer ces renseignements : les prénoms, noms, professions et domicile des père et mère de la personne décédée ainsi que le lieu de sa naissance (art. 79).

En cas de décès dans les hôpitaux (militaires ou civils) ou hospices, maisons d'aliénés, établissements d'instruction, etc., les directeurs ou administrateurs, supérieurs, proviseurs doivent en donner avis *dans les vingt-quatre heures* à l'officier de l'état civil. — En outre, il doit être tenu dans chacun de ces établissements un registre spécial sur lequel sont inscrits les renseignements et déclarations nécessaires pour la rédaction des actes de décès. — L'officier de l'état civil envoie l'acte de décès dressé par lui à la mairie du dernier domicile de la personne décédée. L'officier de l'état civil de la commune transcrit alors cet acte sur le registre des décès (80).

En cas de décès d'un prisonnier, il en est donné avis sur-le-champ, par le gardien de la prison, à l'officier de l'état civil ; celui-ci se transporte à la prison et rédige ensuite l'acte de décès (84).

Au cas de mort violente (suicide, assassinat, etc.), ou lorsque certaines circonstances font soupçonner un crime, un officier de police, assisté d'un docteur-médecin, doit dresser procès-verbal de l'état du cadavre, des circonstances qui ont accompagné le décès et des renseignements qu'il peut recueillir sur les prénoms, nom, âge, profession, domicile et lieu de naissance de la personne décédée. L'inhumation ne peut être faite avant que l'officier de police ait dressé ce procès-verbal. Le commissaire de police est tenu, du reste, de transmettre à l'officier de l'état civil du lieu du décès les renseignements énoncés dans son procès-verbal. L'officier de l'état civil envoie une expédition de l'acte de décès dressé par lui à l'officier de l'état civil du domicile de la personne décédée si ce domicile est connu ; cette expédition est transcrite sur le registre de la localité (81-82).

Dans tous les cas de mort violente il n'est fait sur les registres de l'état civil aucune mention des circonstances dans lesquelles elle s'est produite.

Lorsque le décès a lieu à bord d'un navire, *pendant un voyage en mer*, l'acte de décès est dressé par l'officier d'administration de la marine sur les bâtiments de l'État, — par le capitaine, maître ou patron du navire sur les autres bâtiments (bâtiments de commerce, paquebots). Cet acte est dressé en présence de deux témoins pris parmi les officiers du bâtiment, à leur défaut parmi les hommes de l'équipage ; il est inscrit à la suite du rôle de l'équipage (86).

Au premier port où le bâtiment aborde, si ce port n'est pas le port du désarmement, l'officier ou patron qui a dressé l'acte doit en déposer *deux expéditions authentiques* au bureau du préposé à l'inscription maritime (1). L'une d'elles reste au bureau, l'autre est envoyée au ministre de la marine qui en fait parvenir copie certifiée

(1) Si le port est un port étranger, les deux expéditions doivent être déposées au consulat de France.

à l'officier de l'état civil du domicile de la personne décédée L'officier de l'état civil la transcrit sur les registres.

Lorsque le premier port où le bâtiment aborde est le *port du désarmement*, le rôle d'équipage est déposé au bureau du préposé à l'inscription maritime : le préposé envoie aussitôt une expédition de l'acte à l'officier de l'état civil du domicile de la personne décédée (89).

SECTION II

Successions des personnes décédées sans testament.

Une personne meurt. Qui doit hériter de ses biens ? Si elle laisse plusieurs héritiers, comment et dans quelles proportions son patrimoine sera-t-il partagé entre eux ? Telles sont les principales questions que nous avons à résoudre.

Il faut diviser cette matière en deux parties. Nous parlerons en premier lieu des règles relatives aux successions *non-testamentaires*, que l'on appelle en droit *successions ab intestat :* le défunt n'a point laissé de testament pour le partage de ses biens, on s'en tient alors exclusivement aux dispositions du code. — Nous nous occuperons ensuite des successions *testamentaires*, dont on ne peut bien saisir l'économie qu'après avoir étudié les successions *ab intestat*. Ici le défunt a laissé un testament, il faut respecter sa volonté, sauf dans les cas où elle est en conflit avec la loi ; aussi bien les testaments, pour être pris en considération, doivent remplir certaines conditions de forme. C'est sur ces divers points notamment que portera notre examen des successions testamentaires.

Lorsqu'une personne est décédée sans avoir fait de testament, ou du moins sans laisser de testament valable, ce qui revient absolument au même, ce sont ses enfants légitimes, naturels ou adoptifs qui lui succèdent ; à défaut d'enfants les père et mère frères et sœurs héritent ; à défaut de père et de mère, et de frères et sœurs ou descendants d'eux (enfants, petits-enfants, etc.), ce sont les grands-parents (ascendants autres que père et mère). S'il n'y a d'ascendants que dans une ligne, la ligne *paternelle* par exemple, la succession va pour moitié à ces ascendants, et pour l'autre moitié aux collatéraux de la ligne *maternelle* (oncle, tante, cousins jusqu'au *douzième* degré inclusivement). Lorsque la famille du défunt ou *decujus* n'est représentée que dans une seule ligne, toute la succession est attribuée à cette ligne.

A défaut de parents, c'est le conjoint qui succède ; à défaut de conjoint la succession appartient à l'État par droit de déshérence, sauf dans un cas exceptionnel où elle revient aux Hospices (723, 731, 746, 750, 755, 756-759 C. Civ.).

Avant d'aller plus loin, il importe de dire ce qu'on entend par les mots *degré* et *ligne*. Une comparaison vulgaire fera facilement comprendre la signification exacte de ces expressions : On peut dire que la *ligne* est une échelle dont les échelons sont les *degrés*. La ligne est *ascendante* ou *descendante* suivant que la personne que l'on considère est au *bas* ou au *sommet* de l'échelle. Si l'on parle d'un bisaïeul, par exemple, ses enfants, petits-enfants et arrière-petits-enfants forment la ligne directe descendante; les enfants sont au premier degré, les petits-enfants au second, les arrière-petits-enfants au troisième. S'il s'agit au contraire de la succession de l'un des arrière-petits-enfants, ses père, grand-père, bisaïeul forment la ligne directe ascendante : le père est au premier degré, le grand-père au second, le bisaïeul au troisième.

Mais les degrés qui séparent les collatéraux — c'est-à-dire les individus qui descendent d'un *auteur commun*, et non plus les uns des autres, comme les frères et sœurs, cousins, neveux, oncles, etc., — se calculent d'une tout autre façon. On fait le compte des degrés qui séparent le *défunt* de l'*auteur commun :* on y ajoute les degrés qui séparent ce dernier du collatéral dont il s'agit de déterminer la proximité de parenté, et le total donne le nombre des degrés. C'est ainsi qu'un neveu est parent au troisième degré par rapport à son oncle (*deux* degrés du neveu au grand-père, l'auteur commun, et *un* degré du grand-père à l'oncle). D'après ce calcul les cousins germains sont parents au quatrième degré, les cousins issus-de-germains au sixième, etc.

On désigne sous le nom de *ligne collatérale* l'ensemble des parents collatéraux (personnes ne descendant pas les uns des autres, mais descendant d'un auteur commun) soit dans la ligne paternelle, soit dans les deux lignes. En effet, toute personne (ou au moins tout enfant légitime) appartient à deux familles : celle de son père et celle de sa mère; c'est ainsi que l'on peut dire qu'il a des parents dans la ligne paternelle et des parents dans la ligne maternelle, et nous verrons bientôt que cette distinction a un grand intérêt pratique (735-738).

Nous avons dit que lorsqu'une personne morte sans testament laisse des enfants, ces enfants lui succèdent pour la totalité de ses biens. Ce patrimoine est divisé entre eux tous *par parties égales*, quel que soit le sexe de ces enfants. Voilà le principe (745). Mais, pour qu'il en soit ainsi, il faut supposer que tous les enfants acceptent la succession du défunt, qu'aucun d'eux n'a été favorisé jadis par lui (par exemple que la fille n'a pas eu de dot), et enfin que nul d'entre eux n'est indigne ou incapable de succéder.

Or, sont *indignes* de succéder et, comme tels, *exclus de la succession :* 1° Celui qui est *condamné* pour avoir donné ou *tenté* de donner la mort au défunt; 2° celui qui a porté contre le défunt une accusation *jugée* calomnieuse et qui eût pu entraîner une condamnation à mort pour l'individu faussement accusé; 3° l'héritier *majeur* (non l'héritier mineur) qui, instruit du meurtre du défunt, ne l'a point dénoncé — à moins que cet héritier ne soit proche parent du meurtrier (ascendant ou descendant, conjoint, frère ou sœur, oncle ou tante, neveu ou nièce ou allié au même degré, c'est-à-dire conjoint d'un de ces parents, ou parent à ce degré du conjoint du meurtrier). — Dans le deuxième cas, s'il n'y a pas de jugement déclarant l'accusation calomnieuse, et dans le premier cas, s'il n'y a pas de jugement de condamnation, il n'y a pas indignité.

L'héritier exclu de la succession pour indignité doit rendre tous les fruits et revenus dont il a eu la jouissance depuis l'ouverture de la succession (727-729).

Pour succéder il ne suffit point de n'être pas indigne, il faut avoir existé, ou tout au moins avoir été conçu avant le décès de la personne dont il y a lieu de régler la succession, et être né viable (c'est-à-dire constitué de façon à pouvoir vivre). Mais du moment qu'un individu était conçu lors du décès de la personne dont la succession est ouverte, et qu'il est né viable, il peut hériter de la personne décédée, ne vivrait-il que quelques heures, et par suite il y a lieu à appliquer des règles de succession tout à fait différentes de celles qui eussent été suivies au cas de la naissance d'un enfant non viable.

De la représentation. — Supposons que le père laisse quatre fils et deux petits-fils nés d'un cinquième enfant décédé avant lui. Il y a lieu alors à *représentation*. Les deux petits-fils *représentent* leur père, ils *tiennent sa place* et prennent sa *part* dans la succession: ils auront donc un cinquième du patrimoine de leur grand-père et ils se partageront ce cinquième par moitié, de sorte qu'en définitive ils hériteront chacun d'un dixième. Ils représentent à eux deux une *souche;* aussi dit-on que, lorsqu'il y a lieu à représentation, il y a *partage par souche* (740), et non plus partage par tête (c'est-à-dire d'après le nombre des héritiers). — Ainsi, que le père de deux enfants prédécédés laisse comme héritiers cinq petits-fils, dont trois nés de l'un de ses deux fils, Paul, tandis que les deux autres sont enfants de Pierre, la succession est partagée *également* entre les deux souches : les deux enfants de Pierre auront la moitié, les trois enfants de Paul l'autre moitié, et en définitive les enfants de Pierre auront chacun un quart, tandis que les enfants de Paul n'auront chacun qu'un sixième.

Si au contraire on suppose que les deux enfants du défunt ne sont pas décédés, et cependant ne succèdent point, il n'y a pas représentation : les cinq petits-fils du défunt succèdent par tête, chacun d'eux a par suite un cinquième de la succession. Or, il ne peut y avoir représentation lorsque celui qu'il y aurait lieu de représenter *renonce* à la succession (car on ne représente point des personnes vivantes) ou est *frappé d'indignité*. — Du reste, que l'indigne soit prédécédé ou qu'il soit encore vivant lors du décès de celui auquel il est indigne de succéder, peu importe, la représentation est impossible (730).

Lorsqu'il n'y a point lieu à représentation, les petits-enfants viennent à la succession de leur grand-parent de *leur chef*, et alors, plus de partage par souche mais partage *par tête*, et encore faut-il que le défunt ne laisse que des petits-enfants, car s'il laisse en outre un fils, oncle de ses petits-enfants, ceux-ci sont exclus par cet oncle, qui est un descendant au premier degré du défunt, alors qu'ils ne sont, eux, qu'au deuxième degré.

La représentation n'est pas admise seulement en ligne directe descendante *à l'infini*, mais encore en ligne collatérale, seulement dans un cadre plus restreint : ainsi elle peut être invoquée par les descendants des frères et sœurs du défunt à l'infini, mais non par les descendants d'un autre collatéral (oncle, cousin) (742). — La représentation en ligne collatérale a du reste les mêmes effets qu'en ligne directe.

En ligne ascendante, il ne peut être question de représentation, le bisaïeul ne peut représenter l'aïeul prédécédé dans la succession de l'arrière petit-fils ; l'*ascendant le plus proche* dans chacune des deux lignes (car la succession est partagée par moitié entre la ligne paternelle et la ligne maternelle, c'est ce qu'on appelle la *fente* : le patrimoine est *fendu* en deux) *exclut toujours le plus éloigné*. Or le bisaïeul est au troisième degré et l'aïeul n'est qu'au second (741).

On ne peut représenter le renonçant (celui qui a renoncé à la succession qu'il s'agit de liquider), mais on peut parfaitement représenter celui à la succession duquel on a renoncé. Ainsi, Pierre a renoncé à la succession de Jean, son père, parce que cette succession est mauvaise; cela ne l'empêchera point de représenter son père à la succession du grand-père qui vient à s'ouvrir par la suite. C'est même là la grande différence qui existe entre la représentation et la *transmission*. Si Jean n'était décédé qu'*après la mort* du grand-père de Pierre, celui-ci n'eût pu représenter son père, puisqu'à l'ouverture de la succession de l'ascendant il existait encore et qu'on ne représente pas des personnes vivantes; pour recueillir la succession de son aïeul, tombée dans le patrimoine de son père, il lui eût donc fallu accepter la succession de celui-ci (744).

Théorie des co-mourants. — Pour être capable de succéder à une personne, il faut avoir survécu à cette personne, ne serait-ce qu'un instant. Si donc plusieurs personnes appelées *réciproquement* à se succéder les unes aux autres périssent dans un même évènement, il faut savoir, pour régler la dévolution de leur succession, quelle est celle qui a survécu aux autres, car c'est à elle que toutes les successions reviendront, et c'est à ses propres héritiers qu'elles seront toutes transmises. — Mais il est des cas où il est impossible de savoir qui est mort le dernier (dans un naufrage, par exemple); — c'est pour ces cas-là que la loi a établi les présomptions suivantes :

Si ceux qui ont péri ensemble avaient tous moins de quinze ans, c'est le plus âgé qui doit être regardé comme ayant péri le dernier; s'ils avaient tous plus de soixante ans, c'est au contraire le plus jeune (on se fonde là sur l'idée de force, de vigueur); mais si les uns avaient moins de quinze ans et les autres plus de soixante ans, les premiers (suivant l'ordre normal des décès) sont présumés avoir résisté plus longtemps.

Lorsque ceux qui ont péri avaient plus de quinze ans et moins de soixante et étaient de sexe différent, *l'homme* est présumé avoir résisté plus longtemps quand il y avait égalité d'âge, ou quand la différence *n'excédait pas une année;* tandis que s'ils étaient du même sexe, le plus jeune est considéré comme ayant survécu au plus âgé (l'individu de vingt-cinq ans hériterait de l'individu âgé de quarante ans, par exemple). Enfin celui qui avait plus de quinze ans et moins de soixante est censé avoir survécu à celui qui avait plus de soixante ans ou moins de quinze. — Mais, encore une fois, ces règles ne s'appliquent que s'il s'agit de personnes appelées à se succéder *réciproquement;* en dehors de cette hypothèse, celui qui avait des droits à la succession de son compagnon n'hérite pas de lui (721-722).

Différentes classes d'héritiers. — Examinons maintenant *successivement* les diverses catégories d'héritiers :

Il y en a en somme deux grandes classes : la première est composée des *héritiers légitimes*, la deuxième des *héritiers irréguliers* qui portent aussi le nom de *successeurs aux biens.*

Sont *héritiers légitimes*, tous les parents *légitimes* (descendants, enfants adoptifs, ascendants, collatéraux); sont *héritiers irréguliers* tous les parents *naturels* (enfants naturels reconnus, frères et sœurs naturels, père et mère naturels), le *mari* ou la *femme* de la personne décédée, les *hospices* et enfin l'*État.*

Or il existe de nombreuses différences entre ces deux grandes classes d'héritiers. Ainsi, les héritiers légitimes ont la *saisine*, c'est-à-dire la possession *juridique* des biens du défunt, le droit d'intenter les actions qui lui appartenaient, etc., sans avoir besoin d'aucune autorisation de justice, — tandis que les héritiers irréguliers doivent se faire *envoyer en possession* des biens de la succession par le tribunal de l'arrondissement où la succession est ouverte (1), pour avoir l'exercice de ces droits. — Mais en revanche, les héritiers légitimes sont tenus de payer la totalité des dettes du défunt, quand bien même la valeur des biens qu'il laisse serait bien inférieure au montant de ces dettes, tandis que les héritiers irréguliers (enfants naturels, conjoint) ne sont point tenus de payer au delà de ce qu'ils

(1) La succession s'ouvre au domicile du défunt.

reçoivent. Ils sont *de plein droit* héritiers sous bénéfice d'inventaire, pour ainsi dire (724).

Il peut arriver que des héritiers irréguliers se trouvent en concours avec des héritiers légitimes. C'est ce qui se produit lorsque le défunt laisse des enfants légitimes et des enfants naturels. Dans ce cas, le partage ne se fait point par portions égales; l'enfant naturel (nous ne parlons, bien entendu, que de l'enfant naturel reconnu) n'a droit qu'*au tiers* de la part qu'il aurait eue s'il avait été légitime. Ainsi le défunt a laissé un enfant naturel et deux légitimes : l'enfant naturel a droit au tiers du tiers, c'est-à-dire à un neuvième de la succession; si le défunt a laissé trois enfants naturels et deux légitimes, chacun des enfants naturels recueille un quinzième de la succession -- car si tous les enfants avaient été légitimes, chacun d'eux aurait eu un cinquième — et les enfants légitimes recueillent chacun la moitié du patrimoine de leur père, après déduction des trois quinzièmes.

Les enfants naturels du défunt — qui, nous le supposons, ne laisse point d'enfants légitimes, — peuvent encore se trouver en concours avec des ascendants (père, mère, aïeul) ou avec des frères et sœurs de leur père; dans cette hypothèse, ils ont droit, *à eux tous*, à la *moitié* de la succession : s'il y a trois enfants naturels, chacun d'eux reçoit un sixième, s'il n'y en a que deux, chacun reçoit un quart, s'il n'y en a qu'un, il recueille la moitié. — Si leur père n'a laissé comme héritiers légitimes que des collatéraux (descendants de frère et sœur : neveux, petits-neveux, cousins, etc.), ils reçoivent *pour eux tous* les *trois quarts* de la succession (s'ils sont trois, ils ont chacun 1/4, s'ils sont deux, 3/8; si le défunt n'a laissé qu'un enfant naturel, il recueille à lui seul les 3/4). — Enfin, l'enfant naturel n'a point à craindre le concours du conjoint du défunt : il l'exclut de la succession qu'il recueille alors pour la totalité (757-758).

Les règles de la représentation s'appliquent aux descendants des enfants naturels comme à ceux des enfants légitimes (759).

Quant aux enfants adultérins ou incestueux, ils ne peuvent succéder à leurs parents, puisqu'ils ne peuvent être reconnus légalement. La loi ne leur accorde que le droit à une pension alimentaire, réglée eu égard à la fortune du père ou de la mère (découverte à la suite d'un procès en désaveu, par exemple), au nombre et à la *qualité* (c'est-à-dire à la proximité du degré) des héritiers. Et même l'enfant adultérin ou incestueux ne peut réclamer aucune pension, lorsque son père ou sa mère lui a fait apprendre un art mécanique, un métier, ou lorsque l'un d'eux lui a assuré des aliments de son vivant (762-764).

En résumé, au premier rang des héritiers, nous trouvons les enfants. Mais les enfants légitimes excluent tous autres héritiers, tandis que les enfants naturels ne les excluent que pour partie.

Nous allons supposer maintenant que le défunt n'a point laissé de descendants, ou que ceux-ci ont renoncé à sa succession, ou encore qu'ils sont indignes de lui succéder. C'est alors seulement que viennent les père et mère du défunt et les frères et sœurs légitimes ou leurs descendants (nous admettons que le défunt est enfant *légitime*), — car ces diverses personnes viennent en concours. Les père et mère sont désignés parfois sous le nom d'*ascendants privilégiés* (ils excluent les autres ascendants du défunt), les frères et sœurs du défunt sont aussi appelés — ainsi que leurs descendants — *collatéraux privilégiés*, car ils excluent les autres collatéraux.

Le père et la mère de la personne décédée sans enfants recueillent la moitié de sa succession (soit un quart pour chacun d'eux); ses frères et sœurs *ou leurs descendants* recueillent l'autre moitié. — Si le défunt n'avait plus que son père ou sa mère, cet ascendant privilégié reçoit un quart et les trois autres quarts reviennent à ces mêmes collatéraux privilégiés; si les père et mère du défunt sont morts avant lui, ses frères et sœurs ou leurs descendants recueillent toute la succession, *quand bien même le défunt aurait encore ses grands-parents*. (750-751).

Lorsque les frères et sœurs du défunt sont tous du même lit (même père et même mère), la portion qui leur est attribuée est partagée *également* entre eux. Au contraire s'ils sont de lits différents, cette portion est d'abord divisée entre les deux lignes paternelle et maternelle : les *germains* (ayant mêmes père et mère que la personne décédée) prennent part dans les deux lignes, les *consanguins* (ayant même père que la personne décédée, mais une autre mère, par exemple) ne prennent part que dans la ligne paternelle, les *utérins* (frères et sœurs du défunt par la mère seulement) n'ont droit qu'à une part dans la portion affectée à la ligne maternelle. — Ainsi, le défunt ayant laissé trois frères, l'un germain, l'autre consanguin, l'autre utérin (il faut pour cela que chacun de ses parents se soit marié deux fois), sa succession qui, nous le supposons, s'élève à 60 000 francs, sera divisée *par moitié* entre les deux lignes, soit 30 000 francs pour chaque ligne. Dans la ligne paternelle nous trouvons le frère consanguin et le frère germain qui prennent chacun la moitié de 30 000 francs, soit 15 000 francs; dans la ligne maternelle nous rencontrons encore le frère germain, puis le frère utérin : chacun d'eux recueille 15 000 francs, de sorte qu'en fin de compte, le frère germain hérite de 30 000 francs, tandis que les frères utérin et consanguin n'ont droit qu'à 15 000 francs chacun.

Si le défunt ne laisse que des frères et sœurs consanguins ou utérins, la portion qui leur est affectée est la même que si ces frères et sœurs étaient germains. — Quand les père et mère du défunt sont décédés tous deux avant lui, ses frères et sœurs recueillent toute la succession (752), de telle sorte que si le défunt laisse un frère consanguin et des grands-parents, ceux-ci sont exclus !

Que si la personne décédée ne laisse ni père ni mère, ni frères ni sœurs, ni neveux ni nièces, mais seulement des ascendants (grands-pères et grands'mères, bisaïeuls) la succession est divisée par moitié entre les ascendants de la ligne paternelle et ceux de la ligne maternelle; dans chaque ligne, les ascendants au même degré succèdent *par tête*; quand, dans la même ligne, il y a des ascendants de degrés différents (aïeul et bisaïeul), c'est l'ascendant le plus proche qui succède, à l'exclusion de tous autres (l'aïeul, dans notre hypothèse). — Suivant ces principes, lorsque le défunt meurt avant ses grand-père et grand'mère maternels par exemple, chacun de ses grands-parents recueille un quart de sa succession; si dans la ligne paternelle il n'existe plus qu'un bisaïeul, il recueille l'autre moitié de la succession à lui seul (746).

Les enfants naturels du défunt peuvent se trouver en concours avec ses ascendants; nous avons indiqué quelles étaient dans ce cas les parts dévolues aux uns et aux autres (Voy. *ci-dessus*).

Mais le défunt peut ne laisser d'ascendants que dans une ligne et dans l'autre ligne n'avoir que des collatéraux. Alors les collatéraux de la ligne *paternelle*, par exemple, concourent avec les ascendants de la ligne *maternelle* de la façon suivante : On commence par faire *la fente*, c'est-à-dire qu'on divise la succession en deux parties égales. L'ascendant le plus proche de la ligne *maternelle* recueille la première moitié; le collatéral le plus proche (à l'exclusion des autres collatéraux), — ou les collatéraux du degré le plus proche, s'ils sont plusieurs au même degré — recueille la seconde moitié de la succession, moitié divisée par parties égales entre les divers collatéraux du même degré, dans l'hypothèse où ils sont plusieurs. — Mais il ne faut point oublier que les collatéraux *au-delà du douzième* degré ne succèdent pas. Si donc le défunt n'a que des collatéraux au treizième degré dans sa ligne *paternelle*, par exemple, la *totalité* de sa succession est recueillie par sa ligne *maternelle* (755).

La représentation s'applique aux descendants des frères et sœurs du défunt, mais non à ses autres parents collatéraux; par suite, des cousins-germains étant appelés à la succession, si l'un d'eux est prédécédé laissant deux enfants, ces deux enfants, ne pouvant représenter leur père, sont exclus par leurs oncles, cousins-germains du défunt.

Nous avons vu quelle était la part des père et mère en concours avec les frères et sœurs du *de cujus* (nom sous lequel les jurisconsultes désignent souvent le défunt), mais lorsque ces ascendants privilégiés se trouvent en présence d'ascendants ou de simples collatéraux, il faut appliquer d'autres règles. — Ainsi, que le decujus laisse son père et sa mère, mais ni frères, ni sœurs, ni descendants d'eux, le père et la mère recueillent la totalité de sa succession (1/2 pour chacun d'eux).

Si le decujus laisse son père *ou* sa mère et des ascendants *non privilégiés* (grand-père, grand-mère, bisaïeul), ou des collatéraux ordinaires (oncle ou cousins germains), moitié de la succession est attribuée au *père* survivant, par exemple, et l'autre moitié revient aux ascendants de la ligne *maternelle*, ou, à défaut d'ascendant, aux collatéraux les plus proches de la ligne maternelle; seulement, dans ce dernier cas, c'est-à-dire lorsque cette seconde moitié revient non à des ascendants mais à des collatéraux, l'ascendant privilégié (le père, dans notre hypothèse), a droit, en outre de la moitié de la succession *en pleine propriété*, à *l'usufruit* du *tiers* des biens recueillis par les collatéraux (754).

Nous n'avons pas à revenir sur la détermination de la part de l'enfant naturel en concours avec des collatéraux du decujus, — nous l'avons indiquée, — mais nous devons faire connaître le moyen fourni par le législateur aux parents naturels pour qu'ils puissent épargner tout ennui, lors de l'ouverture de leur succession, à leur enfant naturel, et lui permettre en même temps de se faire une position, dès leur vivant, à l'aide d'un petit capital.

L'enfant naturel n'a rien à réclamer dans la succession de ses parents lorsque, de leur vivant, il a reçu d'eux la *moitié* de la part à laquelle il aurait droit, d'après ce que nous avons dit précédemment, avec déclaration expresse de la part du père ou de la mère qu'il sera réduit à la part qui lui est actuellement assignée. — Si cette part est inférieure à la moitié l'enfant peut du reste réclamer le supplément nécessaire pour parfaire cette moitié (761).

L'enfant naturel n'a droit aux fruits ou revenus de la portion qui lui est attribuée dans la succession de ses parents qu'à compter du jour de la demande en délivrance qu'il doit former contre les héritiers légitimes qui, eux, ont la saisine.

Nous avons parlé jusqu'ici des droits de l'enfant naturel à la succession de ses parents, mais lorsque c'est au contraire le défunt qui est un enfant naturel, comment est partagée sa succession?

S'il laisse des enfants, mêmes règles que lorsqu'il s'agit de la succession d'une personne de naissance légitime. Mais quand l'enfant naturel décède sans postérité, c'est le père ou la mère qui l'a reconnu qui lui succède *pour le tout;* a-t-il été reconnu et par son père et par sa mère, chacun de ses parents recueille la moitié de ses biens (765). — Supposons maintenant que les père et mère de l'enfant naturel soient prédécédés, et qu'il laisse des frères et sœurs légitimes et des frères et sœurs naturels. Les frères et sœurs légitimes recueillent les biens qu'il a reçus de leur père ou mère commun, s'ils se retrouvent *en nature* dans la succession (c'est-à-dire s'ils n'ont point été aliénés et remplacés par de l'argent ou d'autres biens dans le patrimoine du decujus), ou, si ces biens ont été aliénés, leur prix, *lorsqu'il est encore dû par l'acquéreur*, ou bien les actions en reprise que le défunt pouvait avoir sur ces biens (actions en résolution, en rescision, etc.). Mais les descendants des frères et sœurs légitimes ne peuvent invoquer ce droit. — Tous les autres biens de l'enfant naturel décédé passent à ses frères et sœurs *naturels ou à leurs enfants*; à défaut, ils sont recueillis par le conjoint du défunt. Mais ce qu'il faut bien remarquer, c'est que les ascendants de l'enfant naturel (grand-père, grand-mère, bisaïeul) n'ont aucun droit à sa succession, de même que l'enfant naturel ne peut réclamer aucune part dans la succession des ascendants de la personne qui l'a reconnu.

Retour successoral. — Avant de parler de la dévolution de la succession au conjoint du decujus ou à l'État, il nous faut ouvrir une sorte de parenthèse pour mettre en lumière un droit de succession spécial accordé à l'ascendant qui a fait jadis une donation au decujus. Ce droit porte sur les biens donnés par l'ascendant au decujus mort sans postérité, lorsque ces biens se trouvent *en nature* dans la succession. — Si les objets ont été aliénés, mais que le prix d'aliénation soit encore dû, l'ascendant donateur le recueille; de même, si le decujus avait une action en reprise à exercer, l'ascendant a la faculté de l'exercer à son profit.

Ce droit de succession appartient à l'ascendant donateur à l'exclusion de tous héritiers *autres que les descendants légitimes* (enfants, petits-enfants) du donataire décédé; mais il n'existe pas lorsque le decujus laisse des descendants légitimes, quand bien même ils viendraient à mourir sans postérité avant l'ascendant donateur (747). — Il s'agit là, du reste, d'une succession absolument indépendante de la succession normale.

Il peut arriver que l'ascendant donateur arrive en outre à la succession du descendant donataire en qualité d'héritier ordinaire, mais alors il doit *opter* entre les deux sortes de succession, et nous verrons par la suite que, suivant les cas, il a intérêt à accepter la succession normale et à renoncer à l'autre, ou au contraire à exercer les droits de succession de l'ascendant donateur et à renoncer à la succession normale.

Droits du conjoint survivant et de l'État. Lorsque le défunt ne laisse pas de parents successibles, ou que les parents qui lui survivent renoncent à sa succession ou en sont écartés comme indignes, son patrimoine est recueilli par son conjoint (768). A défaut de conjoint — le défunt n'était pas marié, ou bien il a survécu à son conjoint — la succession appartient à l'État (769). Cependant l'État est exclu, s'il s'agit de la succession d'un enfant trouvé ou élevé dans un hospice, ou d'une personne soignée même non gratuitement dans un hôpital, par cet établissement de bienfaisance. — Bien plus, l'hospice recueille, à l'exclusion de tout parent, les effets mobiliers tels que linge, habits, que le défunt avait apportés, lorsque les soins lui ont été donnés gratuitement.

Le conjoint survivant qui vient à la succession de la personne décédée doit prouver sa qualité de conjoint, et en outre présenter un *acte de notoriété* dressé par le juge de paix et constatant qu'il ne s'est présenté aucun parent au degré successible. Il est tenu égalementment de faire apposer les scellés et de faire dresser bon et fidèle inventaire. Il lui faut ensuite demander au tribunal du lieu de l'ouverture de la succession l'envoi en possession. Le tribunal ne peut statuer *qu'un an* après la demande, et auparavant *trois affiches* ou publications sont apposées *de trois mois en trois mois* dans l'arrondissement (770). — L'époux survivant doit faire procéder à la vente du mobilier ou donner caution suffisante pour en assurer la restitution au cas où se présenteraient des héritiers du défunt (au bout de *trois ans* la caution est déchargée, mais non le conjoint). Si ces formalités ne sont pas remplies, l'époux survivant peut être condamné à des dommages-intérêts s'il se présente des héritiers par la suite (771-772). — Ces mêmes formalités sont imposées aux enfants naturels appelés à défaut de parents légitimes du défunt, et même les enfants naturels appelés à concourir avec des parents légitimes agissent prudemment en faisant dresser un inventaire, afin que l'on puisse savoir exactement quelle est la valeur de ce qu'ils ont reçu, puisque ce qu'ils recueillent est la limite de ce qu'ils ont à supporter dans le passif de la succession (773).

Les hospices sont représentés, dans les successions auxquelles ils ont droit, par leurs administrateurs. — Quant à l'État il est représenté dans les successions en déshérence par l'administration des domaines qui doit remplir elle-même les formalités auxquelles le conjoint est soumis. En outre, les jugements relatifs aux successions dévolues à l'État doivent être insérés au *Journal Officiel*. — Tant que le jugement d'envoi en possession n'est pas rendu, celui qui le réclame ne peut aliéner, hypothéquer, ou soumettre à l'usufruit les biens de la succession, sans l'autorisation du tribunal; cependant il a le droit d'aliéner le mobilier périssable.

De l'acceptation et de la répudiation des successions. L'héritier appelé à une succession doit choisir entre trois partis : 1° accepter la succession purement et simplement ; 2° ne l'accepter que sous bénéfice d'inventaire; 3° y renoncer absolument (774-775).

Par exception, les successions échues aux mineurs et aux interdits ne peuvent être acceptées purement et simplement, et pour que le tuteur puisse prendre valablement l'un des deux autres partis il faut l'autorisation du conseil de famille. — Quant aux femmes mariées, elles ont bien l'option entre les trois partis, mais elles doivent se munir de l'autorisation maritale ou de justice. — L'individu pourvu d'un conseil judiciaire a besoin également de l'autorisation de son conseil judiciaire.

Le mari ne peut accepter au nom de sa femme une succession à elle échue, sans avoir reçu d'elle mandat à cet effet.

L'acceptation peut être expresse ou tacite : elle est *expresse* quand on s'applique le titre d'*héritier* (le mot étant pris dans le sens *de représentant du défunt*, et non point dans le sens de *personne appelée à succéder*) dans un écrit authentique ou sous seing privé;

elle est *tacite* quand la personne appelée à la succession fait un acte qu'elle n'aurait pas le droit de faire si elle n'avait pas la ferme intention d'accepter (aliénation d'un immeuble de la succession, par exemple) — (778). Il ne faut point ranger parmi ces actes les actes purement conservatoires, de surveillance ou d'administration provisoire, tels que des actes interruptifs de prescription, ou relatifs à des dépenses de conservation, d'entretien (779). Mais la vente, la donation par un héritier de ses droits successifs, soit à un non-successible, soit à tous ses co-héritiers, soit à quelques-uns d'entre eux, entraîne, de la part de l'aliénateur, acceptation de la succession. Il en est de même de la renonciation, gratuite ou non, que fait un des héritiers au profit d'un ou de plusieurs de ses co-héritiers, ou de sa renonciation *non gratuite* au profit de tous ses co-héritiers *indistinctement*, car dans toutes ces hypothèses il ne s'agit en somme que d'une acceptation suivie d'une donation ou d'une vente. — Mais la renonciation gratuite faite au profit de tous les autres co-héritiers n'entraîne pas acceptation (780).

Lorsque la personne appelée à une succession est décédée sans avoir pris parti, ses héritiers peuvent l'accepter ou la répudier à sa place, s'ils sont tous d'accord; dans le cas contraire, ils sont forcés d'accepter sous bénéfice d'inventaire la succession qui leur est transmise (781-782).

Celui qui a accepté valablement une succession ne peut plus revenir sur sa décision, mais s'il a été victime d'un dol pratiqué envers lui par un tiers, il peut faire rescinder son acceptation par les tribunaux. — Il peut arriver aussi qu'après l'acceptation faite par un héritier, on découvre l'existence d'un testament. Si, par suite de cette découverte, celui qui a accepté voit la part qu'il espérait diminuée de plus de moitié — la succession est de 100 000 francs par exemple, et le decujus dans son testament donne 55 000 francs à un tiers — il peut demander au tribunal la rescision de son acceptation, en se fondant sur la lésion qu'il éprouve (783).

Par l'acceptation pure et simple, le successible *qui a la saisine* (c'est-à-dire l'héritier légitime) s'oblige à payer toutes les dettes du défunt, quand bien même le passif de la succession dépasserait de beaucoup l'actif. Au contraire l'héritier qui n'accepte que *sous bénéfice d'inventaire* n'est tenu de payer les dettes du défunt que jusqu'à concurrence de ce qu'il recueille d'après l'inventaire : l'actif net de la succession est-il de 100 000 francs, l'héritier sous bénéfice d'inventaire n'a à payer que 100 000 francs de dettes, quand même le passif de la succession s'élèverait au double.

Supposons que l'héritier veuille accepter sous bénéfice d'inventaire. Il doit faire sa déclaration au greffe du tribunal dans l'arrondissement duquel la succession est ouverte. Cette déclaration est inscrite sur un registre qui sert également à mentionner les renonciations (793). — En outre, l'héritier doit faire dresser (avant ou après l'accomplissement de cette formalité, peu importe) un inventaire fidèle et exact des biens de la succession. Il faut que cet inventaire soit fait dans les *trois mois* qui suivent l'ouverture de la succession. A dater de la clôture de l'inventaire, s'il est clos avant l'expiration de ces trois mois, — à partir de l'expiration des trois mois si l'inventaire n'est clos qu'à cette date ou même après cette date, l'héritier a *quarante jours* pour réfléchir sur le parti qu'il doit prendre, lorsqu'il n'a pas encore fait inscrire au greffe la déclaration dont nous avons parlé.

Il faut bien remarquer que le délai de trois mois et quarante jours est accordé à tout héritier, mais que l'inventaire n'est absolument nécessaire que pour l'*héritier bénéficiaire* (c'est ainsi qu'on nomme l'héritier qui accepte sous bénéfice d'inventaire) — (795).

Si, durant ces délais de trois mois et quarante jours, il y a lieu de vendre des objets susceptibles de dépérir ou dispendieux à conserver (équipages, par exemple), le successible peut procéder à la vente de ces biens sans qu'on puisse en induire qu'il accepte purement et simplement la succession, pourvu qu'il se soit fait autoriser à agir ainsi par le tribunal. — Mais la vente doit être faite par officier public (commisaire-priseur ou notaire) et aux enchères, après les publications exigées pour ces sortes de ventes (796).

Pendant les délais pour faire inventaire et délibérer, il ne peut être obtenu par les créanciers du défunt aucune condamnation contre l'héritier, puisqu'il ne peut être contraint encore à prendre parti (il a ce qu'on appelle en droit une *exception dilatoire*, qu'il opposera au poursuivant). — Même après l'expiration de trois mois et quarante jours l'héritier peut demander au tribunal un nouveau délai pour réfléchir, et le tribunal ne le lui refuse guère lorsque les comptes de la succession sont compliqués.

Les frais faits légitimement par le successible avant l'expiration du délai de trois mois et quarante jours sont à la charge de la succession, s'il ne consent point à l'accepter purement et simplement. Lorsque le successible a obtenu un délai supplémentaire du tribunal, les frais de poursuite retombent dans le même cas à la charge de la succession, s'il prouve qu'il n'avait pas connaissance du décès, ou que les premiers délais ont été insuffisants, soit à raison de la situation des biens, soit par suite des contestations survenues; mais, lorsqu'il ne peut faire cette preuve, les frais restent à sa charge personnelle (797-799).

Il ne faut pas s'imaginer qu'après l'expiration de ces délais le successible ne puisse plus se porter héritier sous bénéfice d'inventaire. Il le peut encore, tant qu'il n'a point fait acte d'héritier pur et simple, c'est-à-dire tant qu'il ne s'est pas comporté en propriétaire des biens de la succession, et tant qu'il n'existe pas contre lui de jugement *définitif* le condamnant en qualité d'héritier pur et simple. Mais, dès l'expiration des délais à lui accordés, l'héritier ne peut plus repousser les poursuites de créanciers de la succession (il n'a plus d'exception dilatoire), et dès lors il peut être condamné, sur leur demande, en qualité d'héritier pur et simple (800).

L'héritier qui, *sciemment* et *de mauvaise foi*, a fait dresser un inventaire renfermant des omissions ou des inexactitudes, ne peut plus être héritier sous bénéfice d'inventaire, mais seulement héritier pur et simple. — La même déchéance atteint le successible qui a recélé des objets provenant de la succession, à moins qu'il ne les ait restitués volontairement avant le commencement des poursuites auxquelles ce recel l'exposait (801).

Non seulement l'héritier sous bénéfice d'inventaire n'est tenu du paiement des dettes de la succession que jusqu'à concurrence de ce qu'il a recueilli, mais encore il a le droit de se décharger des embarras que pourrait lui donner le paiement des dettes, en abandonnant aux créanciers et légataires du défunt tous les biens de la succession ; de plus sa fortune personnelle ne se confond point avec celle du decujus, de sorte qu'il peut réclamer le paiement des créances qu'il avait contre ce dernier, — ce qui est impossible pour l'héritier qui a accepté purement et simplement, puisque le patrimoine de son débiteur est devenu le sien propre (802).

L'héritier bénéficiaire est chargé d'administrer les biens de la succession, mais il doit rendre compte de son administration aux créanciers et aux légataires du decujus. Il peut être poursuivi par eux sur ses biens personnels, après avoir été mis en demeure de présenter ses comptes, et faute par lui d'avoir satisfait à cette obligation dans le délai fixé par le tribunal (803. al. 1. C. civ. et 530 pr.).

Après l'apurement des comptes, l'héritier bénéficiaire ne peut être poursuivi sur ses biens personnels que jusqu'à concurrence des sommes dont-il se trouve reliquataire (803 al. 2).

Quelles sont donc ses obligations comme administrateur ?

Il n'est point responsable des fautes légères, mais seulement des fautes *graves* d'administration. Il peut vendre les meubles de la succession, mais il doit prévenir de cette vente le président du tribunal, et la vente ne peut être faite qu'aux enchères, par un officier public, après l'affichage exigé pour les ventes de cette sorte. — S'il n'aliène point les meubles et qu'il les représente en nature lors de la reddition de comptes, il n'est responsable que de la détérioration causée par sa négligence (805). — Il peut vendre les immeubles, mais pour cela il lui faut l'autorisation du tribunal, autrement il perdrait la qualité d'héritier bénéficiaire et deviendrait héritier pur et simple. Le jugement qui accorde l'autorisation fixe la mise à prix ou ordonne qu'une estimation préalable sera faite par un expert désigné par le tribunal. La vente a lieu dans la forme des ventes d'immeubles appartenant à des mineurs : vente aux enchères après affiches (988 pr.). — L'héritier bénéficiaire a encore besoin de l'autorisation de justice pour transférer les inscriptions de rente *supérieures à 50 fr. de rente.* (Avis du Conseil d'État du 11 janv. 1808 et art. 989 pr.) — L'héritier bénéficiaire qui ne se conformerait pas à ces dispositions deviendrait héritier pur et simple.

Le prix des immeubles est distribué suivant l'ordre des privilèges et hypothèques (991 pr). — L'héritier bénéficiaire est tenu, si les créanciers et autres personnes intéressées l'exigent, de donner caution bonne et solvable de la valeur du mobilier compris dans l'inventaire, et de la portion du prix des immeubles qui excède la somme totale des créances privilégiées et hypothécaires. Pour l'y forcer, il suffit de lui adresser une sommation, et dans les *trois jours* qui suivent (plus *un jour* par 12 lieues 1/2 de distance entre le domicile de l'héritier et la commune où siège le tribunal de l'ouverture de la succession), l'héritier bénéficiaire est tenu de présenter sa caution au greffe (993 pr). Faute par lui de fournir caution, les meubles sont vendus et leur prix est déposé à la Caisse des dépôts et consignations, à Paris (à la caisse des trésoriers payeurs généraux ou des receveurs particuliers dans les départements) ; l'excédant du prix des immeubles aliénés y est également versé. Les sommes déposées sont employées à acquitter les charges de la succession (807).

Lorsque l'héritier bénéficiaire reçoit des créanciers du défunt ou des légataires des oppositions au paiement, il ne peut plus payer que dans l'ordre et de la manière réglée par un juge-commissaire désigné, sur la demande des opposants, par le président du tribunal (656 pr.), tandis qu'à défaut d'opposition, il paie les créanciers et les légataires à mesure qu'ils se présentent; quant à ceux des créanciers qui ne se présentent qu'après l'apurement du compte et le paiement du reliquat, ils ont un recours contre les légataires payés, — mais non pas contre l'héritier, — et encore ce recours n'est-il possible que pendant *trois ans* à compter du jour de l'apurement du compte et du paiement du reliquat (809).

Dans le règlement de la succession bénéficiaire, les frais de scellés, s'il en a été apposé, les frais d'inventaire et de comptes sont à la charge de la succession et non pas à la charge de l'héritier bénéficiaire.

Il nous reste à parler du troisième parti que peut prendre l'héritier; ce troisième parti, c'est la renonciation. — La renonciation à une succession doit être *expresse*, la déclaration doit en être faite au greffe du tribunal dans l'arrondissement duquel la succession s'est ouverte; elle est mentionnée sur un registre spécial (784).

Celui qui renonce est censé n'avoir jamais été héritier, et par suite aucune confusion ne s'est produite entre son patrimoine et la succession. La part du renonçant accroît à ses co-héritiers; elle n'accroît qu'à un co-héritier de la même souche, s'il y a lieu à un partage par souches (ainsi, que de deux petits-fils représentant leur père à la succession de leur grand-père l'un vienne à renoncer, sa part s'ajoute à celle de l'autre petit-fils; elle n'est point divisée entre tous les co-héritiers; si le renonçant est seul de son degré, la succession est dévolue au successible qui vient après lui dans l'ordre des héritiers (786).

Nous avons dit déjà qu'on ne pouvait représenter à une succession celui qui y a renoncé. Ainsi, un fils renonce à la succession de son père, ses enfants ne peuvent le représenter, mais ils peuvent venir *de leur chef;* sans doute ils sont exclus par leurs oncles (les autres fils du decujus) si ceux-ci acceptent sa succession, mais s'ils y renoncent et que leurs enfants viennent également de leur chef, tous ces petits-enfants se partagent la succession *par tête*, et non plus par *souche*, puisqu'ils ne peuvent venir par représentation (787).

Les créanciers de celui qui renonce au préjudice de leurs droits peuvent se faire autoriser *en justice* à accepter la succession du chef de leur débiteur, en son lieu et place (cette faveur n'est pas accordée aux légataires de la succession), mais la renonciation de l'héritier n'est annulée que jusqu'à concurrence de leurs créances, et elle ne l'est point au profit de l'héritier, de sorte que, si, toutes dettes payées, il reste encore de l'argent dans la succession, cet excédant d'actif revient non pas au renonçant, mais à l'héritier appelé à la succession à la suite de la renonciation (788).

Le renonçant a encore le droit d'accepter la succession tant qu'elle ne l'a pas été par d'autres héritiers, et tant qu'il ne s'est point écoulé trente ans depuis l'ouverture de la succession, — sans préjudice de droits acquis à des tiers sur les biens de cette succession, soit par prescription, soit par actes valablement faits par le curateur nommé pour administrer la succession qui était restée vacante jusqu'alors (789-790).

On ne peut renoncer à la succession d'une homme *vivant*, ni aliéner les droits éventuels qu'on peut avoir sur cette succession (791).

Les héritiers qui détournent ou recèlent des objets dépendant d'une succession, sont déchus de la faculté d'y renoncer et de l'accepter sous bénéfice d'inventaire; ils deviennent de plein droit héritiers purs et simples, et de plus n'ont aucune part dans les objets divertis ou recélés (792).

Des successions vacantes. — Une succession est réputée *vacante* lorsqu'à l'expiration des délais accordés pour faire inventaire et délibérer (trois mois et quarante jours), personne n'a encore réclamé la succession. — Il en est de même s'il n'y a pas d'héritier connu ou si tous les héritiers connus ont renoncé.

Lorsque la succession est vacante, les créanciers du decujus, ou d'autres intéressés, n'ont qu'à demander au tribunal dans l'arrondissement duquel la succession est ouverte, de nommer un *curateur;* à leur défaut, c'est le procureur de la République qui requiert la nomination du curateur à la succession vacante. — Ce curateur, avant toutes choses, doit faire constater par un inventaire l'état de la succession; il exerce les droits du decujus, répond aux demandes formées contre la succession, administre les biens qui en dépendent; les sommes provenant du prix des biens aliénés, ainsi que le numéraire trouvé chez le défunt doivent être déposés par lui à la caisse des dépôts et consignations, ou dans la caisse du receveur de l'Enregistrement et des Domaines.

L'acheteur du bien aliéné ne doit pas remettre le prix au curateur; c'est lui-même qui doit effectuer le dépôt.

Pour se faire payer par la Caisse où l'argent est déposé, les créanciers ont à se munir d'un mandat ordonnancé par le tribunal.

Quant aux ventes des biens de la succession vacante, elles doivent, *à peine de nullité*, être faites suivant les formes édictées pour la vente des biens d'une succession acceptée sous bénéfice d'inventaire (autorisation du tribunal, mise aux enchères, etc.). — Pour la restitution des comptes, le curateur est encore soumis aux mêmes règles que l'héritier bénéficiaire (814).

Le curateur doit en outre présenter au receveur des domaines, sur sa demande, et chaque fois qu'il le juge utile, le compte provisoire de son administration, afin que ce fonctionnaire puisse s'assurer si tous les fonds disponibles ont été versés à la Caisse, car c'est à la diligence des receveurs des Domaines que le curateur en faute est poursuivi (Circulaires du 25 janvier 1828 et du 26 mai 1842).

Il faut bien se garder de confondre la *succession vacante* avec la *succession en déshérence* (appartenant comme telle à l'État). — Ainsi, lorsque le decujus n'a laissé que des héritiers irréguliers et que ceux-ci ne demandent point l'envoi en possession, la succession n'est pas en déshérence (puisqu'il existe certainement des héritiers, l'État ne peut la réclamer), mais c'est une *succession vacante*; lorsque le decujus a laissé des héritiers légitimes, leur silence ne fait point de la succession une succession en deshérence puisqu'ils ont la saisine : la succession est encore vacante.

Lorsqu'il est probable que le decujus a laissé des héritiers, mais que ces héritiers sont inconnus, là non plus il n'est pas possible de dire que la succession est en déshérence.

On a remarqué sans doute que l'administration de la succession vacante est bien différente de celle de la succession tombée en déshérence, dont nous avons déjà exposé les règles. (Voy. *ci-dessus*).

Partage d'une succession non testamentaire. — Une succession s'ouvre, plusieurs héritiers sont appelés à la recueillir; ils l'acceptent. Ces divers co-héritiers sont *co-propriétaires* de la succession, ils sont dans *l'indivision* par rapport aux biens qui dépendent du patrimoine du decujus. Mais l'état d'indivision est préjudiciable à la bonne gestion d'une propriété, il engendre souvent la discorde entre les co-propriétaires; aussi le législateur déclare-t-il que nul ne peut être contraint à demeurer dans l'indivision; chacun des héritiers co-propriétaires a le droit d'exiger le partage de la succession, — à moins cependant qu'ils ne se soient enlevé cette faculté pendant un certain temps, pourvu que la période fixée n'excède pas *cinq ans*. Cette convention peut être renouvelée pour une durée égale, mais si elle est renouvelée au bout de deux ans d'indivision, par exemple, il ne faut pas croire que l'indivision sera obligatoire pendant les trois années qui restent à courir pour accomplir la première période (qui, nous le supposons, était de cinq ans), et *en outre* pendant cinq nouvelles années : la nouvelle période de cinq ans datera de la signature de la nouvelle convention (851).

Le partage ne peut être demandé pour la totalité quand l'un des co-héritiers a joui séparément, comme s'il était le seul propriétaire, de certains des biens de la succession, et cela assez longtemps pour en prescrire la propriété (816).

Les tuteurs des co-héritiers mineurs ou interdits ne peuvent exercer l'action en partage qu'avec l'autorisation du conseil de famille. — Le mari peut, sans le concours de sa femme, provoquer le partage des biens à elle échus par succession et destinés à tomber dans la communauté, tandis que pour les biens qui ne doivent pas tomber dans la communauté, c'est la femme qui, avec le concours de son mari, provoque leur partage; le mari ne peut demander lui-même qu'un partage *provisionnel*, c'est-à-dire *relatif à la jouissance* et non à la propriété. Quant aux co-héritiers de la femme mariée, ils ne peuvent provoquer le partage qu'en mettant en cause et le mari et la femme (817-818).

Lorsque tous les co-héritiers sont présents (ou représentés par des mandataires), majeurs et capables, lors de l'ouverture de la succession, l'apposition des scellés sur les effets de la succession n'est pas nécessaire, et le partage peut être fait à l'amiable, *même par simple convention verbale*; mais si tous les héritiers ne sont pas présents, ou s'il y a parmi eux des mineurs ou des interdits, les scellés doivent être apposés dans le plus bref délai, soit à la requête des héritiers, soit à la diligence du procureur de la République, soit sur la déclaration du maire ou adjoint de la commune.

L'apposition des scellés est faite par le juge de paix; il peut y procéder *d'office*, c'est-à-dire spontanément, sans en être requis. Et cette apposition peut être requise non seulement par ceux qui prétendent avoir droit à la succession, mais encore par tous créanciers munis d'un titre exécutoire (acte notarié ou jugement) ou autorisés par le président du tribunal ou le juge de paix du lieu où les scellés doivent être apposés, et, en cas d'absence du conjoint du decujus ou de l'un des héritiers, par les personnes qui demeuraient avec le défunt, notamment par ses domestiques.

Les mineurs émancipés intéressés à l'apposition des scellés peuvent la requérir avec l'autorisation de leur curateur; pour le mineur non émancipé et *non pourvu de tuteur*, la loi exige que la réquisition soit faite par un de ses parents ; si le mineur a un tuteur, sans doute celui-ci a le droit de requérir l'apposition des scellés, mais s'il ne le fait point, il n'y a pas lieu pour le juge de paix d'apposer les scellés, car ils ne sont pas obligatoires dans ce cas-là (909-911 pr.).

Lorsque les scellés ont été apposés, tous créanciers peuvent former opposition à leur levée. Cette opposition leur donne le droit d'être convoqués à la levée des scellés, et d'assister à la première vacation, mais ensuite ils ne peuvent que se faire représenter *en bloc* par un mandataire (932 pr.).

Du reste les scellés ne peuvent être levés que *trois jours après l'enterrement*, s'ils ont été apposés *avant* l'inhumation, ou trois jours *après l'apposition*, si elle a été faite *après* l'inhumation, — à moins que pour cause urgente le président du tribunal ne permette, par une ordonnance, de les lever avant l'expiration de ce délai, auquel cas, si les parties qui ont le droit d'assister à la levée des scellés ne sont pas présentes, un notaire est désigné par le président pour les représenter tant à la levée des scellés qu'à l'inventaire (928 pr.).

Lorsque les héritiers, ou quelques-uns d'entre eux, sont mineurs non émancipés, il ne doit être procédé à la levée des scellés qu'après qu'ils ont été émancipés ou pourvus de tuteurs (929 pr.).

Tous ceux qui ont le droit de faire apposer les scellés ont aussi le droit d'en requérir la levée, sauf les personnes qui n'ont pu faire apposer des scellés que parce qu'elles demeuraient avec le défunt (ses serviteurs, par exemple). La réquisition est consignée par le juge de paix sur un procès-verbal (930-931 pr.).

Le conjoint, les héritiers, l'exécuteur testamentaire, les légataires universels ou à titre universel, ont le droit d'assister en personne ou par mandataire à la levée des scellés et à l'inventaire. Ils peuvent convenir entre eux du choix d'un ou deux notaires, et d'un ou deux commissaires-priseurs ou experts, pour faire cet inventaire ; s'ils ne peuvent s'accorder dans leur choix, c'est le président du tribunal qui désigne ces officiers publics ou experts (932 et 935 pr.).

Le partage ne peut être fait qu'en justice lorsque les héritiers ne sont pas tous majeurs, capables et présents (ou représentés). — De plus, si l'un des héritiers présents et majeurs refuse de procéder au partage, l'action en partage, ainsi que les contestations qui viennent à s'élever relativement à ce partage (demandes en garantie des lots, demandes en révision du partage), sont soumises au tribunal ; c'est devant lui qu'il est procédé aux licitations, ventes aux enchères en vue du partage du prix entre les co-héritiers (822 C. civ.).

Les immeubles de la succession sont estimés par des experts que choisissent les parties intéressées, ou que désigne le tribunal si elles ne peuvent s'entendre sur leur choix. Les experts, dans leur procès-verbal, présentent les bases de l'estimation; déclarent si le bien estimé peut être commodément partagé, et de quelle manière; indiquent la division par lots qui leur paraît préférable, et fixent la valeur de chaque part (824).

Si les biens sont facilement partageables, chaque co-héritier a le droit d'exiger sa part *en nature* (c'est-à-dire les biens eux-mêmes, et non leur valeur) dans les biens mobiliers ou immobiliers de la succession, à moins cependant qu'il n'y ait des créanciers saisissants ou opposants, ou que la *majorité* des co-héritiers ne juge la vente nécessaire pour le paiement du passif de la succession, car alors la vente des meubles aux enchères publiques est obligatoire (816).

Si les immeubles de la succession ne peuvent pas se partager commodément, il doit être procédé à la vente par *licitation* devant le tribunal. Pourtant, lorsque toutes les parties au partage sont majeures, elles peuvent convenir que la licitation sera faite devant un notaire choisi par elles (827).

Une fois les meubles et les immeubles estimés — et vendus, s'il a fallu les vendre — le juge commis au partage par le tribunal renvoie les parties devant un notaire choisi par elles, ou nommé d'office si elles ne peuvent s'accorder sur le choix. Le notaire procède alors à la formation de la masse générale du partage, à la composition des lots et au règlement des comptes que les co-partageants peuvent avoir entre eux (828).

FORMULE N° 1

Partage d'une succession à l'amiable.

« Entre les soussignés,

» M. Albert Mortier, propriétaire, demeurant à Paris, rue de Turbigo, n° 5, d'une part;

» Et Mlle Eugénie Mortier, sans profession, demeurant également à Paris, rue de Turbigo, n° 5, d'autre part;

» Tous deux habiles à se porter héritiers de M. Édouard Mortier, leur père, décédé *ab intestat*, le vingt-cinq août mil huit cent......., et dont ils sont les seuls enfants,

» Se sont mis d'accord pour partager entre eux à l'amiable la succession de leur père.

» A cet effet, ils ont établi l'actif et le passif de ladite succession, de la façon suivante :

Actif de la succession.

15 actions nominatives de la Compagnie......, estimées à	....
Un bois de 100 hectares, dans la commune de B..., estimé à	....
Argent monnayé..	....
Bijoux et argenterie, estimés à.........................	....
Meubles meublants, estimés à.........................	....
Vêtements, estimés à................................	....
Objets d'art (tableaux, tapisseries, etc.), estimés à........	....
Soit en tout pour l'actif..........	200.000 fr.

Passif :

Billet à ordre souscrit au profit du sieur B... et à échéance du...	....
Créance hypothécaire..................................	....
Notes de fournisseurs.................................	....
Soit en tout, pour le passif........	10.000 fr.

L'actif étant estimé à..	200.000 fr.
Et le passif s'élevant à....................................	10.000
Le reliquat est de.................	190.000 fr.
La part de chacun des héritiers doit être en conséquence de..	95.000 fr.

Le premier lot, attribué par les présentes à M. Albert Mortier, qui accepte, se compose :

Pour l'actif, de :

1°............... estimé à.................	....
2°............... estimé à..................	....
Soit au total...........	105.000 fr.

Pour le passif :

De la totalité des charges sus-indiquées..........	10.000 fr.
Ce qui donne en définitive une valeur nette de :	95.000 fr.

Le deuxième lot, attribué à Mlle Eugénie Mortier, qui accepte, comprend tout le reste de l'actif, sans aucune part dans le passif de la succession.

Au cas où, par la suite, de nouvelles dettes, inconnues actuellement des soussignés, viendraient à être révélées, il est bien entendu que les charges en résultant seront supportées également par chacune des deux parties.

Fait en double à Paris, le trente novembre mil huit cent quatre vingt-cinq.

Approuvé l'écriture. Approuvé l'écriture.

ALBERT MORTIER. EUGÈNE MORTIER.

Des Rapports. — Chaque co-héritier, même celui qui n'a accepté la succession que sous bénéfice d'inventaire, doit *rapporter* à la masse de la succession qui est soumise au partage tout ce qu'il a reçu du défunt par donation entre-vifs — c'est ainsi que la fille dotée par son père doit rapporter à la succession de celui-ci la dot qu'elle a reçue — à moins, bien entendu, que le donateur n'ait dispensé le donataire de ce *rapport*, ou que la donation n'ait été faite expressément par préciput et *hors part* (843). — La dispense de rapport peut aussi résulter de l'ensemble des dispositions de la donation.

L'héritier renonçant ne doit pas le rapport; par suite, le successible qui a reçu autrefois du donateur décédé une somme plus considérable que ne le serait celle qui lui reviendrait dans la succession s'il l'acceptait, agit plus sagement en renonçant à cette succession (845).

Le rapport est exigé même du donataire qui, lors de la donation, n'était point héritier présomptif et ne l'est devenu que par suite du décès ou de la renonciation de la personne qui venait avant lui à la succession (846).

A propos du rapport, nous aurions à parler des legs — car eux aussi y sont soumis — mais nous réservons nos explications sur ce point pour le moment où nous traiterons des *successions testamentaires.*

Les donations faites au fils de celui qui se trouve successible lors de l'ouverture de la succession sont toujours considérées comme ayant été faites avec dispense de rapport ; le père n'a pas à les rapporter (848). Il est utile de le faire remarquer, car les donations indirectes (donations faites par personnes interposées), les donations déguisées n'emportent pas dispense de rapport, et la preuve d'avantages indirects peut être faite par tous les moyens.

Quant aux dons manuels, ils sont dispensés ou non du rapport suivant les circonstances ; le tribunal apprécie.

Le fils du donataire qui vient à la succession du donateur décédé, non pas *de son chef*, mais *par représentation* de son père, doit rapporter la donation faite à celui-ci (lors même qu'il a renoncé à sa succession), tandis qu'il n'a point à faire ce rapport lorsqu'il vient de son chef, par exemple parce que son père a renoncé à la succession du donateur (848).

La donation faite au conjoint du successible n'est point soumise au rapport, mais si une donation a été faite par le *decujus* aux deux époux *conjointement*, le successible doit en rapporter la moitié (849).

Ce ne sont point seulement les donations ou les legs qui doivent être rapportés, ce sont encore les dettes que le successible peut avoir contractées vis-à-vis du *decujus* (les dettes à terme deviennent, par suite, immédiatement exigibles), et les sommes employées pour l'établissement d'un des co-héritiers (pour lui acheter un fonds de commerce, par exemple, ou pour le doter), mais les frais de nourriture, d'éducation, d'apprentissage, les frais ordinaires d'équipement — notamment les 1500 francs du volontariat, qui ont pour objet principal l'équipement de l'engagé conditionnel — les dépenses faites pour les noces et les présents d'usage ne doivent point être rapportés, par celui qui en a profité, à la succession de la personne qui a supporté ces dépenses (851-852).

Les profits que l'héritier a pu retirer des conventions passées avec le défunt, si ces conventions ne présentaient aucune donation indirecte ou déguisée, n'ont point non plus à être rapportés. — Même solution pour l'association formée *sans fraude* entre le défunt et l'un de ses héritiers, pourvu toutefois que cette association ait été établie par acte notarié (854).

Quand la donation sujette à rapport a eu pour objet un immeuble, et que cet immeuble a péri par cas fortuit, sans la faute du donataire, celui-ci n'a rien à rapporter (855).

L'héritier tenu au rapport doit les fruits et les intérêts du bien à rapporter, à dater du jour de l'ouverture de la succession (856).

Le rapport, basé sur l'idée d'égalité entre les co-héritiers, n'est dû que si le successible donataire se trouve en concours avec des co-héritiers; le successible donataire n'a rien à rapporter s'il n'y a, en dehors de lui, que des légataires — même universels — ou des créanciers de la succession (857).

Le rapport se fait *en nature* ou *en moins prenant* (858). Dans le premier cas, on rapporte à la masse le bien lui-même; dans le second cas, il n'y a qu'un rapport fictif : le successible tenu à rapport garde le bien, mais la valeur de ce bien figure dans la masse de la succession, et elle est précomptée sur la part de celui qui doit le rapport; au lieu de recevoir 100 000 francs, par exemple, le donataire d'un immeuble de 70 000 francs ne recevra que 30 000 francs.

Il est encore une autre façon de calculer le rapport en moins prenant : on commence par prélever sur la masse, au profit de ceux qui n'ont point de rapport à effectuer, une somme égale à la valeur du rapport, et l'excédent est réparti par fractions égales entre tous les co-partageants (830, al. 1).

Lorsque l'immeuble donné n'a pas été aliéné par le donataire et qu'il n'y a pas dans la succession d'immeuble de mêmes nature, valeur et bonté, dont on puisse former des lots à peu près égaux pour les autres co-héritiers, le rapport en nature peut être exigé du donataire, tandis qu'il ne peut l'être si l'immeuble a été aliéné (il n'a lieu alors qu'en moins prenant), ou même s'il n'a point été aliéné, lorsqu'il se trouve dans la succession des immeubles de même nature dont on peut former des lots à peu près égaux (859-860).

Quand le rapport de l'immeuble est fait en moins prenant, c'est la valeur de l'immeuble à l'époque de l'ouverture de la succession qui doit être considérée (860).

Au reste, que le rapport ait lieu en nature ou en moins prenant, il est tenu compte au donataire de la plus-value résultant pour l'immeuble des dépenses d'amélioration qu'il a faites; le donataire se voit également indemnisé des dépenses de conservation, lors même qu'elles n'ont nullement amélioré l'immeuble. — Le rapport est-il fait en nature? La somme représentant la plus-value et les dépenses de conservation est remise au donataire; lorsque le rapport est effectué en moins prenant, on déduit simplement cette somme de la valeur actuelle de l'immeuble (861-862).

Mais, d'un autre côté, le donataire est responsable des dégradations qui ont diminué la valeur de l'immeuble, lorsqu'elles résultent de son fait, de sa faute ou de sa négligence (863). — Pour établir la valeur d'un immeuble aliéné par le donataire, au point de vue du rapport en moins prenant, on applique ces mêmes règles au sujet des améliorations et des dégradations provenant de l'acquéreur (864).

Le rapport en nature fait tomber tous les droits constitués par le donataire sur l'immeuble (privilèges, hypothèques, servitudes foncières, usufruit, etc.), mais ces droits renaissent si l'immeuble est mis dans le lot du donataire ; aussi, les intéressés (les créanciers hypothécaires, par exemple) ont-ils le droit d'intervenir au partage (à leurs frais), pour empêcher les fraudes que pourrait tenter le donataire en vue de leur nuire, mais ils ne peuvent attaquer un partage consommé, — à moins toutefois qu'il n'y ait été procédé en leur absence, bien qu'ils aient formé une opposition indiquant leur intention d'intervenir au partage, ou encore s'il a été procédé au partage avec une rapidité telle qu'un créancier n'eût pas eu le temps nécessaire pour former opposition (865 et 882).

Le co-héritier qui fait le rapport en nature a le droit de retenir la possession de l'immeuble à rapporter jusqu'au remboursement de ce qui lui est dû pour améliorations ou dépenses de conservation (867).

Le rapport du mobilier ne se fait qu'en moins prenant. On considère la valeur qu'il avait lors de la donation, d'après l'état estimatif annexé à l'acte de donation, — à défaut de cet acte, d'après une estimation par experts (868).

La donation a-t-elle consisté en une somme d'argent? Le rapport se fait en moins prenant dans le numéraire de la succession ; s'il n'y a pas assez de numéraire, le donataire rapporte l'argent à lui donné, mais il peut se dispenser de le rapporter en abandonnant des effets mobiliers, et, à défaut de mobilier, des immeubles de la succession (869).

Formation des lots. — Supposons tous les rapports en nature ou en moins prenant effectués, il est procédé, sur ce qui reste dans la masse, à la composition d'autant de lots égaux qu'il y a d'héritiers co-partageants, ou de *souches* co-partageantes si certains héritiers viennent par représentation ; dans chaque souche, le lot affecté à la souche est divisé ensuite entre les représentants qui en font partie, et cette subdivision se fait suivant les mêmes règles que la première répartition (831-836).

Dans la formation des lots, il faut éviter de morceler les propriétés et de diviser les exploitations. Néanmoins, il faut, *autant que possible*, faire entrer dans chaque lot la même quantité de meubles, d'immeubles et de créances de mêmes nature et valeur.

L'inégalité des lots en nature se compense par une rente ou un capital payé par le co-héritier dont le lot a le plus de valeur, afin que l'égalité soit rétablie entre les co-partageants (833). — Les lots sont faits par l'un des co-héritiers choisi par eux-mêmes — s'il accepte cette mission ; s'il la refuse, ou si les co-héritiers ne peuvent s'entendre sur le choix de l'un d'eux, les lots sont faits par un expert désigné par le juge-commissaire.

Chaque co-partageant peut réclamer contre la formation des lots, si elle ne lui convient pas. Puis les lots sont tirés au sort (834). Dans les opérations renvoyées devant le notaire, il s'élève parfois des contestations. Le notaire dresse alors procès-verbal des difficultés, et renvoie les co-héritiers devant le juge-commissaire, qui lui-même peut renvoyer les parties devant le tribunal (837 C. civ. et 977 pr.).

Quand, parmi les co-héritiers, il y a plusieurs mineurs qui ont des intérêts opposés dans le partage, et qui ne sont pourvus que d'un seul tuteur pour eux tous — par exemple deux frères mineurs venant à la succession de leur mère et ayant un même tuteur : leur père — il doit leur être donné à chacun, par le conseil de famille, un tuteur spécial (839).

Lorsqu'il y a lieu à licitation, les héritiers n'étant pas tous présents ou capables, les personnes non intéressées au partage sont toujours admises à l'adjudication, qui, du reste, ne peut être faite qu'en justice et avec les formalités prescrites pour l'aliénation des biens des mineurs. — En dehors de ces hypothèses, les étrangers non intéressés à un partage ne sont admis à la licitation que si un des co-partageants le demande (1687).

Il arrive parfois qu'un co-héritier cède son droit au partage à une autre personne. Si le cessionnaire est un co-héritier, il exercera ainsi les droits de deux cohéritiers ; mais si ce n'est point un sucessible, il peut être écarté du partage soit par tous les co-héritiers, soit par un seul, au moyen du remboursement du prix de la cession. Le *retrait successoral* — c'est ainsi qu'on désigne cette exclusion d'un étranger qui pourrait par sa présence troubler l'harmonie entre les co-partageants — n'est possible, du reste, que s'il s'agit de la cession de l'*ensemble* des droits du co-héritier cédant ; il ne serait point admis si la cession ne portait que sur des biens certains et déterminés, sur tel ou tel immeuble, par exemple (841).

Le partage effectué, chacun des co-partageants reçoit les titres de propriété des biens mis dans son lot. — Lorsqu'on a divisé une grande propriété en plusieurs lots, les titres de cette propriété sont remis à celui qui a la plus grande part, à la charge pour lui de les tenir à la disposition des autres co-partageants qui y ont intérêt, quand il en sera requis par eux. Dans le cas où le domaine est divisé par fractions égales entre tous les lots, les différents co-héritiers choisissent celui d'entre eux qui sera le dépositaire des titres ; si ce choix soulève des difficultés, il est fait par le juge commissaire (842).

Effets du partage. — Chaque co-héritier est censé avoir succédé seul, et dès le jour même de l'ouverture de la succession, à tous les biens compris dans son lot ou à lui échus par licitation, et n'avoir jamais eu la propriété des autres biens de la succession (883). Par suite, l'hypothèque ou la servitude consentie sur un immeuble de la succession par l'un des co-héritiers tombe si cet immeuble n'est pas compris dans son lot, tandis qu'elle subsiste si le fonds lui est attribué par le partage.

Mais c'est là une fiction juridique, et les co-héritiers restent garants les uns envers les autres des troubles de droit et des évictions qui proviennent d'une cause *antérieure au partage* (884). Chacun des co-héritiers est tenu d'indemniser le co-héritier évincé, en proportion de sa part héréditaire, — pour un quart, par exemple, s'il y a quatre co-héritiers ayant part égale — de la perte que lui a causée l'éviction, qui, nous le supposons, provient de l'existence d'une hypothèque garantissant une dette de la succession *commune* à tous les co-héritiers. — Mais que l'un des co-héritiers soit insolvable, la portion dont il est tenu est répartie entre l'héritier évincé et tous ses co-héritiers solvables. Ainsi, dans notre exemple, l'un des co-héritiers étant insolvable, le quart de l'indemnité est réparti entre les trois autres co-héritiers : les deux héritiers non évincés auront à payer chacun à l'héritier évincé, un quart *plus un douzième* (le tiers d'un quart), soit en tout quatre douzièmes, c'est-à-dire un tiers des dettes; quant à l'évincé, il supportera également la perte pour quatre douzièmes.

La garantie n'a pas lieu quand l'espèce d'éviction soufferte a été exceptée par une clause *particulière* et *expresse* de l'acte de partage (dans ce cas là, du reste, on tient compte au co-héritier exposé à l'éviction du danger qu'il court : son lot est plus fort à cause de l'*alea*. Enfin, si c'est par sa faute que le co-héritier souffre l'éviction accomplie — par exemple, il n'a point invoqué la prescription — l'obligation de garantie tombe, il n'a rien à réclamer (884-885).

Supposons qu'une rente soit mise dans le lot de l'un des co-héritiers : les autres co-héritiers répondent vis-à-vis de lui de l'existence de la rente, ils répondent en outre de la *solvabilité* du débiteur *au moment du partage* : si, dès cette époque, le débiteur était insolvable et que dans la suite il ne serve point la rente, le co-héritier qui a reçu la rente dans son lot peut, pendant *cinq ans*, exercer un recours en garantie contre les autres héritiers. — Au contraire, si l'insolvabilité du débiteur n'est survenue que depuis le partage, aucun recours en garantie n'est admis (886).

Rescision des partages. — Les partages peuvent être annulés pour cause de *violence* ou de *dol* (mais l'action en rescision est prescrite au bout de *dix ans* à compter de la cessation de la violence ou de la découverte du dol). — Il peut aussi y avoir lieu à rescision lorsqu'il résulte du partage une lésion *de plus du quart* pour l'un des co-partageants. Ainsi, au lieu d'avoir un lot valant 40 000 francs, je n'ai reçu qu'un lot d'une valeur de 29 500 francs : il y a lieu à rescision pour lésion. Pour savoir s'il y a lésion, on estime les biens de la succession suivant leur valeur à l'époque du partage (890). — Mais l'omission d'un objet de la succession ne donne lieu qu'à un *partage supplémentaire*, et non à la rescision du partage effectué (887). — Cette action en rescision pour lésion peut être intentée pendant *dix ans*. Elle est admise non pas seulement pour les conventions qualifiées de *partages*, mais pour toutes celles qui ont pour but de faire cesser l'indivision entre les co-héritiers, quand bien même elles seraient qualifiées de transactions, d'échanges ou même de ventes. — Mais après le partage l'action en rescision n'est plus admissible contre la transaction sérieuse faite à la suite de contestations réelles (et non pas simplement apparentes) et relatées dans l'acte de partage. — Il arrive parfois qu'un héritier vend à l'un de ses co-héritiers son droit dans la succession, aux risques et périls de l'acquéreur. C'est là une vente aléatoire; aussi l'action en rescision pour lésion n'est-elle point admise dans cette hypothèse (888-889). — Lorsque l'action en rescision pour lésion est intentée contre un co-héritier, celui-ci peut en arrêter le cours, et empêcher ainsi un nouveau partage, en donnant au demandeur le supplément de sa part héréditaire (10 500 francs dans l'hypothèse prévue ci-dessus) soit en argent, soit en biens de la succession. En effet, le préjudice causé au co-héritier lésé étant réparé, cet héritier n'a plus rien à dire (891). — L'action en rescision pour dol ou violence n'est pas admise lorsque l'héritier a aliéné, postérieurement à la découverte qu'il a faite du dol ou de la violence, la totalité ou même seulement une partie de son lot. Le législateur a considéré qu'en agissant ainsi, le co-héritier renonce implicitement à l'action en rescision mise à sa disposition (892).

Du paiement des dettes de la succession. — Nous avons traité du partage de l'actif de la succession, il nous reste à dire maintenant quelles règles s'appliquent au partage du passif entre les héritiers; pour l'instant, nous n'envisagerons que l'hypothèse d'une succession non testamentaire, réservant pour plus tard l'indication des obligations des légataires (Voy. SUCCESSIONS TESTAMENTAIRES).

Dans les successions non testamentaires, les co-héritiers qui ont accepté purement et simplement contribuent au paiement des dettes et charges (frais de scellés, d'inventaire, de partage, d'inhumation) proportionellement à la fraction du patrimoine du défunt à laquelle ils ont droit.

Telle est la règle à suivre *entre co-héritiers*, mais les créanciers de la succession peuvent poursuivre les cohéritiers légitimes pour la part dont chacun d'eux est *saisi*, alors même que la part réelle de ces héritiers est bien inférieure par suite du concours d'héritiers irréguliers (enfants naturels, par exemple). Par conséquent les cohéritiers *saisis* peuvent être forcés de payer plus qu'ils ne doivent en définitive, mais, pour ce qu'ils ont payé en trop, ils ont un recours contre les héritiers irréguliers. — Les *successeurs aux biens* peuvent aussi être poursuivis par les créanciers de la succession, mais seulement jusqu'à concurrence de leur part dans la succession, si la succession est mauvaise, proportionnellement à leur part dans l'actif si elle est bonne.

Voilà le principe ; mais il est des cas où le créancier de la succession a le droit de poursuivre le paiement *total* de la dette du decujus contre *un seul* des héritiers ; c'est : 1° lorsque la dette est *hypothécaire;* 2° lorsqu'elle consiste en un *corps certain* (tel bien mobilier ou immobilier) ; 3° lorsqu'il s'agit d'une dette alternative *au choix du créancier*, et que l'une des choses sur lesquelles porte l'alternative est *indivisible;* 4° lorsque l'un des co-héritiers est chargé seul, par le titre de partage, du paiement de la dette ; enfin 5° lorqu'il résulte de l'intention des contractants, du but qu'on s'est proposé, de la nature de l'engagement ou de la chose qui en fait l'objet, que la dette ne peut s'acquitter partiellement.

Dans les trois premiers cas, l'héritier qui possède dans son lot la chose due ou le fonds hypothéqué peut être poursuivi pour le paiement de *toute la dette*, mais il a un recours contre ses co-héritiers pour ce qu'il a payé en plus de sa part effective dans cette dette. Dans le quatrième cas, l'héritier est *seul* chargé de la dette d'après la clause même du partage, il n'a point de recours à exercer ; dans le cinquième cas, chacun des héritiers peut être poursuivi *pour le tout*, mais celui qui paie a un recours contre tous ses co-héritiers, il peut poursuivre chacun d'eux pour la part qu'il a effectivement et personnellement dans la dette (873, 1220-1221) ; seulement il ne peut poursuivre l'un de ses co-héritiers au-delà de cette part, quand bien même il serait subrogé aux droits du créancier, qui, par exemple, avait une créance garantie par une hypothèque sur un immeuble mis dans le lot d'un autre co-héritier. — Cette dernière disposition ne vise point seulement le cinquième cas, mais encore toutes les hypothèses où l'un des co-héritiers paie plus qu'il ne doit personnellement (875).

Quand l'un des co-héritiers est insolvable, sa part dans les dettes est répartie entre tous les autres co-héritiers (876). — Le titre exécutoire qu'avait tel créancier contre le défunt est exécutoire également contre ses héritiers, mais les créanciers ne peuvent en poursuivre l'exécution que *huit jours* après la signification de ce titre, par huissier, à la personne ou au domicile de l'héritier (877).

Lorsqu'un immeuble de la succession est grevé d'une hypothèque spéciale garantissant le paiement d'une rente due par le défunt, chacun des co-héritiers peut exiger que la rente soit remboursée et l'immeuble rendu libre, avant qu'il soit procédé à la formation des lots. — Si aucun héritier n'use de ce droit, la succession est partagée dans l'état où elle se trouve, et l'immeuble hypothéqué est estimé au même taux que les autres immeubles (on ne tient pas compte de l'hypothèque) ; puis on déduit le capital de la rente du prix d'estimation, et l'héritier dans le lot duquel tombe l'immeuble demeure seul chargé du service de la rente. Sans doute le créancier de la rente a le droit de poursuivre les co-héritiers, mais ceux-ci, après lui avoir payé leur part, ont un recours contre l'héritier chargé du payement total des arrérages de la rente (872).

Supposons que la succession ait un actif bien supérieur à son passif, tandis que l'héritier — pour plus de simplicité, nous admettons qu'il n'y a qu'*un* héritier — est absolument insolvable. Si la loi n'avait pas établi pour cette hypothèse une mesure de protection en faveur des créanciers du défunt, ils subiraient un grave préjudice par suite de l'acceptation de la succession par l'insolvable. En effet, les *créanciers personnels de cet héritier* concourraient avec eux, et se feraient payer sur les biens de la succession, de telle sorte qu'au lieu d'être payés en totalité, les *créanciers du défunt* ne seraient plus payés que pour partie, dans le cas où l'actif de la succession ne suffirait point au paiement total des dettes personnelles de l'héritier et des dettes de la succession. Aussi le législateur a-t-il permis aux créanciers du défunt de demander *la séparation des patrimoines* du decujus et de l'héritier (878).

La séparation des patrimoines leur donne le droit d'être payés sur l'actif de la succession, de préférence aux créanciers personnels de l'héritier. — Mais, naturellement, si, après qu'ils ont été désintéressés, il reste quelque chose dans la succession, cet excédent profite aux créanciers personnels de l'héritier. — A l'inverse, si la succession ne suffit pas à désintéresser les créanciers de la succession, ceux-ci ont le droit de poursuivre l'héritier, mais ils ne sont pas admis ensuite à concourir avec ses créanciers personnels; ils ne sont payés qu'après eux, lorsque l'héritier est devenu solvable.

Si l'héritier accepte la succession sous bénéfice d'inventaire, il y a *de plein droit* séparation des patrimoines, les créanciers de la succession n'ont point besoin de la demander, et cette séparation subsiste même si l'héritier bénéficiaire devient ensuite, pour une raison quelconque, héritier pur et simple. — Au contraire, lorsque l'héritier accepte purement et simplement, les créanciers de la succession doivent demander contre tous les créanciers de l'héritier, ou certains d'entre eux, mais non pas contre l'héritier lui-même, la séparation des patrimoines. — Quand la succession comprend des *immeubles*, les créanciers qui veulent user de leur droit à la séparation des patrimoines doivent prendre inscription *sur chacun de ces immeubles* dans les *six mois* qui suivent l'ouverture de la succession; sans doute l'inscription prise après l'expiration de ce délai n'est pas inutile, seulement le créancier de la succession est primé par les créanciers hypothécaires ou privilégiés de l'héritier inscrits avant lui (mais depuis l'ouverture de la succession), tandis qu'il leur est préféré si son inscription est prise avant la fin de ces six mois (2111).

Le droit de demander la séparation des patrimoines se prescrit, *quant aux meubles* de la succession, par *trois ans*; mais si les meubles ne peuvent plus être distingués de ceux de l'héritier, ou s'ils sont aliénés par lui, la séparation des patrimoines n'a pas plus d'effet, à leur égard, qu'après l'expiration des *trois ans*.

L'action en séparation des patrimoines peut être exercée *à l'égard des immeubles* pendant *trente ans;* mais ici encore l'action en séparation des patrimoines tombe *si les immeubles sortent de la possession de l'héritier* à la suite d'une aliénation, car la séparation des patrimoines ne confère qu'un droit de préférence et non pas un droit de suite (880).

Les créanciers de l'héritier solvable qui accepte purement et simplement une succession absolument désavantageuse auraient intérêt à demander la séparation des patrimoines contre les créanciers de la succession, car leur débiteur peut ainsi devenir insolvable pour partie, cependant la loi ne leur donne pas le droit d'invoquer ce bénéfice; ils ne peuvent qu'attaquer l'acceptation de la succession par le débiteur, si celui-ci a accepté purement et simplement par fraude et pour leur causer un préjudice (881 et 1167).

SECTION III

Successions testamentaires

Le testament est un acte par lequel le testateur dispose, pour le temps où il n'existera plus, de tout ou partie de ses biens. Les testaments sont *essentiellement révocables;* la clause par laquelle le testateur s'interdirait de modifier ou de révoquer son testament serait absolument sans valeur (895).

Pour pouvoir tester valablement il faut être sain d'esprit. Bien que la preuve de la démence du testateur ne résulte pas du testament, il suffit à ceux qui attaquent cet acte, de prouver que le testateur n'était pas dans son bon sens *lors de sa confection*, pour le faire annuler (901).

La femme mariée peut tester librement; elle n'a besoin pour cela d'aucune autorisation (905). — Le mineur âgé de *seize ans* ne peut disposer par testament que de *la moitié* des biens dont il pourrait disposer s'il était majeur; dispose-t-il d'une fraction supérieure à cette moitié, son testament n'est point annulé, mais la disposition est ramenée à la limite fixée par la loi, c'est-à-dire à la moitié que le mineur n'a pas le droit de dépasser. — Quant au mineur qui n'a point encore atteint l'âge de seize ans, il ne peut tester.

Le mineur âgé de seize ans ne peut tester en faveur de son tuteur, et, devenu majeur il ne peut faire un testament au profit de son ex-tuteur qu'après l'apurement du compte définitif de la tutelle. — Mais ces deux règles ne reçoivent point leur application lorsque le tuteur est un des ascendants du mineur (907). — Les personnes pourvues d'un conseil judiciaire peuvent tester sans l'assistance de ce conseil mais les interdits sont absolument incapables de faire un testament.

Le testament fait par un aliéné non frappé d'interdiction, mais placé dans un établissement d'aliénés, est parfaitement valable si on ne peut parvenir à prouver que l'interdit n'était pas sain d'esprit au moment de sa confection (art. 39 de la loi du 30 juin 1838).

Voilà à quelles conditions est soumise la capacité *de disposer* par testament. Mais quelles règles régissent la capacité *d'hériter* en vertu d'un testament?

La capacité de *recevoir* par testament doit exister au moment du décès du testateur; celui au profit duquel le testament est fait — c'est-à-dire le légataire — doit être *né*, ou tout au moins *conçu* à l'époque de ce décès, et encore faut-il qu'il naisse *viable* par la suite (906). — Les enfants naturels ne peuvent rien recevoir, par testament, au-delà de ce qui leur est accordé dans la succession non testamentaire de leurs parents (Voy. Filiation).

Les médecins et les pharmaciens qui ont traité une personne pendant la maladie qui l'a emportée ne peuvent profiter des dispositions testamentaires qu'elle a faites en leur faveur pendant le cours de cette maladie. Mais cette incapacité ne frappe point le pharmacien qui s'est contenté de fournir des remèdes sur l'ordonnance du médecin. — Au reste les dons rémunératoires (portant sur tel ou tel objet) faits dans le testament au profit du médecin ou du pharmacien, et proportionnés à la fortune du malade et aux services rendus, sont absolument valables. — L'incapacité de recevoir qui frappe le médecin et le pharmacien tombe lorsque le défunt n'a pas d'héritiers en ligne directe, ascendante ou descendante, et que le médecin ou pharmacien est un parent au quatrième degré au moins (c'est-à-dire cousin-germain). — Les mêmes règles sont observées à l'égard des ministres du culte (prêtres, pasteurs protestants, rabbins) — (909).

Les dispositions testamentaires faites au profit d'un hospice, d'un bureau de bienfaisance, des pauvres d'une commune, ou d'un établissement d'utilité publique doivent, en principe, être autorisées par décret du Président de la République, pour produire leur effet (910).

Tout legs fait au profit d'une personne incapable de recevoir par testament (tuteur, médecin, prêtre, condamné à une peine afflictive perpétuelle), même s'il est fait sous le nom de personnes interposées (père, mère, descendants, époux de la personne incapable de recevoir et que l'on veut favoriser) est absolument nul (911).

Règles de forme des testaments. — Au point de vue des conditions de forme, il y a trois espèces de testaments : 1° le testament olographe; 2° le testament authentique; 3° le testament mystique (969).

Testament olographe. — Le testament olographe est un testament écrit *en entier* de la main du testateur, *daté* et *signé* par lui (970). — La date du testament olographe n'est complète que lorsqu'elle comprend l'année, le mois et le jour de sa confection. Elle peut être mise en toutes lettres ou en chiffres. Elle doit *précéder* la signature ; si elle est mise au-dessous, le testament n'est pas valable. — Si le testateur a commis une erreur de date (par étourderie il a mis 1985 au lieu de 1885, par exemple), le testament est encore valable lorsque l'erreur peut être rectifiée par le contenu du testament.

Le testament olographe dont l'écriture est reconnue pour être celle du défunt (la preuve est à la charge du légataire) fait foi de sa date.

Le testament olographe peut être fait sur papier libre (il peut être même gravé sur du verre ou du métal, ou inscrit sur un morceau de bois), seulement les droits à payer à l'enregistrement sont plus élevés que si le testament est fait sur timbre (droit supplémentaire de 50 francs). — La femme mariée peut signer de son prénom et du nom de son mari ; son nom de jeune fille n'est pas exigé.

Les personnes qui ne savent pas écrire ne peuvent faire un testament olographe ; elles doivent recourir à la forme authentique ou mystique.

FORMULE N° 2

Testament olographe.

CECI EST MON TESTAMENT.

« Je soussigné Jules-Victor Courtin, propriétaire, demeurant présentement à......... rue....... n°..., étant absolument sain de corps et d'esprit, ai rédigé les dispositions suivantes, que je déclare être d'expression fidèle de mes dernières volontés :

» Je donne et lègue à L... M..., mon cousin-germain, à titre de souvenir, ma bibliothèque (*Legs particulier*).

» J'institue mon neveu, Paul A..., et ma nièce, Emma G..., mes légataires pour la totalité des biens meubles et immeubles qui se trouveront dans ma succession lors de mon décès (*Legs à titre universel*).

Ou encore : « Je donne et lègue à mon cher ami Charles C..., en récompense de l'affection fidèle qu'il m'a toujours témoignée et des services qu'il m'a rendus, l'universalité de mes biens mobiliers et immobiliers (*Legs universel*).

Ou encore (le testateur ayant des héritiers réservataires) :

« Je donne et lègue à ma femme tout ce dont j'ai le droit de disposer d'après les dispositions de la loi. »

Ou encore (si le testateur veut favoriser l'un de ses enfants, par exemple) : « Je donne et lègue, à titre de préciput et hors part, à mon fils Jean, pour le récompenser de toutes les satisfactions qu'il m'a données, la maison de campagne que je possède à........., le surplus de mes biens devant être partagé d'ailleurs par moitié entre mes deux enfants, Jean et Émile. »

(*Si le testateur veut nommer des exécuteurs testamentaires*) :

« Je nomme, pour mes exécuteurs testamentaires, H... et M... Je désire qu'ils aient la saisine pendant l'an et jour, et je les prie d'accepter en souvenir de moi et en récompense de la peine et des embarras que je leur donne, les deux épinglettes en or garnies de brillants qu'ils trouveront dans le petit tiroir de mon secrétaire sous des enveloppes à leurs noms.

» Je révo que expressément tout testament fait par moi antérieurement.

» Daté, signé et écrit en entier par moi, en pleine liberté, à Paris, le quinze octobre mil huit cent...

» Jules-Victor COURTIN. »

Testament authentique. — Ce genre de testament porte aussi le nom de *testament par acte public.* Il est reçu par *deux* notaires en présence de *deux* témoins, ou par *un* notaire en présence de *quatre* témoins (971). Il doit être *dicté* par le testateur et *écrit* par l'un des notaires (par le notaire, s'il n'y en a qu'un) dans la forme des actes notariés, et tel qu'il est dicté par le testateur (972); il doit en être donné lecture au testateur en présence des témoins. L'accomplissement de ces formalités est mentionné expressément, sinon le testament est nul.

Le testament authentique doit être signé par le testateur et par les témoins; si le testateur déclare qu'il ne *sait* ou ne *peut* signer (certaines personnes ne savent point écrire et savent signer), il est fait dans l'acte mention expresse de sa déclaration ou de la cause qui l'empêche de signer (à peine de nullité du testament), mais il est inutile que lecture soit donnée au testateur et aux témoins de la déclaration du testateur de ne pouvoir signer, et, par suite, que mention soit faite de cette lecture (972). — Dans les campagnes, il suffit *qu'un* des *deux témoins* signe, ou que *deux* des *quatre* témoins signent (suivant que le testament est reçu par deux ou un seul notaire). Mais les signatures des témoins doivent être apposées en présence du testateur *à peine de nullité* (973-974).

Les témoins instrumentaires d'un testament doivent être Français, majeurs, du sexe masculin, et jouir des droits civils (n'être pas interdits, par exemple). Il n'est point nécessaire qu'ils soient domiciliés dans la commune où est le notaire, mais ils ne doivent être ni sourds, ni muets. Ceux que le testateur veut favoriser dans son testament (les légataires), ou leurs parents ou alliés jusqu'au *quatrième* degré *inclusivement* (cousin-germain, conjoint d'une cousine germaine, beau-frère, oncle par alliance, etc.) ne peuvent être témoins d'un testament authentique, pas plus que les clercs des notaires par lesquels ce testament est reçu (975).

Testament mystique. — Le testament mystique ou *secret* est assujetti à de nombreuses conditions de forme, aussi est-il peu usité. — Le testateur doit signer ses dispositions testamentaires, qu'il peut, du reste, faire écrire par un autre. Le papier sur lequel elles sont inscrites est clos et scellé, puis présenté par le testateur lui-même à un notaire et à *six* témoins (le papier peut aussi être clos et scellé en leur présence). Le testateur déclare en outre que le contenu en ce papier est son testament écrit par un autre et signé de lui, ou écrit et signé de lui. Le notaire écrit ensuite sur le papier ou sur l'enveloppe un acte que l'on désigne sous le nom d'*acte de suscription* et qui est signé par le testateur, le notaire et les six témoins.

Tout cela se fait *de suite*, c'est-à-dire sans que le notaire puisse dresser d'autres actes entre l'accomplissement de deux de ces formalités.

Si le testateur, par un empêchement survenu depuis la signature du testament lui-même, ne peut signer l'acte de suscription (le testateur s'est blessé à la main par exemple), il le déclare, et cette déclaration doit être mentionnée par le notaire (976). — Celui qui ne sait point écrire et qui veut tester en la forme mystique a besoin non plus de six, mais de *sept* témoins, qui *tous* doivent signer l'acte de suscription; et il est fait mention dans cet acte de la cause pour laquelle un septième témoin a été appelé (977). Mais ceux qui ne savent ou ne peuvent *lire* (un aveugle, par exemple) ne peuvent recourir au testament mystique ; il ne leur est possible de tester que dans la forme authentique (978). A l'inverse, le sourd peut se servir du testament mystique ou du testament olographe, mais non du testament authentique ; cependant on admet que *s'il peut lire*, la lecture faite par le notaire n'est plus indispensable, et alors il peut tester par acte authentique.

Le muet qui sait écrire peut faire un testament mystique; mais il ne suffit pas qu'il signe, il doit le dater et l'écrire *entièrement* de sa main. Puis, en présence du notaire et des six témoins, il écrit au haut de l'acte de suscription que le papier qu'il leur remet est son testament ; le notaire mentionne dans l'acte de suscription que le testateur a écrit ces mots en sa présence et en la présence des témoins. Pour le reste, on suit les règles du testament authentique ordinaire (979). — Le muet qui sait écrire peut aussi faire un testament olographe, mais le muet qui ne sait pas écrire ne peut tester. — Toutes ces règles s'appliquent au sourd-muet.

Le testament fait *verbalement* n'a aucune valeur.

Règles particulières sur la forme de certains testaments. — Nous supposons ici que le testament olographe est impossible (le testateur ne peut écrire, par exemple). — Les militaires en campagne ou les soldats en garnison hors du territoire français (en pays conquis) ou prisonniers chez l'ennemi, ou se trouvant dans une ville ou citadelle française assiégée peuvent tester suivant des règles particulières. Ainsi le testament peut être reçu par un officier supérieur en présence de *deux* témoins, ou par *deux* commissaires des guerres, ou *par un* commissaire des guerres en présence de *deux* témoins ; et même, si le testateur est malade ou blessé, il peut être reçu par l'officier de santé en chef, assisté de l'officier chargé de la police de l'hospice (981-983). — Mais le testament perd toute valeur *six* mois après l'arrivée du testateur dans des lieux où il lui est loisible de tester suivant les règles ordinaires (984).

Quant aux testaments faits sur mer, au cours d'un voyage, ils peuvent être reçus, *dans la marine de l'État*, par l'officier commandant le bâtiment (à son défaut par celui qui le supplée dans l'ordre du service) conjointement avec l'officier d'administration, et *dans la marine marchande* par celui qui remplit les fonctions d'*écrivain*, assisté du *capitaine* et du *patron*. — Ces testamants doivent être reçus en présence de *deux* témoins. Quand le testateur est précisément l'officier-commandant ou le patron du bâtiment, le testament est reçu par celui qui vient après lui dans l'ordre du service : le lieutenant ou le second (988-989). — Les testaments faits sur mer sont dressés *en double original*. L'un des originaux est remis au consul français du premier port où l'on aborde; le consul l'envoie au ministre de la marine qui le fait déposer au greffe de la justice de paix du testateur, et, au retour du bâtiment en France, l'original restant (ou les deux originaux, si le premier port dans lequel on aborde est un port français) est remis au bureau du préposé de l'inscription maritime qui le fait parvenir au ministre de la marine; le dépôt au greffe est ensuite effectué (991-992). Sur le *rôle* du bâtiment, en marge du nom du testateur, les remises de ces origiuaux sont mentionnées (993). — Mais les testaments faits sur mer ne valent que si le testateur est mort *en mer* ou dans les *trois mois* après qu'il est descendu à terre dans un lieu où il pouvait tester suivant les formes ordinaires (996).

Les testaments faits sur mer ne peuvent contenir de disposition au profit des officiers (ou patron) du bâtiment que s'ils sont parents du testateur (997).

Si, au moment où le testament a été fait sur mer dans cette forme exceptionnelle, le navire avait déja abordé une terre où il y avait un officier public français (notaire, consul), le testament n'est pas valable ; dans ce cas-là il faut que le testament soit fait suivant les formes des testaments français ordinaires, ou bien suivant celles usitées dans le pays étranger où le bâtiment a abordé (994).

Les testaments faits dans un lieu avec lequel toute communication est interceptée à cause d'une maladie contagieuse (par suite du choléra, par exemple), peuvent être reçus par le juge de paix du canton ou par l'un des officiers municipaux de la commune en présence de deux témoins — que le testateur soit ou non frappé de la maladie contagieuse (985-986). Mais ces testaments cessent de valoir *six mois* après le rétablissement des communications, ou *six mois* après que le testateur s'est transporté dans un lieu où elles n'ont point été interrompues (987).

Le Français qui est à l'étranger peut tester en la forme olographe, ou par acte authentique, ou encore suivant les formes exigées dans le lieu où il se trouve pour qu'un testament soit *authentique*. — S'il veut faire un testament authentique *d'après la loi française*, il se présente devant le consul français qui reçoit le testament en présence de deux témoins (999). — Mais les testaments faits en pays étranger ne peuvent être exécutés sur des biens situés en France qu'après leur enregistrement au bureau de l'enregistrement du domicile du testateur, s'il en a conservé un, sinon au bureau de son dernier domicile connu en France. Lorsque le testament contient des dispositions relatives à des *immeubles* situés en France, il doit être enregistré, *en outre*, au bureau de l'enregistrement des différents lieux où sont situés les immeubles, sans pour cela qu'on ait à payer de nouveaux droits d'enregistrement (1000).

Toutes les formalités dont nous avons parlé relativement aux testaments sont exigées *à peine de nullité* (1001). Si elles ne sont point observées, le testament est inexistant.

Il faut bien remarquer, avant de passer à un autre sujet, qu'un testament régulier détruit par accident ou anéanti par un tiers, à l'insu du testateur ou malgré lui, peut néanmoins produire ses effets; il suffit pour cela que son existence antérieure et son contenu soient établis *par témoins* (1348).

De la portion disponible. — En principe, le testateur a le droit de disposer de la totalité de ses biens et d'en priver ceux qui les recueilleraient s'il ne testait pas; mais il est des cas où ce pouvoir du testateur est restreint, le législateur ayant considéré qu'un individu ne peut déshériter absolument ses enfants ou ses ascendants. Le testateur ne peut plus alors disposer que d'une fraction de ses biens, fraction que l'on désigne sous le nom de *portion* ou *quotité disponible*; l'autre fraction prend le nom de *réserve* : elle est *réservée* par la loi aux proches parents dont nous avons parlé, et que l'on appelle *héritiers réservataires*.

Les seuls héritiers qui aient droit à une réserve sont les ascendants et les descendants du testateur, à quelque degré que ce soit, du reste. Mais la fraction des biens varie suivant le nombre ou la qualité des héritiers réservataires. En effet, si le disposant ne laisse qu'*un seul* enfant légitime, la réserve de cet enfant est de la *moitié* de la succession, le testateur ne peut donc disposer que de la moitié de ses biens (l'autre moitié) en faveur d'une autre personne; laisse-t-il *deux* enfants, la réserve est des *deux tiers* (il ne peut plus disposer que d'un tiers, par conséquent); s'il en laisse *trois* ou un plus grand nombre (4, 5, 6, *etc.*), il ne peut disposer que d'*un quart*, les *trois autres quarts* sont réservés.

Les enfants adoptifs ont la même réserve que les enfants légitimes. — Quant aux enfants naturels, ils ont droit au *tiers* de la réserve qu'ils auraient s'ils étaient légitimes, lorsque le decujus laisse des *descendants légitimes* (si, par exemple, il laisse deux enfants légitimes et un enfant naturel, celui-ci a un tiers de la part à laquelle il aurait droit si le défunt n'avait point testé, et si, au lieu d'être enfant naturel, il était enfant légitime, soit la moitié). Lorsque le défunt ne laisse pas de descendants autres que des enfants naturels, mais seulement des ascendants, ou des frères et sœurs, les enfants naturels ont une réserve égale à la *moitié* de celle qu'ils auraient eue s'ils avaient été enfants légitimes (l'enfant naturel a droit par conséquent à la moitié de la moitié de la succession, soit le quart). La réserve de l'enfant naturel est des trois quarts si le testateur laisse des héritiers autres que des descendants, ascendants ou frères et sœurs ; enfin la réserve des enfants naturels est *égale à celle des enfants légitimes*, si le testateur ne laisse aucun héritier au degré successible.

La réserve est établie au profit des petits-enfants et autres descendants, à quelque degré que ce soit, comme au profit des fils ou filles ; seulement, pour le calcul de leur réserve, on tient compte non plus du nombre des héritiers réservataires, mais des *souches*; ainsi, que les deux fils du défunt soient précédés laissent : l'un deux enfants et l'autre un seul descendant, la réserve est des deux tiers et non pas des trois quarts (914).

Maintenant, quelle est la réserve des ascendants? — Elle est de la moitié de la succession, si le défunt laisse des ascendants *dans les deux lignes* (paternelle et maternelle) ; elle est d'*un quart* seulement, s'il ne laisse d'ascendant que dans une seule ligne. Mais ce qu'il faut bien remarquer, c'est que l'ascendant n'a droit à cette réserve que lorsqu'il *prime les collatéraux* (l'aïeul est, par exemple, en présence de cousins germains *dans la même ligne*), ou lorsqu'il concourt avec eux (père ou mère en concours avec leurs enfants survivants, frères ou sœurs du decujus), car s'il est primé par des collatéraux — le défunt a laissé un aïeul et des frères, par hypothèse — il est absolument *exclu* de la succession et cesse par conséquent d'avoir droit à la réserve, puisqu'il n'est même pas successible. — En somme, il faut tenir compte de la *fente* et se baser sur cette idée que, dans chacune des deux lignes paternelle et maternelle, l'ascendant le plus proche a une réserve égale au *quart* de la succession (915). Par suite la portion ou quotité disponible est ici tantôt de la *moitié*, tantôt des *trois quarts*.

Il nous reste à parler de la quotité disponible *entre époux*. — Supposons d'abord que le conjoint défunt ne laisse point d'enfant d'un premier lit, mais seulement des enfants issus de son mariage avec le conjoint qu'il veut favoriser. — Dans cette première hypothèse, quel que soit le nombre des enfants qu'il laisse à son décès, il peut disposer au profit de son époux d'*un quart* de ses biens en *pleine propriété* et d'un autre *quart* en *usufruit*, ou bien d'une *moitié* de ses biens *en usufruit ;* mais il ne peut lui léguer davantage : s'il lui laisse les trois quarts de ses biens en usufruit, le legs doit être réduit à la quotité établie pour l'usufruit, c'est-à-dire à la moitié des biens en usufruit (1094 al. 2).

2e hypothèse. — Le testateur ne laisse point d'enfants, mais seulement des ascendants appelés à la succession, soit en concours avec des collatéraux *privilégiés* (frères ou sœurs du défunt), soit en l'absence des collatéraux priviligiés. — Dans ce cas, le decujus a pu disposer en faveur de son époux de tout ce dont il aurait pu disposer en faveur d'une personne non parente (des trois quarts par conséquent, s'il n'a que son père comme ascendant), et *en outre* de l'usufruit réservé d'ordinaire aux ascendants (usufruit du quatrième quart, dans notre exemple) — (1094 al. 1).

3e hypothèse. — Le testateur ne laisse point de successibles réservataires (les ascendants survivants sont primés par des privilégiés collatéraux, par exemple). — Il a pu alors disposer au profit de son conjoint de la *totalité* de ses biens, comme il eût pu le faire en faveur d'une personne quelconque.

4e hypothèse. — Le decujus laisse des enfants d'un premier lit. — Il ne peut alors léguer à son conjoint, en principe, qu'*une part de l'enfant le moins prenant*, c'est-à-dire que la part du conjoint survivant ne peut dépasser celle de l'enfant qui a la part *la plus faible* dans la succession de son père (ou de sa mère) décédé. Mais ce n'est pas tout : au cas où la part de l'enfant le moins prenant est supérieure à un quart de la succession, la loi n'admet plus que celle du conjoint survivant lui soit égale : elle limite cette dernière part à un quart. Ainsi, le mari meurt laissant un enfant du premier lit : cet enfant a une réserve égale à la moitié de la succession; si le mari lègue l'autre moitié à sa femme, ce legs est réductible à un quart.

Lorsque le testateur laisse plusieurs enfants appelés à une part égale, il faut, pour connaître la quotité disponible en faveur du conjoint survivant, considérer ce légataire comme augmentant d'une unité le nombre des enfants. Ainsi, il y a quatre enfants : la quotité disponible ordinaire serait d'*un quart*, eh bien, la quotité disponible entre époux sera inférieure : le conjoint survivant, comptant pour un enfant de plus, n'aura droit qu'à *un cinquième* de la succession. — Que l'un des enfants moins favorisé que les autres soit réduit à sa part de réserve (3/16) le conjoint survivant légataire d'un quart voit, par suite, son legs réduit à 3/16 (1098).

Ces réductions sont faites à la diligence des enfants du premier lit, ou même sur les réclamations des enfants issus du deuxième mariage.

Les donations faites pendant le mariage directement ou *indirectement*, par l'époux prédécédé à son conjoint, sont tout aussi réductibles, si les limites des différentes quotités disponibles entre époux sont dépassées étant donné ce que le donateur laisse à son décès. — Quant aux donations déguisées frauduleusement ou faites par personnes interposées (Voy. DONATIONS), elles sont *nulles* (1099).

La règle établie pour la quotité disponible entre époux au cas de présence d'enfants d'un premier lit n'est point appréciable lorsqu'il n'existe, outre les enfants issus du second mariage (s'il y en a), rien que des enfants naturels ou des enfants adoptifs.

Réduction des testaments et des donations. — Nous venons de dire un mot de la réduction des legs et des donations, à propos de la quotité disponible entre époux, mais il convient d'en parler d'une façon plus générale.

Lors de l'ouverture d'une succession, les dispositions testamentaires (legs) ou les donations faites du vivant du decujus, qui excèdent la quotité disponible (quotité variable suivant les hypothèses qui se présentent), et par suite portent atteinte à la réserve, sont réductibles; mais le testament ou la donation n'est point annulé complètement (920). — Du reste, bien entendu, la réduction ne peut être demandée que par les réservataires ou par leurs héritiers ou ayants cause; non seulement les donataires, légataires ou créanciers du défunt ne peuvent la réclamer, mais encore, une fois la réduction opérée sur la demande des héritiers réservataires, ils ne peuvent en profiter (921).

Pour déterminer le montant de la réduction, il est formé une masse de tous les biens existant au décès du decujus. On réunit à cette masse, *fictivement*, les biens dont il a été disposé par donations entre-vifs, d'après leur *état* à l'époque des *donations* et et leur *valeur* au temps du *décès* du donateur. Puis on déduit de ce total le montant des dettes du défunt et on calcule alors, d'après le reliquat et d'après la qualité des réservataires (descendants légitimes ou naturels, ascendants), la quotité dont le testateur ou le donateur a pu disposer. — Lorsque le passif de la succession dépasse l'actif, toutes les *dispositions testamentaires* ou *legs* tombent, et la quotité disponible est calculée sur l'ensemble des donations faites par le decujus. Mais c'est là l'exception; le plus souvent l'actif est supérieur au passif, et la réduction s'opère *d'abord* sur les dispositions testamentaires ou legs, proportionnellement à leur importance : par exemple, s'il y a deux legs à réduire de 15 000 fr. en tout, et que l'un soit de 100 000 francs, l'autre de 50 000 francs, le premier doit être réduit de 10 000 francs, le second de 5 000 francs (926).

Au contraire les donations entre-vifs ne sont réduites qu'après l'annulation de tous les legs, et la réduction s'opère d'abord sur la *dernière* donation, — si cela ne suffit pas, sur l'avant-dernière, et ainsi de suite, en *remontant* aux plus anciennes *par ordre de date* (923). Quand la donation entre-vifs sujette à réduction a été faite précisément à l'un des héritiers, il peut retenir sur les biens donnés la valeur de ce qui lui appartiendrait comme héritier dans la portion réservée, si les biens compris dans cette portion sont de la même nature que les biens donnés (924). — En résumé, lorsque la valeur des donations entre-vifs dépasse ou égale la quotité disponible, tous les legs du testateur tombent (925).

Toutes les fois qu'il y a lieu de réduire les legs mais non point de les faire tomber en totalité, la quotité disponible n'ayant point été absorbée par les donations entre-vifs faites par le testateur), et que celui-ci a déclaré *expressément* dans son testament qu'il entendait que tel legs fût acquitté de préférence aux autres, sa volonté doit être respectée, et le legs n'est réduit qu'autant que la réduction ou même l'annulation totale de tous les autres legs ne suffit pas pour parfaire la réserve (927).

Quand la donation d'un immeuble est annulée parce que le donateur a excédé les limites de la quotité disponible, le donataire restitue les fruits perçus depuis le jour du décès du donateur, si la demande en réduction a été faite *dans l'année* qui a suivi ce décès; sinon, les fruits ne sont restituables que du jour de la demande de réduction. — Quant aux charges hypothécaires ou autres(servitudes, usufruit, etc.) constituées par la donation, elles tombent *de plein droit* par suite de la réduction (928-929).

L'action en réduction ou revendication — action intentée devant les tribunaux, bien entendu — peut être exercée par les réservataires contre les tiers détenteurs des immeubles donnés par le défunt et aliénés par les donataires, de la même manière que contre les donataires eux-mêmes, mais seulement après *discussion* (vente préalable) des biens de ceux-ci. — L'action en revendication doit être exercée suivant l'ordre des dates des aliénations consenties par un même donataire, en commençant par la plus récente (930).

Lorsque l'objet de la donation ou du legs réductible est une *rente viagère* ou un *usufruit*, les héritiers réservataires ont l'option entre deux partis : exécuter la volonté du decujus, ou faire l'abandon de la pleine propriété de la quotité disponible au donataire ou légataire (917).

Quand des biens ont été aliénés par le défunt soit à charge de rente viagère, soit à fonds perdu, soit avec réserve de l'usufruit à l'un des successibles *en ligne directe*, la valeur de la *pleine propriété* des biens ainsi aliénés est imputée sur la portion disponible, absolument comme si l'aliénation avait été gratuite et non pas sérieusement onéreuse pour le successible (c'est ce qui arrive le plus souvent, du reste), et si cette valeur surpasse la portion disponible, l'*excédent* est rapporté à la masse; il y a réduction de cette aliénation dans la mesure de cet excédent. — Cette imputation et ce rapport peuvent être demandés par tout réservataire, sauf par ceux qui ont consenti autrefois à l'aliénation (918).

Des legs. — Les *legs*, que l'on désigne aussi sous le nom *d'institutions d'héritiers* ou encore de *dispositions testamentaires*, sont, on peut le dire, la moëlle des testaments. Sans doute une personne peut n'inscrire dans son testament que ses dernières volontés relativement à ses funérailles, au lieu de sépulture, etc. ; mais, en pratique, c'est surtout pour faire des legs, c'est-à-dire pour déranger l'ordre *légal* des héritiers, et faire, en faveur d'étrangers ou de parents préférés, des donations dont l'existence est subordonnée à la survivance de la personne favorisée, que l'on se donne la peine de faire son testament.

Il y a trois sortes de legs : le *legs universel*, le *legs à titre universel* et le *legs à titre particulier*.

Legs universels. — Le legs universel est la disposition testamentaire par laquelle le testateur donne à une ou même à plusieurs personnes l'*ensemble éventuel* des biens qu'il laissera à son décès, déduction faite de la réserve (quand il y a des héritiers réservataires) et des legs relatifs à tel ou tel bien déterminé (1003). Lorsque le testateur laisse des héritiers réservataires, ceux-ci, à moins qu'ils ne soient héritiers irréguliers (enfants naturels, par exemple), sont saisis de plein droit de toute la succession, et c'est à eux que le légataire universel doit demander la délivrance des biens qui lui sont légués, mais il a la jouissance de ces biens à compter du jour du décès, s'il fait cette demande en délivrance, ou si la délivrance est faite volontairement par les réservataires, *dans l'année* qui suit l'ouverture de la succession; — tandis qu'il n'a cette jouissance (c'est-à-dire la propriété des fruits civils et naturels des biens légués), que du jour de la demande formée en justice ou du jour de la délivrance volontairement consentie par les réservataires, si la demande n'est formée qu'*après* l'expiration de ce délai *d'un an* (1004, 1005).

Au contraire, lorsque le testateur n'a pas d'héritiers réservataires — vraiment héritiers, héritiers légitimes, et non pas simplement *successeurs aux biens* — le légataire universel n'a plus à demander la délivrance des biens à lui donnés, il a la *saisine*, il est saisi *de plein droit* de l'universalité des biens laissés par le decujus (1006).

Le légataire de « tout ce dont le testateur peut disposer », de la portion disponible par conséquent, est un légataire universel, et si le réservataire renonce, il recueille *même la réserve*.

Que le légataire universel ait ou non la saisine, le testament *olographe* ou *mystique*. — mais non point le testament *authentique* : il dispense, lui, de toutes ces formalités — doit être présenté, avant sa mise à exécution, au président du tribunal de l'arrondissement dans lequel la succession est ouverte. — Le testament est ouvert s'il est cacheté, le président dresse procès verbal de l'ouverture et de l'état du testament, puis il en ordonne le dépôt entre les mains d'un notaire qu'il désigne. Mais s'il s'agit d'un testament *mystique*, l'ouverture ne peut se faire qu'en présence du notaire et des témoins (signataires de l'acte de souscription) qui se trouvent sur les lieux, ou eux appelés (1007).

Lorsque le légataire universel n'a point la saisine parce qu'il se trouve en concours avec des héritiers réservataires et légitimes du *decujus*, il doit en outre présenter au président, jointe à l'acte de dépôt du testament, une requête *à fin d'envoi en possession*. Le président rend alors une ordonnance lui accordant ou lui refusant l'envoi en possession (si l'écriture du testament est contestée, il a parfaitement le droit de refuser cet envoi en possession). — Le légataire universel muni d'un testament authentique est dispensé de tout cela (1008).

Le légataire universel est tenu des dettes de la succession absolument comme l'héritier légitime qui accepte purement et simplement une succession *non testamentaire*: comme lui, il peut être forcé de payer plus qu'il n'a reçu, si le passif de la succession est supérieur à l'actif (encore le plus souvent vaut-il mieux pour lui n'accepter que sous bénéfice d'inventaire), et si parmi, les biens qu'il recueille, il y a un immeuble grevé d'hypothèque, il doit désintéresser complètement le créancier hypothécaire, quand bien même il se trouverait en concours avec des héritiers réservataires, mais, bien entendu, il a recours contre ces derniers pour ce qu'il a déboursé en plus de sa part contributoire dans les dettes de la succession, et cette part contributoire varie suivant sa part dans l'actif (1009).

Legs à titre universel. — Le legs à titre universel est la disposition par laquelle le testateur lègue une *quote-part* (par exemple 1/3, 1/4, 1/7) de sa fortune ou des biens dont la loi lui permet de disposer (c'est-à-dire une *fraction* de la quotité disponible), ou tous ses immeubles, ou tous ses meubles, ou une quotité fixe de tous ses immeubles ou de tout son mobilier. — On regarde encore le legs de l'usufruit de tous les biens de la succession ou seulement de tous les immeubles du défunt comme un legs à titre universel, mais tous les autres legs (legs d'un bien particulier déterminé, meuble ou immeuble, peu importe) sont des legs à titre particulier (1010).

Les légataires à titre universel sont *toujours* tenus de demander la délivrance de leur legs, ils s'adressent aux réservataires quand il y en a; s'il n'y a point de réservataires, mais un légataire universel, c'est à lui qu'ils doivent présenter leur demande; enfin, à défaut de légataire universel, ils s'adressent aux héritiers *ab-intestat* du decujus, c'est-à-dire à ceux qui sont appelés à recueillir les biens que le testateur n'a point légués (1011).

Le légataire à titre universel est, au point de vue du paiement des dettes de la succession, dans la même situation que le légataire universel (sa part dans le passif est établie *d'après sa part dans la succession*). Mais lorsque le testateur n'a disposé que *d'une quotité* de la portion disponible (1/4, par exemple) dans la forme des legs à titre universel, le légataire qui en profite acquitte les legs particuliers *par contribution* (pour 1/4, dans notre exemple) avec les parents du défunt qui sont ses héritiers naturels (1013). Au contraire, si le legs à titre universel porte sur *toute* la portion disponible, le legs à titre particulier est, *pour sa totalité*, à la charge du légataire à titre universel. Ainsi, la quotité disponible étant du *tiers* de la succession, si le legs à titre universel est de 1/6, le légataire contribue *pour moitié* à l'acquittement du legs à titre particulier, tandis que si le legs à titre universel comprend tout, le legs à titre particulier est *exclusivement* à la charge du légataire à titre universel. — Mais lorsque le légataire à titre universel n'est pas en présence d'héritiers réservataires, il contribue au paiement du legs particulier pour 1/4 s'il recueille 1/4 de la succession, pour 1/3 s'il recueille 1/3, etc.

Legs à titre particulier. — Le legs à titre particulier est le legs d'une ou plusieurs choses mobilières ou immobilières déterminées (somme d'argent, bijoux, biens, tel fonds de terre, telle créance). — Le legs de tous les immeubles possédés par le testateur dans une commune *déterminée* est un legs à titre particulier.

Le légataire particulier est soumis aux mêmes règles que le légataire universel, pour la délivrance de son legs (Voy. *ci-dessus*). Mais les intérêts ou fruits du bien légué courent à son profit du jour de sa demande en délivrance, du jour même de la délivrance, si ceux qui sont chargés de la faire l'ont accordée volontairement (1014). Ils ne courent du jour du décès du testateur que si ce dernier en a exprimé la volonté dans son testament, ou lorsque le legs a pour objet une *rente viagère* ou une *pension alimentaire* (1015). — Les frais de la demande en délivrance sont à la charge de la succession, toutefois ils ne peuvent entamer la réserve des héritiers réservataires; quant aux droits d'enregistrement, ils sont dus par le légataire seul, à moins que le testateur n'en ait autrement ordonné. Chaque legs peut être enregistré séparément, mais cet enregistrement ne peut profiter qu'au légataire ou à ses ayants-cause (1016).

Les héritiers ou légataires du testateur qui sont débiteurs d'un legs à titre particulier, sont tenus de l'acquitter en proportion de ce qu'ils recueillent dans la succession. Bien plus, le légataire à titre particulier jouit d'une garantie spéciale refusée aux autres légataires : il a hypothèque sur les immeubles de la succession dont les débiteurs du legs sont détenteurs, de sorte que le légataire à titre particulier d'une somme de 100 000 fr. peut forcer, en vertu de cette hypothèque, un des légataires universels, par exemple, à lui payer la totalité de son legs; seulement ce légataire aura un recours contre les autres débiteurs du legs pour ce qu'il aura payé en plus de sa part dans l'obligation au paiement du legs (1017).

L'hypothèque du légataire particulier prend rang à compter du jour de son inscription sur le registre du conservateur des hypothèques.

Le bien légué à titre particulier est délivré au légataire avec les accessoires nécessaires, et dans l'état où il se trouve au jour du décès du testateur. Mais celui qui a légué la propriété d'un immeuble et en a ensuite augmenté l'importance par des acquisitions (même contiguës), n'est point censé avoir légué ces nouvelles acquisitions, à moins qu'il n'ait fait un nouveau legs portant également sur elles, ou qu'elles n'aient été enfermées dans le même enclos que les terres léguées. Quant aux constructions nouvelles ou embellissements faits par le testateur sur le fonds légué, ils sont censés compris dans le legs (1016 et 1019).

Si la chose léguée a été hypothéquée par le testateur pour le paiement d'une dette qui fait partie de la succession, ou pour l'acquittement de la dette d'un tiers, — ou encore si elle a été grevée d'un usufruit par le testateur ou le propriétaire antérieur, celui qui doit acquitter le legs n'est tenu de la dégrever de l'hypothèque ou de l'usufruit que si le testateur le lui a expressément ordonné dans son testament (1020).

Le legs d'une chose n'appartenant pas au testateur est nul, que le decujus ait su ou non que cette chose était à autrui (1021). — Mais le testateur peut charger valablement le légataire universel, par exemple, d'acheter tel bien déterminé pour le transmettre ensuite à un tiers à titre de legs particulier.

Lorsque le legs porte sur une chose indéterminée (legs d'un sac de blé, d'une barrique de vin, etc.), le légataire a droit à la délivrance d'une chose de qualité *moyenne* (1022).

Le légataire est-il un créancier du testateur (domestique pour ses gages, ami créancier d'une somme prêtée), il conserve ses droits au paiement de la créance, quand bien même le legs serait d'une valeur plus élevée; si la créance est à terme ou conditionnelle, le testateur peut en léguer utilement la valeur au créancier, car la dette devient *immédiatement exigible* (plus de condition, plus de délai pour le paiement) — (1023).

Le légataire à titre particulier ne concourt en rien — en principe — au paiement des dettes de la succession, à la différence des autres sortes de légataires, mais s'il est légataire d'un immeuble hypothéqué à une dette de la succession, il peut être poursuivi et forcé au paiement *total* de la dette par le créancier hypothécaire, seulement il a un recours contre les héritiers et légataires qui doivent contribuer au paiement des dettes de la succession.

Lorsque la succession a été acceptée sous bénéfice d'inventaire, et que l'actif est insuffisant, ou tout juste suffisant pour le paiement des dettes, les legs à titre particulier tombent; quand c'est l'ensemble des biens dont le testateur n'a pas disposé qui est insuffisant, il est procédé simplement à une réduction proportionnelle (de 10, 20, 50 0/0, suivant le cas) des legs à titre particulier.

Il y a une hypothèse où le légataire à titre particulier est chargé *exclusivement* du paiement d'un legs, c'est lorsqu'il s'agit d'un legs à titre particulier ayant pour objet un bien compris dans un legs particulier *plus étendu ;* le légataire d'une galerie de tableaux, par exemple, est chargé exclusivement de l'acquittement du legs de tel ou tel tableau de la galerie.

Il ne faut pas oublier que le légataire à *titre particulier* a le droit de demander la séparation des patrimoines.

Lorsque personne n'accepte la succession, le légataire, pour obtenir la délivrance de son legs, n'a qu'à faire nommer un curateur à la succession vacante.

Si l'héritier accepte purement et simplement la succession, les légataires deviennent ses créanciers, car il tient la place du défunt; ils sont payés en même temps que les créanciers du défunt, et non point après eux.

Les règles que nous avons indiquées pour le paiement des dettes des successions non testamentaires sont applicables aux successions testamentaires. (Voy. *ci-dessus*).

Des exécuteurs testamentaires. — L'exécuteur testamentaire est une personne désignée par le testateur pour veiller ou même procéder à l'exécution de ses dernières volontés. — Le testateur peut nommer un ou plusieurs exécuteurs testamentaires, il a la faculté de leur donner la *saisine* (détention) de tout ou partie de son mobilier (mais non de ses immeubles) pour *un an et un jour au plus* à compter du jour de son décès. S'il ne la leur a pas donnée, ils ne peuvent l'exiger. Lorsque les exécuteurs testamentaires ont la saisine, l'héritier peut la faire cesser en justifiant du paiement des legs mobiliers, ou en leur offrant une somme suffisante pour le paiement de ces legs. (1027.)

La femme mariée ne peut accepter l'exécution testamentaire qu'avec le consentement de son mari. Cependant ce consentement peut être suppléé par l'autorisation de justice lorsqu'il a été refusé à la femme séparée de biens d'avec son mari, ou mariée sous le régime dotal et propriétaire seulement de biens *paraphernaux* (1029).

Le mineur, émancipé ou non, ne peut être exécuteur testamentaire, quand bien même il aurait l'autorisation de son tuteur ou curateur. — (1030). L'interdit est naturellement incapable de remplir les fonctions d'exécuteur testamentaire. — Les gens d'une inconduite notoire ne peuvent non plus être exécuteurs testamentaires; quant à l'exécuteur testamentaire infidèle ou incapable, il peut être destitué.

Les exécuteurs testamentaires doivent faire apposer les scellés s'il y a des héritiers mineurs, ou interdits, ou absents et non représentés. — Ils doivent aussi, en présence de l'héritier présomptif ou lui dûment appelé, faire l'inventaire des biens de la succession. Ils veillent à ce que le testament soit exécuté, et peuvent, en cas de contestation sur son exécution, intervenir pour en soutenir la validité. Lorsqu'ils ont la saisine, ils ont en outre le droit d'acquitter les legs, mais seulement avec le concours de l'héritier; ils peuvent faire vendre des meubles de la succession et recevoir le paiement des créances du testateur (pour la vente des meubles il leur faut le consentement de l'héritier ou l'autorisation du juge); enfin, ils ont la *possession matérielle* des biens mobiliers de la succession (tous droits refusés aux exécuteurs testamentaires qui n'ont pas reçu la saisine du testateur), mais ils ne peuvent payer les dettes de la succession, même si le testateur les en a chargés.

Les exécuteurs testamentaires doivent, à l'expiration de l'année du décès du testateur, rendre compte de leur gestion (1032). Lors même que plusieurs exécuteurs testamentaires ont *accepté* — car la personne choisie pour remplir ces fonctions peut refuser de les exercer — un seul peut agir au défaut des autres, mais ils sont tous *solidairement* responsables du compte du mobilier qui leur a été confié. Cependant cette solidarité n'existe pas lorsque le testateur a divisé les fonctions de ses exécuteurs testamentaires, et que chacun d'eux est resté dans la sphère de ses attributions (1033).

Naturellement, les frais faits par l'exécuteur testamentaire pour l'apposition des scellés, l'inventaire, la reddition de comptes, et les autres frais relatifs à ses fonctions sont à la charge de la succession (1034).

Révocation, caducité, nullité des testaments. — Les testaments sont *essentiellement* révocables, mais leur révocation est assujettie à certaines conditions de forme. Ainsi, les testaments ne peuvent être révoqués ou modifiés que par un testament postérieur ou tout au moins par un acte notarié dressé en présence de *deux* notaires (art. 2 de la loi du 21 juin 1843), portant déclaration de changement de volonté. Mais les testaments postérieurs qui ne révoquent pas d'une manière formelle, expresse, les testaments précédents, n'annulent dans ceux-ci que les dispositions contraires aux nouvelles et incompatibles avec elles, de telle sorte qu'au décès du testateur on peut se trouver en présence de deux ou trois testaments devant être exécutés en tout ou en partie (1035-1036).

Supposons que le testament postérieur n'ait pas d'effet, soit parce que l'héritier qu'il constituait refuse le legs, soit parce qu'il est incapable de le recueillir, soit parce qu'il n'a pas survécu au testateur, le testament antérieur n'en est pas moins parfaitement révoqué, tandis que si le testament postérieur est nul *pour vice de forme* ou parce qu'il contient une substitution, ou encore parce que le légataire est le tuteur ou le médecin du testateur, le testament antérieur subsiste *intégralement* (1037).

L'aliénation partielle ou totale que fait le testateur de la chose léguée à titre particulier, emporte révocation partielle ou totale du legs, quand bien même cette aliénation serait nulle, quand bien même l'objet rentrerait plus tard dans la main du testateur à la suite d'un rachat, ou de l'annulation de la vente, pour vice de forme, par exemple (1038).

On dit qu'une disposition testamentaire est *caduque*, lorsque celui en faveur de qui elle est faite n'a pas survécu au testateur (1039). Tout legs fait sous condition, c'est-à-dire subordonné à un évènement *incertain* est également frappé de *caducité* si l'héritier institué — autrement dit le légataire — décède avant l'accomplissement de la condition (1040).

Il y a encore caducité du legs, si la chose léguée a péri *totalement* pendant la vie du testateur ou si le légataire sous condition est décédé avant l'arrivée de la condition. — Le légataire n'a même rien à réclamer lorsque la chose a péri depuis le décès du testateur sans le fait ni la faute de l'héritier chargé de la délivrance des legs, à moins que ce dernier n'ait été mis en demeure par le légataire, — et encore est-il déchargé de toute responsabilité, si la chose eût péri également entre les mains du légataire au cas où la délivrance du legs aurait été effectuée.

Lorsque l'héritier institué ou le légataire répudie la disposition testamentaire faite en sa faveur, ou se trouve incapable de la recueillir (il a été condamné, par exemple, à une peine afflictive perpétuelle), cette disposition est caduque (1042-1043).

Dans le cas où, le legs étant fait à plusieurs personnes *conjointement*, l'une de ces personnes le répudie ou est incapable de le recueillir, sa part *accroit* à celles de ses co-légataires. Or un legs est réputé fait *conjointement* lorsque le testateur l'inscrit dans une seule et même phrase du testament, sans assigner à chacun des co-légataires sa part dans la chose léguée, ou bien encore lorsqu'une chose qui n'est pas susceptible d'être divisée sans détérioration a été donnée par le même testament à plusieurs personnes, *même séparément*. Ainsi je lègue à Pierre ma maison de commerce de Paris dans le premier paragraphe de mon testament, et dans le second je lègue la même maison à Paul; s'ils acceptent tous les deux, ils seront légataires chacun pour moitié ; si l'un d'eux refuse, l'autre est légataire *exclusif* de la maison de commerce (1044-1045). — Si au contraire la chose léguée sous cette forme peut être divisée sans détérioration, le legs n'est point censé fait conjointement, et alors il n'y a pas d'accroissement.

Comme la donation entre-vifs, le testament peut être révoqué sur la demande des héritiers légaux ou autres intéressés à la révocation du legs, soit pour cause d'inexécution par le légataire des conditions sous lesquelles le legs était fait, soit pour cause d'ingratitude du légataire (par exemple le légataire a attenté à la vie du testateur, ou bien il s'est rendu coupable envers lui de délits ou d'injures graves) — (1046). — Lorsque la demande en révocation est fondée sur une injure grave faite *à la mémoire du testateur*, elle doit être intentée *dans l'année*, à compter du jour du délit (1047).

Les héritiers du testateur ne peuvent intenter l'action en révocation pour cause d'injure ou de délit grave commis à l'égard du testateur *avant son décès*, que s'il n'a jamais été instruit de la mauvaise action du légataire, ou s'il est décédé avant l'expiration de l'année qui a suivi le jour où elle est parvenue à sa connaissance. — Quand le légataire a attenté à la vie du testateur, l'action en révocation se prescrit par dix ans. Ici, en effet, le légataire doit être traité avec plus de rigueur.

Lorsque, dans son testament, le testateur a disposé de ses biens au-delà des limites de la quotité disponible, cet acte de dernière volonté peut être attaqué, et les dispositions testamentaires réduites au taux fixé par la portion disponible, — mais il n'est point annulé, il subsiste à tous autres égards ; de même lorsque le testament est *cassé* parce que l'un des legs est adressé à une personne incapable d'en recevoir, les autres legs sont parfaitement valables.

Mais il est des cas où le vice contenu dans le testament entraîne la nullité du testament *tout entier* et non pas seulement celle de la clause vicieuse, par exemple lorsque le testament est nul pour vice de forme (testament olographe signé par le testateur, mais *écrit* par un tiers).

Un même testament ne peut être fait *dans le même acte* par deux ou plusieurs personnes, soit au profit d'un tiers, soit à titre de disposition testamentaire mutuelle et réciproque entre les divers testateurs (968).

Les conditions impossibles à remplir, ou contraires aux lois ou aux bonnes mœurs, lorsqu'elles sont inscrites dans un testament, ne le rendent point annulable, elles sont considérées comme *non écrites*, c'est-à-dire que le legs dont l'existence est soumise à l'accomplissement de l'une de ces conditions est regardé comme un *legs pur et simple* (900). — Par exemple, Paul a légué 10 000 francs à Pierre à la condition qu'il ne se mariera jamais. C'est là une condition que l'on considère comme immorale, et Pierre recueille le legs d'une façon irrévocable, *qu'il se marie ou non par la suite.*

Partages d'ascendant faits par testament. — Dans le chapitre consacré aux donations, nous avons parlé des partages d'ascendant effectués sous forme de *donations entre-vifs*, mais ces partages peuvent être faits également *par testament*, et alors ils sont révocables à la volonté de l'ascendant ; de plus, le testateur peut faire porter le partage sur des biens à venir, et le partage n'est point soumis pour son efficacité à l'acceptation formelle, solennelle des descendants entre lesquels il est effectué.

Mais le partage testamentaire doit être effectué par l'ascendant entre tous ceux qui viendront à sa succession, et entre ceux-là seulement. (L'enfant simplement conçu lors du décès du testateur doit avoir sa part, tandis que le renonçant ou l'indigne doit être exclu ; autrement le partage d'ascendant tombe.)

Le partage d'ascendant fait par testament est soumis simplement aux *règles de forme* des testaments (il peut être olographe, mystique ou authentique), mais quant aux *règles de fond* de ce partage il y a une particularité remarquable. Nous savons en effet que les partages de succession sont révocables pour lésion de plus du quart. Eh bien, un partage d'ascendant peut être attaqué non seulement pour lésion de plus du quart, mais même pour une lésion bien inférieure. En effet, lorsque l'ascendant rendant victimes d'une lésion de 1/5, par exemple, plusieurs de ses descendants, a donné *à titre de préciput*, — c'est-à-dire en plus de la quote-part — à celui qu'il veut favoriser, une portion de ses biens supérieure à la quotité disponible et formée précisément des prélèvements effectués sur la quote-part des autres descendants, le partage est révocable, à la différence des partages de succession ordinaires. — L'action en rescision n'est ici prescrite qu'au bout de trente ans, à compter du décès.

Autant que possible, le partage d'ascendant doit être fait suivant les règles édictées pour la composition des lots dans les partages judiciaires (V. ci-dessus). — (1079).

FORMULE 3

Partage d'ascendant fait par testament olographe.

« Je soussigné (noms, prénoms, profession et domicile), déclare partager ainsi qu'il suit, entre mes cinq fils Pierre, Jules, Constant, Gustave et René, tous mes biens meubles et immeubles, afin qu'aucune discussion ne naisse entre eux à l'occasion de ma succession.

1er Lot attribué à mon fils Pierre.

Il se composera de:

1° . . . .

2° . . . .

3° . . . .

2e Lot attribué à mon fils Jules.

Il se composera de:

1° . . . .

2° . . . .

3° . . . .

3e Lot attribué à mon fils Constant.

Il se composera de:

1° . . . .

4e Lot attribué à mon fils Gustave.

Il se composera de :

1° . . . .

2° . . . .

Enfin 5e lot attribué à mon fils René.

Il se compose :

1° . . . .

2° . . . .

3° . . . .

» Le 4e lot étant plus fort que les autres, mon fils Gustave aura seul la charge de la dette que j'ai contractée envers M..... Sauf cette exception, les charges de ma succession seront supportées également par mes cinq enfants.

» Quand aux valeurs et somme d'argent trouvées chez moi au jour de mon décès, elle seront divisées par fractions égales entre mes cinq enfants.

» Daté, signé et écrit en entier par moi, à Rouen le dix mai mil huit cent...

(*Signature.*)

Droits de mutations. — L'État surveille l'application des lois successorales, c'est sous ses auspices que les héritiers recueillent les successions; il est donc tout naturel qu'il prélève sur le montant de chaque succession un droit fiscal, un *droit de mutation*. Ce droit, comme il résulte du tableau suivant, est d'autant plus élevé que l'héritier ou le légataire est à un degré de parenté plus éloigné du decujus :

Les héritiers en ligne directe (père, mère, et autres ascendants, enfants et autres descendants) paient un droit de 1 0/0.

Le conjoint : 3 0/0.

Les collatéraux jusqu'au *troisième degré* inclusivement (c'est-à-dire frères ou sœurs, neveux ou nièces, oncles ou tantes) : 6 0/0.

Les collatéraux du *quatrième degré* (cousins-germains, grands-oncles, grandes-tantes, petits-neveux, petites nièces) : 7 0/0.

Tous les autres collatéraux : depuis le *cinquième* degré jusqu'au *douzième* inclusivement (c'est-à-dire cousins issus-de-germains, petits-fils de cousins-germains, etc.) : 8 0/0.

Quant aux héritiers ou légataires parents *au-delà du douzième degré*, ou ne faisant point partie de la famille du decujus (amis, domestiques, etc.), ils paient un droit de mutation de 9 0/0.

Le montant du droit de mutation est calculé d'après la valeur estimative des biens recueillis, et l'estimation est faite par la personne même qui est débitrice du droit — mais *sans distraction des charges de la succession* (on ne doit tenir compte que de l'actif et non pas du passif) — à défaut d'inventaire ou de vente.

La valeur de la propriété et de l'usufruit des *biens recueillis* est déterminée soit par l'estimation contenue dans les inventaires ou autres actes passés *dans les deux années* du décès, soit par le prix exprimé dans les actes de vente, lorsque cette vente a eu lieu publiquement et *dans les deux années* qui suivent le décès; — si l'évaluation faite dans l'inventaire antérieur à la vente est inférieure au prix de vente, c'est celui-ci seul que l'on doit considérer.

Pour les immeubles ruraux on multiplie le revenu par 25, et le droit est fixé d'après le *produit* obtenu; pour les immeubles urbains (maisons) on multiplie par 20. — S'il s'agit d'un usufruit immobilier, on multiplie le revenu de l'immeuble par 12 1/2 ou par 10, suivant qu'il s'agit d'un immeuble *rural* ou d'un immeuble *urbain* (car, en matière fiscale, l'usufruit est considéré comme inférieur de moitié, en valeur, à la propriété). — (Art. 2-3 de la loi du 21 juin 1875).

S'il est fait une estimation insuffisante, par la personne débitrice du droit de mutation, des biens qu'elle recueille, elle doit payer ce qui reste dû d'après la véritable estimation, lorsque l'insuffisance est démontrée par un acte dressé *après* sa déclaration; si au contraire cet acte a été dressé *avant* la déclaration, le déclarant est coupable de mauvaise foi, aussi est-il tenu de payer un double droit de mutation (art. 3, même loi).

Les héritiers ou légataires doivent déclarer la mutation par décès, pour les *immeubles* de la succession, au bureau d'enregistrement de la situation de ces immeubles; pour les *meubles*, au contraire, cette déclaration est faite au bureau de l'arrondissement dans le ressort duquel ces biens se trouvent lors de l'ouverture de la succession. — Mais les rentes et autres valeurs mobilières incorporelles sont déclarées au bureau du domicile du défunt.

Les héritiers ou légataires doivent apporter à l'appui de la déclaration des biens meubles, un état estimatif ou un inventaire par eux certifié; s'il n'a point été dressé par un officier public, cet inventaire est déposé et annexé à la déclaration, qui est signée par le déclarant sur le registre du receveur de l'enregisment (art. 27 loi du 27 frimaire an VII).

Droits d'enregistrement. — Les testaments authentiques et mystiques, et les testaments olographes déposés ou non chez un notaire, doivent être enregistrés dans les *trois mois* du décès du testateur, par les soins des héritiers, légataires ou exécuteurs testamentaires; si l'enregistrement n'est effectué qu'après l'expiration de ces trois mois, le droit d'*acte* — droit *fixe* de 7 fr. 50 — est *doublé* (art. 21 et 38 de la loi de frimaire an VII).

Le droit d'enregistrement proprement dit est *gradué*, et non pas proportionnel comme le droit de mutation, ni fixe comme le droit d'enregistrement des actes (signification par huissier, protêts, testaments, etc.) : il est de 5 fr. pour les valeurs allant jusqu'à 5.000 fr.;

De 10 fr. pour les valeurs de 5.001 à 10.000 fr.;

De 20 fr. pour les valeurs de 10.001 à 20.000 fr.

Au delà de 20,000 fr. il est de 20 fr. par 20.000 fr. Pour une somme de 65.000 francs par exemple, le droit d'enregistrement sera de 80 fr., car les sommes inférieures à 20.000 francs sont comptées comme si elles atteignaient ce chiffre (art. 2 de la loi du 28 février 1872).

Lorsque les valeurs ne sont pas indiquées dans le testament elles sont déterminées d'après la déclaration des héritiers ou légataires (art. 16, loi de frimaire an VII).

Les déclarations que les héritiers ou légataires ont à faire, au sujet de biens à eux transmis par décès, doivent être effectuées *dans les six mois* à compter du jour du décès, si le décès a eu lieu en France; dans les *huit mois*, s'il a eu lieu à l'étranger mais *en Europe*; dans *l'année*, s'il a eu lieu en Amérique; dans les *deux ans*, s'il a eu lieu en Afrique ou en Asie (art. 24, même loi). — Lorsque la déclaration n'est faite qu'après l'expiration de ces délais, le retard est puni d'un *demi-droit* en sus.

Il y a prescription pour la réclamation des droits d'enregistrement :

Au bout de deux ans à compter du jour de l'enregistrement, s'il s'agit d'un droit non perçu sur une disposition particulière dans le testament, ou d'un supplément de perception dû par suite d'une évaluation insuffisante ou d'une fausse déclaration;

Au bout de cinq ans, s'il s'agit d'une *omission* de biens dans la déclaration;

Au *bout de dix ans*, pour les successions *non déclarées* (art. 6, loi de frimaire an VII, et art. 11, loi du 18 mai 1850).

LA VIE JUDICIAIRE

A qui doit-on s'adresser pour obtenir justice? De quelle façon doit-on procéder pour faire triompher son droit? Que doit faire la partie qui, mécontente d'un jugement, veut le faire annuler ou modifier? Telles sont les principales questions que nous examinerons dans cette partie de notre ouvrage. Nous aurons soin de laisser de côté tout ce qui est du domaine *abstrait* de la procédure civile, et nous n'entrerons pas dans les détails des formalités qu'ont à accomplir les avoués, huissiers et autres officiers ministériels. Cela nous entraînerait trop loin et serait inutile ici, les plaideurs n'ayant point à diriger eux-mêmes la procédure des procès qu'ils soutiennent.

CHAPITRE PREMIER

ORGANISATION JUDICIAIRE PROCÉDURE CIVILE

Le grand principe qui domine toute l'organisation judiciaire en France, c'est le principe de la séparation des pouvoirs judiciaire et administratif, et c'est le *tribunal des conflits*, composé, comme nous le verrons plus tard, de représentants du pouvoir judiciaire proprement dit et de représentants du pouvoir administratif, qui est chargé de trancher les questions délicates que peut soulever l'application du principe de la séparation des pouvoirs.

Il y a donc, par la force des choses, deux catégories principales de tribunaux : les *tribunaux administratifs* (Conseil d'État, Cour des comptes, Conseils de préfecture, Conseils de révision) et les tribunaux chargés de faire respecter toutes les lois *autres que les lois administratives* (Cour de cassation, Cour d'appel, Cour d'assises, Tribunaux civils de première instance, Tribunaux de police correctionnelle, Tribunaux de commerce, Justices de paix et Conseils de prud'hommes).

Cette seconde catégorie doit être soigneusement subdivisée. Au sommet de la hiérarchie nous trouvons la Cour de cassation compétente en toutes matières civiles, commerciales, répressives. Mais, au-dessous, il y a différentes branches de la justice, *au point de vue de la compétence.*

Ainsi : *En matière répressive ou criminelle* il y a au premier degré le juge de paix pour les *contraventions*, au second degré le tribunal correctionnel pour les *délits*, au troisième degré la Cour d'assises pour les *crimes*.

En matière civile : 1° Le juge de paix, pour les affaires les moins importantes ;

2° Le tribunal civil ou de première instance ;

3° La Cour d'appel ;

En matière commerciale: 1° Le Conseil de prud'hommes, pour les contestations entre patrons et ouvriers ;

2° Le tribunal de commerce ;

3° La Cour d'appel, devant laquelle on appelle des jugements du tribunal de commerce.

Pour le moment nous ne nous occuperons que de la Cour de cassation et des tribunaux compétents en matière de droit civil (la seule branche du droit que nous ayons étudiée jusqu'à présent). A propos de la VIE PUBLIQUE nous parlerons des tribunaux administratifs ; nous renvoyons à la VIE COMMERCIALE l'étude des tribunaux commerciaux, mais nous parlerons bientôt des tribunaux répressifs (Voy. *Droit Pénal*).

SECTION PREMIÈRE

Les Juridictions civiles

Les magistrats de tous les tribunaux civils, à l'exception des membres du ministère public (procureurs généraux, procureurs de la République, avocats généraux, substituts, commissaires de police) et des juges de paix — sont *inamovibles*, ce qui veut dire qu'ils ne peuvent être révoqués ni même déplacés à la volonté du ministre de la justice. Ils ne peuvent être déplacés *malgré eux* que sur l'avis *conforme* du Conseil supérieur de la magistrature, institué par la loi du 30 août 1883, loi qui a *suspendu* pendant quelques mois l'application du principe de l'inamovibilité et modifié à plusieurs points de vue l'organisation judiciaire.

Le *Conseil supérieur de la magistrature* se compose de la Cour de cassation, *toutes chambres réunies*. C'est le procureur général de la Cour qui représente le gouvernement devant le Conseil (art. 13, loi du 30 août 1883).

Le Conseil supérieur de la magistrature est en somme un *Conseil de discipline* qui a à statuer sur les fautes que peut commettre un magistrat. Il ne peut être saisi que par le garde des sceaux, ministre de la justice, et il ne peut statuer ni donner son avis sans que le magistrat ait été entendu ou dûment appelé. Il doit donner son avis, nous l'avons dit, sur le déplacement d'un magistrat, et ce déplacement, qui n'est possible que si l'avis du Conseil supérieur y est favorable (à moins que le magistrat ne l'accepte, bien entendu), ne peut entraîner aucun changement de fonction, aucune diminution de classe ni de traitement. — Mais les magistrats que des infirmités graves et permanentes mettraient hors d'état d'exercer leurs fonctions pourraient être mis d'office à la retraite sur avis conforme du Conseil supérieur (art. 15, même loi).

Quant au garde des sceaux, il n'a sur les magistrats inamovibles qu'un simple droit de surveillance; mais il peut leur adresser une réprimande ou les faire venir devant lui pour recevoir leurs explications sur les faits qui leur sont imputés (art. 17, même loi).

Toute manifestation ou démonstration d'hostilité au principe ou à la forme du gouvernement de la République est interdite aux magistrats : elle constitue une faute disciplinaire.

Le Conseil supérieur de la magistrature peut suspendre temporairement les juges de leurs fonctions ; il peut même, si les faits sont très graves, prononcer la déchéance contre le magistrat coupable.

Le Conseil supérieur ne peut être saisi que par le garde des sceaux.

Tous les magistrats, sauf les juges des *tribunaux commerciaux*, sont nommés par *décret* du président de la République, sur la *proposition* du garde des sceaux, ministre de la justice.

§ 1er — LA COUR DE CASSATION

La Cour de cassation se compose de *trois chambres* : 1° *Chambre des requêtes*, chargée d'examiner s'il y a lieu d'admettre ou de rejeter le pourvoi en cassation formé contre un jugement ou arrêt rendu *en dernier ressort*, en matière civile ou commerciale ;

2° *Chambre civile*, qui examine les affaires que la Chambre des requêtes lui a renvoyées, les jugeant dignes d'un examen approfondi; 3° *Chambre criminelle*, chargée de statuer sur les pourvois en cassation formés contre les décisions en dernier ressort d'un tribunal répressif (juge de paix, tribunal correctionnel ou cour d'assises).

Dans chaque chambre il faut *onze membres* au moins (y compris le président de la Chambre) pour que l'arrêt puisse être rendu. Or, les chambres sont composées chacune de *quinze* conseillers et d'un président de chambre; en comptant le premier président de la Cour de cassation, cela fait quarante-neuf magistrats. Lorsque la Cour de cassation tient des audiences solennelles, toutes chambres réunies, il faut qu'il y ait au moins trente-quatre magistrats présents. — Les audiences sont publiques.

Le ministère public est représenté auprès de la Cour de cassation par un procureur général assisté d'avocats généraux. L'organe du ministère public doit donner son avis dans toutes les affaires soumises à la Cour de cassation.

Le rôle de la Cour de cassation est d'une nature toute particulière. Cette cour ne juge pas les procès, elle n'a point à s'inquiéter des *faits* qui les ont fait naître; elle est chargée simplement de faire respecter la *loi*, elle ne peut modifier les jugements qui lui sont soumis, elle doit les casser ou au contraire refuser de les casser, et elle ne peut casser un jugement ou un arrêt que s'il y a eu violation de la loi ou inobservation d'une formalité prescrite à peine de nullité, ou incompétence de la part des juges qui ont rendu la décision, ou enfin si, par deux tribunaux du ressort d'une même cour d'appel, il a été rendu deux jugements contradictoires.

Les jugements ou arrêts rendus *en dernier ressort*, c'est-à-dire *non susceptibles d'appel* (nous verrons quelles décisions judiciaires rentrent dans cette catégorie) peuvent seuls faire l'objet d'un pourvoi en cassation.

Supposons qu'un arrêt de cour d'appel soit déféré à la Cour de cassation, et que celle-ci, jugeant qu'il y a eu mauvaise interprétation, c'est-à-dire en somme violation de la loi, casse l'arrêt. Les parties se trouvent alors dans la situation où elles étaient avant que la cour d'appel eût statué : la Cour de cassation les renvoie devant une autre cour d'appel (la plus voisine). — La décision de cette seconde cour d'appel est-elle déférée à la Cour de cassation, celle-ci devra siéger en audience solennelle, c'est-à-dire toutes chambres réunies; si elle ne casse point l'arrêt, la partie qui a formé le pourvoi doit s'incliner; si l'arrêt est cassé, les parties sont renvoyées devant une troisième cour d'appel, qui ne peut qu'adopter l'opinion de la Cour de cassation; ce second renvoi paraît inutile à première vue, mais il est absolument nécessaire puisque, encore une fois, la Cour de cassation ne peut jamais trancher elle-même le débat.

Grâce à ces règles de procédure, la Cour de cassation maintient l'unité de jurisprudence; elle impose en fait son interprétation des textes de loi à toutes les cours d'appel.

Lorsque la décision judiciaire soumise à la Cour de cassation est un jugement rendu en dernier ressort par un tribunal d'arrondissement et qu'il y a cassation, l'affaire est renvoyée devant un second tribunal de première instance (le plus voisin), et non pas devant une cour d'appel; il en est de même à la suite d'une seconde cassation.

Les parties ne sont point représentées par des avoués ni défendues par des avocats, comme devant les autres juridictions, lorsqu'elles s'adressent à la Cour de cassation, mais par des officiers ministériels spéciaux qui exercent en même temps les fonctions d'avoué et d'avocat, et cela aussi bien devant le Conseil d'État que devant la Cour de cassation. Ces officiers ministériels portent le titre d'*avocat à la cour de Cassation* et sont propriétaires de leurs charges. Les parties sont tenues de se faire représenter par l'un d'eux. Mais elles peuvent être entendues à l'audience après en avoir obtenu la permission de la Cour (art. 37, ordon. du 15 janvier 1826).

Pour remplir les fonctions d'avocat à la Cour de cassation il faut avoir vingt-cinq ans et exercer au barreau depuis *trois ans* déjà. — La Cour de cassation peut adresser à ces avocats des avertissements ou des réprimandes, s'ils se rendent coupables de quelque infraction dans l'exercice de leurs fonctions, mais le président de la République seul peut les révoquer.

La Cour de cassation est chargée non seulement de statuer sur les demandes en cassation, mais encore de juger les demandes de renvoi d'un tribunal à un autre, pour cause de suspicion légitime, les conflits de juridiction et les règlements de juges, ainsi que les prises à partie contre un tribunal. — Les prises à partie ne peuvent être jugées qu'en audience solennelle (toutes chambres réunies).

Le personnel de la Cour de cassation comprend encore un greffier en chef, douze commis-greffiers et un certain nombre d'huissiers audienciers nommés par la Cour de cassation et *pouvant être révoqués par elle*.

§ 2. — COURS D'APPEL

Compétence. — Les cours d'appel rendent des arrêts en dernier ressort; elles ont principalement à statuer sur les affaires jugées en premier ressort par les tribunaux de première instance. Or, toutes les affaires relatives à des questions d'état et de capacité (mariage, tutelle, divorce, séparation de corps, etc.) ne sont jugées qu'en premier ressort par ces tribunaux; les jugements qu'elles suscitent sont par conséquent susceptibles d'appel; de même pour les affaires relatives à des intérêts pécuniaires d'une importance relative, c'est-à-dire *excédant la valeur de 1 500 francs*, et pour toutes celles dont on ne peut évaluer l'importance pécuniaire.

Composition des Cours d'Appels. — Il a été établi une cour d'appel dans chacune des villes suivantes : Paris, Alger, Aix, Bastia, Bordeaux, Bourges, Douai, Lyon, Montpellier, Rennes, Rouen, Agen, Amiens, Angers, Besançon, Caen, Chambéry, Dijon, Grenoble, Limoges, Nancy, Nîmes, Orléans, Poitiers, Pau, Riom et Toulouse, ce qui fait vingt-sept cours d'appel pour la France et l'Algérie. Mais, dans certaines de nos colonies lointaines, il y a aussi des cours d'appel (à la Martinique, à la Guadeloupe, à la Réunion, dans l'Inde française et en Cochinchine) ; de plus, à la Guyane, à la Nouvelle-Calédonie et à Taïti on a créé un *tribunal supérieur* qui, en fait, a la même compétence que les cours d'appel. Enfin, pour Saint-Pierre et Miquelon, il y a un *Conseil d'appel*, et au Sénégal on a établi une juridiction analogue.

Les arrêts de cours d'appel sont rendus par des magistrats siégeant en nombre *impair* (il faut *cinq juges au moins*, président compris) ; par conséquent, l'arrêt est rendu par cinq, sept ou neuf juges — (art. 1er de la loi du 30 avril 1883).

Le nombre des chambres varie suivant l'importance de la cour d'appel : ainsi la Cour d'appel de Paris se compose de neuf chambres ; celle d'Alger, de quatre ; celles d'Aix, Bordeaux, Douai, Lyon, Montpellier, Rouen, comprennent trois chambres ; celles d'Agen, Amiens, Besançon, Caen, Dijon, Grenoble, Nancy, Nîmes, Poitiers, Riom, Toulouse, n'en comptent que deux. Enfin celles d'Angers, Bastia, Bourges, Chambéry, Limoges, Orléans, Pau, n'ont qu'une seule chambre. — Dans les cours d'appel où il y a trois chambres au plus, l'une d'elles forme la *chambre des mises en accusation;* une autre, la *chambre des appels de police correctionnelle;* la troisième, s'il n'y a que trois chambres, statue sur les appels interjetés à la suite d'un jugement rendu par un tribunal civil ou par un tribunal de commerce : c'est la *chambre civile*. Mais à Alger il y a *deux chambres civiles*, et à Paris on en compte *sept* (loi du 30 août 1883). — A la tête de chaque chambre est un président de chambre, et à la tête de la cour il y a un *premier président*. Ainsi, à Paris, il y a neuf présidents de chambre, outre le premier Président.

Dans les cours d'appel composées *d'une seule chambre*, il y a, outre les présidents, dix conseillers de cour d'appel, sauf à Chambéry où il y en a neuf et à Bastia où ils ne sont que huit. — Dans les cours d'appel composées de *deux chambres*, il y a quinze conseillers ; dans les cours composées de trois chambres il y en a dix-neuf ; à Alger on en compte vingt-quatre et à Paris soixante-deux.

Les cours d'appel de la Martinique, de la Guadeloupe, de la Réunion et de l'Inde française ne se composent que d'une seule Chambre (dans les trois premières il y a *un* président et *six* con-

seillers; dans la quatrième *un* président, *trois conseillers* et deux conseillers *auditeurs* : les arrêts de ces cours peuvent être rendus par *trois* magistrats seulement (au lieu de cinq). — Nous ne parlerons pas de la cour d'appel de Saïgon qui bientôt va être complètement réorganisée.

L'espace nous manque pour entrer dans l'étude de la composition des tribunaux supérieurs et des conseils d'appel de nos autres colonies.

Près de chaque cour d'appel il y a *un* procureur général, des avocats généraux et des substituts qui représentent le ministère public. A la Cour d'appel de Paris on compte, outre le procureur général, sept avocats généraux et onze substituts; à Alger quatre avocats généraux et quatre substituts. Dans les autres cours, il y a autant d'avocats généraux que de chambres; quant aux substituts, il y en a *deux* dans les cours composées de *trois ou de deux* chambres, *un seul* dans les cours composées d'une chambre unique.

Ici encore nous trouvons une organisation spéciale pour les quatre cours d'appel de nos colonies : près les cours d'appel de la Martinique, de la Guadeloupe et de la Réunion, le ministère public est représenté par un procureur général, un premier substitut et un second substitut; près la cour d'appel de l'Inde française, il n'y a qu'un procureur général. Ainsi, dans aucune de ces quatre cours d'appel on ne trouve d'avocats généraux, et près la cour d'appel de l'Inde française il n'y a pas même de substitut.

Le *ressort* d'une cour d'appel, c'est l'étendue du territoire soumis à sa juridiction. En France, il se compose, pour la plupart des cours, de trois départements. — L'Algérie et la Tunisie sont du ressort de la cour d'appel d'Alger. Quant aux ressorts des cours d'appel de nos colonies, ils sont déterminés par décrets rendus en Conseil d'Etat.

Voici quelle est l'étendue du ressort de chacune des cours d'appel de France.

Ressort de la cour d'appel d'*Agen* : Gers, Lot-et-Garonne, Lot.
— — d'*Aix* : Bouches-du-Rhône, Var, Basses-Alpes, Alpes-Maritimes.
— — d'*Ajaccio* : Corse.
— — d'*Amiens* : Aisne, Somme, Oise.
— — d'*Angers* : Maine-et-Loire, Mayenne.
— — de *Besançon* : Jura, Doubs, Haute-Saône.
— — de *Bordeaux* : Charente, Dordogne, Gironde.
— — *Bourges* : Nièvre, Cher, Indre.
— — *Caen* : Orne, Manche, Calvados.
— — *Chambéry* : Savoie, Haute-Savoie.

Ressort de la cour d'appel de *Dijon* : Côte d'Or, Saône-et-Loire, Haute-Loire.

— — *Douai* : Pas-de-Calais, Nord.

— — *Grenoble* : Drôme, Hautes-Alpes, Isère.

— — *Limoges* : Creuse, Corrèze, Haute-Vienne.

— — *Lyon* : Ain, Loire, Rhône.

— — *Montpellier* : Pyrénées-Orientales, Aude, Aveyron, Hérault.

— — *Nancy* : Ardennes, Meurthe, Moselle, Vosges, Meuse.

— — *Nîmes* : Lozère, Gard, Ardèche, Vaucluse.

— — *Orléans* : Loire-et-Cher, Loiret, Indre-et-Loire.

— — *Paris* : Yonne, Seine-et-Oise, Seine,
— — Seine-et-Marne, Eure-et-Loir, Marne, Aube.

— — *Pau* : Landes, Basses-Pyrénées, Hautes-Pyrénées.

— — *Poitiers* : Charente-Inférieure, Vendée, Deux-Sèvres.

— — *Rennes* : Loire-Inférieure, Finistère, Côtes-du-Nord, Morbihan, Ille-et-Vilaine.

— — *Riom* : Allier, Cantal, Puy-de-Dôme, Haute-Loire.

— — *Rouen* : Eure, Seine-Inférieure.

— — *Toulouse* : Ariège, Haute-Saône, Tarn, Tarn-et-Garonne.

Ainsi donc une personne qui veut interjeter appel contre un jugement rendu par le tribunal de Rambouillet, par exemple, doit porter son appel devant la Cour d'appel de Paris, car le département de Seine-et-Oise est de son ressort.

Les plaideurs sont représentés devant les cours d'appel par des avoués près la cour d'appel, et ils sont défendus par des avocats de leur choix, domiciliés ou non dans le ressort de la cour, appartenant ou non au barreau de cette cour. — Aux audiences des cours d'appel, des huissiers de cour d'appel, qui portent le titre d'*huissiers audienciers*, sont chargés de la police et du service intérieur.

La Cour de cassation ne peut que refuser ou admettre la cassation des décisions judiciaires qui lui sont soumises. Le rôle des cours d'appel n'a rien de semblable. La cour d'appel est un *second degré de juridiction*, elle examine l'affaire déjà jugée en premier ressort, absolument comme s'il n'avait point été statué sur elle, elle étudie les *faits* tout aussi bien que les questions de droit qui peuvent être soulevées à l'occasion du procès, puis elle rend un arrêt confirmant ou modifiant *en tout* ou *en partie*, sur *un* ou *plusieurs* points, ou sur *tous* les points, le jugement contre lequel il a été interjeté appel. Les parties se trouvent alors en présence d'un *arrêt*, décision *en dernier ressort* et qui par conséquent n'est plus susceptible d'appel, mais seulement d'un pourvoi en cassation ou, dans certains cas exceptionnels, d'une requête civile (Voy. *ci-dessous*).

§ 3. — TRIBUNAUX CIVILS DE PREMIÈRE INSTANCE

Compétence. — Les tribunaux civils de première instance, que l'on désigne souvent, et d'une manière impropre d'ailleurs, comme nous allons le voir, sous le nom de *tribunaux d'arrondissement* ou de *tribunaux civils*, ont une compétence pour ainsi dire illimitée, en matière civile. En effet, c'est devant eux que sont portées *en premier ressort* toutes les affaires civiles, de quelque importance qu'elles soient, sauf les plus minimes qui sont déférées aux juges de paix, mais, pour la plupart, sont soumises *en appel* aux tribunaux de première instance qui, dans cette hypothèse, jouent le rôle de tribunaux *de deuxième instance*, ou, pour parler plus clairement, le rôle de cours d'appel.

Parmi les affaires civiles soumises aux tribunaux de première instance, il en est un grand nombre qui sont tranchées par elle *en premier et dernier ressort*, c'est-à-dire qui ne peuvent dans la suite être soumises à l'examen d'une cour d'appel et qui ne peuvent être l'objet que d'un recours en cassation : ce sont *les actions personnelles et mobilières* jusqu'à et y compris la valeur de 1 500 fr. et *les actions immobilières* jusqu'à 60 fr. de revenu déterminé soit en rentes, soit par prix de bail (art. 1er, loi du 11 avril 1838). Nous verrons plus loin le sens exact des expressions employées ici par la loi. — Quant aux affaires dont l'importance n'est point susceptible d'évaluation, par exemple les procès relatifs à des questions d'état, de capacité (filiation, nullité de mariage, interdiction, etc.), elles ne sont jugées qu'en premier ressort par les tribunaux civils; toutes les décisions qui s'y rapportent sont susceptibles d'appel.

Les tribunaux de première instance ont encore à statuer sur les règlements de juges relatifs à deux justices de paix situées dans leur ressort; pour cela, il faut supposer que deux juges de paix d'un même arrondissement sont saisis d'une même affaire : le tribunal civil indique devant lequel des deux régulièrement l'affaire doit être portée. — Les tribunaux civils connaissent aussi des questions de renvoi à un autre tribunal pour cause de parenté ou d'alliance entre l'une des parties et *deux* membres du tribunal (368 et 371 pr.).

— Enfin, à défaut de tribunal de commerce dans l'arrondissement, le tribunal civil est compétent en matière commerciale (Voy. VIE COMMERCIALE).

Voilà quelle est la *compétence absolue*, suivant l'expression des jurisconsultes, des tribunaux de première instance. Quelle est maintenant leur *compétence relative*, c'est-à-dire quel est, entre tous les tribunaux de première instance français, le tribunal auquel on doit s'adresser pour juger une affaire qui rentre dans la *compétence absolue* des tribunaux civils?

Il faut distinguer : C'est le tribunal dans le ressort duquel est situé le *domicile* de la personne poursuivie (le *défendeur*), s'il s'agit d'une question d'état, ou de capacité, d'une obligation personnelle, d'une créance; si le défendeur n'a pas de domicile, *le demandeur* (son adversaire) doit l'attaquer devant le tribunal dans le ressort duquel ce défendeur a sa *résidence*; lorsqu'il y a plusieurs défendeurs, l'affaire est soumise au tribunal du domicile de l'un d'eux, *au choix du demandeur*; au contraire, en *matière réelle immobilière* — quand il s'agit par exemple de la revendication d'un immeuble, ou de la constitution d'une servitude sur un immeuble — le défendeur est poursuivi devant le tribunal dans le ressort duquel est situé le bien qui fait l'objet du procès; — en matière *mixte*, c'est-à-dire lorsque l'affaire tient à un immeuble, mais soulève en même temps une question de dommages-intérêts ou de rescision, on peut s'adresser soit au tribunal dans le ressort duquel est situé le bien à propos duquel sont nées les poursuites, soit au tribunal du domicile du défendeur.

En *matière de succession* le tribunal compétent, 1° pour les demandes entre cohéritiers jusqu'au partage *inclusivement*, 2° pour les demandes intentées par des créanciers de la succession avant le partage (ce qui suppose l'existence de plusieurs co-héritiers), 3° pour les demandes relatives à l'exécution du testament jusqu'au jugement définitif, c'est le tribunal de l'arrondissement dans lequel a eu lieu l'ouverture de la succession.

Au cas d'élection de domicile pour l'exécution d'un acte (Voy. LE DOMICILE), toute contestation relative à cet acte est portée soit devant le tribunal du domicile *élu*, soit devant le tribunal du domicile *réel* du défendeur (art. 59, proc.)

Les poursuites dirigées contre une société, contre un failli, sont portées devant des tribunaux désignés par des textes spéciaux dont nous parlerons à propos des sociétés commerciales et de la faillite.

L'étranger poursuivi par un Français et *ne résidant pas en France* peut néanmoins être actionné devant un tribunal français, celui du domicile du *demandeur* (à moins qu'il n'y ait un traité conclu entre son pays et la France, enlevant au Français ce bénéfice accordé par l'art. 14, C. civ.); mais si cet étranger réside en France, le tribunal compétent est le tribunal de sa *résidence*.

L'étranger qui a un *domicile de fait* en France peut être poursuivi devant les tribunaux français, *même par un étranger*, mais, s'il n'a en France qu'une résidence, les tribunaux français sont incompétents, à moins cependant qu'on ne soit en *matière immobilière*, car lorsqu'il s'agit d'un immeuble situé en France, le procès doit être porté devant le tribunal de l'arrondissement dans lequel est situé l'immeuble, quelle que soit la nationalité et le domicile des parties en cause (art. 3, § 2, C. civ.).

Personnel des tribunaux de première instance. — Les jugements des tribunaux de première instance — les décisions de ces tribunaux sont désignées sous le nom de *jugements*, les cours d'appel et la Cour de cassation rendent seules des *arrêts*, en matière civile — sont rendus par des magistrats délibérant en nombre *impair*, c'est-à-dire par trois juges (au moins), ou par cinq, sept juges, *à peine de nullité*. (art. 4, loi du 30 août 1885).

En France, on compte un tribunal civil par arrondissement, sauf dans le département de la Seine — qui est du reste organisé d'une façon spéciale — où il n'y a qu'un seul tribunal : le tribunal de la Seine. — Le territoire de Belfort est également pourvu d'un tribunal de première instance.

En Algérie, certains chefs-lieux d'arrondissement n'ont pas de tribunal de première instance. En Tunisie il n'y a qu'un seul tribunal de ce genre, et dans nos colonies l'étendue du ressort des tribunaux de première instance est établie dans des conditions différentes. Il est donc inexact de désigner sous le nom de *tribunaux d'arrondissement* les tribunaux civils de première instance.

Les tribunaux de première instance pour la France et l'Algérie, excepté le tribunal de la Seine, sont répartis en *trois classes*. Le tribunal de la Seine est mis hors classe, vu son importance toute particulière. — Les traitements des magistrats sont fixés d'après la classe à laquelle appartient le tribunal auquel ils se rattachent (art. 7, loi de 1883).

Font partie de la 1re classe les tribunaux siégeant dans les villes de 80 000 habitants et au dessus ; de la 2e classe, ceux établis dans les villes de 20 à 80 000 habitants (sauf les tribunaux d'Alger, de Nice et de Versailles qui sont rangés dans la première classe) ; tous les autres tribunaux de première instance de France et d'Algérie (sauf plusieurs tribunaux d'Algérie peu importants, dont nous donnerons la liste plus loin), rentrent dans la troisième classe. — On trouvera les traitements dont jouissent les membres des différents tribunaux de première instance, dans la partie relative aux traitements de la magistrature.

Les tribunaux de première instance de nos colonies ne sont point compris dans cette répartition en trois classes. — Ces tribunaux sont établis à Fort-de-France et à Saint-Pierre (Martinique) à la Basse-Terre et à la Pointe-à-Pitre (Guadeloupe), à Saint-Denis et à

Saint-Pierre (Réunion); à Cayenne (Guyane); à Saint-Louis (Sénégal), à Papeïti (Taïti), à Pondichéry (Inde française).

Il y a aussi un tribunal de première instance à la Nouvelle-Calédonie. Enfin, pour tenir lieu d'un tribunal de première instance, on a établi un *juge-président* à Marie-Galante (Guadeloupe), à Saint-Pierre et Miquelon, à Nossi-Bé, à Mayette et, dans l'Inde française, à Chandernagor et à Karikal.

Chaque tribunal de première instance, suivant son importance, compte une ou plusieurs chambres. Ainsi le tribunal de la Seine comprend *onze* chambres dont *quatre* jugent les affaires de police correctionnelle, car nous verrons, lorsque nous traiterons du droit pénal, que le tribuual civil de première instance joue également le rôle de tribunal correctionnel, ce qui, entre parenthèses, démontre l'inexactitude de l'expression *tribunal civil.*

Les tribunaux de première instance de Bordeaux, Lyon, Marseille, sont divisés en quatre chambres; ceux d'Alger, Lille, Rouen, Saint-Étienne, Toulouse, en trois chambres; les tribunaux d'Amiens, Angers, Annecy, Angoulême, Avesnes, Béziers, Chambéry, Clermont-Ferrand, Constantine, Dieppe, Dijon, Grenoble, le Hâvre, le Mans, Limoges, Montbrizon, Montpellier, Nancy, Nantes, Nice, Nîmes, Oran, Périgueux, Pontoise, Le Puy, Reims, Rennes, Tarbes, Tours, Tulle, Versailles, Valence, ne comptent que deux chambres; tous les autres tribunaux se composent d'une chambre unique. Auprès des tribunaux de première instance le ministère public est représenté par un procureur de la République assisté de substituts.

Au tribunal de la Seine on compte. . . .	28	substituts.
Aux tribunaux de Lyon et de Marseille. . .	7	—
Au tribunal de Bordeaux.	5	—
Au tribunal de Lille.	4	—
Aux tribunaux d'Alger, du Hâvre, de Nantes, Rouen, Saint-Étienne, Toulouse		—
Aux tribunaux d'Amiens, Angers, Angoulême, Annecy, de Béziers, Chambéry, Clermont-Ferrant, Constantine, Dijon, Grenoble, Laon, Limoges, Montpellier, Nancy, Nice, Nîmes, Oran, Périgueux, le Puy, Tours, Valence, Versailles	2.	—

Dans les autres tribunaux il n'y a qu'un seul substitut, et encore, parmi les tribunaux de troisième classe, en est-il un certain nombre près desquels il n'y en a pas du tout.

Les plaideurs sont représentés près des tribunaux de première instance par des avoués de première instance, et défendus par des avocats qui peuvent appartenir à un autre tribunal ou à une cour d'appel quelconque.

Près chaque tribunal civil il y a des *huissiers audienciers* et un greffier assisté de un ou plusieurs commis-greffiers, suivant l'importance du tribunal.

§ 4. — DISPOSITIONS DIVERSES

Limites d'âge dans la magistrature. — Les membres de la Cour de cassation sont mis à la retraite *de plein droit* à l'âge de *soixante-quinze ans accomplis*; les magistrats des cours d'appel et des tribunaux de première instance sont mis à la retraite de plein droit dès l'âge *de soixante-dix ans.* — Mais les magistrats mis à la retraite ne cessent leurs fonctions que lorsqu'ils ont été remplacés (art. 1 et 3 du décret du 1er mars 1852).

Pour pouvoir entrer dans la magistrature, il faut jouir de la qualité de Français, des droits civils et politiques, avoir vingt-cinq ans accomplis, n'être ni aveugle, ni atteint de surdité. Mais on ne peut être conseiller de cour d'appel ou président de tribunal civil avant vingt-sept ans, ni président de chambre de cour d'appel avant trente ans. — De plus, pour être magistrat, il faut être licencié en droit, avoir suivi le barreau pendant *deux ans* et avoir prêté serment à la cour (art. 64 du décret du 20 avril 1810). On ne peut être nommé substitut du procureur de la République avant vingt-deux ans, substitut du procureur général ou procureur de la République avant vingt-cinq ans, procureur général avant trente ans (art. 65).

Par exception, il suffit, pour pouvoir remplir les fonctions de juge de paix, d'être Français et d'avoir atteint l'âge de trente ans : aucun grade juridique n'est exigé.

Discipline. — Les présidents de cours et de tribunaux donnent un *avertissement* à tout juge qui compromet la dignité de son caractère; si l'avertissement reste sans effet, le tribunal dont le juge coupable fait partie prononce la *censure simple*, ou la *censure avec réprimande* (ce qui entraîne privation du traitement pendant *un mois*) ou *la suspension provisoire* (le traitement est alors supprimé pendant toute la durée de la suspension). Ces décisions disciplinaires sont soumises à la cour d'appel du ressort. Les deux dernières peines ne sont appliquées qu'avec l'autorisation du ministre de la justice (art. 50, 51, 56 et 59, décret de 1810). — Le déplacement, la suspension et la déchéance ne peuvent être infligés que par la Cour de Cassation statuant comme *conseil supérieur de la magistrature*, et sur les poursuites dirigées par le garde des sceaux.

Juges suppléants. — Les juges suppléants sont, en somme, des *apprentis-magistrats*; pour être nommé juge suppléant il faut être licencié en droit, avoir vingt-cinq ans accomplis et avoir suivi le barreau pendant deux ans au moins.

La plupart du temps, *les juges suppléants* ne sont que juges-auditeurs; cependant, quand un *juge titulaire* est suspendu ou malade, ou encore lorsqu'il y a lieu de former une *chambre tempo-*

raire pour expédier des affaires nombreuses et urgentes, le juge suppléant remplit les fonctions de juge titulaire, il a voix délibérative et il reçoit alors le traitement de juge titulaire. — A défaut de substitut, ils peuvent remplir les fonctions de représentant ministère du public; ils sont aussi chargés des fonctions de *juge d'instruction*, lorsque le juge d'instruction titulaire est trop chargé ou est empêché.

§ 5. — JUSTICES DE PAIX

Les justices de paix constituent le premier degré des juridictions civiles. C'est devant le juge de paix que viennent les affaires civiles les moins importantes.

Le juge de paix juge *en dernier ressort*, c'est-à-dire *sans appel*, toutes les affaires personnelles et mobilières jusqu'à la valeur de 100 francs *inclusivement*, et, à charge d'appel devant le tribunal civil de l'arrondissement, jusqu'à la valeur de 200 francs, toujours en matière personnelle et mobilière. (art. 1er, loi du 25 mai 1838).

Même compétence s'il s'agit d'indemnités dues pour des pertes causées par un incendie ou une inondation.

Il prononce *sans appel* jusqu'à la valeur de 100 francs, *et à charge d'appel jusqu'à la valeur de 1 500 francs*, sur les contestations entre les aubergistes ou logeurs et les voyageurs ou locataires en garni, au sujet de dépenses d'hôtellerie, et de perte ou avaries d'effets déposés chez l'aubergiste ou le logeur; sur les contestations entre voyageurs et voituriers (chemins de fer, messageries, paquebots), pour retards, frais de route et perte ou avaries de bagages; entre voyageurs et carrossiers ou autres ouvriers pour fournitures et réparations aux *voitures de voyage;* sur les contestations entre propriétaire et locataire au sujet de la fixation d'une indemnité due pour non-jouissance *provenant du fait du bailleur* (mais seulement lorsque le droit à une indemnité n'est pas contesté par ce dernier), ou encore au sujet d'indemnités dues par le locataire pour dégradations provenant de son fait ou du fait des personnes habitant les lieux loués (art. 4, même loi).

Les juges de paix connaisssent *sans appel* jusqu'à la valeur de 100 francs, et à charge d'appel *à quelque valeur que la demande puisse s'élever*, des poursuites en paiement de loyers ou fermages, des congés, des demandes en résiliation de baux, mais seulement lorsqu'elles ne sont fondées que sur le défaut de paiement des loyers; des expulsions de lieux et des demandes en validité de saisie-gagerie (saisie exécutée par le bailleur sur les meubles du preneur), mais seulement lorsque le prix du loyer ou fermage n'excède pas 400 francs. — Si le prix principal du bail consiste en denrées dont le prix n'est point indiqué par la mercuriale, ou encore s'il s'agit de baux à *colons partiaires* (métayers, par exemple), le juge voit s'il est compétent en multipliant par cinq le principal de la contribution foncière de l'année courante, et en prenant le produit pour base du revenu de la propriété donnée à bail.

Les juges de paix ont même compétence pour les procès occasionnés par des dommages faits aux champs, fruits, récoltes, soit par l'homme, soit par les animaux; pour les affaires relatives à l'élévation des arbres ou haies, au curage de fossés ou de canaux servant à l'irrigation des propriétés ou au mouvement des usines (faisant mouvoir les roues de moulin, par exemple), *mais seulement lorsque les droits de propriété ou de servitude ne sont pas contestés* (s'ils le sont, l'affaire ne peut être portée que devant le tribunal d'arrondissement). — Même compétence encore pour les réparations locatives mises par la loi à la charge du locataire ou fermier (Voy. LE LOUAGE), pour les contestations relatives aux engagements respectifs des gens de travail au jour (journaliers), au mois ou à l'année, et de ceux qui les emploient; des maîtres et des domestiques, des patrons et des ouvriers ou apprentis (sauf ce que nous dirons au sujet des conseils de prud'hommes); pour les contestations relatives au paiement des nourrices, et pour les poursuites en diffamation verbale ou écrite mais non commise par la voie de la presse). — (Art. 3 et 5, même loi.)

Les juges de paix connaissent, *en premir ressort*, quelque minime que soit la valeur qui fait l'objet de la contestation, des entreprises commises *dans l'année* sur les cours d'eau servant à l'irrigation des propriétés et au mouvement des roues d'usines et moulins; des *actions possessoires* (actions immobilières dont nous allons bientôt parler) fondées sur des faits également commis *dans l'année*, des actions en bornage; des actions relatives à la distance prescrite par la loi, les réglements et les usages locaux, pour les plantations d'arbres ou de haies (à moins que les titres de propriété ne soient contestés, car, s'il y a contestation sur ces titres, c'est le tribunal civil qui est seul compétent); des contestations relatives au creusement d'un puits ou d'une fosse d'aisances, à la construction d'une cheminée, forge, four ou fourneau, à l'adossement d'une étable ou à l'établissement d'un magasin de sel ou de matières corrosives contre un mur servant de limite à un immeuble, lorsque la propriété ou la mitoyenneté n'est pas contestée (674, C. Civ.). — Les demandes tendant à l'obtention d'une pension alimentaire et n'excédant pas 150 francs par an, sont également soumises en premier ressort aux justices de paix (art. 3, loi de 1838).

Les juges de paix connaissent aussi des demandes reconventionnelles en dommages-intérêts, fondées *exclusivement* sur la demande principale elle-même, *à quelque somme qu'elles puissent monter* (art. 7). — On désigne sous le nom de *demande reconventionnelle* la demande en dommages-intérêts formée par le défendeur contre le demandeur et fondée, par exemple, sur le préjudice que lui a causé ce dernier, soit par les poursuites qu'il a intentées, soit par les dommages qu'il a occasionnés.

Les décisions des juges de paix, lorsqu'elles sont rendues *en premier ressort*, sont susceptibles d'appel devant le tribunal de l'arrondissement, qui statue alors en dernier ressort; la seule voie de recours qui reste ensuite, c'est le recours en cassation. Si la Cour de cassation casse le jugement, l'affaire est renvoyée devant un autre tribunal de première instance de la même région. Pour le reste, même procédure que s'il s'agissait d'un arrêt de Cour d'appel. — On le voit, le tribunal civil joue dans cette hypothèse le rôle de *tribunal d'appel*.

Quant aux jugements rendus *en dernier ressort* par les juges de paix, ils ne peuvent être l'objet que d'un recours en cassation, et encore n'est-il permis de les attaquer que *pour excès de pouvoir*; on ne peut donc se pourvoir en cassation pour violation de la loi contre le jugement en dernier ressort d'un juge de paix (art. 15).

Nous verrons par la suite qu'en matière commerciale, et surtout en matière pénale, les juges de paix ont une compétence assez étendue. — Il ne faut pas oublier non plus qu'ils sont *de droit* présidents des conseils de famille; que c'est à eux qu'il appartient de convoquer ces conseils, et enfin qu'ils ont seuls qualité pour recevoir les déclarations d'émancipation.

Personnel des justices de paix. — En principe, il y a un juge de paix par *canton*. Mais à Paris on a établi une justice de paix dans chacun des vingt arrondissements municipaux, et en Algérie les justices de paix ont reçu une organisation particulière. C'est ainsi qu'il a été établi, outre des justices de paix ordinaires, des justices de paix *à compétence étendue* en assez grand nombre et dont les titulaires reçoivent des traitements assez élevés, variant de 2 000 à 4 000 fr. (Décrets du 10 août 1875 et du 6 avril 1877). — Il ne faut pas oublier non plus qu'il y a en outre en Algérie des tribunaux musulmans.

Les juges de paix à compétence étendue, établis notamment dans les chefs-lieux d'arrondissement dépourvus de tribunaux de première instance, jugent en dernier ressort jusqu'à concurrence de 500 francs et à charge d'appel jusqu'à concurrence de 1 000 francs dans les affaires où les juges ordinaires ne peuvent juger, même à charge d'appel, que jusqu'à 200 francs.

En Tunisie on a institué six justices de paix qui ont pour chefs-lieux Tunis, la Goulette, Bizerte, Sousse, Sfax, et le Kef, et dont le ressort a été établi par un décret rendu en Conseil d'État (art. 1er, loi du 27 mars 1883).

A la Martinique il y a neuf justices de paix. A la Guadeloupe onze, dont deux *à compétence étendue* et établies, l'une à Saint-Martin, l'autre à Saint-Barthélemy. — A la Réunion on compte neuf justices de paix; sept à la Guyane, trois à la Nouvelle-Calédonie, cinq dans l'Inde française. Au Sénégal, à Saint-Pierre et Miquelon, à Nossi-Bé, à Mayotte et à Taïti, il n'y a pas de juge de paix. — La Cochinchine va être d'ici peu l'objet d'une complète réorganisation nécessitée par l'établissement de notre protectorat sur le Tonkin, sur l'Annam et sur le Cambodge. L'organisation actuelle étant destinée à disparaître très prochainement, il n'est guère utile de l'indiquer.

Exercice des fonctions de juge de paix. — Le juge de paix doit tenir au moins deux audiences par semaine; il peut juger même le dimanche; il a le droit de donner audience chez lui, mais, dans ce cas, les portes de sa maison doivent être tenues ouvertes et chacun peut entrer pour assister aux débats. (art. 8, pr.).

Le juge de paix est remplacé, en cas d'empêchement ou de maladie, par un juge de paix suppléant. — En cas d'empêchement du juge de paix et de ses deux suppléants, le tribunal d'arrondissement renvoie l'affaire devant le juge de paix du canton le plus voisin (loi des 16-26 ventôse an XII).

Le juge de paix ne peut statuer qu'assisté de son greffier. — Ce sont les mêmes huissiers accrédités près le tribunal civil de l'arrondissement, qui remplissent les fonctions d'huissiers près les justices de paix.

Actions possessoires. — Nous avons indiqué sommairement quelle est la compétence des juges de paix en matière civile; mais, pour qu'elle apparaisse dans toute son étendue, il nous faut donner quelques détails sur les *actions possessoires*.

Nous avons vu en droit civil ce qu'on entend par *droit de possession*. Or, le possesseur est protégé par l'*action possessoire*; s'il est troublé dans l'exercice de son droit de possession, il n'a qu'à intenter cette action; à cet effet il doit s'adresser au juge de paix du canton dans lequel est situé l'immeuble possédé par lui, et non pas au tribunal d'arrondissement, seulement ce tribunal jugera la question en dernier ressort, car ici le juge de paix ne statue qu'à charge d'appel.

Or, il y a trois sortes d'actions possessoires : 1° la *complainte*, 2° la *réintégrande*, 3° la *dénonciation de nouvel œuvre*.

Lorsqu'un *possesseur* — c'est-à-dire une personne ayant la possession de droit et non pas seulement la détention (le détenteur n'est pas un possesseur) — est troublé d'une façon quelconque dans sa possession *annale* (établie depuis *un an* au moins), il doit avoir recours à *la complainte* pour faire cesser le trouble, mais cette action possessoire ne peut être exercée par lui que dans l'année qui suit le trouble dont il a été victime.

La réintégrande est usitée pour le cas où un possesseur ayant une possession actuelle — *on n'exige plus ici la possession annale* — a été dépossédé *par violence* (et non pas simplement troublé dans sa possession). Ici non plus le détenteur (fermier, locataire, etc.), ne peut intenter l'action, mais il a un recours contre le possesseur qui doit le dédommager. Le réintégrande doit être intentée *dans l'année*, à compter du jour de la dépossession.

Enfin la *dénonciation* de nouvel œuvre a pour but de faire cesser des travaux *non encore achevés*, qui, dans l'avenir, pourraient porter atteinte à la possession du possesseur *annal* (plantation d'arbres, par exemple). L'action doit être intentée *dans l'année* qui suit le commencement des travaux — en supposant que les travaux durent plus d'un an, car s'ils durent moins d'une année, l'action tombe dès leur achèvement, seulement le possesseur a encore la faculté d'intenter la complainte.

Le défendeur au possessoire ne peut se pourvoir *au pétitoire*, c'est-à-dire intenter l'action en revendication, se prétendre propriétaire de l'immeuble possédé par autrui, que lorsque l'instance *sur le possessoire* est terminée, et seulement après avoir satisfait à la condamnation prononcée contre lui, s'il a succombé dans ce premier procès (par exemple, il doit tout d'abord restituer l'immeuble dont il avait dépossédé le possesseur). — (27 C. pr.).

Le juge de paix peut consulter les titres de propriété pour apprécier les caractères de la possession, mais le pétitoire et le possessoire ne doivent jamais être *cumulés*, c'est-à-dire que le juge de paix ne peut faire triompher l'une des parties parce qu'elle lui a montré par des titres qu'elle était propriétaire du bien. C'est la *possession* seule qu'il doit considérer; plus tard, le propriétaire non possesseur intentera, s'il le juge convenable, une action en revendication devant le tribunal de première instance, mais il devra faire la preuve de son droit de propriété, sinon le possesseur triomphera au pétitoire, car le grand avantage de la possession consiste précisément dans la dispense de faire preuve au cas de contestation sur la propriété (25, proc).

Rôle conciliateur du juge de paix. — Indépendamment de la mission qui lui est donnée de trancher les petits procès le juge de paix a un noble rôle à remplir. Il est juge-conciliateur; en cette qualité, il est chargé d'empêcher le procès, d'apaiser les querelles, les dissensions survenues entre les parties. Or un grand nombre d'affaires de la compétence des tribunaux de première instance sont soumises au *préliminaire de conciliation* : les parties comparaissent alors devant le juge de paix désigné suivant les règles que nous avons indiquées plus haut pour les tribunaux de première instance, trois jours *francs* après la citation, — c'est-à-dire *le cinquième* jour, en comptant le jour de la réception de la citation en conciliation remise par un huissier du canton et énonçant sommairement l'objet de la conciliation. — Le juge de paix cherche à amener une *transaction* entre les parties; s'il y parvient, il fait dresser un procès-verbal de conciliation par le greffier, et la contestation est éteinte; s'il échoue, il est dressé un procès-verbal indiquant *sommairement* que les parties n'ont pu s'accorder, et l'affaire est portée devant le tribunal de première instance.

En principe, une affaire *introductive d'instance* — c'est-à-dire faisant *naître* un procès — entre parties capables de transiger, et sur des objets pouvant faire l'objet d'une transaction, ne peut être soumise à un tribunal de première instance que s'il y a eu tentative de conciliation (48, proc.). Mais le vice résultant de la non-tentative de conciliation doit être mis en lumière avant toute défense *au fond* devant le tribunal; autrement ce vice est couvert.

D'après ce que nous venons de dire, les procès dans lesquels sont intéressées des personnes incapables de transiger (mineurs, interdits, etc.), et ceux qui ont pour objet des questions sur lesquelles il est impossible de transiger (questions d'état, de capacité, telles que des questions de filiation ou des procès en interdiction) ne peuvent être soumis au préliminaire de conciliation. Au surplus, il a été apporté d'assez nombreuses exceptions à la règle posée ci-dessus. Ainsi, sont dispensées du préliminaire de conciliation : Les demandes qui intéressent l'Etat, les départements, les communes, les établissements publics, les curateurs aux successions vacantes, les héritiers bénéficiaires; les demandes qui requièrent célérité, les demandes en intervention ou en garantie, les affaires commerciales, les demandes de mise en liberté, celles en mainlevée de saisie ou d'opposition, en paiement de loyers, fermages ou arrérages, de rentes ou pensions; celles des avoués en paiement de frais; les demandes formées *contre plus de deux parties*, quand bien même elles auraient le même intérêt; les demandes en vérification d'écriture, en désaveu, en règlement de juges, en renvoi, les prises à partie (1), les demandes contre un tiers saisi, les affaires relatives à des saisies, à des offres réelles, à des remises de titres, à leur communication; les questions de tutelles, curatelles, séparations de biens (49, pr.).

Mais il ne suffit point qu'une femme mariée ou une personne pourvue d'un conseil judiciaire soit intéressée dans un procès, pour que l'affaire ne soit pas soumise au préliminaire de conciliation; seulement la femme mariée, pour y figurer utilement, doit y être autorisée par son mari, et le prodigue par son conseil judiciaire.

La citation en conciliation *interrompt la prescription* et *fait courir les intérêts*, à condition que l'assignation devant le tribunal civil soit signifiée au défendeur *dans le mois* qui suit la non-comparution ou la non-conciliation. — En cas de non-comparution le non-comparant est condamné à une amende de 10 fr. par le

(1) On appelle *prise à partie* la poursuite intentée par un plaideur contre un juge ou un tribunal qui s'est rendu coupable à son égard de fraude, de déni de justice ou de concussion. (505-506, pr.).

tribunal de première instance, à moins qu'il ne fournisse une excuse valable. — Si c'est le demandeur qui n'a point comparu, il ne peut entamer le procès qu'en produisant la quittance du receveur de l'enregistrement.

En somme le préliminaire de conciliation est le *prologue* du procès, ce n'en est point le début; aussi, lorsque, plus tard, le défendeur invoquant la *péremption*, c'est-à-dire la *prescription de la procédure* par suite de la cessation des poursuites *pendant trois ans*, toute la procédure est effacée — de telle sorte que si le demandeur veut arriver à un résultat, il est obligé de la recommencer entièrement — *le préliminaire de conciliation subsiste*, il n'y a point lieu de le renouveler, car il ne rentre pas dans la procédure du procès.

SECTION II

Traitements de la Magistrature

Cour de cassation —	1er Président et Procureur général.	35.000 fr.
—	Présidents de chambre et 1er avocat général.	25.000
—	Conseillers et avocats généraux.	18.000
—	Greffiers de chambre.	5.000

Cours d'appel. — *Deux classes* au point de vue des traitements : Dans la première, la cour d'appel de Paris seule; dans la seconde, toutes les autres cours d'appel (y compris la cour d'appel d'Alger).

A la Cour d'appel de Paris :	1er Président	25.000 fr.
—	Présidents de chambre	13.750
—	Conseillers	11.000
—	Procureur général	25.000
—	Avocats généraux	15.000
—	Substituts	11.000
—	Greffier en chef	8.000
—	Commis-greffiers	5.000
Dans les autres cours d'appel :	1er Président	18.000
—	Présidents de chambre	10.000
—	Conseillers	7.000
—	Procureur général	18.000
—	Avocats généraux	8.000
—	Substituts	6.000
—	Greffier en chef	4.200
—	Commis-greffiers	3.500

Tribunaux civils de première instance. — Les tribunaux civils sont, au point de vue des traitements du personnel judiciaire, répartis en *trois classes*, sans compter le tribunal civil de la Seine dont les membres reçoivent un traitement absolument exceptionnel.

Tribunal civil de la Seine :

Le Président et le Procureur de la République. .	20.000 fr.
Les vice-présidents et les juges d'instruction. . .	10.000
Les juges et les substituts.	8.000
Le greffier en chef.	6.000
Les commis-greffiers.	4.000

Tribunaux civils de 1re classe (tribunaux de 1re instance d'Alger, de Bordeaux, le Hâvre, Lille, Lyon, Marseille, Nantes, Nice, Reims, Rouen, Saint-Étienne, Toulouse, Versailles) :

Présidents et Procureurs de la République. . . .	10.000 fr.
Vice-Présidents.	7.000
Juges d'instruction.	6.500
Juges	6.000
Substituts.	5.000
Greffiers.	3.000
Commis-greffiers.	2.400

2e *Classe* (tribunaux de 1re instance des villes suivantes : Agen, Aix, Alais, Albi, Amiens, Angers, Angoulême, Arras, Avignon, Bastia, Besançon, Béziers, Blidah, Blois, Boulogne, Bourges, Brest, Caen, Cambrai, Carcassonne, Castres, Châlons-sur-Marne, Chambéry, Chartres, Chateauroux, Cherbourg, Clermont-Ferrand, Constantine, Dieppe, Dijon, Douai, Dunkerque, Grenoble, Laval, Le Mans, Limoges, Lorient, Montauban, Montluçon, Montpellier, Moulins, Nancy, Narbonne, Nevers, Nîmes, Niort, Oran, Orléans, Pau, Périgueux, Perpignan, Poitiers, Rennes, Roanne, Rochefort, La Rochelle, Saint-Quentin, Saint-Omer, Tarbes, Tlemcen, Toulon, Tours, Troyes, Valence, Valenciennes, Vienne) :

Présidents et Procureurs de la République. . .	7.000 fr.
Vice-Présidents.	5.500
Juges d'instruction.	5.000
Juges.	4.000
Substituts.	3.500
Greffiers.	2.500
Commis-greffiers.	1.500

3e *Classe* comprenant *tous les autres tribunaux civils de* 1re *instance* (sauf les tribunaux de 1re instance d'Algérie).

Présidents et Procureurs de la République. . .	5.000 fr.
Vice-Présidents.	4.000
Juges d'instruction.	3.500
Juges.	3.000
Substituts.	2.800
Greffiers.	2.000
Commis-greffiers.	1.200

Il y a des traitements spéciaux pour les membres des tribunaux de 1re instance siégeant dans les villes d'Algérie dont voici la liste : Batna, Bougie, Guelma, Manara, Mostaganem, Orléansville, Philippeville, Sétif, Sidi-bel-Abbès, et Tizi-Ouzou. Ces traitements sont les suivants :

Présidents et procureurs de la République. . .	6.000
Juges d'instruction	4.300
Juges	3.750
Substituts	3.500

Tous ces traitements sont fixés par la loi du 30 avril 1883, mais les diminutions de traitement qu'elle contient ne sont point applicables aux magistrats ou greffiers qui étaient déjà en fonctions à cette date : ils ont conservé leurs anciens traitements (art. 18 de la loi).

Juges de paix. — Pour les juges de paix il y a *huit* traitements différents :

A Paris.	8.000 fr
A Bordeaux, Lille, Lyon, Marseille. Nantes, Rouen et Toulouse.	5.000
Au Hâvre, à Nice, Saint-Étienne, Toulon.	3.500
Dans les autres villes de 30.000 habitants et au dessus.	3.000
Pour les justices de paix de 5ᵉ classe.	2.700
— 6ᵉ classe.	2.400
— 7ᵉ classe..	2.100
— 8ᵉ classe.	1.800

Le traitement minimum des greffiers de justice de paix est de 900 fr. (loi du 16 novembre 1875.)

Traitements de la magistrature coloniale. — Cours d'appel de la Martinique, de la Guadeloupe et de la Réunion :

Procureur général.	18.000 fr.
Président de la Cour.	14.000
Conseillers et 1ᵉʳ substitut.	10.000
Deuxième Substitut.	8.000
Greffier en chef.	7.000
Commis-greffier.	2.400

Cour d'appel de l'Inde française.

Pocureurr général	16.000
Président de la Cour	10.000
Conseillers	7.000
Conseillers auditeurs	4.000
Greffier en chef	3.000
Commis-greffier	1.400

Les procureurs de la République de nos colonies ont des traitements qui varient de 7 000 (à Marie-Galande, à la Guadeloupe) à 14 000 fr. (Nouvelle Calédonie). Les traitements intermédiaires. sont de 9 000 et 10 000 fr.

Les présidents des tribunaux ont de 7 à 10 000 fr. Les juges-présidents 8 000 fr. (à Karikal, Inde française, 5 500). Le traitement des juges est de 5 ou 6 000 fr.; 7 000 fr. pour les juges d'instruction. —La plupart des juges de paix ont 4 000 fr. Le juge de paix à compétence étendue de Saint-Martin (Guadeloupe) reçoit un traitement de 7 000 fr. Le juge de paix de Pondichéry touche 5 000 fr. mais les autres juges de paix de l'Inde française n'ont que 3 000 ou 3 500 fr.

Les traitements des magistrats de la Cochinchine vont être modifiés d'ici peu. Nous ne parlerons donc pas des traitements actuels des membres de la Cour d'appel de Saïgon et des tribunaux français de Cochinchine.

SECTION III

L'ordre des avocats

Près de chaque cour d'appel, près des tribunaux de première instance, est établi l'ordre des avocats, ayant à sa tête le Bâtonnier qui le représente et fait respecter ses prérogatives.

Pour être avocat, il faut avoir le diplôme de licencié en droit, prêter serment devant la Cour d'appel et être admis au stage par le Conseil de l'ordre. Au bout de *trois ans de stage*, l'avocat, jusqu'alors avocat stagiaire, est inscrit au *tableau des avocats* s'il satisfait à toutes les conditions exigées par les règlements de l'ordre. — Tout avocat peut plaider devant n'importe quel tribunal ou cour d'appel de France.

Lorsqu'il y a un certain nombre d'avocats accrédités près d'un tribunal ou d'une cour, il y a un *conseil de l'ordre* composé d'avocats élus par leurs confrères, et présidé par le Bâtonnier. Ce conseil statue sur les demandes d'admission au stage, sur les inscriptions au tableau des avocats, et il inflige, s'il y a lieu, des punitions disciplinaires aux avocats qui ont manqué à leurs devoirs professionnels.

Les avocats ne sont pas des officiers ministériels, ils ne sont point les mandataires de leurs clients, et si, dans leur plaidoirie, il leur arrive de faire un aveu compromettant pour la cause qu'ils défendent, l'avoué qui assiste chacun d'eux à l'audience, efface par sa protestation les conséquences fâcheuses que cet aveu pourrait avoir.

Les avocats ont trop de part à la bonne administration de la justice pour que nous puissions les oublier dans le tracé de l'organisation de la justice.

Nota. A — défaut de juges titulaires et suppléants les avocats peuvent être appelés à compléter le tribunal.

SECTION IV

Officiers ministériels

Sous cette dénomination il faut comprendre : les avocats à la Cour de cassation, les avoués, notaires, greffiers, huissiers, commissaires-priseurs, agents de change et courtiers de commerce. Nous ne nous occuperons des deux dernières catégories que dans la partie de cet ouvrage relative à la VIE COMMERCIALE.

C'est le gouvernement qui nomme les officiers ministériels, sur la présentation du titulaire actuel de l'office, ou de ses héritiers, s'il est décédé.

Par conséquent, il n'est pas absolument exact de dire qu'un avoué, par exemple, a *vendu* son étude. Il a simplement promis à celui qui veut lui succéder, de le *présenter au gouvernement* à la condition qu'il lui fournira telle somme. — Cette convention doit être rédigée *en trois originaux*; l'un d'eux est envoyé à la chancellerie du ministère de la justice — car, pour que le contrat soit valable, il faut l'agrément du garde des sceaux, — et les deux autres sont destinés aux deux parties. Si le prix stipulé par le titulaire actuel de l'office paraît trop élevé au garde des sceaux, le contrat n'est pas approuvé par lui et n'a plus alors aucune valeur.

Supposons que le gouvernement accepte le prix fixé. Le titulaire, dès qu'il a reçu ce prix, doit donner sa démission, mais le cessionnaire de l'office ne peut le forcer à le faire; s'il ne peut obtenir cette démission, il n'a droit qu'à la restitution du prix et à des dommages-intérêts.

Avant d'exercer ses fonctions, le nouveau titulaire d'un office ministériel doit prêter le serment professionnel et déposer un cautionnement destiné à garantir ses clients contre les malversations qu'il pourrait commettre à leur préjudice par la suite.

Les officiers ministériels peuvent être destitués dans certains cas; — ils sont alors privés du droit de présentation; le gouvernement choisit lui-même leur successeur.

Lorsque le gouvernement crée un nouvel office ministériel, le titulaire de cet office doit indemniser ses confrères du préjudice qu'il leur cause par suite de la concurrence qu'il va leur faire ; à l'inverse, lorsqu'il y a lieu de supprimer un office, le titulaire de l'office supprimé a droit à une indemnité, qui lui est payée par ses confrères, et c'est justice, car cette suppression doit nécessairement leur profiter.

§ 1er — AVOCATS A LA COUR DE CASSATION

Nous savons déjà qu'ils exercent en même temps les fonctions d'avoués et d'avocats, et cela non seulement près de la Cour de cassation, mais encore près du Conseil d'État.

L'ordre des avocats à la Cour de cassation se compose de *soixante titulaires*. Pour la discipline intérieure, il y a un *Conseil de discipline* de neuf membres et un président élus par l'assemblée générale de l'ordre. Le conseil choisit parmi ses membres *deux syndics* et *un secrétaire-trésorier*. Le tiers des membres du conseil est renouvelé chaque année, dans la dernière semaine d'août. — Le président du conseil de discipline préside l'assemblée générale, les syndics remplissent lors des élections les fonctions de scrutateurs, et le trésorier celles de secrétaire.

Le conseil de discipline, pour la police et la discipline intérieure, statue définitivement, *sans appel;* dans tous les autres cas, il n'émet qu'un *avis* sur la pénalité à appliquer au membre de l'ordre qui a commis une grave infraction. L'avis est soumis à l'homologation du garde des sceaux, si les faits ont rapport aux fonctions d'avocat au Conseil d'État; mais lorsqu'il s'agit de faits relatifs aux fonctions des avocats à la Cour de cassation, c'est la Cour elle-même qui doit homologuer l'avis du conseil de discipline (Ordonnance du 10 septembre 1817 et décret du 18 octobre 1850).

Comme tous les autres officiers ministériels, les avocats à la Cour de cassation ont le droit de désigner leur successeur.

§ 2. — LES AVOUÉS

Les avoués sont les mandataires des plaideurs; ce sont eux, et non pas les avocats, qui représentent les parties. Mais ce sont des *mandataires forcés* en matière civile (en matière commerciale, au contraire, leur ministère est prohibé).

L'avoué est chargé de faire tous les actes de procédure, c'est à lui qu'incombe la charge de rédiger les *conclusions*, c'est-à-dire le résumé des prétentions de son client. Il est présumé avoir reçu mandat pour diriger la procédure, mais il est des actes pour lesquels il a besoin, par exception, d'un mandat exprès et spécial. En effet, il ne peut donner aucun consentement, faire aucune offre à l'adversaire de son client, ni avouer quoi que ce soit au préjudice de ce dernier, sans un pouvoir spécial donné par lui, sous peine d'être exposé à un désaveu. Or le désaveu est fait au greffe par le client, et, s'il est déclaré valable par le tribunal, les conséquences des actes désavoués tombent complètement (352, 353, 360 pr.).

Pour être avoué, il faut être âgé de vingt-cinq ans et avoir en mains un *certificat de capacité* décerné par les Écoles de Droit. En outre, un stage *de cinq ans* chez un avoué est absolument nécessaire.

Les fonctions d'avoué sont *incompatibles* avec celles d'avocat. En principe l'avoué ne peut plaider, mais près des tribunaux où le nombre des avocats est insuffisant, et à plus forte raison près de ceux où il n'y a point d'avocat, il est fait exception à cette règle. Les cours d'appel indiquent chaque année devant quels tribunaux de leur ressort les avoués peuvent plaider.

Chambre de discipline des avoués. — La chambre de discipline des avoués, composée de membres élus par l'assemblée générale et pris dans son sein, maintient la discipline intérieure parmi les avoués, concilie les différends qui peuvent s'élever entre eux pour concurrence, refus de communication de pièces, etc., prévient les plaintes ou les réclamations *de la part de tiers* contre les avoués, examine les plaintes qu'elle n'a pu prévenir, émet son opinion sur les dommages-intérêts que l'on pourrait demander à l'avoué coupable, etc.

C'est donc à la chambre de discipline que les plaideurs qui ont à se plaindre de leurs avoués doivent s'adresser, car cette chambre punit de peines disciplinaires les infractions commises par les membres de la corporation ; elle leur applique *sans appel possible* le rappel à l'ordre, la censure simple, la censure avec réprimande ou l'interdiction de l'entrée de la chambre. Elle peut même infliger la suspension, mais sa décision, qui est rendue d'ailleurs dans une forme plus solennelle, doit alors être homologuée par le tribunal (arrêté du 2 thermidor an XII).

La chambre de discipline des avoués forme dans son sein un bureau de consultation gratuite pour les citoyens indigents (Voy. ASSISTANCE JUDICIAIRE). — Enfin elle délivre, lorsqu'elle le juge convenable s'il y a lieu, des certificats de moralité et de capacité aux candidats pour le remplacement des avoués morts ou démissionnaires.

La chambre se compose de quinze membres, s'il y a deux cents avoués au moins ; de onze, s'il y a moins de deux cents avoués mais plus de cent ; de sept, cinq, ou quatre membres toujours suivant le nombre des avoués ; elle se compose de quatre membres lorsque le nombre des avoués est inférieur à vingt (loi du 27 ventôse an VIII).

Parmi les membres de la chambre, il y a d'abord un président puis *un syndic* qui poursuit et accuse les avoués inculpés ; comme le président, le syndic a le droit de convoquer la chambre, et c'est lui qui est chargé de faire exécuter les décisions prises par elle. Il est tenu de dénoncer les faits reprochés aux avoués, soit d'office, quand il en a connaissance, soit sur la provocation de parties intéressées, soit sur celle de l'un des membres de la chambre. C'est donc à lui que le client de l'avoué coupable doit adresser ses réclamations. — Les avoués inculpés doivent être entendus ou dûment appelés avant que la chambre prenne sa décision. Le plaignant doit également être entendu par la chambre s'il le désire ; en tout cas il peut toujours se faire représenter ou assister par un autre avoué.

Outre le président et le syndic, il y a un *rapporteur* qui recueille les renseignements sur les plaintes et fait un rapport sur l'affaire, un *secrétaire* qui rédige les délibérations, et un *trésorier*. — Les fonctions de président, de syndic et de rapporteur ne peuvent être exercées par une même personne, tandis que les autres fonctions peuvent être cumulées, lorsque la chambre ne se compose que de quatre membres.

Si la plainte portée contre l'avoué paraît assez grave pour mériter la suspension, le nombre des membres de la chambre est doublé par la voie du sort, mais seulement lorsque le nombre total des avoués est *triple* de celui des membres de la chambre.

Les poursuites dirigées devant la chambre n'empêchent point les tribunaux répressifs de condamner l'avoué à la prison ou à une peine plus grave.

Il arrive souvent que la chambre de discipline force moralement l'avoué qui s'est rendu coupable d'une faute grave à vendre son étude.

Les avoués près les cours d'appels ont droit à des émoluments plus élevés que ceux des avoués des tribunaux de première instance (Voy. TARIFS).

§ 3. — LES NOTAIRES

Les notaires sont des fonctionnaires publics établis pour recevoir tous les contrats ou actes auxquels les parties doivent ou veulent faire donner le caractère de contrat ou acte *authentique*, pour donner date certaine à ces actes, en conserver les minutes et en délivrer des grosses et des expéditions.

Les actes notariés sont rédigés *en minute* ou *en brevet*. Dans le premier cas, le notaire garde l'original (la *minute*) et ne doit délivrer que des copies ou *expéditions*; l'une d'elles est revêtue de la formule exécutoire et prend le nom de *grosse* (le notaire ne peut délivrer qu'une seule grosse). Quand l'acte est rédigé en brevet, le notaire n'a point à garder l'original (le *brevet*), il le remet à la partie intéressée.

En principe les actes notariés doivent être revêtus de la signature de deux notaires, mais lors de leur confection la présence du second notaire n'est point exigée, sauf cependant lorsque l'acte contient une donation entre vifs, une donation entre époux, la révocation d'un testament ou d'une donation, la reconnaissance d'un enfant naturel ou les procurations exigées pour qu'un mandataire puisse consentir ces divers actes. Alors la présence du notaire en second est exigée *au moment de la lecture* de l'acte par le premier notaire et de sa signature par les parties, et cela à peine de nullité (art. 1 et 2 de la loi du 21 juin 1843).

Le notaire en second peut être remplacé dans les actes notariés *par deux témoins instrumentaires*. Pour être témoin instrumentaire, il faut être citoyen français, savoir signer, et être domicilié dans la commune où est établi le notaire (loi du 25 ventôse an XI).

Il est défendu à un notaire d'instrumenter hors de son ressort. Or les notaires établis au siège d'une cour d'appel ont pour ressort le ressort même de cette Cour ; ceux établis au tribunal de première instance, le ressort de ce tribunal ; enfin les notaires établis dans un chef-lieu de canton ou dans une simple commune ont pour ressort le ressort de la justice de paix, c'est-à-dire le canton (loi de ventôse an XI).

Les actes notariés ont force exécutoire dans toute la France, mais si l'on veut s'en servir *hors du ressort* de la Cour d'appel (ou hors du département), il faut les faire légaliser par le président de la cour d'appel ou du tribunal de première instance, ou par le juge de paix, suivant que le notaire a pour ressort le ressort de la cour d'appel, ou celui du tribunal ou de la justice de paix (loi du 2 mai 1861).

Les actes notariés font preuve jusqu'à inscription de faux, en principe du moins (Voy. LA PREUVE).

Les actes notariés qui peuvent être rédigés en brevet sont les actes contenant : certificats de vie, actes de notoriété, quittances de fermages, de loyers, de salaires, d'arrérages de pensions et rentes, et les procurations notariées. Tous les autres actes notariés doivent être rédigés en minute (art. 20, loi de l'an XI).

Les procurations donnant pouvoir de représenter une personne dans un acte authentique, par exemple pour une donation, doivent être faites sous la forme notariée ; mais les procurations donnant pouvoir de louer ou de vendre, par exemple, peuvent être rédigées sous seing privé.

Pour être admis aux fonctions de notaire, il faut jouir de l'exercice des droits de citoyen français, avoir fait son service militaire, être âgé de vingt-cinq ans accomplis, avoir fait un stage d'un certain nombre d'années (six ans en principe) en qualité de clerc de notaire, et avoir prêté serment devant le tribunal de première instance dans le ressort duquel l'étude dont il s'agit est établie.

Chambre de discipline des notaires. — Près de chaque tribunal de première instance, il y a une chambre de discipline de notaires qui maintient la discipline parmi les notaires de l'arrondissement. La chambre des notaires a les mêmes pouvoirs, dans sa sphère, que la chambre des avoués dans la sienne. Elle est, en outre, dépositaire des états de minutes dépendant des études de notaires supprimées (art. 1 et 2 de l'ordonnance du 4 janvier 1843). Mais le président de la chambre est élu par la chambre elle-même et non par l'assemblée générale des notaires de l'arrondissement.

La chambre des notaires est composée de dix-neuf membres (renouvelés par tiers chaque année), à Paris ; de neuf membres dans les arrondissements où le nombre des notaires est *supérieur* à cinquante ; de sept dans tous les autres arrondissements, à moins qu'un décret ne réduise ce nombre, auquel cas les fonctions de trésorier et de secrétaire peuvent être cumulées avec d'autres fonctions ou être réunies sur la même tête. Ici encore nous trouvons le syndic, le rapporteur, le trésorier et le secrétaire. Mais il y a *trois* syndics à Paris; *deux* dans les chambres composées de dix-neuf membres; ils ont les mêmes fonctions que les syndics des chambres d'avoués, c'est donc entre leurs mains que les particuliers doivent déposer leurs plaintes contre les notaires coupables.

Or il est interdit aux notaires, soit par eux-mêmes, soit par personnes interposées, soit directement, soit indirectement, de se livrer à aucune opération de bourse, ou opération de commerce, banque et courtage; de s'immiscer dans l'administration d'une société financière, commerciale ou industrielle; de faire des spéculations, soit sur des immeubles, soit sur des créances, droits successifs, actions industrielles, etc.; de s'intéresser dans les affaires pour lesquelles ils prêtent leur ministère; de placer *en leur nom personnel* des fonds qu'ils auraient reçus, même à la condition d'en servir l'intérêt; de se porter garants de prêts faits par leur intermédiaire ou qu'ils auraient été chargés de constater. Ils ne peuvent non plus se servir de prête-noms dans aucune circonstance, même pour des affaires qu'ils auraient le droit de conclure eux-mêmes (art. 12 de l'ordonnance du 4 janvier 1843).

Les peines disciplinaires que peut prononcer contre un notaire coupable la chambre des notaires sont: le rappel à l'ordre, la censure simple, la censure avec réprimande prononcée devant la chambre assemblée par le président, la privation de voix délibérative dans l'assemblée générale, l'interdiction de l'entrée de la chambre pendant trois ans au plus (pendant six ans, au cas de récidive).

Pour la suspension ou la destitution, la chambre ne peut émettre qu'un *avis*, et encore, dans cette hypothèse, doit-elle s'adjoindre un certain nombre de notaires désignés par la voix du sort. Si la chambre ainsi composée est d'avis de provoquer la suspension ou le destitution, une expédition de sa délibération est déposée au greffe du tribunal. La suspension ou la destitution ne peut être prononcée que par le tribunal de première instance, et la décision de ce tribunal est ensuite soumise à l'appel (art. 53, loi de l'an XI). C'est encore le tribunal civil qui prononce — à charge d'appel — les condamnations d'amende et de dommages-intérêts dont le notaire coupable peut être passible.

Notaires honoraires. — La personne qui a exercé pendant vingt années consécutives les fonctions de notaire, peut obtenir du président de la République le titre de *notaire honoraire*.

Le notaire honoraire a le droit d'assister aux assemblées générales, et il a voix consultative dans ces assemblées (art. 29, 30, même loi).

§ 4. — LES GREFFIERS

Les greffiers ont un double caractère. En effet, ils ne sont pas seulement *officiers ministériels*, c'est-à-dire propriétaires de leur charge, ils sont encore *membres de l'ordre judiciaire*, et, comme tels, ils touchent de l'État un traitement fixe, absolument comme les juges et les membres du ministère public. Ils complètent le tribunal : en l'absence du greffier aucune juridiction ne pourrait rendre une décision valable. Ils peuvent être révoqués par décret, tout comme un juge de paix ou un membre du parquet. Les greffiers peuvent se faire suppléer par des commis-greffiers assermentés, mais ils sont responsables solidairement avec leurs commis des fautes que ceux-ci commettent dans leurs fonctions, et même la cour ou le tribunal peut forcer le greffier à remplacer tel ou tel commis-greffier.

Le greffier doit veiller à la garde des papiers du greffe, et des pièces qui lui sont confiées, il doit tenir en ordre les rôles et les registres du greffe, conserver la minute des jugements et en délivrer des expéditions aux requérants.

Les greffes des cours d'appel et des tribunaux doivent être ouverts tous les jours, excepté les dimanches et fêtes, au moins huit heures par jour.

Pour être greffier en chef de la Cour de cassation, il faut avoir vingt-sept ans accomplis, et être licencié en droit. Ce grade est exigé également des commis-greffiers près la même cour; mais il suffit qu'ils soient âgés de vingt-cinq ans accomplis; devant la cour d'appel et les tribunaux, le grade de licencié en droit n'est pas exigé des commis-greffiers.

Les greffiers étant des fonctionnaires révocables, il n'y avait point lieu d'instituer pour eux des chambres de discipline (Ordon. du 15 janv. 1826).

Nous parlerons plus loin des droits de greffe (Voy. TARIFS).

§ 5. — LES HUISSIERS

Les huissiers remettent aux parties en personne, ou à leur domicile, les citations, les notifications et les significations occasionnées par les procès, ainsi que tous les actes — ou *exploits* — nécessaires pour l'exécution des décisions judiciaires; dans les lieux où il n'y a point de commissaire-priseur, ils procèdent aux saisies, font les offres réelles, dressent et signifient les protêts, dressent des procès-verbaux de constat, etc. Ceux d'entre eux qui ont le titre *d'huissiers audienciers* sont chargés de la police des audiences; ils sont choisis parmi tous les huissiers par la cour d'appel ou le tribunal. Les huissiers audienciers ont le privilège de signifier les actes d'avoué à avoué près la cour ou le tribunal qui les a choisis. Dans les cérémonies publiques ils précèdent la cour d'appel ou le tribunal (décret du 30 mars 1808).

Pour être huissier il faut avoir *vingt-cinq ans* accomplis, avoir satisfait à la loi de recrutement et travaillé pendant *deux ans* dans une étude d'avoué ou de notaire, ou pendant *trois ans* au greffe d'une cour ou d'un tribunal. Le candidat doit présenter un certificat de moralité, de bonne conduite et de capacité, qui est délivré par la chambre de discipline des huissiers ; si la chambre refuse de délivrer ce certificat, la partie intéressée peut s'adresser au tribunal de première instance qui, suivant les cas, accorde ou refuse le certificat.

Les huissiers ne peuvent accomplir aucun acte de leur ministère avant d'avoir prêté serment devant le tribunal de première instance. Les huissiers doivent garder la résidence qui leur a été assignée par le tribunal, et qui autant que possible doit être fixée dans les chefs-lieux de canton, ou tout au moins dans une des communes les plus rapprochées du chef-lieu de canton. Les huissiers audienciers doivent résider dans les villes où siègent les tribunaux près desquels ils sont accrédités (décret du 14 juin 1813).

Les huissiers audienciers de la Cour de cassation instrumentent *exclusivement* à tous autres huissiers, pour les affaires qui viennent devant cette cour; — en outre ils peuvent instrumenter concurremment avec les autres huissiers dans le département de la Seine. — Au contraire les huissiers des cours et tribunaux ne peuvent instrumenter que dans le ressort du tribunal civil d'arrondissement de leur résidence.

Nous avons vu que parfois les huissiers peuvent avoir à procéder à la vente publique de meubles; mais alors ils ne peuvent ni directement, ni indirectement se rendre adjudicataires des objets qu'ils sont chargés de vendre, sinon ils seraient passibles d'une suspension de trois mois, et, en cas de récidive, ils seraient frappés de la *destitution* (art. 37, décret du 14 juin 1813).

L'exercice du ministère d'huissier est incompatible avec toute autre fonction publique salariée; ils ne peuvent tenir une auberge ou un café, même sous le nom de leurs femmes, à moins qu'ils n'y soient spécialement autorisés. Ils sont tenus d'exercer leur ministère toutes les fois qu'ils en sont requis; mais ils ne peuvent instrumenter pour leurs parents ou alliés (et ceux de leurs femmes) en ligne directe à l'infini, ni pour leurs parents et alliés collatéraux jusqu'au degré de cousin issu-de-germain *inclusivement* (66, pr.).

L'huissier doit remettre *lui-même* l'exploit et les copies des pièces qu'il est chargé de signifier au domicile de la personne à laquelle la signification doit être faite, ou à la personne elle-même, sous peine d'une suspension de trois mois et d'une amende de 200 à 2 000 francs, sans compter les dommages-intérêts. — Si l'huissier ne trouve au domicile ni la partie, ni aucun de ses parents ou serviteurs, il doit remettre la pièce à un voisin; si celui-ci ne peut ou ne veut signer, la pièce doit être remise au maire ou à l'adjoint (68, pr.).

Chambre de discipline des huissiers. — Les huissiers d'un même *arrondissement* forment une *communauté*, sauf dans le département de la Seine où tous les huissiers du *département* y compris les huissiers près la Cour de cassation, ne forment qu'une seule communauté.

Or, pour chaque communauté d'huissiers, il y a une chambre de discipline composée de quinze membres dans le département de la Seine ; de neuf dans les arrondissements où il y a plus de cinquante huissiers ; de sept, dans les arrondissements où l'on trouve de trente à cinquante huissiers ; de cinq, dans tous les autres arrondissements. — Mais lorsqu'il y a dans l'arrondissement vingt huissiers au moins, les membres de la chambre ne peuvent être pris que parmi les huissiers les plus anciens, c'est-à-dire parmi ceux qui sont dans la première moitié de la liste ; — cette restriction n'existe pas s'il y a moins de vingt huissiers (Ordonnance du 6 octobre 1832).

Dans chaque chambre il y a le syndic-président, un rapporteur, un trésorier et un secrétaire. La chambre de discipline nomme elle-même le syndic, le rapporteur et le secrétaire. Le trésorier est élu par l'assemblée générale des huissiers, et, comme le syndic, il doit être pris parmi les huissiers résidant au chef-lieu de l'arrondissement. Ces élections ont lieu tous les ans dans la première quinzaine d'octobre (décrets du 14 juin 1813 et du 13 octobre 1870).

La chambre de discipline des huissiers, qui a du reste les mêmes attributions que les chambres de discipline des avoués et des notaires, peut infliger aux huissiers de l'arrondissement le rappel à l'ordre, la censure simple, la censure avec réprimande devant la chambre assemblée, l'interdiction de l'entrée de la chambre pendant *six* mois au plus.

Les personnes qui ont à se plaindre d'un huissier doivent s'adresser non pas au syndic mais *au rapporteur*, qui a pour mission de poursuivre, d'office ou sur la provocation des parties intéressées, la punition des faits qui peuvent donner lieu à des peines disciplinaires. — Le syndic préside la chambre et dirige les délibérations ; il a seul le droit de correspondre au nom de la chambre. L'application des pénalités disciplinaires contre un huissier coupable n'empêchent point les particuliers de s'adresser au tribunal de première instance, qui seul peut condamner l'huissier à *l'amende* ou à des *dommages-intérêts*.

La suspension des huissiers ne peut être prononcée que par les cours et tribunaux auxquels ils sont attachés (décret du 14 juin 1813).

§ 6. — LES COMMISSAIRES-PRISEURS

Les commissaires-priseurs sont des officiers ministériels qui font les prisées de meubles dans les inventaires et procèdent à la vente publique aux enchères des biens *mobiliers* saisis ou faisant partie d'une succession; les ventes peuvent être faites à terme, mais le plus souvent elles sont faites au comptant. — Par exception les commissaires-priseurs ne peuvent vendre des meubles incorporels (valeurs, titres de rentes, etc.).

Il y a un commissaire-priseur par justice de paix dans tous les chefs-lieux d'arrondissement et dans toutes les autres villes ayant au moins 5 000 habitants.

A Paris il y a quatre-vingts commissaires priseurs, ils peuvent procéder aux ventes et prisées mobilières dans tout le département de la Seine. — Les commissaires-priseurs de province ont pour ressort l'étendue de l'arrondissement dans le chef-lieu duquel ils sont établis; ils n'ont même pour ressort que l'étendue d'un canton, s'ils sont établis dans une petite ville qui n'est point chef-lieu d'arrondissement.

Pour être admis à exercer les fonctions de commissaire-priseur, il faut avoir vingt-cinq ans (à moins que le chef de l'État n'accorde une dispense d'âge), et avoir prêté serment devant le tribunal de l'arrondissement.

Les fonctions de commissaire-priseur sont incompatibles avec celles de notaire (Ordonnances du 26 juin 1816 et du 31 juillet 1822).

Un commissaire-priseur ne peut exercer la profession de marchand de meubles, de marchand fripier ou tapissier, à peine de destitution.

Sauf à Paris, les fonctions de commissaire-priseur peuvent être cumulées avec celles d'huissier ou de greffier de justice de paix.

Les huissiers, greffiers, notaires procèdent aux prisées et ventes mobilières dans les localités où il n'y a point de commissaire-priseur.

Chambre de discipline des commissaires-priseurs. — Tout ce que nous avons dit sur les chambres de discipline des avoués s'applique aux chambres de discipline des commissaires-priseurs. Il est donc inutile de traiter de nouveau ce point (Voy. *ci-dessus*).

SECTION V

Tarifs des frais de justice

Toute partie qui succombe dans un procès est condamnée aux dépens. Cependant les juges peuvent compenser les dépens en tout ou en partie si les parties succombent *respectivement* sur quelques chefs, ou lorsque les parties adverses sont parentes ou alliées (conjoints, ascendants, descendants, frères et sœurs ou alliés au même degré : beaux-frères, belles-sœurs, etc.). — Mais les avoués et huissiers qui ont excédé les bornes de leur ministère peuvent être condamnés eux-mêmes aux dépens (130-132, proc.).

Les avoués font souvent des avances à leurs clients pour le paiement des frais de procédure. Aussi la loi donne-t-elle à l'avoué un *droit de distraction* sur les sommes dues à son client — qui gagne le procès, nous le supposons — par la partie adverse, lorsqu'il affirme qu'il a fait la plus grande partie des avances, et, en vertu de ce droit, de ce privilège, il est payé en premier lieu. — Les avoués et autres officiers ministériels, qui ne peuvent obtenir de leurs clients le paiement des frais de procédure qu'ils ont faits pour leur compte, les assignent devant le tribunal. En tête de l'assignation est établi le mémoire des frais réclamés. Mais tout client, avant de payer son avoué ou son huissier, a le droit de faire taxer le mémoire qu'on lui présente par le *juge-taxateur* qui, dans le règlement des frais, se base sur les tarifs *officiels* des frais de justice (Voy. *ci-dessous*).

Lorsqu'une partie est condamnée à supporter tous les frais du procès, elle n'a absolument à payer que les dépens taxés, liquidés par le juge-taxateur; elle n'est point débitrice vis-à-vis de l'avoué de son adversaire des *honoraires* que celui-ci a promis pour *scins particuliers* donnés à l'affaire.

Tarifs des frais et dépens. — [Aux frais que nous allons indiquer il faut ajouter, bien entendu, les frais de timbre, d'enregisment et autres déboursés faits par les officiers ministériels]. — En fait il n'y a guère que deux tarifs, mais il y a lieu parfois d'en appliquer un troisième.

Le premier tarif, que nous designerons ainsi : T. nº 1, s'applique à Paris, Bordeaux, Lille, Lyon, Marseille, Nantes, Rouen et Toulouse.

Le deuxième tarif (T. nº 2), moins élevé, s'applique dans les villes où ne siège pas de cour d'appel, et où la population n'excède pas 30 000 habitants (à Cholet, à Montmorillon, par exemple).

Dans les villes qui sont le siège d'une cour d'appel, *ou* qui ont plus de 30 000 habitants on applique un *tarif intermédiaire* ou plutôt on applique le tarif nº 1, *sous déduction de* 1/10ᵉ. Si le coût d'un acte est de 2 francs à Paris, il n'est plus, à Douai ou à Riom par exemple, que de 1 fr. 80 (décret du 16 février 1807).

Le troisième tarif (T. nº 3) ne s'applique qu'aux actes des officiers ministériels pouvant résider dans un chef-lieu de canton ou même dans une petite commune (huissiers, notaires, greffiers de justice de paix). Le plus souvent ce tarif nº 3 est égal au tarif nº 2; nous n'aurons donc à l'indiquer que lorsqu'il en diffèrera.

Tarifs pour les actes des huissiers. — Pour un exploit d'appel contre le jugement d'un juge de paix, ou une assignation : T. nº 1, 2 fr.; T. nº 2, 1 fr. 50.

Pour les copies de pièces qui doivent accompagner l'assignation ou l'exploit d'appel (ces copies doivent être courtes et lisibles, à peine de rejet de la taxe), *par rôle* (vingt lignes de dix syllabes), T. n° 1, 0 fr. 25 cent.; T. n° 2, 0 fr. 20 cent.

Pour les significations de jugement, pour les oppositions aux jugements rendus par défaut, pour les assignations adressées aux témoins ou à la partie adverse (dans les enquêtes), pour les significations de désaveu, pour un exploit de saisie-arrêt ou opposition, pour la dénonciation au saisi de la saisie-arrêt, pour les significations de présentation de caution, *pour les commandements*, pour les assignations en référé, pour la signification des ordonnances en référé, pour les sommations d'être présent à la consignation d'une somme (à la suite d'offres réelles), pour les sommations à fin d'autorisation maritale, pour les demandes à fin de séparation de corps, pour les oppositions formées à l'homologation de la délibération d'un conseil de famille, pour les sommations aux parties qui doivent être appelées à un partage, pour tous exploits contenant *sommation de faire une chose* ou *opposition à ce qu'une chose soit faite*, l'original est tarifé, 2 fr. au tarif n° 1; 1 fr. 50 au tarif n° 2 (chaque *copie* coûte 1/4 de ce que coûte l'original).

Pour l'original d'un procès-verbal d'*offres réelles*, dans les villes auxquelles s'applique le tarif n° 1, 3 fr.; dans les localités, soumises au tarif n° 2° 2 fr. 25.

Pour les procès-verbaux de consignation après *offres réelles*, T. n° 1, 5 fr.; T. n. 2° 4 fr.

Pour les procès-verbaux de saisie-exécution : T. n° 1, 8 fr.; T. n° 2, 6 fr. — Si la saisie dure plus de trois heures, il est dû en sus, pour chaque période de trois heures, 5 fr. (T. n° 1) ou 3 fr. 75 (T. n° 2).

Vacations de l'huissier pour déposer, entre les mains du dépositaire convenu, ou au lieu désigné pour les consignations, les deniers comptants trouvés chez le saisi : T. n° 1, 2 fr.; T. n° 2 1 fr. 50.

Frais de garde des objets saisis pendant les douze premiers jours : T. n° 1, 2 fr. 50; T. n° 2, 2 fr. — Dans les localités où il n'y a pas de tribunal : T. n° 3, 1 fr. 50.

Pour les jours suivants : T. n° 1, 1 fr.; T. n° 2, 0 fr. 80; T. n° 3, 0 fr. 60.

Pour un procès verbal de récolement quand le gardien des objets saisis est déchargé : T. n° 1, 3 fr.; T. n° 2, 2 fr. 25.

Pour la rédaction des placards apposés avant la vente : 1 fr.; pour chacun des placards manuscrits : 0 fr. 50; pour l'exploit qui constate l'apposition des placards : T. n° 1, 3 francs; T. n° 2, 2 fr. 25.

Pour chaque vacation de trois heures à la vente (si c'est l'huissier qui procède à cette vente) : T. n° 1, 8 fr.; T. n° 2, 5 fr., T. n° 3, 4 fr.

Pour la vacation à fin de taxation par le juge taxateur; pour la consignation des deniers provenant de la vente : T. n° 1, 3 fr.; T. n° 2, 2 fr.; T. n° 3, 1 fr. 50.

Pour les *saisies-gageries* ou *foraines* et pour les saisies-revendication même tarif que pour les saisies-exécutions (Voy. *ci-dessus*).

Il n'est rien alloué aux huissiers pour transport jusqu'à cinq kilomètres, mais au delà il leur est dû pour un transport de *dix* kilomètres (aller et retour) : 4 fr.

Au-delà de dix kilomètres, par *cinq* kilomètres : 2 fr.

Les huissiers doivent mettre au bas de l'original et des copies de leurs actes le coût de ces actes, sous peine de 5 fr. d'amende et même d'interdiction de leurs fonctions (décret du 16 février 1807).

Pour une citation devant le juge de paix : T. n° 1, 1 fr. 50; T. n° 2, 1 fr. 25.

Pour la signification d'une décision du juge de paix : 1 fr. 25.

Pour la sommation de fournir caution : 1 fr. 25.

Pour une opposition à un jugement *par défaut*, pour une citation aux témoins ou experts, *pour une citation en conciliation*, pour une notification de l'avis du conseil de famille, pour opposition aux scellés ou pour une sommation à la levée des scellés : 1 fr. 50.

Pour chaque copie il est dû le quart du prix de l'original. — La copie des pièces qui peuvent accompagner les actes de procédure est payée *pour chaque rôle* : T. n° 1, 0 fr. 25; T. n° 2, 0 fr. 20.

Pour les *protêts* : (Voy. Vie Commerciale).

Tarifs des actes des avoués de première instance. — Actes de constitution d'avoué et actes d'avoué à avoué. — Sommation de communiquer les pièces. — Dénonciation au demandeur originaire de la demande en garantie. — Signification d'un acte de dépôt au greffe. — Signification des procès-verbaux d'enquête. — Signification de rapports d'experts. — Notification du décès d'une partie. — Signification d'un désaveu. — Signification du dépôt des pièces contenant constitution d'avoué. — Acte contenant dénonciation d'opposition entre les mains d'un tiers-saisi, signification de l'état d'un mobilier saisi : T. n° 1, 1 fr.; T. n. 2, 0 fr. 75.

Acte contenant récusation d'experts ou reproche de témoins (et acte en réponse). — Acte de désistement (et acte en réponse). — Actes relatifs à présentation ou acceptation de caution. — Actes en demande de rectification d'un acte de l'état civil : T. n° 1, 5 fr.; T. n° 2, 3 fr. 75.

Pour la plupart des *requêtes* (requête en instruction par écrit, requête relative à un désaveu, à une demande en distraction, etc., etc.), — requête en demande ou requête en réponse : T. n° 1, 2 fr.; T. n° 2, 1 fr. 50. — Mais le nombre des rôles de la requête en réponse ne peut excéder celui des rôles de la requête en demande.

Pour assistance et plaidoirie de l'avoué au jugement par défaut : T. n° 1, 3 fr., T. n° 2, 2 fr. 45.

Si le jugement par défaut a été pris par un avocat, le droit d'assistance est réduit à : T. n° 1, 1 fr.; T. n° 2, 0 fr. 75.

Mais pour les honoraires de l'avocat il est dû : T. n° 1, 5 fr.; T. n° 2, 4 fr.

Pour assistance de l'avoué à un jugement portant remise : T. n° 1, 3 fr., T. n° 2, 2 fr. 25.

Pour assistance de l'avoué aux jugements ordonnant une instruction par écrit ou aux jugements sur instruction par écrit ou sur délibéré : T. n° 1, 5 fr.; T. n° 2, 4 fr.

Pour assistance des avoués à chaque journée de plaidoirie : T. n° 1, 3 fr.; T. n° 2, 2 fr. 25.

Et quand les avoués plaident eux-mêmes : T. n° 1, 10 fr.; T. n° 2, 6 fr.

Pour l'original des *qualités* d'un jugement *par défaut* : T. n° 1, 3 fr. 75; T. n° 2, 2 fr. 80.

Pour l'original des *qualités* d'un jugement *contradictoire :* T. n. 1, 7 fr. 50, T. n° 2, 5 fr. 50.

Pour l'original des qualités d'un jugement en instruction par écrit : T. n° 1, 10 fr. T. n° 2, 7 fr. 50.

Signification d'un jugement *par chaque rôle* : T. n° 1, 0 fr. 30 T. n° 2, 0 fr. 25.

Pour communiquer, produire, retirer les pièces, pour consigner ou retirer l'amende au cas de requête civile, pour requérir du greffier un certificat, pour faire viser par le greffier une demande en partage, pour faire mettre la cause au rôle : T. n° 1, 1 fr. 50; T. n° 2, 1 fr. 15.

Pour faire faire la mention du jugement qui rejette le désaveu; pour assister au greffe la femme qui renonce à la communauté après la séparation de biens; pour prendre l'ordonnance qui permet de citer l'époux défendeur en divorce; pour produire et retirer les pièces de greffe dans les instructions par écrit; pour obtenir l'homologation d'une *sentence arbitrale*, pour faire faire au greffe la soumission d'une caution : T. n° 1, 3 fr.: T. n° 2, 2 fr. 25.

Vacation à l'audition des témoins, vacation au greffe pour dépôt d'une pièce dont l'écriture est contestée; — pour être présent au serment des experts, pour former une inscription de faux, pour former au greffe un désaveu, ou une demande à fin de renvoi d'un tribunal à un autre; pour faire et remettre l'extrait de la demande en séparation de biens qui doit être affiché ou inséré dans les journaux, pour faire insérer l'extrait du jugement prononçant la séparation, pour assister à huis-clos les époux dans le cas de demande en divorce, pour faire faire et insérer l'extrait du jugement portant interdiction ou nomination d'un conseil judiciaire, pour vacation au partage (par 3 heures) : T. n° 1, 6 fr.; T. n° 2, 4 fr. 50.

Vacation pour faire transcrire le procès-verbal de saisie-immobilière au bureau du conservateur des hypothèques, pour le faire transcrire au greffe, pour faire enregistrer la dénonciation de la saisie-immobilière au tiers saisi; pour l'extrait de la saisie-immobilière qui doit être affiché dans l'auditoire du tribunal, pour celui qui doit être imprimé, pour se faire délivrer l'état d'inscriptions : T. n° 1, 6 fr.; T. n° 2, 4 fr. 50.

Requête pour que les délais soient abrégés dans les cas qui requièrent célérité, ou pour faire autoriser à la vente du mobilier d'une succession, ou pour faire nommer un curateur au bénéfice d'inventaire ou à une succession vacante, pour tout l'original : T. n° 1, 3 fr.; T. n° 2, 2 fr. 25.

Requête civile, requête pour se faire délivrer une seconde grosse, requêtes relatives à l'absence, requête d'une femme mariée à fin d'autorisation de justice ou de séparation de biens, requête à fin d'homologation de l'avis d'un conseil de famille ou à fin d'envoi en possession, ou à fin d'homologation d'un acte de notoriété (remplaçant un acte de naissance), pour tout l'original : T. n° 1, 7 fr. 50; T. n° 2, 5 fr. 50.

Requête à fin d'interrogatoire sur faits et articles; à fin de séparation de corps; à fin de divorce; à fin d'interdiction. : T. n° 1, 15 fr; T. n° 2 12 fr.

Le coût des *copies* est toujours fixé au quart du prix de *l'original*.

Pour honoraires de l'avocat : T. n° 1, 15 fr,; T. n° 2, 10 fr.;

Pour chaque rôle de la grosse du cahier des charges, T. n° 1, 2 fr.; T. n° 2, 1 fr. 50.

Pour déposer au greffe le cahier des charges, T. n° 1, 3 fr.; T. n° 2, 2 fr. 45.

Pour vacation à l'*adjudication* : T. n° 1, 15 fr.; T. n° 2, 12 fr.; (le droit est accordé pour chaque lot adjugé, *jusqu'à six lots*; à partir du sixième lot, il ne peut être exigé de nouveau).

En outre il est alloué un droit à chaque avoué poursuivant, sur le prix de l'adjudication à partir de 2 000 fr.

Ce droit est de : 1 0/0 depuis 2 000 francs jusqu'à 10 000 fr.; 1/2 0/0 sur la somme excédant 10 000 francs; 1/4 0/0 sur la somme excédant 50 000 frans; 1/8 0/0 sur la somme excédant 100 000 fr.

S'il y a plusieurs lots, le droit est fixé d'après la somme des prix des différents lots, à moins que ces lots ne soient composés d'immeubles distincts, auquel cas le droit est calculé sur le prix de chaque lot.

Lorsqu'il n'y a pas eu d'expertise, le droit est plus élevé; il est de : 1 1/2 au lieu de 1 0/0; 1 au lieu de 1/2; 1/2 au lieu de 1/4; 1/4 au lieu de 1/8.

Vacation pour enchérir : T. n° 1, 7 fr, 50; T. n° 2, 2 fr. 65.

Vacation pour enchérir et pour se rendre adjudicataire; vacation pour faire la surenchère du sixième : T. n° 1, 15 fr; T. n° 2, 11 fr. 25.

Mêmes taxes pour les ventes sur *licitation*, sur *aliénation volontaire*, pour les ventes d'immeubles de mineurs ou d'immeubles faisant partie de successions vacantes ou acceptées sous bénéfice d'inventaire.

Pour la consultation de trois avocats exigée en cas de requête civile : 72 fr.

Quand les parties ne sont pas domiciliées dans l'étendue du ressort du tribunal, il est dû par elles à l'avoué, pour frais de correspondance, par chaque jugement définitif : T. nº 1, 10 fr. ; T. nº 2, 7 fr. 50 ; et par chaque jugement interlocutoire : T. nº 1, 5 fr. ; T. nº 2, 3 fr. 75.

Les émoluments des avoués des cours d'appel sont plus élevés que ceux des avoués de première instance auxquels s'applique le tarif nº 1 (50 0/0 en plus, sauf en matières sommaires et pour droit de correspondance : ici la taxe supplémentaire est de 100 0/0).

Au surplus les *matières sommaires* sont l'objet d'une tarification toute spéciale. Dans ces matières, les frais sont réglés *à forfait, en bloc*, ainsi que nous allons le voir. Et il est fort utile de connaître le tarif qui leur est appliqué, puisque sous la dénomination des matières sommaires, la loi range les affaires les plus nombreuses et par conséquent les plus pratiques.

En effet les matières sommaires comprennent :

1º Les affaires déjà jugées en dernier ressort par les juges de paix, et que l'on désigne sous le nom d'*appels des juges de paix*;

2º Les demandes pures personnelles ou *demandes personnelles mobilières* (1) (par exemple : demande en paiement d'une créance, mais seulement quand le *titre* du demandeur n'est pas contesté ;

3º Les demandes au-dessous de 1 500 fr., quand il n'y a pas de titre (s'il y a un titre, il faut qu'il ne soit pas contesté par le défendeur).

4º Les demandes provisoires ou réquérant célérité : en demande justice relative à une expulsion de lieux, à l'apposition ou à la levée des scellés, aux redditions de comptes ; demande d'une pension alimentaire, toutes les affaires urgentes, etc.

5º La demande en paiement de rentes et de loyers ou fermages.

6º Les actions relatives à un droit *réel* (droit de propriété, d'usufruit, de servitude), mais seulement s'il s'agit d'une affaire pouvant être jugée en dernier ressort par le tribunal de première instance.

Toutes ces affaires sont jugées bien plus rapidement que les autres, car la procédure qui leur est applicable est bien moins compliquée que la procédure ordinaire, elle est tout à fait *sommaire* : de là le nom de *matières sommaires*.

(1) Au point de vue de leur objet, les demandes se divisent en demandes *réelles mobilières* (revendication de la *propriété* d'un meuble, par exemple), *personnelles mobilières* (réclamation de biens *mobiliers* dus au demandeur), *réelles immobilières* (relatives à la propriété d'un immeuble) et *personnelles immobilières* (ces dernières sont fort rares).

Les dépens, dans ces matières, sont liquidés ainsi qu'il suit :

Pour l'obtention d'un jugement contradictoire (1) :

Quand la demande ne dépasse pas 1 000 fr. : T. n° 1, 15 fr. — Si *elle excède 1 000 fr.*, mais ne dépasse pas 5 000 fr., 20 fr. — Si elle excède 5 000 fr., 30 fr.

Pour le tarif n° 2 les 3/4, soit 15 fr. (pour une demande de 2 000 fr. par exemple).

Pour l'obtention d'un jugement par défaut, le tarif est abaissé de *moitié* ; 7 fr. 50 au lieu de 15 fr., 10 fr. au lieu de 20 fr., 15 fr. au lieu de 30 fr.

Au cas d'enquête, d'expertise, il est dû pour copie des procès-verbaux : 0 fr. 15 *par rôle*. (T. n° 1). — T. n° 2 : les 3/4.

Aucun autre honoraire, sous aucun prétexte, ne peut être exigé par l'avoué (sauf dans des cas exceptionnels). Il ne lui est alloué en outre que ses déboursés.

Il n'est rien dû aux avoués pour l'état des dépens adjugés *en matière sommaire*, état qu'ils doivent remettre aux greffiers, à l'effet de faire insérer la liquidation des frais dans l'arrêt ou le jugement. — Au contraire il leur est alloué, *en matière ordinaire*, 0 fr. 10 pour chacun des articles qui entrent en taxe. Mais il ne peut être fait qu'un seul article pour une même pièce, quand bien même il en aurait été fait plusieurs copies.

Tarif des droits dus aux notaires. — Pour tout *acte respectueux* fait pour une personne désireuse de contracter mariage, pour inventaire après décès, pour tous procès-verbaux, par vacation en référé devant le président du tribunal, pour vacation au greffe afin d'y déposer la minute du procès-verbal des difficultés : T. n. 1, 9 fr. ; T. n° 2, 6 fr. ; T. n° 3, 4 fr.

Au cas de vente d'immeuble par-devant notaire, pour la grosse du cahier des charges, par rôle : T. n° 1, 2 fr. ; T. n° 2, 1 fr. 50 ; *en outre* : 1 0/0 sur prix des biens vendus jusqu'à 10 000 francs ; 1/2 0/0 sur la somme excédant 10 000 francs jusqu'à 50 000 francs ; 1/4 0/0 sur la somme excédant 50 000 jusqu'à 100 000 fr., enfin, 1/8 0/0 sur toute somme excédant 100 000 francs.

Mais les notaires ne peuvent rien exiger pour la rédaction des minutes des procès-verbaux d'adjudication.

Les partages et les ventes volontaires par-devant notaire, et les autres actes du ministère des notaires sont taxés, s'il y a lieu, par le président du tribunal, suivant la nature et les difficultés de leur rédaction, et sur les renseignements donnés par le notaire ou par les parties (*Tarif* art. 173). C'est sur ce principe que les notaires se fondent pour réclamer des honoraires proportionnels, toutes les fois qu'il s'agit de mutations, partages, ventes. — Mais pour les partages de succession *renvoyés devant notaire*, il n'est dû que les droits

(1) Y compris la signification à l'avoué, s'il y a lieu.

fixés par le juge-commis, d'après le nombre des vacations. — Pour les expéditions de tous les actes reçus par les notaires, il est dû *par rôle :* T. n° 1, 3 fr.; T. n° 2, 2 fr.; T. n° 3, 1 fr. 50.

Pour tous les autres frais il y a des tarifs locaux établis suivant l'usage des lieux par les chambres des notaires; nous ne pouvons donc les indiquer ici. Disons seulement que les actes faits en *brevet* coûtent moins cher que ceux qui sont dressés en *minute;* que les actes de vente sont fixés à 15 fr. au moins, indépendamment des droits proportionnels.

Droits dus aux greffiers. — Les greffiers des tribunaux de première instance ont droit aux émoluments suivants : Pour acceptation bénéficiaire, renonciation à communauté ou à succession, 2 fr.; — pour le dépôt d'un testament olographe ou mystique, 6 fr.; — pour communication, sans déplacement, de pièces déposées au greffe, pour extrait à afficher, 1 fr.; — indemnité pour transport à plus de 5 kilomètres, *par jour*, 3 fr,; à plus de 10 kilomètres, 10 fr.; — droit pour légalisation, 0 fr. 25;

Les greffiers de cours d'appel touchent un droit de légalisation double (0 fr. 50); ils touchent la même indemnité que les greffiers des tribunaux pour frais de transport; — mais il leur est alloué un droit double pour communication de pièces sans déplacement (2 fr.).

Ainsi, pour tous les greffiers des cours d'appel et des tribunaux de première instance, la résidence importe peu, le tarif est à peu près le même *partout;* pour les greffiers de justice de paix, au contraire, même système que pour les huissiers et les avoués (décret des 24 mai — 1er juin 1854).

En effet, les greffiers des justices de paix reçoivent pour assistance aux conseils de famille, aux appositions de scellés, aux reconnaissances et levées de scellés, aux référés, aux actes de notoriété dressés pour remplacer des actes de naissance, pour transports : T. n° 1, 3 fr. 35; T. n° 2, 2 fr.; T. n° 3, 1 fr. 70. — Les greffiers des justices de paix reçoivent pour chaque rôle d'expédition : T. n° 1, 0 fr. 50; T. n° 2, 0 fr. 40. — Pour le procès-verbal de non-conciliation : T. n° 1, 1 franc; T. n° 2, 0 fr. 80. — Pour chaque opposition aux scellés formée par déclaration sur le procès-verbal de scellés; pour chaque extrait d'opposition aux scellés : T. n° 1, 0 fr. 50; T. n° 2, 0 fr. 40.

Tarif des droits dus aux commissaires-priseurs. Ici le tarif n° 1 s'applique aux villes suivantes : Paris, Lyon, Bordeaux, Rouen, Toulouse et Marseille. Le tarif n. 2 s'applique partout ailleurs.

Droits de prisée (pour chaque vacation de trois heures) : T. n° 1, 6 fr.; T. n° 2, 5 fr.

Pour assistance aux référés et pour chaque vacation : T. n° 1, 5 fr.; T. n° 2, 4 fr.

Droits de vente, *partout* 6 0/0 sur le produit des ventes. Pour les procès-verbaux de vente, *par rôle* : 1 fr. 50.

Pour assistance à l'essai des métaux précieux : T. n° 1, 6 fr.; T. n° 2, 5 fr.

Pour paiement des contributions : T. n° 1, 4 fr.; T. n° 2, 3 fr.

L'état des vacations, droits et remises, doit être délivré *sans frais* aux parties. Toutes perceptions directes ou indirectes, à quelque titre qu'elles aient lieu, sont prohibées sous peine de suspension ou de destitution pour le commissaire-priseur coupable (loi du 18 juin 1845).

Indemnités de transport dues aux Juges de paix. — Pour transport à plus de 5 kilomètres, 5 fr.; à 10 kilomètres, 6 fr.; si les opérations durent plus d'un jour, l'indemnité de 5 ou 6 fr. est due pour chaque jour (art. 1er, loi du 21 juin 1845).

CHAPITRE II

PROCÉDURE DEVANT LES JURIDICTIONS CIVILES

SECTION PREMIÈRE

Procédure devant les juges de paix

On est appelé devant le juge de paix soit par un *billet d'avertissement*, soit par une *citation d'huissier*. — La citation d'huissier est plus énergique ; elle doit contenir la date, l'indication du juge de paix devant qui on est appelé à comparaître, la date et l'heure fixées pour l'audience, l'objet de la demande, les nom, profession et domicile du demandeur; les nom, demeure et immatricule de l'huissier; les nom et demeure du défendeur (art. 1er, pr.).

Il doit y avoir *un jour franc* entre le jour de la citation et le jour de la comparution, si la partie citée est domiciliée dans un rayon de douze lieues et demie (au delà, un jour de plus par douze lieues et demie) ; si donc la citation est faite le 1er février, par exemple, la comparution ne peut avoir lieu que le 3 février au plus tôt (5, pr.).

Sauf lorsqu'il s'agit de *causes requérant célérité et dispensées de la formalité de l'avertissement par le juge de paix*, ou lorsque le défendeur est domicilié hors de la ville ou du canton, la citation doit être précédée *du billet d'avertissement* qui est rédigé et expédié par la poste par le greffier. — Le greffier a droit à 0 fr. 25 par billet d'avertissement (loi du 2 mai 1855, art. 17).

Ce billet d'avertissement invite les parties à venir devant le juge de paix; celui-ci cherche à les concilier; s'il n'y parvient pas, l'huissier peut alors lancer la citation.

Quand les parties comparaissent au jour fixé devant le juge

de paix, celui-ci rend son jugement le jour même ou à la prochaine audience. — Le jugement est signifié par l'huissier commis par le juge à la partie qui a succombé. Cette partie a *un mois* à compter du jour de cette signification pour interjeter appel devant le tribunal de première instance. Mais l'appel n'est pas recevable pendant *les trois jours* qui suivent le jour du jugement (art. 13, loi du 25 mai 1838).

Les décisions des juges de paix peuvent être exécutées immédiatement, c'est-à-dire sans attendre le jugement du tribunal civil (*nonobstant appel*), lorsqu'il y a *titre authentique* ou *promesse reconnue*, ou lorsqu'il s'agit d'une pension alimentaire ou d'une somme n'excédant pas 300 francs, ou bien encore s'il y a péril en la demeure (mais, dans ces trois derniers cas, il faut l'autorisation du juge). — Lorsqu'il s'agit d'une somme supérieure à 300 francs, le juge ne peut permettre l'exécution provisoire qu'en exigeant une caution de la part de celui qui demande cette exécution provisoire (art. 11, loi du 25 mai 1838).

Si au jour indiqué par la citation, l'une des parties ne comparaît pas, *fait défaut*, le juge de paix rend un *jugement par défaut* qui, en fait, est presque toujours prononcé contre la partie non présente, puisqu'elle ne s'est point défendue. Aussi lui est-il permis de *faire opposition au jugement*, c'est-à-dire d'exiger un nouveau jugement *devant le même juge de paix*, — et c'est surtout en cela que l'*opposition* diffère de l'*appel*, puisque l'appel renvoie les parties devant une autre juridiction, devant une juridiction *supérieure*.

L'exploit d'huissier adressé à la partie qui a triomphé *par défaut* contient les moyens de défense de l'opposant, et assigne la partie adverse à une prochaine audience (ici encore le délai d'*un jour franc* est exigé) dont il fixe le jour et l'heure. Le juge de paix rend une seconde décision : si ce jugement est *contradictoire* — c'est-à-dire *si aucune des parties n'a fait défaut* — on peut encore interjeter appel (autre différence entre les effets de l'appel et de l'opposition) ; mais si le second jugement du juge de paix est encore rendu par défaut contre la partie qui a déjà fait défaut la première fois, aucune opposition n'est plus recevable de sa part, l'appel seul reste possible.

Le juge de paix peut rendre des *jugements préparatoires* (sorte de jugements provisoires), des *jugements interlocutoires*, jugements faisant pressentir la décision définitive, suivant les conséquences de leur exécution (le jugement qui ordone une enquête est un jugement interlocutoire), et des *jugements définitifs* (statuant sur le fond même du procès). — On peut bien interjeter appel contre un jugement interlocutoire avant que le jugement définitif soit rendu, mais on ne peut appeler d'un jugement préparatoire que conjointement avec l'appel du jugement définitif (31, pr.).

Nous savons déjà que les jugements rendus en dernier ressort par les juges de paix ne peuvent être déférés à la Cour de cassation que pour *excès de pouvoir*. — Le recours en cassation doit être exercé dans les *deux mois* qui suivent la signification du jugement (loi du 2 juin 1862, art. 1er).

Les juges de paix compétents peuvent être récusés quand ils sont intéressés à la contestation sur laquelle il y a lieu de statuer ; quand ils sont parents ou alliés de l'une des parties jusqu'au degré de cousin-germain *inclusivement*, ou s'il y a eu dans l'année précédente un procès criminel entre le juge et l'une des parties, ou son conjoint, ou ses parents et alliés en ligne directe ; ou s'il y a un procès civil existant actuellement entre le juge de paix et l'une des parties ou son conjoint; ou encore si le juge de paix compétent a donné un avis *écrit* dans l'affaire (44, proc.). — La récusation doit être signifiée par huissier au greffier de la justice de paix ; celui-ci la communique au juge (45).

Envisageons maintenant le juge de paix comme simple conciliateur. Pour cela il faut supposer une affaire de la compétence du tribunal de première instance et ne rentrant pas dans la catégorie de celles qui sont dispensées du préliminaire de conciliation et dont nous avons déjà donné l'énumération.

Le demandeur doit alors citer en conciliation son adversaire devant le juge de paix. La citation est donnée par huissier. Le délai entre le jour de la citation en conciliation et la comparution doit être au moins de trois jours *francs*. Si donc la citation est du 5 juillet, par exemple, la comparution ne peut être fixée qu'au 9 juillet au plus tôt. — La partie empêchée peut se faire représenter par un mandataire, mais ce mandataire doit avoir pouvoir de transiger.

Le juge de paix tente de concilier les parties et dresse ensuite un procès-verbal de conciliation ou de non-conciliation, suivant qu'il réussit ou qu'il échoue. — Mais si l'une des parties ne comparaît pas, il n'est point dressé de procès-verbal, la non-comparution est simplement mentionnée sur le registre du greffe et sur l'original (ou la copie) de la citation (58).

SECTION II

Procédure devant les tribunaux de première instance

La tentative de conciliation n'a pas été suivie de succès, ou bien l'une des parties n'a point comparu. Le demandeur doit alors, *dans le courant du mois autant que possible*, assigner son adversaire devant le tribunal de première instance compétent (57).

L'assignation, rédigée par huissier, doit contenir, *à peine de nullité*, la date, les noms, profession et domicile du demandeur, la constitution de l'avoué choisi par lui, les noms, demeure et immatricule de l'huissier, les noms et demeure du défendeur, et mention de la personne à laquelle copie de l'exploit est laissée (domestique, concierge, voisin; maire de la commune, si le voisin refuse de prendre l'assignation), l'objet de la demande, l'exposé sommaire des moyens, l'indication du tribunal devant lequel on est appelé à comparaître, et celle du délai fixé (61).

Ce n'est point l'original de l'assignation que l'huissier remet à la personne ou au domicile du défendeur, *c'est la copie;* mais si cette copie n'est pas régulière, l'assignation est nulle, quand bien même l'original ne renfermerait aucune espèce de cause de nullité.

Si la contestation porte sur un immeuble, il faut indiquer la nature du fonds (bois, vignes ou maison), et la commune où il est situé; s'il s'agit d'un domaine, d'une ferme, le nom qui lui est donné, *le tout sous peine de nullité* (64, pr.).

Lorsque la copie de l'assignation est remise à un voisin — l'huissier n'ayant trouvé personne chez l'individu assigné — ce voisin doit signer l'original; s'il ne peut ou ne veut signer, l'huissier remet la copie au maire (ou au secrétaire de la mairie) qui, lui, ne peut refuser de signer l'original (68, pr.).

Dans le cas où la personne assignée n'a pas de résidence connue, l'assignation est affichée au tribunal, et une seconde copie est remise au procureur de la République, qui signe l'original (69).

Tout cela est prescrit à peine de nullité. Or, si l'assignation est déclarée nulle par le fait de l'huissier, celui-ci peut être condamné à payer les frais de la procédure annulée, et même des dommages-intérêts pour le préjudice qu'il a causé à son client (71).

Le délai ordinaire entre la date de l'assignation et la date de la comparution est de *huit jours francs* (l'assignation à huitaine étant remise le 10 juin, le jour fixé pour la comparution est le 19). Mais, dans les cas qui requièrent célérité, le président du tribunal peut permettre d'assigner *à bref délai* (72).

Le délai franc de huitaine est augmenté de plein droit *d'un jour* par douze lieues et demie de distance entre le domicile de la personne assignée et le siège du tribunal. — Le délai est *d'un mois* lorsque la personne assignée demeure en Corse, Algérie, Angleterre, Italie, Espagne, Allemagne, Suisse; de *deux mois* pour les autres pays d'Europe; de *cinq* ou *huit mois* pour les autres États, suivant leur éloignement. Les délais sont doublés pour les pays d'outre-mer, *en cas de guerre maritime* (73).

Le défendeur assigné doit *constituer avoué* (c'est-à-dire choisir officiellement son avoué) avant sa comparution devant le tribunal; si l'assignation a été faite à bref délai, il peut ne le désigner qu'au début de l'audience (75-76).

Dans le cas où aucun avoué n'est constitué par le défendeur, le tribunal rend un jugement par défaut admettant presque toujours les prétentions du demandeur. — Même solution lorsque l'avoué constitué ne comparaît pas (149).

Quand c'est le demandeur qui fait défaut, le défendeur obtient un jugement par défaut contre lui : le demandeur est débouté de sa demande et même parfois condamné à des dommages-intérêts (154).

Le jugement par défaut contre une partie qui n'a pas constitué avoué doit être exécuté *dans les six mois* à compter du jour où il a été rendu, sinon il est réputé non avenu.

Tant que le jugement n'est pas exécuté, le défaillant peut du reste former opposition. Or, le jugement est réputé exécuté seulement lorsque les meubles saisis sont vendus, ou quand les immeubles ont été saisis et la saisie notifiée au défaillant, ou lorsque les frais du procès ont été payés par lui (156-159).

L'opposition suspend l'éxécution du jugement, à moins que cette exécution nonobstant opposition n'ait été ordonnée par le tribunal (155, al. 2). — Pour former opposition valable, il ne suffit pas de déclarer à l'huissier que l'on entend former opposition, il faut de plus constituer avoué *dans la huitaine*, ou plutôt dans les délais indiqués ci-dessus pour la comparution ; autrement l'exécution du jugement par défaut est reprise (162).

Si le jugement par défaut frappe une partie *qui a constitué avoué*, mais dont l'avoué a fait défaut ou n'a pas déposé de conclusions, l'exécution de ce jugement ne peut être commencée avant l'expiration d'un délai de *huit jours* à compter de la signification du jugement à l'avoué défaillant, à moins, bien entendu, que les juges n'aient ordonné l'exécution *nonobstant opposition* (mais cela ne leur est permis que s'il y a péril en la demeure) (1).

Quant à l'opposition, elle ne peut être faite que pendant ce délai de huitaine ; on n'a pas, pour la faire, jusqu'à l'exécution du jugement (157).

La partie qui a fait opposition une première fois et qui s'est laissé condamner une seconde fois par défaut ne peut plus former une seconde opposition (165), mais elle peut interjeter appel devant la Cour. — La partie défaillante qui pourrait faire opposition, mais qui préfère aller en appel, ne peut interjeter appel tant que les délais accordés pour l'opposition ne sont pas expirés.

Le délai pour interjeter appel est de *deux mois* à compter du jour de la signification du jugement, s'il s'agit d'un jugement contradictoire, — à compter du jour où l'opposition n'est plus recevable s'il s'agit d'un jugement par défaut. — Ce délai est porté à trois mois pour ceux qui habitent la Corse, l'Algérie, l'Allemagne, l'Angleterre, l'Italie, l'Espagne, la Suisse ; à quatre mois, pour ceux qui demeurent dans les autres États d'Europe ; à sept ou dix mois, pour ceux qui résident dans des pays plus éloignés,

(1) Lorsqu'il s'agit d'un jugement par défaut contre une partie *n'ayant pas constitué avoué*, il en est de même, mais le délai de huit jours part de la signification à la partie défaillante.

suivant la distance (73). — Mêmes délais pour se pourvoir en cassation (loi du 2 juin 1862).

Les délais de l'appel sont suspendus par la mort de la partie condamnée ; il faut faire alors une nouvelle signification du jugement, et encore le délai d'appel ne peut-il jamais commencer avant l'expiration des trois mois et quarante jours donnés aux héritiers pour faire inventaire et délibérer (447).

Lorsque les délais pour interjeter appel sont expirés, la partie condamnée n'a pas la faculté de se pourvoir en cassation, même si les délais pour les pourvois en cassation sont plus longs que les délais d'appel (comme pour les jugements des juges de paix, par exemple); car, encore une fois, il n'y a que les jugements en dernier ressort qui puissent être soumis à la Cour de cassation.

Mais si la partie condamnée n'a pas reçu signification du jugement, elle a *trente ans* pour interjeter appel ou pour se pourvoir en cassation, à compter du jour du jugement.

L'appel est *suspensif* comme l'opposition (il *arrête* l'exécution du jugement), à moins que le tribunal n'ait ordonné, dans son jugement, l'*exécution provisoire* nonobstant appel. — Or, l'exécution provisoire (sans caution) est ordonnée s'il y a titre authentique ou promesse reconnue ; elle *peut être* ordonnée (avec ou sans caution) lorsqu'il s'agit d'apposition ou de levées de scellés, de confection d'inventaire, de réparations urgentes, d'expulsion des lieux, lorsqu'il n'y a pas de bail ou que le bail est expiré ; de nominations de tuteurs, curateurs et autres administrateurs, de reddition de comptes, de pensions ou provisions alimentaires, etc.

Lorsque le tribunal ordonne l'exécution provisoire nonobstant appel, on peut exécuter le jugement et interjeter appel dès le prononcé du jugement, tandis que si l'exécution provisoire nonobstant appel n'est pas accordée, on ne peut interjeter appel pendant la huitaine qui suit le jour du jugement, et l'exécution de la décision du tribunal n'est pas admise non plus durant ce délai (449-450).

Le représentant du Ministère public (procureur de la République ou substitut) doit être entendu dans toutes les affaires qui concernent l'ordre public, l'État, le Domaine, les communes, les établissements publics (les hospices, par exemple), les dons et legs au profit des pauvres, l'état des personnes (filiation, mariage, interdiction, etc.), les déclinatoires sur incompétence, les règlements des juges, les récusations et renvois pour parenté et alliance, les prises à partie, les causes des femmes non autorisées par leurs maris (autorisées par justice), — ou même autorisées, lorsqu'il s'agit de leur *dot* et qu'elles sont mariées sous le régime dotal ; les causes intéressant des mineurs ou des personnes pourvues de tuteurs ou de curateurs (interdits, par exemple), et les causes concernant ou intéressant les personnes présumées absentes. — De plus, le procureur de la République peut prendre communication de toutes les causes pour lesquelles il juge son avis nécessaire (83).

Les parties peuvent plaider leur cause elles-mêmes (pourvu qu'elles soient assistées de leurs avoués), cependant le tribunal a le droit de les en empêcher s'il reconnaît que la passion ou l'inexpérience les empêche de discuter leur cause avec la décence convevenable ou la clarté nécessaire pour l'instruction des juges (85).

Le tribunal peut ordonner que l'audience soit tenue à huis-clos, si la discussion publique peut avoir des inconvénients graves ou causer un scandale, mais en principe les débats sont publics (87).

Procédure des référés. — *Dans tous les cas urgents*, ou lorsqu'il s'agit de statuer *provisoirement* sur les difficultés relatives à l'*exécution* d'un titre exécutoire (acte authentique ou jugement), il faut avoir recours à la procédure des *référés*. — Il en est *référé* au président du tribunal ou au juge qui le remplace ; l'audience n'est tenue que par un seul magistrat. Le demandeur lance une assignation à fin de comparution en référé aux jour et heure fixés d'ordinaire pour les référés (806-807). — Si le cas requiert célérité, le président ou le juge qui le remplace peut permettre d'assigner soit à l'audience, soit à son domicile, à l'heure indiquée, *même les jours de fête* ; mais, pour que cette assignation soit valable, il faut que le magistrat ait rendu une ordonnance l'autorisant et désignant l'huissier qui la portera (808).

Lorsque la cause dont est saisi le président des référés lui paraît soulever de grandes difficultés, il renvoie l'affaire au tribunal ; sinon il statue immédiatement par une ordonnance qui est exécutoire *le jour même*, et sans que celui qui l'a obtenue ait à fournir caution (sauf si le président lui a ordonné d'en fournir une).

Les ordonnances sur référés ne touchent point au fond du procès ; en effet le président des référés ne peut statuer que *provisoirement*. — Si l'une des parties fait défaut, l'ordonnance sur référé n'est pas susceptible d'opposition. Quant à l'appel, il doit être interjeté dans la *quinzaine* qui suit la signification de l'ordonnance ; on peut, du reste, appeler de la décision du juge des référés immédiatement après qu'elle a été rendue (809). L'appel, lorsqu'il est possible, est jugé sommairement et rapidement par la Cour d'appel.

SECTION III

Procédure devant les Cours d'appel

Dans la procédure d'appel on désigne sous le nom d'*intimé* celui qui a triomphé en première instance ; l'autre partie, celle qui interjette appel, prend le nom d'*appelant*. Nous savons devant quelles juridictions doivent être portés les procès en appel ; nous avons indiqué les délais pendant lesquels on peut appeler, nous n'y reviendrons pas. Mais, dans quelle forme l'appel doit-il être interjeté ? — Il suffit de signifier à personne ou à domicile un *acte d'appel* contenant assignation *à huitaine franche* (le sens de cette expression a déjà été indiqué), et d'y joindre le texte du jugement contre lequel l'appel est interjeté (456).

En appel, on ne peut former aucune nouvelle demande, aucune *nouvelle* prétention, à moins qu'il ne s'agisse de compensation accomplie, d'intérêts, arrérages ou loyers échus, ou de dommages-intérêts pour le préjudice souffert depuis le jugement. La nouvelle demande est encore admise si elle n'est en réalité qu'une défense à l'action principale de l'intimé (résultant de comptes significatifs, par exemple). — Mais on peut toujours en cause d'appel fournir des *preuves* et des *moyens de défense* qu'on n'avait point présentés en première instance (464, proc.).

Une fois la décision rendue en appel, il ne reste à la partie qui a succombé que *deux* voies de recours : le *pourvoi en cassation* ou la *requête civile*, et encore la requête civile ne peut-elle être employée utilement que dans certains cas tout à fait exceptionnels et soigneusement énumérés par le législateur.

La requête civile. — Les jugements en dernier ressort, les seuls qui puissent être l'objet de cette procédure, ne peuvent être *rétractés* à la suite d'une requête civile que dans les hypothèses suivantes : 1° s'il y a eu dol *personnel* de la part de la partie qui a triomphé ; 2° si les formes *prescrites à peine de nullité* ont été violées, pourvu que la nullité n'ait pas été couverte par les parties ; 3° s'il a été statué par les juges sur des choses non demandées ; 4° s'il a été accordé plus qu'il n'a été demandé ; 5° s'il a été omis de prononcer sur l'un des chefs de demande ; 6° s'il y a eu contrariété de jugements *en dernier ressort* entre les mêmes parties et sur les mêmes moyens *dans les mêmes cours et tribunaux* ; 7° si, dans un même jugement il y a des dispositions *contraires* (c'est-à-dire contradictoires, inconciliables) ; 8° si, dans le cas où l'affaire doit être communiquée au Ministère public, cette communication n'a pas eu lieu, et que le jugement ait été rendu contre la partie en faveur de laquelle cette formalité était exigée (un interdit, par exemple) ; 9° si l'on a jugé sur pièces reconnues ou déclarées *fausses* depuis le jugement ; 10° si *depuis le jugement* il a été recouvré des pièces *décisives* fournissant les preuves qui jusque-là n'avaient pu être fournies, retenues qu'elles étaient par la partie dont elles annulaient les prétentions, et qui, grâce à cette dissimulation, a triomphé en dernier ressort. — Les mineurs sont encore admis à se pourvoir en requête civile s'ils n'ont pas été défendus ou s'ils ne l'ont pas été valablement (480-481).

On a *deux mois* pour assigner en requête civile, à compter de la signification du jugement ou de l'arrêt ; mais ce délai ne court contre le mineur que du jour de la signification du jugement, faite depuis qu'il a atteint sa majorité (483-484).

La requête civile est formée par une requête suivie d'une assignation donnée au domicile de l'avoué de la partie qui a triomphé, lorsqu'elle est formée *dans les six mois* à compter du jour du jugement ; mais, après ce délai, l'assignation doit être donnée au domicile réel de la partie elle-même (492).

A la différence du pourvoi en cassation, la requête civile — cela est très remarquable — fait revenir l'affaire *devant les mêmes juges* qui ont rendu la décision attaquée (490). Mais, avant de présenter la requête, il faut consigner tout d'abord à la Caisse des dépôts et consignations une somme de 450 francs (pour le cas où on succomberait), s'il s'agit d'attaquer un arrêt de cour d'appel ; la somme de 112 fr. 50 suffit si on veut attaquer un jugement rendu en dernier ressort par un tribunal d'arrondissement ; s'il s'agit d'un arrêt rendu par défaut, on doit consigner 225 fr. (494).

En tête de la requête, la quittance du receveur doit figurer ainsi qu'une consultation de *trois avocats* exerçant *depuis dix ans au moins* près un des tribunaux du ressort de la cour d'appel dans lequel la décision attaquée a été rendue, — consultation qui doit être favorable, évidemment, à l'ouverture de la procédure de requête civile (495).

Toute requête civile est communiquée au Ministère public (498). — Si le jugement rejette la requête, la partie qui l'invoquait perd la somme qu'elle a consignée, et peut même être condamnée à des dommages-intérêts plus élevés (500). — Si, au contraire, la requête civile est admise, le jugement est rétracté, les parties sont dans la même situation qu'avant qu'il eût été rendu, la somme consignée est restituée, et le tribunal, qui a rendu la décision rétractée, doit juger de nouveau le fond de la contestation (500).

La requête civile ne suspend pas l'exécution du jugement attaqué (497).

SECTION IV

Procédure devant la Cour de cassation

Sur le recours en cassation, nous avons peu de chose à ajouter aux premières explications que nous avons déjà données. — Nous devons faire remarquer, puisque nous venons d'examiner les différents cas où la requête civile est utile, que, lorsqu'il a été rendu par des tribunaux différents sur la même affaire, deux jugements en dernier ressort contraires, il faut avoir recours, non à la requête civile, comme dans l'hypothèse où les deux jugements en dernier ressort ont été rendus par *le même tribunal* ou *la même cour*, mais au pourvoi en cassation.

La partie qui veut exercer le recours en cassation doit consigner préalablement à la Caisse des dépôts et consignations 150 fr., si la décision attaquée est contradictoire ; 75 fr. seulement si elle a été rendue *par défaut*. — La quittance délivrée par le receveur doit être jointe à la requête en cassation qui est déposée au greffe par l'avocat à la Cour de cassation choisi par la partie demanderesse (art. 5 du règlement du 28 juin 1738).

En règle générale, le recours en cassation ne suspend point la décision attaquée.

Les jugements en dernier ressort rendus par défaut et contre lesquels il n'a point été formé opposition peuvent être l'objet d'un recours en cassation. Le délai de *deux mois*, qui est donné pour se pourvoir en cassation, part du jour où l'opposition n'est plus recevable (loi du 2 juin 1862, art. 1er, § 2).

Si le demandeur en cassation succombe devant la chambre des requêtes, il perd la somme qu'il a consignée ; s'il voit sa requête admise par la chambre des requêtes, puis repoussée par la chambre civile, non seulement il perd la somme qu'il a consignée, mais il est condamné à payer, en outre, 300 fr. d'amende si le jugement qu'il a attaqué est contradictoire, 150 fr. seulement s'il est par défaut (art. 35, règlement de 1738).

Le défendeur en cassation n'est assigné que lorsque la chambre des requêtes a rendu son arrêt et admis la requête — jusque-là le demandeur *seul* agit devant la Cour de cassation. — Le demandeur a *deux mois* seulement pour assigner son adversaire (sauf dans quelques cas exceptionnels) ; s'il n'agit pas dans ce délai, il est déchu de sa demande en cassation (Règlement du 28 juin 1738, et loi du 2 juin 1862).

En matière électorale et en matière d'expropriation pour cause d'utilité publique, la procédure devant la Cour de cassation est différente (Voy. VIE PUBLIQUE).

SECTION V

Le domicile

Le domicile réel. — L'huissier, avons-nous dit, doit remettre les assignations, les significations et les notifications à leur destinataire *en personne* ou *à son domicile*. — Mais que faut-il entendre au juste par le *domicile ?*

D'après les termes de la loi, le domicile est « au lieu où l'on a son principal établissement » (102, C. civ.).

Il faut distinguer avec soin le *domicile* de la *résidence*. On peut avoir plusieurs résidences, tandis qu'on ne peut avoir qu'un seul domicile, juridiquement parlant. Il est vrai qu'il y a des hypothèses dans lesquelles un même individu sera considéré par telle personne comme étant domicilié dans une ville, et par une autre personne comme ayant fixé son domicile dans une autre ville — par exemple, s'il s'agit d'un manufacturier qui possède deux manufactures *d'égale importance* dans deux localités différentes, et qui passe un même nombre de mois chaque année dans l'une et l'autre, mais, en droit, ce manufacturier n'a qu'un seul domicile, — seulement on ignore où il est fixé tant qu'il ne s'est pas expliqué là-dessus, et les tiers ont, dès lors, le droit de considérer cet industriel comme domicilié dans l'une quelconque de ses manufactures. — Les termes de la loi empêchent d'admettre qu'une même personne puisse avoir deux domiciles ; on ne peut avoir dans deux endroits *son principal établissement!*

Naturellement nous n'entendons parler ici que du domicile *civil* et non du domicile *politique* : autrement ce que nous venons de dire serait inexact, car on peut avoir son domicile politique dans une ville et son domicile civil dans une autre (Voy. VIE PUBLIQUE).

La *résidence* n'est pas au lieu du principal établissement, mais au lieu qu'on habite réellement, sauf si on ne l'habite que tout à fait momentanément. Ainsi, un commerçant de Paris va passer la belle saison aux bains de mer ; il change par là même de résidence, mais son domicile reste fixé à Paris, car c'est là qu'il a toujours son principal établissement. C'est là qu'est le centre de ses affaires; c'est là qu'il retournera dès qu'il reprendra sa vie régulière, normale. — La résidence peut être définie *un domicile de fait* ; si le domicile réel, le domicile juridique est inconnu, les tiers peuvent valablement considérer la résidence comme un domicile.

Or, le domicile a une grande importance pratique, indépendamment de ce que nous avons dit dès le début de cette section.

En effet, c'est au domicile du défunt qu'a lieu l'ouverture de la succession. — D'un autre côté, le tribunal compétent pour juger une affaire est le tribunal du domicile du défendeur. C'est encore le domicile civil qui sert de base à la fixation du domicile politique. Nous savons déjà que le mariage doit avoir lieu au domicile de l'un des époux.

L'adoption a lieu devant le juge de paix du domicile de l'adoptant, et l'acte d'adoption est *homologué* (approuvé) par le tribunal de l'arrondissement.

Pour l'exercice du *droit d'affouage* on s'attache encore au domicile, la résidence ne suffit pas.

Mais comment s'établit le changement de domicile? Une personne domiciliée à Blois jusqu'au 1er janvier 1885, vient à cette date habiter Paris. A-t-elle changé de domicile?

Cela n'est pas douteux, si l'on suppose que cette personne déclare *expressement* à la municipalité de Blois qu'elle entend transférer son domicile à Paris, et fait ensuite la même déclaration à la mairie de l'arrondissement de Paris qu'elle a l'intention d'habiter, mais il est bien entendu que ces déclarations seront suivies d'effet et que cette personne habitera *réellement* Paris à l'avenir(104, C. civ.).

Quand aucune déclaration n'a été faite, on s'attache aux circonstances de fait pour décider s'il y a oui ou non changement de domicile. Ainsi, le paiement de la contribution personnelle dans la nouvelle localité indiquera suffisamment qu'il y a eu changement de domicile ; de même une résidence prolongée. La loi nous dit même formellement que si un individu a l'intention de fixer son principal établissement dans une autre ville que celle où il a eu jusqu'alors son domicile, et qu'il aille habiter cette nouvelle localité, il change par là même de domicile.

La nomination à une fonction temporaire *ou* révocable (par exemple, la nomination aux fonctions de procureur de la République) qui doit être exercée dans une ville autre que celle où vous avez votre domicile, ne suffit pas pour transférer votre domicile dans cette ville ; il faut que vous manifestiez l'intention de changer de domicile. Cette intention peut résulter, du reste, des circonstances, tout aussi bien que de votre déclaration expresse (103, C. civ.).

Il en est autrement pour les fonctions conférées *à vie — inamovibles* dans le sens le plus large du mot (par exemple, les fonctions de juge, notaire, curé, etc.), — leur *acceptation* entraîne changement *immédiat* de domicile ; il est fixé de plein droit au lieu où les fonctions doivent être exercées, de telle sorte que si, en se rendant à ce nouveau domicile, le fonctionnaire périt victime d'un accident de chemin de fer, sa succession s'ouvrira au lieu de ce nouveau domicile, bien qu'il n'y ait jamais résidé (107, C. civ.).

Nous avons vu, lorsque nous avons traité des devoirs des époux entre eux, que la femme est obligée de suivre son mari, d'habiter avec lui. Donc, la femme mariée ne peut avoir d'autre domicile que celui de son mari. — Mais la femme divorcée n'a plus le même domicile que son ex-conjoint.

Quant au mineur non émancipé, c'est-à-dire tout à fait incapable, il est domicilié chez ses parents ; s'il n'a plus ses parents, chez son tuteur ; au contraire le mineur émancipé, qui a une sorte de demi-capacité, qui peut être commerçant, a un domicile à lui.

Le majeur interdit pour cause de démence est domicilié chez son tuteur.

Les domestiques, les gens qui travaillent *habituellement* chez une personne, ont le même domicile que cette personne, mais à la condition qu'ils demeurent avec elle et *dans la même maison*.

Cela ne s'applique donc ni aux ouvriers, ni aux domestiques tels que les femmes de journée que l'on emploie de temps en temps, par hasard, ni même à ceux qui, tout en servant *habituellement* une personne, n'habitent pas dans la même maison qu'elle, mais dans une maison voisine, quand bien même cette maison appartiendrait à leur maître.

Les ouvriers ou domestiques mineurs *émancipés* sont soumis à cette règle, mais il en est différemment des domestiques mineurs, *non-émancipés* : ceux-ci gardent toujours le domicile de leurs parents ou de leur tuteur. De même la domestique mariée garde, bien qu'habitant la maison de son maître, le même domicile que son mari, car la loi ne distingue pas, elle dit simplement : « La femme n'a pas d'autre domicile que celui de son mari. » (108 C. civ.).

Élection de domicile. — Au domicile *réel* dont nous avons parlé jusqu'ici, on oppose le domicile *élu* qui est un domicile absolument *fictif*, bien qu'il ait une grande importance pratique.

Voici dans quelle hypothèse il peut être question d'élection de domicile :

Une vente mobilière a lieu entre Pierre, domicilié à Paris, et Jean, l'acheteur, qui est domicilié à Marseille. S'il n'est point fait élection de domicile, et que plus tard naisse une contestation entre Pierre, qui réclame le prix de vente et Jean, le tribunal compétent, d'après le droit commun, sera le tribunal de Marseille, et Pierre sera probablement forcé de faire le voyage pour que l'affaire soit bien conduite. Eh bien, en faisant élection de domicile à Paris, les deux parties conviennent *par là même* que l'acte recevra son exécution à Paris, et que le procès qui pourrait survenir entre elles, sera jugé par le tribunal de Paris ; les significations, citations et autres pièces de procédure seront adressées non au domicile particulier de chacune des parties, mais au domicile convenu, au domicile choisi, *élu*. — Quand l'acte est passé devant notaire, le domicile élu est la plupart du temps le domicile de cet officier ministériel (111, C. civ.).

L'élection de domicile peut être faite soit dans l'intérêt de l'une des parties, soit dans l'intérêt des deux parties. Dans le premier cas, celui en faveur duquel a été faite élection de domicile peut revenir au droit commun s'il le préfère, car on a toujours le droit de renoncer à une faveur ; mais s'il a été fait élection de domicile dans l'intérêt *commun* des parties, la renonciation au domicile élu n'est valable que si toutes les parties l'acceptent. — Dans le doute, on admet que l'élection du domicile est faite dans l'intérêt du créancier qui, suivant les termes de la loi, a la faculté de profiter de cette élection de domicile ou d'envoyer les assignations et significations, etc., au domicile du débiteur.

Nous avons vu que l'on ne peut avoir qu'un seul domicile réel. Les circonstances dans lesquelles ont lieu les élections de domicile démontrent au contraire qu'on peut avoir un grand nombre de domiciles élus, précisément parce qu'en réalité ce sont des domiciles spéciaux dont on ne doit tenir compte qu'à propos des actes auxquels ils se rattachent.

Si le tribunal de l'arrondissement dans lequel se trouve le domicile élu est compétent pour juger les contestations qui s'élèvent sur l'exécution de l'acte qui a motivé élection de domicile, c'est parce que ce domicile est précisément le lieu d'exécution de la convention.

Le jugement qui met fin au procès doit être signifié au domicile élu, car il a trait nécessairement à l'exécution de la convention.

En principe, l'élection de domicile est une clause facultative. Par exception elle est obligatoire dans deux cas :

1° Celui qui forme opposition au mariage doit élire domicile dans le lieu où le mariage doit être célébré (176).

2° Le créancier qui veut faire inscrire son privilège ou son hypothèque au bureau du conservateur des hypothèques doit indiquer, entre autres mentions, sur le bordereau qu'il est tenu de présenter, qu'il a fait élection de domicile dans un lieu quelconque de l'arrondissement du bureau, car c'est à ce domicile élu que le tiers détenteur acquéreur de l'immeuble hypothéqué enverra ses offres de purge (2184). (Voy. HYPOTHÈQUES).

SECTION VI

Moyens de preuve

De la preuve en général. — Il ne suffit pas d'avoir des droits, il faut être capable d'en établir l'existence, s'ils sont contestés. Vous vendez un champ, et celui qui l'a acheté nie plus tard la vente et refuse de payer. Vous l'amenez devant le juge ; mais celui-ci, pour le condamner, doit être certain qu'il y a eu vente et il vous demandera de le prouver. En effet, c'est à celui qui invoque un droit, quel qu'il soit, de faire la *preuve* ; s'il ne peut y arriver, son droit ne sera pas reconnu. Avant de s'engager dans un procès, il faut donc s'assurer qu'on peut prouver l'existence de ses droits.

Or la loi établit de nombreux moyens de preuve. En premier lieu nous trouvons la *preuve par écrit*, celle qui a la plus grande valeur juridique. Elle résulte soit d'un acte authentique, soit d'un acte sous seing privé.

Puis viennent la *preuve testimoniale*, le *commencement de preuve par écrit*, les *présomptions*, l'*aveu* et le *serment*

La preuve par écrit. — L'*acte authentique* est un acte fait par un *officier public*, dans le lieu où il exerce ses fonctions, suivant les *formes* exigées par la loi. — Ainsi un acte notarié est un acte authentique, car le notaire est un officier public. Toutes les déclarations qui sont faites par le notaire dans cet acte, sur ce qu'il a *vu* ou *entendu*, font foi *jusqu'à inscription de faux*, c'est-à-dire que, pour établir la fausseté de ces déclarations, la preuve contraire, même celle qui résulte d'un écrit, ne suffit pas : il faut recourir à une procédure très longue, il faut s'inscrire en faux. Si, à la suite de cette procédure, la déclaration du notaire est démontrée fausse, le notaire est puni des *travaux forcés* à temps ; mais jusqu'à ce qu'il soit renvoyé devant la cour d'assises par la chambre des mises en accusation, qui est chargée d'examiner la vraisemblance de l'accusation, l'acte authentique conserve sa force, il est censé ne renfermer que la vérité (1319).

Il n'y a pas que les actes notariés qui soient authentiques ; les actes de l'état civil faits par cet officier public qui s'appelle l'*officier de l'état-civil*, le sont également. Ainsi un acte de naissance, de mariage, a la même force, au point de vue de la preuve, qu'un acte notarié.

Quant aux déclarations contenues dans l'acte authentique, mais faites par les parties et non par le notaire ou l'officier de l'état civil, elles ne font foi que jusqu'à preuve contraire. Ici il n'est plus besoin de s'inscrire en faux pour prouver la fausseté de la déclaration, car les simples particuliers ne peuvent avoir autant d'autorité que des officiers publics ; relativement à ces déclarations, l'acte authentique n'a point une valeur plus grande que l'acte sous seing privé dont nous allons parler maintenant.

L'acte sous seing privé est un acte fait entre particuliers, sans l'intervention d'un officier public. — Admettons, par exemple, qu'un individu propose de m'acheter mon cheval, cette personne et moi nous rédigeons un acte que nous signons et qui indique la vente du cheval et les conditions dans lesquelles elle est faite ; comme nous nous obligeons tous les deux — car mon acheteur s'oblige à payer le prix du cheval, et je m'oblige, moi, à livrer le cheval — il faudra faire *deux originaux* de l'acte de vente, et ces deux originaux porteront nos *deux signatures* ; car, dit la loi, il faut autant d'originaux qu'il y a de parties ayant un intérêt *distinct* (un seul écrit suffira pour deux propriétaires d'une même chose, puisqu'ils ont le même intérêt) ; autrement, au cas de contestation, la partie qui n'aurait pas d'original entre les mains ne pourrait faire la preuve de son droit : ses adversaires se garderaient bien de montrer l'écrit constatant le fait dont ils nient l'existence (1325).

Mais ces exigences de la loi ne se comprennent que lorsque toutes les parties s'obligent ; ainsi, j'ai prêté de l'argent à Pierre ; Pierre me donne un papier par lequel il s'engage à me rendre cet argent le 1er août prochain ; moi, le prêteur, je ne m'engage à rien : Pierre n'a donc pas besoin, dans ce cas là, d'avoir un original de la promesse dont il s'agit. Aussi la loi se contente-t-elle ici d'un seul billet remis au créancier. Seulement, craignant que le créancier, en lisant à son débiteur le billet qu'il lui propose de signer, n'indique une somme moins élevée que la somme réellement inscrite, la loi exige que le débiteur, avant de signer, écrive au bas du billet *bon* ou *approuvé* avec l'indication *en toutes lettres* de la somme dont il s'agit, et elle étend même cette prescription au cas où la dette n'est pas une dette de somme d'argent, mais une dette de marchandise qui peut être estimée facilement en argent (dette de blé, de vin, etc.). — Au contraire ,lorsqu'il s'agit par exemple de la livraison d'une vache ou d'un meuble, en un mot de ce que les jurisconsultes appellent un *corps certain*, c'est-à-dire un objet déterminé à l'avance, ayant une véritable individualité, des limites précises, le danger n'existe plus et la simple signature du débiteur suffit.

Malheureusement on n'a pas cru devoir exiger les mots *bon* ou *approuvé*, etc., pour les actes signés par les *marchands*, *artisans*, *laboureurs*, *vignerons* et *gens de service* (domestiques) alors que ces personnes, qui souvent ne savent pas lire, sont plus exposées que d'autres aux fraudes dont nous venons de parler. Nous ne trouvons l'exception justifiée que pour le marchand qui, à raison même de sa profession, fait attention à tout ce qu'il fait, et surtout à tout ce qu'il signe (1326).

A la différence de l'acte authentique, l'acte sous seing privé ne fait pas foi jusqu'à inscription de faux, mais seulement *jusqu'à preuve contraire*, ce qui veut dire que celui qui conteste la valeur de l'acte sous seing privé qui lui est opposé peut, sans avoir à s'inscrire en faux, prétendre que sa signature a été imitée, et son adversaire devra faire la preuve du contraire. On procède alors à une vérification d'écriture en justice. — Mais l'acte sous seing privé fait foi autant que l'acte authentique, s'il est reconnu par celui à qui on l'oppose.

L'acte authentique vaut preuve des faits juridiques qu'il relate *à l'égard de tout intéressé*, tandis que l'acte sous seing privé ne fait preuve *qu'entre les parties* et les *héritiers* et *créanciers* des parties, tant qu'il n'a pas date certaine. Mais dès qu'il a date certaine, il peut être opposé aux ayants-cause à titre particulier, par exemple à celui qui a acquis de l'une des parties le bien dont il est question dans l'acte. Toutefois s'il s'agit d'un contrat ayant pour objet un immeuble, il faut tenir compte de la transcription, dont nous avons parlé d'ailleurs à propos de la vente. (Voy. Vie Civile.)

L'acte notarié a un autre avantage sur l'acte sous seing privé : il est pourvu de ce qu'on appelle la *formule exécutoire*, ce qui dispense la partie qui veut se servir de l'acte, de s'adresser à la justice pour faire saisir, par exemple, les biens du débiteur; tandis que celui qui n'a pour titre qu'un acte sous seing privé est obligé de s'adresser aux tribunaux pour obtenir précisément cette formule exécutoire qui ne se trouve qu'à la suite des actes notariés et des jugements.

Mais il ne faut point oublier que les actes authentiques sont astreints à de nombreuses formalités prescrites *à peine de nullité*. Cependant l'acte notarié qui est affecté d'un vice de forme, vaut comme acte *sous seing privé*, s'il est *signé* des parties. Il en est de même si le notaire est incompétent ou incapable — par exemple parce qu'il était intéressé à l'acte qu'il a rédigé — et dans ce cas il ne peut, lui, se prévaloir des clauses qui l'intéressent : à son égard l'acte n'existe pas.

Toute personne qui veut se servir d'un acte notarié fait par un notaire établi au chef-lieu de la cour d'appel, en dehors du ressort de cette cour, ou, — si le notaire n'est pas établi dans ce chef-lieu, en dehors du département, doit faire légaliser la signature du notaire, sinon elle n'est point officielle.

Nous avons dit plus haut que pour qu'un acte sous seing privé pût être opposé à une tierce personne ayant acheté, nous le supposons, le bien qui fait l'objet de l'acte, il fallait que cet acte eût *date certaine*. Or pour donner date certaine à un acte, c'est-à-dire pour qu'il soit bien prouvé qu'il existait à *telle date*, il suffit de le faire enregistrer au bureau de l'enregistrement; il a date certaine à partir de ce moment.

Mais un acte peut acquérir date certaine de deux autres façons:

1° Par suite de la mort de l'un des signataires de l'acte — nous pouvons supposer, par exemple, le décès de l'un des témoins, — mais la mort de la personne qui a écrit l'acte de sa main ne suffirait pas, si cette personne ne l'a pas signé, car la loi ne parle que *des signataires*.

2° Par la mention dans un inventaire — ou dans un procès verbal de scellés — de l'acte sous seing privé dont il s'agit (1328).

A la fin de l'acte sous seing privé, contenant des obligations à l'égard de chacune des parties, il faut, avant les signatures, indiquer en combien d'originaux l'acte a été dressé. A cet effet, suivant les cas, on mettra : Fait *en double* ou *en triple*, etc. — L'acte doit être écrit sur papier timbré, sous peine de *trente francs* d'amende en outre du droit de timbre (art. 26, loi du 13 brumaire an VII).

La loi exige que les actes authentiques soient datés; elle ne pose pas la même règle pour les actes sous seing privé, mais néanmoins il est prudent d'y apposer la date.

Les *contre-lettres* — conventions secrètes dressées par écrit, destinées à être ignorées des tiers — sont valables entre les parties (sauf lorsqu'il s'agit de la vente d'un *office ministériel*), mais elles ne sont point opposables aux tiers autres que les héritiers des contractants, à moins que, se rapportant à des immeubles, elles n'aient été transcrites sur le registre du conservateur des hypothèques. Mais les contre-lettres rendent leurs auteurs passibles d'une amende égale au triple du droit dû pour l'enregistrement (1321, C. civ. et loi du 23 mars 1855. — Art. 40, loi de frimaire an VII).

La preuve testimoniale. — La preuve par écrit n'est pas toujours nécessaire. Certains faits, certains contrats peuvent être prouvés *par témoins*.

Toutes les fois que la valeur réclamée par le demandeur ne dépasse pas 150 fr., le demandeur peut prouver par témoins la légitimité de sa réclamation.

Voilà le principe, mais l'application est parfois assez délicate. Ainsi j'ai prêté 2000 fr. à Paul au taux de 5 0/0; au bout de l'année il ne veut pas me payer les 100 fr. d'intérêts qu'il me doit et je le poursuis. Pour triompher, je devrai faire la *preuve par écrit;* la preuve testimoniale ne suffit pas ici, bien que je ne réclame actuellement que 100 francs à Pierre, car ces 100 francs me sont dûs par suite de la créance de 2 000 francs que j'ai contre lui, et cette créance dépassant la valeur de 150 francs, je ne puis prouver son existence que par un écrit.

Autre hypothèse : Je prête à Jacques 150 francs pour un an, avec intérêts à 5 0/0. Jacques ne payant pas, je le poursuis. Pour savoir si je puis prouver ma créance par témoins, je dois faire le total du capital et des intérêts. Dans notre hypothèse, le total s'élève à 155 francs : la preuve par témoins ne sera pas possible; lorsque j'ai prêté ces 150 francs à Jacques, j'aurais dû me précautionner d'un écrit, car je savais bien qu'à l'époque du paiement Jacques me devrait plus de 150 fr.

Cependant, même quand il s'agit d'une somme supérieure à 150 francs, la preuve testimoniale peut être admise s'il y a un écrit fait *de la main* de celui qui *nie* la dette et qui rend *vraisemblable* l'existence de cette dette. On appelle cette pièce un *commencement de preuve par écrit*, parce que c'est là une sorte de *preuve par écrit affaiblie*, mais qui donne à celui qui la possède le droit d'employer la preuve testimoniale dans des cas où, en principe, elle n'est pas admise.

Il faut bien remarquer que lorsqu'une obligation *inférieure à 150 francs* est constatée par écrit, la preuve testimoniale n'est admise ni *contre* le contenu de l'acte, ni *outre* ce contenu, ni sur ce qui a été dit *avant*, *depuis* ou *lors* de cet acte. Le législateur a pensé que, puisqu'on a dressé un écrit, cet écrit contient la convention, et que le reste a pu être projeté, mais n'a point abouti (1341).

La preuve par témoins est admise quand il est prouvé que par suite des circonstances qui ont accompagné la naissance de la dette, de l'obligation, il était impossible de faire l'acte par écrit. Par exemple, ma maison est incendiée, je dépose quelques meubles précieux chez un voisin, je les lui réclame plus tard, mais il nie avoir reçu le dépôt : je puis prouver le contraire par témoins (1950).

Je puis encore me servir de la preuve testimoniale si je prouve que, dans un accident, ou par force majeure, j'ai perdu l'écrit qui constatait mon droit. — De même si ma créance résulte d'un délit dont j'ai été victime, je puis prouver ce délit par témoins.

Le juge a un pouvoir arbitraire pour estimer les objets réclamés. S'il est embarrassé, il les fait estimer par expert.

Présomptions. — La loi les divise en deux classes.

1° Les *présomptions légales*.

2° Les *présomptions de fait* ou *de l'homme*.

Il y a *présomption légale* lorsque *la loi* établit que toutes les fois que tel fait se sera produit, il faudra en conclure que tel autre fait — qui en est la conséquence ordinaire — s'est produit également; et alors, à moins que la loi n'admette la *preuve contraire*, rien ne peut prévaloir contre cette présomption, sauf l'aveu de la personne qui eût profité de la présomption, ou son refus de prêter serment pour affirmer plus fortement son droit; et encore l'aveu et le serment ne peuvent-ils rien contre la présomption légale, lorsque cette présomption est fondée sur une raison d'ordre public. Nous citerons comme exemple la présomption légale qui établit *l'autorité de la chose jugée*, tout simplement parce que si les mêmes procès pouvaient revenir indéfiniment devant la justice, sous prétexte que les juges se sont trompés, il y aurait là une atteinte à la dignité de la justice elle-même et à la stabilité des intérêts des particuliers (1350-1351).

Quand nous avons étudié les donations, nous avons vu que les proches parents de celui qui est incapable de recevoir une donation de *telle* personne ne peuvent non plus être donataires de cette personne, parce qu'elles seraient *présumées légalement* être des *personnes interposées*, c'est-à-dire n'être que donataires apparents, l'incapable étant le véritable bénéficiaire de la donation. Cette présomption — *présomption légale* — ne peut être détruite par la preuve contraire (1352).

Il n'en est pas de même des présomptions simples qui, en somme, ne font qu'éclairer la conscience du juge et ne doivent être considérées par lui que lorsqu'elles sont *graves*, *précises* et *concordantes* (c'est-à-dire non contradictoires), et seulement dans les cas où la preuve testimoniale est admise. Les faits les plus minimes en apparence peuvent fournir des présomptions très précieuses (1353).

L'aveu. — L'aveu est un puissant moyen de preuve; il a la même force que la preuve par écrit contre celui qui consent à avouer; s'il est fait par un officier ministériel, sans que celui-ci ait reçu mandat spécial à cet effet, la partie pour laquelle il a avoué aura recours à la procédure du désaveu, si elle ne consent pas à reconnaître l'aveu fait en son nom.

Mais l'aveu ne peut être *divisé* contre celui qui l'a fait, c'est-à-dire qu'on ne peut invoquer la partie *favorable* et laisser de côté celle qui ne l'est pas, à moins cependant que les différents faits avoués n'aient aucun lien entre eux.

Quand l'aveu n'a été fait que par suite d'une *erreur de fait* — l'aveu ne peut porter d'ailleurs que sur des faits — il peut être rétracté, mais c'est là une exception.

Si par hasard les juges ne tenaient pas compte de l'aveu, comme il ne s'agit là que d'une question de fait, la Cour de cassation, qui ne tranche que les questions de droit, ne pourrait casser la sentence.

L'aveu peut être révoqué s'il provient d'une erreur de fait, mais non s'il résulte d'une erreur de droit (1356).

Nous ne parlons ici que de l'aveu judiciaire, c'est-à-dire de l'aveu fait dans l'instance, et non point de l'aveu extra-judiciaire qui est bien moins important.

Le serment. — Il y a deux sortes de serment : le *serment décisoire* et le *serment supplétif.*

Lorsque la partie qui veut établir un fait devant la justice n'a aucun moyen de preuve, il ne lui reste plus qu'à demander à son adversaire de prêter serment : « Vous prétendez que mes réclamations ne sont pas fondées, lui dira-t-elle. Eh bien ! jurez-le ». Si l'autre partie accepte et prête serment, le juge est forcé de lui donner gain de cause. Mais elle peut refuser et répondre à son adversaire qui la somme de prêter serment : « Jurez vous-même ! » Cela s'appelle *référer le serment.* Cette solution est-elle acceptée, ici encore le procès est gagné par la partie qui a prêté serment. Mais si la personne qui a déféré le serment et qui se le voit référé refuse de le prêter, elle succombe. — Il y a dans cette *délation de serment* une sorte de convention plus dangereuse que la transaction. On joue le tout pour le tout. — Le juge ne remplit guère ici qu'un rôle passif (1361).

Il résulte de cette analogie qui existe entre la transaction et la délation du serment que, pour déférer le serment, il faut être capable de transiger. Si donc l'une des parties en cause est mineure, le tuteur qui la représente ne peut déférer le serment qu'après avoir rempli les formalités prescrites pour la transaction, formalités dont nous avons parlé au sujet de la tutelle (p. 76).

Le *serment supplétif* a bien moins d'importance que le *serment décisoire.* Il est déféré non plus par le demandeur au défendeur, mais *par le juge*, tantôt au demandeur, tantôt au défendeur, comme cela lui convient. Au surplus le juge ne peut déférer ce serment que si les preuves qui lui ont été fournies sont *insuffisantes.* S'il y a des preuves suffisantes, ou au contraire si aucune espèce de preuve ne lui a été soumise, il ne peut avoir recours au serment supplétif qui, en somme, n'a qu'une valeur morale, puisque, le serment supplétif prêté, le juge peut donner gain de cause à l'une quelconque des parties (1366-1367).

Le *serment decisoire*, prêté par la caution, libère le débiteur principal, et la réciproque est vraie ; lorsqu'il est prêté par un débiteur solidaire, il libère les co-débiteurs solidaires (1365).

Quand le serment est déféré à un créancier *solidaire* et que celui-ci refuse de le prêter, le procès est perdu quant à lui, *pour sa part dans la créance*, mais les co-créanciers solidaires ne souffrent pas de son refus ; il ne leur est pas opposable (1365).

SECTION VII

Les saisies

Saisie-exécution. — La saisie-exécution est le mode de saisie mobilière le plus fréquemment employé. La procédure de la saisie-exécution débute par un *commandement*, sommation énergique de payer qui suppose nécessairement que le créancier a un titre *exécutoire* (jugement ou acte notarié), c'est-à-dire *revêtu de la formule exécutoire*. Ce commandement, remis *par huissier* au débiteur ou à son domicile, doit contenir *élection de domicile* dans la commune où doit être faite la saisie, lorsque le créancier n'y demeure pas. — Il ne peut être procédé à la saisie que le *second jour* qui suit celui où le commandement a été remis (583-584).

Lors de la saisie, l'huissier, accompagné de *deux* témoins (en pratique il pénètre seul chez la partie saisie), dresse un procès-verbal contenant la désignation *détaillée* des objets saisis. — Les immeubles par destination, le coucher des saisis et de leurs enfants, les habits dont les saisis sont vêtus et couverts, les livres relatifs à la *profession* du saisi jusqu'à la somme de 300 francs, *à son choix*; les machines et instruments servant à l'enseignement pratique des sciences ou arts, jusqu'à concurrence de la même somme (toujours au choix du saisi) ; les équipements des militaires, les outils nécessaires aux occupations *personnelles* des saisis ; les farines et menues denrées nécessaires à la consommation du saisi et de sa famille pendant *un mois*, *une* vache ou *trois* brebis ou *deux* chèvres (au choix du saisi), avec les pailles, fourrages et grains nécessaires pour la litière et la nourriture de ces animaux *pendant le même temps*; tout cela *ne peut être saisi* : ces biens sont dits *insaisissables*. — Cependant les fabricants ou vendeurs des outils et instruments, ou ceux qui ont prêté de l'argent pour les acheter, peuvent les faire saisir, de même que ceux qui ont fourni des aliments au saisi (bouchers, boulangers), ou bien encore les propriétaires des métairies, moulins, pressoirs, usines, habitations louées au débiteur (592-593).

S'il y a des deniers comptants chez le saisi, l'huissier doit les déposer à la Caisse des dépôts et consignations, à moins que le saisissant et la partie saisie ne conviennent d'un autre dépositaire (590).

Le saisissant ne doit pas assister à la saisie.

Le procès-verbal de la saisie indique le jour de la vente — car la saisie n'est que le préambule de la vente *aux enchères* des meubles du débiteur (595). L'huissier établit un gardien des objets saisis; il doit désigner comme tel la personne que lui propose le saisi, si elle est solvable. Le saisi, son conjoint, ses parents alliés et domestiques peuvent être constitués gardiens mais seulement *si le saisissant y consent*. L'huissier ne peut désigner comme gardien le saisissant, ni son conjoint, ni ses parents ou alliés jusqu'au degré de cousin issu-de-germain *inclusivement*, ni ses domestiques (596-598). — Le saisi qui s'aviserait de s'opposer par la violence à l'établissement d'un gardien ou détournerait des objets saisis, serait passible de peines très sévères (emprisonnement et amende) — (600 pr. — 209 et 406 C. Pén.).

Les créanciers du saisi, autres que le saisissant, ne peuvent s'opposer à la saisie ni à la vente; mais ils ont le droit de former opposition sur le *prix* de la vente (609). — Il doit y avoir un délai de *huit jours au moins* entre la *signification de la saisie* au débiteur et cette *vente* (613). Avant la vente il est dressé un *procès-verbal de récolement* constatant les objets saisis qui ont été enlevés ou établissant au contraire que rien n'a été détourné (616). — *Un jour* avant la vente sont affichés des placards indiquant les *lieu*, *jour* et *heure* de la vente. L'un d'eux est affiché à l'endroit où sont les objets saisis (617). — Lorsque la valeur des objets *excède* le montant des créances du saisissant et des tiers opposants (s'il y en a), il n'est procédé qu'à la vente des objets suffisants à fournir la somme nécessaire pour payer ces créances *et les frais* de la saisie. — La vente est faite aux enchères publiques par un commissaire-priseur, un notaire ou un huissier. L'adjudicataire (le plus offrant) doit payer *comptant*, sinon il est procédé immédiatement à une nouvelle adjudication sur folle-enchère (V. VIE CIVILE. — HYPOTHÈQUES. — 622-724, pr.).

Saisie des biens d'un locataire par le propriétaire. — Cette saisie porte le nom de *saisie-gagerie*, parce que les meubles d'un locataire ou fermier sont censés constituer vis-à-vis du propriétaire un *gage* garantissant le paiement des loyers ou fermages. — La *saisie-gagerie* est faite en la même forme que la *saisie-exécution;* mais la saisie-gagerie peut être faite sans permission du juge *un jour après le commandement*; elle peut encore être faite *immédiatement* après une simple autorisation donnée, *sur requête*, par le *président* du tribunal (le commandement n'est plus nécessaire); seulement la vente ne peut avoir lieu qu'après que la saisie a été déclarée valable par le juge de paix sur une demande *en validité de saisie* (819, 821, 824). — La saisie-gagerie peut être faite, par ordre du locataire qui a sous-loué, sur les biens du sous-locataire.

Bien entendu, la saisie-gagerie n'est admissible que pour loyers et fermages *échus*.

Saisie-foraine. — Les effets du débiteur forain (marchand *forain*, étranger de passage qui a contracté des dettes dans une localité et peut partir d'un moment à l'autre) peuvent être saisis par le créancier avec la permission du président du tribunal ou du juge de paix; aucun commandement n'est nécessaire, mais ici encore, la saisie, une fois faite, doit être validée. Cette saisie est désignée sous le nom de *saisie-foraine* (822 pr.).

Saisie-revendication. — On appelle ainsi la saisie faite sur l'ordre d'un créancier-gagiste (ou d'un propriétaire) qui revendique contre un tiers le gage (ou un meuble de son locataire) passé entre les mains de ce tiers. Pour procéder à la *saisie-revendication*, il faut demander l'autorisation au *président* du tribunal par *requête*. Celui-ci rend une ordonnance autorisant la saisie, à laquelle il est procédé d'ailleurs dans les formes de la saisie-exécution (826 et 830). Mais la saisie doit être suivie d'une demande en validité de saisie portée devant le domicile du saisi (834).

Saisie Brandon. — Nous parlerons de cette saisie spéciale dans une autre partie de cet ouvrage. (Voy. VIE AGRICOLE.)

Saisie Immobilière. — (Voy. VIE AGRICOLE — Ch. II).

SECTION VIII

Autorisation exigée pour la femme mariée

Supposons qu'un mari refuse à sa femme l'autorisation d'entamer un procès, par exemple. — La femme peut demander au tribunal cette autorisation qui lui est refusée par son mari, mais seulement après avoir adressé à celui-ci une *sommation* par huissier. S'il maintient son refus, la femme adresse une *requête* au *président* du tribunal, afin qu'il lui soit permis de *citer* son mari devant le tribunal réuni en chambre du conseil (*à huis-clos* par conséquent), pour qu'il expose les motifs de son refus. — Le président rend une ordonnance autorisant cette citation. La femme cite alors son mari qui est entendu, et le tribunal accorde ou refuse à la femme, par jugement, l'autorisation qu'elle demande (861 et 867, pr.).

La femme de l'interdit n'a qu'à joindre à sa requête à fin d'autorisation, le *jugement d'interdiction* qui frappe son conjoint. Le mari interdit n'est même pas consulté par la femme; la femme s'adresse directement à la justice (864).

SECTION IX

Annonces judiciaires et légales

On désigne sous le nom d'*annonces judiciaires* les insertions faites dans les journaux en exécution d'une décision judiciaire (jugement ou arrêt) rendue à la suite d'un procès (procès en diffamation ou en contrefaçon, par exemple). — Quant aux *annonces légales*, ce sont des annonces officielles et obligatoires, faites d'après un texte de loi, dans des journaux déterminés, à la suite de telles ou telles circonstances. En effet, il y a des cas où l'affichage d'un extrait dans l'auditoire du tribunal donne une certaine publicité qui peut être considérée comme suffisante, par exemple à la suite d'une séparation de biens, ou encore lorsqu'il s'agit d'une autorisation de faire le commerce accordée à un mineur émancipé. Mais il est des cas où de telles mesures de publicité seraient absolument inefficaces, comme lorsqu'il s'agit de faire connaître à des créanciers la faillite de leur débiteur. C'est précisément en vue d'hypothèses analogues que la loi exige des annonces officielles qui, nous le répétons, sont désignées sous le nom d'*annonces légales*.

Les annonces judiciaires et légales sont insérées au *choix des parties* dans un des journaux de l'arrondissement ou du département désignés par l'administration. Mais s'il s'agit d'une vente, toutes les annonces officielles relatives à cette vente doivent être insérées dans le même journal. — C'est le préfet qui désigne quels sont, dans chaque arrondissement, les journaux dans lesquels les annonces légales doivent être faites et qui fixe le tarif des insertions. Si dans un ou plusieurs des arrondissements du département il n'y a point de journaux, le préfet désigne pour ces arrondissements un ou plusieurs journaux du département.

Le tribunal qui ordonne l'insertion d'un de ses jugements dans les journaux, indique dans combien de journaux et même dans quelles feuilles périodiques ces annonces judiciaires doivent être insérées.

A Paris, les annonces légales des actes constitutifs de société, des convocations de certaines assemblées générales d'actionnaires, doivent être faites dans l'un des journaux suivants : Le *Journal Officiel*, les *Petites Affiches*, la *Gazette des Tribunaux*, le *Droit*, la *Loi*, les *Affiches Parisiennes*, la *Gazette du Palais et du Notariat*, le *Bulletin municipal officiel* de la Ville de Paris, le *Courrier* et le *Moniteur des Ventes*. — Dans la partie consacrée à la VIE COMMERCIALE nous indiquerons ce que doit contenir l'extrait de ces actes constitutifs de société dont la loi exige l'insertion.

Les jugements déclaratifs de faillite, les jugements portant condamnation en matière de banqueroute, les convocations des assemblées des créanciers du failli, les invitations que les syndics doivent adresser aux créanciers pour leur faire produire leurs créances, doivent être insérés *dans les sept premiers journaux* ci-dessus désignés (Voy. pour les détails : VIE COMMERCIALE, Ch. V).

A la suite des saisies immobilières, *quarante jours au plus tôt*, et *vingt jours au plus tard* avant l'adjudication, l'avoué du poursuivant doit faire insérer dans un journal affecté aux annonces légales dans le département où sont situés les immeubles saisis, un extrait signé de lui et contenant : 1° la date de la saisie et de la transcription, les renseignements relatifs au saisi, au poursuivant et à l'avoué de ce dernier; la désignation des immeubles, la *mise à prix*, l'indication du tribunal où la saisie se poursuit, et les jour, lieu et heure de l'adjudication. — Il est en outre déclaré dans l'extrait que tous les créanciers protégés par une *hypothèque légale* doivent faire inscrire leur hypothèque *avant la transcription du jugement d'adjudication.* — Le président du tribunal peut autoriser toutes autres insertions qu'il juge nécessaires, mais, encore une fois, elles doivent être toutes faites dans le même journal (697 pr.).

La demande d'envoi en possession de succession formée par par le conjoint du decujus est insérée dans les journaux désignés par le tribunal auquel l'envoi en possession est demandé. — Quant aux jugements relatifs aux successions en déshérence dévolues à l'État, ils doivent être insérés au *Journal Officiel*(art. 770, C. civ. et circ. minist. du 8 juillet 1806). — Les jugements de déclaration d'absence sont également insérés dans le *Journal Officiel* (118).

Les ventes mobilières sur saisie, les ventes de navires, les ventes de meubles dépendant d'une succession bénéficiaire, les requêtes de faillite à fin de réhabilitation, les ventes d'immeubles appartenant à des mineurs, les jugements d'expropriation pour cause d'utilité publique, la notification faite au procureur de la République des actes de dépôt du titre d'acquisition d'un immeuble (lorsque l'acquéreur veut faire la purge légale, et ne connaît pas le domicile de la femme ou du subrogé-tuteur, ou ignore même quelle espèce d'hypothèque légale grève l'immeuble qu'il a acquis), tout cela doit être encore l'objet d'annonces légales, d'après divers textes de loi disséminés dans nos différents codes.

SECTION X

La Caisse des Dépôts et Consignations

La Caisse des dépôts et consignations est un établissement spécial, dont le siège est à Paris, et qui est administré d'une façon toute particulière. Il a à sa tête un directeur contrôlé par une *commission de surveillance* qui fait tous les ans son rapport, non point au ministère des finances, mais au Parlement lui-même. Cette commission est composée de deux sénateurs, de deux députés, de deux conseillers d'État, d'un président de la cour des comptes, du gouverneur ou de l'un des sous-gouverneurs de la Banque de France, de l'un des membres de la chambre de commerce de Paris, et du directeur du mouvement général des fonds au ministère des finances; en tout *dix membres* (loi du 6 avril 1816).

La Caisse des dépôts et consignations reçoit, comme son nom

l'indique, des sommes en *dépôt* et en *consignation*. Ces dépôts sont tantôt effectués volontairement, tantôt ordonnés par des jugements, des lois ou des règlements. C'est ainsi qu'on doit déposer à la Caisse des dépôts et consignations les sommes provenant *d'offres réelles* (1); le prix de l'immeuble dans la procédure de la purge hypothécaire, à moins qu'il ne soit remis aux créanciers (2186 C. civ.); le montant des effets de commerce dont le porteur ne se présente pas à l'échéance, lorsque le débiteur veut se libérer, et en général toutes les sommes offertes à des créanciers qui, pour une raison ou pour une autre, refusent de les accepter. — C'est encore dans cette Caisse que les cautions doivent verser le numéraire qu'elles sont astreintes à fournir, au cas où elles ne pourraient ou ne voudraient fournir en garantie des immeubles. Là encore sont consignées les sommes dont les tribunaux ou les autorités administratives ont exigé le dépôt.

Les sommes saisies par un huissier, celles qui sont l'objet de saisies-oppositions et qui se trouvent entre les mains du débiteur ou d'un dépositaire, les produits de la vente des objets saisis ou les fruits civils des immeubles saisis, le prix d'adjudication de ces immeubles, quand le tribunal en a ordonné la consignation, ainsi que les deniers trouvés dans une succession vacante, sont déposés dans cette même Caisse des dépôts et consignations, et les tribunaux ne peuvent ordonner ni autoriser des consignations dans d'autres caisses publiques (art. 2, ordonnance du 3 juillet 1816).

Lorsque les offres réelles n'ont pas été acceptées, l'huissier qui les a faites doit déposer les deniers à la Caisse des dépôts et consignations *dans les vingt-quatre heures*, à moins que son client ne l'en ait dispensé par écrit (art. 5, même ordonnance).

La Caisse des dépôts et consignations ne peut recevoir les dépôts volontaires qu'à Paris seulement, à moins que le déposant ne soit un département ou une commune; alors seulement le dépôt peut être effctué ailleurs qu'à Paris. — Ces dépôts doivent être faits en monnaie ayant cours, ou en billets de banque (mais non pas en valeurs). La Caisse ne peut exiger aucune rétribution pour ces dépôts; elle doit même payer au déposant 3 0/0 d'intérêt, mais seulement à dater du trente-et-unième jour du dépôt : si la somme ne reste déposée que trente jours dans la Caisse aucun intérêt n'est dû (Ordon. du 3 juillet 1816 et décret du 1er mai 1851).

C'est encore à la Caisse des dépôts et consignations que sont versées les retenues effectuées sur les traitements des fonctionnaires et employés des administrations publiques en vue de leurs pensions de retraite (art. 1er, ordonnance du 3 juillet 1816).

(1) On appelle *offre réelle*, l'offre officielle faite à un créancier par ministère d'huissier et au nom d'un débiteur, de la somme due, somme que le créancier refuse, parce qu'il la trouve insuffisante, par exemple, ou pour tout autre motif.

La Caisse des dépôts et consignations est représentée dans les départements par les trésoriers-payeurs généraux (dans chaque chef-lieu de département), et par les receveurs particuliers des finances dans les simples chefs-lieux d'arrondissement. — Les trésoriers-payeurs généraux préposés de la Caisse de consignations adressent chaque mois leurs états au directeur général ; ils sont comptables, vis-à-vis de la Caisse, des recettes et des dépenses relatives aux dépôts et consignations qui leur sont confiés (art. 27-28, ordonnance du 22 mai 1816).

Cautionnements. — Lorsque nous avons exposé la situation des officiers ministériels, nous avons dit qu'ils étaient assujettis à fournir un cautionnement avant d'entrer en fonctions. Ces cautionnements sont affectés, *par privilège*, à la garantie des condamnations qui pourraient être prononcées contre eux par suite de l'exercice de leurs fonctions, puis, *par second privilège* (c'est-à-dire subsidiairement), au remboursement des fonds qui leur auraient été prêtés pour fournir le cautionnement lui-même (loi du 25 nivôse, an XIII, art. 1er). — Les cautionnements exigés des avoués, notaires, huissiers, etc., sont fixés, quant à leur montant, en raison de la population et du ressort des tribunaux de la résidence de ces officiers ministériels (loi du 28 avril 1816). Ceux des agents de change et des courtiers de commerce sontfixés suivant l'importance du commerce de la ville où ils sont établis. — Les comptables de l'administration de la guerre, les trésoriers-payeurs généraux, les receveurs particuliers, les conservateurs des hypothèques, et tous autres comptables publics, les préposés de l'administration des chemins de fer, doivent aussi fournir des cautionnements qui peuvent être déposés non seulement en numéraire, mais encore sous forme de titres de rentes sur l'État — bien entendu, ils peuvent toujours être constitués en immeubles (loi du 17 septembre 1871, art. 29).

L'intérêt servi par la Caisse des dépôts et consignations, qui est la caisse chargée de recevoir les cautionnements, est de 3 0/0 (loi du 4 août 1844, art. 7).

Ceux qui ont un privilège en premier ou second ordre sur les cautionnements déposés par les officiers ministériels, doivent faire saisie-opposition à la Caisse des dépôts et consignations ou entre les mains du greffier du tribunal civil de l'arrondissement (du greffier du tribunal de commerce, s'il s'agit d'un agent de change ou d'un courtier de commerce). Du reste, lorsqu'un officier ministériel cesse ses fonctions, il ne peut rentrer en possession de son cautionnement que trois mois après l'affichage de la déclaration de cessation de fonctions qu'il doit faire au greffe (art. 5, loi du 25 nivôse an XIII).

SECTION XI

L'assistance judiciaire

La justice est gratuite, en ce sens que les juges sont rétribués non par les plaideurs, mais par l'État. Néanmoins, les procès coûtent si cher par suite des droits de timbre, d'enregistrement, de greffe, des frais de procédure, etc., que bien des personnes en proie à l'indigence, ne pourraient se faire rendre justice si le législateur n'était venu à leur secours en organisant l'assistance judiciaire, institution qui, seule, permet l'égalité de tous devant la loi.

Le plaideur qui obtient l'assistance judiciaire est dispensé *provisoirement* de payer au Trésor les droits de timbre, d'enregistrement et de greffe, et de faire les consignations d'amende (exigées au cas de requête civile ou de recours en cassation, par exemple); provisoirement, il est encore dispensé de payer au greffier, à l'avoué, au notaire, à l'avocat, les émoluments et honoraires de ces officiers ministériels. Les frais de transport des juges, des officiers ministériels et des experts, les honoraires de ces derniers et les taxes des témoins dont l'audition a été autorisée, sont avancés par le Trésor. Les actes de la procédure faits à la requête de l'assisté sont simplement visés pour timbre et enregistrés en débet (aucun paiement à effectuer lors de l'enregistrement). — Mais les notaires, greffiers et autres dépositaires publics ne sont tenus à la délivrance gratuite des actes et expéditions réclamés par l'assisté que par une ordonnance du juge de paix ou du président du tribunal (loi des 22-30 janvier 1851).

L'*assisté* — c'est ainsi qu'on appelle le plaideur qui a obtenu l'assistance judiciaire — triomphe-t-il dans le procès où il est intéressé, les dépens sont à la charge de son adversaire, qui, naturellement, ne bénéficie point de la faveur accordée à l'assisté; il a à effectuer le paiement de tous les frais dont l'assisté a été dispensé provisoirement entre les mains de l'administration de l'enregistrement, qui distribue les sommes recouvrées aux divers officiers ministériels qui ont prêté leur ministère à l'assisté. — Au contraire, l'assisté, ayant succombé dans le procès, est-il condamné aux dépens? L'administration de l'enregistrement agit contre lui en recouvrement des avances faites par le Trésor. — L'action en recouvrement, soit contre l'assisté, soit contre son adversaire, se prescrit *par dix ans*.

Quelle est la marche à suivre pour obtenir l'assistance judiciaire? Cette faveur n'est accordée qu'aux indigents, mais toute personne qui, voulant soutenir un procès, n'a pas les ressources nécessaires et voudrait obtenir l'assistance judiciaire, n'a qu'à adresser une demande en ce sens, *sur papier libre*, au procureur de la République du tribunal de son domicile. Le procureur de la République remet cette demande au *bureau d'assistance* établi près du tribunal et composé du directeur de l'enregistrement ou de son délégué, d'un délégué du préfet et de trois membres (en tout cinq membres), pris parmi les avocats, avoués, notaires, ou anciens avocats, anciens avoués, anciens notaires, et nommés par le tribunal s'il y a moins de quinze avocats inscrits au tableau; s'il y en a plus de quinze, un des trois membres est nommé par le conseil de discipline de l'ordre des avocats, un autre par la Chambre des avoués, le troisième seul est désigné par le tribunal (art. 2, même loi).

Lorsque le tribunal n'est pas compétent pour statuer dans l'affaire qui intéresse le pétitionnaire, le bureau se borne à recueillir des renseignements sur l'indigence du réclamant et sur le fond de l'affaire il s'assure que le réclamant a des chances de triompher devant les tribunaux), il peut même entendre les parties, et il cherche alors à les concilier; s'il échoue, il transmet le résultat de ses informations et les pièces au bureau d'assistance établi près de la juridiction compétente (Cour d'appel, Cour de cassation ou Conseil d'État). — Pour l'assistance judiciaire devant les tribunaux de commerce ou devant les juges de paix, il faut s'adresser an bureau établi près le tribunal civil. Ces mots : *Lorsque le tribunal n'est pas compétent*, que nous avons employés ci-dessus et soulignés, signifient donc : « *Lorsque* ni le tribunal civil, ni le tribunal de commerce, ni aucun juge de paix de l'arrondissement n'est compétent ».

Est-ce la Cour d'appel qui doit être saisie du procès ? La demande d'assistance est soumise alors à l'examen du bureau établi près d'elle et composé de sept membres : un délégué du directeur de l'enregistrement, un délégué du préfet, deux avocats nommés par le conseil de l'ordre, un avoué nommé par la chambre des avoués à la cour, et deux avocats, avoués, notaires ou anciens avocats, avoués ou notaires désignés par la cour assemblée (art. 3, même loi).

Le bureau d'assistance près de la Cour de cassation comprend également sept membres : deux délégués du ministre des finances, deux avocats à la Cour de cassation désignés par la chambre de discipline de l'ordre, trois membres pris parmi les anciens membres de la cour, les avocats ou anciens avocats à la Cour de cassation, les professeurs ou anciens professeurs en droit. — La composition du bureau d'assistance près du Conseil d'État diffère à peu d'égards; ici encore sept membres : deux délégués du ministre des finances, deux avocats au Conseil d'État, trois membres pris parmi les anciens conseillers d'État, anciens maîtres des requêtes, anciens préfets, avocats et anciens avocats au Conseil, désignés par le Conseil d'État (art. 5, même loi).

Les membres des bureaux d'assistance, sauf les délégués de l'administration, sont soumis au renouvellement *chaque annee*, dans le mois qui suit la rentrée des tribunaux (art. 7).

Toute personne qui demande à être admise à l'assistance judiciaire doit fournir au bureau d'assistance : 1° un extrait du rôle de ses contributions, ou un certificat du percepteur de son domicile constatant qu'elle n'est pas imposée (ce qui rend son indigence presque certaine) ; 2° une déclaration attestant qu'elle est, à raison de son indigence, dans l'impossibilité d'exercer ses droits en justice, et contenant l'énumération de ses moyens d'existence, *quels qu'ils soient*. Elle doit affirmer en outre la sincérité de sa déclaration devant le maire de sa commune, et celui-ci lui en donne acte au bas de sa déclaration (art. 10, même loi).

Le bureau d'assistance se renseigne sur l'indigence du réclamant, et donne avis à son adversaire qu'il peut venir contester l'indigence ou fournir des explications sur le fond du litige.

Les décisions du bureau ne contiennent que l'exposé sommaire des faits et la déclaration que l'assistance est accordée ou refusée (elle n'indique pas les motifs). Le réclamant ne peut exercer aucun recours contre une décision défavorable, mais le procureur général a le droit de déférer une décision d'un bureau d'assistance d'arrondissement au bureau établi par la Cour d'appel. — Les décisions des bureaux d'assistance ne peuvent être communiquées qu'à la personne qui a demandé l'assistance et à ses conseils (avocat, avoué) — et encore cette communication a-t-elle lieu sans déplacement. Toutefois le procureur de la République, le procureur général près la Cour d'appel ou la Cour de cassation peuvent prendre communication de ces décisions ou se les faire envoyer quand ils en ont besoin.

Supposons que l'assistance judiciaire ayant été accordée devant un tribunal d'arrondissement, par exemple, ce tribunal se déclare incompétent ; le bénéfice de l'assistance judiciaire subsiste néanmoins devant le tribunal auquel l'affaire est renvoyée, pourvu que ce soit un tribunal du même ordre (il n'en serait plus de même si ce second tribunal était un tribunal administratif, par exemple). — L'assisté en première instance jouit de la même faveur en appel, et même en cassation, s'il a triomphé jusque-là ; s'il a succombé, au contraire, devant le juge de paix, et qu'il veuille interjeter appel, il lui faut obtenir de nouveau l'assistance judiciaire ; s'il a succombé en premier ressort devant le tribunal civil ou le tribunal de commerce, et qu'il veuille aller devant la Cour d'appel, il doit adresser sa demande au procureur général ; s'il veut se pourvoir en cassation à la suite d'une décision *en dernier ressort* défavorable, il s'adresse au procureur général près la Cour de cassation. — La demande est remise au bureau compétent (art. 9-12, même loi).

Retrait de l'assistance judiciaire. — S'il survient à l'assisté des ressources suffisantes, ou s'il a obtenu l'assistance grâce à une déclaration frauduleuse, l'assistance judiciaire lui est retirée, soit sur la demande du ministère public, soit sur la demande de l'adversaire, soit même *d'office* par le bureau d'assistance; la décision portant retrait de l'assistance est toujours motivée. Mais ce retrait n'est effectué qu'après que l'assisté a été entendu par le bureau ou mis en demeure de s'expliquer.

Dès que l'assistance est retirée, le secrétaire du bureau en avertit le receveur de l'enregistrement, qui poursuit immédiatement contre l'ex-assisté le paiementdes droits et honoraires dont celui-ciavait été dispensé provisoirement (art. 21-24, même loi). Bien plus, si le retrait a pour cause une déclaration frauduleuse de l'assisté (il a eu recours à la fraude pour faire croire à son indigence), il eut être traduit, sur l'avis du bureau, en police correctionnelle, et être condamné à une amende égale au montant total des droits et frais de toute nature dont il est déjà débiteur lorsque ces frais atteignent ou dépassent 100 francs — à une amende de 100 francs au moins lorsqu'ils ne s'élèvent pas à cette somme — et à un emprisonnement de huit jours à six mois, sauf les adoucissements résultant de circonstances atténuantes (art. 26, même loi).

Nota.—Pour les affaires déférées au juge de paix à défaut de conseil de prudhommes (contestations entre patrons et ouvriers); pour les contestations relatives au paiement des nourrices, aux engagements respectifs des gens de travail au jour, au mois et à l'année, et de ceux qui les emploient; aux engagements des maîtres ou des gens de service à gages, les actes de procédure sont rédigés sur papier *visé pour timbre*, et leur enregistrement a lieu *en débet*, comme dans le cas où l'assistance judiciaire est accordée — on est dispensé *pour le moment* du paiement des droits de timbre et d'enregistrement, — seulement ici ce n'est plus une faveur, *c'est un droit*, c'est une sorte de demi-assistance judiciaire (en effet, la dispense provisoire ne s'étend plus aux frais et honoraires des officiers ministériels) établie de plein droit; on n'a point à la demander. (art. 27, même loi. — Art. 5 de la loi du 25 mars 1838, et art. 1-2 de la loi du 7 août 1850).

CHAPITRE III

LE DROIT PÉNAL

Le droit pénal est une branche du droit public. C'est lui qui maintient et assure l'ordre et la sécurité dans la société; c'est lui qui réprime les crimes; c'est d'après les peines qu'il édicte que les tribunaux répressifs punissent les coupables. Sans droit pénal, la justice ne serait qu'un vain mot, la loi serait violée impunément, la civilisation cèderait la place à la barbarie.

SECTION Ire

Division des délits

Le mot *délit* a deux significations ; quand on l'emploie dans un sens large il signifie *toute espèce d'infraction à la loi pénale;* on dit alors que commettre un délit, c'est faire ce que défend la loi, et ne pas faire ce qu'elle ordonne. Or il y a des choses que la loi permet et qui sont absolument immorales (par exemple refuser de reconnaître *un* enfant naturel dont on est le père), tandis qu'il en est d'autres que la loi défend et qui cependant n'ont rien d'immoral (ne pas allumer la nuit la lanterne de sa voiture). Les secondes seules constituent des délits, car il n'y a pas de délit sans texte de loi.

En prenant le mot *délit* dans ce premier sens, on peut dire qu'il existe trois sortes de délits : 1° les *crimes*, 2° les *délits* proprement dits en employant ce mot dans un sens plus restreint), 3° les *contraventions*.

Dans son second sens le mot délit signifie une infraction à la loi pénale moins grave que le crime, plus grave que la contravention, et rendant justiciable des tribunaux correctionnels celui qui l'a commise.

De nombreuses différences séparent ces trois grandes catégories d'infractions. Ainsi, par exemple, les crimes sont de la compétence des cours d'assises, les délits sont déférés aux tribunaux de police correctionnelle, et les contraventions rentrent dans la compétence des tribunaux de police, dont nous indiquerons plus loin l'organisation ; de plus, les condamnations criminelles, correctionnelles et de police sont tout à fait dissemblables. Il importe donc tout d'abord de distinguer avec précision les uns des autres, les crimes, les délits et les contraventions.

Qu'est-ce donc qu'un crime ? Qu'est-ce qu'un délit ? Qu'est-ce qu'une contravention ?

Le législateur répond : Est un *crime* toute infraction punie d'une peine afflictive ou infamante ; est un *délit* toute infraction punie des peines correctionnelles ; est une *contravention* toute infraction punie des peines de police (art. 1er, C. pén.).

Cette définition nous amène à étudier les différentes catégories de peines.

SECTION II

Division des peines

Peines criminelles. — Il y a des peines *afflictives et infamantes*, et des peines *simplement infamantes*, mais il n'y a pas de peine simplement afflictive (au sens juridique du mot : toute peine afflictive est en même temps infamante (art. 6, C. pén.).

Les peines *afflictives et infamantes* sont : 1° la mort, 2° les travaux forcés à perpétuité, 3° la déportation, 4° les travaux forcés à temps ; 5° la détention ; 6° la réclusion (art. 7).

Les peines *simplement infamantes* (c'est-à-dire n'entraînant aucun châtiment corporel, matériel) sont : 1° le bannissement ; 2° la dégradation civique (art. 8).

Ainsi, toute infraction punie, par exemple, de la détention, des travaux forcés ou de la dégradation civique est un crime ; celui qui fait un faux commet donc un crime.

Peines correctionnelles. — Les peines en matière correctionnelle sont : 1° l'emprisonnement à temps dans un lieu de correction, à moins que la durée de l'emprisonnement ne puisse, d'après la loi, excéder *cinq jours* ; 2° l'interdiction à temps de certains droits civiques, civils ou de famille (tels que les droits électoraux, le droit d'être juré, tuteur, etc.) ; 3° l'amende, sauf les amendes dont le maximum fixé par la loi est inférieur à 16 fr. (art. 9, 465, 466, C. pén.). — Le vol ordinaire est le type du délit correctionnel.

Peines de simple police. — Ce sont : 1° l'emprisonnement n'excédant pas *cinq jours;* 2° l'amende dont le maximum est fixé par la loi à 15 fr. ; 3° la confiscation de certains objets saisis. — Ainsi, le défaut d'entretien d'une cheminée où l'on fait du feu constitue une contravention (cette infraction rend passible d'une amende de 1 à 5 fr.). Dans le langage juridique, les peines correctionnelles, et à plus forte raison les contraventions, ne sont ni afflictives, ni infamantes, malgré le sens vulgaire donné à ces mots, et bien que les vols et d'autres délits entachent au plus haut point l'honneur des individus.

Nous allons indiquer maintenant les caractères de ces diverses pénalités, ce qui nous amène à parler du régime pénitentiaire.

SECTION III

Le régime pénitentiaire

La peine de mort. — Dès qu'un individu est condamné à mort, il est placé dans un local spécial sous la surveillance de deux gardiens qui ne le quittent pas un instant, jusqu'au jour de l'exécution. — Le droit de grâce n'appartient qu'au Président de la République ; lui seul peut commuer la peine de mort en une autre peine moins grave (travaux forcés à perpétuité, par exemple). — Les exécutions capitales sont publiques, mais il est fort probable que cette publicité absolue sera remplacée d'ici peu par une publicité très restreinte. La guillotine serait dressée dans l'intérieur de la prison et le condamné serait décapité en présence de magistrats, de certains fonctionnaires et des représentants de la presse.

La peine de mort a été abolie en matière politique.

Le testament d'un condamné à mort est absolument nul.

Les travaux forcés à perpétuité. — En principe, les condamnés aux travaux forcés *à perpétuité* ou *à temps* doivent être transportés dans certaines de nos colonies (à Cayenne, à la Nouvelle-Calédonie) pour y subir leur peine. Ils sont employés là-bas aux travaux les plus pénibles de la colonisation et à tous autres travaux d'utilité publique : construction de routes, travaux dans les ports, etc. (art. 1-2, loi du 31 mai 1854). — Mais ils ne sont assujettis à traîner le boulet qu'à titre de punition disciplinaire.

Les femmes condamnées aux travaux forcés *peuvent* être conduites dans un des établissements pénitentiaires de nos colonies, mais elles sont séparées des hommes et employées à des travaux en apport avec leur âge et avec leur sexe. Les femmes qui ne sont pas transportées hors de France sont placées dans des maisons centrales (même loi).

La peine des travaux forcés à perpétuité, — et même celle des travaux forcés à temps — ne peut être prononcée contre un individu ayant soixante ans accomplis lors du jugement ; elle est alors remplacée par la peine de la réclusion à perpétuité ou à temps : le condamné est interné dans une maison centrale, là il est astreint à un certain travail, sans doute, mais ce travail est plus en rapport avec son âge avancé.

Le condamné aux travaux forcés à perpétuité ne peut disposer de ses biens par testament, il ne peut rien recevoir à titre de donation (sauf une petite pension alimentaire), ni hériter de qui que ce soit ; comme peine *accessoire* de la condamnation *principale* prononcée contre lui, il est frappé de la *dégradation civique*. Or la dégradation civique consiste dans la destitution et l'exclusion de tous emplois publics, dans la privation du droit de vote, de l'éligibilité, de tous les droits civiques et politiques, du droit de porter aucune décoration ; dans l'incapacité d'être juré, témoin instrumentaire, de déposer en justice — le condamné ne peut donner à la justice que de simples renseignements ; dans l'incapacité de faire partie d'un conseil de famille, d'être tuteur, curateur, subrogé-tuteur ou conseil judiciaire, *si ce n'est de ses propres enfants* et sur l'avis *conforme* de la famille ; dans la privation du droit de port d'arme, du droit de servir dans l'armée, de professer, d'être instituteur ou surveillant. — Sans doute ces incapacités n'ont pas d'intérêt pratique tant que le condamné est privé de sa liberté, mais s'il est gràcié par la suite, ces incapacités subsistent comme toutes les peines *accessoires*, la grâce ne mettant fin qu'à la peine *principale* (art. 34, C. pén.).

Le condamné aux travaux forcés est en outre frappé de *l'interdiction légale* (autre peine accessoire). L'interdit légal, comme l'interdit judiciaire — c'est-à-dire l'interdit ordinaire — est privé de l'administration de ses biens; il lui est nommé un tuteur et un subrogé-tuteur, dans les formes observées pour la désignation des tuteur et subrogé-tuteur de l'interdit ordinaire (Voy. VIE CIVILE; — 29, C. pén.); mais il peut tester.

La déportation. — La déportation est une peine essentiellement *politique;* elle ne frappe jamais les criminels *de droit commun* (assassins, faussaires), mais seulement ceux qui ont commis des crimes *politiques*. C'est une peine *perpétuelle*.

Il y a deux sortes de déportations : 1° la *déportation dans une enceinte fortifiée*; 2° la *déportation simple*.

La déportation dans une enceinte fortifiée est la peine politique la plus grave, dans la législation française. Elle entraîne comme peines accessoires : la perte du droit de recevoir et de disposer à titre gratuit, la dégradation civique, l'interdiction légale; mais, par leur bonne conduite, les déportés peuvent obtenir la remise partielle ou même totale de leurs droits civils.

Les déportés dans une enceinte fortifiée sont libres, ils ne sont point astreints au travail et ils peuvent obtenir une concession de terre au bout de *cinq ans*, mais ils sont surveillés très étroitement. Ils subissent leur peine dans la presqu'île Ducos (Nouvelle-Calédonie).

La *déportation simple* n'entraîne ni la perte des droits civils, ni l'incapacité de disposer et de recevoir *à titre gratuit*, mais elle frappe *accessoirement* de l'interdiction légale; néanmoins le gouverneur peut rendre aux déportés la disposition de tous ou partie de leurs biens. — Les déportés simples sont internés dans l'île des Pins (près la Nouvelle-Calédonie); *dès leur arrivée* ils ont droit à une concession de terrain (lois du 8 juin 1850, du 23 mars 1872 et du 31 mai 1872).

Les travaux forcés à temps. — La peine des travaux forcés à temps peut durer de *cinq à vingt ans;* nous verrons même que dans certains cas le terme de vingt ans peut être dépassé. — La peine des travaux forcés à temps se subit de la même façon que la peine des travaux forcés à perpétuité. — Mais les travaux forcés à temps n'entraînent qu'une interdiction légale *temporaire*, d'une durée égale à celle de la peine principale. Dès que le condamné est rendu à la liberté, son tuteur doit lui rendre compte de son administration (29-30, C. pén.). Au contraire, la dégradation civique, autre peine accessoire du forçat, est une peine *perpétuelle;* elle ne cesse point de peser sur le condamné aux travaux forcés à temps parce qu'il a subi la peine principale. — Mais la condamnation aux travaux forcés *à temps* n'entraîne point l'incapacité de disposer et de recevoir par donation ou testament.

Les forçats ont droit à un salaire égal aux *trois dixièmes* du salaire normal, mais ils n'en touchent qu'une fraction, le reste est inscrit à leur masse et constitue un petit pécule qui leur est remis le jour de leur libération.

Tout individu condamné à moins de *huit ans* de travaux forcés est tenu, à l'expiration de sa peine, de résider dans la colonie pénitentiaire pendant un temps égal à la durée de sa condamnation; tandis que si la condamnation est de huit années ou plus, il doit y résider *toute sa vie*; sans doute il peut obtenir du gouverneur l'autorisation de quitter *momentanément* la colonie, mais il ne peut jamais être autorisé à se rendre en France.

Le gouvernement peut accorder aux condamnés aux travaux forcés à temps l'exercice *dans la colonie* des droits civils, ou de quelques-uns de ces droits dont ils sont privés par l'interdiction légale : droit d'être juré expert, témoin dans des actes, de déposer en justice, d'enseigner, de servir comme soldat dans la colonie ; il peut les autoriser à jouir ou disposer de tout ou partie de leurs biens (art. 12, loi du 30 mai 1854). De plus, des concessions de terrains provisoires ou même *définitives* peuvent être faites aux individus *qui ont subi leur peine* et qui restent dans la colonie.

Les condamnés des deux sexes qui se sont rendus dignes d'indulgence par leur conduite, peuvent recevoir l'autorisation de travailler — aux conditions et tarifs déterminés par l'administration — soit pour les habitants de la colonie, soit pour les administrations locales; ou bien obtenir une concession de terrain avec la faculté de la cultiver pour leur propre compte, concession provisoire qui peut devenir définitive après la libération du concessionnaire.

La détention. — Comme la déportation, c'est une peine exclusivement *politique*, mais elle n'est que *temporaire* : elle dure de *cinq à vingt ans*, en principe du moins.— La peine de la détention est subie à Corte (Corse). Les détenus sont privés de leur liberté, mais ils ne sont point astreints au travail ; s'ils désirent travailler, ils ont droit à un demi-salaire (décret du 17 mars 1858).

La détention entraîne, comme peines accessoires, la dégradation civique et l'interdiction légale (28, C. pén.).

La réclusion. — C'est une peine de droit commun, comme les travaux forcés ; sa durée est de *cinq* à *dix ans*, mais c'est peut-être la plus cruelle de toutes les pénalités établies par notre code pénal (21).

En effet, le réclusionnaire est enfermé dans une *maison de force* (maison centrale); il est assujetti à une discipline de fer et à un travail constant; de plus il est astreint au silence le plus complet. Il n'a droit qu'aux *quatre dixièmes* du salaire normal et encore ne touche-t-il guère que trois dixièmes, car le reste ne lui est remis que lors de sa libération.

Le condamné à la réclusion est frappé par là même de la dégradation civique et de l'interdiction légale.

Le bannissement. — Peine politique infamante, mais non afflictive. — Le condamné est exilé de France; s'il rentre sur le territoire français, il subit la peine de la détention pendant un temps *au moins égal* à la période qui reste à courir jusqu'à l'expiration de sa peine, mais qui ne peut jamais excéder le double : ainsi, quatre ans au plus si son bannissement n'expire que dans deux ans (33, C. pén.). Or la durée du bannissement est de *cinq à dix ans*. (32, C. pén.).

Comme peine accessoire, le bannissement entraîne la dégradation civique, mais non point l'interdiction légale.

La dégradation civique. — Presque toujours peine accessoire, quelquefois peine *principale* (au cas de falsification de bulletins de vote, par exemple, art. 111). Quand elle est peine principale, les juges *peuvent* condamner en outre à la prison (cinq ans au plus); ils le doivent même, lorsque le condamné est un étranger ou un Français qui a perdu la qualité de citoyen (35).

Nota. — Avant la loi sur les récidivistes, il existait une peine accessoire de toute peine criminelle : c'était la *surveillance de la haute police*, qui s'appliquait du reste aussi en matière correctionnelle. La loi sur les récidivistes l'a supprimée, et nous verrons, lorsque nous analyserons cette loi toute récente, par quoi cette peine accessoire a été remplacée (Voy. *Section IV*).

Emprisonnement correctionnel. La durée de l'emprisonnement ordinaire est de *six jours à cinq ans*. — Il est subi soit dans une *maison d'arrêt* départementale, soit dans une *maison centrale*. Lorsque l'emprisonnement est cellulaire, sa durée est réduite d'*un quart*, sauf lorsque la condamnation n'est pas supérieure à trois mois; aussi le prisonnier a-t-il le droit de demander à faire sa peine en cellule (loi du 5 juin 1875). Malheureusement la transformation des prisons départementales est loin d'être effectuée; un petit nombre seulement permettent d'appliquer la loi de 1875 (15 sur 382), et la plupart du temps les détenus sont divisés par sections ou même réunis tous ensemble, ce qui produit des effets désastreux et constitue certainement une des principales causes de la récidive (1).

(1) Avant le décret du 11 novembre 1885, dans certaines prisons tous les détenus étaient réunis ensemble. Ce décret ordonne que pour chaque catégorie de prisonniers (prévenus, accusés, condamnés, enfants insoumis) il y ait un local séparé. D'après ce même décret, tout détenu âgé de moins de seize ans doit être complètement séparé le jour et la nuit de tous détenus adultes. Les mineurs enfermés par voie de correction paternelle doivent être soumis à l'isolement individuel, etc... Ces dispositions, comme on le voit, constituent un véritable progrès.

En fait, les prisons départementales désignées sous le nom de *maisons d'arrêt*, de *justice*, ou de *correction* renferment les individus condamnés à *un an* de prison et *au-dessous*. — Les condamnés à *plus d'un an* sont internés dans les *maisons centrales* qui contiennent déjà les réclusionnaires. — Il n'y a guère en France qu'une vingtaine de prisons centrales.

Les condamnés correctionnels ont droit à un demi-salaire; ils sont astreints au travail (41, C. pén.).

A Paris, la prison de Saint-Lazare est une maison de correction pour les femmes; c'est aussi une prison *purement administrative*, en ce sens qu'on y interne par autorité administrative, — à Paris, par les soins de la préfecture de police — *sans jugement de condamnation*, les filles publiques qui n'obéissent point aux règlements de police.

La prison de Sainte-Pélagie contient un quartier spécial réservé aux condamnés pour délits politiques (délits de presse, par exemple).

Nous savons que dans certains cas le père de famille peut faire emprisonner son enfant; — il y a aussi des hypothèses où l'individu qui s'est rendu coupable d'un délit est déclaré irresponsable à cause de sa grande jeunesse; il est alors envoyé dans une maison de correction ou bien encore dans une colonie pénitentiaire où on lui apprend un métier, tout en s'efforçant d'en faire un honnête homme. Dans ces dernières années plusieurs belles colonies pénitentiaires ont été créées en France. La colonie de Mettray est depuis longtemps célèbre. — Enfin le *prévenu*, c'est-à-dire l'individu *accusé d'un délit*, est parfois interné dans une prison en attendant le jour du jugement. Mais ce n'est point là un emprisonnement correctionnel proprement dit — aucune peine véritable n'a été prononcée, — c'est un emprisonnement *préventif*.

Interdiction à temps de certains droits civiques, civils et de famille. — Peine correctionnelle appliquée dans certains cas déterminés et que l'on pourrait appeler une dégradation civique *partielle*. En effet, elle entraîne, suivant la volonté des juges, soit la perte temporaire ou perpétuelle de tous les droits dont est privée la personne frappée de dégradation civique, soit la perte de quelques-uns ou même d'un seul de ces droits : droit d'être juré, éligibilité, droit d'être tuteur, etc. (42-43, C. pén.).

L'amende. — En général l'amende est une peine correctionnelle ou de simple police; mais lorsqu'elle est appliquée à la suite de poursuites criminelles, c'est une peine criminelle.

Il faut distinguer soigneusement *l'amende* des *dommages-intérêts*. Les dommages-intérêts sont dus à la victime du délit, tandis que l'amende est prononcée au profit du Trésor; les dommages-intérêts sont dus aussi bien par les héritiers du condamné que par le condamné lui-même, tandis qu'on ne peut les poursuivre en paiement de l'amende prononcée contre celui auquel ils ont succédé. — La personne condamnée à des amendes et à des dommages-intérêts (sans compter les frais du procès) doit payer dans les *cinq jours* qui suivent le commandement fait à la requête du receveur de l'enregistrement, sous peine d'être *contrainte par corps*, c'est-à-dire emprisonnée pendant une période allant de deux à vingt jours, s'il s'agit de 50 fr. au plus; de vingt à quarante jours, s'il s'agit d'une somme de 51 à 100 fr.; de quarante jours à soixante jours pour une somme de 101 à 200 fr.; de deux mois à quatre mois pour une somme de 201 à 500 fr. et ainsi de suite jusqu'à *deux ans* au maximum. — Mais si le condamné prouve qu'il est insolvable, il est mis en liberté après avoir subi la contrainte pendant *la moitié* du temps fixé (art. 3, 9 et 10 de la loi du 22 juillet 1867).

Au cas de *solvabilité insuffisante*, les dommages-intérêts sont payés en premier lieu, puis l'amende et les frais sont acquittés entre les mains du receveur de l'enregistrement (54, C. pén.).

Les individus contre lesquels la contrainte par corps a été prononcée peuvent en être dispensés en fournissant une caution (art. 11, loi de 1867).

Tous les individus condamnés pour un même délit ou un même crime sont débiteurs *solidaires* des dommages-intérêts, restitutions, frais et amendes (55 C. pén.).

Peines de simple police. — Le tribunal de simple police qui condamne à trois jours de prison, par exemple, condamne à trois jours de *vingt-quatre heures*.

Rien de nouveau à dire au sujet des amendes prononcées par le tribunal de police. — Mais le juge de police peut prononcer la confiscation des choses saisies en contravention, ou des objets ayant servi à la commettre, — des pièces d'artifice, par exemple, que l'on voudrait tirer malgré les défenses de police (470, 471, C. pén.). C'est ce qu'on appelle la *confiscation spéciale*.

SECTION IV

Mesures prises pour combattre ou prévenir la récidive

La récidive consiste dans la répétition d'une infraction : il y a la récidive de *crime à crime*, la récidive de *délit à délit* (celui qui, non content d'avoir volé une première fois, recommence quelque temps après est un récidiviste de délit à délit), la récidive de *délit à crime* et de *crime à délit*, dont nous indiquerons les effets, et enfin la récidive en matière de contravention.

Depuis quelques années, le nombre des récidivistes s'est accru dans des proportions effrayantes. L'opinion publique s'est émue et le Parlement a pris deux mesures bien dissemblables — mais concourant toutes deux au même but : la diminution du nombre des récidivistes — pour combattre la récidive et pour la prévenir autant que cela est possible. De là viennent la *loi sur les récidivistes* et la loi qui institue la *libération conditionnelle* et le *patronage* ; la première permettant au gouvernement de débarrasser la France de ces criminels endurcis qui, dès leur sortie de prison, commettent de nouveaux vols et de nouveaux assassinats ; la seconde ayant pour but de relever celui qui a commis une première faute, mais n'a pas encore perdu tout bon sentiment.

§ 1er. — LA LOI SUR LES RÉCIDIVISTES

Les récidivistes qui, dans l'espace de *dix ans* — non compris la durée de la peine qu'ils ont subie — auront encouru :

Soit *deux* condamnations aux *travaux forcés* ou à la *réclusion* ;

Soit *une* condamnation de ce genre et *deux* condamnations à la prison pour faits qualifiés crimes, ou *à plus de trois mois* d'emprisonnement pour vol, escroquerie, abus de confiance, outrage public à la pudeur, excitation habituelle des mineurs à la débauche, vagabondage ou mendicité (dans l'hypothèse où le mendiant ou vagabond a usé de violence, de menaces ou a été trouvé porteur d'armes ou d'un déguisement) ;

Soit *quatre* condamnations à l'emprisonnement pour faits qualifiés crimes, ou *à plus de trois mois* de prison pour les délits que nous venons d'énumérer ;

Soit *sept* condamnations, dont *deux* au moins prévues par les deux paragraphes précédents et les autres appliquées pour *vagabondage*, ou pour infraction à *l'interdiction de résidence* (mesure administrative qui a remplacé la surveillance de la haute police) ;

Seront *relégués*, c'est-à-dire *internés à perpétuité* dans certaines de nos colonies (art. 1er de la loi du 27 mai 1885) (1).

Tout individu qui, ayant ou non un domicile certain, ne tire *habituellement* sa subsistance que du fait de pratiquer ou de faciliter *sur la voie publique* l'exercice de *jeux illicites* (le bonneteau notamment) ou la prostitution *d'autrui* sur la voie publique, est puni des peines édictées contre le vagabondage. Au bout d'un certain nombre de condamnations, il pourra par suite être relégué.

Les condamnations pour crimes ou délits politiques ou pour crimes ou délits *connexes* (c'est-à-dire *se rattachant intimement* à

(1) Un reglement d'administration publique, dressé en exécution de la loi du 27 mai 1885, établit deux sortes de relégation : la *relégation individuelle* et la *relégation collective*. — Les relégués soumis à la relégation individuelle sont ceux qui établissent leurs moyens d'existence et ont fait preuve d'une bonne conduite ; ils sont envoyés dans nos diverses colonies et là mis en état de liberté. Les relégués qui n'ont ni profession, ni métier déterminé, ni moyens d'existence reconnus, sont entretenus aux frais de l'État, seulement ils sont soumis au travail en commun (travail salarié, bien entendu) et logés dans des pénitenciers; au reste, par leur bonne conduite, ils peuvent arriver à être rangés dans l'autre catégorie de relégués. (*Décret du 26 novembre 1885.*)

des crimes ou délits politiques) ne seront point comptées pour la relégation (art. 3, même loi).

La relégation n'est appliquée qu'à l'expiration de la dernière peine à subir par le condamné, sauf le cas de grâce partielle (diminution de la durée de la peine) — (art. 12, même loi).

La relégation n'est pas applicable aux individus ayant *plus de soixante ans* ou *moins de vingt-et-un ans* à l'expiration de leur peine. — Mais les condamnations encourues par le mineur compteront plus tard pour la relégation, s'il est condamné de nouveau *après sa majorité* (art. 6).

Les condamnations qui ont été l'objet d'une grâce, d'une commutation ou d'une réduction de peine sont néanmoins comptées en vue de la relégation — sauf le cas de réhabilitation (art. 5).

Le relégué ne peut sortir *momentanément* du territoire où il est interné qu'en vertu d'une autorisation de l'autorité supérieure. Le Ministre peut seul autoriser le relégué à rentrer en France, mais pour six mois au plus. — Le relégué qui s'évade du lieu de relégation est puni de un à deux ans de prison la première fois; de cinq ans de prison au cas de récidive (art. 14).

En cas de grâce, le condamné à la relégation ne peut être dispensé de ce supplément de peine que par une disposition spéciale, formelle, des lettres de grâce (art. 15).

La relégation est prononcée par le tribunal ou la Cour, et ce en même temps que la peine principale (art. 10).

Les individus qui réunissaient, dès avant la promulgation de la loi du 27 mai 1885, les conditions nécessaires pour la relégation, ne sont relégués qu'en cas de condamnation nouvelle (art. 9).

Le relégué peut se voir restituer l'exercice de tout ou partie des droits civils dont ses condamnations l'ont privé; au reste, à partir de la dixième année de sa libération, il pourra se faire relever de la relégation en justifiant devant le tribunal de sa bonne conduite, des services qu'il aura rendus à la colonisation et de ses moyens d'existence (art. 16).

Bien plus le relégué pourra être dispensé provisoirement ou même définitivement de la relégation, soit à la suite de sa *libération conditionnelle*, soit pour cause d'infirmité ou de maladie.

L'administration accordera des concessions de terrains provisoires ou définitives aux condamnés. — Parmi les relégués, les uns travailleront dans les chantiers de l'État, les autres s'engageront comme journaliers ouvriers chez des colons; — mais ce qui distingue la relégation, c'est qu'elle n'entraîne *en rien*, pour les relégués, privation de la liberté sur le territoire qui leur est affecté (art. 18).

La peine de la surveillance de la haute police, supprimée, est remplacée par la défense faite au condamné de paraître dans les lieux dont l'interdiction lui sera signifiée par le gouvernement avant sa libération (lieu du crime, grandes villes telles que Paris, Lyon, etc.), sous peine de *cinq ans* de prison. C'est qu'on appelle *l'interdiction de séjour* (art. 19).

L'interdiction de séjour. — En dehors des villes ou régions dont le séjour est interdit par l'administration *à titre général* (1), il faut compter comme séjours interdits au condamné qui a subi sa peine : d'abord la commune où est située la maison centrale dans laquelle il a été détenu, puis *tout le département* où demeure la victime du crime ou du délit — ou ses héritiers *directs* (art. 635, C. instr. crim.), enfin l'Algérie — à moins qu'il n'y soit né. (Circ. minist. de 1885).

L'interdiction de séjour frappe de plein droit pendant *vingt ans* l'individu condamné à une peine criminelle ; pour le banni, elle est d'une durée égale à celle du bannissement ; elle est fixée de cinq à dix ans pour les récidivistes de délits à délits (art. 19, loi du 27 mai 1885) ; elle frappe aussi ceux qui sont condamnés pour crimes ou délits contre la sûreté de l'État. Dans tous les autres cas, il faut un texte spécial pour que le *délit* entraîne l'interdiction de séjour.

La loi sur les récidivistes est applicable à toutes nos colonies (art. 20, même loi).

Aggravation des peines au cas de récidive. — Nous avons vu que tous les récidivistes ne sont pas relégués : on peut être condamné trois fois pour vol et ne pas encourir la relégation, mais toute récidive, en principe, entraîne aggravation de peine. Ainsi l'individu qui se rend coupable d'un second crime qui, d'après notre droit pénal, entraîne la réclusion contre un non récidiviste, est condamné aux travaux forcés à temps ; la dégradation civique est remplacée par le bannissement ; la condamnation aux travaux forcés à perpétuité par la condamnation à mort, mais seulement lorsque le coupable a été condamné la première fois déjà aux travaux forcés *à perpétuité* (puis grâcié) ; — les travaux forcés à temps sont portés au maximum (vingt ans), et leur durée peut même être fixée au double, soit à quarante ans (56).

Celui qui, ayant été condamné à une peine *supérieure à un an* de prison, a commis une infraction punie, en principe, d'une peine correctionnelle, est condamné au maximum de la peine fixée, et cette peine peut même être élevée jusqu'au double, sans compter l'interdiction de séjour pendant cinq à dix ans (57).

L'individu condamné à *un an* de prison *au maximum* pour une première infraction, n'est pas considéré comme récidiviste au cas où il viendrait à en commettre une nouvelle.

Par exception, le récidive de délit à crime — qui se présente dans

(1) Les villes ainsi interdites *à titre général* sont : Bordeaux (et sa banlieue), Cannes, le Creuzot, Lille, Lyon (et *l'agglomération lyonnaise*), Marseille, Melun Nantes, Nice, Paris, Saint-Étienne et Versailles. Les territoires des départements de Seine-et-Marne, de Seine-et-Oise et de la Seine sont également interdits à titre général. (*Circulaire ministérielle, septembre 1885.*)

l'hypothèse où une personne déjà condamnée pour un *délit* vient à commettre un *crime* — n'entraîne pas d'aggravation de peine.

Il n'y a de récidive *en matière de contravention* que dans le cas où la seconde contravention est de la même espèce que la première (par exemple, on a négligé d'allumer la nuit les lanternes de sa voiture, malgré une première condamnation encourue pour le même motif); il faut de plus que la deuxième contravention ait été commise *dans l'année* et *dans le même canton* (483). — La récidive en matière de contravention entraîne nécessairement quelques jours de prison (482).

§ 2 — LE PATRONAGE

Il ne suffit pas de punir le récidiviste, il faut encore prévenir la récidive, c'est-à-dire l'empêcher de se produire en en détruisant autant que possible les causes. Or, il est certain que bien des libérés ne sont devenus récidivistes qu'à la suite du découragement qu'ils ont éprouvé en se voyant repoussés par toutes les personnes auxquelles ils demandaient du travail : ils ont eu recours au vol ou vol ou au crime pour se procurer des moyens d'existence. — Il faut donc s'efforcer de procurer au libéré du travail, de telle sorte qu'il ne retombe dans sa vie passée que s'il le veut bien. C'est le but des sociétés de *patronage*. Il existe déjà un certain nombre de ces sociétés, mais elles sont trop rares : il en faudrait *au moins* une par département.

Les sociétés agréées par l'administration reçoivent une subvention de l'État en rapport avec le nombre des libérés qu'elles patronnent. L'administration peut les charger de veiller sur la conduite des libérés qu'elle désigne spécialement, moyennant une subvention supplémentaire de 0 fr. 50 par tête et par jour. — (Art. 6-8 de la loi du 14 août 1885).

La libération conditionnelle. — Par leur travail et leur bonne conduite constatés chaque jour, et sur la demande des membres des sociétés de patronage qui les étudient, les prisonniers peuvent arriver à être mis en liberté *conditionnelle* avant la fin de leur peine. C'est là ce qu'on désigne sous le nom de *libération conditionnelle*. Or la libération conditionnelle peut être accordée : *après trois mois* de prison si la peine est *inférieure* à six mois, après la moitié de la peine si sa durée est plus longue, — après six mois au moins pour les peines inférieures à neuf mois, et pour les peines de neuf mois et plus, après les deux tiers de la peine *dans le cas où le condamné est un récidiviste* (art. 2, même loi). — Le libéré conditionnel aidé, encouragé par la société de patronage, arrive facilement à trouver du travail; mais lorsqu'il retombe dans l'inconduite ou ne se soumet point aux conditions mises à sa libération, le préfet ou le procureur de la République en donne avis au ministre de l'intérieur qui révoque, s'il y a lieu, la libération conditionnelle (art. 3-4).

Le libéré conditionnel qui est condamné à subir la relégation dès l'expiration de sa peine peut être laissé en France, mais s'il y fait preuve d'une inconduite *habituelle*, le ministre révoque cette faveur et le libéré est relégué (art. 2-3, loi du 14 août 1885).

SECTION V

L'instruction criminelle

Officiers de police judiciaire. — Il faut indiquer en premier lieu qui est chargé de rechercher les crimes, les délits et les contraventions, et d'arrêter les coupables. Or le code d'instruction criminelle cite comme *officiers de police judiciaire :* les membres du Ministère public, les juges d'instruction, les commissaires de police, les juges de paix, les maires, les adjoints, les officiers de gendarmerie, les gardes-champêtres et les gardes forestiers (art. 8 et 9, C. Instr. Crim.). — Les préfets — et notamment le préfet de police à Paris — ont les mêmes attributions que s'ils étaient officiers de police judiciaire, mais ils n'ont pas ce titre, afin que leur indépendance soit plus complète (art. 10).

Les officiers de police judiciaire ont tous le droit de requérir la force publique (art. 25), mais il est nécessaire d'établir entre eux des distinctions, surtout au point de vue de l'instruction préparatoire.

Instruction préparatoire. — Ce sont les membres du ministère public qui mettent en mouvement *l'action publique*, en principe : ils ordonnent au juge d'instruction de commencer l'instruction préparatoire, à l'occasion de *telle* infraction, contre *tel* individu. — *Sauf en matière de flagrant délit*, le juge d'instruction ne peut prendre l'initiative de l'instruction, ni lancer aucun mandat. A l'inverse, le procureur de la République ne peut prendre en main l'instruction, c'est-à-dire interroger l'accusé, les témoins, faire des constatations, *à moins qu'il ne s'agisse d'un flagrant délit*. Or, il y a flagrant délit quand l'infraction vient de se commettre ou lorsque le coupable, à la suite de l'infraction, a été poursuivi par la clameur publique (41).

Dès que le juge d'instruction est saisi de l'affaire, il procède à son instruction, lance des mandats de comparution, de dépôt, d'amener ou d'arrêt. — Dans le cas de *mandat de comparution*, il doit interroger *de suite* le comparant ; dans le cas de *mandat d'amener*, l'interrogatoire doit avoir lieu *dans les vingt-quatre heures au plus tard* après l'arrestation. — Le *mandat de dépôt* ou *d'arrêt* est décerné après l'interrogatoire, si l'infraction entraîne au moins l'emprisonnement ; mais le mandat d'arrêt doit contenir le motif de l'arrestation, et il ne peut être décerné qu'après que le Ministère public a été entendu

92-94). — Ces mandats sont notifiés par des huissiers, des commissaires de police ou autres agents de la force publique; ils sont valables pour toute la France.

L'individu saisi en vertu d'un mandat de dépôt ou d'arrêt est conduit immédiatement à la prison indiquée par le juge d'instruction. Il peut être mis au secret : il suffit pour cela d'une ordonnance *spéciale* du juge d'instruction. Cette ordonnance ne peut fixer à plus de *dix* jours la durée de la mise au secret, mais elle est renou velable.

Le juge d'instruction interroge les témoins séparément et en l'absence de l'accusé (73). — Il se transporte sur les lieux où l'infraction a été commise, s'il le juge utile, mais il doit être accompagné du procureur de la République et, en outre, de son greffier (62).

En *toute matière* le juge d'instruction peut, sur la demande de l'inculpé et sur les conclusions du Ministère public, ordonner la mise en liberté *provisoire*; et même, en *matière correctionnelle*, lorsque le maximum de la peine encourue est inférieur à *deux ans* de prison, le prévenu *domicilié* — lorsqu'il n'a jamais encore été condamné à *plus d'un an* de prison — a le droit d'*exiger* sa mise en liberté provisoire, *cinq jours* après son interrogatoire.

Lorsque la mise en liberté provisoire n'est pas de droit, le juge d'instruction peut ne l'accorder que sous la condition d'un cautionnement garantissant les frais, les amendes éventuelles et la présence de l'inculpé à tous les actes de la procédure. — La mise en liberté provisoire est du reste *révocable*; si l'inculpé, par exemple, ne se présente pas à toute réquisition, le juge peut décerner contre lui un nouveau mandat de dépôt ou d'arrêt.

L'instruction terminée, si le juge d'instruction ne croit pas à la culpabilité du prévenu ou de l'accusé (le *prévenu*, c'est l'individu accusé d'un délit, l'*accusé* — au sens étroit du mot — c'est l'individu poursuivi pour crime), il rend une *ordonnance de non-lieu*; s'il considère que l'infraction dont il s'agit n'est qu'une contravention, il renvoie l'inculpé devant le tribunal de police. — Dans ces deux hypothèses l'individu arrêté à tort est remis immédiatement en liberté (128-129).

Lorsque le juge croit l'inculpé coupable d'un délit, il le renvoie devant le tribunal de police correctionnelle (ici encore mise en liberté quand le délit ne peut entraîner la prison). — Mais s'il est d'avis que la personne arrêtée est coupable d'un crime, il renvoie l'affaire, par l'entremise du Ministère public, à une chambre de la Cour d'appel qui est désignée sous le nom de *Chambre des mises en accusation*.

Cette chambre procède à un supplément d'information si elle le juge utile; lorsqu'elle trouve des charges suffisantes pour motiver la mise en accusation, elle renvoie l'accusé devant la Cour d'assises; sinon, elle le remet en liberté; elle peut encore le renvoyer devant le tribunal de simple police ou le faire passer en police correctionnelle, suivant les circonstances (229-231).

Au cas de flagrant délit, le procureur de la République, nous le savons déjà, peut commencer l'instruction en attendant le juge d'instruction; il peut même la terminer, et, *s'il s'agit d'un délit*, faire passer *immédiatement* le prévenu en police correctionnelle, après avoir décerné contre lui un *mandat de dépôt*. Mais quand l'inculpé le demande, le tribunal lui accorde *trois jours* pour préparer sa défense (art. 1-4, loi du 20 mai 1863). — *Lorsqu'il s'agit d'un crime*, le représentant du Ministère public ne peut lancer un mandat de dépôt ou d'arrêt; il a seulement le droit de mettre l'accusé sous la garde d'un agent de la force publique; il n'a pas non plus le pouvoir de renvoyer l'inculpé devant la chambre des mises en accusation.

Le procureur de la République peut former opposition contre les ordonnances du juge d'instruction; il a pour cela un délai de vingt-quatre heures; c'est la chambre des mises en accusation qui statue (135).

Les autres officiers de police judiciaire ne sont que les auxiliaires de ces deux premières catégories (juges d'instruction et représentants du Ministère public); ils reçoivent les dénonciations et en rendent compte au procureur de la République. — En cas de flagrant délit ou sur la réquisstion d'un chef de maison, ils dressent les procès-verbaux, entendent les témoins, jouent en un mot le rôle des membres du ministère public dans les hypothèses du même genre (48-50, 52-53).

Les gardes-champêtres et les gardes forestiers sont chargés particulièrement de rechercher les délits et contraventions portant atteinte aux propriétés *rurales* et *forestières*; ils doivent arrêter et amener devant le juge de paix ou devant le maire tout individu surpris *en flagrant délit*, lorsque le délit emporte la *peine de l'emprisonnement*. — Leurs procès-verbaux doivent être faits *par écrit* le plus tôt possible et remis *dans les trois jours* au commissaire de police, ou au maire, s'il n'y a pas de commissaire de police dans la commune (15-30).

Plaintes et dénonciations. — La *plainte*, c'est la dénonciation d'une infraction par la *victime* même de cette infraction; au contraire la *dénonciation* émane d'une personne *non-intéressée*. — Toute personne témoin d'un *attentat* contre la sûreté publique ou contre la vie ou la propriété d'un particulier est *tenue* de le dénoncer au procureur de la République. Mais les dénonciations doivent être faites *par écrit* et rédigées par les dénonciateurs eux-mêmes ou par un mandataire *spécial*; elles sont signées non seulement par les dénonciateurs ou leurs fondés de pouvoirs (s'ils ne savent pas signer, il en est fait mention), mais encore par le procureur de la République, *à chaque feuillet* (31).

Le représentant du Ministère public reçoit les dénonciations directement ou par l'intermédiaire des maires, commissaires de police et autres officiers de police judiciaire; ces plaintes et dénonciations sont inscrites sur un registre spécial, mais le procureur de la République n'est pas forcé de poursuivre; seulement, s'il reste inactif, on peut s'adresser au procureur général ou même à la chambre des mises en accusation, qui, dans cette hypothèse, a le droit d'ordonner au procureur de la République d'intenter les poursuites.

La victime d'un délit ou d'un crime peut s'adresser au tribunal répressif saisi de l'affaire pour obtenir des *dommages-intérêts;* on dit alors qu'elle se porte *partie civile*. Elle peut du reste s'adresser, si elle le préfère, au tribunal civil; c'est même le seul parti qu'elle ait à prendre *s'il s'agit d'un crime*, lorsque le Ministère public ne donne pas suite à la plainte. Mais *en matière correctionnelle* la victime du délit a *le droit de citation directe* : elle peut citer directement le coupable devant le tribunal correctionnel, en dépit de l'inaction du Ministère public. C'est là un point très remarquable.

Lorsque le Ministère public poursuit, on peut se porter partie civile *jusqu'à la clôture des débats*. La partie civile a vingt-quatre heures pour se désister, — sauf lorsque le jugement intervient avant l'expiration de ce délai, car le désistement postérieur au jugement n'est valable dans aucun cas.

Toute personne qui se porte partie civile et n'est point domiciliée dans l'arrondissement du tribunal, doit *élire domicile* dans cet arrondissement par acte passé au greffe, et c'est à ce domicile éli que lui sont adressées toutes les significations (63-68).

Témoins et experts. — Les juges d'instruction peuvent avoir recours à des hommes de l'art (médecins, chimistes, professeurs) afin d'arriver plus facilement à la découverte de la vérité ; ces médecins, chimistes, etc., procèdent à des expertises : de là leur nom d'*experts*.

Toute personne citée comme témoin, et qui ne comparaît point, est passible d'une amende qui peut être portée à 100 francs par le juge d'instruction; cette amende n'est retirée que si le témoin produit une excuse légitime. — Les témoins sont entendus après avoir prêté serment; les enfants *âgés de moins de quinze ans* ne prêtent pas serment, et leurs dépositions ne valent que comme *renseignements* (79-81).

Tout témoin reçoit une indemnité lorsqu'il la demande au juge d'instruction. Cette indemnité qui est, à Paris, de 2 francs pour chaque déposition, de 1 fr. 50 dans les principales villes de province, et de 1 fr. partout ailleurs, est payée immédiatement après la déposition (si le témoin est une femme ou un enfant, le tarif est abaissé à 1 fr. 25, 1 fr., 0 fr., 75). — Les témoins qui sont dans un état de maladie ou d'infirmité dûment constatée ont droit au *double* de la taxe que nous venons d'indiquer.

Si les témoins sont obligés de se déplacer pour venir déposer, des frais de déplacement leur sont alloués (Tarif criminel, art. 26-29).

Prescription de l'action publique et de l'action civile. — En principe, l'action publique et l'action civile se prescrivent par *dix ans* en matière de *crime*, par *trois ans* en matière de *délit*, — et ce à compter du dernier acte de la procédure, si les poursuites ont été intentées ; sinon, à compter du jour de l'infraction. — En matière de *contravention*, la prescription s'accomplit par *un an* à compter du jour de l'infraction (637-638-640).

Dès que la prescription est accomplie, le coupable n'a plus rien à craindre. — Nous verrons tout à l'heure que lorsqu'un jugement a été rendu le délai de prescription est bien plus long.

SECTION VI

Les tribunaux répressifs

Organisation des tribunaux répressifs. — Au bas de l'échelle nous trouvons les tribunaux de simple police, puis viennent les tribunaux de police correctionnelle ; au-dessus : les chambres des appels de police correctionnelle, la Cour d'assises, et, enfin, au sommet, la Cour de cassation. — Nous connaissons déjà la compétence de ces différents tribunaux ; avant d'indiquer comment ils sont constitués, nous ferons immédiatement observer qu'en matière pénale le rôle de la Cour de cassation est le même qu'en matière civile (elle ne juge pas, elle peut seulement casser les jugements ou arrêts en dernier ressort) ; que la cour d'assises juge toujours en premier et dernier ressort ; que les chambres des appels de police correctionnelle statuent toujours en dernier ressort, et que les appels des tribunaux de simple police sont portés devant les tribunaux de police correctionnelle.

§ 1er. — TRIBUNAUX DE SIMPLE POLICE

Le tribunal de simple police est constitué par le juge de paix du canton, assisté de son greffier ; — dans les communes où il y a plusieurs juges de paix, chaque juge de paix est juge de simple police à tour de rôle (138-142). — Les fonctions du Ministère public sont remplies par le commissaire de police du lieu ; s'il y en a plusieurs, le procureur général désigne ceux d'entre eux qui doivent faire le service ; à défaut de commissaire de police, un suppléant du juge de paix, le maire ou un adjoint du chef-lieu de canton remplit ces fonctions (144).

Le juge de simple police prononce le jugement immédiatement après les débats, ou au plus tard à l'audience suivante. — Si le fait qui a donné lieu aux poursuites est un délit ou un crime, le juge renvoie les parties devant le procureur de la République (160).

La partie qui succombe est condamnée aux frais (162).

Lorsque le jugement a été rendu par défaut, il est susceptible d'opposition, mais l'opposition est non avenue si le défaillant ne comparaît pas à la première audience qui suit l'expiration du délai de *trois jours*, à compter de la signification qui est donnée pour former opposition au jugement (146-151).

Les tribunaux de simple police peuvent condamner à *15 fr.* d'amende ou à *cinq jours* de prison, *au maximum* ; tout jugement condamnant à la prison ou à *plus de 5 francs d'amende et de dommages-intérêts* est susceptible d'appel. On a *dix jours*, à partir de la signification, pour interjeter appel. — Le tribunal de police correctionnelle, saisi en appel, statue en dernier ressort, mais on peut encore se pourvoir en cassation (172-174-177).

§ 2. — TRIBUNAUX DE POLICE CORRECTIONNELLE

Dans la plupart des tribunaux de première instance, le tribunal correctionnel est composé des magistrats qui forment le tribunal civil : tel jour le tribunal juge *au correctionnel*, tel autre jour il juge *au civil*. Mais dans les grandes villes, — à Paris, à Lyon, par exemple, — il y a des chambres du tribunal qui ne jugent que les affaires correctionnelles. C'est ainsi que les 8e, 9e, 10e et 11e chambres du tribunal de la Seine sont des chambres *exclusivement correctionnelles*.

Les tribunaux correctionnels jugent *en dernier ressort* les affaires de la compétence des juges de paix contre lesquelles appel a été interjeté ; et *en premier ressort seulement* tous les délits dont la peine excède *cinq jours* de prison et *15 francs* d'amende. Il doit y avoir un délai d'au moins *trois jours* entre la citation et l'audience, quand le prévenu est cité *directement* par la partie civile (179-182-184).

L'individu *condamné par défaut* a *cinq jours* (non compris le délai à raison des distances), à compter de la signification, pour *former opposition* ; s'il n'y a pas eu de signification et si aucun acte d'exécution n'a fait connaître au condamné la décision qui le frappe, celui-ci a toujours le droit, quand il en est instruit, de former opposition (187). L'opposition doit être suivie, pour être valable, de la comparution de l'opposant à la *première* audience (188).

Ici, comme en simple police, l'instruction est publique ; les témoins sont interrogés en présence de l'inculpé.

S'il s'agit d'un délit forestier, un inspecteur des forêts — ou même un garde général — remplit les fonctions du Ministère public (190).

L'avocat, qui est choisi par l'inculpé ou *désigné d'office*, défend le prévenu ; puis l'organe du Ministère public donne ses conclusions.

Au cas où l'infraction est une contravention, le tribunal statue en *premier et dernier ressort*; si elle lui paraît être un *crime*, il renvoie l'inculpé devant le juge d'instruction, il peut même décerner contre lui un mandat de *dépôt* et *d'arrêt*; — s'il s'agit d'un *délit*, le jugement est susceptible d'appel (192-193-199). — Le délai donné pour interjeter appel est de *dix jours* à compter de la *prononciation* du jugement (le délai ne part que de la *signification*, s'il s'agit d'un jugement *par défaut*). La déclaration d'appel est faite au greffe du tribunal (203). — Mais le *procureur général* a *deux mois* pour interjeter appel — *un mois* seulement à compter de la *signification* si le jugement lui a été signifié par l'une des parties (205).

Le prévenu acquitté en premier ressort est mis *immédiatement* en liberté, bien que l'organe du Ministère public ou la partie civile attaque le jugement par la voie de l'appel (206).

Lorsque le tribunal correctionnel condamne le prévenu, mais estime qu'il y a des *circonstances atténuantes*, il peut réduire l'emprisonnement au-dessous de six jours, et l'amende au-dessous de 16 francs (463, C. pén.).

§ 3. — CHAMBRE DES APPELS DE POLICE CORRECTIONNELLE

C'est une chambre de la Cour d'appel chargée de statuer *en dernier ressort* sur les affaires correctionnelles jugées en premier ressort par le tribunal de police correctionnelle. — Même procédure que devant cette dernière juridiction, si ce n'est que l'un des conseillers fait un rapport sur l'affaire. — Contre l'arrêt rendu *par défaut*, il peut être formé opposition dans le même délai que ci-dessus. Quant à l'arrêt *contradictoire*, il n'est susceptible que d'un *recours en cassation* (208-216). — Même règle que précédemment pour les circonstances atténuantes.

§ 4. — LA COUR D'ASSISES

Tout chef-lieu de département, *en principe*, est le siège d'une cour d'assises (258-259). Mais les cours d'assises ne sont pas permanentes. En province, il y a une session de quelques jours tous *les trois mois*; seulement, à Paris, les sessions sont bien plus fréquentes. — Dans les départements où siège une cour d'appel, les assises sont tenues par trois membres de la cour, dont l'un remplit les fonctions de président (le procureur général ou un des avocats généraux représente le Ministère public); dans les autres départements, par un conseiller de la cour d'appel, président, et deux autres magistrats faisant partie du tribunal de première instance (parfois même, ce sont des conseillers de cour d'appel délégués); — le Ministère public est représenté par le procureur de la République.

Les trois magistrats qui tiennent les assises ne font qu'*appliquer*, *la loi* d'après la décision d'un jury composé de *douze citoyens*, désignés sous le nom de *jurés*, qui ont à se prononcer sur la culpabilité de l'accusé. Le président dirige les débats, et la loi lui a donné à cet effet un pouvoir discrétionnaire (ainsi il peut faire évacue rla salle au cas de manifestations bruyantes).

Formation du jury. — Pour être juré, il faut avoir *trente ans* accomplis, jouir des droits politiques, civils et de famille, savoir lire et écrire, n'avoir jamais été condamné à l'amende ou à la prison pour vol, abus de confiance; n'avoir jamais été puni de prison pour outrage à la morale publique et religieuse ou pour vagabondage; n'être point pourvu d'un conseil judiciaire, ni interdit. — Les officiers ministériels destitués, les faillis non réhabilités, ne peuvent être jurés. — Les domestiques ne peuvent remplir les fonctions de jurés.

Il y a incompatibiiité entre les fonctions de juré et un grand nombre de fonctions publiques. C'est ainsi que les ministres, préfets, magistrats, officiers, ministres du culte, instituteurs, etc., etc., ne peuvent être jurés. (Loi du 21 novembre 1872, art. 1-5).

Peur la formation du jury, il est établi une liste annuelle de trois mille jurés pour le département de la Seine; de quatre à six cents jurés (suivant le chiffre de la population) pour les autres départements. — Dans chaque *canton*, le juge de paix, ses suppléants et les maires du canton, forment une commission qui dresse une liste préparatoire contenant un nombre de noms *double* de celui fixé pour le *contingent cantonal* fixé par arrêté préfectoral. — Le public peut prendre connaissance de cette liste. — Puis, dans chaque *arrondissement*, une commission composée du président du tribunal, des juges de paix et des conseillers généraux de l'arrondissement, dresse la liste annuelle pour l'arrondissement *d'après ces listes préparatoires*. Les listes d'arrondissement *réunies* forment la liste du département. — Une liste *spéciale* de jurés *suppléants* est dressée par la commission de l'arrondissement où se tient la cour d'assises; elle contient trois cents jurés à Paris, cinquante dans les départements (même loi). — *Dix jours au moins* avant l'ouverture des assises, il est procédé, par voie de *tirage au sort*, à la formation de la *liste de session* qui se compose de *trente-six noms*, et de la liste *spéciale* des jurés *suppléants* qui doit comprendre *quatre jurés* (même loi).

Au jour indiqué pour le jugement de chaque affaire, les noms des jurés de la session qui sont présents sont tirés au sort : les *douze* premiers composent le jury qui aura à statuer sur l'affaire. — Tout juré absent sans raisonvalable est passible d'une amende de 200 à 1.500 fr. (396-399, *Inst. crim.*).

Au début de l'audience, qui est publique en principe (si l'affaire est scandaleuse, le *huis-clos* peut être ordonné), le greffier donne lecture de l'*acte d'accusation;* il est procédé à l'interrogatoire des témoins, puis le représentant du ministère public prononce son réquisitoire. — La parole est ensuite donnée au défenseur de l'accusé, et si, après la plaidoirie de l'avocat, le Ministère public prend de nouveau la parole, l'avocat a le droit de répliquer, car il doit toujours avoir le dernier mot. — Les débats clos, le jury se retire dans la salle de ses délibérations, et rend son verdict : il rentre ensuite dans la salle d'audience. Le *chef du jury* (celui des jurés dont le nom est sorti le *premier* de l'urne) donne lecture du verdict, et le président des assises prononce l'acquittement ou la condamnation, suivant la décision du jury et les dispositions du Code pénal.

Le jury a le droit d'accorder des circonstances atténuantes ; s'il le fait, la peine est diminuée (les travaux forcés au lieu de la peine de mort, la détention ou le bannissement au lieu de la déportation, etc., etc.).

§ 5. — POURVOI EN CASSATION

Au cas de condamnation prononcée *en dernier ressort* (condamnation prononcée par la cour d'assises, par exemple), l'inculpé ne peut que se pourvoir en cassation pour violation des formalités *prescrites à peine de nullité*, ou pour *omission* d'une formalité non prescrite à peine de nullité mais *requise* par le ministère public ou par l'accusé (408, C. Pén.). Il a un délai de *trois jours* francs pour former son recours en cassation ; le même délai est accordé à la partie civile et au ministère public, mais, au cas d'acquittement, le ministère public ne peut se pourvoir en cassation que *dans l'intérêt de la loi*, et dans cette hypothèse, que l'arrêt de la cour soit cassé ou non, l'acquitté ne peut plus être condamné (409).

La chambre criminelle de la Cour de cassation rejette le pourvoi, ou bien elle l'admet et casse l'arrêt. Dans ce dernier cas, l'affaire est renvoyée à la cour d'assises d'un département voisin de celui au chef-lieu duquel l'arrêt cassé a été rendu.

S'il s'agit d'un arrêt de chambre des appels correctionnels, l'affaire est renvoyée devant la chambre d'une autre cour d'appel ; s'il s'agit d'un jugement en dernier ressort rendu par un tribunal correctionnel, l'affaire est renvoyée devant un tribunal correctionnel voisin.

SECTION VII

Prescriptions des condamnations

Au bout de *vingt ans*, l'individu condamné pour *crime* et qui n'a point subi sa peine, ne peut plus être l'objet d'aucune poursuite; as condamnation est purgée. — Le délai de prescription d'une peine *correctionnelle* est fixé à *cinq ans*, à partir du jour où l'appel contre la décision du tribunal correctionnel n'a plus été possible, ou, *au cas où il y a eu appel*, à partir du jour de *l'arrêt* (636). — Pour les peines de *simple police*, la prescription s'accomplit pour *deux ans* (même point de départ que pour la prescription en matière correctionnelle).

SECTION VIII

La Grâce. — L'Amnistie. — La Réhabilitation

La grâce. — Le Président de la République a *seul* le droit de grâce (art. 3, loi du 25 février 1875).

La grâce est une faveur *personnelle* à tel ou tel condamné. — Elle n'efface que la peine principale, mais non les peines *accessoires* (la dégradation civique, par exemple), à la différence de l'amnistie.

L'amnistie. — L'amnistie est une grâce *absolue* effaçant absolument toutes les peines accessoires en même temps que la peine principale. C'est une mesure *générale;* elle ne vise pas tel condamné, mais tous ceux qui ont été condamnés à raison de *tel fait* (à la suite d'une émeute, d'une guerre civile). L'amnistie n'est point accordée par le Président de la République ; cette mesure ne peut être édictée que par une *loi* (art. 3, loi du 25 février 1875).

La réhabilitation. — Les dispositions relatives à la réhabilitation viennent d'être modifiées par une loi en date du 14 août 1885.

La réhabilitation efface la condamnation et fait cesser *pour l'avenir* toutes les incapacités qui en résultaient. Mais le condamné ne peut la demander qu'après avoir subi sa peine ou obtenu sa grâce (619-634). Et même les récidivistes ne sont admis à demander leur réhabilitation que *dix ans* après leur libération ; toutefois ce délai est réduit à *six ans* pour les récidivistes qui n'ont subi aucune peine criminelle (634, art. nouveau).

La Cour d'appel statue en premier ressort, comme nous allons le voir, sur la demande en réhabilitation ; — si elle la rejette, une nouvelle demande peut être présentée après un délai de *deux ans* (629).

Le condamné à une peine *criminelle* ne peut être admis à demander sa réhabilitation qu'après une résidence de *cinq années* dans le même arrondissement — pendant les *deux dernières* dans la *même commune*. Pour le condamné à une peine *correctionnelle* le délai est réduit à *trois ans*.

Ceux dont la résidence ne peut être fixe (soldats, voyageurs de commerce, etc.) sont dispensés de cette obligation, mais ils doivent fournir des certificats de bonne conduite mentionnant que les chefs ou patrons les ont délivrés pour servir à l'appréciation de la demande en réhabilitation (622 et 624). Le condamné doit en outre justifier du paiement des frais de justice, de l'amende et des dommages-intérêts (à moins de remise ou de prescription). Le banqueroutier frauduleux doit justifier du paiement du passif de la faillite en capital, intérêts et frais — ou de la remise qui lui en a été faite. — Cependant si le demandeur établit qu'il est hors d'état de se libérer des frais de justice, la Cour peut lui accorder sa réhabilitation (623).

C'est au procureur de la République que le condamné doit remettre sa demande contenant la *date de sa condamnation*, le *lieu* où il l'a subie et les localités où il a *résidé* depuis sa libération. Le procureur de la République prend l'avis des juges de paix et des sous-préfets des régions où le libéré a résidé, et il demande aux maires une attestation indiquant sa conduite et ses moyens d'existence (622 et 624).

Si la Cour rend un avis favorable à l'admission de la demande en réhabilitation, la décision est envoyée au garde des sceaux. Les lettres de réhabilitation sont signées par le Président de la République, sur le rapport du ministre (630-631).

SECTION IX

Révision des jugements

Il arrive parfois que les tribunaux condamnent un innocent. Malgré la présomption d'infaillibilité de la justice, il est des cas où l'humanité ordonne de réviser des procès jugés *en dernier ressort* et qui ne peuvent plus être l'objet d'appel ou de pourvoi en cassation. Mais la révision n'est ordonnée que dans *trois hypothèses*, et malheureusement il s'est produit des erreurs judiciaires en dehors de ce cadre vraiment trop restreint.

La révision peut être demandée : 1° lorsqu'après une condamnation pour homicide, des *pièces* rendent *vraisemblable* l'existence de la prétendue victime ; 2° lorsqu'une *nouvelle* décision judiciaire condamne pour le même fait un *autre* individu, et que, les deux condamnations ne pouvant se concilier, *l'un des deux* condamnés est nécessairement innocent ; 3° lorsqu'un témoin a été *condamné*, postérieurement au procès, pour faux témoignage contre l'inculpé (443).

La révision peut être demandée — quand on se trouve dans l'un de ces trois cas — soit par le Garde des sceaux, soit par le condamné, et, après la mort de ce dernier, elle peut être réclamée par ses parents, par ses légataires universels ou à titre universel, ou bien encore par ceux qui ont reçu de lui mission de demander la révision de son procès. Mais, sauf le Garde des sceaux, personne, au bout de *deux ans* à compter du moment où le demande en révision était possible, ne peut plus invoquer cette voie de recours.

La demande de révision doit être adressée au Garde des sceaux. Le ministre en saisit la chambre criminelle de la Cour de cassation, qui statue sur le pourvoi. L'exécution des décisions attaquées est suspendue jusqu'à ce que la Cour de cassation ait rendu son arrêt. Si la décision attaquée est annulée, l'affaire est soumise à une cour d'assises (à un tribunal correctionnel, lorsqu'il s'agit d'un délit) autre que celle dont la décision a été cassée — à moins, bien entendu, que le condamné ne soit décédé ou qu'il soit évident, dans la première hypothèse donnant lieu à révision, qu'aucun crime ou délit n'a été commis (446-447).

SECTION X

L'extradition

L'extradition est une matière qui se rattache essentiellement au *droit international*. Pour la bien comprendre, il faut tout d'abord savoir quand il y a lieu à extradition.

Supposons qu'un Français commette un crime en France, puis se réfugie en Allemagne pour échapper à la justice française. Le gouvernement demande au *pays de refuge*, — à l'Allemagne, dans notre hypothèse, de lui livrer le criminel; si l'Allemagne y consent, on dit qu'il y a *extradition*.

Les questions d'extradition se règlent *par voie diplomatique*, de gouvernement à gouvernement. Ainsi, quand il y a lieu à extradition, cette mesure n'est pas réclamée par le tribunal compétent pour juger le criminel qui est l'objet de la demande, mais par le ministre des affaires étrangères, saisi de la question par le ministre de la justice, saisi lui-même par *voie hiérarchique*. En effet, lorsque le procureur de la République s'est assuré qu'un criminel (français ou etranger, peu importe : il suffit qu'il ait commis le crime en France) s'est réfugié dans un pays voisin, il adresse au procureur général le mandat d'arrêt décerné par le juge d'instruction, en y joignant son propre avis sur la question ; le procureur général étudie l'affaire, puis il adresse son rapport au garde des sceaux.

L'extradition est tantôt *obligatoire*, tantôt *facultative* pour le pays de refuge. — Elle est *obligatoire* quand il existe un *traité d'extradition* entre la France et le pays étranger. Or nous avons un traité d'extradition avec tous les pays d'Europe — sauf cependant la Russie et la Turquie — et avec les États-Unis. Tous ces traités ne diffèrent les uns des autres que sur des points de détail.

Mais lorsqu'il n'y a point de traité, le gouvernement du pays de refuge n'accorde l'extradition que si cela lui plaît.

La France n'accorde l'extradition qu'après que l'individu au sujet duquel elle est demandée a été interrogé; la décision est prise *en conseil des ministres.*

En matière d'extradition, il est de principe que le pays de refuge ne livre pas ses nationaux (ainsi l'Allemagne n'accorderait pas l'extradition pour un crime commis à l'étranger par un Allemand), et que l'individu extradé ne peut être condamné que pour le crime sur equel on s'est fondé pour d emander son extradition.

L'extradition n'est jamais accordée pour orime *politique*; elle n'est admise qu'en matière de crime de droit commun ou de délit fort grave. — La liste des infractions donnant lieu à extradition varie du reste quelque peu suivant les traités. Nous citerons, comme exemple : l'incendie, le faux, l'assassinat, le viol, etc., etc.

LA VIE PUBLIQUE

CHAPITRE PREMIER

LA SÉPARATION DES POUVOIRS

Le grand principe de la séparation des pouvoirs domine toute notre législation. Il empêche les empiètements respectifs du pouvoir exécutif, du pouvoir législatif ou du pouvoir judiciaire. — Le pouvoir *exécutif* exécute les décisions du pouvoir législatif; le pouvoir *législatif* fait les lois, mais n'a pas le droit de les appliquer ; — quant au pouvoir *judiciaire*, il doit faire respecter l'application des lois et punir ceux qui les violent; vis à vis du pouvoir législatif, il est absolument indépendant.

Dans un cercle plus restreint, nous retrouvons encore la *séparation des pouvoirs*. Nous voulons parler de la séparation des pouvoirs *administratif* et *judiciaire*. L'autorité judiciaire ne peut connaître des actes de l'autorité administrative, elle n'a le droit ni de les annuler, ni de les réprimer. C'est ainsi que les tribunaux civils ne peuvent statuer sur les actes commis par un fonctionnaire dans l'exercice de ses fonctions, tandis qu'ils sont parfaitement compétents pour connaître des actes qu'il a accomplis comme simple particulier. Quelquefois la distinction est bien délicate ; aussi s'élèvet-il assez fréquemment des *conflits* entre le pouvoir judiciaire et le pouvoir administratif. Mais le conflit n'est jamais élevé en cour d'assises, ni devant la Cour de cassation, et en fait il est élevé très rarement en police correctionnelle. Si le *conflit* paraît pouvoir être élevé, le préfet adresse au parquet un *déclinatoire de compétence*, et le représentant du Ministère public le présente au tribunal. Ces conflits d'attributions sont portés devant un tribunal spécial, le *tribunal des conflits* — qui seul peut trancher le différend — dès que le préfet a pris un *arrêté de conflit*, mais, pour qu'il y ait lieu de soulever le conflit, il faut que l'autorité judiciaire se soit déclarée compétente.

Le tribunal des conflits. — Le tribunal des conflits est composé du Garde des sceaux, *président*, de trois conseillers d'Etat élus par leurs collègues, de trois conseillers à la Cour de cassation nommés également par leurs collègues, de deux membres, et, en outre, de deux suppléants élus par le Garde des sceaux et les six conseillers. Un vice-président est élu par le tribunal.

Les membres du tribunal sont soumis à réelection *tous les trois ans* (loi du 24 mai 1872). Deux commissaires du gouvernement remplissent près du tribunal des conflits les fonctions du Ministère public. Ils sont nommés pour *un an* par le Président de la République, et sont pris, l'un parmi les maîtres des requêtes du conseil d'Etat, l'autre parmi les membres du Ministère public près la Cour de cassation. — Les deux autorités en conflit sont représentées chacune par un avocat à la Cour de cassation.

Si l'arrêté de conflit n'est pas régulier, ou si le tribunal des conflits le considère comme *non-fondé*, la juridiction qui s'est déclarée compétente reste saisie de l'affaire qui est en suspens jusqu'à ce que le tribunal des conflits se soit prononcé; si au contraire le tribunal des conflits déclare l'arrêté de conflit absolnment fondé, cette juridiction est dessaisie et l'affaire est portée devant l'autorité administrative.

C'est encore en vertu du principe de la séparation des pouvoirs que *l'appel comme d'abus* a été institué. Nous parlerons de cette autre sorte de conflit (conflit entre l'autorité civile et l'autorité ecclésiastique) dans une autre partie de cet ouvrage. (Voy. VIE RELIGIEUSE).

CHAPITRE II

LES POUVOIRS PUBLICS

Dans ce chapitre nous traiterons de l'organisation du *pouvoir exécutif* et du *pouvoir législatif*.

Le Président de la République est le chef du pouvoir exécutif; quant au pouvoir législatif, il est exercé par le Sénat et la Chambre des députés.

SECTION PREMIÈRE

Le Président de la République

Le Président de la République est élu pour *sept ans* par le Congrès, c'est-à-dire par la réunion du Sénat et de la Chambre des députés en Assemblée nationale (art. 2, loi du 27 février 1875).

Le Président de la République promulgue les lois votées par le Parlement, et il en assure l'exécution. Il a le droit de faire grâce, il dispose de la force armée, nomme à tous les emplois civils et militaires, reçoit les envoyés et les ambassadeurs des puissances étrangères; c'est lui qui choisit les ministres, mais il n'est pas responsable de leurs actes, il n'est responsable que dans le cas de *haute trahison*. — Il ne peut déclarer la guerre sans l'assentiment *préalable* des deux Chambres. Il ratifie les traités, mais les traités de paix, de commerce et ceux qui engagent les finances de l'État doivent d'abord avoir été votés par le Parlement (art. 8-9, loi du 16 juillet 1875). — Il signe les projets de loi présentés aux Chambres et soutenus par les ministres (même loi).

Le Président de la République peut, *avec l'autorisation du Sénat*, dissoudre la Chambre des députés avant qu'elle ait atteint le terme de son mandat, mais, dans ce cas, les électeurs doivent être convoqués pour de nouvelles élections *dans les deux mois* de la dissolution, et la Chambre nouvelle dans les *dix jours* qui suivent la clôture des opérations électorales (Loi constitutionnelle du 14 août 1884).

Le siège du pouvoir exécutif est à Paris (loi du 21 juin 1879).

Aucun membre des familles qui ont régné en France ne peut être élu Président de la République (art. 2, loi du 14 août 1884).

Le Président de la République a un traitement de 600 000 francs. Il lui est attribué une autre somme de 600 000 francs pour frais de représentation et de déplacement.

SECTION II

Les Ministres

Les ministres sont *solidairement* responsables devant les Chambres de la politique *générale* du gouvernement. Ils sont responsables *individuellement* de leurs actes *personnels*, c'est-à-dire des actes relatifs au département ministériel dont ils sont chargés.

La réunion des ministres constitue le *Conseil des ministres*, présidé, soit par le Président de la République, soit par l'un d'eux, qui a le titre de *président du conseil*. C'est en conseil des ministres que sont prises les décisions concernant la politique générale. — Les ministres contresignent les actes du Président de la République qui intéressent leur département ministériel.

Actuellement (janvier 1886) le Cabinet se compose de *onze* ministres : le ministre de la Justice, garde des sceaux, le ministre des Affaires Étrangères, le ministre de l'Intérieur, le ministre de l'Instruction Publique, des Cultes et des Beaux-Arts, le ministre de la Guerre, le ministre de la Marine et des Colonies, le ministre des Travaux publics, le ministre du Commerce et de l'Industrie, le ministre de l'Agriculture, le ministre des Postes et Télégraphes.

Certains ministres sont assistés d'un sous-secrétaire d'État qui est chargé spécialement de la direction de tout le personnel et s'occupe particulièrement de certaines questions. Il y a un sous-secrétaire d'État au ministère de l'Instruction publique : il est chargé des Beaux-Arts ; dernièrement encore il y avait un secrétaire d'État aux Finances, et un autre à la Guerre. Ce dernier ne s'occupait que des questions administratives ; il n'avait pas d'attributions militaires.

Les ministres ont leur entrée dans les deux Chambres, et ils ont la parole toutes les fois qu'ils la demandent. Sous le régime parlementaire actuel, ils sont renversés par les votes de défiance qu'émet la Chambre des députés, — et l'on considère comme tels non seulement le vote d'un ordre du jour adopté à la suite d'une interpellation et contraire au cabinet, mais encore le vote d'une loi combattue par le gouvernement et à propos de laquelle le cabinet a posé la *question de cabinet*, suivant l'expression consacrée. — Les ministres peuvent même être mis en accusation par la Chambre des députés pour *crimes* commis dans l'exercice de leurs fonctions Ils sont alors jugés par le Sénat constitué en Haute Cour de justice (art. 12, loi du 10 juillet 1875). Telle est la sanction de la *responsabilité ministérielle*.

En cas de décès du Président de la République, le Conseil des ministres est investi du pouvoir exécutif jusqu'à l'élection d'un nouveau Président (art. 7, loi du 25 février 1875).

Les ministres peuvent être pris en dehors du Parlement. Dans la pratique il n'y a que les ministres de la Guerre et de la Marine qui ne soient pas membres de l'une des deux Chambres, et encore n'est-ce pas là une règle absolue.

Les ministres ont un traitement de 60 000 francs. Celui des sous-secrétaires d'État n'est que de 30 000 francs.

SECTION III

Le Parlement

§ 1er — LE SÉNAT

Le Sénat se compose de 300 membres. Un certain nombre de sénateurs ont été nommés *à vie*, mais depuis la loi du 9 décembre 1884, il ne peut plus être nommé de sénateurs inamovibles. — Maintenant tous les sénateurs sont élus au suffrage restreint, ils sont nommés par les *délégués sénatoriaux* de chaque département. Or le corps de ces délégués se compose : des députés du département, des conseillers généraux et des conseillers d'arrondissement, et enfin d'un certain nombre de délégués nommés par les conseils municipaux du département (Voy. ÉLECTIONS SÉNATORIALES).

La durée du mandat de sénateur est de *neuf ans*, mais le Sénat est renouvelable pour *tiers* tous les *trois ans ;* les départements sont répartis en trois séries (séries A, B et C). Supposons que les sénateurs de la série A aient été élus cette année, dans trois ans il sera procédé au renouvellement des sénateurs de la série B, et ainsi de suite.

Au point de vue *législatif*, le Sénat a, en principe, les même, pouvoirs que la Chambre des députés. Chaque sénateur peut présenter spontanément une proposition de loi, tout aussi bien que le gouvernement, en vertu du principe de l'*initiative parlementaire*. Mais toute proposition de loi adoptée par le Sénat, doit, pour devenir une *loi*, être adoptée par la Chambre des députés, et réciproquement; il faut que les textes adoptés par chacune des deux Chambres soient absolument identiques. Cette condition étant réalisée, le Président de la République promulgue la loi adoptée et la loi devient exécutoire.

Par exception, la loi des finances — ou le *budget*, suivant l'expression employée en pratique — doit être présentée *d'abord* à la Chambre ; le Sénat ne peut discuter le budget avant que les élus du suffrage universel l'aient discuté eux-mêmes.

Le Sénat *seul* peut juger le Président de la République ou les ministres mis en accusation par la Chambre. Il peut encore être constitué en Cour de justice par un décret rendu en Conseil des ministres — c'est-à-dire après avis de ce Conseil — pour juger toute personne accusée d'avoir commis un attentat contre la *sûreté de l'État* (art. 12, loi du 16 juillet 1875).

Les sénateurs touchent une indemnité de 9 000 francs.

Les séances du Sénat sont publiques, de même que celles de la Chambre des députés et du Congrès.

§ 2. — LA CHAMBRE DES DÉPUTÉS

La Chambre des députés, qui se compose de 584 membres, exerce le pouvoir législatif concurremment avec le Sénat. Chacun de ses membres peut présenter une proposition de loi. — Les députés sont nommés au *scrutin de liste* par le *suffrage universel*. Chacun des députés d'un département représente le département tout entier. Le nombre des députés n'est pas le même par département. Il est proportionné à la population (déduction faite des étrangers) : le département de la Seine a 38 députés, celui des Basses-Alpes en a 3. La Chambre des députés est renouvelable *pour la totalité* tous les *quatre ans*. (V. Chap. VI).

Nous savons déjà que la Chambre des députés seule peut mettre en accusation le Président de la République ou les ministres, et que le projet de budget doit lui être soumis avant que le Sénat ne l'ait examiné. — Les députés touchent les mêmes indemnités que les sénateurs, soit 9 000 francs.

§ 3. — LE CONGRÈS

Le Congrès se compose de la réunion de tous les sénateurs et de tous les députés. Lui seul peut modifier ou abroger les *lois constitutionnelles*, c'est-à-dire les lois dont l'ensemble forme la *Constitution*. — Le Congrès ne peut du reste procéder à la révision de la Constitution que si les deux Chambres ont décidé *préalablement* qu'il y a lieu de réviser les lois constitutionnelles. La forme du gouvernement ne peut faire l'objet d'une proposition de révision (lois constitutionnelles du 25 février 1875 et du 14 août 1884).

Les lois constitutionnelles sont : la loi du 25 février 1875 relative à l'organisation des pouvoirs publics, celle du 24 février 1875 relative à l'organisation du Sénat, celle du 16 juillet 1875 sur les rapports des pouvoirs publics, la loi du 21 juin 1879 et celle du 22 juillet 1879 qui transportent à Paris le siège des pouvoirs publics, enfin la loi du 14 août 1384 portant révision partielle des lois constitutionnelles et décidant notamment que les articles 1-7 de la loi du 24 février 1875 ne rentrent plus dans les lois constitutionnelles. Ces articles, relatifs à l'élection des sénateurs, ont été modifiés depuis par la loi du 9 décembre 1884.

Le Congrès se réunit aussi pour l'élection du Président de la République. — Le siège du Congrès est à Versailles (loi du 22 juillet 1879).

CHAPITRE III

ADMINISTRATION CENTRALE

L'administration centrale comprend tous les corps et services administratifs qui portent sur l'ensemble du territoire français. Sous cette dénomination, il faut grouper tous les ministères, et même, dans un sens large, les tribunaux administratifs dont la compétence s'étend sur toute la France, c'est-à-dire le Conseil d'État et la Cour des Comptes.

SECTION PREMIÈRE

Les Ministères

Chaque ministère se compose d'un nombre assez considérable d'employés occupés à Paris dans les bureaux. L'ensemble de ces employés constitue pour chaque département ministériel l'*administration centrale* proprement dite. — Les fonctionnaires chargés d'administrer un point spécial du territoire se rattachent bien à des ministères, mais il ne font pas partie de l'administration centrale.

Au sommet de la hiérarchie administrative, nous trouvons le Ministre. Chef de l'administration centrale, il est secondé par les *directeurs*; puis viennent les *chefs de division* ayant sous leurs ordres des *chefs de bureau*. Chaque bureau se compose, outre le chef de bureau, d'un sous-chef, de commis principaux, de commis-rédacteurs et de commis-expéditionnaires. Les affaires sont réparties suivant leur nature entre ces différentes divisions et subdivisions. — Tel est le personnel de l'administration centrale.

SECTION II

Le Conseil d'État

Attributions. — Le Conseil d'État est revêtu d'attributions fort diverses. Il a des attributions *législatives* — en ce sens qu'il peut être appelé à donner son avis sur tel ou tel projet de loi; des attributions *administratives* : c'est lui qui rédige les *règlements d'administration publique* (on appelle ainsi des dispositions réglementant dans ses détails l'application des lois votées par le Parlement et revêtues de la signature du Président de la République. — Les *décrets rendus en Conseil d'État*, que l'on désigne parfois sous le nom de *décrets rendus en forme de règlements d'administration publique*, ne diffèrent point, comme forme, des règlements d'administration publique; seulement ils ont trait à des cas particuliers (décrets de naturalisation, par exemple).

Mais le Conseil d'État est avant tout un *tribunal administratif*. Il statue tantôt en premier et dernier ressort (par exemple sur la validité de l'élection d'un conseiller général), tantôt en dernier ressort comme Conseil d'appel (appel interjeté contre la décision d'un conseil de préfecture, — ou d'un préfet, dans les hypothèses ou le préfet statue *sauf recours au Conseil d'État*, — tantôt sur un *pourvoi en cassation* formé pour *incompétence*, *excès de pouvoir* ou *violation de la loi* de la part d'une autorité administrative). Il statue également sur les conflits qui s'élèvent entre deux autorités administratives (entre le préfet et le conseil de préfecture, par exemple).

Lorsqu'un préfet commet un excès de pouvoir, on peut le poursuivre *directement* devant le Conseil d'État. — C'est encore devant ce Conseil que sont portés les *appels comme d'abus* (Voy. Vie Religieuse).

Lorsque le Conseil d'État agit comme tribunal administratif, on dit qu'il statue *au contentieux*.

Organisation du Conseil d'État. — Le Conseil d'État se compose de : trente-deux conseillers d'État *en service ordinaire*, dix-huit conseillers d'État *en service extraordinaire*, trente maîtres des requêtes, trente-six auditeurs au Conseil d'État (douze de 1re classe, vingt-quatre de 2e classe).

Le Conseil d'État est divisé en *cinq sections :* 1° section de la législation, de la justice et des affaires étrangères; 2° section de l'intérieur, des cultes, de l'instruction publique et des Beaux-Arts; 3° section des finances, des postes et telégraphes, de la guerre, de la marine et des colonies; 4° section des travaux publics, de l'agriculture et du commerce; 5° section du contentieux (art. 1er, décret du 2 août 1879).

Chacune des quatre premières sections est composée de cinq conseillers d'État *en service ordinaire* et d'un président, de cinq maîtres des requêtes et de plusieurs auditeurs de première et de deuxième classe (près la section de législation il n'y a que trois maîtres des requêtes).

Quant a la section du contentieux, elle se compose de : six conseillers en service ordinaire, et un président; douze maîtres des requêtes, dont quatre commissaires du gouvernement; quatorze auditeurs (quatre de première classe et dix de deuxième classe).

Mais lorsque le Conseil d'État statue *au contentieux* en assemblée *publique*, le tribunal se compose du *vice-président* du conseil d'État (le *président* du Conseil d'État est le ministre de la justice), de la section du contentieux, *et en outre* de huit conseillers en service *ordinaire* (art 5, loi du 13 juillet 1879). — Or la section du contentieux a simplement à faire *l'instruction* et à préparer le rapport des affaires contentieuses : le jugement définitif est rendu par le Conseil d'État statuant au contentieux. Cependant cette règle comporte des exceptions : la section du contentieux peut juger *définitivement* les affaires qui n'exigent point la constitution d'un avocat au Conseil d'État — à moins que le renvoi devant le Conseil d'État statuant au contentieux ne soit demandé par un conseiller ou par un commissaire du gouvernement. Or, en cas de recours pour incompétence ou excès de pouvoirs, en matière d'élection, en matière d'impôts directs, le particulier qui s'adresse au Conseil d'État est dispensé de constituer un avocat.

Les conseillers d'État ordinaires sont nommés par décret rendu en conseil des ministres. — Les conseillers d'État en service extraordinaire sont nommés par simple décret.

Les conseillers d'État, les maîtres des requêtes, les auditeurs sont révocables. Du reste, les membres des tribunaux administratifs sont toujours exposés à la révocation ; l'inamovibilité n'existe point en droit administratif — sauf pour les conseillers de la Cour des Comptes.

Les conseillers d'État *en service extraordinaire* sont, à la différence des conseillers d'Etat en service *ordinaire*, des fonctionnaires *actifs* (les directeurs des ministères, par exemple); ils ne peuvent siéger en matière contentieuse. — Les maîtres des requêtes remplissent les fonctions du Ministère public (ils sont alors désignés sous le nom de *commissaires du gouvernement*) ou font l'office de *rapporteurs*; quant aux auditeurs, ils préparent l'*instruction* des affaires; ils rédigent aussi des rapports. — Les auditeurs de 2e classe sont admis au concours et les auditeurs de 1re classe sont pris parmi les auditeurs de 2e classe qui ont déjà acquis une certaine expérience (art. 2, loi du 13 juillet 1879).

Assemblée générale du Conseil d'État. — En matière administrative, c'est-à-dire lorsqu'il s'agit de donner un avis sur une demande à fin de naturalisation, par exemple, ou bien de faire des règlements d'administration publique, tantôt il suffit qu'une *section* donne son avis ou statue, tantôt la loi exige au contraire que les délibérations aient lieu *en assemblée générale* du Conseil d'État, c'est-à-dire que la décision rendue émane du Conseil d'État tout entier.

Sont portés entre autres devant l'assemblée générale du Conseil d'État : les projets et les propositions de loi renvoyées au Conseil, les projets de règlements d'administration publique, les appels comme d'abus, les autorisations des congrégations religieuses, les affaires sur lesquelles il doit être statué par décret rendu en forme de règlement d'administration publique, les créations des chambres et tribunaux de commerce, des conseils de prud'hommes et généralement les affaires particulièrement importantes (art. 7, décret du 2 août 1879).

Le ministre de la Justice peut présider l'assemblée générale ou les sections administratives du Conseil d'État, mais non le Conseil d'État statuant au contentieux, ni la section du contentieux.

SECTION III

La Cour des Comptes

Attributions — La Cour des Comptes est une juridiction administrative qui a pour mission de vérifier les comptes annuels des comptables publics (comptes des recettes et comptes des dépenses) : suivant que ces comptables sont débiteurs ou créanciers, ou ne sont ni débiteurs, ni créanciers de l'État, elle les déclare *en débet*, *en avance*, ou leur accorde le *quitus*. — La Cour des Comptes contrôle en outre les actes des *ordonnateurs*, c'est-à-dire des fonctionnaires qui donnent l'ordre (1) aux comptables de payer (ministres, préfets, etc.); elle a encore un pouvoir de *contrôle* sur les actes des comptables *en matières* (par opposition aux comptables *en deniers* (en argent). — On appelle comptables en matières les fonctionnaires chargés de fournir aux départements de la marine et de la guerre des matières de *transformation* ou de *consommation* : bois, fer, munitions, vivres, habillements, fourrages, etc. — (Décret du 31 mai 1862).

Lorsque la Cour des Comptes se borne à contrôler, elle ne rend pas d'arrêts comme lorsqu'elle statue sur les actes des comptables *en deniers*, elle adresse au Président de la République des rapports portant *déclaration de conformité* entre les comptes des comptables et ceux des ordonnateurs (même décret).

En principe la Cour des Comptes statue *en premier et dernier ressort*. Par exception les comptables des communes qui ont moins de 30 000 fr. de revenus ordinaires rendent leurs comptes au conseil de préfecture qui statue en premier ressort; la Cour des Comptes ne statue alors qu'en dernier ressort.

On peut se pourvoir en cassation devant le Conseil d'État, contre les arrêts de la Cour des Comptes, mais seulement pour *incompétence*, *excès de pouvoir* ou *violation de la loi*. Lorsque la Cour des Comptes a commis une erreur, on peut se *pourvoir en révision*, mais devant la Cour des Comptes elle-même et non point devant le Conseil d'État.

Organisation. — La Cour des Comptes se compose de : un

(1) Suivant l'expression usitée en matière de comptabilité publique, ils *ordonnancent* les dépenses.

premier président, trois présidents de chambre, dix-huit conseillers-maîtres, vingt-six conseillers référendaires de première classe, soixante conseillers référendaires de deuxième classe, quinze auditeurs de 1re classe, dix auditeurs de 2e classe (décrets du 31 mai 1862 et du 25 décembre 1869).

Le ministère public est représenté par un procureur général, et deux conseillers référendaires remplissent les fonctions d'avocat général et de substitut du procureur général.

Les conseillers référendaires correspondent aux maîtres des requêtes du Conseil d'État, mais, point remarquable en droit administratif, les conseillers de la Cour des Comptes (conseillers-maîtres ou référendaires) sont *inamovibles.* — Les auditeurs à la Cour des Comptes sont chargés de préparer les affaires sur lesquelles la Cour des Comptes est appelée à statuer.

La Cour se divise *en trois chambres* composées chacune d'un président de chambre et de *six conseillers-maîtres.* L'une s'occupe des dépenses publiques, une autre des recettes, la troisième vérifie les comptes des établissements publics (hospices, bureaux de bienfaisance, etc.) — Les trois chambres se réunissent en *assemblée générale* pour rendre les *déclarations de conformité* et adopter es conclusions des rapports annuels qui doivent être adressés au Président de la République (décrets du 31 mai 1862 et du 17 juillet 1880).

Lorsque le Conseil d'État casse un arrêt de la Cour des Comptes, l'affaire est renvoyée devant une chambre autre que celle qui a rendu l'arrêt.

La Cour des Comptes ne juge pas seulement les comptables, mais encore ceux qui ont usurpé les fonctions de comptables des deniers publics (par exemple les maires qui se sont immiscés dans les fonctions de receveur municipal).

Les *percepteurs* et *les receveurs particuliers* ne sont pas justiciables de la Cour des Comptes ; les percepteurs rendent leurs comptes au receveur particulier de l'arrondissement, qui, lui-même, doit rendre compte au trésorier-payeur général. Mais ce dernier relève directement de la Cour des Comptes.

CHAPITRE IV

ADMINISTRATION DÉPARTEMENTALE

SECTION PREMIÈRE

Le préfet

Dans chaque département il y a un Préfet. Le préfet est le représentant du pouvoir central. Placé immédiatement sous les ordres des ministres, il correspond directement avec chacun d'eux pour les affaires qui intéressent tel ou tel département ministériel (pour les questions agricoles, par exemple, il s'adresse au ministre de l'agriculture), mais il fait partie du personnel du ministère de l'intérieur.

Le préfet, fonctionnaire essentiellement révocable, est nommé et révoqué par le Président de la République sur la proposition du *ministre de l'intérieur*. En matière politique, il ne relève que de ce ministre.

Le préfet a de très nombreuses attributions, mais elles sont restreintes, bien entendu, à l'étendue de son département. Nous n'indiquerons ici que les principales.

Le préfet représente le département dans les procès qu'il intente ou qu'il soutient contre des particuliers — car le département, étant une *personne morale*, peut ester en justice. — Il ordonnance les mandats des créanciers de l'État ou du département. — Il doit veiller à la sûreté publique. — Il préside le conseil de préfecture, le conseil de révision, les chambres d'agriculture, etc. — Il rend des *arrêtés*. Les arrêtés préfectoraux sont tantôt *réglementaires* ou *généraux* (arrêtés indiquant l'époque de l'ouverture de la chasse, par exemple) tantôt *spéciaux* ou *individuels* (arrêté portant nomination à un emploi départemental).

Lorsque le préfet prend un arrêté malgré son *incompétence*, ou commet un *excès de pouvoir*, il faut s'adresser au Conseil d'État pour faire annuler l'arrêté. — Quand on veut attaquer un arrêté préfectoral comme mal fondé, on peut demander au préfet lui-même, de détruire son arrêté, et, s'il refuse, s'adresser au ministre compétent. Toutefois la réclamation est portée directement devant le Conseil d'État dans les hypothèses où la loi décide que le préfet statue *sauf recours au Conseil d'État* (par exemple lorsqu'il s'agit de l'autorisation de certains établissements dangereux ou insalubres).

Le préfet est assisté d'un secrétaire général qui le remplace en cas d'absence ou d'empêchement. Le secrétaire général de préfecture a le rang de sous-préfet.

Traitements des préfets. — Les préfectures sont divisées en trois classes :

Les préfets placés à la tête d'une préfecture de 1re classe ont un traitement de 35 000 francs ; les préfets de 2e classe, 24 000 francs ; les préfets de 3e classe, 18 000 francs.

Traitement du secrétaire général d'une préfecture de 1re classe : 7 000 francs ; de 2e classe, 6 000 francs ; de 3e classe, 4 500 francs.

Préfecture de la Seine. — Pour le département de la Seine, il y a une organisation spéciale. Le préfet de la Seine est à la fois préfet de la Seine et *maire de Paris;* mais la police n'est point entre ses mains, il y a à Paris un *préfet de police* qui est chargé exclusivement de maintenir l'ordre et de veiller à la sûreté publique. Le préfet de police est assisté, lui aussi, d'un secrétaire général.

Le préfet de la Seine et le préfet de police sont hors classe.

Traitement du préfet de la Seine, 50 000 francs ; du secrétaire général, 18 000 francs ; du préfet de police, 40 000 francs ; du secrétaire général de la préfecture de police, 15 000 fr.

SECTION II

Le conseil de préfecture

Le conseil de préfecture est un *tribunal* administratif de première instance, mais, en outre, c'est un véritable *conseil* administratif. Il statue au *contentieux* sur les demandes de particuliers en vue de la *décharge* ou de la *réduction* de leur cote de contributions directes, et généralement sur toutes les questions relatives aux *impôts directs* (Voy. IMPOTS). Il est encore compétent en matière de travaux publics et de voirie (indemnités dues aux particuliers, dégradations commises sur la voie publique et autres contraventions de grande voirie) ; il juge les contestations relatives au sens et à l'exécution des actes de vente intervenus entre l'État *vendeur* et l'acheteur (département, commune ou particulier). — Exceptionnellement, il statue en matière d'impôts *indirects* et en matière de comptabilité (Voy. IMPOTS et ADMINISTRATION COMMUNALE).

L'appel contre les décisions du conseil de préfecture doit être interjeté dans les *trois mois ;* il est porté devant le *Conseil d'État*. Mais ici l'appel ne produit pas d'effet suspensif ; toutefois, le conseil de préfecture a la faculté de suspendre l'exécution de sa décision (art. 24, loi de 1872). — Le défaillant peut former *opposition* contre le jugement du conseil *jusqu'à son exécution*, et cette opposition a un effet suspensif.

Le conseil de préfecture ne rend pas seulement des jugements : il donne aussi des *avis* au préfet ; il est même des cas où cet avis *doit* être demandé par le préfet, c'est lorsque la loi exige un arrêté du préfet en *en conseil de préfecture.* Nous verrons par la suite que ces cas sont assez nombreux (Voy. ADMINISTRATION COMMUNALE). — Enfin c'est le conseil de préfecture qui autorise les communes à intenter ou poursuivre un procès (art. 121, loi du 5 avril 1884). L'autorisation ou le refus d'autorisation fait l'objet d'un *arrêté du conseil de préfecture.* — Lorsque le conseil de préfecture donne un simple avis ou prend un arrêté, il n'exerce plus des attributions contentieuses, mais des attributions purement administratives.

Le conseil de préfecture se compose du préfet (président) et de *trois* ou *quatre* conseillers de préfecture. — Les conseillers de préfecture sont nommés par décret, ils sont révocables. L'un d'eux est désigné pour remplir les fonctions de *vice-président* par le Président de la République. — Le ministère public est représenté par le secrétaire général de la préfecture qui prend alors le titre de *commissaire du gouvernement.* — Le traitement des conseillers varie de 4 000 à 2 000 francs, suivant la classe de la préfecture.

Le conseil de préfecture de la Seine a reçu une organisation spéciale. Il a pour président, non le préfet, mais un conseiller de préfecture. Il se compose de *neuf* conseillers, y compris le président. (Loi du 23 mars 1873) — Les conseillers du conseil de préfecture de la Seine ont un traitement de 8 000 fr.

SECTION III

Le sous-préfet

Le sous-préfet est placé sous les ordres immédiats du préfet ; il sert d'intermédiaire entre les maires et le préfet du département. Il a pour ressort l'étendue de l'arrondissement au chef-lieu duquel il est établi. — Dans les arrondissements qui ont pour chef-lieu le chef-lieu du département, le préfet remplit en même temps les fonctions de sous-préfet. — Dans le département de la Seine il n'y a pas un seul sous-préfet ; les arrondissements de Sceaux et de Saint-Denis sont administrés par le préfet.

Le sous-préfet informe le préfet de ce qui se passe dans l'arrondissement qu'il administre, il choisit les *répartiteurs* chargés de *répartir* entre les contribuables d'une commune, les impôts directs mis à la charge de cette commune par le conseil d'arrondissement (Voy. IMPOTS), il nomme les préposés d'octroi, légalise les signatures des maires de son arrondissement, délivre des passe-ports, des permis de chasse, etc. (décret du 13 avril 1861).

Il y a trois classes de sous-préfectures. Les sous-préfets de 1re classe reçoivent un traitement de 7 000 fr. ; de 2e classe, 6 000 fr. ; de 3e classe, 4 500 fr.

Les sous-préfets sont nommés et révoqués par décret, sur la proposition du ministre de l'intérieur.

SECTION IV

Le conseil général

§ 1er. — ORGANISATION DES CONSEILS GÉNÉRAUX

Il y a dans chaque département un conseil général, composé d'autant de conseillers généraux qu'il y a de cantons dans le département. — Les conseillers généraux sont élus au suffrage universel *pour six ans*; le conseil général est renouvelable par moitié tous les *trois ans*.

Peut être élu conseiller général tout électeur âgé de *vingt-cinq ans* accomplis, et domicilié dans le département, ou tout au moins inscrit au rôle d'une des contributions directes au 1er janvier de l'année dans laquelle se fait l'élection (loi du 10 août 1871).

L'interdit ou l'individu pourvu d'un conseil judiciaire n'est pas éligible. — Les fonctionnaires (préfets, magistrats, recteurs, etc.) ne peuvent être élus conseillers généraux dans l'étendue de leur ressort. Ainsi un juge de paix ne peut être élu conseiller général dans son canton. Bien plus, le mandat de conseiller général est incompatible *dans toute la France* avec les fonctions de préfet, sous-préfet, secrétaire général ou conseiller de préfecture, commissaire ou agent de police (art. 8-9, même loi); il est incompatible dans *le département* avec les fonctions d'architecte départemental, d'agent-voyer, d'employé des bureaux de la préfecture ou d'une sous-préfecture, et généralement avec toutes les fonctions rétribuées sur le budget du département (art. 10).

Nul ne peut être membre de plusieurs conseils généraux (art 11).

Les élections ont lieu le dimanche, quinze jours au moins après le décret de convocation des électeurs, au chef-lieu de chaque commune. — Pour être élu conseiller général au premier tour de scrutin, il faut avoir obtenu la *majorité absolue*, c'est-à-dire la moitié *plus un* des suffrages *exprimés* (51 suffrages sur 100 par exemple), et un nombre de suffrages égal *au quart* de celui des électeurs inscrits sur les listes électorales; sinon il y a lieu *le dimanche suivant* à un second tour de scrutin — on dit alors qu'il y a *ballottage* — mais pour être élu à ce second tour, il suffit d'obtenir la *majorité relative*, c'est-à-dire plus de suffrages qu'aucun des autres candidats. — Les élections peuvent être attaquées pour irrégularité par tout électeur du canton, par les candidats non élus, et par les membres du conseil général. La demande en nullité est portée devant le Conseil d'État (loi du 31 juillet 1875).

Sessions du conseil général. — Les conseils généraux ont *deux* sessions ordinaires par an. La première session s'ouvre le premier lundi qui suit le 15 août, et la deuxième le second lundi après le jour de Pâques (loi du 12 août 1876). La durée de la session d'août ne peut excéder *un mois* (c'est dans cette session qu'on discute le budget), la seconde session ne peut durer plus de quinze jours (art. 23, loi de 1871). — Mais les conseils généraux peuvent être réunis *extraordinairement* (*sessions extraordinaires*) : 1° par décret du Président de la République; 2° si les *deux tiers* des membres le demandent *par écrit* au président du conseil général. Dans ce cas le préfet, averti par le président, convoque d'urgence le conseil. — La durée des sessions *extraordinaires* ne peut dépasser *huit jours* (art. 24, même loi).

Le préfet a entrée au conseil, il est entendu quand il le demande, mais il ne peut assister à l'apurement de ses comptes. — Les séances du conseil sont *publiques*, mais sur la demande de cinq membres, du président ou du préfet, le conseil général décide *sans débat* s'il se formera en *comité secret*, c'est-à-dire si la séance aura lieu à *huis-clos*. — Le président, élu par le conseil à la session d'août — ainsi que les vice-présidents et les secrétaires — a la police de l'assemblée (25-29). — Jadis les journaux ne pouvaient apprécier une discussion du conseil général sans reproduire en même temps la portion du compte rendu sommaire et officiel qui se rapportait à cette discussion. La loi du 29 juillet 1881 a abrogé cette disposition.

Le Président de la République peut dissoudre tel ou tel conseil général, mais il ne peut procéder à la dissolution des conseillers généraux *par voie de mesure générale*. — Le décret de dissolution doit être *motivé* et convoquer les électeurs pour le *quatrième dimanche* qui suit sa date. Le nouveau conseil se réunit *de plein droit* le lundi qui suit l'élection. — Lorsque la dissolution intervient pendant la durée d'une session du Parlement, le Président de la République doit rendre compte aux Chambres de cette mesure le plus tôt possible (art. 35-36, loi de 1871).

§ 2. — ATTRIBUTIONS DES CONSEILS GÉNÉRAUX

On peut dire que le conseil général est le *conseil d'administration* du département (*personne morale*), et le tuteur des communes dans certains cas (les communes possèdent également la personnalité civile). Mais c'est le préfet qui est chargé de l'*instruction* préalable des affaires qui intéressent le département, et de l'*exécution* des décisions du conseil général. — Comme on le voit, le préfet n'est pas seulement le représentant du pouvoir central, il est en outre l'agent du conseil départemental. — A sa session *d'août*, le conseil général répartit chaque année *entre les arrondissements*, les contributions directes mises par la loi de finances à la charge du département; il vote en outre les centimes additionnels *ordinaires* dont le nombre est fixé chaque année par cette même loi à *vingt centimes* (Voy. Impots); il peut voter des centimes additionnels *extraordinaires dans la limite du maximum* fixé par les Chambres, et des emprunts départementaux remboursables en *quinze* années *au plus* (si le nombre des centimes extraordinaires doit dépasser le maximum fixé, ou si l'emprunt n'est remboursable que dans une période excédant quinze années, le conseil doit être autorisé par une *loi*). — (Art. 37-41, loi du 23 août 1871.)

A cette même session d'août le conseil général fixe en outre le nombre de centimes extraordinaires que les *conseils municipaux* peuvent voter eux-mêmes (ce nombre ne peut, du reste, dépasser le maximum fixé par la loi de finances). — Il révise également le *tableau des sections électorales* de tout le département; prescrit l'ouverture et le redressement des *chemins vicinaux* de grande communication et d'intérêt commun; nomme et révoque, sur l'avis motivé des administrations des lycées, collèges, écoles, etc., les *titulaires des bourses* (boursiers) entretenus sur les fonds du département. — Il fixe les conditions auxquelles sont tenus de satisfaire les candidats aux fonctions rétribuées par le budget départemental (45).

Le conseil général statue définitivement sur les acquisitions, aliénations ou changements de destination des propriétés départementales autres que les préfectures et sous-préfectures, les tribunaux, les écoles normales, casernes de gendarmerie et prisons; sur l'acceptation des legs *qui ne donnent pas lieu à réclamation* de la part des héritiers du testateur, ou sur leur refus; sur toutes les questions concernant les routes départementales ou les chemins de grande communication et d'intérêt commun; sur la répartition entre les communes des subventions accordées par l'État ou le conseil lui-même pour les chemins vicinaux; sur les concessions à des associations, compagnies ou particuliers de travaux d'intérêt départemental; sur l'établissement des bacs, sur la fixation des tarifs de péage, sur les *procès* à intenter ou à soutenir au nom du département, sur la part contributive du département aux dépenses des travaux intéressant à la fois le département et les communes; sur l'établissement, la suppression ou les changements des foires et marchés (art. 1er, loi du 16 septembre 1879); sur la prorogation des *taxes additionnelles* d'octroi; sur les *changements à la circonscription* des communes *d'un même canton* et à la *désignation de leurs chefs-lieux, quand il y a accord entre les conseils municipaux* intéressés (art. 46, loi de 1871).

Ces délibérations, *exécutoires de plein droit*, peuvent cependant être annulées par un décret rendu en Conseil d'État *sur la demande du préfet*, mais seulement *pour excès de pouvoir* ou pour *violation de la loi* (art. 47).

Le conseil général délibère encore sur l'acquisition, l'aliénation, ou le changement de destination des propriétés départementales affectées aux hôtels de préfecture et de sous-préfecture, aux écoles normales, aux tribunaux, prisons, casernes de gendarmerie ; sur la part contributive du département dans les travaux exécutés par l'État mais intéressant le département (chemins de fer d'intérêt local, canaux d'irrigation, etc.), sur l'établissement d'une nouvelle taxe d'octroi demandée par un conseil municipal, et généralement *sur tous les objets d'intérêt départemental*, — mais ces délibérations ne sont exécutoires que si, *dans les trois mois* à partir de la *clôture* de la session, un décret *motivé* n'en a pas suspendu l'exécution (art. 49).

Le conseil général ne peut donner qu'un *simple avis* sur les changements proposés à la *circonscription* du département, des arrondissements, des cantons, des communes de cantons différents (ou d'un même canton, lorsque les conseils municipaux intéressés ne sont pas d'accord) ; sur les questions concernant les *bois communaux* et généralement sur tous les objets au sujet desquels la loi *exige* l'avis du conseil général. Les conseils généraux intéressés sont du reste fréquemment consultés par les ministres.

Les conseils généraux peuvent émettre des *vœux*, pourvu que ce ne soient pas des vœux politiques (1). Ces vœux sont transmis au ministre compétent par le président (art. 50).

Le préfet accepte ou refuse les dons ou legs faits au département, suivant la décision prise par le conseil général; il fait tous les actes conservatoires ou interruptifs de prescription; il passe les contrats intéressant le département et acceptés par le conseil général ; c'est lui qui intente les procès que le conseil général a décidé d'entreprendre (art. 54). A chaque session, il présente au conseil un rapport sur la situation du département; il prépare et présente au conseil le projet de budget, — car c'est le conseil général qui vote le budget départemental, mais ce budget est ensuite réglé par décret.

Budget départemental. — Le budget départemental que doit discuter, établir et voter le conseil général se divise en *budget ordinaire* et *budget extraordinaire*. Chacun de ces deux budgets comprend des *recettes* et des *dépenses*.

Budget ordinaire. — Les *recettes* du budget ordinaire se composent : du produit des centimes additionnels *ordinaires*, des centimes *spéciaux* (pour les chemins vicinaux et l'instruction publique), du revenu des propriétés départementales, du produit des droits de péage, des fonds alloués au département par l'État (un certain nombre de départements seulement reçoivent cette subvention), du contingent des communes pour le service vicinal ou pour les chemins de fer d'intérêt local, etc., etc.

Les *dépenses* du budget ordinaire sont : les dépenses pour loyer, mobilier et entretien de la préfecture, des sous-préfectures, de la

(1) Ainsi ils peuvent émettre des vœux tendant à la suppression d'un impôt, à l'accomplissement de *telle* réforme administrative, à l'établissement d'un droit de douane, etc.

salle de réunion du conseil d'instruction publique, du bureau de l'inspecteur d'Académie, des tribunaux, des casernes de gendarmerie, les *menues dépenses* des justices de paix, les frais d'impression de listes pour élections consulaires, des cadres pour la formation des listes électorales, des listes de jury, et enfin les dépenses ordinaires d'utilité départementale. — Toutes ces dépenses sont *obligatoires* (*sauf les dépenses ordinaires d'utilité départementale*) : si le conseil général ne veut pas les inscrire, elles sont inscrites *d'office* par décret rendu en Conseil d'État.

Budget extraordinaire. — Les *recettes* de ce budget se composent du produit des centimes additionnels *extraordinaires*, des emprunts, des biens aliénés, des dons, legs et autres recettes accidentelles. — Les dépenses se composent des dépenses accidentelles ou correspondant à ces recettes (art. 59-62).

Le comptable chargé du service des dépenses départementales — c'est le trésorier-payeur général qui remplit ces fonctions — ne peut payer que sur les mandats délivrés (*ordonnancés*) par le préfet. — Quant aux *rôles* et *états*, ils sont rendus *exécutoires* par le préfet, puis remis au trésorier-payeur général qui est chargé d'en recouvrer le montant (art. 64-65).

Le conseil général dresse un tableau des propositions faites par lui aux ministres compétents en vue de secours à allouer aux établissements de bienfaisance ou de subventions à accorder à des comices agricoles ou à des communes, pour la construction de maisons d'école et de salles d'asile, ou pour travaux concernant des églises ou des presbytères. — En ces matières, le ministre compétent ne peut statuer que sur la proposition du conseil général (art. 68).

La commission départementale. — Dans l'intervalle de ses sessions, le conseil général est représenté par la commission départementale, élue par lui chaque année *à la fin de la session d'août*. Cette commission se compose de *quatre* à *sept* conseillers généraux. Elle est présidée par le plus ancien de ses membres. Elle se réunit au moins *une fois par mois* à la préfecture ; de plus, elle peut être convoquée extraordinairement par son président ou par le préfet. — Le préfet (ou le secrétaire général de la préfecture) assiste à ses délibérations et est entendu toutes les fois qu'il le demande (art. 60, 71, 73, 76).

La commission départementale règle les affaires qui lui sont renvoyées par le conseil général, dont elle est mandataire, en somme. Elle donne son avis au préfet sur toutes les questions qu'il lui soumet ou sur celles qui lui paraissent intéresser le département. Le préfet ne peut soutenir les procès intentés contre le département que sur l'avis favorable de la commission ; de même pour la signature des contrats intéressant le département (art. 54). — Chaque mois le préfet est tenu de lui adresser un état des mandats délivrés par lui et concernant le budget départemental ; et *dix jours* avant la session d'août il doit lui communiquer le compte d'administration qu'il se propose de présenter au conseil général. La commission fait son rapport au conseil, lui rend compte de ses travaux et lui soumet les propositions qu'elle croit utile. — Après avoir pris avis du préfet ou sur sa proposition, elle fixe l'époque de l'adjudication des travaux d'utilité départementale ; si le conseil général ne l'a pas fait, elle indique dans quel ordre les travaux à la charge du département seront exécutés, elle répartit les subventions accordées par le conseil et fixe l'époque et le mode de réalisation des emprunts départementaux (81). — La commission départementale prononce, *sur l'avis des conseils municipaux*, la déclaration de vicinalité, le classement, l'ouverture des chemins vicinaux et en fixe la largeur (86). — Elle nomme les membres des commissions syndicales, quand il s'agit d'entreprises subventionnées par le département. (Voy. *Commissions syndicales*. — VIE AGRICOLE).

Les conseillers généraux ne touchent aucun traitement. — On peut être en même temps député (ou sénateur), maire et conseiller général. — Mais les fonctions de membre de la commission départementale sont incompatibles avec celles de maire d'une commune du département et avec le mandat de député ou de sénateur. — Les fonctions de conseiller général sont également incompatibles avec celles de conseiller d'arrondissement.

Les conseillers généraux sont appelés à faire partie des conseils de révision, des commissions chargées de dresser les listes du jury; ils sont de droit électeurs sénatoriaux, etc. etc.

Conseil général de la Seine. — Le conseil général de la Seine a reçu une organisation toute spéciale. Il se compose des *quatre-vingts* conseillers municipaux de Paris et de *huit* membres élus par les cantons des arrondissements de Sceaux et de Saint-Denis. Ses séances ne sont point publiques. Il n'a pas de commission départementale. Enfin ses attributions sont plus restreintes que celles des autres conseils généraux (lois du 16 septembre 1871 du 21 mai 1873 et du 19 mars 1875).

SECTION V

Le conseil d'arrondissement

Ainsi que son nom l'indique, le conseil d'arrondissement n'a pour ressort que l'étendue d'un arrondissement. En principe, il se compose d'autant de conseillers qu'il y a de cantons dans l'arrondissement, mais il ne peut comprendre moins de *neuf membres*. — Le conseil d'arrondissement est renouvelable *par moitié* tous les *trois ans* ; la durée du mandat de conseiller est de *six ans*. Les conseillers d'arrondissement sont élus par les mêmes électeurs que les conseillers généraux. Pour être *éligible* il faut avoir *vingt-cinq ans* et être domicilié ou inscrit au rôle des contributions directes dans l'arrondissement. Les élections ont lieu suivant les mêmes règles que celles des conseillers généraux. Mais les élections irrégulières sont attaquées *devant le conseil de préfecture.* — Le conseil d'arrondissement n'a qu'une *session ordinaire* par an, toutefois, avec l'autorisation du Président de la République et sur la convocation du préfet il peut tenir des *sessions extraordinaires.* — Les conseils d'arrondissement peuvent être dissous par *décret.*

Le siège du conseil d'arrondissement est à la sous-préfecture; le *sous-préfet* assiste aux séances et est entendu toutes les fois qu'il le demande.

Attributions du conseil d'arrondissement. — L'arrondissement n'étant point une *personne civile*, le conseil d'arrondissement n'a point à dresser de budget. Ses attributions sont très modestes. La session annuelle se divise en deux parties. Dans la première, qui précède la première session du conseil général, le conseil délibère sur les *demandes en réduction de contributions directes* formées par les *communes* de l'arrondissement (le conseil général est instruit de ses propositions et statue); dans la seconde, qui suit la session du conseil général, il répartit entre les communes le contingent de contributions directes que le conseil général a mis à la charge de l'arrondissement.

Le conseil d'arrondissement donne en outre son avis sur le classement et la direction des *chemins vicinaux* et de *grande communication*, sur l'établissement ou la suppression de foires et de marchés, sur les changements de circonscription du territoire de l'arrondissement, d'un canton ou d'une commune de cet arrondissement (dans tous ces cas la loi exige que son avis soit demandé, mais le conseil d'arrondissement est consulté dans bien d'autres circonstances, et de plus il a le droit d'émettre *spontanément* son avis). Il peut aussi émettre des vœux sur les mesures à prendre dans l'intérêt de l'arrondissement.

Les séances des conseils d'arrondissement ne sont pas publiques. — Les fonctions de conseiller d'arrondissement sont gratuites. — Les conseillers d'arrondissement sont électeurs sénatoriaux (loi du 24 février 1875). Ils font partie des conseils de révision, des commissions qui dressent les listes du jury, etc., etc. Les fonctions de conseiller d'arrondissement ne sont pas incompatibles avec le mandat de sénateur ou de député, ni avec les fonctions municipales, mais elles sont incompatibles avec celles de conseiller général.

CHAPITRE V

LES MUNICIPALITÉS

SECTION PREMIÈRE

Organisation municipale

Le corps municipal de chaque commune se compose du *conseil municipal*, du *maire* et *d'un* ou de *plusieurs* adjoints. Les fonctions de maire, d'adjoint et de conseiller municipal sont *gratuites* ; cependant le conseil municipal peut voter, sur les ressources ordinaires de la commune, une indemnité *au maire* pour frais de représentation (art 1er et 74, loi du 5 avril 1884).

Le maire et les adjoints étant toujours pris dans le conseil municipal, il convient de parler d'abord de l'organisation de ce conseil.

§ 1er. — LES CONSEILS MUNICIPAUX

Organisation. — Le conseil municipal se compose de :

10	membres	dans les communes de	500 hab. et *au-dessous*;	
12	—	—	501 à 1.500	habitants;
16	—	—	1.501 à 2.500	—
21	—	—	2.501 à 3.500	—
23	—	—	3.501 à 10.000	—
27	—	—	1.001 à 30.000	—
30	—	—	30.001 à 40.000	—
32	—	—	40.000 à 50.000	—
34	—	—	50.001 à 60.000	—
36	—	—	60.001 hab. et *au-dessus* (art. 10).	

Les conseillers municipaux sont élus *au scrutin de liste* par le suffrage universel. Or les listes électorales municipales comprennent :

Tous les citoyens qui ont leur domicile réel dans la commune et y habitent depuis *six mois au moins*, ceux qui ont été inscrits au rôle d'une des quatre contributions directes ou au rôle des prestations en nature (Voy. IMPOTS) et qui, ne résidant pas dans la commune, ont *déclaré* vouloir y exercer leurs droits électoraux; ceux qui sont assujettis à une résidence obligatoire dans la commune en qualité de ministres d'un culte reconnu par l'État ou de fonctionnaires publics; enfin les citoyens qui, ne remplissant pas les conditions d'âge (*vingt-et-un ans*) et de résidence lors de la formation annuelle des listes électorales, les rempliront avant la clôture définitive (art. 14, même loi). — Bien entendu, pour être électeur, il faut avoir la jouissance de ses droits civils et politiques.

La commune peut être divisée en *sections électorales* (chacun élit alors un nombre de conseillers proportionnel au nombre des électeurs inscrits) : 1° quand elle se compose de plusieurs agglomérations d'habitants distinctes ou séparées (dans ce cas, aucune section ne peut avoir moins de *deux* conseillers à élire) ; 2° quand la population de la commune est supérieure à 10 000 habitants (dans cette seconde hypothèse aucune section ne peut avoir moins de *quatre* conseillers à élire). — Le sectionnement est fait par le *conseil général*. Il doit lui être demandé dans sa 2e session. Il est alors procédé à une enquête et, après avoir pris l'avis du conseil municipal de la commune, le conseil statue à la session *d'août* (art. 11-13, même loi).

Le préfet peut diviser la commune non sectionnée en plusieurs *bureaux de vote* concourant à l'élection des *mêmes conseillers*.

L'assemblée des électeurs est convoquée par le préfet, *quinze jours* au moins avant le *dimanche* où doit avoir lieu l'élection (art. 15). Le scrutin ne peut être fermé qu'après avoir été ouvert *six heures au moins*, mais il ne doit durer qu'*un jour* (20-26). — Nul n'est élu au premier tour de scrutin s'il n'a réuni la *majorité absolue* des suffrages exprimés et un nombre de suffrages égal au *quart* des électeurs *inscrits*. — Lorsqu'il y a ballottage il est procédé à un nouveau scrutin le dimanche suivant ; il suffit, à ce deuxième tour, d'obtenir la majorité *relative*. (Voy. CONSEIL GÉNÉRAL).

Pour être éligible au conseil municipal, il faut avoir *vingt-cinq* ans accomplis, et être inscrit au rôle des contributions directes de la commune depuis le 1er janvier de l'année de l'élection. — Mais les employés des armées de terre et de mer en activité de service ne sont pas *éligibles* ; de même, les individus pourvus d'un conseil judiciaire, ou privés du droit électoral, les personnes dispensées de participer aux charges communales ou secourues par le bureau de bienfaisance, les domestiques (non les journaliers) ; de même encore les fonctionnaires, dans le ressort où ils exercent leurs fonctions (préfet, secrétaire général de préfecture, commissaire ou agent de police, magistrats — sauf les juges suppléants — comptables et receveurs municipaux, instituteurs publics, employés de préfecture ou de sous-préfecture, fonctionnaires chargés de la voirie urbaine et vicinale, agents-voyers, ministres d'un culte reconnu par l'État, et généralement tous les agents salariés de la commune (34).

On ne peut faire partie de plusieurs conseils municipaux. Dans les communes de 501 habitants et *au dessus* les ascendants et les descendants, les frères et les alliés au même degré ne peuvent être simultanément membres du même conseil municipal, tandis que cela est parfaitement possible dans les petites communes qui ont cinq cents habitants *au plus* (35). — Tout électeur, tout éligible a le droit d'attaquer les élections municipales irrégulières, mais les réclamations doivent être déposées au secrétariat de la mairie dans *les cinq* jours qui suivent les élections ; elles sont envoyées au préfet qui les communique au conseil de préfecture. Le conseil de préfecture statue, sauf recours au Conseil d'État (37-38).

Les conseils municipaux sont renouvelés tous les *quatre ans*; les élections ont lieu pour toute la France le premier dimanche de *mai* (41). — Mais lorsque le conseil se trouve restreint aux *trois quarts* de ses membres, ou qu'une *section* a perdu la *moitié* de ses conseillers, il est procédé à des élections partielles (42).

Le conseil municipal ne peut être *dissous* que par *décret rendu en conseil de ministres*, cependant, s'il y a *urgence*, il peut être *provisoirement suspendu* par arrêté du préfet — le préfet en rend compte au ministre de l'intérieur, — mais la durée de la suspension ne peut excéder *un mois* (43). — Dans les *huit jours* qui suivent la *dissolution*, une *délégation spéciale*, composée de *trois* membres dans les communes de 35 000 habitants et *au-dessous*, de *quatre* à *sept* membres dans les autres, est nommée par décret du Président de la République. Cette délégation, chargée de remplacer le conseil dissous, ne peut faire que des actes conservatoires et de *pure administration*; elle ne peut préparer le budget, recevoir les comptes du receveur municipal, ni consentir des dépenses excédant les ressources disponibles du budget en exercice (44).

Dans les *deux mois* qui suivent la dissolution, il est procédé à la réélection du conseil municipal (45).

Les conseils municipaux ont *quatre* sessions *ordinaires* par an (en février, mai, août et novembre); leur durée ne peut excéder *quinze jours* qu'avec l'autorisation du sous-préfet: par exception, la session consacrée à la discussion du budget peut durer *six semaines*, sans qu'il soit besoin d'aucune autorisation (46). — Mais les conseils municipaux peuvent être réunis par le maire, toutes les fois qu'il le juge utile, et ils peuvent être convoqués en session *extraordinaire* par le préfet ou le sous-préfet. — Le maire est tenu de réunir le conseil quand une demande *motivée* lui en est faite par la *majorité*. — Dans ces réunions extraordinaires, le conseil ne peut s'occuper que des questions pour la discussion desquelles il a été convoqué (47).

Le conseil municipal ne peut délibérer que lorsque la majorité de ses membres assiste à la séance; mais quand, après deux convocations successives, à *trois jours au moins* d'intervalle, le nombre des membres présents n'a pas été suffisant, la délibération prise *après la troisième* convocation est valable, quel que soit le nombre des conseillers présents (50).

Les séances sont *publiques*, mais, sur la demande de *trois* membres ou du *maire*, le conseil municipal peut décider qu'il se forme en *conseil secret* (le vote doit avoir lieu *sans debats*). — Le maire préside; il a seul la police de l'assemblée. Le compte rendu de la séance doit être affiché dans *la huitaine*, et tout habitant ou contribuable a le droit de demander communication et de prendre copie des procès-verbaux, des budgets et comptes de la commune, ainsi que des arrêtés municipaux (58).

Le conseil municipal peut former dans son sein des commissions chargées d'étudier des questions spéciales; ces commissions ont le droit de siéger dans l'intervalle des sessions, elles sont convoquées par le maire, qui est d'ailleurs leur président *de droit* (59).

Nous établirons les attributions des conseils municipaux dans une autre partie de cet ouvrage (Voy. VIE AGRICOLE, ADMINISTRATION COMMUNALE).

§ 2. — LE MAIRE ET LES ADJOINTS

Un certain nombre de dispositions étant applicables à la fois aux maires et aux adjoints, il est préférable de les étudier simultanément.

Le maire et les adjoints de chaque commune sont élus par le conseil municipal.

Il n'y a *qu'un seul* adjoint dans les communes de 2 500 habitants et *au dessous*. On en compte *deux* dans les communes de 2 501 à 10 000 habitants; au delà il faut ajouter *un* adjoint par chaque excédent de 25 000 âmes; mais le nombre des adjoints ne peut dépasser *douze*, sauf à Lyon où l'on compte dix-sept adjoints (73).

L'élection du maire et des adjoints peut être attaquée dans les mêmes formes que celles des conseillers municipaux (Voy. *ci-dessus*). — Les maires et adjoints sont élus pour la même durée que le conseil municipal dont ils font partie (art. 79 et 84).

Les agents et employés d'administrations financières, les trésoriers-payeurs généraux, les receveurs particuliers et les percepteurs, les agents des forêts, des postes et télégraphes, les gardes des établissements publics ou particuliers ne peuvent être ni maires, ni adjoints; les agents *salariés* du maire ne peuvent non plus être adjoints (80).

Le maire est seul chargé de l'administration de la commune, (Voy. ADMINISTRATION COMMUNALE), mais il peut déléguer une partie de ses fonctions à un ou plusieurs de ses adjoints.

A un certain point de vue, le maire représente l'État, il est dans sa commune le délégué de l'administration centrale. C'est en cette qualité qu'il est chargé — sous la surveillance du sous-préfet, du préfet et des ministres — de la police, de l'exécution des mesures de sûreté générale, de la publication et de l'exécution des lois, des règlements, des arrêtés préfectoraux; il a à prendre les mesures nécessaires pour la destruction des animaux nuisibles (90-92). Les arrêtés pris à cet effet par le maire doivent être adressés au sous-préfet.

Le préfet peut annuler les arrêtés du maire qui ne lui conviennent pas, ou en suspendre l'exécution (95). Les arrêtés du maire ne sont exécutoires qu'après avoir été affichés ou publiés; s'il s'agit d'une disposition relative à *telle* personne, l'arrêté doit être notifié à la personne intéressée (96).

Le maire est officier de l'état civil. Mais en cas d'empêchement il se fait remplacer par un conseiller municipal, en suivant l'ordre du tableau, ordre déterminé par la date des nominations, et, si la date est la même, par le nombre des suffrages obtenus (49). Dans les villes, les fonctions d'officier de l'état civil sont confiées souvent d'une façon permanente à l'un des adjoints.

Dans le cas où le maire refuserait ou négligerait de faire un des actes qui lui sont prescrits par la loi, le préfet, après l'en avoir requis, peut y procéder *d'office* par lui-même ou par un délégué *spécial* (85).

Les maires et adjoints peuvent être révoqués par *décret*, ils peuvent même être *suspendus* par le *préfet* pour *un mois*, et la durée de la suspension peut être portée à *trois mois* par le ministre de l'intérieur (86).

En cas d'absence, de révocation ou de suspension, le maire est remplacé par un adjoint, comme ci-dessus (84).

Nous avons dit que la police municipale était entre les mains du maire. Or la police municipale comprend : le maintien du bon ordre dans les foires, marchés, spectacles, cafés, et autres lieux publics (y compris les églises), le soin de réprimer les rixes, tumultes, attroupements, de prévenir ou de faire cesser les incendies, les inondations, les épidémies — et généralement tout ce qui intéresse la sûreté et la salubrité publique (97). — Dans les villes de plus de 40 000 habitants, l'organisation du service de la police est réglée par *décret*, sur *l'avis* du conseil municipal. — Dans toutes les communes, les inspecteurs et agents de police, nommés par le maire, doivent être agréés par le sous-préfet ou par le préfet; ils peuvent être *suspendus* par le maire, mais le préfet seul a le pouvoir de les révoquer (103).

Dans les communes de moins de 40 000 habitants — dans les petites communes rurales, par exemple, — les règles en cette matière diffèrent quelque peu (Voy. VIE AGRICOLE — GARDES-CHAMPÊTRES).

SECTION II

Les municipalités de Paris et de Lyon

Chacune de ces deux villes a une organisation municipale spéciale. C'est ainsi qu'à Paris le préfet de la Seine remplit les fonctions de maire de Paris, et encore n'est-il point chargé de la police municipale : elle est confiée à un fonctionnaire spécial, le préfet de police. — Les séances du conseil municipal, qui se compose de quatre-vingts membres — un par quartier, car il y a quatre quartiers par arrondissement, et Paris est divisé en vingt arrondissements — ne sont pas *publiques*; les élections ont lieu au scrutin individuel et non pas au scrutin de liste ; le conseil est présidé par un conseiller qui porte le titre de *président du conseil municipal*. Enfin, dans chaque arrondissement, il y a un maire assisté de trois, quatre ou cinq adjoints, suivant la population de l'arrondissement (loi du 9 août 1882). Mais ni les maires, ni les adjoints d'arrondissement ne peuvent faire partie du conseil municipal. Ces maires ne sont du reste que des sortes d'adjoints, de délégués du préfet de la Seine, ils ne sont point élus, mais nommés par décret (comme leurs adjoints, du reste) ; ils remplissent les fonctions d'officier de l'état civil, veillent à la révision des listes électorales, etc., etc., mais leurs attributions, notamment au point de vue de l'administration, sont bien plus restreintes que celles des maires ordinaires. — (Loi du 14 avril 1871.)

A Lyon les différences sont moins grandes.

La ville de Lyon est pourvue d'un maire, mais elle est divisée en *six arrondissements* municipaux. A la tête de chacun d'eux sont placés *deux* adjoints désignés par le *maire*. Délégués du maire, ils sont chargés surtout de la tenue des registres de l'état civil. — Quant à la police municipale, elle est confiée au préfet du Rhône qui est chargé, pour toute l'étendue de *l'Agglomération Lyonnaise* — composée de la commune de Lyon et de plusieurs communes environnantes, — des fonctions remplies à Paris par le préfet de police.

Le maire de Lyon et ses adjoints sont pris dans le sein du conseil municipal, et ils sont élus par ce conseil (73 et 104).

CHAPITRE VI

ÉLECTIONS LÉGISLATIVES

Les députés sont nommés au *scrutin de liste*, et le département ne forme qu'une seule circonscription électorale (art. 3, loi du 16 juin 1885). Ils sont élus au suffrage universel, c'est-à-dire par les citoyens inscrits sur les listes électorales municipales (1). Les listes électorales sont arrêtées chaque année le 31 mars. En somme, pour être électeur il suffit d'avoir vingt-et-un ans accomplis avant le 31 mars, de posséder la qualité de Français et de jouir des droits civils et politiques (le failli non réhabilité ne peut donc voter) et d'être domicilié depuis *six mois* dans la commune. — Les militaires de tous grades des armées de terre et de mer ne prennent part à aucun vote quand ils sont présents à leur corps ou dans

(1) Voy. p. 334. Il n'en est ainsi que depuis la loi du 5 avril 1884, qui du reste ne s'applique pas à Paris. Les listes électorales municipales de Paris ne contiennent pas les noms des citoyens qui n'ont pas *une année* de résidence dans la capitale.

l'exercice de leurs fonctions; mais s'ils se trouvent en congé, en non activité, en disponibilité ou dans le cadre de réserve, ils peuvent parfaitement exercer leurs droits d'électeur (art. 1 et 3, loi du 30 novembre 1875). Les demandes en inscription ou en radiation doivent être faites dans les *vingt jours* à compter de la publication des listes qui a lieu dans le courant de janvier. Ces demandes sont soumises à une commission de révision (composée du maire, d'un délégué du préfet et d'un délégué du conseil municipal) qui statue en premier ressort, sauf appel devant le juge de paix (Décrets du 2 février 1852 et du 13 janvier 1866).

La décision du juge de paix peut être l'objet d'un pourvoi en cassation. C'est la chambre *civile* et non pas la chambre des requêtes de la Cour de cassation qui est saisie *directement* de l'affaire. — Les intéressés ont *dix jours* à compter de la notification du jugement pour former leur pourvoi; — ils n'ont aucune consignation à effectuer et sont dispensés de constituer un avocat. Une simple requête suffit, (art. 1er, loi du 30 novembre 1875 et art. 23, décret du 2 février 1852).

Tout électeur — sauf les exceptions ci-après — est éligible s'il est âgé de vingt-cinq ans accomplis (art. 6, loi du 16 juin 1885). Mais aucun militaire de l'armée *active*, quel que soit son grade, et alors même qu'il est en disponibilité ou en non activité, ne peut être élu député. — Cependant les officiers placés dans la deuxième section du corps d'état-major général, ou ceux qui, maintenus dans la première section parce qu'ils ont commandé *en chef* devant l'ennemi, ont cessé d'être employés activement, ou bien encore les officiers qui, ayant des droits acquis à la retraite, sont envoyés ou maintenus dans leurs foyers, sont parfaitement éligibles (art. 7, même loi).

Les membres des familles qui ont régné sur la France sont inéligibles (art. 4, loi du 16 juin 1885).

Tout fonctionnaire élu député est remplacé si, dans les *huit jours* qui suivent la vérification de ses pouvoirs par la Chambre, il n'a pas fait connaître qu'il n'accepte pas le mandat de député, car il y a *incompatibilité* entre ce mandat et des fonctions publiques rétribuées sur les fonds de l'État.

Mais ce principe comporte de nombreuses exceptions. Ainsi, il n'y a aucune incompatibilité entre le mandat de député et les fonctions de ministre, sous-secrétaire d'État, ambassadeur, ministre plénipotentiaire, préfet de la Seine, préfet de police, premier président ou procureur général de la Cour de cassation, de la Cour des comptes ou de la cour d'appel de Paris, archevêque, évêque, pasteur, président de consistoire dans les circonscriptions consistoriales dont le chef-lieu compte au moins deux pasteurs, grand rabbin du consistoire central ou du consistoire de Paris, professeur titulaire de chaires données *au concours* ou sur la *présentation* des corps où la vacance s'est produite. — Les personnes chargées d'une mission temporaire de *six mois* au plus peuvent acquérir et conserver le mandat de député.

Il faut bien remarquer la différence qui existe entre l'inégibilité et l'incompatibilité. Le fonctionnaire dont les fonctions sont *incompatibles* avec le mandat de député est parfaitement *éligible*, mais quand il est élu, il doit donner sa démission s'il accepte le mandat de député (art. 8 et 9, loi du 30 novembre 1875).

Ne sont point éligibles dans l'étendue de leur ressort pendant l'exercice de leurs fonctions, et même pendant les *six mois* qui suivent la cessation de leurs fonctions par démission, destitution, changement de résidence ou de toute autre manière : les magistrats des cours d'appel et des tribunaux de première instance (sauf toutefois les juges suppléants ne remplissant pas les fonctions de juge d'instruction), les préfets et les secrétaires généraux des préfectures, le préfet de police, les sous-préfets, les ingénieurs et agents-voyers départementaux, les recteurs et inspecteurs d'académie, les inspecteurs des écoles primaires, les archevêques, évêques, vicaires généraux, les trésoriers-payeurs généraux, et les receveurs particuliers, les directeurs des contributions directes ou indirectes, des postes, de l'enregistrement, les conservateurs et inspecteurs des forêts (art. 12, même loi).

La Chambre se renouvelle *intégralement* tous les *quatre ans*. Les électeurs sont convoqués par *décret* au moins vingt-et-un jours avant la date fixée pour *les élections*. Ce décret marque le commencement de la *période électorale*.

En cas de vacance par décès, démission ou autrement, l'élection du nouveau député doit être faite dans les *trois mois* à partir du jour où la vacance s'est produite. Mais il n'est pas pourvu aux vacances survenues dans les *six mois* qui précèdent le renouvellement normal de la Chambre (art. 7, loi du 16 juin 1885).

Le député nommé par deux départements doit opter, et il est pourvu à la vacance dans le délai *d'un mois*.

Les élections ont lieu le dimanche. Le scrutin ne peut durer qu'un seul jour. — En principe le vote a lieu au chef-lieu de la commune, mais en fait, divers bureaux de vote sont établis par arrêté préfectoral. — Le scrutin doit rester ouvert depuis 8 heures du matin jusqu'à 6 heures du soir (art. 25 du décret du 2 février 1852).

Pour être élu au *premier tour* de scrutin, il faut réunir: 1° la *majorité absolue* des suffrages exprimés ; 2° un nombre de suffrages égal au *quart* des électeurs inscrits sur la liste électorale. Si ces deux conditions ne sont pas réunies, il y a *ballottage* et il est procédé à un second tour de scrutin le *deuxième* dimanche qui suit celui qui a été consacré au premier tour.

Il est interdit à tout agent de l'autorité publique ou municipale de distribuer des bulletins de vote, professions de foi ou circulaires des candidats, sous peine d'une amende de 16 à 300 fr.

L'espace nous manque pour indiquer les formalités prescrites en ce qui touche la formation du bureau et les conditions multiples exigées pour la régularité du vote (Voy. le décret du 2 février 1852).

Nous dirons seulement que le bureau de chaque section se compose d'un président (maire, adjoint, conseiller municipal, ou, à défaut, électeur désigné par le maire), de quatre assesseurs et d'un secrétaire choisi par eux parmi les électeurs. Trois membres du bureau au moins doivent être présents pendant toute la durée du scrutin. Le bureau prononce *provisoirement* sur toutes les difficultés qui s'élèvent; mais le secrétaire n'a que voix consultative.

Nul électeur ne peut entrer dans une section de vote s'il est porteur d'armes quelconques, sous peine d'amende et même d'emprisonnement. — Le papier du bulletin de vote doit être blanc et sans signes extérieurs. — L'électeur produit sa carte et remet son bulletin au président du bureau qui le dépose lui-même dans l'urne. (art. 20-22, décret du 2 février 1852).

Après la clôture du scrutin, il est procédé au dépouillement par des scrutateurs pris parmi les électeurs présents et désignés par les membres du bureau. S'il s'est présenté moins de 300 votants, le bureau peut dépouiller lui-même le scrutin (art. 28, décret du 2 février 1852).

Les opérations électorales terminées, le dossier de l'élection est transmis à la Chambre des députés par l'intermédiaire du préfet et du ministre de l'intérieur (37, même décret).

Chaque département élit le nombre de députés indiqué ci-dessous, à raison d'*un* député par 70 000 habitants, *les étrangers non compris;* mais il est tenu compte de toute fraction inférieure à 70 000 (art. 19, loi du 16 juin 1885). Ainsi un département de 220 000 habitants a droit à quatre députés.

Aucun département de France, *quelle que soit sa population*, n'est représenté par moins de *trois députés.* Mais le territoire de Belfort est représenté par deux députés; l'Algérie a six députés (deux par département), les colonies en ont dix.

Voici du reste le tableau indiquant pour tous les départements et pour nos colonies le nombre de députés à élire :

TABLEAU

Indiquant le nombre des Députés attribués à chaque département

DÉPARTEMENTS	NOMBRE des DÉPUTÉS	DÉPARTEMENTS	NOMBRE des DÉPUTÉS
Ain	6	Report	309
Aisne	8	Mayenne	5
Allier	6	Meurthe-et-Moselle	6
Alpes (Basses-)	3	Meuse	5
Alpes (Hautes-)	3	Morbihan	8
Alpes-Maritimes	3	Nièvre	5
Ardèche	6	Nord	20
Ardennes	5	Oise	6
Ariège	4	Orne	6
Aube	4	Pas-de-Calais	12
Aude	5	Puy-de-Dôme	9
Aveyron	6	Pyrénées (Basses-)	6
Bouches-du-Rhône	8	Pyrénées (Hautes-)	4
Calvados	7	Pyrénées-Orientales	3
Cantal	4	Rhin (Haut-) ou Territoire de Belfort	2
Charente	6		
Charente-Inférieure	7	Rhône	11
Cher	6	Saône (Haute-)	5
Corrèze	5	Saône-et-Loire	9
Corse	4	Sarthe	7
Côte-d'Or	6	Savoie	4
Côtes-du-Nord	9	Savoie (Haute-)	4
Creuse	4	Seine	38
Dordogne	8	Seine-Inférieure	12
Doubs	5	Seine-et-Marne	5
Drôme	5	Seine-et-Oise	9
Eure	6	Sèvres (Deux-)	5
Eure-et-Loir	4	Somme	8
Finistère	10	Tarn	6
Gard	6	Tarn-et-Garonne	4
Garonne (Haute-)	7	Var	4
Gers	4	Vaucluse	4
Gironde	11	Vendée	7
Hérault	7	Vienne	5
Ille-et-Vilaine	9	Vienne (Haute-)	5
Indre	5	Vosges	6
Indre-et-Loire	5	Yonne	6
Isère	9		
Jura	5	**ALGÉRIE**	
Landes	5		
Loir-et-Cher	4	Alger	2
Loire	9	Constantine	2
Loire (Haute-)	5	Oran	2
Loire-Inférieure	9		
Loiret	6	**COLONIES**	
Lot	4	Cochinchine	1
Lot-et-Garonne	5	La Guadeloupe	2
Lozère	3	Guyane française	1
Maine-et-Loire	8	Inde française	1
Manche	8	La Martinique	2
Marne	6	La Reunion	2
Marne (Haute-)	4	Sénégal	1
A reporter	309	Total	584

CHAPITRE VII

ÉLECTIONS SÉNATORIALES

Les sénateurs sont élus au scrutin de liste et par département, mais c est le suffrage *restreint* qui les nomme. — Le collège des électeurs sénatoriaux se réunit au chef-lieu de la circonscription. Il se compose des députés du département, des conseillers généraux, des conseillers d'arrondissement et de délégués élus par les conseils municipaux (art. 6, loi du 9 décembre 1884). Un décret du Président de la République, rendu au moins *six semaines* à l'avance, fixe le jour des élections sénatoriales et aussi celui de l'élection de ces délégués. Il doit y avoir un intervalle *d'un mois* au moins entre le choix des délégués et l'élection sénatoriale (art. 1er, loi du 2 avril 1875).

Les conseils municipaux	composés de	10	membres	élisent	un délégué.
—	—	12	—	—	2 délégués.
—	—	16	—	—	3 —
—	—	21	—	—	6 —
—	—	23	—	—	9 —
—	—	27	—	—	12 —
—	—	30	—	—	15 —
—	—	32	—	—	18 —
—	—	34	—	—	28 —
—	—	36	et au-dessus		24 —

Quant au conseil municipal de Paris, il doit élire 30 délégués.

Dans l'Inde française, les membres des *conseils locaux* sont substitués aux conseillers d'arrondissement.

Le conseil municipal	de Pondichéry nomme..........	5 délégués.
—	de Karikal....................	3 —
—	de chacune des autres communes	2 —

Mais il doit être procédé aussi à l'élection de délégués suppléants,

Les conseils municipaux qui ont	1, 2 ou 3	délégués	nomment	1 suppléant.
—	6 ou 9	—	—	2 suppléants,
—	12 ou 15	—	—	3 —
—	18 ou 21	—	—	4 —
—	24	—	—	5 —

Le conseil municipal de Paris nomme 8 suppléants.

Ces suppléants remplacent les délégués qui ne veulent ou ne peuvent prendre part au scrutin.

Tout électeur de la commune peut être élu délégué ou suppléant, pourvu toutefois qu'il ne soit ni député, ni conseiller général, ni conseiller d'arrondissement (art. 8, loi du 9 décembre 1884).

Si le délégué élu refuse ou n'envoie pas dans les *cinq jours* son acceptation au préfet, il est remplacé par le suppléant ; même solution en cas d'empêchement (même article). — Le préfet, *dans la huitaine* dresse un tableau des délégués et suppléants élus ; ce tableau est communiqué à tout requérant ; il peut être copié et publié. — Tout électeur peut, *dans les trois jours* qui suivent l'élection, adresser au préfet une protestation contre sa régularité ; si le préfet estime que les opérations ont été irrégulières, il a le droit d'en demander l'annulation. C'est le conseil de préfecture qui statue, sauf recours au Conseil d'État. — Si l'élection est annulée, il est procédé à de nouvelles élections au jour fixé par le préfet (même article).

Depuis le jour de la promulgation du décret de convocation des électeurs jusqu'au jour fixé pour l'élection des sénateurs, les électeurs peuvent tenir des réunions électorales. Mais les candidats ou leurs mandataires et les électeurs sénatoriaux peuvent seuls y assister. (même loi).

Le jour de l'élection sénatoriale, le collège électoral est présidé par le *président du tribunal* du chef-lieu du département ; le président empêché est remplacé par le vice-président (à son défaut, par le juge le plus ancien). — Le président est assisté des deux plus âgés et des deux plus jeunes électeurs présents à l'ouverture de la séance. Le bureau ainsi composé choisit un secrétaire parmi les électeurs ; puis il les répartit par ordre alphabétique en *sections de vote* comprenant chacune au moins cent électeurs, et il nomme le président et les scrutateurs de chacune des sections. Il statue sur les difficultés qui peuvent s'élever au cours de l'élection (art. 12-13, loi du 2 août 1875).

Le premier scrutin est ouvert à 8 *heures du matin* et fermé *à midi* ; le second est ouvert *de 2 à 5 heures*. Pour être élu à l'un des deux premiers tours, on doit réunir la majorité *absolue* des suffrages exprimés et un nombre de voix égal au *quart* des électeurs inscrits ; au *troisième* tour — le scrutin est alors ouvert de 7 à 10 heures du soir — la *majorité relative* suffit (art. 8, loi du 9 décembre 1884).

Le délégué qui, sans cause légitime, n'a pas pris part à tous les scrutins, ou, étant empêché, n'a point averti son suppléant en temps utile, est condamné par le tribunal civil à 50 fr. d'amende ; le suppléant averti en temps utile est passible de la même peine s'il n'a pas pris part aux opérations électorales.

Il y a incompatibilité entre les fonctions de sénateur et celles de conseiller d'État, maître des requêtes, préfet et sous-préfet (à l'exception du préfet de la Seine et du préfet de police), membre des parquets des cours et tribunaux (à l'exception du procureur général près la cour de Paris), trésorier-payeur général, receveur particulier, fonctionnaire et employé des administrations centrales des ministères (art. 20 loi, du 2 août 1875).

Pour être éligible, il faut être Français, jouir des droits civils et politiques et être âgé de *quarante ans* accomplis.

Les membres des familles qui ont régné sur la France sont inéligibles (art. 4, loi du 9 décembre 1884).

Les mêmes fonctionnaires inéligibles *dans l'étendue de leur ressort* comme députés sont inéligibles comme sénateurs. Mais *en dehors de leur ressort* ils sont *éligibles*. Nous citerons, par exemple : les magistrats, les évêques, les recteurs, etc.

Les militaires des armées de terre et de mer sont inéligibles en principe. Cependant, par exception, les maréchaux de France, les amiraux, les officiers généraux (généraux de brigade, de division) maintenus sans limite d'âge dans la *première section* du cadre de l'état-major général et *non pourvus de commandement*; les officiers généraux ou assimilés (les intendants généraux, par exemple) placés dans la *deuxième section* du cadre de l'état-major général, *alors même qu'ils sont pourvus d'un commandement*, et les militaires de la réserve de l'armée active et de l'armée territoriale peuvent être élus sénateurs (art. 5, loi du 9 décembre 1884).

La vérification des pouvoirs des sénateurs élus est faite par le Sénat lui-même.

Les sénateurs décédés ou démissionnaires sont remplacés *dans les trois mois*, à moins que la vacance ne survienne dans les six mois qui précèdent le renouvellement triennal, auquel cas on attend l'époque de ce renouvellement (art. 8, loi du 6 décembre 1884).

Nombre des sénateurs pour chaque département.

Dix Sénateurs pour le département de la Seine, *huit* pour le département du Nord; *cinq* pour les départements des Côtes-du-Nord, du Finistère, de la Gironde, de l'Ille-et-Vilaine, de la Loire, de la Loire-Inférieure, du Pas-de-Calais, du Rhône, de Saône-et-Loire, de la Seine-Inférieure, de l'Aisne, des Bouches-du-Rhône, de la Charente-Inférieure, de la Dordogne, de la Haute-Garonne, de l'Isère, de Maine-et-Loire, de la Manche, du Morbihan, du Puy-de-Dôme, de Seine-et-Oise, de la Somme.

Trois Sénateurs pour les départements ci-énumérés : Ain, Allier, Ardèche, Ardennes, Aube, Eure, Aveyron, Calvados, Charente, Cher, Corrèze, Corse, Côte-d'Or, Creuse, Doubs, Drôme, Eure, Eure-et-Loir, Gard, Gers, Hérault, Indre, Indre-et-Loire, Jura, Landes, Loir-et-Cher, Haute-Loire, Loiret, Lot, Lot-et-Garonne, Marne, Haute-Marne, Mayenne, Meurthe-et-Moselle, Meuse, Nièvre, Oise, Orne, Basses-Pyrénées, Haute-Saône, Sarthe, Savoie, Haute-Savoie, Seine-et-Marne, Deux-Sèvres, Tarn, Var, Vendée, Vienne, Haute-Vienne, Vosges, Yonne.

Deux Sénateurs pour les départements ci-énumérés : Basses-Alpes, Hautes-Alpes, Alpes-Maritimes, Ariège, Cantal, Lozère, Hautes-Pyrénées, Pyrénées-Orientales, Tarn-et-Garonne, Vaucluse.

Un Sénateur pour le territoire de Belfort, *un* également pour chacun des trois départements de l'Algérie, *un* pour la Martinique, *un* pour la Guadeloupe, *un* pour la Réunion et *un* pour les Indes françaises.

Nota. — La loi de 1884, qui a supprimé *pour l'avenir* les sénateurs inamovibles, a par suite augmenté le nombre des sénateurs pour la plupart des départements. L'élection des sénateurs supplémentaires s'effectue à mesure des vacances qui se produisent parmi les inamovibles. Dans la *huitaine* de la vacance le Sénat procède à un tirage au sort pour déterminer le département qui est appelé à élire un sénateur.

Le mandat du nouveau sénateur sera rarement d'une durée égale à celui de ses collègues; en effet, il doit expirer en même temps que celui des sénateurs du même département. Or nous savons déjà (Voy. SÉNAT) que tous les départements sont répartis en trois séries (séries A, B et C) et que les élections sénatoriales ont lieu tous les trois ans, *à tour de rôle*, pour chacune de ces séries (art. 3, loi du 9 décembre 1884).

CHAPITRE VIII

LES DÉLITS POLITIQUES

Les crimes et délits politiques sont des infractions aux lois purement *politiques* d'un pays. On peut commettre un crime politique et être parfaitement honnête. Les cris séditieux, la plupart des délits de presse (offenses au Président de la République, injures envers des fonctionnaires, etc.) sont des délits politiques (Voy. *Loi sur la presse*). Celui qui tente de renverser le gouvernement établi par la *force des armes*, par exemple, commet un crime politique ; c'est un *insurgé*.

Nous avons vu que les criminels politiques sont frappés de peines spéciales : déportation simple ou dans une enceinte fortifiée, détention, bannissement, (V. VIE JUDICIAIRE).

Nous savons également que la peine de mort est abolie en matière politique et que l'extradition ne peut atteindre les personnes poursuivies pour crimes ou délits politiques. — Mais il faut faire exception pour le cas où le crime ou délit politique est *connexe* à un crime de droit commun, c'est-à-dire lorsqu'il est accompagné d'un crime, tel qu'un assassinat, se rattachant intimement au crime *politique* quant à la *cause* pour laquelle il a été commis et quant au *but* poursuivi (but politique). Si cette connexité existe, on applique au coupable la peine de droit commun (les travaux forcés à temps, par exemple), si elle est plus élevée que la peine politique; dans le cas contraire c'est la peine politique qui est prononcée par les tribunaux.

La distinction entre les crimes politiques et les crimes de droit commun est parfois fort délicate a établir. On en a eu la preuve à la suite de la Commune.

CHAPITRE IX

LA LIBERTÉ DE RÉUNION

§ 1er. — LES RÉUNIONS PUBLIQUES

Les réunions publiques sont libres, elles peuvent avoir lieu sans autorisation préalable; mais elles doivent être précédées d'une déclaration signée par *deux citoyens* au moins dont l'un domicilié dans la commune, indiquant les noms, qualités et domiciles des déclarants, ainsi que le lieu, le jour, l'heure et le but de la réunion. — La réunion ne peut avoir lieu que vingt-quatre heures après le dépôt de la déclaration (art. 1-2, loi du 30 juin 1881) mais elle ne peut être interdite. — La déclaration doit être faite au préfet de police à Paris, au préfet ou sous-préfet dans les chefs-lieux de département ou d'arrondissement; au maire dans les autres communes. Un récépissé est délivré aux déclarants. — Les réunions ne peuvent être tenues sur la voie publique; elles ne peuvent se prolonger au-delà de onze heures du soir, à moins qu'elles n'aient lieu dans des établissements fermant plus tard (art. 6, même loi).

Chaque réunion doit avoir un bureau composé de *trois personnes* au moins; le bureau est chargé de maintenir l'ordre et d'interdire, sous sa responsabilité, tout discours contraire aux bonnes mœurs ou à l'ordre public (art. 8, même loi). Un fonctionnaire de l'ordre administratif ou judiciaire (un commissaire de police, par exemple) peut être délégué, à Paris par le préfet de police, en province par le préfet, sous-préfet ou maire (suivant le cas) pour assister à la réunion; il choisit sa place. Il ne peut dissoudre l'assemblée que s'il en est *requis* par le bureau ou s'il se produit des *actes de violence*. (art. 9, même loi.)

§ 2. — LES RÉUNIONS PRIVÉES

Les *réunions privées* ou *non publiques* sont des réunions *fermees*: on n'y peut entrer que muni d'une lettre d'invitation. Leurs organisateurs ne sont assujettis à aucune formalité spéciale; aucune déclaration n'est exigée. Mais il ne faut pas oublier que les *clubs* sont interdits ainsi que les sociétés secrètes. (art. 7 et 12, même loi).

§ 3. — LES RÉUNIONS ÉLECTORALES

Les réunions électorales sont des réunions publiques en fait, qui ont pour but le *choix* ou l'*audition* de candidats à des fonctions publiques *électives* (conseillers municipaux, généraux, ou d'arrondissement, députés), à laquelle les électeurs de la circonscription, les membres des deux Chambres, les candidats ou le mandataire de chacun d'eux peuvent *seuls* assister.

Pendant la *période électorale*, c'est-à-dire pendant la période comprise entre le décret ou l'arrêté de la convocation des électeurs et le jour de l'élection *exclusivement*, les réunions électorales peuvent avoir lieu *deux heures* après la déclaration exigée par la loi (art. 3 et 5, loi du 30 juin 1881).

CHAPITRE X

LA SURETÉ GÉNÉRALE

La *Sûreté générale* doit être distinguée avec soin de la *sûreté publique*; elle a un caractère essentiellement *politique*. La loi dite *de sûreté générale*, du 27 février 1858, qui permettait au ministre de l'intérieur d'interner ou d'expulser de France, *par mesure de sûreté générale*, les individus coupables de délits politiques, et, entre autres, ceux qui excitaient à la haine ou au mépris du gouvernement d'alors, a été abrogée par le décret du 10 septembre 1870. Mais la direction de la sûreté générale est sous l'autorité *immédiate* du ministre de l'intérieur qui prescrit au préfet de police et aux préfets de départements toutes les mesures qu'elle nécessite ; bien entendu, ces fonctionnaires peuvent prendre *d'office* les mesures urgentes, sauf approbation ultérieure du ministre (décret du 9 février 1876).

CHAPITRE XI

LES COMMISSAIRES DE POLICE

Les commissaires de police sont à la fois des *officiers de police judiciaire* et des fonctionnaires de l'ordre *administratif;* ils appartiennent donc et à la *police répressive* et à la *police préventive*. A Paris ils sont placés *exclusivement* sous l'autorité du préfet de police, mais dans les départements ils relèvent du maire pour tout ce qui concerne la police municipale, du procureur de la République pour ce qui a trait à la recherche des criminels, et du sous-préfet ou du préfet pour les mesures relatives au maintien du bon ordre, à la sûreté publique, à la sûreté générale et à la salubrité publique ; ils contrôlent les registres des aubergistes et veillent à la tenue régulière des registres spéciaux que doivent avoir les pharmaciens, etc.

Autrefois il y avait des commissaires de police dans tous les cantons ; depuis le décret du 10 septembre 1870, il n'en est plus ainsi.

CHAPITRE XII

LES IMPOTS

L'État a de lourdes charges. Il a mission de pourvoir à la défense du territoire, de prendre toutes les mesures nécessaires au développement de la richesse du pays, de faire face aux dépenses qu'entraîne la bonne administration de la justice, de servir les intérêts de la dette publique, de faire procéder aux travaux d'utilité publique, etc., etc. Il est juste que ceux qui recueillent le profit de ces dépenses en supportent la charge proportionnellement à leurs ressources. L'impôt est donc absolument légitime, mais il doit être réparti équitablement entre les contribuables. Nous allons voir comment le législateur a cherché à atteindre ce but, mais auparavant il est utile d'indiquer ce que c'est que le budget.

SECTION PREMIÈRE

Le budget

Le budget est une loi de finances votée chaque année par les Chambres et comprenant d'une part les recettes que le gouvernement est autorisé à effectuer pendant le cours d'un *exercice*, et d'autre part les dépenses qu'il a le droit de faire, les *crédits* qui lui sont accordés pour le même espace de temps.

L'*exercice* commence au 1er janvier (ainsi l'exercice 1886 a commencé au 1er janvier 1886) mais il n'expire pas au 31 décembre ; il dure jusqu'au *31 janvier* de l'année suivante en ce qui touche les travaux commencés dans le courant de l'année qui vient d'expirer et *non terminés* au 31 décembre ; — la liquidation et l'ordonnancement des sommes dues par l'État peuvent être faits *sur le même exercice* jusqu'au *31 juillet*, et les paiements peuvent même être effectués jusqu'au *31 août*; c'est à cette dernière date qu'a lieu la *clôture* de l'exercice. Mais les créanciers de l'État dont les titres datent de l'exercice *clos*, ont encore le droit de poursuivre le paiement de leurs créances jusqu'à l'expiration d'une période de *cinq ans* à compter de *l'ouverture* de l'exercice clos; seulement, dès que cette période est expirée, l'État est libéré : on dit alors que l'exercice est *périmé*. Cependant il peut y avoir des dépenses sur exercices périmés, par exemple à la suite d'une condamnation pécuniaire prononcée contre l'État six, huit, neuf ans après la naissance de la créance.

Le *budget général* se divise tout naturellement en *budget des dépenses* et *budget des recettes*. Lorsque le budget des recettes est supérieur ou égal au budget des dépenses, le budget est en *équilibre*; dans l'hypothèse contraire, il est *en déficit*.

On peut encore diviser le budget d'une autre manière, en l'envisageant au point de vue de l'affectation des recettes et du genre des dépenses.

Le budget général comprend alors : 1° le budget ordinaire; 2° le budget sur ressources extraordinaires; 3° le budget des dépenses sur ressources spéciales; 4° les budgets annexes.

Le *budget ordinaire* comprend l'établissement des dépenses qui se renouvellent chaque année (traitements des fonctionnaires, frais d'entretien et solde de l'armée, de la marine, intérêts de la dette publique consolidée); — il est fait face à ces dépenses au moyen des impôts que nous allons étudier plus loin.

Le *budget sur ressources extraordinaires*, appelé aussi *budget extraordinaire*, embrasse les dépenses résultant de grands travaux publics (creusement de ports, canaux, construction de chemins de fer), et qui ne doivent pas se renouveler; dans le budget extraordinaire il faut encore faire rentrer les dépenses faites pour la reconstitution de notre matériel de guerre, pour la construction de nouveaux forts, etc. Les ministères de la Guerre et des Travaux publics sont les seuls qui aient un budget extraordinaire outre le budget ordinaire qui leur est assigné.

Il est pourvu aux dépenses du budget extraordinaire à l'aide d'emprunts ou d'avances faites à l'État par les départements ou les communes (*ressources extraordinaires*).

Le budget des *dépenses sur ressources spéciales* a trait à certaines dépenses d'une nature particulière faites par divers ministères (frais d'impression des rôles de contributions, transportation et salaires des forçats, secours accordés par le gouvernement à la suite d'inondations, d'épidémie, etc.) Il est alimenté au moyen de ressources spéciales (produits des taxes de premier avertissement, centimes additionnels spéciaux provenant des fonds départementaux et communaux.

Sous la dénomination de *budgets annexes* sont réunis plusieurs petits budgets spéciaux à diverses institutions :

Le budget de l'imprimerie nationale;
Le budget relatif à la fabrication des monnaies et médailles,
Le budget de la Légion d'honneur;
Le budget de l'École centrale des Arts-Manufactures;
Le budget de la Caisse des Invalides de la Marine,
Le budget de la Caisse nationale d'épargne;
Le budget des chemins de fer de l'État.

Chacun de ces budgets est divisé en budget de dépenses et budget de recettes. Les recettes proviennent, par exemple : pour l'École centrale, du produit des pensions des élèves ; pour l'imprimerie nationale, du produit de la vente des imprimés, etc.

Nous avons encore à citer, comme dépenses à la charge de l'État, les garanties d'intérêts dues aux compagnies de chemins de fer et les subventions accordées par l'État pour la construction des chemins vicinaux. Il est fait face à ces dépenses au moyen de l'émission d'*obligations à court terme*. (Voy. VIE FINANCIÈRE). Les comptes relatifs à ces opérations sont désignés sous le nom de *Services spéciaux du Trésor* (Voir le *Budget de 1886*).

Des explications que nous venons de donner, il résulte clairement que les produits des impôts, qui constituent les recettes du *budget ordinaire*, fournissent à l'État le moyen de payer les intérêts et le taux d'amortissement des emprunts contractés en vue des dépenses extraordinaires.

SECTION II

Les impôts

Les impôts se divisent en *impôts directs* et *impôts indirects*. — Les impôts directs frappent *directement* et *nominativement* le contribuable ; au contraire, les impôts indirects, appelés aussi *impôts de consommation*, frappent le consommateur, quel qu'il soit.

A un autre point de vue, on divise les impôts en *impôts de répartition* et *impôts de quotité*. — L'impôt de répartition est un impôt dont le produit est *fixé* d'avance par une loi annuelle spéciale votée à la même époque que le budget. Le Parlement *répartit* ce produit entre les départements. Le conseil général *répartit* le contingent départemental entre les arrondissements et chaque conseil d'arrondissement répartit le contingent de l'arrondissement entre les communes. Enfin la Commission des répartiteurs, dont presque tous les membres sont nommés par le sous-préfet, répartit le contingent communal entre les contribuables.

Au contraire, le produit de *l'impôt de quotité* n'est pas fixé par la loi de finances ; il est seulement *évalué* d'une façon approximative. L'impôt de quotité est établi par des tarifs, il n'est point question ici de répartition. Tous les impôts de consommation ou impôts indirects, ainsi que l'impôt des patentes, sont des impôts de quotité. Quant aux impôts directs, — à l'exception de l'impôt des patentes et des taxes assimilées aux contributions directes — ce sont des impôts de répartition.

§ 1er. - IMPOTS DIRECTS

Les impôts directs se divisent en deux catégories principales : les *contributions directes* et les *taxes assimilées aux contributions directes*.

Il y a quatre sortes de contributions directes :

1° L'impôt foncier ; — 2° L'impôt personnel-mobilier ; — 3° L'impôt des portes et fenêtres ; — 4° L'impôt des patentes.

Les taxes assimilées aux contributions directes sont plus nombreuses. Nous citerons par exemple :

La taxe sur les billards, la contribution qui pèse sur les chevaux et voitures, sur les cercles, le droit de vérification des poids et mesures, la taxe des biens de main-morte, etc., etc. (Voy. VIE FINANCIÈRE).

Ces taxes sont perçues directement et nominalement, comme les contributions directes ; elles sont assujetties aux mêmes règles au cas de contestation, mais elles rentrent dans la catégorie des impôts de quotité.

(Pour les *réclamations* en matière d'impôts directs, Voy. n° 6).

N° 1. — L'IMPOT FONCIER

L'impôt foncier pèse sur la propriété foncière bâtie ou non bâtie, d'après l'évaluation du *revenu imposable*. Or le revenu imposable est évalué à la moyenne du produit *net* calculé sur un certain nombre d'années, et différent suivant qu'il s'agit d'une propriété bâtie où non bâtie. L'ensemble de ces évaluations constitue le *cadastre*.

L'administration des contributions directes établit des *états de sections* indiquant les différentes *parcelles* de chaque section — c'est-à-dire les terres appartenant à des propriétaires divers — ainsi que la contenance et le revenu imposable de chaque parcelle (1). Or une même personne peut avoir plusieurs parcelles dans la même commune. Ces parcelles sont toutes inscrites en regard de son nom sur un registre qui porte le nom de *matrice*. C'est la matrice qui indique pour combien le propriétaire doit contribuer au paiement de l'impôt ; c'est elle qui permet de calculer la *cote*, c'est-à-dire la somme due par le propriétaire. En effet, supposons que le contingent communal soit de 4 0/0 par rapport à l'ensemble des revenus imposables des contribuables, et que la matrice fixe à 100 fr. le revenu imposable de M. B... qui possède, par exemple,

(1) Le sol est divisé en un certain nombre de *sections;* d'un autre côté, chaque *nature* de propriété (pré, vigne, terre) est répartie en diverses *classes* pour chacune desquelles il est établi un revenu imposable moyen.

deux petites parcelles dans la commune. M. B... aura une cote de 4 fr.

A partir du 1er janvier 1885, les propriétaires de maisons ou d'appartements inoccupés ne peuvent obtenir de *remise* ou *modération* de l'impôt foncier que lorsque leurs maisons ou appartements sont restés inoccupés au moins *une année* entière (art. 35, loi du 8 août 1885). Nous parlerons des autres cas d'exception totale ou partielle de l'impôt foncier que le contribuable peut solliciter ou même exiger, à propos des réclamations des contribuables en matière d'impôts directs (Voy. n° 6).

N° 2. — L'IMPOT PERSONNEL-MOBILIER

L'impôt *personnel-mobilier* se compose en réalité de *deux impôts: l'impôt personnel*, payable *en argent* ou *en nature* (le contribuable doit alors *trois* journées de travail par an), et l'impôt mobilier.

C'est le conseil général qui fixe le prix de rachat de la prestation en nature, (ce prix ne peut être inférieur à 0 fr. 50 ni supérieur à 1 fr. 50, pour chaque journée de prestation). Tout contribuable contribue donc à cet impôt pour la même somme, tandis que l'*impôt mobilier* est proportionnel à l'estimation de la *valeur locative* du logement, — estimation faite par le répartiteur, et presque toujours égale au loyer. — Les personnes logées gratuitement sont assujetties au paiement de l'impôt personnel-mobilier.

Le conseil municipal peut affranchir de cet impôt les contribuables pauvres ou même, si la commune est pourvue d'un octroi, se faire autoriser par *décret* à employer le produit de l'octroi à l'acquittement de l'impôt personnel-mobilier, mais le dégrèvement porte d'abord sur l'impôt personnel (si l'impôt personnel-mobilier n'est pas à la charge de l'octroi pour la totalité), et l'impôt mobilier n'est payé que par ceux qui ont un loyer assez élevé. C'est ainsi qu'à Paris les petits loyers sont affranchis de l'impôt mobilier.

Les *mineurs* qui ont des ressources personnelles sont assujettis à l'impôt personnel-mobilier comme les majeurs, même quand ils demeurent dans leur famille (art. 12, loi de 1832).

Si le contribuable déménage dans le courant de l'année, il doit payer immédiatement la *totalité* de l'impôt personnel et mobilier. Le propriétaire doit lui demander de montrer la quittance constatant ce paiement, et, s'il ne la lui montre pas, il doit avertir le percepteur du déménagement, sous peine d'avoir à effectuer sur ses propres deniers le paiement du reliquat (même loi).

N° 3. — L'IMPOT DES PORTES ET FENÊTRES

Cet impôt est à la charge du propriétaire. Il est proportionnel au nombre des *ouvertures* (portes et fenêtres) des bâtiments servant à l'habitation. Dans le calcul de cet impôt, il n'est pas tenu compte des portes et fenêtres des bâtiments servant à un service public, des usines, manufactures, écuries, bergeries, etc.

La somme que le propriétaire doit payer du chef de cet impôt est fixée d'après un tarif plus ou moins élevé suivant la population de la commune, le nombre des ouvertures et l'étage auquel elles se trouvent ; cette somme est augmentée ou réduite, suivant que le total des impositions pour la commune est inférieur ou égal au contingent communal.

Les ouvertures pratiquées en vue de l'assainissement des logements insalubres, sur l'ordre du conseil municipal, sont exemptées de l'impôt des portes et fenêtres *pendant trois ans* (loi du 13 avril 1850, art. 8).

N° 4. — LES PATENTES

Tout individu français ou étranger qui exerce en France un *commerce*, une *industrie*, une *profession* — sauf les exceptions que nous allons indiquer — est assujetti à *payer patente* (art 1er, loi du 15 juillet 1880).

La contribution des patentes se compose d'un droit *fixe* et d'un droit *proportionnel* (art. 2, même loi).

Le droit *fixe* est réglé le plus souvent proportionnellement à la population de la commune où est établie la personne patentée ; il est le même pour tous ceux qui exercent la même profession dans une même commune. — Mais le patentable qui, *dans le même établissement*, exerce plusieurs commerces, ne peut être soumis qu'à *un seul droit fixe* ; seulement ce droit est égal au droit *le plus élevé* de ceux qui frappent les différents commerces ou industries qu'il exerce. C'est la règle qui est appliquée au Louvre, au Bon Marché et à tous les établissements du même genre (art. 7, même loi). — Le patentable qui possède plusieurs établissements paie un droit *fixe* pour chacun d'eux. (art. 8.) — Dans les établissements à raison desquels le droit fixe est réglé d'après le nombre des ouvriers, les individus au-dessous de seize ans et au-dessus de soixante-cinq ans ne sont comptés que pour la moitié de leur nombre (10).

En principe le droit fixe est établi suivant l'importance de la population et d'après un tarif général qui répartit les industries et professions en *huit classes*. Le tableau ci-annexé indique les différents droits de ce tarif.

Classes	A Paris	Dans les communes au dessus de 100.000 hab.	de 50.001 à 100.000 hab.	de 30.001 à 50.000 hab.	de 20.100 à 30.000 hab.	de 10.000 à 20.000 hab.	de 5.001 à 10.000 hab.	de 2.001 à 5.000 hab.	de 2.000 et au-dessous
1re classe	400 fr.	300 fr.	240 fr.	180 fr.	120 fr.	80 fr.	60 fr.	45 fr.	35 fr.
2e —	200	150	120	90	60	45	40	30	25
3e —	140	100	80	60	40	30	25	20	18
4e —	75	75	60	45	30	25	20	15	12
5e —	50	50	40	30	20	15	12	9	7
6e —	40	40	32	24	16	10	8	6	4
7e —	20	20	16	12	8	8	5	4	3
8e —	12	12	10	8	6	5	4	3	2

Le droit fixe est établi pour d'autres professions figurant au *tableau B* de la loi du 15 juillet 1880 (avocats, avoués, banquiers, commissaires-priseurs, etc.), d'après un tarif exceptionnel, mais toujours suivant la population. — Enfin, pour certaines professions (armateurs, capitaines au long-cours, etc.) et pour les sociétés par actions, le droit fixe est calculé d'après un troisième tarif et sans avoir égard à la population (art. 3, loi du 15 juillet 1880).

Quant au *droit proportionnel* il est établi sur la *valeur locative* des locaux servant à l'exercice de la profession du patentable (y compris les maisons d'habitation), alors même que les logements et locaux occupés sont concédés *gratuitement*. La valeur locative est déterminée au moyen de baux authentiques ou, à défaut, par voie de comparaison ou d'appréciation (art. 12).

Celui qui exerce dans un même local plusieurs professions passibles d'un droit proportionnel différent, paie ce droit d'après le taux applicable à la profession pour laquelle il est assujetti au droit fixe, — or c'est la profession grevée du droit fixe le plus élevé. Mais si les locaux sont *distincts*, il paie *pour chaque local* le droit proportionnel attribué à l'industrie qui y est spécialement exercée. — Pour la maison d'habitation le droit proportionnel est établi d'après le taux correspondant à l'industrie comportant le droit fixe le plus lourd (14).

Les sociétés anonymes (industrielles ou commerciales) sont imposées pour chacun de leurs établissements à *un seul droit fixe*, sans préjudice du droit proportionnel.

Dans les sociétés en nom collectif, l'associé *principal* paie seul la totalité du droit *fixe*. En outre, le même droit est divisé en autant de parts égales qu'il y a d'associés et chaque associé *secondaire* doit payer une de ces parts. La part ne peut excéder *un vingtième* du droit fixe pour les associés habituellement employés comme *simples ouvriers.* — Mais le droit proportionnel n'est établi que sur les locaux affectés à l'industrie et la maison d'habitation de l'associé principal ; il ne frappe point les maisons d'habitation des associés secondaires, à moins qu'elles ne servent à la société (20). — Par exception, s'il s'agit de professions tarifées en raison du nombre des ouvriers et autres agents de production, les associés secondaires sont *affranchis* du paiement de tout droit fixe (21).

Le mari et la femme séparés de biens et possédant des établissements distincts ont chacun une patente spéciale et paient séparément les droits fixe et proportionnel (19).

La patente est payable par douzièmes (*un douzième* par mois) entre les mains du percepteur des contributions directes. Mais, dans le cas où le rôle n'est publié qu'après le 1er mars — cette publication doit être faite par le maire, — les douzièmes échus ne sont pas immédiatement exigibles ; ils doivent être ajoutés par fractions égales aux douzièmes non encore échus.

Par exception, les marchands forains, colporteurs, directeurs de troupes ambulantes, entrepreneurs de jeux publics non sédentaires et tous autres patentables n'ayant point de résidence fixe, doivent payer immédiatement la *totalité* de leur cote au moment même de la délivrance de leur patente (29).

La patente est due d'ailleurs pour l'année entière par toute personne exerçant au mois de janvier une profession imposable. Mais en cas de vente de l'établissement, la patente est transférée au successeur, si le vendeur ou l'acheteur le demande dans les trois mois. Il y a lieu alors à *une mutation de cote.* De plus, en cas de fermeture de l'établissement par suite de *décès* ou de *faillite,* les douzièmes *échus* et le douzième *courant* sont seuls exigés ; les parties intéressées n'ont qu'à réclamer une exemption pour le surplus.

Des suppléments de taxe frappent tous ceux qui deviennent patentables dans le courant de l'année, ou s'établissent dans des locaux d'une valeur locative plus élevée ou dans des communes plus importantes.

En cas de déménagement hors du ressort de la perception ou en cas de vente, la patente doit être payée en totalité *immédiatement,* et les propriétaires qui n'ont pas donné avis du déménagement au percepteur *un* mois avant le terme, sont responsables de la somme due par leurs locataires pour le dernier douzième *échu* et pour le douzième *courant.* — Si le locataire a déménagé *furtivement,* le propriétaire, pour échapper à cette responsabilité, doit avertir le percepteur dans les *trois jours* (30).

Chaque année le contrôleur des contributions directes procède au recensement des patentables, en présence du maire ou de son délégué ; puis il dresse la *matrice* et la dépose au secrétariat de la mairie, afin que les patentables puissent en prendre connaissance (un délai de *dix jours* leur est accordé pour cela). Les dix jours expirés, le maire transmet la matrice revêtue de ses observations au contrôleur qui établit les taxes d'après les tarifs fixés, sauf pour les articles contestés. Le directeur des contributions directes examine les articles contestés et, s'il ne consent pas à faire droit aux observations du maire, il soumet au préfet la contestation avec son avis. Dans le cas où le préfet n'adopte pas cet avis il en est référé au ministre des finances. Quant aux réclamations des patentés, elles doivent être communiquées au maire et elles sont soumises à la même procédure que les réclamations relatives aux autres contributions directes (Voy. n° 6).

A Paris l'examen de la matrice est fait par le maire de l'arrondissement assisté d'un membre de la commission des contributions directes. Toutes les matrices sont centralisées entre les mains de cette commission, qui consigne sur les matrices les observations qu'elle juge utile de faire, avant de les transmettre au directeur des contributions.

C'est le préfet qui arrête les rôles des patentes et les rend exécutoires (25).

Tout patentable est tenu d'exhiber sa patente lorsqu'il en est requis par les maires, adjoints, juges de paix, commissaires ou agents de police (32). — Le patenté qui a égaré sa patente doit se faire délivrer un certificat sur papier timbré par le directeur ou le contrôleur des contributions directes (35).

Professions non assujetties à la patente. — Les fonctionnaires et employés salariés de l'Etat, des départements et des communes ; les artistes peintres, sculpteurs, graveurs, dessinateurs ; les artistes dramatiques, les professeurs, les instituteurs primaires, les sages-femmes, les éditeurs de journaux et autres feuilles périodiques, les écrivains publics, les commis et autres personnes travaillant *à gages*, les propriétaires ou fermiers de marais salants, les pêcheurs, les capitaines de navires de commerce (s'ils ne naviguent pas *pour leur propre compte*), les associés *en commandite*, les caisses d'épargne et de prévoyance administrées *gratuitement*, les assurances mutuelles *autorisées*, les cantinières de l'armée n'ont point de patente à payer. Il en est de même pour les ouvriers travaillant en chambre avec *un* apprenti de *moins de seize ans*, pour les ouvriers travaillant chez eux (même dans une boutique) ou chez les particuliers sans apprentis ni compagnons, ou encore pour la veuve de l'ouvrier qui continue, avec l'aide d'*un seul* ouvrier ou apprenti, la profession de son mari. — Il ne faut point considérer comme compagnons ou apprentis les enfants *non mariés* travaillant avec leurs parents, ni la femme qui aide son mari, ni le simple manœuvre dont le concours est indispensable pour l'exercice de la profession.

Les laboureurs et cultivateurs qui ne s'occupent que de la vente et de la manipulation des récoltes et fruits provenant des terrains qui leur appartiennent ou qu'ils exploitent (comme fermiers, par exemple), ou de l'élevage du bétail, ne sont point non plus assujettis à la patente. — La même faveur est accordée au concessionnaire de mines qui se contente d'extraire des matières et de les vendre (mais l'exemption ne s'étend pas à celui qui *transforme* les matières extraites, avant de les vendre).

Les propriétaires ou locataires qui louent *accidentellement* une partie (et non pas la totalité) de leur habitation personnelle ne sont point grevés de patente.

Certains marchands ambulants que l'on rencontre dans les rues ou dans les marchés (marchands de fleurs, de figures en plâtre, de balais, de légumes, de fruits, de fromages, de poisson, etc.), les savetiers, les chiffonniers, porteurs d'eau, remouleurs, gardemalades n'ont point non plus de patente à payer. Mais les marchands ambulants autres que ceux cités ci-dessus, ou les marchands en échoppe sont assujettis à la *moitié* de la patente payée par les personnes qui vendent en boutique les mêmes choses qu'eux. — Il en est tout différemment pour les bouchers, épiciers et autres marchands qui occupent des places fixes dans les halles et marchés : ils doivent payer la totalité de la patente.

Les professions des septième et huitième classes du tarif A ci-dessus sont exemptes du droit *proportionnel* dans les villes de 20.000 habitants et *au-dessous* — dans tous les villages, par exemple (17-18).

Toutes les autres professions sont soumises à l'impôt de la patente. Ainsi les professions de médecin, avocat, etc.

N° 5. — LES CENTIMES ADDITIONNELS

Jusqu'à présent nous n'avons parlé que du *principal* des contributions directes, mais le contribuable n'a pas seulement à payer l'impôt *en principal*, il est grevé en outre de centimes *additionnels* à ce principal. Supposons qu'un propriétaire ait à payer 20 fr. pour l'impôt des portes et fenêtres. Si cet impôt est grevé d'*un centime additionnel* le propriétaire devra remettre à l'administration des contributions, outre les 20 francs qui constituent le principal de l'impôt, *un centime par franc*, soit dans l'espèce, 0 fr. 20. Si nous supposons qu'il y a *douze* centimes additionnels, le propriétaire sera débiteur de 20 francs, plus *vingt fois* douze centimes, soit en tout de 22 fr. 40.

Le Parlement détermine chaque année le nombre de centimes additionnels que les conseils généraux sont autorisés à voter pour faire face aux dépenses départementales et spéciales (pour service vicinal, instruction primaire, etc.), ou peuvent autoriser les conseils municipaux du département à voter en vue des dépenses communales.

C'est ainsi que, pour 1886, les conseils généraux peuvent voter jusqu'à *35 centimes* portant sur les contributions foncière et mobilière et *en outre* sur chacune des quatre contributions directes :

1 centime pour dépenses ordinaires départementales ;
7 — pour le service vicinal ;
4 — pour l'instruction primaire ;
2 — pour dépenses de budget ordinaire ;
12 centimes extraordinaires pour les dépenses du budget départemental extraordinaire.

En 1886 les conseils généraux ne peuvent autoriser les conseils municipaux à voter plus de *vingt centimes* additionnels pour faire face à des dépenses *extraordinaires* d'utilité communale (loi du 30 juillet 1885).

Mais les contribuables d'une commune peuvent être grevés de centimes additionnels par le gouvernement pour subvenir à des dépenses *obligatoires* : *dix* centimes au maximum (jusqu'à *vingt* centimes, s'il s'agit de l'acquittement de condamnations judiciaires).

Les conseils municipaux peuvent voter jusqu'à *cinq* centimes pour dépenses *ordinaires*, — de même pour les chemins vicinaux ; ils *doivent* voter *quatre* centimes pour l'instruction primaire, à moins qu'ils n'en prélèvent le produit sur d'autres ressources ; enfin le principal des patentes est grevé de 5 centimes additionnels par la loi du 15 juillet 1880.

N° 6. — PAIEMENT DES IMPOTS DIRECTS

C'est entre les mains du percepteur que ce paiement doit être effectué. Le contribuable doit payer dans les *dix jours* qui suivent la remise de l'avertissement de l'administration ; sinon, il reçoit *successivement* une sommation sans frais, une sommation avec frais, un commandement et enfin une contrainte. — Si le contribuable s'obstine à ne pas payer, ses meubles, et même ses immeubles, sont saisis et vendus.

Réclamations des contribuables. — Lorsque le contribuable prétend qu'il n'est point débiteur de la somme que lui réclame l'administration, soit parce qu'il ne doit rien, soit parce que sa cote est exagérée, il doit adresser au préfet ou sous-préfet une *demande en décharge* ou une *demande en réduction* s'il réclame simplement la diminution de sa cote. Mais c'est le conseil de préfecture qui statue ; s'il ne donne pas gain de cause au réclamant, celui-ci peut interjeter appel devant le Conseil d'État par l'intermédiaire du préfet et sans avoir besoin de constituer un avocat. — Quand la réclamation est dirigée contre le tarif des évaluations cadastrales, qui est dressé par le conseil municipal, le contribuable doit s'adresser à la Commission départementale. — Enfin, lorsque le contribuable désire que sa propriété soit placée dans une classe inférieure, il doit adresser sa réclamation au *Conseil de préfecture*, et cela dans les *six mois*.

Il arrive parfois qu'un contribuable, ayant éprouvé de grandes pertes, soit dans l'impossibilité de payer sa cote ; il peut alors adresser au préfet ou sous-préfet une *demande en modération*, — ou même, s'il désire être dispensé *totalement* du paiement, une *demande en remise*. — Le préfet refuse-t-il d'accorder la faveur demandée, le contribuable peut se pourvoir devant le ministre des finances. — Le propriétaire d'appartements inoccupés depuis plus d'une année, le propriétaire d'une maison qui vient d'être démolie, le vigneron dont les vignes on été ravagées par le phylloxéra, le cultivateur dont les champs ont été inondés peuvent former des demandes en remise ou modération (Voy. FORMULES ci-dessous).

Les héritiers d'un contribuable décédé peuvent demander la *décharge* de la contribution personnelle et mobilière du défunt, lorsque l'appartement qu'il occupait n'est plus garni de ses meubles. — Le propriétaire grevé d'une contribution foncière sans cause (par exemple, sa maison a été démolie l'année précédente) ou exagérée, ou imposée pour un nombre de portes et fenêtres supérieur au nombre réel, a le droit de demander *décharge* ou *réduction* ; de même pour le patenté décédé ou failli, ainsi que pour le commerçant qui a cédé son magasin (Voy. *Formules*).

Nous avons vu que les mutations de cote de patente sont réglées par le préfet ; celles qui sont relatives à l'impôt foncier et à l'impôt des portes et fenêtres sont réglées par le conseil de préfecture, et celles qui concernent l'impôt personnel et mobilier sont réglées par l'administration.

Les demandes de mutation de cote doivent être adressées dans les *trois mois* à dater de la publication des rôles, tout comme les demandes en décharge ou en réduction, sauf pour les cas de faux ou double emploi (1).

La demande en remise ou modération pour évènement extraordinaire ou imprévu doit être déposée dans les *15 jours* qui suivent l'évènement invoqué par le contribuable.

L'administration des contributions directes ne peut plus réclamer les sommes à elle dues depuis *plus de trois ans*, car, en matière d'impôts directs, la prescription s'accomplit par ce laps de temps.

N° 7. — TAXES ASSIMILÉES AUX CONTRIBUTIONS DIRECTES

Les taxes assimilées aux contributions directes comprennent les taxes sur les biens de main-morte (Voy. VIE FINANCIÈRE), les redevances des mines, les droits de vérification des poids et mesures

(1) Les demandes doivent être rédigées sur papier timbré à moins qu'il ne s'agisse d'une cote inférieure à 30 fr. — Il faut y joindre l'avertissement envoyé par l'administration ainsi que les dernières quittances. Au cas de faux ou double emploi le délai de trois mois ne part que du jour où le contribuable est instruit des poursuites dirigées contre lui par l'administration (art. 4, loi du 29 décembre 1884).

et des alcoomètres, les droits de visite de pharmacies et magasins de droguerie, la taxe sur les billards, la taxe sur les cercles, sociétés et lieux de réunion, la taxe sur les voitures, chevaux, mules et mulets.

A. — Taxe sur les chevaux et voitures

C'est la plus importante; elle est établie d'après le tableau ci-dessous (1) :

LOCALITÉS	POUR CHAQUE VOITURE		POUR CHAQUE CHEVAL DE SELLE OU DE TRAIT
	A 4 ROUES	A 2 ROUES	
A Paris	60 fr.	40 fr.	25 fr.
Dans les communes de plus de 40.000 hab...	50 »	25 »	20 »
Dans les communes de 20.001 à 40.000 âmes	40 »	20 »	15 »
— 10.001 à 20.000 âmes.	30 »	15 »	12 »
— 5.001 à 10.000 âmes.	25 »	10 »	10 »
— 5.000 *et au-dessous*..	10 »	5 »	5 »

B. — Taxe sur les billards

La taxe sur les billards est de 60 francs à Paris.
— 30 — dans les grandes villes.
— 20 — dans les villes de 10 000 à 50 000 âmes.
— 6 — partout ailleurs (2).

C. — Taxe sur les chiens

Bien que la taxe sur les chiens soit une taxe *municipale*, nous en parlerons ici, car c'est en somme une taxe assimilée aux contributions directes.

La taxe sur les chiens varie de *1* à *10 fr.*, suivant les communes. — Les tarifs établis sont révisés tous les *trois ans* par le Conseil d'État qui statue après avoir pris l'avis du conseil municipal et du conseil général.

(1) Loi du 22 décembre 1879.
(2) Loi du 17 septembre 1871, art. 8.

N° 8. — FORMULES DE DEMANDES ET RÉCLAMATIONS RELATIVES AUX IMPOTS

I. — Impôt foncier

FORMULE N° 1

Demande en remise de l'impôt foncier grevant un vignoble ravagé par le phylloxéra

« Monsieur le Préfet, (1)

» Le Sieur... (*noms, prénoms, domicile*) soussigné a l'honneur de vous exposer que depuis quelque temps, les terrains plantés en vignes qu'il possède, terrains inscrits sous le n°.....à la section.....du plan cadastral et qui produisaient les années précédentes d'abondantes récoltes, sont actuellement ravagés par le phylloxéra et que la dernière récolte a été dérisoire (*la comparer aux récoltes antérieures*). En conséquence, il vous supplie de vouloir bien prononcer en sa faveur la décharge de la contribution foncière qui grève ces terrains, sa situation étant très précaire par suite des dépenses qu'il a dû faire pour combattre le phylloxéra.

» Le soussigné vous prie, Monsieur le Préfet, d'agréer...

(*Signature.*)

FORMULE N° 2

Demande en réduction fondée sur la démolition d'une maison imposée

« Monsieur le Préfet,

» Le sieur..., soussigné, a l'honneur de vous exposer qu'il a fait démolir dans le cours du mois dernier (*indiquer la date*) la maison qu'il possédait à Rouen, rue Thiers, n° 5, et qui était inscrite au n° 128 de la section C du plan cadastral, pour un revenu de 55 francs.

» En conséquence, il vous prie de vouloir bien prononcer en sa faveur la remise de l'impôt foncier correspondant à la partie de l'année non encore écoulée.

» Veuillez agréer, Monsieur le Préfet, etc.

(*Signature.*)

(Le dépôt de cette demande doit être effectué à la sous-préfecture dans les trois mois à dater de la démolition.)

FORMULE N° 3

Demande en décharge de l'impôt foncier pour l'année qui suit celle où la maison imposée a été démolie

« Monsieur le Préfet,

» Le sieur....., soussigné, a l'honneur de vous exposer que la maison qui lui appartenait et qui était inscrite à la section B sous le numéro..., a été démolie dans le courant de l'année dernière. Cependant, lors de la publication des rôles de la commune, il a constaté qu'elle y figurait pour l'année 188.., comme pour les années précédentes. En conséquence il vient vous prier de vouloir bien prononcer en sa faveur la décharge de l'impôt foncier pour cette maison dont le revenu cadastral était de 45 francs.

» Veuillez, Monsieur le Préfet, agréer, etc.

(*Signature.*)

(1) Dans l'arrondissement qui a pour chef-lieu le chef-lieu du département; dans les autres arrondissement, la demande doit être adressée au sous-préfet. Même règle pour les demandes suivantes.

(Même délai de trois mois pour le dépôt, mais à dater de la publication des rôles.)

FORMULE N° 4

Propriété dont le revenu cadastral est trop élevé (1)

« Monsieur le Préfet,

» Le sieur........ soussigné a l'honneur de vous exposer qu'il est imposé pour l'année 1884, au rôle de la commune de X... pour une maison qui figure au cadastre sous le n° 210 de la section C; que le revenu cadastral de cette propriété fixé à .... fr. dépasse de 15 fr., celui des propriétés de ses voisins MM. V... L......., qui pourtant ont une valeur au moins égale à celle de sa propre maison. Aussi, Monsieur le Préfet, le soussigné vous prie-t-il de vouloir bien faire abaisser le revenu cadastral de 15 francs et prononcer la réduction de l'impôt foncier correspondant à cette diminution.

» Veuillez agréer, Monsieur le Préfet, etc.

(*Signature.*)

FORMULE N° 5

Demande en remise ou modération pour maison ou appartement inoccupé

« Monsieur le Préfet,

» Le soussigné (*nom, prénoms, domicile*), propriétaire d'une maison sise rue.... n°.... à.... et inscrite au cadastre sous le n°.... de la section B, a l'honneur de vous exposer que depuis plus d'un an cette maison est absolument inoccupée (ou bien : *est inoccupée partiellement* — indiquer alors quelle est la portion inhabitée). Il vous demande, en vertu de l'article 35 de la loi du 8 août 1885, de vouloir bien faire prononcer la *remise* (ou la *modération* au cas d'inhabitation *partielle*) de l'impôt foncier afférent à cette maison, et vous ferez justice.

(*Signature.*)

II. — Demandes en réduction de contribution mobilière

FORMULE N° 1

Loyer exagéré

« Monsieur le Préfet,

» J'ai l'honneur de vous exposer que je suis imposé pour 1885, au rôle de la commune de...., quant à la contribution mobilière, pour un loyer de 34 francs. Or le logement que j'habite est fort modeste, plus modeste à coup sûr que ceux de MM.... (citer les contribuables que l'on a en vue) qui cependant sont seulement imposés à la taxe mobilière pour un loyer de 28 francs. Je crois ne pas avoir de prétentions exagérées en demandant de n'être imposé que sur 28 francs.

» Veuillez, Monsieur le Préfet, etc.

(*Signature.*)

FORMULE N° 2

Demande en réduction pour décès du locataire

« Monsieur le Préfet,

» J'ai l'honneur de vous exposer que M.... mon cousin germain, dont je suis l'héritier, est décédé le......., que l'administration des contributions

(1) Les réclamations de ce genre ne peuvent avoir lieu qu'au sujet des propriétés *bâties*, car, pour les propriétés *non bâties* (prés, vignes, etc.), le revenu cadastral est *fixe*, tandis que celui des propriétés bâties peut varier : il s'accroît, par exemple, par suite de nouvelles constructions.

directes me réclame le paiement de la taxe mobilière qui pesait sur lui à raison du logement qu'il occupait rue...., n°...., mais que ce logement n'étant pas occupé par moi et ayant été débarrassé du mobilier qui le garnissait, il n'est pas juste de me demander de payer cette contribution.

» Je vous prierai en conséquence, Monsieur le Préfet, de vouloir bien faire prononcer la décharge de cette taxe en ma faveur.

» Veuillez, Monsieur le Préfet, agréer.....

(Signature.)

(Formule analogue pour le cas où le contribuable, après avoir déménagé et être allé habiter dans une autre commune, se voit réclamer deux contributions mobilières parce qu'i est encore inscrit au rôle de la commune qu'il a quittée.)

III. — Impôt des portes et fenêtres

FORMULE

Erreurs sur le nombre des ouvertures

« Monsieur le Préfet,

» Le sieur........ soussigné a l'honneur de vous exposer qu'il est imposé, pour 1885, au rôle de la commune de..... pour douze ouvertures. Or sa maison n'en a jamais eu que dix et dernièrement encore il en a condamné une. En conséquence, il vous prie, Monsieur le Préfet, de faire prononcer en sa faveur une réduction de taxe basée sur cette diminution du nombre des ouvertures de la dite maison.

» Veuillez, Monsieur le Préfet, etc.

(Signature.)

IV. — Formules relatives aux plantes

FORMULE N° 1

Décès d'un commerçant patenté

« Monsieur le Préfet,

» J'ai l'honneur de vous exposer que mon frère, dont je suis l'unique héritière, qui était inscrit comme patentable à l'article du rôle de la commune de.... est décédé le 25 mai dernier.

» En conséquence je vous prierai, Monsieur le Préfet, de vouloir bien faire prononcer la réduction des sept douzièmes de la patente qui restent encore à courir sur l'année présente.

» Veuillez, Monsieur le Préfet...

(Signature.)

(Au cas de *faillite*, le *syndic* doit faire la même demande de réduction en indiquant, à la place de la date du décès, celle du jugement déclaratif de faillite et de la cessation du commerce.)

FORMULE N° 2

Cession d'une maison de commerce

« Monsieur le Préfet,

» Le sieur...... soussigné a l'honneur de vous exposer qu'il a vendu à M.. le.... (*indiquer la date*), la maison de mercerie qu'il avait exploitée jusqu'à présent. En conséquence, il vous prie de le décharger des douzièmes non encore échus sur sa patente qui est inscrite au rôle sous le n°.... et de les reporter sur son successeur.

» Veuillez, Monsieur le Préfet, etc.

(Signature.)

§ 2. — IMPOTS INDIRECTS

Les différents impôts indirects sont :

L'*Enregistrement;* — le *Timbre;* — les *Douanes;* — les *Contributions indirectes proprement dites.*

Les contributions indirectes proprement dites portent sur les *boissons*, les *sucres*, les *tabacs*, les *poudres*, les *cartes à jouer*, les *allumettes*, les *poudres*, le *papier*, les *postes et télégraphes*. — Mais, à partir du 1er décembre 1886, l'impôt indirect qui pèse sur le papier est supprimé.

Dans la classe des impôts indirects, il faut encore faire rentrer les *droits d'octroi*, les *droits de voirie* et les *droits de stationnement* ; toutefois ces impôts doivent être mis à part, car leur produit profite aux communes et non pas à l'État.

Trois administrations spéciales sont chargées de la perception des impôts indirects établis au profit de l'État :

1° L'administration de l'Enregistrement des Domaines et du Timbre ; — 2° L'administration des Douanes ; — 3° L'administration des contributions indirectes (appelée aussi *la Régie*).

Quant au mode de perception des droits d'octroi et autres impôts communaux, il est déterminé par la municipalité, comme nous le verrons.

N° 1. — DROITS D'ENREGISTREMENT

Les droits d'enregistrement se divisent en trois classes :

1° Droits *fixes;* — 2° Droits *gradués;* — 3° Droits *proportionnels*.

Les actes qui ne constatent ni obligations, ni libérations, ni condamnation *pécuniaires* et qui ne sont point relatifs à des mutations ou transmissions de biens sont assujettis à un droit *fixe*.

Les actes qui constatent des obligations pécuniaires, des libérations (les quittances, par exemple), des transmissions de biens, sont grevés d'un droit *proportionnel.*

Enfin certains actes sont assujettis à un droit particulier — le droit *gradué* — qui tient à la fois du droit *fixe*, en ce qu'il ne varie pas pour des actes relatifs à des sommes inégales mais comprises entre certaines limites, et du droit *proportionnel*, en ce qu'il augmente jusqu'à un certain point avec l'importance des sommes dont il s'agit, lorsque les limites fixées sont dépassées. Un exemple fera comprendre très facilement la nature exacte du droit *gradué* :

Ce droit est de 5 fr. s'il s'agit de valeurs de 5 000 francs *et au dessous*, ou s'il n'y a aucune énonciation ou évaluation de sommes.

Il est de	10 fr.	pour les valeurs supérieures à...........	5.000 fr.
—	20 fr.	— —	10.000 fr.

mais n'excédant pas.................... 20.000 fr.
Il est de 20 fr. par chaque somme ou valeur de 20.000 fr.
ou fraction de........................... 20.000 fr.

Actes soumis à un droit fixe. — Les significations d'avoué à avoué, les assignations devant le conseil de prud'hommes, les acquiescements purs et simples, les actes de notoriété, les autorisations, consentements, décharges, récépissés, déclarations, les actes de dépôts, les désistements, les exploits d'huissiers, les lettres et reconnaissances pures et simples *ne contenant ni obligations ni quittances*, les reconnaissances d'enfant naturel par acte de célébration de mariage, les procurations ne contenant aucune clause entraînant un droit proportionnel; les jugements, les adjudications, les transactions, les testaments, etc.

Actes soumis à un droit proportionnel. — Les actes contenant transmissions entre vifs de meubles ou d'immeubles à titre gratuit (donations) ou à titre onéreux (ventes, échanges, etc.); les mutations par décès (successions testamentaires ou non testamentaires); les quittances, les baux et antichrèses, les lettres de change, les actes d'ouverture de crédit, etc.

Les ventes de meubles sont grevées d'un droit de 2 p. 100; les ventes d'immeubles, de 5 fr. 50 p. 100; les baux, de 0 fr. 20 p. 100, etc.

Actes soumis à un droit gradué. — Les actes de formation et de prorogation de société qui ne contiennent ni obligation, ni libération, ni transmission de biens; actes translatifs de propriété ou de jouissance d'un immeuble situé à l'étranger ou dans les colonies; ventes de marchandises avariées; contrats de mariage; délivrance de legs; partage entre co-propriétaires, co-héritiers ou co-associés; consentement à main-levée d'hypothèque; prorogation du délai accordé pour un paiement; reconnaissance de rente (*titre nouvel*). — Le droit gradué est de 5 fr., 10 fr., 20 fr. etc., suivant la progression que nous avons indiquée plus haut (art. 1er, loi du 28 février 1872).

Droits de mutation et droits d'acte. — Les *droits d'acte* ne sont dûs que lorsqu'il existe un *acte*. Les droits *fixes* sont *tous* des droits d'acte. — Au contraire, les *droits de mutation* sont dûs alors même qu'aucun acte n'indique la mutation ou transmission de biens qui s'est produite. Ainsi, les droits de succession sont des droits de mutation : les droits sont dûs même en l'absence d'un testament.

Tous les droits de mutation sont des droits *proportionnels*, mais il est des droits proportionnels qui ne sont que des droits d'acte (par exemple les droits qui frappent les actes constatant une vente ou une location *mobilière*).

Délais fixés pour l'enregistrement. — *Les testaments* doivent être enregistrés dans les *trois mois* du décès des testateurs, à la diligence des héritiers, donataires, légataires ou exécuteurs testamentaires, *sous peine d'un double droit* (art. 38, loi du 22 frimaire an VII). — Même délai de *trois mois* pour les actes sous seing privé portant transmission de propriété ou d'usufruit de biens immeubles, et pour les baux à ferme ou à loyer (art. 21-22, loi du 22 frimaire an VII). — L'enregistrement de tous autres actes *sous seing privé* peut être fait à n'importe quelle époque, mais il doit être effectué *préalablement*, si l'on doit faire usage de l'acte soit en justice, soit par acte public.

Pour les *droits de mutation* la règle est différente. Les héritiers donataires ou légataires doivent faire la déclaration des mutations ou transmissions dans les *six mois*, lorsque celui dont il s'agit de recueillir la succession est décédé en France ou en Algérie; dans les *huit mois*, s'il est décédé dans une autre partie de l'Europe; dans l'année, s'il est décédé en Amérique, et dans les *deux ans* s'il est décédé en Afrique ou en Asie. — Lorsque la déclaration n'a pas été faite dans ce délai, il est dû un *demi-droit en sus*. Si la déclaration est incomplète (on a dissimulé des biens faisant partie de la succession), il est dû *double droit* — sans compter les frais de l'expertise qui peut avoir eu lieu (art. 24 et 39, loi du 22 frimaire an VII).

Pour les mutations de jouissance de biens immeubles non constatées par écrit, la déclaration doit être faite dans les *trois mois* de l'entrée en jouissance.

Toute dissimulation dans le prix d'une vente ou dans la soulte d'un échange ou d'un partage est punie d'une amende égale au *quart* de la *somme dissimulée* (art. 11-12, loi du 23 avril 1871).

Bureaux où les actes et déclarations doivent être enregistrés. — Les actes sous seing privé peuvent être enregistrés dans n'importe quel bureau d'enregistrement. — Les déclarations de mutation de propriété ou d'usufruit par décès doivent être enregistrées au bureau de l'arrondissement dans lequel est situé l'immeuble; s'il s'agit de meubles, au bureau dans l'arrondissement duquel ils se trouvaient lors du décès; s'il s'agit de rentes ou autres valeurs, au bureau du domicile de la personne décédée. — Les déclarants (héritiers, légataires) doivent présenter un inventaire ou état estimatif, *article par article*, certifié par eux, s'il ne l'a pas été par un officier public.

Les droits doivent *toujours* être payés avant l'enregistrement, sauf à se pourvoir en restitution si le receveur de l'enregistrement a exigé une somme trop élevée ou si l'acte enregistré était entaché d'une nullité *absolue* (art. 25-27, loi du 22 frimaire an VII).

Prescription des droits d'enregistrement. — Au bout de *deux ans* à compter du jour de l'enregistrement, il y a prescription pour la demande des droits supplémentaires (le droit perçu était insuffisant, par exemple) et des amendes; — le délai de prescription est porté à *cinq ans*, s'il s'agit d'une *omission* dans une déclaration faite après décès; — à *dix ans*, à compter du jour du décès, pour les *successions non déclarées*. — Mais la prescription ne s'accomplit que par *trente ans* pour les actes dont l'enregistrement est exigé dans un délai *fixe* (lois du 22 frimaire an VII et du 18 mai 1850).

Procédure en matière d'enregistrement. — Les contestations relatives aux droits d'enregistrement doivent être portées devant le *tribunal civil*. Le contribuable qui poursuit l'administration de l'enregistrement en restitution de droits n'a pas besoin de constituer avoué; il présente simplement une *requête* au tribunal de première instance. — Est-ce au contraire l'administration qui poursuit le recouvrement de droits à elle dus, elle commence par décerner contre le contribuable une *contrainte* visée et *rendue exécutoire* par le juge de paix. Le contribuable, pour éviter la vente de ses biens, doit former une opposition motivée et assigner le receveur de l'enregistrement devant le tribunal civil; il doit en outre élire domicile dans la commune où siège ce tribunal. Le jugement est rendu sur rapport et sans plaidoiries. Il n'est pas susceptible d'appel, mais il peut être l'objet d'un recours en cassation (art. 64-65, loi de frimaire an VII).

N° 2. — DROITS DE TIMBRE

L'impôt du timbre est établi sur tous les papiers destinés aux actes civils et judiciaires et aux écritures qui peuvent être produites en justice et y faire foi (art. 1er, loi du 13 brumaire an VII).

Il y a plusieurs espèces de timbre :

1° Le *timbre de dimension*, ainsi appelé parce que le droit varie suivant la dimension du papier timbré :

La feuille *simple* de papier timbré coûte 0 fr. 60.

La feuille *double* coûte, suivant sa dimension, 1 fr. 20; 1 fr. 80; 2 fr. 40 ou 3 fr. 60, car il y a *quatre* dimensions de papier timbré.

2° Le *timbre proportionnel* qui frappe les effets de commerce, les actions, obligations, titres de rente, etc.

3° Les droits de timbre qui ne peuvent rentrer dans aucune des deux catégories précédentes : par exemple le *timbre de quittance* (droit de timbre de 0 fr. 10 pour les quittances excédant 10 fr. — ou même inférieures à 10 fr., s'il s'agit d'un acompte sur une somme excédant 10 fr.); droit de timbre de 0 fr. 10 sur les chèques; droit de timbre de 0 fr. 25 pour les quittances de plus de 10 fr. délivrées par les comptables des deniers publics; droits de timbre sur les affiches.

Tous les papiers à employer pour les actes publics ou sous seing privé sont assujettis au timbre de dimension. La régie fabrique un papier spécial qu'elle vend tout timbré. On peut se servir de papier autre que celui de la régie, mais il faut le faire timbrer avant d'en faire usage, et encore les officiers ministériels (greffiers, notaires huissiers, etc.), n'ont-ils pas ce droit : ils sont tenus de se servir du papier de la régie.

appelé *passavant*). Si le droit est acquitté au départ, la Régie remet à l'expéditeur une sorte de quittance qui porte le nom de *congé*. Lorsqu'il n'y a pas de bureau de contributions indirectes au lieu du départ, l'expéditeur se munit d'un *laissez-passer* qui est remis au premier bureau contre délivrance d'un congé, si le droit est payé immédiatement; le droit ne doit-il être payé qu'à l'arrivée *par le destinataire*, l'expéditeur se fait délivrer un *acquit à caution* (permis de circulation accordé moyennant caution du dépôt du droit qui doit être payé à l'arrivée). Dans le cas où le destinataire ne paie pas, c'est l'expéditeur qui est tenu d'acquitter le droit. — Le droit de circulation pour les cidres, poirés et hydromels est de 0 fr. 80 par hectolitre, pour toute la France. Le droit pour les vins en cercles et en bouteilles est fixé à 1 fr., à 1 fr. 50 ou 2 fr., suivant que le lieu de destination est situé dans un département rangé dans la 1re, 2e ou 3e classe (loi du 19 juillet 1880).

Quant au *droit d'entrée*, il n'est dû que si le lieu de destination est une commune de 4000 âmes au moins. — Le tarif d'entrée des vins (en cercles ou en bouteilles) varie, *suivant la population*, de 0 fr. 40 à 1 fr. 50 pour les communes situées dans les départements de première classe; de 0 fr. 55 à 2 fr. 25 dans les départements de deuxième classe; de 0 fr. 75 à 3 fr. dans les départements de troisième classe. — Pour les cidres, poirés et hydromels (1) le droit d'entrée, dans *tous les départements*, est de 0 fr. 35 dans les communes de 4 000 à 6 000 âmes; puis il s'élève avec la population et monte à 0 fr. 50, 0 fr. 60, 0 fr. 85, jusqu'à 1 fr. 25 (Voy. loi du 19 juillet 1880).

Le droit d'entrée n'est pas dû pour les boissons qui ne doivent pas être consommées dans la commune. Dans ce cas l'expéditeur doit se procurer un *passe-debout* ou bien faire une déclaration de transit (ce qui l'oblige à fournir caution).

Le dépôt de la marchandise à *l'entrepôt* dispense de faire l'avance du droit d'entrée.

Les débitants de boissons *au détail* sont assujettis à un *droit de détail* et à l'*exercice*. Mais ils peuvent éviter l'exercice — qui est en fait un régime assez vexatoire — en contractant un *abonnement* (ils paient alors un droit annuel fixé *à forfait*). On dit que l'abonnement est *individuel* quand il est contracté par tel ou tel débitant; l'abonnement peut aussi être *général*, c'est-à-dire être contracté par l'ensemble des débitants de la commune (*abonnement par corporation*) ou par la commune elle-même (*abonnement par commune*). — Le *droit de détail* ou *de débit* est fixé à 12 1/2 pour 100 du prix de vente (art. 4, loi du 19 juillet 1880).

Nota. — Dans toutes les communes de 10 000 âmes et au dessus, les *droits d'entrée* et de *détail* sont remplacés par une *taxe unique*

(1) Les bières ne sont point soumises aux droits d'entrée, mais le brasseur paie à l'État un *droit de fabrication* (Voy. n° 6)

payable à l'entrée dans la commune, ou à la sortie de l'entrepôt; le régime de l'exercice n'est pas appliqué dans ces localités que l'on désigne sous le nom de *villes rédimées* (art. 1er de la loi du 9 juin 1875). — La taxe unique ne peut être supérieure au *triple* du droit d'entrée qui serait applicable à la ville au cas où elle ne serait pas rédimée (art. 5, loi du 19 juillet 1880). — A Paris la *taxe de remplacement*, qui remplace à la fois les droits de circulation, d'entrée et de détail est de 8 fr. 25 par hectolitre de vin; de 4 fr. 50 pour les cidres, poirés et hydromels (même loi).

Droit de consommation. — Les spiritueux sont frappés d'un droit spécial appelé *droit de consommation*; mais ils ne sont assujettis ni au droit de circulation, ni au droit de détail. Les eaux-de-vie en bouteille, les fruits à l'eau-de-vie, les liqueurs et l'absinthe sont soumis aux mêmes droits de consommation et aux mêmes taxes de remplacement que les eaux-de-vie et esprits en cercles, *proportionnellement à leur richesse alcoolique* (art. 2, loi du 19 juillet 1880). Or le droit de consommation par hectolitr d'alcool pur contenu dans les eaux-de-vie et esprits en cercles est fixé à 156 fr. 25 (125 fr. non compris les *décimes*). — Le droit d'entrée par hectolitre d'alcool pur varie de 6 fr. à 24 fr. *en principal*, soit de 7 fr. 50 à 30 fr. *décimes compris*, suivant la population. — Quant à la taxe de remplacement établie à Paris à la place des droits d'entrée et de consommation, elle est de 149 fr. *en principal*, soit de 186 fr. 25, *décimes compris*, par hectolitre d'alcool pur (art. 5-6, loi du 26 mars 1872, et art. 2-3, loi du 19 juillet 1880).

Les vins qui ont plus de 21 degrés d'alcool sont imposés comme alcool pur; les vins qui ont plus de 15 degrés, et au maximun 21 degrés, sont passibles du double droit de consommation et d'entrée pour la quantité d'alcool comprise entre 15 et 21 degrés (loi du 1er septembre 1871, art. 3). — Par exception, les vins connus comme présentant *naturellement* plus de 15 degrés d'alcool jusqu'à 18 degrés au maximum sont affranchis du double droit; ils sont soumis aux mêmes droits de consommation et d'entrée que les vins qui n'ont pas plus de 15 degrés (art. 3, loi du 2 août 1872).

Les alcools *dénaturés*, qui ne peuvent être consommés comme boissons, sont soumis à une taxe spéciale dite *taxe de dénaturation* fixée *en principal* à 30 fr. par hectolitre d'alcool (art. 4, même loi).

Les bouilleurs de crû sont affranchis de l'impôt applicable aux spiritueux *dans la limite de 40 litres* d'alcool par an (art. 2, même loi).

N° 6. — DROITS DIVERS DE FABRICATION OU DE CONSOMMATION

Le droit à la fabrication des bières est fixé, pour la bière forte, à 3 fr. 60 par hectolitre; pour la petite bière, à 1 fr. 20 (art. 4, loi du 1er septembre 1871).

Chaque jeu de cartes est frappé d'un droit de 0 fr. 60; certains jeux sont même soumis à un droit de 0 fr. 75 (art. 5, même loi).

Les sucres sont frappés d'un droit de consommation de 40 fr. par 100 kilogrammes pour le sucre raffiné, de 43 fr. pour le sucre candi (art. 15, loi du 19 juillet 1880).

Dans quelques mois, le 1er décembre 1886, l'impôt de fabrication sur le papier aura disparu (loi du 8 août 1885, art. 2).

L'exploitation des tabacs, dont l'État a le monopole, donne chaque année au Trésor public une somme énorme (plus de 300 millions!) Les tabacs sont en effet grevés d'un impôt considérable. — Les poudres à feu sont aussi l'objet d'un impôt qui est dissimulé, pour ainsi dire, sous le prix de vente.

N° 7. — IMPOT SUR LE REVENU

La loi du 20 juin 1872 a établi un impôt de 3 0/0 sur le *revenu* des valeurs mobilières. Cet impôt porte sur les intérêts, dividendes, revenus des actions des sociétés financières, commerciales, civiles, industrielles, et sur les parts d'intérêt dans les sociétés dont le capital n'est pas divisé en actions. Toutefois, dans les sociétés en commandite simple, l'impôt ne grève que la part de commandite, et les parts de sociétés coopératives (sociétés formées entre ouvriers et artisans au moyen de cotisations périodiques) ne sont point assujetties à cet impôt (lois du 29 juin 1872 et du 1er décembre 1875). — Cette taxe de 3 0/0 est *avancée* par les sociétés ou établissements débiteurs des revenus ou dividendes (sauf déduction sur le montant des intérêts, dividendes ou arrérages). Elle doit être payée au bureau de l'enregistrement, *en quatre termes* égaux. dans les *vingt premiers jours* de *janvier*, *avril*, *juillet* et *octobre* (art. 1-2, décret du 2 décembre 1872).

N° 8. — DROITS DE DOUANES

Les droits de douane sont perçus à la frontière par une administration spéciale. Ils sont fixés en principe par le tarif général des Douanes; mais de nombreuses modifications sont apportées à ce tarif par les traités de commerce conclus avec un grand nombre de puissances étrangères. (Voy. TRAITÉS DE COMMERCE).

Les droits de douane se divisent en *droits d'importation* et *droits d'exportation*. Ils se divisent encore, à un autre point de vue, en *droits spécifiques* (proportionnels au *poids* des marchandises ou au *nombre* des objets exportés ou importés) et *droits ad valorem* (proportionnels à la valeur et à la qualité de la marchandise). — Pour les matières premières introduites en France et destinées à être exportées après avoir été travaillées, l'administration accorde l'*admission temporaire*, ou bien encore elle perçoit le droit à l'importation et le restitue à l'exportation (c'est le système du *drawbach*).— Aucun droit de douane n'est perçu sur les marchandises qui ne font que traverser la France (marchandises en *transit*).

En matière de douanes. les contrevenants sont poursuivis en *police correctionnelle*, mais s'il ne s'agit que d'une contestation relative aux tarifs, s'il n'a été commis aucune contravention, c'est le *juge de paix* qui doit être saisi de l'affaire, sauf appel devant le tribunal d'arrondissement au-delà de 100 fr. — En fait l'administration des douanes transige assez souvent avec les contrevenants.

N° 9. — LES OCTROIS

Le produit des octrois est destiné à faire face aux dépenses de la commune; les communes qui n'ont nullement besoin de cette sorte de subvention ne peuvent obtenir l'établissement d'un octroi. — Les octrois sont créés par *décret* rendu en Conseil d'Etat et seulement sur la demande des municipalités intéressées. Elles doivent annexer à leur demande le tarif de l'octroi énonçant les marchandises qui seraient soumises à un droit d'entrée (Voy. ADMINISTRATION COMMUNALE). — Les octrois peuvent être exploités par les municipalités de différentes manières : La commune peut confier l'exploitation à la régie (elle supporte tous les frais, mais elle recueille en revanche tous les produits), c'est le système de *l'abonnement*; ou bien elle exploite elle-même avec des agents nommés par le maire (c'est la *régie simple*), ou encore elle procède à une adjudication aux enchères publiques et donne *à ferme* l'exploitation de l'octroi au plus offrant (régime du *bail à ferme*), ou enfin elle choisit le système de la *régie intéressée* (partage des bénéfices avec le fermier au-delà d'une certaine somme).

Les employés de l'octroi n'ont pas le droit de fouiller les piétons et les cavaliers, mais ils peuvent fouiller toutes les voitures qui entrent dans la commune. — Si les marchandises soumises à l'octroi ne doivent pas être consommées dans la commune, la personne qui les transporte doit faire au bureau de l'octroi une *déclaration de transit*. — En cas de *contravention* (on a cherché à dissimuler des marchandises soumises à l'octroi), c'est le *tribunal correctionnel* qui est compétent; en cas de contestation au sujet du *tarif* et du droit à appliquer, l'affaire doit être portée devant le *juge de paix*. — S'agit-il au contraire d'un procès survenu entre la commune et le fermier de l'octroi, c'est le *conseil de préfecture* seul qui peut statuer.

En pratique, l'administration de l'octroi transige fréquemment avec les contrevenants, — tout comme l'administration des douanes.

CHAPITRE XIII

EXPROPRIATION POUR CAUSE D'UTILITÉ PUBLIQUE

Nul ne peut être contraint de céder sa propriété, si ce n'est pour cause *d'utitité publique*, et moyennant une *juste* et *préalable* indemnité (545, C. Civ.). — C'est sur ce principe qu'est basée toute la législation relative à l'expropriation pour cause d'utilité publique.

Procédure. — L'expropriation pour cause d'utilité publique est prononcée par le tribunal civil, mais seulement après que les travaux projetés ont été *déclarés d'utilité publique* par une loi ou par un décret. Un décret suffit pour les travaux d'importance secondaire (ponts, routes départmentales), une loi est nécessaire pour la déclaration d'utilité publique des grands travaux publics (chemins de fer, canaux, ports, etc.) — (art. 1 et 3, loi du 3 mai 1841). — Mais la déclaration d'utilité publique doit être précédée d'une enquête administrative (enquête *de commodo et incommodo*) portant sur un *avant-projet*.

Si la loi ou le décret ne désigne pas les localités sur lesquelles les travaux publics doivent être effectués, un arrêté préfectoral les indique. Avant le jugement d'expropriation, les propriétés particulières auxquelles l'expropriation est applicable sont également déterminées par arrêté du préfet. Or cet arrêté ne peut être rendu qu'après enquête : Les ingénieurs chargés d'exécuter les travaux lèvent dans chaque commune le plan des propriétés dont la cession leur paraît nécessaire. Ce plan est déposé à la mairie. Les parties intéressées sont invitées à en prendre communication. Cet avertissement est affiché à la porte de la mairie et à celle de l'église ; il est publié à son de trompe ou de caisse et inséré dans l'un des journaux de l'arrondissement. — Les intéressés ont *huit jours* à dater de sa publication pour prendre connaissance du travail des ingénieurs et présenter au maire leurs observations. Le maire dresse procès-verbal des réclamations et le fait signer par les déclarants. Le délai de huitaine expiré, une commission présidée par le *sous-préfet* et composée de *quatre conseillers généraux* ou de *quatre conseillers d'arrondissement* (désignés par le préfet), du maire de la commune intéressée et de l'un des ingénieurs chargés des travaux, se réunit à la sous-préfecture. — Les propriétaires qu'il est question d'exproprier ne peuvent sous aucun prétexte faire partie de cette commission.

La commission reçoit *pendant huit jours* les observations des propriétaires intéressés, examine les documents qui lui sont remis par le maire et donne son avis. Le procès-verbal de ses délibérations est transmis au préfet par le sous-préfet. Si la commission propose de modifier le tracé indiqué par les ingénieurs, le sous-préfet en avertit les propriétaires intéressés qui ont *huit jours* pour prendre communication, à la sous-préfecture, du procès-verbal, — mais leurs observations doivent être faites *par écrit* (art. 5-10, même loi).

L'enquête terminée, le préfet détermine, par un arrêté motivé, les propriétés qui doivent être cédées, et indique l'époque de leur prise de possession par l'administration. Toutefois, si la commission propose la modification du tracé, le préfet ne peut rendre cet *arrêté de cessibilité* qu'après avoir obtenu l'autorisation du ministre des travaux publics. Or le ministre a le droit d'ordonner qu'il soit procédé à une nouvelle enquête.

Au cas où l'expropriation est demandée *par une commune*, dans un intérêt *purement communal*, ou bien encore lorsqu'il s'agit de travaux d'ouverture ou de redressement de chemins vicinaux, la procédure est différente : aucune commission n'est constituée ; le procès-verbal dressé par le maire est transmis par lui, avec l'avis du conseil municipal, au sous-préfet, qui l'adresse au préfet avec ses observations. Puis le préfet rend l'arrêté de cessibilité en conseil de préfecture ; mais cet arrêté doit être approuvé par le ministre (art. 12, loi du 3 mai 1841).

Si les propriétaires des terrains ou bâtiments dont la cession est déclarée nécessaire dans l'arrêté préfectoral ne consentent point à une cession *amiable*, le préfet transmet au procureur de la République la loi ou le décret autorisant les travaux et l'arrêté dans lequel il a indiqué les terrains dont la cession était nécessaire. Le *tribunal*, sur la réquisition du procureur de la République, *prononce l'expropriation* et désigne, pour remplir les fonctions de directeur du jury chargé de fixer l'indemnité due à l'exproprié, un de ses membres. — Dans le cas où le propriétaire consent à céder son bien, mais trouve le prix de cession offert par l'administration trop peu élevé, le tribunal ne rend pas de jugement d'expropriation, il désigne simplement le juge qui présidera le jury d'expropriation (art. 13-14).

Le jugement est publié et affiché dans la commune; un extrait est inséré dans un des journaux de l'arrondissement et le propriétaire exproprié en reçoit notification. Puis ce jugement est transcrit au bureau du conservateur des hypothèques. Dans *la quinzaine* de la transcription, les créanciers hypothécaires et privilégiés (même les créanciers qui ont des hypothèques *légales*) doivent se faire inscrire sur les registres du conservateur — sous peine de perdre leur garantie. - Toutefois, les femmes, les mineurs et les interdits conservent leurs droits de préférence *sur le montant de l'indemnité, tant qu'elle n'a pas été payée* (16-17).

Ceux qui ont des droits *réels* sur l'immeuble (revendiquants, usufruitiers, etc.) ne peuvent s'opposer à l'expropriation; leur droit est transporté sur l'indemnité.

Le jugement d'expropriation n'est pas susceptible d'appel; il ne peut être attaqué que par la voie des recours en cassation et seulement pour *incompétence*, *excès de pouvoirs* ou *vice de forme*. Le pourvoi en cassation doit être formé dans les *trois jours* à dater de la notification du jugement, et il doit être notifié dans la *huitaine* — à peine de déchéance — au préfet, ou au maire si l'expropriation est demandée par la commune dans un intérêt purement communal (art. 20.)

Dans l'hypothèse où la cession est consentie *à l'amiable* pour le prix accordé par l'administration, un extrait de la convention conclue entre le propriétaire et l'administration doit être affiché, publié et inséré dans un des journaux de l'arrondissement, et la convention est transcrite sur le registre du conservateur des hypothèques. Les créanciers hypothécaires et privilégiés doivent, comme dans l'hypothèse précédente, se faire inscrire dans la quinzaine de cette transcription, car il y a là encore une véritable purge légale (art. 19).

Dans la huitaine qui suit la notification du jugement d'expropriation au propriétaire exproprié, celui-ci doit faire connaître à l'administration les fermiers, locataires, usufruitiers, usagers, titulaires de servitudes, sinon il aurait seul la charge des indemnités qu'ils pourraient réclamer (art. 21). Les usufruitiers sont astreints à la même obligation relativement aux fermiers, locataires, etc., du bien dont ils ont l'usufruit (art. 22).

L'administration fait notifier à tous les intéressés connus d'elle les indemnités qu'elle offre. Les propriétaires et autres intéressés ont *quinze jours* pour accepter ces offres ou pour indiquer le montant de leurs prétentions. Ce délai est porté à *un mois* pour les intéressés tels que des *incapables* (représentés par leur tuteur ou curateur), des *femmes mariées* ou des *personnes morales*, car alors l'acceptation ou le refus des offres est soumis à certaines autorisations (23-27). — Si les offres de l'administration ne sont pas acceptées, les propriétaires et tous les autres intéressés sont cités devant le jury d'expropriation.

Le jury d'expropriation. — Les membres du jury *special* appelé à régler les indemnités dues pour cause d'expropriation sont choisis par la première chambre du tribunal civil du chef-lieu du département (par la première chambre de la cour, dans les départements qui sont le siège d'une cour royale), sur une liste dressée *chaque année* par le conseil général *pour chaque arrondissement*. Cette liste se compose de 36 à 144 noms désignés tant sur la liste des électeurs que sur la seconde partie de la liste du jury criminel. — Cependant pour le département de la Seine la liste comprend six cents noms et pour l'arrondissement de Lyon *deux cents* (loi du 22 juin 1854.)

Le jury est constitué *à nouveau* toutes les fois qu'il y a lieu de procéder à la fixation d'indemnités pour expropriation. Il se compose de *seize jurés* et en outre de *quatre jurés supplémentaires*.

Les propriétaires, fermiers, locataires, créanciers inscrits sur les immeubles qui sont l'objet de l'expropriation et tous autres intéressés ne peuvent faire partie du jury (art. 30, loi du 3 mai 1841).

La liste des jurés est transmise par le préfet au sous-préfet qui convoque au moins *huit jours* à l'avance le jury et les parties, en faisant connaître à celles-ci le nom des jurés (31). Au jour fixé, le magistrat directeur du jury complète, s'il y a lieu, le nombre de seize jurés au moyen des jurés supplémentaires. — L'administration a le droit de récuser *deux jurés;* le même droit appartient à la partie adverse, ou à l'ensemble des divers intéressés — s'il y a plusieurs intéressés dans la même affaire. Il reste alors *douze jurés*. — Lorsque le droit de récusation n'est pas exercé, le magistrat directeur du jury élimine les quatre derniers jurés inscrits sur la liste. — Puis ce même magistrat met sous les yeux du jury tous les documents pouvant lui permettre d'évaluer les propriétés dont l'expropriation est décidée. Les parties peuvent présenter des observations sommaires et le jury a le droit d'entendre toutes les personnes qu'il juge susceptibles de l'éclairer. La décision du jury fixe le montant de l'indemnité (le magistrat directeur du jury ne prend pas part au vote).

Le jury prononce des indemnités distinctes en faveur de chaque intéressé ayant des titres différents (propriétaires, fermiers, locataires). Cependant il ne prononce qu'une *seule indemnité* pour les immeubles *grevés d'usufruit :* Le nu-propriétaire et l'usufruitier ont sur l'indemnité absolument les mêmes droits qu'ils avaient sur l'immeuble : l'usufruitier a la jouissance, il touche les revenus, mais le capital appartient au nu-propriétaire.

L'indemnité allouée par le jury ne peut être ni inférieure à celle offerte par l'administration, ni supérieure à celle demandée par les personnes expropriées (39). Si l'indemnité accordée est *égale* à celle offerte par l'administration, les parties qui ont refusé les offres de l'administration sont condamnées aux dépens; si elle est égale à celle demandée par les parties, c'est l'administration qui supporte les frais. — Enfin, si l'indemnité est supérieure aux offres de l'administration, mais inférieure à celle réclamée par les personnes expropriées, les dépens sont mis *proportionnellement* à la charge des deux parties adverses (40).

Lorsque l'exécution des travaux doit augmenter *immédiatement* la valeur de la portion de terrain qui reste au propriétaire exproprié pour partie seulement, cette plus-value est prise en considération par le jury : il accorde une indemnité moins forte. — Les constructions, plantations et améliorations ne donnent lieu à aucune indemnité lorsqu'elles ont été faites en vue d'obtenir une indemnité plus élevée (51-52).

Les *bâtiments* (habitations, usines, magasins, etc.) dont il est nécessaire d'acquérir *une portion* pour cause d'utilité publique, doivent être achetés *en entier* par l'administration, si le propriétaire le demande par une déclaration *formelle* adressée au magistrat directeur du jury dans le délai donné aux expropriés pour prendre parti sur les offres de l'administration. — Le même droit appartient au propriétaire d'un terrain qui, par suite d'expropriation, se trouve réduit *au quart* de la contenance totale et à une étendue *inférieure à dix ares* — à moins que l'exproprié ne possède un terrain *contigu* (art. 50).

Paiement des indemnités. — La prise de possession ne peut avoir lieu qu'*après le paiement de l'indemnité*. L'indemnité doit être *préalable*.

Mais s'il existe des inscriptions sur l'immeuble exproprié ou s'il a été fait opposition au paiement (un créancier du propriétaire a lancé une *saisie-arrêt*, par exemple), il suffit, pour que la prise de possession soit possible, que les sommes dues par l'administration soient *consignées*. Elles sont ensuite distribuées à tous les ayants-droit. L'indemnité doit être payée ou consignée dans les *six mois* de la décision du jury, sinon elle produit intérêts à partir de l'expiration de ce délai (art. 55).

Rétrocession des terrains expropriés. — Dans le cas où les terrains expropriés ne reçoivent pas leur destination — par exemple, les travaux projetés ne sont pas exécutés — les anciens propriétaires peuvent demander qu'ils leur soient rendus.

Le prix de rétrocession, à défaut de convention amiable, est fixé par le *jury*; mais il ne peut excéder la somme moyennant laquelle les terrains ont été acquis par l'administration.

Bien entendu, ces dispositions ne s'appliquent point aux terrains adjugés à l'administration sur la réquisition de la personne expropriée et restés disponibles après l'exécutien des travaux (art. 62).

Expropriations pour travaux urgents. — Lorsque la prise de possession de terrains *non bâtis* soumis à l'expropriation est *urgente*, l'urgence est déclarée par *décret* et le président du tribunal ordonne la prise de possession, dès que le tribunal a fixé la somme que l'administration doit consigner. — C'est seulement après la prise de possession que le jury d'expropriation fixe l'indemnité. L'indemnité qu'il accorde est-elle supérieure à la somme déposée par l'administration, le supplément doit être consigné *dans la quinzaine* de la notification de la décision du jury; sinon le propriétaire peut s'opposer à la continuation des travaux (art. 65 et 74).

Lorsqu'il y a lieu d'occuper des propriétés privées pour y faire des *travaux de fortification urgents*, il est procédé à l'occupation temporaire ou définitive suivant des formes analogues. Le tribunal ordonne la consignation d'une indemnité *provisoire* fixée d'après les résultats d'une expertise très sérieuse (Voy. loi du 30 mars 1831). —

L'occupation temporaire ne peut porter que sur des propriétés *non bâties*, et si le propriétaire n'est pas remis en possession dans le cours de la *troisième* année, il peut exiger que l'État lui achète son immeuble ; — l'indemnité est alors fixée par le jury suivant la valeur du terrain *au moment de l'occupation*. — L'indemnité annuelle due pour l'occupation temporaire, réglée par le jury, est payée *par moitié* tous les *six* mois aux propriétaires et aux autres intéressés (fermiers, usufruitiers, etc.) — (Art. 13-14, loi du 30 mars 1831).

En matière de *voirie*, il y a des règles spéciales pour l'expropriation (Voy. VIE AGRICOLE).

CHAPITRE XIV

LES PENSIONS CIVILES

Conditions exigées pour avoir droit à une pension. — Les fonctionnaires et employés directement rétribués par l'État, les fonctionnaires de l'enseignement rétribués sur les fonds départementaux et communaux ou sur le prix des pensions payées par les élèves des lycées, et les fonctionnaires et employés qui, *sans cesser d'appartenir à une administration publique*, sont rétribués sur les fonds départementaux et communaux ou même par des particuliers, ont droit à une *pension de retraite* après *trente ans* de service, — mais seulement lorsqu'ils sont âgés de *soixante ans* (à moins qu'ils ne soient reconnus par le ministre compétent hors d'état de continuer leurs fonctions).

Il suffit de *vingt-cinq ans* de service et de *cinquante-cinq ans* d'âge pour les employés qui ont fait quinze ans de service *actif* (c'est-à-dire exigeant des déplacements fréquents) dans les douanes, les contributions indirectes, les tabacs, les octrois, les forêts, les postes (art. 3-5, loi du 9 juin 1853).

Nous parlerons ailleurs des pensions militaires (Voy. VIE MILITAIRE).

Le capital de la pension est constitué peu à peu au moyen de *retenues* effectuées sur les traitements du fonctionnaire ou de l'employé, retenues qu'il ne peut jamais réclamer (même dans le cas où il quitterait l'administration). — Le montant de la pension est basé sur la moyenne des traitements du fonctionnaire pendant les *six* dernières années. La pension est réglée pour chaque année de service à 1/60e de ce traitement moyen.

Les fonctionnaires et employés mis hors d'état de continuer leur service, soit par suite d'un acte de dévouement, soit par suite d'un accident grave résultant *notoirement* de l'exercice de leurs fonctions, peuvent par exception obtenir une pension, quel que soit leur âge ou la durée de service actif. — Ceux que des infirmités graves *résultant de l'exercice de leurs fonctions* mettent dans l'impossibilité de continuer leur service, peuvent également obtenir une pension s'ils comptent cinquante ans d'âge et vingt ans de service (ou même seulement quarante-cinq ans d'âge et quinze ans de service *actif*). Dans ces cas exceptionnels, le règlement de la pension est soumis à des règles quelque peu différentes (art. 11-12, même loi(.

La veuve du fonctionnaire qui a obtenu une pension de retraite ou qui a accompli la durée de service nécessaire pour l'obtenir, a droit à une pension, pourvu que le mariage ait été contracté *six ans* avant la cessation des fonctions du mari. — Cette pension est en principe du *tiers* de celle du mari; mais elle ne peut être inférieure à *cent francs*, à moins que la pension du mari ne fût elle-même inférieure à cette somme.

Si la veuve était séparée de son mari à la suite d'un jugement prononçant la séparation de corps *contre elle*, elle n'a droit à aucune pension (art. 13). — La femme *divorcée* est dans la même situation.

La veuve dont le mari a perdu la vie par suite de l'exercice de ses fonctions a droit au *tiers* de la pension qu'avait ou qu'eût obtenue son mari, alors même que le mariage aurait eu lieu très peu de temps avant la mort ou la mise à la retraite du mari. — Si le fonctionnaire est mort ou a été mis hors d'état de continuer ses fonctions par suite d'un acte de *dévouement*, la veuve a droit aux *deux tiers*.

Les enfants *mineurs* d'un fonctionnaire ou employé décédé après avoir obtenu sa pension, ou alors qu'il avait accompli la durée de service exigée pour l'obtenir, ont droit à un *secours annuel* lorsque la mère est décédée ou inhabile à recueillir la pension (le mariage ne date que de deux ans, par exemple); ou déchue de ses droits, un jugement de séparation de corps ayant été prononcé contre elle. Ce secours, quel que soit le nombre des enfants, est égal à la pension qu'eût obtenue la veuve si elle n'était point déchue de ses droits; il est partagé entre les mineurs *par égales portions* et payé jusqu'à ce que le plus jeune des enfants ait atteint l'âge de vingt-et-un ans accomplis; à mesure que les aînés deviennent majeurs, leurs parts s'ajoutent à celles des mineurs (art. 16). — Les enfants des fonctionnaires décédés pensionnaires ne peuvent obtenir ces secours annuels que si le mariage dont ils sont issus *a précédé* la mise à la retraite de leur père (art. 34, décret du 9 novembre 1853).

Liquidation des pensions civiles. — La *liquidation* de la pension, c'est tout simplement la fixation exacte de son chiffre.

Pour que la pension d'un fonctionnaire soit liquidée, il faut qu'il ait été *préalablement admis à faire valoir ses droits à la retraite* par le ministre au département duquel il se rattache. L'acte d'admission à la retraite relate les circonstances qui donnent ouverture au droit à la pension (art. 29, décret du 9 novembre 1853).

La demande de pension doit être présentée au ministre dans les *cinq ans* à partir du jour où le fonctionnaire a été admis à faire valoir ses droits à la retraite — à compter du jour de la cessation de ses fonctions, s'il a été autorisé à les continuer après cette admission. Pour la veuve, les cinq ans courent du *décès* de son mari; — les demandes de secours annuels en faveur des orphelins doivent être présentées dans le même délai à compter du décès de leur père ou de celui de leur mère (art. 22, loi du 9 juin 1853).

Le fonctionnaire admis à faire valoir ses droits à la retraite doit annexer à sa demande son acte de naissance, une déclaration de domicile, un *extrait officiel* des registres du ministère auquel il se rattache (ou un *certificat* indiquant — outre ses noms, date et lieu de naissance — les emplois divers qu'il a occupés, la date de son entrée dans l'administration, l'époque et le motif de la cessation de ses fonctions et le montant du traitement dont il a joui pendant les six dernières années).

Les services des employés de préfecture et de sous-préfecture sont justifiés par un certificat émané du préfet ou du sous-préfet et visé par le ministre de l'intérieur (art. 31, décret du 9 novembre 1853.)

Les veuves doivent joindre à leur demande de pension, *outre les pièces que nous venons d'indiquer* : 1° leur acte de naissance; 2° l'acte de décès de leur mari; 3° l'acte de célébration de leur mariage; 4° un certificat de non-séparation de corps et de non-divorce.

Si les époux étaient séparés de corps, la veuve doit justifier que la séparation a été prononcée *sur sa demande* (à son profit).

Quant aux orphelins, ils doivent annexer à la demande de pension, *outre les pièces que leur père eût dû fournir* : leur acte de naissance, l'acte de décès de leur père (l'acte de décès de leur mère, si elle est prédécédée), l'acte de mariage de leurs père et mère, une copie ou un extrait *authentique* de l'acte de tutelle; si leurs père et mère étaient séparés de corps ou divorcés, une expédition du jugement; si leur mère s'est remariée, un extrait de l'acte de célébration de ce second mariage.

Lorsque le mari ou père est décédé, jouissant déjà de sa pension, la veuve ou les orphelins doivent produire le brevet de pension (art. 32, même décret.)

Si le fonctionnaire était un *comptable public*, à la demande de pension doit être jointe un certificat du ministère auquel il se rattachait et constatant que la vérification provisoire de sa gestion ne relève aucun *debet* à sa charge (Voy. COUR DES COMPTES). — S'il ne relevait pas directement de la Cour des Comptes (il était, par exemple, receveur particulier des finances) le certificat est délivré par le comptable dont il relevait (par le trésorier-payeur général, dans notre hypothèse).

Dans les cas où il y a lieu à l'ouverture d'une pension exceptionnelle, privilégiée (lorsque, par exemple, le fonctionnaire a été victime de son dévouement), il faut joindre à la demande de pension, *outre les pièces ci-dessus*, un procès-verbal dressé sur les lieux et au moment où l'évènement qui donne lieu à l'ouverture de la pension est survenu. A défaut de procès-verbal la constatation de cet évènement peut s'établir par un acte *de notoriété* rédigé sur la déclaration des témoins oculaires ou des personnes qui ont été à même de connaître les conséquences de l'accident et confirmé par les attestations du maire de la commune et des supérieurs *immédiats* du fonctionnaire. — Lorsqu'il s'agit d'infirmités contractées à la longue dans le service (affaiblissement de la vue, par exemple), il ne peut être question d'un procès-verbal; il faut alors que l'infirmité et ses causes soient constatées par les médecins qui ont soigné le fonctionnaire et par trois médecins désignés par l'administration et ayant prêté serment devant le juge de paix. Ce certificat doit être revêtu aussi des attestations conformes du maire et des supérieurs immédiats du fonctionnaire (art. 35, décret du 9 novembre 1851 et loi du 17 mars 1875.)

Les pensions sont liquidées d'après la durée des services, mais les services ne sont comptés que de la date du premier traitement et à partir de l'âge de *vingt ans* accomplis. Le temps de surnumérariat n'est donc pas compté. La liquidation est faite par le ministre compétent; le ministre des finances donne son avis et le tout est soumis à l'examen du Conseil d'État. Puis la pension est concédée par décret inséré au *Bulletin des Lois* (art. 24, loi du 9 juin 1853).

Les pensions des ministres, conseillers d'État, préfets et sous-préfets sont liquidées suivant des règles quelque peu différentes dans le détail desquelles nous ne pouvons entrer ici.

Paiement des pensions. — La jouissance de la pension remonte au jour de la cessation du traitement ou au lendemain du décès du fonctionnaire (il en est de même pour les *secours annuels* accordés aux orphelins). Mais en aucun cas la jouissance ne peut remonter à plus de *trois ans*.

Les pensions sont *inaliénables*. Elles ne sont saisissables que pour *un cinquième* et encore faut-il que la saisie ait pour cause des créances *privilégiées* (créances de l'État, créances alimentaires, etc.) (art. 26, loi du 9 juin 1853).

Les pensions et secours annuels sont payés *par trimestre* (les 1er janvier, 1er avril 1er juillet et 1er octobre); mais pour les toucher il faut présenter un *certificat de vie* dressé par un notaire (1). Pour la délivrance de ce certificat il est dû, suivant le montant de la pension, de 20 à 50 centimes; cependant la délivrance du certificat est gratuite si la somme à toucher pour chaque trimestre est inférieure à 50 fr.

(1) Un décret du 30 décembre 1885 exige que la signature du notaire soit légalisée par le président du tribunal ou le juge de paix. Or, pour chaque légalisation, il est dû 0 fr. 25.

Le cumul de *deux pensions* est autorisé jusqu'à concurrence de 6000 fr. (pourvu qu'il n'y ait pas double emploi dans les années de service, c'est-à-dire pourvu qu'on n'ait pas occupé *simultanement* les deux fonctions donnant droit chacune à pension). Toutefois il est certains cas exceptionnels où le cumul est admis au-delà de cette somme (art. 30-31, loi du 9 juin 1853).

Suspension et privation de pensions. — Lorsqu'un pensionnaire est remis en activité *dans le même service* sa pension est suspendue; lorsqu'il est remis en activité *dans un service différent*, il ne peut cumuler sa pension et son traitement que jusqu'à concurrence de 1500 fr, mais après la cessation de ses fonctions il peut rentrer en jouissance de son ancienne pension (art. 28, loi du 9 juin 1853).

Tout fonctionnaire ou employé *démissionnaire*, *destitué* ou *révoqué* perd ses droits à la pension de retraite; mais, s'il est plus tard remis en activité, son premier service lui est compté.

Le comptable public qui est constitué en déficit, ou est convaincu d'avoir commis des détournements, perd également ses droits à la pension, *alors même qu'elle serait déjà inscrite*. La même mesure atteint le fonctionnaire qui s'est démis de son emploi à prix d'argent ou a été condamné à une peine afflictive *ou* infamante (Voy. VIE JUDICIAIRE). — La perte du droit à une pension déjà liquidée ne peut être prononcée que par décret (art. 27-28, loi du 9 juin; art. 43, décret du 9 novembre 1853).

CHAPITRE XV

DONS ET LEGS EN FAVEUR D'ÉTABLISSEMENTS PUBLICS

Les donations ou les legs de biens meubles ou immeubles faits au profit des hospices, des bureaux de bienfaisance et en général de tout établissement *déclaré d'utilité publique* (possédant par suite une personnalité civile), ne peuvent être acceptés qu'avec l'autorisation du Président de la République accordée par décret rendu en Conseil d'État, et sur l'avis préalable du préfet du département, s'il y a réclamation de la famille; autrement, l'autorisation du préfet suffit. L'acceptation des dons ou legs *mobiliers* dont la valeur n'excède pas 3 000 fr., et qui sont faits en faveur des *bureaux de bienfaisance*, est valablement autorisée par le *sous-préfet* (décrets du 25 mars 1852 et du 13 avril 1861).

L'acceptation *autorisée* est faite par l'administrateur des hospices, bureaux de charité et de bienfaisance, lorsqu'il s'agit de libéralités en faveur des hôpitaux et autres établissements de bienfaisance; par le maire de la commune, lorsqu'elles sont faites en faveur de la généralité des habitants ou pour le soulagement et l'instruction des pauvres de la Commune (Voy. Administration Communale); par les administrateurs des collèges, quand les dons et legs ont pour objet les collèges (des fondations de bourses, par exemple); et enfin par les administrateurs de tous les autres établissements d'utilité publique pour tout ce qui est donné ou légué à ces établissements. Le décret ou l'arrêté qui accorde l'autorisation détermine l'emploi des sommes données; suivant l'intérêt de l'établissement il prescrit la vente ou la conservation des effets mobiliers, lorsque le donateur ou le testateur n'a pas réglé ce point (art. 3, ordonnance de 1817).

Le notaire dépositaire d'un testament contenant des legs au profit des communes, des pauvres, des établissements publics, des associations religieuses, des *fabriques*, etc., doit transmettre au préfet du département, *immédiatement après l'ouverture du testament*, un état sommaire de l'ensemble des dispositions du testament relatives aux legs dont il s'agit (décret du 30 juillet 1863). Il doit en outre donner avis aux légataires du contenu du testament. — En attendant l'autorisation d'accepter, l'administrateur, ou plus généralement l'établissement légataire a le droit de faire tous les actes conservatoires nécessaires : il peut interrompre les prescriptions, faire procéder à des réparations d'entretien, etc. (art. 5, ordonnance du 2 avril 1817).

Pour les dons et legs faits aux fabriques, séminaires, cathédrales, il y a des dispositions spéciales (Voy. Vie Religieuse).

A propos des attributions des conseils généraux et des conseils municipaux, nous avons indiqué le mode d'acceptation des dons et legs faits aux départements et aux communes. Nous renvoyons à ces matières. Rappelons seulement que les conseils municipaux sont appelés à donner leur avis sur l'acceptation des dons et legs faits aux hospices et aux autres établissements de charité et de bienfaisance (art. 70, loi du 5 avril 1884).

CHAPITRE XVI

LES MONTS-DE-PIÉTÉ

Les monts-de-piété (maisons de prêts sur gages mobiliers) sont créés par décret rendu en Conseil d'État, avec l'assentiment des conseils municipaux intéressés. Le décret détermine l'organisation et les règles de gestion du mont-de-piété institué.

Chaque mont-de-piété est sous la direction d'un *conseil d'administration* présidé par le maire de la commune.

Les membres du conseil d'administration sont nommés par le

préfet et doivent être pris pour un tiers parmi les conseillers municipaux, pour un tiers parmi les administrateurs des établissements de bienfaisance et pour le dernier tiers parmi les autres citoyens domiciliés dans la commune. Le directeur, dans les monts de piété où cet emploi existe, agent *responsable*, est nommé par le préfet sur la présentation du conseil d'administration. En cas de refus *motivé* par le préfet, le conseil est tenu de présenter un autre candidat. Ce directeur peut être révoqué par le préfet (art. 2 loi du 24 juin 1851).

Chaque mont-de-piété a une *dotation* qui constitue une sorte de fonds de garantie et fournit le fonds de roulement. Cette dotation se compose des biens meubles et immeubles dont le mont-de-piété devient propriétaire, notamment par dons et legs ; des bénéfices constatés par les inventaires annuels, et des subventions qui peuvent lui être accordées par les communes, le département ou l'État. Les monts-de-piété conservent leurs excédents de recette pour accroître leur dotation, jusqu'à ce que celle-ci suffise à couvrir les frais généraux et à abaisser à 5 0/0 l'intérêt de l'argent prêté ; au delà, les excédents sont attribués aux hospices ou autres établissements de bienfaisance *par arrêté du préfet*, sur l'avis du conseil municipal. Quand les monts-de-piété n'ont pas assez de fonds disponibles, ils peuvent contracter des emprunts, mais les conditions de ces emprunts doivent être approuvées par le préfet (art. 3-5, même décret).

Contre l'objet donné en gage, le mont-de-piété remet à l'emprunteur, outre la somme prêtée, une *reconnaissance* du gage. Le gage n'est restitué par le mont-de-piété qu'en échange de cette reconnaissance, de la somme prêtée, des intérêts échus et des frais. — Les prêts sont faits pour *un an*, mais à l'expiration de l'année le déposant peut *renouveler* le prêt, en payant les intérêts échus. — S'il n'a point été fait de renouvellement, il est procédé à la vente aux enchères des objets engagés.

L'excédent du prix d'adjudication sur le total de la somme prêtée, des intérêts et des frais constitue ce qu'on appelle le *boni*. — Le boni est remis à la personne qui a donné en gage les objets vendus.

Au surplus le déposant peut, au bout de *trois mois*, à compter du jour du dépôt, exiger la vente des objets qu'il a donnés en gage, et le prix de vente lui est remis sans délai, déduction faite de la somme prêtée, des intérêts et des frais. Par exception, les marchandises *neuves* ne peuvent être vendues qu'au bout d'*un an* (art. 7).

Les monts-de-piété prêtent les 2/3 ou les 4/5 de la valeur estimative des objets engagés (suivant leur nature). — En fait, presque tous les monts-de-piété prêtent à des taux usuraires. A Paris, le Mont-de-Piété prête à 9 fr. 50 0/0 !

Mont-de-Piété de Paris. — Le Mont-de-Piété de Paris est organisé d'une façon particulière. L'administration est placée sous l'autorité du préfet de la Seine et du ministre de l'intérieur ; elle est confiée à un directeur responsable choisi par le ministre de l'intérieur. Ce directeur ordonnance les dépenses, prépare les budgets, présente les comptes de son administration, dirige les services. La gestion est contrôlée par un conseil de surveillance composé du préfet de la Seine *président*, du préfet de police, de trois conseillers municipaux, de trois membres pris dans le conseil de surveillance de l'Assistance publique ou parmi les administrateurs des bureaux de bienfaisance, et de trois citoyens domiciliés dans Paris (tous, sauf les deux préfets, bien entendu, choisis par le ministre de l'intérieur et renouvelés *par tiers* tous les *deux ans*). — Ce conseil se réunit *au moins* une fois par mois sur la convocation du préfet, il donne son avis sur les budgets, les comptes, sur l'acceptation ou la répudiation de dons et legs faits au Mont-de-Piété, sur les grosses réparations, la construction ou la démolition de bâtiments lui appartenant, et en général sur tous les actes de propriété et de gestion intéressant le Mont-de Piété. Le directeur assiste aux séances (art. 1-9, décret du 24 mars 1852).

Tous les employés, sauf les surveillants et gens de service, sont nommés par le préfet, sur une liste de candidats présentés par le directeur. C'est aussi le préfet qui les révoque. — Les surveillants et gens de service sont nommés et révoqués par le directeur (art. 11, même décret).

Le Mont-de-Piété de Paris a un bureau central ou *chef-lieu*, plusieurs *succursales*, et 21 *bureaux auxiliaires* disséminés dans la capitale et gérés par des *commissionnaires du Mont-de-Piété*.

Toutes maisons de prêt sur gages autres que les monts-de-piété sont prohibées (décret du 8 thermidor an XIII).

CHAPITRE XVII

L'ASSISTANCE PUBLIQUE

Le service de l'Assistance publique est confié dans les départements aux bureaux de bienfaisance, aux hospices et autres établissements de bienfaisance reconnus d'utilité publique, mais à Paris ce service, qui a acquis une immense importance, est organisé d'une façon toute spéciale.

A Paris, l'Administration générale de l'Assistance publique, qui comprend le *service des secours à domicile* et le *service des hôpitaux et hospices civils* est placée sous l'autorité du préfet de la Seine et du ministre de l'intérieur. Elle a à sa tête un directeur responsable nommé par le ministre sur la proposition du préfet de la Seine et contrôlé par un *conseil de surveillance* composé du préfet de la Seine *président*, du préfet de police, de deux membres du conseil municipal de Paris, de deux maires ou adjoints d'arrondissement, de deux administrateurs des comités d'assistance d'arrondissement, d'un conseiller d'État (ou maître des requêtes), d'un membre de la Cour de Cassation, d'un médecin et d'un chirurgien des hôpitaux, d'un professeur de la Faculté de médecine, d'un membre de la Chambre de commerce, d'un membre des conseils de prud'hommes et de cinq autres membres. Le conseil de surveillance est renouvelé *par tiers*, tous les *deux ans*; les nouveaux membres sont nommés par le Président de la République. Le conseil se réunit au moins une fois tous le quinze jours; il donne son avis sur le budget annuel de l'Assistance publique (qui est voté ensuite par le conseil municipal) et sur les comptes que lui présente le directeur de l'Assistance publique, ainsi que sur les ventes, acquisitions, échanges, baux, transactions, emprunts, procès à intenter, acceptation ou répudition de dons et legs, etc. Il joue le rôle d'un conseil de discipline vis à vis des médecins, chirurgiens et pharmaciens des hôpitaux, nommés au concours, mais pouvant être révoqués par le ministre de l'intérieur sur l'avis du conseil de surveillance.

Quant au directeur de l'Assistance publique, il n'est point seulement chargé de préparer le budget, d'ordonnancer les dépenses, d'en rendre compte au conseil de surveillance et de consulter ce conseil sur toutes les questions de quelque importance; il représente en justice les établissements hospitaliers et le service des secours à domicile, et il est *de plein droit* le *tuteur* des aliénés, des enfants trouvés et des orphelins confiés à l'Assistance publique (loi du 10 janvier 1849 et décret du 24 avril 1849).

CHAPITRE XVIII

LES LOTERIES

En principe, les loteries de toute espèce sont prohibées (art. 1, loi du 21 mai 1836). Par exception, les loteries d'objets *mobiliers* destinées *exclusivement* à des *actes de bienfaisance* ou à l'*encouragement des arts* peuvent être autorisées par le ministre de l'intérieur pour toute la France, par le préfet de police pour Paris et le département de la Seine, et dans les autres départements par les préfets. Mais ces autorisations ne sont accordées que pour un seul tirage, et elles énoncent les conditions sous lesquelles elles sont accordées — conditions établies dans l'intérêt public (art. 1er, ordonnance du 29 mai 1844).

Le produit net des loteries autorisées est *entièrement* et *exclusivement* appliqué à la destination pour laquelle elles ont été autorisées. Le tirage se fait sous la surveillance de l'autorité municipale aux jour et heure qu'elle détermine (Ordon. de 1844).

Mais, nous le répétons, toutes autres loteries sont prohibées. Or le législateur considère comme des *loteries* les ventes d'immeubles, de meubles ou de marchandises effectuées *par la voie du sort*, ou auxquelles auraient été réunis des bénéfices *dus au hasard* (des *primes*, par exemple), et plus généralement toutes les opérations offertes au public pour faire naître chez lui l'espérance d'un *gain* qui serait acquis *par la voie du sort* (art. 2, loi du 21 mai 1836).

Tous ceux qui établissent des loteries non autorisées (auteurs, entrepreneurs ou agents) sont punis de 2 à 6 mois de prison, passibles d'une amende de 100 à 6 000 fr. et peuvent être privés de tous ou partie de leurs droits civiques. Quant à ceux qui ont colporté ou distribué les billets, ou fait connaître l'existence de ces loteries par annonces, avis, affiches, etc., ils sont punis de 15 jours à 3 mois de prison et passibles de 100 à 2 000 fr. d'amende. — Les meubles et marchandises destinés à ces loteries, ainsi que le matériel, sont confisqués. S'il s'agit d'une loterie d'immeubles, la confiscation est remplacée, à l'égard du propriétaire, par une amende égale à la valeur estimative de l'immeuble (art. 3, même loi).

LA VIE RELIGIEUSE

La religion catholique étant la religion de la majorité des Français, nous établirons d'abord la législation qui régit les rapports de l'Église catholique et de l'État. — Puis, dans une section spéciale, nous parlerons des autres cultes reconnus par l'Etat et des règles propres qui leur sont applicables.

CHAPITRE PREMIER

LE CONCORDAT ET LES ARTICLES ORGANIQUES

La loi qui établit les rapports entre l'Église et l'État est celle du 18 germinal an X (8 avril 1802). Elle date par conséquent du Consulat. Cette loi comprend deux catégories de dispositions, les unes qui constituent le Concordat de 1801 qu'elle promulgue, les autres indépendantes du Concordat et désignées sous le nom d'*articles organiques*. Les différents gouvernements qui se sont succédé en France depuis 1802 ont toujours considéré ces articles comme le complément nécessaire du Concordat, mais le clergé catholique n'a jamais cessé de s'élever contre cette interprétation, et de déclarer que le Concordat seul devait être appliqué dans les rapports de l'Église et de l'État. — Au reste, les articles organiques ne s'appliquent pas tous au culte catholique ; un certain nombre d'entre eux visent les cultes protestants.

En vertu du Concordat, la religion catholique, reconnue comme la *religion de la majorité des Français*, doit être librement exercée en France. — Le culte catholique est célébré publiquement, mais les règlements de police nécessaires pour la tranquillité publique doivent être observés par les ministres du culte. — Les évêques et archevêques sont *nommés* par le chef de l'Etat, mais ils doivent recevoir du pape l'*institution canonique*. — Les évêques nomment les curés de leur diocèse ; ils ont le droit d'avoir un *chapitre* dans leur cathédrale et de créer un *séminaire* dans leur diocèse. — Le gouvernement est tenu de fournir aux évêques et aux curés un traitement *convenable*.

Le Pape reconnaît comme propriétaires incommutables les acquéreurs de biens nationaux ayant appartenu autrefois au clergé. Mais les églises métropolitaines, cathédrales, paroissiales et autres *non encore aliénées*, sont mises à la disposition des évêques.

Au cas où le chef de l'État n'appartiendrait pas à la religion catholique, une nouvelle convention devrait être conclue *en ce qui touche la nomination des évêques*.

Voici maintenant les principales dispositions des *articles organiques* :

Aucune bulle, bref, rescrit, mandat, provision, ni autres expéditions de la Cour de Rome, même ne concernant que des particuliers, ne peuvent être reçus, imprimés, ni mis à exécution sans l'autorisation du gouvernement (art. 1er). — Cette autorisation ne peut être accordée que par un décret rendu en Conseil d'État.

Aucun nonce, légat ou commissaire apostolique ne peut exercer de fonctions relatives aux affaires de l'Église de France sans cette même autorisation (art. 2).

Les décrets des conciles ne peuvent être *publiés* en France avant que le gouvernement ait examiné leur forme et leur conformité avec les lois d'ordre public édictées en France (art. 3).

Aucun concile national, métropolitain ou diocésain ne peut être tenu en France sans l'autorisation du gouvernement (art. 5).

Il y a lieu à *appel comme d'abus* devant le Conseil d'État au cas d'usurpation ou d'excès de pouvoir, de contraventions aux lois et règlements de la République, d'infractions aux règles consacrées par les canons reçus en France, d'attentat aux libertés, franchises et coutumes de l'*Église gallicane*. — Il faut encore ranger parmi les *abus* : toute entreprise qui, dans l'exercice du culte, peut compromettre l'honneur des citoyens, dégénérer contre eux en oppression, en injure ou en scandale public, ainsi que toute atteinte à l'exercice public du culte et à la liberté que les lois et règlements garantissent aux ministres du culte (art. 6-7).

Les prêtres ne doivent se permettre aucune inculpation directe ou indirecte, soit contre les personnes, soit contre les autres cultes reconnus par l'État. — Les sermons ne peuvent être prononcés que par des prêtres dûment autorisés par l'évêque du diocèse (art. 50 et 52).

Le mariage religieux doit toujours être précédé du mariage civil (célébré devant l'officier de l'état civil) sous peine d'amende, et même de prison *en cas de récidive*, pour le prêtre qui n'observerait pas cette disposition (Voy. MARIAGE).

CHAPITRE II

L'APPEL COMME D'ABUS

L'appel comme d'abus est une voie de recours devant le Conseil d'État contre *les abus* commis soit par un *ministre du culte*, soit par une *autorité civile*. Nous avons indiqué plus haut, lors de l'exposé des principales dispositions du Concordat, dans quels cas il y a abus, nous n'avons donc point à y revenir. Mais il nous faut indiquer la procédure et les conséquences de l'appel comme d'abus.

Lorsqu'il y a lieu à *appel comme d'abus*, le ministre du culte, ou le particulier qui a été victime de l'abus ou l'autorité civile (agissant même *d'office*) doit adresser au ministre des cultes un mémoire signé et légalisé contenant l'exposé des faits et concluant à un appel comme d'abus. Le ministre des cultes étudie l'affaire, puis fait son rapport au Conseil d'État qui statue et déclare *qu'il y a* ou *qu'il n'y a pas d'abus* de la part de l'autorité ecclésiastique ou de l'autorité civile, ou bien encore renvoie les parties devant les *tribunaux compétents*. — La déclaration d'abus n'entraîne aucune pénalité, mais elle est insérée sous forme de décret rendu en Conseil d'État au *Journal officiel*, et par suite elle est l'objet d'une grande publicité.

Il faut bien remarquer, encore une fois, que l'appel comme d'abus peut parfaitement être interjeté par l'autorité ecclésiastique contre l'autorité civile (contre un préfet, par exemple), et que, par conséquent, les déclarations d'abus peuvent frapper, suivant les cas, l'autorité civile ou l'autorité religieuse.

L'appel comme d'abus s'applique non seulement aux *abus* du clergé catholique, mais encore à ceux des ministres des autres cultes reconnus par l'État (cultes protestants, israëlite et même musulman).

Nota. — On ne peut poursuivre un ministre du culte pour un acte quelconque commis *dans l'exercice de ses fonctions* sans se munir *préalablement* de l'autorisation du Conseil d'État, sauf lorsque l'acte incriminé tombe sous le coup du code pénal. — Quant aux actes accomplis par un ministre du culte *en dehors* de l'exercice de ses fonctions (en tant que simple particulier), ils peuvent être déférés aux tribunaux compétents sans qu'il soit besoin d'aucune autorisation.

CHAPITRE III

LE CLERGÉ CATHOLIQUE

En matière spirituelle, le clergé a pour chef suprême le Pape; au point de vue administratif, il est placé sous l'autorité du ministre des cultes.

Le clergé français comprend deux catégories :

1° Le clergé *séculier* ; — 2° Le clergé régulier.

Le premier se compose des cardinaux, archevêques, évêques, vicaires-généraux, chanoines, curés, desservants et vicaires. Le second comprend les congrégations religieuses, les communautés séculières, les ordres mendiants, les moines proprement dits, etc.

SECTION PREMIÈRE

Le clergé séculier

Archevêques et évêques. — Ainsi que nous l'avons dit plus haut, les évêques et archevêques sont *nommés* par le chef de l'État et reçoivent du Pape l'*institution canonique*. Chaque évêque ou archevêque est à la tête d'un *diocèse*. Les diocèses ont le plus souvent la même étendue que le département dans lequel est situé le siège archiépiscopal ou épiscopal, et presque toujours l'évêque ou archevêque réside au chef-lieu du département ; cependant il y a plusieurs exceptions : ainsi la ville de Belley, qui n'est qu'un chef-lieu d'arrondissement, est le siège d'un évêché ; certains départements sont pourvus de deux évêchés (la Marne par exemple : diocèse de Reims, diocèse de Châlons-sur-Marne), et, à l'inverse, le diocèse de Lyon comprend deux départements (les départements du Rhône et de la Loire).

Les *cardinaux* sont nommés par le pape sur la proposition du chef de l'État. Ils sont pris généralement parmi les archevêques et évêques. — Dès que le pape a nommé un cardinal, il envoie en France un *ablégat* pour porter la *barrette* (nom sous lequel on désigne une sorte de toque rouge que portent les cardinaux) au Président de la République qui la remet au nouveau cardinal. — Le pape donne lui-même le *chapeau*.

La France doit être représentée dans le Sacré-Collège par six cardinaux; actuellement il n'y a que cinq cardinaux français sur soixante-deux (lorsqu'il n'y a pas de vacances le Sacré-Collège comprend 70 cardinaux).

Les soixante-deux cardinaux se répartissent ainsi d'après leur nationalité :

35 Italiens; 5 Français; 4 Anglais ou Irlandais; 4 Autrichiens; 4 Espagnols; 3 Allemands; 2 Portugais; 2 Hongrois; 1 Américain (1).

Le Souverain Pontife est élu par le collège des cardinaux.

Diocèses. — La France est divisée en quatre-vingt sept circonscriptions diocésaines (17 archevêchés et 70 évêchés), en tenant compte de nos colonies.

Les évêques, en matière spirituelle, sont placés sous la surveillance de l'archevêque dans le ressort duquel leur diocèse est placé, mais au point de vue administratif ils relèvent *directement* du ministre des cultes. En vertu de cette distinction, l'archevêque peut visiter les églises de ses *suffragants* (c'est ainsi qu'on désigne les évêques placés sous son autorité spirituelle); c'est par lui que les suffragants reçoivent communication de bulle du Souverain Pontife; ils doivent le consulter sur les questions intéressant le culte. — Enfin c'est devant l'archevêque que sont portés les appels des jugements prononcés par les évêques en matière ecclésiastique,

Voici le tableau des sièges métropolitains et des diocèses compris dans leurs ressorts respectifs :

ARCHEVÊCHÉS	EVÊCHÉS
Aix	Marseille, Fréjus, Digne, Gap, Ajaccio, Nice.
Albi	Rodez, Cahors, Mende, Perpignan.
Alger	Oran, Constantine. (2)
Auch	Aire (Landes), Tarbes, Bayonne.
Avignon	Nîmes, Valence, Viviers, Montpellier.
Besançon	Verdun, Belley, Saint-Dié, Nancy.
Bordeaux	Agen, Angoulême, Poitiers, Périgueux, La Rochelle, Luçon, la Martinique, la Guadeloupe.
Bourges	Clermont, Limoges, LePuy, Tulle, Saint-Flour.
Chambéry	Moutiers, Saint-Jean de Maurienne, Annecy.
Lyon	Autun, Langres, Dijon, Saint-Claude, Grenoble.
Paris	Chartres, Meaux, Orléans, Blois, Versailles.
Reims	Soissons, Châlons-sur-Marne, Beauvais, Amiens.
Rennes	Quimper, Vannes, Saint-Brieuc.
Rouen	Bayeux, Evreux, Séez, Coutances.
Sens	Troyes, Nevers, Moulins.
Toulouse	Montauban, Pamiers, Carcassonne.
Tours	Le Mans, Laval, Angers, Nantes.

(1) Voy. Semaine Religieuse de Paris, nº du 15 août 1885,

(2) L'archevêché d'Alger a dans son ressort le diocèse de Carthage (Tunisie).

De même que dans l'arrondissement du chef-lieu d'un département il n'y a point de sous-préfet, de même le diocèse où siège un archevêque n'est point pourvu d'évêque ; l'archevêque en tient lieu.

Les archevêques et les évêques ont l'administration des *menses* de leur diocèse ; on appelle ainsi l'ensemble des revenus des biens archiépiscopaux ou épiscopaux (jouissance du palais et du mobilier affecté à l'évêque par l'État, revenus de biens-fonds, etc.).

Chapitres. — Les archevêques et évêques ont près d'eux un *chapitre*, c'est-à-dire une assemblée consultative composée des *chanoines* titulaires du diocèse. Les chanoines titulaires sont nommés par l'évêque, mais, en principe, ils doivent être agréés par le gouvernement. Ils sont *inamovibles*, en ce sens qu'ils ne peuvent être révoqués que dans les formes canoniques et avec l'approbation du gouvernement, et il leur est alloué un traitement par l'État.

Les chapitres *métropolitains* (chapitres des archevêchés) se composent régulièrement de neuf chanoines, à l'exception de celui de Paris qui en compte quinze. — Les chapitres *cathédraux* (chapitres d'évêchés) se composent de huit membres seulement.

Le chapitre donne son avis sur toutes les questions qui lui sont soumises par l'évêque. — Au cas de vacance du siège épiscopal ou archiépiscopal, c'est lui qui administre le diocèse. Il choisit comme délégué un chanoine qui doit être agréé par l'État, et qui prend le titre de *vicaire-général capitulaire*.

Les chapitres ont des biens particuliers, car ils peuvent acquérir, aliéner, échanger, etc. (Voy. *Règlement applicable aux biens du clergé séculier*). L'évêque peut créer sans l'approbation du gouvernement des *chanoines honoraires*, mais ces chanoines ne font point partie du chapitre.

Vicaires généraux. — Les vicaires généraux sont, pour ainsi dire, les *délégués* de l'évêque ; ils installent les curés, consacrent les églises au culte, exercent à la place de l'évêque la juridiction *gracieuse*, mais ne peuvent le remplacer dans tous les cas : par exemple, ils n'ont pas le droit de donner la *confirmation* ; si l'évêque est empêché, son *coadjuteur* (évêque désigné d'avance pour lui succéder, et agréé du reste par lui) ou un évêque *in partibus* confirme à sa place.

L'évêque choisit ses vicaires-généraux, mais son choix est soumis à l'approbation du gouvernement. Les archevêques peuvent avoir trois vicaires généraux ; les évêques deux seulement. — Les vicaires généraux touchent un traitement particulier.

Curés et desservants. — C'est l'évêque qui nomme les *curés* de son diocèse, mais les prêtres qu'il choisit doivent être agréés par le gouvernement. — Les desservants sont aussi nommés par les évêques, mais ils n'ont point à être agréés par l'État.

Ce n'est point du reste l'unique différence qui existe entre le curé et le desservant : le curé est *inamovible* (il ne peut être révoqué que suivant les règles canoniques) ; le desservant est *essentielle-*

ment révocable. — Les curés sont à la tête d'une *paroisse* (1), les desservants administrent de simples *succursales* et ils sont surveillés par le curé de la paroisse à laquelle se rattache la succursale qui leur est confiée.

Les églises cathédrales ou métropolitaines qui sont en même temps des églises paroissiales ne sont point régies par un curé, mais par un chanoine revêtu du titre *d'archiprêtre*, qui est désigné par l'évêque et peut être révoqué par lui.

Les curés sont répartis en deux classes. Les curés des paroisses de plus de 5 000 âmes et des paroisses des chefs-lieux d'arrondissement sont curés de 1re classe et touchent un traitement plus élevé que les curés des paroisses moins importantes (curés de 2e classe).

Il y a cinq classes de desservants, — mais les desservants sont classés suivant leur âge et non plus suivant l'importance de la succursale qui leur est confiée; leur traitement varie suivant la classe à laquelle ils appartiennent. Du reste les desservants peuvent recevoir de la commune un traitement supplémentaire.

Vicaires. — Les vicaires sont les auxiliaires des curés et même parfois des desservants. Leur nombre est fixé pour chaque paroisse par l'évêque, sur l'avis des marguilliers; (Voy. Fabriques).

Les vicaires reçoivent leur traitement de la fabrique, et même de la commune si les ressources de la fabrique sont insuffisantes, et que le conseil municipal consente à fournir un traitement. Quant à l'État, il accorde, sous forme de *secours*, un supplément de traitement.

Tous ces traitements sont insaisissables.

Séminaires. — Les *grands séminaires* (écoles supérieures ecclésiastiques) et les *petits séminaires* (écoles secondaires ecclésiastiques) sont placés sous l'autorité supérieure de l'évêque du diocèse qui nomme et révoque les professeurs et les directeurs, établit le mode et arrête les matières de l'enseignement.

Les séminaires sont administrés par un *bureau d'administration* composé d'un vicaire général délégué par l'évêque, du directeur de l'établissement, du trésorier et de l'économe.

Aucun séminaire ne peut être créé sans l'autorisation du gouvernement. — Les conseils généraux ont le droit d'accorder des subventions aux séminaires de leur département, mais c'est une dépense facultative.

Régime applicable aux biens du clergé séculier. — Les Églises métropolitaines, les cathédrales, les palais épiscopaux et archiépiscopaux (avec leur mobilier) appartiennent à l'État; aussi, à défaut de ressources de la fabrique, c'est l'État qui doit supporter les frais de reconstruction et de réparations. Quant aux églises paroissiales et aux presbytères, ils appartiennent en principe aux

(1) En principe il n'y a qu'un curé par canton. Mais dans les grandes villes il existe plusieurs cures.

communes sur le territoire desquelles ils sont situés; mais si ces édifices ont été élevés aux frais des fidèles et sur un sol payé de leurs deniers, ils font partie du patrimoine du clergé.

Que les édifices affectés au culte ou au logement des ministres du culte appartiennent à l'État ou à la commune, peu importe du reste au point de vue qui nous occupe en ce moment : l'archevêque ou évêque a en effet un *droit d'usufruit* tant sur l'église métropolitaine ou cathédrale que sur le palais où il est logé, sur le mobilier qu'il contient et sur les fonds de terre qui peuvent y être annexés (jardins, bois, etc.). C'est l'ensemble des revenus touchés par lui en vertu de ce droit qui constitue la *mense épiscopale*. — Le curé ou desservant a le même droit d'usufruit sur sa paroisse ou succursale et sur son presbytère; comme l'évêque, il peut posséder, en sa qualité de ministre du culte, des biens provenant de dons et legs. En effet, au point de vue juridique, les évêchés ou archevêchés, les cures ou succursales sont des *personnes morales* et peuvent par conséquent acquérir, aliéner, transmettre, ester en justice, etc.

Les séminaires, les chapitres, en leur qualité *d'établissements publics*, possèdent aussi la *personnalité civile* et jouissent par conséquent des droits que nous venons d'énumérer; ils ont en usufruit ou en propriété des biens plus ou moins considérables.

Tous ces biens sont soumis à des règles administratives spéciales.

L'évêque, en tant qu'administrateur et usufruitier de la *mense épiscopale*, ne peut ester en justice (plaider) qu'avec l'autorisation du conseil de préfecture, sauf toutefois en matière *mobilière*. — L'évêché peut bien acquérir ou aliéner des biens, les grever d'hypothèques et de servitudes, puisqu'il possède la personnalité civile, mais, pour que ces acquisitions, aliénations, constitutions d'hypothèques soient valables, il faut l'autorisation du gouvernement.

Les chapitres ont un patrimoine propre, ils ont également la capacité de posséder, d'acquérir à titre gratuit ou à titre onéreux. Chaque chapitre est représenté en droit par son *doyen* (qui signe les baux, accepte les dons et legs faits au chapitre, assigne ou est assigné en justice, etc.); le chapitre délibère sur les questions importantes intéressant la gestion de ses biens, mais toutes ses délibérations doivent être approuvées par l'évêque; en cas de conflit entre le chapitre et l'évêque, le ministre des cultes statue (il accorde ou refuse l'approbation).

Le chapitre ne peut ester en justice qu'après délibération spéciale et avec l'autorisation du conseil de préfecture. Pour les acquisitions, aliénations, acceptations de dons et legs, constitutions d'hypothèques l'autorisation du gouvernement est absolument nécessaire.

Les biens de chaque *séminaire* sont administrés, nous le savons déjà, par un vicaire général (délégué de l'évêque), le directeur du séminaire, un économe et un trésorier nommé par le ministre des cultes, sur l'avis de l'évêque et du préfet. Les comptes du trésorier et de l'économe, après avoir été contrôlés par l'évêque, sont transmis par lui au ministre des cultes. — Pour les acceptations de dons et legs, aliénations, acquisitions à titre onéreux, constitution d'hypothèques, etc., mêmes règles que pour les biens des chapitres; seulement, ici, le *bureau d'administration* a les attributions du corps des chanoines : c'est ainsi que le séminaire, personne morale, ne peut ester en justice qu'après une délibération favorable du bureau d'administration, revêtue de l'approbation de l'évêque, et seulement après l'obtention de l'autorisation du conseil de préfecture.

Les cures et succursales, en tant que personnes morales succeptibles d'acquérir, d'aliéner, d'accepter des dons et legs, sont représentées par leurs titulaires, les curés et desservants. Ici encore il faut exiger des formalités analogues. Mais les biens des cures ne sont point placés sous la surveillance *immédiate* de l'évêque : c'est la *fabrique* de la paroisse qui doit veiller à leur conservation et à leur bonne gestion par le curé; toutefois la surveillance de la fabrique est contrôlée par l'évêque.

SECTION II

Les Congrégations Religieuses

Dans un sens large, on désigne sous le nom des *congrégations religieuses* les différentes associations religieuses astreintes à certaines *règles*, et dont l'ensemble constitue le *clergé régulier*.

Il existe en France un grand nombre de congrégations religieuses d'hommes ou de femmes. Nous ne citerons que les principales :

CONGRÉGATIONS RELIGIEUSES D'HOMMES

Benédictins, Carmes déchaussés, Chartreux, Oblats, Frères hospitaliers de Saint-Jean de Dieu, Pères de la Compagnie de Jésus, (Jésuites), Maristes, Capucins, Trappistes, Dominicains, Franciscains, Frères des Écoles chrétiennes, Frères de la Doctrine chrétienne, etc.

CONGRÉGATIONS RELIGIEUSES DE FEMMES

Augustines, Bénédictines, Carmélites, Dames du Sacré-Cœur, Sœurs de la Sagesse, Sœurs de Saint-Vincent de Paul, Sœurs de la Charité, Sœurs de la Doctrine chrétienne, Sœurs de la Sainte Enfance, Sœurs de l'Immaculée-Conception, Sœurs de la Miséricorde Sœurs de la Providence, Sœurs de Saint-Charles, Sœurs de la Sainte-Famille, Sœurs de Cluny, Sœurs de Saint-Joseph, Ursulines, Trappistines, etc., etc.

§ 1er. — DÉCRETS DU 29 MARS 1880

Avant d'exposer les règles spéciales applicables aux congrégations religieuses *reconnues* ou non *reconnues*, il est indispensable de reproduire les principales dispositions des décrets du 29 mars 1880.

A la date du 29 mars 1880 ont été rendus deux décrets relatifs aux congrégations religieuses. Le premier ordonnait à toute congrégation ou communauté *non autorisée* de soumettre ses statuts à l'approbation du gouvernement dans un délai de *trois mois*; le second prononçait la *dissolution* de la Compagnie de Jésus. Voici d'ailleurs l'analyse de ces deux décrets :

1° **Décret relatif à toutes les congrégations non autorisées autres que la Compagnie de Jésus.**— D'après ce décret, toute congrégation ou communauté *non autorisée* devait faire dans le délai de *trois mois*, à peine de dissolution, toutes diligences à l'effet d'obtenir la vérification et l'approbation de *ses statuts et règlements* et la *reconnaissance* pour chacun de ses établissements actuellement existant *de fait*. — Les demandes d'autorisation, disait en substance ce premier décret, seront examinées par le ministre des cultes, et il sera statué par une loi pour les congrégations d'hommes et pour certaines congrégations de femmes (Voy. *ci-dessous*), par un décret en Conseil d'Etat pour les autres congrégations de femmes. Dans le cas où l'autorisation ne peut être accordée que par une loi, la demande d'autorisation doit contenir la désignation du supérieur ou des supérieurs, la détermination du lieu de leur résidence et la justification que cette résidence est et restera fixée en France. Elle doit indiquer si l'association s'étend à l'étranger ou si elle est renfermée dans le territoire de la République.

A la demande d'autorisation doivent être annexées comme pièces justificatives :

1° La liste de tous les membres de l'association, — cette liste doit indiquer pour chaque membre le lieu de son origine et s'il est Français ou étranger ; — 2° L'état de l'actif et du passif, ainsi que des revenus et charges de l'association ; — 3° Un exemplaire des statuts et règlements. Cet exemplaire doit porter l'approbation des évêques des diocèses dans lesquels l'association a des établissements, et contenir la clause que la congrégation est soumise, *en matière spirituelle*, à la juridiction de *l'Ordinaire* (c'est-à-dire à la juridiction de l'évêque en premier ressort et de l'archevêque en appel).

2° **Décret relatif à la Compagnie de Jésus.** — En voici la teneur : « *Article* 1er. — Un délai de trois mois, à dater du présent décret, est accordé à l'agrégation ou association non autorisée, dite de Jésus, pour se dissoudre et évacuer les établissements qu'elle occupe sur la surface du territoire de la République.

» Ce délai sera prolongé jusqu'au 31 août 1880 pour les établissesements dans lesquels l'enseignement littéraire ou scientifique est donné, par les soins de l'association, à la jeunesse. »

Il ressort de ces deux décrets que la Compagnie de Jésus, à la différence des autres congrégations, n'avait point la faculté de présenter une demande d'autorisation ; que toutes les autres congrégations d'hommes ne pouvaient être autorisées que par une *loi* ; que pour certaines congrégations de femmes une loi était nécessaire, mais que pour les autres — celles qui rentraient dans les termes du décret du 31 janvier 1852 — un décret du Conseil d'Etat suffisait.

Or, d'après le décret du 31 janvier 1852, une congrégation ou communauté religieuse de femmes pouvait être autorisée par *décret* :

1° Lorsqu'elle déclarait adopter des statuts déjà vérifiés et enregistrés au Conseil d'Etat, et approuvés pour d'autres communautés; — 2° lorsqu'il était attesté par l'évêque que la congrégation existait avant le 1er janvier 1825; — 3° lorsqu'il était nécessaire de réunir plusieurs communautés incapables de subsister séparément ; — 4° lorsqu'une association, après avoir été d'abord *reconnue* comme communauté régie par une supérieure *locale*, justifiait qu'elle était réellement dirigée, à l'époque de son autorisation, par une supérieure *générale*, et qu'elle avait formé à cette époque des établissements sous sa dépendance.

Nous ne rappellerons point les évènements qui ont suivi les décrets du 29 mars 1880 ; nous avons voulu simplement mettre sous les yeux du lecteur des dispositions auxquelles il est fait allusion journellement et qu'il n'est point permis d'ignorer.

§ 2. — CONGRÉGATIONS AUTORISÉES. — CONGRÉGATIONS NON AUTORISÉES

Nous avons vu dans une autre partie de cet ouvrage que les sociétés non commerciales ne possédaient la personnalité morale — et par conséquent la capacité d'acquérir, de disposer, de recevoir des dons et des legs, d'ester en justice — qu'après avoir été reconnues comme *établissements d'utilité publique*, c'est-à-dire en fait *autorisées* par un décret rendu en Conseil d'État. Ce principe est applicable aux congrégations religieuses. Par conséquent les *congrégations religieuses reconnues*, c'est-à-dire celles qui ont été *autorisées* avant les décrets du 29 mars ou *dans les trois mois* qui les ont suivis, sont des *personnes morales* ; autrement dit, elles ont la personnalité civile, — tandis que les congrégations non autorisées (congrégations *non reconnues*) n'ont aucune personnalité propre : elles ne constituent qu'une réunion de personnes plus ou moins importante mais sans cohésion juridique. Les associations religieuses non reconnues ne peuvent ni acquérir, ni recevoir de dons ou legs, ni aliéner ; elles n'ont point de siège social ; si elles veulent intenter un procès, le procès est fait au nom de chacun des membres de l'association et non point au nom de l'association (Voy. SOCIÉTÉS).

Ainsi qu'on le voit, les avantages conférés aux congrégations autorisées sont considérables. Mais il ne faut point oublier que les donations et les legs faits au profit des établissements revêtus, par décret rendu en Conseil d'État, de la personnalité civile ne peuvent être acceptés par eux qu'après autorisation accordée par décret, le *Conseil d'État entendu*. — Toutefois pour l'acceptation de dons ou legs en *argent ou objets* mobiliers n'excédant pas 300 fr. l'autorisation du préfet suffit (art. 1er, ordonnance du 2 avril 1817).

C'est le supérieur de l'association qui accepte en son nom, l'autorisation étant accordée, la donation ou le legs fait à son profit (art. 3, même ordonn.). Mais il ne peut employer les biens donnés ou légués à sa fantaisie ; le décret ou l'arrêté d'autorisation en prescrit l'emploi ; il ordonne même soit la conservation, soit la vente des effets mobiliers, lorsque le testateur ou donateur a omis d'y pourvoir. Cependant, en attendant l'autorisation d'accepter la donation ou le legs, le supérieur de la congrégation a le droit de faire tous les actes conservatoires jugés nécessaires, il peut parfaitement faire procéder à des réparations urgentes ou interrompre une prescription (art. 4-5, même ordonn.).

Les donations faites à des congrégations de femmes avec réserve d'usufruit en faveur du donateur ne sont jamais autorisées. — Quant à la demande en autorisation à fin d'acceptation de legs, elle ne peut être présentée qu'après que les héritiers connus du testateur ont pris connaissance du testament, donné leur consentement à son exécution ou produit leurs moyens d'opposition. S'il n'y a pas d'héritiers connus, un extrait du testament est publié par voie d'affiche ou d'insertion dans les journaux, avec invitation aux héritiers d'adresser au préfet les réclamations qu'ils auraient à présenter. — A l'appui de la demande en autorisation d'accepter les dons et legs, la supérieure doit produire un état de l'actif et du passif ainsi que des revenus et charges de l'établissement, et cet état doit être vérifié et certifié par le préfet, dans le cas où la demande est portée devant le Conseil d'État (art. 3-6, ordonn. du 14 janvier 1831).

Nulle personne faisant partie d'une congrégation ou communauté de femmes ne peut donner ou léguer, soit à l'établissement ecclésiastique auquel elle se rattache, soit même à l'un des membres de la congrégation, *plus du quart* de ses biens. — Il est fait exception à ce principe quand le don ou legs n'excède pas 10 000 francs, ou encore lorsque la donataire ou légataire, membre de la congrégation, est héritière en ligne *directe* (mère, grand'mère, fille ou petite-fille) de la donatrice ou testatrice (art. 5, loi du 24 mai 1825).

Un transfert ou une inscription de rentes sur l'État ne peut être effectué au profit d'une congrégation religieuse de femmes qu'après avoir été autorisé par *décret*, et l'agent de change doit présenter à l'administration des finances une expédition en due forme du décret d'autorisation (art. 1er, ordonn. du 14 janvier 1831).

Pour les ventes, acquisitions, échanges, cessions ou transports, constitution de rentes, transactions, un décret portant autorisation est encore nécessaire, et les notaires ne peuvent dresser d'actes de ce genre qu'après s'être assurés de l'obtention de l'autorisation. Bien plus, le décret conférant l'autorisation doit être inséré entièrement dans l'acte (art. 2, même ordonn).

En cas d'extinction d'une congrégation ou maison religieuse de femmes ou de révocation de l'autorisation qui lui avait été accordée antérieurement (l'autorisation ne peut être révoquée du reste que par une *loi*), les biens appartenant à la congrégation et provenant de dons ou legs font retour aux donateurs ou à leurs héritiers, — s'il s'agit d'un legs, aux héritiers du testateur. Les autres biens (ceux acquis à titre onéreux : par *achat*, *échange*, etc.) sont attribués *pour une moitié* aux établissements ecclésiastiques des départements dans lesquels étaient situées les maisons religieuses éteintes ou dissoutes ; *pour l'autre moitié* aux hospices de ces mêmes départements. Mais au cas où la congrégation cesse d'exister par suite du retrait de l'autorisation, les femmes qui en faisaient partie ont droit à une pension alimentaire prélevée sur les biens acquis à titre onéreux par l'ex-congrégation, et — au cas où ces biens seraient insuffisants — sur les biens provenant de dons et legs; ces biens ne font retour aux familles des donateurs ou testateurs qu'après l'extinction des pensions attribuées aux membres de l'ancienne congrégation (art. 7, loi du 24 mai 1825).

Quant aux congrégations religieuses d'hommes *autorisées*, elles ne peuvent *acquérir* de biens immeubles ou de rentes qu'avec l'autorisation du gouvernement. Cette autorisation est accordée par décret. — A l'inverse, les immeubles et rentes appartenant aux congrégations religieuses d'hommes ne peuvent être *aliénés* (vendus, échangés) que si l'aliénation est autorisée par un décret (art. 2-3, loi du 2 janvier 1817).

Les dispositions relatives aux pensions alimentaires constituées au profit des membres des congrégations de femmes qui cessent d'être autorisées ne s'appliquent point aux congrégations religieuses d'hommes.

Impôt établi sur les biens des congrégations religieuses. — Les biens meubles et immeubles appartenant aux congrégations, communautés et associations religieuses, *autorisées ou non autorisées*, et même les biens seulement occupés ou possédés par elles sont soumis à l'impôt de 3 0/0 qui a été établi par la loi de 1872 sur le revenu des valeurs mobilières (Voy. Vie Financière). Les revenus frappés de cet impôt de 3 0/0 sont déterminés à raison du *vingtième* (soit 5 0/0) de la valeur *brute* des biens des congrégations, *à moins qu'un revenu supérieur ne soit constaté*, auquel cas, bien entendu, c'est le revenu véritable que l'on prend pour base du calcul (art. 9, loi du 29 décembre 1884).

Supposons, par exemple, que les biens mobiliers et immobiliers d'une communauté soient évalués à 600 000 fr. Le revenu est présumé être de 30 000 fr. La communauté est frappée d'une imposition de 900 fr.

Cet impôt doit être acquitté *dans les trois mois* qui suivent l'expiration de l'année à laquelle il correspond. Lors du paiement, les représentants de congrégations sont tenus de fournir comme justification une déclaration détaillée faisant connaître distinctement la consistance et la valeur de tous leurs biens.

Les congrégations et associations religieuses sont assujetties aux vérifications de l'administration de l'enregistrement. Sur la demande des agents de cette administration, qui sont chargés de contrôler la déclaration de ses représentants, chaque communauté est tenue de leur représenter ses livres de recettes ou de dépenses, ses titres mobiliers et immobiliers. Tout refus entraînerait une amende de 100 à 1 000 fr. (lois du 21 juin 1875 et du 29 décembre 1884).

Bien entendu, les immeubles des congrégations sont grevés, en outre, de l'impôt qui pèse sur tous les *biens de main-morte* tels que les biens appartenant aux départements, aux communes, aux hospices, aux fabriques, aux consistoires, etc. (V. VIE FINANCIÈRE).

CHAPITRE IV

LES FABRIQUES

Les fabriques sont chargées d'administrer les biens mobiliers et immobiliers appartenant aux paroisses ou succursales et de veiller à la conservation de ces mêmes biens (art. 1er, décret du 6 novembre 1813). Elles doivent veiller aussi à l'entretien des édifices consacrés au culte, et fournir aux curés et desservants tout ce dont ils ont besoin pour exercer leur ministère et assurer la dignité du culte.

Chaque paroisse est pourvue d'une fabrique. Or toute fabrique se compose du *conseil de fabrique* (sorte de conseil d'administration) et du *bureau des marguilliers*. Le bureau des marguilliers exécute les décisions du conseil de fabrique.

Dans les paroisses de cinq mille âmes et au-dessus, le conseil de fabrique se compose de *neuf* membres ; dans les paroisses de population moindre, il ne comprend que *cinq* membres. Le curé et le maire sont membres de droit du conseil ; le curé peut même se faire remplacer par un vicaire, et le maire par un adjoint.

Les conseils de fabrique sont renouvelés partiellement tous les trois ans. Les nouveaux membres sont élus par les membres restants le dimanche de la Quasimodo (1er dimanche après Pâques). L'autorisation du préfet et celle de l'évêque sont nécessaires pour qu'il soit procédé à ces élections. Pour être éligible, il faut être Français, catholique, majeur et domicilié ou en résidence habituelle dans la commune. Il y a incompatibilité entre les fonctions de sacristain, de chantre, de bedeau, et celles de membre du conseil de fabrique.

Le bureau des marguilliers se compose de trois membres du conseil de fabrique nommés *marguilliers* par le conseil lui-même, et du curé ou desservant.

Le conseil de fabrique se réunit *quatre fois par an* : le dimanche de la Quasimodo et le premier dimanche de juillet, d'octobre et de janvier. Ces séances ordinaires sont du reste annoncées au prône de la grand'messe du dimanche précédent. — Quant aux réunions extraordinaires, elles ne peuvent avoir lieu qu'avec l'assentiment de l'évêque et du préfet. — Les séances du conseil de fabrique ne peuvent être présidées ni par le maire, ni par le curé (ni par leurs suppléants).

Le bureau des marguilliers tient séance une fois par mois, après la grand'messe ; mais il ne peut délibérer que s'il y a *trois membres présents*. En cas de partage, le président ce ne peut être le curé ou son suppléant) a voix prépondérante. — L'un des marguilliers remplit les fonctions de trésorier.

Attributions du conseil de fabrique. — Le conseil de fabrique discute et vote le budget annuel afférent à la paroisse, il vérifie les comptes du trésorier, l'emploi des fonds non dépensés, vote les dépenses extraordinaires excédant 100 fr. dans les paroisses de 5 000 âmes et *au-dessus* — 50 fr. dans les petites paroisses ; mais il ne peut accepter les dons et legs importants faits à la fabrique qu'après y avoir été autorisé par *décret* rendu en Conseil d'État. L'autorisation n'est accordée que sur l'avis préalable de l'évêque, du préfet et du conseil municipal. — Toutefois un arrêté préfectoral suffit lorsqu'il s'agit de dons ou legs consacrés à des fondations pieuses n'excédant pas la valeur de 1 000 fr. et ne soulevant aucune réclamation.

Les mêmes formalités sont exigées pour les aliénations ou acquisitions immobilières, transactions, emprunts, aliénations de valeur ou d'immeubles par destination (chaires, grilles, etc.) — Pour les aliénations de *meubles de prix* (tableaux, statues, etc.) et l'emploi de capitaux récemment perçus, l'autorisation de l'évêque et celle du préfet suffisent.

Attributions du bureau des marguilliers. — Il dresse le budget de la fabrique, pourvoit aux dépenses du culte (il achète les ornements d'église, par exemple), visite l'église avec l'architecte au moins deux fois par an, nomme les organistes, les chantres, bedeaux, sacristains, sonneurs, suisses, etc. (1) ; il loue ou

(1) Toutefois dans les *communes rurales*, les chantres, sonneurs et sacristains sont nommés par le curé ou desservant (art. 7, ordonn. du 12 janvier 1825).

afferme les immeubles appartenant à la fabrique ; il peut conclure des baux de neuf ans pour les biens non ruraux, de dix-huit ans s'il s'agit de biens ruraux, et il veille à leur entretien et à leur conservation. — Les baux excédant neuf ans — dix-huit ans, s'il s'agit de biens ruraux — doivent être soumis à l'approbation du conseil de fabrique et autorisés par décret, après avis du préfet et de l'évêque. Aucun membre du bureau des marguilliers n'a le droit de se porter adjudicataire lors de la mise en adjudication des biens de la fabrique.

Le bureau des marguilliers intente et soutient au nom de la fabrique les procès qui l'intéressent, mais, pour entamer un procès, il lui faut l'autorisation du conseil de préfecture.

Chaque année le curé présente au bureau des marguilliers le tableau des dépenses qu'il y aura lieu de faire; le bureau, après 'avoir examiné et modifié, s'il y a lieu, présente le projet de budget au conseil de fabrique. — Une fois par an (le dimanche de la Quasimodo), les marguilliers font leur rapport au conseil de fabrique sur les comptes annuels du trésorier de la fabrique. Une copie de ces comptes est déposée à la mairie.

C'est le trésorier de la fabrique qui tient la comptabilité, signe les mandats de fournitures, touche les revenus de la fabrique, etc., etc.; ses biens immobiliers sont grevés d'une hypothèque au profit de la fabrique.

Les revenus des fabriques doivent être consacrés exclusivement au paiement des dépenses du culte (achat d'encens, de chasubles, etc., paiement des salaires des sacristains, chantres, etc)., du traitement des vicaires, des frais de décoration intérieure et d'entretien des églises, presbytères et cimetières. — Or les revenus des fabriques se composent des revenus des biens provenant des fondations pieuses, des revenus des dons et legs faits aux fabriques (messes, anniversaires, etc.), des revenus des biens meubles et immeubles des fabriques (loyers, fermages, revenus des valeurs mobilières, etc.), et des recettes provenant du prix des chaises.

Lorsqu'il n'existe pas de *logement* affecté au curé ou desservant, l'indemnité de logement due au ministre du culte doit être fournie par la fabrique, mais si elle n'a point de ressources suffisantes, cette dépense tombe à la charge de la commune; elle est même classée parmi les *dépenses obligatoires* des communes. — Il en est de même des grosses réparations à faire aux édifices consacrés au culte : si les revenus et les ressources disponibles de la fabrique sont épuisés, c'est la commune qui doit payer le surplus des dépenses. — Lorsqu'il y a désaccord à ce sujet entre la fabrique et la commune, la contestation est tranchée par un décret rendu sur les propositions des ministres de l'intérieur et des cultes (art. 136, loi du 5 avril 1884).

Les conseils municipaux qui allouent des subventions aux fabriques ont le droit de contrôler le budget des fabriques. — Mais, qu'ils accordent ou non des subventions, ils sont toujours appelés à donner leur *avis* sur leurs budgets et comptes, ainsi que sur les demandes d'autorisation faites par elles en vue d'aliéner, d'emprunter, de plaider, de transiger, ou d'accepter des dons ou legs (art. 70, même loi).

Les fabriques des églises ont seules le droit de fournir les voitures, tentures, ornements pour les enterrements et pour la pompe des funérailles. Elles peuvent du reste affermer ce droit de monopole, mais elles doivent obtenir à cet effet l'approbation du préfet (1). — L'emploi des sommes provenant de l'exercice ou de l'affermage de ce monopole doit être consacré comme les autres revenus des fabriques, aux dépenses du culte et au paiement des desservants art. 22-23, décret du 23 prairial an XII). Les tarifs d'enterrement (sont fixés par les conseils municipaux et arrêtés par les préfets. — Mais les indigents doivent être ensevelis *gratuitement*; c'est une des charges du monopole des pompes funèbres. (art. 9, décret du 16 mai 1806).

A Paris l'organisation des pompes funèbres est réglée d'une manière toute spéciale : Une commission syndicale de quatorze membres, dont dix sont nommés par les paroisses catholiques de la capitale, deux par les églises protestantes, un par le culte israëlite, le quatorzième membre étant un délégué de l'archevêché, est chargée de l'administration des pompes funèbres. Le produit de l'exploitation du monopole est réparti entre les diverses églises de Paris.

Fabriques des cathédrales. — Les fabriques des cathédrales sont l'objet d'une règlementation particulière. — Le maire n'est point membre de droit du conseil de fabrique. La comptabilité des fabriques de cathédrales est soumise au ministre des cultes, et non pas seulement à l évêque. Lorsque la cathédrale est en même temps église paroissiale — et c'est le cas le plus fréquent — la fabrique doit voter deux budgets distincts, l'un relatif aux dépenses de la paroisse, l'autre aux dépenses de l'église en tant que cathédrale.

Les frais de grosses réparations et de reconstruction des églises cathédrales sont à la charge de l'État; mais les dépenses du culte, les réparations d'entretien sont supportées par les fabriques qui, ici, sont subventionnées, en cas de besoin, par le conseil général du département, et non plus par le conseil municipal.

Les cloches des églises. — Les cloches des églises sont spécialement affectées aux cérémonies du culte. Mais elles peuvent être employées dans les cas de *péril commun* (invasion, inondation, incendie) qui exigent un *prompt secours*, et dans les circonstances où cet emploi est prescrit par des dispositions de lois ou règlements, ou est *autorisé par les usages locaux*. — Les sonneries religieuses, comme les sonneries civiles, font du reste l'objet d'un règlement con-

(1) Les consistoires (*Voy. ci-dessous*) jouissent également de ce monopole.

certé entre l'évêque et le préfet; en cas de désaccord, le ministre des cultes statue (art. 100, loi du 5 avril 1884).

Une clef du clocher doit être déposée entre les mains du curé ou desservant, et une autre entre les mains du maire. — Le maire ne peut faire usage de la clef que dans des circonstances prévues par les lois ou règlements (en cas de péril commun). Si, comme cela arrive fréquemment, il faut pénétrer dans l'église pour atteindre la porte du clocher, une clef de la porte de l'église doit être remise également au maire (art. 101, même loi).

CHAPITRE V

CULTES RECONNUS PAR L'ÉTAT

Les différents cultes reconnus par l'État, sont : Le culte catholique, l'Église de la confession d'Augsbourg (religion luthérienne), l'Église réformée ou calviniste, le culte israëlite et le culte musulman. — Les ministres des cultes reconnus sont salariés par l'État, les ministres des cultes non rcconnus ne reçoivent au contraire aucun traitement. Les ministres des cultes reconnus par l'État sont dispensés du service militaire; ils sont également dispensés de la tutelle lorsque cette tutelle doit s'établir dans un département autre que celui où leurs fonctions les retiennent (*Avis du Conseil d'État du* 20 novembre 1806).

Nous n'avons pas à revenir sur l'organisation du culte catholque — nous l'avons déjà examinée — mais il importe de tracer l'organisation des autres cultes reconnus par l'État.

SECTION Ire

Le Culte Protestant (1)

§ 1er. — ÉGLISE DE LA CONFESSION D'AUGSBOURG

L'Église luthérienne — désignée plus habituellement sous le nom de l'Église de la confession d'Augsbourg — est placée en France sous l'autorité supérieure d'un *synode général*. Ce synode qui veille au maintien de la constitution de l'Église dans les circonscriptions administrées par les *synodes particuliers*, — approuve les livres et formulaires liturgiques qui doivent servir au culte et à l'enseignement religieux, et juge en *dernier ressort* les difficultés auxquelles peut donner lieu l'application de règlements concernant le régime inté-

(1) Voy. *Facultés de Théologie* (VIE LIBÉRALE).

rieur de l'Église. Il communique avec le ministre des cultes par l'intermédiaire d'une *commission exécutive* nommée par lui (art. 25, loi du 1er août 1879).

Le synode général se compose de pasteurs luthériens et d'un nombre de laïques double de celui des pasteurs élus par les *synodes particuliers* (art. 22, même loi). — Il est renouvelé tous les trois ans. — Il se réunit au moins une fois tous les trois ans *alternativement* à Paris et à Montbéliard, et peut être convoqué extraordinairement sur la demande d'un synode particulier ou du gouvernement (art. 26, même loi). — Il peut convoquer un *synode constituant*. Le synode constituant se compose d'un nombre double de celui des membres du synode général (art. 27).

La France est divisée en plusieurs circonscriptions régies par des *synodes particuliers*. Chacune de ces circonscriptions se divise elle-même en régions administrées par des *consistoires*. — Au-dessous des consistoires se placent des *conseils presbytéraux* chargés chacun de l'administration d'une circonscription paroissiale.

Toute *paroisse* ou *circonscription paroissiale* possède un ou plusieurs pasteurs nommés par le consistoire sur la présentation du conseil presbytéral, et agréés par le gouvernement. — Pour être pasteur, il faut être Français ou d'origine française, avoir vingt-cinq ans accomplis, être bachelier en théologie et pourvu d'un acte de consécration délivré par un inspecteur ecclésiastique. — Les pasteurs peuvent être suspendus ou destitués par le synode particulier, sauf approbation du gouvernement (art. 2-5).

Quant aux *inspecteurs ecclésiastiques*, ils surveillent les pasteurs, maintiennent l'exercice régulier du culte, visitent les églises et font chaque année leur rapport au synode particulier. Ils sont nommés pour neuf ans par le *synode particulier* et siègent au synode général (art. 6).

Les églises luthériennes qui forment à elles seules un consistoire n'ont point de conseil presbytéral, le consistoire particulier en tient lieu. Mais toute église ne formant pas à elle seule un consistoire est administrée par un conseil presbytéral composé des pasteurs de la paroisse et de huit *anciens* au moins, élus par les fidèles et renouvelés par moitié tous les trois ans. Le pasteur le plus ancien de la paroisse est le président du conseil presbytéral. — Ce conseil veille au maintien de l'ordre dans la paroisse, au point de vue religieux ; il administre les biens et revenus de la paroisse, délibère sur l'acceptation des dons et legs, etc. (art. 7-10).

Chaque consistoire se compose de tous les pasteurs de la circonscription et d'un nombre double *d'anciens* délégués par les conseils presbytéraux. Il est renouvelé par moitié tous les trois ans ; il choisit son président parmi les pasteurs. Il veille au maintien de la discipline, contrôle l'administration des conseils presbytéraux, *règle leurs budgets* et arrête leurs comptes, délibère sur l'acceptation des dons et legs qui lui sont faits et donne son *avis* sur l'acceptation des dons et legs faits aux paroisses de son ressort.

Plusieurs circonscriptions consistoriales réunies forment le ressort d'un *synode particulier*. — Le synode particulier se compose de tous les membres de consistoire du ressort; il se réunit une fois par an, veille au maintien de la constitution de l'église et à la célébration du culte, statue sur l'acceptation des dons et legs qui lui sont faits, délibère sur toutes les questions intéressant la religion luthérienne dans l'étendue de son ressort, statue sur toutes contestations survenues dans ce même ressort, *sauf appel au synode général*. — Dans l'intervalle de ses sessions, il est représenté par une *commission synodale* qui se compose de l'inspecteur ecclésiastique, d'un pasteur et de trois laïques. Cette commission synodale est renouvelée par moitié tous les trois ans. Elle peut convoquer le synode particulier en session extraordinaire; elle transmet au gouvernement les nominations de pasteurs faites par le consistoire et s'occupe de mener à bonne fin les affaires sur lesquelles le synode a délibéré. Les synodes particuliers sont soumis à l'autorité et au contrôle du synode général.

Pour les acquisitions et aliénations immobilières, pour les acceptations de dons et legs, etc., etc., mêmes formalités que celles exigées pour les actes de même nature accomplis par les fabriques (avis du conseil municipal, décret en Conseil d'État ou arrêté préfectoral, suivant les cas), mais — on l'a remarqué — les dons et legs sont acceptés ou refusés par le consistoire lui-même, et non par le trésorier au nom du consistoire.

§ 2. — L'ÉGLISE RÉFORMÉE

L'Église réformée ou *culte calviniste* a une organisation analogue à celle de l'Église de la Confession d'Augsbourg. Elle est placée sous l'autorité suprême d'un *Conseil synodal* composé de treize *notables* nommés par le gouvernement et de deux pasteurs. La France est divisée en un certain nombre de circonscriptions consistoriales régies chacune par un *consistoire* qui reçoit du conseil synodal toutes les instructions relatives au culte et qui est composé des pasteurs de la circonscription et des délégués des paroisses.

Les circonscriptions consistoriales se divisent elles-mêmes en *paroisses*. Chaque paroisse est confiée à un ou plusieurs pasteurs; au point de vue temporel elle est administrée par un *conseil presbytéral* (véritable fabrique) composé de quatre à sept membres élus par les membres de la paroisse portés comme électeurs sur les registres de la paroisse. — L'administration des conseils presbytéraux est contrôlée par le consistoire de la circonscription.

SECTION II

Le Culte Israëlite

Le culte israëlite, en France, est dirigé et surveillé par un *Consistoire central* sous l'autorité duquel sont placés des *consistoires départementaux.* Le consistoire central sert d'intermédiaire entre les consistoires départementaux et le gouvernement, il délivre les diplômes de deuxième degré pour les fonctions rabbiniques, etc. Il se compose d'un *Grand-Rabbin* et d'autant de membres *laïques* qu'il y a de consistoires départementanx. Il est élu par les notables des circonscriptions consistoriales et renouvelé par moitié tous les quatre ans; il nomme son président pour quatre ans. — Le Grand-Rabbin du consistoire central surveille tous les ministres du culte israëlite, il a le droit d'officier dans toutes les synagogues de France; aucune délibération ne peut être prise par le consistoire central *sur les objets religieux* sans son approbation. Il est *nommé à vie* par le consistoire central auquel s'adjoignent, pour cette élection, deux délégués de chaque consistoire départemental.

Chacune des circonscriptions consistoriales (étendue du ressort des consistoires départementaux) est pourvu d'un grand-rabbin qui a droit de surveillance sur tous les ministres du culte israëlite de la circonscription. Ces grands-rabbins sont élus par le *corps des notables* composé d'israëlites français jouissant de leurs droits électoraux et domiciliés *depuis deux ans au moins* dans la circonscription. Les notables sont convoqués par le consistoire départemental sur l'autorisation du préfet. — Les grands-rabbins font partie de droit des consistoires départementaux ; ils sont placés sous l'autorité du Grand-Rabbin de France.

Au-dessous du grand-rabbin départemental viennent les rabbins communaux et les *ministres officiants.* Les rabbins communaux et les ministres officiants sont élus par *cinq notables* au moins désignés par le consistoire départemental. Mais il ne peut être créé des ministres officiants à la charge de l'État que par un arrêté du ministre des cultes.

Les consistoires remplissent les fonctions administratives des conseils de fabrique : ils ne peuvent, sans autorisation préalable accordée par décret, accepter des donations ou legs, plaider, acquérir ou aliéner des immeubles, — et, avant que l'autorisation ne soit accordée, les conseils municipaux intéressés sont appelés à donner leur avis (décret du 25 mai 1884, et loi du 5 avril 1884).

CHAPITRE VI

DÉSAFFECTATION DES IMMEUBLES CONSACRÉS AUX CULTES

En cette matière, la loi du 5 avril 1884 (*la nouvelle loi municipale*) a proclamé un principe désormais incontestable. Elle donne aux conseils municipaux le droit de prononcer la *désaffectation* d'immeubles consacrés aux cultes ou à des services religieux ou à des établissements ecclésiastiques quelconques *en dehors des prescriptions de la loi du 18 germinal an X* (c'est-à-dire en dehors des prescriptions du Concordat et des articles organiques), lorsque l'affectation a été consentie autrefois par la municipalité de la commune. — Mais la désaffectation est soumise aux formalités qu'a nécessitées autrefois l'affectation : tantôt il faut un décret, tantôt un simple arrêté préfectoral suffit (art. 167, loi du 5 avril 1884).

Par *désaffectation* il faut entendre le *retrait de la concession* de bâtiments ou de propriétés destinés à être consacrés par les concessionnaires à un service spécial — civil ou religieux (1).

Cette disposition s'applique aussi bien aux édifices ou bâtiments consacrés aux cultes protestants et israélite qu'aux bâtiments ou édifices affectés à un service du culte catholique ou à un établissement religieux se rattachant à ce même culte.

(1) Bien entendu, la désaffectation est impossible quand l'affectation a eu lieu *à titre onéreux* : il ne s'agit ici que des concessions faites *à titre gracieux, gratuitement*.

LA VIE MILITAIRE

CHAPITRE PREMIER

L'ARMÉE FRANÇAISE

L'armée française comprend l'armée de terre et l'armée de mer. Nous allons indiquer successivement la composition de l'une et de l'autre.

§ 1er. — L'ARMÉE DE TERRE

L'armée de terre se compose de troupes d'infanterie, de cavalerie, d'artillerie et du génie.

Infanterie	144 régiments de ligne, 30 bataillons de chasseurs à pied, 4 régiments de zouaves, 4 régiments de tirailleurs algériens (*turcos*), 2 régiments de légion étrangère, 3 bataillons d'infanterie légère d'Afrique, 5 compagnies de discipline (1).

(1) En outre il a été créé au Tonkin et en Annam : 3 régiments tonkinois e 1 régiment annamite; au Sénégal, 1 régiment de tirailleurs sénégalais, et, dans nos établissements de l'Inde, 2 compagnies de *cipahis* (soldats indigènes).

CAVALERIE	12 régiments de cuirassiers, 26 — dragons, 20 — chasseurs, 12 — hussards, 4 — chasseurs d'Afrique, 3 — spahis, 7 compagnies de remonte.
ARTILLERIE	38 régiments d'artillerie de campagne, 16 bataillons d'artillerie de forteresse, 10 compagnies d'ouvriers d'artillerie, 3 — d'artificiers, 2 — de pontonniers.
GÉNIE	4 régiments du génie, 4 compagnies de sapeurs-conducteurs, 4 — d'ouvriers de chemins de fer.
TRAIN DES ÉQUIPAGES	20 escadrons.
GENDARMERIE	30 légions départementales, La légion des gendarmes d'Afrique, La légion de la Garde de Paris (Garde républicaine).

L'armée de terre comprend encore les services de l'Etat-major, de l'Administration (services du ministère de la guerre, intendants et sous-intendants, contrôleurs généraux de l'armée, etc.), du recrutement, de la trésorerie, des postes, des télégraphes, et enfin le *service de santé* qui se compose de médecins et pharmaciens principaux, majors, d'aides-major, et de sections d'infirmiers.

§ 2. — L'ARMÉE DE MER

L'armée de mer comprend :

1° Les équipages de la flotte,
2° 4 régiments d'infanterie de marine,
3° L'artillerie de marine,
4° Le génie maritime,
5° La gendarmerie de marine.

Comme *services annexes*, il faut citer : l'État-major, le commissariat de la marine, les mécaniciens, le service d'hydrographie, le corps de santé, les aumôniers, le personnel des arsenaux maritimes, les gardes consignes, etc.

Voici quel est le personnel des officiers de la marine française (1) :

2 amiraux (en temps de guerre),
15 vice-amiraux,
30 contre-amiraux,
100 capitaines de vaisseau,

(1) Voy. Rapport de M. Gerville-Réache, député, sur le budget de la Marine pou 1886.

200 capitaines de frégate,
700 lieutenants de vaisseau,
420 enseignes de vaisseau.

Puis viennent les *aspirants* de première et de deuxième classe.
Le grade d'amiral correspond à celui de maréchal de France,

Le grade de	vice-amiral	correspond au grade de	général de division;
—	contre-amiral	—	général de brigade;
—	capitaine de vaisseau	—	colonel;
—	capitaine de frégate	—	lieutenant colonel;
—	lieutenant de vaisseau	—	capitaine;
—	enseigne de vaisseau	—	lieutenant en 1er;
—	aspirant de 1re classe	—	lieutenant en 2e;
—	— 2e classe	—	sous-lieutenant;

Le matériel de la flotte se compose de 384 bâtiments de guerre ou *unités de combat* (de 472 bâtiments, si on tient compte des *non-valeurs*. En effet, la France possède actuellement (en 1885) :

44 cuirassés, 66 avisos,
49 croiseurs, 79 torpilleurs
77 canonnières ou chaloupes, (1)

La marine anglaise est la seule qui possède un plus grand nombre d'unités de combat : elle en a 438, dont 66 cuirassés, 93 croiseurs et 96 avisos.

Quant à la flotte allemande, elle se compose de 167 unités de combat; elle possède 38 cuirassés, 30 croiseurs, 19 avisos, etc. (1).

Équipages de la flotte. — Les équipages de la flotte comprennent les diverses catégories de marins : les gabiers, les marins-timoniers; les mécaniciens, chauffeurs, etc.; les marins-canonniers, puis les sous-officiers de marine ou *officiers mariniers* (premiers-maîtres, seconds-maîtres, sergents-majors, sergents-fourriers, sergents). On désigne sous le nom de *maistrance* le corps de sous-officiers de marine.

Les équipages de la flotte sont répartis en cinq *divisions* qui ont pour chefs-lieux : Cherbourg, Brest, Lorient, Rochefort et Toulon.

(1) Rapport de M. Gerville-Réache.

CHAPITRE II

ORGANISATION DE L'ARMÉE

SECTION Ire

Division du territoire. — Composition des Corps d'Armée

Le territoire de la France est divisé, au point de vue de l'organisation de l'armée de terre, en dix-huit régions. L'Algérie forme une dix-neuvième région.

Chacune de ces régions est occupée par un corps d'armée à la tête duquel est placé un général de division ayant le titre de *commandant de corps d'armée* et résidant dans la ville qui est le *chef-lieu* de la région.

Il y a donc 19 corps d'armée — désignés par le numéro de la région que chacun d'eux occupe.

Chefs-lieux des 19 corps d'armée.

1er corps :	Lille,	11e corps :	Nantes,
2e —	Amiens,	12e —	Limoges,
3e —	Rouen,	13e —	Clermont-Ferrand,
4e —	Le Mans,	14e —	Grenoble,
5e —	Orléans,	15e —	Marseille,
6e —	Châlons-sur-Marne,	16e —	Montpellier,
7e —	Besançon,	17e —	Toulouse,
8e —	Bourges,	18e —	Bordeaux,
9e —	Tours,	19e —	Alger.

Chaque région se divise en huit *subdivisions de région*, commandées par des généraux.

Le commandant d'un corps d'armée, dont le supérieur immédiat est le ministre de la guerre, a sous ses ordres les généraux de division qui commandent les divisions du corps d'armée, ainsi qu'un chef d'état-major général. Voici du reste quelle est l'organisation des corps d'armée.

Chaque corps d'armée se compose de :

Deux divisions d'infanterie,
Une brigade de cavalerie,
Une brigade d'artillerie,
Un bataillon du génie,
Un bataillon de chasseurs à pied,
Un escadron du train des équipages,
Une section de secrétaires d'état-major et de recrutement,
Une section d'infirmiers.

La composition du 19ᵉ corps (le corps d'armée d'Algérie) est tout à fait spéciale. Ce corps comprend en effet les régiments de zouaves, de turcos, de spahis, etc., etc. — La brigade d'artillerie du 19ᵉ corps est en garnison à Vincennes, et non pas en Algérie.

Une *brigade* se compose de *deux* régiments. — Une *division d'infanterie* comprend deux brigades, soit *quatre* régiments.

Au corps d'armée se rattachent tous les services auxiliaires nécessaires à une armée en campagne (états-majors, télégraphie militaire, postes, trésorerie, administration, intendance, etc.)

Chaque région possède des magasins généraux d'approvisionnements; — chaque subdivision a des magasins qui sont alimentés par ces magasins généraux.

En principe, le commandant d'un corps d'armée ne peut conserver son commandement que pendant *trois ans*, en temps de paix. Cependant, par décret spécial rendu *en conseil des ministres*, il peut être maintenu après l'expiration de cette période, — mais, dans ce cas, il est d'usage de le mettre à la tête d'un autre corps d'armée (art. 14, loi du 24 juillet 1873).

SECTION II

Lois sur le Recrutement de l'armée

Le remplacement a été supprimé par la loi du 27 juillet 1872. Tout Français doit le service militaire *personnel*. Tout Français, à moins qu'il ne soit déclaré impropre à tout service militaire, peut être appelé sous les drapeaux depuis l'âge de *vingt ans* jusqu'à l'âge de *quarante ans*.

Il fait partie de l'armée active pendant cinq ans;
— de la réserve de l'armée active pendant quatre ans;
— de l'armée territoriale pendant cinq ans;
— de la réserve de l'armée territoriale pendant six ans (1).

Mais les Français peuvent seuls être admis dans l'armée française, en principe. Il n'est fait exception à cette règle que pour la composition de la légion étrangère et des corps indigènes tels que les régiments tonkinois ou sénégalais.

Certains Français ne peuvent à aucun titre servir dans l'armée. Ce sont : 1° les individus condamnés à une peine afflictive et infamante; 2° ceux qui ont été condamnés à *deux ans* de prison (ou à une peine plus élevée) et qui *en outre* ont été placés sous la surveillance de la haute police ou frappés de l'interdiction de domicile et interdits de droits civiques, civils et de

(1) Art. 3, 4 et 36 de la loi du 27 juillet 1872.

famille (Voy. VIE JUDICIAIRE). Ces individus sont considérés comme indignes de défendre leur pays.

Bien entendu, tout Français déclaré impropre au service militaire par le conseil de révision est dispensé de toutes les obligations inscrites dans la loi sur le recrutement. — Il existe encore d'autres cas de dispenses dont nous parlerons plus loin.

§ 1er. — RECRUTEMENT DES JEUNES SOLDATS

N° 1. — TABLEAUX DE RECENSEMENT

Tous les ans, les maires de chaque canton dressent des listes comprenant tous les jeunes gens qui ont atteint l'âge de *vingt ans révolus* dans l'année *précédente* et qui sont *domiciliés* dans le canton. Ces listes sont établies d'après les registres de l'état civil, d'après la déclaration à laquelle sont *tenus* les jeunes gens, leurs parents et leurs tuteurs, et d'après tous autres documents et renseignements; elles constituent ce qu'on appelle les *tableaux de recensement.*

Les tableaux de recensement sont publiés et affichés dans chaque commune *deux dimanches de suite* ; la dernière publication doit avoir lieu au plus tard le *15 janvier.* — Un avis publié dans les mêmes conditions indique le lieu et le jour où il doit être procédé à l'*examen* des dits tableaux et à l'opération du *tirage au sort* (art. 8, loi du 27 juillet 1872).

Sont considérés comme domiciliés dans le canton, et sont par suite inscrits sur le tableau de recensement cantonal :

1° Les jeunes gens *célibataires* dont le père, la mère ou le tuteur a son domicile dans une des communes du canton, — alors même que ces jeunes gens se seraient expatriés, engagés, établis au dehors, ou bien seraient émancipés ou auraient disparu sans qu'on sache s'ils sont vivants ou décédés;

2° Les jeunes gens *mariés* dont le père — ou la mère, à défaut de père — est domicilié dans le canton, à moins qu'ils ne soient eux-mêmes domiciliés dans un autre canton (auquel cas ils sont inscrits dans ce dernier canton);

3° Les jeunes gens nés et résidant dans le canton, qui n'ont ni père, ni mère, ni tuteur ;

4° Enfin les jeunes gens *résidant dans le canton* et qui ne justifient pas de leur inscription sur les tableaux de recensement d'un autre canton (art. 10, même loi).

Lorsque des jeunes gens ont été omis dans les tableaux de recensement ou dans les tirages des années précédentes, ils sont inscrits sur les tableaux de recensement de la *classe* qui est appelée après la découverte de l'omission — à moins qu'ils n'aient *trente ans accomplis* à la clôture des tableaux. S'ils ont plus de trente ans, ils ne sont soumis qu'aux obligations de la *classe* à laquelle ils appartiennent (1) (art. 12, même loi).

La *classe*, en matière de recrutement, c'est l'ensemble des jeunes gens *nés la même année*; on est de la classe 1880, 1881, 1882, etc., suivant qu'on a eu *vingt ans* accomplis dans le courant de l'année 1880, 1881, 1882, etc, car la majorité militaire précède la majorité civile : elle est fixée à 20 ans et non point à 21 ans.

N° 2 — LE TIRAGE AU SORT

Le tirage au sort a lieu au chef-lieu de canton, *publiquement*, devant le *sous-préfet* assisté des maires du canton (devant le *préfet*, dans l'arrondissement du chef-lieu du département). Dans les communes qui forment un ou plusieurs cantons (villes), le sous-préfet est assisté du maire de la commune et de ses adjoints. Dans les grandes villes divisées en plusieurs arrondissements (à Paris ,par exemple), le préfet ou son délégué (le secrétaire-général de la préfecture), est assisté d'un officier municipal de chaque arrondissement.

Le tableau de recensement est *lu à haute voix*. S'il contient des inexactitudes, les jeunes gens intéressés, leurs parents, tuteur ou mandataire présentent leurs observations, et le sous-préfet statue immédiatement sur la question, après avoir pris l'avis des maires; s'il y a lieu, il fait rectifier le tableau.

Après l'examen du tableau de recensement il est procédé au tirage au sort. — Et d'abord l'ordre dans lequel sont appelés les jeunes gens de chaque commune est réglé par le sort. Ainsi, les jeunes gens de *telle* commune seront appelés en premier lieu, puis viendront ceux de telle autre commune, et ainsi de suite.

Avant l'opération du tirage, le sous-préfet inscrit *en tête de la liste* les noms des jeunes gens *omis* sur les tableaux de recensement, ou sur les listes de tirage, à la suite de manœuvres frauduleuses ainsi que les noms de ceux qui, à l'aide de manœuvres du même genre, se sont fait exempter ou dispenser du service militaire par un conseil de révision : *les premiers numéros leur sont attribués de droit*. Nous verrons bientôt quelles sont pour eux les conséquences de cette disposition.

Cette inscription faite, le sous-préfet compte publiquement les numéros et les dépose dans l'urne, après s'être assuré que leur nombre est égal à celui des jeunes gens appelés à tirer au sort, et que les premiers numéros attribués aux individus dont il vient d'être question ont été retirés. — Les jeunes gens sont ensuite appelés dans l'ordre du tableau de recensement. Chacun d'eux prend dans

(1) Si les jeunes gens omis sont arrivés à ce résultat à l'aide de manœuvres frauduleuses, ils sont condamnés, ainsi que leurs complices, à un emprisonnement *d'un mois à un an* (art. 60, loi du 27 juillet 1872).

l'une un numéro qui est immédiatement proclamé et inscrit sur une liste dressée *par ordre des numéros.*

Les parents peuvent tirer à la place de leurs enfants absents. A défaut des parents des jeunes gens qui ne sont pas présents, le maire de leur commune tire à leur place. L'opération du tirage, une fois terminée, ne peut être recommencée *sous aucun prétexte*; chacun garde le numéro qu'il a tiré ou qu'on a tiré pour lui. — Les jeunes gens qui ne se trouveraient pas pourvus de numéros sont inscrits à la suite avec des *numéros supplémentaires*; ils tirent entre eux, mais seulement pour déterminer l'ordre suivant lequel ils doivent être inscrits.

Sur la liste dressée par ordre de numéros il est fait mention des cas d'exemption et de dispenses que les jeunes gens, leurs parents ou les maires des communes se proposent de faire valoir devant le Conseil de révision, — et que nous allons examiner à l'instant. Le sous-préfet y ajoute ses observations, puis il est donné lecture de la liste qui est ensuite publiée et affichée dans toutes les communes du canton (art. 15, loi du 17 juillet 1872).

Nº 3. — EXEMPTIONS ET DISPENSES DU SERVICE MILITAIRE

Exemptions. — Les jeunes gens que leurs infirmités rendent impropres à tout service *actif* ou *auxiliaire* dans l'armée sont exemptés du service militaire *en temps de guerre* comme *en temps de paix*. C'est le conseil de révision qui décide si *tel* jeune homme est impropre à tout service militaire (Voy. *Conseil de révision*).

Dispenses de droit. — Sont dispensés de service dans *l'armée active*, mais *en temps de paix* seulement, *non en temps de guerre* :

1º L'aîné d'orphelins de père et de mère (mais non pas le fils unique orphelin de père et de mère, ni l'orphelin de mère seulement);

2º Le fils *unique* ou *l'aîné* des fils, — ou à défaut de *fils* ou de *gendre* — le petit-fils *unique* ou l'*aîné* des petits-fils d'une femme actuellement *veuve*, ou d'un père *aveugle* ou *entré dans sa soixante-dixième année* (c'est-à-dire âgé de 69 ans *accomplis*), ou d'une femme dont le mari a été *déclaré absent* par les tribunaux (or une personne n'est déclarée *absente* que si son existence est incertaine depuis *cinq ans* au moins, et même depuis *onze ans* lorsqu'avant sa disparition elle a choisi un mandataire pour gérer ses intérêts);

3º Le fils *puîné* d'un père aveugle ou entré dans sa soixante-dixième année, si le fils aîné est *aveugle* ou atteint de toute autre infirmité *incurable* qui le rende *impotent* (de paralysie, par exemple).

4º Le plus âgé de deux frères appelés à faire partir du même tirage (l'un est né en janvier 1884, par exemple, et l'autre en décembre 1884), — si le plus jeune est reconnu propre au service;

5º Celui qui a un frère sous les drapeaux;

6º Celui dont un frère est mort *en activité de service*, ou a été *réformé* ou admis à la retraite pour blessures reçues *dans un service commandé* (à la manœuvre, par exemple) ou pour infirmités contractées à l'armée. — Cette dispense ne s'applique qu'à un seul frère pour un même cas, mais s'il y a quatre frères et que le troisième soit aussi réformé, par exemple, le quatrième frère aura droit à la dispense dont nous nous occupons en ce moment. — La même observation s'applique dans le cas précédent : le troisième frère n'est pas dispensé du service militaire parce que l'aîné est encore dans l'armée active, mais le quatrième frère est dispensé par cela seul qu'au moment où il est appelé à faire son service militaire, le troisième est sous les drapeaux.

Le jeune homme omis sur les listes, et qui ne s'est pas présenté par lui ou ses ayants-cause (parents, tuteur) au tirage de la classe à laquelle il appartient, ne peut invoquer ensuite les causes de dispense que nous venons d'énumérer que si les causes existaient déjà au moment de la clôture des listes.

Toutes ces causes de dispense ne sont applicables qu'aux enfants *légitimes*; les enfants naturels ne peuvent les invoquer.

Les causes de dispense doivent exister au jour ou le conseil de révision est appelé à statuer; si elles ne surviennnent que postérieurement, elles ne sont point prises en considération. — Toutefois l'appelé ou l'engagé qui, après la décision du conseil de révision, après le 1er juillet, ou après son incorporation dans l'armée devient l'aîné d'orphelins de père et de mère, le fils unique ou l'aîné des fils, ou — à défaut de fils et de gendre — le petits-fils *unique* d'une veuve, ou d'une femme dont le mari a été déclaré absent, ou d'un père aveugle, est *sur sa demande* renvoyé dans ses foyers, — à moins qu'en raison de sa présence sous les drapeaux il n'ait procuré la dispense de service à un frère puîné *actuellement vivant*.

Le militaire devenu l'aîné des fils ou des petits-fils d'une personne *entrée dans sa soixante-dixième année* est également renvoyé dans ses foyers; il est en disponibilité pour le temps qu'il a encore à faire (art. 17, loi de 1872).

Les jeunes gens dispensés du service militaire *en temps de paix*, en vertu des dispositions précédentes, sont astreints à certains exercices de courte durée. Mais dès que les causes de dispense viennent à cesser, ils sont soumis à toutes les obligations de la classe dont ils font partie. En cas de guerre, ils sont appelés comme les hommes de leur classe (art. 25-26, même loi).

Les jeunes gens qui n'ont pas la taille de 1 mètre 54 centimètres ou qui sont reconnus d'une complexion trop faible par le conseil de révision peuvent être *ajournés* deux années de suite. La troisième année ils sont classés définitivement : s'ils sont reconnus propres à un service armé ou à un service auxiliaire, ils sont soumis à toutes les obligations de la classe à laquelle ils appartiennent; s'ils sont reconnus impropres à tout service militaire, ils sont dispensés définitivement, et non plus provisoirement, de toutes ces obligations (art. 18).

Dispenses à titre conditionnel. — Sont dispensés du service militaire en temps de guerre comme en temps de paix, mais *à titre conditionnel* :

1° Les membres de l'instruction publique (professeurs, instituteurs, etc.) et les élèves de l'École normale supérieure de Paris qui se sont engagés à se consacrer pendant *dix ans* au moins à l'enseignement (cet engagement doit avoir été accepté par le recteur avant le tirage au sort); mais, bien entendu, si cet engagement n'est pas respecté, la dispense cesse (dispense *à titre conditionnel*);

2° Les professeurs des institutions nationales des sourds-muets ou des jeunes aveugles (aux mêmes conditions).

3° Les artistes qui ont obtenu les grands-prix de Rome, à condition qu'ils passent à l'École les années règlementaires et remplissent toutes leurs obligations envers l'État;

4° Les pensionnaires de l'École de Chartes, à condition de rester *dix ans* dans un service public (il est tenu compte du temps qu'ils ont passé à l'École);

5° Les membres des associations religieuses *vouées à l'enseignement* et *reconnues* comme établissements d'utilité publique, et les directeurs, maîtres et élèves-maîtres des écoles fondées ou entretenues par les associations laïques reconnues également comme établissements d'utilité publique; pourvu toujours que les uns et les autres aient pris devant le recteur, *avant le tirage au sort*, l'engagement de se consacrer *dix ans* à l'enseignement, et qu'ils réalisent cet engagement dans un des établissements de l'association à laquelle ils se rattachent actuellement; — l'établissement où ils remplissent leurs engagements doit exister depuis plus de *deux ans*, ou s'il est plus récent, renfermer au moins *trente élèves*;

6° Les jeunes gens qui se préparent à l'enseignement primaire dans les écoles normales primaires; les instituteurs et instituteurs-adjoints des écoles libres désignées à cet effet par le ministre de l'instruction publique, toujours sous la condition de se consacrer *dix ans* à l'enseignement;

7° Les jeunes gens autorisés à continuer leurs études pour se vouer à l'un des *cultes reconnus par l'État* (Voy. VIE RELIGIEUSE), à condition qu'ils aient reçu la consécration à *vingt-six ans*; les élèves ecclésiastiques, à condition qu'ils soient entrés dans les *ordres majeurs* également à *vingt-six ans;* — sinon la dispense tombe : ils sont assujettis au service militaire, et il en est de même pour ceux qui viennent à cesser leurs études religieuses (art. 20).

Les jeunes gens *dispensés à titre conditionnel* et qui cessent de remplir les conditions imposées par la loi sont tenus d'en faire la déclaration au maire de leur commune *dans les deux mois* (il leur est remis une expédition constatant leur déclaration; ils doivent la faire viser par le préfet dans le délai *d'un mois*), et ils sont incorporés dans l'armée active en même temps que la classe appelée après la cessation de leurs fonctions ou études (le temps écoulé entre la date de la cessation de leurs fonctions et leur déclaration ne compte pas dans leurs années de service; ils ont donc intérêt à faire cette déclaration le plus tôt possible). Le jeune homme qui ne ferait pas sa déclaration ou négligerait de la faire viser par le préfet serait passible de *un mois* à *un an* de prison.

Les mêmes formalités sont imposées, sous les mêmes peines, aux jeunes marins portés sur les registres matricules de l'inscription maritime et qui se font rayer de ces registres (Voy. *Inscription maritime*), et aux jeunes gens qui, liés au service dans l'armée de terre ou de mer en vertu d'un brevet ou d'une commission, viennent à cesser leur service (art. 21).

Dispenses à titre provisoire. — Les jeunes gens désignés, par le conseil municipal de la commune où ils sont domiciliés, comme *soutiens indispensables de famille*, peuvent être dispensés *provisoirement* du service militaire — mais seulement s'ils remplissent *effectivement* leurs devoirs de soutiens de famille. Il ne s'agit plus ici d'une dispense *de droit* comme précédemment, mais d'une *faveur*. Ces dispenses peuvent être accordées *par département* jusqu'à concurrence de 4 0/0 du nombre des jeunes gens *reconnus propres au service* et compris dans la *première* partie des listes du recrutement cantonal. Par conséquent, plus il y a de jeunes gens réformés pour défaut de constitution ou infirmités, moins il y a de dispenses accordées aux soutiens de famille.

La liste des soutiens de famille dressée par les conseils municipaux est présentée par les maires au conseil de révision qui accorde ou refuse les dispenses. — Chaque année les maires font connaître au conseil de révision la situation des jeunes gens qui ont été dispensés dans les années précédentes comme soutiens de famille; ceux d'entre eux qui ont cessé de remplir leurs devoirs de soutien de famille ou qui ne sont plus soutiens *indispensables* de famille se voient retirer leur dispense provisoire, et ils sont incorporés dans l'armée active, s'ils en font encore partie (art. 22).

Comme ceux qui sont dispensés du service militaire en temps de paix (fils aîné de veuve, etc.), les jeunes gens qui sont dispensés *à titre provisoire* comme soutiens de famille sont astreints à certains exercices de courte durée; en cas de guerre ils partent avec leur classe, et en temps de paix, dès que la cause de dispense vient à cesser, ils sont soumis à toutes les obligations de la classe dont ils font partie.

Sursis d'appel. — Les jeunes gens pouvant établir que, soit pour leur *apprentissage*, soit pour les besoins de l'exploitation *agricole*, *industrielle* ou *commerciale* à laquelle ils se livrent *pour leur compte* ou *pour celui de leurs parents*, il est indispensable qu'ils ne soient pas enlevés *immédiatement* à leurs travaux, peuvent obtenir un *sursis d'appel* valable pour *un an*, mais ils doivent demander ce sursis *avant leur tirage au sort*.

Le sursis d'appel ne vaut ni exemption ni dispense : le jeune homme en sursis conserve le numéro qui lui est échu lors du tirage au sort et il est tenu de satisfaire, à l'expiration de son sursis, à toutes les obligations résultant de son numéro. Dans des cas très rares, un second sursis d'un an peut être accordé, mais la troisième année le jeune homme doit partir ; il ne peut obtenir sous aucun prétexte un troisième sursis. Nous verrons qu'il en est différemment pour les sursis accordés aux jeunes gens admis à faire leur volontariat.

Les demandes de sursis d'appel doivent être adressées au maire. Le maire prend des renseignements, demande l'avis du conseil municipal, remet les demandes au conseil de révision et en envoie un duplicata au sous-préfet. Celui-ci transmet ces pièces au préfet avec ses observations et tous les documents nécessaires.

Pour les *sursis d'appel*, même proportion que pour les dispenses à titre provisoire : 4 0/0 au plus du nombre des jeunes gens reconnus propres au service militaire (art. 23-24).

Les observations que nous avons faites à propos de ceux qui sont dispensés à titre provisoire comme soutiens de famille, s'appliquent également aux hommes en sursis d'appel : certains exercices militaires, départ en cas de guerre, etc., (art. 25-26).

N° 4. — LE CONSEIL DE RÉVISION

Le conseil de révision se compose :

Du préfet, *président* (à son défaut, du *secrétaire général de la préfecture* ou d'un conseiller de préfecture désigné par le préfet) ;

D'un conseiller de préfecture désigné par le préfet;

D'un conseiller général autre que celui du canton où la révision a lieu ;

D'un conseiller d'arrondissement autre que celui du canton (ces deux conseillers sont désignés par la commission départementale du conseil général) ;

D'un officier général ou supérieur (officier ayant au moins le grade de chef de bataillon ou d'escadron, par conséquent).

Le conseil de révision comprend donc *cinq membres*. Pour qu'il puisse délibérer, il faut qu'il y ait *au moins* quatre membres présents — et dans cette hypothèse la voix du président n'est pas prépondérante en cas de partage (la décision doit être prise à la majorité de *trois voix;* s'il y a deux voix de chaque côté, elle est ajournée).

En outre un membre de l'intendance, le commandant de recrutement, un médecin militaire (ou un médecin civil *désigné par l'au-*

torité militaire) assistent aux opérations du conseil de révision.

Le sous-préfet ou le fonctionnaire qui l'a suppléé lors du tirage au sort assiste aux séances que le conseil tient dans son arrondissement et il a *voix consultative* (il donne son *avis*, mais son vote ne compte pas). — Les maires des communes auxquelles appartiennent les jeunes gens appelés devant le conseil assistent aux séances et peuvent faire des observations (art. 27).

Le conseil de révision examine les jeunes gens inscrits sur les tableaux de recensement ou qui ont été ajournés l'année prédédente pour insuffisance de taille ou pour faiblesse de constitution. — Les jeunes gens qui se rendent à la convocation dont ils sont l'objet peuvent présenter leurs observations au conseil et faire connaître l'arme dans laquelle ils désirent être placés (dans l'infanterie, l'artillerie, les hussards, les dragons, etc.) Pour les jeunes gens qui ne se rendent pas à la convocation et qui ne se font pas représenter, ou qui n'obtiennent pas un délai pour paraître devant le conseil, il est procédé comme s'ils étaient présents.

Le conseil de révision contrôle les opérations du recrutement, examine les réclamations auxquelles elles donnent lieu, ainsi que les causes d'exemption et de dispense que nous avons énumérées.

Les cas de dispenses sont jugés sur la production de documents *authentiques* (par exemple : certificat délivré par le colonel du frère *aîné* actuellement sous les drapeaux), et sur les *certificats* de *trois pères de famille* domiciliés dans le même canton et dont les fils sont soumis à l'appel ou ont été appelés. Ces certificats doivent être signés et approuvés par le maire de la commune du réclamant.

Le conseil de révision ne peut exempter personne pour infirmités sans avoir entendu le médecin qui assiste au conseil.

La substitution des numéros peut avoir lieu entre frères appartenant à la même classe, ce qui veut dire que l'aîné, par exemple, peut être remplacé par son frère, pourvu que celui-ci soit reconnu propre au service militaire par le conseil de révision (art. 28).

Lorsque des jeunes gens portés sur les tableaux de recensement font des réclamations appuyées sur des questions d'*état* ou de *droits civils* qui ne peuvent être tranchées que par les tribunaux, le conseil de révision, pour se prononcer, attend la décision de la justice ou prend une décision *conditionnelle* (par exemple, il exempte le jeune homme si le tribunal vient à reconnaitre ses prétentions). — Mais, hormis ce cas, les décisions du conseil de révision sont *définitives* ; le conseil statue en *premier et dernier ressort*. Toutefois ses décisions peuvent être attaquées devant le Conseil d'État pour *incompétence* et *excès de pouvoir*. En outre le ministre de la guerre peut les attaquer *pour violation de la loi* ; mais lui seul a ce pouvoir, les particuliers intéressés doivent donc s'adresser à lui lorsque le conseil de révision a violé la loi ; si le ministre se décide à user de son droit et obtient gain de cause, le jeune homme frappé par la décision du conseil de révision en profite (art. 30).

Le conseil de révision, après avoir statué sur toutes les questions qu'il a à trancher, arrête la *liste du recrutement cantonal.*

La liste du recrutement cantonal se divise en *cinq parties;* elle comprend :

1° (par *ordre de numéros de tirage*) tous les jeunes gens déclarés propres au service militaire et ne pouvant être classés dans les quatre catégories qui suivent (1);

2° Tous les jeunes gens dispensés de servir *dans l'armée active* en temps de paix (fils aîné de veuve. aîné d'orphelins de père et de mère, etc., etc.),

3° Tous les jeunes gens dispensés *à titre conditionnel* (professeurs, séminaristes, etc.) ; — les jeunes gens faisant déjà partie de l'armée comme engagés volontaires, brevetés ou commissionnés, et enfin les jeunes marins inscrits (Voy. *Inscription Maritime*);

4° Les jeunes gens qui ont été dispensés de servir dans l'armée active (pour défaut de taille, par exemple), mais ont été reconnus aptes à rentrer dans un des *services auxiliaires* de l'armée.

5° Les jeunes gens *ajournés* pour faiblesse de constitution et qui seront examinés par le conseil de révision de l'année suivante.

On le voit, la liste du recrutement cantonal ne renferme pas les jeunes gens déclarés impropres à tout service militaire. — Quant à ceux qui demandent à être dispensés comme soutiens de famille ou réclament un sursis d'appel, ils ne sont point classés sous un numéro spécial ; ils figurent sous le n° 1 de la liste du recrutement cantonal. C'est seulement lorsque les listes de tous les cantons sont arrêtées, que le conseil de révision, augmenté de deux conseillers généraux désignés par la commission départementale, examine, dans une séance tenue au chef-lieu de département, les demandes de dispense et de sursis d'appel dont nous venons de parler, et statue *definitivement* sur leur admission (art. 32).

Nota. — Les jeunes gens qui, par suite d'un concert frauduleux, se sont abstenus de comparaître devant le conseil de révision, ou, à l'aide de fraudes, se sont fait *exempter* ou *dispenser* du service militaire par le conseil, sont punis *d'un mois à un an* de prison. — Toutes manœuvres par suite desquelles un jeune homme a été *omis* sur les *tableaux de recensement* ou sur les *listes de tirage* font encourir la même peine. — Les auteurs et les complices de ces fraudes sont également condamnés (art. 60, loi du 27 juillet 1872)

(1) Les jeunes gens portés sur cette *première partie* de la liste forment le *contingent cantonal* qui est divisé en deux *portions* plus ou moins inégales suivant les années (c'est le ministre de la guerre qui établit la proportion) : les jeunes gens qui ont les numéros de tirage inférieurs constituent la *première* portion du contingent: ils seront soldats pendant cinq ans ; les autres — ceux appartenant à la *deuxième* portion — ne font *qu'un an* de service.

N° 5. — LE REGISTRE MATRICULE

On désigne sous le nom de *registre matricule*, un registre sur lequel sont portés tous les jeunes gens inscrits sur les listes du recrutement cantonal — à l'exception de ceux qui ont été ajournés pour défaut de taille ou faiblesse de constitution. Il y a un registre matricule par subdivision de région.

Le registre matricule mentionne l'incorporation des jeunes gens appelés sous les drapeaux ou la position de ceux qui sont dispensés à un titre quelconque (comme professeurs, ecclésiastiques, soutiens de famille, etc.) en regard du nom des intéressés, ainsi que les changements pouvant survenir dans la situation de chaque homme (sortie du régiment, entrée dans la réserve, etc., etc.) jusqu'à son passage dans l'*armée territoriale* (V. *Armée territoriale*).

Tout homme inscrit sur le registre matricule doit, lorsqu'il transporte son domicile d'une commune dans une autre, en faire la déclaration à la mairie de la commune qu'il quitte et à la mairie du lieu où il vient s'établir. Une copie de cette déclaration est transmise par le maire de chacune des deux communes au bureau où est déposé le registre matricule. — De même, lorsqu'un homme inscrit sur le registre matricule veut aller se fixer à l'étranger, il doit le déclarer au maire de la commune, et, à son arrivée dans le pays étranger, il doit faire la même déclaration au consulat de France. — Tous ces changements de domicile sont inscrits sur le registre matricule en regard du nom de l'intéressé et du *numéro matricule* qui lui est affecté. — Il ne faut pas confondre ce numéro matricule avec le *numéro matricule régimentaire* que reçoit le jeune soldat à son arrivée au corps, et qu'il perd en quittant le régiment.

Celui qui a négligé de faire sa déclaration de changement de domicile est assigné devant le tribunal de police correctionnelle et condamné à une amende de 10 à 200 fr.; il peut en outre être frappé de 15 jours à 3 mois de prison. *En temps de guerre*, la peine est *double* (art. 59).

N° 6. — LE BUREAU DE RECRUTEMENT

Dans chaque subdivision de région est établi un bureau de recrutement chargé du service de recrutement et placé sous l'autorité d'un commandant ou d'un lieuteuant-colonel, qui tient le commandant du corps d'armée et les chefs de corps au courant de toutes les modifications qui se produisent dans la situation des officiers, sous-officiers et soldats rentrés dans la vie civile et immatriculés dans les différents corps de la région.

§ 2. — LE VOLONTARIAT

Nous avons vu que la durée du service militaire est déterminée, en principe, d'après les numéros de tirage des jeunes soldats. Celui qui a obtenu un bon numéro ne reste qu'*un an* au plus sous les drapeaux, *dix mois environ*, en fait; celui qui n'a point été favorisé par le sort peut être contraint de rester *cinq ans* au régiment, — en tout cas, il fait toujours au moins *trente-huit mois* de service effectif.

A ce principe le système du *volontariat* apporte une importante dérogation. — Au point de vue du volontariat, le numéro de tirage ne signifie absolument rien ; en somme l'*engagement conditionnel d'un an* — c'est la dénomination légale du volontariat — est un *forfait* : le jeune homme qui le contracte doit faire un an *jour pour jour*; il évite donc le service de cinq ans, mais s'il obtient *par la suite* un bon numéro de tirage (car l'engagement conditionnel d'un an doit être contracté *avant* le tirage au sort), il est clair qu'il eût mieux valu pour lui ne pas faire son volontariat : en effet, faisant partie de la *deuxième* portion du contingent il n'eût fait que dix mois de service au lieu de douze, il n'aurait point eu 1 500 fr. à donner, et durant ses dix mois de service il n'aurait point subi les examens trimestriels auxquels sont assujettis les engagés conditionnels d'un an. Quoiqu'il en soit, il vaut encore mieux faire son volontariat que de courir la chance de faire cinq ans de service.

Mais il n'est pas permis à tous les jeunes gens de contracter l'engagement conditionnel d'un an. Le jeune homme qui désire faire son volontariat doit prouver qu'il possède un certain degré d'instruction (de là l'examen du volontariat imposé aux jeunes gens *non diplômés*); il faut en outre qu'il soit sain et bien constitué, qu'il ait au moins *dix-huit ans accomplis*, qu'il ne soit point lié dans l'armée de terre ou de mer par un engagement antérieur; il doit enfin avoir versé *préalablement* 1 500 fr. à la Caisse des consignations, s'il est domicilié dans le département de la Seine — entre les mains du trésorier-payeur général ou du receveur des finances dans le cas contraire (décret du 1er décembre 1872).

Les bacheliers ès-lettres ou ès-sciences, les bacheliers de l'enseignement secondaire spécial, les élèves de l'école centrale des Arts et manufactures, des écoles des Arts et métiers, du Conservatoire, des écoles des Beaux-Arts sont dispensés de passer l'examen du volontariat; leur degré d'instruction est reconnu suffisant.

Sont également dispensés de l'examen du volontariat : les élèves externes de l'école des mines, des ponts-et-chaussées, de l'école du génie maritime, de l'école des mineurs de Saint-Étienne, des écoles vétérinaires, de l'école de haras du Pin, des écoles nationales d'agriculture (art. 1er, loi du 31 décembre 1872).

Les jeunes gens pourvus d'un diplôme ou d'un certificat de capacité doivent présenter à l'administration militaire un certificat délivré par le recteur constatant leur qualité.

Les jeunes gens qui font partie ou sont déjà sortis des écoles de mines, des ponts-et-chaussées, des arts et manufactures, etc., etc., doivent se faire délivrer par le directeur de l'établissement où ils font leurs études un certificat constatant qu'ils font partie de la dite école, ou qu'ils en sont sortis dans de bonnes conditions (art. 1er, décret du 1er décembre 1872).

Examen du volontariat. — Les jeunes gens qui ne rentrent dans aucune des catégories énumérées ci-dessus ne sont admis à contracter l'engagement conditionnel d'un an qu'après avoir passé un examen spécial devant une commission de cinq membres siégeant au chef-lieu du corps d'armée et composée :

D'un général colonel ou lieutenant-colonel, *président*;

D'un examinateur spécial (agriculteur, commerçant ou industriel);

D'un inspecteur de l'enseignement primaire;

D'un chef de bataillon;

D'un capitaine, *secrétaire* (avec voix délibérative).

Les épreuves consistent en une composition *écrite* et en un examen *oral* public.

La composition écrite se compose d'une dictée et d'un problème d'arithmétique.

L'examen oral se divise en deux parties :

La première, commune *à tous les candidats*, porte sur l'arithmétique, la géométrie, l'histoire et la géographie;

La seconde porte sur les connaissances *spéciales*, professionnelles du candidat : le cultivateur est interrogé sur l'agriculture par un examinateur agriculteur, l'employé de commerce sur le commerce par un examinateur commerçant et les jeunes gens qui ont des connaissances industrielles sont interrogés par un industriel. — Mais, quelle que soit la profession du candidat, il est tenu de choisir entre *l'agriculture*, *l'industrie* ou *le commerce*; du reste, l'agriculteur peut demander à être interrogé sur le commerce au lieu de l'être sur l'agriculture, et réciproquement.

Voici sur quelles matières porte l'examen spécial :

Agriculture.

Natures diverses de terrains au point de vue de la culture. — Engrais et amendements. — Climats, saisons; leurs rapports avec la culture. — Moyens d'utiliser les eaux et de s'en préserver. — Instruments et machines agricoles. — Méthodes et procédés de culture. — Conservation des récoltes. — Bestiaux et animaux domestiques. — Comptabilité agricole. — Débouchés des principaux produits agricoles de la région.

Commerce.

Marchandises qui *font l'objet de la spécialité du candidat* (grains, cafés, vins, etc.). — Comptabilité et tenue des livres. — Dénomination des livres de commerce. — Principales opérations de commerce ou de banque. — Formules usuelles du billet à ordre, de la lettre de change, du mandat, du chèque, etc. — Signification des principaux termes de commerce ou de banque.

Industrie.

Caractères, propriétés, extraction, préparation, transformation et emploi des matières premières ou matériaux utilisés dans l'industrie exercée par le candidat. — Moteurs, machines, instruments dont il fait habituellement usage. — Procédés industriels et nature des produits obtenus à l'aide de ces procédés.

La composition écrite est la même pour toute la France. — On n'est admis à passer l'examen oral que si on a mérité le nombre de points fixé chaque année par le ministre de la guerre. Enfin, pour être admis au volontariat, le candidat doit avoir obtenu le nombre de points fixé également chaque année par le ministre de la guerre.

Les jeunes gens reçus à l'examen en sont informés par le préfet de leur département (décret du 10 mai 1880).

Les engagements conditionnels d'un an sont contractés au *chef-lieu du département* devant l'officier de l'état civil. — Avant la signature de l'acte, l'officier de l'état civil doit s'assurer que le jeune homme a été reconnu apte, par le médecin militaire, au service dans l'armée, et qu'il a versé les 1500 fr. exigés par la loi; — il doit en outre donner lecture de l'acte d'engagement.

Les engagés conditionnels d'un an doivent être présents à leur corps à la date fixée par le ministre de la guerre (dans le courant du mois de novembre) sous peine d'être poursuivis comme *insoumis* et déchus des avantages réservés aux volontaires d'un an (art. 14, décret du 1er décembre 1872).

Sursis. — Les jeunes gens qui, au moment où ils devraient commencer leur volontariat, n'ont point encore achevé leurs études, soit dans les facultés de droit, de médecine, etc., soit dans les écoles des mines, des ponts-et-chaussées, des arts et métiers, etc., soit dans les lycées (s'ils se préparent au baccalauréat ou aux grandes écoles), soit dans les écoles supérieures d'agriculture subventionnées par l'Etat, ou dans les écoles supérieures de commerce subventionnées par les chambres de commerce (à condition que ces écoles soient agréées par le ministre de la guerre), peuvent obtenir de l'autorité militaire un *sursis*, en présentant un certificat émané du doyen de la faculté ou du directeur de l'établissement scolaire ou de l'école et attestant qu'ils n'ont point encore terminé leurs études.

Ce sursis est valable pour *un an*, mais il est renouvelable tant que l'engagé conditionnel n'a point atteint *vingt-quatre ans accomplis* (art. 57, loi du 27 juillet 1872). — Les sursis permettent aux étudiants, aux élèves des écoles supérieures d'achever leurs études de longue haleine qu'ils eussent été obligés autrement d'interrompre pour une année. Mais les engagés conditionnels d'un an en sursis sont absolument disponibles *en temps de guerre*.

Armes dans lesquelles peuvent servir les volontaires d'un an. — Les volontaires d'un an, avant de signer leur engagement, ont le droit de désigner l'arme dans laquelle ils désirent faire leur service. Mais, bien entendu, ils doivent remplir les conditions de taille et d'aptitude physique exigées par les règlements militaires. Au reste, il est certaines armes dans lesquelles les volontaires ne peuvent être admis : ainsi, on ne peut faire son volontariat dans le génie, dans les chasseurs à pied, dans l'intendance. — Le ministre de la guerre détermine tous les ans, pour chaque département, les armes et les régiments entre lequels les engagés d'un an ont à choisir (art. 9, loi du 27 novembre 1872).

Situation des volontaires d'un an dans les régiments. — Les engagés conditionnels sont instruits et exercés par des instructeurs spéciaux; on leur apprend le métier militaire tant au point de vue théorique qu'au point de vue pratique; à l'expiration de chaque trimestre, ils ont à passer un examen devant une commission d'officiers. — A la fin de leur année, ils sont classés définitivement d'après les notes qu'ils ont obtenues dans les quatre examens qu'ils ont passés, mais il est surtout tenu compte de l'examen de fin d'année. Les engagés conditionnels qui n'ont pas satisfait à ces examens sont obligés de faire une seconde année de service. Ceux qui, au contraire, ont obtenu la note *très-bien* ou la note *bien* reçoivent les galons de sous-officier, de brigadier ou de caporal (art. 56 et 58, loi du 27 juillet 1872).

A l'expiration de l'année, les engagés conditionnels sont renvoyés *en disponibilité* dans leurs foyers (art. 15, loi du 27 novembre 1872).

Il n'y a qu'un seul cas où un engagé conditionnel puisse exempter son frère du service militaire : c'est lorsqu'il a été réformé ou admis à la retraite pour blessures reçues dans un service commandé ou pour infirmités contractées dans l'armée, et à plus forte raison lorsqu'il est mort en activité de service (art. 16, même loi).

Les anciens engagés conditionnels sont *assimilés* à la classe qui précède celle à laquelle ils appartiennent par leur âge. Ainsi, un ex-engagé conditionnel de la classe 1882 est assimilé à la classe 1881; par suite il entrera dans la réserve, et plus tard dans l'armée territoriale *un an plus tôt* que les hommes de la classe 1882 qui n'ont pas fait leur volontariat.

§ 3. — RECRUTEMENT DE L'ARMÉE DE MER

N° 1. — CONTINGENTS DES TROUPES DE MER

Les marins se recrutent principalement parmi les *inscrits maritimes*, c'est à-dire parmi les jeunes gens qui figurent sur les listes de l'inscription maritime (Voy. *ci-dessous*). Mais l'armée de mer se compose en outre des jeunes gens qui, lors de leur comparution devant le conseil de révision, ont demandé à entrer dans un des corps de la marine et ont été reconnus propres à ce service, et des hommes qui se sont engagés volontairement dans les troupes de mer.

Enfin, pour compléter le nombre d'hommes nécessaire chaque année au service de la flotte de l'infanterie de marine, de l'artillerie de marine, etc., le ministre de la guerre affecte à l'armée de mer un certain contingent. — Ce contingent est formé par chaque canton, suivant la proportion déterminée par le ministre; il se compose des jeunes gens compris dans la première partie — dans le 1° — de la liste du recrutement cantonal dont nous avons déjà parlé, et qui ont amené, lors du tirage au sort, les numéros les plus bas : 1, 2, 3.

Du reste, il est permis à ceux qui sont ainsi appelés à servir dans les troupes de mer de *permuter* avec des jeunes gens appelés à servir dans l'armée de terre mais qui préfèrent être incorporés dans la marine. — Les uns et les autres n'ont qu'à adresser leur demande au commandant du recrutement en indiquant le corps qu'ils choisissent. Le commandant transmet les demandes au ministre avec quelques indications sur la constitution et la profession de chacun des postulants. — En cas d'inégalité du nombre des demandes, ce qui arrive le plus souvent — par exemple, 100 jeunes gens demandent à être incorporés dans la marine, 150 voudraient être incorporés dans l'armée de terre — c'est le *sort* qui désigne ceux dont la demande doit recevoir satisfaction (dans notre exemple 50 jeunes gens se verront refuser la faveur qu'ils sollicitent) — (Décret du 18 juin 1873).

Les hommes qui font partie de l'armée de mer, et ne sont point inscrits maritimes, ne restent que *deux ans* dans la réserve, ils passent ensuite dans l'armée territoriale, — tandis que les hommes de l'armée de terre, nous le savons déjà, restent *quatre ans* dans la réserve (art. 37, loi du 27 juillet 1872).

N° 2. — L'INSCRIPTION MARITIME

Les registres de l'inscription maritime sont des registres sur lesquels sont inscrits tous les jeunes marins âgés de 18 ans révolus, qui ont navigué pendant *dix-huit mois* ou fait la petite pêche (pêche à la sardine, par exemple) pendant *deux ans*, ou accompli *deux* voyages au long cours (voyage en Amérique, en Chine, aux Indes, etc.), ou servi pendant *deux ans* en qualité d'apprenti marin, — et qui ont l'intention de se consacrer à la navigation ou à la pêche maritime (art. 5 al. 1er, loi du 3 brumaire an IV).

Les inscrits maritimes sont dispensés de tout service public autre que ceux de l'armée de mer ou des arsenaux maritimes; ils ne sont point incorporés dans l'armée de terre, mais ils doivent servir dans la marine de l'Etat toutes les fois qu'ils en sont requis, tant qu'ils n'ont pas 50 ans révolus (art, 24, même loi). — En fait ils ne sont jamais appelés au-delà de 40 ans.

En somme, sont compris dans l'inscription maritime : 1° les marins de tout grade et de toute profession naviguant sur les navires de l'Etat ou sur les bâtiments de commerce; 2° ceux qui naviguent ou pêchent sur les côtes, ou même dans les fleuves et rivières *jusqu'à l'endroit où la marée remonte* et, pour les régions où il n'y a pas de marée, *jusqu'à l'endroit où les bâtiments de mer peuvent remonter* (art. 2, même loi). Ces points sont déterminés par des décrets.

Il y a en France *cinq arrondissements maritimes*. A la tête de chacun d'eux est placé un vice-amiral qui a le titre de *préfet maritime*. Les cinq ports qui sont pourvus d'une préfecture maritime sont ceux de Cherbourg, Brest, Lorient, Rochefort et Toulon.

Chaque arrondissement maritime est divisé en *sous-arrondissements*. Voici la liste des chefs-lieux des sous-arrondissements :

Arrondissement de Cherbourg	Dunkerque, Le Hâvre, Cherbourg.
— Brest	Saint-Servan, Brest.
— Lorient	Nantes, Lorient.
— Rochefort	Bordeaux, Bayonne.
— Toulon	Toulon, Marseille, Bastia.

Chacun de ces sous-arrondissements, placé sous la direction d'un officier supérieur du commissariat, est subdivisé en *quartiers maritimes*. Le quartier maritime se divise lui-même en *sous-quartiers* et chacun de ceux-ci en *syndicats*.

Le jeune marin qui remplit les conditions exigées pour l'inscription maritime est tenu de se faire inscrire au bureau de son quartier maritime. A cet effet, il doit se présenter à ce bureau accompagné de son père ou, à défaut de père, de deux de ses plus proches parents ou voisins. — Celui qui ne se fait point inscrire au bureau de l'inscription et qui continue à naviguer ou à se livrer à la pêche est inscrit *d'office*; par cela seul qu'il continue à naviguer, il est censé avoir consenti à être inscrit sur les registres de l'inscription maritime (art. 5-6, loi du 3 brumaire an IV).

Le jeune marin *doit*, dans le *mois* où il a accompli sa *vingtième année*, se présenter au commissariat de la marine; il est alors incorporé dans la flotte. Au bout de *trois ans* de service, il est envoyé en *congé renouvelable; deux ans* après, il passe dans la réserve de la marine et il n'est plus appelé qu'en cas de mobilisation (décret du 31 décembre 1872).

Dans chaque quartier maritime, les inscrits maritimes sont répartis en quatre catégories, suivant leur âge (de 20 à 40 ans). En cas de mobilisation, la quatrième catégorie, composée des plus âgés, n'est appelée qu'en dernier lieu.

Dans chaque quartier maritime également l'inscription est confiée à un *administrateur de la marine* qui remplit des fonctions analogues à celles de commandant du recrutement. Dès qu'il reçoit l'ordre de recruter un certain nombre de marins pour le service de l'Etat, il répartit ce nombre entre les syndicats. Chaque syndic (délégué de l'administration pour la circonscription appelée *syndicat*) établit des listes nominatives pour chacune des communes maritimes de son ressort, — car les syndicats sont divisés en *communes maritimes*. Tous les inscrits maritimes portés sur la liste de leur commune doivent marcher. Mais dans chaque quartier ce sont les hommes qui ont servi le moins longtemps dans la marine de l'Etat qui sont appelés de préférence (art. 17, 19, 20, même loi).

Tout marin, *quel que soit son âge*, qui veut renoncer à la navigation et à la pêche, peut se faire rayer de l'inscription maritime. Pour cela, il lui suffit de déclarer qu'il renonce à la navigation et à la pêche. Mais il n'est rayé *qu'un an* après sa déclaration. — Ces déclarations ne sont point admises en temps de guerre; et même elles n'ont aucun effet si la guerre éclate avant que l'année qui suit la déclaration ne soit écoulée.

Lorsqu'un marin rayé de l'inscription maritime reprend la navigation ou la pêche, il est réinscrit, — à moins qu'il n'ait atteint l'âge où les inscrits maritimes sont libérés de tout service dans la marine de l'Etat.

Tout inscrit maritime ayant 25 ans de navigation et 50 ans d'âge a droit à une pension de retraite, n'aurait-il servi que trois ans dans la marine; la veuve et les orphelins de l'inscrit maritime ont également droit à une pension (Voy. *ci-dessous*).

SECTION III

Le service militaire

§ 1er. — L'ARMÉE ACTIVE

Nous savons que tous ceux qui sont déclarés bons pour le service font partie de l'*armée active* pendant cinq ans, alors même qu'ils seraient dispensés à titre conditionnel ou à titre provisoire (comme soutiens de famille), alors même qu'ils auraient fait leur volontariat (c'est-à-dire un an de service *effectif*). — Les marins (inscrits maritimes ou non inscrits) font également partie de l'armée active pendant cinq ans.

La durée du service compte du *1er juillet* de l'année du tirage au sort. A partir de cette date, tous les jeunes gens de la classe appelée sont mis à la disposition du ministre de la guerre, qui fixe l'époque de leur incorporation (1).

Chaque classe, ou plutôt le contingent fourni par chaque classe se divise en deux portions (Voy. *ci-dessus*).

La première portion du contingent se compose des jeunes gens inscrits en tête de la première partie de la liste du recrutemen cantonal, c'est-à-dire de ceux qui ont eu lors du tirage au sort les numéros les plus bas (cette liste étant dressée par ordre des numéros de tirage); la proportion est plus ou moins forte, suivant la décision du ministre de la guerre, — car c'est lui qui la détermine chaque année. — Les hommes compris dans cette portion peuvent être retenus sous les drapeaux *pendant cinq ans* (à dater du 1er juillet de l'année du tirage).

La deuxième portion comprend tous les jeunes gens inscrits sous le n° 1 de la liste du recrutement cantonal à partir d'un certain numéro plus ou moins élevé suivant les cantons et suivant les années. Cette deuxième portion reste bien moins longtemps sous les drapeaux; au bout d'un an les soldats qui en font partie sont renvoyés dans leurs foyers; ils restent dans l'armée active pendant quatre ans encore, mais ils sont *en disponibilite*.

Les *hommes en disponibilité* sont ceux qui ont déjà servi, et qui, au cas de mobilisation, doivent rejoindre leur corps sans attendre un ordre individuel : ainsi les jeunes gens qui ont fait leur volontariat; ceux qui, faisant partie de la deuxième portion du contingent, ont été renvoyés dans leur foyers ; les soldats de la *première* portion du contingent qui ont été renvoyés par anticipation (au bout de 40 mois de service, par exemple).

Il faut distinguer avec soin les hommes *disponibles* des hommes *en disponibilité*. Les hommes disponibles, appelés aussi *hommes à la disposition*, sont ceux qui n'ont point encore servi, mais qui sont à la disposition du ministre : ainsi, les jeunes gens qui viennent de tirer au sort sont *disponibles* à dater du 1er juillet jusqu'au jour de leur entrée au régiment. — Les jeunes gens qui ont obtenu un sursis d'appel, ceux qui sont dispensés du service d'activité en temps de paix, rentrent également dans la catégorie des *disponibles*.

Enfin on entend par *non disponibles* ceux qui n'ont point à faire de 28 jours, bien qu'il fassent partie de la réserve (Voy. *ci-dessous*) et qui, au cas de mobilisation, ne rejoignent leur corps que sur les ordres exprès du ministre. Ainsi certains employés des chemins de fer, les employés de magasins d'habillements militaires, d'équipements et de campement sont des *non-disponibles*.

(1) Dans la pratique, les jeunes soldats commencent leur service effectif au mois d'octobre ou de novembre.

Il était nécessaire de comparer ces différentes catégories, afin d'empêcher les confusions qui résultent parfois de ces expressions similaires qui ont chacune un sens spécial.

Les hommes en activité de service ne peuvent se marier sans autorisation ; — les hommes de l'armée active qui sont *en disponibilité* n'ont besoin d'aucune autorisation pour contracter mariage, mais mariés ils restent soumis à toutes les obligations des célibataires de la classe à laquelle ils appartiennent. — Toutefois les hommes en disponibilité qui sont pères de quatre enfants *vivants* passent de droit dans l'armée territoriale (Voy. ARMÉE TERRITORIALE).

A leur arrivée au corps, les hommes reçoivent chacun un *livret individuel* sur lequel sont inscrites les dates de leur passage dans la réserve, dans l'armée territoriale, et celle de leur libération de tout service militaire. Ce livret, que le soldat renvoyé dans ses foyers doit conserver soigneusement, renferme une feuille de route toute préparée pour le cas de mobilisation (Voy. MOBILISATION).

§ 2. — LA RÉSERVE

Tous les ans, au 30 juin, les hommes qui ont achevé le temps de service dans l'armée active, ou plus généralement ceux qui ont tiré au sort *cinq ans* auparavant, passent dans la réserve. Or les hommes de la réserve de l'armée active — les *réservistes* — sont assujettis à prendre part à *deux* manœuvres de *vingt-huit jours* chacune, dans le courant des quatre années pendant lesquelles ils font partie de la réserve (art. 43, loi du 27 juillet 1872).

En principe, les vingt-huit jours sont faits au cours de la *première* et de la *troisième* années de réserve.

Les réservistes ne constituent point une armée spéciale : ils forment les *réserves de l'armée active*, et, en temps de guerre, ils sont encadrés dans les régiments qui sont alors organisés *sur pied de guerre*.

Les hommes de la réserve peuvent se marier sans autorisation, mais ils n'ont droit de ce chef à aucune faveur, ils sont dans la même situation que les hommes en disponibilité qui ont contracté mariage.

Quatre ans après être passés dans la réserve de l'armée active, c'est-à-dire lorsqu'ils ont atteint vingt-neuf ans accomplis, les réservistes passent dans l'armée territoriale.

Dispenses et sursis. - Les non-disponibles (les douaniers, par exemple) ne sont pas les seuls qui soient dispensés de faire leurs vingt-huit jours. Les personnes fixées aux colonies sont dans le même cas; les hommes qui sont soutiens de famille peuvent demander à être dispensés des vingt-huit jours, mais ils doivent joindre à leur demande *légalisée* un certificat délivré par le maire de leur commune, attestant qu'ils sont bien réellement soutiens de famille : ces pièces doivent être remises à la gendarmerie, par l'intéressé lui-même ou par une personne munie de son livret, quinze jours *au moins* avant la date fixée pour le départ des réservistes.

Les hommes qui ont un motif sérieux d'empêchement (des affaires de famille, par exemple), peuvent demander un sursis d'appel qui leur permet de faire leurs vingt-huit jours l'année suivante, à l'automne ou au printemps; mais leur demande doit être légalisée et appuyée de pièces justificatives, et le tout remis quinze jours au moins avant la date fixée pour le départ.

Quant aux hommes atteints d'infirmités survenues depuis leur sortie du régiment, ils doivent se présenter au bureau du recrutement dès que les affiches relatives à l'appel des réservistes sont publiées, pour se faire examiner et dispenser des vingt-huit jours.

§ 3. — L'ARMÉE TERRITORIALE

L'armée territoriale forme, avec la réserve de l'armée territoriale, une armée tout à fait spéciale, ayant en tout temps des cadres entièrement constitués, et pourvue par conséquent de tous les officiers et sous-officiers nécessaires en campagne.

La formation de l'armée territoriale a lieu par *subdivision de région* pour l'infanterie; par *région* pour l'artillerie, la cavalerie, le génie, etc., — car l'armée territoriale comprend des troupes de toutes armes (art. 46, loi du 13 mars 1875).

Chaque *subdivision de région* fournit un régiment d'infanterie. Par exception la subdivision d'Aix doit fournir deux régiments. Chaque régiment, composé de trois bataillons, est commandé par un *lieutenant-colonel*, et non point par un colonel.

Chaque *région* fournit : 1 régiment d'artillerie; 1 bataillon du génie et 1 escadron du train des équipages.

Les régiments d'artillerie de l'armée territoriale sont commandés également par des lieutenants-colonels.

Chaque région fournit encore un nombre d'escadrons de *cavalerie* plus ou moins considérable, suivant l'importance des ressources en chevaux de la région (art. 47, loi du 13 mars 1875).

Quant au personnel administratif de l'armée territoriale, il est recruté, *pour les officiers*, parmi les officiers en activité de service désignés à cet effet par le ministre, et parmi les officiers en retraite ou démissionnaires âgés de plus de vingt-neuf ans et remplissant certaines conditions; — pour les sous-officiers, parmi les sous-officiers de l'armée comptant douze ans de service, dont *quatre au moins* comme sous-officiers. — Ce personnel administratif est permanent et soldé, mais en cas de mobilisation, il est complété d'après les instructions du ministre de la guerre (art. 50 et 53, loi du 13 mars 1875).

Les hommes de l'armée territoriale sont astreints à une période d'exercice militaire d'une durée de *treize jours*, mais *une fois seu-*

lement. Pour les dispenses et sursis, les hommes de la territoriale sont soumis aux mêmes règles que les réservistes (Voy. *ci-dessus*).

L'armée territoriale est formée des hommes *domiciliés* dans la région. — La réserve de l'armée territoriale n'est appelée qu'en cas d'insuffisance de l'armée territoriale; l'appel se fait alors par classe, en commençant par la moins ancienne (art. 30, loi du 27 juillet 1873).

Les hommes de l'armée territoriale ne passent dans la réserve de l'armée territoriale que dans le courant de leur *trente-cinquième* année (au 30 juin); ils restent dans la réserve de l'armée territoriale pendant *six ans*, ils ne sont donc libérés de tout service militaire qu'à l'âge de *quarante ans accomplis.*

SECTION IV

Engagements volontaires

Engagements dans l'armée de terre. — Tout Français remplissant certaines conditions peut être autorisé à contracter un engagement volontaire — *à s'engager*, suivant l'expression habituelle — *pour cinq ans*. Mais, pour pouvoir s'engager, il faut avoir *dix-huit ans* accomplis, et une taille de 1^{m},54 au minimum, jouir de ses *droits civils*, n'être ni marié ni veuf avec enfants (le veuf sans enfants peut parfaitement s'engager) et présenter un *certificat de bonnes vie et mœurs* délivré par le maire de la commune où on est domicilié (si on n'a pas au moins *un an* de séjour dans la commune, il faut produire un certificat émané du maire de la commune où on était établi auparavant). — Le jeune homme de moins de vingt ans doit justifier du consentement de son père; à défaut du père, du consentement de sa mère; — à défaut de père et mère, c'est le consentement du tuteur qui est exigé, mais le tuteur ne peut donner ce consentement sans y être autorisé par le conseil de famille.

Avant de signer l'acte d'engagement, celui qui désire s'engager doit passer devant un médecin militaire chargé de constater s'il est propre à servir dans l'armée (art. 46, loi du 27 juillet 1872).

Le certificat de bonnes vie et mœurs doit contenir le signalement du jeune homme qui veut s'engager, attester qu'il jouit de ses droits civils et qu'il n'a jamais été condamné à une peine correctionnelle ou criminelle pour vol, escroquerie, abus de confiance ou attentat aux mœurs (même art.).

On ne peut s'engager pour moins ni pour plus de *cinq ans* (il y a exception pour l'engagement conditionnel d'un an).

Les engagements volontaires sont contractés devant les maires des *chefs-lieux de canton*; les conditions sont lues avant la signature, et mention est faite de l'accomplissement de cette formalité *à peine de nullité* (art. 50, loi du 27 juillet 1872).

En cas de guerre, les militaires de *l'armée territoriale* sont admis à contracter *dans l'armée active* un engagement *pour la durée de la guerre* seulement.

Les hommes renvoyés *en disponibilité*, — au bout de quarante mois, par exemple — peuvent être *autorisés* à compléter leurs *cinq années* de service. C'est là, en somme, un engagement indirect.

Les engagés volontaires ne reçoivent ni prime en argent, ni prix quelconque d'engagement (art. 2, même loi).

La loi du 27 juillet 1872 n'admet à contracter un engagement volontaire que les jeunes gens sacnant lire et écrire. Mais, jusqu'à présent, il est derogé à cette règle tous les ans, au moyen d'une loi spéciale; — autrement beaucoup de jeunes gens désireux de s'engager eussent été dans l'impossibilité de le faire.

Engagements dans l'armée de mer. — Pour s'engager dans l'armée de mer, il suffit, *lorsqu'on sort de l'école des mousses*, d'avoir *seize ans accomplis*; aucune condition de taille n'est exigée du jeune homme âgé de moins de dix-huit ans, mais si, à l'époque où il atteint cet âge, il n'a point la taille de 1m, 54, son engagement est annulé (art. 46, loi du 27 juillet 1872).

Ce point excepté, tout ce que nous avons dit à propos des *engagements volontaires* dans l'armée de terre, s'applique en principe aux engagements dans l'armée de mer. Ainsi, on ne peut s'engager avant *dix-huit ans*; les jeunes gens qui désirent s'engager doivent savoir lire et écrire; — mais en outre ils doivent avoir la taille de 1m, 60. Cependant une tolérance de taille jusqu'à 1m, 54 peut être accordée aux jeunes gens qui exerçent une profession rentrant dans les services *auxiliaires* de la marine (par exemple les professions de voiliers, calfats, fougarois, cuisinier, infirmier, etc). — (Décret du 18 juin 1873.)

Les troupes de mer ne reçoivent point d'engagés conditionnels d'un an.

SECTION V

Les Rengagements

Les sous-officiers ou soldats, au cours de leur dernière année de service, peuvent être admis à contracter un rengagement de *deux à cinq ans*; mais, pour cela, il leur faut remplir certaines conditions : ils doivent d'abord obtenir l'approbation de leur chef de corps, (colonel, — chef de bataillon pour les chasseurs à pied); les caporaux, brigadiers et soldats ne peuvent contracter un rengagement qui les fasse rester sous les drapeaux au-delà de vingt-neuf ans accomplis; pour les sous-officiers, la limite d'âge est trente-cinq accomplis (art. 51, loi du 27 juillet 1872).

Les rengagements sont contractés non pas devant l'officier de l'état civil, mais devant l'intendant ou le sous-intendant militaire (art. 52, même loi).

Les engagés conditionnels ou *volontaires d'un an* ont seuls le droit de rengager pour *un an*; à la fin de leur deuxième année, ils reçoivent le brevet de sous-lieutenant de réserve, si leur instruction est suffisante.

Tous les ans le ministre de la guerre détermine le nombre des sous-officiers qui peuvent être *pendant l'année* rengagés dans chaque corps de troupe. — Le sous-officier qui désire contracter un rengagement, est soumis à l'examen d'un conseil d'enquête composé d'officiers de différents grades; ce conseil émet un avis favorable ou défavorable, suivant la conduite et les qualités du sous-officier. L'autorisation de rengagement est presque toujours refusée lorsque l'avis du conseil d'enquête est défavorable (art. 3-4, loi du 23 juillet 1881).

Les rengagés ont droit à certains avantages. Et d'abord, les sous-officiers qui contractent un premier rengagement de *cinq ans* ont droit à une *indemnité* de 2000 fr. et à une somme de 600 fr. à titre de *première mise d'entretien*. Les 600 fr. leur sont remis lors de la signature du rengagement, mais les 2 000 fr. restent dans les caisses de l'État tant que le rengagé est sous les drapeaux: à la fin de chaque trimestre il reçoit une quote-part des intérêts à 5 0/0 (100 fr. par an, soit 25 fr. par trimestre). — Toutefois, si le sous-officier est autorisé à se marier, les 2000 fr. lui sont remis à l'expiration du premier rengagement de cinq ans.

Les rengagements de moins de cinq ans ne donnent droit à aucune prime ou indemnité.

Les sous-officiers qui, après un premier rengagement de cinq ans, sont admis à en contracter un second *de la même durée*, ont droit à une nouvelle mise d'entretien de 500 fr. Ces dix ans expirés, il leur est alloué une *pension proportionnelle* à la durée de leurs services. Les sous-officiers commissionnés (par exception, les sous-officiers *commissionnés* peuvent rester dans l'armée jusqu'à quarante-sept ans accomplis), après vingt-cinq ans de service, ont droit à une *pension de retraite* (Voy. Pensions militaires). — Mais tout sous-officier jouissant d'une pension proportionnelle ou d'une pension deretraite, reste, après son départ de l'armée, à la disposition du ministre de la guerre *pendant cinq ans* pour le service de l'armée territoriale (art. 17, loi du 23 juillet 1881).

Le caporal, brigadier ou soldat resté sous les drapeaux en qualité de commissionné, a droit, comme le sous-officier rengagé, à une pension proportionnelle au bout de *quinze ans* de service effectif, et à une pension de retraite au bout de *vingt-cinq ans* (art. 26, même loi).

Outre la paye ordinaire, le sous-officier rengagé reçoit une paye extraordinaire ou *haute-paye* de 0 fr. 30 par jour, portée à 0 fr. 50

après cinq ans de rengagement. — Le sous-officier rengagé qui est marié et logé en ville reçoit une indemnité de logement de 15 fr. par mois (art. 6, même loi).

Le sous-officier rengagé qui est retraité ou réformé pour blessures reçues dans un service commandé ou pour infirmités contractées *à une époque quelconque de son rengagement*, reçoit intégralement et immédiatement l'indemnité de 2 000 fr.; tandis que si la blessure a été reçue ou l'infirmité contractée *hors du service*, il n'a droit qu'à une fraction de cette somme, proportionnelle au *temps de service accompli à compter du rengagement* (art. 11-12, même loi).

Certains emplois civils sont réservés aux ex-sous-officiers rengagés qui ont fait *sept ans* de service, dont *quatre* comme sous-officier : suivant leur instruction et leur capacité, ils sont nommés percepteurs des contributions directes, préposés des douanes, commissaires de police, inspecteurs de police des chemins de fer, conducteurs de ponts-et-chaussées, gardiens-chefs de prisons, surveillants dans les écoles des Arts-et-Métiers, gardes mines, expéditionnaires dans les ministères, etc., etc. (loi du 24 juillet 1873).

Rengagements dans la marine. — Dans les troupes de marine, les rengagements donnent droit à une indemnité de 3 000 fr.; la première mise d'entretien est la même que pour les troupes de terre, mais la deuxième est de 750 fr. Quant à la haute-paye journalière, elle est de 1 fr. (au lieu de 0 fr. 50) après dix ans de rengagement jusqu'à cinquante ans.

Les *officiers mariniers* (sous-officiers de marine) et marins rengagés trouvent aussi, à leur sortie de l'armée, des emplois civils qui leur sont réservés : ils obtiennent des places de gardiens de phares, de gardes-pêche, de gardes-consignes, etc., etc.

CHAPITRE III

LA MOBILISATION

La *mobilisation*, c'est-à-dire la mise sur pied de guerre aussitôt après la déclaration de guerre, se fait par *région*. Le ministre de la guerre transmet au commandant du corps d'armée de la région l'ordre de mobiliser la totalité ou une partie des hommes de la disponibilité et de la réserve, et de procéder à la mise en activité de diverses classes de l'armée territoriale. Immédiatement l'ordre de mobilisation est publié *par voie d'affiches* dans toutes les communes de la région, et, sans attendre aucun ordre de route individuel, les hommes de la disponibilité, de la réserve et de l'armée territoriale doivent se mettre en route de façon à arriver à leur corps au jour fixé sur l'ordre de route préparé d'avance que contient tout *livret individuel*. — Quant aux *non-disponibles* (hommes appartenant aux services publics, aux compagnies de chemins de fer, aux administrations des postes, des télégraphes, etc.), ils attendent au poste qu'ils occupent; mais, à partir de ce moment, ils appartiennent à la juridiction militaire et doivent se considérer comme mobilisés.

Les jours de la mobilisation sont comptés de *minuit à minuit*; le premier jour est indiqué par l'ordre de mobilisation, et le livret individuel indique si c'est le deuxième, troisième ou quatrième jour de la mobilisation que l'homme doit se présenter à son corps. — Celui qui ne s'est pas rendu à destination dans le délai indiqué est considéré comme insoumis et passible de deux à cinq ans de prison; à l'expiration de sa peine, il est versé dans une compagnie de discipline, s'il y a lieu.

Afin que toute confusion soit impossible — en cas de mobilisation, notamment — les hommes qui changent de *domicile* doivent en faire la déclaration à la mairie de la commune qu'ils quittent, et à celle de la commune où ils viennent s'établir; en outre, ils doivent faire viser leur livret au point de départ et au point d'arrivée par le commandant de la gendarmerie. — Quant à ceux qui changent simplement de *résidence*, ils doivent en faire la déclaration au commandant de la gendarmerie dans un délai de deux mois et lui remettre leur livret. Enfin, les hommes qui, sans changer de domicile ni de résidence, se déplacent *pour voyager* pendant *plus de deux mois*, sont tenus d'en faire la déclaration à la gendarmerie de la localité qu'ils quittent momentanément.

Ces formalités, en somme, sont exigées des hommes *dans leur propre intérêt*. En effet, au cas de mobilisation, les hommes absents de leur domicile doivent rejoindre leur corps *directement*, sans délai et sans intervention de l'autorité militaire, mais ils ont *un jour de plus* (deux jours au lieu d'un, par exemple) pour se présenter à leur régiment); — ceux qui habitent l'étranger ont *un mois* (et même *trois mois*, s'ils sont établis hors d'Europe ou d'Algérie) pour rejoindre leur corps. Il faut bien que l'autorité militaire sache qui peut invoquer ces dispositions spéciales. Aussi la personne qui négligerait d'accomplir les formalités indiquées ci-dessus n'aurait-elle pas le droit d'invoquer ces délais de faveur.

En cas de mobilisation, les compagnies de chemins de fer mettent à la disposition du ministre de la guerre tous les moyens nécessaires pour les mouvements et la concentration des troupes. L'administration des télégraphes tient également à sa disposition le matériel ou le personnel nécessaire pour assurer ou compléter le service de la télégraphie militaire (art. 26-27, loi du 24 juillet 1873).

Le corps des *chasseurs forestiers* et le corps des *douaniers*, dès que l'ordre de mobilisation de l'armée est donné, sont également à la disposition du ministère de la guerre, et, à partir de ce moment, la démission d'un agent de l'une ou l'autre de ces administrations n'est valable qu'après avoir été acceptée par le ministre de la guerre.

Le corps des gardes-forestiers et celui des douaniers sont destinés à seconder les opérations de l'armée. Voici du reste quelle est leur organisation militaire :

Les préposés et agents forestiers établis à proximité des places fortes forment des *compagnies* ou *sections de forteresse*. Les autres forment des *compagnies* ou *sections actives de chasseurs forestiers*.

Les préposés et agents des douanes, suivant la même distinction, forment des *compagnies* ou *sections de forteresse*, et des *compagnies, sections* ou *bataillons actifs*.

Les cadres (officiers et sous-officiers) sont pris dans le personnel même des administrations forestières ou douanières. Ainsi les sergents de chasseurs forestiers sont pris parmi les brigadiers forestiers ; les caporaux, parmi les brigadiers forestiers ou les gardes forestiers de première classe. — Dans les corps de douaniers, les brigadiers de douanes ont le grade de sergent, les sous-brigadiers celui de caporal.

Mais le grade d'officier ne peut être conféré que par décret, et si un conservateur forestier, par exemple, est appelé à administrer une autre conservation forestière, il est considéré comme démissionnaire *en tant qu'officier*, et il n'est pourvu de son ancien grade que lorsqu'il y a des vacances dans sa nouvelle circonscription. Au reste, le grade correspond aux fonctions occupées par l'agent dans l'administration. Ainsi, les inspecteurs adjoints en stage reçoivent le brevet de sous-lieutenant, les inspecteurs-adjoints celui de lieutenant ou de capitaine, les inspecteurs celui de chef de bataillon, les conservateurs celui de lieutenant-colonel. De même dans les douanes.

Les corps forestier et douanier sont soumis à des inspections générales périodiques. — Lors de la mobilisation, le ministre demande aux ministres de l'agriculture et des finances le nombre de compagnies de chasseurs forestiers et de douaniers dont il a besoin (décret du 26 septembre 1882).

Les agents et préposés forestiers et douaniers, dès qu'ils cessent d'appartenir à l'administration forestière ou douanière, sont incorporés, suivant leur âge, dans la réserve ou la territoriale.

Dès que la mobilisation est ordonnée, la réquisition des chevaux, mulets et voitures par l'autorité militaire peut être autorisée par décret. Or, en temps de paix, il est fait tous les ans, par les soins du bureau de recrutement de la subdivision, un recensement général des chevaux, mulets et voitures susceptibles d'être utilisés pour les besoins de l'armée; ces chevaux, mulets et voitures sont répartis entre les différents corps d'armée. Mais les propriétaires des chevaux, mulets ou voitures requis ont le droit d'exiger un reçu de l'autorité militaire et reçoivent dans la suite une indemnité fixée par une commission constituée précisément pour le règlement de ces indemnités.

Recensement des chevaux et des voitures. — Nous ne pouvons nous dispenser d'exposer les mesures prises par le législateur en vue d'assurer, au cas de mobilisation, le recrutement des chevaux nécessaires aux différents services de l'armée (cavalerie, artillerie, trains des équipages, etc.),

En temps de paix, le maire de chaque commune doit procéder *tous les ans*, dans la première quinzaine de janvier, au recensement des chevaux et juments âgés de six ans et au-dessus (1) et des mulets et mules de 4 ans et au-dessus, appartenant aux habitants de la commune. — Les propriétaires de chevaux ou de mulets, *quel que soit l'âge de ces animaux*, doivent faire leur déclaration dans le courant du mois de décembre (loi du 1er août 1874 et décret du 2 août 1877).

Une commission spéciale, nommée par le commandant du corps d'armée, inspecte dans le cours de l'année, en présence des maires, les animaux recensés, et elle classe ceux qu'elle reconnaît propres au service dans telle ou telle catégorie (artillerie, cavalerie, etc.), suivant leur race et leur taille. Un tableau contenant le signalement des chevaux et mulets classés est envoyé au bureau de recrutement; un double reste entre les mains du maire. En cas de mobilisation, le maire prévient les propriétaires que tous les animaux classés ou remplissant les conditions voulues depuis le dernier classement doivent être conduits avec ferrures en bon état, brides et licol (avec longe) au point du canton et à la date indiqués par l'autorité militaire (loi du 3 juillet 1877).

Ne sont point soumis à ces réquisitions : les chevaux servant aux services publics (postes, chemins de fer, chevaux de fonctionnaires, etc.), les chevaux entiers autorisés pour la reproduction, les poulinières.

Dans chaque commune, le sort détermine l'ordre dans lequel les animaux classés doivent être requis jusqu'à concurrence du contingent fixé par le ministre de la guerre, mais le propriétaire d'un animal requis a le droit de le remplacer par un autre animal appartenant à la même catégorie. — Avant de prononcer la réquisition, la commission de remonte examine les réclamations des propriétaires, et réforme, remplace ou ajourne les animaux infirmes, malades, ou affaiblis (même loi).

Les propriétaires des animaux requis reçoivent des mandats de

(1) L'âge se compte à partir du 1er janvier de l'année de la naissance.

paiement dont le montant varie d'après les catégories, suivant un tarif établi d'*avance*, et qui sont payablss presque immédiatement à la caisse du receveur municipal (loi du 3 juillet 1877).

Le propriétaire dont les réclamations à fin de réforme ou d'ajournement sont repoussées par la commission et qui n'a point amené son cheval ou mulet au lieu désigné pour le rassemblement, doit livrer l'animal requis au quartier de gendarmerie indiqué par l'autorité militaire *dans les trois jours*, sous peine d'une amende égale à la moitié du prix d'achat fixé. La même peine frappe le propriétaire qui n'a pas conduit ses chevaux ou mulets classés au lieu fixé, lors de la mobilisation, par l'autorité militaire (même loi).

Toute fausse déclaration faite par les propriétaires des animaux est punie de 50 fr. à 2 000 fr. d'amende. — Les autres contraventions entraînent une amende de 25 à 1 000 fr. (même loi).

Le recensement des charrettes, chariots et autres voitures, à l'exception de celles *exclusivement* réservées au transport des personnes, est soumis à des dispositions analogues, — car, en cas de mobilisation, les voitures *attelées* sont requises par l'autorité militaire, tout aussi bien que les chevaux et mulets. Mais ce recensement n'a lieu que tous les *trois ans*, et il ne porte que sur les voitures qui peuvent être attelées par leur propriétaire. Ainsi, entre deux ou trois voitures possédées par la même personne, le maire choisit celle qui lui paraît plus propre au service de l'armée, si le propriétaire n'a qu'un seul attelage.

Parmi les voitures recensées, la commission ne classe que celles reconnues propres à l'un quelconque des services de l'armée et attelées de chevaux ou mulets déjà classés. Les harnais sont aussi examinés avec soin. — En cas de mobilisation, la commission de réquisition requiert les voitures attelées désignées par le sort, estime les voitures et harnais d'après les prix courants du pays, et remet à chacun des propriétaires un bulletin sur lequel est inscrit le montant de l'indemnité à laquelle il a droit : les mandats sont payables à la caisse du receveur municipal (décret du 2 août 1877).

CHAPITRE IV

LES CONSEILS DE GUERRE

Tous les militaires sont soumis, en matière pénale, à la juridiction des conseils de Guerre. Lorsqu'une ville est en état de siège, les civils eux-mêmes sont justiciables de ces conseils. — Ces tribunaux exceptionnels, qui sont chargés d'appliquer le Code de Justice militaire, sont composés de *sept juges* (officiers de différents grades et sous-officiers); ils sont présidés par un colonel. Un capitaine, qui a le titre de *commissaire du gouvernement*, remplit les fonctions du ministère public; un sous-officier tient lieu de greffier. — Lorsque les débats sont terminés, le président demande à chacun des juges son avis, mais il doit interroger en premier lieu celui dont le grade est le moins élevé : le sergent, puis les officiers subalternes, enfin l'officier supérieur, afin que l'indépendance de chacun reste entière.

Pour que l'acquittement de l'accusé soit prononcée, il n'est point besoin de la majorité des voix, la *minorité de faveur* suffit : si l'accusé a *trois voix* en sa faveur et *quatre* contre lui, il est acquitté, alors que devant les tribunaux ordinaires il serait condamné. Pour qu'il y ait condamnation devant les conseils de guerre, il faut donc que cinq juges se prononcent contre l'accusé. Quant aux circonstances atténuantes, elles ne sont admises que si quatre juges s'y montrent favorables.

Les conseils de guerre sont saisis par un *ordre de mise en jugement* émané du commandant du corps d'armée, dès que l'instruction de l'affaire est terminée. — Lorsqu'un conseil de guerre a prononcé une condamnation, l'accusé a *vingt-quatre heures* pour se pourvoir devant un autre conseil de guerre que l'on désigne sous le nom de *Conseil de Révision* et qui est en réalité une cour de cassation militaire (1). — Le conseil de révision statue sans tarder sur le pourvoi : s'il casse la décision du conseil de guerre, il renvoie l'affaire devant un autre tribunal militaire; s'il rejette le pourvoi, le condamné n'a plus aucune voie de recours, mais le président de la République peut toujours le gracier.

En temps de guerre, chaque corps de troupes séparé est pourvu d'un conseil de guerre dont les membres sont désignés par le chef du corps de troupes (par le général de brigade, par exemple). Le conseil de guerre ne se compose plus alors que de *cinq* membres (l'accusé est donc acquitté s'il obtient *deux voix*).

Le code de justice militaire. — Le code pénal militaire est extrêmement sévère. Dans un grand nombre de cas il n'admet pas de circonstances atténuantes. Il établit aussi des pénalités spéciales telles que la *dégradation militaire* (peine *accessoire* de certaines peines criminelles), *les travaux publics* qui correspondent à la peine des travaux forcés prévue par le code pénal. — En temps de guerre, les condamnations à mort sont encourues dans un bien plus grand nombre de cas qu'en temps de paix.

Voici quelques extraits du code pénal militaire :

(1) Il y a *deux* conseils de révision : l'un siège à Paris, l'autre à Alger. Chacun d'eux est présidé par un général.

Crimes ou délits.	*Peines.*
Abandon d'un poste devant l'ennemi. . .	Mort.
Commandement pris sans ordre ou sans motif légitime.	Mort.
Pillage commis en bande avec armes ou violence	Mort.
Pillage dans tous les autres cas.	Réclusion.
Refus d'obéissance pour marcher contre l'ennemi	Mort.
Refus d'obéissance sur un territoire en état de guerre ou de siège.	Mort
Destruction volontaire d'armes, d'effets de campement, etc.	2 à 5 ans de travaux publics.
Espionnage pour l'ennemi ou recel d'espions..	Mort.
Abandon d'un poste en temps de paix . .	2 mois à un an de prison.
Insoumission en temps de paix.	1 mois à 1 an de prison.
Désertion à l'intérieur en temps de paix.	2 à 5 ans de prison.
Désertion avec complot en présence de l'ennemi.	Mort.
Destruction d'un matériel de guerre (armes, munitions), d'approvisionnements, vivres, habillements.	2 à 5 ans de détention.
Mise en gage d'effets de petit équipement	2 à 6 mois de prison.
Mise en gage d'effets d'habillement. . . .	6 mois à 1 an de prison.
Refus d'obéissance en temps de paix . . .	1 an à 2 ans.
Révolte	5 à 10 ans de travaux publics ou mort.
Sommeil d'un factionnaire en présence de l'ennemi.	2 à 5 ans de travaux publics.
Sommeil d'un factionnaire en temps de paix.	2 à 6 mois de prison.

CHAPITRE V

PENSIONS MILITAIRES

Les pensions militaires sont inaliénables et insaisissables absolument comme les pensions civiles (Voy. VIE PUBLIQUE).

Pensions de retraite des officiers. — Il est prélevé sur la solde des officiers, en vue de la constitution de leur pension de retraite, une retenue de 5 0/0. Tout officier réformé avant d'avoir fait *vingt ans* de service reçoit une *solde de réforme* égale aux *deux tiers* du minimum de la pension de retraite de son grade; quant à l'officier qui a au moins vingt ans de service au moment où il est réformé, il reçoit une pension dont la quotité est déterminée par le minimum dont il vient d'être question, à raison de 1/30e par chaque année de service (1).

Mais si l'officier a été réformé pour cause de discipline, sa pension n'est que de la moitié du minimum de la pension de retraite de son grade, augmentée, par chaque année de service effectif *au-delà de vingt ans*, de l'annuité d'accroissement fixée pour la pension d'ancienneté.

Au bout de vingt-cinq ans de service, tout officier a droit à une pension de retraite plus ou moins élevée suivant son grade.

Avant les lois du 5 et du 18 août 1879 les officiers subissaient sur leur traitement une retenue de 3 0/0. Ces lois ont élevé le taux de retenue : il est actuellement de 5 0/0.

Les veuves et orphelins de sous-officiers, brigadiers ou caporaux et soldats, dont les maris ou pères ont été tués sur le champ de bataille ou ont péri à l'armée et dont la mort a été causée par des évènements de guerre, ont droit aux *trois quarts* du maximum de la pension accordée au bout de vingt-cinq ans de service aux militaires du grade dont leurs maris ou pères eussent été ou étaient titulaires. — Ces dispositions sont applicables aux veuves et orphelins des militaires de l'armée de mer (loi du 5 août 1879). Mais les pensions des officiers-mariniers et des marins sont plus élevées que celles accordées aux sous-officiers et soldats de l'armée de terre (Voy. *ci-dessous*).

Pour que les veuves des militaires ou marins aient droit à la pension dont nous parlons, il suffit que leur mariage ait *précédé* l'évènement de guerre ou l'accident qui a été la cause des infirmités de leurs maris, ou l'origine de la maladie qui les a emportés. — Les causes de maladies doivent être constatées par un *certificat d'origine* dressé à l'époque de l'accident ou de l'évènement de guerre. Il faut en outre que le médecin qui a soigné le mari au moment de son décès affirme que la blessure ou les maladies contractées au service ont été la cause directe de la mort. — Le certificat d'origine doit être renouvelé chaque année, sinon il perd toute valeur. De même, la constatation médicale n'est valable que pendant une année (loi du 15 avril 1885).

Les militaires, marins ou veuves de militaires ou marins qui veulent obtenir une pension doivent se pourvoir en liquidation dans un délai de *cinq ans* (lois de 1831 et de 1885).

(1) 1/25e pour les officiers de marine.

PENSIONS DE RETRAITES DES OFFICIERS DE L'ARMÉE DE TERRE (1)
RETRAITÉS APRÈS LE 22 JUIN 1878

GRADES	A 25 ANS DE SERVICE	AU-DELA DE 45 ANS DE SERVICE, AU PLUS	POUR VEUVE ET ORPHELINS
Général de division..........	7.000 fr.	10.000 fr.	3.500 fr.
Général de brigade..........	6.000 »	8.000 »	2.007 »
Colonel....................	4.500 »	6.000 »	3.000 »
Lieutenant-colonel..........	3.700 »	5.000 »	1.667 »
Commandant................	3.000 »	4.000 »	9.333 »
Capitaine..................	2.300 »	3.500 »	1.100 »
Lieutenant.................	1.700 »	2.500 »	833 »
Sous-lieutenant.............	1.500 »	2.300 »	767 »

Mais les pensions des officiers retraités avant le 22 juin 1878 sont de beaucoup inférieures, ainsi que le montre le tableau ci-dessous :

PENSIONS DES OFFICIERS RETRAITÉS AVANT LE 22 JUIN 1878

GRADES	AU MOINS	AU PLUS	POUR VEUVE ET ORPHELINS
Général de division...........	5.200 fr.	7.800 fr.	1.950 fr.
Général de brigade............	3.900 »	5.800 »	1.300 »
Colonel......................	3.520 »	4.300 »	975 »
Lieutenant colonel............	2.715 »	3.495 »	790 »
Chef de bataillon.............	2.300 »	2.940 »	648 »
Capitaine....................	1.420 »	2.420 »	520 »
Lieutenant...................	1.130 »	2.170 »	420 »
Sous-lieutenant...............	850 »	1.650 »	350 »

Il est vrai que la loi du 18 août 1881 a accordé un supplément *annuel* aux officiers (2), aux assimilés et aux veuves d'officiers. En voici du reste le tableau :

(1) Ce tarif s'applique également aux officiers de l'infanterie de marine. Mais, sur leurs 25 ans de service, ils doivent avoir passé 6 ans aux colonies (Loi du 5 août 1879).

(2) Sauf aux *officiers généraux* (généraux de division ou de brigade).

Pour le colonel. . . . . 400 fr.
Pour le lieutenant-colonel. 375 fr.
Pour le commandant. . . 350 fr.
Pour le capitaine. . . . 300 fr.
Pour le lieutenant. . . . } 250 fr.
Pour le sous-lieutenant. . }
Pour la veuve d'un colonel. 200 fr.
— — lieutenant colonel. . . . . 175 fr.
Pour la veuve d'un commandant. . . . . . . 175 fr.
Pour la veuve d'un capitaine. 150 fr.
— — lieutenant. . . . . 125 fr.
Pour la veuve d'un sous-lieutenant . . . . . . 125 fr.

La veuve d'un général de division reçoit un supplément annuel de 300 fr. Celle d'un général de brigade un supplément de 250 fr. En somme les veuves d'officier reçoivent en tout :

La veuve d'un général de division . . . . 2.250 fr.
— — général de brigade. . . . . 1.550 fr.
— — colonel. . . . . 1.175 fr.
— — lieutenant colonel. . . . . 965 fr.
— — commandant. . . . . 823 fr.
— — capitaine. . . . . 680 fr.
— — lieutenant. . . . . 545 fr.
— — sous-lieutenant. . . . . . . 475 fr.

Pensions des militaires rengagés. Nous avons indiqué ailleurs (Voy. RENGAGEMENTS), dans quels cas les militaires rengagés avaient droit à une *pension proportionnelle*, dans quels cas ils avaient droit à une *pension de retraite*. Voici quel est, pour chaque grade, le montant de ces pensions (1). — (Voy. Loi du 23 juillet 1881).

GRADES	PENSION proportionnelle	EN PLUS après 10 ans de rengag.	PENSION après 25 ans de service	EN PLUS au-delà 25 ans de service	PENSION à 45 ans de service (2)
Adjudant......	455	54.50	1.000	15	1.300
Sergent-major.	395	50.50	900	15	1.200
Sergent........	365	43.50	800	15	1.100
Caporal.......	347	35.30	700	10	900
Soldat.........	335	26.55	600	7.50	750

Pensions accordées aux veuves des rengagés. — Les veuves des commissionnés ou rengagés ont droit à la *moitié* du maximum de la pension affectée au grade de leur mari. — Cette disposition est applicable également aux orphelins mineurs.

(1) Le tarif que nous indiquons s'applique aux troupes de l'infanterie de marine comme à celles de l'armée de terre, mais les soldats de l'infanterie de marine doivent être restés au moins *six ans* aux colonies.

(2) *Campagnes comprises*. Les années de campagnes comptent *double*.

Veuves ou orphelins d'un	adjudant.	450 fr.
—	—	sergent-major. . .	400 »
—	—	sergent. . . . , . .	350 »
—	—	caporal.	320 »
—	—	soldat	300 »

Pensions de retraite pour la marine. — Ici, à côté des officiers de marine et des marins, nous trouvons les inscrits maritimes qui ont droit à une pension d'une nature spéciale appelée *demi-solde* d'où le nom de *demi-soldiers* donné aux gens de mer qui en ont la jouissance.

Parlons d'abord des pensions de retraite des troupes de la marine :

PENSIONS DES OFFICIERS DE L'ARMÉE DE MER RETRAITÉS AVANT LE 22 JUIN 1878

GRADES	AU MOINS	AU PLUS	POUR VEUVE et orphelins(1)
Vice-amiral	5.200	7.800	2.250
Contre-amiral	3.900	5.800	1.550
Capitaine de vaisseau	3.520	4.300	1.175
Capitaine de frégate	2.715	3.495	965
Capitaine de corvette	2.300	2.940	823
Lieutenant de vaisseau	1.420	2.420	680
Enseigne	1.130	2.170	545
Aspirant	850	1.650	475

Les officiers de marine — sauf les vice-amiraux et contre-amiraux — touchent en outre un supplément annuel qui varie suivant le grade.

Le capitaine de vaisseau touche un supplément de		400 fr
Le capitaine de frégate	—	375 »
Le capitaine de corvette	—	350 »
Le lieutenant de vaisseau	—	300 »
L'enseigne.	—	250 »
L'aspirant.	—	250 »

(1) En tenant compte du supplément annuel accordé par la loi de 1881.

PENSIONS DE RETRAITE DES OFFICIERS DE MARINE ET DES MARINS

GRADES	AU MOINS	AU-DELA DE 45 ans de service. *au plus*	POUR VEUVE et orphelins
Vice-amiral	7.000	10.000	3.500
Contre-amiral	6.000	8.000	2.667
Capitaine de vaisseau	4.500	6.000	2.000
Capitaine de frégate	3.700	5.000	1.667
Lieutenant de vaisseau	2.300	3.300	1.333
Enseigne	1.700	2.500	833
Aspirant	1.500	2.300	767
1er Maître	1.310	1.910	767
2e Maître	1.020	1.130	695
Matelot	600	750	375

Tous les officiers mariniers (sous-officiers de marine) et marins sont retraités suivant ce tarif, tandis que les officiers de marine n'ont droit aux retraites que nous venons d'indiquer que s'ils ont été retraités *depuis* le 22 juin 1878 (1).

NOTA. — Les officiers et soldats des armées de terre ou de mer qui ont été amputés ou ont perdu la vue, touchent une pension supérieure à la pension d'ancienneté (presque le double, pour certains grades).

Pensions des marins demi-soldiers. — Pour avoir droit à la pension dite *demi-solde*, il faut avoir fait vingt-cinq ans de service sur les bâtiments de l'État ou sur des bâtiments de commerce (2), et *faire partie de l'inscription maritime* (3), mais la pension ne peut être réclamée avant *cinquante ans*, à moins que le postulant ne soit infirme et reconnu incapable de naviguer par une commission spéciale qui siège au chef-lieu du sous-arrondissement maritime.

Les demi-soldiers et les titulaires des pensions dérivant du régime des demi-soldes, reçoivent leurs arrérages de la caisse des invalides de la marine par l'intermédiaire des trésoriers de cette caisse, ou des receveurs des finances; les arrérages sont payés les 1er janvier, 1er avril, 1er juillet et 1er octobre de chaque année (décret du 17 novembre 1885).

(1) Les officiers mariniers qui ont douze ans d'activité de leur grade ont droit à 1/5 en sus de la pension correspondant à leur grade (art. 11, loi de 1831).

(2) Les gens de mer qui n'ont pas vingt-cinq ans de service peuvent obtenir des secours de la Caisse des Invalides de la Marine.

(3) Avant la loi de 1881, des *non-inscrits* pouvaient obtenir des demi-soldes.

Les *demi-soldes* sont constituées au moyen de retenues exercées sur la solde des gens de mer durant leurs vingt-cinq ans de services. Ces retenues sont de 3 0/0 pour les marins engagés au mois, au voyage ou à la grande pêche. — Pour les marins engagés à la part pour le cabotage, le pilotage ou la petite pêche, la loi a établi des retenues mensuelles *fixes*, variant suivant la position du marin, ainsi qu'il résulte du tableau suivant (1) :

Pour capitaine, maître, pilote-patron : retenue mensuelle de 3 fr. 00
Pour officier marinier et pilote. . . . . 1 » 50
Pour matelot. . . . . 1 » 20
Pour novice . . . . 0 » 75
Pour mousse. . . . . 0 » 30

Pour les marins engagés à *la petite pêche*, les retenues sont plus faibles encore : 0 fr. 75 au lieu de 1 fr. 20, 0 fr. 50 au lieu de 0 fr. 75, 0 fr. 25 au lieu de 0 fr. 30.

PENSIONS DES DEMI-SOLDIERS

PAYES MENSUELLES		AU MOINS	AU PLUS	POUR LES VEUVES
Matelots.	25 fr. et au-dessous.	204 fr.	384 fr.	192fr.
	de 25 fr. à 40 fr.	252	432	216
	de 40 fr. à 55 fr.	324	516	258
	de 55 fr.	384	576	288
Capitaines au long cours................ Mécanicien..............................		564	804	402
Capitaine ayant plus de 4 ans de commandement................................ Mécanicien de 1re classe.................		780	1.068	534
Commissaire............................. Officier de santé........................		564	708	354
Docteur Médecin.........................		580	748	374

Ce tableau montre que les veuves des demi-soldiers touchent la *moitié* de la pension maximum correspondant à la position de leur mari. Quant aux orphelins, ils ont droit à un secours annuel égal à la pension qui eût été attribuée à leur mère. Ce secours est reversible sur les mineurs; il ne cesse qu'à la majorité du plus jeune des orphelins (1).

(1) Les demandes de secours doivent être remises aux syndics de gens de mer; ils les transmettent hiérarchiquement au ministre. — Les syndics ont aussi qualité pour délivrer (*gratuitement*) des *certificats de vie* aux pensionnaires figurant sur les registres de l'inscription maritime, aux veuves et orphelins d'inscrits maritimes (**Loi du 28 mars 1885**). — A défaut du syndic, le certificat est délivré par le maire.

D'ailleurs les demi-soldiers ou veuves de demi-soldiers ont droit à un supplément annuel pour chaque enfant de moins de dix ans. Ce supplément est de 24 fr. pour les enfants des matelots ; il est fixé à 36 fr. pour les enfants de capitaines. Des suppléments de pension sont aussi accordés à ceux qui ont servi cinq ans sur les bâtiments de l'État, ou qui ont contracté des infirmités au service de l'État, ou bien atteint l'âge de soixante ans.

N*ota*. — Les officiers des différents corps de la marine qui sont autorisés par le ministre à servir à bord d'un paquebot ou d'un navire de commerce, ou à seconder des entreprises industrielles se reliant à la marine, doivent verser à la caisse des invalides de la marine, *un vingtième* (soit 5 0/0) du traitement qu'ils reçoivent des compagnies de navigation, ou des industriels qui les emploient (art. 11, loi du 8 août 1885).

Avant les lois des finances du 21 et 22 mars 1885, le service des pensions de l'armée de mer et des employés civils de la marine était à la charge de la caisse des invalides de la marine. Les deux lois précitées ont mis ces pensions à la charge du Trésor ; dès lors la caisse des invalides de la marine n'a plus guère que le service des demi-soldes, des pensions qui en dérivent, et des gratifications et secours aux gens de mer.

CHAPITRE VI

ÉCOLES MILITAIRES

§ 1. — ÉCOLE POLYTECHNIQUE

L'École Polytechnique occupe sans contredit le premier rang parmi nos écoles militaires. Il en sort des officiers d'artillerie de terre et de mer, des officiers du génie militaire ou maritime, des officiers de marine, des élèves ingénieurs des ponts-et-chaussées ou des mines. C'est encore l'École Polytechnique qui fournit les ingénieurs des manufactures de l'État (des manufactures de tabac, par exemple), les ingénieurs des télégraphes, des poudres et salpêtres.

Tous les ans ont lieu les concours d'admissibilité et d'admission à l'École Polytechnique. Pour pouvoir y prendre part, il faut justifier qu'on est Français ou naturalisé Français, ou encore qu'on a le droit d'opter pour la nationalité française (V. Vie Civile). Il faut en outre avoir seize ans au moins, ou vingt ans au plus depuis le 1er janvier, et enfin être bachelier ès-sciences ou ès-lettres, ou avoir passé avec succès la première partie du baccalauréat ès-lettres. Le père, la mère ou le tuteur du candidat doit déclarer *par écrit* qu'il est en mesure de payer la pension, ou qu'il a été fait une demande de bourse. Le jeune homme doit présenter un certificat émané d'un médecin attaché à un hospice militaire ou civil, constatant qu'il a été vacciné ou qu'il a eu la petite vérole.

Par exception, les jeunes gens qui ont fait *deux ans* complets de service militaire peuvent se présenter aux examens jusqu'à l'âge de vingt-cinq ans, mais aux pièces énumérées ci-dessus, ils doivent annexer un certificat de bonne conduite, l'indication de leurs états de service, et un certificat attestant qu'ils ont fait deux ans de service *effectif*.

Les candidats doivent se faire inscrire à la préfecture le 1er mai au plus tard. C'est alors qu'ils remettent leurs pièces.

Le père, mère ou tuteur qui désire obtenir une bourse pour son fils ou pupille, doit présenter sa demande le 1er mai au plus tard à la préfecture. Il doit y joindre l'engagement suivant :

« Je soussigné......... étant en instance pour obtenir une place gratuite à l'École Polytechnique, en faveur de........, m'engage à rembourser au Trésor le montant des frais de pension et de trousseau qui me seront accordés, dans le cas où il ne servirait pas pendant dix ans dans celui des services publics civils ou militaires auxquels il aura droit d'être admis d'après son numéro de classement sur la liste de sortie.

» A..... le..... 188.....

(*Signature.*) »

Les examens se composent de *trois épreuves* :

1° *Compositions écrites* (elles durent trois jours).	Composition portant sur le cours de mathématiques spéciales; Épure de géométrie descriptive; Composition française (Dissertation); Calcul trigomométrique; Lavis; Dessin ombré.

2° *Examens oraux du 1er degré.* — (Ceux qui satisfont à ces examens sont *admissibles* : ils sont admis à passer les examens définitifs; s'ils échouent dans ces derniers examens, ils sont renvoyés à l'année suivante, mais ils n'auront plus à recommencer les épreuves d'admissibilité.)

3° *Examen d'admission ou de 2e degré* (Examen définitif).

Matières des examens. — Arithmétique, géométrie, trigonométrie, géométrie analytique, algèbre, géométrie descriptive; physique expérimentale (statique des gaz, hygrométrie, etc. etc.), chimie (cyanogène, fluor, brome, iode, etc.). — Langue allemande (traduction à livre ouvert, exercice de conversation, grammaire).

Le candidat doit présenter aux examinateurs toutes les épures spécifiées dans le cours de géométrie descriptive, deux exercices de lavis, et trois dessins d'imitation (le tout exécuté dans l'année).

Chaque feuille doit être revêtue de la signature du professeur, avec la date.

Au cas de fraude, le candidat est exclu du concours.

Le nombre des jeunes gens admis est déterminé par le ministre de la guerre. Généralement il y a 240 à 250 admissions chaque année. Mais les jeunes gens qui à leur arrivée à l'école sont reconnus affectés d'un vice de conformation, ou d'une infirmité qui les rendrait impropres à suivre les cours, ou aux services publics, ne sont pas reçus.

La rentrée des élèves a lieu vers la fin d'octobre. — Durée des études : *deux ans*. — Prix de la pension : 1 000 fr.; prix du trousseau : 700 fr. (payables entre les mains du receveur des finances). Une somme de 100 fr. doit être déposée dans la caisse de l'école.

Le ministre accorde des bourses et des demi-bourses, ainsi que des trousseaux et des demi-trousseaux. Les examens de sortie déterminent le classement des élèves. Les premiers numéros entrent dans les tabacs, dans les mines, dans les ponts-et-chaussées; les autres optent entre l'artillerie et le génie, ils ont le grade de sous-lieutenant et vont passer deux ans à l'école d'application de Fontainebleau où ils apprennent la pratique de l'art militaire. Puis ils sont nommés lieutenants et versés dans l'armée. Quant aux élèves entrés dans le service des mines ou des ponts-et-chaussées, ils reçoivent le brevet de sous-lieutenant de réserve.

Les jeunes gens qui n'ont pas satisfait aux examens de sortie sont soumis à toutes les obligations de leur classe au point de vue du service militaire, mais tous les élèves de l'École Polytechnique sont considérés comme étant sous les drapeaux, durant leur séjour à l'École. Au reste, l'École Polytechnique est soumise au régime militaire, et, comme toutes les autres écoles militaires, elle dépend du ministre de la guerre.

§ 2. — ÉCOLE SAINT-CYR

L'École Saint-Cyr, désignée aussi sous le nom d'École spéciale militaire, forme des sous-lieutenants d'infanterie, d'infanterie de marine et de cavalerie. Pour y entrer, il faut être Français ou naturalisé, avoir depuis le 1er janvier *dix-sept ans* au moins ou *vingt-et-un ans* au plus, et être bachelier ès-sciences. Par exception les militaires peuvent se présenter jusqu'à vingt-cinq ans, pourvu qu'ils aient accompli deux ans de service *effectif* avant le 1er janvier.

Les élèves sont admis au concours; chaque année le ministre fixe le nombre des admissions (de 400 à 425). Les candidats doivent se faire inscrire pour les examens avant le 1er mai; pour cela, ils doivent présenter à la préfecture leur acte de naissance, un certificat de vaccine, un certificat du maire de leur commune constatant qu'ils ont la taille exigée, une déclaration écrite indiquant la ville où ils désirent passer les examens. Les jeunes gens qui ne sont pas encore bacheliers ès-sciences lors des inscriptions, peuvent se faire inscrire néanmoins, mais ils doivent se présenter au baccalauréat au mois de juillet, et, s'ils échouent, ils ne peuvent entrer à Saint-Cyr.

Prix de la pension annuelle : 1 500 fr.; prix du trousseau : 700 fr. — Un grand nombre de bourses et de demi-bourses, de trousseaux et de demi-trousseaux sont accordés. Pour les demandes de bourses les choses se passent absolument pour Saint-Cyr comme pour l'École Polytechnique (Voy. *ci-dessus*).

Le père, la mère ou le tuteur qui n'a obtenu qu'une demi-bourse ou qui est astreint à payer la totalité de la pension, doit s'engager par acte *sous seing privé* à verser chaque trimestre dans la caisse du receveur général de Seine-et-Oise, une quote-part de la pension.

Les jeunes gens admis à l'École doivent contracter un engagement volontaire de *cinq ans* avant le 31 décembre; ils doivent présenter le consentement de leur père, mère ou tuteur et un certificat de bonnes vie et mœurs.

Examens. — Ici encore nous trouvons les *examens d'admissibilité* et les *examens d'admission.*

Les examens d'admissibilité ont lieu en juin dans différentes villes indiquées chaque année par le ministre de la guerre, ils durent *trois jours.*

Le premier jour, les candidats ont à faire une composition française et un thème allemand;

Le deuxième jour, une épreuve de géométrie descriptive et une composition de mathématiques (calcul logarithmique).

Le troisième : dessin au trait, réduction d'une académie, copie ombrée d'un paysage et lavis.

Les noms des admissibles sont publiés au *Journal officiel;* chacun des candidats reçoit du reste une lettre lui faisant connaître le résultat.

En juillet les jeunes gens admissibles passent les examens *définitifs* consistant exclusivement en *épreuves orales.*

Matières de l'examen. — Arithmétique, algèbre, trigonométrie rectiligne, géométrie, mécanique, géométrie descriptive. — Physique, chimie. — Histoire, géographie, allemand. — Escrime, équitation, gymnastique.

Les examens oraux sont publics; ils ont lieu dans les villes désignées pour les examens d'admissibilité.

A l'école de Saint-Cyr la durée des études est de *deux ans.* A la fin de la première année, seulement, les jeunes gens se destinant à la cavalerie sont instruits d'une manière spéciale.

Les examens de sortie déterminent le classement. Tous les élèves qui ont satisfait aux examens reçoivent le brevet de sous-lieutenant, les autres sont envoyés comme sous-officiers dans les régiments qui leur sont désignés.

§ 3. — ÉCOLE DE CAVALERIE DE SAUMUR

Cette école reçoit des élèves de diverses catégories : 1° les sous-lieutenants de cavalerie qui viennent de sortir de Saint-Cyr ; 2° des lieutenants ou sous-lieutenants d'artillerie désignés par le ministre de la guerre ; 3° des aides vétérinaires stagiaires ; 4° des sous-officiers de cavalerie (un seul par deux régiments) ; 5° des jeunes gens admis après examen et se destinant à la cavalerie.

Le grade de sous-officier est conféré à ceux-ci à leur sortie de l'école ; quant aux sous-officiers, ils sortent de Saumur avec le brevet de sous-lieutenant de cavalerie.

A l'école de cavalerie de Saumur est annexée une école de télégraphistes militaires.

§ 4. — ÉCOLE D'ARTILLERIE DE VERSAILLES

L'école d'artillerie de Versailles, créée tout récemment, est destinée à former des sous-lieutenants d'artillerie. Elle reçoit chaque année un certain nombre de sous-officiers d'artillerie admis après concours. Le concours porte sur les mathématiques, l'histoire, la géographie, le français, le dessin, l'artillerie, la pyrotechnie, etc. Les candidats passent aussi une épreuve d'équitation ; ils sont enfin interrogés sur la théorie de leur arme.

Les élèves de l'école d'artillerie de Versailles après *une année* d'études sont promus *sous-lieutenants*, si leurs examens de sortie sont suffisants ; dans le cas contraire, ils sont renvoyés à leur corps. Ceux qui sont sortis dans les premiers numéros vont passer, s'ils le désirent, deux ans à l'école d'application de Fontainebleau en qualité de sous-lieutenants élèves ; au bout de ces deux années, ils reçoivent le brevet de lieutenant.

§ 5. — ÉCOLE D'INFANTERIE DE SAINT-MAIXENT

Cette école reçoit des sous-officiers d'infanterie et même des sous-officiers d'infanterie de marine. Ces sous-officiers sont admis à la suite d'un concours ; mais pour prendre part au concours il faut avoir été proposé préalablement par le général inspecteur. Or le général ne peut proposer que les jeunes gens ayant *un an* de grade de sous-officier au 1er mars. — Chaque année le ministre fixe le nombre des admissions (400 environ).

Matières du concours. — 1° Compositions écrites : Dictée, narration française, résolution de problèmes d'arithmétique et de géométrie ;

2° Examens oraux portant sur la géométrie, la topographie, l'histoire de France, la géographie, l'instruction militaire *pratique* ;

3° Gymnastique, escrime.

Les cours de l'école de Saint-Maixent sont absolument gratuits. L'ouverture des cours a lieu en avril et leur clôture au mois de mars de l'année suivante.

Durant leur séjour à l'école, les élèves reçoivent une instruction générale et une instruction militaire très sérieuse (ils font la manœuvre des bouches à feu et suivent des cours d'équitation, étudient l'histoire, la géographie, etc.) ; ceux qui ont satisfait aux examens de sortie sont immédiatement promus sous-lieutenants ; les autres sont renvoyés dans leur corps. Par exception, les élèves qui, dans le cours de leur année, ont été obligés d'interrompre leur travail pendant plus de trente jours *consécutifs*, peuvent être autorisés par le ministre à recommencer leur année d'études.

§ 6. — LE PRYTANÉE MILITAIRE.

Le Prytanée militaire de la Flèche est une école où sont admis *gratuitement* les fils d'officiers. Les enfants qui ne rentrent pas dans cette catégorie peuvent aussi faire leurs études à la Flèche, mais leurs parents paient 850 fr. de pension — non compris le trousseau qui est de 400 fr. Au Prytanée de la Flèche il y a trois cents boursiers et cent demi-boursiers.

Les élèves ne sont admis qu'au concours.

Les parents qui désirent faire entrer leurs enfants au Prytanée doivent remettre au préfet leur demande (écrite sur papier timbré) avant le 31 mai. — A cette demande il faut joindre : l'acte de naissance de l'enfant, un certificat de bonne conduite, un état authentique des services du père, le relevé du rôle des contributions et un état de renseignements sur la position de fortune des parents certifié conforme par le maire et visé par le préfet. — Les parents qui n'ont droit à aucune bourse doivent produire en outre un certificat du maire constatant qu'ils sont en état de payer la pension.

Les épreuves d'admission ont lieu en juillet. Elles portent, suivant l'âge des candidats et la classe où ils doivent entrer, sur les langues française, latine et allemande (thème allemand, version latine), sur l'arithmétique, la géométrie, la physique, l'histoire et la géographie. L'enfant, pour pouvoir passer les examens de la classe de septième, doit avoir neuf ans au moins depuis le 1er janvier (dix ans pour la sixième, onze ans pour la cinquième, etc.).

Les élèves du Prytanée sont préparés aux examens de l'école Saint-Cyr et de l'école Polytechnique, au baccalauréat ès-lettres et au baccalauréat ès-sciences.

§ 7. — L'ÉCOLE NAVALE

L'École navale, d'où sort la presque totalité de nos officiers de marine, est établie sur le vaisseau-école le Borda, en rade de Brest. Les élèves y sont admis après concours. — Pour pouvoir prendre part aux examens, il faut être Français ou naturalisé, avoir quatorze ans au moins ou dix-huit ans au plus depuis le 1er janvier. Les candidats doivent se faire inscrire à la préfecture du 1er au 25 avril et présenter à cet effet leur acte de naissance légalisé, un certificat de nationalité délivré par le maire et un certificat de vaccine. Les parents doivent prendre par écrit l'engagement de payer régulièrement la pension, qui est de 700 fr., et le trousseau (le prix du trousseau est de 1 000 fr.). — Les demandes de bourses se font dans les mêmes formes que pour l'école Polytechnique ou l'école Saint-Cyr.

Les examens ont lieu en juillet. — Les candidats sont examinés en outre par une commission médicale qui s'assure de la force de leur constitution et surtout de leurs facultés visuelles.

Matières du concours. — 1° *Compositions écrites.* — Premier jour : composition française, version latine, thème anglais; — deuxième jour : géométrie et statique, épure de géométrie descriptive et dessin; — troisième jour : algèbre et arithmétique, calcul numérique, composition de physique et de chimie.

2° *Épreuves morales* portant sur l'arithmétique, l'algèbre, la géométrie, la physique, la chimie, l'histoire grecque, l'histoire romaine, l'histoire de France jusqu'à la fin du moyen âge, la géographie, la langue anglaise, la langue latine et la langue française.

La durée des études est de deux ans. — Les élèves qui ont satisfait aux examens de sortie sont nommés aspirants de 2e classe (grade correspondant à celui de sous-lieutenant) et prennent la mer pendant plusieurs mois. Pendant ce voyage ils s'exercent au métier de marin; le voyage terminé, ils sont nommés aspirants de 1re classe.

FORMULE N° 1

Promesse de payer la pension
(*écrite en entier de la main du père*).

Je soussigné........., domicilié à.........., m'engage, dans le cas de l'admission de mon (*fils ou parent à un autre degré*).......... (*nom et prénoms du candidat*) à l'École navale, à verser au Trésor public, par trimestre et d'avance, une pension annuelle de sept cents francs.

A défaut du payement de cette pension aux époques fixées par les règlements, je déclare me soumettre à ce que le recouvrement en soit poursuivi par voie de contrainte administrative, décernée par M. le ministre des finances, suivant les droits qui lui sont conférés par les lois des 11 vendémiaire et 18 ventôse an VIII.

(*Signature et adresse lisibles*).

FORMULE N° 2

Promesse de payer le trousseau
(écrite par le père).

Je soussigné.........., domicilié à.........., m'engage, dans le cas de l'admission de mon (*fils ou parent à un autre degré*)........ (*nom et prénoms du candidat*) à l'École navale, à verser au conseil d'administration de l'école la somme d'environ mille francs, prix du trousseau, des livres et des objets nécessaires aux études, ladite somme devant être fractionnée en deux payements, dont le premier, de huit cents francs, sera effectué au moment de l'admission, et le second, formant complément, au commencement de la deuxième année.

A défaut de payement de cette somme aux époques fixées par les règlements, je déclare me soumettre à ce que le recouvrement en soit poursuivi par voie de contrainte administrative, décernée par M. le ministre des finances, suivant les droits qui lui sont conférés par les lois des 11 vendémiaire et 18 ventôse an VIII.

(*Signature et adresse lisibles*).

CHAPITRE VII

LES INVALIDES

Les Invalides sont d'anciens soldats, sous-officiers ou officiers ayant droit à une pension de retraite, mais préférant passer la fin de leur vie à l'hôtel des Invalides. — Les militaires retraités qui désirent entrer aux Invalides doivent adresser une demande en ce sens au ministre de la guerre.

Les Invalides sont soumis à la discipline militaire. Ils ont à leur tête un général en retraite qui porte le titre de Gouverneur de l'Hôtel des Invalides. — Les Invalides occupent le premier rang dans l'armée française. Logés, nourris, vêtus aux frais de l'État, ils jouissent d'une aisance que ne pourrait leur procurer leur faible pension de retraite, mais ils n'ont point assez d'indépendance ; aussi les demandes d'admission à l'Hôtel des Invalides vont-elles en décroissant.

Les Invalides ont le droit de rentrer dans la vie civile quand cela leur plaît, et, dès leur sortie de l'Hôtel, ils recouvrent la jouissance de leur pension de retraite.

CHAPITRE VIII

DÉCORATIONS ET MÉDAILLES

La Légion d'honneur. — Les *militaires* chevaliers de la Légion d'honneur ont droit à une pension de 250 fr. La pension est de 500 fr.

pour les officiers, de 1 000 fr. pour les commandeurs, de 2 000 fr. pour les grands-officiers, de 3 000 fr. pour les grand' croix. Ces pensions sont incessibles et insaisissables. — Quant aux *civils* décorés de la Légion d'Honneur, ils ne reçoivent aucune pension.

Les membres de la Légion d'honneur sont placés sous l'autorité du *grand-chancelier* de la Légion d'honneur assisté par le Conseil de l'ordre, qui est composé de douze membres. — Les légionnaires frappés d'une peine infamante sont immédiatement dégradés.

La Médaille militaire. — Cette médaille est décernée aux militaires qui ont accompli des actes de bravoure ou ont été blessés sur le champ de bataille. Elle est réservée surtout aux sous-officiers et soldats. Elle donne droit à une rente viagère de 100 fr. Cette rente, du reste, ne peut se cumuler avec la pension accordée aux militaires membres de la Légion d'honneur, mais en revanche elle se cumule parfaitement avec la pension de retraite; elle est incessible et insaisissable.

Médailles d'expéditions. — Des médailles spéciales ont été décernées aux militaires qui ont pris par part aux expéditions de Chine, d'Italie, de Crimée, du Mexique et du Tonkin. — Les médailles de Chine, d'Italie, de Crimée, etc., sont reconnaissables à la couleur du ruban qui les attache. — Elles ne donnent droit à aucune pension.

Médailles d'honneur. — Ces médailles, attachées par un ruban *tricolore*, sont en or ou en argent. Elle sont décernés pour actes de courage ou de dévouement par le ministre de l'intérieur.

Décorations étrangères. — Les décorations décernées par un souverain étranger ne peuvent être portées en France sans l'autorisation du gouvernement. Cette autorisation est accordée par décret. Pour l'obtenir, la personne décorée doit remettre au préfet, outre la demande en autorisation, son acte de naissance, le brevet de la décoration, le reçu des droits de chancellerie payés au receveur des finances (droits variant de 60 à 200 fr.).

Port illégal de décoration. — L'individu qui usurpe une décoration, ou qui porte sans autorisation du gouvernement une décoration étrangère; celui qui continue de porter une décoration alors qu'il n'en a plus le droit (parce qu'il a été frappé de dégradation civique, par exemple) est passible de six mois à deux ans de prison (art. 259, C. Pén.).

CHAPITRE IX

ORGANISATION DES POMPIERS

Les corps de sapeurs-pompiers sont organisés *par commune* L'effectif de chaque corps de pompiers est fixé par *arrêté préfectoral*, il varie en raison de l'importance de la population et du matériel de secours contre les incendies (art. 3, décret du 29 décembre 1875).

Les corps de sapeurs-pompiers relèvent du ministre de l'intérieur; ils peuvent être dissous par un décret du Président de la République; ils peuvent être suspendus pendant *un an* au plus par le préfet.

Les pompiers sont organisés militairement; leurs officiers sont nommés pour cinq ans par le Président de la République, sur la proposition des préfets; quant aux sous-officiers et caporaux, ils sont nommés par les chefs de corps (capitaines ou commandants).

Les corps de sapeurs-pompiers ne peuvent se réunir en armes qu'avec l'assentiment de l'autorité militaire (art. 2, même décret).

Les communes qui veulent obtenir l'autorisation de former un un corps de sapeurs-pompiers, doivent justifier qu'elles ont un matériel de secours suffisant — ou, du moins, qu'elles ont les ressources nécessaires pour l'acquérir — et s'engager à subvenir *pendant cinq ans au minimum* aux dépenses résultant de la création qu'elles demandent (dépenses d'entretien des pompes, des armes, de l'équipement et de l'habillement des pompiers, etc.). — La délibération du conseil municipal intéressé doit énoncer les voies et moyens à l'aide desquels le conseil compte pourvoir à la dépense (art. 6, même décret).

Les sapeurs-pompiers se recrutent au moyen *d'engagements volontaires* parmi les hommes qui ont satisfait à la loi du recrutement (1), et de préférence parmi les anciens officiers, sous-officiers et soldats du génie et de l'artillerie, les agents des ponts-et-chaussées, des mines et du service vicinal, les architectes et les ouvriers d'art (art. 7).

Le maire, les adjoints ne peuvent faire partie du corps des sapeurs-pompiers (art. 8).

Tout sapeur-pompier, lors de son admission, s'engage par écrit à servir pendant *cinq ans*. Cet engagement est toujours renouvelable; il ne peut être résilié que pour des causes reconnues légitimes par le *conseil d'administration* du corps de pompiers. Ce conseil est

(1) Pour entrer dans ce corps, il faut avoir la jouissance de tous ses droits civils (art. 6, décret du 29 décembre 1875).

composé du commandant, des officiers les plus anciens, d'un sous-officier et d'un sapeur-pompier (art. 11-15).

Les sapeurs-pompiers d'une commune forment, suivant leur effectif, une *subdivision de compagnie* (commandée par un lieutenant), une *compagnie* (commandée par un capitaine), ou un *bataillon* : jusqu'à 50 hommes, subdivison de compagnie; de 51 à 250 hommes, compagnie; de 250 à 500 hommes, bataillon, — mais l'effectif d'un bataillon ne peut dépasser 500 hommes. Pour la formation d'un bataillon l'autorisation du ministre de l'intérieur est nécessaire (art. 12).

En cas de sinistre autre qu'un incendie, les sapeurs-pompiers peuvent être appelés à concourir à un service d'ordre ou de sauvetage et à fournir des escortes (il faut ici l'assentiment de l'autorité militaire) dans les cérémonies publiques (art. 1er, même décret).

Hors le cas de sinistre ou de service d'escortes, aucun rassemblement des pompiers *avec ou sans uniforme* ne peut avoir lieu sans l'autorisation du maire. — Les chefs de corps de pompiers doivent obéir d'ailleurs aux réquisitions du maire, du sous-préfet ou de l'autorité militaire (art. 18-19).

Le service des pompiers est réglé dans chaque commune par un arrêté du maire approuvé par le préfet (art. 16).

Les pompiers sont soumis à une discipline assez sévère : comme punitions nous citerons notamment : l'amende, la privation du grade (pour sous-officiers et caporaux), l'exclusion temporaire, la radiation définitive Les officiers peuvent être suspendus pendant *six mois* par le préfet; ils sont révoqués par décret (art. 23-26).

L'uniforme est obligatoire pour les pompiers des communes de 3 000 âmes au moins. — Dans les petites communes les officiers seuls sont tenus d'avoir un uniforme (art. 27).

Les sapeurs-pompiers de Paris. — A Paris le corps des sapeurs-pompiers a reçu une organisation toute spéciale. Il forme un *régiment* placé sous l'autorité du ministre de la guerre et composé de militaires *en activité de service.* Chaque année, dans les régiments d'infanterie, on choisit les soldats les mieux disciplinés et les plus agiles, et on les envoie remplacer dans les régiments des sapeurs-pompiers ceux qui ont fait leur temps de service et sont rentrés dans leurs foyers. — Les sapeurs-pompiers de Paris touchent une haute-paye. — La ville de Paris supporte les dépenses de matériel, de logement et même d'habillement.

Pour les mesures d'ordre, le colonel des sapeurs-pompiers de Paris est placé sous l'autorité du préfet de police.

LA VIE COMMERCIALE

CHAPITRE PREMIER

LES COMMERÇANTS

Le commerçant est une personne dont la profession *habituelle* consiste dans l'accomplissement d'*actes de commerce*. Ainsi, celui qui a l'habitude d'acheter des marchandises pour les revendre (ou en louer l'usage) est un commerçant, car l'achat fait en vue d'une revente (ou d'un louage) est un acte commercial, quand bien même les marchandises achetées seraient travaillées dans l'intervalle.

La confection d'une lettre de change est un acte *essentiellement* commercial, même si la personne qui a émis cette lettre n'a pas l'habitude d'en faire ; mais on ne devient pas *commerçant* parce qu'on a fait une fois par hasard une lettre de change, il faut pour cela que l'on ait l'*habitude* d'en faire. Aussi le banquier est-il commerçant.

La loi regarde encore comme actes de commerce : toute opération de change, de banque et de courtage, toutes les obligations contractées entre négociants, marchands et banquiers, toute entreprise de transport, de manufacture, de commission, d'agences, de bureaux d'affaires; l'établissement de ventes à l'encan, de spectacles publics (théâtres, cafés-concerts, etc.); toute entreprise de construction et tous achats et ventes de bâtiments de navigation, d'agrès, d'avitaillement, toutes assurances et autres contrats concernant le commerce de mer (affrètements, prêts à la grosse, etc.), toute convention pour salaires de l'équipage et engagements de gens de mer pour le service de bâtiments de commerce (art. 632-633. C. Com.).

Mais le propriétaire qui vend les produits de ses terres (le vigneron, par exemple) n'est pas un commerçant, car il n'a point acheté les marchandises qu'il vend, — tandis que son acheteur est commerçant s'il a l'habitude de ne pas consommer ces marchandises, mais de les revendre à des particuliers. Ainsi, le marchand de vins est un commerçant (art. 1er C. Com.).

La femme ne peut être commerçante sans le consentement (exprès ou tacite) de son mari ; mais, quand elle l'a obtenu, elle peut s'obliger pour tout ce qui concerne son commerce *sans aucune autorisation* (en l'autorisant à faire le commerce, son mari l'a autorisée par avance à faire tous les actes que le commerce comporte). — Bien plus, si les époux sont mariés sous le régime de la communauté, la femme oblige par ses actes son mari.

Mais la femme mariée n'est pas commerçante si elle ne fait qu'aider son mari dans son commerce ; pour qu'elle le soit, il faut qu'elle exerce un commerce *séparé*.

Les femmes mariées qui sont commerçantes peuvent engager, hypothéquer et aliéner leurs immeubles, à moins qu'elles ne soient mariées sous le régime dotal, auquel cas elles sont, à ce point de vue, dans le même situation que les femmes mariées non commerçantes (art. 4, 5 et 7, C. Com.)

Un *mineur* ne peut être commerçant que s'il est *émancipé* et âgé de *dix-huit ans accomplis*. En outre, il lui faut l'autorisation par écrit de son père ou de sa mère, si son père est décédé ou interdit ou si son existence est incertaine, — ou, à défaut du père et de la mère, une délibération du conseil de famille autorisée par le tribunal ; l'acte d'autorisation doit être enregistré et affiché au *tribunal de commerce* du lieu où le mineur veut s'établir commerçant.

Ces formalités accomplies, l'émancipé commerçant est réputé *majeur* quant aux engagements contractés par lui relativement à son commerce ; il peut engager et hypothéquer ses immeubles, mais pour leur *aliénation* (vente, échange, etc.), il est assujetti aux mêmes règles que l'émancipé ordinaire : il faut autorisation du conseil de famille et l'homologation du tribunal (art. 457, C. Civ. — art. 6, C. Com.).

FORMULE N° 1

Autorisation de faire le commerce donnée à une femme mariée.

« Je soussigné, Charles Véran, demeurant à. . . . . . , donne par ces présentes, à la dame Pauline Véran, née Taral, mon épouse, l'autorisation de faire le commerce en son nom et de passer tous actes relatifs à son négoce, alors même qu'ils engageraient la communauté.

» Fait à..... le..... mil huit cent.....

(*Signature.*)

FORMULE N° 2

Autorisation de faire le commrece donnée à un mineur émancipé.

« Je soussigné, Albert Dupont, demeurant à Blois (Loir-et-Cher), donne par les présentes à mon fils Georges Dupont, âgé de vingt ans, émancipé, l'autorisation de faire le commerce et de passer tous actes relatifs à son négoce.

» Fait à Blois, le..... mil huit cent.....

(*Signature.*)

Les commerçants sont soumis à certaines règles spéciales.

Le contrat de mariage d'un commerçant doit être transmis *par extrait*, *dans le mois* de sa date, aux greffes du tribunal civil et du tribunal de commerce. Cet extrait, qui indique sous quel régime le commerçant est marié, doit être exposé dans l'auditoire de ces deux tribunaux. — Celui qui ne devient commerçant qu'après son mariage, et qui est marié sous *le régime dotal* ou sous le régime de la *séparation de biens*, doit effectuer ce même dépôt dans le mois qui suit l'ouverture de son commerce, sous peine d'être condamné, s'il tombe en faillite par la suite, comme banqueroutier (art. 69, C. Civ.).

Les non-commerçants insolvables sont en état de *déconfiture*, les commerçants seuls sont exposés à la *faillite* et par suite à la *banqueroute*. — Seuls également les commerçants sont assujettis à tenir une comptabilité, relatant les actes commerciaux qu'ils accomplissent, dans des livres que l'on désigne sous le nom de *livres de commerce*. — Pour pouvoir élire des juges au tribunal de commerce ou faire partie soi-même de ce tribunal, il faut être ou avoir été commerçant. — Tout commerçant est justiciable du tribunal de commerce. — Enfin tous les actes d'un commerçant sont présumés être des actes de commerce, tandis que tous les actes d'un non-commerçant sont censés ne pas rentrer dans cette classe, — sauf toutefois certains actes qui sont *essentiellement* commerciaux (la confection d'une lettre de change, par exemple).

Les professions d'avocat, de magistrat, de notaire, d'avoué, etc., sont incompatibles avec la profession de commerçant.

CHAPITRE II

LES LIVRES DE COMMERCE

SECTION PREMIÈRE

Notions générales

Cette matière est extrêmement importante. Elle domine pour ainsi dire tout le droit commercial, puisque la mauvaise tenue des livres d'un commerçant peut le faire déclarer banqueroutier simple ou banqueroutier frauduleux, ainsi que nous le verrons par la suite.

A la différence des non-commerçants, les commerçants sont assujettis à tenir des livres relatant toutes les opérations commerciales auxquelles ils se sont livrés, et établissant avec une précision absolue leur situation financière et commerciale. Ces livres sont du reste si précieux pour le commerçant lui-même, que souvent, non content de tenir les *trois* livres de commerce que la loi exige, il relate spontanément ses opérations sur d'autres livres non obligatoires, mais très utiles cependant, tels que le Brouillard, le Grand-Livre, le Livre de caisse, les livres de commande, de commission, d'entrée et de sortie des marchandises, le Livre d'échéances, etc. — Mais, avant de parler des principaux de ces livres, nous devons indiquer avec quelques détails la comptabilité qui est *exigée* par la loi.

Tout commerçant *doit* tenir *trois* livres de commerce, qui sont :

1° Le *livre journal*, qui présente *jour par jour* les opérations commerciales, les créances et les dettes, les opérations relatives à des effets de commerce (lettres de change, billets à ordre, etc.), les sommes encaissées ou déboursées. Sur ce livre le commerçant inscrit chaque mois, en bloc, la somme qu'il a dépensée pendant le mois dans son ménage (800 fr., par exemple). — Ce registre doit être coté, paraphé et visé une fois par an (afin qu'on ne puisse en enlever des feuillets et les remplacer par d'autres) par un juge du tribunal de commerce, par le maire ou un adjoint (art. 9-11, C. Com.).

2° Le *livre des inventaires* sur lequel sont inscrits les inventaires *annuels* des biens mobiliers et immobiliers, des dettes et créances du commerçant. Ce livre doit être coté, paraphé et visé comme le livre journal (art. 10, al. 1er, C. Com.).

3° Le *livre de copies de lettres*, sur lequel le commerçant doit copier toutes les lettres *commerciales* qu'il envoie. Mais, pour ce livre, les paraphes et visas ne sont point nécessaires.

Quant aux lettres commerciales que le commerçant reçoit, il

doit les conserver et les mettre *en liasse* par ordre de dates (art. 8, al. 2, C. Com.).

Tous ces livres doivent être tenus sans blancs, ni lacunes, ni renvois en marge, et par ordre de dates. — Les commerçants sont tenus de les conserver pendant *dix ans* (art. 11).

La grande utilité des livres de commerce, au point de vue *juridique*, c'est que lorsqu'ils sont régulièrement tenus, ils peuvent être admis par les tribunaux pour faire preuve *entre commerçants* pour *faits de commerce* (art. 12). — Mais le livre d'un commerçant ne fait pas preuve contre un non-commerçant : il peut seulement faire naître une *présomption*, donner une certaine vraisemblance à l'existence de la créance invoquée par le commerçant.

Si les formalités prescrites ci-dessus ne sont pas observées, les livres ne peuvent être représentés en justice ni faire preuve au profit du commercant qui a eu le tort de les tenir irrégulièrement, — sans préjudice du danger qu'il y a, pour un commerçant dont la maison n'est pas très solide, à n'avoir point une comptabilité régulière (art. 13).

Le livre-journal ou le livre d'inventaire qui n'est ni visé ni paraphé ne fait donc aucune preuve; il ne peut guère produire qu'une faible présomption.

Dans les affaires de *succession*, de *communauté*, *d'indivision*, de *partage de société* ou en cas de *faillite*, la communication *intégrale* des livres exigés par la loi peut être ordonnée en justice, mais elle ne peut être imposée dans aucune autre hypothèse ; — toutefois le juge peut, même *d'office* (spontanément) ordonner au cours d'un procès la *représentation* de ces livres, c'est-à-dire non point la communication de *toute* la comptabilité, mais une communication *partielle*, restreinte, ne portant que sur les points au sujet desquels est née la contestation. — Le dépôt des livres au greffe, afin qu'ils soient mis sous les yeux des juges *seuls* (et non pas sous les yeux de l'adversaire) ne constitue qu'une représentation. — C'est seulement en représentant ses livres que le commerçant peut bénéficier de leur force probante.

Lorsque les livres se trouvent dans un endroit éloigné du lieu où siège le tribunal saisi de l'affaire, ce tribunal adresse une *commission rogatoire* au tribunal de commerce de l'endroit : on délègue un juge de paix pour prendre connaissance des livres, dresser procès-verbal de leur contenu et l'envoyer (16).

Lorsque la partie aux livres de laquelle l'adversaire offre d'ajouter foi refuse de les représenter, le tribunal peut déférer le serment à l'adversaire, et si celui-ci affirme par serment la légitimité de ses prétentions et la véracité de ses allégations, il triomphe dans la contestation, et cela à juste titre, car, lorsqu'une personne à qui on demande de représenter ses livres se croit dans son droit, elle s'empresse évidemment de les produire.

SECTION II

La Comptabilité commerciale (1)

Nous avons dû indiquer tout d'abord les livres de commerce exigés par la loi. Il nous reste à parler des livres de comptabilité dont la tenue n'est pas obligatoire, mais que presque tous les commerçants emploient, parce qu'ils leur sont absolument nécessaires pour qu'ils puissent se rendre compte de l'état de leurs affaires.

Parmi ces livres, dont nous avons cité les principaux, il en est *trois* : le *Brouillard*, le *Grand-Livre* et le *Livre de Caisse*, qui doivent être l'objet d'une attention toute spéciale.

§ 1er — LE BROUILLARD.

Le *Livre-Brouillard* est, pour ainsi dire, le *brouillon* du Livre-Journal. Toutes les opérations du jour y sont inscrites à la file, successivement, et à la fin de la journée on les reporte sur le livre-journal, en les relatant dans la forme usitée en comptabilité et que nous allons indiquer dans le paragraphe suivant.

§ 2. — LE GRAND-LIVRE

C'est le plus important des livres facultatifs. Il peut être tenu *en partie simple* (c'est alors la *comptabilité en partie simple*) ou *en partie double* (*comptabilité en partie double*). — Certaines personnes tiennent même leur comptabilité en partie *triple*; mais ce mode de comptabilité étant moins pratique, nous nous contenterons de le citer.

Comptabilité en partie simple. — Dans la comptabilité en partie simple, on reporte sur le Grand-Livre, à un compte spécial *pour chaque client*, les opérations faites avec lui *à crédit* et qui sont inscrites çà et là, avec les opérations *au comptant*, sur le Livre-Journal. Chaque client *a une tête au Grand-Livre*, dès qu'il a traité *à crédit* avec le commerçant, ce qui veut dire qu'un compte lui est ouvert.

Deux pages du livre (un verso et le recto de la page suivante) sont réservées à chaque compte. Sur celle de gauche sont inscrites, avec la date bien entendu, toutes les opérations qui doivent être

(1) Nous ne pouvons donner ici qu'une théorie tout à fait générale de la comptabilité commerciale. Nous renvoyons le lecteur qui voudra l'approfondir à l'ouvrage excellent, si pratique et si complet de M. Lefèvre (de Châteaudun): LA COMPTABILITÉ (*Théorie, pratique et enseignement*), ouvrage édité par La Librairie Illustrée, 17, rue du Croissant, Paris.

portées au débit (ou DOIT) du client; et sur l'autre, toutes celles qui doivent être portées à son crédit (ou AVOIR).

Ainsi Paul, marchand de meubles, vend *à crédit* à Pierre, le 15 mai 1885, par exemple, un mobilier de 3 000 fr. : il mettra sur la page de *gauche* du Compte Pierre, (en tête de laquelle on lit le mot DOIT (ou *débit*), et qui est divisée en *trois colonnes :*

DOIT 15 mai 1885	Facture (Mobilier de chambre à coucher)...	3 000 fr.

Lorsque Pierre paiera les 3 000 francs à Paul, celui-ci inscrira le paiement à la page consacrée à *l'Avoir* et divisée également *en trois colonnes.* — En effet, tout ce qui est *reçu* par un client est inscrit à son *débit*, tout ce qu'il *paie* est mis à son *crédit.* Suivant qu'il a reçu plus ou moins qu'il n'a payé, l'excédent prend le nom de *solde débiteur* ou *solde créditeur.* Pour connaître ce solde, il suffit de compenser le DOIT et l'AVOIR; si le DOIT s'élève à 1 000 fr., et l'AVOIR à 700 fr., en faisant la *balance* — c'est-à-dire la compensation — on trouve un solde *débiteur* de 300 fr. : Pierre est alors débiteur envers Paul de 300 fr.

Cette sorte de comptabilité est désignée sous le nom de comptabilité en partie *simple* (*simple* est ici opposé à *double*) parce que chaque opération n'est portée que dans un seul compte au Grand-Livre : on ne l'y trouve *qu'une seule fois.* Nous verrons que dans la comptabilité en partie double il en est autrement

La comptabilité en partie simple présente des inconvénients : elle ne relate pas les opérations faites au comptant, mais seulement les opérations faites à crédit. De plus elle ne permet pas au commerçant de se renseigner en quelques minutes sur sa situation actuelle, à tel ou tel point de vue. C'est surtout à ce besoin que répond la comptabilité en partie double.

Comptabilité en partie double. — La comptabilité en partie *double* est ainsi appelée parce que toutes les opérations commerciales — faites au comptant ou à crédit, peu importe — sont inscrites chacune à *deux* comptes différents (au crédit de l'un et au débit de l'autre).

Cette sorte de comptabilité est extrêmement ingénieuse. Pour bien la comprendre, il faut supposer que la caisse de la maison commerciale, le magasin contenant les marchandises, le capital du commerçant, les valeurs qu'il a en portefeuille ou au contraire celles qu'il a signées et remises à des créanciers à terme, sont autant de personnes, autant de clients distincts. Chacun de ces clients imaginaires a un compte spécial absolument comme les véritables clients : Jacques, Paul, etc., etc. Ainsi que dans la comptabilité en partie simple, on inscrit au DOIT (ou débit) de chaque compte ce que le client réel ou fictif (le magasin de marchandises, par exemple) a reçu, et à son AVOIR ce qu'il a livré. Donc, au *Débit* du compte des marchandises on inscrira la valeur des marchandises achetées par le commerçant et entrées en magasin, tandis qu'à l'Avoir on indiquera la valeur des marchandises vendues et sorties du magasin, avec le nom de l'acheteur.

Comme en partie simple, deux pages sont réservées à chaque compte et chacune est divisée en trois colonnes au moins. Mais les mentions sont formulées d'une façon particulière. Ainsi, dans l'hypothèse choisie par nous tout à l'heure de la vente d'un mobilier, on inscrira dans la page de droite (Avoir) du compte « Marchandises générales » :

		Avoir
15 mai 1885	Pr. (*par*) Paul.	3.000 fr.

Le mot *dû* (dû par Paul) est sous-entendu.

Cette vente de mobilier figure à un deuxième compte : le compte de l'acheteur, s'il a acheté à crédit; le compte de la Caisse, s'il a payé comptant. Elle figure au *débit* de ce compte, puisque la valeur du mobilier a été perçue *en nature* par l'acheteur *à crédit.* ou *en argent* par la Caisse, si l'acheteur a payé *comptant*).

Supposons que la vente ait été faite à crédit : on inscrira au compte de Paul.

(Doit) 15 mai 1885 | à Marchandises | 3.000 fr.

Paul *doit* au compte Marchandises et non pas au compte Caisse parce qu'il a reçu le mobilier non de la caisse, mais du magasin des marchandises.

La vente a-t-elle eu lieu au comptant, on inscrira au compte Caisse (au *débit*, puisque la Caisse a reçu le prix du mobilier) :

(Doit) 15 mai 1885 | à Paul | 3.000 fr.

Et au compte de Paul on inscrira à l'Avoir, on *créditera* Paul, suivant l'expression usitée dans le Commerce, d'une somme égale (dans l'espèce) à celle dont il a été débité (il y aura compensation (absolue), dans les termes suivants :

(Avoir) 15 mai 1885 | par Caisse | 3.000 fr.

Ainsi, il arrive souvent que la même opération est inscrite non pas seulement dans deux comptes, mais dans trois comptes différents. — On voit également que l'opération qui figure au Doit d'un compte doit nécessairement figurer à l'Avoir d'un autre compte; de sorte qu'en additionnant d'une part toutes les sommes portées au débit des différents comptes, d'autre part toutes les sommes portées au crédit, on doit trouver deux totaux égaux. Chacun de ces deux totaux égaux doit égaler en outre le total de toutes les sommes inscrites au livre-journal. C'est ainsi que l'on s'assure que la comptabilité est exacte; si ces différents totaux ne sont pas égaux les uns aux autres, c'est qu'il y a des erreurs à rectifier.

Tels sont les principes suivis dans la comptabilité en partie double. Nous avons pris des exemples excessivement simples, afin de faire mieux comprendre ces règles assez abstraites. Mais il est une foule d'hypothèses assez compliquées.

Ainsi on peut supposer que Paul, au lieu de payer en argent le mobilier qu'il achète, donne en paiement à son vendeur un billet à ordre. Ce billet est inscrit avec sa valeur au débit d'un compte spécial qui porte le nom d' « *effets à recevoir* ». — Si le commerçant fait escompter ce billet par un banquier, celui-ci prendra une commission de 10 fr. par exemple, et remettra par conséquent au commerçant 2990 fr. — Ce dernier inscrira cette somme au débit du compte « *Caisse* » avec cette mention :

(Doit) | à X... banquier | 2990 fr.

Mais à quel autre débit inscrire la somme de 10 fr.? On l'inscrira au *débit* d'un autre compte qui est désigné sous le nom de « *Profits et pertes* » et qui est établi précisément en vue d'hypothèses de ce genre. Le *débit* du compte Profits et pertes correspond aux *pertes* et le *crédit* correspond aux *bénéfices* qui y sont inscrits après la clôture de l'inventaire.

(Doit) | à Effets à recevoir | 10 fr.

La mention inscrite au *débit* (ou au crédit) d'un compte, désigne le compte au *crédit* (ou au débit) duquel la même opération est mentionnée.

De même qu'il est établi un compte spécial pour les effets à recevoir, il est ouvert un autre compte pour les *effets à payer* : on y inscrit, par exemple, les billets à ordre émis par le commerçant et donnés en paiement des achats faits par lui *à crédit*.

De tout cela il résulte que le grand-livre contient, *outre* les comptes de chaque client, un compte pour chacun des éléments suivants : Marchandises générales, Caisse, Effets à payer, Effets à recevoir, Profits et pertes.

Ce n'est pas tout, il y a un compte relatif aux *Frais Généraux* : à son Avoir on inscrit les sommes portées au débit des Profits et pertes et à son Doit les sommes payées par la caisse pour frais généraux (paiement des employés, par exemple). — Il ne faut point oublier non plus le compte *Capital*, à l'Avoir duquel est inscrit le capital engagé dans les affaires commerciales (ce capital est porté au *débit* du compte Caisse ou bien encore au compte Effets à recevoir).

Supposons que le commerçant engage 200 000 fr. dans sa maison de commerce, il devra inscrire au compte Capital :

(Avoir) 1er juillet 1880 | par Caisse | 200.000 fr.

et au compte Caisse :

(Doit) 1er juillet 1880 | à Capital | 200.000 fr.

Le compte Capital est généralement divisé en trois comptes partiels, l'un (compte *Immeubles*) relatif au capital immobilier, un autre (compte *Capital* proprement dit) aux sommes d'argent et valeurs en papier, le troisième (compte *Matériel et Meubles*) consacré au matériel d'exploitation, au mobilier des magasins, des bureaux, etc.

Balance. — Pour que la comptabilité soit exacte, les comptes doivent *se balancer*, c'est-à-dire que non seulement les trois totaux dont nous avons parlé doivent être égaux les uns aux autres, mais encore que le total des *soldes créditeurs* doit être *égal* au total des *soldes débiteurs*, puisque toute opération concourt à former le solde débiteur dans l'un des comptes et le solde créditeur dans l'autre. — Pour vérifier la comptabilité, on fait la *balance* de tous les comptes; puis on reporte sur la *feuille de balance*, divisée en *cinq* colonnes : 1° le total des *débits* de chaque compte (dans la 2e colonne) ; 2° le total des *crédits* (3e colonne), 3° le *solde débiteur*; 4° le *solde créditeur*. — La 1re colonne est réservée à l'indication de chacun des comptes dont il s'agit.

Bilan. — Le Bilan, c'est la situation du commerçant établie exactement par les livres de comptabilité et par l'inventaire des marchandises en magasin. — L'inventaire des marchandises comprend leur *énumération* et leur *estimation*.

Notre commerçant avait au 1er janvier 1883 pour 80 000 fr. de marchandises, par exemple, et il lui en reste en magasin, au 31 décembre de la même année, pour une valeur de 20 000 fr. Si, dans le courant de l'année, ce commerçant a vendu pour 70 000 fr. de marchandises, il est clair qu'il a réalisé 10 000 fr. de bénéfices *bruts* (car il n'est point tenu compte des frais généraux). Ce bénéfice brut est porté à l'Avoir du compte Profits et pertes, puisque les pertes sont inscrites au *débit* de ce même compte ; comme les 10 000 fr. de bénéfices sont représentés par des marchandises en magasin, cette somme doit être inscrite au débit du compte *Marchandises générales* sous cette mention :

(Doit) | à profits et pertes, bénéfices bruts | 10.000 fr.

Et au compte *profits et pertes* on lira :

(Avoir) | par Marchandises générales | 10.000 fr.

A l'Avoir du compte Marchandises sont inscrits les 70 000 fr. de marchandises vendues. En faisant la balance, on a d'un côté (au *débit* 80 000 — 10 000 fr., et de l'autre (à l'Avoir) 70 000 fr. Pour avoir le solde, on soustrait le total le plus faible du total le plus fort, et on inscrit la différence au solde le plus faible ; en additionnant les deux sommes, on balance le compte. Dans notre hypothèse, on aurait donc à inscrire au crédit du compte Marchandises, sous la rubrique *par balance de sortie*, 90 000 fr. *moins* 70 000 fr., soit 20 000 fr. Il y a donc un solde créditeur de 20 000 fr.

Lorsqu'au lieu de bénéfices, il a été fait des pertes — qui s'élèvent à 50 000 fr., par exemple — le crédit du compte Marchandises est plus fort que le débit; on fait les mêmes calculs que ci-dessus en sens inverse, et on se trouve en présence d'un *solde débiteur* que l'on inscrit à l'Avoir sous cette rubrique :

(Doit) | à balance d'entrée | 5 000 fr.

L'expression *balance de sortie* signifie : valeurs qui doivent *rentrer* dans le patrimoine du commerçant; *balance d'entrée* veut dire au contraire valeurs se trouvant actuellement dans le patrimoine du commerçant, mais ne lui appartenant pas en réalité et devant par conséquent en *sortir*.

La *Balance de sortie* forme un compte spécial, qui a à son *débit* les soldes *débiteurs*, c'est-à-dire tout l'*actif* du commerçant, et à son crédit les soldes *créditeurs* (le *passif*) ; la *Balance d'entrée* a, au contraire, à son *crédit* les soldes *débiteurs* et à son *débit* les soldes *créditeurs*. — Si le total des soldes créditeurs (le Doit) est supérieur à celui des soldes débiteurs (l'Avoir), qui, d'après ce que nous avons vu, représentent ce que le commerçant possède, c'est que le *passif* dépasse *l'actif* : la balance d'entrée représente donc le bilan du failli.

Lorsque l'inventaire est terminé, on établit la balance de sortie, pour l'année qui vient de s'écouler — *dont on sort;* et cette balance *retournée*, si l'on peut s'exprimer ainsi, constitue la balance *d'entrée* qui présente la situation dans laquelle le commerçant se trouve à l'entrée de la nouvelle année. De là les noms, un peu singuliers de prime abord, donnés à ces deux comptes.

§ 3. — LE LIVRE DE CAISSE

Ainsi que son nom l'indique, ce livre donne la situation de la *caisse* du commerçant. Divisé en Doit et Avoir, il établit avec la plus grande précision ce que la caisse a reçu et ce qu'elle a payé.

Pour vérifier l'état de sa caisse, le commerçant n'a qu'à faire la balance des sommes reçues (portées au débit par conséquent) et des sommes payées (portées au crédit); le solde créditeur, si le compte est juste, doit donner exactement le montant de ce qu'il y a dans la caisse.

En somme, le livre de caisse remplace, dans la comptabilité en partie simple, le compte Caisse dressé sur les livres tenus en partie double.

CHAPITRE III

SOCIÉTÉS COMMERCIALES

SECTION PREMIÈRE

Des sociétés en général

Une société est une réunion de plusieurs personnes établie en vue de réaliser certains bénéfices, par suite d'une action commune, et au moyen de ressources communes (art. 1832, C. Civ.). — Les sociétés se forment par convention, par contrat. Leurs membres sont désignés sous le nom *d'associés*.

Il y a deux principales catégories de sociétés : les *sociétés civiles* et les *sociétés commerciales*. Ces dernières sont soumises à certaines règles spéciales ; mais à défaut de règles particulières, ce sont les règles établies au code civil, pour les sociétés civiles, qui doivent être suivies. — Étudions d'abord les règles communes à toutes les sociétés.

Toute société doit avoir un objet ou but *licite*, et être contractée pour l'intérêt *commun* des parties (art. 1833, C. Civ.). — Chaque associé doit apporter soit de l'argent, soit des meubles ou des immeubles, ou même simplement son crédit ou son *industrie*, — c'est-à-dire son temps, son expérience, son habileté commerciale. (art. 1833, al. 2).

Les conventions relatives à la constitution d'une société doivent être rédigées *par écrit*, dès que leur objet est d'une valeur supérieure à 150 fr. Si donc l'acte d'une société constituée au capital de 100 000 fr., par exemple, n'était pas rédigé par écrit, la preuve par témoins ne serait point admise pour établir l'existence de la société ; mais l'aveu et le serment peuvent parfaitement suffire pour faire cette preuve, et un commencement de preuve par écrit ferait admettre la preuve testimoniale.

L'acte de société doit être dressé en autant d'originaux qu'il y a de parties (en quatre originaux, s'il y a quatre associés). Chacun des originaux doit être signé par toutes les parties. — La preuve par témoins n'est point admise contre le contenu de l'acte, ni sur ce qui serait allégué avoir été dit avant, lors ou depuis la rédaction de la convention, même s'il ne s'agit que d'une somme ou valeur moindre de 150 fr. (art. 1325 et 1834, C. Civ.).

La société commence à l'instant même de la signature du contrat, à moins de clause contraire (art. 1843, C. Civ.). Si l'acte ne limite point la durée de la société, elle est censée contractée pour *toute la vie* des associés, mais chacun d'eux peut se retirer quand cela lui convient, pourvu que ce ne soit point par malice ou à contre-temps;

par exemple, un associé ne pourrait se retirer afin de s'approprier à lui seul le profit que les associés s'étaient proposés de retirer en commun, ou alors qu'il importe que la dissolution de la société soit différée, ou bien encore à un moment où sa présence est indispensable pendant quelque temps (art. 1870). — Si au contraire la durée de la société est fixée par la convention, aucun associé ne peut se retirer que s'il a de *justes motifs* pour cela (par exemple lorsqu'une infirmité *habituelle* le rend inhabile aux affaires de la société, ou pour des raisons analogues dont le tribunal apprécie, lorsqu'il y a contestation, la légitimité et la gravité (art. 1871).

Chaque associé est débiteur envers la société de son *apport*, c'est-à-dire de tout ce qu'il a promis de faire tomber dans l'actif social ; s'il n'effectue point l'apport en argent qu'il a promis, il est de *plein droit* débiteur des intérêts de cette *somme* à compter du jour où, d'après le traité, il devait la payer. — L'associé qui prend des fonds dans la caisse sociale, doit les intérêts à compter du jour où il les en a tirés pour son profit particulier. Dans ces deux hypothèses l'associé est en outre passible de dommages-intérêts envers la société.

L'associé dont l'apport consiste en immeubles est responsable et garant de l'éviction dont, par la suite, la société viendrait à être victime relativement à l'immeuble qu'il a apporté. — Quant à celui qui n'apporte à la société que son *industrie*, il lui doit compte de tous les gains qu'il réalise en se livrant à l'industrie qui fait l'objet de la société (art. 1847).

Chaque associé est tenu envers la société des dommages qu'il lui a causés par sa faute ; il ne peut échapper à cette responsabilité sous prétexte qu'en diverses autres occasions il lui a procuré certains bénéfices (art. 1850).

Tout associé a action contre la société, non seulement à raison des sommes qu'il a déboursées pour elle, mais encore à raison des obligations qu'il a contractées de bonne foi pour les affaires de la société, et des risques inséparables de la gestion des intérêts sociaux (art. 1852).

La part dans les bénéfices ou dans les pertes est pour chaque associé en proportion de sa *mise*, de son *apport* dans le fonds social, lorsque la convention est muette sur ce point. Celui qui n'a apporté que son *industrie* a une part égale à celle de l'associé dont l'apport en argent ou en biens est le plus faible. — Le traité peut bien modifier ces proportions, donner, par exemple, la *moitié* des bénéfices à un associé qui n'a fait qu'un apport en industrie, bien que celui de ses co-associés dont l'apport réel est le plus modeste de tous n'ait qu'*un cinquième ;* mais le *contrat de société* qui donnerait à l'un des associés la *totalité* des bénéfices serait *nul*. — Il en est de même de la clause qui affranchirait l'un ou plusieurs des associés de *toute part dans les pertes*.

Quand les *mises* des divers associés sont d'égale valeur, et que leurs parts dans les bénéfices sont inégales, la répartition des pertes doit se faire, dans le cas où ce point ne serait pas fixé par le traité, non point par parties égales, mais suivant la règle établie pour la répartition des bénéfices (art. 1855).

Lorsque le contrat de société ne contient aucune clause relative au mode d'administration de la société, tout ce que l'un des associés fait est valable, même pour la part de ses co-associés, quand bien même il n'aurait point pris leur consentement, mais l'un quelconque d'entre eux a le droit de s'opposer à l'opération tant qu'elle n'est point conclue. — Chacun des associés a les pouvoirs d'un administrateur-gérant; chacun d'eux peut se servir des choses appartenant à la société, pourvu qu'il les emploie à leur destination, et qu'il ne s'en serve point contre l'intérêt de la société, ou de manière à empêcher ses associés d'en user selon leur droit; il peut obliger ses associés à faire avec lui toutes les dépenses nécessaires pour la conservation des biens de la société, mais le consentement de ses associés lui est nécessaire pour qu'il puisse entreprendre des innovations sur les immeubles de la société, alors même qu'il les soutiendrait avantageuses pour elle (art. 1859). Il ne peut non plus donner, vendre, ni engager les choses dépendant de la société, fussent-elles mobilières (art. 1860).

Chacun des membres de la société peut s'associer une tierce personne, relativement à la part qu'il a dans la société (c'est ce tiers que l'on désigne sous le nom de *croupier*), et cela que ses associés y consentent ou non, — mais il ne peut, alors même qu'il aurait l'administration de la société, associer ce tiers à la société sans le consentement de ses co-associés (art. 1861).

Dissolution des sociétés. — Les sociétés se dissolvent par l'expiration du temps pour lequel elles ont été contractées (cela ne concerne donc que les sociétés à *durée limitée*), — sans doute elles peuvent être reconstituées, mais il faut un nouveau traité; — par la perte du fond social, ou la consommation de la négociation en vue de laquelle la société a été formée; ou bien par le décès, l'interdiction, la déconfiture ou la faillite de l'un des associés, ou bien encore par la volonté qu'un seul ou plusieurs associés expriment de se retirer de la société — quand il s'agit d'une société à durée illimitée (art. 1865). Mais, dans ce dernier cas, l'associé qui veut se retirer doit notifier officiellement sa volonté à chacun de ses co-associés. — Il y a encore dissolution de la société, lorsque survient la perte de l'objet dont l'apport a été *promis* par l'un des associés, mais n'a point encore été effectué, car si l'apport a été effectué, la perte de l'objet ne dissout pas la société (art. 1867).

La mort de l'un des associés n'entraîne point non plus la dissolution de la société lorsqu'il a été convenu dans le traité que si l'un des associés venait à décéder, la société continuerait entre les associés survivants, ou bien encore entre les héritiers de l'associé décédé et les associés survivants; — dans le premier cas l'héritier a droit à la part de l'associé défunt fixée d'après la situation de la société au moment du décès, et même à une part dans les bénéfices ultérieurs provenant nécessairement des opérations conclues avant le décès; dans la seconde hypothèse, l'héritier prend la place de l'associé auquel il succède (art. 1868).

Au partage qui suit la dissolution d'une société, on applique les règles du partage des successions (règles de fond ou de forme); toutefois l'associé qui a *diverti* ou *recelé* des biens ou des valeurs dépendant de la société n'est point déchu de sa part dans les biens ou valeurs qu'il a tenté de soustraire au partage (art. 1872, C. Civ.).

Voilà les règles générales applicables en matière de société. Indiquons maintenant ce qu'il faut entendre par *société civile* et par *société commerciale*, et quelles différences existent entre ces deux catégories.

SECTION II

Les sociétés civiles

Les sociétés *civiles* sont des sociétés créées non point dans le but de faire des opérations commerciales (telles que des opérations de banque, par exemple), mais en vue de donner plus de force, plus de résistance à une entreprise utile pour chacun des associés — aussi bien au point de vue moral qu'au point de vue pécuniaire — ou susceptible de rendre des services à une population tout entière. C'est ainsi que les sociétés d'assurances *mutuelles* contre l'incendie sont des sociétés civiles, tandis que les sociétés financières sont des sociétés commerciales.

Les sociétés civiles n'ont pas la *personnalité civile*, ce qui veut dire qu'elles ne sont point considérées comme une personne abstraite, distincte des associés pris en particulier et jouissant des droits civils, mais bien comme une agrégation d'éléments divers.

Voilà le principe, mais ce principe comporte des exceptions. Les congrégations religieuses autorisées, les syndicats professionnels, les sociétés civiles reconnues d'utilité publique sont des *personnes morales*, elles ont la personnalité civile, et par suite, lorsqu'elles intentent ou soutiennent un procès, par exemple, il n'est plus besoin d'assigner au nom de tous les membres de cette société ou de poursuivre chacun d'eux, tout se fait au nom de la *société* ou contre la société, considérée comme un être particulier, *spécial*: c'est elle qui assigne ou est assignée, et parfois même aucun nom d'associés ne figure dans les pièces de procédure.

Les sociétés qui ont la qualité de personnes morales peuvent recevoir des donations et des legs; celles qui n'ont pas cette qualité ne peuvent bénéficier de ces dispositions : les legs ou donations doivent être faits aux associés eux-mêmes, non à la société.

Or, toutes les sociétés commerciales, à la différence de la plupart des sociétés civiles, sont des personnes morales.

Les sociétés commerciales peuvent être mises en *faillite*, les sociétés civiles insolvables tombent en *déconfiture*. — Les sociétés commerciales sont justiciables des tribunaux de commerce, les sociétés civiles sont justiciables des tribunaux civils.

Les contrats des sociétés civiles sont opposables aux tiers dès qu'ils ont acquis *date certaine*. Au contraire les contrats de sociétés commerciales sont assujettis à des formalités de publicité spéciales et rigoureuses, en l'absence desquelles ces conventions n'ont aucune valeur *à l'égard des tiers*.

Les membres des sociétés *civiles* ne sont point débiteurs solidaires des dettes sociales, et l'un des associés ne peut obliger ses co-associés — même lorsqu'il a contracté l'obligation au nom de la société — que s'ils lui en ont conféré le pouvoir, ou bien encore si l'affaire conclue a tourné au profit de la société; tandis que les associés des sociétés *commerciales* sont débiteurs *solidaires* — et n'ont pas besoin d'un pouvoir exprès pour s'obliger mutuellement (art. 1862 et 1864).

SECTION III

Sociétés commerciales

Il y a quatre espèces de sociétés commerciales :

1° La société en nom collectif;

2° La société en commandite;

3° La société anonyme;

4° La société à capital variable. — (Art. 19, C. Com. et loi du 24 juillet 1867.)

Nous mettons tout à fait à part la *société en participation* qui ne constitue point une personne morale et n'est point soumise aux règles de publicité édictées pour les sociétés commerciales proprement dites.

§ 1er SOCIÉTÉS EN NOM COLLECTIF

La société *en nom collectif* est celle que contractent deux ou plusieurs personnes et qui a pour objet de faire le commerce sous une *raison sociale*. — La raison sociale est formée des noms d'un ou de plusieurs des associés suivis des mots « *et Cie* », par exemple : *Durand, Brunot et Cie*. — Les noms des associés peuvent *seuls* faire partie de la raison sociale (art. 20-21, C. Com.).

Les associés en nom collectif indiqués dans l'acte de société sont obligés *solidairement* pour tous les engagements de la société, c'est-à-dire pour tous les engagements contractés sous la *signature* ou *raison sociale* par *l'un* des associés, alors même qu'il s'agirait de dettes personnelles au signataire (art. 22, C. Com.).

Le domicile de la société en nom collectif, comme celui de toutes les sociétés commerciales, est désigné sous le nom de *siège social :* il est au lieu où sont établis les bureaux de la société. — Quant à la publication des actes de société, nous en parlerons dans un paragraphe spécial.

FORMULE N° 1

Acte constitutif d'une société en nom collectif (1).

« Entre les soussignés,
» M. Ed. E..... demeurant à..... rue..... n°... d'une part,
» M. A. R..... demeurant à..... rue..... n°... de seconde part,
» Et M. V. M..... demeurant à..... rue..... n°... de troisième part,
» Il a été convenu ce qui suit :

ARTICLE PREMIER

Il est formé par les présentes, entre MM. Ed. E...., A. R..... et V. M..... une société en nom collectif ayant pour objet le commerce des produits chimiques.

ARTICLE 2.

Le siège social est établi à..... rue..... n°.....

ARTICLE 3.

» Les affaires de la société seront faites sous la raison sociale *E... R... et Cie*.

ARTICLE 4.

» La durée de la société est fixée à quatorze années, à compter du 1er mars prochain.

ARTICLE 5.

» Chacun des associés aura le droit de se servir de la signature sociale pour les affaires de la société.

ARTICLE 6.

» M. Ed. E..... apporte dans la société la somme de 40 000 fr. payable le 1er mars prochain.

(1) Les actes de société sont frappés d'un droit *gradué* d'enregistrement ; le droit est calculé d'après le montant *total* des apports mobiliers ou immobiliers, déduction faite du passif : il est de 5 fr. pour les sommes ou valeurs de 5 000 fr. et au dessous, de 10 fr. pour les sommes supérieures à 5 000 fr. mais inférieures à 10 000 fr., etc. (Voy. VIE PUBLIQUE).

» M. A. R..... apporte une somme égale payable le 1er juillet prochain.
» M. V. M..... apporte dans la société son industrie, son expérience des affaires et ses relations commerciales. Il s'engage à consacrer tout son temps et ses soins, ainsi que ses connaissances spéciales, aux affaires de la Société.

ARTICLE 7.

» Chacun des associés aura droit au tiers des bénéfices nets établis par l'inventaire annuel dressé à la fin du mois de décembre.
» Au cas où la société ferait de mauvaises affaires, chacun des associés supportera le tiers des pertes établies par le dit inventaire.

ARTICLE 8.

» Pour leurs besoins personnels, les associés prendront chacun dans la caisse sociale, le dernier jour de chaque mois, une somme de quatre cents francs.

ARTICLE 9.

» L'un des associés venant à décéder, la société sera dissoute de plein droit. Mais les associés survivants auront la faculté de prendre la suite des affaires, à la charge de verser entre les mains des héritiers de l'associé prédécédé la part à lui appartenant, et notamment le tiers des bénéfices réalisés dans l'année du décès et établis par l'inventaire dressé à la fin de cette année, le tout payable en sept années et par fractions égales, non compris les intérêts à 6 0/0.

ARTICLE 10.

» Dans le cas où, par suite de pertes, le capital social viendrait à être diminué de plus des deux tiers, la société sera dissoute de plein droit, et il sera procédé à sa liquidation par un liquidateur agréé par les trois parties sus-désignées, ou, au cas de désaccord, désigné par le président du tribunal de commerce.
» Fait triple à..... le..... mil huit cent.....

» Approuvé l'écriture,	» Approuvé l'écriture,	» Approuvé l'écriture,
» A. R.....	» Ed. B.....	» V. M.....

FORMULE N° 2

Acte portant continuation de société.

« Entre les soussignés,
» M. G. H..... demeurant à..... rue..... n°..... d'une part,
» Et M. L. N..... demeurant à..... rue..... n°..... d'autre part,
» Il a été convenu ce qui suit :
» La société en nom collectif (ou *en commandite simple* ou *en participation*, suivant les cas) constituée entre les soussignés par acte sous seing privé en date du..... et enregistré le....., pour une durée de quatre années expirant le..... prochain, continuera d'exister pendant huit années à partir de cette dernière date, et ce aux mêmes clauses et conditions que précédemment.
» Fait double à..... le..... mil huit cent.....

» Approuvé l'écriture,	» Approuvé l'écriture,
» G. H...	» L. N...

§ 2. — SOCIÉTÉS EN COMMANDITE

La société en commandite se compose d'un ou plusieurs *associés* responsables et *solidaires*, et d'un ou plusieurs *commanditaires* (associés simples *bailleurs de fonds*, désignés également parfois sous le nom d'*associés en commandite*). — Elle a une raison sociale dans laquelle doit entrer nécessairement le nom *d'un* associé au moins pris parmi les associés responsables et solidaires Ainsi « *Renault et Cie* » peut servir de raison sociale à une société en commandite, pourvu que le sieur Renault ne soit pas un simple bailleur de fonds, mais un associé responsable et solidaire (art. 23 et 25, C. Com.).

Lorsqu'il y a plusieurs associés solidaires *et en nom* — c'est-à-dire dont les noms figurent dans la raison sociale — la société est une véritable société en nom collectif *à leur égard*, tandis que pour les autres associés c'est une société en commandite (art. 24).

Le commanditaire n'est tenu des pertes que jusqu'à concurrence des fonds qu'il a mis ou dû mettre dans la société. S'il a fait un apport de 100 000 fr. il peut donc être poursuivi par les créanciers de la société jusqu'à concurrence de 100000 fr., mais pas au delà (art. 26).

Le commanditaire ne peut faire aucun acte de gestion, même en vertu d'une procuration signée par un des associés solidaires, sous peine d'être obligé lui-même *solidairement* pour les dettes et engagements *dérivés* des actes de gestion qu'il s'est permis de faire. Cette obligation solidaire s'étend à tous les engagements de la société ou à quelques-uns d'entre eux, suivant le nombre et la gravité de ces actes; le tribunal apprécie.

Ainsi donc le commanditaire ne peut se permettre d'écrire à un client pour une affaire intéressant la société; mais il peut contrôler, surveiller la gérance de la société sans encourir pour cela aucune responsabilité, et même il lui est permis de donner des avis et des conseils à ses co-associés (art. 28).

Il y a deux espèces de sociétés en commandite : 1° la société *en commandite simple* ou *par intérêt*; 2° la société en *commandite par actions*.

Nous venons d'exposer les règles de la commandite simple; avant de passer à la commandite par actions, il est bon de donner immédiatement, un modèle d'acte de société en commandite simple.

FORMULE N° 3

Acte constitutif d'une société en commandite simple.

« Entre les soussignés,

» M. Hervieu, négociant, demeurant à Paris, rue...... n°... d'une part,

» Et M. Durand, demeurant à Paris, rue....... n°... d'autre part,

» Il a été convenu ce qui suit :

ARTICLE PREMIER

» Il est formé, par les présentes, entre M. Hervieu et M. Durand une société en commandite simple ayant pour objet le commerce de vins.

ARTICLE 2.

» Le siège social est établi à Paris, rue....... n°.......

ARTICLE 3.

» La durée de la société est fixée à huit années à compter d'aujourd'hui.

ARTICLE 4.

» La société aura pour raison sociale : Durand et Cie.

ARTICLE 5.

» M. Hervieu, commanditaire de la société, apporte cent mille francs, payables : 50 000 fr. le 1er février prochain, et 50 000 fr. le 1er septembre de la même année.

M. Durand, gérant de la société, apporte son industrie et son expérience. Il s'engage à mettre au service de la société tout son temps et toutes ses connaissances.

ARTICLE 6.

» M. Hervieu aura le droit de consulter, toutes les fois qu'il le jugera convenable, la comptabilité de la société.

» M. Durand aura exclusivement la gérance de la société, et la signature sociale Durand et Cie.

ARTICLE 7.

» Les bénéfices seront partagés par moitié entre les associés ; les pertes seront supportées par eux dans la même proportion, mais, bien entendu, M. Hervieu, en sa qualité de commanditaire, ne sera tenu que jusqu'à concurrence du montant de son apport.

ARTICLE 8.

» Le dernier jour de chaque mois, M. Durand pourra prendre dans la caisse sociale, pour ses besoins personnels, la somme de cinq cents francs à valoir sur sa part dans les bénéfices annuels.

ARTICLE 9.

» A la fin de chaque année, un inventaire sera dressé par les soins de M. Durand, et copie sera adressée, dans le courant du mois de janvier de l'année suivante, à M. Hervieu.

ARTICLE 10.

» Au cas du décès de M. Durand avant l'expiration du délai fixé pour la durée de la société, la société, dissoute de plein droit, sera liquidée par un tiers désigné d'un commun accord par les héritiers de M. Durand et par M. Hervieu, ou, en cas de désaccord, par le président du tribunal de commerce.

ARTICLE 11.

» En cas de perte de plus du tiers de l'apport effectué par le commanditaire, la société sera dissoute de plein droit, et il sera procédé à la liquidation de la société par une tierce personne désignée d'un commun accord par les deux parties soussignées, ou, en cas de désaccord, par le président du tribunal de commerce.

ARTICLE 12.

» Au cas du décès de M. Hervieu, la société se dissoudra ou, si M. Durand le préfère, subsistera entre lui et les héritiers de M. Hervieu, commanditaires. — Dans la première hypothèse, il sera procédé à la liquidation de la société par une tierce personne désignée d'un commun accord par M. Durand et les héritiers de M. Hervieu, ou, en cas de désaccord, par le président du tribunal de commerce.

» Fait double à Paris, le quinze janvier mil huit cent....

» Approuvé l'écriture, » Approuvé l'écriture,

» HERVIEU. » » DURAND. »

§ 3. — SOCIÉTÉS EN COMMANDITE PAR ACTIONS

Le mot *action* est pris ici dans le sens particulier qui lui est donné en matière financière. Il signifie une *part* d'associé *transmissible* de la main à la main, ou par endossement, ou par transfert, suivant les cas, sans que l'associé qui la cède ait à demander le consentement des co-associés, à la différence de ce qui se passe quand il s'agit d'une part d'associé proprement dite (*part d'intérêt*).

Au point de vue extérieur, pour ainsi dire, les *parts d'intérêt* diffèrent principalement des *actions* en ce que leur nombre est moins considérable et leur valeur inégale. En effet, il arrive bien rarement qu'une société en commandite simple comprenne une trentaine de parts, par exemple, tandis que presque toujours le capital social d'une société montée par actions est divisé en plusieurs milliers d'actions; de plus, chaque action a la *même valeur* (500 fr., le plus souvent), tandis que généralement les *parts* sont inégales : l'un des associés aura 1/15 un autre 1/2, etc.

Pour les détails sur les coupons, les actions de jouissance, les obligations, les dividendes, nous renvoyons à la partie de cet ouvrage consacrée à la VIE FINANCIÈRE.

La société en commandite par actions est une société en commandite dont le capital social est divisé en un grand nombre d'actions presque toujours de même valeur entre elles. Lorsque le capital social ne dépasse pas 200 000 fr. les actions doivent être au moins de 100 fr.; lorsqu'il dépasse 200 000 fr. elles doivent être fixées à 500 francs *au minimum* (art. 1er, loi du 24 juillet 1867).

Lors de l'émission des actions, ceux qui désirent devenir actionnaires de la société souscrivent pour le nombre d'actions qu'ils veulent prendre aux jours fixés et aux endroits indiqués par les affiches qui annoncent l'émission et indiquent quels sont les versements qui doivent être faits comptant; les souscripteurs effectuent les versements immédiatement exigibles.

La souscription de *tout le capital social* et le versement du *quart* de ce capital doivent être constatés par une déclaration du gérant dans un acte *notarié*, déclaration à laquelle sont annexés la liste des souscripteurs, l'état des versements effectués, *l'un des doubles de l'acte de société* (1) s'il a été fait sous seing privé (car il doit être dressé *en double original*, quel que soit le nombre des associés; l'autre original est déposé au siège social), ou une *expédition* de cet acte s'il a été passé devant un notaire autre que celui qui reçoit la déclaration (même article).

Les actions ne sont négociables (transmissibles par *transfert* si elles sont *nominatives*, par *endossement* si elles sont *à ordre*) qu'après le versement du *quart* de leur valeur nominative par le souscripteur. Le propriétaire d'une action de 500 fr. par exemple, ne peut la céder qu'après avoir versé 125 fr. dans la caisse sociale (art. 2, même loi).

Il peut être stipulé — mais seulement par les statuts constitutifs de la société — que les *actions nominatives* (portant le *nom* du souscripteur) transmissibles par transfert ou par endossement, pourront, après avoir été *libérées* de *moitié*, être converties en actions *au porteur* à la suite de la délibération de l'assemblée générale des actionnaires. Mais les souscripteurs qui ont aliéné leurs actions (qu'elles soient ou non converties en actions au porteur après cette délibération) et ceux qui les ont acquises avant cette délibération, restent tenus au paiement intégral du montant de leurs actions pendant *deux ans* à partir de la délibération qui a autorisé la conversion; tandis que les personnes qui ont acquis les actions après cette délibération ne sont tenues de payer l'autre moitié du montant des actions que si ces actions sont encore en leur possession lors de l'appel de fonds (art. 3, même loi).

Lorsqu'un associé fait un apport qui ne consiste pas en *numéraire*, ou stipule à son profit des avantages particuliers, une première assemblée générale charge des actionnaires non intéressés directement de vérifier la valeur de l'apport ou la cause des avantages réclamés. — La société en commandite par actions n'est constituée qu'après *l'approbation* des apports de ce genre ou de ces avantages par une *seconde assemblée générale* précédée, au moins *cinq jours* à l'avance, de la mise à la disposition des actionnaires du rapport imprimé des vérifications désignées. — Les délibérations sont prises par la majorité des actionnaires *présents*, mais cette majorité doit comprendre le *quart* des actionnaires et représenter le *quart* du capital social en *numéraire*. — Les associés qui

(1) L'acte de société contient les *projets de statuts*, qui doivent être approuvés par chacun des souscripteurs lors de sa souscription. Les statuts indiquent notamment le chiffre du capital social, le nombre des actions, la durée de la société, etc.

En fait, les actes de sociétés en commandite par actions sont toujours dressés dans la forme notariée.

ont fait l'apport en nature ou stipulé des avantages particuliers ne peuvent voter sur la question d'approbation. Si plus tard on s'aperçoit que cette approbation n'a été obtenue qu'à l'aide de dol ou de fraudes, elle peut être annulée (art. 4, loi du 24 juillet 1867).

Dans toute société en commandite *par actions*, indépendamment du *gérant* qui est indéfiniment responsable, non révocable, et qui dirige toutes les affaires de la société, procède aux inventaires, propose les distributions de *dividendes* (bénéfices *nets* qui sont répartis entre les actionnaires), il y a un *conseil de surveillance* composé de *trois* actionnaires *au moins* et nommé par l'assemblée générale (1), immédiatement après la constitution de la société *et avant toute opération sociale*.

La première fois ce conseil n'est élu que pour *un an*; la durée du mandat est déterminée par les statuts pour les années suivantes (art. 5). Le premier conseil de surveillance doit vérifier immédiatement si les formalités prescrites par la loi pour la constitution de la société ont été remplies.

Lorsque les dispositions qui précèdent n'ont pas été observées, la société est *nulle à l'égard des intéressés*, mais elle ne l'est point à l'égard des tiers créanciers de la société. Les membres du conseil de surveillance peuvent alors être déclarés responsables avec le gérant du dommage résultant, pour la société ou pour les tiers, de l'annulation de la société, de même que les actionnaires qui ont fait des apports en nature ou stipulé des avantages particuliers non encore approuvés par l'assemblée (art. 6-8).

Mais les membres du conseil ne sont point responsables des actes de gestion du gérant, ni de leurs résultats; chacun d'eux est simplement, responsable des fautes personnelles qu'il peut commettre dans l'exécution de son mandat (art. 9). — Ils doivent vérifier les livres, la caisse, le portefeuille et les valeurs de la société. Dans un rapport annuel ils doivent signaler les irrégularités et les inexactitudes qu'ils ont découvertes dans les inventaires, et indiquer, s'il y a lieu, les motifs qui s'opposent aux distributions des dividendes proposés par le gérant. Mais, les dividendes une fois distribués, on ne peut exiger que les actionnaires les remboursent, à moins cependant que la distribution n'ait été faite en l'absence de tout inventaire ou malgré les résultats constatés par l'inventaire ; et encore cette action en répétition se prescrit-elle par *cinq ans*, à compter du jour fixé pour la distribution des dividendes.

Le conseil de surveillance peut convoquer l'assemblée générale, et, si cette assemblée y consent, provoquer la dissolution de la société. — Mais, *quinze jours* au moins avant la date fixée pour la

(1) Les assemblées générales ordinaires des sociétés en commandite par actions statuent à la majorité des voix ; toutefois l'*unanimité*, ou tout au moins une *majorité spéciale* établie par les statuts est exigée pour la modification de ces statuts précisément.

réunion des actionnaires, chacun d'eux peut prendre ou faire prendre par un fondé de pouvoirs, au *siège social*, communication du bilan, des inventaires et du rapport du conseil de surveillance (art. 13).

Pénalités édictées contre ceux qui violent les dispositions précédentes. — La violation des règles relatives à l'*émission* des actions à la *constitution* de la société, à la *conversion* des actions nominatives en actions au porteur, entraîne 500 fr. à 10 000 fr. d'amende.

Le gérant qui commence les opérations sociales avant l'entrée en fonctions du conseil de surveillance encourt la même peine.

Ceux qui, pour créer une majorité factice dans l'assemblée générale, se présentent comme propriétaires d'actions qui ne leur appartiennent pas, sont passibles, outre cette amende, de quinze jours à six mois de prison (sans préjudice d'ailleurs de tous dommages-intérêts, s'il y a lieu, envers la société ou envers les tiers). — Il en est de même pour les personnes qui ont remis les actions en vue de l'usage frauduleux dont nous venons de parler (art. 13).

La négociation d'actions *irrégulières* quant à leur *valeur* ou à leur *forme*, — ou régulières mais non encore libérées du quart, ainsi que la participation à cette négociation et toute publication de la valeur des dites actions entraînent une amende de 500 à 10 000 fr.

Les gérants qui, en l'absence d'inventaires ou au moyen d'inventaires frauduleux, ont distribué des *dividendes fictifs*, sont passibles d'une condamnation de 1 à 5 ans de prison, d'une amende variant de 50 fr. à 3 000 fr., et de la dégradation civique. — Les mêmes pénalités sont édictées contre tous individus qui, en simulant des souscriptions ou des versements, ou en publiant de mauvaise foi des souscriptions, des versements ou autres faits imaginaires, ont obtenu ou tenté d'obtenir des souscriptions ou des versements, — et aussi, contre ceux qui, pour provoquer des souscriptions ou des versements, ont *de mauvaise foi* publié les noms de personnes désignées *faussement* comme étant attachées à la société à un titre quelconque — en qualité de membres du conseil de surveillance, par exemple (art. 15).

Au cas de circonstances atténuantes, ces pénalités sont adoucies (16).

Supposons que les gérants ou les membres du conseil de surveillance commettent des irrégularités ou des escroqueries, des actionnaires représentant *le vingtième* au moins du capital social par le nombre d'actions qu'ils possèdent peuvent, *dans un intérêt commun*, charger *à leurs frais* un ou plusieurs mandataires de poursuivre les délinquants. — Du reste, chaque actionnaire peut entamer les poursuites *individuellement*, en son nom *personnel* (art. 17).

Nota. — Nous ne donnons pas de modèle d'acte de société en commandite *par actions*, parce qu'il vaut mieux, à beaucoup d'égards, faire dresser ces actes par un notaire, plutôt que de les rédiger sous seing privé.

§ 4. — SOCIÉTÉS ANONYMES

Ce qui caractérise surtout la *société anonyme* et permet de la distinguer à première vue de la société en commandite *par actions*, c'est que sa raison sociale ou plutôt sa *dénomination* — car les sociétés anonymes n'ont point de raison sociale — ne renferme le nom d'aucun des associés. La société anonyme est qualifiée par la désignation de l'objet de son entreprise, en guise de raison sociale ; ainsi : le Crédit Lyonnais, la Compagnie des chemins de fer de l'Ouest sont des sociétés anonymes.

Les sociétés anonymes peuvent être formées par un acte sous seing privé fait *en double original* (quel que soit le nombre des associés), mais en fait on emploie toujours la forme notariée. — Elles sont administrées par un ou plusieurs mandataires *à temps*, révocables, salariés ou gratuits *pris parmi les associés*. — Ces mandataires peuvent choisir *parmi eux* un *directeur*. Ils peuvent même, *si les statuts le permettent*, se substituer un mandataire étranger à la société ; mais ils sont responsables envers elle de la gestion de ce mandataire. — Les administrateurs, qui pourtant jouent le rôle du *gérant* de la société en commandite par actions, ne contractent, à raison de leur gestion, aucune obligation *personnelle* ni *solidaire* relativement aux engagements de la société (art. 32, C. Com.)

Le capital de le société anonyme se divise en actions d'une valeur égale. L'action peut être nominative ou au porteur. — La propriété des actions peut être établie par une inscription sur les livres de la société, et alors la cession s'opère par une déclaration de transfert signée de celui qui fait le transfert ou de son fondé de pouvoir (art. 34-36, C. Com.)

Pour qu'une société anonyme puisse être constituée, il faut au moins *sept* associés (art. 23, loi du 24 juillet 1867).

Tout ce que nous avons dit relativement aux émissions, conversion de titres nominatifs en titres au porteur, apports en nature et stipulations d'avantages particuliers à propos des *sociétés en commandite par actions* s'applique aux *sociétés anonymes*. Seulement la déclaration de la souscription et des versements qui doit être constatée dans un *acte notarié* est faite non plus par un gérant, mais par les *fondateurs* de la société, et elle est soumise, avec les pièces à l'appui, à la première assemblée générale qui en vérifie la sincérité (art. 24, même loi).

Lorsque l'acte qui constate la *souscription* du capital social et le *versement* du *quart* de ce capital est dressé, les fondateurs doivent convoquer les actionnaires en assemblée générale. Cette assemblée nomme les *administrateurs* qui forment le *conseil d'administration*, et en outre un ou plusieurs *commissaires de surveillance* qui peuvent ne pas être pris parmi les associés et qui sont chargés de faire un rapport à l'assemblée générale de l'année suivante sur la situation de la société, sur le bilan et sur les comptes présentés par les administrateurs.

Ces commissaires, qui jouent ici le rôle du conseil de surveillance dans les sociétés en commandite par actions, sont nommés *pour un an.*

Quant aux administrateurs, ils peuvent être nommés pour une période de *un* à *six ans*; ils sont du reste rééligibles, sauf convention contraire. Les administrateurs sont quelquefois désignés dans les statuts mêmes de la société, avec la stipulation formelle que leur nomination n'est aucunement soumise à l'approbation de l'assemblée générale; on dit alors qu'ils sont *administrateurs statutaires*, — mais ils ne peuvent être imposés par les statuts pour plus de *trois ans.*

La société anonyme n'est constituée qu'à partir de l'acceptation *formelle* des administrateurs et des commissaires présents à la réunion, acceptation constatée dans le procès-verbal de la séance (art. 25, loi de 1867).

Toute société anonyme pour laquelle l'une de ces dispositions n'a point été observée est *nulle* à l'égard des intéressés (art. 41, même loi).

Les administrateurs doivent être propriétaires d'un certain nombre d'actions déterminé par les statuts. La valeur de ces actions garantit leurs actes de gestion. — Ces actions sont nominatives inaliénables, frappées d'un timbre indiquant l'inaliénabilité et déposées dans la caisse sociale. — Les actes même exclusivement personnels d'un administrateur sont garantis par la valeur *totale* des actions déposées par *tous* les administrateurs (art. 26).

Les assemblées générales. — Il doit y avoir *une* assemblée générale au moins *chaque année*, — *assemblée générale ordinaire* — à l'époque fixée par les statuts.

Le nombre d'actions qu'il est nécessaire de posséder, soit à titre de propriétaire, soit à titre de mandataire, pour être admis dans l'assemblée, est déterminé également par les statuts, ainsi que le nombre de voix appartenant à chaque actionnaire eu égard *au nombre de ses actions.*

Mais dans l'assemblée générale appelée à vérifier les apports, à nommer les premiers administrateurs et les premiers commissaires et à vérifier la sincérité de la déclaration des fondateurs relative à la souscription et au versement, *tout actionnaire*, même le propriétaire d'*une seule* action, peut prendre part aux délibérations; d'autre part le vote d'un actionnaire ne peut compter pour plus de 10 voix, alors même que cet actionnaire possèderait les deux tiers ou les trois quarts des actions (art. 27, loi de 1867).

A toute assemblée générale, il est tenu une feuille de présence contenant les noms et domicile des actionnaires ainsi que le nombre d'actions dont chacun d'eux est porteur. Cette feuille, certifiée exacte et visée par le bureau de l'assemblée, est déposée au siège social et doit être communiquée à tout requérant.

Les assemblées qui ont à vérifier les apports et la sincérité de la déclaration des fondateurs sur la souscription et les versements, à nommer les premiers administrateurs et les premiers commissaires, doivent être composées d'un nombre d'actionnaires représentant au moins la *moitié du capital social* (et ici, dans le capital social, il ne faut pas faire rentrer les apports soumis à vérification). — Si ce nombre d'actionnaires n'est pas atteint, l'assemblée ne peut prendre qu'une décision *provisoire*; il faut convoquer une nouvelle assemblée. A cet effet, on publie *un mois* avant le jour fixé pour cette seconde réunion *deux avis*, à *huit* jours d'intervalle, dans l'un des journaux affectés aux annonces légales, faisant connaître la décision provisoire qui a été prise. — La seconde assemblée doit se composer d'un nombre d'actionnaires représentant *au moins le cinquième* du capital social (30).

Les assemblées qui ont à délibérer sur des *modifications aux statuts*, sur des propositions de continuation de la société *au-delà* du terme fixé de prime abord, ou au contraire sur des propositions de dissolution *avant* ce terme, ne délibèrent valablement que si elles sont composées d'un nombre d'actionnaires représentant au moins la *moitié* du capital social tout entier. On les désigne sous le nom d'*assemblées générales extraordinaires*.

L'assemblée générale annuelle doit nommer les commissaires; sinon, il est procédé à leur nomination par ordonnance du président du tribunal de commerce, à la requête de tout intéressé, les administrateurs dûment appelés. — Au cas d'empêchement ou de refus des commissaires nommés par l'assemblée annuelle, c'est encore une ordonnance du président du tribunal de commerce qui pourvoit à leur remplacement.

Pendant le *trimestre* qui précède l'assemblée générale annuelle, les commissaires ont le droit, toutes les fois qu'ils le jugent convenable dans l'intérêt de la société, de prendre communication des livres et d'examiner les opérations de la société ; ils peuvent toujours, en cas d'urgence, convoquer l'assemblée générale (art. 33, même loi).

Les administrateurs doivent dresser *chaque semestre* un état sommaire de l'actif et du passif de la société qui est mis à la disposition des commissaires; de plus, *chaque année*, il est établi un inventaire contenant l'indication des valeurs mobilières et immobilières, des créances et des dettes de la société.

L'inventaire, le bilan et le compte des profits et pertes sont mis à la disposition des commissaires le *quarantième* jour *au plus tard* avant l'assemblée générale annuelle ; ils sont ensuite présentés à cette assemblée pour qu'elle les approuve, mais l'approbation n'est valable que si elle a été précédée du *rapport* des commissaires sur la situation de la société (art. 34, même loi). — Tout actionnaire, dans la *quinzaine* qui précède l'assemblée générale, peut prendre au siège social communication de l'inventaire, et se faire délivrer copie du bilan et du rapport des commissaires (art. 35).

Un *vingtième* au moins des bénéfices *nets* est prélevé chaque année et affecté à la formation d'un *fonds de réserve*. Ce prélèvement cesse d'être obligatoire dès que le fonds de réserve a atteint le *dixième* du capital social (art. 36).

En cas de perte des *trois quarts* du capital social, les administrateurs doivent convoquer une assemblée générale de *tous les actionnaires* à l'effet de statuer sur le point de savoir s'il y a lieu de dissoudre la société. — S'ils ne le font point, ou si l'assemblée n'a pu se constituer régulièrement, tout intéressé peut demander aux tribunaux la dissolution de la société.

Lorsque le nombre des associés est inférieur à *sept* depuis *plus d'un an*, la dissolution de la société peut être prononcée sur la demande de toute partie intéressée.

Responsabilité des administrateurs. — Lorsque la nullité de la société est prononcée en raison de l'irrégularité de sa constitution, les *fondateurs* auxquels la nullité est imputable et les *administrateurs* en fonctions au moment où elle a été encourue, sont responsables *solidairement* envers les tiers — sans préjudice des droits des actionnaires — de toutes ses conséquences. — La même responsabilité pèse sur les associés dont les apports ou les avantages particuliers eussent dû être vérifiés et approuvés et ne l'ont point été (art. 42, loi de 1867).

Il est interdit aux administrateurs d'avoir un intérêt *même indirect* dans un marché fait avec la société ou pour son compte, à moins qu'ils n'y soient autorisés par l'assemblée générale, mais alors ils doivent rendre un compte spécial, à l'assemblée générale elle-même, de l'exécution des marchés ou entreprises par elle autorisés (art. 40).

Les administrateurs sont responsables individuellement ou solidairement, suivant les cas, soit des infractions à la loi sur les sociétés, soit des fautes qu'ils commettent dans leur gestion, notamment en distribuant ou *en laissant distribuer sans opposition* des dividendes fictifs; — au cas de distribution de dividendes fictifs ils encourent les mêmes pénalités que les gérants des sociétés en commandite par actions coupables du même délit. Du reste les pénalités que nous avons énumérées à propos des sociétés en commandite par actions s'appliquent, dans les mêmes hypothèses, lorsqu'il s'agit de sociétés anonymes (Voy. *ci-dessus*.)

Mêmes règles également en ce qui concerne la répétition des dividendes distribués et les poursuites dirigées par un groupe d'actionnaires contre les représentants de la société (art. 39, loi de 1867).

§ 5. — SOCIÉTÉS A CAPITAL VARIABLE

Nous n'avons parlé jusqu'à présent que des sociétés à *capital fixe*, (non susceptible d'augmentation ou de diminution). Mais il est des sociétés dont les statuts permettent l'augmentation du capital social par des versements successifs faits par les associés, ou par l'admission d'associés nouveaux, — ou sa diminution par la reprise totale ou partielle des apports. Ces sociétés sont désignées sous le nom de *sociétés à capital variable.* — Leur capital social ne peut être fixé par les statuts au-dessus de 200 000 fr.; mais il peut être augmenté par des délibérations de l'assemblée générale prises *d'année en année :* chacune des augmentations ne peut dépasser 200 000 fr.

Les actions des sociétés à capital variable sont *toujours nominatives*, même après leur *entière* libération; ces actions peuvent n'être que de 50 fr. (mais c'est le minimum) et on n'exige point le versement immédiat d'un quart; le versement *d'un dixième* suffit (art. 50, loi de 1867).

La négociation de ces actions ne peut avoir lieu que par voie de transfert; même les statuts peuvent donner à l'assemblée générale ou au conseil d'administration le droit de s'opposer au transfert (même article).

Le capital social peut être diminué, mais il ne peut être réduit à une somme inférieure au *dixième* de sa valeur primitive. A part cette restriction, chaque associé est libre de se retirer quand cela lui plaît, sauf conventions contraires.

L'assemblée générale a le droit de décider, à la majorité exigée pour la modification des statuts, que tels ou tels associés cesseront de faire partie de la société. — Mais tout associé qui se retire ou est exclu d'une société à capital variable est tenu pendant *cinq ans*, envers les associés et envers les tiers, de toutes les obligations existant lors de son départ.

La société à capital variable n'est point dissoute par la mort, la retraite, l'interdiction ou la déconfiture de l'un des associés : elle continue entre les autres associés (art. 54).

Les sociétés à capital variable sont constituées sous la forme de sociétés en commandite ou de sociétés anonymes, et sont soumises, en dehors des règles spéciales que nous venons d'énoncer, aux dispositions générales relatives aux sociétés à capital fixe.

Les *sociétés coopératives* sont des sociétés à capital variable.

§ 6. — PUBLICATION DES ACTES DE SOCIÉTÉ

Dans le *mois* de la constitution de *toute société commerciale*, un double de l'acte constitutif de la société, s'il est sous seing privé — ou une expédition, s'il est notarié — doit être déposé au greffe de la justice de paix et du tribunal de commerce du lieu dans lequel est établie la société. — S'il s'agit d'une société montée par actions, il faut annexer à l'acte constitutif : 1° une expédition de l'acte notarié qui constate la souscription de *tout le capital social* et le versement du *quart*; 2° une copie certifiée des délibérations prises par l'assemblée générale au sujet de l'accomplissement des formalités prescrites pour la constitution des sociétés par actions et de l'approbation des apports en nature ou des avantages particuliers. En outre, *lorsque la société est anonyme*, il faut annexer à l'acte constitutif la *liste nominative* dûment certifiée des *souscripteurs*, contenant les nom, prénoms, qualité, demeure et le nombre d'actions de chacun d'eux (art. 55, loi de 1867).

Dans le même délai *d'un mois*, un *extrait* de l'acte constitutif et des pièces annexées doit être publié dans un des journaux affectés aux annonces légales. — Il est justifié de l'insertion par un exemplaire du journal certifié par l'imprimeur, légalisé par le maire et enregistré dans les *trois mois* de sa date.

Si ces publications ne sont point faites, la constitution de la société est *nulle* à l'égard des intéressés, — mais cette nullité ne peut être invoquée par les associés contre les tiers (art. 56).

L'extrait inséré dans le journal doit contenir les noms des associés autres que les actionnaires ou commanditaires; la raison de commerce ou la dénomination adoptée par la société et l'indication du siège social; la désignation des associés autorisés à gérer, administrer et signer pour la société; le montant du capital social et le montant des valeurs fournies ou à fournir par les actionnaires ou commanditaires, l'époque où la société commence, celle où elle doit finir et la date du dépôt fait aux greffes de la justice de paix et du tribunal de commerce. — Cet extrait doit indiquer en outre si la société est en nom collectif, ou en commandite simple, ou en commandite par actions, ou anonyme, ou à capital variable. — Si la société est anonyme, l'extrait inséré doit énoncer le montant du capital social en numéraire ou en autres objets (immeubles, valeurs, etc.) et la quotité à prélever sur les bénéfices pour composer le fonds de réserve. — S'il s'agit d'une société à capital variable, il faut avoir soin d'indiquer la somme *au-dessous* de laquelle le capital social ne peut être réduit (art. 57-58).

Lorsque la société a plusieurs maisons de commerce situées dans divers arrondissements (elle a, par exemple, des succursales dans plusieurs grandes villes de France), le dépôt au greffe et la publication de l'extrait ont lieu dans chacun de ces arrondissements; mais dans les villes divisées en plusieurs arrondissements — à Paris, par exemple — un seul dépôt suffit: il doit être effectué au greffe de la justice de paix dans le ressort de laquelle est fixé le siège social (art. 59).

L'extrait des actes et pièces déposés est signé, pour les actes publics, par le notaire, pour les actes sous seing privé, par les associés en nom collectif, ou par les gérants des sociétés en commandite ou par les administrateurs des sociétés anonymes, suivant la nature de la société (art. 61).

Tous actes et délibérations ayant pour objet la modification des statuts, la continuation de la société au-delà du terme fixé pour sa durée, la dissolution avant ce terme, le mode de liquidation, le changement ou la retraite d'un ou plusieurs associés, la modification de la raison sociale, l'augmentation du capital social (dans les sociétés à capital variable), la dissolution ou la continuation de la société après la perte des trois quarts du capital social, sont soumis aux mesures de publicité exigées pour les actes constitutifs de société (dépôt au greffe et insertion dans les journaux) *sous peine de nullité* de ces différents actes (61). — Mais les retraites d'associés — autres que les gérants ou administrateurs — faisant partie d'une société à capital variable, et les augmentations ou diminutions du capital social qui se produisent normalement dans les sociétés de ce genre ne sont point assujetties à ces formalités (art. 62).

Toute personne a le droit de prendre communication des pièces relatives aux *sociétés en commandite par actions* ou *anonymes* qui sont déposées aux greffes de la justice de paix et du tribunal de commerce, et même de s'en faire délivrer *à ses frais* une expédition ou un extrait par le greffier ou par le notaire détenteur de la minute.

Toute personne peut également exiger qu'il lui soit délivré au siège social d'une société montée par actions une copie certifiée des statuts de la société, moyennant *un franc* au plus.

Les pièces déposées au greffe doivent être affichées *d'une manière apparente* dans les bureaux de la société par actions (art. 63). De plus, dans tous les actes, factures, annonces, publications et autres documents *imprimés* ou *autographiés* émanés d'une société de ce genre, la dénomination sociale doit toujours être précédée ou suivie *immédiatement* de ces mots écrits lisiblement *en toutes lettres* : « Société anonyme » ou « Société en commandite par actions », et de l'énonciation du *montant du capital social*. — Pour les sociétés à capital variable il faut ajouter les mots « *à capital variable* ». — A défaut de ces mentions, les tribunaux frappent les contrevenants d'une amende de 50 à 1 000 fr.

Nota. — L'observation que nous avons faite au sujet des modèles d'actes de société en commandite par actions doit être reproduite en matière de sociétés anonymes (Voy. *ci-dessus*).

FORMULE N° 4

Extrait fait en vue de la publication d'une société.

« Suivant acte sous seing privé dressé en triple original, signé le......, et enregistré le....., il a établi entre les soussignés,

» Ed. B... demeurant à....... rue........, n°... d'une part,

» A. R... demeurant à........ rue......... n°... d'une seconde part,

» Et V. M... demeurant à..... rue......... n°... d'une troisième part,

» Une société en nom collectif d'une durée de quatorze années, à dater du premier mars mil huit cent...., ayant pour objet le commerce des produits chimiques.

» Le siège social est fixé à... rue..... n°... et ne pourra être transporté ailleurs que du consentement des trois associés.

» La raison et la signature sociale seront : Ed. B..., A. R... et Cie.

» Chacun des associés a le droit de se servir de la signature sociale.

» L'actif social se compose de..... francs, dont..... francs apportés par M. Ed. B... et...... francs constituant l'apport de M. A. R..., M. V. M... ne faisant qu'un apport en industrie.

Il sera fait à la fin de chaque semaine un inventaire en triple original qui constatera l'état de la société à cette époque, et les bénéfices seront répartis par tiers entre les associés. Les pertes, s'il y en a, seront aussi supportées par tiers entre les associés.

La société sera dissoute, si l'un des associés le demandait, dans le cas où un des inventaires semestriels accuserait des pertes au lieu de bénéfices et si l'un des associés venait à décéder pendant le cours de la société.

» Le présent extrait certifié conforme à l'acte sous seing privé sus-mentionné par nous les trois associés soussignés.

» Approuvé l'écriture,	» Approuvé l'écriture,	» Approuvé l'écriture,
» Ed. B...	» A. R...	» V. M...

(Les extraits qui doivent être insérés et déposés en vue de la publication des autres sociétés commerciales étant tout à fait analogues, nous avons jugé inutile de donner une formule pour la société en commandite, une autre pour la société anonyme, etc.) — (1).

§ 7. — SOCIÉTÉS EN PARTICIPATION

Deux ou plusieurs personnes s'entendent entre elles pour mener une affaire particulière ou pour faire une opération de commerce spéciale (une spéculation, par exemple), mais sans prendre de raison sociale ; chacune d'elle traite avec les tiers, comme si l'affaire n'intéressait qu'elle seule. C'est là ce qu'on appelle une *société en participation*, ou bien encore une *association en participation*. Ce genre de société ne constitue point une personne morale; il n'y a ici ni raison sociale, ni siège social. Le tiers qui traite avec l'un des *participants* ne contracte avec les autres ni dette ni créance.

Les conditions d'association sont réglées le plus souvent par correspondance ou verbalement, ou encore par un simple acte sous seing privé. — L'association en participation n'est soumise à aucune mesure de publicité et à aucune des formalités prescrites pour les autres sociétés; mais son existence peut être constatée par la représentation des livres de la correspondance, ou par témoins, si le tribunal juge la preuve testimoniale admissible (art. 47-50, C. Com.).

Les associations en participation sont extrêmement fréquentes, car elles confèrent de grands avantages pratiques.

FORMULE N° 5

Acte constitutif d'une société en participation.

« Entre les soussignés,

» M. Eugène Cardon, négociant, demeurant à Marseille, rue.....

(1) Nous ferons seulement remarquer que pour les sociétés par actions, l'acte de société étant presque toujours notarié, l'extrait devra être alors ainsi rédigé : « Suivant acte reçu par Me.... et son collègue notaires à..... le..... et enregistré le..... » (*Le reste comme à la formule.*)

n°... d'une part,

» Et M. Georges Herpin, négociant, demeurant à Paris, rue..... n°... d'autre part,

» Il a été convenu ce qui suit :

ARTICLE PREMIER

» Il est établi, par les présentes, entre les deux parties, une société en participation ayant pour objet le commerce des huiles d'olive.

ARTICLE 2.

» Chacun des associés apporte dans la société son industrie, ses connaissances spéciales et ses relations commerciales. En outre, M. Cardon s'engage à mettre dans les affaires de la société une somme de..... francs et M. Herpin supportera les frais de vente et d'installation jusqu'à concurrence de la même somme.

ARTICLE 3.

» Les achats des huiles dont le commerce fait l'objet de la société seront faits par M. Cardon et sous son nom et la vente des huiles expédiées par lui à M. Herpin sera faite sous le nom de ce dernier.

ARTICLE 4.

» La société en participatien constituée par les présentes à dater du 1er janvier mil huit cent..., aura une durée de quatre années; elle durera donc jusqu'au 1er janvier mil huit cent...

ARTICLE 5.

» Les bénéfices seront partagés par moitié entre les associés. Les pertes seront supportées par eux dans la même proportion.

ARTICLE 6.

» Au cas où il ressortirait des inventaires semestriels (*par exemple*) dressés pour la première année, que les affaires de la société se soldent par des pertes, la société sera dissoute de plein droit, et il sera procédé à la liquidation par deux liquidateurs désignés l'un par le président du tribunal de commerce de Paris, l'autre par le président du tribunal de commerce de Marseille, lesquels, en cas de désaccord, s'adjoindront un tiers expert choisi par eux pour les départager.

» Fait double à..... le..... mil huit cent.....

» Approuvé l'écriture,	» Approuvé l'écriture,
» Eugène CARDON.	» Georges HERPIN.

CHAPITRE IV

LES EFFETS DE COMMERCE

La dénomination *d'effet de commerce* s'applique, dans le langage de la pratique, à la *lettre de change*, au *billet à ordre* et au *chèque*, bien qu'au point de vue juridique cette expression soit souvent inexacte quand il s'agit d'un billet à ordre ou d'un chèque, ainsi que nous le verrons.

SECTION PREMIÈRE

La lettre de change

§ 1er. — NOTIONS GÉNÉRALES

La lettre de change n'est en réalité que l'*ordre* adressé à un débiteur (actuel ou futur) par un créancier (actuel ou futur) de *payer* une somme déterminée à une *tierce personne*, à telle date.

Voici en quels termes sont conçues les lettres de change :

« *Marseille, le 25 mai 1885.*

B. P. F. 5 000 francs.

» *Veuillez payer, au 30 septembre prochain, par cette lettre de change, à M. Pierre ou à son ordre, la somme de 5 000 francs valeur reçue en compte.*

» JACQUES.

» *A M. André, banquier à Paris.* »

Jacques s'appelle le *tireur*, André le *tiré* (c'est sur lui qu'est *tirée* la lettre de change) ; Pierre est le preneur.

La lettre de change établit donc des rapports entre *trois personnes* nécessairement. — De plus pour qu'il puisse s'agir d'une lettre de change, il faut que le lieu du paiement soit autre que celui où le créancier a signé l'ordre de paiement : ainsi, dans l'hypothèse que nous supposons, le billet est tiré par une personne de Marseille sur un banquier de Paris. En effet, la loi exige que la lettre de change soit tirée *d'un lieu sur un autre;* il faut en outre qu'elle énonce la somme, à payer, le nom de celui qui doit payer, l'époque et le lieu où le paiement doit s'effectuer, la valeur fournie *en espèces* (c'est-à-dire en argent), en marchandises, ou en compte (s'il y a un compte courant entre le tireur et le tiré) ou de toute autre manière, pourvu que l'énonciation ne soit pas trop vague, — or *valeur entre nous* serait une expression insuffisante (art. 110, C. Com.).

Nous avons supposé tout à l'heure que la lettre de change était *à l'ordre d'un tiers*, mais elle peut parfaitement être à l'ordre du tireur lui-même, seulement dans ce cas elle ne constitue qu'un *projet* de lettre de change, c'est-à-dire qu'elle ne devient véritablement lettre de change qu'*après son acceptation* par le tiré et *son endossement* par le tireur *au profit d'un tiers.* — Ce qu'il faut bien remarquer, c'est que toute lettre de change doit être faite *à l'ordre de quelqu'un*, afin que cette personne puisse l'endosser, c'est-à-dire transmettre cette lettre à l'un de ses propres créanciers en écrivant simplement au dos du billet : « *Payez à l'ordre de M. X.* (le créancier supposé), *valeur reçue en compte ou en marchandises* » avec la date et la signature. — Si l'effet de commerce ne contient pas les mots à *ordre* (il est, par exemple, à personne dénommée ou au porteur), ce peut être un chèque, mais ce n'est pas une lettre de change (V. CHÈQUE).

Le créancier au profit duquel la lettre de change est endossée peut l'endosser à son tour en faveur d'une autre personne, et ainsi de suite. Mais les endosseurs d'une lettre de change sont avec le tireur garants *solidaires* de *l'acceptation* de la lettre de change par le tiré et du *paiement* de la lettre à l'échéance (art. 140, C. Com.).

Lorsqu'il y a *provision*, c'est-à-dire lorsque le tiré a reçu ou doit recevoir du tireur *avant, l'échéance* indiquée par la lettre, une somme ou des marchandises d'une valeur égale ou supérieure au montant de la lettre de change, le tiré, sous peine de s'exposer à un *protêt faute d'acceptation*, ne peut refuser d'accepter la lettre de change tirée sur lui. Aussi l'acceptation d'une lettre de change suppose-t-elle la *provision* (art. 117, C. Com.).

Celui qui accepte une lettre de change, contracte l'obligation d'en payer le montant à l'échéance, et cette obligation subsiste quand bien même le tireur serait tombé en faillite à l'insu du tiré avant que celui-ci eût accepté (art. 121).

Les formalités exigées pour la régularité de l'acceptation sont peu compliquées : le tiré met simplement sur la lettre de change qui lui est adressée par le tireur le mot « *accepté* », la date et sa signature. — L'acceptation ne peut être conditionnelle, seulement elle peut être restreinte quant à la somme acceptée (par exemple, une lettre de change de 1 000 fr. peut n'être acceptée que pour 500 fr.), mais alors le porteur est tenu de faire protester la lettre de change pour la fraction non acceptée (art. 124, C. Com.).

L'acceptation doit avoir lieu *dans les vingt-quatre heures* au plus tard de la présentation de la lettre, sous peine de dommages-intérêts envers le porteur (art. 125, C. Com.).

On dit qu'une lettre de change est *par 1re, 2e, 3e, 4e*, quand il y a plusieurs exemplaires d'une seule et même lettre, et que l'exemplaire présenté à l'acceptation du tiré est le 1er ou le 2e ou le 3e, etc. Pourquoi plusieurs exemplaires? Cela est utile notamment quand le tiré demeure au-delà des mers et que par suite l'exemplaire *unique* d'une lettre de change non acceptée courrait risque de ne point lui parvenir. Pour éviter ce danger, on envoie au tiré deux ou trois exemplaires par deux ou trois voies différentes. — D'un autre côté, le porteur a besoin d'avoir entre les mains un exemplaire de la lettre pour pouvoir l'endosser en attendant qu'il ait reçu l'exemplaire accepté. Mais lorsqu'il y a plusieurs exemplaires, il faut que chacun d'eux ait son numéro d'ordre, pour ainsi dire : sur le second exemplaire, par exemple, on indique a que la lettre de change *est par* 2e : « *Payez à..... ou à son ordre, par cette 2e lettre de change, etc...* »

Le paiement d'une lettre de change effectué sur une 2e, 3e, 4e, n'est valable que si l'exemplaire remis au tiré porte que ce paiement annule l'effet des autres exemplaires; — quant au tiré qui paie une lettre de change sur une 2e, 3e, 4e, sans retirer celle sur laquelle se trouve son acceptation, il n'est point libéré vis-à-vis du porteur de la lettre acceptée. Par conséquent le tiré doit toujours exiger de celui qui se présente à lui avec une lettre de change, l'exemplaire revêtu de son acceptation (art. 147-148, C. Com.).

Lorsque la lettre de change revêtue de l'acception est perdue, le paiement ne peut être exigé par le porteur d'un exemplaire non accepté que s'il donne caution et s'il a obtenu une ordonnance du juge (art. 151).

Une lettre de change peut être tirée *à vue*, ou à un ou plusieurs mois, à une ou plusieurs *usances de vue* (1), ou à jour fixe, — ou à jour déterminé, en foire (art. 129).

La lettre de change payable *à vue* doit être payée à sa présentation. Or, cette présentation doit avoir lieu dans les *trois mois* à compter de la date de la lettre, lorsque celle-ci est tirée d'Europe ou d'Algérie, et payable en France ou en Algérie. — Si la lettre n'est pas tirée d'Europe ou d'Algérie, le délai est de *quatre*, *six* ou *douze mois*, suivant la distance qui sépare le lieu du paiement du lieu d'où la lettre a été tirée (art. 160).

Quant à l'échéance d'une lettre de change à un ou plusieurs jours, mois ou usances *de vue*, elle est fixée non plus par la date de la lettre, mais par *la date de l'acceptation* (ou par celle du protêt faute d'acceptation, lorsque le tiré a refusé d'accepter). Par exemple, si la lettre est *à un mois de vue*, et qu'elle soit acceptée le 15 mai 1885, elle est payable le 15 juin 1885, mais *l'acceptation* doit être *demandée* au tiré dans les *trois mois* de la *date de la lettre* elle-même, ou dans les quatre, six ou douze mois, suivant les distances (mêmes délais que pour le paiement des lettres payables *à vue*).

La lettre de change doit être payée dans la monnaie qu'elle indique; ainsi le porteur peut parfaitement refuser des billets de banque, puisqu'ils n'ont plus cours forcé (art. 143).

Le porteur d'une lettre de change doit en exiger le paiement le *jour de son échéance* (mais il ne peut être contraint de recevoir le paiement avant l'échéance); si l'échéance tombe un jour férié *légal*, — un dimanche, par exemple — la lettre est payable *la veille*.

Si le porteur ne présente pas la lettre au tiré *dans les trois jours* qui suivent l'échéance, ce dernier peut déposer les fonds à la caisse des Dépôts et Consignations, et lorsque le porteur se présente chez lui, il lui remet la pièce constatant le dépôt qu'il a effectué (loi du 6 thermidor an III).

Quand la lettre a été présentée à l'échéance, et que le tiré a refusé

(1) L'usance équivaut à un délai de *trente jours; trois usances* représentent donc un terme de *90 jours.*

de payer, ou a déclaré ne pouvoir le faire, un *protêt faute de paiement* doit être dressé le lendemain du jour de l'échéance, ou le surlendemain, si le lendemain est un jour férié légal. C'est là une *obligation* pour le porteur : le porteur qui ne se présente pas à l'échéance, ou ne fait pas dresser de protêt, ne peut plus exercer aucun recours en garantie contre les endosseurs de la lettre, — ni même contre le tireur, lorsque celui-ci a fait provision chez le tiré (s'il n'a pas fait provision, il en est différemment) ; tandis que le porteur qui fait dresser le protêt faute de paiement dans le délai voulu, peut exercer son recours soit *individuellement* contre le *tireur* et chacun des *endosseurs*, soit *collectivement* contre les endosseurs et le tireur, car tous ceux qui ont signé, accepté ou endossé une lettre de change, sont débiteurs *solidaires* envers lui du montant de la lettre, des frais de protêt, etc. (art. 164).

Lorsque le porteur veut exercer un recours *individuel* contre son endosseur (celui qui a endossé la lettre à son ordre), il doit lui faire notifier par huissier le protêt faute de paiement, et l'assigner *dans la quinzaine* à partir de la date de ce protêt ; ce délai est augmenté d'un jour par douze lieues et demie au cas où l'endosseur réside dans une localité assez éloignée (art. 165).

Admettons que cet endosseur paie au porteur le montant de la lettre ; il aura recours lui-même dans un même délai de *quinze jours*, à compter du lendemain de la citation en justice, contre les endosseurs qui le précèdent (à leur égard il est porteur de la lettre), et ainsi de suite jusqu'au tireur. — Celui-ci, après avoir payé le premier endosseur, poursuivra naturellement le tiré, mais au moins les endosseurs et le porteur auront été dés intéressés. — Les recours s'exercent souvent par simple lettre avertissant du refus de paiement.

Le délai de quinzaine est porté à *un mois* quand il s'agit de lettres de change tirées de France et payables en Corse, en Algérie, ou dans les îles Britanniques, dans les Pays Bas, en Belgique, en Espagne, en Suisse, en Allemagne, en Italie ; à *deux*, *cinq* ou *huit* mois pour les lettres payables dans des pays plus éloignés, en proportion de la distance.

Il est des cas où le porteur est dispensé de dresser un protêt faute de paiement, et d'assigner les endosseurs ou le tireur : lorsque la lettre de change porte la mention *sans frais*, le porteur de la lettre doit, au cas de non-paiement, renvoyer la lettre à son endosseur ou au tireur, et il reçoit en échange le montant de l'effet ; s'il s'avisait de faire des frais de protêt, d'assignation, etc., c'est lui-même qui les supporterait, il ne pourrait exiger qu'on les lui remboursât.

Le donneur d'aval. — On appelle *donneur d'aval*, une personne qui se porte *caution* pour le paiement d'une lettre de change, c'est-à-dire qui, sans être ni endosseur, ni tireur, garantit *sur la lettre* ou *par acte séparé*, le paiement de l'effet de commerce. Sauf convention différente, le donneur d'aval est tenu *solidairement* et par les mêmes moyens que le tireur ou les endosseurs. Le porteur qui veut exercer son recours en garantie contre un donneur d'aval, lui notifie le protêt et l'assigne comme si c'était un des endosseurs de la lettre (art. 141).

Nota.—Les lettres de change sont soumises à un droit de timbre de *cinq centimes* par 100 fr. et fractions de 100 francs jusqu'à 1 000 fr., (pour une lettre de 320 fr., par exemple, il faut un timbre de 0 fr. 20). — Le droit de timbre est de 1 fr., de 1 000 à 2 000 fr., de 1 fr. 50, de 2 000 à 3 000 fr.; de 2 fr., de 3 000 à 4 000 fr.; de 2 fr. 50 de 4 000 à 5 000 fr., etc. (loi du 22 décembre 1878).

Ce droit est supporté par le tireur, qui doit mettre la date et sa signature sur le timbre mobile spécial aux effets de commerce. — Le défaut de timbre rend passibles d'une amende de 6 0/0, le tireur, le tiré, et le premier endosseur (amende *solidaire*), et enlève au porteur tout droit de recours contre les endosseurs au cas du non-paiement de la lettre.

§ 2. — LE PROTÊT

Il ressort des explications déjà données qu'il faut distinguer deux sortes de protêt : le *protêt faute d'acceptation* et le *protêt faute de paiement* ; le premier permettant au porteur d'exiger caution du tireur et des endosseurs de la lettre non acceptée; le second servant de préambule nécessaire au recours en garantie du porteur contre les endosseurs et le tireur. Mais tous les deux doivent être faits soit par un notaire, soit par un huissier (art. 173).

Le *protêt faute de paiement* contient la transcription littérale de la lettre de change, de l'acceptation, des endossements, et des recommandations qui y sont indiquées (clause *sans frais*, par exemple), la sommation de payer la lettre de change; il énonce en outre la présence ou l'absence du tiré et les motifs du refus de signer (art. 174). — Mais les protêts faits à l'étranger sont dressés dans la forme prescrite par la loi du pays.

Le notaire ou l'huissier doit laisser une copie du protêt au tiré, mais il garde l'original (art. 176).

Les lettres de change ne sont soumises à l'enregistrement que lorsqu'elles ont été protestées; le droit d'enregistrement est relativement peu élevé (0 fr. 50 par 100 fr. et fractions de 100 fr.) — (art. 10, loi du 28 février 1872).

Voici le tableau des frais qu'ont à payer les *tirés* qui se sont laissé protester :

Tarif des frais de protêts (1)

Original et Copie	1 fr. 60
Droit de copie de l'effet et transcription sur le répertoire	75
Timbre du protêt	1 » 20
Timbre du registre	40
Enregistrement	1 » 08
Soit au total	5 fr. 03

Nota. — Dans la pratique il est d'usage que le débiteur protesté paie en outre les frais de lettre occasionnés par le non-paiement à l'échéance. Bien entendu, il a aussi à payer au créancier les intérêts dûs pour retard (*intérêts moratoires*).

§ 3. — LE RECHANGE

On appelle *rechange* le recours exercé par le porteur non payé contre le tireur ou l'un des endosseurs au moyen d'une nouvelle lettre de change que l'on désigne sous le nom de *retraite*, et par laquelle il est réclamé, outre la somme figurant dans la lettre de change protestée, les frais du protêt et le *change* qu'il y a lieu de payer (Voy. VIE FINANCIÈRE). — La retraite est accompagnée *d'un compte de retour* indiquant le montant de la lettre protestée, les frais de protêt, de courtage, de timbre, la commission de banque, les frais d'affranchissement, et énonçant le nom de celui sur lequel la retraite est faite, ainsi que le prix du change.

Ce compte de retour doit être certifié par un agent de change, — par deux commerçants, dans les lieux où il n'y a pas d'agent de change. Il est accompagné de la lettre de change protestée et du protêt ou d'une expédition de l'acte de protêt (art. 181).

Le compte de retour est remboursé d'endosseur à endosseur et il est payé définitivement par le tireur (art. 182).

Le prix du change n'est point dû si le compte de retour n'est pas accompagné du certificat d'un agent de change ou de deux commerçants (art. 186). L'intérêt de la somme inscrite dans la lettre de change protestée faute de paiement est dû à compter *du jour du protêt*, tandis que l'intérêt des frais de protêt, de change, de commission, etc., n'est dû qu'à compter du *jour de la demande en justice* (art. 185).

Prescription. — Toutes les créances établies par des lettres de change se prescrivent par *cinq ans*, mais lorsque cette prescription est accomplie, le créancier a encore un moyen à sa disposition : il peut *déférer le serment* à celui qu'il poursuit, et si ce dernier refuse

(1) Nous n'indiquons ici que les frais qu'entraînent les protêts ordinaires (*protêts simples*). Pour les autres protêts qui se rencontrent plus rarement dans la pratique et dont nous ne pouvons parler ici, faute d'espace, les frais sont plus lourds. Ils s'élèvent pour les *protêts avec besoin* à 7 fr. 43, pour les protêts *de perquisition* à 13 fr. 98, etc.

de le prêter, il est condamné comme débiteur. — Lorsque le tiré est décédé et que les poursuites sont dirigées après l'expiration des cinq ans contre ses héritiers, sa veuve ou ses ayants-cause, il suffit que ces représentants du prétendu débiteur estiment de bonne foi qu'il n'est plus rien dû pour qu'ils soient libérés ; aucun serment ne peut être exigé d'eux (art. 189). — La prescription de cinq ans part du lendemain du jour où le protêt a dû être fait.

La confection d'une lettre de change est un *acte de commerce*, que le tireur soit ou non commerçant, que sa créance ait pour cause une dette *civile* (relative à une coupe de bois, par exemple) ou une dette commerciale; il en résulte que les tribunaux de commerce sont compétents pour statuer sur toutes les questions relatives aux lettres de change (Voy. TRIBUNAUX DE COMMERCE).

SECTION II

Le Billet à ordre

La lettre de change est un *ordre* donné par un créancier à son débiteur de payer une somme déterminée (1). Au contraire le billet à ordre émane du débiteur (qui est désigné par suite sous le nom de *souscripteur*), et contient une *promesse* de paiement, en même temps qu'il reconnaît l'existence d'une dette.

Voici d'ailleurs la teneur d'un billet à ordre :

« *Nancy, 25 juillet 1885.* *B. P. F. 200.*

» *Au 30 septembre prochain, je paierai à M. Albert ou à son ordre la somme de deux cent francs, valeur reçue en marchandises.* » GÉRARD.

Le billet à ordre doit être daté et énoncer la somme à payer, le nom de celui à l'ordre de qui il est souscrit, l'échéance et la valeur qui a été fournie au débiteur (*en marchandises, en espèces, en compte*, ou de toute autre manière) — (art. 188).

Pour le billet à ordre il n'y a point évidemment à s'occuper de l'existence d'une provision, ni de l'acceptation, puisque c'est le débiteur lui-même qui rédige le billet. Par suite il ne peut être question ici de *protêts faute d'acceptation.* Mais le créancier à qui le billet *à ordre* est remis a le droit de l'endosser au profit d'une tierce personne qui peut à son tour l'endosser au profit de l'un de ses créanciers, et ainsi de suite, de sorte que l'on doit appliquer au billet à ordre tout ce que nous avons dit, à propos de la lettre de change, relativement à l'échéance, à l'endossement, au donneur d'aval,

(1) La lettre de change est souvent désignée dans le langage du commerce sous le nom de *traite*, parce qu'elle est *tirée* sur quelqu'un.

à la solidarité existant entre tous les endosseurs vis-à-vis du porteur non payé, au protêt faute de paiement, au rechange, à l'enregistrement, à la clause sans frais, etc. (art. 187).

Mais tandis que la lettre de change constitue *toujours* un effet de commerce, le billet à ordre n'est de la compétence du tribunal de commerce que s'il est revêtu de la signature d'un commerçant (débiteur, créancier ou endosseur, peu importe). Si au contraire il n'est revêtu que de signatures de non-commerçants, et s'il n'a pas pour cause ou pour objet une opération de commerce (trafic, change, banque ou courtage), le tribunal de commerce est *tenu* de renvoyer l'affaire au tribunal *civil*, s'il en est requis par le signataire du billet (art. 636).

La prescription de *cinq ans* ne s'applique qu'aux billets à ordre souscrits par des commerçants et pour faits de commerce (art. 189). Les billets à ordre qui ne rentrent point dans cette catégorie ne se prescrivent que par *trente ans*.

La lettre de change n'est possible que si le lieu du paiement est autre que celui d'où la lettre est tirée; cette condition n'est point exigée pour le billet à ordre : il peut être souscrit à Paris, par exemple, et être néanmoins payable à Paris.

Pour une lettre de change, il faut supposer absolument l'existence de *trois personnes* (le tireur, le tiré et le porteur), pour le billet à ordre deux suffisent : le créancier et le souscripteur.

Mais le droit de timbre qui frappe la lettre de change frappe dans la même mesure le billet à ordre et les contrevenants sont passibles des mêmes pénalités.

SECTION III

Le Chèque

Le chèque est, comme la lettre de change, un ordre de paiement, et il est conçu d'ailleurs dans les mêmes termes. Voici en effet le teneur des chèques en blanc que délivre le Comptoir d'Escompte à ceux qui ont effectué des dépôts dans sa caisse :

Le .... 188...

Comptoir d'Escompte de Paris
14, rue Bergère, à Paris.

Payez à (1)..*la somme*
de..................
Fr......

(*Signature.*)

Mais il ne faut pas confondre le chèque avec la lettre de change.

(1) Indiquer si le chèque est *à ordre* ou *au porteur*.

Et d'abord le chèque est *toujours* payable *à vue*, à première réquisition. Le porteur d'un chèque doit en réclamer le paiement dans le délai de *cinq jours*, y compris le jour de la date, si le chèque est tiré de la place sur laquelle il est payable, — dans le délai de *huit jours*, s'il est tiré d'un autre lieu ; tandis que le porteur d'une lettre de change à vue (toujours tirée d'un lieu sur un autre, du reste) a *trois mois* pour se présenter.

Le chèque ne peut être tiré que sur un tiers ayant provision *préalable* ; l'émission d'un chèque sans provision rend le tireur passible d'une amende de 6 0/0 de la somme pour laquelle le chèque est tiré, sans que cette amende puisse être inférieure à 100 fr., et sans préjudice de peine correctionnelle, s'il y a lieu (art. 6, loi du 19 février 1874).

Les chèques sont tirés soit *au porteur* (ils sont alors transmissibles de la main à la main, comme les billets de banque), soit *à l'ordre* de telle personne (ils sont alors transmissibles *par endossement*, comme un billet à ordre ou une lettre de change), ou simplement à *telle personne* dénommée. — Lorsque c'est le déposant lui-même qui veut retirer l'argent déposé, il n'a qu'à écrire son nom après les mots *payez à*.

Mais, quelle que soit le teneur du chèque, celui qui en touche le montant doit écrire au dos du billet les mots : *Pour acquit*, la date du jour du paiement, et signer (art. 5, loi de 1874).

Les chèques tirés d'un lieu sur un autre sont assujettis à un droit de timbre de 0 fr. 20, tandis que les chèques *sur place* ne sont soumis qu'à un droit de timbre de 0 fr. 10, quel que soit leur montant (nouvelle différence dans la lettre de change) — (art. 8, loi du 19 février 1874).

L'émission d'un chèque ne constitue point par elle-même, pas plus que celle d'un billet à ordre, un acte de commerce. Mais ce que nous avons dit relativement à la garantie solidaire du tireur et des endosseurs, au protêt et à l'exercice de l'action en garantie, en matière de lettre de change, s'applique aux chèques (art. 4, loi du 14 juin 1865).

Le porteur d'un chèque qui n'en réclame pas le paiement dans le délai indiqué ci-dessus perd son recours contre les endosseurs, il ne peut plus recourir que contre le tireur, et encore ce recours n'est plus admis lorsque la provision a péri par le fait du dépositaire (le *tiré*) après le délai (art. 5, loi du 15 juin 1865).

En pratique, les maisons de banque remettent à leurs déposants des *carnets de chèques* contenant des chèques en blanc. Chaque feuille se divise en deux parties : l'une, la plus grande, est la feuille de chèque : elle doit être remise au bénéficiaire du chèque, l'autre reste fixée au carnet : c'est le *talon*, sur lequel le tireur incrit la date de l'émission du chèque et son montant.

Chèque-récépissé. — Il existe une autre sorte de chèque que l'on désigne sous le nom de *chèque-récépissé*, par opposition au chèque dont nous venons de parler et qui porte le nom de *chèque-mandat*. — Le chèque-récépissé, à la différence de ce dernier, est rédigé comme un *reçu*, et peut n'être payable qu'à une certaine époque. Il fait l'office, en somme, d'un chèque *au porteur* payable tantôt à vue, tantôt à une date fixe plus ou moins éloignée. S'il n'est point payé il n'est pas nécessaire de faire dresser un acte de protêt.

De plus, le *chèque-récépissé* payable à vue peut être présenté sans inconvénient après l'expiration des délais fixés pour la présentation du *chèque-mandat*.

SECTION IV

Escompte des effets de commerce

Dans le commerce, il est d'usage que les vendeurs fassent crédit à leurs acheteurs pendant un certain temps; ils se contentent, pour le moment, d'un billet à ordre contenant promesse de payer dans 90 jours (c'est le terme ordinaire), ou bien ils tirent une lettre de change qu'ils font accepter par leur débiteur.

La dette ainsi réglée, le créancier passe à un de ses propres créanciers l'effet de commerce qu'il a entre les mains, après l'avoir *endossé* à son ordre (c'est la transmission *par endossement*), se libérant ainsi envers lui, — ou bien, s'il a besoin d'argent, il fait *escompter* cet effet par son banquier, qui lui remet immédiatement le montant du billet, après déduction toutefois d'un droit de commission et de *l'intérêt* de la valeur nominale de l'effet pendant les 45, 60 ou 90 jours qui restent à courir jusqu'à l'échéance. — *L'escompte* n'est donc en somme que le *prêt* de la somme qui figure sur l'effet de commerce; seulement le banquier prêteur se fait payer *d'avance* les intérêts. Bien entendu l'escompteur fait endosser le billet à son ordre par son client, et s'il n'est pas payé à l'échéance, il a recours contre lui.

CHAPITRE V

LA FAILLITE

SECTION PREMIÈRE

La déclaration de faillite. — Ses conséquences

Tout commerçant qui cesse ses paiements est en état de faillite (art. 437, C. Com.).

Dès qu'un commerçant a cessé ses paiements, dans les *trois jours* il est tenu d'en faire la déclaration au greffe du tribunal de commerce (le jour de la cessation des paiements est compris dans le délai). — En cas de faillite d'une société en nom collectif, la déclaration contient le nom et le domicile de chacun des associés solidaires (438).

La déclaration du failli doit être accompagnée du dépôt du *bilan*, ou contenir l'indication des motifs qui empêchent de le déposer.

Le bilan, qui contient l'énumération et l'évaluation de tous les biens mobiliers et immobiliers du débiteur, l'état de ses créances et de ses dettes, le tableau des profits et pertes et le tableau des dépenses, doit être certifié véritable, daté et signé par le déclarant (art. 439).

FORMULE N° 1

Bilan

« Bilan du sieur Charles Dupont, mercier, demeurant à Bordeaux, rue....... n°......

ACTIF.

Immeubles.

» Un fonds de terre planté en vignes situé dans la commune de........ (Gironde) et estimé à............	10.000 fr.
Meubles et effets mobiliers.	
» Un mobilier composé de................., estimé à	5.000
» 12 couverts d'argenterie, etc. estimés à.............	250
» En caisse....................................	100
Fonds de commerce.	
» Marchandises (détailler les diverses sortes de marchandises) estimées à............................	2.000 fr.
» Clientèle et droit au bail, le tout estimé à...........	3.000
Créances (1).	
1° *Créances contre débiteurs solvables :*	
» Billet souscrit par le sieur B... à échéance du......	3.000 fr.
» Billet souscrit par le sieur R... à échéance du.......	1.000
2° *Créances contre débiteurs de solvabilité douteuse :*	
» Billet souscrit par le sieur V... à échéance du.......	150
» Créance contre le sieur C....., suivant facture à lui adressée dont le montant est de..................	75
3° *Créances contre débiteurs insolvables :*	
» Dû par le sieur G... pour fournitures suivant facture à lui adressée dont le montant est de.............	25 » 25
Au total	21.000 fr. 25

PASSIF.

Dettes privilégiées.

» Dû à M. A... propriétaire, pour loyers échus.......	900 fr.
» Dû à M. L... fabricant, suivant billet souscrit à son ordre et à échéance du...... la somme de.........	1.000

(1) Au cas où certaines créances seraient hypothécaires ou privilégiées, les séparer des créances ordinaires (*créances chirographaires*).

Dettes hypothécaires.

» Dû à M. N... rentier, suivant acte authentique constitutif d'hypothèque, en date du.... la somme de	2.000 fr.

Dettes chirographaires.

» Dû à M. M... rentier la somme de..................	20.000
» Dû à M. R... suivant facture en date du...... courant la somme de..............................	25
» Dû à M. L... tailleur pour fournitures..............	375
Etc. etc.	
Au total......	24.300 fr.

RÉCAPITULATION OU BALANCE

» Le passif s'élevant à la somme de..........	24.300 fr. 00
» et l'actif n'atteignant que..........................	21.050 » 25
» L'excédant du passif sur l'actif est de :	3.299 fr. 75

(*Indiquer ensuite les causes de la faillite et établir les dépenses personnelles: dépenses de ménage*, etc.)

» Le dit Bilan certifié véritable par le soussigné.

« Paris le..... mil huit cent....

(*Signature.*)

Après la déclaration du failli intervient un jugement du tribunal de commerce qui rend la faillite officielle : c'est le jugement *déclaratif de faillite*. Par ce jugement, le tribunal ordonne, s'il y a lieu, le dépôt du failli dans une maison d'arrêt (art. 456). Si le commerçant insolvable ne déclare pas sa faillite, l'un quelconque de ses créanciers peut le poursuivre, l'assigner en déclaration de faillite ou adresser au président du tribunal de commerce une requête tendant au même but. Bien plus, même au cas de silence des créanciers, le tribunal peut déclarer la faillite sur la réquisition du procureur de la République ou même d'office (art. 440). Quand le failli n'a pas déclaré spontanément la cessation de ses paiements il s'expose à être déclaré banqueroutier.

Le jugement déclaratif de faillite emporte *de plein droit* dessaisissement pour le failli de l'administration de tous ses biens. A partir de la date du jugement, toute poursuite intentée auparavant contre le failli doit être dirigée contre les syndics provisoires désignés par le même jugement et plus tard contre les syndics définitifs nommés par le tribunal sur le rapport du juge-commissaire (art. 443 et 462). Mais le failli n'est point incapable de contracter ni de se livrer à de nouvelles opérations commerciales.

Le jugement déclaratif de faillite — ou un jugement ultérieur — fixe l'époque de la cessation réelle des paiements ; à défaut de détermination spéciale, cette cessation est reputée avoir eu lieu le *jour du jugement déclaratif de la faillite* (441). Le jugement déclaratif de faillite et celui qui fixe la date de la cessation des paiements doivent être affichés et insérés par *extrait* dans les journaux à annonces légales tant du lieu où la faillite a été déclarée que de tous les lieux où le failli peut avoir des établissements commerciaux. C'est ainsi que les créanciers sont instruits de la faillite (art. 441—442).

Le jugement déclaratif de faillite rend *immédiatement* exigibles les dettes *à terme* du failli (art. 444).

Les actes translatifs de propriétés mobilières *à titre gratuit*, les paiements de dettes *non échues* faits soit en espèces, soit par transport, vente, compensation ou autrement, — les paiements de dettes échues faits autrement qu'en espèces ou effets de commerce, l'établissement d'une hypothèque conventionnelle, d'un droit d'antichrèse ou de nantissement, tous ces actes du failli sont *nuls* relativement à la masse des créanciers de la faillite, lorsqu'ils ont été faits *depuis* l'époque fixée comme étant celle de la *cessation des paiements*, ou *dans les dix jours* qui ont précédé cette époque. — L'hypothèque judiciaire intervenue dans cette période n'a pas plus de valeur à l'égard de la masse que l'hypothèque conventionnelle qui a pu être consentie par le failli (art. 446).

Les paiements faits en espèces ou en effets de commerce par le débiteur pour dettes *échues*, et tous autres actes *à titre onéreux* passés par lui *après* la cessation des paiements et *avant* le jugement déclaratif de faillite ne sont pas nuls de droit, mais *ils peuvent être annulés* si, lors de l'accomplissement de ces actes, ceux qui ont traité avec le failli étaient instruits de la cessation des paiements (art. 447).

Quant aux droits de privilège et d'hypothèque, appartenant à des tiers sur les biens du failli, ils peuvent être inscrits utilement en principe jusqu'au jour du jugement déclaratif de faillite. Néanmoins, les inscriptions prises *après* l'époque de la *cessation des paiements* ou *dans les dix jours* qui l'ont précédée peuvent être déclarées nulles par le tribunal, s'il s'est écoulé *plus de quinze jours* entre la date de l'acte constitutif de l'hypothèque ou du privilège et celle de l'inscription (art. 448).

Le juge-commissaire. — Il est chargé d'accélérer et de surveiller les opérations de la faillite et de faire au tribunal le rapport de toutes les contestations que la faillite pourra faire naître et qui seront de sa compétence (art. 452). — S'il estime que l'actif du failli peut être inventorié *en un seul jour*, il est immédiatement procédé à l'inventaire, et dans ce cas il n'y a pas lieu d'apposer les scellés; mais, en dehors de cette hypothèse exceptionnelle, le greffier du tribunal de commerce adresse sur le champ au juge de paix avis de la disposition du jugement déclaratif de faillite qui ordonne l'apposition des scellés. Le juge de paix appose les scellés sur les magasins, comptoirs, caisses, portefeuilles, livres, papiers, meubles et effets du failli.

Lorsque c'est une société en nom collectif qui est tombée en faillite, les scellés sont apposés non seulement au siège social mais encore au domicile de chacun des associés solidaires ; il en est de même pour les gérants des sociétés en commandite (art. 458).

Le juge-commissaire rend une ordonnance prescrivant l'avance des premiers frais de la procédure (frais du jugement, d'affichage, d'insertion dans les journaux, d'apposition de scellés, etc.), lorsque les deniers appartenant à la faillite ne suffisent pas à les payer (art. 461).

Les syndics. — Le jugement déclaratif de faillite nomme un ou plusieurs syndics *provisoires*. Le juge-commissaire convoque les créanciers présumés *dans la quinzaine* et les consulte sur la nomination de ces syndics; puis il fait son rapport au tribunal qui nomme de nouveaux syndics ou transforme les syndics provisoires en syndics définitifs.

Il peut être nommé au plus *trois syndics*. Dans les grandes villes il y a des personnes qui remplissent moyennnant rémunération les fonctions de syndics. — Aucun parent ou allié du failli jusqu'au quatrième degré *inclusivement* ne peut être nommé syndic de la faillite (art. 463 et 465). Lorsqu'il y a plusieurs syndics, ils n'agissent que *collectivement*, en principe, mais le juge-commissaire peut donner à un ou plusieurs d'entre eux l'autorisation de faire spécialement certains actes d'administration; dans ce cas les syndics autorisés sont seuls responsables de leurs actes (art. 455).

Le juge-commissaire peut, sur les réclamations du *failli* ou *des créanciers*, proposer la révocation d'un ou plusieurs syndics. Il peut même la proposer *d'office* au tribunal (art. 467).

Les syndics doivent requérir l'apposition des scellés au cas où il n'y a point encore été procédé; ils doivent, avec l'autorisation du juge-commissaire, vendre les objets sujets à dépérissement ou à dépréciation, ou dispendieux à conserver, ainsi que le fonds de commerce du failli; ils reçoivent du juge de paix les livres de commerce du failli ainsi que les effets à courte échéance ou susceptibles d'acceptation; ils ouvrent les lettres adressées au failli qui, du reste, a le droit d'assister à l'ouverture; les créances et billets échus sont reconnus par eux. Sur leur demande, le juge-commissaire peut les dispenser de faire placer sous les scellés — ou les autoriser à en faire extraire, s'ils y sont déjà — les vêtements et les meubles nécessaires au failli et à sa famille, les objets susceptibles de dépréciation ou sujets à dépérissement, et les objets servant à l'exploitation du fonds de commerce — lorsque cette exploitation ne pourrait être interrompu sans préjudice pour les créanciers du failli (art. 469).

Le juge-commissaire, d'après l'état apparent des affaires du failli placé dans une maison d'arrêt, peut proposer au tribunal de lui accorder un sauf-conduit (mise en liberté provisoire). Mais le tribunal, tout en l'accordant, peut obliger le failli à fournir caution de se représenter sous peine du paiement d'une somme fixée et devant profiter à la masse.

Si le juge-commissaire ne demande pas de sauf-conduit pour le failli, celui-ci ne peut en réclamer un au tribunal. — Que le failli ait ou non obtenu un sauf-conduit, il peut comparaître par fondé de pouvoirs, lorsqu'il est invité à se présenter, mais seulement s'il justifie de causes d'empêchement reconnues valables par le juge-commissaire (art. 472, 473 et 476).

Le failli peut obtenir pour lui et sa famille, sur l'actif de la faillite, des secours alimentaires. Ce sont les syndics qui proposent au juge-commissaire d'accorder ces secours au failli. Le juge en fixe le montant dans une ordonnance, sauf appel au tribunal de commerce en cas de contestation (art. 474).

Les syndics, après avoir requis la levée des scellés, procèdent à l'inventaire. — Dans les *quinze jours* qui suivent la nomination des syndics définitifs, le juge-commissaire doit recevoir d'eux un compte sommaire de l'état de la faillite, de ses causes et des caractères qu'elle paraît avoir. L'inventaire est fait en présence du failli, ou lui dûment appelé. Le procureur de la République peut y assister (art. 479-483). L'inventaire terminé, les marchandises, l'argent, les livres, les meubles, les titres, et les effets du débiteur sont remis aux syndics.

Les syndics peuvent transiger sur toutes les contestations intéressant la *masse* (c'est-à-dire l'ensemble des créanciers), avec l'autorisation du juge-commissaire; mais si l'objet de la transaction est d'une valeur indéterminée ou excédant 300 fr., il faut en outre l'homologation du tribunal de commerce en matière mobilière, celle du tribunal civil en matière immobilière. D'ailleurs le failli a la faculté de s'opposer à l'homologation, et même son opposition suffit pour empêcher la transaction, lorsqu'elle a pour objet des immeubles (art. 487).

Quant aux baux relatifs aux immeubles affectés au commerce du failli — y compris les locaux servant à l'habitation du failli et de sa famille — ils sont maintenus si les syndics notifient au bailleur leur intention de satisfaire à toutes les obligations qui en découlent, et notamment de payer le loyer convenu aux termes indiqués dans les baux. — Cette notification, du reste, ne peut avoir lieu qu'avec l'autorisation du juge-commissaire, et après que le failli a été entendu. — Si le bailleur s'oppose au maintien du bail, il doit former sa demande en résiliation dans les *quinze jours* qui suivent la notification à lui adressée par les syndics (art. 450).

Les syndics peuvent même, en principe, céder le bail ou sous-louer à un tiers, mais sans que la destination des lieux puisse être changée. — Si le bail contient interdiction de sous-louer, les créanciers ne peuvent faire leur profit de la location que pour le temps à raison duquel le bailleur aurait touché ses loyers par anticipation.

Mais supposons que le bail soit résilié (à l'amiable, ou sur la demande en justice du bailleur), le propriétaire a un *privilège* pour les *deux dernières années* de location échues avant le jugement déclaratif de faillite, et *pour l'année courante* (à compter de ce même jugement); tandis que si le bail, loin d'être résilié, est maintenu, le bailleur, une fois payé des termes échus, ne peut exiger le paiement des loyers en cours qu'aux époques fixées par le bail, si les sûretés qui lui ont été données lors de ce contrat sont maintenues (par exemple, l'immeuble loué reste garni de meubles qui garantissent le paiement des loyers), ou si celles qui lui sont fournies depuis la faillite sont jugées suffisantes. Lorsque, au contraire, les meubles garnissant les lieux loués sont vendus et enlevés, le bailleur a privilège non seulement pour les termes échus et l'année courante, mais encore pour *une année à échoir*, à partir de l'expiration de l'année courante (art. 550)

Les deniers provenant des ventes et des recouvrements doivent être versés immédiatement par les syndics à la caisse des dépôts et consignations, sous déduction des sommes nécessaires aux frais de la faillite, sommes fixées par le juge-commissaire. — Non seulement les syndics doivent exercer les droits du failli contre ses débiteurs, inscrire sur les immeubles de ceux-ci, au nom de la masse des créanciers, les hypothèques qui peuvent lui avoir été consenties, mais ils doivent encore inscrire sur les immeubles appartenant au failli lui-même une hypothèque en faveur de la *masse* (c'est une véritable hypothèque légale qui est donnée là aux créanciers du failli).

Droits des créanciers de la faillite. — Dès que le jugement déclaratif de faillite est prononcé, les créanciers du failli peuvent remettre au greffier du tribunal de commerce leurs titres, avec un bordereau indiquant les sommes qu'ils réclament; ils ont le droit d'exiger du greffier un reçu. — Les créanciers qui, lors de la nomination des syndics *définitifs*, n'ont pas encore produit leurs titres, sont invités par des insertions dans les journaux, ou par lettres du greffier, à se présenter en personne ou par fondé de pouvoirs aux syndics de la faillite *dans les vingt jours*, et à leur remettre leurs titres, ou bien à en effectuer le dépôt au greffe. Ce délai de vingt jours est augmenté d'un jour par 12 lieues 1/2 de distance entre le lieu où siège le tribunal et le domicile du créancier (art. 491-493).

Les créanciers sont ensuite invités, toujours par des insertions dans les journaux ou par lettres du greffier, à prendre part à la vérification des créances : on indique dans l'avertissement le lieu, le jour et l'heure fixés pour cette opération. Les créances sont vérifiées contradictoirement entre le créancier — ou son fondé de pouvoirs — et les syndics, en présence du juge-commissaire.

Si les syndics sont créanciers du failli, leurs créances sont vérifiées par le juge-commissaire lui-même. Le failli, comme les créanciers, a le droit d'assister à ces vérifications.

Le juge-commissaire peut toujours ordonner la représentation des livres du créancier (art. 493-496).

Ou la créance est admise, ou elle est contestée.

Dans la première hypothèse, les syndics déclarent *par écrit* la créance admise, le juge-commissaire vise la déclaration, et le créancier admis doit *affirmer* entre ses mains que la créance qu'il a produite est sincère et véritable (art. 497).

Au contraire la créance est-elle contestée? Le tribunal de commerce tranche les contestations sur le rapport du juge commissaire (art. 498). — Le créancier dont le privilège ou l'hypothèque (mais non la créance) est contesté, est admis dans les délibérations de la faillite comme créancier ordinaire (art. 501).

Les créanciers qui ne produisent point leurs titres dans les délaif voulus, ne sont pas compris dans la répartition de l'actif de la faillite, mais ils peuvent former opposition tant que la distribution de l'actif n'est pas terminée. Cette opposition, qui est toujours à leurs frais, du reste, ne peut suspendre l'exécution des répartitions ordonnancées par le juge-commissaire, mais s'il est procédé à de nouvelles répartitions, le tribunal fait réserver une certaine somme jusqu'à ce qu'il ait statué sur leurs oppositions. Lors même que le jugement leur est favorable, ils ne peuvent que prélever sur l'actif non encore réparti (réservé sur l'ordre du tribunal), les dividendes auxquels ils auraient eu droit s'ils avaient été admis dans les premières répartitions. L'excédant est ensuite distribué proportionnellement entre eux et les créanciers qui ont été admis aux premières distributions d'actif (art. 509).

Droits de la femme du failli. — Sous quelque régime qu'ait été formé le contrat de mariage du failli, les biens acquis par sa femme depuis le jour du mariage, lorsqu'ils ne proviennent ni de successions, ni de donations, sont présumés lui appartenir à lui, et avoir été payés de ses deniers; par suite, si la femme ne parvient pas à prouver que c'est elle-même qui a fourni les deniers, ces biens sont placés dans la masse active de la faillite.

Mais la femme du failli a parfaitement le droit de reprendre :

1° Les apports immobiliers effectués par elle ; 2° les immeubles à elle advenus depuis le mariage soit par succession, soit par donation; 3° les immeubles acquis par elle, et en son nom, au moyen de deniers provenant de donations ou successions à elle advenues, seulement il faut que l'origine des deniers soit constatée par inventaire ou tout autre acte *authentique* (acte de donation, par exemple), et que, dans le contrat d'acquisition, il ait été expressément déclaré que le bien était acquis en *emploi* de ces deniers (Voy. VIE CIVILE) — (art. 559).

Quant aux effets mobiliers (meubles meublants, bijoux, objets d'art, etc.), ils sont également considérés comme faisant partie de la masse de la faillite, à moins que la femme ne prouve qu'ils lui appartenaient en propre et qu'ils n'ont point été acquis avec les deniers du mari. Mais les syndics lui remettent, avec l'autorisation du juge-commissaire, ses vêtements et son linge.

Par exception, les effets mobiliers que la femme s'est constitués en propre par contrat de mariage ou qui lui sont advenus depuis par succession ou donation et dont l'identité est prouvée par acte *authentique* (inventaire, état de donation) ne sont point mis dans la masse, ils restent dans le patrimoine de la femme (art. 500).

Si la femme a payé des dettes pour son mari, elle ne peut se porter comme créancière de la faillite qu'à la condition de prouver qu'elle a fait usage de ses deniers à elle ; car elle est présumée s'être servie des deniers du mari (art. 562).

La femme du failli ne peut invoquer les avantages stipulés par elle dans son contrat de mariage lorsque son mari était déjà commerçant à cette époque, ou même lorsqu'il a embrassé le profession de commerçant dans l'année du mariage, étant à cette date *sans profession* (art. 564). Mais alors, les créanciers de mari ne peuvent pas non plus se prévaloir des avantages faits par la femme à son mari dans le contrat de mariage.

Dans ce même cas, l'hypothèque légale de la femme est soumise à certaines restrictions : elle ne grève que les immeubles qui appartenaient déjà au failli lors du mariage ou qui lui sont advenus depuis par succession ou donation; elle ne frappe point les immeubles acquis *à titre onéreux* par le mari depuis la célébration du mariage. — Du reste, cette hypothèque ne garantit que la restitution des deniers et effets mobiliers apportés en dot par la femme ou à elle advenus par succession ou donation (leur délivrance ou leur paiement doit être constaté dans un acte ayant date certaine), le prix de ses biens aliénés et soumis au remploi ou le bien objet du remploi, et l'indemnité des dettes par elle contractées avec son mari et dans l'intérêt de celui-ci (art. 563).

La femme dont le mari n'est devenu commerçant que dans la 2e, 3e ou 4e année de son mariage a le droit d'invoquer, lors de la faillite de son conjoint, les avantages à elle faits dans le contrat de mariage, et ses créances sont garanties par une hypothèque aussi étendue, aussi générale qu'avant la faillite. — La femme dont le mari avait déjà une profession lors du mariage est dans la même situation, même lorsqu'il s'est mis dans le commerce au cours de l'année qui a suivi le mariage.

SECTION II

Le Concordat

Le *concordat* est en somme un *traité* conclu entre le failli et ses créanciers, après que les syndics ont fait à l'assemblée des créanciers admis un rapport sur l'état de la faillite. En principe, le failli doit être présent — il ne peut se faire représenter que s'il y est autorisé par le juge-commissaire — et il est entendu.

Le concordat donne au failli de grands avantages. Dès qu'il est devenu définitif, les fonctions des syndics cessent : ils rendent compte de leurs actes au failli en présence du juge-commissaire, et ils lui remettent l'administration et la possession de tous ses biens (immeubles, meubles, livres, papiers, etc.).

Pour qu'il y ait concordat, il faut le consentement de la majorité des créanciers, et encore cette majorité doit-elle représenter les *trois quarts* de la totalité des créances vérifiées et affirmées ou admises provisoirement. — Mais les créanciers hypothécaires, privilégiés ou gagistes n'ont pas voix dans les délibérations relatives au concordat pour le montant de ces créances particulièrement garanties, à moins qu'ils ne renoncent à leur sûreté spéciale. Or, leur vote sur le concordat emporte de plein droit cette renonciation.

Lorsque le concordat, n'est consenti que par la majorité *en nombre*, ou par la majorité des *trois quarts* du passif, il est procédé, huit jours après, à un nouveau vote qui, celui-là, est définitif. (art. 507-509).

Tout créancier admis dans la faillite peut former opposition au concordat que les autres créanciers du failli veulent lui imposer, mais son opposition doit être motivée et signifiée, *dans les huit jours qui suivent le concordat*, aux syndics et au failli ; elle doit en outre les assigner à la première audience du tribunal de commerce Si l'opposition est admise, le concordat est annulé à l'égard de tous les intéressés (art. 513).

Supposons que nul créancier ne forme opposition. Le concordat n'est valable néanmoins qu'après son homologation par le tribunal de commerce. Le tribunal, avant de statuer, prend connaissance du rapport que doit lui faire le juge-commissaire sur les caractères de la faillite et sur l'admissibilité du concordat: il refuse son homologation quand l'intérêt public ou l'intérêt des créanciers lui paraît devoir être atteint par le concordat (art. 514-515).

Si l'homologation est accordée, tous les créanciers, sans exception, sont forcés de respecter le concordat, mais l'hypothèque inscrite à leur profit sur les immeubles du failli subsiste. — Les syndics doivent faire inscrire le jugement d'homologation sur les registres du conservateur des hypothèques (art. 517).

Situation du failli qui a obtenu un concordat. — Non seulement il rentre en possession de tous ses biens, mais encore il peut prendre de nouveau la direction de sa maison de commerce. Le concordat lui accorde toujours des remises partielles de dettes et en outre des délais assez considérables pour le paiement du dividende fixé (ce dividende peut-être de 60, 50, 30 et même 20 0/0). — On appelle ici *dividende* la fraction moyennant le paiement de laquelle les créanciers de la faillite tiennent quitte le failli ; cette fraction est fixée par le concordat.

Annulation du concordat. — L'annulation du concordat peut être poursuivie devant le tribunal de commerce contre le failli qui n'exécute pas les conditions qu'il lui imposait. Le concordat tombe encore soit parce que le failli a été condamné dans la suite comme banqueroutier frauduleux (Voy. *ci-dessous*), soit parce qu'il a commis des manœuvres frauduleuses pour obtenir de ses créanciers un concordat (art. 520).

Par le jugement qui prononce l'annulation du concordat ou sur le vu de l'arrêt de condamnation pour banqueroute frauduleuse, le tribunal de commerce nomme un juge-commissaire et des syndics qui dressent un inventaire et un bilan supplémentaires, et invitent par des insertions dans les journaux ou par des affiches les créanciers nouveaux à produire leurs créances dans les *vingt jours*.

Ces créances vérifiées, les créanciers votent sur le point de savoir s'il y a lieu d'accorder un nouveau concordat au failli. S'ils repoussent le concordat, ils se trouvent placés sous le régime de l'*union* et ils ont à se prononcer sur le maintien ou le remplacement des syndics (art. 522-529).

SECTION III

L'Union des créanciers

Lorsqu'il n'y a point de concordat, les créanciers sont *de plein droit* en état d'*union*. — Sous le régime de l'union les syndics représentant la masse des créanciers sont chargés de procéder à la liquidation de la faillite. Les créanciers peuvent même leur donner mandat de continuer le commerce du failli, mais pour cela il faut une majorité des *trois quarts, en nombre et en créances* : la décision ne peut être prise qu'en présence du juge-commissaire et les sommes qui doivent être laissées aux syndics pour pourvoir aux frais et dépenses de l'exploitation doivent être fixées ainsi que la durée et l'étendue du mandat qui leur est donné (532). — Mais, avant de statuer sur ce point, les créanciers ont à donner leur avis sur le maintien ou le remplacement des syndics.

La majorité des créanciers décide s'il y a lieu d'accorder au failli des secours sur l'actif de la faillite ; lorsque des secours sont accordés, c'est le juge-commissaire qui en fixe le montant (530).

Sous le régime de l'Union, les syndics, lorsqu'ils n'ont pas mandat de continuer le commerce du failli, poursuivent immédiatement la vente de tous ses biens ainsi que la liquidation de ses créances et de ses dettes sous la surveillance du juge-commissaire, sans qu'il soit besoin d'appeler le failli.

Lorsque les opérations des syndics autorisés à exploiter la maison de commerce du failli entraînent des engagements qui dépassent l'actif de l'Union, les créanciers qui ont voté pour la continuation de l'exploitation sont *seuls* tenus au-delà de leur part dans l'actif de la faillite.

Quand il y a union, les créanciers doivent être convoqués au moins une fois la première année par les syndics : ceux-ci rendent compte de leur gestion, et peuvent être remplacés sur la demande des créanciers. — Lorsque la liquidation de la faillite est terminée, les intéressés sont convoqués par le juge-commissaire ; dans cette dernière assemblée, les syndics rendent leurs comptes définitifs en présence du failli, ou lui dûment appelé, et l'union est dissoute de plein droit. Mais les créanciers sont consultés sur l'*excusabilité* du failli. Le juge-commissaire présente au tribunal un rapport sur le caractère et la circonstance de la faillite et il lui annonce que le failli a été reconnu *excusable* ou *non excusable* par ses créanciers. Le tribunal statue sur l'excusabilité du failli : le failli qui est déclaré excusable est réputé s'être conduit avec une parfaite probité (V. RÉHABILITATION).

Dès la dissolution de l'union, les syndics ne représentent plus la masse des créanciers, ou plutôt il n'y a plus de *masse* : chaque créancier reprend sa liberté d'action et peut poursuivre *individuellement* le failli.

SECTION IV

Clôture de la faillite en cas d'insuffisance de l'actif

Lorsque, avant l'homologation du concordat ou la formation de l'union, le cours des opérations de la faillite se trouve arrêté par insuffisance de l'actif du failli, le tribunal prononce *la clôture* de la faillite. Mais l'exécution de ce jugement est suspendue pendant *un mois*, afin que le failli ait le temps de justifier qu'il existe des fonds pour faire face aux opérations de la faillite, ou de faire *consigner* entre les mains des syndics une somme suffisante pour y pourvoir; bien plus, l'inventaire étant déjà commencé, le failli peut l'arrêter en faisant la justification ou la consignation dont nous venons de parler, mais au préalable les frais du jugement de clôture doivent être intégralement acquittés (art. 527-528). — Le jugement qui prononce la clôture de la faillite pour insuffisance d'actif restitue à chaque créancier le droit de poursuivre individuellement le failli qui, bien entendu, n'a plus à espérer de concordat (art. 527, al. 2)

SECTION V

Concordat par abandon de l'actif

Ce concordat produit les mêmes effets que le concordat ordinaire, en ce sens que le failli est remis à la tête de sa maison de commerce;

mais il n'est accordé par les créanciers que si le failli abandonne *immédiatement* tout ou partie de ses biens; seulement, ce qu'il y a de remarquable, c'est qu'après avoir fait cet abandon, le débiteur est tout à fait libéré, ses créanciers n'ont plus à lui réclamer de dividende. — Les biens abandonnés sont liquidés et distribués entre les créanciers, suivant les règles appliquées en cas d'union (541).

SECTION VI

Voies de recours contre les jugements rendus en matière de faillite

Le failli a *huit jours* pour former opposition au jugement déclaratif de faillite ou à celui qui fixe à une date antérieure l'époque de la cessation des paiements; tout intéressé autre que le failli ou ses créanciers a *un mois*. Ces délais partent du jour de la publication du jugement. — Quant aux créanciers de la faillite, ils peuvent former opposition jusqu'à l'expiration des délais fixés pour la vérification et l'affirmation des créances (581).

Le délai d'appel pour les jugements rendus en matière de faillite est de *quinze jours*, à compter de la signification du jugement (582). — Mais il y a certains jugements qui ne sont susceptibles d'aucune voie de recours, tels sont : les jugements concernant la nomination ou le remplacement du juge-commissaire ou du syndic, ou ceux relatifs à des recours pour le failli et sa famille, à la vente des effets et marchandises appartenant à la faillite, à l'admission provisoire des créances contestées, aux recours formés contre les ordonnances rendues par le juge-commissaire dans les limites de ses attributions (583).

SECTION VII

De la Banqueroute

Il y a deux sortes de banqueroutes : 1° la *banqueroute simple*; 2° la *banqueroute frauduleuse*. L'une — la première — fait comparaître le failli en police correctionnelle (elle constitue un *délit*), l'autre le rend justiciable de la cour d'assises (elle constitue un *crime*). — La banqueroute, en somme, c'est la faillite *aggravée*.

§ 1er — LA BANQUEROUTE SIMPLE

Est declaré banqueroutier simple tout failli se trouvant dans un des cas suivants :

1° Si ses dépenses personnelles ou les dépenses de sa maison sont jugées excessives ;

2° S'il a consommé de fortes sommes, soit à des opérations de *pur* hasard (au jeu, par exemple), soit à des opérations *fictives* de bourse ou de marchandises ;

3° Si, dans l'intention de retarder sa faillite, il a fait des achats pour revendre *au-dessous du cours* ; si, dans la même intention, il a eu recours à des emprunts, à la circulation de billets de complaisance ou à d'autres moyens *ruineux* de se procurer des fonds ;

4° Si, *après cessation de ses paiements*, il a payé un créancier au préjudice de la masse.

Maintenant voici les cas dans lesquels le failli *peut être déclaré* banqueroutier simple :

1° S'il a contracté pour le compte d'autrui, *sans recevoir des valeurs en échange*, des engagements jugés trop considérables eu égard à sa situation lorsqu'il les a contractés (il a, par exemple, signé un grand nombre de billets de complaisance) ; — 2° s'il est de nouveau déclaré en faillite sans avoir satisfait aux obligations d'un précédent concordat ; — 3° si, étant marié sous le *régime dotal* ou sous celui de la *séparation de biens* et n'étant devenu commerçant qu'après son mariage, il n'a pas remis aux greffiers des tribunaux civil et de commerce de son domicile un extrait de son contrat de mariage dans le mois qui a suivi l'ouverture de son commerce (art. 69, C. Civ.) ; — 4° si, *dans les trois jours* de la cessation de ses paiements, il n'a pas fait au greffe la déclaration exigée par la loi ou si, l'ayant faite, il s'est dispensé, sans motif valable, d'effectuer le dépôt de son bilan — ou encore si, faisant partie d'une société en nom collectif, il n'a pas mentionné dans sa déclaration les noms de tous ses associés *solidaires* ; — 5° si, sans empêchement légitime, il ne s'est pas présenté en personne aux syndics dans les cas et dans les délais fixés, ou si, après avoir obtenu un *sauf-conduit*, il ne s'est pas représenté devant le commissaire ou devant le tribunal lorsqu'il devait le faire ; — 6°, *s'il n'a pas tenu de livres* ou fait exactement les inventaires annuels, ou bien encore si ses livres ou inventaires sont incomplets, ou irrégulièrement tenus, ou s'ils n'offrent pas sa véritable situation commerciale — en admettant, bien entendu, qu'il n'y ait pas fraude, car, s'il y a fraude, c'est un cas de banqueroute *frauduleuse*.

Le procureur de la République, tout créancier de la faillite, les syndics peuvent intenter contre le failli la poursuite en banqueroute simple. Mais les syndics ne peuvent intenter cette poursuite ni se porter partie civile qu'avec l'autorisation de la *majorité individuelle* des créanciers présents à la délibération relative à cette question (art. 584-589).

Les banqueroutiers simples sont passibles d'un emprisonnement *d'un mois* à *deux ans* (art. 402, C. Pén.).

En somme, un honnête homme peut être déclaré banqueroutier simple, car l'imprudence ou l'étourderie suffit pour faire tomber dans certaines des hypothèses que nous venons d'indiquer. Au contraire la banqueroute frauduleuse n'est déclarée que si le failli s'est rendu coupable de graves indélicatesses.

§ 2. — LA BANQUEROUTE FRAUDULEUSE

Est déclaré banqueroutier frauduleux : tout failli qui a *soustrait* ses livres, *détourné* ou *dissimulé* une partie de son actif, ou qui, soit dans ses écritures, soit par des actes publics ou des engagements sous seing privé, soit par un bilan, s'est reconnu *frauduleusement* débiteur de sommes qu'il ne devait pas (exagération volontaire du passif) — (art. 591).

Le banqueroutier frauduleux est condamné aux *travaux forcés* à temps. Cette même peine frappe *tout* agent de change ou courtier tombé en faillite. — Si l'agent de change ou courtier failli est déclaré banqueroutier frauduleux, il est condamné aux travaux forcés *à perpétuité* (art. 402-404, C. Pén.).

Voilà pour le failli lui-même. Mais il y a des individus qui, sans être faillis, peuvent à l'occasion d'une faillite simple ou d'une banqueroute être punis des travaux forcés à temps, comme s'ils étaient banqueroutiers frauduleux. Tels sont : les individus convaincus d'avoir, *dans l'intérêt du failli*, soustrait, recelé ou dissimulé tout ou partie de ses biens (en un mot les *complices* du failli), les individus convaincus d'avoir *frauduleusement* présenté dans la faillite et affirmé, soit en leur nom, soit par interposition de personne, des créances *supposées* ; enfin ceux qui, faisant le commerce sous le nom d'autrui (sous le nom de leur femme, par exemple) ou sous un nom supposé, se sont rendus coupables de faits entraînant la banqueroute frauduleuse (art. 593).

Le conjoint, les descendants ou les ascendants du failli, ou ses alliés aux mêmes degrés, qui ont détourné, diverti ou recelé des effets appartenant à la faillite, *sans avoir agi de complicité avec le failli*, sont punis de un à cinq ans de prison et passibles de 10 à 500 fr. d'amende (art. 594). — Bien entendu, les coupables peuvent être condamnés en outre à des dommages-intérêts.

Quant au syndic qui se rend coupable de malversations dans sa gestion, il est passible de un à deux ans de prison, sans préjudice de tous dommages et intérêts et d'une amende considérable (art. 596).

Le créancier qui a conclu avec le failli ou *avec toutes autres personnes* un traité qui lui accorde des avantages particuliers, est puni de un an de prison et de 2 000 fr. d'amende au plus (il peut même être condamné à deux ans de prison, s'il est syndic de la faillite). Il va de soi que la convention frauduleuse est absolument nulle : son annulation peut être proursuivie soit devant un tribunal répressif, soit devant le tribunal de commerce (art. 597-599).

SECTION VIII

La Réhabilitation

La réhabilitation du failli a un caractère tout à fait spécial; aussi faut-il se garder de la confondre avec la réhabilitation ordinaire.

Le failli n'a pas le droit de porter de décoration, il ne peut être juré; il n'est ni électeur, ni éligible, il ne peut se présenter à la Bourse; il ne peut être agent de change, courtier, ou notaire; en principe, il est incapable de remplir les fonctions de témoin instrumentaire. Mais toutes ces incapacités cessent avec la réhabilitation (art. 83-613). Eh bien, les banqueroutiers frauduleux, les personnes condamnées pour vol, escroquerie ou abus de confiance, les stellionataires (c'est-à-dire ceux qui ont vendu ou hypothéqué un bien dont ils savaient n'être pas propriétaires, ou présenté comme libres de toutes charges — ou de charges moindres que celles existant en réalité — des immeubles grevés d'hypothèques); les tuteurs, administrateurs ou autres comptables (comptables des deniers publics, par exemple) qui n'ont pas rendu et soldé leurs comptes ne peuvent être réhabilités. Les faillis qui rentrent dans cette catégorie ne peuvent pas non plus être déclarés *excusables*. — Quant au banqueroutier simple, il peut être réhabilité, mais il faut qu'il ait subi la peine à laquelle il a été condamné (art. 612). — Le failli peut être réhabilité, même après sa mort (art. 614).

Que doit faire le failli qui veut se faire réhabiliter?

Il doit d'abord acquitter, en capital, intérêts et frais, toutes les sommes par lui dues, *même celles dont il a pu être libéré par un concordat* (art. 604).

Cela fait, il adresse à la Cour d'appel une requête contenant sa demande en réhabilitation, en y joignant les quittances et autres pièces justificatives des paiements qu'il a effectués. Le procureur général envoie des expéditions de cette requête au procureur de la République et au président du tribunal de commerce de la ville où la faillite a été déclarée, en les priant de se renseigner sur la vérité des faits exposés dans la demande. Des copies de cette requête sont affichées, par les soins du procureur de la République et du président du tribunal de commerce, dans les salles d'audience du tribunal civil et du tribunal de commerce à la Bourse et à la mairie pendant *deux mois;* cette même requête est insérée dans un journal d'annonces légales, afin que les créanciers du failli soient informés de la demande du failli. — Tout créancier non payé ou payé en partie seulement peut former opposition à la réhabilitation par acte d'avoué en appuyant sa réclamation des pièces justificatives (art. 606-609). — Le délai de *deux mois* expiré, le procureur de la République et le président du tribunal de commerce transmettent les renseignements qu'ils ont recueillis, les oppositions qui ont pu être formées, en joignant leur avis sur la demande en réhabilitation, au procureur général, lequel saisit de l'affaire la Cour d'appel. — Si l'arrêt de la Cour admet la demande en réhabilitation, il est transmis au procureur de la République et au président du tribunal de commerce. Le tribunal civil et le tribunal de commerce en donnent publiquement lecture et le font transcrire sur leurs registres. — Si au contraire la Cour n'accorde pas la réhabilitation, le failli ne peut reproduire sa demande qu'*un an* après (art. 609-611).

FORMULE N° 2

Requête à fin de réhabilitation

« A Monsieur le Président,

» A Messieurs les conseillers de la Cour d'appel d'Angers,

» Le soussigné Georges, Alexis Moltain, quincaillier, demeurant à Segré, rue...... n°...

» A l'honneur d'exposer :

» Qu'il a été déclaré en faillite par jugement du tribunal de Segré en date du..... à la suite de circonstances absolument indépendantes de sa gestion, et notamment par suite de la faillite de plusieurs de ses débiteurs;

» Qu'à la suite de l'examen de sa comptabilité et de sa situation, il lui a été accordé un concordat;

» Que plusieurs mois après, ses affaires s'étant rétablies, il a pu payer intégralement tous ses créanciers en capital et intérêts, et rembourser tous les frais de la faillite, ainsi qu'il appert des quittances annexées à la présente requête.

» En conséquence il vous demande, Messieurs, de vouloir bien prononcer sa réhabilitation.

» Fait à Segré le..... mil huit cent.....

» Georges MOLTAIN.

CHAPITRE VI

BOURSES DE COMMERCE

Les Bourses de commerce sont des lieux de réunion pour les commerçants. C'est là que se traitent tous les jours la plupart des affaires commerciales. — Les Bourses de commerce sont créées par décret du président de la République.

Dans chaque Bourse il faut distinguer, : la *Bourse des effets publics* (qui se tient à Paris de midi à trois heures) de la *Bourse des marchandises* (de trois à cinq heures).

Les négociations des *effets publics* (rentes sur l'État) et *autres valeurs susceptibles d'être cotées* ne peuvent être faites que par l'intermédiaire des agents de change (Voy. VIE FINANCIÈRE), qui se tiennent dans un endroit à eux réservé et désigné sous le nom de *corbeille*. — Quant aux affaires commerciales proprement dites (ventes et achats de marchandises), elles sont traitées soit par l'intermédiaire des courtiers qui constatent *approximativement* le cours des marchandises (c'est le *cours* de la Bourse), soit directement par les négociants eux-mêmes.

Les faillis, les femmes, les mineurs ne peuvent entrer à la Bourse.

Nous parlerons ailleurs des agents de change (1), mais il convient de déterminer immédiatement les attributions des *courtiers*.

CHAPITRE VII

LES COURTIERS DE COMMERCE

Il y a deux catégories de courtiers. Dans la première il faut ranger ceux qui ont un monopole, c'est-à-dire ceux dont l'intermédiaire est nécessaire pour la conclusion de certaines affaires : tels sont les *courtiers d'assurances*, les *courtiers interprêtes et conducteurs de navires* (2), et les *courtiers gourmets-piqueurs de vins* (que nous nous contenterons de citer car ils n'existent qu'à Paris; ils servent d'intermédiaires pour le commerce des vins). — Dans la deuxième rentrent les courtiers de marchandises *inscrits* et les courtiers non-inscrits.

Première catégorie. — Les *courtiers d'assurances* servent d'intermédiaires pour la conclusion des contrats d'assurances maritimes ou fluviales; ils rédigent les *polices d'assurances* — les notaires peuvent le faire également, du reste — ils en attestent la vérité par leur signature et certifient le taux des *primes* d'assurances (art. 77).

Les courtiers interprêtes et *conducteurs de navires* servent d'interprètes aux commerçants et marins étrangers en cas de contestation et pour le service des douanes; ils traduisent les *déclarations*, *connaissements*, etc., ils servent d'intermédiaires pour la location de navires et constatent le cours du *fret* ou prix de location (art. 80).

On peut cumuler les fonctions d'agent de change, de courtier d'assurances et de courtier interprête.

Lorsque ces courtiers font faillite, ils sont punis comme banqueroutiers frauduleux ; s'ils sont banqueroutiers frauduleux, ils sont condamnés aux travaux forcés à perpétuité — comme les agents de change (art. 404, C. Pén.; art. 89, C. Com.). Il ne peuvent sous aucun prétexte faire des opérations de commerce pour leur compte,

(1) Voy. Vie Financière.

(2) *Conducteur* a ici le sens *d'affréteur*.

sous peine de destitution et d'une amende de 3 000 fr. au moins (sans compter les dommages-intérêts). Ils doivent tenir très régulièrement leur livre-journal *sans abréviations ni chiffres* (à la différence du livre-journal ordinaire).

Tous ces courtiers ont droit de présenter leurs successeurs au gouvernement, mais ils ne peuvent prendre des associés.

Deuxième catégorie. — Il y a deux sortes de *courtiers en marchandises* : les *inscrits*, les *non-inscrits*.

Certains courtiers sont *inscrits* sur une liste dressée par le tribunal de commerce. A cet effet, ils doivent présenter un certificat délivré par le maire, justifier de leur capacité professionnelle par l'attestation de cinq commerçants, enfin payer un droit d'inscription variant suivant l'importance de la place de commerce où ils s'établissent (ce droit peut aller jusqu'à 3 000 fr.). — Les courtiers en marchandises inscrits ont *seuls* le droit de procéder aux ventes *publiques* de marchandises *aux enchères* et *en gros*, et d'estimer les marchandises déposées dans les *magasins généraux* (Voy. MAGASINS GÉNÉRAUX); mais ils sont soumis à la juridiction d'une chambre de discipline désignée sous le nom de *chambre syndicale*, et ils doivent *prêter serment* devant le tribunal de commerce (loi du 18 juillet 1866).

Tout commerçant peut être courtier en marchandises *non inscrit*, car depuis 1866 cette profession est libre (ni serment, ni règlements disciplinaires). Mais nous venons d'indiquer à quelles opérations les courtiers de marchandises non-inscrits ne peuvent procéder.

Inscrit ou non inscrit, le courtier en marchandises n'est point un officier public (il n'est pas nommé par décret); s'il tombe en faillite simple. il n'est point passible des peines de la banqueroute. Mais il doit prévenir les clients auxquels il sert d'intermédiaire lorsqu'il est intéressé dans l'affaire qu'ils concluent par ses soins sous peine de 500 à 3000 fr. d'amende — sans préjudice des dommages-intérêts.

CHAPITRE VIII

LES MAGASINS GÉNÉRAUX
LE GAGE COMMERCIAL

SECTION PREMIÈRE

Organisation et but des Magasins généraux

Les magasins généraux ou *docks* sont de grands magasins, des entrepôts où les négociants déposent leurs marchandises contre des récépissés énonçant, outre leurs nom, profession et domicile, la nature des marchandises déposées, et des indications permettant d'en établir l'identité ainsi que la valeur. — A chaque récépissé est annexé un bulletin de gage, désigné sous le nom de *warrant*, qui contient les mêmes indications que le récépissé. Or les récépissés et les warrants peuvent être transférés par voie d'endossement *ensemble* ou *séparément*; mais l'endossement du warrant *seul* au profit d'une personne vaut pour elle *nantissement* des marchandises déposées dans les magasins généraux, tandis que l'endossement du récépissé *seul* transfère au cessionnaire la propriété même de ces marchandises, à la charge de payer la créance garantie par le warrant ou d'en laisser payer le montant sur le prix de vente de la marchandise. — Quand le déposant n'a pas donné ses marchandises en gage, il remet à celui qui les lui achète le récépissé et le warrant (art. 1-3, loi du 28 mai 1858).

L'endossement du warrant doit énoncer la date, le montant de la créance garantie (en capital et intérêts), la date de l'échéance et les nom, profession et domicile du créancier. Le créancier, dès qu'il a le warrant entre les mains, doit le faire transcrire sur les registres du magasin général, autrement son gage ne serait point opposable aux tiers.

Le porteur du récépissé peut ne point connaître le porteur du warrant et désirer dégager les marchandises données en gage en payant la créance ; pour cela, il lui suffit de consigner au magasin général la somme due au possesseur du warrant (avec les intérêts jusqu'à l'échéance) ; ce paiement effectué, il peut retirer les marchandises du magasin général.

A défaut du paiement de la créance garantie par le warrant, le créancier porteur du warrant peut faire procéder *huit jours après le protêt* à la vente publique *en gros* des marchandises par un courtier inscrit (Voy. VENTES PUBLIQUES), et il est payé sur le prix par préférence à tous créanciers de l'ex-propriétaire des marchandises, sauf déduction préalable des droits fiscaux (droits de douane, taxes d'octroi, etc.) et des frais de vente, de magasinage, etc. L'excédant du prix sur la somme due au porteur du warrant est remis au porteur du récépissé; si ce dernier ne se présente pas, l'argent est déposé dans la caisse du magasin général (art. 3-8, loi du 28 mai 1858).

L'ouverture d'un magasin général ne peut avoir lieu qu'en vertu d'une *autorisation du préfet*, après avis de la chambre de commerce (à son défaut, le préfet demande l'avis de la chambre consultative ; à défaut de l'une et de l'autre, celui du tribunal de commerce). — Cet avis doit être donné dans le délai de *huit jours*, à compter de la communication faite à la chambre de la demande d'autorisation présentée au préfet par la personne ou par la société commerciale, industrielle ou financière qui désire créer des magasins généraux (art. 1er, loi du 31 août 1870). — La personne ou la société autorisée à fonder des magasins de ce genre doit verser un cautionnement de 20 000 à 100.000 fr. (la somme est fixée par le préfet) qui peut au reste être fourni en valeurs sérieuses (en rentes sur l'État, par exemple), ou remplacé par une première hypothèque (art. 2, même loi). — Ce cautionnement est une garantie donnée aux déposants.

Les warrants sont reçus par les banques et autres établissements de crédit comme des effets de commerce ordinaires (art. 11, loi du 28 mai 1858.)

SECTION II

Prêts sur marchandises

Les administrations des magasins généraux ont le droit de prêter sur gage : le négociant dépose dans leurs magasins des marchandises contre lesquelles le magasin lui prête une certaine somme ; il lui est délivré un récépissé qu'il garde et un warrant qu'il endosse au profit du magasin dépositaire ; s'il ne paie pas à l'échéance, l'administration — ou la personne au profit de laquelle elle a endossé le warrant — fait vendre aux enchères les marchandises déposées (art. 3, loi du 31 août 1840).

Nota: — Les magasins généraux ne donnent point seulement de grands avantages au point de vue du crédit ; ils dispensent aussi le négociant d'avoir des locaux pour mettre ses marchandises, et surtout ils lui épargnent tous risques, car l'administration du magasin général répond, vis-à-vis des porteurs de récépissés et de warrants, de tous les risques que les marchandises déposées peuvent courir.

SECTION III

Le gage commercial

Jusqu'ici nous n'avons parlé que de constitutions de gage ayant pour objet des marchandises déposées dans les magasins généraux. Mais le commerçant qui a besoin d'argent peut recourir à d'autres modes d'engagement. — Avant de les énumérer, il convient d'indiquer les différences pratiques qui séparent le gage *commercial* du gage ordinaire ou gage *civil*.

Et d'abord, tandis qu'en matière excédant 150 fr. le gage civil ne peut être prouvé que par écrit, la preuve testimoniale est parfaitement admissible quand il s'agit d'établir l'existence d'un contrat de gage conclu entre commerçants, relativement à leur commerce (gage commercial, par conséquent).

D'un autre côté, — et c'est ici surtout qu'éclate la différence des effets produits respectivement par le gage civil et par le gage commercial — tandis que le créancier gagiste ordinaire ne peut, à défaut de paiement, vendre ou s'approprier l'objet qui lui a été donné en gage, à moins qu'il n'y soit autorisé par un *jugement* (Voy. VIE CIVILE), le créancier muni d'un gage commercial peut, à défaut de paiement à l'échéance, faire procéder à la vente aux enchères publiques de son gage sans aucune autorisation judiciaire. Pour cela, il lui suffit d'adresser par huissier une signification à son débiteur (et au tiers détenteur du gage, s'il y en a un), et *huit jours* après l'accomplissement de cette formalité la vente peut avoir lieu (art. 93, al. 1er, C. Com.).

Maintenant, quels objets, quelles valeurs les commerçants peuvent-ils donner en gage, en dehors de leurs marchandises?

Tous les *effets de commerce* (traites, billets à ordre, ou autres valeurs négociables, telles que : actions, obligations, parts d'intérêt dans les compagnies industrielles, financières, commerciales ou civiles) *nominatifs* ou *au porteur* peuvent être constitués en gage. — Les effets de commerce donnés en gage sont recouvrables par le créancier gagiste (art. 91, al. 2 et 5).

Quant aux créances mobilières (valeurs non négociables), elles ne sont valablement cédées en gage *à l'égard des tiers* que par la signification du transport au débiteur. — Ici on applique les règles du gage civil (art. 91, al. 4).

A l'égard des valeurs négociables, le gage peut être établi par un simple *endossement* par lequel le débiteur qui donne la valeur en gage indique que cette valeur est *remise en garantie* à M..... (le *créancier-gagiste*) (1). — C'est là un mode spécial aux valeurs négociables.

A l'égard des actions, obligations et parts d'intérêt *nominatives* (valeurs dont l'aliénation ou la translation donne lieu à la formalité du transfert) le gage peut être établi par un simple transfert *à titre de garantie* inscrit sur le registre des transferts (art. 91, al. 3.)

Nota. — Toute clause qui autoriserait le créancier à s'approprier le gage ou à en disposer sans procéder à la signification dont il a été parlé ci-dessus, ou sans attendre l'expiration du délai de huitaine, serait absolument nulle (art. 93, al. 4.)

Suivant que les objets ou valeurs constitués en gage sont des effets publics ou susceptibles d'être cotés à la Bourse, ou bien au contraire des valeurs ne rentrant pas dans cette catégorie, la vente publique (à défaut de paiement à l'échéance) est faite par ministère d'agent de change ou par des courtiers (Voy. *ci-dessous*).

(1) On écrit au dos du billet : « Payez à l'ordre de M... *pour nantissement.* (Date et signature.)

CHAPITRE IX

VENTES DE MARCHANDISES AUX ENCHÈRES PUBLIQUES

La vente aux enchères publiques de marchandises *neuves* n'est permise *qu'en gros*; la vente aux enchères publiques *au détail* (c'est-à-dire par lots évalués à moins de 500 fr.) est prohibée. — Cependant pour les ventes publiques après protêt de warrant, on admet des lots évalués à 100 fr. seulement (art. 2 du décret du 30 mai 1863).

Ces ventes aux enchères de marchandises neuves sont réservées aux courtiers *inscrits*; elles ont lieu soit à la *Bourse*, soit dans un *local spécial*, soit même *sur place* (c'est-à-dire dans les magasins où sont les marchandises) si les marchandises ne peuvent être déplacées sans préjudice (art. 20, décret du 30 mai 1863).

La vente volontaire aux enchères, *en gros*, de toutes les marchandises *exotiques* destinées à la réexportation et des marchandises telles que : produits chimiques, pharmaceutiques, bestiaux, betteraves, beurre, bière, biscuits, argent non ouvré, eaux minérales, fruits, goudrons, engrais, vins, etc., etc. (Voy. tableau annexé à la loi du 30 mai 1863), a lieu sans qu'il soit besoin d'aucune autorisation du tribunal de commerce. — Pour la vente aux enchères des autres marchandises, au contraire, cette autorisation est nécessaire. D'ailleurs les tribunaux de commerce peuvent l'accorder toutes les fois que cela leur paraît nécessaire, notamment après décès ou cessation de commerce (loi du 3 juillet 1861). L'autorisation doit être demandée par *requête*, et un état *détaillé* des marchandises à vendre doit être joint à la demande.

Tous les renseignements relatifs aux ventes publiques de marchandises doivent être donnés par annonces dans les journaux et par affiches apposées à la Bourse, à l'endroit où la vente doit avoir lieu et à la porte du local où sont disposées les marchandises, au *moins trois jours à l'avance;* et le public doit être admis à examiner les marchandises au moins *deux jours à l'avance*, à moins que le président ne dispense de cette exposition (art. 2, décret du 30 mai 1863).

Le droit d'enregistrement pour les ventes publiques en gros est de 0 fr. 10 par 100 fr. — Le droit de courtage est fixé par le ministre du commerce pour chaque localité, mais il ne peut excéder le droit dû dans la vente de *gré à gré* portant sur les mêmes sortes de marchandises (loi du 28 mai 1858).

CHAPITRE X

LES TRANSPORTS

Les transports se divisent tout d'abord en *transports par terre* et *transports par eau.*

Les transports par eau (nous faisons abstraction ici des transports maritimes) sont moins coûteux, mais ils sont en revanche beaucoup moins rapides ; aussi ne sont-ils guère employés que pour les marchandises d'un gros volume, d'un poids considérable et d'une valeur relativement faible (charbon, sables, pierres, bois, etc.). Ces transports par eau s'effectuent par fleuves, par rivières ou par canaux ; les transports par canaux sont plus chers et plus lents à cause des nombreuses écluses qu'il faut franchir et des différents péages qu'il y a à acquitter. Depuis quelques années, l'exécution du programme des travaux publics de M. de Freycinet a facilité considérablement l'industrie des transports par eau : de nouveaux canaux ont été creusés, les anciens ont été l'objet de grands travaux d'amélioration, et d'ici peu la canalisation de la France sera complétement achevée.

Les transports par terre se subdivisent en *transports par roulage* et *transports par chemins de fer*. — Le roulage est un auxiliaire indispensable de l'industrie des chemins de fer ; mais, pour que son fonctionnement soit assuré, il faut une bonne vicinalité ; il ne suffit point que les contrées soient pourvues de grandes routes, il est nécessaire que tous les hameaux, tous les centres de production, petits et grands, soient reliés entre eux et communiquent avec les gares les plus rapprochées, afin que celles-ci puissent être alimentées.

Dans certaines parties de la France, le réseau vicinal est achevé ou presque achevé (dans le Poitou, en Normandie, par exemple), mais il est d'autres régions qui sont encore déshéritées à cet égard.

L'industrie des *voies ferrées* est presque tout entière entre les mains de six grandes compagnies (les compagnies du Nord, de l'Est, de l'Ouest, de l'Orléans, de Paris-Lyon-Méditerranée et du Midi) ; cependant le réseau de l'État prend de jour en jour une plus grande importance par suite du rachat de lignes appartenant aux petites compagnies qui ont essayé, mais en vain, de lutter contre leurs puissantes devancières. — L'État cherche à faire de son réseau un *réseau-type*, pour ainsi dire, tant au point de vue de l'abaissement des tarifs qu'au point de vue des perfectionnements qui peuvent être apportés aux signaux, à la construction et à l'agencement des wagons. Sur le réseau de l'État, les bénéfices d'exploitation sont faibles, mais il ne faut pas s'en étonner ; il suffit, pour s'expliquer ce fait, de songer que l'État a dû racheter de petites lignes sans grand avenir et qui n'avaient jamais produit de bons résultats pécuniaires.

Tarifs différentiels. — On désigne sous ce nom des tarifs d'après lesquels les prix de transports, au lieu d'être proportionnés à la distance, diminuent *relativement* à mesure que la distance à parcourir augmente. Supposons, par exemple, que le prix de transport d'un colis soit de 0 fr., 25 pour 10 kilomètres; si les tarifs étaient proportionnels, pour 100 kilomètres le prix serait dix fois plus élevé, soit de 2 fr. 50. Avec le système du tarif différentiel au contraire, le prix de transport sera de 0 fr., 20 par 10 kilomètres pour 100 kilomètres; de 0 fr., 15 par 10 kilomètres pour 200 kilomètres, etc. Dans l'hypothèse que nous envisageons, le prix du transport pour 100 kilomètres sera de 2 fr.

Les tarifs d'après lesquels le transport est plus coûteux par une ligne que par une autre, alors que la distance à parcourir est identique ou même moins considérable, sont encore des *tarifs différentiels*.

Les compagnies de chemins de fer se servent de tarifs différentiels ; on pourrait même dire qu'elles en ont abusé, car c'est à l'aide de ces tarifs qu'elles ont tué les petites compagnies. Mais il faut reconnaître que ces tarifs sont de puissants instruments de richesse, au point de vue économique, pour les pays qui y sont soumis.

Les tarifs de chemins de fer ne sont applicables qu'après avoir été homologués par le ministre des travaux publics. En fait, les tarifs appliqués (*tarifs d'application*) sont moins élevés que les tarifs homologués (*tarifs pleins*). — Le tarif plein n'est en somme que le tarif maximum.

CHAPITRE XI

POSTES ET TÉLÉGRAPHES

SECTION PREMIÈRE

Les Postes

L'État a le monopole du service des postes et des télégraphes, et depuis 1879 ce service est confié à un ministère spécial.

De grands progrès ont été accomplis durant ces dernières années dans les services postaux et télégraphiques. — Les taxes ont été abaissées ; on a créé des *bons de poste*, des *caisses d'épargne postales*; la taxe pour les colis postaux a été fixée à 0 fr. 60 ; la poste se charge de faire des recouvrements, de prendre des abonnements aux journaux, etc., etc.

Pour toute la France le prix du télégramme est de 0 fr., 50, si la dépêche ne contient pas plus de dix mots ; au-delà le télégramme coûte 0 fr., 05 par mot (loi du 21 mars 1878). — Tout dernièrement on a créé des cartes télégraphiques ouvertes (0 fr. 30) ou fermées (0 fr. 50). Des câbles télégraphiques sous-marins relient la France à l'Angleterre, aux États-Unis, à la Cochinchine, etc., etc.

L'établissement de l'Union postale Internationale a amené une réduction énorme dans les prix de transports postaux. On peut en juger du reste par le tableau ci-dessous :

§ 1. — TARIFS POSTAUX

TARIF POSTAL POUR LES LETTRES A DESTINATION DE PAYS COMPRIS DANS L'UNION POSTALE UNIVERSELLE

Taxe postale		*Pays de destination*
0 fr. 15 par lettre de 15 gr. et au dessus	Pour la	France, l'Algérie et Tunis.
0 fr. 25 —	Pour	les colonies françaises (1). *tous les Etats d'Europe.* le Maroc. Madère, les Mores, les Canaries. le Pérou. les colonies anglaises de Terre-Neuve, le Canada, la Nouvelle Ecosse. la Perse (voie de Russie). l'Egypte, la Turquie d'Asie.
0 fr. 35 —	Pour	la plupart des colonies anglaises (par exemple : les Indes anglaises, l'Australie, Maurice, Sainte-Lucie, etc.) le Brésil. le Cambodge. les colonies espagnoles. — hollandaises. — portugaises. — danoises. les Etats-Unis. le Japon. la Chine (Shanghaï). le Venezuela. la République Argentine. la Perse (voie de Suez.)

Lorsqu'une lettre pèse plus de 15 grammes, il faut ajouter à la taxe que nous venons d'indiquer autant de fois 0 fr. 15, 0 fr. 25, ou 0 fr. 35 (suivant le lieu de destination) qu'il y a de fois 15 grammes ou fraction de 15 grammes *en sus* : ainsi, le prix d'affranchissement d'une lettre envoyée en Algérie et pesant 17 grammes est de 0 fr. 30 (0 fr. 15 + 0 fr. 15). Même affranchissement si nous supposons que la lettre pèse 30 grammes ; mais si son poids est de 32 grammes, la taxe monte à 0 fr. 45 (0 fr. 30 + 0 fr. 15), et ainsi de suite.

Les lettres *non affranchies* au départ sont frappées d'une taxe double (0 fr. 30 au lieu de 0 fr. 15 ; 0 fr. 50 au lieu de 0 fr. 25) ; et les

(1) Y compris le Tonkin.

lettres *insuffisamment affranchies* sont taxées comme *non affranchies*, sauf réduction de la valeur des timbres-poste employés. Ainsi, au lieu de mettre sur une lettre un timbre de 0 fr. 30, j'y ai apposé un timbre de 0 fr. 15 : le destinataire aura à payer au facteur 0 fr. 45 d'affranchissement (0 fr. 60 moins 0 fr. 15).

TARIF POUR LES IMPRIMÉS

Pour imprimés	pesant	5 grammes	*au plus*.	1 centime
—	—	de 5 à 10	grammes	2 centimes
—	—	de 10 à 15	—	3 —
—	—	de 15 à 20	—	5 —
—	—	de 50 à 100	—	10 —

Et ainsi de suite, en ajoutant 0 fr. 05 par 50 grammes ou fraction de 50 grammes.

Ce tarif s'applique seulement aux imprimés mis *sous bande*, car pour les imprimés *mis sous enveloppes ouvertes* ou *pliés en forme de lettre*, il n'y a qu'une seule taxe au-dessous de 50 grammes : 0 fr. 05; mais audessus de 50 grammes, aucune différence.

Ainsi, le tarif ci-dessus vise les cartes de visite, les lettres de mariage, de naissance et de décès, les prospectus, catalogues, circulaires, livres, gravures, lithographies, circulaires électorales, bulletins de vote, etc.

Pour les journaux il y a une taxe spéciale variant du reste suivant que les journaux sont expédiés par paquets ou en détail (par deux, trois, quatre *exemplaires*). — L'envoi d'un seul exemplaire de journal est taxé à 0 fr. 03; pour deux exemplaires 0 fr. 06 (0 fr. 03 par exemplaire) pour trois exemplaires 0 fr. 09.

L'affranchissement des paquets de journaux est de 0 fr. 02 par 25 grammes (pour chaque exemplaire), ou bien de 0 fr. 01 par 50 grammes — et *au-dessus de 50 grammes*, de 1/2 centime — suivant que le paquet est expédié *hors* du département ou dans le département même (ou dans un département limitrophe).

TARIF POUR ÉCHANTILLONS, PAPIERS D'AFFAIRES, ETC.

Pour les échantillons *avec ou sans imprimés* : 0 fr. 05 par 50 gr. ou fraction de 50 gr. (0 fr. 15 par exemple pour 130 gr.); *poids maximum* 350 gr.

Pour les papiers d'affaires ou de commerce (écritures, pièces, dossiers) et pour les épreuves d'imprimerie corrigées ou non, *même tarif*; seulement le poids maximum est de *trois kilogrammes*.

Si les objets auxquels s'appliquent ces tarifs exceptionnels n'ont pas été affranchis, ils sont taxés comme lettres (0 fr. 15 par 15 gr.); s'ils ont été affranchis, mais d'une façon insuffisante, ils sont frappés d'une taxe égale au *triple de l'insuffisance* (0 fr. 09 pour des journaux soumis à un affranchissement de *six centimes* et revêtus d'un timbre de *trois centimes*).

Lettres chargées. — Lettres recommandées. — Il ne faut point confondre les *lettres chargées* avec les *lettres recommandées.*

Les lettres chargées doivent être placées sous une enveloppe revêtue de *deux cachets* de cire au moins, et chaque cachet doit porter une empreinte, un sceau uniforme (sceau portant les initiales de l'expéditeur, autant que possible). L'expéditeur doit ensuite déclarer au bureau de poste la valeur contenue dans la lettre : la déclaration ne peut être inférieure à 50 fr. ni supérieure à 10 000 fr. Au cas de perte de la lettre chargée, la *valeur déclarée* est payée *intégralement* par la poste à l'expéditeur, qui doit présenter à cet effet le reçu qu'on lui a remis lors de sa déclaration.

Au contraire, au cas de perte d'une *lettre recommandée*, l'administration des postes paie toujours la même somme : elle donne 25 fr. à titre de dommages-intérêts, que la lettre ne contînt aucune valeur pécuniaire ou qu'elle renfermât 5 000 fr. de valeurs, peu importe. Aussi, pour recommander une lettre, n'est-il pas besoin de faire la déclaration des valeurs qu'elle peut renfermer. — Aucun cachet n'est exigé sur les lettres recommandées.

Affranchissement d'une *lettre chargée* { 0 fr. 15 par 15 gr.,
0 fr. 25 *droit fixe,*
0 fr. 10 par 100 fr. ou fraction de 100 fr.

Ainsi pour envoyer 250 fr. par lettre chargée, il faut payer, en supposant que la lettre ne pèse pas plus de 15 grammes, 0 fr. 15, plus 0 fr. 25, plus 0 fr. 30, soit en tout 0 fr. 70.

Pour une *lettre recommandée* { 0 fr. 15 par 15 grammes,
0 fr. 25 *droit fixe.*

soit en tout 0 fr. 40 pour une lettre de 15 gr. au plus, 0 fr. 55 pour une lettre de 15 à 30 gr., 0 fr. 70 pour une lettre de 30 à 45 gr., et ainsi de suite.

Lorsque l'expéditeur désire être informé par l'administration de la réception de la lettre chargée ou recommandée par le destinataire, il lui suffit d'acquitter un droit supplémentaire de 0 fr. 10.

Tarif des lettres chargées à destination de l'étranger. — Les lettres chargées à destination de la Belgique, de l'Allemagne, du Luxembourg, de la Suisse, de l'Espagne et de l'Italie sont soumises au même droit proportionnel que ci-dessus (0 fr. 10 par 100 fr. ou fraction de 100 fr.), mais ce droit est doublé pour les colonies françaises et les Antilles (0 fr. 20 0/0) ; il s'élève à 0 fr. 25 0/0 pour l'Autriche, le Danemark, la Norwège, les Pays-Bas, le Portugal la Roumanie, la Russie, la Suède, la Serbie, la Turquie, et à 0 fr. 35 0/0 pour l'Egypte.

Les lettres chargées contenant des *valeurs déclarées* ne sont pas admises dans la plupart des autres pays (notamment en Angleterre).

Mandats-poste. — Les mandats postaux ordinaires sont assujettis à un droit de 1 fr. par 100 fr.; mais, en cas de non réception par le destinataire, l'expéditeur a droit au remboursement *intégral*. Le système des mandats permet d'envoyer de très faibles sommes, sans qu'on ait besoin du reste de recommander la lettre. — Si on a une somme ronde assez forte à envoyer, il vaut mieux l'adresser par lettre chargée, en billets de banque; c'est moins coûteux.

Mandats étrangers. — Les mandats à destination de l'étranger sont soumis aux tarifs suivants :

0 fr. 10 par 10 fr. ou fraction de 10 fr. (on ne peut envoyer plus de 232 fr. à la fois.	Pour	l'Angleterre. l'Hindoustan.
0 fr 25 par 25 fr. ou fraction de 25 fr. (maximum 500 fr.)	Pour	l'Allemagne. l'Autriche. la Belgique. le Danemark. l'Egypte. l'Italie. le Luxembourg. la Suisse. La Norwège les Pays-Bas. le Portugal. la Suède.

Pour les Etats Unis : 0 fr. 15 par 10 fr. (maximun 262 fr. 50).

Pour les colonies hollandaises (*Indes orientales*) : 0.20 fr. par 10 fr. (maximun 315 fr.).

Bons de poste. — Un exemple démontrera immédiatement l'utilité du bon de poste : J'ai l'intention d'envoyer une somme ronde d'un certain nombre de francs dans deux ou trois jours ; pour éviter toute perte de temps au guichet du bureau de poste —ou, si j'habite à quelque distance de la poste, une course plus ou moins longue — je me munis à l'avance de bons de poste, sur lesquels je n'aurai qu'à inscrire le nom de la personne à laquelle je désire envoyer de l'argent. Le destinataire, sur la simple présentation du bon à un bureau de poste recevra la somme dont le montant figure sur le bon.

Il y a 5 catégories de bons de poste :

Bons de poste de		Coût
Bons de poste de 1 fr.		coût 5 centimes. (1)
—	2	
—	5	
—	10	— 10 »
—	20	— 20 »

On peut envoyer les bons de poste sous pli non recommandé, dans une lettre ordinaire, pourvu qu'ils soient *nominatifs*, car s'ils sont au porteur, ou s'ils ne portent aucun nom de destinataire, ils

(1) Pour avoir un bon de poste de 5 fr., par exemple, j'aurai à verser 5 fr. 05 au bureau de poste, et si plus tard je renonce à envoyer le bon, je puis me le faire rembourser.

doivent être envoyés sous pli chargé ou recommandé, sous peine d'une amende de 50 à 500 fr.

Timbres-poste. — L'administration des Postes met à la disposition du public des timbres de 1, 2, 3, 4, 5, 10, 15, 20, 25, 30, 35, 40 et 75 *centimes*, de 1 fr. et de 5 fr.

Cartes postales. — Prix unique : 10 centimes.

Enveloppes timbrées. — Prix des enveloppes toutes timbrées pour lettres (3 *formats*) 0 fr. 16 *pièce*; pour cartes de visite, 5 cent. 1/2 *pièce*.

Bandes timbrées (3 catégories)	1 centime 1/3 *pièce*.	
	2 centimes	—
	3 »	—

Timbrage par l'administration. — Timbrage des enveloppes, 2 fr. *le mille*; timbrage des bandes, 1 fr. 20.

§ 2. — ABONNEMENTS AUX JOURNAUX. — RECOUVREMENTS

Dans tous les bureaux de poste, il peut être souscrit des abonnements aux journaux français moyennant 1 0/0 sur le prix de l'abonnement et un droit de *10 centimes*. On peut même s'abonner ainsi aux journaux de Belgique, Danemarck, Italie, Norwège, Pays-Bas, Portugal, Suède et Suisse moyennant un droit de commission de 3 0/0 (droit *minimum* de 0 fr. 25).

La Poste se charge du recouvrement des effets de commerce moyennant un droit *fixe* de 25 centimes, et en outre le prélèvement à son profit, sur le montant de chaque valeur *recouvrée*, de 0 fr. 10 par 20 fr., ou fraction de 20 fr., (ce droit ne peut toutefois dépasser 0 fr. 50), et de 1 0/0 sur les premiers 50 fr. — de 1/2 0/0 pour toute fraction en sus. Pour le recouvrement de 50 francs on a donc à payer 0 fr. 25, plus 0 fr. 30, plus 0 fr. 50, soit en tout 1 fr. 05. — Mais la valeur à recouvrer doit être acquittée *d'avance* par le tireur. Si elle est à *échéance fixe*, elle doit être déposée par l'expéditeur *5 jours avant* (15 jours avant, si le recouvrement doit être effectué en Corse ou en Algérie). Le créancier reçoit le montant de la valeur recouvrée en mandat-poste. — Lorsque la *valeur à recouvrer* a été perdue par l'administration, celle-ci ne donne à l'expéditeur que 50 fr. d'indemnité.

La Poste se charge également du recouvrement des valeurs *non protestables* payables en Allemagne, Belgique, Luxembourg, Pays Bas, Portugal, Roumanie, Suède, Suisse; quant aux valeurs protestables (traites par exemple), elles ne peuvent être recouvrées par la Poste que si le lieu du paiement est en Allemagne ou en Belgique.

§ 3. — COLIS POSTAUX

Les colis dont le poids n'excède pas *3 kilogrammes* peuvent être expédiés par la poste lorsqu'ils sont à destination d'une localité de la France, de la Corse, de la Belgique, du Luxembourg ou de la Suisse. — Mais s'ils sont à destination d'un autre pays, il ne suffit point que leur poids ne soit pas supérieur à 3 kilogrammes, il faut en outre que sur aucune face leurs dimensions ne dépassent *60 centimètres*, et que leur volume n'excède point *30 décimètres cubes*. Les colis remplissant ces conditions peuvent être expédiés en Allemagne, Autriche, Hollande, Danemark, Egypte, Italie, Norwège, Portugal, Suède, Turquie, Roumanie, à Madère, aux Açores, et dans les colonies françaises.

Les colis postaux doivent toujours être affranchis au départ. Pour la France, l'affranchissement est de *60 centimes*, si le colis est livrable en gare ; s'il est livrable à domicile : 0 fr. 25 en sus pour factage, soit 0, fr. 85. — Les colis postaux pour la France ou pour la Corse peuvent être expédiés *contre remboursement* ; toutefois la somme à percevoir ne doit pas excéder 100 fr.

On ne peut envoyer par colis postal ni matières d'or ou d'argent, ni mercure, ni platine, ni bijoux, broderies, dentelles, pierres précieuses, objets d'art ; ni des matières explosibles, inflammables ou dangereuses (poudre, dynamite, etc.).

En cas de perte ou d'avarie des colis, l'indemnité ne peut dépasser 15 fr. (loi du 3 mars 1881).

Le colis postal à expédier, peut être porté par l'expéditeur dans n'importe quel bureau, gare ou agence de chemins de fer.

Boîtes chargées. — Lorsqu'on veut expédier des bijoux (une montre, par exemple) ou d'autres objets précieux, il faut entourer la petite boîte qui la contient d'une ficelle scellée *sur les quatre faces latérales* au moyen de cachets en cire revêtus d'une empreinte particulière, et les deux autres faces doivent être garnies de feuilles de papier blanc. La boîte ne doit pas avoir plus de cinq centimètres de hauteur, huit de largeur, dix de longueur. L'expéditeur déclare la valeur des objets envoyés, et paie pour le transport 0 fr. 25 de droit fixe, et de plus 1 fr. si la valeur déclarée n'excède pas 100 fr. ; si elle dépasse cette somme, 1 fr. et 0 fr. 50 0/0 pour la valeur *en sus de* 100 *fr.*

§ 4. — CONTRAVENTIONS POSTALES

L'emploi d'un timbre-poste qui a déjà servi entraîne une amende de 50 à 1 000 fr.

La déclaration d'une somme supérieure au montant des valeurs réellement insérées dans une lettre chargée, entraîne un mois à un an de prison, et 16 à 500 fr. d'amende.

L'individu qui insère dans un échantillon imprimé (journal, papiers d'affaires, etc.) des notes manuscrites non autorisées (par exemple : une lettre écrite par lui, à la date de l'expédition) est passible d'une amende de 150 à 300 fr.

Celui qui insère dans une lettre qui n'est ni chargée, ni recommandée des billets de banque, ou toute autre valeur payable *au porteur*, ou qui met de l'or ou de l'argent monnayé dans des boîtes chargées, est puni de 50 à 500 fr. d'amende (1).

SECTION II

Taxes télégraphiques

La taxe télégraphique s'applique *par mot*. Elle est fixée à *0 fr. 05 par mot*, mais le prix de la dépêche ne peut être inférieur à *0 fr. 50*, la dépêche ne contînt-elle que six, sept ou huit mots.

Les noms de rues composés de deux mots ne comptent que pour *un seul mot*; de même les mots *avant-garde*, *arrière-train* et autres de ce genre, les signes R. P. (*Réponse payée*), etc.; à l'inverse les mots de *plus de quinze lettres* ou les mots soulignés comptent pour deux mots.

Les dépêches envoyées en Algérie coûtent 0 fr. 10 par mot; celle à destination de l'étranger sont soumises à un tarif assez élevé dont donnons ci-dessous tous les articles importants.

TAXES DES TÉLÉGRAMMES POUR L'ÉTRANGER (*par mot*)

Grand-Duché du Luxembourg	12 cent. 1/2
Suisse Belgique	0 fr. 15
Allemagne Pays-Bas Espagne Italie	0 » 20
Angleterre Irlande Portugal	0 » 25
Autriche	0 » 30
Danemark Hongrie Roumanie	0 » 35
Herzégovine Monténégro Serbie Bosnie	0 » 40
Bulgarie Norwége Suède	0 » 45
Malte	0 » 55
Grèce continent	0 » 55
Grèce Iles	0 » 70
Turquie d'Europe	0 » 60
Turquie d'Asie	0 » 85
Russie d'Europe	0 » 60
Russie Caucase	0 » 85
Russie d'Asie	1 » 95
Egypte	1 fr. 50
Perse	1 » 75
Madère	1 » 70
St-Pierre et Miquelon	1 » 95
Etats-Unis *de 2 f. 50 à*	4 » 40 (2)
Aden	4 » 30
Ile du Cap Vert	4 » 60
Mexique (Vera Cruz)	5 »
Indes anglaises	5 » 10
Birmanie	5 » 55
Panama (Colon)	7 » 70
Java Sumatra	8 » 00
Cochinchine	8 » 50
Venezuela	8 » 65
Annam	9 » 25
Tonkin Chine	9 » 75
Natal Colonie du Cap	10 » 75
Brésil 10 à	16 » 00 (3)
Japon	11 » 10
Pérou 11 à	15 »
La Plata	12 » 35
Australie	12 » 65
Uruguay	13 » 15
Chili	13 » 20
Guadeloupe	15 » 55
Martinique	16 » 05
Bolivie	16 » 55
Guyane anglaise	20 » 10

(1) Au contraire les billets à ordre *nominatifs* peuvent parfaitement être envoyés par la poste sous simple pli cacheté, sans qu'on ait à recommander la lettre.

(2) Suivant les Etats : 3 fr. 55 le plus souvent

(3) Suivant la région.

Les dépêches peuvent être adressées *télégraphe restant*, *poste restante*, ou *à domicile* par *facteur ordinaire*, par *exprès* — ou par la *poste*, à défaut d'exprès.

Les dépêches adressées *télégraphe restant* sont détruites si elles n'ont point été réclamées dans les *quarante-cinq jours*.

La dépêche est expédiée par exprès sur la demande de l'expéditeur ou du destinataire qui attend la dépêche ; — la taxe pour l'exprès est de 0 fr. 50 par kilomètre ou fraction de kilomètre (du bureau au domicile du destinataire).

Mandats télégraphiques. — Les mandats télégraphiques permettent de faire parvenir très promptement au destinataire résidant en France, en Algérie ou en Tunisie des sommes assez importantes (*jusqu'à 5 000 francs*), moyennant la taxe télégraphique ordinaire (0 fr. 50 *au moins*), plus un droit *fixe* de 0 fr. 50, 1 0/0 sur la somme envoyée, et enfin le montant des frais de remise à domicile. Le paiement doit être réclamé *dans les cinq jours* par le destinataire.

CHAPITRE XII

POIDS ET MESURES

Tous poids et mesures autres que ceux du système métrique sont interdits. Or les personnes qui ont dans leurs magasins, boutiques, ateliers, ou emploient dans les halles, foires et marchés des poids et mesures interdits, sont punis d'une amende de 1 à 15 fr., et même d'un emprisonnement de *un à cinq jours*, sans préjudice de la confiscation des poids et mesures trouvés chez eux (art. 3, loi du 4 juillet 1837).

Dans les actes notariés ou sous seing privé, dans les affiches, annonces, livres de commerce et autres écritures privées produits en justice, il est interdit de mentionner d'autres poids et mesures que ceux indiqués ci-dessous, sous peine d'amende. — Les contraventions en cette matière sont constatées par des fonctionnaires particuliers appelés *vérificateurs des poids et mesures* ; du reste, leurs procès-verbaux ne font foi que *jusqu'à preuve contraire* (même loi). Ce sont eux également qui ont mission de dresser procès-verbal contre les possesseurs de faux poids et de fausses mesures (1).

(1) Ceux qui font usage de faux poids et de fausses mesures sont punis des mêmes peines que ceux qui emploient des poids et mesures interdits.

TABLEAU DES POIDS ET MESURES
(*Système métrique*)

Poids

Tonne............	1.000 kilogr.
Quintal métrique..	100 »
Kilogramme.......	1.000 gr.
Hectogramme.....	100 »
Décagramme......	10 »
Gramme	
Décigramme.	
Centigramme.	
Milligramme.	

Monnaie

Franc et *ses multiples*	2 fr.
	5 »
	10 »
	20 »
Décime (0 fr. 10)	
Centime.	

Mesures de longueur

Myriam. (2 lieues 1/2)	(10 kilom.)
Kilomètre..........	1.000 mètres.
Hectomètre......	100 —
Décamètre......	10 —
Mètre.	
Décimètre.	
Centimètre.	
Millimètre.	

Mesures de superficie
(Mesures agraires)

Hectare (100 ares, soit un carré de 100 mèt. de côté)..........	10.000 mèt. car.
Are (carré de 10 mèt. de coté)............	100 »
Centiare...........	1 »

Mesures de capacité
(pour liquides et matières sèches) (1)

Kilolitre...........	1.000 litres
Hectolitre.........	100 »
Décalitre..........	10 »
Litre.	
Décalitre.	
Centilitre.	

(Pour le mesurage des terres) (2)

Mètre cube........	1.000 litres.
Décamètre cube...	1 litre.
Centimètre cube...	0 » 001

Mesures de solidité pour le volume des bois.

Décastère........	10 mèt. cubes
Stère............	1 »
Décistère........	1/10 »

CHAPITRE XIII

MATIÈRES D'OR ET D'ARGENT

Les matières d'or et d'argent, c'est-à-dire les bijoux, les montres, l'argenterie, les objets d'orfèvrerie, sont, à raison de leur valeur et des fraudes auxquelles elles pourraient donner lieu, soumises à une réglementation particulière.

Tous les ouvrages d'orfèvrerie et d'argenterie fabriqués en France et qui ne sont pas exclusivement destinés à l'exportation, doivent être conformes aux *titres* prescrits par la loi (le titre exprime la quantité d'or ou d'argent *fin* contenue dans *un gramme*).

Or, pour les ouvrages *d'or*, il y a trois titres légaux : 920, 840,

(1) Par *matières sèches* il faut entendre : les engrais, sels, grains, légumes secs, noix, pommes, poires, etc., etc. — Pour les sels et engrais, on peut se servir de mesures cylindriques d'une capacité de 2 hectolitres ou de 1 hectolitre 1/2. (Décret du 20 août 1885.)

(2) Et aussi pour le volume des eaux.

et 750 millièmes (sur 10 gr. : 9 gr. 20, 8 gr. 40, ou 7 gr. 50), avec une tolérance de 3 millièmes (1). — Pour les ouvrages d'argent, deux titres seulement : 950 et 800 millièmes (avec une tolérance de 5 millièmes).

Le titre est garanti par des poinçons appliqués sur chaque pièce par l'administration des contributions indirectes. A cet effet, le fabricant doit présenter *au bureau de garantie* les objets soumis au poinçonnage (2). Avant d'appliquer le poinçon, l'administration procède à *l'essai* de la matière présentée. — Ces essais sont faits aux frais du fabricant, qui doit en outre comme *droit de garantie* 30 francs par hectogramme *d'or* pur, et 1 fr. 60 par hectogramme *d'argent pur* (loi du 30 mars 1872).

Les lingots d'or et d'argent affinés paient aussi un droit de garantie avant de pouvoir être mis dans le commerce. Ce droit est, pour l'or, de 8 fr. 18, et pour l'argent de 2 fr. 04 par kilogr. (art. 29, loi du 18 brumaire an VI).

Les ouvrages d'or et d'argent venant de l'étranger, doivent être présentés lors de leur importation en France. Ils sont poinçonnés par le bureau de garantie voisin (3), et sont soumis à des droits équivalents à ceux qui frappent les objets fabriqués en France, — à moins qu'ils n'appartiennent à des voyageurs et non à des fabricants ou commerçants.

Les objets d'or et d'argent destinés à l'exportation peuvent être fabriqués à tous titres, à l'exception des *montres d'or* pour lesquelles il existe d'ailleurs un 4e titre établi précisément en vue de l'exportation (titre de 583 millièmes). — Les montres d'or au 4e titre doivent être poinçonnées ; quant aux autres objets d'or et d'argent destinés exclusivement à l'exportation, ils sont simplement revêtus de la marque du fabricant indiquant en chiffres le *titre* de l'alliage (loi du 25 janvier 1884).

Lorsque des ouvrages neufs d'or et d'argent qui ont acquitté les droits d'essai et de garantie sont exportés, l'administration restitue les droits perçus par elle ; — mais il faut s'adresser au même bureau et produire un certificat émané de l'administration des douanes et constatant la sortie de France des objets dont il s'agit.

La contrefaçon des poinçons est punie des travaux forcés à temps (art. 140, C. Pén.).

Les fabricants d'or et d'argent ouvré ou non ouvré (les horlogers, par exemple) sont tenus d'avoir un registre sur lequel ils inscrivent la nature, le nombre, le poids et le titre des matières qu'ils achètent ou vendent, avec les noms de leurs vendeurs et de leurs

(1) Il est en effet extrêmement difficile d'arriver exactement au titre prescrit.

(2) Les principaux bureaux de garantie sont ceux de Besançon, Montbéliard, Pontarlier, Bellegarde, Paris, Marseille, Lyon et Nancy.

(3) Les points de la frontière où il peut être importé ou exporté des matières d'or et d'argent sont désignés par décret.

clients; — ils sont tenus de présenter ce registre à l'autorité publique dès qu'ils en sont requis. Ils ne peuvent acheter que de personnes connues ou ayant des répondants à eux connus. — Ils doivent remettre à tout acheteur un bordereau énonçant *l'espèce* (montre en or, chaîne en argent, médaillon, etc.) le *titre* et le *poids* des ouvrages vendus, et indiquant le lieu et la date de la vente, le tout signé. — Toutes ces obligations sont sanctionnées par des amendes de 200 à 1 000 fr. (art. 80, loi du 19 brumaire an VI).

Toute personne qui veut entreprendre le *commerce* de matières d'or et d'argent doit en faire la déclaration à la municipalité. Quant au *fabricant*, il doit de plus déposer à la mairie son poinçon particulier (1).

Les marchands d'or ou d'argent *ambulants* sont tenus, lors de leur arrivée dans une commune, d'aller à la mairie et d'y produire les bordereaux des fabricants qui leur ont vendu les objets dont il sont porteurs (art. 92, même loi).

Fabrication du plaqué et du doublé (2). — Le fabricant de plaqué et de doublé peut employer l'or et l'argent dans la proportion qu'il juge convenable. Mais il est assujetti, comme l'orfèvre et l'horloger, à n'acheter qu'à des personnes connues, à tenir un registre, à délivrer des bordereaux, etc. Il doit faire ses déclarations à la mairie et à la préfecture du département, lors de son établissement dans une localité (art. 95 et 100, même loi).

Nota. — Les mêmes obligations sont imposées aux fabricants d'objets d'or et d'argent destinés à l'exportation (objets à tous titres, ou montres en or au 4e titre). Ces fabricants sont soumis à l'*exercice* (Voy. VIE PUBLIQUE) et en cas de *manquants* ils sont frappés d'une amende. S'ils livrent à la consommation intérieure les objets destinés exclusivement à l'exportation, ils sont punis d'une amende égale à *dix fois* la valeur des objets lancés dans le commerce intérieur et saisis par l'administration (loi du 25 janvier 1884).

Obligations imposées aux joailliers. — Les marchands de diamants et de pierres précieuses doivent également tenir des registres de vente et d'achat, délivrer des bordereaux, etc. — En outre, il leur est interdit de mêler dans le même ouvrage des pierres fines avec des pierres fausses *sans le déclarer à l'acheteur*, sous peine d'avoir à lui payer, à titre de dommages-intérêts, la valeur qu'auraient eue les pierres si elles avaient été fines, — et cela indépendamment d'une amende de 300 fr. (art. 89, même loi).

(1) On n'essaie les ouvrages d'or et d'argent que lorsqu'il sont revêtus du poinçon du fabricant.

(2) La fabrication du plaqué et du doublé consiste dans l'application d'une plaque très mince ou d'une couche d'or ou d'argent sur un métal moins précieux (or, étain, fer, etc.).

CHAPITRE XIV

DROIT MARITIME

SECTION PREMIÈRE

Les navires

Les navires sont des meubles d'une nature particulière soumis à des règles tout à fait spéciales que nous allons indiquer brièvement. — Bien entendu, nous ne nous occupons ici que des *bâtiments de commerce*, des navires de la *marine marchande*.

Dans notre législation, les navires ont une véritable nationalité, constatée, pour les navires français, par un *acte de francisation* (sorte d'acte de naissance, si le navire est d'origine française ; acte de naturalisation si, construit à l'étranger, il a été acheté par des Français). — Le droit du propriétaire du navire doit être constaté *par écrit*, car le capitaine est tenu d'avoir à bord, outre l'acte de francisation, *l'acte de propriété* du navire (art. 226, C. Com.)

Le navire peut avoir plusieurs propriétaires, mais il doit appartenir *au moins pour moitié* à des Français, sinon il n'a point la qualité de navire français (art. 11, loi du 9 juin 1845).

Les bâtiments de *trente tonneaux* et *au-dessus* — c'est-à-dire les bâtiments qui peuvent contenir des marchandises ayant un volume au moins égal à *trente* fois 1 stère 1/2 — le tonneau valant environ 1 stère 1/2 — doivent avoir *un congé*, sorte de passeport contenant la date et le numéro de l'acte de francisation, les nom, état, domicile du propriétaire, la désignation et le nom du bâtiment, etc.

L'acte de francisation et le congé sont délivrés au bureau du port auquel appartient le bâtiment, mais seulement après que le *propriétaire* du navire a *affirmé par serment* que le navire lui appartient qu'il a été acheté par lui, citoyen français, ou qu'il a été construit sur ses ordres, etc. (art. 9, 10 et 13, loi du 27 vendémiaire, an II).

Chaque navire porte un nom spécial qui ne peut être changé. — Ce nom est indiqué dans l'acte de francisation et dans le congé.

SECTION II

Le capitaine de navire

Le capitaine d'un navire, c'est celui qui est chargé de sa conduite. Il a une grande responsabilité, il répond des marchandises qu'il a mission de transporter. Avant de laisser charger le navire, il doit le faire visiter. Le *procès-verbal de visite* est déposé au greffe du tribunal de commerce et un extrait de ce procès-verbal est délivré au capitaine qui doit le conserver à bord. — C'est au capitaine qu'il appartient de choisir et d'engager les matelots de l'équipage ; mais il doit le faire de concert avec le propriétaire lorsque celui-ci habite le port à l'époque de ces engagements (art. 223, C. Com.).

Le rôle d'équipage. — Les conditions d'engagement des hommes d'équipage sont constatées par le *rôle d'équipage*, registre constatant le *nom* et la *nationalité* du capitaine, du second et des matelots. Or l'équipage, pour les trois quarts au moins, doit être français.

Le connaissement. — Le titre par lequel le capitaine reconnait avoir reçu un chargement sur son navire porte le nom de *connaissement* (art. 222). — Le connaissement doit exprimer la nature, la quantité, la qualité des objets à transporter (en marge on inscrit les marques et les numéros de ces objets) ; il indique en outre le nom et l'adresse du destinataire, le nom et le domicile du capitaine, le nom et le tonnage du navire, le lieu du départ et celui de la destination, ainsi que le prix du *frêt* ou *nolis* (c'est-à-dire le *prix du loyer* du navire).

Le connaissement peut être *à ordre* ou *au porteur*, aussi bien qu'à personne dénommée. Lorsqu'il est *à ordre*, son endossement opère translation de la propriété des marchandises (art. 281).

Le connaissement doit être fait en *quatre originaux* au moins. L'un est remis au chargeur, un autre à *l'armateur* (le propriétaire), un autre reste aux mains du capitaine du navire, le quatrième est pour le destinataire. Les quatre originaux sont signés par le chargeur et par le capitaine dans les *vingt-quatre heures* après le chargement (art. 282).

La charte-partie. — Le prix du frêt est fixé par une convention spéciale établie par écrit. L'acte qui constate cette convention s'appelle *charte-partie*, ou bien encore *affrêtement* ou *nolissement*. Il énonce notamment les noms du frêteur et de l'affrêteur (l'affrêteur, c'est le chargeur; le frêteur, c'est le capitaine), le prix du frêt, le lieu et le temps convenus pour le chargement, le déchargement et l'indemnité qui sera due au cas de retard (art. 273).

Avant de sortir du port de chargement, le capitaine doit se mettre en règle avec la douane. Suivant qu'il paie les droits de douane ou qu'il a droit à un acquit-à-caution, il doit avoir à bord, outre l'acte de propriété et l'acte de francisation, la quittance *ou* l'acquit-à-caution ; il doit également avoir à bord les procès-verbaux de visite, les connaissements, les chartes-parties et le rôle d'équipage (art. 226).

Le capitaine doit être sur son navire à *l'entrée* et à la *sortie* des ports ou des fleuves (art. 327). — Il ne peut abandonner le navire pendant le voyage, *pour quelque danger que ce soit*, sans l'avis des principaux de l'équipage (second, écrivain, etc.). — Il répond de ses fautes les plus légères, il n'est déchargé que par la preuve d'obstacles de *force majeure*. Dans les *vingt-quatre heures* de son arrivée dans un port français, il doit déposer au greffe du tribunal de commerce en présence du président (à la justice de paix de l'arrondissement s'il n'y a pas de tribunal de commerce) un rapport énonçant le lieu et la date de son départ, la route qu'il a suivie et toutes les circonstances de quelque importance qui se sont produites au cours de son voyage (art. 242-243). S'il aborde dans un port étranger, il doit faire son rapport au consul de France (Voy. CONSULATS) — (art. 244. C. Com,)

SECTION III

Les propriétaires de navires

Le propriétaire de navire est responsable *pécuniairement* des faits du capitaine, et il est tenu des engagements contractés par lui relativement au navire; il peut du reste se libérer en abandonnant le navire et le frêt, mais cette faculté n'appartient point au propriétaire qui est en même temps le capitaine de son navire (art. 216 *nouveau*, loi du 12 août 1885). — Le propriétaire du navire peut congédier le capitaine sans avoir d'indemnité à lui payer, sauf convention contraire (art. 218).

Lorsque le navire appartient à plusieurs personnes, les mesures prises à son égard sont celles qu'exigent les co-propriétaires qui ont à eux tous *plus de la moitié* de la propriété du navire. Cette règle s'applique même pour la licitation, à moins de convention contraire (art. 220).

SECTION IV

Engagements et salaires des gens de l'équipage

Les matelots sont *loués* (c'est l'expression usitée) soit *au mois*, soit *au voyage*, soit *au profit*, soit *au frêt*. Leurs salaires sont désignés sous le nom de *loyers*.

Les matelots engagés *au voyage* (c'est-à-dire moyennant une somme fixée *d'avance* pour toute la durée du voyage) ou *au mois*, sont payés de leurs loyers — en cas de naufrage du navire ou encore lorsqu'il n'est plus en état d'aller en mer — jusqu'au jour de la cessation de leurs services, à moins qu'ils n'aient montré de la négligence et que la perte du navire ne résulte de leur faute (les tribunaux décident), mais ils ne sont jamais tenus de restituer ce qu'il leur a été avancé sur leurs salaires (art. 258 *nouveau*, loi de 1885).

Les matelots engagés *au frêt* sont payés seulement sur le frêt.

Les matelots engagés *au profit* sont en somme des *intéressés* : ils touchent une part du *profit* récolté dans le voyage.

Le matelot qui tombe malade pendant le voyage ou qui est blessé au service du navire est payé de ses loyers, et en outre il est traité et pansé aux frais du navire. Si le capitaine a dû le laisser à terre, il est rapatrié aux dépens du navire, et ses loyers lui sont payés jusqu'à ce qu'il ait contracté un engagement nouveau, ou qu'il ait été rapatrié, mais au plus pendant *quatre mois* (art. 262 *nouveau*).

Qu'un matelot meure pendant le voyage, ses héritiers ont droit à son salaire jusqu'*au jour du décès* s'il était engagé *au mois*. — Etait-il engagé au voyage, au profit ou au frêt, la *moitié* de ses loyers ou de sa part est due s'il est mort après le voyage *commencé* (en allant), la *totalité* s'il est mort *en revenant*. — Les loyers du matelot tué en défendant le navire sont dus en entier *pour tout le voyage* si le navire arrive à bon port, sinon ils ne sont dus que jusqu'à la cessation des services des matelots qui ont survécu (art. 265 *nouveau*).

Le matelot qui établit qu'il a été congédié sans cause valable a droit à une indemnité qui reste *définitivement* à la charge du *capitaine* (il ne peut en réclamer le montant au propriétaire du navire). Cette indemnité est fixée au *tiers* des loyers, si le congé a lieu avant le voyage, à la *totalité* des loyers et *aux frais de retour*, s'il est donné au cours du voyage. — *Dans aucun cas* le capitaine ne peut congédier un matelot quand le navire est *à l'étranger*.

Les matelots sont des *créanciers privilégiés* pour le paiement de leurs salaires : ils ont privilège sur le navire et sur le frêt (art. 271). — (Voy. Vie Civile. — Privilèges).

Le capitaine, son second et tous les gens de l'équipage autres que les matelots (écrivain, cuisinier, etc.), sont soumis aux mêmes règles pour le paiement de leurs appointements (art. 272).

SECTION V

Prêts à la grosse

On appelle emprunt *à la grosse aventure*, ou plus brièvement *emprunt à la grosse*, un emprunt particulier contracté par le capitaine du navire *pour la durée du voyage*. Le capitaine qui n'est point propriétaire du navire, et qui emprunte à la grosse dans le lieu où est domicilié le propriétaire, doit faire intervenir celui-ci dans l'acte, ou du moins se munir de son autorisation constatée par acte *notarié* (art. 321, C. Com.).

Le prêteur à la grosse a droit, lors du retour du navire, à la restitution de la somme prêtée, et en outre à une somme appelée le *profit maritime*, et qui est fixée par exemple à *tant par mois*. — Cette restitution est garantie par le navire et ses accessoires, par l'armement, les victuailles, le frêt, le chargement, et même par le profit *espéré*, suivant que l'emprunt est affecté sur tel ou tel de ces biens par l'acte notarié ou sous seing privé qui le constate. Cet acte doit énoncer, outre le capital prêté et la somme convenue pour le profit maritime, les noms du navire, du capitaine, du prêteur, de l'emprunteur; il doit indiquer aussi pour quel voyage et pour quelle durée le prêt est consenti et quelle sera la date du remboursement (art. 311 et 315, C. Com.).

Cet acte de prêt est fait en simple original et signé seulement de l'emprunteur; il est remis au prêteur; il peut être fait *à ordre* ou *au porteur* et il est alors transmissible par *endossement* (art. 313). — Le prêteur à la grosse a un privilège sur les effets sur lesquels le prêt est affecté, mais il le perd, si, dans les *dix jours* du contrat, il ne le fait point enregistrer au greffe du tribunal de commerce (art. 312).

Ce qui caractérise le prêt à la grosse, c'est que le prêteur n'a rien à réclamer, pas même la restitution de la somme prêtée, si les effets (vituailles, corps du bâtiment, etc.), sur lesquels a été affecté le prêt et sur lesquels porte le privilège sont perdus dans un naufrage (art. 325).

La créance résultant d'un emprunt à la grosse se prescrit par *cinq ans* à dater de la signature du contrat (art. 432).

SECTION VI

L'Hypothèque maritime

Les navires, quoique meubles, peuvent être hypothéqués, pourvu qu'ils jaugent *vingt tonneaux* au moins, mais ils ne peuvent être grevés que d'hypothèques conventionnelles ; il n'est point question ici d'hypothèques légales ou judiciaires (Voy. VIE CIVILE).

L'hypothèque maritime peut être constituée par un simple acte sous seing privé. L'enregistrement de l'acte, notarié ou non, est fixé à 1 fr. par 1 000 fr. des sommes ou valeurs portées au contrat.

L'hypothèque constituée sur le *navire* s'étend aux *agrès*, *machines*, etc. — Si le navire appartient à plusieurs personnes, l'un des co-propriétaires ne peut hypothéquer sa part indivise qu'avec l'autorisation de la majorité des co-propriétaires représentant la propriété de *plus de la moitié* du navire (art. 1-4, loi du 10 juillet 1885).

L'hypothèque doit être inscrite au *bureau du receveur principal des douanes* (et non point au bureau du conservateur des hypothèques) dans le ressort duquel le navire est immatriculé, ou dans le ressort duquel le navire est en construction, — car un navire en construction peut être hypothéqué, mais dans ce cas une déclaration préalable, portant sur les dimensions du navire et l'indication du chantier de construction, doit être faite au receveur principal des douanes. — Un des originaux du titre constitutif d'hypothèque (ou une expédition, si le contrat est notarié) doit être remis à ce même receveur. (art. 5, 6 et 8, même loi).

Le titre constitutif de l'hypothèque peut être *à ordre;* l'hypothèque est alors transmissible par endossement.

Quant aux conditions requises pour l'inscription, la purge, la radiation, elles diffèrent peu de celles exigées en matière d'hypothèque immobilière (Voy. HYPOTHÈQUES); mais la vente volontaire d'un navire *grevé d'hypothèque* à un *étranger* est interdite sous peine de deux mois à deux ans de prison, sans préjudice d'une forte amende (art. 33, loi du 10 juillet 1885).

Les créanciers qui ont hypothèque sur le navire sont payés suivant leur ordre d'inscription, mais seulement après les créanciers *privilégiés* (par exemple, après les matelots).

Or, sont créances privilégiées, *dans l'ordre où elles sont rangées*, les dettes ci-après énumérées :

1° Les frais de justice faits pour la vente du navire et la distribution du prix; 2° les droits de tonnage, d'amarrage, de bassin, etc.; 3° les frais de garde; 4° les loyers des magasins où sont les agrès; 5° les frais d'entretien; 6° les gages de l'équipage; 7° les sommes prêtées au capitaine pour les besoins du navire et le prix des marchandises qu'il a vendues; 8° les sommes dues au vendeur du navire, à ses constructeurs, aux ouvriers qui l'ont réparé; 9° le montant des primes d'assurances dues pour le dernier voyage; 10° les dommages-intérêts dus aux affréteurs pour non délivrance des marchandises ou avaries causées à la cargaison par la faute du capitaine ou de l'équipage.

Si le prix de vente du navire ne suffit pas à désintéresser tous les créanciers privilégiés, ils viennent *en concurrence* au marc le franc (art. 191).

SECTION VII

Ventes de navires

La vente des navires est soumise à des règles spéciales :

1° Elle doit être faite *par écrit* (elle ne peut être prouvée par témoins — bien qu'on soit ici en matière commerciale — mais l'aveu ou le serment peut remplacer la preuve par écrit) ; 2° elle ne vaut à l'égard des tiers qu'après son inscription sur l'acte de francisation ; 3° la vente par adjudication — à la suite d'une saisie, par exemple — ne peut avoir lieu qu'après l'apposition d'affiches et trois insertions préalables dans les journaux de la localité au cours du mois précédant la vente, ou trois publications successives dans les endroits où il n'y a pas de journaux (art. 620, C. Pr.).

CHAPITRE XV

CONSULATS

Les consulats se rattachent au ministère des affaires étrangères. Le corps consulaire comprend des *consuls généraux*, des *consuls de première* et de *deuxième* classe, des *consuls-suppléants* et des *vice-consuls* (agents consulaires revêtus en fait des mêmes attributions que les consuls). — Le corps consulaire, à la différence du corps diplomatique (ambassadeurs, ministres plénipotentiaires, etc.), n'a pas d'attributions politiques : il est chargé de représenter les intérêts commerciaux de la France à l'étranger, de protéger les Français qui viennent s'y établir, de les rapatrier au besoin.

Les consuls remplissent à l'égard des Français établis à l'étranger les fonctions d'officier de l'état civil; ils dressent par conséquent les actes de naissance, de mariage et de décès; le *chancelier* sorte de secrétaire du consulat) en délivre des extraits, mais ces extraits doivent être visés par le consul. — Le chancelier, assisté du consul, peut dresser des testaments mystiques ou authentiques — mais seulement lorsque le testateur est un Français (Circulaire ministérielle du 22 mars 1834).

Les consuls ont aussi pour mission de veiller à l'exécution de nos lois et règlements maritimes. C'est ainsi qu'ils peuvent exiger des capitaines de navire français la présentation de leur *rôle d'équipage* : ils doivent s'assurer qu'il est tenu régulièrement, que tous les gens de l'équipage y sont inscrits, etc.; ils dressent procès-verbal au cas d'infraction et transmettent cette pièce au tribunal correctionnel du port d'attache du navire. — Le débarquement par le capitaine des individus portés sur le rôle d'équipage ne peut être effectué sans l'autorisation du consul. — Le capitaine qui aborde dans un port étranger doit se présenter au consul de France, lui faire son rapport sur le lieu et la date de son départ, la route qu'il a suivie, les circonstances particulières de son voyage, etc. ; il doit en outre demander au consul de lui délivrer un certificat constatant l'époque de son arrivée, celle de son départ ainsi que l'état et la nature de son chargement (art. 244, C. Com.).

Le consul nomme, à la requête du capitaine, les experts qui doivent visiter le navire pour constater ses avaries ; c'est lui qui accorde au capitaine l'autorisation de contracter des emprunts à la grosse ou de mettre en gage la cargaison (autorisation obligatoire).

A l'arrivée du bâtiment dans un port étranger, *deux expéditions* des actes de naissance ou de décès qui ont pu être dressés au cours du voyage par le capitaine ou l'écrivain doivent être remis entre les mains du consul, qui fait parvenir l'une d'elles au ministère de la marine. — S'il s'agit d'un testament dressé dans les mêmes conditions, *un* des originaux doit être remis au consul, et celui-ci l'envoie au ministère de la marine (art. 60, 87 et 991, C. Civ.).

Les consuls ont le droit de dispenser de la seconde publication exigée pour les mariages ; les consuls généraux — et même certains consuls — peuvent accorder des dispenses d'âge, à charge d'en rendre compte au ministre des affaires étrangères (art. 17-18, Ordonn. du 23 octobre 1833).

CHAPITRE XVI

LES LÉGALISATIONS

Nous avons parlé déjà des légalisations exigées pour les actes faits en France et destinés à ne pas franchir la frontière ; mais d'une part les actes dressés à l'étranger ou aux colonies et qui doivent être produits en France, et d'autre part les actes qui ont été dressés en France mais qu'on a l'intention d'envoyer à l'étranger ou aux colonies sont soumis à diverses légalisations qu'il est nécessaire d'énumérer.

Les actes dressés dans les colonies françaises doivent être revêtus du *visa* du gouvernemeur de la colonie pour faire foi soit à l'étranger, soit en France. — Les actes dressés en France et que l'on veut produire dans une colonie française doivent être légalisés par le ministre au département duquel se rattache l'officier public qui a dressé l'acte (par le garde des sceaux, par exemple, s'il s'agit d'un acte notarié), et en outre par le ministre de la marine.

Quant aux actes destinés à être présentés à l'étranger, ils sont assujettis à des légalisations multiples. La signature du fonctionnaire qui a dressé l'acte doit être légalisée par le supérieur hiérarchique de ce fonctionnaire ; cette seconde signature est légalisée par un fonctionnaire plus élevé, et ainsi de suite jusqu'au ministre compétent dont la signature est visée par le *ministre des affaires étrangères*. Enfin la signature de ce dernier ministre est visée par l'ambassadeur ou le ministre plénipotentiaire qui représente à Paris le pays où l'acte légalisé doit être produit (Circulaire ministérielle du 16 mars 1837).

Les signatures des Français établis à l'étranger sont légalisées par le consul ou vice-consul; puis la signature du consul ou vice-consul est visée par le ministre des affaires étrangères du pays.

CHAPITRE XVII

LES USAGES COMMERCIAUX

En droit civil, les usages n'ont qu'une importance tout à fait secondaire. Leur champ d'application est extrêmement restreint ; il n'en est guère tenu compte qu'en matière de servitudes légales (hauteur des murs de clôture dans les villes), d'usufruit (jouissance des pépinières) ou de louage (congés, termes fixés pour le paiement des loyers). — Au contraire, en droit commercial, les usages jouent un rôle très important ; pour les tribunaux de commerce, les usages commerciaux ont force de loi et toutes les lacunes du code de commerce sont comblées à l'aide des usages admis et reconnus par les commerçants.

En matière de vente, le législateur a rendu *officiels*, par une loi spéciale, les usages adoptés déjà par le commerce mais qui n'étaient pas toujours fidèlement observés et qui avaient donné lieu à certaines difficultés d'application. Il est indispensable de reproduire ici les principales dispositions de la loi du 13 juin 1866.

En principe, tout article se vendant au poids est vendu au poids *net*, c'est-à-dire sans tenir compte du poids du contenant (sac, fût, caisse, etc.). — Mais il y a certaines marchandises que pour les facilités du commerce il est d'usage de ne pas déballer, et qui par conséquent sont vendues au poids *brut* — poids de la marchandise et du contenant (1). Pour ces marchandises, l'emballage doit être conforme aux habitudes du commerce (fût, barrique, sac en toile ou papier, caisse en carton, bois ou fer blanc, suivant la nature de la marchandise).

L'emballage reste à l'acheteur, sauf dans quelques cas tout à fait exceptionnels (2).

Lorsqu'il y a deux emballages, l'emballage intérieur, s'il est conforme aux habitudes du commerce, est compris dans le poids *net*. En principe, dans les ventes commerciales, il n'est accordé ni *don*, ni *surdon*, ni *tolérance* (3). Mais ici encore nous trouvons des exceptions. Ainsi, il est accordé une *tolérance* de 2 0/0 sur le *poids net* des arachides (en sacs ou en fûts) et des cacaos (en fûts) ; de 3 0/0

(1) Le contenant est présumé avoir un certain poids ; c'est ce poids présumé que l'on désigne sous le nom de *tare*. — Du reste, l'acheteur a le droit, en renonçant à la tare d'usage, de réclamer le poids *net*.

(2) A Marseille, le vendeur d'huiles d'olives *non comestibles* et de graines oléagineuses conserve la futaille.

(3) Le *don* est une réduction du prix pour altération ou déchet inévitable. — Le *surdon* est un forfait facultatif pour l'acheteur, à raison d'avaries accidentelles. — La *tolérance* est accordée pour le déchet (*pousse* ou *poussière*).

pour les graines de sésame, d'œillette, de pavot, etc.; de 4 0/0 pour certains colzas, etc. (Loi du 13 juin 1866).

Taxe d'usage

(Pour marchandises se vendant au poids *brut.*)

Tare de	1 0/0	pour la gomme du Sénégal (en sac);
	1 1/2 0/0	— le café et le cacao (en sacs);
	2 0/0	— les sacs (emballage simple);
		— les graines jaunes (en balles);
		— le curcuma;
		— le chanvre de certaines provenances;
	3 0/0	— le nitrate de soude;
	8 0/0	— le coton;
		— le nitrate de potasse;
	12 0/0	— le riz en *tierçons* (fûts);
		— la potasse d'Amérique;
	13 0/0	— les sucres (en fûts ou en caisses);
	17 0/0	— le saindoux en tierçons;
	20 0/0	— les huiles de coco et de palme (1).

Les marchandises, suivant leur nature, se vendent *à la pièce*, aux 100 kilogr., à la caisse, à l'hectolitre, au fût, au baril, à la tonne, au *nombre*, etc.

Ainsi, la fécule de pommes de terre, le noir animal, le charbon de terre, les huiles, les légumes secs (pois, fèves, haricots, etc.), le sel, les écorces à tan se vendent aux 100 kilogrammes;

Le goudron se livre à la barrique;

Les olives se livrent par barils;

Les rhums et tafias se vendent à l'hectolitre;

Les vins sont vendus par barriques dites *bordelaises*, *bourguignonnes*, *maconnaises*, suivant la provenance de la marchandise.— La contenance de la futaille dite *bordelaise* doit être de 225 litres, celle de la *maçonnaise* de 212 litres; la contenance de la futaille dite pièce de Beaune est au moins de 228 litres.

Certains vins renommés du Bordelais, de la Bourgogne et les vins de Champagne se vendent *à la bouteille*. — Or la bouteille de Champagne contient 80 centilitres, comme la bouteille de Bourgogne du reste; mais la contenance d'une bouteille de Bordeaux est que de 75 centilitres.

(Voy. loi du 13 juin 1866 et tableau y annexé.)

Nota. — Bien entendu, les conventions particulières peuvent établir des règles différentes soit pour la tolérance, soit pour l'emballage, etc., etc. Les dispositions qui précèdent ne s'appliquent que si les contractants ont gardé le silence.

(1) Par futailles au-dessous de 150 kilogrammes.

CHAPITRE XVIII

LES TRAITÉS DE COMMERCE

On peut dire sans exagération que la richesse d'un pays et sa puissance commerciale et industrielle dépendent des traités de commerce qu'il a conclus avec les autres puissances. Aussi ne pouvons-nous nous dispenser de dire quelques mots sur cette matière qui a soulevé et soulève encore aujourd'hui de si vives controverses.

Le *tarif général de douanes* règle les droits d'*importation* ou d'*exportation* qui frappent les marchandises à la frontière ; il est en somme le *droit commuun* en matière de tarifs : c'est lui qu'on doit appliquer à défaut de traité de commerce. Mais, précisément à cause de sa généralité, ce tarif ne tient pas compte des spécialités manufacturières, des produits particuliers de tel ou tel pays. Les conventions internationales que l'on désigne sous le nom de *traités de commerce* remédient à cet inconvénient. Les parties contractantes se font des sacrifices réciproques en vue des intérêts de leur commerce et de leur industrie ; par exemple la France abaissera en faveur de *telle* puissance les droits établis par le tarif général sur *telle* matière première dont l'industrie française a besoin, et réciproquement la puissance étrangère co-contractante favorisera l'entrée sur son territoire de produits manufacturés exportés de France, etc. — Les droits fixés par les traités de commerce ne sont jamais supérieurs, mais sont souvent inférieurs à ceux établis dans le tarif général des douanes, et cela est tout naturel.

La France a conclu dans ces dernières années un grand nombre de traités de commerce importants. Nous citerons notamment les traités passés avec l'Espagne, l'Italie, l'Autriche-Hongrie, la Suisse, la Hollande, etc, etc.

Clause de la nation la plus favorisée. — Dans la plupart des traités de commerce on trouve une clause d'une nature toute spéciale que l'on désigne dans la langue courante sous le nom de *clause de la nation la plus favorisée*. — Par cette clause, il est convenu que toute faveur douanière, tout abaissement de droit accordé ultérieurement à une puissance autre que la puissance contractante sera étendu de plein droit à celle-ci. Ainsi, la France a dû accorder à l'Allemagne, par le traité de Francfort, la clause de la nation la plus favorisée. Il en résulte que toute faveur accordée par la France à une nation quelconque dans une convention douanière profite à l'Allemagne; nous abaissons les droits sur les vins importés d'Espagne: par là même nous abaissons les droits grevant les vins d'Allemagne; et il en est ainsi pour tous les autres produits. C'est là une des conséquences les plus dures du traité de Francfort.

Libre-échange et Protection. — Le *libre-échange*, c'est l'abaissement des tarifs douaniers ou l'abolition des droits d'entrée, en vue de favoriser *l'importation*, la vente sur les marchés français et au meilleur marché possible, des produits des autres pays. — La *prohibition*, c'est au contraire l'élévation exagérée des droits d'importation en vue d'assurer aux produits de l'industrie française une sorte de monopole (1). — Enfin la *protection* est un système intermédiaire. Ses partisans, les *protectionnistes*, veulent protéger l'industrie ou l'agriculture française, de façon à lui permettre de lutter avec l'industrie étrangère. A cet effet, ils frappent les produits étrangers importés en France et dont le prix de revient est moins cher dans le pays producteur que chez nous, de droits d'entrée rétablissant l'égalité (*droits compensateurs*). Ainsi, la loi du 28 mars 1885 est une loi de protection : le législateur a voulu protéger l'agriculture contre la concurrence étrangère, notamment contre la concurrence de l'Amérique qui inondait de ses céréales les marchés de France au grand détriment de notre agriculture nationale, et il a frappé d'une surtaxe de 3 fr. le quintal métrique de blé étranger, afin que les marchands de blés d'Amérique ne puissent forcer le cultivateur français à vendre son blé au-dessous du prix de revient.

Quel est, pour un pays comme la France, le meilleur régime économique? Nous n'avons pas à étudier ici cette question si grave, et qui soulève tant de discussions; elle est trop complexe pour que nous puissions entreprendre de la traiter en quelques lignes. Nous renvoyons le lectuer aux ouvrages spéciaux (2).

CHAPITRE XIX

MARCHANDISES PROHIBÉES

En principe, la liberté du commerce est entière, mais, dans l'intérêt de la *sûreté publique*, ou même dans un simple intérêt *fiscal*, il est certaines marchandises dont la vente n'est permise qu'à des personnes munies d'une autorisation spéciale, et reste toujours soumise à une réglementation particulière. D'une manière générale, on peut donc dire que ces marchandises sont *prohibées*.

Les *remèdes secrets*, le *gibier* avant l'ouverture ou après la fer-

(1) Les mesures de prohibition sont parfois des mesures de rétorsion quelque peu vexatoires. C'est ainsi que les produits roumains ont été frappés en 1885 de droits d'entrée énormes.

(2) Consulter notamment, sur cette matière si intéressante, l'excellent et lumineux Précis d'Economie Politique de M. Paul Cauwès (Larose, éditeur).

meture de la chasse, sont des marchandises prohibées. — La fabrication et le commerce des *armes* de modèles règlementaires (1), la vente des *substances vénéneuses*, des *matières explosibles* (dynamite, pétrole, poudre, etc.), du *tabac*, des *cartes à jouer* sont sévèrement réglementés.

Certaines marchandises, sans être expressément prohibées, le sont en fait indirectement, par suite des droits d'entrée énormes dont elles sont frappées à leur importation en France (Voy. *Chap. XVIII*).

CHAPITRE XX

CHAMBRES DE COMMERCE

Les chambres de commerce sont les organes officiels des commerçants. Elles donnent leur avis au ministre du commerce sur les réformes qu'il a l'intention d'accomplir; elles le renseignent aussi sur la situation commerciale de leur circonscription.

Ces chambres sont créées par décrets rendus en Conseil d'Etat (Voy. VIE PUBLIQUE). Le décret indique le nombre des membres dont composera la chambre (de *neuf* à *vingt-et-un*). Ces membres sont lus au scrutin de liste par les mêmes commerçants qui prennent part à l'élection des juges du tribunal de commerce. S'il n'y a pas de tribunal de commerce dans la circonscription, la liste des électeurs est dressée par le conseil général, le conseil municipal et le conseil desprud'hommes; sur cette liste sont portés tous les commerçants qui satisfont aux conditions exigées pour prendre part aux élections des tribunaux de commerce (Voy. *Tribunaux* TRIBUNAUX DE COMMERCE).

La circonscription de chaque chambre de commerce est déterminée par le décret qui l'a créée; généralement la chambre de commerce a pour circonscription le département. — Le préfet (ou le sous-préfet) fait *de droit* partie de la chambre de commerce.

Les membres de la chambre de commerce sont *élus* pour *six ans*. La chambre est renouvelable par *tiers* tous les *deux ans*.

(1) Les armes réglementaires sont celles qui sont en usage dans l'armée française. — La fabrication et le commerce des armes non réglementaires sont entièrement libres (Loi de 1885).

CHAPITRE XXI

TRIBUNAUX DE COMMERCE

SECTION PREMIÈRE

Organisation des tribunaux de commerce

Les tribunaux de commerce proprement dits. — Les tribunaux de commerce sont créés par décret rendu en Conseil d'État dans les villes dont l'industrie et le commerce rendent nécessaire l'établissement d'une juridiction purement commerciale (art. 615, C. Com.). Le tribunal de commerce a le même ressort que le tribunal civil du même arrondissement; mais si, par exception, il existe plusieurs tribunaux de commerce dans un seul arrondissement, le décret instituant ces tribunaux détermine l'étendue de leurs ressorts respectifs (art. 616, C. Com.).

Chaque tribunal de commerce se compose d'un président, de *deux* à *quatorze* juges titulaires et de plusieurs juges suppléants (art. 617, C. Com.).

Élections consulaires. — Les membres des tribunaux de commerce ou *juges consulaires* (de là la dénomination de *tribunaux consulaires*) ne sont pas nommés par décret; ils sont *élus* par les commerçants jouissant de leurs droits civils et politiques et patentés *depuis cinq ans* au moins, par les directeurs de sociétés anonymes, par les agents de change, courtiers, capitaines au long cours, maîtres de cabotage, exerçant depuis cinq ans et domiciliés depuis cinq ans au moins dans le ressort du tribunal. — Les membres anciens ou actuels des tribunaux et chambres de commerce, des chambres consultatives des arts et manufactures, les présidents anciens ou actuels des conseils de prud'hommes participent aussi à l'élection.

Les individus condamnés pour crime ou pour vol, abus de confiance, attentat aux mœurs; ceux qui ont été condamnés à la prison pour *usure*, pour prêt sur gages, pour infraction aux lois sur les maisons de jeu ou les loteries, etc., etc.; ceux qui ont été condamnés à six jours de prison au moins ou à une amende de *plus de 1 000 francs* pour infraction aux lois sur les douanes, octrois, contributions indirectes, ou pour déclaration frauduleuse de valeurs envoyées par la poste, ne peuvent prendre part aux élections consulaires. La même incapacité frappe les officiers ministériels destitués en vertu de décisions judiciaires, les faillis *non* réhabilités et tous ceux qui ne sont point *électeurs politiques* (art. 1-2, loi du 8 décembre 1883).

La liste des électeurs consulaires est dressée tous les ans *pour chaque commune* par le maire et deux conseillers municipaux, dans la *première* quinzaine de *septembre*; elle comprend tous ceux qui étaient électeurs *au 1er septembre.*

La liste est envoyée au *sous-préfet*. Celui-ci fait déposer au greffe du tribunal de commerce la liste générale (comprenant les listes de toutes les communes), et la liste de chacun des cantons au greffe de la justice de paix du canton. Ce dépôt, qui doit être effectué au moins *un mois* avant l'élection, est annoncé par affiches apposées à la porte de toutes les mairies du ressort, et pendant les *quinze jours* qui suivent le dépôt tout électeur peut prendre communication des listes et porter ses réclamations devant le juge de paix, qui statue sauf recours devant la Cour de cassation. La liste rectifiée est close *dix jours* avant l'élection; elle sert pour toute l'année (art. 3-7, même loi).

Tous les électeurs consulaires *âgés de trente ans*, tous les anciens commerçants *français* ayant exercé leur profession pendant *cinq ans* au moins et résidant dans le ressort du tribunal sont *éligibles*. Mais pour être élu juge *titulaire*, il faut avoir été d'abord juge *suppléant* pendant *un an*, et pour être élu président il faut avoir exercé pendant *deux ans* les fonctions de juge *titulaire* (art. 8, même loi).

Le vote a lieu par canton, à la mairie du chef-lieu de canton. Dans les villes divisées en plusieurs cantons, le mairie désigne pour chaque canton un local spécial. — Les électeurs sont convoqués par le préfet, au plus tard dans la première quinzaine de décembre. Le bureau est présidé par le maire ou son délégué (adjoint ou conseiller municipal) et se compose en outre de quatre électeurs (art. 9).

Le président du tribunal est élu au *scrutin individuel;* les juges titulaires au *scrutin de liste*, les juges suppléants également. Pour la majorité exigée, mêmes règles que pour les élections politiques; le scrutin de ballotage a lieu quinze jours après le premier tour.

Le scrutin, ouvert à dix heures du matin, est clos à quatre heures de l'après-midi. Le président du bureau envoie immédiatement au préfet le résultat *local.*

Le résultat *général* de l'élection est constaté par une commission composée du préfet président, du conseiller général (ou du conseiller d'arrondissement) du chef-lieu du département, et du maire de ce chef-lieu. Puis le préfet transmet le résultat de ces constatations au procureur général, aux greffiers des tribunaux de commerce du département et à tous les maires des chefs-lieux de canton, qui doivent faire afficher le résultat de l'élection.

Dans les *cinq jours* de l'élection, tout électeur a le droit de l'attaquer; les réclamations sont communiquées à l'élu qui est visé, et *la Cour d'appel* statue; on peut se pourvoir *en cassation* contre son arrêt dans les *dix jours* de la signification de cette décision (art. 11).

Les élections ne peuvent être annulées que si elles n'ont point été faites selon les formes légales, si le scrutin n'a pas été libre ou s'il a été vicié par des manœuvres frauduleuses, ou bien encore si les élus étaient inéligibles (art. 12, loi de 1883).

Lorsque la Cour d'appel siège dans l'arrondissement où le tribunal de commerce est établi, elle procède publiquement à la réception des élus : ceux-ci se présentent à son audience sur l'invitation du procureur général et prêtent serment; mais si elle siège dans un autre arrondissement, elle charge de la réception le tribunal civil de l'arrondissement. — L'installation publique du tribunal de commerce a lieu ensuite (art. 14, même loi).

Le président et les juges sont élus *pour deux ans*, mais le tribunal est renouvelable *par moitié chaque année* (art. 18, même loi).

Les fonctions de juge consulaire ne sont point rétribuées, elles sont purement honorifiques (art. 628, C. Com).

Nota. — A Paris et à Lyon, il y a autant de collèges électoraux que d'arrondissements, et le vote a lieu dans chaque mairie d'arrondissement; mais dans les circonscriptions environnantes les élections ont lieu au chef-lieu de chaque canton (art. 17, loi du 8 décembre 1883).

SECTION II

Procédure commerciale

Compétence des tribunaux de commerce. — Les tribunaux de commerce statuent sur les contestations relatives aux engagements entre négociants, marchands et banquiers; sur les contestations entre associés; sur les faillites, et généralement sur tous les différends relatifs à des *actes de commerce* (nous avons dit, au début de ce chapitre ce qu'il fallait entendre par cette expression). — Les tribunaux de commerce connaissent encore des poursuites intentées contre les commis ou serviteurs des commerçants, quand elles sont relatives au trafic du commerçant qui les emploie, ainsi que des *billets* faits par les comptables des deniers publics (receveurs, percepteurs, etc.). Mais les tribunaux de commerce sont *absolument* incompétents en matière civile.

Le tribunal de commerce est, en principe, un véritable tribunal de première instance : il juge *en premier ressort* et l'appel est interjeté devant la Cour d'appel (art. 644, C. Com.). Mais, par exception. toutes les affaires n'excédant pas 1 500 fr. *en principal* (Voy. Vie Judiciaire), et aussi celles dans lesquelles les parties ont déclaré vouloir être jugées *sans appel*, sont tranchées en *premier et dernier ressort* par le tribunal de commerce (art. 639, C. Com.).

Enfin, les affaires jugées en premier ressort par le *conseil des prud'hommes* sont jugées *en appel* (en dernier ressort, par conséquent) par le tribunal de commerce.

Nous parlerons plus loin des *conseils de prud'hommes* (Voy. Vie Industrielle).

Dans les nombreux arrondissements qui n'ont pas de tribunal de commerce, c'est le tribunal civil qui tient lieu de juridiction consulaire (il y a, par exemple, une audience commerciale par semaine). L'instruction des affaires se fait alors dans les formes commerciales (ainsi pas d'avoué), mais l'organe du ministère public doit être entendu toutes les fois qu'il s'agit des intérêts qu'il est chargé de défendre en matière civile — des intérets de la femme mariée, par exemple (art. 641, C. Com.).

Procédure proprement dite. — Le ministère des avoués est interdit en matière commerciale, et nul ne peut plaider pour autrui devant les tribunaux de commerce à moins d'être muni d'un pouvoir spécial ou d'y être autorisé par le plaideur présent à l'audience. Mais les huissiers sont incapables d'assister ou de représenter les parties (art. 627, C. Com.).

Il n'y a pas de ministère public près les tribunaux de commerce, mais il y a des greffiers et des huissiers nommés par le Président de la République (art. 624, C. Com.).

Les jugements des tribunaux de commerce sont rendus par trois juges au moins, aucun suppléant ne peut être appelé à rendre des jugements que pour compléter ce nombre (art. 626, C. Com.). — A la différence des tribunaux civils, les tribunaux de commerce ne connaissent point de l'exécution de leurs jugements (saisies, ventes forcées, etc.) : c'est le tribunal civil qui est compétent pour cela (art. 442, C. Com).

Les tribunaux consulaires peuvent admettre la preuve par témoins, quelle que soit l'importance de l'affaire ; s'il y a lieu de procéder à une enquête, cette enquête est faite dans la forme des enquêtes sommaires ; s'il y a lieu à visite ou à estimation des marchandises, un ou trois experts sont désignés par le tribunal, lorsque les parties ne s'accordent pas sur le choix (art. 249, C. Com.)

En matière commerciale, le demandeur peut assigner son adversaire soit devant le tribunal du *domicile* de cet adversaire, soit devant le tribunal dans l'arrondissement duquel la *promesse* a été *faite* et la *marchandise livrée* (il faut la réunion de ces deux conditions) ; soit enfin devant celui dans l'arrondissement duquel le *paiement* devait être effectué. — Le demandeur, s'il est étranger, n'a point à fournir caution comme en matière civile (art. 420 et 423). — En matière commerciale il n'y a point de *préliminaire de conciliation* (Voy. Vie Judiciaire), les poursuites s'ouvrent par une assignation à *trois*, *deux*, ou même *un seul* jour *franc* (si le délai n'est que *d'un jour franc*, la partie assignée le 1er doit comparaître le 3). *En cas d'urgence*, le demandeur peut obtenir du président la permission d'assigner de *jour à jour*, (pour le lendemain) ou d'*heure à heure*, ou même de faire procéder à une *saisie mobilière*. Les ordonnances rendues à cet effet sont exécutoires nonobstant appel ou opposition, mais le président ordonne souvent au demandeur de fournir caution ou tout au moins de justifier d'une solvabilité suffisante (art. 417, C. Com.). Dans les affaires maritimes où il s'agit d'agrès, d'équipages, les parties non domiciliées dans les localités peuvent même être assignées d'heure à heure *sans qu'il soit besoin d'une ordonnance préalable* (art. 418).

Si le demandeur ne se présente pas *en personne* ou par un *fondé de procuration spéciale* au jour fixé, le tribunal renvoie le défendeur; si c'est au contraire celui-ci qui fait défaut, le tribunal accorde au demandeur ce qu'il demande lorsque ses prétentions ont quelque apparence de légitimité. — Mais contre les jugements par défaut *faute de conclure* le défendeur peut former opposition dans la *huitaine* qui suit la signification (Voy. Vie Judiciaire). L'opposition suspend l'exécution du jugement, qui en principe est permise *un jour* après la signification de la décision au défendeur. Cette signification n'est valable que si elle contient élection de domicile du demandeur dans la commune où est domiciliée l'autre partie, si le demandeur n'y est pas domicilié, et c'est à ce domicile élu que doit être signifiée l'opposition contenant assignation (art. 434-437, C. Com.). — Le défaillant, au cas de jugement par défaut *faute de comparaître*, peut arrêter l'exécution du jugement en déclarant à l'huissier qu'il forme opposition; cette déclaration n'est recevable que jusqu'à l'exécution, comme en matière civile (Voy. Vie Judiciaire). Mais cette opposition est considérée comme non avenue si elle n'est pas signifiée officiellement *dans les trois jours* par exploit d'huissier contenant assignation (art. 438, C. Com.).

Le délai pour interjeter appel est de *deux mois* à compter de la *signification* du jugement (à compter de l'expiration du *delai d'opposition* pour les jugements rendus *par défaut*); l'appel peut d'ailleurs être interjeté *le jour même du jugement*, avant l'expiration du délai d'opposition par conséquent (art. 645, C. Com.).

En appel l'affaire est jugée suivant les formes civiles : le ministère de l'avoué, loin d'être prohibé, est obligatoire. La procédure est du reste assez rapide : c'est celle des appels des jugements rendus *en matière sommaire* (art. 347, C. Com.). — Pour les *pourvois en cassation*, mêmes règles qu'en matière civile (Voy. Vie Judiciaire).

SECTION III

Auxiliaires des tribunaux de commerce

Les tribunaux de commerce ont des auxiliaires spéciaux en dehors du greffier et des huissiers chargés de veiller au maintien de l'ordre pendant les audiences. Nous voulons parler des *agréés*, des *arbitres-rapporteurs* et des *syndics*.

Les agréés. — Ce ne sont point des officiers ministériels, mais ils jouent le rôle d'avoués devant les tribunaux de commerce. Chaque tribunal désigne un certain nombre de personnes versées dans les affaires et dans la procédure commerciale pour expliquer au besoin devant lui les affaires des plaideurs et diriger la procédure. Ce sont ces mandataires en quelque sorte officiels des parties — choisis par elles — bien entendu, que l'on désigne sous le nom d'*agréés*; ce sont eux en fait qui rédigent les *qualités* (et notamment les *conclusions* qui sont censées être rédigées par le greffier).

Les arbitres-rapporteurs. — Ce sont bien plutôt des *rapporteurs* que des *arbitres*. Ils sont chargés par le tribunal d'examiner les comptes, les pièces et les registres des parties lorsque l'affaire est un peu embrouillée ; ils doivent chercher à concilier les plaideurs; s'ils ne réussissent pas, ils font leur rapport au tribunal et donnent leur *avis*. Certains tribunaux de commerce se fient un peu trop quelquefois à ces auxiliaires.

Si les parties ne s'accordent pas sur le choix des trois arbitres-rapporteurs ou d'un arbitre-rapporteur unique, c'est le tribunal qui les désigne (art. 429).

Les syndics. — Nous en avons parlé à propos de la faillite; nous renvoyons donc le lecteur à cette matière.

CHAPITRE XXII

ECOLES COMMERCIALES

Depuis la loi du 21 juin 1865 qui a organisé l'*enseignement secondaire spécial* dans les lycées et collèges, l'enseignement commercial a pris un très grand développement.

PROGRAMME DE L'ENSEIGNEMENT SECONDAIRE SPÉCIAL

Instruction morale, langue et littérature française, histoire et géographie, mathématiques appliquées; physique, mécaniques, chimie, histoire naturelle, et leurs applications; dessin linéaire, dessin d'ornement et d'imitation, comptabilité, anglais ou allemand (dans certaines écoles : l'espagnol, l'italien, l'arabe); notions de législation, d'économie industrielle et rurale, musique vocale, gymnastique.

En outre, des cours professionnels peuvent être institués pour exercer les élèves aux travaux manuels.

L'enseignement secondaire spécial se divise en trois degrés comprenant : le 1er, les *cours élémentaires*; le 2e, les *cours moyens*, le 3e, les *cours supérieurs*. — Durée des cours élementaires : trois ans; même durée pour les cours moyens; deux ans pour les cours supérieurs.

A l'entrée de chaque *année* ou *classe*, l'élève doit subir un examen d'admission; mais à la fin de la troisième année des cours moyens, il est délivré aux élèves qui le méritent un *certificat d'études*, et ce certificat dispense de l'examen d'admission aux cours supérieurs.

Depuis 1881, il existe un baccalauréat de l'enseignement secondaire spécial, mais pour passer les examens exigés pour l'obtention du diplôme, il faut avoir au moins *seize ans accomplis*. — Ce diplôme dispense de l'examen du volontariat.

Au point de vue de l'enseignement secondaire spécial, les lycées et collèges sont dits *de plein exercice* quand les élèves peuvent s'y préparer au baccalauréat de l'enseignement secondaire spécial; ils sont *de demi-exercice* quand les élèves n'y peuvent suivre que les cours élémentaires et moyens.

L'Institut commercial de Paris. — Cette école commerciale, fondée tout dernièrement, ne reçoit que des *externes*. Prix de la pension : 400 fr. par an (payables 40 fr. par mois). Durée des études : *trois ans*.

L'Institut commercial prépare surtout au commerce d'exportation. Pour y entrer, il faut passer un examen qui porte sur la langue française (orthographe et rédaction), le calcul, la géométrie élémentaire, la géographie, l'histoire de France, les éléments des sciences physiques, chimiques et naturelles. — On n'admet pas d'élève âgé de moins de *treize ans*.

Les matières enseignées à l'Institut commercial sont : Le droit commercial, les langues française, anglaise, allemande, espagnole (enseignement absolument *pratique*); l'économie politique, l'histoire, la géographie, les sciences appliquées à l'industrie, la calligraphie, la sténographie, le dessin. — Chaque semaine les élèves vont visiter de grands établissements industriels ou commerciaux. — Des bourses et des demi-bourses sont accordées au concours chaque année.

Collège Chaptal. — C'est un collège municipal (subventionné par la ville de Paris). On y prépare à l'École Polytechnique, à l'École Centrale, aux Écoles des Arts-et-Métiers, au baccalauréat ès-sciences du diplôme *d'enseignement secondaire spécial*, aux examens d'admission comme élève externe à l'École des Ponts-et-Chaussées, *à l'École des Hautes Études commerciales*, etc. L'enseignement complet est donné en *huit années* (cours élémentaire, cours préparatoire; première, deuxième, troisième, quatrième, cinquième et sixième années).

Le collège Chaptal reçoit des externes, des demi-pensionnaires et des pensionnaires.

Nota. — On trouve encore à Paris l'*École supérieure de commerce* et d'autres écoles commerciales moins importantes. — En province il a été créé plusieurs écoles commerciales destinées à rendre d'immenses services. Nous citerons notamment l'École de commerce de Marseille, celles du Hâvre, de Rouen, Lyon, Bordeaux, etc.

Ecole des Hautes Etudes commerciales. — Cette école est établie à Paris. La durée des études est de *deux années*. — L'École reçoit des élèves *externes* et des élèves *internes*. Le prix de l'*externat* est de 1 000 fr. plus 300 fr. pour le déjeuner, payables : 600 fr. le jour de la rentrée des classes, 400 fr. le 1er février, 300 fr. le 1er mai. — Prix de l'*internat :* 2 800 fr. payables : 1 000 fr. au jour de l'ouverture, 1 000 fr. le 1er février, 800 francs le 1er mai. — L'élève doit avoir un trousseau complet.

Des bourses d'externes et des demi-bourses d'internes sont accordées *au concours*. Les épreuves imposées aux candidats comprennent :

1° Un *examen écrit* se composant d'un *narration*, d'un *sujet de mathématiques* et d'une *version* anglaise ou allemande.

2° Un *examen oral* portant sur l'histoire de France, la géographie les sciences mathématiques et naturelles.

Les candidats doivent être *Français*, avoir *16 ans au moins* depuis le 1er janvier, produire un certificat de vaccine et un certificat de bonne vie et mœurs. La demande de bourse doit être adressée au directeur de l'École avant le 15 septembre, et l'in scription pris à la préfecture avant le 25.

L'enseignement donné à l'Ecole des Hautes Etudes commerciales porte notamment sur les langues étrangères (anglais, allemand, espagnol, italien, portugais, russe), sur la législation douanière, l'économie politique, le droit commercial, le droit civil, la procédure, la chimie, la comptabilité, l'examen des marchandises, etc., etc.

Pour entrer à l'Ecole des Hautes Études commerciales, il faut subir un examen *qui est en fait un véritable concours* ; les bacheliers et les jeunes gens pourvus du diplôme d'enseignement secondaire spécial sont seuls dispensés de l'examen d'admission.

Cet examen porte du reste sur les matières indiquées ci-dessus pour le concours relatif aux bourses. Il a lieu vers la mi-octobre. Pour y prendre part, il suffit d'avoir 16 ans lors de l'entrée à l'école. Mais les jeunes gens doivent adresser leur demande au directeur de l'école avant le 15 octobre et produire les deux certificats exigés déjà des candidats aux bourses. — Les jeunes gens étrangers admis *par faveur* à passer l'examen doivent fournir des références près de leur consul. — La liste des élèves admis est publiée au *Journal officiel*.

FORMULE N° 1

Demande de bourse

(*sur papier libre*)

« Je soussigné (*nom et prénoms*), né à............, département de........, le .... (*jour, mois, année*), domicilié à.........., département de.........., sollicite une bourse d'externe (l'école ne dispose d'aucune bourse *entière* d'interne) à l'École des Hautes Études commerciales.

» Je joins à l'appui de ma demande 1°..... (le candidat joindra à sa demande les pièces de nature à la justifier : certificat d'insuffisance de ressources délivré par le maire de sa localité, attestations légalisées, etc).

» Je suis admissible de droit, ayant un diplôme de......... (*Indication du diplôme*).

A....., le..... 188...

(*Signature du candidat.*)

FORMULE N° 2

Demande d'admission au concours

(*sur papier libre*)

« Je soussigné (*jour, mois, année*), né à......., département de........ le........ (jour, mois, année) domicilié à.........., département de ...., déclare mon intention de prendre part, cette année, au concours pour l'admission à l'École des Hautes Études commerciales.

» Je ne sollicite aucune bourse. (*Ou bien*) :

» Je sollicite une bourse d'externe (ou : une *demi-bourse* d'interne, l'école ne disposant d'aucune bourse *entière* d'interne)

« La lettre de convocation pour le concours devra m'être adressée à............., chez M... (*nom, profession, demeure*).

A..., le..... 188...

(*Signature du candidat.*)

On ne peut passer de 1re en 2e année qu'après avoir subi un examen sur les matières enseignées en 1re année. — A la fin de la 2e année, des *diplômes* signés par le ministre du commerce sont accordés aux élèves qui ont satisfait aux épreuves du concours de sortie. — Des *certificats de capacité* sont délivrés à ceux dont les connaissances, moins étendues, sont cependant jugées suffisantes.

Ecole commerciale. — Cette École essentiellement pratique, surveillée et soutenue par la chambre de commerce de Paris, rend de très grands services. — Elle reçoit des enfants dès l'âge de 7 ans. — Ces enfants suivent des *cours préparatoires*, tout à fait élémentaires. — L'enseignement donné aux enfants sortis des cours préparatoires dure trois années. Une quatrième année est consacrée à des études supérieures.

Voici le tableau des matières enseignées à cette école :

La langue française;
L'arithmétique;
La géométrie;
L'algèbre;
La comptabilité;
Le droit commercial;
La calligraphie;
La sténographie;
Les langues anglaise, allemande, italienne et espagnole;
L'histoire commerciale;
La géographie commerciale;
L'économie politique;
La physique;
La chimie;
Le dessin.

En 4e année il est fait aux élèves des conférences littéraires et scientifiques. A la fin de l'année, la chambre de commerce délivre des certificats d'études aux élèves qui ont passé des examens de sortie satisfaisants; ceux qui ont fait preuve de connaissances très sérieuses reçoivent un diplôme.

L'École commerciale ne reçoit que des externes. Prix de l'externat: 220 francs par an, *payables 22 francs par mois.*

Nota. — Pour les adultes, il est fait à cette même école des *cours du soir* absolument gratuits portant sur les matières qui sont l'objet des cours faits dans le jour. Il suffit de se faire inscrire au secrétariat de l'école.

Enseignement commercial gratuit. — L'enseignement commercial est donné *gratuitement* dans presque tous les arrondissements de Paris aux jeunes gens et aux jeunes filles qui désirent compléter leur instruction. Cet enseignement comprend deux degrés: le *degré élémentaire* (*deux* années d'études) et le *degré supérieur* (*une seule* année); il porte sur la langue française, l'arithmétique, la géographie, la comptabilité et le droit commercial. Les cours ont lieu l'après-midi (de 2 à 4 heures); on peut n'en suivre que deux ou trois, si l'on veut. — Au bout de la 3e année d'études les élèves qui satisfont aux examens reçoivent un certificat d'études commerciales.

LA VIE INDUSTRIELLE

CHAPITRE PREMIER

MANUFACTURES ET ATELIERS

Limitation des heures du travail. — La journée de l'ouvrier, dans les manufactures et usines, ne peut excéder douze heures, sauf dans les cas de force majeure (art. 1er, décret du 9 septembre 1848). Il est toutefois dérogé à ce principe pour certaines industries.

Tout chef de manufacture ou d'usine qui emploie les mêmes ouvriers pendant plus de douze heures par jour est frappé d'une amende de 5 à 100 francs, multipliée par le nombre des ouvriers indûment employés; mais l'amende totale ne peut dépasser 1 000 fr. (art. 4, même décret).

Voilà en somme la seule restriction apportée au grand principe de la liberté du travail pour les adultes (1). Elle est imposée non seulement par l'humanité, mais encore par l'intérêt de la société elle-même, par des raisons de santé et de salubrité publique.

Grèves. — Les ouvriers ont le droit de se mettre en grève spontanément, de s'entendre et de se concerter entre eux pour cesser tout travail afin d'obtenir le relèvement des salaires, mais ceux qui, par menaces, violences, voies de fait ou manœuvres frauduleuses ont

(1) Voir cependant la réglementation du travail dans les mines (Voy. Mines).

amené ou maintenu ou même seulement tenté d'amener ou de maintenir une *cessation concertée de travail* dans le but de faire monter les salaires ou de porter atteinte au libre exercice de l'industrie ou du travail — par exemple, les meneurs qui veulent empêcher leurs camarades de travailler — sont passibles de 6 jours à 3 ans de prison et de 16 à 3 000 fr. d'amende, ou tout au moins de l'une de ces deux peines. — Les patrons qui emploient les mêmes moyens pour arriver à un résultat inverse, c'est-à-dire à la baisse des salaires, encourent les mêmes pénalités (art. 414. C. Pén.).

Mais une loi récente, la loi sur les Syndicats Professionnels, a fait disparaître du Code Pénal la défense faite aux ouvriers ou patrons de porter atteinte au libre exercice de l'industrie ou du travail à l'aide d'amendes ou d'interdictions prononcées par suite d'un plan concerté (art. 1er, loi du 21 mars 1884).

§ 1er. — TRAVAIL DES ENFANTS DANS LES MANUFACTURES

La loi a réglementé sévèrement l'emploi des enfants dans l'industrie; elle a voulu les protéger contre les abus et les exigences parfois bien coupables de certains manufacturiers. Depuis 1874, les enfants ne peuvent être employés par des patrons, ni admis dans les manufactures, fabriques, usines, ou chantiers *avant l'âge de 12 ans révolus*.

Par exception, dans certaines industries, ils peuvent être employés dès qu'ils ont atteint l'âge de 10 ans révolus, mais seulement pendant *six heures par jour* au plus, et ces six heures doivent être coupées par un repos. — Voici la liste des industries dans lesquelles les enfants peuvent être employés dès 10 et 11 ans :

- Dévidage des cotons ;
- Dévidage des crins ;
- Corderie à la fendue ;
- Filature de bourre de soie ;
- Filature du lin, du coton, de la laine ;
- Impression à la main sur tissus ;
- Moulinage de la soie ;
- Retordage du coton ;
- Papeterie (sauf pour le triage des chiffons) ;
- Fabrication mécanique des tulles et dentelles ;
- Verrerie.

Les enfants ne peuvent être employés dans les fabriques ou ateliers classés parmi les établissements dangereux ou insalubres. Or, les établissements déclarés dangereux ou insalubres sont ceux consacrés aux industries suivantes :

Fabrication des acides sulfurique, chlorhydrique, picrique, oxalique, nitrique, etc ;
Fabrication des sulfures de carbone, de sodium, d'arsenic ;
Fabrication du blanc de plomb, du bleu de prusse ;
Fabrication du chlore, de l'eau de javelle, des éthers ;
Distillerie d'eau-de-vie, de kirsch, d'alcools autres que de vins ;
Travail des huiles de pétrole ; — Distillation de la térébenthine ;

Allumettes chimiques ; — Dégraissage des peaux, des étoffes ;
Traitement des chiffons ; — Galvanisation du fer ;
Fabrication de l'aniline, de la benzine, des couleurs d'aniline, des collodions ; — Industries dans laquelle l'emploi des vins est habituel ;
Fonte du plomb ; — Fabrication des amorces fulminantes, des pièces d'artifice ;
Fabrication du sulfate de soude, du cyanure de potassium ou de matières similaires.

Voici maintenant la liste des industries dans lesquelles les enfants peuvent être employés à la condition qu'on ne leur confiera aucun travail dangereux ou insalubre (1) :

Battage et cardage des étoupes ; — Triage des plumes ;
Fabrication de chapeaux de feutre ; — Fours à chaux ;
Fabrication des porcelaines, des poteries de terre ; — Extraction des grès ;
Fabrication des toiles peintes ; — Teinturerie ;
Battage des tapis ; — Verreries, cristalleries (2) ;
Blanchiment des fils et tissus de fil, de laine, ou de soie par l'acide sulfureux.

Les enfants de moins de 16 ans ne peuvent être employés *à aucun travail de nuit*, — sauf dans les papeteries, sucreries, verreries et usines métallurgiques, et seulement s'ils ont atteint l'âge de 12 ans révolus. — Cette interdiction existe *sans aucune restriction* relativement aux *jeunes filles* âgées de *moins de 21 ans* employées dans les usines et manufactures. — Or, est considéré comme travail de nuit, tout travail entre 6 heures du soir et 5 heures du matin (art. 4, loi du 19 mai 1874).

Les enfants âgés de moins de 16 ans et les filles de 16 à 21 ans ne peuvent être employées les dimanches et fêtes. — Toutefois, dans les usines à feu continu (papeteries, sucreries, usines métallurgiques) les garçons de 12 à 16 ans peuvent être employés même les jours fériés, si cela est absolument nécessaire ; mais les patrons doivent leur laisser le temps et la liberté d'accomplir leurs devoirs religieux (art. 6, loi du 19 mai 1874). Au surplus, dans les sucreries, ils ne peuvent les faire travailler de 6 heures du matin à midi, dans les verreries de 6 heures du matin à 8 heures du soir et dans les papeteries et usines métallurgiques de 6 heures du matin à 6 heures du soir (art. 2, décret du 5 mars 1877). - Le travail des enfants dans les mines est réglementé d'une façon spéciale (Voy. MINES).

Les enfants âgés de plus de 12 ans peuvent être employés pendant douze heures par jour, mais leur travail doit être interrompu par plusieurs temps de repos (art. 3, loi du 19 mai 1874).

Les enfants de 10 à 12 ans, dans les industries où, par exception,

(1) Ainsi il est interdit de les faire travailler dans des endroits où ils pourraient être incommodés par des poussières ou des miasmes pernicieux.

(2) Dans les endroits où il est fait usage des matières toxiques.

la loi permet de les employer, ne doivent ni porter, ni traîner des fardeaux — Quant aux enfants de 12 à 14 ans, ils ne peuvent être chargés sur la tête ou sur le dos au-delà d'un poids de 10 kilogrammes; le poids maximum est de 15 kilogr. pour les enfants de 14 à 16 ans. — Il est interdit de faire traîner aux enfants de 12 à 16 ans des marchandises dont la traction exige des efforts supérieurs à ceux qui correspondent au poids de 10 kilogr. (art 3, décret du 13 mai 1875).

Les enfants de moins de 16 ans ne peuvent être employés au graissage, au nettoyage, à la visite ou à la réparation des machines *en marche* ou des machines dont les transmissions marchent encore, à moins que le débrayage ou le volant n'ait été calé (art. 1er, décret du 3 mai 1875).

Les ateliers où travaillent des enfants doivent être tenus dans un état constant de propreté, et présenter toutes les conditions de sécurité et de salubrité nécessaires à leur santé. Les puits, trappes, etc., doivent être clôturés; l'approche des machines ne doit être possible que pour les besoins du service.

Les patrons doivent afficher dans chaque atelier le texte des lois et règlements relatifs au travail des enfants et des femmes dans les manufactures. De plus, ils doivent veiller au maintien des bonnes mœurs et à l'observation de la décence publique dans leurs établissements (art. 11, 14 et 15, loi du 19 mai 1874).

Des inspecteurs spéciaux, pris surtout parmi les anciens élèves de l'Ecole des Mines ou de l'Ecole Centrale, surveillent l'application des dispositions qui précèdent. Chacun d'eux est chargé d'une circonscription territoriale, et peut entrer dans tous les établissements, ateliers et chantiers de sa circonscription. — L'inspecteur visite les enfants, prend connaissance des règlements intérieurs, inspecte les locaux, etc., rédige son rapport et l'adresse à une *commission locale*, chargée de contrôler le service de l'inspection, de visiter les manufactures, usines etc., et d'adresser au préfet un rapport qui est ensuite transmis par ce fonctionnaire au ministre de l'intérieur. — Il doit y avoir au moins une *commission locale* par arrondissement.

Les rapports des commissions locales sont communiqués par le ministre à une commission supérieure dont le siège est à Paris. Cette commission adresse chaque année au Président de la République, par l'intermédiaire du ministre de l'intérieur, un rapport général qui est inséré au *Journal officiel*.

Les manufacturiers, directeurs ou gérants qui n'observent pas les prescriptions de la loi sur le travail des enfants dans l'industrie sont poursuivis devant le tribunal correctionnel, et frappés d'une amende de 16 à 50 francs, multipliée par le nombre d'enfants employés en contravention, sans que toutefois l'amende totale puisse dépasser 500 fr. Au cas de récidive dans l'année, le patron en faute est passible de 50 à 200 francs d'amende par enfant employé (1 000 fr. au plus pour la totalité de l'amende). — De plus, l'affichage du jugement et même son insertion dans un ou plusieurs journaux du département peuvent être ordonnés par le tribunal (art. 25-27, loi du 19 mai 1874).

Instruction primaire des enfants employés dans l'industrie. — Nul enfant âgé de *moins de treize ans* ne peut être employé par un patron, qu'autant que ses parents ou tuteur justifient qu'il fréquente actuellement une école publique ou privée. L'enfant employé doit continuer à suivre les classes chaque jour; toutefois la *commission scolaire* (Voy. Vie Libérale), avec l'approbation de conseil départemental, peut dispenser les enfants d'une des deux classes de la journée (art. 17, loi du 28 mars 1882).

§ 2. — LES LIVRETS D'OUVRIERS

Les ouvriers et ouvrières travaillant dans les manufactures, fabriques, usines, mines, minières, carrières, chantiers, ateliers et autres établissements industriels, ainsi que les ouvriers et ouvrières travaillant *chez eux* pour un patron, sont tenus d'avoir un *livret* (1).

Le livret est délivré par le maire (à Paris cependant il est délivré par le préfet de police, et à Lyon par le préfet du Rhône), moyennant le paiement par l'ouvrier du prix de confection (0 fr. 25 au plus). — Il énonce les nom et prénoms de l'ouvrier, son âge, le lieu de sa naissance, son signalement, sa profession; il indique si l'ouvrier travaille habituellement pour plusieurs patrons, ou s'il n'est attaché qu'à un seul établissement à la fois, etc.

Les hefs ou directeurs des établissements industriels ne peuvent employer un ouvrier qui n'est pas pourvu de livret (art. 1-3, loi du 22 juin 1854).

Le chef ou directeur d'un établissement industriel doit inscrire sur le livret de l'ouvrier qu'il reçoit dans son établissement la date de son entrée, et transcrire sur un registre spécial les nom et prénoms de l'ouvrier, le nom et le domicile de son ancien patron et le montant des avances dont l'ouvrier peut être débiteur envers ce dernier (art. 1er du décret du 30 avril 1855). — Le jour du départ de l'ouvrier, le patron de l'établissement doit inscrire sur le livret la date de la sortie et l'acquit des engagements. Il ajoute le montant des avances dont l'ouvrier peut rester débiteur envers lui (2). Mais il ne peut être inscrit sur le livret *aucune note favorable* ou *défavorable* à l'ouvrier (art. 8, même loi).

Si l'ouvrier travaille habituellement pour plusieurs patrons diri-

(1) Les ouvriers membres des sociétés de secours mutuels *approuvées* sont seuls dispensés de cette obligation.

(2) Car l'ouvrier auquel le patron a fait des avances a parfaitement le droit de le quitter bien qu'il ne les ait point encore remboursées.

geant des maisons différentes, chaque patron inscrit sur le livret le jour où il lui confie de l'ouvrage pour la première fois et il transcrit sur le registre dont nous venons de parler, les nom, prénoms et domicile de l'ouvrier. Lorsqu'il cesse d'employer l'ouvrier, il inscrit sur le livret l'acquit des engagements *sans aucune autre énonciation* (art. 5, même loi).

L'ouvrier est tenu de représenter son livret à toute réquisition de l'autorité. — S'il le perd, il peut en obtenir un nouveau sur la constatation de son identité et de sa position.

L'ouvrier dont le livret est rempli ou hors d'état de servir doit le faire remplacer par un livret neuf sur lequel sont inscrits : la date et le lieu de la délivrance de l'ancien livret, le nom et la demeure du patron chez lequel l'ouvrier travaille ou a travaillé en dernier lieu. Le livret hors d'usage est laissé entre les mains de l'ouvrier (art. 3-6, décret du 30 avril 1855).

Un ouvrier n'est inscrit sur les listes électorales pour la formation des *conseils de prud'hommes*, que s'il est pourvu d'un livret (art. 15, loi du 22 juillet 1854).

Tout individu coupable d'avoir fabriqué un faux livret, ou d'avoir falsifié un livret, ou de s'être servi d'un livret faux ou falsifié, est passible d'un emprisonnement de six mois à trois ans (art. 12, même loi). — L'ouvrier qui s'est fait délivrer un livret sous un faux nom ou qui a fait usage d'un livret appartenant à un autre ouvrier, est frappé de trois mois à un an de prison (art. 13, même loi). — Enfin, tout ouvrier ou patron coupable d'une infraction aux dispositions concernant les livrets d'ouvrier, est condamné par le tribunal de simple police à une amende de 1 à 15 francs, et en outre, dans certains cas, à un emprisonnement de un à cinq jours, sans préjudice des dommages-intérêts (art. 11, même loi).

Lorsqu'un ouvrier change de résidence, il agit prudemment en faisant viser son livret avant son départ par le maire de la commune qu'il a l'intention de quitter. — Le livret ainsi visé lui tient lieu de passeport, mais ce passeport ne vaut que pour la destination indiquée par l'ouvrier et relatée sur le livret par l'autorité qui y a apposé son visa (art. 11, décret du 30 avril 1855).

Le livret ne peut être visé pour servir de passeport si l'ouvrier a interrompu l'exercice de sa profession, ou s'il s'est écoulé plus d'une année depuis la date du dernier certificat de sortie inscrit (art. 12, même décret).

Les enfants employés dans l'industrie sont pourvus d'un livret spécial. D'après la loi du 19 mai 1874, les maires sont tenus de délivrer aux père, mère, ou tuteur de tout enfant travaillant dans une manufacture, usine, atelier, etc., un livret portant les nom et prénoms de l'enfant, la date et le lieu de sa naissance, son domicile et le temps pendant lequel il a suivi l'école. — Le patron inscrit sur le livret la date de l'entrée de l'enfant dans son établissement, et celle de la sortie; et il reporte sur un registre toutes les indications figurant sur le livret, ainsi que les dates d'entrée et de sortie (art. 10, loi du 19 mai 1874).

§ 3. — L'APPRENTISSAGE

Nul chef d'atelier ou ouvrier âgé de *moins de 21 ans* ne peut prendre des apprentis *mineurs*; d'autre part, les patrons veufs ou célibataires ne peuvent *loger* comme apprenties des jeunes filles *mineures* (art. 4 et 5, loi du 22 janvier 1851).

Les individus qui ont subi des condamnations pour crimes ou pour attentat aux mœurs; ceux qui ont été condamnés pour vol, escroquerie, abus de confiance ou vente frauduleuse n'ont le droit d'avoir aucun apprenti (art. 6, même loi).

Le contrat d'apprentissage — contrat par lequel un fabricant, un chef d'atelier ou un ouvrier s'engage à enseigner la pratique de sa profession à une autre personne, qui s'oblige en retour à travailler pour lui, le tout à des conditions déterminées et pendant un temps convenu, peut être fait verbalement ou par écrit (1). — Les greffiers de justice de paix et les secrétaires des conseils de prud'hommes confèrent aux actes d'apprentissage qu'ils dressent la qualité d'*acte authentique;* reçus par eux, ces actes ont la même force que s'ils étaient passés par-devant notaire. — Le contrat d'apprentissage fait *par acte sous seing privé ou par acte public* est soumis pour l'enregistrement à un droit fixe d'*un franc*. — Les notaires, greffiers de justice de paix ou secrétaires de conseils de prud'hommes ont droit pour chaque acte d'apprentissage dressé par eux à 2 francs d'honoraires (art. 2, même loi).

L'acte d'apprentissage doit contenir :

1° Les noms, prénoms, âge, professions et domicile du *maître* (2);

2° Les nom, prénoms, âge et domicile de l'apprenti ;

3° Les nom, prénoms, professions et domicile de ses père et mère, de son tuteur, — ou de la personne autorisée par les parents, à leur défaut par le juge de paix ;

4° La date et la durée du contrat;

5° Toutes les conditions arrêtées entre les parties (notamment celles de logement, de nourriture et de prix).

(1) Mais la convention *verbale* d'apprentissage ne peut être prouvée par témoins qu'au dessous de 150 francs, suivant les principes généraux établis en matière de preuve. Il vaut donc beaucoup mieux dresser un écrit.

(2) C'est le nom qu'on donne au fabricant, chef d'atelier ou ouvrier qui prend un apprenti.

FORMULE N° 1

Contrat d'apprentissage

« Entre les soussignés :

» M. Edouard V..... âgé de cinquante ans, serrurier, demeurant à Rennes, rue........, n°... d'une part

» Et M. Albert M....., épicier demeurant à Rennes, rue........, n°... d'autre part ;

» Il a été convenu ce qui suit :

ARTICLE PREMIER

» M. Albert M..... place son fils Charles M....., qui y consent pleinement, en apprentissage chez M. Edouard V....., pour que celui-ci lui apprenne son métier de serrurier.

» De son côté, M. Edouard V..... s'engage à faire de Charles M..... un bon ouvrier serrurier, autant que cela sera en son pouvoir, et à le bien traiter pendant toute la durée de son apprentissage, promettant de ne jamais l'employer à des travaux ne se rattachant point à la serrurerie ou excédant ses forces, et de lui laisser son temps libre les dimanches et jours de fête.

ARTICLE 2.

» Le présent contrat d'apprentissage est établi pour une durée de deux années. — Pour la première année, M. Albert M..... aura à payer à M. Edouard V....., en quatre paiements trimestriels, la somme de 300 fr. pour logement et nourriture de Charles M....., mais la seconde année le logement et la nourriture seront fournis gratuitement.

» Fait double à Rennes le...... mil huit cent...

» Approuvé l'écriture. » Approuvé l'écriture.

» Ed. V..... » Albert M.....

Devoirs du maître. — Le maître doit traiter paternellement l'apprenti, surveiller sa conduite et ses mœurs (même au dehors), et avertir ses parents ou leur représentant de ses fautes graves ou de ses penchants vicieux. — Il doit aussi les prévenir sans retard en cas de maladie, d'absence ou de tout fait de nature à motiver leur intervention. Il lui est interdit, sauf convention contraire, d'employer l'apprenti à des travaux ou services ne se rattachant pas à l'exercice de la profession qu'il s'est engagé à lui enseigner. — En aucun cas et *sous aucun prétexte*, il n'a le droit d'enfreindre les prescriptions de la loi sur le travail des enfants dans l'industrie (Voy. *ci-dessus*). Bien plus, il lui est interdit, quelle que soit sa profession, d'imposer aucun travail de nuit à son apprenti, si celui-ci est âgé de *moins de seize ans*.

Les dimanches et jours fériés, les apprentis sont libres : *dans aucun cas*, ils ne peuvent être tenus vis-à-vis de leurs maîtres à un travail quelconque.

Si l'apprenti âgé de moins de seize ans ne sait pas lire, écrire et compter, ou s'il n'a pas encore terminé sa première éducation religieuse, le maître est tenu de lui laisser prendre, sur la journée de travail, le temps et la liberté nécessaires pour son instruction. Nous renvoyons du reste, sur ce point, à la partie de cet ouvrage consacrée à la loi sur l'enseignement primaire obligatoire.

Le maître doit enseigner à l'apprenti *progressivement* et *complètement* l'art, le métier ou la profession spéciale qui fait l'objet du contrat d'apprentissage.

Devoirs de l'apprenti. — L'apprenti doit à son maître fidélité, obéissance et respect; il est tenu de l'aider, par son travail, dans la mesure de son aptitude et de ses forces. Il est obligé, à la fin de l'apprentissage, de travailler pour lui pendant un temps égal à celui qu'il n'a pu lui consacrer par suite de maladie ou d'absence ayant duré *plus de quinze jours* (art. 11, loi du 22 janvier 1851).

Fin de l'apprentissage. — Le contrat d'apprentissage est résolu *de plein droit* : 1° si le maître ou l'apprenti vient à mourir; — 2° si l'apprenti ou le maître est appelé au service militaire; — 3° si le maître on l'apprenti vient à être condamné, pour crime ou pour attentat aux mœurs, vol, escroquerie, abus de confiance, fraude sur les poids et mesures, *à plus de trois mois de prison*; — 4° *pour les filles mineures*, en cas de décès de l'épouse ou de la parente du maître qui tenait la maison à l'époque de la conclusion du contrat d'apprentissage (art. 15, loi du 22 janvier 1851).

Le contrat d'apprentissage peut être résilié *sur la demande des parties ou de l'une d'elles :*

1° Dans le cas où l'une des parties manque aux engagements qu'elle avait pris ; — 2° pour cause d'infraction grave *ou* habituelle aux prescriptions de la loi sur l'apprentissage (par exemple, parce que le maître fait travailler la nuit son apprenti) ; — 3° dans les cas d'inconduite *habituelle* de la part de l'apprenti ; — 4° lorsque le maître va résider dans une autre commune (mais dans ce cas spécial la demande en résolution du contrat doit être formée dans les *trois mois* à compter du jour où le maître a changé de résidence) ; — 5° si le maître ou l'apprenti encourt une condamnation emportant un emprisonnement de plus d'*un mois;* 6° si l'apprenti vient à se marier (art. 16, même loi).

De plus, tant que les deux premiers mois de l'apprentissage ne sont point expirés, le contrat peut être annulé par la seule volonté de l'une des parties; ces deux premiers mois sont considérés comme un temps d'essai, aussi ne peut-il être question d'aucune indemnité, à moins de convention contraire et expresse établie à l'avance (art. 14, même loi).

C'est au conseil de prud'hommes dont le maître est justiciable, qu'il appartient de juger les contestations relatives à l'exécution ou à la résolution d'un contrat d'apprentissage, et de fixer les indemnités ou les restitutions qui peuvent être dues par l'une ou l'autre des parties. — A défaut de conseil de prud'hommes, l'affaire doit être portée devant le juge de paix du canton où le maître est établi (art. 18-19).

Le maître qui, étant célibataire ou veuf, prend comme apprenties des jeunes filles mineures; celui qui, n'étant point encore majeur, reçoit des apprentis mineurs, est puni par le tribunal de simple police d'une amende de 5 à 15 francs,; en cas de récidive, il est condamné à un emprisonnement de un à cinq jours. — Les mêmes pénalités, et même des pénalités plus fortes sont édictées contre celui qui enfreint les dispositions relatives à l'instruction et au travail des enfants employés dans les manufactures ou ateliers (Voy. § 1er).

Enfin, l'individu qui a été condamné à plus de trois mois de prison, et qui malgré l'incapacité résultant pour lui de cette condamnation a pris un apprenti, est également passible d'une amende de 5 à 15 francs et d'un emprisonnement d'un à cinq jours; mais, au cas de récidive, il est condamné par le tribunal correctionnel à un emprisonnement de quinze jours à trois mois, et à une amende de 50 à 300 francs (art. 20, loi du 22 janvier 1851).

Tout fabricant, chef d'atelier ou ouvrier convaincu d'avoir détourné un apprenti de chez son maître, pour l'employer en qualité d'apprenti ou d'ouvrier, peut être condamné à payer une fraction ou même *la totalité* de l'indemnité prononcée au profit du maître abandonné (art. 13, même loi).

A la fin de son apprentissage, le jeune ouvrier doit avoir soin de se faire délivrer par son patron un certificat d'apprentissage établissant qu'il connaît son métier et qu'il peut faire un bon ouvrier.

FORMULE N° 2

Certificat d'apprentissage

« Je soussigné, Edouard Lardey, serrurier, demeurant à Rouen (Seine-Inférieure), rue..... n°....., déclare par le présent certificat que le jeune Charles Bernier, né à Rouen le..... a commencé chez moi son apprentissage d'ouvrier serrurier le..... mil huit cent..., et que, pendant les deux années qu'il a passées dans mon atelier, il ne m'a donné aucun sujet de plainte. Je déclare également qu'il remplit toutes les conditions nécessaires pour faire un bon ouvrier serrurier, son apprentissage étant complètement terminé.

» Fait à Rouen, le......... mil huit cent.....

» Édouard Lardey. »

CHAPITRE II

PROPRIÉTÉ INDUSTRIELLE

SECTION PREMIÈRE

Les Brevets d'invention

Toute découverte ou invention, *dans tous les genres d'industrie*, confère à l'inventeur le droit *exclusif* de l'exploiter à son profit. — Ce droit est constaté par un titre délivré par le gouvernement, et c'est précisément ce titre que l'on désigne sous le nom de *brevet d'invention* (art. 1er, loi du 5 juillet 1844).

Or, sont considérées comme *découvertes* ou *inventions* :

L'invention de nouveaux *produits* industriels;

L'invention de nouveaux *moyens* ou *l'application nouvelle* de *moyens connus* pour l'obtention d'un résultat ou d'un produit industriel.

Toutefois, les compositions pharmaceutiques désignées sous le nom de *spécialités* et les combinaisons de crédit ou de finances ne sont point brevetables (art. 3-4, même loi).

Formalités relatives à la délivrance des brevets. — Toute personne qui désire prendre un brevet d'invention doit déposer au secrétariat de la préfecture du département où elle a son domicile (ou même à la préfecture d'un autre département, mais alors à la condition d'élire domicile dans ce département) :

1° Sa demande de brevet (cette demande doit être adressée au ministre du commerce), avec un duplicata des deux pièces suivantes (description et dessin ou échantillon).

2° Une description de la découverte ou invention;

3° Les dessins ou échantillons nécessaires pour que cette description soit facilement intelligible;

4° Un bordereau des pièces déposées.

Toutes ces pièces doivent être remises *sous pli cacheté*. Elles doivent être signées de l'inventeur ou de son mandataire (1).

La demande doit être limitée *à un seul objet principal* (avec les objets *de détail* et les applications se rattachant à l'invention, bien entendu); elle doit mentionner la durée que les postulants désirent voir assigner à leur brevet (*cinq*, *dix* ou *quinze années*); elle ne doit contenir ni restrictions, ni conditions, ni réserves; enfin elle doit indiquer un titre renfermant la désignation sommaire, mais très précise, de l'invention.

(1) Dans ce dernier cas, le pouvoir du mandataire doit être annexé à la demande.

La description ne peut être faite qu'en langue française. Elle doit être rédigée sans altération ni surcharges; les mots rayés comme nuls doivent être comptés et constatés (*quatre mots rayés nuls*, par exemple); toutes les pages et tous les renvois doivent être paraphés. Les poids et mesures du système métrique peuvent seuls être employés. Les dessins doivent être tracés à l'encre et d'après une échelle métrique.

Le dépôt des pièces ci-dessus énumérées n'est possible qu'après le versement d'une somme de 100 francs (1) dans les caisses publiques, et le postulant doit présenter à la préfecture le récépissé constatant ce versement (art. 6, même loi).

Le déposant reçoit en échange des pièces qu'il remet au secrétariat de la préfecture une expédition du procès-verbal de dépôt dressé par le secrétaire général de la préfecture. *C'est ce procès-verbal qui fixe le point de départ de la durée du brevet*; il est délivré moyennant le remboursement des frais de timbre (art. 7).

Dans les *cinq jours* de la date du dépôt, le préfet transmet les pièces *cachetées* au ministre du commerce, en y joignant une copie du procès-verbal de dépôt, le récépissé, et le pouvoir du mandataire, si l'inventeur en a constitué.

Le brevet, lorsque la demande est régulière, est délivré *sans examen préalable, aux risques* et *périls de celui qui le demande, et sans aucune garantie* soit de la valeur de l'invention, soit de la fidélité ou de l'exactitude de la description.

Le titre du brevet consiste en un arrêté du ministre du commerce constatant simplement la régularité de la demande. A cet arrêté est joint le duplicata *certifié conforme* de la description et des dessins.

La première expédition des brevets est délivrée sans frais, mais les expéditions ultérieures ne sont délivrées que contre paiement d'une taxe de 25 francs. — Quant aux frais de dessins, ils sont à la charge de l'impétrant.

Tous les trois mois, un décret inséré au *Bulletin des lois* proclame les brevets délivrés dans le trimestre. Le décret indique le nom de la personne brevetée, la date du brevet, son numéro d'ordre, l'objet du brevet et le nom du mandataire de l'inventeur, s'il s'est fait représenter. La plupart du temps, l'industriel se fait représenter par un ingénieur civil parfaitement au courant da la législation sur les brevets et qui se charge de toutes les formalités.

Les demandes de brevet ne peuvent être rejetées que s'il s'agit d'une invention non brevetable (2) — *plan financier* ou *composition pharmaceutique* — ou bien encore lorsque la demande n'est point accompagnée de la description de l'invention, des dessins ou des échantillons. Mais si le rejet est motivé par une irrégularité de

(1) A valoir sur la taxe du brevet.

(2) Dans ce cas les 100 francs versés par l'inventeur lui sont remboursés.

forme, l'inventeur, en reproduisant sa demande dans les trois mois à dater de la notification du rejet, évite tout préjudice pécuniaire ; s'il ne renouvelle sa demande qu'après l'expiration de ce délai ou s'il renonce à la renouveler, il n'a droit qu'au remboursement de la moitié des 100 francs qu'il a dû verser avant d'effectuer le dépôt de la demande rejetée (art. 12, même loi).

Durée des brevets et annuités. La durée des brevets est de *cinq*, *dix* ou *quinze années*, suivant le désir de l'inventeur. — Chaque brevet donne lieu au paiement d'une *taxe annuelle* ou *annuité* de 100 frcans; l'inventeur a donc à payer pour toute la durée du brevet 500 fr., 1 000 fr. ou 1 500 fr., suivant que son brevet est de *cinq*, *dix* ou *quinze ans*. — Si le breveté laisse écouler un seul terme sans acquitter l'annuité, son procédé tombe dans le *domaine public* : tout le monde peut s'en emparer et l'exploiter. — La première annuité est acquittée avec les 100 francs versés par l'inventeur avant le dépôt de sa demande (art. 4).

Les brevets ne peuvent être renouvelés. Ainsi, l'inventeur qui a pris un brevet de cinq ans ne peut, à l'expiration de ces cinq années, prendre un nouveau brevet. A cette époque son invention tombe nécessairement dans le domaine public.

Droits des brevetés. — Tout breveté peut céder en totalité ou en partie son brevet, (un quart, par exemple). Mais, qu'il s'agisse d'une vente ou d'une donation, la cession ne peut être faite que *par acte notarié* et après paiement de la taxe totale pesant sur le brevet (500 fr., 1 000 fr. ou 1 500 fr.); elle n'est valable à l'égard des tiers qu'après avoir été enregistrée au secrétariat de la préfecture du département où est située l'étude du notaire choisi par les parties pour dresser l'acte. L'enregistrement n'est fait que sur la production et le dépôt d'un *extrait authentique* de l'acte de cession. — Tous les trois mois un décret publie les cessions et mutations enregistrées pendant le trimestre expiré (art. 20).

Les brevetés ou les ayants droit aux brevets (les acquéreurs d'un brevet, par exemple) ont, pendant toute la durée de leur brevet, le droit d'apporter à l'invention brevetée des changements, des perfectionnements ou des additions, mais à la condition de remplir les formalités exigées pour les demandes de brevet. — Ces changements, perfectionnements ou additions sont constatés par des certificats délivrés dans la même forme que le brevet principal, produisant les mêmes effets que ce brevet lui-même, mais prenant fin avec lui. Ces *certificats d'addition* — c'est ainsi qu'on les appelle — ne donnent lieu qu'au paiement d'une taxe de 20 francs *une fois payée* art. 16).

Mais si le brevet doit expirer dans six mois, par exemple, et qu'un perfectionnement extrêmement important soit apporté à l'invention par l'inventeur ou par ses ayants droit, le certificat d'addition serait sans grande utilité. Aussi le législateur, en prévision de cette hypothèse, permet-il au breveté de prendre un nouveau brevet principal de 5, 10 ou 15 ans pour un changement, perfectionnement ou addition apporté par lui à son invention; seulement ici il est dû par le propriétaire du brevet non plus un simple droit de 20 francs, mais une taxe de 500 fr., 1 000 fr. ou 1 500 fr. (suivant la durée du nouveau brevet), payable par annuités de 100 francs (art. 17).

Les cessionnaires d'un brevet et ceux qui ont acquis d'un breveté ou de ses ayants droit une *licence*, c'est-à-dire la faculté d'exploiter eux aussi la découverte ou l'invention brevetée, profitent *de plein droit* des *certificats d'addition* ultérieurement délivrés au breveté ou à ses ayants droit. — Réciproquement, le breveté ou ses ayants droit profitent des certificats d'addition délivrés ultérieurement aux cessionnaires. — Tous ceux qui ont le droit de profiter des certificats d'addition peuvent s'en faire délivrer une expédition au ministère du commerce, moyennant une somme de 20 francs (art. 22).

Pendant la première année du brevet, il n'y a que le breveté ou ses ayants droit (les acquéreurs du brevet, par exemple) qui puissent prendre valablement un brevet pour un changement, perfectionnement ou addition à l'invention brevetée; aucun tiers ne jouit de cette faculté. Quant au certificat d'addition, il ne peut être demandé, évidemment, que par l'inventeur qui a pris le brevet ou par ses ayants droit. — La personne qui veut prendre un brevet pour changement, perfectionnement ou addition à une invention brevetée depuis moins d'un an ne peut que déposer sa demande de brevet. Le cachet n'est brisé et le brevet délivré qu'après l'expiration de l'année; si pendant cette même année le breveté a demandé lui aussi un certificat d'addition ou un brevet, c'est à lui qu'est donnée la préférence, quand bien même sa demande serait ultérieure à celle formée par l'autre postulant; mais *entre les tiers* c'est la demande formée *la première* qui reçoit satisfaction (art. 18).

La personne qui a pris un brevet pour une découverte ou invention se rattachant à l'objet d'un autre brevet (il s'agit d'une nouvelle machine à battre, par exemple), n'a nullement le droit d'exploiter l'invention déjà brevetée, pas plus que celui qui a pris le brevet primitif n'a le droit d'exploiter la nouvelle invention (art. 19).

Publication des descriptions et dessins. — Après le paiement de la deuxième annuité, les descriptions et dessins sont publiés, soit textuellement, soit par extrait; en outre, au début de chaque année, paraît un catalogue contenant les titres des brevets délivrés l'année précédente. Ces catalogues, ainsi que les recueils des descriptions et dessins sont déposés au ministère du commerce et au secrétariat de chaque préfecture. Ils peuvent être consultés *sans frais* par le public.

A l'expiration des brevets, les originaux des descriptions et dessins sont déposés à la Bibliothèque du Conservatoire des Arts et Métiers où chacun peut en demander communication (art. 24 et 26).

Mais tant que les brevets ne sont point expirés, les descriptions, dessins, échantillons et modèles restent déposés au ministère du commerce où ils sont communiqués sans frais, à toute réquisition, *dès la première année*, et toute personne peut obtenir *à ses frais* copie des descriptions et des dessins (art. 23).

Brevets accordés aux étrangers (1). — Les étrangers peuvent obtenir en France des brevets d'invention suivant les formes indiquées ci-dessus et aux mêmes conditions, alors même qu'ils ne seraient point brevetés dans leur pays.

La durée du brevet accordé à l'auteur d'une invention ou découverte déjà brevetée à l'étranger ne peut excéder celle du brevet accordé par le pays étranger. — Par exemple, un Anglais prend le 15 janvier 1885 un brevet de 15 ans en Angleterre, puis, le 15 mars 1885, il prend un brevet en France : la durée de ce brevet ne pouvant excéder celle du brevet anglais, le brevet français prendra fin au plus tard le 15 janvier 1900.

Annulation de brevets — Déchéances. Sont absolument *nuls* les brevets délivrés dans les cas suivants, savoir :

1° Si la découverte, invention ou application n'est pas nouvelle ; — or la découverte, invention ou application qui, antérieurement à la date du dépôt de la demande, a reçu, soit en France, soit à l'étranger, une publicité suffisante pour pouvoir être exécutée, n'est plus considérée comme nouvelle, et par conséquent n'est plus brevetable;

2° S'il s'agit d'une composition pharmaceutique ou d'une combinaison financière ;

3° Si le brevet porte sur des principes, méthodes ou systèmes, découvertes ou conceptions *théoriques* dont on n'a pas indiqué les *applications industrielles* ;

4° Si l'invention est reconnue contraire à la sûreté ou à l'ordre public, aux lois ou aux bonnes mœurs (2) ;

5° Si le titre sous lequel le brevet a été demandé indique *frauduleusement* un objet autre que le véritable objet de l'invention ;

6° Si la description n'est pas suffisante pour l'exécution de l'invention, ou si elle n'indique pas *complètement* et *loyalement* les véritables moyens de l'inventeur ;

7° Si le brevet a été obtenu dans le cours de la *première année* d'un brevet se rattachant au même objet et pris par une autre personne.

Les *certificats d'addition* qui comprennent des changements, perfectionnements ou additions ne se rattachant pas au brevet principal, sont également nuls et de *nul effet*.

Le brevet tombe dans le *domaine public* (le breveté est alors *déchu* de tous ses droits) dans les cas suivants :

(1) Nous renvoyons le lecteur à la Convention internationale du 20 mars 1883 qui était une *Union* pour la protection de la propriété industrielle (Voy. le texte).

(2) Sans préjudice, bien entendu, de peines qui pourraient être encourues pour la fabrication ou le débit d'objets *prohibés*.

1° Lorsque le breveté n'a pas acquitté son annuité avant le commencement de chacune des années de la durée du brevet;

2° Lorsque le breveté n'a pas encore mis en exploitation sa découverte ou invention, *en France*, au bout de *deux ans*, à compter du jour de la *signature du brevet*, ou a cessé de l'exploiter pendant deux années consécutives — *à moins qu'il ne justifie des causes de son inaction*;

3° Lorsque le breveté a introduit en France des objets fabriqués à l'étranger et semblables à ceux garantis par son brevet — à moins qu'il ne s'agisse de modèles de machines dont l'introduction a été autorisée par le ministre du commerce, ou bien encore d'objets destinés à des expositions publiques ou à des essais faits avec l'assentiment du gouvernement, et introduits en vertu de cette même autorisation (loi du 31 mai 1856).

La demande en annulation ou en déchéance peut être formée par tout intéressé, — et même par le procureur de la République, s'il s'agit d'une invention non brevetable ou d'une application contraire aux mœurs ou aux lois ou à l'ordre public, ou encore d'un brevet indiquant frauduleusement un objet autre que celui de l'invention. — Cette demande, ainsi que toutes contestations relatives à la propriété des brevets, doit être portée devant le tribunal de première instance, et non point devant le tribunal de commerce, ni devant celui de police correctionnelle.

L'affaire est instruite rapidement (comme *en matière sommaire*), mais le procureur de la République doit déposer ses conclusions.

Dès qu'un jugement ou arrêt prononçant l'annulation ou la déchéance d'un brevet a acquis *force* de *chose jugée* (plus d'opposition ni d'appel possible), il est notifié au ministre du commerce, et la déchéance est publiée au *Bulletin des lois* (art. 34-39, loi du 5 juillet 1844).

Nota. — Tout individu qui prendrait la qualité de breveté dans des enseignes, annonces, prospectus, affiches, marques ou estampilles sans posséder un brevet valable, ou après l'expiration du brevet indiqué, est passible d'une amende de 50 à 1 000 francs. — L'amende est portée au double en cas de récidive.

Le breveté ne peut mentionner sa qualité de breveté ou son brevet sans y ajouter les mots : *sans garantie du gouvernement* ou tout au moins leurs initiales (S. G. D. G.), sous peine d'encourir cette même amende de 50 à 1 000 francs, et au cas de récidive une amende double (art. 33, même loi).

SECTION II

Les Marques de Fabrique

On peut dire sans exagération qu'*en fait* les marques de fabrique confèrent les mêmes avantages que les brevets; il est même des hypothèses, dans la pratique, où la marque de fabrique protège plus efficacement que ne le ferait un brevet, les droits de propriété industrielle. — Mais il faut bien se garder de confondre les marques de fabrique avec les brevets; au reste, la seule définition de ces marques montre qu'elles n'ont, en elles-mêmes, aucune analogie avec les brevets d'invention.

Sont considérés comme marques de fabrique et de commerce tous signes, toutes marques servant à distinguer les produits d'une fabrique ou d'une maison de commerce, ou même les produits d'une exploitation agricole : emblèmes (marteau, animal, fleur, etc.), empreintes, timbres, cachets, lettres, reliefs, vignettes, dénominations, chiffres, enveloppes, etc., etc.

L'industriel ou le commerçant qui veut profiter des avantages conférés par les marques de fabrique et de commerce, doit déposer lui-même, ou faire déposer par un fondé de pouvoir *spécial*, *deux exemplaires* du modèle de la marque particulière qu'il a choisie, au greffe du tribunal de commerce de son domicile (1). Par le fait seul de ce dépôt, il est protégé contre la contrefaçon pendant *quinze ans* (personne ne peut se servir de sa marque de fabrique), et au cours de la quinzième année il lui suffit d'effectuer un nouveau dépôt pour se réserver la propriété *exclusive* de sa marque de fabrique pendant une nouvelle période de quinze ans, de telle sorte qu'au moyen de dépôts successifs cette marque de fabrique peut être conservée indéfiniment.

Le greffier du tribunal de commerce dresse lors de chaque dépôt un procès-verbal le constatant et indiquant : 1° le jour et l'heure où il a été effectué; 2° le nom du propriétaire de la marque et celui de son fondé de pouvoir; 3° la profession du propriétaire de la marque, son domicile et le genre d'industrie en vue duquel il dépose sa marque (art. 5, décret du 26 juillet 1858). — Coût du procès-verbal et de l'expédition : droit fixe de 1 fr., non compris les droits de timbre et d'enregistrement (art. 1-4, loi du 23 juin 1857).

Le modèle à fournir consiste en deux exemplaires, sur un carré de papier de 18 centimètres de côté, d'un dessin, d'une gravure ou d'une empreinte représentant la marque adoptée. — La marque doit occuper le milieu du carré de papier (art. 2, décret du 26 juillet 1858).

Si la marque est *en creux* ou *en relief* sur les produits, ou si elle a dû être réduite pour ne pas excéder les dimensions du papier, ou si elle présente quelque autre particularité, le déposant l'indique sur les deux exemplaires, soit par des figures de détail, soit au moyen d'une légende explicative (art. 3, même décret).

La marque de fabrique étant déposée, son propriétaire peut faire

(1) A défaut de tribunal de commerce, le dépôt doit être effectué au greffe du tribunal civil.

apposer par l'État, *sur sa réquisition écrite*, un timbre ou poinçon qui a pour effet d'établir l'*authenticité* de la marque sur ses étiquettes, bandes, enveloppes ou estampilles (en papier ou en métal).

Le droit dû pour l'apposition de ce timbre varie de 0 fr. 01 à 1 franc, suivant la valeur des produits revêtus de la marque de fabrique et la difficulté du poinçonnage. — Le poinçon peut être apposé sur les objets eux-mêmes au lieu de l'être sur les bandes ou enveloppes; dans ce cas, le droit dû pour chaque apposition varie de 0 fr. 05 à 5 francs (art. 1-3, loi du 26 novembre 1873).

La contrefaçon des produits dont la marque est poinçonnée — compliquée de la contrefaçon du timbre ou de l'usage frauduleux des bandes timbrées — est punie plus rigoureusement que la contrefaçon d'une marque non poinçonnée.

Les étrangers qui possèdent en France des établissements d'industrie ou de commerce, sont admis, comme les Français, aux avantages découlant des marques de fabrique et de commerce. — Les *Français* ou *étrangers* dont les établissements ne *sont pas situés en France* en jouissent également pour les produits de ces établissements (ils doivent effectuer le dépôt des deux exemplaires du modèle de leur marque au greffe du tribunal de commerce de la Seine), mais seulement si, dans les pays où ils sont situés, des conventions diplomatiques ont établi la réciprocité pour les marques françaises. Or la France a conclu en 1883 un traité d'*Union pour la protection de la propriété industrielle* avec la Belgique, l'Espagne, le Portugal, l'Italie, les Pays-Bas, le Danemark, la Suisse, le Luxembourg, le Brésil, la Serbie, le Salvador et le Guatémala. (1)

SECTION III

La contrefaçon

La *contrefaçon* est un de ces nombreux modes de concurrence déloyale qui causent autant de préjudice aux consommateurs qu'aux industriels et commerçants honnêtes dont les produits sont contrefaits. Toute contrefaçon est un *délit* (art. 425, C. Pén.).

Toute atteinte portée aux droits d'un industriel breveté, soit par la fabrication des produits, soit par l'emploi des moyens faisant l'objet du *brevet*, constitue le délit de contrefaçon et rend son auteur passible d'une amende de 100 à 2000 francs. — Ceux qui ont *sciemment* recélé, exposé en vente ou introduit en France des objets ou produits contrefaits, sont frappés de la même amende.

Au cas de récidive, l'amende est accompagnée d'un emprisonnement *d'un à six mois*. Or, il y a récidive lorsque l'individu condamné pour contrefaçon, a déjà été condamné pour le même délit dans les *cinq années* précédentes.

(1) D'après cette Convention (du 20 mars 1883), les sujets de l'un des Etats signataires jouissent dans l'étendue des autres Etats des avantages conférés aux nationaux en matière de propriété industrielle.

Si le contrefacteur est un ouvrier ou un employé qui a travaillé jadis dans la maison du breveté, ou si le contrefacteur a eu connaissance des procédés décrits au brevet par un ouvrier ou employé du breveté, il est condamné à la prison *dès la première fois*; ici, en effet, le délit de contrefaçon est aggravé : il se complique d'un abus de confiance (art. 40-43, loi du 5 juillet 1844).

Les propriétaires de brevets peuvent faire procéder par un huissier à la *description*, et même à la *saisie* des objets contrefaits, mais s'ils veulent recourir à cette mesure, ils doivent adresser une requête en ce sens au président du tribunal, et le président rend, sur la représentation du brevet, une ordonnance ordonnant la saisie. Dans le cas où le requèrant est un étranger, il est tenu de fournir un cautionnement; — quand le breveté est un Français, le président peut exiger de lui un cautionnement, mais il a parfaitement le droit de l'en dispenser. Dans les huit jours qui suivent la saisie (outre un jour par vingt-cinq kilomètres de distance entre le lieu où se trouvent les objets saisis ou décrits, et le domicile du contrefacteur ou du recéleur), le requérant doit entamer les poursuites, sinon la description ou la saisie est nulle *de plein droit*.

Le procureur de la République n'a pas le droit de faire comparaître *d'office* le contrefacteur d'un procédé ou produit breveté; il ne peut le poursuivre que sur la plainte du breveté ou de ses ayants droit (art. 45, loi de 1844).

Le tribunal correctionnel saisi d'une affaire de contrefaçon est compétent pour statuer sur les moyens de défense tirés par le prévenu de la nullité et de la déchéance du brevet, et sur les questions relatives à la propriété de ce brevet.

Les individus qui ont contrefait une *marque de fabrique*, ou frauduleusement apposé sur leurs produits une marque appartenant à autrui, sont punis de 50 à 3 000 francs d'amende, et de trois mois à trois ans de prison, ou de l'une de ces deux peines. — Ceux qui ont fait usage d'une marque de fabrique contrefaite, ou qui ont *sciemment* mis en vente des produits revêtus d'une marque contrefaite ou frauduleusement apposée, encourent les mêmes peines.

Quant aux industriels ou commerçants qui, sans contrefaire une marque de fabrique, l'ont imitée de manière à tromper l'acheteur (*imitation frauduleuse*) ou ont fait usage d'une marque frauduleusement imitée, ils sont frappés d'une amende de 50 à 2 000 francs, et d'un emprisonnement *d'un mois à un an* (1). — La même condamnation frappe toute personne qui a fait usage d'une marque portant des indications propres à tromper l'acheteur *sur la nature du produit*, ou qui a mis en vente des produits revêtus d'une marque frauduleuse (art. 7-8, loi du 23 juin 1857.)

50 à 100 francs d'amende et quinze jours à six mois de prison

(1) Ou de l'une de ces deux peines seulement.

frappent ceux qui n'ont point apposé sur leurs produits une marque déclarée obligatoire, ou mis en vente des produits soumis à la marque obligatoire et non revêtus de cette marque. Or, les marques de fabrique et de commerce, facultatives en principe, peuvent être déclarées obligatoires pour tels et tels produits, par un décret rendu en Conseil d'État. (art. 1er et 9, même loi).

Au cas de récidive dans les *cinq ans*, cette condamnation est doublée (art. 11, même loi).

Les délinquants peuvent en outre être privés du droit de participer aux élections des tribunaux et chambres de commerce, des conseils de prud'hommes, etc., pendant un certain temps (dix ans au plus), et le tribunal peut ordonner l'affichage du jugement dans tels et tels lieux et son insertion dans différents journaux.

Le tribunal prescrit toujours la destruction des marques de fabrique frauduleuses; *même au cas d'acquittement*, il peut ordonner la *confiscation* des produits, et aussi celle des ustensiles qui ont ont servi à commettre le délit (art. 14, même loi).

Pour la *description* et la *saisie* des produits revêtus de la marque de fabrique contrefaite, mêmes dispositions que celles indiquées ci-dessus à propos des brevets d'invention; cependant, à défaut de tribunal, une ordonnance du juge de paix remplace celle du président; ne pouvant présenter de brevet le requérant présente le procès-verbal constatant le dépôt de la marque, et il a un délai de *quinze jours* (au lieu de huit) pour entamer les poursuites (art. 17-18, même loi).

Les industriels qui contrefont ou falsifient les timbres apposés par l'État sur les enveloppes ou produits revêtus d'une marque de fabrique sont passibles des *travaux forcés à temps*. — Tout usage frauduleux des poinçons et des étiquettes, bandes, enveloppes ou estampilles poinçonnées est puni d'un emprisonnement de deux à cinq ans (art. 6, loi du 26 novembre 1873).

Les demandes de dommages-intérêts motivées par la contrefaçon des marques de fabrique sont portées devant les tribunaux *civils* et instruites comme en *matière sommaire*; toutefois, si le contrefacteur est poursuivi en police correctionnelle et soulève pour sa défense des questions relatives à la propriété de la marque de fabrique, le tribunal correctionnel a compétence pour statuer sur cette question de propriété (art. 16, loi de 1857).

Il est défendu d'apposer sur des produits le *nom* d'un fabricant autre que celui qui les a réellement fabriqués, ou le nom d'un lieu qui n'est point celui de la fabrication, sous peine de trois mois à un an de prison et d'une amende de 50 francs *au moins*, et égale *au plus* au *quart* des dommages-intérêts accordés à la personne dont le nom a été frauduleusement employé. — Le commerçant qui *sciemment* a mis en vente des produits revêtus d'un nom usurpé ou altéré encourt les mêmes pénalités.

Il est à noter que le fabricant victime de ces fraudes a le droit de poursuivre le contrefacteur alors même qu'il n'aurait déposé aucune marque de fabrique; tandis que le dépôt *préalable* est absolument nécessaire pour qu'on puisse poursuivre en contrefaçon celui qui a imité frauduleusement une marque de fabrique.

CHAPITRE III

LES MINES

En principe, le propriétaire de la surface d'un fonds est également propriétaire du dessous. Mais, en matière de mines, il est apporté à cette disposition générale du Code civil une dérogation remarquable : Le propriétaire du sol au-dessous duquel se trouve une mine n'est point propriétaire de cette mine, le droit de propriété sur le fonds n'emporte ici aucun droit de propriété sur le *tréfonds*.

C'est le président de la République qui, par décret rendu en Conseil d'État, confère la propriété perpétuelle de la mine à la personne qui remplit les conditions ci-dessous indiquées, et lui permet de l'exploiter. Cette personne que l'on désigne sous le nom de *concessionnaire* peut être le propriétaire de la surface ou l'*inventeur* (1) de la mine, ou même un tiers quelconque.

Le décret ou *acte de concession* règle la redevance annuelle due au propriétaire de la surface lorsque la concession de la mine est faite à des tiers, et il détermine l'étendue de la concession par des points fixes pris à la surface du sol (art. 5, 13 et 14, loi du 21 avril 1810).

Demande de concession. — Toute personne, toute société peut demander et obtenir une concession de mines, à condition de justifier qu'elle a les ressources nécessaires pour entreprendre l'exploitation et payer les indemnités imposées par l'acte de concession. — Mais, avant de demander la concession d'une mine, il est indispensable de faire des sondages, il faut rechercher si la mine existe et si elle vaut la peine d'être exploitée. Or, pour faire ces recherches, pour procéder à ces sondages sur un terrain appartenant à autrui, il faut obtenir soit le consentement du propriétaire, soit, au cas de refus de sa part, l'autorisation du gouvernement, laquelle n'est accordée qu'à charge de payer une indemnité préalable au propriétaire (2).

Bien plus, lorsqu'il s'agit de faire des fouilles ou des sondages, ou

(1) *L'inventeur* d'une mine, c'est celui qui l'a découverte.

(2) Le propriétaire de la surface est, du reste, entendu avant que le gouvernement ne prenne parti.

d'établir des machines ou des ateliers dans des enclos murés, dans des cours ou jardins appartenant à autrui, la personne qui veut faire des recherches, ou même le concessionnaire, a absolument besoin du consentement du propriétaire de la surface; l'autorisation du gouvernement ne peut la remplacer (loi du 27 juillet 1880).

Supposons les recherches faites. L'inventeur trouve les résultats satisfaisants et désire obtenir la concession de la mine. Quelles formalités a-t-il à remplir pour arriver à son but?

Toute personne désireuse d'exploiter une mine, — que ce soit le propriétaire de la surface, l'inventeur de la mine ou un tiers quelconque, — doit adresser au préfet du département une pétition contenant la demande en concession avec indication des limites de la concession au moyen de points fixes pris à la surface du sol (1). A cette demande doit être annexé un plan régulier de la surface en *triple* exemplaire et sur une échelle de 0 m. 01 pour 100 mètres.

Dans les *dix jours* du dépôt de la demande — qui est enregistrée à la préfecture sur un registre spécial (2) — la demande en concession est affichée et publiée dans le chef-lieu du département, dans celui de l'arrondissement où la mine est située, dans la commune où le demandeur a son domicile, enfin dans toutes les communes sur le territoire desquelles la concession peut s'étendre. L'affichage doit durer *deux mois*. De plus, le contenu des affiches est inséré pendant *deux mois* également (avec *un mois* d'intervalle) dans les journaux du département et dans le *Journal officiel* (même loi).

Tout tiers intéressé à combattre la demande de concession, ou désireux d'exploiter lui-même la mine, a le droit de former son opposition ou sa demande en concurrence devant le préfet, tant que le second mois — à compter de la date de l'affiche — n'est pas expiré. Ces oppositions ou demandes en concurrence doivent être notifiées par huissier à la préfecture, ainsi qu'aux parties intéressées (au demandeur en concession et au propriétaire de la surface, par exemple).

Dans le *mois* qui suit l'expiration du délai des affiches et publications, le préfet, après avoir consulté l'ingénieur des mines et s'être informé des droits et facultés des demandeurs, transmet son avis au ministre de l'intérieur. Le Conseil d'État délibère et il est statué sur les demandes par décret; mais, jusqu'à l'émission de ce décret, tout intéressé peut former opposition à la concession, soit devant le ministre, soit devant le secrétaire général du Conseil d'État (art. 27-28, loi du 21 avril 1810).

Lorsqu'il y a à la fois plusieurs demandeurs en concession pour une même mine (par ex.: le propriétaire du sol, l'inventeur de

(1) Généralement la demande renferme des offres de redevance faites au propriétaire de la surface.

(2) Le secrétaire général délivre au requérant un extrait certifié de l'enregistrement de la demande.

la mine, et une tierce personne), le gouvernement juge des motifs ou considérations qui doivent faire préférer tel ou tel concurrent; le propriétaire de la surface et l'inventeur n'ont juridiquement aucun droit de préférence, mais si l'inventeur n'obtient pas la concession, il a droit à une indemnité de la part du concessionnaire (1). — Nous savons déjà que le propriétaire de la surface se voit allouer une redevance annuelle. En outre le concessionnaire est tenu de payer à l'État qui l'a rendu propriétaire de la mine une redevance annuelle de 10 francs par kilomètre carré, et de plus une redevance proportion- au produit de l'extraction et réglée chaque année par le budget (2).

La redevance proportionnelle ne doit pas excéder 5 0/0 du produit net. — Du reste les concessionaires qui préfèrent contracter *un abonnement* (fixation à forfait de la redevance proportionnelle) peuvent parfaitement choisir ce mode de libération (art. 33-37, même loi).

Le gouvernement accorde, par un article de l'acte de concession, la remise partielle ou totale de la redevance proportionnelle pendant un certain temps, si les premiers travaux d'exploitation sont par trop coûteux. — En cas d'accident de force majeure survenant *pendant l'exploitation*, une remise temporaire peut être encore accordée par décret rendu en Conseil d'État (art. 38, même loi).

Exploitation des mines. — Les puits et galeries des mines ne peuvent être ouverts dans un rayon de 50 mètres des habitations et des terrains y attenant *enclos de murs*, à moins que les propriétaires de ces habitations et de ces terrains n'y consentent formellement (loi du 27 juillet 1880).

Les ingénieurs de l'État que l'on désigne sous le nom *d'ingénieurs des mines* exercent, sous les ordres du ministre de l'intérieur et du préfet, une surveillance rigoureuse sur l'exploitation de toutes les mines, et signalent au préfet les abus ou dangers qui peuvent se produire.

Les femmes ne peuvent être admises dans les travaux *souterrains* des mines. Les enfants du sexe masculin ne peuvent y être admis avant l'âge de 12 ans révolus, et il est interdit de faire travailler plus de 8 heures sur 24 les enfants de 12 à 16 ans (3). De plus, les enfants ne peuvent être occupés aux travaux proprement dits des mineurs, tels que *l'abatage*, le *forage*, le *boisage*, etc., mais seulement au tirage et au chargement du minerai, à la manœuvre des wagonnets, des portes d'aérage, des ventilateurs à bras, et aux autres travaux accessoires n'exédant pas leurs forces. — Les enfants employés à faire tourner les ventilateurs ne peuvent être employés plus de 4 heures (coupées par un repos *d'une demi-heure* au moins). — (Décret du 12 mai 1875.)

(1) Cette indemnité est fixée par le décret de concession.

(2) C'est une taxe assimilée aux contributions directes (Voy. IMPOTS).

(3) Ces huit heures doivent être coupées par un repos d'une heure au moins.

Les inspecteurs du travail des enfants dans les manufactures, les inspecteurs des mines, les gardes-mines sont chargés de faire observer ces dispositions, dictées par un véritable sentiment d'humanité.

Nota. — Une mine concédée est un immeuble transmissible comme tout autre immeuble ; toutefois elle ne peut être *vendue par lots* ni *partagée* sans une autorisation préalable accordée par un décret rendu en Conseil d'État (art. 7, loi du 21 avril 1810).

Même lorsque la mine est concédée au propriétaire de la surface, le *tréfonds* est au point de vue juridique absolument distinct du fonds. — La mine est si bien considérée comme une propriété nouvelle qu'elle peut être hypothéquée séparément (art. 19, même loi).

CHAPITRE IV

ÉTABLISSEMENTS DANGEREUX OU INSALUBRES

Les manufactures et ateliers qui répandent une odeur insalubre ou incommode, ou dont le voisinage est dangereux, ne peuvent être créés sans une permission de l'autorité administrative.

Ces établissements sont divisés en trois classes :

La 1re comprend les établissements qui doivent être éloignés des habitations particulières ;

La 2e, ceux qui peuvent être établis dans le voisinage d'habitations particulières, mais seulement après une enquête démontrant que les opérations auxquelles on doit se livrer dans ces établissements n'incommoderont point les voisins et ne leur nuiront en aucune façon ;

La 3e classe comprend les établissements qui doivent rester soumis à la surveillance de la police (art. 1er, décret du 15 octobre 1810).

La permission nécessaire pour la création des manufactures et ateliers compris dans la 1re classe (les plus dangereux) est accordée par le préfet. — Pour l'obtenir, l'industriel doit présenter à ce fonctionnaire une demande d'autorisation. Le préfet la fait afficher dans toutes les communes situées à moins de 5 kilomètres de distance de l'endroit où serait établie la manufacture au cas d'autorisation ; il est ensuite procédé par les maires de ces communes à une *enquête de commodo et incommodo* (enquête ayant pour but de faire savoir si les habitants des communes seront incommodés par la manufacture qu'il s'agit de créer). Tout particulier intéressé est admis à présenter et à faire valoir ses observations. — L'enquête terminée, le préfet accorde ou refuse l'autorisation ; mais avant de statuer, s'il y a opposition, il doit prendre l'*avis* du conseil de préfecture (art. 4, loi du 15 octobre 1810).

L'autorisation est-elle refusée, le postulant peut interjeter appel devant le Conseil d'État. — Au contraire, est-elle accordée malgré les dépositions *défavorables* consignées dans les procès-verbaux de l'enquête, les particuliers qui demandaient que l'autorisation fût refusée ont le droit de s'adresser au conseil de préfecture qui statue, sauf recours au Conseil d'État (décret du 13 avril 1861).

Pour les établissements rangés dans la 2e classe, l'autorisation ne peut encore être accordée que par le préfet, mais l'industriel doit adresser sa demande au *sous-préfet;* celui-ci la transmet au maire de la commune intéressée (celle dans laquelle la manufacture doit être créée). Le maire procède à une enquête *de commodo et incommodo* ; l'enquête terminée, le sous-préfet examine le dossier, puis le renvoie *avec son avis* au préfet qui statue. — Les voies de recours contre l'arrêté préfectoral sont les mêmes que celles indiquées à propos des établissements de 1re classe.

Quant aux établissements compris dans la 3e classe, il suffit, pour qu'ils puissent être fondés, de l'autorisation du sous-préfet. — Le postulant adresse donc sa demande d'autorisation au sous-préfet; celui-ci prend l'avis du maire de la commune intéressée et du chef de la police locale, puis il accorde ou refuse l'autorisation, sauf recours des parties intéressées devant le conseil de préfecture (décret du 15 octobre 1810 et ordonn. du 14 janvier 1815).

FORMULE

Demande d'autorisation pour la création d'un établissement dangereux ou insalubre de 1re classe

« Monsieur le préfet,

» Le sieur Albert R...., chimiste, demeurant à D..... rue..... n°...., a l'honneur de vous demander de vouloir bien l'autoriser à établir une fabrique de..... sur le territoire de la commune de..... au lieu dit les Grandes Aulnaies.

» Cette fabrique est rangée parmi les établissements dangereux ou insalubres de première classe, mais le soussigné fait remarquer qu'elle sera située à *tant de mètres* de toute habitation. Aussi espère-t-il que l'autorisation qu'il sollicite ne lui sera pas refusée.

» Il vous prie, Monsieur le préfet, d'agréer l'assurance de son respect.

» Paris, le..... mil huit cent.....

(*Signature.*)

Pour les établissements dangereux ou insalubres de *deuxième* ou de *troisième classe*, formule absolument analogue, mais adressée au *sous-préfet* et non plus au préfet.

Dans le département de la Seine et dans les communes de Seine-et-Oise placées dans le ressort du préfet de police, l'autorisation d'établir une manufacture ou un atelier dangereux ou insalubre doit être accordée par le *préfet de police*, quelle que soit la classe dans laquelle est compris l'établissement projeté (art. 4, ordonn. du 14 janvier 1815).

Nous ne pouvons donner ici la liste de tous les établissements dangereux ou insalubres, l'énumération serait trop longue. Nous nous contenterons d'en indiquer un certain nombre pour chacune des trois classes.

PREMIÈRE CLASSE

Abattoirs, triperies, annexes des abattoirs ;
Fabriques d'acide arsénique, de fulminate de mercure ;
Fabriques d'allumettes, d'amorces fulminantes ;
Distilleries d'huiles de pétrole, de schiste et de goudron ;
Fabriques d'huile de résine ;
Dépôts et fabriques d'engrais ;
Porcheries ; — Dépôts de sang ;
Fabriques de poudre ; — Tanneries ;
Fabriques de vernis gras ;
Fabriques de collodion, de chlorures de soufre, de sel ammoniac.

DEUXIÈME CLASSE

Ateliers pour le séchage des vernis ;
Ateliers de chaudronnerie ayant plus de 10 enclumes ;
Dépôts importants d'allumettes chimiques ;
Dépôts de boyaux salés ; — Ateliers de salaison des poissons ;
Fabriques d'acide lactique, de chlore, d'eau de javelle, d'acide salicylique ;
Manufactures des tabacs ;
Carrosseries ; — Fabriques de chapeaux de soie ;
Fours à chaux et fours à plâtre permanents ;
Raffineries et fabriques de sucres ;
Fabriques de noir de fumée ; — Fabriques de glycérine.

TROISIÈME CLASSE

Dépôts peu considérables d'allumettes chimiques ;
Ateliers de chaudronnerie ayant de 4 à 10 enclumes ;
Fabriques de couleurs d'aniline ; — Ateliers de lustrage de peaux ;
Fabriques de tuyaux de drainage ;
Fabriques de sulfate de fer ; — Fabriques de toiles peintes ;
Teintureries ; — Savonneries ; — Dépôts de bitume ;
Brasseries ; — Fabriques de bougies ; — Scieries mécaniques ;
Fabriques de céruse ; — Dépôts de chiffons ;
Chantiers de bois (*dans les villes*).

Révocation des autorisations. — En cas de graves inconvénients pour la salubrité publique, la culture ou l'intérêt général, les manufactures, fabriques, ateliers *rangés dans la première classe* des établissements dangereux ou insalubres, peuvent être supprimés *par décret rendu en Conseil d'État* ; mais, avant que le retrait d'autorisation ne soit prononcé, le préfet et le chef de la police locale doivent être consultés, et le fabricant ou manufacturier intéressé est entendu dans sa défense (art. 12, décret du 15 octobre 1810).

Fabriques et dépôts de dynamite. — Les fabriques de dynamite ou de matières explosives à base de nitroglycérine sont des établissements extrêmement dangereux. Aussi, bien que placées par la loi du 5 mars 1875 dans la première classe, notamment en ce qui concerne les mesures d'instruction, les enquêtes, etc., elles ne peuvent être établies qu'avec l'autorisation du chef de l'État. Ici un *décret* est nécessaire. Le décret indique les conditions auxquelles sont soumises la construction de l'usine et son exploitation (art. 8, loi du 8 mars 1875).

CHAPITRE V

SYNDICATS PROFESSIONNELS

Les syndicats professionnels sont des associations de patrons ou d'ouvriers ayant *exclusivement* pour objet l'étude et la défense des intérêts économiques, industriels, commerciaux ou agricoles. Ces associations peuvent se constituer librement, sans l'autorisation du gouvernement. Il suffit que leurs fondateurs déposent à la mairie (à Paris, le dépôt doit effectué à la préfecture de la Seine) les statuts et les noms de ceux qui sont chargés de l'administration ou de la direction (1). Ce dépôt doit être renouvelé à chaque changement de la direction ou des statuts (art. 3-4, loi du 21 mars 1884).

Les syndicats professionnels, suivant leur composition, sont divisés en deux catégories : *syndicats de patrons*, *syndicats d'ouvriers;* mais cette distinction n'a point d'intérêt pratique, puisqu'ils sont tous soumis aux mêmes dispositions (2).

Les syndicats professionnels de patrons ou d'ouvriers ont le droit d'ester en justice ; ils peuvent employer, comme il leur convient, les sommes provenant des cotisations payées par leurs membres ; ils ont le droit de constituer des caisses spéciales de secours mutuels et de retraites, mais ils ne peuvent acquérir d'autres immeubles que ceux nécessaires à leurs réunions, à leurs bibliothèques et à des cours d'instruction professionnelle, sous peine de nullité des acquisitions illégales et de dissolution de l'association (art. 6 et 9, même loi).

En somme, les syndicats professionnels ont la personnalité civile ;

(1) Chaque syndicat est représenté par une Chambre syndicale de douze membres au moins élus par tous les adhérents aux statuts. La Chambre se réunit environ une fois par mois ; son bureau est composé d'un président, d'un vice-président, d'un trésorier et d'un secrétaire ; les administrateurs sont désignés sous le nom de *syndics*. Pour être chargé de l'administration ou de la direction d'un syndicat professionnel, il faut être Français et avoir la jouissance de ses droits civils.

(2) En 1881 il y avait à Paris 138 chambres syndicales de patrons et 155 chambres syndicales d'ouvriers ; on comptait en province 350 sociétés syndicales (Voy. Rapport Allain Targé à la Chambre des Députés, mars 1881).

mais le législateur a restreint, à un certain point de vue, les avantages qui résultent d'ordinaire de la qualité de personne morale.

Les syndicats professionnels peuvent librement créer et administrer des offices de renseignement pour les offres et demandes de travail (sortes de bureaux de placement), ils peuvent être consultés par le gouvernement sur les questions de leur compétence; dans les affaires contentieuses, ils émettent des *avis* qui sont tenus à la disposition des parties (1).

Les membres des syndicats professionnels sont toujours libres de se retirer de l'association nonobstant toute clause contraire des statuts, mais le syndicat a le droit de réclamer au membre qui veut se retirer la cotisation de l'année courante. — La personne qui se retire d'un syndicat reste, si cela lui convient, membre des sociétés de secours mutuels et de pensions de retraite pour la vieillesse à la constitution desquelles elle a contribué par des cotisations ou des versements de fonds (art. 7, même loi).

Union de syndicats. — Les syndicats professionnels ne doivent être composés que des personnes exerçant la même profession, ou tout au moins des *métiers similaires* ou des *professions connexes* concourant à l'établissement des mêmes produits. Ainsi des ouvriers chapeliers et des ouvriers bijoutiers ne pourraient faire partie du même syndicat. Mais le législateur a compris qu'il est des questions et des intérêts communs à plusieurs professions, aussi est-il permis aux syndicats de se grouper, de *s'unir* de façon à pouvoir délibérer sur les mesures à prendre pour la défense de ces intérêts communs. Toutefois, à la différence des syndicats, les *unions* n'ont point la personnalité civile : elles ne peuvent posséder aucun immeuble, ni ester en justice. Leur formation est du reste soumise à la même formalité que la création des syndicats : les statuts de l'union, ainsi que la liste des différents syndicats qui la composent, doivent être déposés à la mairie de la commune où elle se forme (art. 5, même loi).

En 1881 les chambres syndicales de patrons de Paris constituaient *trois unions* distinctes : 1° Le comité central des chambres syndicales; 2° l'union nationale du commerce et de l'industrie; 3° l'union des chambres syndicales d'exportation. Au reste, un certain nombre de chambres restaient en dehors de ces unions, préférant conserver leur autonomie (Voy. Rapport Allain-Targé).

(1) Mais ils ne peuvent être choisis comme *arbitres* par les tribunaux.

CHAPITRE VI

CHAMBRES CONSULTATIVES DES ARTS ET MANUFACTURES

Les chambres consultatives des arts et manufactures ont, au point de vue *industriel*, les attributions que possèdent les chambres de commerce au point de vue *commercial*. Elles donnent leur avis sur les traités de commerce en préparation, indiquent les moyens de faire progresser l'industrie, se prononcent sur les créations de conseils de prud'hommes, etc., etc.

Ces chambres sont créées par décret, sur la demande des conseils généraux et municipaux intéressés. Elles se composent de 12 membres élus au scrutin de liste suivant les règles établies pour les élections aux chambres de commerce (mêmes électeurs, mêmes conditions pour l'éligibilité). — Les membres sont élus pour *six ans*, la chambre est renouvelable par *tiers* tous les deux ans.

La circonscription des chambres des arts et manufactures est déterminée par le décret qui les institue (le plus souvent un département, parfois un arrondissement, un canton ou une ville). — Le maire de la localité où doit siéger la chambre des arts et manufactures est tenu de lui fournir une salle de délibérations.

CHAPITRE VII

CONSEIL SUPÉRIEUR DE L'INDUSTRIE, DU COMMERCE ET DE L'AGRICULTURE

Le conseil supérieur du commerce, de l'agriculture et de l'industrie donne son avis sur toutes les questions que le gouvernement juge à propos de lui renvoyer, et notamment sur les projets de loi et décrets concernant le tarif des douanes, sur les projets de traités de commerce, sur la législation commerciale et généralement sur les questions intéressant l'industrie, le commerce et l'agriculture. Il peut procéder à des enquêtes avec l'autorisation du ministre compétent.

Ce conseil a son siège à Paris ; il est composé de deux vice-présidents et de *trois sections* de 18 membres chacune (section de l'industrie, section du commerce, section de l'agriculture). Les membres des sections sont choisis parmi les sénateurs, les députés, les présidents des chambres de commerce et les hommes les plus versés dans l'industrie, l'agriculture, le commerce et les finances. — En outre, les ministres et sous-secrétaires d'État compétents, les directeurs du commerce, de l'agriculture, des douanes et des consulats sont membres *de droit* du conseil supérieur et prennent part indistinctement aux délibérations de chacune des sections (Décrets du 2 février 1853 et du 1er octobre 1879).

CHAPITRE VIII

EXPOSITIONS PUBLIQUES

Les expositions publiques proprement dites sont des expositions *régionales*, *nationales* ou *universelles* organisées par l'État, ou tout au moins provenant de l'initiative d'une municipalité ou d'un département et subventionnées sur les fonds de l'État. — Les expositions industrielles font connaître les nouveaux procédés, les nouvelles machines, les perfectionnements récemment introduits dans l'industrie.

Toute exposition publique est un concours. Les exposants dont les produits ou les procédés sont particulièrement remarquables se voient décerner des médailles d'or, d'argent, de bronze; quelques-uns d'entre eux reçoivent même la croix de la Légion d'honneur.

Les exposants qui n'ont ni brevet, ni marque de fabrique, peuvent — Français ou étrangers — se faire délivrer par le préfet ou sous-préfet, un *certificat de description*, véritable brevet temporaire qui les protège contre les contrefaçons (1). — Ces certificats sont délivrés *gratuitement;* ils ont effet jusqu'à la fin du troisième mois qui suit la clôture de l'exposition (loi du 23 mai 1868).

Les vitrines, tentures et ornements sont aux frais des exposants, mais la place est fournie gratuitement par l'administration, ainsi que l'éclairage et la vapeur pour mettre les machines en mouvement. — Les objets exposés ne peuvent être retirés avant la fin de l'exposition, alors même qu'ils sont vendus.

L'administration ne répond pas du vol des objets exposés, à moins qu'il ne résulte de sa négligence.

Les objets destinés à être exposés doivent être soumis préalablement à l'examen d'une commission spéciale qui décide s'ils sont vraiment dignes d'être admis à l'exposition.

Aux expositions universelles, chaque pays est représenté par un *commissaire général*. Les exposants étrangers ne peuvent

(1) La demande de ces certificats descriptifs doit être faite dans le premier mois *au plus tard* de l'ouverture de l'exposition. Le postulant doit joindre à sa lettre de demande une description exacte de l'objet à garantir, et, s'il y a lieu, un plan ou un dessin.

s'adresser directement à l'administration de l'exposition, ils doivent s'adresser au commissaire général de leur pays, qui est chargé de les protéger, de les faire respecter et de transmettre, s'il y a lieu, leurs réclamations à qui de droit; — c'est le commissaire général qui s'occupe de faire déterminer les emplacements qui seront réservés à ses nationaux; il assigne à chacun d'eux la place qu'il occupera, etc., etc.

Les machines et produits étrangers ne sont admis à une exposition internationale que sur l'autorisation des commissaires généraux, et cette autorisation n'est accordée qu'après examen dans le pays producteur, des objets présentés pour l'exposition.

CHAPITRE IX

LES CONSEILS DE PRUD'HOMMES

Les conseils de prud'hommes sont des tribunaux qui n'ont de compétence, comme nous le verrons, qu'en matière industrielle. Ils sont créés par décrets rendus en Conseil d'État.

Les décrets d'institution déterminent le nombre des membres des conseils de prud'hommes institués, et les répartissent en différentes catégories, revêtues chacune d'une compétence spéciale Ainsi, un décret du 30 juillet 1885, qui établit à Lorient un conseil de prud'hommes composé de seize membres, dispose que ces seize conseillers formeront *deux catégories* : l'une devant s'occuper des affaires relatives aux chaisiers, charpentiers, menuisiers, couvreurs, horlogers, serruriers, etc., etc., l'autre, des affaires concernant les tapissiers, bourreliers, teinturiers, relieurs, typographes, etc.

Le décret d'institution détermine en outre l'étendue du ressort du conseil créé, il indique quels sont ses justiciables. — Avant que le décret ne soit rendu, le gouvernement consulte les chambres de commerce et les chambres des arts et manufactures intéressées.

Les conseils de prud'hommes ne peuvent se composer de moins de *huit membres* (y compris les président et vice-président).

Les membres des conseils de prud'hommes sont élus par les patrons, chefs d'atelier, contre-maîtres et ouvriers du *ressort*.

Mais pour être électeurs, les patrons doivent avoir *vingt-cinq ans* accomplis, être patentés depuis *cinq ans* au moins, et depuis *trois ans* dans la circonscription du conseil; toutefois, les associés en nom collectif *non patentés* sont électeurs, pourvu qu'âgés de vingt-cinq ans, ils exercent depuis cinq ans une profession assujettie à la contribution des patentes, et qu'ils soient domiciliés depuis trois ans dans la circonscription.

Les chefs d'atelier, contre-maîtres et ouvriers ne sont électeurs que si, étant Français, ayant la jouissance de leurs droits civils et politiques, et étant âgés de vingt-cinq ans, ils exercent leur industrie depuis cinq ans au moins, et sont domiciliés depuis trois ans dans la circonscription (loi du 24 novembre 1883).

Dans chaque commune de la circonscription, le maire, assisté d'un électeur *patron* et d'un électeur *ouvrier*, inscrit les électeurs sur un tableau qu'il adresse au préfet. Le préfet dresse la liste générale des électeurs (art. 7, loi du 1er juin 1853).

Pour pouvoir être élu membre d'un conseil de prud'hommes, il faut savoir lire et écrire, et être âgé de *trente ans* (art. 5, même loi).

Les conseils de prud'hommes doivent être composés *en nombre égal* de *patrons* et *d'ouvriers;* les électeurs patrons nomment les prud'hommes patrons, les électeurs ouvriers (contre-maîtres, chefs d'atelier, ouvriers), les prud'hommes ouvriers. — Au premier tour de scrutin, la majorité absolue est nécessaire, au second tour (qui a lieu le même jour que le premier), la majorité relative suffit.

Les conseils de prud'hommes sont renouvelés *par moitié* tous les *trois ans* (1). — Les électeurs sont convoqués par le préfet.

Le conseil de prud'hommes élu choisit parmi ses membres un président et un vice-président; lorsque le président est un prud'homme patron, le vice-président doit être un prud'homme ouvrier et *réciproquement*. — La durée des fonctions de président et de vice-président est d'*une année* (art. 1-3, loi du 7 février 1880). — Un secrétaire attaché au conseil et nommé par lui, remplit les fonctions de greffier; il peut être révoqué par le conseil.

Attributions des conseils de prud'hommes. — Chaque conseil de prud'hommes constitue deux bureaux, un *bureau particulier*, un *bureau général* (2).

Le *bureau particulier* des prud'hommes se compose de *deux membres*; il est présidé *alternativement* par un patron et un ouvrier. C'est un bureau de conciliation : s'il ne peut parvenir à concilier les parties, il les renvoie devant le bureau général. — Le bureau particulier siège *trois fois par semaine* ou même *tous les jours*, suivant l'importance de la ville où le conseil est établi.

Le *bureau général* est composé *au moins* de deux prud'hommes patrons, de deux prud'hommes ouvriers, et du président ou du vice-président, soit de *cinq membres* en tout (art. 11, loi du 1er juin 1853). Il statue *définitivement* et *sans appel* sur les contestations qui naissent entre patrons (fabricants, entrepreneurs), chefs d'ateliers, contre-maîtres, ouvriers et apprentis, *relativement à l'industrie qui les occupe et aux conventions* dont elle a été l'objet, (contrats d'apprentissage, par exemple).

(1) Le sort désigne ceux des prud'hommes qui sont remplacés la première fois.

(2) Ce dernier composé différemment suivant l'industrie à laquelle se rattache l'affaire soumise au conseil.

Lorsque le chiffre de la demande n'excède pas 200 francs *en capital*, le jugement du conseil est *definitif* et *sans appel*; au-dessus de 200 francs le jugement n'est rendu qu'en premier ressort, à charge d'appel dans les *trois mois* devant le tribunal de commerce, mais son exécution peut être ordonnée à titre de provision, à la charge de fournir caution pour ce qui excède 200 francs.

Les jugements rendus par défaut doivent être exécutés *dans les six mois*, sinon ils sont réputés non avenus. — La partie condamnée par défaut a *trois jours*, à compter de la signification du jugement, pour former opposition (art. 13-15, même loi).

Les jugements rendus *en dernier ressort* par les conseils de prud'hommes sont susceptibles du recours en cassation.

On est appelé devant les prud'hommes par une simple lettre du secrétaire du conseil. La personne qui reçoit cette citation ne peut se faire représenter qu'au cas d'absence ou de maladie, et son mandataire doit être commerçant ou industriel et en outre faire partie de sa famille. — Si, pouvant comparaître, la personne citée néglige de le faire, elle reçoit une citation par huissier. Il doit y avoir au moins *un jour* entre la remise de cette citation et le jour fixé pour la comparution, sans compter le délai supplémentaire à raison des distances (art. 29-31).

La procédure devant les conseils de prud'hommes est extrêmement simple : point n'est besoin de constituer avoué ou avocat, point de signification de défenses. Les parties comparaissent au jour dit devant le *bureau particulier*; interrogées, elles doivent s'expliquer avec modération, se montrer respectueuses envers les prud'hommes sous peine d'avertissement, d'amende et même de prison (art. 33-34).

Les conseils de prud'hommes n'ont pas seulement des attributions *contentieuses*, ils sont aussi *tribunaux répressifs* à un certain point de vue : ils doivent réprimer tout délit tendant à troubler l'ordre et la *discipline de l'atelier*, tout manquement grave des apprentis envers leur maître, et ils peuvent condamner les coupables à un *emprisonnement de un à trois jours* (art. 4, décret du 3 août 1810).

Les conseils de prud'hommes ont encore des attributions *administratives* : ils sont chargés de visiter les ateliers de leur ressort deux fois par an ; ils renseignent les chambres de commerce sur le nombre des ouvriers qui y sont employés et sur l'importance du matériel des fabriques.

Enfin, les prud'hommes sont appelés à connaître comme *arbitres* des contestations nées entre commerçants ou industriels à propos des marques de commerce ou de fabrique : ils décident si la différence existant entre une marque déjà déposée et une nouvelle marque proposée — ou entre deux marques déjà existantes — est ou n'est pas suffisante.

Les conseils de prud'hommes rendent de très grands services, mais il n'en existe que dans les centres industriels de quelque importance ; dans les localités où le conseil de prud'hommes fait défaut, le juge de paix en tient lieu ; toutefois il faut bien remarquer qu'en matière de contestations entre ouvriers, apprentis et patrons, le juge de paix ne statue qu'en premier ressort (à charge d'appel) au-delà de 100 francs *en principal* (capital et intérêts), tandis que les conseils de prud'hommes statuent *en premier et dernier ressort* jusqu'à 200 francs en *capital* (art. 5, loi du 11 avril 1838).

CHAPITRE X

L'ENSEIGNEMENT INDUSTRIEL

§ 1er — ÉCOLE SUPÉRIEURE DES MINES

L'École Nationale des Mines est destinée à former les ingénieurs dont l'Etat a besoin pour le service des mines (inspecteurs ou ingénieurs des mines, professeurs dans les écoles des mines, etc., etc.). Elle reçoit chaque année plusieurs élèves sortis dans les premiers numéros de l'École Polytechnique. Ces jeunes gens ont le titre d'*élèves-ingénieurs* et touchent un traitement de 1.200 fr. — Mais l'École des Mines reçoit en outre des *élèves externes* admis par voie de concours et des *élèves étrangers* admis par décision du ministre des travaux publics sur la demande des ambassadeurs ou chargés d'affaires des puissances étrangères, à condition qu'ils fassent preuve d'une instruction suffisante. Les élèves externes et les élèves étrangers se préparent à l'Ecole des Mines aux professions d'ingénieur-directeur d'exploitation de mines, d'usines métallurgiques, de chemins de fer, etc.

Pour prendre part au concours d'admission aux places d'*élèves externes*, il faut être Français ou naturalisé, avoir *dix-sept ans* au moins ou *vingt-trois ans* au plus depuis le 1er janvier. — Chaque candidat doit adresser au ministre des travaux publics *avant le 1er octobre* une demande d'admission au concours accompagnée de son acte de naissance (de son acte de naturalisation, s'il est naturalisé), d'un certificat de bonnes vie et mœurs dûment légalisé et d'un certificat de vaccine.

Les examens ont lieu à Paris vers la fin d'octobre. — Avant leur ouverture, chaque candidat doit déposer à l'École :

Une page de français ;

Cinq épures ;

Un lavis.

Ces diverses pièces portent la déclaration, signée du candidat, qu'elles ont été faites par lui; en outre elles doivent être datées et visées par un professeur.

MATIÈRES DES EXAMENS D'ADMISSION AUX PLACES D'ÉLÈVES-EXTERNES

Notions d'analyse infinitésimale;
Mécanique;
Géométrie descriptive et ses applications;
Physique (gaz et instruments d'optique);
Chimie générale;
Orthographe;
Écriture lisible.

L'École des Mines reçoit encore des personnes qui, sur leur demande, sont autorisées par le ministre des travaux publics à suivre les cours et exercices pratiques. Ce sont des *élèves libres*.

Pour toutes ces catégories d'élèves l'enseignement est entièrement *gratuit* (1).

Les cours spéciaux de l'École des Mines portent sur :

La Minéralogie, la Géologie;
La Paléontologie;
L'Exploitation des mines (*les machines*);
La Métallurgie;
La Chimie analytique;
La Géologie technique, l'Agriculture;
Les Constructions;
Les Chemins de fer;
La Législation;
L'Economie politique;
La Fortification militaire;
La Topographie;
La Langue allemande;
La Langue anglaise.

La durée des études est de *trois années*.

A la fin de chaque année, les *élèves-ingénieurs* et les *élèves-externes* subissent un examen. — Les élèves étrangers sont à la même époque examinés sur les matières des cours qu'ils ont demandé à suivre; ils ne sont maintenus à l'École l'année suivante que si leurs notes sont satisfaisantes. — Quant aux *élèves libres*, ils n'ont aucun examen à passer.

A la sortie de l'École, les élèves-ingénieurs sont nommés ingénieurs des mines de 3e classe et employés par l'État; les élèves-externes qui justifient des connaissances nécessaires reçoivent un diplôme les déclarant aptes à exercer la profession d'ingénieur des mines. — Les élèves étrangers ne peuvent obtenir qu'un *certificat d'études*.

Cours préparatoires. — Pour faciliter l'admission aux places d'*élèves-externes*, il a été institué à l'École des Mines des *cours préparatoires* portant sur :

L'analyse mathématique et la mécanique; — La chimie générale; la physique; — la géométrie descriptive et ses applications.

La durée des cours préparatoires est *d'une année*. On n'y est admis que par voie de concours. Tout candidat doit être Français ou naturalisé, et avoir *seize ans* au moins ou *vingt-deux ans* au plus

(1) Toutefois les élèves externes, étrangers et libres ont à déposer une somme de 35 fr. à titre de *masse*, lors de leur entrée à l'École.

depuis le 1er janvier. — Il faut que la demande d'admission soit adressée avant le 1er octobre au ministre des travaux publics; à cette demande le candidat doit annexer son acte de naissance, un certificat de bonnes vie et mœurs dûment légalisé, et un certificat de vaccine.

Les examens d'admission ont lieu à Paris vers la fin d'octobre.

MATIÈRES DES EXAMENS D'ADMISSION

Arithmétique;	Physique ;
Géométrie ;	Chimie des métalloïdes;
Algèbre ;	Ecriture lisible ;
Trigonométrie rectiligne;	Orthographe;
Géométrie analytique ;	Dessin d'imitation ;
Géométrie descriptive ;	Géographie.

Les élèves admis aux cours préparatoires passent à la fin de l'année un examen général; ceux qui subissent les épreuves d'une façon satisfaisante sont de *plein droit* admis à l'École des Mines en qualités d'*élèves-externes*.

§ 2. — ÉCOLE DES MINEURS DE SAINT-ÉTIENNE

L'École de Saint-Étienne (Loire) est destinée à former des directeurs d'exploitation minière et métallurgique. Elle prépare aussi au concours d'admission à l'École des Mines. — On n'est admis à l'École de Saint-Étienne qu'après examen. L'examen a lieu au mois d'août; il porte sur les mathématiques, la physique, la chimie et le dessin. Les candidats doivent avoir seize ans au moins, vingt-cinq ans au plus depuis le 1er janvier.

L'enseignement donné à l'École de Saint-Étienne est absolument *gratuit*.

§ 3. — ÉCOLE DES MAITRES-OUVRIERS MINEURS D'ALAIS

Comme son nom l'indique, cette école forme des contre-maîtres mineurs. — La durée des études est de *deux années*. L'enseignement est à la fois théorique et pratique. Les élèves sont logés et nourris à l'École. Prix de la pension : 360 francs par an.

Pour entrer à l'École d'Alais, il faut passer des examens d'admission portant sur les matières de l'enseignement primaire. Ces examens ont lieu au mois d'août. — Les candidats doivent avoir au moins *dix-huit ans* accomplis depuis le 1er janvier; ils ont à produire leur acte de naissance, un certificat de bonnes vie et mœurs, un certificat de vaccine, et de plus une pièce justifiant qu'ils ont déjà travaillé *dix-huit mois* dans les mines (Décret du 28 décembre 1885).

§ 4. — ECOLE CENTRALE DES ARTS ET MANUFACTURES

L'École Centrale des Arts et Manufactures a pour mission de

former des ingénieurs civils. Elle ne reçoit que des élèves *externes*. Ces élèves sont admis par voie de concours.

Pour le concours d'admission, il y a deux sessions : l'une en juillet, l'autre en octobre. Mais les élèves qui ont échoué à la première session ne peuvent se présenter à la seconde : ils doivent attendre l'année suivante.

Pour être admis à concourir, le candidat doit justifier qu'il a au moins *dix-sept ans* accomplis depuis le 1er janvier ; de plus, il est tenu de produire, outre son acte de naissance, un certificat de vaccine et un certificat de moralité délivré par le chef de l'établissement où il a fait ses dernières études (à défaut, par le maire de sa commune).

Les étrangers sont admis à l'École aux mêmes conditions que les Français.

Les jeunes gens appartenant à des familles peu aisées peuvent obtenir des bourses (valables pour *une année*), s'ils ont un bon classement. — Les candidats qui désirent une bourse doivent se faire inscrire avant le 15 juillet à la préfecture de leur département, et déposer, outre les pièces exigées pour prendre part au concours, une demande de bourse adressée au ministre du commerce. Leur demande d'admission au concours, adressée au secrétaire du jury, doit être libellée comme suit :

« Je soussigné (*nom et prénoms*), né à......., département de........., le (*jour, mois, année*), domicilié à......... département de..... déclare mon intention de prendre part cette année au concours pour l'admission à l'École Centrale des Arts et Manufactures (*1re ou 2e session*).

» J'ai adressé le (*jour, mois*), à M. le préfet du département de ...., pour être transmise à M. le ministre du commerce, une demande de subvention de l'État.

» La lettre de convocation pour le concours devra m'être adressée à .... chez M..... (*nom, profession, demeure*).

» A........., le........... 188..

(*Signature du candidat.*)

Le conseil municipal est consulté sur la demande de bourse ; il vérifie la situation de la famille du postulant.

Les candidats qui ne réclament pas de bourse doivent remplacer, dans leur demande d'admission au concours, le paragraphe : « J'ai adressé... etc., » par ces mots : « *Je ne demande aucune subvention de l'État* ». S'ils désirent concourir en juillet, ils doivent adresser leur demande d'admission au concours *avant le 15 juillet* au secrétaire du jury du concours. S'ils préfèrent passer en octobre, il suffit que leur demande soit faite avant le 15 septembre.

MATIÈRES DU CONCOURS D'ADMISSION

Langue française ;	Physique et Chimie ;
Arithmétique ;	Histoire naturelle ;
Géométrie ;	Dessin à main levée, dessin architectural ;
Algèbre ;	Dessin au trait ;
Trigonométrie rectiligne ;	Lavis ;
Géométrie analytique ;	Epreuve de géométrie.
Géométrie descriptive ;	

Les examens sont divisés en épreuves *écrites* et épreuves *orales*.

Les élèves admis qui ne se présentent pas au directeur de l'École au jour fixé pour leur rentrée, sont considérés comme démissionnaires. — Les jeunes gens dont les familles ne résident pas à Paris doivent avoir un correspondant.

Durée des études : *trois ans*. — Prix de la pension annuelle : 800 francs.

L'enseignement donné à l'École centrale porte sur les mathématiques, la chimie, la métallurgie, la mécanique, la science agricole, la construction, la législation industrielle, etc., etc.

A la fin de la première année, les élèves sont divisés, suivant leurs aptitudes et leurs goûts, en *métallurgistes*, *mécaniciens*, *chimistes* et *constructeurs*. — Au bout des trois années d'études, ils passent les examens de sortie. Ceux qui y satisfont pleinement obtiennent le diplôme d'*ingénieur des arts et manufactures* ; quant aux élèves dont les connaissances sont moins étendues, mais cependant suffisantes, ils reçoivent un *certificat d'études*.

§ 5. — ÉCOLES NATIONALES DES ARTS-ET-MÉTIERS

Il y a en France trois écoles des arts-et-métiers : ce sont les écoles d'Aix, d'Angers et de Châlons. — Ces écoles, où l'on reçoit un enseignement industriel véritablement pratique, ont pour mission de former des chefs d'ateliers et des contre-maîtres, notamment pour les industries du fer et du bois.

On n'est admis dans les écoles d'arts-et-métiers que par voie de concours. Tous les ans chacune des trois écoles reçoit *cent* élèves.

Pour prendre part au concours d'admission, il faut avoir *quinze ans* au moins ou *dix-sept ans* au plus.

Les examens ont lieu au mois d'août, mais la demande d'admission au concours doit être adressée au *préfet* avant le *1er mai* ; elle doit être accompagnée de l'acte de naissance, d'un certificat de vaccine, d'un certificat de bonne constitution, d'un *certificat d'apprentissage* visé par le maire, et de l'engagement de payer le prix de la pension.

MATIÈRES DES EXAMENS

Lecture ;	Géométrie élémentaire ;
Ecriture et Orthographe ;	Dessin linéaire ;
Arithmétique ;	Dessin d'ornement.

Les jeunes gens reconnus insuffisants à leur arrivée à l'Ecole sont renvoyés.

Durée des études : *trois ans.* — Prix de la pension annuelle : 500 francs (payable par trimestre), outre 200 francs pour le trousseau et 50 francs pour la masse.

Les jeunes gens qui veulent obtenir de l'État une bourse, trois quarts de bourse ou une demi-bourse doivent joindre aux pièces ci-dessus énumérées une déclaration visée par le maire indiquant le domicile des parents, leur profession, le nombre de leurs enfants.

A la fin de la troisième année, les élèves subissent des examens de fin d'études. Ceux qui en sont reconnus dignes reçoivent le *diplôme d'élève breveté des écoles nationales d'arts et métiers.*

École nationale d'horlogerie de Cluses (1). — Comme son nom l'indique, cette école est destinée à former de bons ouvriers ou contre-maîtres *horlogers.* Aux élèves qui passent avec succès les examens de sortie il est délivré un certificat d'études; les dix premiers reçoivent en outre une médaille d'argent. — Les jeunes gens qui se sont plus particulièrement adonnés à une branche spéciale de l'horlogerie sont munis d'un certificat constatant leur spécialité.

École nationale d'apprentissage de Dellys (2). — Cette école est en somme une école d'arts et métiers ; elle est appelée à rendre de grands services à l'Algérie. A la fin de leur apprentissage, les élèves qui ont fait preuve de connaissances suffisantes reçoivent également un certificat d'études.

§ 6. — ÉCOLE MUNICIPALE DE PHYSIQUE ET CHIMIE DE PARIS

On n'est admis à cette école que par voie de concours.

Pour prendre part au concours d'admission, qui a lieu en octobre, il faut être Français, âgé de *quatorze ans* au moins ou de *dix-huit ans* au plus au 1er octobre.

MATIÈRES DES EXAMENS

Epreuves écrites	Narration française; Arithmétique, Algèbre et Géométrie; Physique; Chimie.
Epreuves orales	Mathématiques; Physique et Chimie.

Les candidats doivent se faire inscrire avant le 25 septembre à la préfecture de la Seine. Ils n'ont à produire que leur acte de naissance et un certificat de moralité délivré par le maire.

Cette école, qui est *gratuite*, est destinée à former des ingénieurs et des chimistes. On y reçoit une instruction industrielle essentiellement pratique. La durée des études est de trois années.

(1) Département de la Haute-Savoie.
(2) Algérie.

MATIÈRES DE L'ENSEIGNEMENT

1re année. — Chimie, Physique, Mécanique, Mathématiques.
2e année (1). — Cours spéciaux pour les physiciens et les chimistes. Travaux de laboratoire.
3e année. — Travaux de laboratoire. — Fabrication des instruments de physique. — Chimie industrielle.

A la fin de chaque mois, les élèves subissent un examen.

A la fin de la troisième année, ceux qui ont passé brillamment les examens de sortie reçoivent un *diplôme*; ceux qui ont fait preuve de connaissances suffisantes reçoivent un *certificat d'aptitude*.

§ 7. — ÉCOLES MANUELLES D'APPRENTISSAGE

Les écoles manuelles d'apprentissage sont destinées à développer, chez les jeunes gens qui se destinent aux professions manuelles, la dextérité nécessaire et les connaissances techniques indispensables à tout ouvrier, contre-maître ou chef d'atelier. Elles se divisent en deux catégories :

Ecoles manuelles d'apprentissage (*publiques* ou *libres*);

Écoles publiques d'enseignement primaire libre complémentaire (*Cours professionnels*).

Les écoles d'apprentissage fondées par les communes ou les départements sont rangées parmi les *écoles professionnelles publiques*; elles sont soutenues par l'État, et le personnel enseignant est choisi par le maire ou le préfet, suivant qu'il s'agit d'une école municipale ou départementale.

Les écoles manuelles d'apprentissage et autres écoles à la fois primaires et professionnelles, qui sont fondées et entretenues par des associations libres (*écoles d'apprentissage libres*), peuvent elles-mêmes recevoir des subventions de l'État; leur plan d'enseignement est arrêté par les fondateurs, mais il doit être approuvé par les ministres compétents. — Quant au personnel enseignant des écoles libres il est choisi par les fondateurs (loi du 11 décembre 1880 et décret du 2 août 1881).

Dans toutes les écoles d'apprentissage, l'enseignement est absolument *gratuit*.

A Paris, il existe plusieurs écoles municipales d'apprentissage : nous trouvons d'abord, comme écoles municipales *supérieures*, les écoles Turgot, J. B. Say, Lavoisier, Colbert, Arago, mais ces écoles ne sont pas gratuites comme les écoles manuelles d'apprentissage proprement dites. Nous citerons comme le type de l'école manuelle d'apprentissage l'école municipale Diderot, particulièrement intéressante:

(1) En seconde année, les élèves se divisent en deux sections : section de *physique* et section de *chimie*.

(2) Voy. *Enseignement primaire* (VIE LIBÉRALE).

Cette école est destinée à former des ouvriers pour les industries du bois et du fer; elle ne reçoit que des externes. L'enseignement qui y est donné, absolument gratuit, porte sur :

La langue française ;	La télégraphie ;
Les mathématiques ;	La langue anglaise(1);
La physique et la chimie ;	Le dessin ;
La comptabilité ;	L'histoire ;
Le droit commercial élémentaire ;	La géographie.

Les élèves sont spécialement exercés au travail du fer et du bois.

Ne peuvent entrer à cette école que les enfants âgés de *treize* à *seize ans*. Ceux qui n'ont pas de certificat d'études primaires doivent passer un examen d'admission qui porte sur les matières de l'enseignement primaire élémentaire.

La durée des études est de *trois ans*. — A la fin de la troisième année, les élèves qui satisfont aux examens de sortie reçoivent un *certificat d'apprentissage*.

Nous devons encore citer ici l'*École professionnelle ménagère*, fondée également par la Ville de Paris. Cette école de jeunes filles est destinée à former de bonnes ménagères. On y enseigne la couture, la confection des vêtements, la cuisine, l'hygiène, le blanchissage, etc., etc. — C'est une école *gratuite*. Les élèves déjeunent à l'école.

Il existe à Paris plusieurs écoles professionnelles *libres* qui rendent de précieux services.

Cours de travail manuel. — Dans les écoles normales d'instituteurs et d'institutrices, ainsi que dans les écoles primaires publiques, le travail manuel est l'objet de cours spéciaux ; il rentre en effet dans le programme des matières de l'enseignement *obligatoire* (Voy. VIE LIBÉRALE).

(1) Matière *facultative*.

LA VIE FINANCIÈRE

CHAPITRE PREMIER

GRANDS ÉTABLISSEMENTS DE CRÉDIT PUBLIC

SECTION PREMIÈRE

La Banque de France

La Banque de France a le privilège exclusif d'émettre des billets de banque (1). Ce privilège, renouvelé à diverses reprises, ne prendra fin qu'au 31 décembre 1897 (loi du 9 juin 1857). — Mais la Banque de France ne se livre pas seulement à l'émission des billets de banque; elle escompte des lettres de change, des billets à ordre; elle se charge, pour le compte des particuliers et des établissements publics, du recouvrement des effets de commerce; elle ouvre des comptes courants aux particuliers et aux établissements publics; elle fait des *avances* sur les effets publics français (rentes sur l'État, bons du Trésor), sur les actions et obligations de chemins de fer français, sur les obligations de la ville de Paris et sur celles du Crédit Foncier (2); enfin elle reçoit les *dépôts volontaires* de bijoux, de

(1) Elle peut en émettre jusqu'à concurrence de 3 200 millions.
(2) Elle avance 60 0/0 sur la valeur de ces titres.

titres et de matières d'or et d'argent en lingots, ouvrées ou monnayées (1). Mais ce sont là les seules opérations auxquelles la Banque de France puisse se livrer (art. 8-9, décret du 16 janvier 1808).

La Banque de France n'escompte que des effets de commerce à ordre timbrés et garantis par *trois signatures* au moins, émanant de personnes *notoirement solvables*. Le taux de l'escompte est *unique*, il ne varie point suivant les valeurs présentées pour être escomptées.

La Banque ne peut escompter des effets à échéance de plus de trois mois ou à échéance indéterminée, mais elle peut faire des *avances* sur les effets publics qui lui sont remis en recouvrement, même lorsque leurs échéances ne sont pas déterminées (loi du 17 mai 1834). Toutefois l'emprunteur doit prendre l'engagement de rembourser dans un délai de trois mois au plus les sommes à lui fournies.

La Banque perçoit un *droit de garde* pour les dépôts volontaires de titres, de bijoux ou de matières d'or et d'argent qui lui sont faits. Ce droit est fixé d'après la *valeur estimative* des objets déposés. Elle délivre un récépissé indiquant la nature et la valeur des objets déposés, les nom et domicile du déposant, la date du dépôt, le jour où il doit prendre fin et le numéro du registre d'inscription. Mais ce récépissé n'est pas à ordre comme les récépissés fournis par les magasins généraux; il n'est pas transmissible par endossement (décret du 16 janvier 1808).

Administration de la Banque de France. — La *direction* de toutes les affaires de la Banque est exercée par un *gouverneur*, mais l'*administration* est confiée à un *conseil général* composé de *quinze régents*, de *trois censeurs* et du gouverneur président. — Le gouverneur, de la Banque est nommé par décret du président de la République. Il est assisté de deux *sous-gouverneurs* nommés également par décret. Il fait exécuter les délibérations du conseil général et veille à l'observation des lois et règlements relatifs à la Banque de France.

Avant d'entrer en fonctions, le gouverneur doit justifier de la propriété de 100 actions de la Banque de France; quant aux sous-gouverneurs, ils doivent justifier de la propriété de 50 actions. Ces actions sont *inaliénables* tant que durent les fonctions de leurs propriétaires.

Le *Conseil général* de la Banque, véritable conseil d'administration, se réunit au moins une fois par semaine, surveille la direction de la Banque, choisit les effets de commerce qui peuvent être escomptés, fixe le taux de l'escompte, statue sur les émissions de billets de banque et présente le compte annuel de la Banque à l'assemblée générale des actionnaires.

(1) Mais elle ne reçoit point l'argenterie.

Les censeurs font partie du conseil général, mais n'y ont pas voix délibérative ; ils surveillent toutes les opérations de la Banque, vérifient les caisses et les registres (Décret du 16 janvier 1808).

Les régents et les censeurs sont élus par deux cents actionnaires résidant à Paris, qui constituent l'assemblée générale des actionnaires de la Banque de France. Sur les quinze régents, *cinq* sont pris parmi les manufacturiers ou commerçants *actionnaires de la Banque*, et *trois* parmi les receveurs généraux des finances. Les trois censeurs doivent être des manufacturiers ou commerçants actionnaires de la Banque (loi du 22 avril 1806).

La Banque de France a un *fonds de réserve* constitué et alimenté par l'excédant de ses bénéfices nets sur le *dividende* maximum de 6 0/0 (1). Le capital de la Banque est représenté par 182.500 actions d'une *valeur nominale* de 1 000 francs chacune, non compris le fonds de réserve (art. 2 et 8, loi du 9 juin 1857).

La Banque de France est une véritable banque nationale. Indépendamment des services qu'elle rend aux particuliers, elle est un auxiliaire précieux pour l'État. Par l'émission de ses billets, elle empêche ou tout au moins atténue dans une très large mesure les crises monétaires. Elle est en comptes-courants avec le Trésor Public, et fait, dans les circonstances difficiles, de grosses avances à l'État. C'est ainsi qu'à la suite de la guerre de 1870-1871, elle a, on peut le dire sans exagération, sauvé la situation financière de la France.

Les billets de banque. — Le billet de banque est le type de la *monnaie fiduciaire*. C'est bien une monnaie de convention, puisque *matériellement* le billet de banque n'a aucune valeur, mais, *en fait*, c'est une véritable *monnaie de papier*. Aujourd'hui, bien que le billet de banque n'ait plus cours forcé, il est reçu par tout le monde ; on change un billet de banque, sans plus de difficulté qu'une pièce d'or. Le public a pleine confiance dans ces *billets au porteur* que l'on nomme des billets de banque, et dont il a le droit de se faire rembourser la valeur *en espèces* soit par la Banque, soit par ses succursales. — Le remboursement des billets de banque est garanti d'abord par le *fonds de réserve* de la Banque de France, puis par les *effets de commerce* qu'elle a en portefeuille et qu'elle n'a escomptés qu'après s'être assurée de la solvabilité de leurs trois signataires, enfin par la limitation de l'émission des billets (2).

En temps ordinaire, le billet de banque est remboursable à pré-

(1) La Banque de France peut élever au-dessus de 6 0/0 *par an* le taux de ces escomptes et les intérêts de ses avances, mais les bénéfices résultant de l'exercice de cette faculté viennent augmenter les fonds de réserve ; ils ne peuvent être partagés entre les actionnaires.

(2) La loi du 30 janvier 1884 a fixé à 3 200 millions le maximum normal des émissions des billets de banque ; elle ne l'a élevé à 3 500 millions que provisoirement.

sentation, *à vue*; *il n'a point cours forcé* : le créancier peut exiger le paiement en espèces métalliques ayant cours. Mais dans des moments de crise il peut être nécessaire d'établir le cours forcé. C'est ce qui a eu lieu en 1848 et en 1870. Le décret du 15 mars 1848, *abrogé par la loi du 6 août 1850*, a déclaré le billet de banque *monnaie légale* et dispensé la Banque de le rembourser à présentation. La loi du 12 août 1870 a rétabli le cours forcé, mais, pour donner confiance au public, elle a limité à 1 800 millions le chiffre de l'émission. Cette loi autorisait la Banque à émettre des *petites coupures* de 25 francs. (1). Des lois postérieures, nécessitées par les désastres de la guerre de 1870-1871, lui permirent de lancer dans la circulation des billets de 20 francs, de 10 francs, de 5 francs, et élevèrent le maximum du chiffre des émissions à 2 800 millions. La loi du 3 août 1875, mis fin *en principe* au cours forcé a aboli *en fait* en 1878, lorsque l'État ne s'est plus trouvé débiteur envers la Banque de France, qui lui avait prêté plus d'un milliard et demi en 1871, que d'une somme inférieure à 300 millions (2).

A l'heure actuelle, les petites coupures — c'est-à-dire tous les billets au-dessous de 50 francs — sont retirés de la circulation; la Banque de France n'émet plus que des billets de 1 000 francs, de 500 francs, de 200 francs, de 100 francs et de 50 francs.

Succursales de la Banque de France. — La Banque de France a son siège à Paris, mais elle est représentée en province par de nombreuses *succursales*. La loi du 27 janvier 1873 a ordonné la création de succursales de la Banque de France dans tous les départements qui n'en étaient point encore pourvus. Cette loi n'a été exécutée que partiellement ; actuellement il y a encore des chefs-lieux de département où la Banque de France n'a aucune succursale.

Les succursales de la Banque de France se livrent à toutes les opérations que peut faire la maison principale. Chacune d'elles est dirigée par un agent de la Banque de France nommé par le gouverneur de la Banque et pouvant être destitué par lui.

Aux succursales se rattachent des *bureaux auxiliaires*, créés dans les chefs-lieux d'arrondissement. Ainsi, le bureau auxiliaire de Beaune relève de la succursale de Dijon ; celui de Sens, de la succursale de Troyes.

SECTION II

Le Crédit foncier

Le décret du 6 juillet 1854 a donné à la Société du Crédit foncier une organisation analogue à celle de la Banque de France.

(1) Le mot *coupure* signifie ici un billet de faible valeur.
(2) C'était la condition imposée par la loi de 1875.

En effet le Crédit foncier est dirigé par un gouverneur assisté de deux sous-gouverneurs. Le gouverneur et les sous-gouverneurs sont nommés par *décret* du président de la République. Le gouverneur doit posséder 200 actions du Crédit foncier ; chacun des sous-gouverneurs 100.

Le gouverneur du Crédit foncier préside le conseil d'administration, dont trois membres doivent être receveurs généraux des finances. Il préside également l'assemblée générale des actionnaires, il nomme et révoque les agents du Crédit foncier ; toutes les délibérations du conseil d'administration et de l'assemblée générale des actionnaires sont soumises à son approbation.

Le Crédit foncier de France a son siège à Paris, mais il possède en province un certain nombre de succursales, et dans les localités de quelque importance qui n'en sont point pourvues, il se fait représenter par un notaire de l'endroit.

La Société du Crédit foncier fournit aux propriétaires d'immeubles qui veulent emprunter *sur hypothèque*, la somme dont ils ont besoin, à la charge pour eux de rembourser par *annuités* le montant du prêt hypothécaire.

L'annuité comprend : l'intérêt, la somme affectée à l'amortissement (elle ne peut dépasser 2 0/0) et les frais d'administration. — Pour que la prime d'amortissement ne soit que de 2 0/0, il faut que le prêt soit *à long terme*, ce qui permet à l'emprunteur de se libérer sans s'en apercevoir, pour ainsi dire, puisque pour un prêt de cinquante ans il n'a à payer, comme prime d'amortissement et frais d'administration, que 1.06 0/0, ce qui fait en tout (en comptant l'intérêt à 5 0/0) 6 fr. 06 0/0, c'est-à-dire à très peu de choses près l'intérêt normal en matière commerciale.

On voit d'après cela de quelle utilité est l'institution du Crédit foncier : c'est un capitaliste toujours prêt à ouvrir sa bourse au propriétaire *foncier* qui peut lui offrir comme garantie de remboursement une hypothèque sérieuse. L'emprunteur peut se libérer par annuités en trente, trente-cinq, quarante-cinq ans ; mais si, par suite de circonstances imprévues, il est en situation de se libérer au bout de deux ou trois ans par exemple, soit en totalité, soit pour une fraction, il a parfaitement le droit de renoncer au paiement par annuités et de choisir cet autre mode de libération. — Le décret du 6 juillet 1854 a donné au Crédit foncier le droit d'affecter à des prêts hypothécaires *à court terme*, remboursables comme des prêts ordinaires, c'est-à-dire *sans amortissement*, les capitaux provenant de la réalisation de son fonds social et de ses bénéfices. Le total des prêts à court terme ainsi consentis dépassait 62 millions en septembre 1885.

Le Crédit foncier ne prête pas seulement aux particuliers, il prête aussi aux départements et aux communes qui se trouvent dans l'obligation de contracter des emprunts, sans exiger d'eux des hypothèques qu'ils seraient souvent dans l'impossibilité de fournir. Ainsi, la loi de 1885 ayant autorisé les départements et les communes à emprunter les sommes nécessaires à la construction et à l'installation de leurs établissements scolaires, le Crédit foncier a consenti à prêter les sommes nécessaires au taux de 4 fr. 60 0/0. Voici du reste le tableau des *annuités* — variant, bien entendu, suivant la durée de l'amortissement — que les départements et communes auront à payer (1).

ANNUITÉS A PAYER, AMORTISSEMENT COMPRIS

Durée du remboursement	*Annuité par 100 fr.*
30 ans	6 fr. 17 0/0
31 —	6 08 »
32 —	5 99 »
33 —	5 91 »
34 —	5 84 »
35 —	5 77 »
36 —	5 71 »
37 —	5 65 »
38 —	5 59 »
39 —	5 54 »
40 —	5 49 »

Le Crédit foncier ne prête aux particuliers que sur *première* hypothèque. Mais si la personne qui désire emprunter, et dont l'immeuble est déjà grevé d'hypothèques, propose au Crédit foncier de retirer, sur la somme qu'elle demande, le montant des créances hypothécaires pesant sur son fonds, le Crédit foncier, étant en fait dans la même situation que si l'immeuble n'était pas hypothéqué, ne fait aucune difficulté pour prêter dans ces conditions. — Lorsque l'immeuble offert en garantie par l'emprunteur n'est grevé que d'une *hypothèque légale* (hypothèque de la femme mariée ou du mineur, par exemple), le Crédit foncier peut faire procéder à la purge de l'hypothèque, et, la purge accomplie, il consent le prêt hypothécaire.

Le montant de la somme prêtée ne peut dépasser la *moitié* de la valeur de la propriété hypothéquée (décret du 28 février 1852).

En cas de non-paiement des annuités, le Crédit foncier recourt à la saisie immobilière, et fait vendre ou mettre sous séquestre l'immeuble affecté à la garantie de l'emprunt que le débiteur ne peut amortir.

Les tribunaux n'ont point le droit d'accorder des *délais de grâce* pour le paiement des annuités. Du reste les moyens d'exécution et les modes de réalisation du gage sont très simplifiés.

Ainsi, au cas de simple *retard* dans le paiement de l'annuité, la société du Crédit foncier met le débiteur en *demeure*, et *quinze*

(1) Les emprunts doivent être amortis en quarante ans au maximum (loi du 20 juin 1885).

jours après, elle peut, en vertu d'une simple ordonnance du président du tribunal, se mettre en possession de l'immeuble hypothéqué (dès lors le bien est *sous séquestre*). Le Crédit foncier en perçoit tous les revenus (les récoltes, les fermages), et les applique à l'acquittement des annuités échues et des frais, après paiement de certaines créances particulièrement privilégiées (impôts dus à l'État, par exemple) — (art. 29-30, décret du 28 février 1852).

Bien plus, au cas de non-paiement d'une annuité, et toutes les fois que le remboursement de l'intégralité du capital prêté est devenu exigible, — comme au cas où l'immeuble hypothéqué viendrait à être détérioré, — le Crédit foncier peut poursuivre la vente de ce bien. Il fait signifier au débiteur un commandement, et dans les *six semaines* de la transcription de ce commandement au bureau des hypothèques, il est procédé à l'insertion de la vente dans les journaux consacrés aux annonces légales, ainsi qu'à l'apposition des affiches. — Dans la huitaine de l'apposition de la première affiche, le débiteur et les créanciers inscrits sont sommés de venir prendre communication du cahier des charges ; quinze jours après a lieu la vente aux enchères (décret du 28 février 1852, art. 32-33).

Nota. — La purge des hypothèques légales qui grèvent les immeubles offerts en garantie par les emprunteurs est extrêmement simplifiée lorsqu'elle est effectuée au produit du Crédit foncier. Le décret du 10 juin 1853 indique dans les plus grands détails, la procédure à suivre (Voy. le texte). — Les obligations du Crédit foncier seront l'objet d'explications ultérieures (Voy. Obligations).

CHAPITRE II

OPÉRATIONS DE BOURSE
LE CHANGE

La Bourse est un lieu de rendez-vous pour les commerçants et les financiers (1). C'est à la Bourse que s'établit le cours officiel des valeurs, des marchandises, des prix de transport, etc.

Dans toutes les villes où une bourse est établie, il est interdit de vendre ou d'acheter *par intermédiaires* en dehors de l'établissement où se tient la Bourse.

(1) A Paris, la Bourse des effets publics est ouverte de midi à 3 heures ; la Bourse des marchandises, de 3 à 5 heures. — Dans les départements les heures varient suivant les localités.

Les faillis non réhabilités, les femmes, les enfants ne peuvent rentrer à la Bourse, mais les étrangers ont parfaitement le droit d'y pénétrer. — La police de la Bourse est faite par un commissaire de police spécial.

Dans la partie de cet ouvrage consacrée à la VIE COMMERCIALE nous avons indiqué le rôle de courtiers en marchandises, nous n'avons pas à y revenir, mais il importe de donner quelques détails sur les opérations de bourse effectuées par les agents de change. (Voy. AGENTS DE CHANGE).

Opérations de bourse. — Il y a deux sortes d'opérations de bourse : les *opérations au comptant*, et les *opérations à terme*.

Les opérations au comptant sont des achats ou ventes de valeurs ou de marchandises au *cours* établi au moment de la conclusion de la négociation. Ce cours, qui varie parfois dans l'espace de quelques minutes, est le *prix* des valeurs négociées par les agents de change, et dans les villes où il y a un *parquet*, ce prix est constaté à haute voix par un crieur public (1). — Les opérations au comptant ne donnent lieu *en temps normal* à aucune spéculation. Il n'en est pas de même des opérations *à terme*, qui entraînent toujours un certain aléa (2). Par exemple, j'achète le 20 mars du 3 0/0 à 81 fr. 10 *fin courant*, c'est-à-dire que mon vendeur s'engage à me livrer à la fin du mois des titres de 3 0/0 au prix de 81 fr. 10 par 3 francs de rente. S'il se produit une hausse sur le 3 0/0, et qu'à la fin de mars il soit à 82 fr., j'ai gagné 90 centimes par 3 francs de rente, et à l'inverse mon vendeur a perdu 90 centimes. Au contraire, s'est-il produit une baisse sur le 3 0/0 c'est moi *acheteur* qui perds, puisque j'achète à 81 fr. 10 un titre qui ne vaut plus, au jour où il m'est livré, que 81 francs par exemple. Je perds 10 centimes, et mon vendeur les gagne.

Voilà ce qu'on appelle une opération *à terme* : l'acheteur paiera fin courant le prix fixé par le cours du jour de la négociation, et le vendeur livrera les titres achetés ce jour-là. On entrevoit immédiatement combien ces opérations sont dangereuses. Le moindre évènement politique, commercial ou industriel, suffit pour faire baisser ou hausser dans des proportions relativement considérables le cours de telle ou telle valeur. De là viennent les jeux de bourse qui ne sont en somme que des opérations à terme *fictives* : il est entendu entre l'acheteur et le vendeur, que l'acheteur pourra abandonner le marché, moyennant le paiement d'une *prime* fixée à forfait à 0, fr. 50, par exemple, par 4 fr. de rente (3), ou bien encore que celui qui aura perdu — l'acheteur, si les valeurs ont baissé, le vendeur, s'il s'est produit une hausse — paiera la *différence* entre le cours établi le jour de la négociation, et le cours fixé du jour où la livraison des

(1) Le *parquet* est un endroit entouré d'une grille réservé aux agents de change et courtiers. Au milieu du parquet est la *corbeille* autour de laquelle ils se réunissent. En fait, les bourses ont toutes un parquet, mais *officiellement* les seules villes pourvues d'un véritable parquet d'agents de change, sont : les villes de Paris, Lyon, Marseille, Bordeaux, Lille, Nantes, Toulouse et Nice.

(2) Les opérations à terme portent toujours sur des valeurs assez considérables ; ainsi elles ne peuvent porter sur moins de vingt-cinq actions à la fois.

(3) C'est là le sens de l'expression : acheter du 3 0/0 à 80 francs (par exemple) *dont 10 sous*. — Il y a là un véritable dédit.

titres achetés devrait avoir lieu si la vente était sérieuse, réelle. C'est là ce qu'il faut entendre par l'expression : *payer ses différences de bourse.*

Avant la loi du 28 mars 1885, les spéculateurs, ceux qui *jouaient à la Bourse,* se basant précisément sur le caractère aléatoire des opérations de bourse auxquelles ils se livraient, invoquaient l'*exception de jeu* (1) quand ils avaient fait de grandes pertes, et qu'ils se trouvaient dans l'impossibilité de payer leurs différences ; les tribunaux ne pouvaient les condamner à payer. — Des scandales tout récents ont conduit le législateur à décider que l'exception de jeu ne pouvait être invoquée en matière d'opérations de bourse *à terme,* alors même que ces opérations ne cacheraient que des jeux de bourse (art. 1er, loi du 28 mars 1885). Désormais ceux qui jouent à la bourse sont tenus de payer leurs différences ; les dettes de jeu de bourse sont sanctionnées par la loi, comme n'importe quelle dette civile.

Le report. — Le report est une opération quelque peu complexe. C'est à la fois la vente et l'achat d'une même sorte de valeur : il y a *report* lorsque je vends *au comptant* des rentes, actions ou obligations que j'achète *à terme,* ou encore lorsque j'achète au comptant et que je revends à terme. J'ai intérêt à vendre au comptant et à acheter à terme lorsque je suis à court d'argent momentanément ; si au contraire j'ai une certaine somme absolument disponible et que le cours des opérations à terme soit plus élevé que le cours des opérations au comptant, j'achète *au comptant* par exemple à 82 francs, et en même temps je revends à terme au prix de 82 fr. 30. Je fais ainsi un placement extrêmement avantageux.

Cours de la Bourse. — Dès la fermeture de la Bourse de Paris, les agents de change se réunissent sous la présidence de leur syndic (2) et établissent les cours des différentes valeurs cotées (effets publics français ou étrangers, valeurs industrielles : actions, obligations). Le tableau de ces différents cours, signé par le syndic, constitue le *cours authentique de la Bourse* : les cours qui s'y trouvent constatés sont absolument officiels. — Le *Journal officiel* publie l'extrait du cours authentique de la veille. Le public est ainsi renseigné sur le prix des ventes au comptant, des ventes à terme, sur les différences entre les derniers cours et les cours précédents.

(1) Voy. VIE CIVILE. — *Le jeu et le pari.*

(2) Le syndic est le président de la *commission syndicale* des agents de change, chambre de discipline composée de *six adjoints* et du *syndic* président.

APPENDICE

TABLEAU DES MONNAIES FRANÇAISES ET ÉTRANGÈRES

Pays	Métal	Monnaie	fr. c.
France	*Monnaies d'Or*	Pièces de	100
		—	50
		—	20
		—	10
		—	5
	Monnaies d'argent	Pièces de	5
		—	2
		—	1
		—	0.50 cent
		—	0.20 »
	Monnaies de Bronze	Pièces de	0.10 »
		—	0.05 »
		—	0.02 »
		—	0.01 »
Angleterre	*Or*	Livre sterling ou souverain	25.21
		Demi-souverain	12.60
	Argent	Couronne	6 »
		Demi-couronne	3 »
		Shilling	1.02
		Six pence	0.60
		Quatre pence	0.40
		Trois pence	0.30
	Bronze	Penny	0.10
		Demi-penny	0.05
		Farthing	2 cent. 1/2
Allemagne	*Or*	20 Marks	25 »
		10 —	12.50
		5 —	6.25
	Argent	5 Marks	6.25
		2 —	2.50
		1 —	1 25
		50 Pfennigs	0 62
		20 —	0.25
	Nickel	10 Pfennigs	0.12 1/2
		5 —	0.06 1/4
	Bronze	2 Pfennigs	0.02 1/2
		1 —	0.01 1/4
Danemarck	*Or*	20 Couronnes	27 »
		10 —	13.50
	Argent	1 pièce (4 couronnes)	5.40
		1 couronne	1.35
		50 ore	0.65
		25 ore	0.35
Hollande	*Or*	Double	23.50
		Ducat	11 75
		10 florins	20 80
		5 florins	10.40
	Argent	Rixdaler	5 »
		Florin	2 »
		1/2 florin	1 »
		1/4 —	0.50

Pays	Métal	Monnaie	Valeur
Russie	*Or*	Demi-impérial	20.60
	Argent	Rouble	3 95
		1/2 rouble	1.97
		1/4 rouble	98
	Cuivre	20 Kopecks	0 80
		15 —	0 60
		10 —	0 40
		5 —	0.20
		1 —	0.04
Autriche	*Or*	Quadruple ducat	47.21
		Ducat	11.50
	Argent	Deux florins	4.80
		Un florin	2.40
		1/4 florin	0.35
Espagne	*Or*	Doublon	25.50
		4 Escudos	10.20
		2 Escudos	5 10
	Argent	Dours	5 »
		Escudo	2.50
		Peseta	1 »
		Media peseta	0.50
Portugal	*Or*	Couronne	55.90
		1/2 Couronne	27.95
		200 reis	11 »
		100 —	5.50
	Argent	500 reis	2.50
		200 »	1 »
		Teston (10)	0.50
		1/2 teston	0.25
		Reis	0.005
Brésil	*Or*	2.000 reis	56.30
		1.000 —	28.15
		5.000 —	14 07
	Argent	2. 000reis	5.15
		1.000 —	2.57
		500 —	1.28
Pérou	*Or*	10 sols	50 »
		5 sols	25 »
		2 sol	5 »
	Argent	Sol	4.25
		1/2 Sol	2.10
République Argentine	*Or*	Double pistole	40.25
		Pistole	20.12
	Argent	Piastre	4.40
		1/2 Piastre	2.20
Etats-Unis	*Or*	10 dollars	51.50
		5 »	25.75
		1 »	5.15
	Argent	1 dollar	4.50
		1/2 dollar	2.25
		20 cent	1.12
Chili	*Or*	Doublon	23.50
		Ecu	9.40
		Demi-écu	4.70
	Argent	Piastre	4.20
		50 centavos	2.10
		20 —	0.85

La *Belgique*, l'*Italie*, la *Suisse* et la *Grèce* suivent le système monétaire adopté en France. Ces cinq pays forment *l'Union monétaire internationale*. Sur le territoire de chacun d'eux, les monnaies émises par les autres Etats de l'Union sont acceptées comme dans le pays d'origine.

La *Suède* et la *Norwège* ont conclu avec le Danemark une union monétaire. Leurs pièces de monnaie ont la même valeur et la même dénomination que les pièces danoises.

Nota. — Il est question de faire frapper en France une monnaie de nickel qui remplacerait la monnaie de bronze et les petites pièces d'argent de 0 fr. 20. En Belgique, en Allemagne la monnaie de nickel est en usage depuis un certain nombre d'années déjà.

Le change (1). — Dans le tableau qui précède, nous avons comparé la valeur des différentes monnaies étrangères avec l'unité monétaire de notre pays, le *franc*. Mais les variations du *change* influent sur la valeur respective des monnaies étrangères.

Ainsi, en temps normal, lorsque le *change* est *au pair*, la livre sterling vaut 25 fr. 21, mais si le change est *favorable*, la livre sterling ne vaut plus que 25 fr. 19, 25 fr. 17; s'il est *défavorable*, elle vaut au contraire 25 fr. 25, 25 fr. 27. — Mais qu'est-ce au juste que le change? Quand dit-on que le change est au pair; quand le change est-il favorable, quand est-il défavorable?

Je suis créancier de M. Pedro, négociant de Madrid; je tire sur lui une lettre de change que je remets à mon banquier; celui-ci négocie cet effet au profit d'un négociant de Paris, M. Dupont, qui est débiteur d'un négociant de Madrid, M. Estabar, et préfère lui envoyer en paiement un effet de commerce, plutôt qu'une somme d'argent dont le transport lui coûterait plus cher. M. Estabar se présentera le jour de l'échéance chez M. Pedro et recevra son paiement.

Voici donc deux dettes absolument éteintes sans qu'il y ait eu besoin d'envoyer la moindre somme, tandis que sans la lettre de change il aurait fallu faire deux envois d'argent. On aperçoit immédiatement l'utilité pratique de cette opération de banque, qui constitue ce qu'on appelle le *contrat de change*. Si, dans notre hypothèse, un grand nombre de négociants de Paris créanciers de négociants de Madrid offrent, par l'intermédiaire de leur banquier, du papier sur Madrid, et s'il ne se présente que de rares acheteurs par suite du peu d'importance des exportations pour l'Espagne, le prix des effets de commerce sur Madrid *baisse* en vertu de la loi de l'offre et de la demande : on dit alors que le change est *favorable*, et l'expresion

(1) Nous n'entendons pas parler ici des operations d'échange auxquels se livrent les changeurs. Au moment de passer la frontière allemande, je vais chez un changeur qui, contre ma monnaie française, me remet des pièces allemandes; le changeur ne considère que la valeur intrinsèque *réelle* (d'après le cours des métaux précieux) des pièces que je lui offre, et il retient sur cette valeur un droit de commission; mais il ne se préoccupe nullement du cours du change.

est fort juste, puisque pour 1 000 francs on aura 900 pesetas, par exemple, alors que si le change était *au pair*, c'est-à-dire s'il y avait à Paris autant de *créanciers* que de débiteurs de négociants madrilènes, le cours, au lieu d'être de 0 fr. 99, serait de 1 franc.

A l'inverse, supposons que le papier sur Madrid soit très demandé : toujours par suite de la loi sur l'offre et la demande il augmenterait de valeur, le cours au lieu d'être de 1 franc serait de 1 fr. 10 par exemple; le change serait très cher : il serait *défavorable*.

Lorsque le change est par trop défavorable, il vaut mieux payer en numéraire plutôt que d'avoir recours au contrat de change, toutefois il ne faut prendre ce parti que si le prix du transport des métaux est inférieur à l'excédant du cours de change actuel sur le change *au pair*.

CHAPITRE III

LES AGENTS DE CHANGE

Ce sont des *officiers ministériels*, comme les notaires, les greffiers, etc. Ils sont, eux aussi, nommés par le chef de l'État sur la présentation de leur prédécesseur, et propriétaires de leur charge; mais, à la différence de tous les autres officiers ministériels, ils peuvent s'adjoindre des bailleurs de fonds intéressés, des associés commanditaires qui leur achètent le quart, le tiers ou toute autre fraction de leur charge — ou plutôt des bénéfices qu'elle procure, car il n'y a qu'un seul titulaire : ceux qu'on nomme des *quarts d'agents de change* ne sont point officiers ministériels.

Nul ne peut être agent de change s'il n'est Français, âgé de 25 ans accomplis et s'il ne produit un certificat d'aptitude et d'honorabilité signé par les chefs de plusieurs maisons de banque et de commerce. En outre, le candidat aux fonctions d'agent de change doit justifier du versement au Trésor d'un cautionnement qui varie suivant la ville où il doit s'établir; ce cautionnement est de 250 000 fr. à Paris, de 40 000 fr. à Lyon, de 30 000 fr. à Marseille et à Bordeaux, de 12000 fr à Toulouse et à Lille, de 6 000 fr. dans d'autres villes moins importantes.

Un agent de change ne peut céder sa charge qu'à une personne agréée par la chambre syndicale des agents de change. L'acte de cession doit être soumis au ministre des finances et approuvé par lui.

Le successeur de l'agent de change démissionnaire est présenté par la *chambre syndicale* au ministre des finances pour Paris, au préfet du département pour toute ville de France autre que Paris. Le préfet transmet le dossier au ministre compétent, avec son avis motivé (décret du 1er octobre 1862).

Fonctions des agents de change. — Les agents de change ont *seuls* le droit de faire *pour le compte d'autrui* (1) les négociations des *effets publics* (des rentes sur l'État par exemple), et des effets non publics mais *susceptibles d'être cotés* (actions industrielles sérieuses). C'est là pour eux un véritable monopole mais seulement dans les villes où ils sont établis, car dans les localités où il n'existe pas d'agent de change, les notaires ont le droit d'agir comme intermédiaires dans les achats et ventes de fonds publics.

Légalement les agents de change ont seuls le droit de faire pour le compte d'autrui les négociations des lettres de change et autres effets de commerce et d'en *constater le cours* (2).

Ils peuvent faire *concurremment avec les courtiers de marchandises inscrits* ou *non inscrits* (Voy. Vie Commerciale) les négociations et le courtage de ventes ou achats de matières métalliques, mais ils ont *seuls* le droit d'en constater le cours (art. 76, C. Comm.).

Ce qu'il faut bien comprendre, c'est que le monopole de l'agent de change n'empêche point les achats et ventes *directs* de valeurs : il n'existe que pour les achats et ventes se concluant par *intermédiaire*. Ainsi, un simple changeur a parfaitement le droit de vendre ou d'acheter des titres de rentes sur l'État ou des valeurs susceptibles d'être cotées.

C'est la chambre syndicale des agents de change qui décide quelles valeurs sont dignes d'être *cotées*, c'est-à-dire inscrites sur la *cote* de la Bourse avec leurs cours de chaque jour.

Presque toujours les cours des valeurs varient dans le cours d'une même bourse. Le *cours d'ouverture* est-il plus faible que le *cours de clôture :* cela prouve tout simplement que les offres de vente ont été plus fréquentes que les offres d'achat au commencement de la bourse, et que le fait contraire s'est produit à la fin ; dans l'intervalle, on a constaté deux ou trois cours intermédiaires.

Il est certaines valeurs qui — lors d'un partage de succession, par exemple, — sont estimées au *cours moyen du jour*. Ce que nous venons de dire explique le sens de cette expression : on fait la moyenne de tous les cours constatés le même jour pour la valeur dont il s'agit, et le résultat du calcul est le *cours moyen* du jour. Si les différents cours ont été de 82 05, 82 10, 82 30, nous trouvons pour *cours moyen* 82 15.

Les agents de change sont tenus de consigner d'abord leurs opérations sur des *carnets*, puis de les transcrire le jour même sur un *journal* timbré, coté et paraphé par un juge du tribunal de commerce. Ils envoient à leurs clients des *bordereaux* constatant les achats ou les ventes auxquels ils ont procédé d'après leurs ordres.

(1) C'est-à-dire en qualité d'intermédiaire.

(2) En fait, les banquiers négocient les lettres de change et autres effets de commerce concurremment avec les agents de change.

Les agents de change doivent avoir reçu les effets qu'ils sont chargés de vendre, avant d'exécuter les ordres de vente; s'ils sont chargés d'acheter au contraire, ils doivent, avant de procéder à l'achat, recevoir de leurs clients la somme nécessaire pour y faire face. Aussi sont-ils responsables de la livraison ou du paiement de ce qu'ils ont vendu ou acheté; c'est précisément en vue de cette responsabilité que la loi exige des agents de change le dépôt d'une forte somme à titre de cautionnement (1). — En pratique les agents de change ne demandent à leurs clients qu'une *couverture*. On appelle ainsi des valeurs remises à l'agent de change et destinées à le garantir — à le *couvrir* — au cas où il serait forcé de revendre les valeurs achetées parce que son client ne pourrait payer les *différences* qui peuvent se produire dans les cours.

Les agents de change ne doivent pas nommer les personnes qui leur ont donné l'ordre d'acheter ou de vendre, ils sont tenus de garder le secret, à peine de destitution et d'une forte amende.

Le droit de commission perçu par les agents de change est de 1/4 0/0 pour les effets publics, et de 1/8 0/0 pour les valeurs industrielles.

Les agents de change n'ont pas le droit de faire des opérations de commerce ou de change, de vendre ou d'acheter des effets publics ou des valeurs industrielles ou autres *pour leur propre compte*, sous peine de destitution et d'une amende d'au moins 3 000 francs; ils ne peuvent agir que comme intermédiaires, pour le compte d'autrui (art. 85 et 87, C. Com.)

Tout agent de change qui fait faillite est poursuivi comme banqueroutier et condamné aux travaux forcés *à temps*. — L'agent de change convaincu de banqueroute frauduleuse est puni des travaux forcés à *perpétuité* (404, C. Pén.).

Les bordereaux des agents de change sont soumis à un droit de timbre de 1 fr. 80 pour les négociations d'une valeur supérieure à 10 000 fr.; pour les négociations d'une valeur moindre (10 000 francs et *au dessous*) le droit est fixé à 0 fr. 60 (lois du 2 juillet 1862 et du 23 août 1872).

Les transferts de rentes sur l'Etat ne sont effectués que sur la production d'un certificat de transfert émané d'un agent de change de Paris. — Les agents de change sont responsables pendant cinq ans de la validité des transferts qu'ils certifient (arrêté du 27 prairial an X).

(1) Avant la loi du 28 mars 1885 les agents de change ne pouvaient recevoir ni payer pour le compte de leurs commettants, ni se porter garants de l'exécution des marchés conclus par leur intermédiaire. Ces dispositions ont été abrogées par cette loi du 28 mars 1885.

CHAPITRE IV

VALEURS MOBILIÈRES

Sous la dénomination de *valeurs mobilières*, en matière financière, il faut ranger tous les effets publics (titres de rentes sur l'État, titres émis par les départements, les établissements publics), les titres émis par les Compagnies de chemins de fer français ou étrangers, etc., etc. Ce sont toutes ces valeurs qui font l'objet des opérations de bourse. Il convient de les distinguer avec soin les unes des autres.

SECTION Ire

Les Rentes sur l'État

L'État a emprunté à des taux différents. C'est ainsi qu'il a été émis du 3 0/0, du 4 0/0, du 4 1/2 0/0, et même du 5 0/0. Mais il ne faut pas croire que lors des emprunts effectués à des taux si divers il a fallu donner 100 fr. pour avoir 3 francs, 4 francs ou 4 fr. 50 ou 5 francs de rente. Ainsi, sous le second Empire, l'État a emprunté au taux de 3 0/0, mais les prêteurs (les futurs rentiers) n'ont payé que 60 francs environ par 3 francs de rente, de telle sorte qu'ils prêtaient en réalité à 4 fr. 75 0/0, ou même à 5 0/0. Mais comme les placements solides à 5 0/0 sont devenus excessivement rares, on s'est rabattu sur les fonds d'État qui offrent en somme le plus de garanties, et les cours se sont élevés à 80 francs et 81 francs. — Le 4 1/2 0/0 a été émis à 90 francs, ce qui met encore le taux réel à 5 0/0; sa valeur s'est élevée dans la même proportion que le 3 0/0, aussi est-il maintenant à 105 francs environ.

Mais, dira-t-on, ce n'est là qu'une affaire de mots; pourquoi emprunter à des taux différents puisqu'en réalité l'emprunt est fait non pas en 3 0/0, ni en 4 0/0, mais en 4 1/2 environ? — Ce n'est point là une affaire de mots; le taux est établi en vue du remboursement et de la conversion. Les rentes dont nous parlons sont des *rentes perpétuelles*, en ce sens que le débiteur, l'État, ne peut être jamais tenu de rembourser le capital; si le rentier a besoin d'argent il fait vendre ses titres à la Bourse par un agent de change. Au contraire, dès que l'occasion lui semble favorable, l'État peut rembourser à ses prêteurs leur capital; ceux-ci sont contraints de le recevoir; seulement l'État devra rembourser 100 francs par 3 francs, 4 francs ou 4 fr. 50 de rentes, suivant que l'emprunt aura été contracté au taux de 3, 4, ou 4 1/2 0/0. Par conséquent le propriétaire de 3 0/0 qui a acheté son titre

60 francs recevra en réalité en cadeau ou *en prime* 40 francs par 3 francs de rente, tandis que le possesseur de titres 4 1/2 0/0 ne recevra qu'une prime de 10 francs.

L'État ayant la faculté de rembourser ses prêteurs, il a par suite le droit de faire ce qu'on appelle la *conversion*, c'est-à-dire de *convertir* des rentes 5 0/0 en 4 1/2, comme il l'a fait récemment. Le 5 0/0 était à 120 francs. L'État a offert aux rentiers de les rembourser, c'est-à-dire de leur donner 100 francs par 5 francs de rentes, ou bien de garder leur capital et de leur servir désormais 4 fr. 50 de rente au lieu de 5 francs. Les rentiers ont pour la plupart accepté la conversion et ils ont eu raison, puisque s'ils avaient été remboursés, ils n'eussent reçu que 100 francs par 5 francs de rente, et que le 4 1/2 *ancien* coûtait plus de 100 francs.

En 1871-1872 l'État a émis un emprunt 3 0/0 (1) amortissable *en soixante-quinze ans*. De là les obligations 3 0/0 *amortissables.* — Ces obligations de 500 francs sont remboursables par 15 francs de rentes. Chaque année l'État en amortit un certain nombre par la voie du sort, de telle sorte qu'en 1953 l'emprunt sera complètement remboursé. Chacun des propriétaires de ces obligations peut être remboursé l'année prochaine ou dans dix, vingt, trente années. L'époque du remboursement est donc absolument aléatoire.

L'État émet aussi des *obligations à court terme* remboursables en deux, quatre, six ans. Une loi du 29 décembre 1882 a autorisé le ministre des finances à émettre des obligations 4 0/0 remboursables au bout d'*une année*. Mais ces obligations sont émises au pair : le souscripteur doit donner 100 francs pour avoir 4 francs de rente et il ne reçoit aucune prime lors du remboursement (2).

Les rentes sur l'État sont *insaisissables ;* c'est là un privilège tout à fait exceptionnel accordé aux créanciers de l'État.

Les sommes qui, d'après la loi ou les conventions privées, devraient être placées en immeubles, peuvent, *à moins de clause contraire*, être employées en rentes sur l'État ; mais dans ce cas l'immatricule des rentes sur le Grand-Livre de la Dette Publique doit indiquer cette affectation spéciale (art. 29, loi du 16 septembre 1871).

Les arrérages de rentes 3 0/0 sont payés par trimestre : le 1er janvier, le 1er avril, le 1er juillet et le 1er octobre. — Les arrérages de 4 1/2 *nouveau* (ancien 5 0/0) sont aussi payés par trimestre : le 16 février, le 16 mai, le 16 août et le 16 novembre. Quant aux arrérages des rentes 4 0/0 et 4 1/2 0/0, ils sont payés *par semestre*, le 22 mars et le 22 septembre.

Les titres de rentes sont *nominatifs*, *mixtes* ou *au porteur*. — Les titres mixtes sont des titres nominatifs garnis de coupons au por-

(1) Emprunt émis au taux de 76 fr. 60 par 3 francs de rente, les moindres coupures étant de 15 francs et donnant droit à un capital de 500 francs lors du remboursement.

(2) Pour ces obligations 4 1/2 à court terme, les coupures sont de 500, 1.000, 5.000 et 10.000 francs.

teur, tandis que les deux autres espèces de titres sont des coupons nominatifs ou au porteur suivant qu'ils sont eux-mêmes nominatifs ou au porteur. — Au reste, les titres nominatifs peuvent être convertis en titres au porteur et réciproquement. Mais, pour convertir un titre nominatif en titre au porteur, l'assistance d'un agent de change est nécessaire — comme s'il s'agissait d'un transfert, tandis que la conversion d'un titre au porteur en titre nominatif ne nécessite nullement cette intervention.

Transferts de rentes sur l'Etat. — Le *transfert* d'une rente sur l'État, c'est-à-dire le *transport officiel* d'une rente sur la tête d'une autre personne, n'a lieu que pour les titres nominatifs ou mixtes, puisqu'il consiste dans l'inscription sur le Grand-Livre de la Dette du *nom* du nouveau propriétaire du titre de rente. — Le transfert ne peut s'effectuer qu'avec l'assistance d'un agent de change.

Il y a deux sortes de transferts : le *transfert réel* et le *transfert de forme*. Le transfert réel est la conséquence de la vente d'un titre nominatif : l'agent de change présente un bordereau revêtu de sa signature, constatant la vente et en outre l'extrait d'inscription appartenant au vendeur, et le bureau des transferts délivre un nouvel extrait d'inscription au nom de l'acheteur (1). — Le transfert *de forme*, ainsi appelé parce qu'il n'est en somme qu'une simple formalité, constate les mutations qui s'opèrent par suite de décès ou de donation dans la propriété des titres; les conversions de titres nominatifs en titres au porteur et réciproquement donnent également lieu à un transfert de forme.

Un rentier vient-il à décéder, son héritier remet au bureau des transferts les titres de rentes et un *certificat de propriété* délivré par le notaire et indiquant les nom, prénoms, profession et domicile du nouveau rentier, à quel titre et à partir de quelle date il est propriétaire des titres. La signature du notaire doit être légalisée. — Pour la conversion de titres nominatifs en titres au porteur ou en titres mixtes, l'assistance de l'agent de change est nécessaire; pour la conversion d'un titre au porteur en titre nominatif ou mixte, le simple dépôt du titre suffit.

En province les transferts sont effectués à la trésorerie générale du département. Le bureau des transferts du ministère des Finances n'opère les transferts que pour les rentiers établis dans le département de la Seine.

(1) Les déclarations et certificats d transferts des rentes sur l'État doivent être dressés, signés et scellés dans le bureau de l'agent de change (loi du 20 juin 1885).

SECTION II

Actions et obligations

A propos des sociétés anonymes, nous avons dit ce que c'était qu'une action; nous avons vu que les actions industrielles se divisaient en actions nominatives et actions au porteur (Voy. SOCIÉTÉS COMMERCIALES). Mais il importe de relever ici la différence qui existe entre une *action* et une *obligation*.

L'action est une part d'intérêt d'une nature spéciale. En principe, elle donne droit d'abord à l'intérêt du capital qu'elle représente et *en outre* à une quote-part des bénéfices nets que l'on désigne sous le nom de *dividende*. L'actionnaire est donc un associé. Au contraire le propriétaire d'une obligation — *l'obligataire* — est un créancier : il n'a droit qu'aux intérêts du montant de l'obligation; il ne touche aucun dividende. L'obligation est en somme un titre de créance, et lorsque l'établissement qui a émis des obligations fait de mauvaises affaires, les obligataires sont payés *par privilège* à l'aide des sommes versées par les actionnaires.

Comme les actions, les obligations sont ou nominatives ou au porteur.

Actions de la Banque de France. — Toutes les actions de la Banque de France sont *nominatives*. En principe ce sont des valeurs mobilières, mais elles peuvent être *immobilisées*, c'est-à-dire converties en valeurs immobilières, sur la demande de l'actionnaire : une simple inscription sur le registre des transferts suffit pour réaliser cette transformation. — La Banque de France n'a pas le droit d'émettre des obligations.

Obligations du Crédit foncier. — Le Crédit foncier a le droit d'émettre des obligations ou *lettres de gage* jusqu'à concurrence des prêts hyppothécaires qu'il s'est engagé à faire (1). C'est ainsi qu'il se procure les fonds dont il a besoin pour satisfaire aux demandes d'emprunts. Mais le capital total des *obligations* doit être *au plus* vingt fois supérieur au *capital-actions*. Or le Crédit foncier a actuellement un capital social de 155 millions. — En septembre 1885 le Crédit foncier avait en circulation pour plus de 2675 millions en obligations.

Les obligations du Crédit foncier sont bien véritablement des lettres de gage, car elles sont garanties par les hypothèques fournies au Crédit foncier pour assurer le remboursement des capitaux prêtés : tandis que chaque emprunt consenti par le Crédit foncier

(1) Les obligations du Crédit Foncier sont de 1 000 francs, de 500 francs ou de 100 francs seulement Les obligations de 100 francs sont à proprement parler des dixièmes d'obligation.

est garanti par une hypothèque *spéciale* portant sur un immeuble déterminé, les *obligataires* du Crédit foncier ont pour gage *l'ensemble* des hypothèques établies en faveur du Crédit foncier. Mais le Crédit foncier n'émet pas seulement des *obligations foncières* (c'est-à-dire garanties par une hypothèque), il émet aussi des *obligations communales*, obligations qui ne sont nullement garanties par hypothèque et dont l'émission est la conséquence naturelle des emprunts faits au Crédit foncier par les communes, qui jouissent du privilège de pouvoir emprunter au Crédit foncier sans avoir d'hypothèque à fournir.

Emprunts des départements et des villes. — Les départements et les villes dont les ressources annuelles ne suffisent point à l'exécution des travaux reconnus nécessaires (travaux publics, construction de bâtiments d'écoles, etc.) peuvent être autorisés par une *loi* à émettre des obligations *amortissables*. Sous cette forme, la ville de Paris a contracté de nombreux emprunts. Nous citerons encore les obligations émises par la ville de Lille, par les villes de Bordeaux, Blois, Amiens, Lyon, etc., etc.

Actions et obligations de chemins de fer. — Nous ne parlerons ici que des valeurs les plus importantes, celles qui ont été émises par les six grandes Compagnies (compagnie du Nord, compagnie de Paris-Lyon-Méditerranée, compagnie de l'Est, compagnie d'Orléans, compagnie de l'Ouest, compagnie du Midi). — Ces compagnies ont émis des obligations dans une proportion énorme. Alors que le capital-actions devrait toujours rester supérieur au capital-obligations, c'est le contraire qui s'est produit chez elles : le capital-actions n'est plus qu'une fraction assez faible — *un sixième* au plus — du capital général mis à leur disposition. Sans doute le remboursement des obligations émises pour la construction du nouveau réseau est garanti par l'État, mais cette garantie ne s'applique point aux valeurs émises pour la construction de l'ancien réseau, il ne faut pas l'oublier.

Les compagnies de l'Est, du Nord, du Midi, de l'Ouest et de l'Orléans ont émis des *actions de jouissance* qui donnent le droit d'assister à l'assemblée générale des actionnaires mais qui ne produisent point d'intérêts ; elles ne donnent droit qu'à un *dividende*.

SECTION III

Perte de titres nominatifs ou au porteur

Perte de titres nominatifs. — Au cas de perte d'un titre nominatif, le propriétaire doit se présenter le plus tôt possible aux bureaux de l'établissement débiteur qui a jadis émis le titre (ministère des Finances, Banque de France, Crédit foncier, société industrielle ou financière); il fait constater son identité, et on lui remet sur-le-champ un duplicata qui remplace à tous égards le titre perdu, volé ou détruit: ce *duplicata* porte le même numéro que le titre originaire avec la mention qu'il est délivré par duplicata; il est négociable comme le titre perdu, qui dès lors est frappé de déchéance.

Perte de titres au porteur. — Si c'est un *titre au porteur* qui a été perdu, la situation est évidemment bien plus délicate, par suite de la règle : *En fait de meubles possession vaut titre*. Aussi le législateur a-t-il tracé minutieusement la conduite que doit tenir le propriétaire d'un titre au porteur au cas de perte ou de vol.

Le propriétaire dépossédé d'un titre au porteur par perte, vol ou tout autre évènement, doit faire notifier le plus promptement possible par huissier, à l'établissement débiteur, un acte indiquant : le nombre, la nature, le numéro et, s'il y a lieu, la série des titres perdus ou volés, et en outre, autant que possible, l'époque, le lieu et le mode de leur acquisition, l'époque et le lieu du paiement des derniers intérêts ou dividendes, enfin les circonstances qui ont accompagné la dépossession (perte, vol, etc.). La notification de cet acte, qui doit du reste contenir *élection de domicile* dans la commune où se trouve le siège de l'établissement débiteur, emporte *opposition au paiement* du capital, des intérêts et des dividendes même déjà échus. Que le nouveau possesseur du titre vienne à se présenter aux guichets, il ne touchera rien.

Mais il faut encore prévenir la transmission et la négociation des titres perdus ; le propriétaire pour cela n'a qu'à adresser *par huissier* au syndicat des agents de change de Paris une notification semblable à celle qu'il a envoyée à l'établissement débiteur, mais contenant en outre réquisition de faire publier les numéros des titres perdus ou volés (1).

Ces numéros sont publiés *un jour* franc au plus tard après la réception de la notification dans un bulletin quotidien paraissant sous le titre de « *Bulletin officiel des oppositions au porteur, publié par le syndicat des agents de change de Paris* (2).

Un an après l'opposition, si *deux termes* au moins d'intérêts ou de dividendes ont été mis en distribution sans que personne se soit présenté pour les réclamer, l'opposant peut demander au *président* du tribunal l'autorisation de toucher les intérêts ou dividendes échus ou à échoir — et même le *capital* des titres perdus, mais seulement dans le cas où ce capital deviendrait exigible. — Si le président accorde cette autorisation, l'opposant doit fournir une caution solvable garantissant le montant des intérêts ou dividendes exigibles et en outre une valeur double de la dernière annuité échue. Au

(1) Les numéros doivent être mentionnés en toutes lettres et en chiffres.

(2) Le prix de l'insertion payable *d'avance*, est de 4 fr. 50 par numéro de valeur et *par an* (décret du 10 avril 1873).

reste, si au bout de *deux ans* aucun tiers porteur des titres perdus n'est venu réclamer les intérêts ou dividendes, cette caution est déchargée.

Mais il peut arriver que le propriétaire des titres ne puisse ou ne veuille fournir une caution; il a le droit alors d'exiger que la société qui a émis ces valeurs mette à la caisse des Dépôts et Consignations les intérêts et dividendes échus, et, *au fur et à mesure de leur exigibilité*, ceux à échoir. *Deux ans* après que ce dépôt a été effectué, il peut retirer de cette caisse les sommes qui y ont été versées (art 3-4, loi du 15 juin 1872).

Supposons que le capital devienne lui-même exigible: l'opposant autorisé par le président à en toucher le montant ne peut exercer ce droit qu'après avoir fourni caution ; s'il ne veut ou ne peut le faire, il a la faculté d'exiger que le capital devenu exigible soit placé à la caisse des Dépôts et Consignations, et *dix ans* s'étant écoulés depuis l'époque où le capital est devenu exigible, il peut le retirer, pourvu que *cinq ans* au moins se soient écoulés depuis le jour où le président du tribunal lui a accordé l'autorisation de toucher le capital.

Les paiements effectués dans ces conditions par l'établissement débiteur le libèrent absolument envers tout tiers porteur des titres perdus qui viendrait à se présenter par la suite. Mais si l'opposition a été formée sans cause — si, par exemple, ce tiers avait reçu *contre argent* les titres dont il est porteur, précisément de celui qui a prétendu les avoir perdus — l'opposant est poursuivi par le tiers-porteur et condamné à des dommages-intérêts.

Lorsque le président refuse à l'opposant l'autorisation de toucher les dividendes échus — et, s'il y a lieu, le capital — l'opposant peut en appeller au *tribunal* lui-même par voie de simple requête. Le tribunal accorde ou refuse l'autorisation.

Qu'un tiers-porteur de titres frappés d'opposition vienne à se présenter aux guichets de l'établissement débiteur pour recevoir les dividendes échus, l'établissement retient les titres qui lui sont présentés et en donne récépissé au tiers-porteur, qui doit déclarer son nom et son adresse ; puis il avertit l'opposant *par lettre chargée*, en lui faisant connaître le nom et l'adresse indiqués. Si les deux parties ne peuvent s'entendre, la justice est saisie, et jusqu'à ce qu'elle ait statué, ni l'opposant, ni le tiers porteur ne peut réclamer le paiement d'une somme quelconque (art. 10).

Lorsque *dix ans* se sont écoulés depuis que l'opposant a obtenu l'autorisation de toucher les intérêts et dividendes (1) sans que personne se soit présenté pour les toucher, il peut exiger de l'établissement débiteur un duplicata de chacun des titres dont il a été dépos-

(1) Le temps pendant lequel l'établissement débiteur n'a distribué ni dividendes, ni intérêts, n'est pas compté dans ces dix ans. Il peut donc se faire qu'au lieu de dix ans, il faille attendre onze, douze ans ou même davantage.

sédé. Le duplicata délivré tient lieu du titre primitif désormais frappé de déchéance; il est négociable dans les mêmes conditions. Mais l'opposant qui se fait délivrer un duplicata doit garantir par un dépôt ou par une caution que le numéro du titre frappé de déchéance sera publié au *Bulletin officiel des oppositions au porteur*, avec une mention spéciale, pendant *dix ans* (art. 15, loi du 15 juin 1872).

Il nous faut indiquer maintenant quelles conséquences résultent de l'insertion des numéros des titres perdus dans le *Bulletin officiel des oppositions*, au point de vue de la transmission de ces titres.

Toute négociation ou transmission de titres perdus *postérieure* au jour où le *Bulletin* est parvenu ou *aurait pu parvenir* par la voie de la poste dans le lieu où elle a été conclue, est *absolument nulle* à l'égard de l'opposant : le tiers-porteur n'a de recours que contre son vendeur ou l'agent de change par l'intermédiaire duquel les titres ont été négociés. — Au contraire la transmission est-elle *antérieure* au jour où le *Bulletin* a pu parvenir dans la localité, le tiers-porteur *de bonne foi* peut invoquer avec succès la règle : *En fait de meubles possession vaut titre* (1) — (art 12-13, loi du 15 juin 1872).

Perte de coupons. — Jusqu'ici nous avons supposé la perte de *titres au porteur* ; mais qu'y a-t-il à faire au cas où l'on a perdu non pas le titre lui-même, mais un ou plusieurs *coupons* détachés du titre ? — Dans cette hypothèse il est encore nécessaire de former les oppositions dont nous avons parlé et de faire procéder aux insertions exigées pour le cas de perte de titres au porteur; mais il n'est point besoin de se faire autoriser à toucher les dividendes et intérêts qui correspondent aux coupons perdus, volés ou détruits. Le propriétaire dépouillé doit simplement attendre *trois ans*, à compter de la date de son opposition : si au bout de ce laps de temps nul tiers-porteur des coupons n'est apparu, il se présente au guichet de l'établissement débiteur qui est alors forcé de lui payer les coupons dont il a été dépouillé (art. 8, loi du 15 juin 1872).

Nota. — Les dispositions qui précèdent ne s'appliquent point aux *billets de banque*, ni aux *billets de loterie*. — Elles ne s'appliquent pas davantage aux rentes, ni aux autres titres au porteur émis par l'État (2). Au cas de perte, de vol ou de destruction d'un titre de ce genre, l'administration des finances délivre après l'échéance du terme courant un *duplicata* au propriétaire dépouillé, moyennant le versement d'un cautionnement, et elle lui remet, au fur et à mesure de leur exigibilité, les arrérages et même s'il y a lieu, le capital. Toutefois le propriétaire du titre doit déclarer *préalablement* au maire de sa commune, en présence de deux témoins, la perte dont il a été victime. Le maire dresse procès-verbal de cette déclaration, mais

(1) Voy. Vie Civile. — La prescription.

(2) Et cependant elles s'appliquent aux titres au porteur émis par les départements, les communes ou les établissements publics.

sa signature doit être légalisée par le sous-préfet. — Le ministre des finances n'autorise la délivrance du duplicata que sur la production de ce procès-verbal.

Si, dans l'espace de *vingt ans* à dater de la délivrance du duplicata, aucun tiers porteur ne vient réclamer les arrérages ni le capital, le cautionnement est restitué et le Trésor est libéré envers tout tiers porteur du titre primitif, mais ce dernier peut encore s'adresser au possesseur du duplicata. Si au contraire un tiers-porteur se présente aux guichets du Trésor *avant l'expiration de ce délai*, la justice est saisie, et, s'il y a lieu, le cautionnement est affecté à désintéresser le tiers-porteur jusqu'à concurrence de la somme qui lui est due (art. 16, loi du 15 juin 1872).

SECTION IV

Impôts sur les valeurs mobilières

Droit de timbre. — Les *actions* émises par les sociétés financières, industrielles ou commerciales sont frappées d'un droit de timbre de 0 fr. 60 0/0 du capital nominal Si la société doit durer *plus de dix années*, le droit est de 1 fr. 20 0/0.

Les *obligations*, quelle que soit la durée de l'entreprise pour laquelle elles ont été émises, sont grevées d'un droit de timbre de 1 fr. 20 0/0.

Ce droit de timbre proportionnel est *avancé* par la société.

Les sociétés qui préfèrent avoir recours à l'*abonnement* sont soumises à une taxe de 0 fr. 06 par 100 francs, payable par trimestre. — Pour les obligations du Crédit foncier le taux d'abonnement au timbre est de 0 fr. 05 par 1 000 francs.

Les contrats d'assurance sont assujettis au timbre de dimension, mais les compagnies d'assurances peuvent s'affranchir de cet impôt au moyen d'un abonnement annuel de 0 fr. 04 par 1 000 francs du total des sommes assurées (1). — La taxe annuelle est abaissée à 0 fr. 03 pour les assurances *mutuelles* (loi du 29 décembre 1884).

Droit de transmission. — Les *titres nominatifs*, à l'exception des titres de rentes sur l'État, qui, ici encore, sont tout à fait privilégiés, donnent lieu au paiement d'un *droit de transmission* chaque fois qu'ils sont l'objet d'un transfert réel ou d'une conversion en titres mixtes ou au porteur. Ce droit de transmission est de 0 fr. 50 0/0 de la *valeur négociée*; il est perçu par la société qui le remet ensuite à l'administration de l'enregistrement, lors du règlement trimestriel. — Pour les *titres au porteur*, le droit de transmission

(1) L'insertion au *Journal officiel* du nom des sociétés et compagnies abonnées, après le paiement de la taxe, tient lieu de l'apposition du timbre (art. 8, loi du 29 décembre 1884.)

est remplacé par une taxe annuelle de 0 fr. 20 0/0 du capital évalué au *cours moyen* pendant l'année précédente. Ce droit, *payable par trimestre*, est avancé par la Compagnie qui se fait ensuite rembourser par les porteurs de titres, le jour du paiement des coupons.

Impôt de 3 0/0 sur le revenu des valeurs mobilières. — Indépendamment des droits de timbre et de transmission dont nous venons de parler, il a été établi en 1872 un impôt de 3 0/0 sur les *revenus* des valeurs financières, industrielles, commerciales ou civiles (intérêts, dividendes, etc.) ainsi que sur les revenus des capitaux empruntés par les départements ou les communes. — Cet impôt de 3 0/0 frappe également les intérêts et bénéfices annuels des *parts d'intérêt* des *commanditaires* dans les sociétés en commandite *simple*, mais non point celles des *commandités*. Les parts d'intérêt dans les sociétés *en nom collectif* ne sont pas assujetties à cette taxe (lois du 29 juin 1872 et du 1er décembre 1875).

Pour les parts d'intérêt dans les sociétés dont le capital n'est point divisé par actions, et pour les parts d'intérêt des *commanditaires* dans les sociétés en commandite simple; le *revenu annuel* sur lequel est assise la taxe est déterminé, soit par les délibérations des conseils d'administration dont les comptes rendus doivent être déposés au bureau de l'enregistrement dans le délai de *vingt jours*, soit par la déclaration des représentants des sociétés, appuyée de toutes les justifications nécessaires (art. 3, loi du 28 décembre 1880).

A défaut de délibération et de déclaration, on évalue le capital social ou le capital fourni par le commanditaire, et on établit l'impôt de 3 0/0 sur les intérêts de ce capital calculés au taux de 5 0/0. Soit l'évaluation du capital social à 500 000 francs : la société doit payer 3 0/0 sur 25 000 francs, soit 750 francs (art. 2, loi du 28 décembre 1880).

Le montant de l'impôt est avancé par les compagnies, sociétés, départements ou villes qui ont émis les valeurs sur le *revenu* desquelles il est établi, sauf leur recours contre les propriétaires des titres.

Les biens des congrégations religieuses, comme nous l'avons vu, sont frappés d'un impôt équivalent, mais déterminé d'une manière spéciale (Voy. VIE RELIGIEUSE).

Nota. — Les arrérages de rentes sur l'État et les intérêts des obligations émises par l'Etat ne sont point soumis à l'impôt qui frappe les revenus des autres valeurs, pas plus que les titres de rentes et les obligations du 3 0/0 amortissable ne sont grevés des droits de timbre et de transmission. Par suite de ces privilèges, les placements en fonds d'État français sont extrêmement avantageux.

CHAPITRE V

CAISSES D'ASSURANCES

Nous allons examiner successivement les différentes caisses d'assurances *publiques* (caisses d'assurances sur la vie, caisses d'assurances contre les accidents, contre la vieillesse, etc.). Puis nous indiquerons quelles dispositions s'appliquent aux caisses d'assurances *privées* (sociétés d'assurances contre l'incendie, sociétés de secours mutuels, etc., etc.)

SECTION PREMIÈRE

Caisses d'assurances publiques

§ 1er. — CAISSE D'ASSURANCES EN CAS DE DÉCÈS

Cette caisse d'assurances est placée sous la garantie de l'État. Lors du décès de chaque assuré, elle paie à ses héritiers une somme déterminée par l'intérêt à 4 0/0 de la *prime unique* ou des *primes annuelles* (annuités) versées par l'assuré, et par les chances de mortalité établies, suivant les *tables de mortalité*, d'après l'âge de l'assuré lors du versement de la première prime. — Par exception, toute assurance faite *moins de deux ans* avant le décès de l'assuré est sans effet : les versements sont restitués aux héritiers de l'assuré, avec les intérêts calculés à 4 0/0. De même lorsque le décès résulte de causes exceptionnelles (duel, suicide ou condamnation à mort) indiquées dans la *police d'assurance* (1) — (art. 1er et 3, loi du 11 juillet 1868).

Pour s'assurer, il faut être âgé de *seize ans* au moins, de *soixante ans* au plus (art 5, loi du 11 juiilet 1868). Lorsque l'assurance est faite moyennant le paiement de primes annuelles, le contrat est résolu de plein droit *à défaut de paiement d'une annuité* dans le courant de l'année qui suit l'échéance. Mais lorsque plusieurs versements ont été effectués antérieurement, les héritiers de l'assuré ont droit à une certaine somme.

On ne peut s'assurer à cette caisse, qui est en somme une caisse publique d'assurances sur la vie, pour une somme supérieure à 3 000 francs (art. 4-6, loi du 11 juillet 1868).

Formalités à remplir. — La personne qui désire s'assurer à cette caisse remet à la caisse des Dépôts et Consignations, à Paris, — dans les départements : au trésorier-payeur général, ou au receveur

(1) On appelle *police d'assurance* l'acte constatant le contrat d'assurance.

des finances, au percepteur des contributions directes ou même au receveur des postes, une demande ou *proposition* contenant ses nom et prénoms, son domicile, le lieu et la date de sa naissance et les conditions spéciales de son assurance. Sa signature doit être légalisée par le maire. Lorsqu'elle désire s'assurer moyennant une prime unique, elle doit verser cette prime sur-le-champ ; si elle préfère s'assurer moyennant le paiement d'une prime annuelle, elle verse la première annuité (décret du 10 août 1868).

La *proposition* est suivie de la délivrance d'un livret qui tient lieu de *police d'assurance*.

Les primes annuelles doivent être payées le jour anniversaire du premier versement. — A défaut de paiement dans le mois de l'échéance, la prime non versée produit intérêt à 4 0/0 (même décret).

Au décès de l'assuré, ses héritiers doivent réclamer le paiement de la somme dont la caisse est débitrice envers eux dans une demande adressée au *directeur général de la caisse des Dépôts et Consignations* et remise à l'un des comptables ci-dessus désignés ou envoyée directement (décret du 13 août 1877). A cette demande on doit joindre le *livret-police*, l'acte de décès de l'assuré et un *certificat de propriété* (1).

Le montant de l'assurance est *insaisissable* et *incessible* pour *moitié* ; toutefois l'assurance est incessible et insaisissable jusqu'à concurrence de 600 francs.

Nota. — En cas de perte du livret-police, l'assuré doit en instruire le maire de sa commune. Celui-ci délivre une pièce constatant cette déclaration, et l'assuré n'a qu'à présenter cette pièce pour recevoir un *duplicata* (décret du 10 août 1868).

§ 2. — CAISSE D'ASSURANCES CONTRE LES ACCIDENTS

La caisse d'assurances *contre les accidents*, son nom l'indique, a pour objet de servir des *pensions viagères* aux personnes qui, en se livrant à des travaux *industriels* ou *agricoles* sont atteintes de blessures entraînant une incapacité *permanente* de travail. Elle a aussi pour but de donner des *secours* aux *veuves* et aux *enfants mineurs* des assurés qui ont péri par suite d'accidents survenus dans l'exécution de leurs travaux professionnels (art. 1er, loi du 11 juillet 1868).

La personne qui s'assure à cette caisse verse par an, 3 francs, 5 francs ou 8 francs *à son choix* (2). Les formalités à accomplir pour le premier versement et pour les versements suivants sont les mêmes que celles indiquées ci-dessus (Voy. § 1er). — Mais on ne peut s'assurer avant l'âge de *douze ans* révolus.

Un comité institué au chef-lieu de l'arrondissement et composé du

(1) Voy. *Transferts de rente*.
(2) On doit indiquer dans la *proposition* le taux de cotisation.

sous-préfet et de quatre autres membres (1) donne son avis sur les demandes de pensions viagères ou de secours faites par les assurés ou leurs veuve et enfants à la suite des accidents (décret du 10 août 1868).

Le règlement de la pension viagère diffère suivant que l'accident a occasionné une incapacité absolue *de tout travail* ou une incapacité *permanente* du travail de la profession exercée jusqu'alors par la victime. Dans ce dernier cas, la pension est égale à *la moitié* de celle qui eût été accordée dans le premier. — Or le *capital* de la pension viagère accordée en cas d'accident rentrant dans la première classe (2) a une valeur égale à 640 fois le montant de la cotisation versée par l'assuré. — La pension est servie par la caisse des retraites au taux habituel. Toutefois le montant de la pension correspondant à la cotisation de 5 francs ne peut être inférieur à 200 francs et la pension correspondant à la cotisation de 3 francs n'est jamais moindre de 150 francs (art. 11, loi du 11 juillet 1868).

Lorsqu'un assuré est atteint par un accident grave, le maire constate, sur l'avis qui lui en est donné, les circonstances, les causes et la nature de l'accident, en ajoutant les déclarations des témoins de l'accident et ses observations personnelles. En outre il charge un médecin de constater l'état du blessé et d'indiquer les suites probables de l'accident. Le médecin remet son certificat au maire et celui-ci le transmet au sous-préfet avec le procès-verbal. Ces pièces sont examinées par le comité qui donne son avis dans les huit jours. Le préfet reçoit le dossier et le transmet au directeur de la caisse d'assurances qui statue (décret du 10 août 1868).

En cas de mort de l'assuré par suite d'accident, sa veuve reçoit un secours égal *à deux années* de la pension à laquelle il aurait eu droit s'il n'avait pas succombé. Ce secours est payé *en deux fois*. — L'enfant ou les enfants *mineurs* reçoivent un secours d'égale importance. — Si l'assuré était *célibataire* ou veuf *sans enfants*, son père (ou sa mère) — pourvu qu'il soit âgé de soixante ans — a droit au secours accordé aux veuves (art. 12, loi du 11 juillet 1868).

Ces pensions viagères et ces secours sont incessibles et insaisissables.

Assurances collectives. — Les administrations publiques, les établissements industriels (usines, manufactures, etc.), les compagnies de chemins de fer, peuvent assurer *collectivement* leurs ouvriers par listes nominatives indiquant le nom et l'âge de chacun d'eux (3). Tout ouvrier assuré reçoit un *livret individuel* — à moins que l'assurance collective ne soit conclue avec *clause de substitution*, cette clause ayant pour résultat de retirer tout

(1) Notamment d'un ingénieur et d'un médecin.

(2) Accidents entraînant incapacité absolue de tout travail.

(3) Les ouvriers ainsi assurés n'ont aucune prime à payer.

droit à l'assurance aux ouvriers qui sortent de l'établissement industriel, pour le transmettre à leurs remplaçants (art 7 et 15, loi du 11 juillet 1868).

§ 3. — CAISSE DE RETRAITES POUR LA VIEILLESSE

La caisse des retraites pour la vieillesse, placée sous la garantie de l'État et régie comme les autres caisses d'assurances publiques par la caisse des Dépôts et Consignations, est une véritable caisse d'assurances contre les maladies et les infirmités causées par la vieillesse ; elle fournit aux assurés, dès qu'ils ont atteint un certain âge, une rente viagère qui peut s'élever jusqu'à 1 500 francs (loi du 4 mai 1864).

Le capital de la pension de retraite est formé par les versements des assurés accrus chaque année au moyen de la capitalisation des intérêts produits par les versements antérieurs.

Les versements peuvent être faits au profit de toute personne âgée de plus de *trois ans*. — Chaque versement doit être de 5 francs au moins (6, 7, 8, etc. *sans fraction de franc*). Mais les versements effectués dans le cours *d'une année* au profit d'une même personne ne peuvent excéder 4 000 francs (lois du 12 juin 1861 et du 4 mai 1864).

Le mineur âgé de *dix-huit ans accomplis* peut faire des versements à la caisse des retraites sans avoir à produire aucun consentement ; le mineur âgé de *moins de dix-huit ans* peut aussi effectuer des versements, mais il doit y être autorisé par son père, sa mère ou son tuteur (art. 4, loi du 8 mars 1850).

Le versement fait au cours du mariage par l'un de deux conjoints profite *séparément* à chacun d'eux *pour moitié*. — Au contraire, les versements effectués par une personne *avant son mariage* lui restent *propres* ; ils ne profitent pas à son conjoint.

En cas de *séparation de corps* ou *de biens*, le versement postérieur au jugement profite *exclusivement* à celui des deux époux qui l'a effectué.

L'entrée en jouissance de la pension viagère est fixée au plus tôt à 50 ans, au plus tard à 65 ans, *au choix du déposant*. — Le déposant qui a fixé son entrée en jouissance à un âge inférieur à 65 ans, peut du reste, dans les *trois mois* qui précèdent l'entrée en jouissance, reporter l'ouverture de la rente à un âge plus avancé.

Une autre combinaison est encore possible : le déposant a le droit de stipuler le remboursement, à son décès, du capital versé par lui ; seulement, bien entendu, la rente qu'il touchera sera moins élevée. — Au reste, cet arrangement peut être modifié si le déposant vient à changer d'avis : il fait alors abandon à la caisse de tout ou partie de son capital, qu'il place ainsi *à fonds perdu* afin de toucher des arrérages plus élevés.

Au décès du titulaire de la rente, s'il a stipulé le remboursement de tout ou partie du capital déposé par lui, la caisse rembourse *sans intérêts* à ses héritiers, sur la production d'un *certificat de propriété*, la somme réservée par lui (loi du 12 juin 1861).

Nota — Les arrérages des pensions viagères servies par la caisse des retraites sont payés par *trimestre*.

SECTION II

Caisses d'assurances privées

§ 1er. — COMPAGNIES D'ASSURANCES

Les Compagnies d'assurances sont des Sociétés anonymes d'assurances *à primes*. — En principe elles sont soumises aux mêmes dispositions que les Sociétés anonymes ordinaires (Voy. SOCIÉTÉS COMMERCIALES). Toutefois le législateur a dû, à raison de leur but spécial, édicter à leur égard certaines règles particulières. Ainsi, les Sociétés d'assurances anonymes à primes ne sont constituées qu'après versement d'un *capital de garantie* qui, en aucun cas, alors même que le capital social serait moindre de 200 000 francs, ne peut être inférieur à 50 000 francs.

De plus, la société est tenue de prélever au moins 20 0/0 sur ses bénéfices *nets* annuels pour former un *fonds de réserve*, jusqu'à ce que ce fonds de réserve soit égal au *cinquième* du capital social; alors seulement le prélèvement devient facultatif. — Pour que la conversion des *actions nominatives* de la société en *actions au porteur* soit possible, il faut que ce fonds de réserve soit égal au moins à la partie du capital social *non encore versée* (1) et au *cinquième* de ce capital.

Toute personne qui s'assure *sur la vie*, ou veut assurer ses meubles ou immeubles *contre l'incendie*, signe, concurremment avec le représentant de la Société d'assurances, un contrat contenant les conditions acceptées par les deux parties. Cette pièce, que l'on désigne sous le nom de *police d'assurance*, doit faire connaître notamment :

1° Le montant du capital social;

2° La portion de ce capital déjà versée, et, s'il y a lieu, la délibération par laquelle les actions auraient été converties en actions au porteur;

3° Le maximum que la compagnie peut, aux termes de ses statuts, assurer sur un seul risque;

4° Dans le cas où un même capital couvrirait, aux termes des statuts, des risques de nature différente (incendie, décès, etc.), le montant de ce capital et l'énumération de tous ces risques (art. 6, loi du 22 janvier 1868).

(1) Il ne suffit pas que les actions soient libérées de moitié.

L'assuré peut — par lui-même ou par mandataire — prendre à toute époque, soit au siège social, soit dans les agences de la société, communication du dernier inventaire, et exiger qu'il lui en soit délivré une copie *certifiée* (1).

Les fonds des sociétés d'assurances anonymes, à l'exception des sommes nécessaires aux besoins du service courant, doivent être placées en rentes sur l'État, en bons du Trésor (ou autres valeurs garanties ou créées par l'État), en actions de la Banque de France, en obligations des départements, des communes, du Crédit foncier ou des compagnies de chemins de fer qui jouissent de la garantie d'intérêt, ou enfin *en immeubles* (art. 5, même loi).

Assurances sur la vie. — Ces assurances, que l'on pourrait aussi bien appeler assurances contre le décès, permettent aux pères de famille qui n'ont que leur travail pour vivre et pour assurer l'existence de leur femme et de leurs enfants, de se constituer — moyennant le paiement d'une prime annuelle ou *annuité* — une sorte de *fortune posthume*, s'il est permis de s'exprimer ainsi. A leur décès, leur veuve, leurs enfants recueillent un capital plus ou moins considérable suivant la somme pour laquelle l'assurance a été prise. Moyennant un prélèvement assez faible relativement sur le produit annuel de son travail (100 fr. sur 6 000 fr., par exemple) le père de famille est certain de laisser à sa mort une somme de 15 000, 20 000, 30 000 francs.

Bien entendu les primes à payer pour avoir droit à une même somme — à 20 000 francs par exemple, — varient suivant l'âge, la santé la profession de l'assuré. S'il a 25 ans et qu'il jouisse d'une bonne constitution, il est clair que la prime sera beaucoup plus faible que s'il est âgé de 40 ans. Les polices d'assurances donnent du reste sur ce point tous les renseignements nécessaires.

Les sociétés d'assurances sur la vie doivent être autorisées par décret; elles sont soumises à la surveillance du gouvernement (art. 66, loi du 24 juillet 1867).

Assurances contre l'incendie. — Moyennant une prime annuelle variant suivant la valeur estimative des biens assurés, la personne qui fait assurer le mobilier ou l'immeuble lui appartenant, a droit, au cas où l'incendie viendrait à le détruire, à la somme pour laquelle l'assurance a été prise. Naturellement, si l'incendie résulte d'une imprudence ou d'une négligence commise par l'assuré, la compagnie d'assurances n'est tenue d'aucun paiement.

§ 2. — SOCIÉTÉS MUTUELLES

Les sociétés d'assurances mutuelles peuvent être réparties en deux classes : les sociétés d'assurances mutuelles proprement dites

(1) Cette copie certifiée ne peut coûter plus de 1 fr. (art. 7, même loi).

et les sociétés de secours mutuels qui sont à la fois sociétés d'assurances et sociétés de bienfaisance.

N° 1. — SOCIÉTÉS D'ASSURANCES MUTUELLES

Dans ces sociétés, *tous les associés* sont *assurés*, et eux *seuls* le sont. Les membres de ces sociétés s'assurent *mutuellement* sur la vie ou contre l'incendie (1).

Les sociétés d'assurances mutuelles peuvent se former par un simple acte sous seing privé fait en *double original*, quel que soit le nombre des signataires de l'acte (2). Cet acte contient les *projets de statuts* qui doivent : 1° Indiquer l'objet, la durée, le siège, la dénomination de la société et la circonscription territoriale de ses opérations (*tel* arrondissement, par exemple) ;

2° Comprendre le tableau des risques, les tarifs applicables à chacun d'eux (3), et déclarer suivant quelles formes ce tableau et ces tarifs peuvent être modifiés ;

3° Fixer le nombre d'associés et le minimum des valeurs assurées au-dessous desquels la société ne peut être valablement constituée (4), ainsi que la fraction de la première contribution annuelle qui devra être versée avant la constitution de la société.

Toute liste destinée à recevoir les adhésions doit porter le texte des projets de statuts.

Les deux signataires de l'acte constitutif de la société déclarent devant notaire que ces formalités sont accomplies. A l'acte de déclaration dressé par le notaire doivent être annexés la liste des adhérents et le montant des valeurs assurées par chacun d'eux, l'état des versements effectués et l'un des doubles de l'acte de société (art. 8-11 décret du 22 janvier 1868). — Puis les signataires de l'acte constitutif de la société convoquent l'assemblée générale des adhérents. Cette assemblée nomme le conseil d'administration et les commissaires (5). La société n'est constituée qu'à partir de l'acceptation par les personnes élues. des fonctions dont elles ont été revêtues.

Dans le mois de la constitution de la société, un extrait de l'acte constitutif et des pièces annexées doit être inséré dans l'un des journaux désignés pour recevoir les *annonces légales*, et une

(1) Les sociétés d'assurances mutuelles *sur la vie* doivent être autorisées par décret ; elles sont sous la surveillance du gouvernement.

(2) Mais il vaut mieux faire dresser un acte notarié, afin d'éviter toute irrégularité de détail.

(3) Ces tarifs fixent le maximum de la contribution annuelle dont est passible chaque sociétaire pour le paiement des sinistres. Cette cotisation est généralement de 10 à 20 fr. par an.

(4) Le nombre des assurés et le capital social sont variables.

(5) La place nous manque pour tracer les règles suivant lesquelles les sociétés d'assurances mutuelles sont administrées ; ces règles sont analogues à celles établies pour les sociétés anonymes (Voy. Décret du 22 juin 1868, art. 12-24)

expédition de l'acte notarié et de ses annexes doit être déposée au greffe de la justice de paix, ainsi qu'au greffe du tribunal civil, s'il en existe au lieu où est établie la société (art. 38-39, même décret).

Les sociétaires ont le droit de se retirer tous les *cinq ans*, en prévenant la société *six mois* à l'avance soit par acte *extra-judiciaire* (exploit d'huissier) soit par une déclaration au siège social, soit par tout autre moyen indiqué par les statuts (1).

Les statuts ne peuvent défendre aux sociétaires de se faire assurer à une autre compagnie, mais il est parfaitement permis de mentionner cet acte parmi les causes de résiliation du contrat intervenu entre la société et le sociétaire.

Les polices d'assurance remises aux sociétaires doivent établir notamment les causes de résiliation énumérées dans les statuts (2).

Si les statuts décident que les sociétaires sont tenus de verser d'avance, *comme fonds de prévoyance*, une portion de la contribution annuelle, l'assemblée générale fixe chaque année le montant de ces versements (art. 29, décret du 22 janvier 1868).

Il est bon que les sociétés d'assurances mutuelles aient un fonds de réserve destiné à suppléer à l'insuffisance de la cotisation annuelle, au cas de sinistres plus fréquents que d'ordinaire ; mais le fonds de réserve ne peut être épuisé en une seule année, *la moitié* seule est disponible.

En principe, les fonds des sociétés d'assurances mutuelles doivent être placés comme les fonds des sociétés d'assurances anonymes à primes (Voy. § 1er). Toutefois ils ne peuvent jamais faire l'objet de placements immobiliers (art. 33, même décret).

En cas d'insuffisance du fonds de garantie et de la portion disponible du fonds de réserve, le sociétaire victime d'un sinistre — ou son ayant-droit — ne reçoit qu'une indemnité partielle (art. 37, même décret).

N° 2. — SOCIÉTÉS DE SECOURS MUTUELS

Il existe actuellement en France près de 6 000 sociétés de secours mutuels ! La plupart se bornent à secourir leurs membres au cas de maladie ou d'accident ; toutefois plus du tiers d'entre elles ne se contentent point de ce but modeste, et servent aux sociétaires infirmes ou âgés des pensions viagères.

Il y a plusieurs espèces de sociétés de secours mutuels : les unes n'admettent que des personnes exerçant telle ou telle profession ; d'autres sont composées exclusivement d'hommes ou de femmes ; d'autres enfin reçoivent des personnes de l'un et l'autre sexes et appartenant à n'importe quelle profession.

(1) Les statuts peuvent permettre aux sociétaires de se retirer tous les ans, ou tous les deux ans, etc.

(2) Au reste un exemplaire contenant le texte entier des statuts doit être remis à chaque sociétaire.

A un autre point de vue, les sociétés de secours mutuels se divisent en sociétés *reconnues*, sociétés *approuvées* et sociétés *libres*.

Sociétés de secours mutuels reconnues. — Les Sociétés de secours mutuels *reconnues* sont les sociétés de secours mutuels qui ont été déclarées *établissements d'utilité publique* par décret rendu en Conseil d'État (1). — Pour obtenir cette déclaration, il suffit d'adresser au préfet du département : 1° l'acte notarié contenant les statuts (2) ; 2° la liste des sociétaires certifiée par le maire ; 3° un exemplaire du règlement intérieur de la société. — Le préfet transmet le tout, avec son avis et l'indication des ressources de la société, au ministre compétent (art. 2-3, décret du 14 juin 1851).

Les sociétés de secours mutuels reconnues ne peuvent comprendre moins de *cent* membres ni plus de *deux mille*, sauf autorisation accordée dans des cas exceptionnels. Elles sont placées sous la protection et sous la surveillance du maire, qui a d'ailleurs le droit d'assister aux séances (3) ou de s'y faire représenter par son adjoint. — Les présidents et vice-présidents des sociétés de secours mutuels sont élus par l'assemblée générale des sociétaires ; ils peuvent être révoqués par elle (décret du 27 octobre 1870).

Les cotisations annuelles de chaque sociétaire sont fixées par les statuts, d'après des tables de mortalité et de maladie *approuvées par le gouvernement*.

Au besoin les communes fournissent *gratuitement* aux sociétés de secours mutuels *reconnues* les locaux nécessaires à leurs réunions, ainsi que les livrets et registres dont elles ont besoin. — Mais les sociétés doivent en revanche communiquer leurs livres, registres, etc., au préfet, au sous-préfet, et au maire ou à leurs délégués.

Sociétés de secours mutuels approuvées. — D'après le décret du 26 mars 1852, le maire ou le curé peut créer dans toute commune où l'utilité en a été reconnue par le préfet une société de secours mutuels composée d'associés *participants* et de membres *honoraires* (4). Les sociétés ainsi créées sont désignées sous le nom de sociétés de secours mutuels *approuvées*.

C'est le bureau (président, vice-présidents, secrétaires) qui prononce l'admission des membres *honoraires* et administre la société. — Quant aux associés *participants* ils ne sont admis qu'au scrutin, et

(1) Elles ont dès lors la *personnalité civile*, peuvent recevoir des dons et legs, ester en justice, etc.

(2) Or les statuts doivent mentionner : Les conditions d'admission et d'exclusion ; les droits aux secours et aux frais funéraires ; le montant des cotisations, les époques de leur paiement, le mode de perception et les règles relatives à l'administration de la société (art. 4, décret du 14 juin 1851).

(3) Il doit être prévenu à l'avance de chaque séance. Il préside les séances auxquelles il assiste.

(4) Les membres honoraires paient les cotisations, mais n'ont droit à aucun secours.

leur nombre ne peut excéder *cinq cents* (sauf autorisation préfectorale).

Lorsque ces sociétés de secours mutuels comprennent un nombre suffisant de membres *honoraires*, elles peuvent servir aux associés participants des pensions viagères.

Les statuts de ces sociétés doivent être approuvés par le préfet (1). Ces statuts règlent notamment les cotisations de chaque sociétaire — suivant les règles adoptées pour les sociétés de secours mutuels reconnues (décret du 26 mars 1852).

On le voit, les sociétés de secours mutuels *approuvées* ne doivent point être confondues avec les sociétés de secours mutuels *reconnues*. Mais les *unes et les autres jouissent en fait des mêmes avantages* : elles ont la personnalité civile et par suite peuvent prendre des immeubles à bail, posséder des biens mobiliers et recevoir des dons et legs. Pour l'acceptation des dons et legs mobiliers n'excédant pas 5 000 francs, il leur suffit d'obtenir l'autorisation de préfet (2). — Les communes où ces sociétés ont leur siège sont tenues de leur fournir gratuitement les locaux nécessaires pour leurs réunions, ainsi que les livrets et registres dont elles ont besoin. — Lorsque les frais d'enterrement sont à la charge d'une société approuvée ou reconnue, elle a droit à une remise des *deux tiers*.

Tous les actes intéressant les sociétés de secours mutuels approuvées ou reconnues sont exempts des droits de timbre et d'enregistrement. — Ces sociétés peuvent faire aux caisses d'épargne des dépôts de fonds égaux à la *totalité* de ceux qui seraient permis à chacun des sociétaires individuellement. — Tous les fonds restés disponibles à la fin de chaque année, *quelle que soit leur importance*, peuvent être versés à la caisse des retraites sur la vieillesse (art. 5, loi du 12 juin 1861).

Mais les sociétés *approuvées* peuvent être suspendues ou même *dissoutes* par un simple arrêté préfectoral pour mauvaise gestion, inexécution de leurs statuts ou inobservation de la loi, tandis que les sociétés *de secours mutuels reconnues* ne peuvent être frappées par le préfet que d'une suspension *temporaire*; un décret rendu en Conseil d'État est nécessaire pour que leur dissolution soit prononcée.

En cas de dissolution d'une société de secours mutuels, chacun des sociétaires reçoit le montant des versements effectués par lui, jusqu'à concurrence de l'actif de la société et déduction faite des dépenses qu'il a occasionnées (frais de maladie, par exemple). — Si, après le remboursement de ces versements, il reste encore de l'argent dans la caisse sociale, ces fonds libres sont partagés entre les sociétés

(1) Dans le département de la Seine l'approbation du ministre de l'intérieur est nécessaire.

(2) Au dessus de 5 000 francs l'autorisation ne peut être accordée que par décret rendu au Conseil d'État.

de secours mutuels ou établissements de bienfaisance de la commune, et à défaut entre les sociétés de secours mutuels approuvées ou reconnues ayant leur siège dans le département (décret du 26 mars 1852).

Sociétés de secours mutuels libres. — Les sociétés de secours mutuels *libres* s'administrent librement; elles n'ont point à communiquer leurs livres et registres aux autorités préfectorale et municipale. Mais ce sont des *associations*, et, par suite, dès qu'elles comptent plus de vingt membres, elles doivent obtenir l'autorisation préfectorale (décret du 25 mars 1852).

Les sociétés de secours mutuels *libres*, ne jouissant pas des avantages accordés aux sociétés de secours mutuels reconnues ou approuvées, la commune n'a point à leur fournir de local ni de registres, et elles ne peuvent servir des pensions viagères. Cependant le législateur leur a accordé quelques faveurs. Ainsi, elles peuvent verser dans les caisses d'épargne jusqu'à 8 000 francs et aucune limite n'est établie pour les sommes qu'elles peuvent déposer à la caisse des retraites pour la vieillesse.

Une société de secours mutuels libre ne peut être dissoute que par décret rendu en Conseil d'Etat, et seulement en cas de *gestion frauduleuse* ou si elle est sortie de sa condition de société mutuelle de *bienfaisance* (art. 12, loi des 15-20 juillet 1850).

CHAPITRE VI

LES CAISSES D'ÉPARGNE

§ 1er. — CAISSE D'ÉPARGNE POSTALE

La *caisse d'épargne postale*, instituée par la loi du 9 avril 1881, est une caisse d'épargne *publique*, placée sous l'autorité du ministre des postes et des télégraphes et sous la garantie de l'État (1). — Tous les bureaux de poste français peuvent être érigés en bureaux d'épargne postale par un arrêté du ministre des postes.

Versements. — Toute personne qui fait *pour la première fois* un versement à la caisse d'épargne postale doit former une *demande de livret* énonçant ses nom, prénoms, qualités et domicile, et dans laquelle elle déclare qu'elle n'a aucun livret, soit de la caisse d'épargne postale, *soit d'une caisse d'épargne privée* (Voy. § 2).

En effectuant son premier versement, le déposant doit indiquer s'il le fait pour son compte ou pour le compte d'un tiers.

(1) Comme tous les établissements d'utilité publique, elle peut recevoir des dons et des legs (art. 15, loi du 9 avril 1881).

Celui qui déclare venir pour son compte signe la demande de livret. S'il ne sait pas signer, le receveur des postes en fait mention et signe. — La personne qui verse pour un tiers fait la demande de livret *au nom de ce tiers*, et signe.

Pour les dépôts faits au nom des comités de secours mutuels, il y a des formalités spéciales à observer. (Voy. SOCIÉTÉS DE SECOURS MUTUELS).

Les mineurs sont admis à effectuer des versements et à se faire délivrer des livrets sans l'intervention de leur père ou tuteur; mais ils ne peuvent retirer les sommes versées par eux qu'après l'âge de *seize ans* accomplis, et encore leur père ou tuteur peut s'opposer au retrait (1).

Quant aux femmes mariées, *quel que soit leur régime matrimonial*, elles peuvent verser de l'argent à la caisse d'épargne postale et le retirer *sans l'assistance de leur mari* (toutefois, le mari peut s'opposer à ce que sa femme retire l'argent déposé par elle à la caisse d'épargne). — Mais, pour pouvoir invoquer cette disposition, la femme doit avoir soin de déclarer, lors de son premier versement, qu'elle entend en profiter, et d'indiquer les nom et prénoms de son mari; si elle ne veut point faire cette déclaration, elle doit se faire assister de son mari, et la demande de livret doit être signée par les deux conjoints.

La femme veuve doit ajouter à ses nom et prénoms, sur sa demande de livret, les nom et prénoms du mari décédé (art. 11-12, décret du 31 août 1881).

On ne peut verser à la caisse d'épargne postale moins *d'un franc* à la fois; à l'inverse, nul n'est admis à y déposer plus de 2 000 francs; au reste, ces 2 000 francs peuvent être versés en une seule fois (2) — (art. 8, loi du 9 avril 1881).

Les sommes déposées à la caisse d'épargne postale produisent 3 0/0 d'intérêt. L'intérêt court à dater du 1er ou du 16 de chaque mois après le jour du versement, jusqu'au 1er ou 16 qui a précédé le jour du remboursement. A la fin de chaque année l'intérêt s'ajoute au capital et produit lui-même intérêt (art. 3, même loi).

Dès que le compte d'un déposant dépasse 2 000 francs — par suite de la capitalisation des intérêts, par exemple — le déposant en est avisé *par lettre chargée*; si, dans les trois mois, il ne retire pas l'excédant de 2 000 francs, l'Administration lui achète *sans frais* 20 francs de rente sur l'État. — Lorsque le déposant ne retire pas le titre acheté pour son compte, la caisse touche les arrérages et les inscrit comme nouveau versement (art. 9-10, même loi).

Tout déposant d'une somme suffisante pour l'achat de 10 francs de

(1) La demande de livret faite par le mineur doit indiquer les nom et prénoms de son représentant légal (père, mère ou tuteur).

(2) Chaque versement est constaté sur le livret par l'apposition d'un *timbre-épargne* revêtu du timbre du bureau et de la signature du receveur des postes.

rente sur l'État peut faire opérer cet achat *sans frais* par la caisse d'épargne postale.

Remboursements. — Le déposant qui veut retirer une certaine somme doit déposer à l'*avance* une *demande* rédigée sur un bulletin spécial délivré par le bureau de poste. Cette demande, qui est adressée au ministre des postes — et qui ne peut être faite que par le titulaire du livret — doit indiquer la somme que l'on veut retirer, le bureau de poste où l'on désire la toucher, et le numéro du livret. Le bulletin de demande est renvoyé dans les *huit jours*, avec l'autorisation de remboursement, au titulaire du livret, qui n'a plus alors qu'à se présenter au bureau de poste ; s'il néglige de le faire *dans le mois* qui suit la date du remboursement, sa demande est considérée comme nulle, il est forcé de la renouveler (décret du 31 août 1881).

Le mineur ne peut retirer avant seize ans l'argent versé par lui à la caisse d'épargne *sans l'assistance de son père ou tuteur*, à moins que celui-ci ne lui délivre son consentement *par écrit*.

La femme mariée qui a fait son premier versement *avec l'assistance de son mari* ne peut se faire rembourser *même pour partie* qu'avec le consentement *écrit* de son mari, ou en sa présence.

Lorsque le déposant ne sait ou ne peut signer, la quittance qu'il devrait remettre contre remboursement est remplacée par un certificat signé de deux témoins (même décret).

Le déposant peut faire toucher par un mandataire la somme dont il a demandé le remboursement, mais le mandataire est tenu de produire une procuration contenant *pouvoir de toucher et de donner quittance* ; cette procuration reste annexée à la quittance.

En cas de perte de son livret, le déposant doit adresser au ministre des postes *une déclaration de perte* légalisée par le maire ou le commissaire de police ; et dans le délai *d'un mois* un duplicata lui est délivré. — Le livret primitif est désormais déchu : s'il vient à être retrouvé, toutes les pages en sont biffées (même décret).

La caisse d'épargne postale doit rembourser en une seule fois la totalité de la somme déposée, si le titulaire le demande. Toutefois elle peut être autorisée, dans le cas de force majeure, par un décret rendu en Conseil d'Etat, à ne rembourser que par acomptes de 500, 100 ou même 50 francs payés une fois *par quinzaine* (art. 12, loi du 9 avril 1881).

Nota. — On ne peut être à la fois titulaire d'un livret de caisse d'épargne postale et d'un livret de caisse d'épargne ordinaire, sous peine d'être remboursé et de perdre *l'intérêt* de la totalité des sommes déposées (art. 21, loi du 9 avril 1881).

§ 2. — CAISSES D'ÉPARGNE PRIVÉES

Les caisses d'épargne privées, fondées par des sociétés de bienfaisance et de beaucoup antérieures à la caisse d'épargne postale, ont la qualité d'*établissements d'utilité publique*. Leur création doit être autorisée par décret rendu en Conseil d'État.

Il existe actuellement en France plus de 1 200 caisses d'épargne privées. Tous les chefs-lieux de département et d'arrondissement, et même les principaux chefs-lieux de canton en sont pourvus.

Dans les localités où il n'existe ni caisse d'épargne privée, ni bureau de caisse d'épargne postale, les percepteurs des contributions directes et les receveurs des postes peuvent être autorisés par le ministre des finances, sur la demande des conseils d'administration des caisses d'épargne du département, à recevoir les versements et à effectuer des remboursements pour le compte de ces caisses (décret du 23 août 1875).

La caisse d'épargne de Paris a des succursales dans toutes les mairies de la capitale (sauf dans celles du premier et du deuxième arrondissements). — Ces succursales ne sont ouvertes que le dimanche et le lundi de neuf heures à midi, tandis que la caisse centrale est ouverte tous les jours de dix heures à une heure (1)

La caisse d'épargne de Paris a d'autres succursales dans les mairies de la banlieue, par exemple à Saint-Denis, Courbevoie, Neuilly sur-Seine, Vincennes, etc., etc.

Versements. — Les caisses d'épargne privées ne reçoivent point de versement inférieur à 1 franc ou supérieur à 2 000 francs. Le calcul des intérêts se fait comme pour les sommes déposées à la caisse d'épargne postale mais le taux varie de 3 0/0 à 3 fr. 75 0/0, suivant la décision prise par le conseil d'administration de chaque caisse. — Les sommes déposées sont remises à la caisse des Dépôts et Consignations qui les administre.

Toute personne qui vient faire pour elle-même un *premier versement* donne par écrit ses nom, prénoms, âge, profession et demeure et il lui est délivré gratuitement un livret sur lequel sont inscrits ses nom et prénoms, ainsi que la somme versée par elle (Voy. § 1er, *Nota*). — Les versements ultérieurs peuvent être faits par un tiers.

Si la personne qui désire effectuer un premier versement est dans l'impossibilité de le faire elle-même pour une cause ou pour une autre, elle peut se faire représenter par un tiers, porteur de son autorisation écrite sur un bulletin spécial qui est délivré par l'administration de la caisse d'épargne.

On ne peut effectuer plus d'un versement par semaine.

Remboursements. — Les demandes de remboursement doivent être faites par le titulaire, ou par un tiers porteur d'une autorisation émanée de lui et inscrite sur une formule imprimée délivrée par l'administration de la caisse. Mais la signature du déposant, dans cette dernière hypothèse, doit être légalisée par le maire.

Les dépôts effectués par une femme mariée avec le concours de

(1) Sauf les jours de fêtes légales, tels que le jour de Pâques, le 1er janvier, etc.

son mari ne peuvent être retirés qu'avec le consentement du mari. — Quand la femme effectue son premier versement sans le concours de son mari, elle peut également retirer ses fonds sans ce concours ; mais le mari a le droit de s'opposer au retrait.

Lorsqu'un premier versement a été fait au nom d'un enfant mineur par son père, sa mère ou son tuteur, le remboursement ne peut être effectué qu'entre les mains du père, de la mère ou du tuteur. — Mais le mineur de seize ans peut, *sans le concours de son représentant légal*, retirer les fonds qu'il a versés lui-même. Toutefois son représentant a le droit de s'opposer au remboursement.

Comme la caisse d'épargne postale, les caisses d'épargne privées font des achats de rentes sur la demande du déposant ou même *d'office* dans certains cas. (Voy. § 1er). Elles servent d'intermédiaire à tout déposant qui veut effectuer un placement à la caisse des retraites pour la vieillesse (Voy. Chap. V).

Le remboursement est total ou partiel suivant le désir du titulaire du livret. Mais le remboursement partiel est effectué immédiatement, tandis que le remboursement total peut n'avoir lieu que plusieurs jours après la signature de la demande (1).

Dans le cas de force majeure, les caisses d'épargne peuvent être autorisées par décret rendu en Conseil d'État à ne rembourser les déposants que par acomptes de 50 francs, payables une fois par quinzaine (loi du 9 avril 1881).

Le déposant qui change de résidence peut faire transférer les fonds qu'il possède à la caisse d'épargne de la localité où il va s'établir.

CHAPITRE VII

L'USURE

Taux de l'intérêt de l'argent. — Ainsi que nous l'avons dit à propos du prêt à intérêt (Voy. VIE CIVILE), le taux *légal* de l'intérêt de l'argent est : en matière *civile* 5 0/0 ; en matière commerciale 6 0/0. Or, *en matière civile*, le prêt *conventionnel* ne peut être fait à un taux supérieur au taux légal. Sans doute le capitaliste peut prêter de l'argent à un taux bien plus faible : à 3 0/0 par exemple, mais il lui est interdit de prêter à 6 0/0.

Depuis la loi du 12 janvier, 1886 le taux de l'intérêt est *illimité en matière de commerce* ; le prêteur a le droit d'exiger 8, 10, 15, 20 0/0 d'intérêt.

(1) Mais il doit être effectué dans les *quinze* jours.

En Algérie le taux légal est fixé à 6 0/0 tant en matière civile qu'en matière commerciale, *mais le taux conventionnel est illimité* (loi du 27 août 1881).

L'individu qui prête de l'argent à un taux supérieur au taux maximum commet le délit d'usure. Mais ce délit est un *délit d'habitude*, ce qui veut dire qu'il ne fait encourir aucune *peine* lorsqu'il n'a été commis qu'une seule fois. L'usurier n'est condamné que s'il a l'*habitude* de prêter à usure (1). Il est vrai qu'il suffit de prouver qu'il a effectué deux prêts usuraires pour le faire tomber sous le coup de la loi pénale.

Le délit d'habitude d'usure est puni de *six jours* à *six mois de prison* et d'une amende qui peut s'élever à la moitié des capitaux prêtés à usure (à 5 000 francs par exemple, lorsqu'il s'agit d'un prêt de 10 000 francs). — Si après avoir purgé une première condamnation, l'usurier prête encore une fois à usure *dans les cinq ans* qui suivent le jugement prononcé contre lui, il est condamné *au maximum*, c'est-à-dire à *six mois de prison* et à une amende égale à la moitié du capital prêté ; il peut même être condamné par le tribunal à un an de prison et à une amende égale à la somme prêtée à usure (art. 2-3, loi du 19 décembre 1840). En outre le tribunal a la faculté d'ordonner l'affichage du jugement et son insertion par extrait dans un ou plusieurs journaux du département, le tout aux frais du délinquant. — Si le prêteur à taux usuraire a commis en même temps une escroquerie (pour dissimuler l'usure, par exemple), il est condamné, outre l'amende déjà indiquée, à un emprisonnement d'*un à cinq ans* (art. 5, même loi).

Tout individu qui est convaincu au cours des débats, dans une instance d'avoir prêté à usure, est condamné par le tribunal saisi de l'affaire à restituer les sommes qu'il a indûment perçues (c'est-à-dire l'excédant des intérêts fixés au taux légal), avec intérêt du jour où elles lui ont été remises. Si la somme prêtée à un taux usuraire n'a pas encore été restituée par l'emprunteur, les sommes indûment perçus à titre d'intérêts sont imputées sur les intérêts échus et *subsidiairement* sur le capital non restitué (art. 1er, même loi). Cette disposition s'applique non-seulement à celui qui a l'habitude de prêter à usure, mais encore à l'individu qui prête à taux usuraire *pour la première fois*. — Le jugement du tribunal constatant le prêt usuraire est tranmis *dans le mois* au procureur de la République qui intente, s'il y a lieu, les poursuites contre le prêteur à usure.

(1) Nous n'entendons point parler ici de la condamnation civile (relative à la restitution de l'argent indûment perçu) qui frappe l'individu qui a prêté à usure pour la première fois, mais de la condamnation *pénale* prononcée par le tribunal *correctionnel* (condamnation à la prison et à l'amende.

CHAPITRE VIII

SAISIES-ARRÊTS OU OPPOSITIONS

La *saisie-arrêt* ou *opposition* — ces deux expressions sont synonymes — est en somme le moyen le plus pratique dont un créancier puisse se servir pour se faire payer.

M. André me doit 1 000 francs et ne veut pas s'acquitter envers moi. J'apprends qu'il est employé chez M. Pierre aux appointements de 10 000 francs par an; je mets *saisie-arrêt* sur ses appointements: je fais prévenir M. Pierre par huissier que je *m'oppose* à ce qu'il paie M. André, mon débiteur, jusqu'à ce que je sois rentré dans ce qui m'est dû. Telle est l'utilité de la saisie-arrêt; elle force *indirectement* le débiteur de mauvaise volonté à s'acquitter envers son créancier.

Lorsque la créance n'est constatée ni par acte authentique, ni par acte sous seing privé, le créancier doit obtenir l'*autorisation judiciaire* de pratiquer la saisie-arrêt. Cette autorisation est accordée sur simple requête.

L'exploit de saisie-arrêt doit indiquer la somme jusqu'à concurrence de laquelle il est fait opposition au paiement. Le *tiers-saisi*, c'est-à-dire la personne entre les mains de laquelle la saisie-arrêt est formée, ne peut remettre que le surplus à son créancier le *débiteur saisi*, sous peine d'être obligé de payer une seconde fois au saisissant, sauf recours contre son créancier — recours tout à fait illusoire la plupart du temps, le saisi étant insolvable, ou peu scrupuleux.

Mais la saisie-arrêt une fois formée doit être *validée* sous peine de nullité. A cet effet, dans la huitaine (outre certains délais à raison des distances) le saisissant est tenu de dénoncer la saisie-arrêt à son débiteur et de l'assigner en validité de saisie; il doit en outre dénoncer au tiers-saisi cette demande en validité dans la huitaine, à compter du jour où elle a été faite (art. 564, C. Pr.), autrement les paiements effectués par le tiers-saisi seraient considérés comme parfaitement réguliers.

Par exception, certaines créances sont insaisissables, soit pour la totalité, soit pour partie.

Ainsi, les arrérages de rentes sur l'État, les traitements ecclésiastiques sont insaisissables *dans leur totalité*.

Les pensions civiles et militaires sont en principe insaisissables pour la totalité; par exception, s'il s'agit de certaines *créances privilégiées* ou de *dettes alimentaires* pour cause de parenté ou d'alliance, elles sont saisissables jusqu'à concurrence *d'un cinquième* ou *d'un tiers.*

Les pensions servies par la caisse des retraites pour la vieillesse sont insaisissables jusqu'à concurrence de 360 francs.

Les provisions alimentaires adjugées par justice ne peuvent être saisies que pour cause d'aliments; les pensions alimentaires provenant de dons ou legs ne tombent sous le coup de la saisie qu'en vertu de la permission du juge (art. 581-582, C. Pr.).

Les traitements des fonctionnaires publics et employés civils, dûs par l'État, ne sont saisissables que jusqu'à concurrence *d'un cinquième* lorsqu'ils n'excèdent pas 1 000 francs, *d'un quart* sur les 5 000 francs suivants, et *d'un tiers* pour la portion excédant 6 000 francs à quelque somme qu'elle s'élève (loi du 21 ventôse an IX).

Les traitements des personnes faisant partie de l'armée, et notamment des officiers, ne sont saisissables que pour *un cinquième* (loi du 19 pluviôse an III).

LA VIE AGRICOLE

PRÉLIMINAIRES. — LE DROIT RURAL

Le droit rural comprend toutes les questions qui intéressent particulièrement les populations rurales. Les dispositions législatives qui le concernent sont éparses, mais d'ici peu elles seront réunies dans un code spécial, le *Code rural*, qui est en préparation depuis bien des années et dont une partie relative, aux *chemins ruraux* et aux vices *rédhibitoires*, est déjà en vigueur (lois du 20 août 1881 et du 2 avril 1884). — Le droit rural embrasse notamment, outre ces deux matières, les lois concernant l'administration des communes rurales, le dessèchement des marais, le régime des eaux, la voirie, la police rurale, la pêche, la chasse, etc., et d'une manière générale tout ce qui touche à *l'agriculture* (comices agricoles, fermes-écoles, chambres d'agriculture, associations syndicales, baux à ferme, cheptels, etc., etc.). Nous tracerons tout d'abord les règles de l'administration communale, et pour plus d'unité nous indiquerons en même temps les règles spéciales aux *communes urbaines* (villes).

CHAPITRE PREMIER

ADMINISTRATION COMMUNALE

SECTION PREMIÈRE

Budget de la Commune

Dans la VIE PUBLIQUE, nous avons parlé du maire comme représentant du pouvoir central et nous avons exposé les règles relatives à l'élection et à la composition des conseils municipaux; il nous reste maintenant à traiter de l'*administration* des communes par les municipalités.

Le maire est le mandataire du conseil municipal et le représentant de la commune, c'est à lui qu'appartient le pouvoir exécutif; le conseil municipal délibère, prend des décisions, le maire est chargé de les mettre à exécution.

Sous le *contrôle* du conseil municipal et la *surveillance* de l'autorité supérieure (sous-préfet, préfet), il administre les propriétés de la commune, fait tous actes conservatoires, gère les revenus commerciaux, surveille la comptabilité municipale, dirige les travaux communaux, souscrit les marchés, passe les baux, ventes, partages, représente la commune dans les procès qu'elle intente ou qu'elle soutient. Il nomme à tous les emplois communaux, suspend et révoque les titulaires (sauf, bien entendu, l'application des dispositions spéciales relatives aux nominations et révocations).

Lorsque le maire procède à une adjudication publique pour le compte de la commune, il doit être assisté de deux conseillers municipaux (art. 88-90).

Le budget communal annuel est proposé par le maire, voté par le conseil municipal et *réglé* par le préfet (cela signifie qu'il est soumis à son approbation, à son homologation); il en est de même pour les crédits *supplémentaires* reconnus nécessaires après le réglement du budget. — Les conseils municipaux peuvent porter au budget un crédit pour les dépenses imprévues. Cette somme ne peut être *réduite* ou *rejetée* que si les *revenus ordinaires* de la commune, après avoir satisfait aux dépenses *obligatoires*, ne permettent pas de faire face à ces dépenses imprévues (art. 145 et 147, loi du 5 avril 1884).

§ 1er. — DÉPENSES OBLIGATOIRES

Voici le tableau des *dépenses obligatoires*, c'est-à-dire des dépenses que la commune est *forcée* d'inscrire à son budget :

1° Entretien de l'hôtel-de-ville, ou, si la commune n'en possède pas, location d'une maison ou d'une salle pour en tenir lieu;

2° Frais de bureau et d'impression pour le service de la commune, frais de conservation des archives, frais d'abonnement au *Bulletin des Communes*, et — pour les communes chefs-lieux de canton — frais d'abonnement au *Bulletin des Lois*;

3° Frais de recensement de la population ; frais des cartes électorales et des assemblées électorales ;

4° Frais des registres de l'état civil et des livrets de famille ;

5° Traitement du receveur municipal, du préposé en chef de l'octroi, frais de perception ;

6° Traitement du personnel de la police et des gardes des bois de la commune ;

7° Service des pensions à la charge de la commune;

8° Dans les communes chefs-lieux de canton : frais de loyer et de réparation du local de la justice de paix, achat et entretien de son mobilier ;

9° Dépenses relatives à l'instruction publique (Voy. VIE LIBÉRALE).

10° Contingent assigné à la commune pour les dépenses relatives aux *enfants assistés* et aux *aliénés ;*

11° Indemnité de logement aux ministres des cultes salariés par l'Etat (Voy. VIE RELIGIEUSE) lorsqu'il n'y a pas de local affecté à leur logement ou que les fabriques ne peuvent payer cette indemnité ;

12° Grosses réparations aux édifices communaux, mais, pour les édifices *affectés au culte*, la commune ne supporte la dépense qu'après épuisement des ressources disponibles des fabriques ;

13° Frais de clôture et d'entretien des cimetières ;

14° Frais résultant des plans de nivellement ou d'alignement ;

15° Frais et dépenses des conseils de prud'hommes (pour les communes placées sous leur juridiction, et ce proportionnellement au nombre d'électeurs inscrits sur les listes d'élection spéciales à ces conseils), et menus frais des chambres consultatives des arts-et-manufactures ;

16° Contributions établies par les lois sur les biens communaux;

17° Acquittement des *dettes exigibles* (échues) de la commune ;

18° Dépenses de chemins vicinaux dans les limites fixées par la loi ;

Enfin, *toutes les dépenses mises à la charge des communes par une disposition de loi spéciale* (art. 136, loi du 5 avril 1884).

Si un conseil municipal n'allouait pas les fonds exigés par une dépense obligatoire, ou ne votait qu'une somme insuffisante, l'allocation serait inscrite au budget par *arrêté du préfet*, le conseil de préfecture entendu (Voy. VIE PUBLIQUE). Mais cette inscription d'office n'est opérée qu'après une délibération *spéciale* du conseil municipal. — Lorsque les ressources de la commune sont insuffisantes pour subvenir aux *dépenses obligatoires*, le conseil municipal doit établir de nouveaux centimes additionnels (Voy. Vie Publique) ; en *cas de refus* de sa part, la contribution est établie *d'office* par un *décret*, si elle n'excède pas le maximun fixé par la loi de finance ; si elle le dépasse, un décret ne suffit pas, il faut une *loi* (art. 148-149, même loi).

Le budget des villes dont le revenu est de *trois millions au moins* est soumis à l'approbation du président de la République, sur la proposition du ministre de l'intérieur. Les allocations imposées d'office à ces villes pour dépenses obligatoires sont établies non plus par un simple arrêté préfectoral, mais *par décret* (art. 144, même loi).

Le décret ou l'arrêté préfectoral qui règle le budget d'une commune peut rejeter ou réduire les dépenses qui y sont portées, sauf lorsqu'aucune contribution *extraordinaire* n'est appliquée aux dépenses de la commune, mais il ne peut augmenter les crédits votés par le conseil municipal que dans un seul cas, pour qu'ils puissent faire face aux dépenses *obligatoires*.

Le budget communal se divise en *budget ordinaire* et en *budget extraordinaire*.

§ 2. — BUDGET ORDINAIRE

Les *recettes* du budget *ordinaire* se composent des *revenus* de tous les biens donnés *à bail* par la commune ; du *produit* des centimes *ordinaires* et *spéciaux* affectés aux communes par la *loi de finances* ; du produit des *octrois*, des *droits de place* perçus dans les halles, foires, marchés, abattoirs ; des permis de stationnement et de location sur la voie publique, sur les rivières, ports et quais et autres lieux publics ; du produit des péages, des droits de pesage, mesurage et jaugeage ; des droits de voirie ; du produit de la part revenant aux communes dans le prix des concessions dans les cimetières ; du produit des concessions d'eau, de l'enlèvement des boues et immondices, et de la taxe de balayage ; du produit des expéditions des actes administratifs et des actes de l'état civil ; de la part afférente aux communes dans le produit des amendes prononcées par le tribunal correctionnel ou par le tribunal de simple police, et généralement des ressources annuelles et *permanentes*, et du produit des contributions, taxes et droits autorisés par les lois dans l'intérêt des communes.

Les *dépenses* du budget *ordinaire* comprennent les dépenses annuelles et *permanentes* d'utilité communale et au premier rang, bien entendu, les dépenses obligatoires (art. 133-135, loi de 1884).

3. — BUDGET EXTRAORDINAIRE

Les recettes du budget extraordinaire comprennent les contributions *extraordinaires* dûment autorisées, le prix des biens aliénés, les dons et legs, le remboursement des capitaux exigibles (créances échues) et des rentes rachetées, le produit des coupes *extraordinaires* de bois et des *emprunts*, celui des taxes ou surtaxes d'octroi affectées à des dépenses *extraordinaires* et à des remboursements d'emprunts, et toutes autres recettes accidentelles : les subventions accordées par l'État ou le département, par exemple (art. 134).

Quant aux *dépenses* du budget *extraordinaire*, elles se composent des dépenses *accidentelles* ou *temporaires* imputées sur les recettes de ce budget ou sur l'*excédant* des recettes ordinaires (art. 135).

§ 4. — TAXES, EMPRUNTS, ETC.

Sans doute les conseils municipaux peuvent établir des taxes d'octroi et arrêter les règlements relatifs à leur perception, mais il leur faut pour cela l'autorisation du président de la République qui rend à cet effet un *décret en Conseil d'État* après avis du conseil général — ou de la commission départementale, dans l'intervalle des sessions. — La même autorisation est exigée pour toute délibération portant *augmentation* ou *prorogation* de taxe pour une période de *plus de cinq ans*, pour les modifications aux règlements et au périmètre existants ; pour la taxation d'objets non encore imposés, pour l'établissement ou le renouvellement d'une taxe excédant le minimun fixé par le tarif général. — Quant aux surtaxes d'octroi sur les vins, cidres, poirés, hydromels et alcools *au-delà* des proportions déterminées par les lois sur les droits d'entrée, leur établissement ne peut être autorisé que par une *loi;* un décret ne suffirait pas (art. 137, loi du 5 avril 1884).

Pour la suppression ou la diminution des taxes d'octroi, l'approbation de la délibération par le préfet, après avis du conseil général ou de la commission départementale, est seule exigée (art. 148). — Les délibérations prorogeant ou augmentant les taxes d'octroi *pour cinq ans au plus* n'ont besoin d'aucune approbation, elles sont *exécutoires par elles-mêmes* — ce sont des délibérations *réglementaires* — pourvu qu'elles n'excèdent pas le maximum déterminé par le tarif général, et qu'elles ne portent que sur des objets compris dans ce tarif (art. 139, même loi).

Les conseils municipaux peuvent, sans qu'il soit besoin d'aucune approbation, voter dans la limite du maximum fixé chaque année par le conseil général, des contributions extraordinaires (*centimes additionnels*) n'excèdant pas 0 fr. 05 pendant cinq ans pour des dépenses extraordinaires, 3 centimes extraordinaires exclusivement affectés aux *chemins vicinaux* ordinaires, et 3 autres centimes pour les *chemins ruraux* reconnus ; ils votent et règlent les emprunts communaux qui doivent être remboursés au moyen du produit des centimes additionnels extraordinaires ou au moyen des ressources ordinaires, quand l'amortissement doit s'opérer *en trente ans au plus*.

Si la durée de l'amortissement doit dépasser *trente ans*, il faut l'approbation du préfet. — Cette approbation est encore nécessaire pour le vote de contributions extraordinaires dépassant 5 centimes, et dont la durée excède cinq ans; et même, lorsque cette contribution est établie pour *plus de trente ans* le décret doit être rendu en Conseil d'État.

Pour les emprunts supérieurs à *un million*, ou portant à plus d'un million l'ensemble des emprunts non encore remboursés, une *loi* est nécessaire (art. 143).

Lorsque le budget n'est pas définitivement réglé avant le commencement de l'exercice, les dispositions du budget précédent sont appliquées; si aucun budget n'a été voté antérieurement, le budget actuel est établi par le préfet en conseil de préfecture (art. 150).

§ 5. — COMPTABILITÉ COMMUNALE

Les comptes de l'exercice *clos* sont présentés au conseil municipal avant la discussion du budget, et ils doivent être ensuite approuvés par le préfet.

Le maire seul peut ordonnancer et délivrer des mandats: mais s'il refuse d'ordonnancer une dépense autorisée, l'arrêté du préfet en conseil de préfecture tient lieu du mandat du maire (art. 151-152).

Les recettes et les dépenses communales s'effectuent par un comptable responsable (le *receveur municipal*); les recettes s'effectuent en principe sur les états dressés par le maire. Toute personne autre que le receveur, qui sans autorisation légale se serait ingérée dans le maniement des deniers de la commune, peut être poursuivie pour usurpation de fonctions publiques (art. 156).

Dans les petites communes, c'est le percepteur qui remplit les fonctions de receveur municipal; mais dans les communes dont les revenus dépassent 30 000 fr., un receveur municipal spécial peut être nommé par le préfet, *sur la demande du conseil municipal* (il est désigné sur une liste de *trois noms*, présentée par le conseil). Dans les communes dont les revenus dépassent 300 000 francs, ce receveur spécial est nommé par décret, sur la proposition du ministre des finances (art. 157).

Les comptes du receveur municipal sont apurés par le conseil de préfecture, sauf recours à la Cour des comptes. Pour les communes dont le revenu dépasse 30 000 fr., ils sont portés directement devant cette cour. — Mais auparavant ils sont soumis à l'examen du conseil municipal dans la session du mois de *mai*. Le conseil municipal les débat et les arrête (art. 522, décret du 31 mai 1862).

Les budgets et les comptes des communes sont déposés à la mairie, puis rendus publics dans les communes dont le revenu atteint 100 000 francs et dans les autres, quand le conseil a voté la dépense de l'impression, loi du 5 avril 1884 (art. 186).

SECTION II

Attributions des conseils municipaux

Nous connaissons les attributions des conseils municipaux en matière budgétaire; mais ils en ont d'autres. — Le conseil municipal peut émettre des vœux sur toutes les questions d'intérêt local; il donne son avis toutes les fois qu'il lui est demandé par le préfet ou le sous-préfet; il est même plusieurs cas où son avis est obligatoire, comme lorsqu'il s'agit de la création d'un bureau de bienfaisance, de projet d'alignement et de nivellement de grande voirie dans l'intérieur des villes, bourgs ou villages, des budgets et comptes de fabriques ou établissements de bienfaisance, des autorisations d'aliéner, d'emprunter, de plaider, de transiger, demandées par ces mêmes établissements, de l'acceptation des dons et legs qui leur sont faits, etc. (art. 70, loi de 1884). Il réclame, s'il y a lieu, contre le contingent assigné à la commune dans l'établissement des impôts de répartition (Voy. Impôts). Il dresse chaque année une liste de répartiteurs contenant un nombre double de celui des répartiteurs à nommer. Sur cette liste, le sous-préfet choisit cinq répartiteurs et cinq suppléants (art. 61, même loi).

Certaines décisions du conseil municipal (les plus importantes) ne sont exécutoires qu'après avoir été approuvées, autorisées par le préfet ou par le conseil général, la commission départementale, le président de la République ou le Parlement, dans le cas où des textes formels l'exigent (1).

Telles sont les délibérations portant sur des baux dont la durée excède dix-huit ans, ou celles ayant pour objet l'aliénation d'une propriété communale, des acquisitions d'immeubles, des constructions nouvelles, de grosses réparations entraînant de lourdes dépenses, des transactions, le changement d'affectation d'une propriété communale déjà affectée à un service public, un procès à intenter ou à soutenir, les décisions concernant le classement ou les noms des rues et places publiques, la création des jardins publics, promenades, champs de foire; les tarifs des droits de voirie, de stationnement, etc.; l'acceptation des dons et legs faits à la commune,

(1) En principe, les délibérations de conseils municipaux sont *réglementaires*, c'est-à-dire exécutoires par elles-mêmes, *sans autorisation;* quant à celles qui, par exception, sont soumises à l'approbation de l'administration supérieure, elles sont autorisées par le *préfet*, à moins qu'une disposition de loi formelle n'exige un décret, une loi, ou une autorisation émanant d'un autre organe administratif.

lorsqu'il y a des charges ou conditions, ou lorsqu'ils donnent lieu à des réclamations de la part des familles; l'établissement, ou la suppression des foires et marchés autres que les simples marchés d'approvisionnement (art. 68).

Dans certains cas le préfet ne peut approuver la délibération qu'après avoir pris l'avis du *conseil de préfecture;* par exemple, quand il s'agit de transactions, *de dons ou legs faits sous conditions et entraînant des charges*, ou de baux d'une durée supérieure à dix-huit ans. — Si le préfet refuse son autorisation, ou n'a pas fait connaître sa décision *dans le mois*, le conseil municipal peut se pourvoir devant le ministre de l'intérieur (art. 69).

Lorsque les dons ou legs faits à une commune soulèvent des réclamations de la part des héritiers *du donateur* ou testateur, l'autorisation d'accepter ne peut être accordée que par *décret rendu en Conseil d'État* (art. 111).

Les délibérations d'un conseil municipal portant sur un objet étranger à ses attributions ou prises hors de sa réunion légale sont *nulles de plein droit.* Il en est de même de ses délibérations *illégales.*

Or, il est interdit aux conseils municipaux d'émettre des *vœux politiques*, de publier des proclamations et adresses; ces actes sont donc *nuls* de plein droit. — La nullité est déclarée par le préfet en conseil de préfecture (art. 63, 65, 72).

Les délibérations auxquelles prennent part des conseillers municipaux intéressés — soit personnellement, soit comme mandataires — à l'affaire qui en fait l'objet, sont *annulables.* L'annulation est prononcée par le préfet en conseil de préfecture; elle peut même être provoquée par tout contribuable de la commune, mais la demande d'annulation doit être déposée à la préfecture ou à la sous-préfecture dans les *quinze jours* à dater de l'affichage de la délibération *à peine de déchéance* (art. 64 et 66).

Le conseil municipal et même tout intéressé peut attaquer devant le Conseil d'État, *pour excès de pouvoir*, l'arrêté d'annulation du préfet (art. 67).

SECTION III

Procès intéressant les communes

Le maire peut, *sans autorisation préalable* de l'administration supérieure (1), intenter toute *action possessoire* au nom de la commune ou y défendre, faire tous *actes conservatoires*, par exemple : interrompre les prescriptions en cours, interjeter appel et se pourvoir en cassation en matière possessoire. (Voy. VIE JUDICIAIRE).

(1) Par ces mots, *administration supérieure*, il faut entendre les autorités administratives (notamment le préfet, le ministre).

Hormis ces cas, les communes ne peuvent soutenir un procès qu'avec l'autorisation du conseil de préfecture, et pour interjeter appel ou pour se pourvoir en cassation il faut une nouvelle autorisation; mais la commune peut plaider si le conseil de préfecture ne prend aucune décision dans les *deux mois* à compter de la demande (art. 121, loi de 1884).

Tout contribuable inscrit au rôle de la commune peut exercer, à *ses frais et risques*, avec l'autorisation du *conseil de préfecture*, les actions qu'il croit appartenir à la commune et que la commune refuse ou néglige d'exercer (art. 123).

On ne peut intenter aucune action contre la commune (sauf les actions possessoires) avant d'avoir adressé au sous-préfet un *mémoire* exposant l'objet, les motifs de la réclamation, et encore faut-il attendre *deux mois* pour engager le procès; du reste, la présentation du mémoire interrompt toute prescription en cours si l'assignation intervient dans le courant du *troisième* mois. — Le sous-préfet adresse le mémoire au maire, le conseil municipal délibère et sa décision est transmise au conseil de préfecture, qui, après examen, autorise ou refuse d'autoriser la commune à soutenir le procès; s'il refuse, la commune peut se pourvoir devant le Conseil d'État (elle a pour cela *deux mois* à compter de la notification de l'arrêté du conseil de préfecture). A défaut de décision dans un délai de deux mois à compter de la formation du pourvoi, la commune peut soutenir le procès (art. 121-127).

§ 1er. — RÉUNION OU DISTRACTION DE COMMUNES OU SECTIONS DE COMMUNES

La commune réunie à une autre commune — et devenant *section de commune*, par conséquent — conserve la propriété de ses biens; les habitants de cette ancienne commune en ont la jouissance exclusive, si les fruits sont perçus en *nature*. — Il en est de même de la section distraite d'une commune et rattachée à une autre. Par exception, les édifices et autres immeubles servant à un *usage public* (école, église, etc.) deviennent la propriété de la commune à laquelle est faite la réunion. Au reste, la section de commune qui est réunie à une autre commune ou érigée en commune séparée reprend la pleine propriété de tous les biens qu'elle avait apportés à la commune dont elle est détachée (art. 7, loi du 5 avril 1884).

§ 2. — COMMISSIONS SYNDICALES

Lorsqu'une section se propose d'intenter ou de soutenir un procès, soit contre la commune dont elle dépend, soit contre une autre section de la même commune, il est formé une *commission syndicale* distincte pour chaque section.

Les membres de ces commissions sont pris parmi les éligibles de la commune, et nommés par les électeurs de la section que chacune d'elle doit représenter et par les propriétaires fonciers non portés sur la liste des électeurs. Le nombre des membres de la commission est fixé par arrêté préfectoral. — Il suffit qu'*un tiers* des habitants ou propriétaires de la section demandent au préfet de faire élire une commission syndicale chargée d'exercer les droits de la section; le préfet est alors tenu de convoquer les électeurs *dans le mois* (art. 128-129, loi de 1884).—La section qui gagne un procès contre la commune ou une autre section ne doit contribuer en rien au paiement des frais et des dommages-intérêts résultant de ce procès.

SECTION IV

Indivision entre plusieurs communes

Il peut se faire que deux ou plusieurs communes aient des biens ou des droits *indivis* et soient entre elles dans la situation de copropriétaires. Dans ce cas, sur la demande de l'une d'elles, il est institué par *décret* une *commission syndicale* composée d'un nombre déterminé de délégués des communes intéressées. Chacun des conseils municipaux doit élire au scrutin secret le nombre de délégués voulu (ils sont pris parmi les conseillers municipaux). Cette élection est renouvelée toutes les fois que les conseils municipaux le sont eux-mêmes.

La commission syndicale est chargée de l'administration des biens indivis et de l'exécution des travaux qui s'y rattachent. Elle a les mêmes attributions que les conseils municipaux et son président (le *syndic*), élu par elle, a les pouvoirs d'administration des maires.— Cependant les ventes, partages, acquisitions, transactions sont réservés aux conseils municipaux (mais c'est le syndic qui, sur leur autorisation, passe les actes).

La commission vote les dépenses, mais leur répartition est faite entre les communes intéressées par leurs conseils municipaux respectifs; en cas de désaccord entre ces conseils, le préfet, qui doit toujours approuver la répartition, tranche le différend après avoir pris avis du conseil général ou de la commission départementale. Toutefois, si les deux communes intéressées n'appartiennent pas au même département, la difficulté ne peut être aplanie que par un décret. — La part afférente à chaque commune est portée d'office aux budgets respectifs comme dépense obligatoire (art, 163, loi du 5 avril 1884).

CHAPITRE II

LA PROPRIÉTÉ

SECTION PREMIÈRE

Le Bornage

Tout propriétaire peut obliger son voisin au bornage de leurs propriétés contiguës. Le bornage se fait *à frais communs* (art. 646, C. Civ.). — Les contestations causées par le déplacement des bornes d'un champ doivent être portées devant le juge de paix du canton où est situé le fonds. Si la connaissance des lieux est utile pour la bonne solution de l'affaire litigieuse, le juge de paix s'y transporte et peut ordonner aux témoins, dans le cas où il est procédé à une enquête, de faire leurs dépositions sur les lieux mêmes (art. 3 et 38, C. Pr.).

Le juge de paix est compétent en matière de bornage toutes les fois que la propriété du fonds dont il s'agit n'est point contestée par une des parties (il s'agit, par exemple, du partage d'un champ commun).

Mais si la propriété est contestée il faut aller devant le tribunal de première instance. — Au reste le juge de paix ne statue jamais qu'en premier ressort sur les questions de bornage (art 6, loi du 11 avril 1838).

FORMULE

Procès-verbal de bornage

« A la requête de MM. Louis Viaud, propriétaire, demeurant à........ et Jean Quentin, propriétaire, demeurant dans la même localité, je soussigné, Charles Dubois, géomètre arpenteur, demeurant à......., ai procédé le .... mil huit cent... au bornage de deux pièces de terre contigües appartenant l'une au dit sieur Viaud et d'une contenance supposée de ..... ares ..... centiares (*indiquer les tenants et aboutissants*), et l'autre audit sieur Quentin, d'une contenance de .... également d'après les titres de propriété (*tenants et aboutissants*).

» De l'examen des titres de propriété, il résulte, après arpentage fait avec le plus grand soin par le soussigné, que le titre de propriété produit par le dit sieur Louis Viaud donne une contenance supérieure à la contenance véritable de le pièce de terre à laquelle il se rapporte, tandis que la contenance de la pièce de terre appartenant au dit sieur Quentin correspond exactement à la superficie indiquée dans le titre de propriété.

» Ainsi la superficie totale des deux pièces de terre est de .... ares .... centiares, alors que d'après les titres elle devrait être de ..... ares.

» La pièce de terre désignée sous la lettre A dans le plan ci-annexé et appartenant à M. Louis Viaud a une étendue de ..... ares ..... centiares, alors que le titre de propriété lui attribue une superficie de ..... ares..... centiares.

» Quant à la pièce de terre appartenant à M. Quentin et désignée sous la lettre B dans le plan, elle a bien l'étendue de ..... ares .....centiares qui lui est donnée par le titre de propriété.

» En conséquence, des bornes ont étéplacées surla ligne de séparation des deux propriétés sus-indiquées aux points désignés sous les lettres C, D, E, au plan annexé, et ce du consentement des propriétaires respectifs.

» Fait en double expédition, à ...., le .... mil huit cent.....

» Ch. Dubois, géomètre arpenteur, »

» Approuvé l'écriture. » Approuvé l'écriture,

» Viaud. » Quentin.

SECTION II

La mitoyenneté

Lorsque nous avons étudié le droit civil, nous avons traité de la mitoyenneté en général et spécialement des murs mitoyens (Voy. Vie Civile). Il nous faut maintenant parler de la mitoyenneté en droit rural, c'est-à-dire des clôtures telles que haies, ou fossés mitoyens.

§ 1er. — CLOTURES MITOYENNES

Nous avons vu que, dans les villes et faubourgs, chacun peut contraindre son voisin à construire de concert avec lui (à frais communs) un mur de séparation entre les deux propriétés contiguës, et plus tard exiger qu'il prenne part aux réparations que ce mur peut exiger. Cette servitude légale n'existe pas pour les propriétés rurales; la clôture n'est plus obligatoire.

Mais lorsqu'une clôture existe, elle est réputée *mitoyenne* (ce qui veut dire qu'elle est censée appartenir pour moitié à chacun des propriétaires des champs contigus), à moins qu'il n'y ait qu'un seul des deux fonds en état de clôture. De plus, il va de soi que s'il y a un titre ou une marque contraire excluant toute idée de co-propriété, ou si l'un des voisins a acquis la propriété entière de la clôture par prescription, la présomption de mitoyenneté ne subsiste plus (art. 666 *nouveau*, C. Civ.).

La clôture mitoyenne doit être entretenue à frais communs, mais l'un des co-propriétaires peut se soustraire à cette obligation en renonçant à la mitoyenneté (art. 667, al. 1er).

Laissant de côté le mur mitoyen dont nous avons déjà parlé ailleurs, nous allons indiquer les dispositions de la loi du 20 août 1881 qui est relative à la mitoyenneté des haies, des fossés et des arbres.

§ 2. — FOSSÉS MITOYENS

Le *fossé* qui sépare deux fonds est présumé *mitoyen*, à moins qu'il n'y ait qu'une seule propriété qui soit entourée d'un fossé, ou s'il n'y a titre, prescription ou marque contraire. A l'inverse, le fossé est présumé *non mitoyen* lorsque la levée ou le rejet de la terre ne se trouve que d'un seul côté du fossé; dans ce cas, le fossé est censé appartenir *exclusivement* au propriétaire du champ sur lequel la terre a été rejetée (art. 667 al. 2).

Si le fossé sert *habituellement* à l'écoulement des eaux, l'un des voisins ne peut se soustraire à l'obligation de l'entretenir à frais communs avec son voisin, en renonçant à son droit de co-propriété sur le fossé; si au contraire le fossé ne sert pas habituellement à l'écoulement des eaux, s'il fait simplement l'office d'une ligne de démarcation, cette faculté subsiste, la renonciation est permise.

Le voisin dont le fonds joint un fossé *non mitoyen* ne peut contraindre le propriétaire de ce fossé à lui céder la mitoyenneté (art. 668, al. 1er).

Le co-propriétaire d'un fossé *mitoyen* qui ne sert pas à l'écoulement des eaux mais seulement à la clôture du fonds qu'il entoure, peut le combler jusqu'à la limite de sa propriété; seulement, il doit alors construire un *mur* sur cette limite (art. 668, al. 2).

§ 3. — HAIES MITOYENNES

La *haie mitoyenne* doit être entretenue à frais communs, mais l'un des co-propriétaires peut toujours se soustraire à cette obligation en renonçant à la mitoyenneté de la haie.

Le co-propriétaire d'une haie mitoyenne peut toujours la détruire jusqu'à la limite de sa propriété, mais à la charge de construire un mur sur cette limite.

Celui dont le fonds est séparé du fonds voisin par une haie appartenant *exclusivement* au propriétaire de ce fonds ne peut exiger qu'il lui cède la mitoyenneté de la haie.

Les produits d'une *haie mitoyenne* appartiennent *pour moitié* à chacun de ses co-propriétaires. — Les arbres qui se trouvent dans cette haie sont aussi mitoyens (art. 669-670).

§ 4. — ARBRES MITOYENS

Les arbres plantés sur la limite de deux fonds sont réputés mitoyens. Lorsqu'ils meurent ou lorsqu'ils sont coupés ou arrachés, ils sont partagés *par moitié* entre les deux co-propriétaires.

Les fruits des arbres mitoyens sont recueillis *à frais communs* et partagés *par moitié*, soit qu'ils tombent *naturellement*, soit que la chute en ait été *provoquée* (par des secousses imprimées aux arbres, par exemple), soit qu'ils aient été cueillis (art. 670, al. 1er, C. Civ.).

Chacun des propriétaires des arbres *mitoyens* a le droit d'exiger qu'ils soient arrachés (art. 670, al. 2).

Il n'est permis au propriétaire d'un fonds d'avoir des arbres, arbrisseaux et arbustes près de la limite du fonds voisin qu'à la distance prescrite par les règlements ou par les usages *constants* et *reconnus* (incontestés) du lieu. — S'il n'existe *ni règlement ni usage*, il ne peut y avoir d'arbres, arbrisseaux ou arbustes qu'à *deux mètres* au moins de la ligne de séparation des deux propriétés pour les plantations dont la hauteur dépasse *deux mètres*. — Pour celles dont la hauteur est moindre, la distance exigée n'est plus que de 0m50 (art. 671, C. civ.).

Le propriétaire voisin peut exiger que les arbres, arbrisseaux et arbustes plantés à une distance moindre de 2 mètres ou 0m50 (suivant le cas) soient arrachés ou réduits à 2 mètres de hauteur, — à moins toutefois qu'il n'y ait titre contraire ou prescription (acquise par trente ans) ou *destination du père de famille*. Or, il y aurait destination du père dans le cas où les plantations auraient été faites ou conservées par une personne à laquelle appartenaient autrefois les deux fonds actuellement divisés.

Si les arbres plantés trop près meurent, ou s'ils sont coupés ou arrachés, le voisin ne peut en replanter d'autres qu'à la distance déterminée par la loi (art. 672, C. Civ.).

Celui sur la propriété duquel avancent les *branches* des arbres du voisin peut contraindre ce dernier à les couper; au reste, les *fruits* tombés *naturellement* de ces branches lui appartiennent.

Sont-ce les *racines* des arbres du voisin qui envahissent mon fonds, j'ai le droit de les couper moi-même (ce qui ne m'est point permis pour les *branches*).

Le droit de *couper* les racines ou de *faire couper* les branches des arbres du voisin est *imprescriptible*, ce qui veut dire qu'il peut être exercé alors même qu'on l'aurait laissé sommeiller trente, quarante, cinquante ans (art. 673).

Quant aux arbres, arbustes ou arbrisseaux plantés *en espaliers* à la limite d'un fonds, il faut bien qu'ils s'appuient contre le mur séparatif de deux propriétés contiguës (aucune distance n'est plus exigée); mais si le mur n'est pas mitoyen, son propriétaire *seul* a le droit d'y appuyer ses espaliers, et ils ne doivent pas dépasser la crête du mur. Ils ne doivent point la dépasser non plus quand le mur est mitoyen, seulement ils peuvent être parfaitement établis par les deux propriétaires voisins, chacun de son côté (art. 671).

SECTION III

Les Baux ruraux

Nous ne reviendrons pas ici sur les règles générales du contrat de louage; nous les avons indiquées dans une autre partie de cet ouvrage, à propos de la location des maisons et des baux désignés sous le nom de *baux à loyer*. Mais il nous reste à parler des *baux à ferme* ou plus généralement des *baux ruraux*. Ce sont précisément les règles spéciales à la location des fonds ruraux que nous allons exposer ici.

Il y a plusieurs sortes de baux ruraux. — Nous trouvons d'abord les *baux à ferme*, c'est-à-dire les baux contractés entre le propriétaire d'un fonds de terre, d'une ferme et celui qui prend à bail cette propriété moyennant un prix *ferme*, une somme *fixe*. Le preneur est désigné alors sous le nom de *fermier*.

Puis viennent les *baux à colonage partiaire*. Dans le colonage partiaire, le *colon partiaire* (appelé communément *métayer*) est en quelque sorte l'associé du propriétaire de la *métairie*; il *partage* avec lui, suivant telle ou telle proportion, les produits de la récolte. Par suite, le prix de la location est indéterminé : il est plus élevé dans les bonnes années que dans les mauvaises, tandis que le fermier, nous le répétons, a toujours à payer le même fermage, sauf dans des circonstances tout à fait exceptionnelles.

Il y a encore une troisième catégorie de baux ruraux. Ce sont les *baux à cheptel* qui ont pour objet le louage et l'exploitation des *bestiaux*. Nous verrons plus loin que les baux à cheptel se divisent eux-mêmes en plusieurs classes (Voy. BAUX A CHEPTEL).

Droits d'enregistrement. — Les droits d'enregistrement auxquels sont soumis les baux ruraux, qu'il s'agisse de baux à ferme ou à colonage partiaire ou à cheptel, sont fixés à 0 fr. 20 0/0 sur le prix cumulé de toutes les années du bail (comme pour les baux à loyer). — Au cas de *bail verbal*, mêmes dispositions que pour les baux à loyer (Voy. VIE PUBLIQUE).

§ 1er. — BAUX A FERME

Comme le bail à loyer, le bail à ferme peut être fait pour une durée indéterminée ou pour un certain nombre d'années (trois, six ou neuf ans, par exemple).

Le bail conclu pour une durée indéterminée est censé fait pour le temps nécessaire au fermier pour qu'il puisse recueillir tous les fruits du bien affermé par lui. Ainsi le bail à ferme d'un pré, d'une vigne ou de tout autre fonds dont les fruits se récoltent en entier dans le cours *d'une année* est censé fait pour *un an*, tandis que le bail des terres labourables divisées par *soles* ou *saisons* (fonds soumis au système de l'assolement, de la jachère, du reboulage) est censé fait pour autant d'années qu'il y a de soles. Si donc, sur trois hectares de terres, un seul hectare est mis en valeur chaque année alternativement, les deux autres hectares se reposant de telle sorte que chaque hectare n'est cultivé que tous les trois ans, le bail conclu pour une durée indéterminée est censé fait pour *trois ans*.

Mais le bail à durée *indéterminée* cesse *de plein droit* à l'expiration de la période pour laquelle il est réputé avoir été contracté; il n'est point nécessaire ici de donner congé, et c'est là une différence remarquable entre les baux à ferme et les baux à loyer.

Lorsqu'à l'expiration d'un bail fait pour une durée *déterminée* le preneur reste en possession du fonds et continue à l'exploiter sans que le bail ait été expressément renouvelé, il est désormais dans la même situation que le preneur qui a conclu un bail *pour une durée indéterminée*, seulement il doit respecter les conditions de prix et autres auxquelles il était soumis avant l'expiration du bail antérieur (art. 1776, C. civ.)

Dans le cas où les énonciations relatives à la contenance du fonds affermé sont inexactes, comme par exemple si le bailleur a déclaré au preneur que le fonds avait une contenance de 2 hectares, alors que son étendue est en réalité *inférieure* ou *supérieure*, il faut appliquer les règles suivies dans ces hypothèses en matière de vente. Ainsi, pour qu'il y ait lieu à une augmentation du prix du fermage ou à une diminution de ce prix (suivant que la contenance *indiquée* est plus faible ou plus forte que la contenance *véritable*), il faut que l'erreur soit au moins *d'un vingtième* sur la *valeur* totale et non pas sur la *contenance*. Donc, suivant que l'erreur porte sur une portion de terrain d'une qualité inférieure ou supérieure comme rendement aux autres parties de la ferme, il faut que l'erreur soit de *plus d'un vingtième* ou de *moins d'un vingtième* en *contenance* pour que l'erreur soit *d'un vingtième* en *valeur*. Si toutes les terres de la ferme sont d'égale valeur, l'erreur *d'un vingtième* en *contenance* correspondra naturellement à l'erreur *d'un vingtième en valeur* (art. 1619 et 1765, C. Civ.).

Au cas où la contenance *déclarée* est *plus faible* que la contenance *réelle*, le fermier a le choix entre la *résiliation* du bail et le paiement d'un fermage *supplémentaire*. — A l'inverse, lorsque c'est la contenance *réelle* qui est plus faible que la contenance *déclarée*, le bailleur est obligé de consentir à une diminution correspondante du fermage ; le fermier peut même lui imposer la résiliation, si la contenance réelle ne peut lui suffire.

Telles sont les règles au cas d'erreur sur la contenance d'une ferme louée *en bloc*. Mais si le fermier, au lieu de louer telle propriété : « la ferme de la Chesnaie, d'une contenance de 50 hectares » par exemple, a loué *tel* terrain d'une contenance de 50 hectares, *à tant l'hectare*, la question de contenance est tout à fait primordiale, elle n'est plus relativement secondaire, comme dans la première hypothèse, et ici la loi est plus rigoureuse : quelque minime que soit l'erreur sur la contenance, elle donne lieu à une modification du fermage, à une diminution si la contenance a été exagérée par le bailleur, à une augmentation dans le cas contraire. — Cette augmentation, pour peu qu'elle soit importante, peut paraître trop lourde au fermier ; aussi, lorsque l'excédant de la *contenance* réelle sur la *contenance* déclarée est d'un vingtième, le fermier a le droit d'exiger la *résiliation* du bail (art. 1618, C. Civ.).

Au contraire, la contenance a-t-elle été exagérée par le propriétaire, le fermier peut exiger de lui la délivrance de l'étendue de terres déclarée dans le bail; si le propriétaire ne peut le faire, ou si le fermier ne l'exige pas, le fermage doit être diminué proportionnellement. Ainsi, au lieu de 10 hectares, le terrain n'a qu'une étendue de 9 hectares: le bailleur devra consentir à une réduction *d'un dixième* sur le fermage.

Les réclamations en diminution ou en augmentation de fermages et les demandes en résiliation doivent être faites dans l'année à compter du jour du contrat, sous peine de déchéance (art. 1622, C. civ.).

Obligations du fermier. — Le fermier doit garnir le fonds rural qu'il a loué des bestiaux, des instruments aratoires, et des ustensiles nécessaires à son exploitation; il doit cultiver le fonds et le cultiver en *bon père de famille* comme il le ferait s'il cultivait *ses propres terres*. Il ne peut employer les terres louées à un autre usage que celui auquel elles ont été destinées par le bailleur. S'il ne remplit pas ces obligations, s'il n'exécute pas les clauses du bail et qu'il en résulte un dommage pour le bailleur, celui-ci peut demander des dommages-intérêts et même faire résilier le bail, et le fermier est en outre condamné à des dommages-intérêts envers lui (art. 1766, C. Civ.).

Le fermier doit engranger les récoltes venant de la ferme dans les lieux à ce destinés d'après le bail (art. 1767).

Le preneur d'un bien rural est tenu, sous peine de dommages-intérêts, d'avertir le propriétaire *dans la huitaine* (plus un jour par 12 lieues 1/2 de distance entre la ferme et le domicile du bailleur) des usurpations qui peuvent être commises par des tiers sur les fonds loués (art. 1768).

Si le bail n'est que d'une année et que, par suite de cas fortuits (grêle, gelée, etc.), la récolte de l'année soit perdue *pour la totalité*, le fermier est déchargé du fermage; si la perte n'est que partielle, mais porte sur *la moitié au moins* de la récolte, le fermier a droit à une remise proportionnelle du prix du fermage (remise de moitié, des deux tiers, des trois quarts). Mais si la perte n'a porté que sur une fraction inférieure à la moitié — sur les deux cinquièmes de la récolte, par exemple — le fermier n'a droit à aucune diminution du fermage (art. 1770).

Au cas où le bail est de plusieurs années, le fermier peut demander une remise totale ou partielle du prix de location lorsqu'il a perdu par cas fortuit la totalité ou la *moitié* de la récolte, mais seulement s'il n'a pas été indemnisé de cette perte par les récoltes précédentes. Donc quand les récoltes antérieures ont été bonnes, il n'a droit à aucune diminution; si elles ont été mauvaises, il a bien droit à une indemnité, mais elle n'est calculée qu'à la fin du bail lorsque les récoltes de toutes les années du bail ont été compensées ensemble, et qu'il résulte de cette sorte de balance que le fermier n'a pas été indemnisé des pertes des mauvaises années par les récoltes obtenues dans les autres années. — Seulement le tribunal peut dispenser *provisoirement* le fermier, en raison de la perte qu'il a subie, de payer une partie du fermage.

Mais, ce qu'il faut bien remarquer, c'est que le fermier ne peut obtenir de remise sur le fermage lorsque la perte des fruits et des récoltes n'a eu lieu qu'après leur séparation du sol; de même il n'a droit à aucune indemnité, quelque perte qu'il ait éprouvée, lorsque la cause du dommage existait déjà et était parfaitement connue à l'époque où le bail a été passé (art. 1771).

Il arrive parfois que, cédant aux instances du propriétaire, celui qui prend à ferme un fonds rural consente à se charger de la responsabilité des *cas fortuits* : dès lors il ne peut plus réclamer de réduction de fermage pour pertes causées par cas fortuits. Mais pour qu'il en soit ainsi, il faut une clause formelle; de plus, cette renonciation à une indemnité quelconque pour les pertes causées par cas fortuits n'est opposable au preneur que s'il est survenu un cas fortuit *ordinaire* (grêle, foudre, gelée, coulure, etc.). S'il advient au contraire des cas fortuits *extraordinaires* (une *guerre*, une *inondation*, par exemple) le fermier a parfaitement le droit de réclamer une remise totale ou partielle du fermage—sauf cependant lorsqu'il s'est chargé de *tous les cas fortuits prévus et imprévus* (art. 1772-1773).

A l'expiration du bail, le fermier sortant doit laisser à celui qui lui succède dans la culture, des logements convenables et toutes autres facilités pour les travaux de l'année suivante; réciproquement, le nouveau fermier doit procurer à celui qui l'a précédé les logements et autres facilités pour la consommation des fourrages et pour les récoltes restant à faire dans l'année en cours. Au surplus, pour tout cela il faut s'en rapporter aux usages locaux (art. 1777).

Le fermier sortant doit laisser à son successeur ou au bailleur, les pailles et les engrais de l'année, s'il les a reçus lors de son entrée en jouissance; et même dans le cas où il ne les a pas reçus, il peut être contraint par le propriétaire de les laisser, pourvu que celui-ci lui remette leur valeur estimative (art. 1778).

Dépenses d'améliorations faites par le fermier. — Il peut arriver que, pendant le cours du bail, le fermier fasse sur les fonds affermés des plantations, constructions, ou toutes autres améliorations.

Ici le législateur ne s'est point montré équitable. A l'expiration du bail, le propriétaire du fonds a le droit de faire enlever par le fermier, *sans aucune indemnité pour lui et à ses frais*, les plantations et constructions qu'il a faites. Si le bailleur préfère les conserver, il ne doit au fermier que le remboursement du prix de la *main-d'œuvre* et des *matériaux*, quelle que soit la *plus-value* (augmentation de valeur) que les dépenses d'améliorations faites par son fermier aient donnée au fonds. C'est une situation bien pénible pour le fermier qui est traité ici, en somme, comme un possesseur de mauvaise foi (Voy. art. 555, C. Civ.); aussi est-il question en ce moment d'y porter remède en obligeant les propriétaires à tenir un plus grand compte des améliorations apportées au fonds par les fermiers.

FORMULE N° 1

Bail à ferme.

« Entre les soussignés,

» M. Paul d'Arnel, propriétaire, demeurant à Paris rue d'Anjou-Saint-Honoré, n° 5, d'une part,

» Et M. Jean Daunon, cultivateur, demeurant à ...... canton de ...... arrondissement de Blois (Loir-et-Cher), d'autre part,

» Il a été convenu ce qui suit :

ARTICLE PREMIER

» M. Paul d'Arnel déclare par les présentes donner en bail à ferme à M. Jean Daunon qui accepte, la ferme dite « la Rainerie » à lui appartenant et composée avec tous ses accessoires de :

» 1° Un corps de bâtiment (*indication détaillée*).

» 2° Trois pièces de terre (indiquer leurs *tenants* et *aboutissants* et le genre de culture : *vignes*, *prés*, etc.), dont le dit Jean Daunon déclare par les présentes connaître la contenance et s'interdit toute réclamation à ce sujet ;

» 3° Un bâtiment séparé servant de grange et contenant des instruments aratoires, etc. (indiquer les meubles attachés au fonds *à perpétuelle demeure* par le bailleur).

(*Pour le bail d'un fonds de terre séparé ou d'un moulin, déterminer avec précision la situation et l'état du bien loué.*)

ARTICLE 2

» La dite ferme est donnée à bail pour une durée de six ou neuf années, au choix du preneur, à dater du ...... prochain ...... et moyennant une somme de ..... francs payable chaque année à la Saint-Martin (ou *en deux* ou *qratre termes*, suivant les usages du pays).

ARTICLE 3

» M. Jean Daunon s'engage par les présentes à se conduire en bon propriétaire pendant toute la durée du bail, à faire toutes réparations locatives, à rendre les biens loués en bon état, à engranger toutes ses récoltes dans les bâtiments dépendant de la ferme, à procéder à l'époque fixée par les règlements et usages à l'échenillage des arbres, etc. etc. (indiquer *avec détails* les conditions particulières imposées par le bailleur pour la *culture*, le paiement des *impôts*, etc.).

ARTICLE 4

» A l'expiration du bail M. Jean Daunon devra laisser à son successeur ou au bailleur, si la ferme n'est pas encore donnée à bail, les pailles et fumiers affectés exclusivement à la dite ferme et non encore employés.

ARTICLE 5

» Dans le cas où le preneur désirerait quitter le bien au bout de la sixième année, il devra en avertir le bailleur au moins huit mois à l'avance.

» Fait double à .... le. .... mil huit cent...

» Approuvé l'écriture, (*Signature du bailleur.*)

» Approuvé l'écriture, (*Signature du preneur.*)

§ 2 — BAUX A COLONAGE PARTIAIRE

Le bail à *colonage partiaire* ou *bail à métairie*, consenti par le bailleur d'un fonds rural à un colon *partiaire* ou *métayer*, diffère sous plusieurs rapports du bail à ferme. Nous avons indiqué déjà la différence principale : le colon partiaire ou métayer ne paie point une redevance en *argent*, mais une redevance en *nature* : il partage avec le bailleur les fruits et récoltes du fonds, suivant la proportion indiquée dans le contrat de bail ; se redevance n'est point *ferme*, elle est essentiellement variable (art. 1463, C. Civ.).

A la différence du fermier, le métayer ne peut ni sous-louer, ni céder son bail, à moins que cette faculté ne lui soit conférée *formellement, expressément* dans le contrat conclu entre lui et son bailleur. — Au cas où, ce droit ne lui étant point accordé, il se permettrait néanmoins de sous-louer ou de céder son bail, le bailleur aurait le droit de rentrer en jouissance de la métairie (le bail serait résilié), et le colon partiaire devrait en outre lui payer des dommages-intérêts pour inexécution des clauses du bail (art. 1764, C. Civ.).

En dehors de ces exceptions les règles applicables aux baux à ferme sont applicables aux baux à colonage partiaire.

FORMULE N° 2

Bail à colonage partiaire (pour une métairie)

« Entre les soussignés,

» M. B... propriéraire demeurant au château de ......, commune de .... canton de........ département de ...., d'une part,

» Et M. C... cultivateur demeurant à .... canton de .... même département, d'autre part ;

» Il a été convenu ce qui suit :

ARTICLE PREMIER

» M. B... donne à bail par les présentes aux conditions ci-dessous stipulées, et notamment moyennant le partage des fruits, à M. C.., qui accepte, la métairie de la Belle-Côte sise dans la commune de .... et se composant :

(*Indiquer les corps de bâtiment, pièces de terre, avec le genre de culture et les tenants et aboutissants.*)

ARTICLE 2

» De son côté, le preneur s'engage à partager par *moitié* (*tiers* ou *quart*) et loyalement toutes les récoltes recueillies par lui sur ladite métairie, avec le bailleur. A cet effet, il aura à prévenir ledit bailleur, *tant de jours* à l'avance de la date à laquelle il compte faire chaque récolte.

ARTICLE 3

» Les frais de semences et engrais seront supportés par *moitié* (*tiers* ou *quart* par le bailleur et par le preneur.

(*Indiquer les conditions particulières du bail.*)

ARTICLE 4

» La durée du présent bail est fixée à trois, six ou neuf années, au choix du preneur ou du bailleur. Celle des parties qui désirera dénoncer le bail devra donner congé à l'autre au moins dix mois à l'avance.

» Fait double à ...... le ...... mil huit cent.....

» Approuvé l'écriture, » Approuvé l'écriture,

» B... » C...

§ 3. — BAUX A CHEPTEL

Le bail à cheptel est une convention suivant laquelle l'un des contractants donne à l'autre du bétail à garder, à nourrir et à soigner, sous certaines conditions.

Il y a plusieurs espèces de cheptel : 1° Le cheptel ordinaire ou cheptel simple ; 2° le cheptel à moitié ; 3° le cheptel donné au fermier par le propriétaire du fonds ou *cheptel de fer*, 4° le cheptel donné au colon partiaire par le propriétaire de la métairie ; 5° le contrat improprement appelé cheptel. — Nous allons les examiner successivement.

N° 1. — LE CHEPTEL SIMPLE

Dans le cheptel simple, le bailleur des bestiaux partage *par moitié* avec le preneur qui s'est engagé à garder, à nourrir et à soigner le bétail, le *croît* (c'est-à-dire l'augmentation du nombre des têtes de bétail par la naissance des petits : veaux, agneaux, chevreaux, etc.) et les *pertes* qui surviennent (art. 1804, C. Civ.).

Le preneur doit veiller à la conservation du bétail donné à cheptel comme un bon agriculteur veille sur le sien ; il n'est pas responsable des pertes advenues par un cas fortuit, pourvu toutefois qu'il n'ait commis aucune faute. Aussi, quand le bétail périt *en entier* sans qu'il y ait de sa faute, la perte est-elle *exclusivement* à la charge du bailleur ; mais s'il ne périt qu'une partie du troupeau donné à cheptel, il doit supporter la *moitié* de la perte. Or, la perte est établie par une comparaison entre l'estimation *en bloc* du bétail au commencement du bail et cette même estimation à l'expiration du cheptel (art. 1805, C. Civ.).

Lorsqu'une perte s'est produite par *cas fortuit*, c'est au preneur à prouver le cas fortuit ; mais il n'a point à montrer qu'il n'a commis aucune faute : c'est au contraire le propriétaire du bétail qui doit démontrer que le preneur en a commis une (art. 1808).

Toute clause d'après laquelle le preneur supporterait la perte totale alors même qu'elle arriverait par cas fortuit et sans sa faute, est absolument nulle. Le bailleur ne peut stipuler non plus que le preneur supportera dans la perte une part plus grande que celle qui lui est attribuée dans le profit, ni qu'il prendra avant le partage du croît, lors de l'expiration du cheptel, plus de bétail qu'il n'en a fourni,

Mais toutes les autres clauses modifiant les dispositions que nous passons en revue sont permises (art. 1811).

Le preneur profite *seul* du laitage, du fumier et du travail des animaux donnés à cheptel. — Mais il ne peut disposer d'aucune bête du troupeau, alors même qu'elle proviendrait du croît, sans le consentement du bailleur; réciproquement, celui-ci ne peut vendre, échanger, ni donner aucune tête du bétail confié par lui à cheptel, sans le consentement du preneur.

Le preneur ne peut tondre les bêtes données à cheptel sans en prévenir le propriétaire (art. 1814).

Le bail à cheptel, dès qu'il est conclu, doit être notifié au propriétaire du fonds cultivé par le preneur du bétail, lorsque ce preneur est un fermier ou métayer; autrement le bailleur du fonds pourrait saisir et faire vendre, pour rentrer dans ses fermages, aussi bien le bétail donné à cheptel que les instruments aratoires et autres biens mobiliers de son fermier (art. 1813).

Le cheptel conclu pour une durée indéterminée est censé fait pour *trois ans*. Mais, bien entendu, le propriétaire du bétail peut demander une résolution plus prompte du bail, si le preneur ne remplit pas ses obligations (art. 1816).

A la fin du bail ou lors de sa résolution, il est procédé à l'estimation du bétail exploité à cheptel ; puis le bailleur prélève le nombre de têtes de bétail évalué au montant de l'estimation qui a été faite au commencement du bail. Ce prélèvement effectué, l'excédant se partage *par moitié*, à défaut de clause établissant une répartition différente.

Au cas où l'estimation du bétail, lors de l'expiration du bail, est inférieure à l'estimation faite au début du cheptel, le bailleur commence par reprendre tout le troupeau, puis il partage la perte — fixée par la différence existant entre les deux estimations, — avec le preneur à cheptel (art. 1817).

FORMULE N° 3

Bail à cheptel simple

« Entre les soussignés :

» M. A..., propriétaire demeurant au château de..... commune de..... canton de..... (département du..................), d'une part,

» Et M. B..., cultivateur demeurant à canton de........d'autre part,

» Il a été convenu ce qui suit :

Article premier

» M. A... donne à bail, à titre de cheptel simple, à M. B... qui accepte, un fonds de bétail se composant de :

(Indiquer avec précision l'*espèce* et le *nombre* des animaux donnés à cheptel, leur *race*, les marques qui peuvent les faire reconnaître, par exemple : la *couleur du poil* pour les v ches, etc.)

ARTICLE 2

» Le présent bail à cheptel est consenti pour une durée de...... ans, à partir du jour de la livraison, qui est fixé au...... mai prochain.

ARTICLE 3

» Le preneur à cheptel profitera seul des laitages, du fumier et du travail des animaux, et il aura droit à la *moitié* du croît et de la laine (s'il s'agit d'un troupeau de moutons par exemple), l'autre *moitié* appartenant au bailleur.

» En retour, le preneur s'engage à veiller avec soin à la conservation des animaux donnés à cheptel, à les bien garder, nourrir et loger.

ARTICLE 4

» Le fonds de bétail donné à cheptel par les présentes est estimé d'un commun accord à..... francs.

» A l'expiration du bail, l'excédant de la valeur du fonds de bétail sur l'estimation ici faite sera partagé entre le preneur et le bailleur. Si, à cette époque, la valeur du fonds de bétail est inférieure à la valeur estimative ci-dessus énoncée, la perte sera partagée par moitié entre les parties.

» L'estimation à la fin du bail sera faite par une tierce personne désignée d'un commun accord par le bailleur et le preneur.

ARTICLE 5

» Si, au cours du bail, le fonds de bétail périt en entier sans la faute du preneur, la perte sera pour le bailleur. S'il n'en périt qu'une partie, la perte, déterminée à la fin du bail, sera supportée par moitié par chacune des parties.

» Bien entendu, au cas de faute du preneur, la perte totale ou partielle sera supportée exclusivement par lui.

ARTICLE 6

» Le preneur ne pourra disposer d'aucune bête du troupeau sans le consentement du bailleur, et à l'inverse le bailleur ne peut vendre ni échanger aucune des bêtes données à cheptel, sans le consentement du preneur.

(Ajouter, *s'il s'agit d'un troupeau de bêtes à laine* :) Le preneur ne pourra tondre sans prévenir le bailleur.

» Fait double à......., le..... mil huit cent...

» Approuvé l'écriture, » Approuvé l'écriture,

» A... » B...

N° 2. — LE CHEPTEL A MOITIÉ

Dans le cheptel *à moitié*, chacun des contractants fournit la *moitié* des bestiaux. Le preneur profite *seul* des laitages, du fumier et du travail des bêtes, mais, cela excepté, le bailleur (celui qui se décharge sur le preneur des soins à donner à ses bestiaux) partage par moitié avec le preneur les pertes ainsi que les bénéfices réalisés *sur la laine* et sur le *croît*, comme dans le cheptel simple. — Toute clause contraire est nulle — à moins que le bailleur ne soit propriétaire de la ferme ou métairie dont le preneur est fermier ou colon partiaire (art. 1819, C. Civ.).

Toutes les autres règles du cheptel simple — et notamment les prohibitions de certaines clauses, le genre de responsabilité qui incombe au preneur, etc., — s'appliquent au cheptel à moitié (art. 1820, C. Civ.).

FORMULE N° 4

Acte constitutif d'un cheptel à moitié.

« Entre les soussignés,

» M. A. N... propriétaire, demeurant à..... canton de..... d'une part,

» Et M. L. M... cultivateur, demeurant à..... canton de..... d'autre part,

» Il a été convenu ce qui suit :

ARTICLE PREMIER

» M. A. N... donne à bail par les présentes, à titre de cheptel à moitié, à M. L. M... qui accepte, un fonds de bétail composé de..... (indiquer avec précision le nombre, l'espèce, la race, l'âge et les marques distinctives des animaux donnés à cheptel) et estimé d'un commun accord à la somme de..... francs.

ARTICLE 2

» De son côté, M. L. M... s'engage à mettre en commun avec ledit fonds de bétail un troupeau composé de..... (mêmes indications que ci-dessus) et estimé d'un commun accord à la somme de..... francs, pour les profits et pertes résultant de la société établie par les présentes être partagés par moitié entre les deux parties.

ARTICLE 3

» Le dit bail aura une durée de trois années.

ARTICLE 4

» Le preneur profitera seul, pendant toute la durée du bail, des laitages, du fumier et des travaux de tous les animaux constituant le fonds de bétail commun, à charge pour lui de les garder, soigner, nourrir et loger convenablement.

Le bailleur aura droit à la moitié des laines et du croît.

(Pour les risques, et pour le *règlement à la fin du bail* mêmes dispositions que pour le bail à cheptel simple.)

» Fait à........ le..... mil huit cent...

» Approuvé l'écriture, » Approuvé l'écriture,

» A. N... » L. M...

N° 3. — CHEPTEL DONNÉ AU FERMIER OU CHEPTEL DE FER

Lorsque le propriétaire d'un fonds rural le donne à ferme et livre au preneur des bestiaux à lui appartenant, pour les garder, nourrir, soigner, et aussi pour les utiliser, à la condition qu'à l'expiration du bail le fermier laissera au bailleur des bestiaux d'une valeur égale à l'évaluation de ceux qu'il a reçus de lui lors de son entrée en jouissance, on dit qu'il y a là, relativement aux bestiaux, un *cheptel de fer* (art. 1821).

Les bestiaux donnés à cheptel par le bailleur du fonds *à son fermier* sont estimés ; cette estimation a pour effet de mettre les risques (pertes ou bénéfices résultant de *cas fortuits*) sur la tête du fermier.

Tous les profits retirés du bétail (la laine, le croît, etc.) appartiennent au fermier pendant la durée du bail, de même que toutes les pertes sont à sa charge, — le tout sauf convention contraire (art. 1822-1825, C. Civ).

A la fin du bail, le fermier doit laisser au bailleur un troupeau d'une valeur égale à celle du bétail qu'il lui a fourni. L'excédent lui appartient si la valeur du bétail exploité à cheptel s'est accrue ; si au contraire elle a diminué, il doit payer la différence au bailleur, mais *en aucun cas* il n'a le droit de retenir le troupeau, tel qu'il se comporte à l'expiration du bail, en payant au bailleur l'estimation *originaire* (art. 1826 C. Civ.).

La durée du cheptel de fer est égale à celle du bail à ferme.

Le cheptel de fer, à la différence des cheptels précédents, donne la qualité d'*immeubles par destination* aux bestiaux qui en sont l'objet; par conséquent ils ne peuvent être vendus qu'à la suite d'une *saisie-immobilière* (art. 522, C. Civ.).

FORMULE N° 5

Bail à cheptel de fer

« Entre les soussignés,

» M. Georges Barbier, propriétaire, demeurant au château de......... commune de..... d'une part,

» Et M. Jean Carreau, cultivateur à...... canton de..... d'autre part,

» Il a été convenu ce qui suit :

(Rédiger d'abord les articles relatifs à la constitution du *bail à ferme* suivant la formule établie ci-dessus pour les baux de ce genre, et ajouter les articles relatifs au *cheptel*, ainsi qu'il suit.)

Article 10 (*par exemple*).

» Le bailleur donne en outre au preneur, à titre de cheptel de fer, pour toute la durée du bail à ferme ci-dessus établi, le fonds de bétail attaché présentement à la dite ferme, et dont le preneur déclare avoir parfaite connaissance, le dit fonds de bétail composé de...... (indications *détaillées et précises*), et estimé par les parties d'un commun accord à la somme de...

Article 11

» Les laitages, fumiers, laines appartiendront exclusivement au preneur, à la charge pour lui de n'employer les fumiers qu'à l'exploitation des terres à lui affermées par les présentes. De même, les travaux des animaux donnés à cheptel profiteront uniquement au preneur.

Article 12

» La perte partielle ou totale des animaux donnés à cheptel sera supportée uniquement par le preneur, sauf au cas où elle se produirait par cas fortuit ou force majeure : elle serait alors supportée par moitié entre les deux parties.

Article 13

» A la fin du bail, le preneur devra laisser au bailleur un fonds de bétail d'une valeur égale à la valeur estimative actuelle du bétail donné à cheptel. Le croît appartiendra au preneur, mais seulement pour le surplus de cette valeur. Au cas où l'estimation serait inférieure à celle inscrite dans les présentes, le preneur devra la différence au bailleur.

» L'estimation sera faite par un tiers désigné d'un commun accord par les deux parties.

» Fait à......... le....... mil huit cent...

» Approuvé l'écriture, » Approuvé l'écriture.
» Georges Barbier. » Jean Carreau.

N° 4. — CHEPTEL DONNÉ AU MÉTAYER OU COLON PARTIAIRE

Le cheptel donné au métayer ou colon partiaire par le propriétaire même de la métairie n'a point les mêmes effets que le cheptel donné au fermier (*cheptel de fer*). Ainsi, lorsque le bétail confié au métayer périt *en entier* sans que celui-ci ait commis de faute ayant entraîné cette perte, le dommage est pour le *bailleur*, tandis qu'il est à la charge du preneur dans le cheptel de fer.

Au cas de perte *partielle*, le préjudice est partagé *par moitié* entre le bailleur et le métayer, comme dans le cheptel simple, dont presque toutes les règles d'ailleurs doivent être appliquées ici en principe (art. 1830, C. Civ.) : c'est ainsi que le métayer partage la laine et le croît avec le bailleur, mais profite *seul* du laitage, du fumier et du travail des bestiaux donnés à cheptel ; il ne peut tondre sans prévenir le bailleur, ni disposer du bétail sans son consentement, etc., etc. — Cependant dans le bail à cheptel consenti au colon partiaire, il peut être convenu que le bailleur aura une part plus grande dans les profits que dans les pertes ; que la part de toison qui revient au colon sera livrée au bailleur à un prix inférieur à la valeur ordinaire ; enfin que le colon partagera les laitages avec lui. — Mais il est formellement interdit de convenir que le métayer sera tenu de la totalité des pertes. Cette clause serait absolument nulle (art. 1828).

Le cheptel donné au *métayer* n'a que deux traits de ressemblance avec le cheptel donné au *fermier* : les bestiaux ont la qualité d'*immeubles par destination* et la durée du bail à cheptel est égale à celle du bail du fonds rural lui-même.

FORMULE N° 6

Cheptel donné au colon partiaire (métayer)

« Entre les soussignés,

» M. Herland, propriétaire à..... canton de..... d'une part,

» Et M. Léniard, cultivateur à..... canton de..... d'autre part.

» Il a été convenu ce qui suit :

(Rédiger d'abord les articles relatifs au *bail à métairie* ou à *colonage partiaire*, d'après la formule consacrée aux baux de ce genre, puis établir les dispositions concernant le *cheptel*.)

Article 10 (*par exemple*)

» Le bailleur donne en outre au preneur, à titre de cheptel, et pour la même durée que le bail à métairie constitué par les présentes, un fonds de bétail se composant de : 1°..... 2°..... 3°..... etc., et estimé d'un commun accord à la somme de.....

ARTICLE 11

» Le preneur s'engage à bien garder, nourrir et soigner le fonds de bétail à lui donné à titre de cheptel Il profitera seul du fumier et du travail des animaux, mais il devra employer tout le fumier à l'exploitation de la métairie à lui baillée par les présentes. Il n'aura droit qu'à la moitié des laitages.

» Le preneur s'engage en outre à délaisser au bailleur les toisons au prix de..... quelle que soit l'augmentation qui puisse survenir par la suite dans leur valeur.

» Si le fonds donné à cheptel périt en entier pendant la durée du bail, sans qu'il y ait aucune faute de la part du preneur, la perte sera supportée exclusivement par le bailleur, mais s'il ne se produit qu'une perte partielle, cette perte sera à la charge du preneur pour les deux tiers, et à la charge du bailleur pour l'autre tiers seulement.

ARTICLE 12

» A l'expiration du bail, le bailleur prélèvera sur le bétail, tel qu'il se comportera, une valeur égale à la valeur estimative ci-dessus fixée; l'excédant sera divisé par moitié entre les deux parties. L'estimation sera faite par une tierce personne qui sera ultérieurement désignée d'un commun accord.

» Fait à......... le......... mil huit cent.....

» Approuvé l'écriture, » Approuvé l'écriture,
» HERLAND. » LÉNIARD.

N° 5. — CONTRAT APPELÉ IMPROPREMENT CHEPTEL

Tandis que les cheptels proprement dits peuvent avoir pour objet toute espèce d'animaux, pourvu qu'ils soient susceptibles de croît ou de profit pour l'*agriculture* ou le *commerce*, (bœufs, chevaux, moutons, animaux de basse-cour, abeilles, etc., etc.), le contrat appelé improprement cheptel a simplement pour objet une ou plusieurs *vaches* (il ne s'agit plus ici de troupeau). Le propriétaire des vaches les confie à un cultivateur quelconque (fermier ou propriétaire) pour les loger et les nourrir; tous les veaux qui naissent des vaches lui appartiennent *exclusivement*, et en récompense de ses soins le preneur n'a droit qu'au laitage et au fumier (art. 1831, C. Civ.).

FORMULE N° 7

Contrat improprement appelé cheptel (Bail de vaches).

« Entre les soussignés,

» M. Louis Viard, propriétaire, demeurant au château de........ commune de..... etc. d'une part,

» Et M. Pierre Courtauld, cultivateur, demeurant à........ canton de..... d'autre part,

» Il a été convenu ce qui suit

ARTICLE PREMIER

» M. L. Viard donne à bail par les présentes, à M. P. Courtauld qui accepte, six vaches de race bretonne.

» La 1re (indiquer l'*âge*, la couleur du *poil*, les *signes* particuliers.)

» La 2e..... etc., etc.

» Le preneur reconnaissant en avoir reçu une livraison aujourd'hui même.

ARTICLE 2

» Le présent bail est consenti pour une durée de quatre années à compter de ce jour, à la charge pour le preneur de payer au bailleur chaque année, à la Saint-Michel, une somme de...

ARTICLE 3

» Le preneur s'engage à ne jamais employer au labour ni à un travail quelconque les vaches à lui confiées par le bailleur. Il devra les bien garder, soigner, nourrir et loger.

» En retour, le preneur aura droit à tous les laitages, et à tous les fumiers produits par les dites vaches; mais les veaux qui pourront naître d'elles pendant la durée du bail appartiendront exclusivement au bailleur.

ARTICLE 4

» En cas de perte de l'une ou de plusieurs des dites vaches, le préjudice sera supporté uniquement par le bailleur, à moins que le preneur n'ait commis une faute ou négligence ayant entraîné cette perte.

» Fait à........ le:..... mil huit cent...

» Approuvé l'écriture, » Approuvé l'écriture,

» Louis VIARD. » P. COURTAULD.

SECTION IV

Échanges de biens immeubles ruraux

Nous avons dit dans une autre partie de cet ouvrage (Voy. VIE CIVILE) que le droit d'enregistrement dû pour les échanges d'immeubles était de 3 fr. 50 0/0, y compris le droit de transcription: s'il y a soulte, ce droit de 3 fr. 50 0/0 est calculé d'après la valeur de l'immeuble le moins important ; mais la *soulte* est soumise elle-même à un droit de 5 fr. 50 0/0.

Pour les échanges de biens ruraux *contigus*, le législateur, dans l'intérêt de l'agriculture, a abaissé considérablement les droits d'enregistrement. Les lois du 27 juillet 1870 et du 3 novembre 1884 fixent en effet les droits d'enregistrement et *de transcription*, en matière d'échange d'immeubles ruraux (bâtis ou non bâtis), à 0 fr. 20 0/0, lorsque les immeubles échangés sont situés dans la même commune ou dans des communes *limitrophes*; ou bien encore lorsque l'un des immeubles échangés est *contigu* aux propriétés de celui des échangistes qui le recevra, mais dans le cas seulement où ces immeubles ont été acquis par les contractants par acte *enregistré depuis plus de deux ans*, ou recueillis *à titre héréditaire* (art. 1er, loi du 3 novembre 1884).

Dans tous les cas, le contrat d'échange doit renfermer l'indication du numéro, de la section, du lieu dit, de la classe, de la nature et du revenu cadastral des immeubles échangés. — En outre, un extrait de la matrice cadastrale de chacun d'eux doit être déposé au bureau lors de l'enregistrement de l'acte. Cet extrait donne toutes les indications que, d'après la loi, le contrat d'échange doit contenir ; (il suffit donc d'insérer dans l'acte les indications contenues dans l'extrait unique ou dans les *deux extraits*, s'il y a lieu). — L'extrait est délivré *gratuitement* soit par le maire, soit par le directeur des contributions directes (art 2, loi du 3 novembre 1884).

En dehors des hypothèses ci-dessus énumérées, les échanges d'immeubles ruraux sont soumis au droit d'enregistrement fixé pour les échanges d'immeubles ordinaires (5 fr. 50 0/0 y compris le droit de transcription).

Quant à la *soulte*, qu'il s'agisse de biens ruraux contigus, ou non, peu importe, elle est toujours grevée du droit de 5 fr. 50 0/0 (art. 52, loi du 17 avril 1816, et art. 3, loi de novembre 1884). :

FORMULE

Contrat d'échange d'immeubles ruraux contigus

« Entre les soussignés :

» M..... (*nom, prénom, profession et domicile*) d'une part,

» Et M..... (*nom, prénoms, profession et domicile*) d'autre part

» Il a été convenu ce *qui suit* :

» M...... cède par les présentes à titre d'échange à M...... qui accepte, avec garantie contre tous troubles et évictions, un immeuble à lui appartenant, situé dans la commune de........ au lieu dit........... figurant sous le n° ... section B du plan cadastral, cultivé en vignes, rangé dans la 2e classe, d'une contenance de....... ares....... centiares, et d'un revenu de.... francs, ainsi qu'il appert de l'extrait de la matrice cadastrale ci-annexé (*indiquer les tenants et aboutissants*), le dit bien provenant de la succession du père dudit M........... décédé ab intestat le.......... mil huit cent.....

» De son côté, M....... cède en contre-échange à M..... qui accepte, le fonds de terre à lui appartenant en vertu d'un acte d'acquisition, fait *sous seing privé* et enregistré le .... mil huit cent....., situé dans la commune de............, ledit fonds étant contigu à la propriété dudit M..... (*indiquer les tenants et aboutissants*) et figurant au plan cadastral sous le n°..., section A, cultivé en prairie, 2e classe, d'une contenance de...... ares..... centiares et d'un revenu cadastral de ......francs, ainsi qu'il résulte d'ailleurs de l'extrait de la matrice cadastrale annexé aux présentes.

» Le fonds cédé en échange étant estimé d'un commun accord à ..... francs et le fonds cédé en contre-échange n'étant évalué qu'à.... francs, ledit échange est fait moyennant le paiement par le dit M....., *à titre de soulte*, d'une somme de.... francs, exigible le.... prochain.

» Les titres des propriété des deux fonds susdits, reconnus réguliers par les deux parties, ont été échangés, ainsi qu'elles le reconnaissent par les présentes.

(Insérer ici les clauses particulières relatives au paiement des *droits d'enregistrement*, à la *radiation* ou à la *purge* des hypothèques, etc.)

» Fait double à ...., le....... mil huit cent..

» Approuvé l'écriture » Approuvé l'écriture

(*Signature.*) (*Signature.*)

SECTION V

Les saisies en droit rural

§ 1er. — SAISIE-IMMOBILIÈRE

La procédure de la saisie-immobilière est trop longue et trop compliquée pour que nous en fassions ici l'exposé détaillé; nous en avons du reste tracé les grandes lignes dans une autre partie de cet ouvrage (Voy. VIE JUDICIAIRE); mais il importe d'indiquer les règles relatives à la saisie-immobilière spécialement applicables aux immeubles *ruraux* (fonds de terre, bâtiments de ferme et de métairie, animaux donnés à cheptel de fer, instruments aratoires appartenant au bailleur, etc.).

Le procès-verbal de saisie-immobilière relative à des biens ruraux doit désigner la *nature* et la *contenance* approximative de chaque pièce de terre, les bâtiments de a propriété foncière saisie, le nom du fermier ou colon partiaire (si elle est donnée à bail), et la commune ainsi que l'arrondissement où elle est située (art. 615, C. Pr.)

Lorsque les immeubles saisis ne sont pas affermés, le saisi reste en possession jusqu'à la vente, ou plutôt jusqu'à la signification du jugement d'adjudication, si les créanciers n'y font point opposition, car l'un d'entre eux peut parfaitement obtenir du président du tribunal une ordonnance de référé enlevant au saisi la possession de l'immeuble. — Au contraire, si l'immeuble est occupé par un fermier ou métayer, celui-ci a le droit de rester en possession, seulement les baux qui n'ont pas acquis *date certaine* (Voy. VIE CIVILE) *avant le commandement* peuvent être annulés sur la demande des créanciers ou de l'adjudicataire. Or, le commandement précède de *trente jours au moins* la saisie.

Si le bien n'est pas affermé, les fruits naturels et industriels (croît des animaux, récoltes, etc.) recueillis après la transcription de la saisie sur les registres du conservateur des hypothèques, sont vendus avec l'autorisation du président, et leur prix est mis de côté pour être distribué plus tard aux créanciers. Le saisi n'a le droit de faire aucune coupe de bois ni dégradation, sous peine de dommages-intérêts et même de peines sévères (amende, emprisonnement, suivant les cas) — (art. 682-683, C. Pr.) Au contraire, les créanciers peuvent, *avec l'autorisation du président du tribunal*, faire procéder à des coupes de bois et à leur vente aux enchères, ainsi qu'à la coupe et à la vente aux enchères des fruits pendants par racines (récoltes *sur pied*).

Lorsque les immeubles saisis sont affermés, les créanciers forment une saisie-arrêt entre les mains des fermiers ou métayers qui, à partir de ce moment, doivent se garder de payer les fermages à leur bailleur, car ce paiement ne les libèrerait pas. Mais ils peuvent verser leurs fermages entre les mains des préposés de la caisse des Dépôts et Consignations (receveurs particuliers), ou bien les garder et ne les payer que sur la présentation des bordereaux de collocation remis aux créanciers et sur la réquisition de ces créanciers (art. 685, C. Pr.). — Si les créanciers ont négligé de former opposition entre les mains des fermiers, ceux-ci se libèrent parfaitement en payant leurs fermages au saisi, mais le bailleur ne peut disposer des sommes qu'il a ainsi reçues : il en doit compte.

Nous rappelons que la saisie-immobilière porte non-seulement sur les immeubles proprement dits (immeubles par nature), mais aussi sur tous les *immeubles par destination*, c'est-à-dire sur tous les objets mobiliers que le saisi a placés sur l'immeuble pour le service et l'exploitation du fonds : animaux attachés à la culture ou donnés à cheptel, ustensiles aratoires, semences, pigeons des colombiers, lapins de garenne, ruches à miel, poissons des étangs, pailles et engrais, pressoirs, cuves, tonnes, etc. (art. 524, C. Civ).

§ 2. — SAISIE-BRANDON

On appelle de ce nom la saisie des fruits *pendants par racines* (moissons non coupées, par exemple). Elle ne peut être faite que dans les *six semaines* qui précèdent l'époque de la maturité des fruits (art. 626, C. Pr.).

Le créancier qui veut avoir recours à la saisie-brandon doit d'abord adresser un commandement à son débiteur, et le *surlendemain* seulement la saisie peut être effectuée (art. 627, C. Pr.) Le procès-verbal qui la constate doit indiquer la contenance et la situation de chaque pièce de terre, deux au moins de ses tenants et aboutissants, et la nature des fruits saisis (froment, seigle, etc.)

En principe, c'est le garde-champêtre de la commune qui est établi gardien de la saisie (art. 628, C. Pr.) — La vente aux enchères des fruits saisis ne peut avoir lieu que *huit jours* après l'annonce par affiches de la mise en adjudication (les affiches indiquent entre autres la quantité d'hectares occupés par les fruits saisis et la nature de ces fruits). Elle doit être faite un *dimanche* ou un *jour de marché* (art. 630 et 632, C. Pr.).

§ 3. — SAISIE-EXÉCUTION

Ici encore nous trouvons quelques règles applicables spécialement à la vie agricole. En effet, lorsque la saisie-mobilière est dirigée contre un cultivateur (propriétaire ou fermier), celui-ci a le droit de distraire de la saisie une vache ou trois brebis ou deux chèvres à *son choix*, ainsi que les pailles, fourrages et grains nécessaires pour la litière et la nourriture de ces animaux *pendant un mois* (art. 582, 8°, C. Pr.) Si le saisi est un fermier ou métayer, il est bien entendu que la saisie ne peut porter sur les animaux à lui confiés à cheptel, ni sur les instruments aratoires attachés à l'exploitation du fonds par le bailleur ; mais elle porte sur le bétail qui lui appartient, ainsi que sur ses propres ustensiles. Le saisissant peut même demander au juge de paix de mettre à la tête de l'exploitation un gérant pour remplacer le saisi (art. 597, C. Pr.).

CHAPITRE III

LES ANIMAUX DOMESTIQUES

SECTION PREMIÈRE

Vices rédhibitoires

A propos de la vente (Voy. VIE CIVILE), nous avons dit que le vendeur était tenu à garantie à raison des *défauts cachés* de la chose vendue qui la rendent impropre à l'usage auquel on la destine, ou qui diminuent tellement son utilité et son usage, que l'acheteur ne l'aurait pas acquise ou n'aurait donné qu'un prix moindre, s'il les avait connus (art. 1641, C. Civ.).

Ce sont ces défauts cachés que l'on désigne sous le nom de *vices rédhibitoires*, particulièrement en matière de ventes ou d'échanges d'animaux domestiques.

La théorie des vices rédhibitoires est fondée sur le principe du code civil que nous venons de rappeler. D'après la nouvelle loi sur les *vices rédhibitoires* (loi du 2 août 1884), les maladies ou défauts qui rentrent dans la classe des vices rédhibitoires sont : *Pour le cheval, l'âne et le mulet*, — la morve, le farcin, l'immobilité, l'emphysème pulmonaire, le cornage chronique, le tic proprement dit (avec ou sans usure des dents), les boiteries anciennnes intermittentes, la fluxion périodique des yeux. — *Pour l'espèce ovine*, la clavelée. (Alors, même qu'un seul animal dans tout le troupeau vendu serait atteint de cette maladie, le troupeau *tout entier* peut être rendu, s'il porte la marque du vendeur). — *Pour l'espèce porcine* : la ladrerie (art. 2, loi du 2 août 1884).

Si le vendeur de l'animal atteint de l'un de ces vices rédhibitoires *offre* de le reprendre en restituant le prix et en remboursant à l'acheteur les frais occasionnés par la vente, celui-ci n'a rien à réclamer; son action en garantie n'a plus d'objet. De même en cas d'échange, si l'animal échangé contre un autre animal atteint d'un vice rédhibitoire est restitué (art. 3, même loi). — Mais si le vendeur n'offre pas de reprendre l'animal vendu, l'acheteur a le droit de demander une réduction de prix, ou, s'il le préfère, de rendre l'animal au vendeur et de réclamer la restitution du prix total. Au cas où le vendeur connaissait les vices de la chose, il est tenu, outre la restitution du prix, de dommages-intérêts envers l'acheteur (art. 3, loi du 2 août 1884, et art. 1644-1645 du C. Civ.).

Avant la loi de 1884, l'acheteur qui se décidait à garder l'animal qu'il avait acheté ne pouvait obtenir une réduction de prix (Voy. loi du 20 mai 1838).

Par exception, lorsqu'il s'agit de ventes ou d'échanges de peu d'importance, aucune réclamation ne peut être admise pour vices rédhibitoires; pour que le vendeur soit tenu en garantie il faut que le *prix* (la *valeur*, en cas d'échange) dépasse 100 francs, (art. 4, loi du 2 août 1884).

Procédure. — Lorsqu'on se trouve dans une hypothèse où l'action en garantie peut être intentée contre le vendeur pour vice rédhibitoire, on n'a pour l'intenter qu'un délai de *neuf jours francs* à partir de la livraison, mais le jour fixé pour la livraison n'est pas compris dans ce délai. — Cependant, si le vice rédhibitoire consiste en une *fluxion périodique*, le délai est porté à *trente jours francs* (art. 5, même loi).

Quand la livraison a été effectuée hors de la localité où est domicilié le vendeur, ou lorsque l'animal a été conduit par l'acheteur hors de cette localité, le délai est augmenté *d'un jour* par 12 lieues 1/2 de distance entre le lieu où a été amené l'animal et le lieu du domicile du vendeur (art. 6, même loi).

Mais, quel que soit le délai donné à l'acheteur pour entamer les poursuites, il n'a que *neuf jours francs* pour demander au juge de paix du lieu où se trouve l'animal vendu, de nommer des experts chargés de vérifier l'état de cet animal. — La demande peut être faite par écrit (en forme de requête), ou même verbalement. Le juge de paix doit nommer *immédiatement* un ou trois experts. Ces experts recueillent tous les renseignements utiles, donnent leur avis et à la fin du procès-verbal qu'ils doivent dresser, ils affirment par serment la sincérité de leurs opérations (art. 7).

En principe, le vendeur doit être invité par une *citation* à assister à l'expertise, *mais en cas d'urgence* ou pour cause d'éloignement, le juge de paix peut dispenser l'acheteur d'appeler le vendeur à l'expertise. — Lorsque le juge de paix n'a pas accordé cette dispense, la citation à l'expertise doit être remise au vendeur dans le délai *de neuf jours francs* (de *trente jours francs* au cas de *fluxion périodique*) ; cette citation doit contenir la déclaration qu'il sera procédé à l'expertise même en l'absence du vendeur. — Lorsque le vendeur a été appelé à l'expertise, la demande en garantie pour vice rédhibitoire peut être signifiée dans les *trois jours* à compter de la *clôture du procès-verbal* des experts (par exemple 15, 18 jours après la livraison de l'animal); mais s'il n'a point été appelé à l'expertise, la demande doit être faite dans le délai de *neuf jours* (ou de *trente jours*, au cas de *fluxion périodique*) à compter du jour de la *livraison* (art. 8).

Les poursuites en garantie sont portées devant *le juge de paix* si le prix de vente ou la valeur de l'échange n'excède pas 200 francs; le juge de paix statue à charge d'appel au tribunal d'arrondissement. — Au delà de 200 francs, l'affaire est soumise en premier ressort au tribunal civil, en dernier ressort à la Cour d'appel (on suit d'ailleurs la procédure usitée en *matière sommaire*). Mais que la contestation soit portée devant le juge de paix ou devant le tribunal, elle est dispensée du préliminaire de conciliation (art. 9).

Si l'animal vient à périr, le vendeur n'est tenu de la garantie due pour vice rédhibitoire que si l'acheteur a intenté contre lui l'action en garantie dans les délais prescrits ci-dessus, et encore celui-ci doit-il prouver que la perte de l'animal provient de l'une des maladies ou infirmités énumérées par la loi que nous commentons (art. 10). — Le vendeur d'un cheval, âne ou mulet atteint de la morve ou du farcin est dispensé de toute garantie s'il prouve que l'animal vendu par lui a été mis en contact, depuis la livraison, avec des animaux atteints de la même maladie. Le vendeur d'un animal de l'espèce ovine qui a *la clavelée* est également dispensé de toute garantie, s'il parvient à faire cette même preuve (art. 11).

En dehors des maladies ou infirmités que nous avons citées, il n'y a aucun vice rédhibitoire pour les chevaux, ânes, mulets, animaux des espèces ovine et porcine : l'acheteur n'a rien à réclamer au vendeur si l'animal est atteint d'un vice apparent ou caché, non compris dans la liste que nous avons donnée. — Au contraire, en matière de vente d'animaux domestiques appartenant à d'autres espèces (animaux de l'espèce bovine; poulets, dindons, etc), il faut en revenir aux règles du Code civil : Le vendeur n'est pas tenu à garantie pour les vices *apparents* (l'acheteur aurait dû les apercevoir), mais il doit garantie pour *tous* les vices *cachés* rendant l'animal vendu impropre à l'usage auquel l'acheteur le destinait, ou diminuant tellement les avantages résultant de cet usage que l'acheteur ne l'aurait pas acheté ou l'aurait acheté à un prix moindre s'il avait connu la vérité, — et cela, lors même que le vendeur n'aurait pas connu ces vices. Il y a exception toutefois pour le cas où le vendeur a obtenu de l'acheteur dispense de garantie, mais seulement s'il ne connaissait pas à ce moment-là le vice existant.

L'action en garantie pour tous vices rédhibitoires non visés par la loi de 1884 doit être intentée dans un *bref délai*, suivant la nature des vices rédhibitoires et l'usage du lieu où la vente a été faite (1648, C. Civ.). Ce délai varie donc suivant les régions et la maladie; il n'est plus de neuf jours ou exceptionnellement de trente jours, comme lorsqu'il s'agit des animaux de l'espèce ovine, par exemple; il suffit que les poursuites soient intentées dans un bref délai. C'est une question de fait, les juges apprécient.

Le vendeur tenu à garantie à la suite de la vente d'un bœuf, par exemple, peut être obligé, suivant la volonté de l'acheteur, à reprendre l'animal et à restituer le prix de vente ou simplement à accepter une réduction de prix et à rendre à l'acheteur une portion de la somme qu'il a reçue; il n'a point le droit, sauf s'il ignorait lors de la livraison que l'animal vendu était atteint de vices rédhibitoires, de dire à son acheteur : « Je reprends l'animal, je vous restitue le prix et je vous restitue les frais de vente, et maintenant vous n'avez plus rien à me réclamer. » Non, c'est là une faveur accordée uniquement à ceux qui vendent des animaux appartenant aux espèces chevaline, ovine ou porcine et atteints de certains vices déterminés. Les marchands de bœufs ou de veaux ne pourraient y prétendre.

Telles sont les règles qui doivent être appliquées en matière des vices rédhibitoires, *à défaut de convention contraire* entre le vendeur et l'acheteur. Mais il ne faut point oublier que, si le vendeur s'est rendu coupable de fraudes, il est passible de dommages et intérêts.

SECTION II

Epizooties

§ 1er. — POLICE SANITAIRE DES ANIMAUX

On désigne sous le nom *d'épizooties* les maladies contagieuses qui sévissent à certaines époques sur un grand nombre d'animaux et surtout celles qui frappent les bestiaux et autres animaux domestiques.

Dans ces dernières, années le législateur, afin de combattre les épizooties, a fait une loi qui réglemente la police sanitaire des animaux. Cette loi énumère les maladies réputées contagieuses auxquelles ses dispositions s'appliquent. En voici la liste :

La *rage* et le *charbon* (*pour toutes les espèces*).

La *peste bovine* pour toutes les espèces de *ruminants*; la *péripneumonie contagieuse* dans l'espèce bovine, la *clavelée* et la *gale* dans les espèces ovine et caprine (moutons, chèvres); *la fièvre aphteuse* dans les espèces bovine, ovine, caprine et porcine; la *morve*, le *farcin* chez le cheval, l'âne, le mulet (art. 1er, loi du 21 juillet 1881).

Mesures sanitaires. — Tout propriétaire, toute personne ayant à soigner ou à garder un animal atteint ou soupçonné d'être atteint d'une maladie contagieuse doit en faire sur-le-champ la déclaration au maire. — Avant même que l'autorité publique ait répondu à cet avertissement, l'animal doit être séquestré et isolé autant que possible des autres animaux susceptibles de contracter cette maladie; il est interdit de le transporter ou de l'enfouir avant que le vétérinaire délégué par l'administration l'ait examiné; on peut cependant l'enfouir tout de suite, en cas d'urgence, *si le maire en a donné l'autorisation*. — Or, dès que le maire est instruit d'une façon ou d'une autre de la maladie, il fait procéder sans retard à la visite de l'animal par le vétérinaire qui prescrit les mesures nécessaires et envoie son rapport au préfet (art. 3-4, même loi).

Le préfet prend, s'il est nécessaire, un arrêté portant *déclaration d'infection*. Cet arrêté entraîne de graves conséquences, notamment l'isolement et la séquestration des troupeaux dans les localités infectées, l'interdiction de ces localités, une règlementation plus sévère, et même l'interdiction momentanée des foires et marchés et du transport du bétail. L'arrêté prescrit, en outre, la désinfection des écuries, étables, celle des objets à l'usage des animaux malades et même la destruction de ces objets, etc. (art. 5, même loi).

Lorsqu'un arrêté préfectoral a constaté l'existence de la *peste bovine* dans une commune, *tous* les animaux de l'espèce bovine contaminés, alors même qu'il ne présenteraient aucun signe *apparent* de maladie, sont abattus par ordre du maire, *sur la proposition du vétérinaire*, mais seulement *après estimation* de leur valeur. Les animaux sont abattus *sur place*, à moins que le vétérinaire ne juge le transport de l'animal abattu trop dangereux; dans ce cas, l'animal est abattu à l'endroit où il doit être enfoui. — Le transport en vue de l'abatage est autorisé par le maire (art. 7).

Dans le cas de *morve* constatée, et dans le cas de *farcin* ou de *charbon*, si la maladie est jugée *incurable* par le vétérinaire, les animaux *doivent* être abattus sur l'ordre du maire.

Il peut arriver que le propriétaire des animaux infectés fasse appeler un autre vétérinaire, et que celui-ci prétende que la maladie n'est point incurable. Le préfet, instruit de cette contestation, doit désigner alors un troisième vétérinaire, et c'est l'opinion de ce dernier qui l'emporte (art. 8).

Les *chiens* et les *chats* que l'on soupçonne d'être *enragés* doivent être abattus *immédiatement*.

Sur l'avis du conseil consultatif des épizooties, le préfet peut ordonner la *clavelisation* des troupeaux infectés; mais elle ne peut être effectuée qu'avec son autorisation (art. 11).

La mise en vente des animaux atteints ou soupçonnés d'être atteints de maladies contagieuses est interdite (art. 13).

Les cadavres des animaux morts de la *peste bovine* et du *charbon*, ou abattus comme étant atteints de ces maladies, doivent être enfouis avec la *peau tailladée*, à moins qu'ils ne soient envoyés à un atelier d'équarissage autorisé par l'administration.

La chair des animaux abattus comme ayant été en contact avec des animaux atteints de la peste bovine peut être livrée à la consommation, mais les peaux et abats doivent être désinfectés avant d'être enlevés du lieu de l'abatage (art. 14-15).

§ 2. — INDEMNITÉS DUES AUX PROPRIÉTAIRES DES ANIMAUX ABATTUS

Il est alloué aux propriétaires des animaux abattus pour cause de *peste bovine*, la *moitié* de la valeur des animaux avant la maladie; aux propriétaires des animaux abattus pour *péripneumonie contagieuse*, la *moitié* de la valeur si les animaux sont reconnus *atteints*, les trois quarts s'ils étaient seulement *contaminés*. L'indemnité est même égale à la *totalité* de la valeur pour les animaux qui ont été non pas abattus, mais *inoculés*, et qui sont morts l'inoculation.

Mais l'indemntié ne peut dépasser	400 fr.	pour la moitié	de la valeur
	600 »	pour les trois quarts	—
	800 »	pour la totalité	—

Avant l'abatage, le vétérinaire délégué par l'administration et un expert désigné par le propriétaire procèdent à l'estimation de la valeur des animaux; le maire et le juge de paix visent le procès-verbal de l'expertise, et donnent leur avis.

Le ministre, du reste, peut faire réviser les évaluations par une commission dont il désigne les membres. — C'est au ministre de l'agriculture que le propriétaire des animaux doit adresser sa demande d'indemnité : il doit la lui envoyer dans les *trois mois* qui suivent l'abatage, sous peine de perdre tout droit à une indemnité (art. 20-21, loi du 21 juillet 1881).

Par exception, aucune indemnité n'est allouée aux propriétaires d'animaux *importés* des pays étrangers, et abattus pour cause de *péripneumonie contagieuse* dans les *trois mois* de leur entrée en France. — Quant aux propriétaires d'animaux abattus par suite de maladies contagieuses *autres que la peste bovine*, ils n'ont droit à aucune indemnité. Et il en est de même à l'égard des propriétaires d'animaux qui sont abattus sur la désignation du vétérinaire, *et sur l'ordre du préfet*, comme atteints de *péripneumonie contagieuse*, ou qui périssent après avoir été *inoculés* dans les localités infectées de cette même maladie. Bien plus, lorsque le ministre ordonne, ainsi qu'il en a le droit, l'abatage des animaux d'*espèce bovine* ayant été mis *en communication* d'une façon ou d'une autre avec des animaux atteints de *péripneumonie contagieuse*, aucune espèce d'indemnité n'est allouée (art. 9 et 23, même loi).

Les frais d'abatage, d'enfouissement, de transport, de désinfection, etc., etc., sont pour la totalité à la charge des propriétaires des animaux (art. 27).

§ 3. — CONDAMNATIONS EN CAS DE CONTRAVENTIONS

Celui qui ne prévient point le maire de la maladie contagieuse qui atteint ses bestiaux, ou qui n'observe pas les mesures sanitaires prescrites; celui qui pratique la clavelisation sans l'autorisation du préfet, ou exerce *irrégulièrement* la médecine vétérinaire, est passible de six jours à deux mois de prison, et de 16 à 4000 francs d'amende (art. 30). — Ceux qui ont mis en vente des animaux atteints de maladies contagieuses; ceux qui ont *sans autorisation* déterré ou acheté des animaux qu'ils savaient être morts de maladies contagieuses ou avoir été abattus comme atteints de la *peste bovine*, du *charbon*, de la *morve*, du *farcin* ou de la *rage*; ceux qui ont laissé leurs animaux infectés communiquer avec d'autres, ou ont importé en France des animaux qu'ils savaient atteints de maladies contagieuses, sont punis de deux mois à six mois de prison et de 100 à 1000 francs d'amende. Si des délits dont nous venons de parler il est résulté une contagion, le contrevenant est passible de six mois à trois ans de prison, et de 100 à 2000 francs d'amende. La même pénalité est édictée contre celui qui a *mis en vente* de la viande d'animaux qu'il savait être morts de maladies contagieuses, ou avoir été abattus comme atteints de la peste bovine, du charbon, de la morve, du farcin ou de la rage. — Pour les infractions moins graves des amendes de 1 franc à 400 francs sont encourues (art. 31 et 34).

Au cas de récidive *dans l'année* qui suit la première condamnation, les pénalités peuvent être doublées (art. 35).

§ 4. — MESURES SANITAIRES RELATIVES A L'IMPORTATION ET A L'EXPORTATION DES ANIMAUX

Les animaux des espèces chevaline, asine, bovine, caprine et porcine sont soumis à leur entrée en France, dans les bureaux de douane ou ports de mer ouverts à l'importation de ces animaux, à une visite sanitaire *aux frais des importateurs*. Lorsque l'invasion d'une maladie contagieuse est à craindre, les animaux des autres espèces sont aussi soumis à cette visite. — Le gouvernement peut prohiber l'importation des animaux susceptibles de communiquer une maladie contagieuse, ou ordonner la *mise en quarantaine* de ces animaux; il peut encore prescrire l'abatage *sans indemnité* des animaux malades ou qui ont été exposés à la contagion (art. 24-25).

Les mesures sanitaires à prendre à la frontière sont ordonnées par les maires dans les communes rurales.

C'est au gouvernement qu'est dévolue la mission de prescrire toutes les mesures nécessaires pour empêcher l'exportation des animaux atteints de maladies contagieuses (art. 29).

§ 5. — SOCIÉTÉS D'ASSURANCES CONTRE LA MORTALITÉ DES BESTIAUX

Ces sociétés, dont le gouvernement ne saurait trop encourager la création, sont en général des sociétés d'assurances *mutuelles* établies entre les agriculteurs. Chacun des membres de la société verse une cotisation annuelle fixée d'après les pertes moyennes ; lorsqu'une épizootie se déclare, les sociétaires reçoivent une indemnité égale à la valeur des animaux qu'ils ont perdus, inférieure — mais proportionnelle à cette valeur — lorsque les ravages de la maladie sont trop considérables.

CHAPITRE IV

POLICE RURALE

SECTION PREMIÈRE

La police rurale proprement dite

La *police rurale* — c'est-a-dire la police des campagnes — est spécialement placée sous la surveillance des maires, des gardes-champêtres et des gendarmes. Elle est réglementée tant par le Code pénal que par la loi du 6 octobre 1791. Nous allons indiquer les dispositions les plus pratiques.

Celui qui achète des bestiaux hors des foires et marchés est tenu de les restituer gratuitement à leur véritable propriétaire dans le cas où ils auraient été volés (art. 11, loi du 6 octobre 1791).

Toute personne qui a allumé du feu dans les champs à moins de 100 mètres des maisons, bois, bruyères, vergers, haies, plantations, meules de grain, de paille ou de foin, est passible d'une amende, et doit payer en outre le dommage que le feu a occasionné, sans préjudice de peines plus graves suivant le cas (art. 10, même loi).

Les dégâts que les bestiaux de toute espèce, *laissés à l'abandon*, font sur les propriétés d'autrui, soit dans un enclos, soit dans les champs ouverts, sont payés par les personnes qui ont la jouissance de ces bestiaux (par le fermier, s'il s'agit d'animaux donnés à cheptel). Le propriétaire du fonds endommagé a le droit de saisir les bestiaux, mais à la charge de les faire conduire dans les vingt-quatre heures au lieu de dépôt désigné par le maire, et si les dommages ne sont point payés dans la huitaine, ou si les bestiaux ne sont point réclamés, il est procédé à la vente des animaux saisis, et le cultivateur est indemnisé sur le prix. — Si les dégâts sont causés par des volailles, le cultivateur victime du dégât a le droit de les tuer, mais seulement sur les lieux et au moment où les dégâts sont faits (art. 52).

Quiconque a dévasté des récoltes sur pied ou des plants (venus naturellement ou faits de main d'homme, peu importe) est puni de deux à cinq ans de prison. — Celui qui abat un ou plusieurs arbres appartenant à autrui, ou les mutile de manière à les faire périr, est passible de six jours à six mois de prison *à raison de chaque arbre*, sans que la peine puisse dépasser cinq ans (art. 444-446, C. Pén.).

Quiconque a coupé des grains ou des fourrages qu'il savait appartenir à autrui est passible de six jours à deux mois de prison; la condamnation est de vingt jours à quatre mois lorsqu'il a été coupé du grain *en herbe*.

La destruction d'instruments d'agriculture, de parcs à bestiaux, de cabanes de gardiens est punie d'un mois à un an de prison (art. 451).

Tout individu ayant empoisonné des chevaux, ânes, mulets, bêtes à cornes, moutons, chèvres ou porcs ou des poissons dans des étangs, viviers ou réservoirs est passible d'un an à cinq ans de prison et de 16 à 300 francs d'amende (art. 452, C. Pén.). — Ceux qui ont tué *sans nécessité* des animaux domestiques sont punis de *deux à six mois* de prison, si le délit a été commis sur les terres dont le maître des animaux était propriétaire ou fermier; de *six jours à un mois* de prison, si le délit a été commis par le coupable *sur ses propres terres*; de quinze jours à six semaines, s'il a été commis dans tout autre lieu (art. 453. C. Pén.). Dans tous ces cas, le délinquant est condamné en outre à une amende de 16 francs *au moins* et à des dommages-intérêts.

Celui qui comble des fossés, détruit des clôtures, arrache des haies, supprime des bornes ou autres marques de bornage est puni de un mois à un an de prison, d'une amende de 50 francs au moins, et condamné à des dommages-intérêts (art. 454-456, C. Pén.).

Lorsque les bornes ont été enlevées dans le but de commettre un vol, le délinquant est passible ds deux à cinq ans de prison et de 16 à 500 francs d'amende (art. 389, C. Pén.).

L'incendie des propriétés mobilières (récoltes coupées, par exemple) ou immobilières d'autrui, causé *involontairement* par des feux allumés dans les champs, *à moins de cent mètres* des maisons, édifices, dépôt de combustibles, forêts, bruyères, bois, vergers, plantations, haies, meules de foins, ou paille ou autres espèces de fourrages, est puni de 50 à 500 francs d'amende. — Quant à *l'incendiaire* (celui qui met le feu *volontairement*, il est condamné à mort ou aux travaux forcés (art. 458, C. Pén.)

Il est défendu de mener des bestiaux d'aucune espèce dans les prairies artificielles, dans les vignes ou oseraies, dans les plants d'oliviers, de mûriers, de capriers, de grenadiers, d'orangers, dans les pépinières ou plants d'arbres fruitiers ou autres appartenant à autrui, sous peine d'une amende de 11 à 15 francs (art. 479-500, C. Pén.). La même amende frappe ceux qui ont blessé ou tué des animaux appartenant à autrui, par suite de la rapidité ou de la mauvaise direction de leur voiture, ou encore par suite du chargement excessif des bêtes de trait ou de somme (même art., 2°).

Ceux qui laissent ou font passer des bestiaux, ou des animaux de trait ou de monture sur le terrain d'autrui ensemencé ou chargé d'une récolte, *en quelque saison que ce soit*, ou dans un bois taillis appartenant à autrui, encourent une amende de 6 à 10 francs; la même peine est prononcée contre ceux qui dérobent des récoltes ou autres productions utiles à la terre et qui, avant d'être soustraites, n'étaient pas encore détachées du sol. Lorsque le délinquant a apporté des paniers ou sacs pour emporter les objets volés, il encourt quinze jours à deux ans de prison et 16 à 200 francs d'amende. — Si le vol ou la tentative de vol a eu pour objet des récoltes ou productions *déjà détachées* du sol (notamment des meules de foin), le délinquant est puni de quinze jours à deux ans de prison et d'une amende de 18 à 200 francs. — Le vol a-t-il porté sur des bestiaux, sur des chevaux ou voitures, sur des instruments d'agriculture, sur du poisson d'étangs, de viviers ou réservoirs, il donne lieu à une condamnation d'un an à cinq ans de prison et de 16 à 500 francs d'amende (art. 388, C. Pén.).

Ceux qui ont glané dans les champs non encore dépouillés de leurs récoltes, avant le lever du soleil ou après son coucher, sont punis de 1 à 5 francs d'amende, et les produits du glanage et du grappillage sont confisqués. — Le glanage et le grappillage ne sont pas permis dans les enclos (art. 471, 10°, C. Pén. et art. 21, loi de 1791).

Les mendiants qui font des menaces pour obtenir ce qu'ils demandent, ou qui entrent, sans permission du propriétaire ou des personnes qui occupent l'habitation, soit dans une maison, soit dans un enclos en dépendant (cour, jardin), sont punis d'un emprisonnement de six mois à deux ans. — Quant au mendiant ou vagabond trouvé porteur d'armes ou muni de limes, crochets ou autres instruments propres à procurer le moyen de pénétrer dans les maisons, il est passible de deux à cinq ans de prison. La même condamnation est prononcée contre le mendiant ou vagabond qui a exercé, ou même simplement tenté d'exercer quelque acte de violence envers les personnes; et s'il est trouvé porteur d'armes ou de limes, fausses clefs, etc., il est frappé de la réclusion (art. 276-277 et 279, C. Pén.).

Malheureusement ces articles ne sont pas appliqués assez souvent; aussi voit-on les mendiants et les vagabonds pulluler dans les campagnes et, encouragés qu'ils sont par l'impunité, exercer une véritable tyrannie sur les habitants effrayés par leurs exigences.

SECTION II

Les gardes-champêtres

Toute commune peut avoir un ou plusieurs gardes-champetres. Les gardes-champêtres sont nommés par le maire, mais ils doivent être agréés par le sous-préfet et prêter serment. — Le préfet seul peut les *révoquer*; ils ne peuvent être que *suspendus* par le maire et cependant *un mois* au plus (art. 102, loi du 5 avril 1884).

Les gardes-champêtres sont chargés de veiller à l'observation des lois, arrêtés et règlements de la *police rurale* (Voy. SECTION 1re) et de la *police municipale* (maintien du bon ordre, et de la tranquillité publique dans les foires, marchés, spectacles, etc.).

Les gardes-champêtres, ainsi que nous l'avons déjà dit (Voy. VIE JUDICIAIRE), sont officiers de police judiciaire, et, comme tels, chargés de rechercher les délits et contraventions portant atteinte aux propriétés rurales, aux droits établis par les lois sur la pêche et sur la chasse. — En tant qu'officiers de police judiciaire, ils sont sous la surveillance du procureur de le République; en matière de police rurale ou municipale, ils sont sous les ordres du maire.

Les gardes-champêtres doivent arrêter et conduire devant le juge de paix ou devant le maire tout individu surpris *en flagrant délit* ou dénoncé par la clameur publique, lorsque le délit commis est puni de la prison ou d'une peine plus grave.

Les procès-verbaux que qu'ont à dresser les gardes-champêtres pour constater les délits et les contraventions sont remis par eux au commissaire de police ou, à défaut de commissaire de police, au maire, lorsqu'il s'agit des contraventions; s'il s'agit d'un délit, le procès-verbal doit être remis au procureur de la République (art. 16 et 20, C. Instr. Crim.).

Les gardes-champêtres sont payés par la commune et non point par l'Etat.

FORMULE N°1

Procès-verbal dressé par un garde-champêtre.

« Le mercredi quatorze octobre mil huit cent... à deux heures de l'après-midi, je soussigné, Jean Cadet, garde-champêtre de la commune de..... assermenté, étant en tournée sur le territoire de la dite commune, revêtu des insignes de mes fonctions, ai aperçu au lieu dit..... dans un champ appartenant au sieur....... le nommé B... aussi cultivateur demeurant à...

(Exposer dans tous leurs détails les faits qui constituent la contravention, relater les demandes du soussigné et les réponses faites par le contrevenant, énumérer les pièces de conviction, indiquer entre les mains de quel dépositaire-séquestre elles ont été remises, etc.) (1).

(1) Les animaux trouvés paissant sur une propriété non soumise à la vaine-pâture et dont les propriétaires sont inconnus, sont mis en fourrière par le garde-champêtre.

» J'ai déclaré au contrevenant que j'allais dresser procès-verbal contre lui. Le dommage causé a été évalué par moi à la somme de...

» Et du tout ai dressé le présent procès-verbal, à la date sus-indiquée, chaque feuille étant dûment signée par moi.

» Jean CADET.

SECTION III

Echenillages

Les propriétaires, fermiers, et d'une façon générale tous les cultivateurs, sont tenus de faire écheniller avant le 20 février de chaque année tous les arbres qui se trouvent sur les terres qu'ils font valoir. Ils doivent en outre brûler les bourses et toiles retirées des arbres, mais ils ne peuvent le faire que dans un lieu où le feu ne puisse se communiquer ni à des bâtiments, ni à des bois, arbres ou bruyères (art. 1-2, loi du 26 ventôse an IV).

Les maires sont tenus, sous peine d'être déclarés responsables de la négligence des cultivateurs, de veiller à l'exécution de ces dispositions ; ils doivent faire faire l'échenillage sur les arbres de ceux qui ne respectent pas ces prescriptions par des ouvriers qu'ils choisissent eux-mêmes et qui sont payés aux frais des propriétaires ou fermiers négligents (art. 7, même loi).

Les cultivateurs qui s'abstiennent d'écheniller les arbres de leurs champs ou de leurs jardins sont, en outre, traduits devant le tribunal de simple police et passibles de 1 à 5 francs d'amende (art. 471, 8°, C. Pén.)

SECTION IV

La Chasse

En principe, personne ne peut chasser avant la date fixée pour l'ouverture de la chasse, ni après la date fixée pour la clôture. — C'est le préfet qui détermine, par un arrêté publié *au moins dix jours à l'avance*, les époques de l'ouverture et de la clôture des chasses (chasse à tir, chasse à courre, chasse à cor et à cris), pour le département qu'il administre (lois du 3 mai 1844 et du 22 janvier 1874).

Il est interdit de vendre, d'*acheter*, de transporter ou de colporter du gibier tant que la chasse est fermée ; en cas de contravention, le gibier est *saisi* et livré immédiatement à l'établissement de bienfaisance le plus voisin (hôpital, hospice), sur l'ordre du juge de paix ou du maire — suivant que la saisie a eu lieu dans un chef-lieu de canton ou dans une simple commune (art. 4, loi du 3 mai 1844).

Les agents de l'autorité, les gardes-chasse ne peuvent se livrer à la recherche du gibier dans le domicile d'un particulier, mais ils peuvent visiter dans ce but les auberges, magasins de comestibles et autres lieux ouverts au public (art. 5, même loi).

Le permis de chasse. — Tout propriétaire ou possesseur peut chasser ou laisser chasser *en tout temps* et *sans permis de chasse* dans ses terres, lorsqu'elles sont attenantes à une habitation et entourées d'une clôture *continue* faisant obstacle à toute communication avec les propriétés voisines. Mais, sauf cette exception, et bien que la chasse soit ouverte, il faut avoir un permis de chasse pour pouvoir chasser (art. 2, même loi).

Or, le permis de chasse est délivré par le sous-préfet de l'arrondissement où le chasseur a sa résidence ou son domicile, et seulement sur l'avis du maire (Voy. décret de 1861). — Le coût d'un permis de chasse est de 25 francs (dont 10 francs pour la commune). — Le permis de chasse est valable pour toute la France et pendant *un an* ; il est personnel : on ne peut le prêter à un ami, par exemple, pour qu'il en profite (art. 5, même loi).

Les mineurs qui n'ont pas encore atteint *seize ans* accomplis, les interdits, les gardes-champêtres ou forestiers des communes et établissements publics, les gardes-forestiers de l'État, les gardes-pêche, les personnes privées du droit de port d'armes, ceux qui n'ont pas exécuté les condamnations prononcées contre eux pour un délit de chasse, les individus frappés de l'interdiction de domicile, ne peuvent obtenir de permis de chasse. — Quant au mineur âgé de *plus de seize ans*, il ne lui est accordé de permis que s'il est demandé pour lui par son père, mère, tuteur ou curateur inscrit au rôle des contributions directes (art 7-8, même loi).

Le sous-préfet a le droit de refuser le permis de chasse au majeur qui n'est point inscrit, ou dont le père ou la mère n'est pas inscrit au rôle des contributions directes ; à tout individu privé d'un droit civique, civil ou de famille (du droit de vote, par exemple).

Le permis de chasse peut encore être refusé, mais *pendant cinq ans* seulement à dater de l'expiration de la peine, à toute personne qui a été condamnée *à plus de six mois* de prison pour rébellion ou violence envers les agents de l'autorité publique (agents de police, gardes-champêtres etc...) ; à tout individu condamné pour délit d'association illicite, pour vente illégale de poudre, armes ou autres munitions de guerre ; pour menaces, pour entrave à la circulation des grains, pour dévastation d'arbres, de plants ou de récoltes sur pied ; et enfin à ceux qui ont été condamnés pour vagabondage, inconduite, vol, escroquerie ou abus de confiance (art. 6).

Pendant le temps de la chasse, toute personne munie d'un permis a le droit de chasser *pendant le jour*, *soit à tir*, *soit à courre*, soit à *cor et à cris* sur ses propres terres non entourées de clôture, et même sur les terres d'autrui, mais seulement avec le consentement de celui à qui le droit de chasse appartient (propriétaire, locataire ou fermier).

Tous les autres genres de chasse, à l'exception de la chasse au lapin avec des *furets* ou des bourses, sont formellement prohibés (loi du 22 janvier 1874).

Chaque année les préfets prennent des arrêtés rendus sur l'avis des conseils généraux, dans lesquels ils déterminent l'époque de la chasse des *oiseaux de passage* (autres que la caille), la nomenclature de ces oiseaux et les modes et procédés de chaque chasse pour les diverses espèces, ainsi que le temps pendant lequel il est permis de chasser le *gibier d'eau* dans les marais, sur les étangs, fleuves ou rivières. — Ils peuvent encore rendre des arrêtés pour prévenir la destruction des oiseaux ou pour favoriser le repeuplement, pour interdire la chasse en temps de neige, pour autoriser l'emploi des lévriers à la destruction des animaux malfaisants ou nuisibles (loi du 22 janvier 1874).

Les animaux malfaisants ou nuisibles (renards, blaireaux, etc.) peuvent être chassés en tout temps par les propriétaires, locataires ou fermiers sur les terres dont ils ont la jouissance. Mais, ici encore, c'est le préfet qui désigne les espèces des animaux rentrant dans la catégorie d'animaux malfaisants et nuisibles, et les conditions dans lesquelles doit être exercé ce droit que la loi accorde au propriétaire ou fermier.

Comme exemple, voici les règles relatives à la police de la chasse qui ont été établies par l'autorité préfectorale pour l'année 1885 *dans le département de la Seine :*

L'ouverture de la chasse a été fixée par une ordonnance du préfet de police au 30 août 1885. — Cette même ordonnance interdit la chasse toutes les fois que la terre est couverte de neige ; elle permet la chasse des *oiseaux de passage* pendant la période de la chasse ordinaire ; elle défend l'emploi de panneaux et de filets de toute espèce. L'usage des appeaux, des appelants, de chanterelles, des lacets, collets et autres engins est également prohibé. — Il est défendu de prendre et de détruire les nids dans les haies, buissons, arbres des routes, des promenades et des propriétés closes ou non closes (à l'exception toutefois des propriétés closes *et attenant à une habitation*), à moins cependant que ce ne soient des nids d'oiseaux compris dans la catégorie des oiseaux nuisibles, et comme tels l'ordonnance cite : les *pies*, les *corbeaux*, les *pyrargues ordinaires*, le *baluzard fluviatile*, le *faucon* (hobereau, émerillon), l'*épervier*, le *milan royal*, la *pie-grièche*, l'*autour vulgaire*, le *pigeon-ramier*, la *buse commune*, le *buzard des marais* et la *corneille noire*.

Ces oiseaux peuvent même être détruits à l'aide de pièges, en temps prohibé, par les propriétaires ou fermiers, *mais sur leurs terres seulement*.

Bien entendu, les bêtes féroces peuvent être poursuivies et détruites partout, en tout temps, par n'importe qui et n'importe comment. Des primes sont même accordées à toutes personnes qui détruisent un loup. La prime est de 100 francs par tête de loup ou de louve non pleine ; de 150 francs par tête de louve pleine ; de 40 francs par tête de louveteau. — Est considéré comme louveteau le loup qui ne pèse pas 8 kilogrammes.

Lorsqu'il est prouvé que le loup qui a été tué s'est jeté sur des êtres humains, la personne qui l'a détruit reçoit une prime de 200 francs. Mais la prime n'est touchée que si l'abatage du loup a été constaté par le maire de la commune sur le territoire de laquelle l'animal a été détruit. Cette prime est payée dans la quinzaine (art. 1-4, loi du 3 août 1882).

§ 1er. — DÉLITS DE CHASSE

Les auteurs des délits de chasse sont passibles, suivant les cas, d'amende, de confiscation ou de prison.

Ainsi, ceux qui ont chassé *sans permis* ; ceux qui ont chassé sur le terrain *d'autrui sans le consentement du propriétaire* (dans une chasse gardée), ceux qui ont pris ou détruit sur la propriété d'autrui des œufs ou couvées de faisans, de perdrix ou de cailles, ceux qui n'ont point tenu compte des arrêtés préfectoraux concernant les oiseaux de passage, le gibier d'eau, la chasse en temps de neige, l'emploi des lévriers, la destruction des oiseaux et celle des animaux nuisibles ou malfaisants, — les fermiers de la chasse, dans les bois soumis au régime forestier ou sur les propriétés dont la chasse est louée au profit des communes ou établissements publics, qui ont violé les clauses de la convention qu'ils avaient acceptée, sont punis d'une *amende de 16 à 100 francs.* — L'amende peut être doublée pour ceux qui ont chassé sans le consentement du propriétaire sur des terres *non dépouillées de leurs fruits* ou entourées d'une clôture *continue* (art. 11, loi du 3 mai 1844).

Mais on ne peut considérer comme un délit de chasse le fait du passage de chiens courants sur le terrain d'autrui, lorsque les chiens sont à la poursuite d'un gibier lancé sur les propriétés des chasseurs ; seulement le possesseur du terrain envahi peut, au cas de dommages, réclamer une indemnité.

Ceux qui ont chassé *en temps prohibé* sont passibles de *50 à 200 francs d'amende* et peuvent même être condamnés à un emprisonnement de *six jours à deux mois.* — La même peine frappe ceux qui ont chassé *pendant la nuit*, ou à l'aide d'engins ou d'instruments *prohibés ;* ceux qui ont vendu, acheté, transporté ou colporté du gibier en temps prohibé ; ceux qui ont chassé avec appeaux, appelants ou chanterelles, ou se sont servis de drogues ou appâts de nature à enivrer le gibier ou à le détruire. — La peine peut être portée au double contre ceux qui ont chassé *pendant la nuit* sur le terrain *d'autrui* à l'aide d'engins *prohibés* et portaient sur eux une *arme* apparente ou cachée (art. 12, même loi).

Tout individu qui chasse sans permission sur le terrain d'autrui encourt une amende de 50 à 300 francs et peut même être puni de six jours à trois mois de prison lorsque le terrain est entouré d'une clôture *continue* et attenant à une habitation. Il encourt une amende de 100 à 1 000 francs et s'expose à un emprisonnement de trois mois à deux ans, s'il commet ce délit *pendant la nuit* (art. 13).

Les peines que nous venons d'énumérer sont portées au double lorsque le contrevenant a pris un faux nom ou un déguisement, ou encore lorsqu'il a usé de violences ou de menaces. — Même aggravation contre le délinquant qui a déjà été condamné *dans le courant de l'année* pour délit de chasse, car il est alors en état de récidive (art. 14-15).

En cas de condamnation pour délit de chasse, les tribunaux peuvent priver le délinquant du droit d'obtenir un permis pendant deux, trois ou même cinq ans; de plus, les tribunaux ordonnent la destruction des instruments de chasse prohibés et la confiscation des filets et engins. Quant à la confiscation du fusil, elle n'est point ordonnée lorsque le délinquant était muni d'un permis de chasse et chassait à une époque où la chasse était autorisée (il a, par exemple, chassé sur le terrain d'autrui sans le consentement du propriétaire), mais, hormis ce cas, la confiscation des armes est toujours ordonnée.

Le plus souvent, le gendarme ou le garde-champêtre saisit sur-le-champ les armes et les engins de chasse du délinquant, mais lorsque la saisie n'a pas été pratiquée, les tribunaux condamnent le délinquant à représenter les objets qui eussent dû être saisis, ou à en payer la valeur qui est toujours fixée *au moins* à 50 francs (art. 16).

Si le délit de chasse se complique de délits ordinaires (bris de clôture, coups et blessures, etc.), les tribunaux appliquent au délinquant la peine la plus sévère (art. 17).

Ceux qui chassent ensemble, et se rendent coupables de la même infraction, sont condamnés *solidairement* aux amendes, aux frais et aux dommages-intérêts (art. 27).

Les délits de chasse sont constatés et prouvés, soit par des procès-verbaux, soit par témoins. Les procès-verbaux dressés par les maires et adjoints, par les commissaires de police, gendarmes, gardes-forestiers, gardes-pêche, gardes-champêtres ou gardes-chasse assermentés (payés par des particuliers pour garder des chasses réservées), font foi jusqu'à preuve contraire (art. 22). — La même force probatoire est attribuée aux procès-verbaux des employés de l'octroi ou des contributions indirectes qui ont surpris des individus vendant, achetant ou transportant du gibier en temps prohibé.

Les procès-verbaux rédigés par les gardes doivent être *affirmé* (certifiés exacts) dans les *vingt-quatre* heures qui ont suivi le délit — *à peine de nullité* — soit devant le juge de paix, soit devant le maire ou l'adjoint de la commune de la résidence du garde, ou de la commune sur le territoire de laquelle le délit a été commis (art. 24).

Tout gendarme ou garde qui constate un délit de chasse, reçoit une gratification. Cette gratification, prélevée sur le montant des amendes, est de 8 francs, de 15 francs ou de 25 francs, suivant la gravité du délit constaté. — La gratification et les frais de régie prélevés, ce qui reste de l'amende revient à la commune sur le territoire de laquelle le délit a été commis (art. 1-3, ordonnance du 5 mai 1845).

Lorsque plusieurs agents ont constaté le même délit, il ne leur est dû néanmoins *qu'une seule* gratification (art. 4, même ordonn.).

Lorsque *trois mois* se sont écoulés sans poursuites dirigées contre le délinquant, celui-ci ne peut plus être inquiété : il y a prescription (art. 29, loi du 3 mai 1844).

§ 2. — RESPONSABILITÉ CIVILE

Le père et la mère sont responsables, au point de vue pécuniaire (pour le paiement des dommages-intérêts et frais, mais non pour le paiement des amendes), des délits de chasse commis par leurs enfants mineurs *non mariés* ; la même responsabilité pèse sur le tuteur vis-à-vis de son pupille, lorsqu'il demeure avec lui, et sur les maîtres, patrons ou commettants vis-à-vis de leurs domestiques, commis ou préposés (art. 28, loi de 1884).

Nota. — Dans les *forêts de l'État*, le droit de chasse est affermé par adjudication aux enchères publiques ; mais les baux ne peuvent être consentis par l'administration pour une durée supérieure à neuf années, et les *fermiers*, — les locataires des chasses — doivent se soumettre au cahier des charges approuvé par le ministre des finances : ils sont notamment tenus de concourir aux chasses et aux battues ordonnées pour la destruction des animaux nuisibles (loups, renards, blaireaux, etc.). Or, ces battues doivent avoir lieu au moins une fois tous les *trois mois* ; elles sont ordonnées par le préfet du département et faites sous la direction et la surveillance des agents-forestiers (loi du 23 avril 1833, décret du 19 pluviôse an V. et ordonnance du 20 juin 1845).

FORMULE N° 2
Procès-verbal relatif à un délit de chasse.

« Le samedi deux novembre mil huit cent....... **à huit heures du** matin, je soussigné, Pierre Rouleau, garde forestier (ou *garde-champêtre*) de la commune de........, assermenté, étant en tournée sur le domaine (ou le territoire de la commune) soumis à ma surveillance, et revêtu de mes insignes, ai trouvé le sieur V... (nom, prénom, profession, domicile) chassant dans le bois de la Chesnaie, au lieu dit les Quatre-Chemins..... (indiquer combien de chiens il avait avec lui, donner la description du fusil, préciser la nature du délit, etc..).

» Je lui ai déclaré que j'allais dresser procès-verbal contre lui et l'ai constitué dépositaire-séquestre du fusil qu'il avait entre les mains.

» Le présent procès-verbal a été dressé à..... le jour, mois et an sus-enoncés (1).

» Pierre ROULEAU.

SECTION V

La Pêche

La pêche *fluviale* est soumise à des règlements qui diffèrent sous bien des rapports de ceux applicables en matière de pêche *maritime*. Aussi étudierons-nous séparément la police de la pêche fluviale, et celle de la pêche maritime.

§ 1er. — PÊCHE FLUVIALE

En principe, le droit de pêche ne peut être exercé qu'au profit de l'État dans tous les cours d'eau navigables ou flottables *dont l'entretien est à la charge de l'Etat* : fleuves, rivières, canaux, fossés, alimentés par des cours d'eau navigables ou flottables (art. 1er, loi du 15 avril 1829). — Cependant, par exception, il est permis à tout particulier d'y pêcher *à la ligne flottante tenue à la main*, sauf à l'époque du *frai* (art. 3 et 5, même loi).

Dans les cours d'eau qui ne sont ni navigables ni flottables, le droit de pêche appartient au contraire aux propriétaires riverains. Chacun d'eux peut pêcher au filet, ou autrement, *jusqu'au milieu du cours d'eau*. — Mais il est possible que l'exécution de travaux de canalisation rendent ces cours d'eau navigables ou flottables, ce qui entraîne par suite pour les riverains la perte de leur droit de pêche ; c'est là une véritable expropriation pour cause d'utilité publique, aussi les riverains ont-ils droit dans ce cas à une *indemnité* qui est fixée par le conseil de préfecture (art. 3, loi du 31 mai 1865).

En pratique, l'État cède par voie d'adjudication publique ou de concessions de licence, l'exercice de son droit de pêche dans les cours d'eau navigables ou flottables, et toute manœuvre entre les pêcheurs ou autres, tendant à nuire aux adjudica tions pour obtenir à plus bas prix les *cantonnements de pêche* (fractions de cours d'eau sur lesquelles porte le droit de pêche mis en adjudication), est punie de quinze jours à trois mois de prison et de 100 francs à

(1) Les procès-verbaux dressés par les gardes-chasse des particuliers sont rédigés sous une forme analogue, mais le garde doit indiquer le propriétaire du domaine confié à sa garde.

5000 francs d'amende; — de plus si l'adjudication a été faite au profit de ceux qui ont eu recours à ces fraudes, elle est nulle et non avenue (loi du 6 juin 1840).

Les mises en adjudication sont annoncées par *affiches* au moins *quinze jours à l'avance*, sous peine de nullité de l'adjudication (même loi). — Les gardes ou agents forestiers et les gardes-pêche ne peuvent se porter adjudicataires; leurs ascendants et descendants ou alliés en ligne directe, leurs frères, beaux-frères, oncles et neveux sont frappés de la même incapacité — mais seulement dans le ressort où le garde exerce ses fonctions (art. 15, loi du 15 avril 1829).

Toutes les contestations qui s'élèvent au cours de la séance d'adjudication sont tranchées par le fonctionnaire qui la préside, tandis que celles qui s'élèvent plus tard entre l'administration et l'adjudicataire sont portées devant les tribunaux (art. 4, même loi).

L'adjudicataire doit fournir caution dans le délai prescrit par le cahier des charges, sinon il est déchu de son droit d'adjudicataire par arrêté préfectoral, et il est procédé à une nouvelle adjudication (art. 18, même loi).

De même que la chasse, la pêche fluviale est prohibée, interdite *à tout le monde* d'une façon générale, pendant une certaine partie de l'année. — L'époque de l'ouverture et celle de la fermeture de la pêche sont déterminées suivant la nature du poisson.

Ainsi la pêche du *saumon*, de la *truite* et de l'*ombre-chevalier* est *prohibée* du 20 octobre au 31 janvier; celle du *lavaret*, du 15 novembre au 31 décembre; quant à la pêche de tous les autres poissons (même la pêche à la ligne et celle de l'écrevisse), elle est prohibée du 15 avril au 15 juin (loi du 18 mai 1878).

Mais les propriétaires ou possesseurs d'*étangs* ou de *réservoirs* peuvent y pêcher n'importe quel poisson à toute époque de l'année.

En temps de pêche, il n'est permis de pêcher que depuis le lever jusqu'au coucher du soleil, sauf pour la pêche de l'anguille, de la lamproie, de l'écrevisse, du saumon et de l'alose. — Des arrêtés du préfet déterminent la nature et la dimension des engins dont l'emploi est autorisé pour la pêche de l'anguille, de la lamproie et de l'écrevisse, ainsi que les cours d'eau où elle peut être faite, et les heures auxquelles on peut s'y livrer. — La pêche du saumon et de l'alose peut être autorisée par arrêté préfectoral pendant deux heures au plus avant le lever du soleil et deux heures après son coucher, mais seulement dans les emplacements désignés par l'arrêté (décret du 18 mai 1878).

Les filets *traînants*, c'est-à-dire coulés à fond et promenés sous l'action d'une force quelconque, sont prohibés — à l'exception toutefois du petit épervier jeté à la main et manœuvré par un seul homme. Cependant le préfet peut autoriser, à titre exceptionnel, l'emploi de filets traînants ayant des mailles d'une assez grande dimension (40 millimètres au moins), dans les endroits profonds des lacs, des réservoirs, des canaux et des fleuves et rivières navigables, pour la pêche de certaines espèces de poisson (même décret).

Il est interdit d'employer simultanément à la pêche des filets ou engins de catégories différentes.

Les filets à pêcher le saumon doivent avoir au moins 40 millimètres de dimension (après leur séjour dans l'eau); pour les grandes espèces autres que le saumon et l'écrevisse, la dimension exigée est 27 millimètres; pour les petites espèces de poissons (goujons, loches, vérons, ablettes, etc.), les mailles doivent avoir 10 millimètres. — Mais il y a une tolérance d'un dixième (de 4 millimètres pour les filets à saumon, par exemple) — (Décret de 1878).

Tout pêcheur (même le pêcheur à la ligne flottante tenue à la main) doit rejeter à l'eau les saumons et anguilles ayant moins de 25 centimètres de long; les truites, ombres-chevaliers, ombres communs, carpes, brochets, barbeaux, brêmes, meuniers, muges, closes, perches, gardons, tanches, lottes, lamproies et lavarets qui n'ont pas 14 centimètres; les soles, plies et flets de moins de 10 centimètres. La longueur est mesurée de *l'œil* à la *naissance de la queue*. — Les écrevisses à pattes *rouges* ne peuvent être conservées que si elles ont *huit centimètres*; celles à pattes *blanches* doivent en avoir au moins *six*. On mesure les écrevisses de l'*œil* à *l'extrémité de la queue* (art. 8, décret du 10 août 1875).

Les préfets peuvent interdire dans une partie ou dans la totalité du département la pêche de toutes les espèces de poissons *pendant toute l'année*, lorsque cette interdiction est nécessaire pour protéger les espèces prédominantes; ils peuvent interdire pendant une certaine période la pêche de la grenouille — permise toute l'année, en principe — ou diminuer, au contraire, la période pendant laquelle la pêche est prohibée (art. 2, même décret).

N° 1. — DÉLITS DE PÊCHE

Il est interdit d'établir dans les cours d'eau des appareils destinés à rassembler le poisson dans des mares, noues, boires, ou fossés dont il ne pourrait plus sortir, ou de le contraindre à passer par une issue garnie de filets ou autres engins de pêche. — Il est également défendu de se servir d'armes à feu, de poudre de mine, de dynamite ou de toute autre substance explosive, ainsi que de pêcher à la main ou de troubler l'eau et de fouiller avec des perches sous les racines ou herbes fréquentées par le poisson. — Il est interdit de placer près des écluses, barrages, chutes naturelles, vannages, échelles à poisson, etc., des nasses, paniers ou filets *à demeure*. — Dans l'intérieur des écluses, vannages, barrages, passages, échelles à poisson (passages pratiqués dans les barrages et destinés à assurer la libre circulation du poisson), ainsi qu'à trente mètres plus haut ou plus bas que ces ouvrages, on ne peut pêcher qu'à la ligne flottante tenue à la main (art. 14-15, décret de 1875). Enfin, on ne doit point pêcher dans les cours d'eau dont le niveau est abaissé accidentellement pour cause de curage, ou par suite de travaux quelconques, ou pour toute autre cause (art. 16, décret de 1878).

La vente, l'achat, le transport ou le colportage des diverses espèces de poissons à une époque où la pèche est prohibée sont punis d'une amende de 30 à 200 francs. — Celui qui se livre à la pêche en temps prohibé ou à une heure où la pêche n'est plus permise est passible de la même peine. — Au cas de récidive (le contrevenant a déjà été condamné dans les douze mois précédents pour délit de pêche), ou lorsque le délit a été commis la nuit, l'amende est doublée, et le délinquant peut être condamné à un emprisonnement de *dix jours* à *un mois*. La même aggravation de peine est appliquée quand le poisson a été enivré ou empoisonné, afin d'être pris plus facilement (art. 7, loi du 31 mai 1865).

L'usage d'un procédé, mode ou engin de pêche prohibé ou de filets à mailles trop étroites est puni de 30 à 300 francs d'amende; en temps de frai l'amende est doublée. — Quant aux individus qui sont trouvés porteurs, hors de leur domicile, d'engins de pêche prohibés, ils sont passibles d'une amende de 200 francs au plus, *mais les engins sont confisqués* — à moins qu'ils ne soient destinés à la pêche dans un étang ou réservoir. Or, les fosses et canaux appartenant à des particuliers sont considérés comme étangs ou réservoirs dès que les eaux cessent *naturellement* de communiquer avec les rivières ou cours d'eau.

Tout pêcheur ou vendeur de poissons qui n'ont point les dimensions déterminées par la loi (saumon de moins de 25 centimètres, par exemple) encourt une amende de 20 à 50 francs et la *confiscation des poissons*, à moins que ces poissons ne proviennent d'étangs ou de réservoirs (art. 30, loi de 1829).

Toutes personnes pêchant dans les cours d'eau navigables ou flottables doivent ouvrir leurs réservoirs à poissons, dès qu'elles en sont requises par les fonctionnaires chargés de la police de la pêche; leur refus les rendrait passibles d'une amende de 50 francs.

N° 2. — POLICE DE LA PÊCHE

Les agents chargés tout spécialement de la police de la pêche sont : les *gardes-pêche*, les gardes-champêtres, les éclusiers des canaux; mais les officiers de police judiciaire (commissaires de police, juges de paix, officiers du ministère public) peuvent aussi constater les délits de pêche.

Les gardes-pêche recherchent et constatent les délits commis dans l'arrondissement. Les procès-verbaux font preuve *jusqu'à inscription de faux* (Voy. VIE JUDICIAIRE) lorsque le délit n'entraîne au plus que 50 francs d'amende et de dommages-intérêts; si la peine est plus forte, ils ne font preuve que *jusqu'à preuve contraire*, à moins qu'ils ne soient dressés et signés par *deux* gardes-pêche.

Mais ces procès-verbaux doivent être *affirmés* (les gardes-pêche sont tenus d'en *affirmer* par serment l'exactitude); de plus ils doivent être enregistrés, *à peine de nullité,* dans les *quatre jours* de l'affirmation.

Les procès-verbaux des agents et gardes forestiers ne sont pas soumis à l'affirmation, mais ils doivent être enregistrés, également dans les quatre jours à dater de leur signature (art. 45-47, loi de 1829).

Les délits qui portent préjudice aux porteurs de licences de pêche, aux *fermiers* (adjudicataires du droit de pêche) ou aux propriétaires riverains sont constatés par leurs gardes-pêche particuliers dans des procès-verbaux qui ne font foi que jusqu'à preuve contraire; mais ces délits sont punis comme les délits de pêche commis au préjudice de l'État.

Les poursuites intentées pour délits de pêche sont portées devant le *tribunal correctionnel.* Les gardes-pêche peuvent porter eux-mêmes l'assignation au délinquant : ici, le ministère de l'huissier n'est point exigé (art. 48-49, loi de 1829).

Les gardes-pêche ont le droit de saisir les filets et autres instruments de pêche *prohibés,* ainsi que le poisson *pêché en contravention*; le délinquant qui refuserait de leur remettre les filets et engins prohibés serait condamné à 50 francs d'amende. Du reste les gardes-pêche ont le droit de requérir la force publique, notamment pour la saisie des filets prohibés et du poisson pêché en contravention (art. 41-43, même loi).

Le poisson saisi est vendu dans la commune la plus voisine, aux enchères publiques, sur l'ordonnance du juge de paix, si la commune est un chef-lieu de canton; sur l'autorisation du maire, dans le cas contraire. La vente a lieu en présence du receveur de l'enregistrement, du maire ou du commissaire de police (art. 42, même loi).

Lorsque la confiscation des filets non prohibés est prononcée par le tribunal correctionnel, comme dans le cas où le propriétaire des filets a pêché à un endroit où il n'avait pas le droit de le faire, les filets confisqués sont vendus au profit de l'État.

Tout individu qui se livre à la pêche sur un cours d'eau quelconque sans la permission de celui à qui le droit de pêche appartient (riverain, fermier ou agent de l'État), est passible d'une amende de 20 à 100 francs, sans préjudice de tous dommages-intérêts; il doit en outre restituer la valeur du poisson qu'il a pris; enfin la confiscation de ses filets et engins de pêche peut être prononcée par le tribunal. — Cependant nous savons déjà que par exception la pêche *à la ligne* est permise sur les cours d'eau navigables ou flottables, sauf en temps de frai. Mais il faut bien remarquer que sur les cours d'eau qui ne sont ni navigables ni flottables, il en est tout différemment : le pêcheur doit obtenir l'autorisation du riverain (art. 5, loi du 15 avril 1829).

Quiconque jette dans un cours d'eau des drogues ou appâts de nature à enivrer le poisson ou à le détruire est passible d'une amende de 30 à 300 francs et d'un mois à trois mois de prison (art. 25, même loi).

Les règles relatives à la *responsabilité civile* en matière de chasse (Voy. CHASSE) s'appliquent également en matière de pêche.

N° 3. — MESURES PRISES POUR ASSURER LA REPRODUCTION DU POISSON

En vue d'assurer la reproduction du poisson, le législateur a interdit la pêche pendant l'année entière dans certaines parties des fleuves, rivières et canaux navigables et flottables. Chaque année, au mois de janvier, des affiches rappellent quels sont ces emplacements réservés ou *réserves* (art. 4, décret du 2 avril 1880).

Toujours en vue de la reproduction du poisson, il est interdit de laisser vaguer les oies, canards, cygnes et autres animaux aquatiques susceptibles de détruire le frai du poisson sur les *réserves* affectées à la reproduction (art. 5, même décret).

FORMULE N° 3

Procès-verbal relatif à un délit de pêche

« Le jeudi .... à quatre heures de l'après-midi, je soussigné Charles Godet, garde-pêche (ou *garde-champêtre*) de........... étant en tournée, ai rencontré sur les bords de la rivière... au lieu dit... (Indiquer la nature spéciale du délit de pêche : décrire, par exemple, les engins défendus, la grandeur de leurs mailles; relater les questions posées et les réponses des contrevenants, indiquer notamment leurs noms, prénoms, professions et domiciles.)

» Je leur ai déclaré que j'allais dresser contre eux un procès-verbal constatant le délit de pêche qu'ils avaient commis, et j'ai pratiqué sur-le-champ la saisie des engins dont ils se servaient et dont voici l'énumération : (désigner avec soin les engins saisis, leur nombre, la dimension des mailles, etc.).

» Et de tout ce que dessus j'ai dressé le présent procès-verbal, les jour, mois et an sus-indiqués.

» Charles GODET.
» *Garde-pêche.* »

§ 2. — LA PÊCHE MARITIME

Ce sont des décrets qui déterminent la ligne de démarcation entre la pêche fluviale et la pêche maritime dans les fleuves et rivières affluant à la mer. Les limites, en principe, sont les mêmes que celles de l'inscription maritime ; cependant, dès que l'eau cesse d'être salée, le pêcheur est soumis aux règles établies pour la pêche fluviale (art. 32 al. 2, loi du 15 avril 1879).

A la différence de la pêche fluviale, la *pêche maritime* est libre : en principe, elle est permise toute l'année et le droit de pêche appartient à tous, mais la liberté n'est absolue qu'en pleine mer ; la pêche *sur les côtes* est soumise aux règlements édictés par le ministre de la marine (1).

Nous devons signaler une exception remarquable : la pêche de la truite, du saumon, de l'ombre chevalier et du lavaret est interdite du 28 octobre au 1er janvier *inclusivement* dans la partie des fleuves, rivières, *étangs* et *canaux* où les eaux sont *salées* et même à la mer, le long des côtes (art. 1er décret du 20 novembre 1875).

CHAPITRE V

CODE FORESTIER

SECTION PREMIÈRE

Régime applicable aux Bois et Forêts

Les bois et forêts qui font partie du domaine de l'État, les bois et forêts des communes, des sections de commune ou des établissements publics (des hospices, par exemple), ceux qui appartiennent pour une portion *indivise* à l'État, aux communes ou à des établissements publics et pour une autre portion à des particuliers, sont soumis à des règles d'administration et d'exploitation spéciales dont l'ensemble constitue ce qu'on appelle le *régime forestier*.

Au contraire, les bois et forêts appartenant à des particuliers ne sont point placés sous ce régime ; leurs propriétaires peuvent prendre à leur égard toutes les mesures qu'ils jugent convenables ; ils doivent seulement observer certaines formalités que nous énumérerons plus loin (Voy. § 3).

§ 1er. — L'ADMINISTRATION FORESTIÈRE

L'administration forestière a à sa tête un directeur général des forêts placé sous l'autorité immédiate du ministre de l'agriculture. Six inspecteurs généraux des forêts contrôlent la gestion des conservateurs des forêts ; ils se réunissent en conseil d'administration, sous la présidence du directeur général.

Chaque conservateur administre une région qui est désignée sous le nom de *conservation*. Il y a en France trente-huit conservations forestières. Le tableau ci-dessous indique l'étendue et le chef-lieu de chacune d'elles, d'après le décret du 22 janvier 1884.

(1) C'est ainsi qu'elle est réservée aux *inscrits maritimes* ; les bâteaux de plaisance ne peuvent pratiquer la pêche qu'à titre de passe-temps et au moyen d'une ligne armée de deux hameçons au plus (décret du 10 novembre 1885).

Division du territoire de la France en 38 conservations forestières

Numéros des Conserva-tions	CHEFS-LIEUX	DÉPARTEMENTS
1	Paris.......	Seine, Seine-et-Oise, Oise.
2	Rouen......	Eure-et-Loir, Eure, Seine-Inférieure, Calvados, Manche.
3	Dijon.......	Côte-d'Or.
4	Nancy......	Meurthe-et-Moselle.
5	Privas	Ardèche, Lozère.
6	Annecy	Haute-Savoie.
7	Amiens.....	Aisne, Nord, Pas-de-Calais, Somme, Oise.
8	Troyes......	Aube, Yonne.
9	Epinal......	Vosges, Meurthe-et-Moselle.
10	Melun......	Seine-et-Marne, Marne, Seine-et-Oise, Ardennes.
11	Clermont-Ferrand ...	Puy-de-Dôme, Haute-Loire.
12	Besançon...	Doubs, Territoire de Belfort.
13	Lons-le-Saulnier..	Jura.
14	Grenoble ...	Isère, Loire, Rhône, Allier.
15	Alençon	Finistère, Côtes du Nord, Morbihan, Ille-et-Vilaine, Mayenne, Orne, Sarthe.
16	Bar-le-Duc.	Meuse, Ardennes.
17	Mâcon......	Ain, Saône-et-Loire.
18	Toulouse...	Haute-Garonne, Tarn-et-Garonne, Gers, Lot, Lot-et-Garonne.
19	Tours.......	Maine-et-Loire, Loiret, Loire-et-Cher, Indre-et-Loire, Loire-Inférieure.
20	Bourges	Haute-Vienne, Indre, Cher, Creuse.
21	Moulins	Nièvre, Allier.
22	Pau	Basses-Pyrénées.
23	Tarbes	Hautes-Pyrénées,
24	Niort.......	Vienne, Deux-Sèvres, Charente, Charente-Inférieure, Vendée.
25	Carcassonne	Aude, Pyrénées-Orientales, Tarn.
26	Ain.........	Basses-Alpes, Bouches-du-Rhône.
27	Nîmes......	Gard, Hérault.
28	Aurillac	Aveyron, Cantal, Corrèze.
29	Bordeaux...	Dordogne, Gironde, Landes.
30	Ajaccio.....	Corse.
31	Chaumont..	Haute-Marne.
32	Vesoul......	Haute-Saône.
33	Chambéry ..	Savoie
34	Nice........	Alpes-Maritimes, Var.
35	Gap.........	Hautes-Alpes.
36	Valence.....	Drôme, Vaucluse.
37	Mézières...	Ardennes.
38	Foix........	Ariège.

La Conservation est subdivisée en *inspections* gérées par des inspecteurs assistés d'*inspecteurs-adjoints*.

Au-dessous des inspecteurs, il y avait autrefois des *gardes généraux* administrant chacun un *cantonnement* (fraction de l'inspection), mais depuis 1883 le titre de *garde général* est supprimé : les élèves diplômés de l'école forestière de Nancy ne le reçoivent plus ; à leur sortie de l'école ils remplissent les fonctions d'*inspecteurs-adjoints*(1).

(1) Les deux tiers des vacances leur sont réservés ; le troisième tiers est réservé aux préposés qui ont passé avec succès les examens de sortie de l'Ecole des Barres (Voy. Écoles Forestières).

Les inspecteurs des forêts ont sous leurs ordres des arpenteurs, des gardes à cheval et des gardes à pied.

Par *agents forestiers* il faut entendre tous les fonctionnaires de l'administration forestière, à l'exception des arpenteurs et des gardes. — Les conservateurs et les inspecteurs généraux sont nommés par le Président de la République, tous les autres fonctionnaires des forêts sont nommés par le ministre ou le directeur général (décret du 23 octobre 1883).

Le directeur général autorise, après délibération du conseil d'administration, les coupes ordinaires de chaque année, la coupe des arbres endommagés, les extractions de minerai ou de matériaux dans les forêts, etc., etc. (Ordonnance du 10 mars 1831). Mais il faut une loi pour autoriser l'aliénation d'une forêt de l'État.

Quant aux conservateurs des forêts ils peuvent autoriser la vente dans les forêts domaniales et communales des bois incendiés lorsque les produits présumés n'excèderont pas 500 francs; l'exploitation des mêmes bois, lorsque les frais de l'exploitation n'excèderont pas 200 francs; l'élagage sur les routes et lisières des bois soumis au régime forestier; la délivrance des harts, souches, épines, plants, etc., etc. (Ordonn. du 4 décembre 1844).

Les inspecteurs et inspecteurs-adjoints ont à surveiller le service des gardes et autres agents forestiers placés sous leurs ordres; ils font des tournées fréquentes dans la circonscription qui leur est confiée et procèdent aux vérifications exigées par les règlements.

Les arpenteurs ont à faire l'arpentage des coupes ordinaires et extraordinaires, ainsi que les opérations de géométrie nécessaires pour les aménagements, cantonnements, délimitations, etc.

Les gardes forestiers (gardes à cheval, gardes à pied) sont spécialement chargés de faire des visites journalières dans les bois soumis au régime forestier et de constater tous les délits et contraventions qui y sont commis. Les gardes à cheval ont aussi à surveiller les gardes à pied. — Les gardes forestiers sont autorisés à porter un fusil pour leur défense lorsqu'ils font leurs tournées dans les forêts.

Il est interdit aux agents et gardes forestiers, sous peine de révocation, de faire le commerce des bois, d'exercer aucune industrie où le bois est employé, de tenir une auberge ou un débit de boissons.

Les agents forestiers ne peuvent avoir sous leurs ordres leurs parents ou alliés en ligne directe (ascendant, descendant, gendre) ni leurs frères ou beaux-frères, oncles ou neveux (Ordonn. du 1er août 1827).

On ne peut entrer dans l'administration forestière avant *vingt-cinq ans* accomplis; cependant les élèves de l'école de Nancy obtiennent des dispenses d'âge. — Pour être garde forestier, il faut avoir *plus de trente-cinq ans* et savoir lire et écrire (Ordonn. du 15 novembre 1832).

Les agents et préposés de l'administration forestière, avant d'entrer en fonctions, doivent prêter serment devant le tribunal civil (art. 5, C. For.).

§ 2. — BOIS ET FORÊTS SOUMIS AU RÉGIME FORESTIER

N° 1. — BOIS ET FORÊTS DE L'ÉTAT

Les bois et forêts de l'État sont soumis à un aménagement très sévère. Les coupes ordinaires des taillis doivent avoir lieu au plus tous les vingt-cinq ans, sauf dans les forêts où les châtaigniers et les bois blancs dominent : là les coupes peuvent être plus fréquentes. — Lors de la coupe des taillis, il est réservé 50 baliveaux par hectare.

Quant aux coupes extraordinaires, il faut un décret pour que l'administration puisse y procéder (art. 15-16, C. For.).

Les ventes de bois appartenant à l'État ne peuvent avoir lieu que par voie d'adjudication publique. La mise en adjudication doit être annoncée par des affiches au moins quinze jours d'avance, à peine de nullité de la vente (art. 17-19, C. For.).

Les agents et gardes forestiers et leurs *proches parents* ou alliés, les fonctionnaires chargés de procéder aux ventes, les conseillers de préfecture, les juges, officiers du ministère public et les greffiers du tribunal ne peuvent se porter adjudicataires (art. 31).

Si l'adjudicataire ne fournit pas les cautions exigées par le cahier des charges dans le délai prescrit, il est déclaré déchu par arrêté préfectoral, et il est procédé à une nouvelle adjudication (adjudication *sur folle enchère*).

Les adjudications ont lieu au chef-lieu de l'arrondissement, par-devant le sous-préfet; toutefois les coupes évaluées à 500 francs au plus peuvent être adjugées par-devant le maire de la commune la plus proche (Ordonn. du 1er août 1827).

Les adjudicataires ne peuvent commencer l'exploitation de leurs coupes avant d'avoir obtenu par écrit de l'agent forestier local, *le permis d'exploiter* (art. 30, C. For.) Ils sont tenus d'avoir des *facteurs* ou *gardes-ventes* qui sont chargés d'inscrire sur un registre spécial la mesure et la quantité des bois débités et vendus, et le nom des acheteurs. Ces employés doivent être agréés par l'agent forestier et prêter serment devant le juge de paix.

Tout adjudicataire doit, sous peine de 100 francs d'amende, déposer chez l'agent forestier et au greffe du tribunal l'empreinte du marteau destiné à marquer les arbres et bois de sa vente. Il doit respecter ou marquer tous les arbres marqués ou désignés pour rester en réserve, sous peine de fortes amendes et de dommages-intérêts. Il ne peut effectuer aucune coupe ni procéder à la *vidange* (c'est-à-dire à l'enlèvement des arbres abattus), avant le lever ni après le coucher du soleil, à peine de 100 francs d'amende. Enfin il est tenu d'observer toutes les clauses du cahier des charges sous peine d'une amende de 50 à 500 francs et de dommages-intérêts (art. 32, 33, 35 et 37, C. For.)

Les adjudicataires, à dater du permis d'exploiter, et jusqu'à ce qu'ils aient obtenu du préfet leur décharge d'exploitation, sont responsables de tout délit forestier commis dans leurs cantonnements ou *à l'ouïe de la cognée* (c'est-à-dire à moins de 250 mètres de la limite de leurs cantonnements), si leurs facteurs n'en font pas rapport à l'agent forestier dans les cinq jours ; ils sont *toujours* responsables des délits et contraventions commis par leurs facteurs, bûcherons, voituriers ou tous autres ouvriers par eux employés (art. 45-46, C. For.).

Le conservateur des forêts fait reconnaître chaque année par les agents forestiers les *cantons* ou parties des bois et forêts où les droits de *glandée* (récolte de glands), de *panage* (droit d'envoyer des porcs dans les endroits où il y a des glands), ou de *paisson* (droit de mener des animaux paître ou brouter dans les bois), peuvent être exercés sans préjudice pour le repeuplement et la conservation des forêts ; puis il est procédé aux adjudications de glandée, panage et paisson suivant les mêmes formes que pour la vente des coupes de bois (art. 53, C. For.).

Les adjudicataires ne peuvent introduire dans les forêts un plus grand nombre de porcs que celui qui est déterminé par l'acte d'adjudication, sous peine de 2 francs d'amende par chaque porc en trop. Ils doivent faire marquer les porcs d'un fer chaud (sous peine de 3 francs d'amende par chaque porc non marqué) et déposer leur marque au greffe du tribunal, et le fer servant à la marque au bureau de l'agent forestier, sous peine de 50 francs d'amende. — Si les porcs sont trouvés hors des cantons désignés, ou des chemins indiqués pour s'y rendre, l'adjudicataire est passible d'une amende de 1 franc par chaque porc ; au cas de récidive, le pâtre est condamné à un emprisonnement de cinq à quinze jours (art. 54-56, C. For.). Il est défendu aux adjudicataires d'emporter des glands, fruits, semences ou productions de forêts sous peine d'une amende assez forte et de trois jours de prison au cas de récidive (art. 57, C. For.).

N° 2. — BOIS DES COMMUNES

Les bois, taillis ou futaies appartenant aux communes et reconnus susceptibles d'aménagement et d'une exploitation régulière sont soumis au régime forestier que nous venons d'indiquer.

Toutefois il y a quelques différences de détail à indiquer :

La propriété des bois communaux ne peut être partagée entre les habitants de la commune; mais si un bois appartient *indivisément* à deux ou plusieurs communes, il peut être partagé entre les *communes*.

Lorsqu'une commune possède au moins dix hectares de bois, *un quart* doit être mis en réserve, à moins que le bois ne soit peuplé *pour la totalité* d'arbres *résineux* (art. 92-93, C. For.).

Les communes ne peuvent défricher leurs bois sans une autorisation expresse et spéciale du gouvernement, sous peine de 500 francs à 1 500 francs d'amende *par hectare* défriché (art. 91, C. For.).

Lors des coupes de bois communaux il doit être réservé de quarante à cinquante baliveaux par hectare (art. 137, ordonn. du 1er août 1827).

Les communes ont des gardes particuliers chargés de la conservation de leurs bois. Ces gardes sont nommés par le maire, mais ils doivent être agréés par l'administration forestière; en cas de dissentiment entre le maire et l'administration, le préfet prononce (art. 94-96, C. For.). — L'administration peut suspendre les gardes des bois communaux, mais le préfet seul peut les révoquer, et encore doit-il prendre préalablement l'avis du conseil municipal et de l'administration forestière (art. 98, C. For.).

La vente des coupes de bois communaux est faite en présence du maire ou d'un adjoint, mais il y a lieu d'observer toutes les formalités exigées pour la vente des coupes de forêts de l'État, sous peine de nullité de la vente et d'une amende de 300 à 6 000 francs (sans préjudice de dommages-intérêts) pour le maire qui aurait effectué ou ordonné une vente illégale. — Les maires, adjoints et receveurs des communes ne peuvent se porter adjudicataires, à peine de nullité de la vente et de la même amende (art. 100-101).

Le droit d'affouage. — Les coupes de bois communaux destinées, non à être vendues et converties en argent, mais à être partagées *en nature* entre les habitants, ne peuvent avoir lieu qu'après que la délivrance en a été faite par les agents forestiers. — Le partage des coupes destinées à servir de *bois de chauffage* se fait par feu, c'est-à-dire par *chef de famille* ou de *maison* ayant domicile *réel* et *fixe* dans la commune. Or. on considère comme chef de famille ou de maison, tout individu possédant un ménage ou une habitation à feu *distincte*, soit qu'il y prépare la nourriture pour lui et les siens, soit que, vivant avec d'autres à une table commune, il possède des propriétés *divisées*, qu'il exerce une industrie *distincte*, ou qu'il ait des intérêts *séparés*. — Ce droit au partage des bois communaux est désigné sous le nom de *droit d'affouage*.

Quant aux *bois de construction*, ils sont vendus au profit de la caisse communale ou partagés *en nature*, suivant la décision prise chaque année dans la session de mai par le conseil municipal. Qu'il y ait vente ou partage, on suit les règles que nous avons exposées relativement à la vente des coupes de bois ou au partage de bois de chauffage (loi du 22 novembre 1883).

Sur les produits de bois communaux partagés en nature, il est prélevé au profit du Trésor, pour frais d'administration, le *vingtième* de la valeur. — Au cas de vente, le Trésor perçoit 0 fr. 05 par franc du prix d'adjudication (art. 106, C. For.).

Nota. — Dans aucun cas et sous aucun prétexte, les habitants d'une commune ne peuvent introduire ni faire introduire dans les bois appartenant à la commune, des chèvres, brebis ou moutons, sous peine d'une amende de 4 francs par chaque chèvre et de 2 francs par chaque mouton ou brebis (l'amende est doublée si ces animaux ont été introduits dans un taillis de moins de 10 ans). — Le pâtre est condamné en outre à 15 francs d'amende et, au cas de récidive, à un emprisonnement de cinq à quinze jours.

Toutefois, le passage des brebis ou moutons peut être autorisé, et alors aucune pénalité n'est plus encourue (art. 110, C. For.).

N° 3. — BOIS DES ÉTABLISSEMENTS PUBLICS

Les bois des établissements publics (hôpitaux, hospices) sont soumis, comme les bois communaux, au régime forestier. Leur défrichement entraîne les mêmes formalités que celui des bois communaux; lors des coupes, un quart doit être mis en réserve si l'établissement possède 10 hectares au moins; les gardes particuliers de ces bois, nommés par les administrateurs des établissements, doivent être agréés par l'administration forestière, etc. Pour la suspension et la révocation des gardes, mêmes règles que lorsqu'il s'agit des gardes communaux. — Les ventes des coupes ont lieu en présence d'un des administrateurs, et les administrateurs, au cas de vente irrégulière, sont soumis aux mêmes pénalités que le maire (Voy. n° 2).

Lors des adjudications des coupes ordinaires ou extraordinaires des bois des établissements publics, la quantité de bois de chauffage et de construction nécessaire pour leur usage doit être réservée, mais les bois ainsi réservés ne peuvent être employés qu'à la destination en vue de laquelle ils ont été mis à part; ils ne peuvent être vendus ni échangés sans l'autorisation du préfet (art. 102, C. For.).

Lors de la vente des coupes appartenant aux établissements publics, le Trésor prélève ce droit de 1/20e dont nous avons parlé à propos des ventes des coupes de bois communaux.

N° 4. — BOIS ET FORÊTS INDIVIS SOUMIS AU RÉGIME FORESTIER

Les bois et forêts dans lesquels l'État, les communes et les établissements publics ont des droits de propriété *indivis* avec des particuliers sont soumis au régime forestier; ceux qui appartiennent indivisément aux communes et aux particuliers, ou bien aux établissements publics et aux communes, ou encore aux établissements publics et aux particuliers, sont assujettis aux règles particulières applicables aux établissements publics et aux communes (art. 113, C. For.).

Aucune coupe, vente ou exploitation ne peut être faite par les particuliers co-propriétaires sous peine d'une amende égale à la valeur de la totalité des bois abattus ou vendus. — Ces ventes du reste seraient nulles (art. 113).

Les frais de délimitation, d'arpentage, de garde, ainsi que les produits des ventes, coupes, restitutions et dommages-intérêts sont partagés entre les particuliers co-propriétaires et l'État, la commune ou l'établissement public, dans la proportion des droits de co-propriété.

L'État est-il *cô-propriétaire* d'un bois ou d'une forêt, c'est l'administration forestière seule qui nomme les gardes, règle leur salaire, et les révoque le cas échéant (art. 116).

§ 3. — BOIS DES PARTICULIERS

Les bois des particuliers, nous le savons, ne sont pas soumis au régime forestier; toutefois les propriétaires de bois sont astreints à certaines obligations (Voy. § 4, n° 5).

Ainsi, lorsqu'ils prennent des gardes particuliers, ils doivent les faire agréer par le sous-préfet; si celui-ci refuse de les agréer, les propriétaires doivent recourir au préfet. De plus, ces gardes particuliers doivent prêter serment devant le tribunal civil (art. 117, C. For.).

Les droits de pâturage, parcours, panage et glandée dans les bois des particuliers ne peuvent être exercés que dans les parties déclarées *défensables* par l'administration forestière. — Mais c'est le propriétaire qui désigne les chemins par lesquels les bestiaux doivent passer pour aller au pâturage (art. 119).

L'exercice des droits d'usage dans les bois des particuliers est soumis aux mêmes règles que celui des droits d'usage dans les forêts de l'État, seulement la surveillance est exercée par le propriétaire. (Voy. Section II). — Les contestations qui s'élèvent entre le propriétaire et l'usager d'un bois doivent être portées devant le tribunal civil (art. 120-121).

§ 4. — POLICE ET CONSERVATION DES BOIS ET FORÊTS

N° 1. — DISPOSITIONS APPLICABLES MÊME AUX BOIS DES PARTICULIERS

Toute extraction ou enlèvement *non autorisé* de pierres, sables, minerai, terre ou gazon, tourbe, bruyères, genêts, herbages, feuilles vertes ou mortes, engrais existant sur le sol des forêts, glands, faînes et autres fruits ou semences des bois et forêts, donne lieu à une amende de :

10 fr. à 30 fr. par charretée et par bête attelée;
5 fr. à 15 fr. par chaque charge de bête de somme;
2 fr. à 6 fr. par chaque charge d'homme.

Le contrevenant peut en outre être condamné à 3 jours de prison (art. 144, C. For.).

Tout individu trouvé, dans les bois et forêts, hors des routes et chemins ordinaires, avec serpe, cognée, hache, scie, etc., est condamné à 10 francs d'amende et à la confiscation de ces objets. — Ceux dont les voitures, bestiaux, montures ou bêtes de somme sont trouvés dans les forêts, loin des routes et chemins ordinaires, encourent une amende de 10 francs par chaque voiture, de 5 francs par chaque bœuf, vache ou veau, de 3 francs par bête de somme, etc., sans préjudice des dommages-intérêts (art. 147). — L'amende est doublée si le taillis a moins de dix ans.

Il est défendu de porter ou d'allumer du feu dans l'intérieur et à la distance de 200 mètres des bois et forêts sous peine de 20 à 100 francs d'amende (art. 148).

N° 2. — DISPOSITIONS APPLICABLES UNIQUEMENT AUX BOIS ET FORÊTS SOUMIS AU RÉGIME FORESTIER

Aucun four, aucune briqueterie ou tuilerie ne peuvent être établis dans l'intérieur ou à moins d'un kilomètre des forêts sans l'autorisation du gouvernement, sous peine de 100 à 500 francs d'amende, et de démolition. — Aucune construction ne peut être élevée, sans cette même autorisation, à moins de 500 mètres, sous peine de démolition — excepté si le bois appartient à une commune et s'il n'a pas 250 hectares de superficie (art. 151-153). —Dans le cas où l'autorisation de construire est accordée, celui qui vient à occuper la construction ne peut y établir aucun atelier pour façonner le bois, ni aucun chantier pour le commerce du bois, sans la permission du gouvernement, sous peine de 50 francs d'amende et de la confiscation des bois (art. 154).

Une usine à scier le bois ne peut être établie à moins de 2 kilomètres de la lisière du bois qu'avec l'autorisation du gouvernement, sous peine de 100 à 500 francs d'amende, et de démolition. Mais ces dernières dispositions ne s'appliquent point aux maisons ou usines qui appartiennent à des agglomérations — à un village, par exemple (art. 156).

Dans le cas où l'autorisation est accordée, les agents et gardes forestiers peuvent faire dans les constructions ou usines autorisées toutes les perquisitions qu'ils jugent utiles, mais ils doivent se présenter au nombre de deux; si *un seul* agent forestier se présente il doit être accompagné de *deux témoins* domiciliés dans la commune (art. 157).

Poursuite des délits et contraventions. — C'est l'administration forestière qui est chargée de poursuivre la répression des délits et contraventions commis dans les bois et forêts soumis au régime forestier. — Les agents et arpenteurs constatent par procès-verbaux les infractions commises dans l'étendue du territoire pour lequel ils sont commissionnés. Les gardes forestiers font de même dans l'arrondissement du tribunal près duquel ils sont assermentés; ils sont autorisés à saisir les bestiaux, voitures, attelages et instruments des délinquants et à les mettre sous séquestre (art. 159-161). Ils arrêtent et conduisent devant le juge de paix ou devant le maire tout inconnu surpris en flagrant délit. Ils ont le droit de requérir la force publique (art. 163-164).

Les procès-verbaux des gardes forestiers autres que les gardes à cheval doivent être *affirmés* par eux (à peine de nullité) au plus tard le *lendemain* du jour où ils ont été dressés, par-devant le juge de paix, le maire ou l'adjoint de la commune de leur résidence, ou de celle où le délit a été commis.

Les procès-verbaux doivent être enregistrés *dans les quatre jours* à peine de nullité, mais ce délai ne part que du jour de l'affirmation pour les procès-verbaux qui sont soumis à cette dernière formalité (art. 170).

Si les bestiaux saisis ne sont pas réclamés *dans les cinq jours* qui suivent leur mise sous séquestre, ou s'il n'est pas fourni *caution*, le juge de paix en ordonne la vente *aux enchères* au marché le plus voisin, et le propriétaire qui vient réclamer ses bestiaux après la vente n'a droit qu'à la restitution du produit *net* (tous frais de séquestre et de vente déduits).

Les délinquants sont jugés par le tribunal correctionnel *dans tous les cas*. Ces délits et contraventions sont prouvés soit par procès-verbaux, soit par témoins. Les procès-verbaux dressés et signés par deux agents ou gardes forestiers font preuve *jusqu'à inscription de faux*, quel que soit le délit qu'ils constatent; mais ceux qui ne sont signés que par un seul agent ou garde ne font foi que *jusqu'à preuve contraire*, si la condamnation encourue excède 100 francs tant pour amende que pour dommages-intérêts.

Les délits et contraventions en matière forestière se prescrivent par *trois mois* lorsque les prévenus sont désignés dans les procès-verbaux, par *six mois* dans le cas contraire.

FORMULE

Procès-verbal dressé par un garde forestier

« L'an mil huit cent..., le vingt septembre, à cinq heures de l'après-midi, je soussigné, A. B... garde des forêts de l'État, faisant ma tournée dans le bois de... confié à ma surveillance et à ma garde, et étant revêtu des insignes de mes fonctions, ai constaté à l'endroit dit la Futaie, à l'embranchement du chemin de... et de la grande route, que... (indiquer avec précision et en détail la nature du délit, le nombre d'arbres abattus, leur essence, l'époque de la dernière coupe, le nom de l'individu qui a commis le délit, sa profession et son domicile, les questions à lui posées et les réponses qu'il y a faites; indiquer également où les arbres coupés ont été déposés, qui a été désigné comme dépositaire-séquestre, énumérer les instruments saisis tels que hache, serpe, scie, etc.).

» J'ai déclaré au contrevenant ledit sieur..... que j'allais dresser procès-verbal pour constater le délit commis par lui; le dommage a été estimé par moi à la somme de....... francs.

» Et de tout ce que dessus ai dressé le présent procès-verbal, les jour, mois et an susdits.

(*Signature.*)

Nota. — Lorsque le procès-verbal est dressé par un garde forestier communal, par un garde-champêtre ou par un garde particulier, la formule est analogue, mais le garde doit bien indiquer sa qualité : ainsi, le garde des bois d'un particulier indiquera le nom du domaine confié à sa garde, *le nom du propriétaire* et la commune dont dépend la propriété.

N° 3. — POURSUITE DES DÉLITS ET CONTRAVENTIONS COMMIS DANS LES BOIS DES PARTICULIERS

Les délits et contraventions commis dans les bois *non soumis au régime forestier* sont recherchés et constatés par les gardes des particuliers, par les gardes-champêtres, les gendarmes et autres officiers de police judiciaire ; les procès-verbaux qui les constatent ne font foi que jusqu'à preuve contraire (art. 188).

Pour les flagrants délits, les mises sous séquestre, les affirmations des procès-verbaux, il faut suivre les règles que nous avons exposées ci-dessus. — Mais les *contraventions* forestières (c'est-à-dire les infractions entraînant *cinq jours* de prison et 15 francs d'*amende* au plus) sont de la compétence des juges de paix, elles ne sont pas soumises aux tribunaux correctionnels (art. 189).

N° 4. — DISPOSITIONS PÉNALES GÉNÉRALES.

Les amendes encourues pour la coupe ou l'enlèvement d'arbres dans les bois soumis ou non au régime forestier varient d'après l'essence et la circonférence de ces arbres (art. 192).

Quiconque arrache des plants dans les bois et forêts est passible d'une amende de 10 à 300 francs et peut en outre être condamné à cinq jours de prison (art. 195).

Les propriétaires d'animaux trouvés dans des bois de dix ans *au moins* sont condamnés à une amende de :

1 franc pour un porc;
2 francs » une bête à laine;
3 » » un cheval ou autre bête de somme;
4 » » une chèvre;
5 » » un bœuf, une vache ou un veau.

L'amende est doublée si les arbres ont moins de dix ans (art. 199).

Les maris, pères, mères, tuteurs, maîtres, patrons sont civilement responsables des délits et contraventions commis par leurs femmes, enfants *mineurs* et pupilles *demeurant avec eux* et *non mariés*, domestiques, ouvriers, voituriers ou employés (art. 206).

Lorsque les délits ou contraventions ont été commis *la nuit*, ou que les arbres ont été sciés, ou encore lorsqu'il y a *récidive* (c'est-à-dire quand, *dans l'année*, le délinquant a déjà été condamné pour délit ou contravention *en matière forestière*), les peines édictées par la loi sont portées au *double* (art. 201).

L'administration peut admettre les individus condamnés à

l'amende pour délits ou contraventions commis dans les bois *soumis au régime forestier* — s'ils sont insolvables — à se libérer des amendes, dommages-intérêts et frais au moyen des *prestations en nature* consistant en travaux d'amélioration et d'entretien dans les forêts ou sur les chemins vicinaux (art. 210). Lorsque le délinquant a commis le délit ou la contravention dans un bois non soumis au régime forestier (bois appartenant à un particulier), la prestation en nature ne peut remplacer que le paiement de l'amende et des frais, mais non point celui des dommages-intérêts dus au propriétaire (art. 215). — Les condamnés *insolvables* qui ne fournissent point de prestation en nature subissent la contrainte par corps (c'est-à-dire l'emprisonnement) pendant quinze jours, un mois ou deux mois, suivant le montant de la condamnation pécuniaire (art. 213).

Nº 5. — DÉFRICHEMENTS

Nous avons vu que les communes ou établissements publics ne pouvaient défricher leurs bois sans l'autorisation du gouvernement. Quant aux particuliers, ils ne peuvent arracher, ni défricher les bois leur appartenant qu'après en avoir fait la déclaration à la sous-préfecture au moins *quatre mois d'avance*. La déclaration doit contenir élection de domicile dans le canton où est situé le bois.

L'administration peut s'opposer au défrichement lorsque la conservation du bois est nécessaire : 1° au maintien des terres sur les montagnes ou sur les pentes; 2° à la défense du sol contre les eaux; 3° à l'existence des sources et cours d'eau; 4° à la protection des dunes et des côtes contre la mer et les sables; 5° à la défense du territoire dans la zône frontière et à la salubrité publique. L'administration, avant de signifier son opposition au propriétaire du bois, doit l'inviter à présenter ses observations et à demander l'avis du préfet. Le ministre de l'agriculture statue, le conseil d'État entendu, dans les *six mois* à compter de la signification de l'opposition : il autorise ou refuse d'autoriser le défrichement. Si la décision du ministre n'est pas rendue dans ce délai, le propriétaire a le droit de défricher son bois (art. 219-220).

Le propriétaire qui défricherait sans avoir fait une déclaration préalable ou sans tenir compte de l'opposition, encourrait une amende de 500 à 1 500 francs par hectare défriché, et pourrait être contraint de rétablir les terrains défrichés en nature de bois dans un délai de trois ans au plus. — La prescription des poursuites pour défrichement illégal s'opère par *deux ans* à compter du défrichement (art. 221 et 225).

Mais ces règles ne s'appliquent point au défrichement des bois de moins de vingt ans, ou des parcs ou jardins *clos attenant aux habitations*; ni même aux bois *non clos* de moins de 10 hectares, lorsqu'ils ne font pas partie d'un autre bois qui complèterait les

10 hectares, ou encore lorsqu'ils ne sont point situés sur le sommet ou la pente d'une montagne.

N° 6. — REBOISEMENTS

Le *reboisement* (plantation) et le *gazonnement* des terrains en montagne rendent d'immenses services : ils empêchent l'écoulement trop brusque des eaux provenant de la fonte des neiges et protègent les terrains en plaine contre les avalanches et les inondations. Il s'agit donc là de travaux d'utilité publique au premier chef.

Mais l'utilité publique ne peut être déclarée ici que par une *loi*. Cette loi fixe en même temps les périmètres des terrains sur lesquels les travaux de restauration doivent être effectués (art. 2, loi du 4 avril 1882). — En principe ces travaux, et notamment les reboisements, sont exécutés *aux frais de l'État*, par l'administration forestière qui a le droit, en vertu de la déclaration d'utilité publique, d'exproprier les propriétaires des terrains compris dans les périmètres. — Toutefois les communes, les établissements et les particuliers peuvent conserver la propriété de leurs terrains en s'engageant à exécuter, dans les délais et aux conditions fixés par l'administration, les travaux de restauration qui sont ordonnés (art. 5, même loi).

Bien entendu, lorsque des reboisements ont été effectués, il n'est point permis d'arracher les nouvelles plantations et de défricher les terrains reboisés sous prétexte qu'il s'agit de semis et de plantations de moins de vingt ans. Cette disposition du Code forestier n'est point applicable aux terrains en montagne (art. 6, même loi).

Au cas d'expropriation, l'indemnité due aux propriétaires expropriés n'est point payée préalablement; elle est acquittée après l'exécution des travaux, par annuités de 1 p. 100 au moins de l'indemnité totale ; mais les annuités non payées portent intérêt à 5 p. 100.

Il peut se faire que les travaux de reboisement soient entrepris *spontanément* par des particuliers (qui se sont constitués en association syndicale, par exemple) ou par des communes ou établissements publics, avant qu'ils aient été déclarés d'utilité publique, c'est-à-dire, en fait, rendus *obligatoires* sous peine d'expropriation.

Ces *travaux facultatifs* — c'est le nom sous lequel ils sont désignés par le législateur — sont encouragés par l'État qui accorde aux propriétaires, communes ou établissements qui en font la demande, des subventions *en argent* ou *en nature* (sous forme de travaux ou de fournitures de graines et de plantes). — Les particuliers doivent présenter leur demande de subvention au conservateur des forêts ; les communes et établissements s'adressent au préfet (art. 14, décret du 11 juillet 1882).

SECTION II

Les droits d'usage dans les bois et forêts

Nous avons donné ailleurs la définition des droits d'usage, nous n'y reviendrons pas (Voy. VIE CIVILE) ; mais en matière forestière ces droits sont régis par des règles tout à fait spéciales.

Dans les forêts de l'État, aucun droit d'usage, quel qu'en soit la nature, ne peut être concédé sous quelque prétexte que ce soit.

Les droits d'usage *perpétuels* concédés *anciennement* et *reconnus fondés* avant la promulgation du code forestier ont été maintenus, il est vrai, mais le gouvernement peut éteindre les droits d'usage *en bois* (droit à des fournitures de bois) moyennant l'abandon de cantonnements réglés de gré à gré ou par les tribunaux, aux usagers (communes, établissements publics ou particuliers). — Pour les autres droits d'usage : droit de pâturage, panage, de glandée, etc., l'abandon n'est point permis, mais l'administration peut les racheter au moyen d'indemnité, à moins qu'il ne s'agisse d'un droit de pâturage dont l'exercice serait d'une *absolue nécessité* pour les habitants de la commune (art. 64, C. For.).

La durée de la glandée et du panage ne peut excéder *trois mois*.

Les usagers ne peuvent exercer leurs droits de pâturage et de panage que dans les cantonnements déclarés *défensables* chaque année par l'administration forestière. Or, un cantonnement n'est déclaré défensable que lorsque les arbres dont il est garni sont assez forts pour n'avoir rien à craindre des animaux envoyés au pâturage (art. 66-67).

L'administration fixe le nombre des porcs qui peuvent être mis en panage et des bestiaux qui peuvent être admis au pâturage ; elle indique les chemins par lesquels ces animaux doivent passer.

Les usagers ne peuvent jouir de leurs droits que pour les bestiaux *à leur propre usage*, et non pour ceux qu'ils comptent vendre.

Les animaux introduits dans les bois de l'État doivent être marqués d'une marque spéciale pour chaque commune ou section de commune, sous peine de 3 francs d'amende par animal *non marqué*.

Tous les animaux admis au pâturage doivent avoir des clochettes, sous peine de 2 francs d'amende par bête sans clochette.

Quant aux chèvres, brebis ou moutons, ils ne doivent être *sous aucun prétexte* introduits dans les bois de l'État. Dans certaines localités pourtant, le passage des moutons est permis, mais l'autorisation ne peut être donnée que par décret.

Les usagers qui ont droit à des livraisons de bois, doivent attendre que la délivrance leur en ait été faite par les agents forestiers (art. 79).

Il est interdit aux usagers de vendre ou d'échanger les bois qui leur sont délivrés, et de les employer à une destination autre que celle pour laquelle le droit d'usage a été accordé, — sous peine d'amende (art. 83).

Toutes ces dispositions, sauf la dernière et celle relative à l'obligation de marquer les animaux, sont opposables aux usagers des bois de communes ou des établisssements publics, tout aussi bien qu'aux usagers des bois et forêts de l'État (art. 112).

Quant aux bois des particuliers, ils peuvent être grevés de droits d'usage, et leurs propriétaires peuvent en concéder aujourd'hui encore, mais les droits de pâturage, parcours, panage et glandée ne peuvent être exercés que dans les cantonnements déclarés *défensables* par l'administration. — Les propriétaires peuvent affranchir leurs bois de tous droits d'usage *en bois* (droit à des fournitures de bois), ou racheter tous droits de pâturage, de glandée, etc., comme l'État lui-même peut le faire pour ses bois et forêts (art. 118-119).

CHAPITRE VI

LA VOIRIE

La Voirie désigne, soit l'ensemble des voies de communication et, plus spécialement, l'ensemble des voies de communication *par terre* — soit les règles applicables à ces voies de communication.

En prenant le mot *voirie* dans son premier sens, on divise la voirie en *grande* et *petite voirie*.

La grande voirie fait partie du *domaine public* de l'État ou des départements, la petite Voirie rentre dans le *domaine public* des communes (à l'exception toutefois des chemins ou sentiers d'exploitation qui appartiennent aux propriétaires riverains). — Le sol des voies de communication par terre est donc en principe imprescriptible et inaliénable.

SECTION PREMIÈRE

La grande voirie

La grande voirie comprend les *routes*, les *chemins de fer*, les *rues de Paris* et les rues des villes faisant suite aux routes.

§ 1er. — ROUTES

Les routes se divisent en *routes nationales* et *routes départementales*. Les premières relient entre eux les grands centres (Paris à Bordeaux, par exemple); elles sont construites et entretenues aux frais de l'État par les ingénieurs des Ponts et Chaussées. — Les routes départementales font communiquer les uns avec les autres les chefs-lieux d'arrondissement et les chefs-lieux des départements contigus; leur sol appartient aux départements, et elles sont construites et entretenues à l'aide des ressources départementales, soit par le corps des Ponts et Chaussées, soit par les agents-voyers du département, suivant la décision du conseil général intéressé (art. 46, loi du 10 août 1871).

Les propriétaires riverains des routes sont assujettis à certaines servitudes; ils doivent notamment demander un alignement au préfet lorsqu'ils ont l'intention de planter des arbres le long de la route, sur la limite de leur propriété (Voy. ALIGNEMENTS).

Le *classement* et la *direction* des routes *nationales* sont établis par décret ou même par une loi. Au contraire, c'est le conseil général du département qui statue sur le *classement* et la *direction* des routes *départementales*, et qui adopte les projets, plans et devis des travaux à exécuter pour leur construction, leur rectification ou leur entretien.

Pour la déclaration d'utilité publique (Voy. VIE PUBLIQUE. — EXPROPRIATION), une loi est nécessaire, s'il s'agit de la *construction* d'une route *nationale*, mais un décret rendu en Conseil d'État suffit s'il n'y a que des rectifications à faire, ou des lacunes à combler (art. 13, loi du 27 juillet 1870).

La déclaration d'utilité publique d'une route départementale n'exige jamais qu'un décret rendu en Conseil d'État.

Les travaux des routes sont exécutés par des ingénieurs de l'État désignés sous le nom d'*Ingénieurs des Ponts et Chaussées*.

§ 2. — CHEMINS DE FER

Les lignes de chemins de fer, suivant leur étendue et l'importance des intérêts qu'elles desservent, sont divisées en *lignes d'intérêt général* et *lignes d'intérêt local*.

La construction des chemins de fer d'intérêt général est autorisée par une *loi*. Toutefois, s'il s'agit d'un chemin de fer d'embranchement de moins de *vingt kilomètres* de longueur, un décret rendue en Conseil d'État suffit; mais si les travaux doivent être à la charge du Trésor, même pour une minime fraction, il faut une *loi* pour accorder au ministre les fonds dont il a besoin (art. 1er, loi du 27 juillet 1870).

Lorsqu'il s'agit de la construction d'un chemin de fer d'intérêt local, c'est-à-dire d'un chemin de fer qui n'intéresse qu'un ou plusieurs départements tout au plus, l'utilité publique est toujours déclarée et l'exécution des travaux autorisée par une *loi*.

Les chemins de fer d'intérêt général sont construits par des Compagnies concessionnaires subrogées aux droits de l'État, pour ainsi dire, exécutant elle-mêmes les travaux, supportant une forte part des dépenses de Construction, faisant l'avance de tous les fonds nécessaires (depuis les conventions de 1883), mais ayant en revanche le droit d'exploiter les lignes Construites pendant une assez longue période (99 ans par exemple), sauf à les restituer ensuite à l'État, et de percevoir les bénéfices résultant de cette exploitation. Au cas où les bénéfices ne sont pas suffisants, les compagnies perçoivent une sorte de *subvention après-coup* appelée *garantie d'intérêt* que l'État s'est engagé à leur fournir.

Du reste l'État s'est réservé le droit de racheter les lignes concédées. — Les concessions ne doivent expirer qu'en 1950 pour la compagnie du Nord, 1956 pour la compagnie d'Orléans, 1958 pour celle de Paris-Lyon-Méditerranée, etc.

Les chemins de fer d'intérêt local ne sont point concédés par l'État aux entrepreneurs, mais bien par le conseil général lorsque le chemin de fer doit desservir plusieurs communes d'un même département; par les conseils généraux des divers départements intéressés lorsqu'il doit s'étendre sur plusieurs départements; par le conseil municipal lorsqu'il ne doit être qu'un chemin de fer d'intérêt communal (comme le chemin de fer métropolitain qu'il est question de construire à Paris).

Ainsi, lorsqu'il s'agit d'un chemin de fer d'intérêt départemental, c'est le conseil général qui arrête la direction du chemin de fer, le mode et les conditions de la construction, les dispositions nécessaires pour assurer l'exploitation de la ligne, etc.; mais le projet est soumis à l'examen du conseil général des Ponts-et-Chaussées et du Conseil d'Etat. — Au cas où la loi autorisant l'exécution des travaux et approuvant la concession et la convention conclue entre le conseil général et la compagnie concessionnaire a été votée, le préfet, après avoir pris l'avis de l'ingénieur en chef du département, soumet les projets d'exécution au conseil général qui se prononce (loi du 11 juin 1880).

Si la ligne doit s'étendre sur plusieurs départements et qu'il y ait désaccord entre les conseils généraux de ces divers départements, le ministre des travaux publics statue et tranche le différend.

Lorsque le chemin de fer n'intéresse qu'une commune, le conseil général est appelé à donner son avis sur le projet adopté par le conseil municipal avant la déclaration d'utilité publique; de plus la délibération du conseil municipal est soumise à l'approbation du préfet (art. 3, loi du 11 juin 1880).

vention que lorsqu'il y a lieu de trancher une contestation relative à une question de propriété. — Dans le premier cas, le conseil de

Dans la rédaction du cahier des charges, le conseil local intéressé doit se conformer, en principe, au cahier des charges *type* qui a été approuvé par le Conseil d'État; cependant les modifications qui y sont apportées sont parfaitement valables, à la condition qu'elles soient approuvées par la loi qui autorise l'exécution des travaux (art. 2, même loi).

Lors de l'établissement d'un chemin de fer d'intérêt local, l'État peut s'engager à fournir des subventions au département; mais dans ce cas la ligne subventionnée peut être assujettie envers l'État à un service gratuit, ou tout au moins à une réduction du prix des places (art 17, loi du 11 juin 1880).

Le sol des voies ferrées d'intérêt départemental fait partie du domaine public départemental, mais une loi peut le distraire de ce domaine et le faire rentrer dans le domaine public de l'État. La même disposition s'applique aux lignes d'intérêt exclusivement communal, dont le sol appartient au domaine public de la commune (art. 11, même loi).

La construction, l'entretien, les réparations des lignes d'intérêt local et de leur matériel, ainsi que le service de l'exploitation sont soumis au contrôle et à la surveillance du préfet, qui est placé en cette matière sous l'autorité du ministre des Travaux publics.

Les lignes ferrées d'intérêt général doivent *toujours* être pourvues de clôtures placées des deux côtés de la voie et de barrières au croisement des chemins. — Au contraire, lorsqu'il s'agit d'un chemin de fer d'intérêt local, le préfet peut dispenser de poser des clôtures; il peut même dispenser de placer des barrières au croisement des chemins *peu fréquentés* (art. 20, même loi).

Les propriétaires ou fermiers dont les terres sont coupées ou bordées par une voie ferrée ne doivent pas déposer de *matières inflammables* (foin, paille, etc.,) à moins de *vingt mètres* de la voie, sous peine de 16 à 300 francs d'amende; il leur est interdit également de construire à moins de *deux mètres* de distance. Toutefois ils ont le droit d'élever un mur à une distance moindre.

Le propriétaire riverain qui veut bâtir doit demander un alignement (Voy. Alignements).

§ 3. — JURIDICTION COMPÉTENTE EN MATIÈRE DE GRANDE VOIRIE

En matière de grande voirie, c'est toujours le conseil de préfecture qui est appelé à statuer, aussi bien lorsqu'il s'agit d'une contra-préfecture applique des amendes de 16 à 300 francs, c'est un véritable tribunal *correctionnel*.

SECTION II

La petite voirie

La petite voirie se divise en *voirie urbaine* et *voirie rurale*. — Il est quelquefois fort difficile de décider si telle voie de communication appartient à la voirie rurale ou à la voirie urbaine, mais on peut donner comme règle que toutes les voies reliant les uns aux autres les différents points d'une localité importante ou non (un village, par exemple) font partie de la voirie urbaine, et que toutes les autres voies appartenant à la petite voirie rentrent dans la voirie rurale.

§ 1er. — VOIRIE URBAINE

La voirie urbaine est à la charge de la commune. — En matière de voirie urbaine, c'est le maire qui délivre les alignements *individuels* aux propriétaires riverains qui veulent bâtir ou faire des plantations. Mais ces alignements sont délivrés d'après les plans généraux établis par le préfet, qui doit prendre du reste l'avis du conseil municipal. — S'il n'y a pas de plans généraux, le maire ne peut rien changer à l'alignement actuel.

C'est le juge de paix qui est compétent au cas d'usurpations commises par les particuliers en matière de voirie urbaine.

§ 2. — VOIRIE RURALE

La voirie rurale est assez compliquée : en effet, elle comprend 1° les *chemins vicinaux;* 2° les *chemins ruraux;* 3° les *chemins ou sentiers d'exploitation*.

Les chemins vicinaux se subdivisent eux-mêmes en *chemins vicinaux proprement dits*, *chemins d'intérêt commun*, et *chemins de grande communication*. Nous étudierons successivement les règles relatives à ces différentes catégories.

N° 1. — LES CHEMINS VICINAUX

Les *chemins vicinaux* sont les voies de communication qui relient entre elles plusieurs communes; ils font partie du domaine public des différentes communes intéressées.

Suivant leur importance, ils sont désignés sous le nom de : *chemins de grande communication*, *chemins d'intérêt commun* ou *chemins vicinaux ordinaires*.

Les *chemins de grande communication* traversent les communes de plusieurs cantons ou font communiquer entre elles des routes départementales ou nationales.

Les chemins d'intérêt commun ont moins d'importance : ils font communiquer entre elles les communes d'*un même canton.*

Enfin les chemins vicinaux ordinaires, dont l'ensemble constitue la *petite vicinalité*, permettent d'aller d'une *commune* à une autre (art. 46, loi du 10 août 1871).

La construction et l'entretien de chemins vicinaux sont confiés aux *agents-voyers*, fonctionnaires nommés par le préfet et placés sous la direction d'un agent-voyer en chef établi au chef-lieu du département.

Chemins de grande communication. — C'est le conseil général qui établit l'ouverture et le redressement de chemins de grande communication ; il statue sur leur *classement* et leur direction (1), il désigne en outre les communes qui doivent concourir à leur entretien, et répartit les subventions accordées par l'État ou le département pour l'achèvement de la vicinalité, ainsi que la part contributive de chaque commnne dans les dépenses nécessitées par les travaux projetés. — C'est encore le conseil général qui décide à quel service l'exécution de ces travaux sera confiée.

Quant aux *alignements individuels*, ils sont délivrés ici par le *sous-préfet* lorsqu'il y a des plans généraux approuvés par décret rendu en Conseil d'État, par le préfet lorsque les plans généraux ne sont pas approuvés ou n'existent pas. — Les plans généraux sont établis par le conseil général.

Chemins d'intérêt commun. — Les règles applicables aux chemins de grande communication sont applicables en principe aux chemins d'intérêt commun (pour l'ouverture, le redressement, l'alignement, etc.) — (même loi).

Chemins vicinaux ordinaires. — Ce sont les chemins vicinaux proprement dits. Leur classement, leur ouverture et leur entretien sont fixés non par le conseil général mais par la commission départementale, et c'est le maire qui délivre les alignements individuels, sauf approbation du sous-préfet (art. 86, même loi).

Jury spécial en matière d'expropriation pour travaux de vicinalité. — L'ouverture, le redressement, l'élargissement des chemins vicinaux donnent lieu à des expropriations pour cause d'utilité publique et par suite à la fixation d'une juste et préalable indemnité (2) en faveur de chaque propriétaire riverain exproprié. (3)

Le jury d'expropriation chargé de la fixation des indemnités est constitué d'une façon toute spéciale. Il ne se compose que de *quatre*

(1) Sa décision vaut ici *déclaration d'utilité publique.*

(2) Les décisions portant reconnaissance ou fixation de la largeur d'un chemin vicinal déjà existant émanent également du conseil général ou de la commission départementale ; elles entraînent aussi des expropriations, mais ici l'indemnité n'est plus préalable, et si elle ne peut être fixée à l'amiable, ce n'est pas un jury mais simplement le *juge de paix* qui l'établit après expertise.

(3) On appelle *propriétaire riverain* le propriétaire dont le fonds est sur le bord de la route ou du chemin, comme la propriété du riverain est sur le bord de l'eau.

jurés désignés, ainsi que *trois jurés supplémentaires*, par le tribunal civil, sur la liste générale des jurés établie pour les expropriations, et d'un juge du tribunal, ou d'un juge de paix désigné également par le tribunal. Ce juge, qui préside le jury, a voix délibérative *au cas de partage*, c'est-à-dire quand deux jurés sont d'une opinion et les deux autres d'une opinion différente (art. 16, loi du 21 mai 1836).

Ressources affectées spécialement aux chemins vicinaux. — Lorsque les ressources ordinaires de la commune sont insuffisantes pour faire face aux dépenses de vicinalité, il est pourvu à ces dépenses au moyen de *prestations en nature* fixées annuellement à *trois journées* de travail, et à l'aide de 5 centimes spéciaux additionnels aux quatre contributions directes (art. 2, loi de 1836).

Or, tout habitant, chef de famille ou chef d'établissement à titre de *propriétaire*, *fermier*, régisseur, porté au rôle des contributions, peut être appelé à fournir une prestation *de trois jours* pour sa personne et *pour chaque* individu mâle valide, âgé de 18 à 60 ans, *membre* ou *serviteur* de la famille, et résidant dans la commune ; 2° pour *chacune* de ses voitures ou charrettes attelées, et *en outre* pour chacune des bêtes de somme, de trait ou de selle au service de la famille ou de l'établissement. — Mais cette prestation est évaluée chaque année par le conseil général à une somme qui varie de 0 fr. 50 à 1 fr. 50 *par journée de travail*, et elle est acquittée en nature ou en argent, d'après cette évaluation, *au gré du contribuable*. Si le contribuable n'opte pas dans les délais prescrits, il est tenu de l'acquitter *en argent* (art. 3-4, même loi).

Lorsque ces impositions ne suffisent point, le conseil municipal peut voter en outre *trois* centimes additionnels extraordinaires en vue seulement de la construction de chemins vicinaux *ordinaires*, et emprunter les sommes qui lui sont nécessaires à la Caisse des chemins vicinaux (régie par l'administration de la caisse des Dépôts et Consignations). Le produit des 3 centimes extraordinaires permet à la commune de rembourser par annuités les sommes empruntées pour les chemins vicinaux *ordinaires*. — Enfin viennent les subventions accordées soit par les conseils généraux, qui sont autorisés pour 1886 à voter 7 centimes additionnels *spéciaux* affectés spécialement aux chemins de grande communication et d'intérêt commun, — soit même par l'État.

Contentieux en matière de vicinalité. — Les contraventions en matière de vicinalité sont soumises à la juridiction du tribunal de simple police (*juge de paix*), tandis que les contestations qui s'élèvent entre l'administration et les particuliers doivent être portées devant le conseil de préfecture.

Déclassement des chemins vicinaux. — Le déclassement des chemins de grande communication et d'intérêt commun est décidé par le conseil général ; le déclassement des chemins vicinaux ordinaires résulte d'une décision de la commission départementale.

Or, le déclassement fait sortir le sol du chemin du domaine *public* de la commune pour le faire rentrer dans son domaine *privé;* le terrain devient alors aliénable et prescriptible.

Les propriétaires riverains des chemins déclassés, c'est-à-dire ceux dont le fonds est limité ou bordé par le chemin déclassé, ont le *droit de préemption*, ce qui veut dire qu'ils doivent être préférés à tous autres acheteurs. Ce droit doit être exercé par eux *dans les trois mois* à compter de l'annonce de la vente du terrain déclassé et le paiement du prix doit être effectué à peine de déchéance, dans le mois qui suit l'époque à laquelle il a été fixé (art. 61, loi du 3 mai 1341).

N° 2. — LES CHEMINS RURAUX

Les *chemins ruraux* sont des chemins appartenant à la commune, affectés à l'usage du public, mais qui ne sont pas classés comme chemins vicinaux. — L'affectation à l'usage du public peut s'établir notamment par la destination du chemin, jointe au fait d'une circulation *générale* et *continue*, ou à des actes réitérés de surveillance et de voirie de l'autorité municipale; elle provient donc en fait de l'usage. D'un autre côté, tout chemin affecté à l'usage du public est présumé, jusqu'à preuve contraire, appartenir à la commune (art. 1er-3, loi du 20 août 1881).

La direction des chemins, leur longueur et leur largeur sont déterminées par des arrêtés pris par la commission départementale sur la proposition du préfet, après enquête publique et sur l'avis du conseil municipal intéressé. Ces *arrêtés de reconnaissance*, ainsi dénommés parce qu'ils *reconnaissent* tel chemin comme *chemin rural*, sont affichés et notifiés aux propriétaires riverains.

Les particuliers touchés par ces arrêtés qui valent prise de possession par la commune, du chemin visé (peut-être est-ce un sentier d'exploitation), peuvent interjeter appel, dans le délai *d'un mois*, devant le conseil général, ou recourir pour cause de violation de la loi ou d'un règlement d'administration publique, ou pour cause d'excès de pouvoir, devant le conseil d'Etat statuant au contentieux (mais le délai est alors de *deux mois*) — (art. 4-6, même loi).

Les chemins ruraux qui ont été l'objet d'un arrêté de reconnaissance sont imprescriptibles (art. 6, même loi). — L'autorité municipale est chargée de leur conservation; elle pourvoit à leur entretien dans la mesure des ressources dont elle peut disposer; si les ressources ordinaires sont insuffisantes, le conseil municipal peut voter 3 centimes extraordinaires affectés *exclusivement* à cette sorte de chemins (art. 141, loi du 5 avril 1884).

Lorsqu'un chemin rural est dégradé par suite d'exploitations industrielles (mines, carrières, etc.), les directeurs de ces exploitations peuvent être déclarés tenus de fournir une subvention proportionnée aux dégradations résultant de l'exploitation; mais ces subventions doivent être affectées *exclusivement* à l'entretien du chemin dégradé (art. 11, loi du 20 août 1881).

La commission départementale ne prend pas seulement des arrêtés de reconnaissance de chemins déjà existants ; elle peut aussi prendre des arrêtés d'ouverture et de redressement suivant les mêmes formes (avis du conseil municipal, etc.), relativement à des chemins non encore construits, mais seulement projetés.

Un chemin rural reconnu cesse-t-il d'être affecté à l'usage du public, la vente peut en être autorisée par un arrêté préfectoral sur l'avis *conforme* du conseil municipal, mais seulement après une *enquête* précédée de *trois publications* faites à *quinze jours d'intervalle* les unes des autres (art. 16, même loi). — S'il se forme entre les propriétaires intéressés au maintien du chemin rural une association syndicale dans le but de le conserver en bon état, l'aliénation n'est point ordonnée. Nous verrons tout à l'heure quelles règles président à la formation de ces associations.

Supposons l'aliénation ordonnée par arrêté préfectoral. Les propriétaires riverains sont immédiatement mis en demeure d'acquérir les terrains attenant à leur propriété — car ils ont un *droit de préemption* ; si *dans le mois* ils ont négligé de faire leurs offres, il est procédé à la mise en adjudication des terrains ; s'ils font au contraire leurs offres en temps utile, mais qu'elles ne soient point acceptées par l'administration, le prix est fixé par experts ; au cas de désaccord entre les deux experts, un tiers expert est nommé par le juge de paix (art. 17, même loi).

Syndicats formés en vue des travaux relatifs aux chemins ruraux. — Lorsque les travaux d'ouverture, de redressement ou d'élargissement des chemins ruraux, régulièrement autorisés, ne sont pas exécutés, ou bien encore lorsqu'un chemin rural reconnu n'est pas entretenu ou se trouve sur le point d'être aliéné parce qu'il a cessé d'être affecté à l'usage du public, le maire, sur la demande à lui faite *par trois intéressés* au moins, est tenu de convoquer tous les intéressés — par invitation *individuelle* — pour qu'ils délibèrent sur la nécessité des travaux à faire et sur le point de savoir s'il convient de se charger de leur exécution. — Le maire peut faire cette convocation *d'office* lorsque les intéressés ne prennent pas l'initiative.

Si la *moitié plus un* des intéressés (trois sur cinq, par exemple) représentant au moins les *deux tiers de la superficie* des propriétés desservies par les chemins, ou à l'inverse, si les *deux tiers* des intéressés représentant au moins la *moitié* de cette superficie consentent à se charger des travaux nécessaires pour réparer ou entretenir le chemin, cette décision est imposée à tous les intéressés, même à ceux qui ont émis un vote contraire : *l'association syndicale* est constituée même à l'égard des intéressés qui n'ont pas donné leur adhésion.

Pour les travaux d'ouverture, d'élargissement ou de redressement, l'association syndicale n'est formée que s'il y a *consentement unanime* des intéressés, — à moins toutefois qu'il ne s'agisse que de travaux d'amélioration ou d'élargissement *partiels*, auxquels cas l'assentiment de la *moitié plus* un des intéressés représentant au moins les *trois quarts* de la superficie, ou des *trois quarts* des intéressés représentant plus de la *moitié* de la superficie suffit; les intéressés dissidents doivent ici encore se soumettre à la décision de cette majorité (art. 19-20, loi du 20 août 1881).

Le maire transmet au préfet, avec son avis et celui du conseil municipal, le procès-verbal de la délibération, document rédigé par lui et faisant connaître le but, la durée des travaux projetés, le nombre des syndics, les voies et moyens votés par l'association, etc. Le préfet autorise ou refuse *d'autoriser* l'association syndicale. Un extrait du procès-verbal et l'arrêté préfectoral sont ensuite affichés dans la commune intéressée (art. 21-23, loi du 20 août 1881).

Si le préfet refuse d'autoriser l'association, il peut se former entre les intéressés une association syndicale *libre*, mais il faut pour cela l'*unanimité* (la majorité ne peut plus imposer son opinion à la minorité), et les cotisations ne sont plus assimilées aux contributions directes.

Le syndicat de l'association se compose 1° des syndics élus par l'association elle-même — ou nommés par le préfet, si l'association néglige, après deux convocations, de procéder à leur élection ; 2° dans le cas où la commune, consentant à contribuer aux travaux projetés, a accordé une subvention à l'association, d'un nombre de syndics proportionné à l'importance de la subvention dans l'ensemble des dépenses.

Ces associations syndicales sont représentées en justice par leurs syndics ; elles peuvent emprunter ou acquérir les parcelles des terrains nécessaires pour l'exécution des travaux entrepris, et ces parcelles tombent dans le domaine communal (même loi).

Le syndicat détermine le mode d'exécution des travaux, répartit les dépenses entre les associés *en proportion de leur intérêt;* il règle le recouvrement des taxes établies par l'association et dresse les rôles des contributions dues par les différents intéressés. Ces rôles, rendus exécutoires par le préfet, sont recouvrés par le receveur municipal. — Le syndicat peut aussi décider que les travaux seront exécutés au moyen de *prestations en nature* fournies par les intéressés (Voy. CHEMINS VICINAUX). En somme il remplit à la fois les fonctions d'agence d'exécution et de conseil d'administration.

Au cas où l'association n'entreprend pas les travaux en vue desquels elle a été autorisée par le préfet, celui-ci la met en demeure de les exécuter ; si la mise en demeure ne produit pas d'effet, il retire l'autorisation. — Si les travaux ont été commencés, mais que leur interruption ou le défaut d'entretien du chemin rural nuise à l'intérêt public, le préfet peut faire procéder d'*office*, après mise en demeure, à l'exécution des travaux nécessaires pour remédier à cet état de choses.

Supposons que le préfet, après examen du procès-verbal à lui transmis par le maire, refuse d'autoriser l'association qui s'est constituée, l'un quelconque des intéressés et même les tiers peuvent demander au ministre de l'intérieur de faire annuler l'arrêté préfectoral. Un décret rendu en Conseil d'État confirme ou infirme l'arrêté, et dans ce dernier cas il autorise l'association. — Le recours doit être déposé à la préfecture *dans le mois* qui suit l'affichage de l'arrêté refusant l'autorisation.

L'arrêté autorisant l'association peut aussi être attaqué dans la même forme dans le même délai par les intéressés et les tiers qui sont opposés à la constitution de l'association (art. 30, loi de 1881).

L'apurement des comptes des associations dont nous parlons a lieu suivant les règles établies pour les comptes des receveurs municipaux (art. 32, même loi).

Quant aux contestations soulevées par l'inexécution des travaux, la répartition des charges, la perception des taxes, etc., elles sont soumises au conseil de préfecture, qui statue sauf recours au Conseil d'État (art. 31, même loi).

N° 3. — CHEMINS ET SENTIERS D'EXPLOITATION

On appelle *chemins* ou *sentiers d'exploitation* de petits chemins qui ne rentrent point dans la catégorie des chemins ruraux reconnus, mais qui permettent aux cultivateurs de pénétrer dans les terres et d'arriver avec leurs charrettes ou leurs charrues jusqu'aux fonds qu'ils exploitent. Ces chemins, en l'absence de titres, sont présumés appartenir aux propriétaires riverains. L'usage en est commun à tous les intéressés, mais il peut être interdit au public (art. 33, loi du 20 août 1881).

Tous les propriétairss intéressés contribuent, dans la proportion de leur intérêt, aux travaux d'entretien de ces chemins et à leur mise en état de viabilité; en cas de difficultés et de contestations relatives à ces travaux, c'est le juge de paix qui est compétent : il statue à charge d'appel. — Les intéressés sont toujours libres de s'affranchir des dépenses relatives à ces chemins en renonçant au droit d'usage ou de propriété qu'ils ont sur eux.

Les chemins et sentiers ne peuvent êt e supprimés que du consentement *unanime* des propriétaires qui ont le droit de s'en servir.

Les contestations relatives à la propriété ou à la suppression des chemins et sentiers d'exploitation doivent être portées devant le tribunal civil (art. 34-37, même loi).

SECTION III

Servitudes de voirie

1er. — LES ALIGNEMENTS

Les propriétaires riverains qui veulent faire construire ou même simplement faire des plantations le long d'une route, d'un chemin ou d'une voie ferrée doivent préalablement demander un alignement au *maire*, en matière de *voirie urbaine* ou de *chemins vicinaux*; au *sous-préfet* en matière de *grande voirie*, si les plans généraux ont été approuvés par *décret*; au *préfet*, lorsque les plans généraux ne sont pas dressés ou ne sont point encore approuvés.

FORMULE N° 1

Demande d'alignement sur une route

« Monsieur le sous-préfet (1)

» Ayant le désir de construire une maison dans un fonds à moi appartenant, situé le long de la route nationale (ou *départementale*), n° ...., à 150 mètres de la borne kilométrique n°......., et figurant au plan cadastral sous le n° ...., section......, j'ai l'honneur de vous prier de vouloir bien me délivrer un alignement conformément aux lois et règlements en matière de grande voirie.

» Veuillez agréer, Monsieur le sous-préfet, l'assurance de ma respectueuse considération.

(*Signature*.)

FORMULE N° 2

Demande d'alignement sur un chemin vicinal

« Monsieur le maire,

» Ayant l'intention de construire une maison dans le fonds à moi appartenant, situé le long du chemin vicinal n°......., et qui figure au plan cadastral sous le n°...., section....., j'ai l'honneur de vous prier de vouloir bien me délivrer l'alignement auquel je devrai me conformer.

» Veuillez, Monsieur le maire, agréer l'assurance de ma considération très distinguée.

(*Signature*.)

Le propriétaire qui construirait sans avoir préalablement demandé et obtenu l'alignement serait traduit devant le conseil de préfecture, en matière de *grande voirie*, et condamné à une amende de 300 francs. Au cas où la construction ou la plantation qu'il a faite empiéterait sur le sol attribué à la route ou au chemin par les plans généraux, il serait même condamné à démolir la construction ou à arracher les arbres plantés. — En matière de *petite voirie*, c'est encore le conseil de préfecture qui statue au cas d'*anticipation* sur

(1) « Monsieur le Préfet, » s'il n'y a pas d'alignements généraux approuvés.

le terrain réservé au domaine public, mais c'est le juge de paix qui prononce l'amende. — Enfin en matière de *voirie urbaine*, le juge de paix est *seul* compétent, tant en ce qui concerne les anticipations (il a le droit d'ordonner la démolition) qu'en ce qui touche l'infraction pénale, qui d'ailleurs entraîne une amende assez minime (1 franc à 5 francs d'amende).

L'alignement doit être demandé en matière de *voirie urbaine*, même lorsque la construction ou la plantation ne doit être établie qu'en *retrait*, c'est-à-dire en arrière de l'alignement arrêté dans les plans généranx; seulement, dans ce cas, l'infraction n'entraînerait qu'une amende : le conseil de préfecture, pas plus que le juge de paix ne pourrait ordonner la démolition de la maison construite où l'enlèvement des arbres plantés.

Pour les *plantations* qui doivent être faites le long d'une route, même en retrait, il faut encore demander l'alignement; toutefois, si la plantation doit être faite à *plus de six mètres* en retrait, il n'est point besoin de demander préalablement un alignement.

En fait, l'alignement donne lieu à de véritables expropriations pour cause d'utilité publique. Ainsi, une rue doit être élargie d'après les plans généraux. Le maire délivre l'alignement : le propriétaire riverain est exproprié de la portion de sa propriété qui est nécessaire à l'élargissement de la rue ; pour cette bande de terrain il a droit à une indemnité juste et préalable qui est fixée par le jury compétent en matière d'expropriation.

Il en est de même pour les expropriations imposées au propriétaire des voies de communication rentrant dans la *grande voirie*, mais s'il s'agit d'un chemin vicinal (chemin de grande communication ou tout autre chemin rentrant dans la *petite voirie*), 'indemnité est fixée par le *juge de paix* sur rapport d'experts désignés l'un par le sous-préfet, l'autre par le propriétaire exproprié (1) ; au cas de désaccord entre ces experts, un troisième est nommé par le conseil de préfecture (art. 15 et 17, loi du 21 mai 1836).

A l'inverse, l'alignement, loin d'exproprier le propriétaire riverain, peut indirectement l'obliger à acheter une bande de terrain : ainsi, le fonds qui m'appartient est en retrait de la voie nouvelle, et l'alignement fait sortir du domaine public la portion de terrain comprise entre le bord de la rue projetée et la limite de ma propriété du riverain ; j'ai plus d'intérêt qu'aucun autre à posséder cette petite parcelle, aussi la loi m'accorde-t-elle ici encore un droit de préemption. Mais si le riverain n'use pas de ce droit, il peut être exproprié, du moins en matière de *voirie urbaine* (art. 5, décret du 27 décembre 1858).

Les propriétaires dont les fonds sont contigus à des *chemins ruraux* ne sont pas assujettis aux formalités relatives à l'alignement.

(1) Non seulement ici l'indemnité n'est pas fixée par le jury, mais encore la loi n'exige point qu'elle soit *préalable*.

§ 2. — CURAGE DES FOSSÉS

Les frais de curage des fossés qui longent les voies de communication sont à la charge de l'État, du département ou de la commune, suivant qu'il s'agit d'une route nationale, d'une route départementale ou d'un chemin vicinal ; mais les propriétaires riverains sont obligés de subir le rejet des terres provenant de tra-travaux de curage.

§ 3. — ÉCOULEMENT DES EAUX

Les propriétaires riverains sont tenus de recevoir les eaux qui s'écoulent des routes et chemins non pourvus de fossés. Toutefois, si cette servitude est aggravée à la suite de travaux particuliers effectués par l'administration en vue de faire déverser, quand même, malgré la disposition naturelle des lieux, les eaux qui autrement séjourneraient sur la voie de communication, les propriétaires riverains peuvent réclamer une indemnité.

En matière de voirie, il est encore d'autres servitudes, mais elles soulèvent des difficultés que nous ne pouvons examiner ici (1).

§ 4. — NIVELLEMENT

En matière de voirie urbaine, le *nivellement* est pour ainsi dire le corollaire de *l'alignement*. En effet, toutes les fois qu'on parle de cette dernière servitude, il est également question du nivellement, c'est-à-dire des travaux de remblai ou de déblai qu'il y a lieu d'effectuer. C'est ainsi que dans tout projet pour *l'élargissement*, le *redressement* ou *l'ouverture* d'une rue, le plan soumis à l'enquête qui précède la déclaration d'utilité publique doit comprendre un plan d'alignement et un plan de nivellement (décret du 27 décembre 1858).

Les plans d'alignement et de nivellement des voies publiques municipales (voirie urbaine) sont établis par la municipalité, mais ils doivent être approuvés, les uns comme les autres, par le préfet (art. 68, 8°, loi du 5 avril 1884).

En même temps qu'il demande l'alignement, le propriétaire riverain qui veut construire dans une ville doit demander le *nivellement* de la voie publique au devant de son terrain et adresser à l'administration un plan et des coupes cotées de la construction qu'il projette (art. 3-4, décret du 28 mars 1852). — Ces dispositions n'étaient d'abord applicables qu'aux rues de Paris, mais elles ont été ensuite étendues à beaucoup d'autres villes sur la demande des municipalités intéressées. En fait, toutes les villes de quelque importance sont placées sous ce régime. Dans ces localités, comme à Paris,

(1) Voy. Batbie. — *Précis du Cours de Droit public et administratif.*

la façade des maisons doit être tenue en bon état de propreté. Les maisons doivent être grattées, repeintes ou badigeonnées au moins une fois tous les *dix ans*, sous peine d'une amende pouvant s'élever jusqu'à 100 francs. Toute construction sise dans une rue pourvue d'égoûts doit être *disposée* de manière que les eaux pluviales et ménagères se jettent dans ces égoûts (art. 5-6, même décret).

SECTION IV

Police du Roulage

§ 1er. — VOITURES ET ATTELAGES

Les véhicules servant au transport des personnes ou des marchandises (voitures, charrettes, chariots, etc.) peuvent circuler sur les routes et sur les chemins vicinaux de grande communication sans aucune condition de réglementation de poids, mais les camions ne peuvent avoir plus de 2m. 50 de long, ni dépasser le moyeu de plus de 6 centimètres. — En principe la largeur du chargement ne doit pas excéder 2m.50; mais cette limitation ne s'applique pas au chargement des véhicules employés au transport de récoltes des champs à la ferme, et même de la ferme ou des champs au marché (art. 1er, loi du 12 avril 1851; art. 1er et 11, décret du 10 août 1852).

On ne peut atteler plus de 5 chevaux aux charrettes ou chariots à 2 roues; on peut atteler jusqu'à 8 chevaux aux charrettes à 4 roues, mais il ne doit pas y avoir plus de 5 chevaux de file (3 attelages de 2 chevaux et 2 chevaux en flèche, ou bien encore un attelage de 3 chevaux, un attelage de 2 chevaux, et trois en flèche). — Cependant, lorsqu'il s'agit de transporter de gros blocs de pierre, des locomotives, machines ou autres objets d'un poids considérable, le préfet peut, sur l'avis des ingénieurs ou des agents-voyers, autoriser l'emploi d'attelages exceptionnels.

Il n'est pas permis d'atteler plus de trois chevaux aux voitures *à 2 roues* qui servent au transport des personnes, mais on peut atteler jusqu'à 6 chevaux aux voitures *à 4 roues* (art. 3, même décret).

Sur les parties de routes ou de chemins affectées de rampes très fortes ou d'une longueur exceptionnelle, un arrêté préfectoral, pris sur la proposition de l'ingénieur ou agent-voyer en chef, peut autoriser l'emploi des chevaux de renfort. Des poteaux portant cette inscription : « chevaux de renfort » indiquent à quels endroits s'applique l'autorisation. — Pour les véhicules marchant avec relais réguliers, la faculté d'atteler les chevaux de renfort s'étend à tout le relais sur une partie duquel leur emploi est autorisé.

En temps de neige ou de verglas, ces dispositions sont suspendues : le nombre de chevaux n'est plus limité (art. 6, même décret).

Traversée des ponts. — Pendant la traversée des *ponts suspendus*, les chevaux doivent être mis au pas ; les voituriers ou rouliers doivent tenir les guides ou le *cordeau* ; les conducteurs sont tenus de rester sur leurs sièges.

Toute voiture attelée de plus de cinq chevaux ne doit pas s'engager sur le tablier d'une *travée* (partie du pont située entre deux piliers), quand il y a déjà sur cette travée un véhicule attelé lui-même de plus de cinq chevaux.

Les ministres compétents — les préfets et les maires dans les cas *urgents* — peuvent prescrire les mesures qu'ils jugent nécessaires pour éviter des accidents. Ces mesures sont placardées aux deux extrémités des ponts auxquels elles s'appliquent (art. 8, même décret).

Obligations des conducteurs et rouliers. — Les rouliers ou conducteurs doivent ranger leur charrette ou voiture de manière à laisser libre la moitié de la chaussée. Il est interdit de laisser stationner sur la voie publique *sans nécessité* aucune voiture attelée ou même *non attelée*.

Le voiturier, roulier ou conducteur doit se tenir constamment à portée de ses chevaux, bœufs ou autres bêtes de trait, et en position de les guider. — Un seul conducteur peut conduire trois voitures *à deux roues* attelées chacune *d'un seul cheval*, ou même quatre voitures *à quatre roues* (et à un seul cheval), mais il doit y avoir un conducteur pour chaque voiture attelée de plus d'un cheval (art. 14, décret du 10 août 1852).

Lorsque plusieurs charrettes ou voitures marchent à la suite les unes des autres, elles doivent être distribuées en convois de *quatre voitures* au plus, si elles sont à quatre roues et attelées d'un seul cheval ; — en convois de *trois voitures* au plus, si chacun des véhicules est à deux roues et attelé d'un seul cheval ; — en convois de deux voitures au plus si seulement l'une d'elle est attelée de plus d'un cheval (1). Entre chaque convoi, il doit y avoir un intervalle de cinquante mètres au moins (art. 13, même décret).

Une voiture marchant *isolément* ou *en tête d'un convoi* ne peut circuler *pendant la nuit* sans être pourvue d'une lanterne allumée. Cette obligation s'applique même aux voitures d'agriculture, si le préfet ou le maire le juge convenable (art. 15, même décret).

Tout propriétaire d'une voiture affectée au transport des marchandises est tenu de faire placer au *côté gauche* de sa voiture, en avant des roues, une *plaque métallique* portant en caractères d'au moins cinq millimètres de hauteur, ses nom, prénoms et profession, ainsi

(1) Ainsi, trois charrettes, dont l'une est attelée de deux chevaux, les deux autres n'étant attelées que d'un seul cheval, doivent former deux convois. — Bien plus, lorsque la longueur des objets transportés (poutres, par exemple) est excessive, les préfets peuvent diminuer le nombre des voitures pour un même convoi (deux au lieu de trois, par exemple). — (Art. 2, décret du 24 février 1858.)

que les noms de la commune, du canton et du département où il est domicilié. — Il est fait exception pour les charrettes employées à la culture et au transport des récoltes, qui se rendent de la ferme aux champs et des champs à la ferme, ou qui servent au transport des objets récoltés (paille, foin, moisson, raisin) du lieu où ils ont été recueillis jusqu'à celui où le cultivateur les dépose pour les conserver ou les manipuler (transport au moulin, au pressoir, etc.). — Mais, pour le transport au marché, la plaque métallique est absolument exigée (art. 16, même décret).

Dispositions applicables exclusivement aux voitures publiques (1). — Les entrepreneurs de *voitures publiques* doivent déclarer au sous-préfet de l'arrondissement où ils sont établis (2) : leur domicile, le nombre de leurs voitures, le lieu de destination, les jours et heures de départ et d'arrivée, le nombre des places que contient chaque voiture.

Le sous-préfet ordonne la visite des voitures afin qu'il soit constaté que leur construction n'est aucunement vicieuse. Or, il doit y avoir au moins 1m 65 comme largeur de voie si les voitures sont à deux roues ; si elles sont à quatre roues, la *voie de devant* peut n'avoir que 1 m 55. — La hauteur des voitures publiques, mesurée depuis le sol jusqu'à la partie la plus élevée du chargement, ne doit pas excéder 3 m pour les voitures *à quatre roues* (3), 2 m. 60 pour celles à *deux roues*. — La hauteur est réglée par une traverse en fer placée au milieu de la partie affectée au chargement (art. 22, décret du 10 août 1852).

Dans les voitures publiques la largeur moyenne des places doit être en principe de 48 centimètres ; cependant, pour les voitures parcourant moins de cinq lieues et pour les banquettes à *plus de trois places* (art. 23, même décret), la largeur peut n'être que de 41cm.

Toute voiture publique doit être munie d'une machine à enrayer disposée de manière à pouvoir être manœuvrée de la place assignée au conducteur, ainsi que d'un sabot d'enrayage (4) (art. — 27).

Pendant la nuit les voitures publiques doivent être éclairées par une lampe à réflecteur placée à droite et à l'avant de la voiture. (art. 28).

Les cochers ne peuvent sous aucun prétexte descendre de leurs sièges ; en traversant les villes ou villages, ils doivent observer les règlements de police relatifs à la circulation dans les rues. — Nul ne peut être admis comme cocher s'il n'est âgé de *seize ans* au moins et porteur d'un livret délivré par le maire de son domicile attestant

(1) Par voiture publique, il faut entendre toute voiture allant à destination *fixe*. Les voitures de louage ne rentrent pas dans cette catégorie.

(2) Au préfet de police, pour le département de la Seine.

(3) 3 m. 10 pour les voitures à quatre roues pourvues à l'avant-train de sassoires d'une assez grande dimension.

(4) Dans le pays de plaines, les préfets peuvent dispenser de l'emploi de ces appareils.

ses bonnes mœurs, et son aptitude pour le métier qu'il veut exercer (art. 34 et 39).

Chaque voiture porte *à l'extérieur*, dans un endroit apparent : le nom et le domicile de l'entrepreneur et l'indication du nombre de places (1) ; *à l'intérieur* : le prix des places et le numéro de chacune d'elles (art. 29-30).

Les articles 18-38 du décret du 10 août 1852 doivent être placardés dans le bureau à l'endroit le plus apparent; en outre ces mêmes articles doivent être affichés dans l'intérieur de chacun des compartiments des voitures (art. 42).

Chaque bureau doit être pourvu d'un registre coté et paraphé par le maire et destiné à recevoir les plaintes des voyageurs. Ce registre doit leur être présenté à toute réquisition de leur part (art. 39).

Contraventions et pénalités en matière de roulage. — Les personnes chargées de constater les infractions aux dispositions qui précèdent sont : les agents-voyers, les cantonniers, les employés des ponts et chaussées, les gendarmes, gardes-champêtres, employés des contributions indirectes, du service des forêts, des douanes, des octrois, aussi que les maires, adjoints, commissaires et agents de police, etc. Mais les procès-verbaux par eux dressés ne font foi que *jusqu'à preuve contraire* (art. 15, loi du 12 avril 1851).

Les infractions relatives à la construction des voitures autres que les voitures publiques, au mode d'enrayage, à la largeur du chargement, au passage sur les ponts suspendus, sont punis d'une amende de 5 à 30 francs; celles relatives aux convois, au stationnement et au rangement des charrettes, entraînent un à trois jours de prison, et 6 à 10 francs d'amende. — Toute contravention aux dispositions relatives aux voitures publiques, est frappée d'une amende de 16 à 200 francs et de six à dix jours de prison (art. 4 et 6, même loi). Les dispositions relatives aux plaques, sont sanctionnées par une amende de 6 à 15 francs (2).

Le voiturier ou conducteur qui, sommé de s'arrêter par l'un des fonctionnaires ci-dessus indiqués, refuse d'obéir, est puni d'une amende de 16 à 100 francs. — Le conducteur qui, *par sa faute*, cause à une route un dommage quelconque est frappé d'une amende de 1 à 50 francs; il doit en outre, payer les frais de la réparation (art. 9-10, même loi). Au reste, tout propriétaire de voiture est res-

(1) L'entrepreneur ne peut admettre dans sa voiture un plus grand nombre de voyageurs que celui indiqué.

(2) Le conducteur est condamné lui-même à une amende de 1 à 5 francs. Lorsqu'il a fait une fausse déclaration, il est frappé de six jours à six mois de prison et de 50 à 200 francs d'amende. Les mêmes peines atteignent le conducteur ou propriétaire qui a fait usage d'une plaque portant de fausses indications. — Dans ces dernières hypothèses, la voiture est retenue par l'agent qui constate la contravention.

ponsable des amendes et dommages-intérêts prononcés contre son voiturier, roulier, conducteur ou cocher (1).

Des amendes de 1 à 10 francs frappent les voituriers et rouliers qui ne se soumettent pas aux réglements de petite voirie, négligent de se ranger, etc., etc. (art. 13). — En cas de récidive, ils peuvent être condamnés à cinq jours de prison (art. 471, 475, 482, C. Pén.).

Les délits et contraventions commis en matière de roulage sont de la compétence des tribunaux répressifs ordinaires (tribunal correctionnel ou tribunal de simple police, suivant les infractions). Par exception, les contraventions relatives à la construction des voitures, à la traversée des ponts suspendus, à la largeur des chargements, aux convois, et les dommages causés aux routes par la faute des conducteurs, sont de la compétence du conseil de préfecture.

CHAPITRE VII

LÉGISLATION RELATIVE AUX COURS D'EAU

Les cours d'eau (fleuves, rivières, torrents, ruisseaux), se divisent en deux grandes catégories : 1° cours d'eau *navigables ou flottables;* 2° cours d'eau *non flottables.* — Suivant qu'un cours d'eau appartient à l'une ou à l'autre de ces catégories, il est soumis à des règles très différentes.

SECTION PREMIÈRE

Cours d'eau navigables et flottables

Un cours d'eau navigable est un cours d'eau assez considérable pour pouvoir porter des bateaux; un cours d'eau flottable est un cours d'eau moins important, mais pouvant servir cependant au transport des bois par *radeaux* ou *trains de bois.*

Les cours d'eau flottables *à bûches perdues*, c'est-à-dire capables de supporter des pièces de bois flottant une à une, mais trop peu importants pour porter des trains de bois ou de radeaux, sont compris dans la catégorie des cours d'eau qui ne sont ni navigables ni flottables.

Les cours d'eau navigables et flottables font partie, ainsi que leur lit, du *domaine public fluvial* — par opposition au *domaine public maritime;* ils sont donc inaliénables et imprescriptibles.

(1) Mais si la voiture n'a pas été conduite par ordre ou pour le compte du propriétaire, la responsabilité retombe sur celui qui a désigné le conducteur.

Il y a des points — à l'embouchure des fleuves notamment — où l'on peut se demander si le lit du cours d'eau appartient au domaine public fluvial, ou au domaine public maritime. La difficulté est tranchée par des décrets rendus en Conseil d'État sur le rapport du ministre des travaux publics, et désignés sous le nom de décrets de *délimitation*. — Pour obtenir l'autorisation de créer un établissement de bains, par exemple, *sur le bord de la mer*, il faut s'adresser au préfet, mais le *ministre de la marine* doit donner son assentiment, sinon l'autorisation ne peut être accordée (art. 2, décret du 21 février 1852).

Dans les cours d'eau navigables et flottables, le droit de pêche appartient à l'État qui, en fait, le met en adjudication; — les îles qui viennent à se former au milieu des cours d'eau navigables ou flottables appartiennent à l'État, mais elles font partie du domaine *privé* de l'État : ces îles ne sont pas inaliénables. — Pour établir une usine sur un cours d'eau rentrant dans la catégorie dont nous nous occupons en ce moment, il faut y être autorisé *par décret*, à moins qu'il ne s'agisse que d'un établissement *temporaire* ou de simples *prises d'eau*; dans ces deux hypothèses spéciales, en effet, il n'est besoin que d'une autorisation du préfet. Bien entendu, l'autorisation peut être retirée par la suite, et le concessionnaire n'a point à réclamer d'indemnité, car il n'a ici aucun droit acquis : il jouit simplement d'une faveur qui peut lui être retirée dans un intérêt général.

Le riverain d'un cours d'eau navigable ou flottable doit demander un alignement (Voy. Section III), avant de construire ou de planter sur le bord du cours d'eau.

Le préfet a le droit d'arrêter des *règlements d'eau*, c'est-à-dire de régler les conditions dans lesquelles doivent être établies les prises d'eau pour irrigation, ou pour l'exploitation d'une usine; il prend aussi des arrêtés relatifs à la police des bains et des bassins, etc.

C'est le gouvernement qui décide par *décret* s'il est nécessaire de construire des digues contre un cours d'eau navigable ou flottable. Les dépenses résultant des travaux d'endigage sont supportées, dans les proportions de leur intérêt, par les propriétaires dont les fonds sont protégés par la digue, mais le plus souvent le gouvernement accorde une forte subvention (art. 33, loi du 16 septembre 1807).

Les contraventions commises sur les cours d'eau navigables ou flottables, ainsi que toutes contestations les concernant, sont de la compétence des conseils de préfecture, car ici nous sommes en matière de grande voirie. Les contrevenants sont condamnés à des amendes de 16 à 300 francs. — Par exception, les délits de pêche sont jugés par les tribunaux correctionnels.

SECTION II

Cours d'eau non navigables et non flottables

D'après la jurisprudence, les cours d'eau non navigables et non flottables n'appartiennent à personne, et si leur lit vient à se dessécher, il tombe dans le domaine *privé* de l'État. Mais cette opinion n'est point admise par tout le monde. On a soutenu aussi avec beaucoup de force, que les cours d'eau non navigables et non flottables appartenaient aux riverains. — Ce qu'il y a de certain, c'est que les îles qui se forment dans les rivières non navigables et non flottables, appartiennent aux propriétaires riverains; si l'île s'est formée dans la partie *droite* du cours d'eau par exemple, elle appartient au propriétaire de la rive *droite*, si au contraire elle s'est formée au milieu du fleuve, elle appartient aux propriétaires des deux rives : chacun d'eux a la partie de l'île qui se trouve de son côté jusqu'au milieu du cours d'eau (art. 561, C. Civ.).

Nous savons déjà que dans les cours d'eau non navigables et non flottables le droit de pêche appartient aux riverains. — Sur ces cours d'eau, il ne peut être établi d'usine sans autorisation, mais l'autorisation du *préfet* suffit toujours. Quant aux prises d'eau pour irrigation, elles peuvent être effectuées par les riverains sans aucune autorisation administrative.

Les contraventions et contestations se rapportant aux cours d'eau non navigables et non flottables sont portées devant les tribunaux répressifs ordinaires et non point devant les conseils de préfecture.

SECTION III

Droits et servitudes des riverains

§ 1er. — CANAUX

La canalisation des rivières, le creusement des canaux rentrent dans la catégorie des grands travaux publics. Il faut donc une loi pour les autoriser — à moins qu'il ne s'agisse de canaux de moins de 20 kilomètres de longueur, auquel cas un décret rendu en Conseil d'État suffit pour la déclaration d'utilité publique ; mais, bien entendu, si l'État doit participer aux dépenses, une *loi* est nécessaire pour accorder les crédits nécessaires au gouvernement (art. 1er, loi du 27 juillet 1870).

Lorsque l'ouverture d'un canal doit donner une plus-value aux fonds des régions qui seront traversées par le canal, les propriétaires de ces fonds pourront être imposés. Mais ils ne peuvent être contraints de supporter plus de la moitié des dépenses (art. 28, loi du 16 septembre 1807).

Les barrages et les écluses des canaux réclamés par les propriétaires de moulins ou d'usines intéressés sont autorisés par décret rendu en Conseil d'État (art. 34, même loi).

Les canaux sont naturellement soumis aux règles qui concernent les cours d'eau navigables et flottables. Une loi seule peut autoriser leur aliénation, mais les acheteurs doivent les conserver en bon état.

Au point de vue de leur but, les canaux se divisent notamment en *canaux de navigation*, *canaux d'irrigation* et *canaux de dessèchement*.

§ 2. — LE DRAINAGE

Tout propriétaire qui veut assainir son fonds trop humide par le drainage ou par un mode quelconque d'assèchement peut conduire les eaux retirées du fonds à travers les terres d'autrui qui séparent le fonds asséché de la voie d'écoulement, pourvu que le conduit des eaux provenant du drainage ne traverse ni une cour, ni un jardin, parc ou enclos *attenant à une habitation* (art 1er, loi du 10 juin 1854).

Mais le propriétaire qui jouit de cette faveur accordée par la loi (véritable droit de servitude *légale*) doit indemniser *préalablement* le propriétaire dont les terrains sont traversés par la conduite d'eau. — Les propriétaires des fonds voisins de celui qui est soumis au drainage, ainsi que les propriétaires des fonds traversés, ont le droit de se servir des travaux faits en vue du drainage, seulement ils doivent supporter une partie des dépenses primitives et payer une fraction des dépenses d'entretien (art. 2, même loi).

Au cas où il se forme entre un certain nombre des propriétaires une *association syndicale* (Voy. Assoc. Synd.) pour l'exécution de travaux d'ensemble en vue du drainage, les travaux projetés peuvent être d'utilité publique, et dès lors il peut être procédé à l'expropriation pour cause d'utilité publique des terrains nécessaires à l'exécution des travaux, suivant les règles établies pour les expropriations exigées pour l'ouverture et le redressement des chemins vicinaux (Voy. Section II).

Les contestations relatives à l'établissement et à l'exercice de la servitude de drainage, à la fixation du parcours des eaux ou à l'exécution des travaux, sont portées devant le juge de paix qui statue en premier ressort. En appel, l'affaire va devant le tribunal civil (art. 5, même loi).

La destruction ou la dégradation des conduits d'eau — des fossés évacuateurs, par exemple — par les propriétaires ou fermiers dont les fonds sont traversés, est punie de un mois à un an de prison et de 50 francs d'amende *au moins* (art. 456, C. Pén.). Une amende de 50 francs au moins est également infligée à celui qui met obstacle volontairement à l'écoulement des eaux provenant du drainage (art. 457, C. Pén., et art. 6, loi du 10 juin 1854).

Le ministre de l'Agriculture a la faculté d'accorder des subventions aux entrepreneurs de travaux de drainage. D'un autre côté, le Crédit foncier est autorisé à consentir des prêts destinés à faciliter ces travaux. L'emprunteur peut se libérer en 25 ans par annuités d'amortissement; mais, bien entendu, s'il le préfère il peut se libérer en dix ans, cinq ans. Les annuités sont payées suivant les mêmes formes et aux mêmes fonctionnaires que les contributions directes (art. 2, loi du 17 juillet 1856, et art. 1-2, loi du 28 mai 1858).

§ 3. — LES IRRIGATIONS

Le propriétaire dont le fonds borde un cours d'eau ni navigable ni flottable peut s'en servir pour l'irrigation de ses propriétés; si le cours d'eau traverse le fonds, le propriétaire a le droit d'en user comme il lui convient, mais il doit rendre l'eau à son cours ordinaire à la limite de son fonds (art. 644, C. Civ.). Toutefois, lorsqu'il s'agit d'un cours d'eau navigable ou flottable, le propriétaire doit obtenir à cet effet l'autorisation de l'autorité administrative.

Pour faciliter les irrigations, le législateur a établi une servitude que l'on désigne sous le nom de *servitude d'appui*. Voici en quoi elle consiste :

Le propriétaire qui veut se servir, pour l'irrigation de ses propriétés, des eaux dont il a le droit de disposer, peut *obtenir* le droit d'*appuyer* sur la propriété du riverain de l'autre côté du cours d'eau les ouvrages nécessaires à sa prise d'eau, — pourvu que ces ouvrages ne s'appuient point contre des cours, jardins ou bâtiments attenant à des habitations; mais il doit payer une juste et *préalable* indemnité au riverain. Celui-ci du reste peut demander l'usage du barrage en contribuant *pour moitié* aux dépenses d'établissement et d'entretien; dans ce cas, il n'a droit à aucune indemmité et s'il ne réclame l'usage du barrage qu'après le commencement des travaux, il doit non-seulement restituer l'indemnité, mais encore supporter *seul* l'excédant des dépenses nécessaires pour que le barrage puisse être propre à l'irrigation des deux rives (art. 2 et 17, loi du 11 juillet 1847).

Il faut bien remarquer que le propriétaire qui désire exercer la servitude d'appui ne peut *exiger* l'appui : si le riverain, refuse de le laisser appuyer le barrage sur son propre terrain, l'affaire doit aller devant le tribunal civil, mais le tribunal a le droit de repousser la demande du propriétaire qui réclame l'exercice de la servitude d'appui.

Le propriétaire dont le fonds est séparé d'un cours d'eau par d'autres propriétés, peut *obtenir* le *passage* d'une conduite d'eau à travers ces propriétés intermédiaires, pour rendre possible l'irrigation de son fonds, et les propriétaires des fonds inférieurs sont assujettis à recevoir les eaux qui s'écoulent des terrains arrosés. Le propriétaire d'un terrain *submergé* peut obtenir le passage sur les fonds qui séparent le sien d'un cours d'eau, pour l'écoulement des eaux. — Mais cette *servitude de passage* ne peut porter sur les maisons, cours, jardins, parcs et enclos attenant aux habitations ; elle est du reste soumise aux mêmes règles que la servitude d'appui (loi du 29 avril 1845).

Les tribunaux appelés à statuer sur les contestations qui s'élèvent entre les propriétaires au sujet de l'usage des eaux et particulièrement à propos des questions d'*irrigation*, observent aussi les règlements locaux émanés de l'autorité administrative (art. 645, C. Civ.).

§ 4. — LE CURAGE

C'est l'État qui supporte les dépenses résultant du curage des cours d'eau navigables et flottables ; au contraire, pour les cours non navigables ni flottables, le curage est mis à la charge des propriétaires riverains. — Quant au curage des canaux de navigation, il est effectué aux frais de l'État et des propriétaires des régions qui ont profité des travaux de canalisation. — Le curage des canaux d'irrigation est à la charge des riverains, qui y contribuent suivant les usages du pays.

§ 5. — SERVITUDES

La *servitude de halage*, comme la *servitude de marchepied*, consiste dans l'obligation pour le propriétaire riverain dont le fonds est grevé de cette servitude, de laisser sur le bord de l'eau une bande de terre absolument libre, susceptible de servir de *chemin de halage* ou de *marchepied*, afin que les bateaux puissent remonter le courant à l'aide du halage (le halage est fait par un ou plusieurs chevaux ou même par un certain nombre d'hommes).

La bande de terre doit avoir *24 pieds* de large — 8 mètres — sur la rive *gauche* du cours d'eau ; *10 pieds* — 3 m. 25 — sur la rive *droite* (ce petit cheminde halage est appelé plus spécialement *marchepied* ou encore *chemin de contre-halage*). — Sur les canaux ou sur les cours d'eau canalisés, la bande de terre réservée doit avoir *trente pieds* de large (10 m.) le long des *deux* rives.

Les fonds riverains des cours d'eau non navigables ni flottables ne sont point grevés de la servitude de halage ou de marchepied. Mais ceux qui bordent les cours d'eau *flottables à bûches perdues* ne sont pas dispensés de la servitude de halage, seulement il suffit que le riverain de la rive gauche laisse une lande de terre de quatre pieds de large (1 m. 30 environ).

§ 6. — BARRAGES

Pour établir un barrage dans un cours d'eau non navigable ni flottable le riverain doit avoir l'autorisation du préfet. — Les barrages dans les cours d'eau navigables et flottables ne peuvent être autorisés que par décret, à moins toutefois qu'ils ne soient établis tout à fait *temporairement*.

CHAPITRE VIII

TRAVAUX DE DESSECHEMENT DE MARAIS

Le gouvernement ordonne les dessèchements qu'il juge utiles; les travaux sont exécutés soit par l'État, soit par les concessionnaires désignés par décret rendu en Conseil d'État, après examen des plans dressés par les ingénieurs des ponts-et-chaussées. — Lorsque le marais qu'il y a lieu de dessécher appartient à un ou plusieurs propriétaires qui acceptent les conditions et les plans adoptés par le Conseil d'État, la concession des travaux est faite *nécessairement* aux propriétaires. S'il n'y a pas accord entre les différents propriétaires, le décret désigne comme concessionnaires ceux dont les propositions sont le plus avantageuses (art. 1 et 4, loi du 16 septembre 1807).

Parfois ce sont des compagnies qui obtiennent la concession.

La concession étant accordée, les plus forts propriétaires des terrains à dessécher sont choisis comme *syndics* par le préfet (il y a de *trois* à *neuf* syndics, suivant les dispositions du décret de concession). Les syndics présentent un expert de leur choix au préfet, les concessionnaires en présentent un autre, et le préfet nomme un troisième expert. — Ces experts tracent avec les ingénieurs, sur le plan cadastral, le périmètre des diverses classes de terrains qui doivent être desséchés, et ce *suivant le degré d'inondation*. Ce tracé est déposé au secrétariat de la préfecture pendant un mois, le dépôt est annoncé par affiches ; tout intéressé a le droit de l'examiner et de présenter ses observations au préfet sur son exactitude ; le préfet se renseigne près des ingénieurs et des experts, ordonne s'il y a lieu des vérifications, et quand les intéressés persistent dans leurs réclamations, la question est portée devant le conseil de préfecture (art. 7-12, même loi, et loi du 21 juin 1865). — Supposons que les plans soient définitivement arrêtés : les deux premiers experts procèdent — en présence du troisième expert qui les départage au cas de désaccord — à l'estimation de chacune des *classes*, eu égard à la valeur réelle du terrain en marais. Le procès-verbal d'estimation *par classe* est mis à la disposition des intéressés prévenus par affiches pendant *un mois* (en cas de réclamations, le conseil de préfecture statue); puis le conseil de préfecture arrête les estimations, et c'est alors seulement que les travaux sont commencés (art. 13-15, loi de 1807).

Quand les travaux de dessèchement doivent durer *plus de trois ans*, le décret de concession attribue aux concessionnaires une certaine somme sur le produit des fonds qui doivent profiter les premiers du dessèchement (art. 16, même loi).

Les travaux terminés et vérifiés, les experts, de concert avec les ingénieurs, classent les fonds *desséchés suivant leur valeur nouvelle* et le genre de culture auquel ils sont propres, puis ils les estiment suivant leur classement. — Les concessionnaires présentent ensuite au conseil de préfecture un tableau indiquant les noms des propriétaires des terrains desséchés, l'étendue de leurs propriétés, les classes dans lesquelles elles sont placées, l'estimation *antérieure aux travaux*, l'estimation *postérieure* et la différence entre les deux évaluations. Cette différence constitue la *plus-value*, qui est divisée entre le propriétaire du terrain desséché et le concessionnaire, suivant la proportion fixée par le décret de concession. Mais le propriétaire débiteur envers les concessionnaires d'une quote-part de cette plus-value peut se libérer en abandonnant aux concessionnaires une portion de son terrain évalué d'après la dernière estimation au montant de l'indemnité due aux concessionnaires; il peut encore constituer au profit du concessionnaire une rente de 4 0/0 ayant pour capital le montant de l'indemnité, et dans ce cas il a le droit de rembourser la rente en payant l'indemnité *par dixièmes* (art. 22).

Lorsque les travaux ont été faits par l'État, le propriétaire du terrain desséché n'est redevable envers lui que d'une portion de la plus-value *égale aux dépenses* occasionnées à l'État par le dessèchement du terrain, de sorte que l'État ne réalise aucun bénéfice (art. 20).

Les indemnités dues par les propriétaires sont garanties par un *privilège* portant sur la totalité de la plus-value, mais soumis pour sa conservation à une inscription au bureau des hypothèques (art. 23).

Lorsque le dessèchement est rendu impossible, soit par la mauvaise volonté des propriétaires, soit par des obstacles naturels trop considérables, les propriétaires des marais peuvent être contraints de céder leurs terrains à l'État par un décret rendu en Conseil d'État, sur estimation par experts revêtue de l'homologation du conseil de préfecture.

Travaux d'entretien. — A partir de la réception des travaux, l'entretien et la garde des canaux, rigoles, digues, etc., sont à la charge des propriétaires des terrains desséchés. Au cours des travaux, les dépenses d'entretien sont supportées au contraire par les entrepreneurs). — Les syndics, auxquels le préfet peut du reste adjoindre deux ou même quatre propriétaires ayant acquis des terrains *desséchés*, proposent au préfet le montant des contributions à exiger des différents propriétaires. Le conseil de préfecture donne son avis, les pièces sont envoyées au ministre de l'agriculture et le Conseil d'État établit les contributions (art. 27).

CHAPITRE IX

ASSOCIATIONS SYNDICALES

Les propriétaires ruraux intéressés à l'exécution ou à l'entretien des travaux agricoles ont le droit de se former en *associations syndicales* et d'entreprendre eux-mêmes spontanément des travaux que l'État, le département ou la commune négligerait peut-être pendant longtemps d'exécuter.

L'association syndicale est donc un levier puissant mis par le législateur à la disposition des cultivateurs; malheureusement ceux-ci n'ont point toujours une initiative suffisante et ne savent pas profiter des avantages immenses résultant de ces associations.

Les associations syndicales peuvent se former en vue de travaux d'irrigation, de colmatage, de drainage, de dessèchement de marais, de travaux de défense contre la mer, les fleuves, torrents (construction de digues, par exemple), de canalisation, de curage et d'approfondissement des cours d'eau non navigables ni flottables, de dessèchement de marais, de chemins d'exploitation, de reboisement et de gazonnement des terrains en montagne et généralement de toute amélioration *agricole* ayant un caractère *collectif* (art. 1er, loi du 21 juin 1865).

Ces associations se forment entre les propriétaires intéressés à l'exécution de ces travaux. Elles ont la qualité de *personnes morales*, et par suite sont capables d'acquérir, de vendre, échanger, transiger, emprunter, hypothéquer, recevoir des dons et legs; les syndics qui les représentent peuvent intenter ou soutenir des procès en leur nom (art. 3, même loi).

Il y a deux sortes d'associations syndicales : les associations syndicales *libres* et les associations syndicales *autorisées*.

SECTION PREMIÈRE

Associations syndicales libres

Elles se forment sans l'intervention de l'administration. — L'acte d'association doit constater le consentement *unanime* des associés, indiquer le but de l'entreprise, régler le mode d'administration de la société, fixer les limites du mandat confié aux *syndics* (administrateurs), et déterminer les voies et moyens nécessaires pour faire face aux dépenses (c'est-à-dire le montant de cotisations imposées aux associés), ainsi que le mode de recouvrement. — Un extrait de l'acte d'association doit être inséré *dans le mois* dans un journal à annonces légales de l'arrondissement; sinon l'association est privée des avantages que donne la personnalité civile. Cet extrait doit aussi être transmis au préfet.

Les associations syndicales *libres* ne sont, en somme, que des sociétés ordinaires, mais elles peuvent être converties en associations syndicales *autorisées* par arrêté préfectoral en vertu d'une délibération de l'assemblée générale (prise à la majorité que nous indiquons ci-dessous à propos de ces associations), et elles jouissent alors des avantages conférés aux associations syndicales autorisées (art. 5-8, même loi).

SECTION II

Associations syndicales autorisées

Les propriétaires intéressés à l'exécution des travaux de dessèchement de marais, d'endigage, de canalisation, d'assainissement des terres humides ou insalubres, ou des ouvrages nécessaires à l'exploitation des marais salants, peuvent être réunis en association syndicale *autorisée*, soit sur la demande de l'un ou de plusieurs d'entre eux, soit même sur l'initiative du préfet. — Mais, tout d'abord, le préfet ou le propriétaire qui demande la formation de l'association doit faire dresser les plans et devis des travaux à exécuter et rédiger un projet d'association indiquant notamment les conditions exigées pour faire partie de l'association, le maximum de voix à attribuer à chaque propriétaire ou à chaque associé, le maximum de voix à accorder à tous les assurés réunis, les bases de la répartition des dépenses, le nombre de syndics à nommer et la durée de leurs fonctions. — Puis il est procédé à une *enquête* sur l'ordre du préfet : le projet d'association, les plans et devis sont déposés à la mairie de la commune intéressée et ce dépôt est annoncé à son de trompe et de caisse, ou par voie d'affiches; de plus, ils sont notifiés dans *les cinq jours* de l'ouverture de l'enquête à chacun des propriétaires sur le fonds desquels les travaux doivent être exécutés. Ces propriétaires sont en même temps invités à déclarer s'ils consentent à concourir à l'entreprise. Tout intéressé peut venir faire ses observations à la mairie tant que l'enquête, dont la durée est de *vingt jours*, est encore ouverte (art. 16, décret du 17 novembre 1865).

A l'expiration de l'enquête, un *commissaire* nommé par le préfet, choisi parmi les notables propriétaires agriculteurs ou industriels, ou parmi les membres du conseils général ou les juges de paix des cantons intéressés, qui n'ont aucun intérêt à l'exécution ou à la non-exécution des travaux projetés, reçoit *pendant trois jours consécutifs* aux heures indiquées par lui et à la mairie désignée par le préfet les déclarations des intéressés, puis il transmet toutes les pièces au préfet avec son avis *motivé*.

Le préfet convoque alors en assemblée générale les propriétaires qui sont présumés devoir profiter des travaux, et nomme le président (il peut désigner comme tel un non-intéressé). Si la majorité des intéressés représentant au moins les *deux tiers* de la superficie des terrains, ou les *deux tiers* des intéressés représentant plus de la *moitié* de la superficie donnent leur adhésion à la constitution de l'association syndicale et acceptent l'acte d'association, le préfet peut donner son autorisation, — mais il peut aussi la refuser. — Lorsque cette majorité n'est pas obtenue, l'association ne peut être autorisée.

Le préfet a-t-il autorisé l'association, l'arrêté qu'il a pris à cet effet et l'acte d'association sont affichés dans les communes intéressées ; a-t-il refusé son autorisation, l'arrêté contenant le refus est affiché (art. 12, loi du 21 juin 1865).

L'arrêté du préfet peut être déféré au ministre des travaux publics dans le délai d'*un mois*.

Le recours doit être déposé à la préfecture. Un décret rendu en Conseil d'État tranche le conflit (art. 13, même loi).

Lorsqu'une association syndicale est autorisée, ceux-là mêmes qui formaient la minorité dans l'assemblée générale sont obligés de se soumettre à l'avis de la majorité, — à moins qu'ils ne préfèrent subir l'expropriation, auquel cas ils déclarent qu'ils délaissent leur propriété moyennant indemnité.

Les associations syndicales autorisées sont encore privilégiées en ce sens que les taxes ou cotisations établies par l'assemblée générale pour subvenir aux dépenses résultant des travaux entrepris sont recouvrées comme les contributions directes elles-mêmes, d'après des rôles dressés par le syndicat de l'association et rendus exécutoires par le préfet; que s'il y a lieu à procéder à des expropriations, il suffit, pour la déclaration d'utilité publique, d'un décret rendu en Conseil d'État, et pour la fixation de l'indemnité, d'un jury de quatre membres, comme en matière de chemins vicinaux.

Les contestations relatives à la fixation du périmètre des terrains, à la division de ces terrains en différentes classes, au classement des propriétés en raison de leur intérêt aux travaux, à la répartition et à la perception des taxes, à l'exécution des travaux sont jugées par *le conseil de préfecture*, sauf recours au Conseil d'État (art. 16, même loi).

Nul propriétaire compris dans l'association ne peut contester sa qualité d'associé ou la validité de l'association lorsqu'il s'est écoulé *quatre mois* depuis la notification du premier rôle des taxes. Si l'association syndicale n'entreprend pas les travaux en vue desquels elle a été autorisée, le préfet la met en demeure de les exécuter, et si cette mise en demeure ne produit pas d'effet, il retire l'autorisation. Mais lorsque l'autorisation a été accordée par décret rendu en Conseil d'État, il faut un autre décret pour la retirer. — Toutefois, lorsque l'interruption ou le défaut d'entretien des travaux entrepris peut avoir des conséquences nuisibles à l'intérêt public, le préfet a le droit de faire procéder d'office à l'exécution des travaux nécessaires pour obvier à ces conséquences (art. 25, même loi).

Pour les travaux d'irrigation, de colmatage, de drainage et de petite vicinalité (*sentiers d'exploitation*), les associations syndicales *libres* sont seules possibles ; la loi n'admet point ici l'expropriation. Pour les chemins ruraux, les associations syndicales autorisées sont soumises à des règles spéciales (Voy. CHEMINS RURAUX).

SECTION III

Syndics des associations syndicales

Les *syndics*, c'est-à-dire les administrateurs de l'association syndicale, sont *élus* par l'assemblée générale des propriétaires intéressés; mais certains de ces propriétaires disposent de plusieurs voix, tandis que d'autres — les possesseurs de petites parcelles de terrain — sont obligés de se réunir un certain nombre pour que leur vote ait la valeur d'une voix. — L'acte d'association doit régler tous ces points de détail.

Les syndics élisent l'un d'eux pour remplir les fonctions de directeur, et, s'il y a lieu, un adjoint qui le remplace en cas d'absence ou d'empêchement (art. 24, loi de 1865).

Dans le cas où l'État, le département ou la commune accorde une subvention à l'association, le préfet a le droit de nommer un nombre do syndics proportionné à l'importance relative de la subvention (art. 23, même loi).

CHAPITRE X

ENSEIGNEMENT AGRICOLE

Depuis quelques années l'enseignement agricole a pris une grande extension, mais son organisation est encore bien insuffisante. C'est ainsi que dans les écoles primaires rurales où l'on enseigne la musique et bien d'autres sciences d'une importance tout à fait secondaire pour le cultivateur, l'enseignement des premières notions de la science agricole n'est pas encore établi d'une façon obligatoire, de sorte que des fils d'agriculteurs, arrivés au terme de leurs études, connaissent bien les conquêtes d'Alexandre-le-Grand, mais sont d'une ignorance absolue dans les matières qui se rattachent le plus étroitement à la profession qu'ils sont destinés à embrasser. Ils sont incapables de faire un emploi raisonné des engrais, ils ne connaissent point les nouveaux procédés de culture, et ils seront victimes de la concurrence étrangère qui viendra couvrir nos marchés des produits de l'Amérique et de l'Hindoustan.

Cette situation doit cesser au plus tôt; le gouvernement l'a compris, et il s'efforce d'étendre l'enseignement agricole: déjà un très grand nombre de départements sont pourvus de professeurs d'agriculture qui donnent aux élèves des écoles normales primaires les principes de la science agricole, et l'agriculture est rangée maintenant parmi les matières obligatoires du programme de l'examen que tout élève de l'école normale doit subir pour obtenir le diplôme d'instituteur primaire. Dans quelques années, par conséquent, la lacune qui existe aujourd'hui sera comblée.

SECTION PREMIÈRE

Écoles d'agriculture

Institut agronomique. — L'Institut agronomique, dont le siège est au Conservatoire des Arts et Métiers de Paris, est une école destinée à l'enseignement des sciences dans leurs rapports avec l'agriculture. En somme, c'est une école d'enseignement agricole supérieur.

L'examen d'admission a lieu en octobre. Il porte sur les matières suivantes: Arithmétique, géométrie, algèbre élémentaire, éléments de trigonométrie, géométrie descriptive, mécanique rationnelle, chimie inorganique. — Les bacheliers *ès-sciences* sont dispensés de cet examen.

Tous les élèves sont externes. — Prix de la pension : 300 francs par an (payables par trimestre). — Durée des études : *deux ans.*

Les élèves qui satisfont à l'examen de sortie reçoivent le diplôme de l'enseignement supérieur d'agriculture; ceux dont les connaissances sont plus modestes, mais cependant suffisantes, obtiennent un certificat d'étude. — Chaque année, quatre bourses sont accordées au concours.

L'Institut reçoit aussi des *auditeurs libres* qui ne paient par an que 25 francs pour droits d'inscription. Ces auditeurs suivent les cours mais ne passent pas d'examen, et par suite ne reçoivent aucun diplôme. — A Vincennes il a été créé une ferme qui est pour les élèves de l'Institut une sorte d'école d'application et d'expérimentation.

Ecoles pratiques d'agriculture. — Il y a en France quatorze écoles pratiques d'agriculture. L'enseignement qui y est donné est plus scientifique que celui qui est reçu dans les fermes-écoles, mais le programme varie pour chaque école suivant la spécialité culturale de la région où elle est instituée.

Le brevet de capacité délivré aux élèves de ces écoles qui ont satisfait aux examens de sortie dispense de l'examen du volontariat (loi du 30 juillet 1875).

Parmi les principales écoles d'agriculture de France, nous citerons l'école nationale de Grignon (Seine-et-Oise), celles de Grand-Jouan (Loire-Inférieure) et de Montpellier (Hérault). — A Lezardeau près Quimperlé, il a été créé une école d'irrigation.

Fermes-écoles. — Les élèves des fermes-écoles reçoivent un enseignement plutôt pratique que théorique, mais ils acquièrent une bonne instruction agricole élémentaire. Une vingtaine des fermes-écoles sont réparties sur tout le territoire de la France.

Ecole nationale d'horticulture. — Cette école, où l'on enseigne *exclusivement* l'horticulture, a son siège *au Potager* à Versailles.

Professeurs d'agriculture. — Dans un grand nombre de départements — et d'ici peu on pourra dire dans chaque département — il y a un professeur départemental d'agriculture, nommé au concours et chargé de faire un cours aux élèves de l'école normale primaire, et des conférences agricoles dans les différentes communes du département aux instituteurs et agriculteurs de la région.

Ecole de bergers. — Il a été créé en 1873 une école de bergers à la bergerie de Rambouillet, grand établissement d'élevage pour l'espèce ovine. Cette école rend déjà de sérieux services. L'enseignement qu'on y donne est tout à la fois théorique et pratique. — L'école de bergers de Rambouillet ne compte qu'une dizaine d'élèves, mais ce nombre est destiné à s'accroître dans des proportions considérables.

En Algérie, il a été créé également une école de bergers en 1880. Cette école est établie à Mondgbeur (province d'Alger).

Colonies et orphelinats agricoles. — Il existe en France un certain nombre de *colonies pénitentiaires* et *d'orphelinats* où l'enseignement agricole pratique est donné sur une vaste échelle. — Les enfants envoyés dans une maison de correction sont recueillis dans ces colonies pénitentiaires, y prennent l'habitude du travail et sortent de là avec une solide instruction agricole. Le nombre de ces établissements va croissant chaque année, et le gouvernement ne néglige rien pour encourager ces créations aussi généreuses qu'utiles. Comme type de colonie pénitentiaire agricole, nous citerons l'établissement de Mettray (Indre-et-Loire). — Le Petit-Mettray (Somme) ne reçoit que des orphelins et des enfants trouvés (*orphelinat agricole*) ; enfin il existe un certain nombre de colonies agricoles *mixtes* (recevant à la fois des orphelins et de jeunes détenus).

SECTION II

Écoles Vétérinaires

Il y a en France trois écoles vétérinaires. Elles ont leur siège à Alfort, à Lyon et à Toulouse. Les études durent *quatre ans*. Les élèves qui satisfont à l'examen de sortie reçoivent le diplôme de vétérinaire.

Ecole des haras. — De cette école sort le personnel de l'administration des haras. — Les élèves sont admis au concours (au plus *neuf* chaque année). Les candidats doivent avoir au 1er août plus de dix-huit ans et moins de vingt-quatre. Ils doivent être bacheliers ès-sciences et présenter un certificat de vaccine et de bonne constitution. — Matières des examens : arithmétique, algèbre, géométrie, physique, chimie, mécanique, composition française, langue anglaise, dessin, équitation, et (*pour les candidats qui en font la demande*) langue allemande. — On enseigne à l'école du Pin (l'école des haras a son siège au Pin près Argentan, Orne), la science hippique, la zoologie, la physiologie animale et végétale, l'équitation, l'agriculture théorique et pratique, le dressage, la botanique fourragère, etc, etc. — La durée des études n'est que de *deux ans*.

Les élèves sont logés *gratuitement* ; l'enseignement donné à l'école des haras est également gratuit.

A leur sortie de l'école, les élèves sont envoyés comme surveillants dans les vingt-deux dépôts d'étalons existant actuellement en France ; ils sont ensuite nommés *officiers des haras*.

Il est question de transformer l'école du Pin, qui ne délivre que trois ou quatre diplômes par an, en école d'application et de perfectionnement pour les jeunes gens sortis des écoles vétérinaires.

SECTION III

Écoles forestières

§ 1er. — ÉCOLE FORESTIÈRE DE NANCY

Il y a à Nancy une école forestière supérieure. On y enseigne l'histoire naturelle, les mathématiques, *l'aménagement* et *l'exploi-*

tation des forêts, la *législation forestière* et la langue allemande. Les élèves sont admis dans cette école au concours. — L'examen d'admission porte sur l'arithmétique, la géométrie pure, la géométrie analytique, la géométrie descriptive, la mécanique, la cosmographie, la trigonométrie rectiligne, les éléments de statique, de physique et de chimie, l'histoire, la géographie, le dessin linéaire, le lavis, la langue française et la langue allemande.

Pour pouvoir passer l'examen, il faut être bachelier ès-lettres ou ès-sciences (le bachelier ès-lettres a un avantage de 50 points sur le bachelier ès-sciences), justifier qu'on aura *dix-neuf ans* au moins et *vingt-deux ans* au plus au 1er novembre, produire un certificat de vaccin et de bonne constitution, et fournir un acte portant que les parents s'engagent à payer 1 500 francs de pension par an et 500 francs après la sortie de l'école, tant que l'élève ne remplira pas les fonctions d'inspecteur-adjoint. — Le ministre des Finances désigne le nombre de candidats admis chaque année à l'école.

La durée des études est de *deux ans*. A la fin de chaque année, les élèves passent un examen ; ceux d'entre eux qui ont satisfait à l'examen de sortie ont le grade d'*inspecteur-adjoint;* mais ils ont le *traitement* de garde à cheval jusqu'à ce qu'ils aient atteint l'âge de *vingt-cinq ans* accomplis, à moins qu'ils n'obtiennent du ministre une dispense d'âge — et encore faut-il qu'il y ait des emplois vacants, car, même après avoir atteint vingt-cinq ans, les élèves de l'école de Nancy ne remplissent pas de droit les fonctions *d'inspecteurs-adjoints* : ils sont employés près des conservateurs ou inspecteurs des forêts dans les arrondissements les plus importants, et ils n'ont encore que le traitement de garde à cheval.

Les élèves de l'école de Nancy sont dispensés du service militaire dans l'armée active et ils sont *de droit* sous-lieutenants de réserve.

§ 2. — ÉCOLES FORESTIÈRES SECONDAIRES

Ces écoles, établies dans la région de la France les plus boisées, sont destinées à former des sujets pour les emplois des gardes forestiers. On y enseigne spécialement la connaissance des arbres forestiers, leurs usages, les semis et les plantations, les principes sur les aménagements et exploitations des bois, les notions de la législation forestière (droits d'usage, fonctions des gardes forestiers, rédaction des procès-verbaux, contraventions en matière forestière, etc.).

L'école forestière secondaire des Barres (Loiret) a une importance toute particulière. Ponr y entrer, il faut avoir quatre ans de service actif, et on n'y est admis que par voie de concours. Les élèves qui passent avec succès les examens de sortie sont nommés inspecteurs-adjoints.

CHAPITRE XI

CHAMBRES CONSULTATIVES D'AGRICULTURE

Les chambres consultatives d'agriculture présentent au gouvernement leurs vues sur tout ce qui intéresse l'agriculture. Elles sont consultées sur les changemenls à opérer dans la législation (notamment en ce qui concerne les douanes, octrois, foires, marchés, fermes-écoles, etc.). Elles sont chargées de la statistique agricole. Elles ont la qualité d'*établissement d'utilité publique*, et par suite peuvent acquérir, aliéner, recevoir des dons et legs, etc.).

Il y a une chambre consultative d'agriculture par arrondissement. La chambre est composée d'autant de membres qu'il y a de cantons dans l'arrondissement; cependant s'il renferme *moins de six cantons*, la chambre se compose néanmoins de *six membres*. — Les membres de la chambre sont nommés pour *trois ans* par le préfet; ils sont pris parmi les agriculteurs de chaque canton.

Le préfet au chef-lieu du département, le sous-préfet au chef-lieu d'arrondissement préside la chambre d'agriculture, mais chaque chambre élit un vice-président. — La chambre tient *une* session ordinaire *par an*. Le préfet en arrête l'époque, la durée et le programme.

Les chambres d'agriculture correspondent avec le ministre de l'agriculture par l'intermédiaire des préfets; leur budget annuel est présenté au conseil général (1).

Les inspecteurs généraux de l'agriculture ont entrée aux séances des chambres d'agriculture et sont entendus toutes les fois qu'ils le demandent (décret du 25 mars 1852, art. 1-10).

Le conseil général d'agriculture. — Le conseil général d'agriculture, présidé par le ministre de l'agriculture et composé de 100 membres (dont 86 choisis parmi les membres des chambres d'agriculture et 14 pris en dehors) nommés chaque année par le ministre de l'agriculture, peut être saisi de toutes les questions d'intérêt général sur lesquelles les chambres consultatives d'agriculture ont été interrogées. Il donne aussi son avis sur toutes celles que le ministre lui soumet.

Le ministre désigne *deux vice-présidents*; les secrétaires sont pris par lui en dehors du conseil. — Chaque année le conseil tient une session qui ne peut durer plus *d'un mois*. — Des commissaires du gouvernement désignés par le ministre assistent aux délibérations. Ils prennent part aux discussions et sont entendus toutes les fois qu'ils le demandent (art. 11-12, décret du 25 mars 1852).

(1) En fait, la plupart des chambres consultatives d'agriculture ne se réunissent plus; elles n'existent que de nom.

CHAPITRE XII

ENCOURAGEMENTS A L'AGRICULTURE. CONCOURS AGRICOLES

SECTION PREMIÈRE

Les Comices agricoles

Les comices agricoles sont des sociétés d'encouragement à l'agriculture d'un caractère quasi-officiel, qui ont pour champ d'action soit un canton, soit un arrondissement, soit même un département tout entier. — Les membres de comices agricoles (propriétaires et cultivateurs du pays) paient une cotisation annuelle dont le produit, augmenté des subventions accordées par l'État et le département, permet d'organiser chaque année un concours agricole auquel prennent part les cultivateurs du pays, et de distribuer des récompenses à ceux qui ont exposé les plus beaux produits, ou qui ont fait preuve d'initiative et de connaissances spéciales en matière de culture.

SECTION II

Concours agricoles régionaux

L'État, dans le but de stimuler l'ardeur et l'initiative des agriculteurs, et de faire connaître les bonnes méthodes de culture, les nouvelles machines agricoles, etc., etc., a organisé des concours régionaux agricoles qui ont un caractère absolument officiel.

A cet égard, la France a été divisée en *six régions*, de la manière suivante (1) :

(1) Voy. Arrêté du ministre de l'Agriculture du 18 septembre 1885.

1re CIRCONSCRIPTION	2e CIRCONSCRIPTION	3e CIRCONSCRIPTION
Seine-et-Marne.	Ille-et-Vilaine.	Nièvre.
Meuse.	Sarthe.	Doubs.
Seine-et-Oise.	Côtes-du-Nord.	Indre-et-Loire.
Vosges.	Orne.	Saône-et-Loire.
Aisne.	Loire-Inférieure.	Indre.
Haute-Marne.	Manche.	Yonne.
Somme.	Morbihan.	Loir-et-Cher.
Aube.	Calvados.	Ain.
Pas-de-Calais.	Finistère.	Loiret.
Marne.	Seine-Inférieure.	Jura.
Oise.	Maine-et-Loire.	Allier.
Meurthe-et-Moselle.	Eure-et-Loir.	Haute-Saône.
Nord.	Mayenne.	Cher.
Ardennes.	Meuse.	Côte-d'Or.
Seine.		Territoire de Belfort.

4e CIRCONSCRIPTION	5e CIRCONSCRIPTION	6e CIRCONSCRIPTION
Vienne.	Corrèze.	Isère.
Gers.	Loire.	Pyrénées-Orientales.
Dordogne.	Lot.	Haute-Savoie.
Basses-Pyrénées.	Ardèche.	Gard.
Vendée.	Tarn.	Vaucluse.
Landes.	Lozère.	Var.
Deux-Sèvres.	Cantal.	Basses-Alpes.
Ariège.	Haute-Loire.	Alpes-Maritimes.
Charente-Inférieure.	Aveyron.	Hautes-Alpes.
Hautes-Pyrénées.	Rhône.	Aude.
Gironde.	Tarn-et-Garonne.	Drôme.
Haute-Garonne.	Puy-de-Dôme.	Hérault.
Charente.	Creuse.	Savoie.
Lot-et Garonne.		Bouches-du-Rhône.
Haute-Vienne.		Corse.

Chaque année se tiennent *six* concours régionaux agricoles, un par circonscription de région (1) et tour à tour dans chacun des départements de la région (2). Le tableau ci-après indique dans quels départements doivent se tenir les concours régionaux agricoles pendant les années 1887-1893 :

(1) Tous les départements de la région prennent part au concours.
(2) Au chef-lieu du département.

ANNÉES	1re CIRCONSCRIPTION	2e CIRCONSCRIPTION	3e CIRCONSCRIPTION
1887....	Seine-et-Marne.	Ille-et-Vilaine.	Nièvre.
1888....	Meuse.	Sarthe.	Doubs.
1889....	Seine-et-Oise.	Côtes-du-Nord.	Indre-et-Loire.
1890....	Vosges.	Orne.	Saône-et-Loire.
1891....	Aisne.	Loire-Inférieure.	Indre.
1892....	Haute-Marne.	Manche.	Yonne.
1893....	Somme.	Morbihan.	Loir-et-Cher.

ANNÉES	4e CIRCONSCRIPTION	5e CIRCONSCRIPTION	6e CIRCONSCRIPTION
1887....	Vienne.	Corrèze.	Isère.
1888....	Gers.	Loire.	Pyrénées Orientales.
1889....	Dordogne.	Lot.	Haute-Savoie.
1890....	Basses-Pyrénées.	Ardèche.	Gard.
1891....	Vendée.	Tarn.	Vaucluse.
1892....	Landes.	Lozère.	Var.
1893....	Deux-Sèvres.	Cantal.	Basses-Alpes.

Mais en 1886 il y aura *douze* concours agricoles régionaux qui se tiendront dans les départements suivants : Ardennes (à Sedan, et non à Mézières) — Bouches-du-Rhône — Cher — Côte-d'Or — Creuse — Eure — Haute-Vienne — Lot-et-Garonne — Mayenne — Nord — Puy-de-Dôme — Savoie.

A la fin de chaque concours régional le jury décerne une *prime d'honneur*, des prix de culture, d'irrigations et de spécialités (prix pour l'élevage des volailles, pour les fruits et autres produits agricoles), et le ministre de l'Agriculture distribue à un certain nombre d'exposants la décoration du Mérite Agricole.

Pour être admis à exposer dans ces concours, il faut en faire la déclaration *par lettre* adressée au ministère de l'Agriculture.

CHAPITRE XIII

FOIRES ET MARCHÉS

Les conseils municipaux délibèrent *en premier ressort*, pour ainsi dire, sur l'*établissement* ou la *suppression* des foires et marchés aux bestiaux (en 1er et *dernier* ressort pour les simples marchés d'approvisionnement), ainsi que sur les *changements* les concernant, mais c'est le conseil général qui statue *définitivement* (art. 46, loi du 10 août 1871, et art. 68, loi du 5 avril 1884).

Lorsqu'il s'agit de foires et marchés établis où à établir dans des communes situées à moins de 2 heures 1/2 d'un département voisin, le conseil général de ce département doit être consulté, et au cas de désaccord entre les deux conseils généraux, la question est tranchée par le ministre de l'agriculture (loi du 16 septembre 1879).

Le maire doit prendre toutes les mesures nécessaires au maintien du bon ordre dans les foires et marchés. Les gardes-champêtres ou autres agents de la police municipale sont chargés de les mettre à exécution.

CHAPITRE XIV

USAGES RURAUX

§ 1er. — IMPORTANCE DES USAGES EN DROIT RURAL

En droit rural, les usages locaux ont une importance assez considérable, tandis que dans les autres branches du droit français — sauf toutefois en droit commercial — ils n'ont aucune valeur juridique, si ce n'est tout à fait exceptionnellement, par exemple : en matière de louage, de mitoyenneté (pour la hauteur du mur mitoyen dans les villes et faubourgs).

Les usages locaux sont observés lorsqu'il s'agit de déterminer la distance à laquelle peuvent être plantés des arbres ou arbustes près de la limite de la propriété du voisin (art. 671, C. Civ.), la distance à laquelle peut être construit un four ou une forge, ou creusé un puits ou une fosse d'aisance près d'un mur séparatif (art. 674, C. Civ.), ou bien encore en matière de louage de journaliers, en matière de *vaine pâture*, etc. (Voy. § 2).

L'usufruitier d'un fonds contenant une pépinière peut en tirer des arbres, mais il doit les remplacer, et se conformer, pour leur remplacement, aux usages des lieux (art. 590, al. 2, C. Civ.).

Celui qui a l'usufruit d'un bois appartenant à un particulier peut y prendre des *échalas* pour les vignes, ainsi que les produits *périodiques* des arbres (châtaigniers, glands, etc.), mais pour tout cela il doit encore se conformer aux usages locaux (art. 563, C. Civ.). — Il doit également respecter ces usages lorsque le bois taillis dont il a l'usufruit n'étant pas aménagé, il veut procéder à son aménagement (art. 592, al. 1, C. Civ.).

§ 2. — DROITS DE PARCOURS ET DE VAINE PATURE

Les droits de parcours et de vaine pâture ne subsistent que dans les communes où l'on peut invoquer à leur égard un titre antérieur à la loi des 28 sept.-6 oct. 1791, ou, à défaut de titre, un *usage local immémorial*.

Le *droit de vaine pâture* est le droit pour les habitants d'une commune de mener paître leurs bestiaux sur les prairies *naturelles*, après qu'elles ont été fauchées une première fois, ou une seconde fois (suivant la coutume du pays), ou sur les terres dépouillées de leurs récoltes, situées *sur le territoire même de la commune* et appartenant à n'importe qui. Mais ce droit ne peut porter que sur les terres qui ne sont point entourées d'une clôture. — Le *droit de parcours* est tout simplement le droit de vaine pâture appartenant réciproquement à *deux communes* à l'égard l'une de l'autre.

Le droit de vaine pâture existe à l'égard de chaque propriétaire ou fermier de la commune suivant l'étendue des terres qu'il exploite, en ce sens qu'il a le droit de mener paître sur les propriétés d'autrui un nombre d'animaux proportionné à l'étendue du fonds qu'il cultive (ce nombre est fixé par les usages locaux). Mais que le propriétaire vienne à clore, comme il en a parfaitement le droit, une partie de ses propriétés — enlevant ainsi aux autres habitants de la commune un terrain jusqu'alors grevé de la servitude de pacage, il perd une fraction correspondante du droit de vaine pâture qui lui était attribué : au lieu de pouvoir mener paître vingt têtes de bétail dans les serres soumises à la vaine pâture, par exemple, il ne pourra en envoyer dorénavent plus de quinze (Voy. art. 647-648, C. Civ.)

Dans aucun cas et en aucun temps le droit de parcours ni celui de vaine pâture ne peuvent exister sur les prairies *artificielles*, et ils ne doivent être exercés sur aucune terre ensemencée ou couverte de quelques productions que ce soit, tant que la récolte n'est point achevée (art. 9, loi des 28 sept.-6 oct. 1791).

Dans les communes où les droits de parcours et de vaine pâture (1) subsistent, ils ne sont point exercés seulement par les propriétaires ou fermiers de terres soumises à ces droits ; tout chef de famille *domicilié*, n'exploitant aucune terre ou n'ayant qu'un terrain de très minime étendue, a le droit de mener paître sur les terrains non enclos, *six bêtes à laine* et *une vache avec son veau*, et même davantage, si les usages locaux l'y autorisent (art. 15, même loi).

CHAPITRE XV

LES ENGRAIS

La législation sur les engrais est absolument insuffisante. De nombreuses fraudes se commettent sans qu'il soit possible *en fait*

(1) Il est question d'abolir absolument le droit de parcours, et de ne laisser subsister que le droit de vaine pâture ; mais, en attendant, en vertu de la loi du 5 avril 1884, les délibérations des conseils municipaux relatives au droit de parcours sont exécutoires par elles-mêmes, tandis que les délibérations relatives au droit de vaine pâture doivent être approuvées par le préfet.

de les réprimer; par suite, le cultivateur peu instruit est mis en défiance contre les engrais, dont l'emploi sage et intelligent rend cependant de si grands services à l'agriculture.

En attendant que la loi sur les engrais qui est à l'étude soit votée et mise à exécution, il nous faut passer en revue les pénalités encourues actuellement par les marchands d'engrais qui ont recours à la fraude :

La tromperie ou la tentative de tromperie soit sur la *nature*, soit sur la *composition* (sur le dosage en azote, par exemple), soit sur la *provenance*, soit sur la dénomination des engrais, entraîne de trois mois à un an de prison et une amende de 50 à 2000 francs (art 1er, loi du 6 mai 1867). — La condamnation peut être portée au double contre les récidivistes, c'est-à-dire contre ceux qui ont déjà été condamnés pour des fraudes analogues dans le courant des *cinq années précédentes* (art. 2, même loi).

Bien entendu, le vendeur d'engrais falsifiés est en outre condamné à des dommages-intérêts envers l'acheteur, et comme tout autre vendeur, il est tenu envers lui à la garantie de la chose vendue (Voy. VIE CIVILE).

Mais, la preuve de la fraude est parfois difficile à établir. Aussi l'acheteur prudent doit-il faire sa commande *par écrit*, préciser avec soin la *nature* de l'engrais dont il a besoin et exiger que le marchand l'indique sur sa facture, avec le dosage, la provenance, la dénomination, etc. (1).

CHAPITRE XVI

SOCIÉTÉS D'ASSURANCES CONTRE LA GRÊLE

Ce que nous avons dit plus haut à propos des sociétés d'assurances contre la mortalité des bestiaux s'applique aux sociétés d'assurances contre les divers sinistres agricoles (inondation, gelée, grêle, etc.). Il existe notamment un certain nombre de sociétés d'assurances mutuelles *contre la grêle*, mais les cultivateurs se montrent véritablement réfractaires, dans certaines contrées, à ces institutions qui rendent pourtant de bien grands services.

(1) Nous engageons vivement nos lecteurs à se procurer une remarquable brochure de M. Joulie publiée récemment sous ce titre : « *La Fraude dans le commerce des engrais* » et consacrée exclusivement à cette matière si intéressante et si pratique.

On compte trop sur les secours de l'État, secours toujours forcément insuffisants. Ne serait-il point tout aussi naturel de s'assurer contre les désastres causés par la grêle, la gelée et les autres fléaux agricoles que de s'assurer contre l'incendie, alors surtout que l'agriculteur est bien plus souvent victime de la grêle ou de la gelée que de tout autre sinistre.

LA VIE LIBÉRALE

CHAPITRE PREMIER

L'INSTRUCTION PUBLIQUE

Depuis quelques aunées l'instruction publique a pris en France un développement prodigieux. De toutes parts des écoles s'élèvent, l'enseignement laïque et l'enseignement congréganiste rivalisent d'ardeur. La loi du 28 mars 1882 a posé le principe de l'enseignement primaire gratuit et obligatoire, et, d'ici peu, toute la jeunesse française sera munie des connaissances indispensables. Il est nécessaire d'indiquer ici l'organisation actuelle de l'Instruction publique en France et de mettre en lumière les principes et les lois qui régissent cette matière si importante.

SECTION PREMIÈRE

Le ministère de l'Instruction Publique et des Beaux-Arts

L'Instruction publique est placée sous l'autorité d'un ministre spécial qui est à la tête du département de l'Instruction publique et des Beaux-Arts.

Le ministre de l'Instruction publique est assisté d'un conseil supérieur de l'instruction publique, d'un comité consultatif de l'enseignement public et de trois directeurs, chargés chacun d'une des branches de l'enseignement : le directeur de l'enseignement supérieur, le directeur de l'enseignement secondaire et le directeur de l'enseignement primaire.

Conseil supérieur de l'Instruction publique. — Le Conseil supérieur de l'Instruction publique est présidé par le ministre ; il est composé notamment de cinq membres de l'Institut, de deux professeurs du collège de France, de deux professeurs des facultés de droit, de deux professeurs des facultés de médecine, des délégués de l'école normale supérieure, de l'école des Chartes, de l'école polytechnique, de l'école des Beaux-Arts, de l'école centrale, de l'Institut agrommique, de huit agrégés (élus par le corps dont ils font partie), de neuf conseillers nommés par décret et pris parmi les inspecteurs généraux ou directeurs de l'Instruction publique, etc. Le renouvellement de ce Conseil a lieu tous les quatre ans.

Le Conseil supérieur donne son avis sur les programmes et méthodes d'enseignement, sur les règlements relatifs aux examens, sur les livres qui doivent être interdits dans les écoles ; sur le tarif des droits d'inscription, d'examens et de diplômes, et sur les conditions d'âge à exiger des candidats. Il constitue en outre une véritable *Cour d'appel* en matière disciplinaire, vis-à-vis des membres du personnel enseignant frappés en premier ressort, par les *conseils académiques*, de suspension, de révocation ou de toute autre peine disciplinaire (Voy. CONSEILS ACADÉMIQUES).

Le Conseil supérieur de l'Instruction publique ne se réunit que *deux fois par an*, mais dans l'intervalle il est représenté par une *section permanente* composée des neuf membres nommés conseillers par décret et de six autres conseillers désignés par le Ministre. Cette section de quinze membres donne son avis sur les créations de facultés, lycées, collèges, écoles normales, sur les créations ou suppressions de chaires, et généralement sur toutes les questions d'enseignement à elle soumises par le ministre; elle étudie aussi les programmes qui doivent être discutés par le Conseil supérieur.

Comité consultatif de l'enseignement public. — Ce comité est consulté sur les questions de scolarité d'importance relativement secondaire. Il est divisé en trois sections : section de l'enseignement supérieur, section de l'enseignement secondaire, section de l'enseignement primaire. — Chacune d'elle est composée d'un certain nombre de membres du personnel enseignant correspondant. La section de l'enseignement primaire, par exemple, donne son avis sur les compositions d'examens des différents brevets, sur les dispenses d'âge, les demandes de subventions, etc., etc. Les autres sections ont des attributions analogues.

Recteurs. — Académies. — Au point de vue de l'instruction publique, la France est divisée en dix-sept circonscriptions désignées sous le nom d'Académies. Chacune d'elles est administrée par un Recteur, sorte de préfet du ministre de l'Instruction publique. Par exception, à Paris, l'Académie est dirigée par un Vice-Recteur (1). Le ministre de l'Instruction publique est considéré comme le recteur de l'Académie de Paris.

Chaque Académie porte le nom de son chef-lieu.

TABLEAU DES CHEFS-LIEUX DES ACADÉMIES

Aix.	Grenoble.
Alger.	Lyon.
Besançon.	Montpellier.
Bordeaux.	Nancy.
Caen.	Paris.
Chambéry.	Poitiers.
Clermont.	Rennes.
Dijon.	Toulouse.
Douai.	

Les recteurs et vice-recteurs ont sous leurs ordres des inspecteurs d'Académie, qui ne sont en somme que leurs délégués, leurs lieutenants. Il y a un inspecteur d'Académie par département; il réside au chef-lieu de département.

Les Conseils académiques. — Au chef-lieu de chaque académie siége un conseil académique composé du recteur (président), des inspecteurs d'académie, des doyens de facultés et des directeurs des écoles d'enseignement supérieur de l'Académie, d'un proviseur, de deux conseillers généraux et de deux conseillers municipaux (art. 9-10, loi du 27 février 1880).

Le conseil académique se réunit *deux fois* par an (2); dans la première session, il donne son avis sur les règlements relatifs aux collèges et lycées (établissements d'enseignement secondaire), et il examine les comptes des établissements pour l'exercice précédent; la seconde session est consacrée à l'examen de la situation de l'enseignement supérieur public dans l'Académie, et à l'étude des budgets des établissements d'enseignement public pour l'exercice suivant.

Le conseil académique donne aussi son avis sur les questions d'administration et de discipline qui lui sont soumises par le ministre de l'Instruction publique; chaque année il adresse à ce même ministre un rapport sur la situation des établissements d'enseignement public (secondaire et supérieur) dans l'Académie, et sur les améliorations qui peuvent y être introduites.

(1) Pour la Corse, il y a aussi un vice-recteur qui réside à Ajaccio; il est placé sous l'autorité du recteur de l'Académie d'Aix.

(2) Mais le ministre de l'Instruction Publique a toujours le droit de le convoquer en session extraordinaire (art. 2, loi du 27 février 1880).

En matière disciplinaire, les pouvoirs du conseil accadémique sont très étendus. Il est saisi par le ministre ou le recteur des affaires contentieuses ou disciplinaires relatives à l'enseignement *public* ou *libre* (poursuites dirigées contre un étudiant, contre un professeur, etc.); mais pour les affaires concernant un membre de l'enseignement libre, deux membres de l'enseignement libre lui sont adjoints.

Les membres de l'enseignement traduits devant le conseil académique ont le droit de se défendre ou de se faire défendre par un conseil, de vive voix ou par écrit, et de prendre connaissance du dossier. Puis le conseil statue. — Mais lorsqu'il s'agit de la révocation, du retrait d'emploi, de la suspension d'un professeur de l'enseignement public, la décision doit être prise aux deux tiers des suffrages. Le même nombre de voix est exigé pour la prononciation de l'interdiction du droit d'enseigner ou pour *l'exclusion* d'un étudiant de *toutes les Académies*. — S'il s'agit d'une affaire disciplinaire, l'inculpé est acquitté en cas de partage des voix (art. 9, décret du 26 juin 1880).

Les décisions prises et les peines prononcées par le conseil académique sont soumises à l'appel devant le Conseil supérieur de l'Instruction publique, mais cet appel doit être interjeté *dans les quinze jours* qui suivent la notification de la décision. En principe, l'appel interjeté a un effet suspensir, toutefois le conseil académique a toujours le droit d'ordonner l'exécution provisoire *nonobstant appel* (art. 11, loi du 27 février 1880).

Inspecteurs généraux de l'Instruction publique. — Les Inspecteurs généraux de l'Instruction publique, placés sous l'autorité immédiate du ministre, sont chargés d'inspecter chaque année les principaux établissements d'enseignement (facultés, lycées, collèges); à la fin de leur tournée d'inspection, ils font leur rapport au ministre.

SECTION II

Les Beaux-Arts

Le ministre de l'Instruction publique est en même temps ministre des Beaux-Arts, mais il est secondé dans l'administration de ce dernier service, dont l'importance va toujours croissant, par un sous-secrétaire d'État qui porte le titre de sous-secrétaire d'Etat des beaux-arts.

Le sous secrétaire des beaux-arts a sous ses ordres un directeur général des beaux-arts.

L'Administration des beaux-arts a pour mission de développer l'instruction artistique et le goût de l'art, d'encourager les artistes, de veiller à la conservation de nos monuments, d'enrichir nos musées, etc., etc. Sa tâche est belle, mais aussi bien délicate.

C'est du sous-secrétariat des Beaux-Arts que dépendent les Écoles des beaux-arts, l'Ecole Nationale des Beaux-Arts et notamment les Écoles de dessin, l'Académie de France à Rome, le conservatoire de musique et de déclamation et ses succursales, l'École Nationale des Arts décoratifs (appelée à rendre d'immenses services), la conservation des monuments historiques (vieilles églises, vieux édifices remarquables par leur architecture), les musées de peinture, de sculpture, d'antiquités, les expositions artistiques, nos grandes manufactures nationales des Gobelins, de Sèvres, de Beauvais, la manufacture nationale de mosaïque, etc.

L'entretien des palais nationaux, le service des bâtiments civils rentrent encore dans les attributions de la direction générale des beaux-arts. Enfin, la haute police des théâtres et même, dans une certaine mesure, l'administration de certains d'entre eux subventionnés par l'État, se rattachent au ministère des Beaux-Arts.

§ 1er. — LES THÉATRES SUBVENTIONNÉS

On désigne sous le nom de *théâtres subventionnés*, des théâtres soutenus, aidés *pécuniairement*, soit par l'État, soit par les villes où ils sont établis. A Lyon, à Marseille, à Rouen, à Nantes, etc., les théâtres reçoivent une *subvention* de la municipalité. — A Paris, on compte actuellement quatre théâtres subventionnés par l'État : l'Opéra, le Théâtre-Français, l'Opéra-Comique et l'Odéon. La subvention accordée à chacun d'eux varie suivant leur situation respective, c'est-à-dire suivant les dépenses que ces théâtres doivent faire pour tenir dignement leur rang, conserver les traditions de l'art classique et assurer la bonne interprétation des grandes œuvres musicales et dramatiques de l'École française. Voici du reste le chiffre des subventions accordées par l'État à ces quatre théâtres :

Subvention annuelle accordée à l'Opéra.	800.000 fr.
— au Théâtre-Français .	240.000
— à l'Opéra-Comique . .	300.000
— à l'Odéon	100.000

Mais, en revanche, les théâtres subventionnés sont assujettis à une réglementation particulière : leurs directeurs sont nommés par le ministre des Beaux-Arts et doivent obéir à toutes les prescriptions du cahier des charges qui leur est imposé par l'administration des Beaux-Arts. Ainsi, le théâtre Français est tenu de jouer un certain nombre de fois par an des pièces du Répertoire classique ; il ne peut fermer pendant l'été ; dans certains cas il doit donner des représentations gratuites.—L'Opéra est assujetti à des obligations analogues. — L'Opéra-Comique et l'Odéon ont seuls le droit de faire relâche pendant l'été.

Tous les ans, la comptabilité des théâtres subventionnés par l'Etat est vérifiée et contrôlée par un inspecteur des Finances, chaque jour le directeur doit notifier au ministre la recette brute faite la veille; il est tenu également de lui notifier les mutations qui se produisent dans le personnel qu'il dirige.

L'exécution du cahier des charges est contrôlée par un fonctionnaire de l'administration des Beaux-Arts qui porte le titre de *commissaire du gouvernement près les théâtres subventionnés.*

Les théâtres de province subventionnés par les municipalités sont soumis à une réglementation du même genre, seulement ils ne dépendent point de l'administration des Beaux-Arts, comme les théâtres subventionnés par l'État, mais bien de la municipalité qui accorde la subvention.

Théâtres non subventionnés. — Il ne faut pas croire que les théâtres non subventionnés soient absolument indépendants de l'administration des Beaux-Arts; ce serait aller trop loin. Des fonctionnaires spéciaux ayant le titre d'*inspecteurs des théâtres* sont chargés de leur surveillance; ils ont notamment pour mission de veiller à l'application des réglements de police relatifs aux mesures et aux travaux à faire pour assurer la salubrité de la salle et éviter les incendies.

§ 2. — LE CONSERVATOIRE

Le *Conservatoire national de musique et de déclamation* a son siège à Paris, mais en province il a *cinq succursales* établies à Lille, Lyon, Marseille, Nantes et Toulouse, dans lesquelles du reste on n'enseigne que la musique. — Le Conservatoire a pour mission de développer l'instruction artistique des jeunes gens qui se destinent soit à la carrière théâtrale, soit à l'enseignement de la musique ou de la déclamation. Il est administré par un directeur, assisté de deux comités (comité dramatique et comité musical). L'enseignement donné par le Conservatoire porte sur le chant, le solfège, l'harmonie, la musique instrumentale (piano, violon, flûte, orgue, etc.), la composition, la déclamation lyrique et la déclamation dramatique. L'enseignement musical et l'enseignement dramatique sont du reste absolument séparés : les élèves du Conservatoire ne reçoivent point l'un *et* l'autre, mais seulement l'un *ou* l'autre. Une classe spéciale est affectée à l'étude de chaque instrument (classes de clarinette, de cor, de hautbois, de flûte, de basson, de harpe, etc., etc.); mais les élèves de piano et de violon sont si nombreux que l'on compte plusieurs classes de violon et de piano, soit pour les jeunes filles, soit pour les jeunes gens.

En principe, on n'est admis au Conservatoire que par voie de concours. Pour y prendre part, il faut être Français et avoir *plus de neuf ans* ou *moins de vingt-deux*. Les jeunes gens qui désirent passer l'examen doivent se faire inscrire au secrétariat et déposer leur acte de naissance et un certificat de vaccine.

L'enseignement est absolument *gratuit.*

A la fin de chaque année, au mois d'août, un concours public a lieu entre les élèves du Conservatoire. Les jeunes gens qui obtiennent les premiers et les seconds prix et qui se destinent à la carrière théâtrale sont engagés comme pensionnaires par les théâtres subventionnés de Paris, et débutent ainsi sur les premières scènes de France dès leur sortie du Conservatoire.

§ 3. — ÉCOLE NATIONALE DES BEAUX-ARTS

Cette école est consacrée à l'enseignement *gratuit* des trois grands arts: la peinture, la sculpture et l'architecture, et aussi à l'enseignement de la gravure (gravure en taille douce, en médailles, en pierres fines). Les professeurs sont choisis parmi nos peintres, nos sculpteurs, nos architectes, nos graveurs les plus éminents.

Les matières de l'enseignement sont : la composition décorative, le dessin, le modelage, la peinture, la sculpture, l'architecture, la construction, et en outre la physique, la chimie et l'histoire de l'art.

Pour entrer à l'école des Beaux-Arts, il faut passer des examens d'admission dont le programme diffère naturellement suivant la spécialité des candidats.— On n'est point admis à l'école après *trente ans.*

A la fin de leurs études les élèves de l'École des Beaux-Arts prennent part aux concours des prix de Rome. L'Académie des Beaux-Arts proclame les noms des lauréats dans sa séance publique annuelle.

4. — ECOLE DES ARTS DECORATIFS

L'École nationale des arts décoratifs a son siège à Paris. On y enseigne l'application des Beaux-Arts à l'industrie; c'est une véritable pépinière de contre-maîtres pour les industries d'art.

L'enseignement y est donné *gratuitement*. Des enfants sont admis aux cours du jour à partir de *dix ans*, aux cours du soir à partir de *quatorze ans* seulement. — Ne sont reçus comme élèves que les enfants sachant lire, écrire et calculer.

Les élèves de la *division élémentaire* suivent les cours de mathématiques, de dessin et de sculpture. — Les élèves de la *division supérieure* étudient l'architecture, la construction, le dessin, la sculpture, l'anatomie, l'histoire de l'industrie, l'histoire de l'ornement.

Le dimanche matin ont lieu des *cours publics* portant sur la législation artistique et la reproduction industrielle.

SECTION III

L'Institut de France. — L'Académie Française

L'Institut de France est une assemblée de savants et d'artistes composée de tous les membres des *cinq Académies.*

Les cinq Académies sont : l'Académie Française, l'Académie des Sciences, l'Académie des Inscriptions et belles lettres, l'Académie des Beaux-Arts, l'Académie des Sciences morales et politiques.

Toutes se recrutent suivant le même mode. L'académicien décédé est remplacé par un savant ou un artiste élu par l'Académie dont le défunt faisait partie (1). La même personne peut faire partie de deux ou plusieurs Académies. C'est ainsi que M. Pasteur est à la fois membre de l'Académie Française et de l'Académie des Sciences.

Les diverses Académies tiennent séance une fois par semaine. Dans ces séances, les académiciens discutent les questions qui les intéressent, reçoivent soit du secrétaire perpétuel de l'Académie, soit de leurs collègues, les communications relatives aux lettres, mémoires, ouvrages adressés à l'Académie ou à l'un de ses membres. Les cinq Académies tiennent chacune à une date différente, une séance publique annuelle (2). Tous les ans elles se réunissent en assemblée plénière. C'est à cette séance solennelle de l'Institut que sont distribués les prix de l'Institut (prix Montyon ou prix de vertu, etc.).

Les membres de l'Institut ont un costume officiel spécial ; ils portent l'épée.

L'Académie Française. Des cinq académies, c'est assurément l'Académie Française qui est la plus célèbre. Elle se compose de *quarante* membres. Tout nouvel élu prononce dans la séance consacrée à sa réception solennelle un discours dans lequel il fait, suivant une tradition séculaire, l'éloge de son prédécesseur.

L'Académie Française a pour mission particulière de rédiger le dictionnaire *officiel* — pour ainsi dire — de la langue française, qui est désigné sous le nom de *Dictionnaire de l'Académie.*

SECTION IV

L'Académie de Médecine

L'Académie de Médecine ne fait point partie de l'Institut. C'est un corps à part, se recrutant du reste comme les cinq Académies.

(1) Mais l'élection doit être confirmée par le chef de l'État.
(2) Toutes les séances de l'Académie des Sciences sont publiques.

L'Académie de médecine veille à l'application des mesures de salubrité, donne ou refuse son approbation aux projets de l'Administration qui ont trait à la santé publique, discute les découvertes scientifiques, étudie les systèmes qui lui sont soumis, etc, etc

CHAPITRE II

ENSEIGNEMENT SUPÉRIEUR

L'enseignement supérieur, c'est-à-dire l'ensemble des établissements et institutions d'enseignement où l'on forme les jeunes gens en vue d'une carrière spéciale exigeant un degré d'instruction élevé, comprend : le collège de France, l'École des Hautes Études, l'École Normale supérieure, l'École des Langues Orientales vivantes, l'École des Chartes, l'École Française de Rome, l'École Française d'Athènes, enfin et surtout les Facultés de lettres, de sciences, de droit, de théologie, de médecine et de pharmacie, et les grandes écoles de l'État telles que : l'École Polytechnique, l'École de St-Cyr, l'École des Ponts-et-Chaussées, l'École des Mines, l'Institut Agronomique, l'École normale supérieure de Sèvres, etc, etc. — A ces Écoles officielles régies par l'État il faut ajouter les Écoles d'Enseignement supérieur libres, telles que les Facultés *libres*, et notamment les Facultés libres de droit.

SECTION PREMIÈRE

Régime applicable aux Facultés (1)

Les cours dans toutes les Facultés et Écoles de plein exercice ou préparatoires sont ouverts, chaque année, le 3 novembre. Les bachelier reçus à la session de novembre, les étudiants qui n'ont été reçus qu'en novembre et les engagés conditionnels libérés à cette époque sont admis à se faire inscrire *dans les huit jours* de leur réception ou de leur libération, bien que le registre des inscriptions soit fermé pour le 1er trimestre (art. 1er, décret du 30 juillet 1883).

La première inscription doit être prise au commencement de l'année scolaire. — Toutes les inscriptions sont gratuites.

L'étudiant ne peut, *en aucun cas*, faire prendre ses inscriptions *par mandataire*, il doit les prendre *lui-même* ; en cas de

(1) Ce régime est applicable également aux Écoles supérieures de plein exercice ou préparatoires (École de droit d'Alger, École de médecine et de pharmacie de Nantes, etc.).

maladie dûmeut constatée ou d'empêchement légitime le recteur autorise l'étudiant qui n'a pu prendre à temps son inscription à la prendre après la fermeture des registres.

En aucun cas, l'étudiant en droit, en médecine ou en pharmacie ne peut commencer ses études après le 1er janvier, tandis qu'il peut obtenir du recteur l'autorisation de prendre sa 1re inscription avant le 1er janvier, — dans le courant de décembre, par exemple. Mais cette autorisation n'est accordée que pour motifs graves et sur l'avis *conforme* de la Faculté.

Tout étudiant qui se présente pour prendre sa 1re inscription doit déposer son *acte de naissance*; s'il est mineur, le *consentement de* son père ou de son tuteur (avec indication du domicile), enfin le ou les *diplômes* exigés (le diplôme de bachelier ès lettres pour l'étudiant en droit). — En outre, il est tenu de déclarer sa résidence *réelle* ; et s'il vient à en changer, il doit avertir le secrétaire de la Faculté. Toute fausse déclaration sur ce point peut être punie de la perte d'une ou deux inscriptions (art. 3-4, décret du 30 juillet 1883). Cette punition est infligée par la Faculté ou l'École (1). — Tout étudiant qui a prêté la *carte d'inscription* qui lui est remise chaque année par le secrétaire de la Faculté peut être frappé de la même peine.

Quant à l'étudiant qui a pris une inscription pour une autre (la 5 au lieu de 4e, par exemple), il encourt la perte *d'une à quatre inscriptions*; toutefois, s'il a toutes ses inscriptions, il est ajourné à *un an* pour les épreuves qu'il lui reste à subir. — L'étudiant convaincu d'avoir fait prendre par une autre personne une inscription à son profit est passible de la même pénalité (art. 6, même décret).

L'inscription d'un étudiant dont l'assiduité n'a pas été suffisante peut être annulée par la Faculté (art. 16, même décret).

L'examen dans lequel une fraude est constatée est nul, et en cas de *flagrant délit* le candidat est expulsé immédiatement de la salle des examens. Le *doyen* (titre donné au directeur d'une Faculté) fait son rapport au recteur qui, après en avoir référé au Ministre de l'Instruction Publique, traduit, s'il y a lieu, le coupable devant le *Conseil académique* (Voy. Chap. 1er) Le conseil prononce l'exclusion *temporaire* ou *perpétuelle* de toutes les Facultés. — La même peine peut être appliquée aux étudiants complices du candidat coupable.

C'est le recteur qui accorde l'autorisation d'imprimer les thèses, sur le rapport du doyen, qui lui-même a préalablement fait examiner par un ou plusieurs professeurs de la Faculté la thèse présentée. — Si la thèse a déjà été soumise par le candidat à une autre Faculté qui ne l'a point acceptée, le candidat *sous peine de nullité des épreuves* doit en avertir le doyen, et le recteur, dans cette hypo-

(1) Il est interdit sous la même peine, de prendre *simultanément* des inscriptions dans des établissements différents *publics* ou *libres* en vue du même examen (même décret).

thèse, ne peut autoriser l'impression qu'après en avoir référé au Ministre.

Passage d'une Faculté dans une autre. — L'étudiant qui veut passer d'une Faculté dans une autre (de la Faculté de droit de Grenoble à la Faculté de Paris, par exemple), tout en conservant ses inscriptions et le bénéfice des examens qu'il a subis, doit demander au doyen de la Faculté qu'il désire quitter un *certificat de scolarité.* Ce certificat, visé par le recteur et mentionnant les inscriptions, examens, notes, stage, etc., de l'étudiant, est transmis, avec l'acte de naissance de l'étudiant, à la Faculté dont il désire suivre les cours à l'avenir, par les soins du recteur. — Mais un élève refusé à un examen ne peut changer de Faculté ou d'école sans une autorisation spéciale du recteur, laquelle n'est accordée que pour motif grave et après avis de la Faculté. Toutefois cette disposition ne s'applique point aux jeunes gens qui préparent leur licence ès-lettres ou ès-sciences.

L'étudiant qui se ferait inscrire à la fois dans *deux Facultés* pour y subir le *même examen* serait puni de l'exclusion temporaire ou perpétuelle de toutes les Facultés.

Interruption des études. — L'étudiant qui, sans motifs valables, a négligé *pendant deux ans* de prendre des inscriptions et n'a passé aucun examen dans le cours de cette période perd le bénéfice des inscriptions prises par lui depuis la dernière épreuve subie avec succès. — Mais le temps passé sous les drapeaux n'est pas compté, bien entendu, dans le délai entraînant cette annulation d'inscriptions (art. 27, décret du 30 juillet 1883).

Peines disciplinaires. — Tout fait contraire à la discipline commis par un *étudiant* à l'intérieur de la Faculté (manque de respect ou acte d'insubordination envers un professeur, acte de désordre, etc.), le rend justiciable de la Faculté. Or, est étudiant celui qui, régulièrement inscrit sur les registres d'une Faculté ou École, n'a pas encore terminé ses études ni demandé sa radiation.

La Faculté, suivant les cas, inflige au délinquant l'une des peines suivantes :

Réprimande devant l'assemblée des professeurs ;

Exclusion de la Faculté pendant deux ans ;

Privation du droit de prendre des inscriptions et de subir des examens dans toutes les Facultés pendant deux ans — Si toutes les inscriptions ont été prises : ajournement de l'examen à deux ans.

Ces peines sont prononcées sans appel possible.

Si la Faculté estime, après avoir appliqué la suspension de scolarité pendant deux ans, que la peine n'est pas suffisante, elle demande au recteur de faire comparaître le coupable devant le conseil académique (art. 28, même décret).

C'est le doyen de la Faculté qui instruit l'affaire : il mande l'étudiant devant lui et reçoit ses explications. Le jour de la réunion de la Faculté, l'étudiant est entendu par elle, s'il en exprime le désir.

SECTION II

Ecoles de Droit

Les Facultés de droit sont au nombre de *treize* : elles ont leur siège à *Paris*, *Aix*, *Bordeaux*, *Caen*, *Dijon*, *Douai*, *Grenoble*, *Lyon*, *Montpellier*, *Nancy*, *Poitiers*, *Rennes*, *Toulouse;* elles délivrent les diplômes de bachelier, de licencié et de docteur en droit. — L'École supérieure de droit d'Alger ne peut conférer le grade de docteur en droit, mais tout dernièrement il lui a été accordé le pouvoir de délivrer le diplôme de licencié.

Pour pouvoir se faire inscrire dans une Faculté de Droit comme étudiant, il faut avoir *seize ans révolus*, être *bachelier ès-lettres* et justifier du *consentement* de son père, de sa mère ou de son tuteur, si on est mineur.

Les jeunes gens qui désirent suivre les cours d'une Faculté de Droit doivent prendre leur 1re inscription au commencement du premier trimestre de l'année scolaire. Ils doivent à cet effet présenter au secrétaire de la Faculté : 1° leur acte de naissance ; 2° leur diplôme de bachelier ès-lettres ; 3° le consentement de leur père ou tuteur.

Les étudiants sont tenus de prendre *quatre* inscriptions *par an* (la première à la fin d'octobre, la deuxième au commencement de janvier, la troisième en avril, la quatrième vers la fin de juin). — La durée des études est de *trois ans* pour la licence en droit. L'étudiant subit un examen annuel portant sur l'enseignement donné dans le courant de l'année. Le deuxième examen (pour le passer, il faut avoir *huit* inscriptions) confère le grade de *bachelier en droit;* le troisième (*douze* inscriptions) celui de *licencié en droit*. Chacun de ces trois examens est divisé en *deux parties* et se passe en deux jours (un jour pour chaque partie). Le jury est composé de *trois* professeurs de droit. Voici les matières sur lesquelles portent ces divers examens :

Examen	Partie	Matières
1er examen (*4 inscriptions*)	1re partie (*1er jour*)	Droit romain. Histoire générale du Droit français.
	2e partie (*2e jour*)	Code civil (livres I et II.) Droit criminel.
2e examen (*8 inscriptions*)	1re partie (*1er jour*)	Droit romain. Economie politique.
	2e partie *2e jour*	Code civil (livre III, 1re partie.) Procédure civile.

3e examen (*12 inscriptions*)	1re partie (*1er jour*)	Droit administratif. Droit commercial.
	2e partie (*2e jour*)	Code civil (livre III, fin). Droit international privé.

Le candidat admis à la première ou deuxième partie d'un examen et ajourné sur l'autre conserve le bénéfice de la partie où il a réussi.

La thèse est supprimée pour la licence, elle n'est maintenue que pour le Doctorat (Voy. *ci-dessous*).

Il y a deux sessions ordinaires par an, l'une en juillet, l'autre en novembre. — Tout étudiant doit subir l'examen de fin d'année à la session de juillet; pour pouvoir se présenter en novembre, il faut avoir été autorisé à ne pas se présenter à la session de juillet (l'autorisation est accordée par le recteur, pour cause grave). — L'étudiant qui n'a passé en novembre aucun examen est ajourné à la session de juillet, et il ne peut prendre aucune inscription dans le cours de l'année ; tandis que celui qui a été admis à une partie soit en juillet, soit en novembre, peut se présenter pour l'autre partie à une session extraordinaire qui se tient en *janvier*, et *en cas d'admission* il a le droit de prendre l'inscription qu'il n'a pu prendre en novembre — en même temps que celle de janvier; mais au cas d'ajournement, il n'est admis à prendre aucune inscription.

L'élève ajourné doit se présenter devant la même Faculté qui l'a repoussé une première fois; toutefois le recteur peut lui permettre, pour cause grave, de se présenter devant une autre Faculté.

Bien entendu, pendant le temps passé sous les drapeaux, le cours des inscriptions est suspendu. Aussi, tout étudiant qui prend une inscription doit-il déclarer qu'il n'est pas en activité de service (art. 3, décret du 28 décembre 1880).

Doctorat en droit. — Les licenciés en droit qui veulent conquérir le grade de docteur ont à subir *trois* examens de doctorat; ils ont ensuite à soutenir une *thèse*.

1er Examen de doctorat	Le Droit romain. Histoire du Droit romain. Pandectes.	
2e » »	Le Droit civil français (*en entier*). Histoire du Droit français.	
3 » »	Le Droit constitutionnel.	
	2o des matières ci-annexées.	Droit des gens; Droit coutumier; Science financière, Droit industriel. (1)

La *thèse* porte sur deux dissertations : l'une relative au droit romain, l'autre au droit français (les sujets sont choisis par le candidat, sauf approbation du doyen).

(1) Le candidat peut demander à être interrogé sur la procédure civile, le droit commercial, le droit criminel, etc., au lieu de l'être sur ces cours spéciaux.

Les trois examens de doctorat et la thèse sont passés devant un jury composé de *quatre* professeurs de droit; ils peuvent être subis *à toute époque de* l'année scolaire, mais l'étudiant doit avoir *quinze* inscriptions pour pouvoir passer le *premier* examen de doctorat (trois de plus que pour la licence), et *seize* inscriptions pour passer le *deuxième*. — L'étudiant qui est refusé à un examen de doctorat ne peut se représenter avant l'expiration d'un délai de *deux mois* à dater de son échec.

Les examens de doctorat ne sont pas divisés en deux parties.

Droits d'examens. — 1° Pour le baccalauréat et la licence en droit :

			Remboursement au cas d'échec	
1er Examen (1) :	180 fr.	Remboursement au cas d'échec	total	60 fr.
			partiel (2)	30 »
2e —	280 »	— —	total	160 »
			partiel	130 »
3e —	280 »	— —	total	160 »
			partiel	130 »

2° Pour le doctorat en droit :

1er Examen.	90 fr.	Remboursement au cas d'échec	30 fr.
2e —	90 »	— —	30 »
3e —	90 »	— —	30 »
Thèse.......	170 »	— —	130 »

Les jeunes gens qui ont eu un prix d'honneur au concours général n'ont point à payer de droits d'examen. Quant aux étudiants qui se trouvent dans une situation de fortune peu aisée, ils peuvent obtenir des remises totales ou partielles.

SECTION III

Ecoles de Médecine

Les écoles de médecine peuvent être réparties en trois catégories : 1° Facultés de médecine; 2° Écoles de plein exercice; 3° Écoles préparatoires.

Il y a en France : *six* facultés de médecine, qui ont leur siège à Paris, Lyon, Bordeaux, Lille, Montpellier et Nancy;

Deux écoles de plein exercice (Ecoles de Marseille et de Nantes;

Seize écoles préparatoires: Ecoles d'Amiens, Angers, Arras, Alger, Besançon, Caen, Clermont, Dijon, Grenoble, Limoges, Poitiers, Reims, Rennes, Rouen, Toulouse et Tours.

Les Ecoles de médecine ont à côté d'elles des écoles de pharmacie;

(1) A tous les droits, il faut ajouter 0 fr. 25 pour le timbre-quittance.
(2) C'est-à-dire au cas d'échec pour l'une des deux parties seulement.

aussi dit-on : Facultés *mixtes* de médecine et de pharmacie, Écoles préparatoires de médecine et de pharmacie.

Conditions à remplir pour obtenir le diplôme de docteur en médecine. — Les études nécessaires pour arriver au doctorat en médecine durent *quatre ans*. Les études de la quatrième année ne peuvent être faites dans une école préparatoire, mais seulement dans une faculté ou dans une école *de plein exercice*. — Ne peuvent prendre leur première inscription que les jeunes gens qui sont à la fois bacheliers ès-lettres et bacheliers *ès-sciences restreint* (Voy. *Baccalauréat*).

Pour conquérir le grade de docteur en médecine, il faut passer *cinq examens* et soutenir une *thèse*.

MATIÈRES DES CINQ EXAMENS DE MÉDECINE (1)

- 1er Examen
  - Physique.
  - Chimie.
  - Histoire naturelle médicale.
- 2e —
  - 1re Partie
    - Anatomie.
    - Histologie.
  - 2e Partie — Physiologie.
- 3e —
  - 1re Partie
    - Pathologie externe.
    - Accouchements.
    - Médecine opérative.
  - 2e Partie
    - Pathologie externe.
    - Pathologie générale.
- 4e —
  - Hygiène.
  - Médecine légale.
  - Thérapeutique.
  - Matière médicale.
  - Pharmacologie.
- 5e —
  - 1re Partie — Cliniques externe et obstétricale.
  - 2e Partie
    - Clinique interne.
    - Epreuve pratique d'anatomie pathologique.

Les candidats soutiennent leur thèse sur un sujet de leur choix.

Le premier examen est subi après la 4e inscription, mais avant la 5e; la première partie du deuxième examen, après le 10e trimestre d'études et avant la 12e inscription. La deuxième est subie après la douzième inscription et avant la quatorzième (décret du 23 juillet 1882).

Quant au troisième examen, il ne peut être passé qu'après l'expiration de la quatrième année d'études.

L'étudiant de première année qui est refusé à la session de novembre est ajourné à la fin de l'année scolaire, et ne peut prendre, par suite, aucune inscription pendant cette deuxième année.

(1) Voy. décret du 20 juin 1878. — Les frais d'examens de médecine, de droit, de baccalauréat, etc., sont consignés non pas au secrétariat des Facultés, mais dans la caisse du receveur des droits universitaires.

Les jeunes gens qui étudient dans des écoles préparatoires peuvent ne passer leur premier examen qu'après la douzième inscription (à la fin de la troisième année) s'ils le préfèrent, et dans ce cas ils subissent le dernier examen (1re et 2e parties) avant la treizième inscription, mais ils sont soumis *deux fois par an*, à partir de la seconde année d'études, à des *interrogations* faites par les professeurs de l'école préparatoire et dont le résultat est transmis aux facultés qui en tiennent compte lorsque les étudiants viennent subir leurs examens devant elles.

Nota. — Récemment il a été procédé à la réorganisation d'un certain nombre d'écoles préparatoires. Or, les élèves des écoles préparatoires *réorganisées* qui se préparent au doctorat en médecine peuvent passer, si cela leur convient, le premier examen probatoire et la première partie du deuxième examen devant les professeurs de ces écoles (en août pour le premier examen, en avril pour la première partie du deuxième). — Les élèves refusés au premier examen en août peuvent se présenter à la session de novembre devant une Faculté de médecine; et les élèves refusés à la première partie du deuxième examen en avril jouissent du même droit. Seulement durant ce délai les inscriptions sont suspendues.

Les élèves des écoles de médecine de *plein exercice* passent le premier examen probatoire et les *deux parties* du deuxième examen devant les professeurs de ces écoles : la session d'août est consacrée au premier examen probatoire et à la première partie du deuxième examen, la session d'avril est réservée à la deuxième partie du deuxième examen. — Les élèves *refusés* doivent se présenter trois mois après devant une faculté de médecine.

Les élèves des écoles de plein exercice peuvent toutefois ne passer leurs premier et deuxième examens qu'après l'expiration de leur quatrième année d'études (à la session de novembre, mais ils sont soumis aux interrogations semestrielles dont nous venons de parler) — (Décret du 23 juillet 1882).

Des travaux pratiques de laboratoire de dissection et un stage de deux ans au moins près les hôpitaux sont exigés des étudiants. Les travaux pratiques durent un semestre chaque année (art. 7, décret du 20 juin 1878).

DROITS D'EXAMENS ET FRAIS D'ÉTUDES

			Rembourt. au cas d'échec
Pour le 1er examen...		55 fr.	25 fr.
Pour chacun des autres examens (2e, 3e, 4e. et 5e)	1re partie	55 »	25 »
	2 —	55 »	25 »
Pour la thèse.........		240 »	140 »

Frais matériels de travaux pratiques.		
	1re année.	60 fr.
	2e —	40 »
	3e —	40 »
	4e —	20 »

Les inscriptions d'officier de santé peuvent être converties en inscriptions de doctorat, mais seulement après *deux ans* d'exercice de la médecine comme officier de santé.

Officiers de santé. — Les grades de bachelier ès-lettres et de bachelier ès-sciences ne sont point exigés des jeunes gens qui aspirent au titre *d'officier de santé* ; pour qu'ils puissent prendre leur première inscription il suffit qu'ils soient âgés de 17 ans accomplis et produisent le certificat d'études de l'enseignement secondaire spécial, ou bien encore le certificat d'examen de grammaire complété par un examen passé devant un jury nommé par le recteur et portant sur les éléments de physique, chimie et histoire naturelle qui figurent dans le programme de l'enseignement secondaire spécial. Ce certificat ainsi complété est considéré ici comme l'équivalent du certificat d'études de l'enseignement secondaire spécial.

Pour l'obtention du titre d'officier de santé, il faut *quatre années* d'études. L'étudiant peut suivre, pendant ces quatre ans, les cours d'une école préparatoire de médecine et de pharmacie.

MATIÈRES DE L'ENSEIGNEMENT DONNÉ PENDANT LES QUATRE ANNÉES D'ÉTUDES

Année	Matières	Année	Matières
1re année	Physique ; Chimie ; Histoire naturelle ; Ostéologie ; Arthrologie ;	3e année	Anatomie ; Physiologie ; Pathologies interne et externe ; Cliniques interne et externe.
2e année	Anatomie ; Physiologie ; Pathologie externe.	4e année.	Pathologies interne et externe ; Hygiène ; Thérapeutique ; Matière médicale ; Cliniques interne et externe ; Clinique d'accouchement.

A partir de la 5e inscription, l'étudiant fait un stage dans les hôpitaux ; ce stage est obligatoire jusqu'à la fin de la quatrième année. En outre, des travaux pratiques sont imposés aux jeune gens pendant leurs trois premières années. Ces travaux portent : la 1re année sur le physique, la chimie et l'histoire naturelle ; la 2e année sur l'anatomie et la physiologie ; la 3e année sur l'anatomie, la physiologie et la médecine opératoire.

A la fin de la 1re, de la 2e et de la 3e année, l'étudiant passe un examen devant les professeurs de l'École dont il suit les cours.

MATIÈRES DES EXAMENS DE FIN D'ANNÉE

1re année	Physique ; Chimie ; Histoire naturelle ; Ostéologie ; Arthrologie.
2e année	Anatomie descriptive ; Physiologie.
3e année	Pathologie interne ; — externe.

Lorsque l'étudiant a *seize* inscriptions, il lui reste à passer *trois examens* (examens définitifs) devant la Faculté de l'École dans la circonscription de laquelle il a l'intention d'exercer la médecine : ces trois examens subis, il a le titre d'officier de santé, mais il n'a point le droit d'exercer la médecine en dehors de la dite circonscription.

MATIÈRES DES EXAMENS DÉFINITIFS

1re année	Anatomie ; Physiologie ; Epreuve pratique de dissection.
2e année	Pathologies interne et externe ; Matière médicale ; Epreuve pratique de médecine opératoire.
3e année	Cliniques interne et externe. Clinique d'accouchement.

FRAIS D'EXAMENS ET D'ÉTUDES (1)

Chaque examen *de fin d'année*			30 fr.
1er examen *de fin d'études*	100 fr.	Remboursemt au cas d'échec.	40 »
2e — —	110 »	— —	40 »
3e — —	210 »	— —	140 »

SECTION IV

Ecoles de Pharmacie

Ainsi que nous l'avons déjà dit, les Écoles de Pharmacie ont leur siège dans les villes pourvues d'une École de Médecine. Il y a donc en France : cinq Écoles supérieures de Pharmacie : à Paris, Lyon, Bordeaux, Nancy et Lille (2), et trois Écoles de Pharmacie de plein exercice (Écoles de Marseille, de Montpellier et de Nantes), et seize Écoles préparatoires : à Alger, Amiens, Angers, etc. (Voy. *Écoles de Médecine*).

Pharmaciens de première classe. — Les étudiants en pharmacie qui aspirent au diplôme de pharmacien de première classe doivent produire, au moment où ils prennent leur première inscription (3), le diplôme de bachelier ès-lettres *ou* de bachelier ès-sciences *complet* (ici le baccalauréat ès-sciences restreint n'est d'aucune utilité), ou bien encore, le diplôme de l'enseignement secondaire spécial (décret du 26 juillet 1885).

Les études nécessaires pour obtenir le diplôme de pharmacien de première classe durent six années : trois années de stage dans une pharmacie et trois années de cours suivis à l'École.

Le stage doit être fait en premier lieu, et avant de prendre leur première inscription de *scolarité*, les élèves subissent un *examen de validation de stage* devant un jury composé de deux pharmaciens de première classe et d'un professeur en pharmacie.

(1) Pour les travaux pratiques, mêmes droits que ci-dessus (Voy. p. 828.).

(2) Près de chaque Faculté de Médecine a été créée une École supérieure de Pharmacie.

(3) On ne peut prendre sa première inscription de stage avant 16 ans accomplis.

Le stagiaire attaché à une officine établie dans une localité où il n'y a pas d'école de pharmacie se fait inscrire au greffe de la justice de paix.

L'inscription de stage, qui doit être renouvelée seulement *tous les ans* au mois de *juillet* n'est prise que sur la production d'un *certificat de présence* délivré par le pharmacien chez lequel le jeune homme fait son stage; l'étudiant a-t-il changé d'officine, il doit produire en outre un *certificat de sortie.* Si l'officine où il se place est située dans une autre circonscription, il doit se faire inscrire *dans la quinzaine* en présentant un extrait de ses inscriptions antérieures. Toute période de stage non constatée est nulle.

MATIÈRES DE L'EXAMEN DE VALIDATION DE STAGE.

Préparation d'un médicament composé;
Préparation magistrale;
Détermination de 30 plantes médicales;
Détermination de 10 médicaments composés;
Questions sur diverses opérations pharmaceutiques.

Les examens de validation ont lieu en août et en novembre.

Les cours de troisième année ne peuvent être suivis dans une école préparatoire, mais les huit inscriptions de scolarité peuvent parfaitement être prises dans ces écoles. — Chaque trimestre, le stagiaire ou l'étudiant doit prendre une inscription.

La première inscription de scolarité ne peut être prise qu'en novembre et sur la production du certificat d'examen de validation de stage.

Pour obtenir le diplôme de pharmacien de première classe, il faut subir quatre *examens d'études* (trois examens de fin d'année et un examen semestriel, trois *examens de fin d'études* (examens *probatoires*) et en outre se livrer à des travaux pratiques pendant huit mois chaque année. Ces travaux pratiques obligatoires portent sur la chimie minérale, organique et analytique, sur la toxicologie, la pharmacie, et la micrographie.

Le premier examen d'études est passé avant la cinquième inscription (à la fin de la première année d'études);

Le deuxième examen avant la neuvième inscription, à la fin de la deuxième année;

Le troisième avant la onzième inscription (examen semestriel passé en avril);

Le quatrième après la douzième inscription.

Ces examens, portent sur les matières enseignées pendant l'année. L'examen semestriel porte sur la chimie minérale, organique et analytique, la toxicologie, la pharmacie, la matière médicale, la botanique, la zoologie, la minéralogie, et sur la reconnaissance de médicaments, de plantes, de minéraux, et de produits de matière médicale.

Quant aux trois examens *de fin d'études*, ils sont subis devant les écoles supérieures ou les facultés mixtes après le cours complet d'études, en avril ou en novembre (1).

MATIÈRES DES EXAMENS DE FIN D'ÉTUDES

1er Examen	Physique ; Chimie ; Toxicologie ; Pharmacie ; Analyse chimique (*épreuve pratique*).
2e examen	Botanique ; Zoologie ; Hydrologie ; Minéralogie ; Matière médicale ; Préparation micrographique (*epreuve pratique*).
3e examen	Matières premières de 5 préparations chimiques ; Matières premières de 5 préparations de pharmacie galénique ; Préparations de 5 compositions chimiques ; Préparations de 5 compositions galéniques.

Quatre jours sont accordés au candidat pour effectuer les préparations qui figurent au programme du 3e examen (décret du 26 juillet 1885).

Telles sont les conditions exigées de l'aspirant au diplôme de pharmacien de première classe. — Mais un diplôme plus élevé peut être conféré à l'étudiant en pharmacie déjà pourvu du titre de pharmacien de première classe ; nous voulons parler du *diplôme supérieur de pharmacien de première classe.*

Diplôme supérieur de pharmacien de première classe. — Ce diplôme n'est délivré qu'à la suite d'un examen très difficile et d'une thèse. — Pour se présenter à l'examen, il faut être déjà pharmacien de première classe, ou licencié ès-sciences physiques et naturelles, ou bien encore accomplir une quatrième année *d'études* dans une Faculté mixte, ou avoir subi avec succès un examen sur les matières des licences ès-sciences physiques et naturelles appliquées à la pharmacie.

L'examen est divisé en *épreuves écrites*, en *épreuves pratiques* et en *épreuves orales.*

Les épreuves *écrites* consistent en deux compositions dont l'une porte sur un sujet pris dans le programme de la licence ès-sciences *physiques*, et l'autre sur un sujet tiré du programme de la licence ès-sciences *naturelles.*

Les épreuves *pratiques* et *orales* portent sur les sciences physiques *ou* sur les sciences naturelles, *au choix du candidat.* — Le sujet de la thèse est aussi choisi par lui.

Les aspirants au diplôme supérieur doivent se livrer en outre, pendant huit mois de cette quatrième année, à des travaux pratiques.

(1) Aucun délai n'est exigé entre ces trois examens.

FRAIS D'EXAMENS ET D'ÉTUDES

1° Pour le diplôme de pharmacien de 1re classe

Examen de validation de stage........................	25 fr.
Chacun des 3 examens passés en cours d'études..........	90 »
Droit de bibliothèque : 2 fr. 50 par trimestre, soit par an...	10 »
Travaux pratiques, *par an*........................	100 »
1er examen de fin d'études........................	80 »
— —	80 »
— —	200 »
Diplôme........................	100 »

2° Pour le diplôme supérieur

L'examen (y compris les droits de thèse et de diplôme)....	170 »
Travaux pratiques........................	100 »

Les aspirants qui possèdent le titre de licencié ès-sciences physiques *ou* naturelles n'ont à payer que le droit de thèse (40 fr.) et le droit de diplôme (100 fr.), soit en tout 140 francs.

Pharmaciens de deuxième classe. — Les jeunes gens qui ne sont ni bacheliers ès-lettres, ni bacheliers ès-sciences ne peuvent aspirer qu'au titre de pharmacien de deuxième classe ; et encore faut-il qu'ils produisent le certificat d'études de l'enseignement secondaire spécial, ou, s'ils ne possèdent que le certificat d'examen de grammaire, qu'ils passent un examen portant sur le programme de physique et d'histoire naturelle dressé pour la troisième année de l'enseignement secondaire spécial (décret du 26 juillet 1885). Cependant ils sont assujettis aux mêmes obligations que les candidats au titre de pharmacien de première classe : trois ans de stage, examen de validation de stage (Voy. *ci-dessus*), puis trois ans de cours et trois examens de fin d'études (avec les mêmes programmes), mais ils peuvent passer tous leurs examens devant une *école préparatoire* de médecine et de pharmacie (décret du 3 août 1878).

Les frais d'examens et d'études sont à peu près les mêmes que ceux indiqués plus haut pour la première classe, sauf que les deux premiers examens de fin d'année sont *gratuits* et que les droits des deux premiers examens probatoires sont fixés à 50 francs seulement (décret du 26 juillet 1885).

Le pharmacien de deuxième classe ne peut exercer sa profession que dans le ressort de l'Ecole devant laquelle il a passé ses examens probatoires.

SECTION V

École des Ponts et Chaussées

Cette école est destinée à former des ingénieurs pour les divers services de l'État qui rentrent dans les attributions des corps des Ponts et Chaussées. — Elle reçoit deux catégories d'élèves :

1° Des *élèves-ingénieurs* sortis l'année précédente de l'École Polytechnique dans un bon rang. — Ils sont nommés ingénieurs de 3e classe après trois années passées à l'École des Ponts et Chaussées;

2° Des *élèves externes*, français ou étrangers, admis *après concours*. — S'ils satisfont aux examens de sortie de l'École, ils reçoivent un *diplôme* ou un *certificat d'études*, suivant leur degré d'instruction.

Les candidats aux places d'élèves externes doivent être âgés de 18 ans au moins et de 25 ans au plus. Ils doivent avoir soin d'adresser leur demande d'admission au concours (*écrite sur papier-timbré*) avant le 1er septembre au ministre des travaux publics, sous l'autorité duquel est placée l'École des Ponts et Chaussées, et joindre à cette demande, visée par leurs parents ou tuteur ou par un correspondant habitant Paris, leur *acte de naissance* et un *certificat de bonnes vie et mœurs*.

Les jeunes gens de nationalité étrangère peuvent être admis au concours, mais leur demande doit être visée par le représentant de leur gouvernement (ambassadeur, ministre ou chargé d'affaires) et transmis au ministre des travaux publics *par le ministre des affaires étrangères*. — Les candidats étrangers doivent connaître suffisamment la langue française.

PROGRAMME DES MATIÈRES DU CONCOURS D'ADMISSION

Arithmétique;
Géométrie et algèbre;
Trigonométrie rectiligne;
Géométrie analytique;
Notions de géométrie descriptive (1);
Notions de calcul différentiel et intégral;
Mécanique;
Physique;
Chimie;
Notions d'architecture.

Cours préparatoires. — Des *Cours préparatoires*, destinés à préparer les jeunes gens qui désirent se présenter ultérieurement au concours d'admission dont nous venons de parler, ont été institués à l'École. Leur ouverture a lieu le 1er novembre. — Cet enseignement préparatoire ne dure *qu'une année*. On y est admis à la suite d'un concours qui a lieu dans la première quinzaine d'octobre. Toutefois les candidats qui ont échoué au concours pour les places d'élèves externes et qui ont fait preuve néanmoins de certaines connaissances sont dispensés du concours d'admission aux cours préparatoires.

Pour être admis à prendre part au concours, il faut avoir 17 ans au moins et 24 ans au plus. Les mêmes demande, acte, certificat et visas que ci-dessus sont exigés.

Le concours est divisé en deux parties : examen *écrit*, examen *oral*.

(1) Avec applications à la coupe des pierres et de la charpente.

PROGRAMME DU CONCOURS D'ADMISSION AUX COURS PRÉPARATOIRES

Examen écrit
- Composition de mathématiques, de physique et de chimie ;
- Dessin de géométrie descriptive ;
- Lavis d'architecture.

Examen oral
- Arithmétique ;
- Géométrie et algèbre ;
- Physique et chimie.

Les élèves des cours préparatoires qui satisfont à l'examen de fin d'année sont dispensés du concours d'admission aux cours de l'École des Ponts et Chaussées.

SECTION VI

École Normale Supérieure

L'École normale supérieure est destinée à assurer le recrutement des professeurs de l'Université. On n'y est admis que par voie de concours.

Les jeunes gens qui désirent prendre part au concours d'admission doivent se faire inscrire *dans le courant du mois de janvier* au secrétariat de leur académie, et présenter à cet effet : 1° leur *acte de naissance;* 2° un *certificat de vaccine ;* 3° un *certificat de bonne constitution;* 4° une *autorisation* de leur père, mère ou tuteur leur permettant de se vouer à l'enseignement pendant 10 ans (les candidats qui ont atteint leur majorité n'ont pas à présenter cette autorisation, ils doivent seulement déclarer qu'ils se vouent à l'enseignement). — Ne sont admis au concours que les jeunes gens ayant au moins *18 ans*, ou au plus *24 ans* depuis le 1er janvier.

Les épreuves d'admission ont lieu au chef-lieu de l'académie où le candidat est domicilié ; elles diffèrent suivant que le jeune homme se destine aux sciences ou aux lettres.

PROGRAMME DES ÉPREUVES D'ADMISSION

1° *Pour la section des lettres*

Dissertation de philosophie ;	Thème grec ;
Discours latin et discours français ;	Pièce de vers latins ;
Version latine ;	Composition historique.

2° *Pour la section des sciences*

Dissertation de philosophie ;	Composition de mathématiques ;
Version latine ;	Composition de physique.

La durée des études à l'École Normale est de trois ans.

Le régime est l'internat. Aucune pension à payer : l'enseignement est absolument *gratuit*.

Durant leur séjour à l'École, les élèves se préparent à la licence et à l'agrégation. Au bout des *trois années d'études* ont lieu les examens de sortie : les élèves qui obtiennent les premiers numéros peuvent se présenter immédiatement à l'agrégation ; les autres doivent faire d'abord un stage *d'un an* comme professeurs dans un lycée.

SECTION VII

Facultés de Théologie

On a supprimé récemment les facultés de théologie catholiques, tout en laissant subsister les facultés de théologie protestantes. Nous ne pouvons nous dispenser de dire quelques mots des premières dont l'existence a donné lieu à de si vives discussions.

Facultés de théologie catholiques. — Il y avait ja dis en France cinq facultés de théologie catholiques établies à Paris, Aix, Bordeaux, Lyon et Rennes. L'enseignement qu'elles donnaient portait sur la morale, le dogme, l'écriture sainte, le droit canon, l'histoire et la discipline ecclésiastiques, l'hébreux et l'éloquence sacrée. — Ces facultés décernaient les diplômes de bachelier, de licencié et de docteur en théologie.

Facultés de théologie protestantes. — La *Faculté mixte* de théologie protestante qui constitue, en fait, deux Facultés absolument distinctes, enseignant l'une la théologie luthérienne, et l'autre la théologie de l'Église réformée (théologie calviniste) a son siège à Paris. Les chaires de cette Faculté mixte sont partagées en nombre égal entre les deux églises protestantes ; chacune d'elles, notamment, possède une chaire de dogme (décret du 7 mai 1881).

Les Facultés de théologie protestantes enseignent la morale, le dogme, l'histoire ecclésiastique, etc. Elles délivrent des diplômes de bachelier, de licencié et de docteur en théologie.

Ecole centrale rabbinique. — Il n'existe point de Faculté pour le culte Israëlite, mais l'école centrale rabbinique en tient lieu. Cette école délivre à ceux de ses élèves qui satisfont aux examens de sortie un certificat d'études qui a une valeur supérieure au diplôme du 1er degré rabbinique, et les rabbins communaux sont choisis de préférence parmi ses anciens élèves.

SECTION VIII

Faculté des lettres

Chacune des quinze académies est pourvue d'une faculté des lettres dont le siège est établi au chef-lieu de l'académie. Ces facultés délivrent les diplômes de bachelier ès-lettres, de licencié ès-lettres (1) et de docteur ès-lettres. Nous parlerons plus loin du baccalauréat; mais nous allons indiquer ici à quelles conditions est soumise l'obtention des grades de licencié et de docteur ès-lettres.

Licence ès-lettres. — Tous les candidats à la licence ès-lettres doivent subir certaines épreuves, désignées sous le nom d'*épreuves communes*, et en outre chacun d'eux est soumis à des *épreuves spéciales* variant suivant qu'il désire obtenir le grade de licencié ès-lettres, de licencié en philosophie, de licencié en histoire, ou de licencié pour les langues vivantes. Mais quelle que soit la spécialité choisie par le candidat, il n'est admis à passer les examens de licence que s'il possède le diplôme de bachelier ès-lettres et s'il a *quatre* inscriptions à la faculté des lettres (c'est-à-dire en fait *un an* de préparation aux examens).

I. — MATIÈRES DES ÉPREUVES COMMUNES

Examen écrit { Composition en français sur une question de morale, de critique ou d'histoire de la littérature française ; Composition en latin sur une question d'histoire de la littérature grecque ou latine.

— oral { Explication d'un auteur grec ; — — latin ; — — français.

II. — MATIÈRES DES ÉPREUVES SPÉCIALES

1° Pour la Philosophie

Examen écrit { Composition sur une question de philosophie ; Composition sur l'histoire de la philosophie.

— oral { Interrogations sur la philosophie ; — sur l'histoire de la philosophie ; Explication d'un ouvrage de philosophie allemand ou anglais (suivant le choix du candidat).

2° Pour les Lettres

Examen écrit { Thème grec avec dictionnaire (*sans grammaire*) ; Composition sur une question de grammaire française, latine ou grecque ; Vers latins (composition *facultative*).

— oral { Interrogations sur l'histoire des (littératures *latine grecque* et *française* ; Interrogations sur les institutions grecques et latines ; Explication d'un ouvrage de critique littéraire allemande ou anglaise.

3° Pour l'Histoire

Examen écrit { Composition d'histoire grecque ou latine ; Composition d'histoire moderne ou du moyen-âge ; Question de géographie.

(1) Par exception le diplôme de licencié ès-lettres pour les *langues vivantes* ne peut être délivré que par les Facultés des lettres dont les noms suivent :

Facultés de Paris, de Douai, de Lyon et de Toulouse pour l'allemand et l'anglais ;

Facultés de Bordeaux et de Nancy pour l'allemand ;

Faculté de Montpellier pour l'anglais. (Décret du 28 juillet et du 11 décembre 1885.)

Examen oral
- Histoire ancienne;
- Histoire du moyen-âge;
- Histoire moderne;
- Géographie;
- Explication d'un ouvrage historique allemand ou anglais.

4° *Pour les langues vivantes* (Voy. page 837, *note*)

Examen écrit
- 1° Thème allemand ou anglais (*sans dictionnaire.*)
- 2° Version allemande ou anglaise (*sans dictionnaire*).

— oral
- 1° Explication d'un auteur allemand ou anglais (avec interrogations sur l'histoire de la littérature allemande ou anglaise);
- 2° Traduction instantanée d'un texte français en allemand ou en anglais (avec interrogation sur la grammaire allemande ou anglaise);
- 3° Epreuve sur une *seconde* langue vivante. — Les candidats qui se présentent pour l'allemand expliquent un morceau de prose d'un auteur anglaiss *et vice versâ*.

Droits d'examen pour la licence : 100 francs.

Tout licencié ès-lettres — qu'il soit licencié en philosophie ou pourvu d'une autre licence — peut se présenter à l'agrégation des lettres (1).

Doctorat ès-lettres. — Le grade de docteur ès-lettres est accordé aux licenciés ès-lettres qui ont soutenu avec succès *deux thèses*, l'une en latin, l'autre en français.

SECTION IX

Facultés des sciences

Il y a en France autant de facultés des sciences que de facultés des lettres; comme ces dernières, elles sont établies aux chefs-lieux de l'académie — sauf deux exceptions : la faculté des sciences de l'académie d'Aix a son siège à Marseille, et celle de l'académie de Douai est fixée à Lille. — Les facultés des sciences délivrent les diplômes de bachelier ès-sciences *complet*, de bachelier ès-sciences restreint (Voy. BACCALAURÉAT), et en outre les diplômes de licencié et de docteur ès-sciences mathémathiques, ès-sciences physiques ou ès-sciences naturelles.

Licence-ès-sciences. — Pour se présenter aux examens de la *licence ès-sciences*, il faut justifier du diplôme de bachelier ès-sciences *complet* ou de bachelier de l'enseignement secondaire spécial, et avoir déjà *quatre inscriptions*. — Toutefois, les aspirants au doctorat en

(1) Voici la liste des différentes agrégations : agrégation de philosophie, agrégation de lettres, agrégation d'histoire et de géographie, agrégation de grammaire, agrégation des sciences mathématiques, agrégation des sciences physiques, agrégation d'allemand, agrégation d'anglais, agrégation de l'enseignement secondaire spécial.

médecine qui ont satisfait au premier *examen probatoire* peuvent être admis par faveur à se présenter à la licence *ès-sciences naturelles*, bien qu'ils ne possèdent que le diplôme de bachelier ès-sciences *restreint* (décret du 28 juillet 1885).

Il y a *deux sessions par an* pour les examens de licence. — L'examen comprend des épreuves *écrites*, des épreuves *pratiques* et des épreuves *orales* différant, bien entendu, suivant qu'il s'agit de la licence ès-sciences mathématiques, ou de la licence ès-sciences physiques, ou de la licence ès-sciences naturelles.

Programme pour la licence ès-sciences mathématiques

1° Epreuves écrites	Composition de calcul différentiel et intégral ; Composition de mécanique.
2° — pratiques	Epreuve de géométrie descriptive ou calcul sur une question d'astronomie.
3° — orales	Calcul différentiel et intégral ; Mécanique ; Astronomie.

Programme pour la licence ès-sciences physiques

1° Epreuves écrites	Composition de physique ; Composition de chimie minérale et de chimie organique.
2° — pratiques	Manipulation de physique ; Préparations ou analyses chimiques ; Détermination minéralogique.
3° — orales	Physique ; Chimie ; Minéralogie.

Programme pour la licence ès-sciences naturelles

1° Epreuves écrites	Composition de zoologie ; Composition de botanique.
2° — pratiques	Préparation d'anatomie animale ; Préparation d'anatomie végétale ; Détermination de roches et pièces paléontologiques.
3° — orales	Zoologie ; Botanique ; Géologie.

Droits d'examens pour la licence ès-sciences : 100 francs.

Doctorat ès-sciences. — Il y a trois doctorats ès-sciences : le doctorat ès-sciences *mathématiques*, le doctorat ès-sciences *physiques* et le doctorat ès-sciences *naturelles*. Le titre de docteur ès-sciences est accordé aux licenciés ès-sciences qui ont soutenu avec succès *deux thèses* sur deux sujets nouveaux.

SECTION X

École Normale de Sèvres

Cette école supérieure, créée par la loi du 26 juillet 1881, est destinée à préparer des professeurs-femmes pour les écoles secondaires de jeunes filles (Voy. ENSEIGNEMENT SECONDAIRE). Les jeunes filles y sont admises par voie de concours et entretenues *gratuitement* par l'État. Le régime de l'école est *l'internat*. — Les cours sont partagés en deux sections distinctes (*section des lettres*, *section des sciences*) comme à l'École Normale supérieure de Paris.

Programme du concours d'admission pour la section des lettres. — Examen *écrit* et examen *oral* portant sur la langue française (grammaire raisonnée, dissertation, commentaires d'un texte classique, etc.), sur notre histoire nationale (jusqu'à et y compris la guerre de 1870) et les principaux évènements de l'histoire de l'Europe, sur la Géographie.

Pour la section des sciences. — Examen *écrit* et examen *oral* portant sur l'arithmétique, l'algèbre, la géométrie, la physique, la chimie et l'histoire naturelle.

Partie commune aux deux sections. — Examen écrit et examen oral portant sur les éléments de la morale et sur les langues vivantes. — Épreuve de diction (analyse et lecture).

CHAPITRE III

ENSEIGNEMENT SECONDAIRE

Les établissements d'enseignement secondaire préparent aux examens du baccalauréat ès-lettres ou ès-sciences, à ceux du baccalauréat de l enseignement secondaire spécial, et aux concours d'admission dans les grandes écoles (Écoles Polytechnique et de Saint-Cyr, École des Arts-et-Manufactures, Écoles Navale, Forestière, etc.).

Les lycées et collèges de garçons, les lycées de jeunes filles créés tout récemment sont des établissements *publics* d'enseignement secondaire.

L'enseignement secondaire se divise en deux branches : *L'enseignement secondaire classique* et *l'enseignement secondaire spécial*. Nous avons traité ailleurs de ce dernier (Voy. VIE COMMERCIALE), nous n'avons donc à parler ici que de l'enseignement secondaire *classique*.

SECTION PREMIÈRE

Lycées et collèges de garçons

Etablissons d'abord la différence qui sépare les lycées des collèges.

Les *lycées* sont des établissements *nationaux*; ils sont placés *exclusivement* sous l'autorité du ministre de l'Instruction publique, et dirigés par des fonctionnaires portant le titre de *proviseurs*. — Les *collèges* sont des établissements *communaux*, fondés par la commune avec l'aide de l'État et dépendant *à la fois* de la municipalité et du ministre de l'Instruction publique. Sauf de très rares exceptions les collèges sont bien moins importants que les lycées, et le prix de la pension est plus faible. — Chaque collège est régi par un *principal*.

Dans le cours de ces dernières années plusieurs collèges ont été transformés en lycées, et actuellement *presque* tous les chefs-lieux de département (Annecy, Châlons-sur-Marne, et quelques autres préfectures n'ont en effet qu'un collège) sont pourvus d'un lycée. On compte en France 89 lycées de garçons, et 255 collèges communaux (1), auxquels il faut ajouter les lycées et collèges des jeunes filles (Voy. Section II).

A Paris seulement il y a sept lycées de garçons : le lycée Condorcet, le lycée Saint-Louis, le lycée Louis-le-Grand, le lycée Henri IV, le lycée de Vanves, le lycée Charlemagne et le lycée de Janson de Sailly ouvert en 1884.

La durée de l'enseignement secondaire classique (non compris les cours préparatoires) est de *dix années* pour les jeunes gens qui préparent le baccalauréat *ès-lettres*. L'élève reste un an dans chacune des classes suivantes : neuvième, huitième, septième, sixième, cinquième, quatrième, troisième, seconde, rhétorique et philosophie. — Pour le baccalauréat ès-sciences *un an de moins* : les élèves sortis de troisième qui préfèrent se préparer à ce dernier examen, passent dans le *cours de mathématiques préparatoire*, et *un an après* dans le cours de *mathématiques élémentaires* à la fin duquel ils passent les examens du baccalauréat.

Les jeunes gens qui désirent se préparer à l'École Polytechnique, à l'École Normale Supérieure, à l'École Centrale passent, après leur sortie de la classe de philosophie ou de mathématiques élémentaires, dans la *classe de mathématiques spéciales* où il restent jusqu'à leur admission à l'École visée par eux.

Presque tous les lycées et collèges reçoivent des pensionnaires, des demi-pensionnaires, des externes surveillés et des externes. Le tarif des prix de pension, de demi-pension, etc., varie suivant l'importance de chaque établissement et suivant les classes auxquelles les élèves appartiennent (2).

(1) Voy. Rapport de M. Ant. Dubost (mai 1885).

(2) Les familles qui envoient plusieurs enfants dans un même lycée ont droit à une remise proportionnelle au nombre des enfants admis : pour deux frères le quart de la pension du plus jeune; pour trois frères la moitié, pour quatre frères les trois quarts, pour cinq frères la pension *entière* du plus jeune.

SECTION II

Lycées et collèges de Jeunes Filles

C'est une loi toute récente, la loi du 21 décembre 1880, qui a décidé l'établissement des lycées et des collèges destinés à l'enseignement secondaire des jeunes filles.

Il existe actuellement en France dix lycées et seize collèges de jeunes filles, et dans peu d'années ce nombre aura triplé. — Près de trois mille jeunes filles suivent aujourd'hui les cours de ces établissements.

L'enseignement secondaire des jeunes filles comprend cinq années d'études divisées en *deux périodes* : la première, de *trois années* ; la deuxième, de *deux*.

Dans la première période, tous les cours sont obligatoires ; dans la deuxième, *un certain nombre de cours sont facultatifs*.

MATIÈRES DE L'ENSEIGNEMENT DONNÉ DANS LES LYCÉES DE JEUNES FILLES

1re année (élèves de 12 ou 13 ans)

Langue et littérature française ;	Histoire ;
Langues vivantes (allemand et anglais).	Géographie ;
Calcul et Géométrie plane ;	Dessin ;
Histoire naturelle (1) ;	Ecriture ;
Travaux à l'aiguille ;	Musique vocale ;
	Gymnastique.

2e année (13 ou 14 ans)

Littérature française ;	Histoire et Géographie ;
Langues vivantes ;	Dessin ;
Mathématiques ;	Travaux à l'aiguille ;
Histoire naturelle (y compris la géologie) ;	Musique vocale ;
	Gymnastique.

3e année (14 ou 15 ans)

(Matières précédentes approfondies, et de plus)

Morale ;	Travaux à l'aiguille ;
Physique et Chimie ;	Economie domestique ;
Physiologie ;	Hygiène, — Gymnastique.

4e année

Cours obligatoires	*Cours facultatifs*
Littérature française ;	Littérature ancienne ;
Langues vivantes ;	Eléments de la langue latine ;
Histoire de la civilisation (2) ;	Mathématiques ;
Morale ;	Physique ;
Cosmographie ;	Musique vocale ;
Physiologie animale et végétale ;	Dessin.
Travaux à l'aiguille ;	
Gymnastique ;	

(1) Zoologie et Botanique.
(2) Jusqu'à Charlemagne.

5e *année*

Cours obligatoires

Elements de psychologie appliquée à l'éducation;
Littérature française;
Langues vivantes et littérature étrangère;
Histoire de la civilisation (1);
Droit usuel;
Economie domestique;
Physique et Chimie;
Travaux à l'aiguille;
Gymnastique.

Cours facultatifs

Littérature ancienne;
Eléments de la langue latine;
Géographie économique;
Mathématiques;
Physiologie animale et végétale;
Musique vocale;
Dessin.

Aucune élève ne peut être admise sans avoir passé un examen constatant qu'elle est en état de suivre les cours (art. 7, loi de 1880).

A la fin de chaque année, les élèves subissent un examen pour passer dans la classe supérieure. — Les élèves de troisième année qui ont satisfait aux épreuves de fin d'année reçoivent un *certificat d'études secondaires*.

A la fin de la cinquième année, le *diplôme de fin d'études secondaires* est délivré aux jeunes filles qui ont satisfait à un examen portant sur les matières enseignées en quatrième et cinquième années.

La plupart des lycées et collèges de jeunes filles ne reçoivent que des externes. Toutefois ces établissements peuvent être organisés ou transformés en internats sur la demande des conseils municipaux intéressés; mais ils reçoivent toujours des élèves externes.

SECTION III

Le Baccalauréat

Le diplôme de bachelier, qui est en somme un certificat d'*études secondaires*, est absolument nécessaire aux jeunes gens qui désirent faire leur droit, leur médecine, ou qui ont l'intention d'entrer dans les Écoles du gouvernement, dans les ministères et dans certaines administrations. Il importe donc d'indiquer ici les conditions exigées pour son obtention.

Il y a quatre sortes de baccalauréat :

1° Le baccalauréat ès-lettres;
2° Le baccalauréat ès-sciences;
3° Le baccalauréat ès-sciences restreint;
4° Le baccalauréat de l'enseignement secondaire spécial.

(3) Depuis Charlemagne jusqu'à nos jours.

Nul ne peut se présenter aux examens du baccalauréat avant l'âge de *seize ans accomplis*. Toutefois le ministre accorde quelquefois des dispenses d'âge, mais dans des cas tout à fait exceptionnels. — Quant aux examens du baccalauréat ès-sciences *restreint*, ils ne peuvent être subis que par des jeunes gens pourvus déjà du titre de bachelier ès-lettres (1).

Il y a chaque année *deux* sessions *ordinaires* pour les examens du baccalauréat (en *juillet-août* et en *novembre*) et *deux* sessions *extraordinaires* (en *avril* et en *octobre*).

Sont *seuls* admis à s'inscrire pour la session *d'avril*, les candidats aux écoles spéciales du gouvernement (à l'École Polytechnique, par exemple), les étudiants en droit ou en médecine et les candidats qui ont déjà été ajournés deux fois.

Les candidats aux écoles du gouvernement doivent produire une autorisation de leur père, mère ou tuteur contenant, outre les indications ordinaires, la déclaration suivante : ... « Je déclare en outre que mon fils (ou pupille) se présentera cette année au concours d'admission à l'école de...... »

La seconde session *extraordinaire* s'ouvre à la fin d'octobre; mais elle est destinée *exclusivement* aux jeunes gens qui s'apprêtent à faire leur volontariat.

Les jeunes gens qui désirent passer les examens du baccalauréat doivent adresser leur demande au recteur sur une feuille de papier timbré de 0 fr. 60, en indiquant notamment la langue vivante sur laquelle ils désirent être interrogés. — Cette demande doit être déposée au secrétariat de la Faculté avec l'acte de naissance et l'autorisation du père (à défaut de père, de la mère ou du tuteur) *six jours* au moins avant le commencement de la session (2).

FORMULE

Autorisation du père, de la mère ou du tuteur

Je soussigné (*nom et prénoms*), domicilié dans la commune de............ département de........, délare autoriser mon (*fils, neveu, frère, pupille*), d'après la demande ci-dessus écrite et signée par lui, à se présenter à l'examen du baccalauréat devant la Faculté des lettres (sciences) de..... ,
A....., le......... 188...

(*Signature.*)

§ 1er. — BACCALAURÉAT ÈS-LETTRES

L'examen pour le baccalauréat ès-lettres comprend *deux séries* d'épreuves; autrement dit, il est divisé en *deux parties*. Les épreuves de la deuxième série ne peuvent être subies *qu'un an*

(1) Le diplôme de bachelier ès-sciences restreint n'a d'utilité que pour ceux qui ont l'intention de faire leurs études de médecine.

(2) Les signatures doivent être légalisées par le maire. — Si, par exception, le candidat est majeur, il le déclare dans sa demande, en renvoyant à son acte de naissance et en indiquant en outre son domicile personnel.

après que le candidat a passé avec succès les examens de la première partie ; toutefois les jeunes gens reçus pour la première partie en novembre peuvent se présenter en juillet pour la seconde (art. 2-3, décret du 17 juin 1880).

En somme, le baccalauréat ès-lettres *première partie* se passe à la fin de la rhétorique ; la *deuxième partie* est passée à la fin de la classe de philosophie.

Les épreuves de chaque série se divisent en épreuves *écrites* et épreuves *orales*.

1re PARTIE DU BACCALAURÉAT ÈS-LETTRES :

Examen écrit	Version latine (avec lexique) ; Composition française sur un sujet de littérature ou d'histoire (*sans aucun dictionnaire*) ; Thème allemand ou anglais (avec lexique) ;	
Examen oral	Explications de textes	français (1) ; latins ; grecs.
	Interrogations sur	les littératures anciennes et modernes ; l'histoire ; la géographie.

Tout candidat ayant satisfait aux épreuves exigées sur l'anglais ou l'allemand peut demander à subir l'examen, soit sur l'autre langue, soit sur l'italien ou l'espagnol (2). En cas de succès, mention en est faite sur le diplôme.

2e PARTIE (3).

Examen écrit	Dissertation française ; Composition sur un sujet scientifique.	
Examen oral	Interrogations sur	la philosophie ; l'histoire de la philosophie.
	Explications	d'auteurs de la classe de philosophie (4).
	Interrogations sur	la physique ; la chimie ; la cosmographie ; l'arithmétique ; l'algèbre ; la géométrie ; l'anglais ou l'allemand.

Les candidats qui produisent le diplôme de bachelier ès-sciences sont dispensés de la partie scientifique du baccalauréat ès-lettres.

(1) L'élève peut désigner le prosateur et le poète sur lesquels ils désire être interrogé (art. 8, décret du 17 juin 1880).

(2) Ou même sur l'arabe, mais seulement dans l'académie d'Alger (décret du 15 juin 1881).

(3) Les candidats doivent indiquer sur leur demande à quelle Faculté et à quelle session ils ont passé la première série d'épreuves.

(4) Les auteurs grecs et latins sont expliqués dans le texte même.

Droits d'examen pour le baccalauréat ès-lettres. { 1re partie : 40 fr. / 2e partie : 80 fr.

A Paris, tous ces droits d'examen doivent être consignés à la caisse du receveur des droits universitaires immédiatement après le dépôt des pièces au secrétariat de la Faculté (1).

Le candidat ajourné pour la première partie a droit à un remboursement d'une somme de 10 fr. — Le candidat ajourné pour la seconde partie se voit restituer une somme de 50 fr.

§ 2. — BACCALAURÉAT ÈS-SCIENCES

Le baccalauréat ès-sciences n'est point divisé en deux parties comme le baccalauréat ès-lettres ; il ne comprend qu'*une seule* série d'épreuves.

Les examens du baccalauréat ès-sciences sont subis à la fin de l'année de mathématiques élémentaires. — Ici encore le candidat a à subir des épreuves écrites et des épreuves orales.

Examen écrit :
- Composition de mathématiques ;
- Composition de physique ;
- Version latine (2).

Examen oral :
- Arithmétique, géométrie et algèbre ;
- Géométre descriptive ;
- Cosmographie ;
- Mécanique et trigonométrie ;
- Physique et chimie ;
- Notions de philosophie ;
- Histoire et géographie ;
- Langue vivante ;
- Explication d'un texte fançais.

Droits d'examen : 100 francs.

Il est remboursé au candidat ajourné 60 francs.

§ 3. — BACCALAURÉAT ÈS-SCIENCES RESTREINT

Le baccalauréat *ès-sciences restreint* (3) est ainsi appelé parce qu'il est restreint pour *la partie mathématique*. Il ne comprend d'ailleurs qu'une seule série d'épreuves.

Le candidat n'est interrogé ni sur la mécanique, ni sur la trigonométrie, ni sur la géométrie descriptive ; mais en revanche il est examiné sur les trois branches de l'histoire naturelle.

MATIÈRES DE L'EXAMEN

Epreuves écrites :
- Composition de mathématiques
- Composition de sciences naturelles. { Histoire naturelle ; Physique ; Chimie.

(1) Le secrétaire de la Faculté délivre un bulletin de versement que le candidat doit produire pour pouvoir être admis à consigner.

(2) Le bachelier ès-lettres qui se présente au baccalauréat ès-sciences est dispensé de toute la partie littéraire.

(3) On le désigne aussi sous le nom de baccalauréat *ès-sciences naturelles*.

Épreuves orales	Physique et chimie ;	
	Histoire naturelle	Zoologie ; Botanique ; Géologie.
	Mathématiques	Arithmétique ; Algèbre ; Géométrie.

Droits d'examen : 50 francs.

Il est remboursé 20 francs aux candidat ajourné.

§ 4. — BACCALAURÉAT DE L'ENSEIGNEMENT SECONDAIRE SPÉCIAL

Nous avons déjà parlé de ce baccalauréat dans une autre partie de cet ouvrage (Voy. ENSEIGNEMENT COMMERCIAL. — VIE COMMERCIALE).

Droits à consigner avant l'examen : 100 francs.

Lorsque le candidat est ajourné, il lui est remboursé 40 francs.

CHAPITRE IV

ENSEIGNEMENT PRIMAIRE

L'enseignement primaire comprend : *l'Enseignement primaire supérieur* et *l'Enseignement primaire élémentaire.*

L'enseignement primaire supérieur est donné, soit dans les écoles primaires supérieures, soit dans les écoles normales d'instituteurs et d'institutrices (*écoles normales primaires*).

Nous parlerons d'abord de l'enseignement primaire *élémentaire,* le seul qui soit obligatoire.

SECTION PREMIÈRE

Loi sur l'enseignement primaire

L'instruction primaire est obligatoire pour les enfants *des deux sexes* âgés de six ans à treize ans révolus. Au reste, cette instruction peut être donnée *dans la famille* par le père de famille lui-même ou par toute personne choisie par lui, ou dans un établissement d'instruction secondaire (lycée, collège) ou dans une école privée ou *libre*, tout aussi bien que dans une école primaire publique (art. 4, loi du 28 mars 1882). Mais, dans les écoles primaires publiques, à la différence des autres établissements d'enseignement, l'instruction est donnée *gratuitement* (art. 1er, loi du 16 juin 1881).

Dans chaque commune une commission municipale surveille et encourage la fréquentation des écoles. Cette *commission scolaire* est composée du maire (président), d'un délégué du canton (Voy. DÉLÉGUÉS CANTONAUX), et, dans les communes comprenant plusieurs cantons (dans les grandes villes), d'autant de délégués qu'il y a de cantons; enfin des membres désignés par le conseil municipal en nombre au plus égal au *tiers* des membres de ce conseil. — Les délégués cantonaux sont désignés par l'inspecteur d'académie.

A Paris et à Lyon, il y a une commission pour chaque arrondissement municipal, présidée : à Paris par le maire de l'arrondissement, à Lyon, par un des adjoints de l'arrondissement, et composée de 3 à 7 délégués cantonaux désignés *par le conseil municipal* pour toute la durée du mandat de ce conseil.

L'inspecteur primaire fait partie *de droit* de toutes les *commissions scolaires* instituées dans son ressort (art. 5, loi du 28 mars 1882).

Le père, le tuteur, ou la personne qui a la garde de l'enfant — le patron, si l'enfant est apprenti — doit, *quinze jours* au moins avant l'époque de la rentrée des classes, faire savoir au maire s'il entend faire donner à l'enfant l'instruction dans la famille ou dans une école *publique* ou *privée* (dans ces deux derniers cas, il doit indiquer l'école choisie).

Chaque année, le maire dresse, d'accord avec la commission scolaire, la liste de tous les enfants âgés de six à treize ans, et si *quinze jours* avant la rentrée des classes, les parents, tuteur ou patron d'un enfant figurant sur la liste n'ont point fait la déclaration dont nous venons de parler, il inscrit *d'office* l'enfant à l'une des écoles publiques, et il en avertit les parents.

D'après ce qui précède, on voit que les parents qui ont l'intention de faire suivre à leurs enfants le cours d'une école primaire publique ne sont astreints à aucune déclaration ; ils n'ont qu'à envoyer leurs enfants à l'école le jour de la rentrée des classes.

L'enseignement primaire donné dans les écoles primaires publiques comprend :

L'instruction morale et civique ;

La lecture et l'écriture ;

La langue et les éléments de la littérature française ;

L'histoire (notamment l'histoire de France jusqu'à nos jours) et quelques notions usuelles de droit et d'économie politique.

Les éléments de chimie, de physique, et d'histoire naturelle ;

Les applications de ces sciences à *l'agriculture*, à *l'hygiène*, aux *arts industriels*, aux *travaux manuels*.

L'usage des outils des différents métiers ;

Le dessin, le modelage et la musique élémentaire (le chant);

La gymnastique ;

Les exercices militaires pour les garçons, les travaux à l'aiguille pour les filles (art. 1er, loi du 28 mars 1882).

Les enfants ont congé un jour par semaine en dehors du dimanche (le jeudi généralement), afin que leurs parents puissent, s'ils le désirent, leur faire donner l'instruction religieuse, — car ils ne le reçoivent point à l'école. — Dans les écoles privées, l'enseignement religieux est facultatif (art. 2, même loi).

Lorsqu'un enfant manque *momentanément* l'école primaire *publique* ou *privée* où il est inscrit, les parents, le tuteur ou patron doivent faire connaître au directeur ou à la directrice de l'école les motifs de cette absence. — Au début de chaque classe, le directeur ou la directrice fait l'appel des élèves, et inscrit les manquants sur un registre spécial dont deux extraits, indiquant le nombre des absences et les motifs invoqués, sont adressés l'un au maire, l'autre à l'inspecteur primaire, à la fin de chaque mois.

La commission scolaire procède alors à l'examen des motifs d'absence. Or, sont *seuls* réputés légitimes les motifs suivants : maladie de l'enfant, décès d'un membre de la famille, empêchements résultant de la difficulté accidentelle des communications (neige, orage, etc.). — Quant aux autres motifs, la commission en apprécie la légitimité. Le directeur d'une école privée qui ne se conformerait point aux dispositions que nous venons d'indiquer se verrait appliquer par le *conseil départemental* l'avertissement, la censure, ou même la suspension *pour un mois ;* en cas de récidive dans l'année, il pourrait être frappé de *trois mois* de suspension (art. 11-12, même loi).

Lorsqu'un enfant s'est absenté de l'école *quatre fois dans le mois* pendant au moins une *demi-journée*, sans justification suffisante d'après la commission, le père, tuteur ou patron de l'enfant est invité à comparaître dans la salle de la mairie devant la commission qui lui rappelle son devoir. Au cas où le père (par exemple), négligerait ou refuserait de comparaître, la commission ordonne l'inscription de ses nom, prénoms et qualités, avec indication du grief relevé contre lui, à la porte de la mairie.

Même le père ayant comparu, si *dans l'année* les mêmes absences (quatre dans le mois) se reproduisent, il est frappé de la pénalité morale dont il vient être question. Au cas d'une nouvelle récidive (pour la troisième fois quatre absences se sont produites dans l'espace d'un mois), le père négligent est appelé à comparaître devant le juge de paix et condamné à une amende de 1 à 15 francs ; il peut même être frappé de un à cinq jours de prison.

Mais la loi n'a voulu punir que la mauvaise volonté ou la négligence des parents ; tenant compte des circonstances exceptionnelles et imprévues qui peuvent se présenter, elle permet aux commissions scolaires municipales de dispenser, pendant un certain temps, de la fréquentation de l'école l'enfant demeurant chez ses parents (ou tuteur), lorsque ceux-ci en font la demande en invoquant des motifs. Toutefois, lorsque la dispense excède quinze jours, elle doit être approuvée par l'inspecteur primaire ; au reste, la dispense ne peut être accordée pour plus de trois mois.

Si les parents d'un enfant s'absentent temporairement de la commune (pour un mois, par exemple) et emmènent l'enfant, ils n'ont point besoin de demander une dispense ; il suffit qu'ils avisent le maire ou l'instituteur de leur absence temporaire et de celle de leur enfant.

Par exception, les enfants employés dans l'industrie et arrivés à l'âge de l'apprentissage (*dix* ou *douze ans* révolus, suivant les industries), ainsi que les enfants employés *hors de leur famille*, dans l'agriculture, peuvent être dispensés par la commission scolaire d'une des deux classes de la journée, mais ces dispenses doivent être approuvées par le conseil départemental.

Les enfants qui sont instruits *dans leur famille* doivent, à partir de la fin de la deuxième année d'instruction obligatoire, subir chaque *année*, dans le mois qui suit ou précède la rentrée des classes (la convocation est faite au moins quinze jours à l'avance par l'inspecteur primaire), un examen portant sur l'enseignement correspondant à leur âge, devant un jury composé de l'inspecteur primaire, d'un délégué cantonal et d'une personne munie d'un diplôme universitaire ou d'un brevet de capacité (pour l'examen des filles, c'est une femme). — L'examen a lieu à la mairie ou à l'école. S'il est jugé insuffisant et qu'aucune excuse valable ne soit présentée, les parents sont mis en demeure d'envoyer leur enfant dans une école publique ou privée, *dans la huitaine*, et de déclarer au maire quelle école ils choisissent.

Les parents négligent-ils de faire cette déclaration, le maire inscrit *d'office* l'enfant sur la liste des élèves d'une école primaire publique (art. 16, loi du 28 mars 1882).

Matières de l'examen subi par les enfants instruits dans leur famille. — Les matières de l'examen écrit et de l'examen oral diffèrent suivant l'âge de l'enfant. — Les épreuves orales ont lieu le même jour que les épreuves écrites et seulement si ces dernières sont jugées suffisantes.

1° Epreuves écrites

De 8 à 9 ans	— Ecriture.
De 9 à 10 ans	Ecriture, addition, soustraction; Premiers éléments d'arithmétique.
De 10 à 11 ans	Dictée ; Arithmétique (les quatre règles, les nombres entiers)
De 11 à 12 ans	Dictée ; Le système métrique ; Géographie de la France.
De 12 à 13 ans	Dictée ; Arithmétique ; Grands faits et grands hommes de l'histoire de France.

Les devoirs faits à domicile par l'enfant, et communiqués avec une attestation d'authenticité par le père de famille peuvent dispenser des épreuves écrites.

Voici dans quels termes doit être rédigée l'attestation d'authenticité :

« Je soussigné (*nom et prénoms*), père (*ou* tuteur) de..... (*nom et prénoms de l'enfant*) né le........, que je me suis engagé par ma déclaration en date du......... à faire instruire à domicile, conformément aux prescriptions de la loi du 28 mars 1882, atteste que les cahiers ci-joints sont les cahiers de l'enfant et contiennent des devoirs écrits par lui seul dans le cours de la présente année ; en foi de quoi il a signé avec moi la présente déclaration.

« Fait à.........., le............. 188...

(*Signature de l'enfant*) (*Signature du père ou tuteur.*)

2° Épreuves orales

Lecture, et *Interrogations sur les matières ci-dessus* suivant le programme correspondant à l'âge des enfants.

Mais les enfants, sur la demande des parents, peuvent être interrogés sur toutes les matières enseignées aux élèves qui se préparent à l'obtention du certificat d'études primaires.

Certificat d'études primaires élémentaires. — Les enfants âgés de treize ans révolus ne sont plus astreints à suivre les cours de l'école primaire ; à partir de cet âge, l'enseignement est *facultatif*, que l'enfant soit ou non suffisamment instruit. Mais ceux dont les études ont été sérieuses peuvent obtenir, à la suite d'un examen dont nous donnons ci-dessous le programme, *le certificat d'études primaires*.

Pour être admis à subir l'examen, il suffit même d'avoir *onze ans révolus* à l'époque où il a lieu. — L'enfant de onze ou douze ans qui obtient ce certificat d'études est dispensé du temps de scolarité obligatoire qu'il lui restait à faire au jour de l'examen (art. 6, loi du 28 mars 1882).

Les enfants inscrits par l'instituteur sur la liste des candidats au certificat d'études primaires subissent les examens devant une commission cantonale nommée par le recteur.

Les épreuves sont de deux sortes : *écrites* et *orales*.

MATIÈRES DE L'EXAMEN

Examen écrit	Dictée d'orthographe ; Arithmétique (calcul, système métrique) ; Rédaction (lettre ou récit).
oral	Lecture ; Explication d'un texte ; Analyse d'une phrase ; Eléments de l'histoire et de la Géographie de la France ; Calcul pratique ; Système métrique.
— spécial	Pour les jeunes filles : couture usuelle ; Pour les garçons : notions d'agriculture.

Epreuve facultative : Dessin linéaire.

SECTION II

Enseignement primaire supérieur

L'enseignement primaire supérieur est donné *gratuitement* dans les *Écoles primaires supérieures* ou bien encore dans des établissements annexés aux écoles primaires et désignés sous le nom de *Cours complémentaires*.

Dans les cours complémentaires et dans les écoles primaires supérieures ordinaires, la durée des études est de *deux ans;* dans les écoles primaires supérieures, dites de *plein exercice*, elle est de trois ans ou même de quatre ans (art. 2-3, décret du 27 juillet 1885).

Pour entrer à l'école primaire supérieure ou dans les cours complémentaires, il faut être pourvu du *certificat d'études primaires élémentaires*.

Programme de l'enseignement donné dans les écoles primaires supérieures

Lecture (analyse littéraire, diction, etc.);
Ecriture (ronde, bâtarde, etc.);
Langue française (syntaxe, narration, rapport);
Histoire de la littérature française;
Histoire de France jusqu'en 1871;
Lois constitutionnelles;
Géographie physique, politique, économique;
Notions d'économie politique (le budget, l'impôt);
Arithmétique (fraction, racine carrée, escompte);
Système métrique (mesures des surfaces et des volumes);
Algèbre (opérations du 1er degré, table de logarithmes);
Géométrie plane et notions élémentaires de géométrie dans l'espace;
Arpentage (plan cadastral, topographie);
Notions de droit civil;
Notions de droit commercial (protêt, mandat, faillite, etc.);
Comptabilité;
Physique (électricité, mécanique, optique);
Chimie industrielle (métaux, acides, sucres, teintures, tannage);
Chimie agricole;
Histoire naturelle (animaux, végétaux, minéraux, terrains);
Hygiène (propreté, salubrité);
Agriculture (machines agricoles, cultures, engrais, etc.);
Horticulture (fleurs, serres, etc.);
Dessin (dessin d'après la bosse, dessin d'ornement, croquis, etc.);
Dessin linéaire (lavis, plans, projections);
Langue vivante (1) : grammaire, conversation, thème, traduction;
Morale pratique (devoirs du citoyen français, droit des gens, la vie sociale);
Gymnastique;

(1) Langue allemande, anglaise, italienne ou espagnole.

Travaux manuels : travail du bois, du fer (1) ;

Dans les écoles de garçons : Exercices militaires (manœuvres, tir).

Dans les écoles de filles : Travaux de ménage (préparation de repas); notions de jardinage (culture des fleurs et des fruits) ; travaux de la ferme (basse-cour, vacherie, etc.); travaux de couture (confection de vêtements).

Enseignement donné dans les cours complémentaires. — Dans les cours complémentaires, on révise, — *en les développant*, — les matières enseignées dans les cours supérieurs des écoles primaires *élémentaires;* l'enseignement est donc bien moins étendu que celui donné dans les écoles primaires supérieures ; cependant, en ce qui concerne les *langues vivantes* (matières facultatives, il est vrai, dans les cours complémentaires), les *travaux manuels* et l'*agriculture*, on suit le programme ci-dessus, tout en le restreignant quelque peu (décret du 27 juillet 1885).

Certificat d'études primaires supérieures. — Le décret du 23 décembre 1882 a créé un certificat d'études primaires supérieures pour les jeunes élèves des écoles primaires supérieures.

Ce certificat est accordé à la suite d'un examen spécial comprenant des épreuves écrites, orales et pratiques :

Epreuves écrites (2) (*en deux jours*)	Composition française ; — d'histoire et de géographie; — de mathématiques; — de sciences physiques et naturelles Dessin géométrique ; — d'ornement.
Epreuves orales	Examen de langue vivante ; Chant.
— pratiques	Travail manuel (couture pour les filles) ; Gymastique et exercices militaires (pour les garçons); Examen professionnel (*facultatif*).

SECTION III

Écoles normales primaires

(ÉCOLES D'INSTITUTEURS ET D'INSTITUTRICES)

Les Écoles normales primaires assurent le recrutement des instituteurs et des institutrices.

Il existe actuellement en France, dans presque tous les départements, une école normale d'instituteurs et une école normale d'institutrices. — Quatre départements seulement ne sont point pourvus d'une école normale d'instituteurs; ce sont les départements de la Charente, des Côtes-du-Nord, du Lot et de la Haute-Savoie. Mais il y a encore vingt-deux départements où l'École normale d'institutrices n'est point encore ouverte. Ce sont les départements des Basses-

(1) Dans les écoles de filles, cette partie de l'enseignement est moins développée que dans les écoles de garçons.

(2) D'après le programme des écoles primaires supérieures.

Alpes, des Alpes-Maritimes, de l'Aveyron, du Calvados, des Côtes-du-Nord, de la Creuse, de l'Eure, du Finistère, du Gers, de l'Ille-et-Vilaine, de l'Indre, des Landes, du Lot, de Maine-et-Loire, de la Manche, de la Mayenne, de la Meuse, de la Savoie, du Tarn, du Var, de Vaucluse, de la Vienne. Le territoire de Belfort n'a point non plus d'École normale (1). Mais dans tous ces départements l'école est en construction, et d'ici peu, chaque circonscription départementale possédera, suivant le vœu de la loi, une École normale d'instituteurs et une École normale d'institutrices.

Le régime des Écoles normales primaires est l'*internat gratuit*. Cependant, avec l'approbation du ministre, certaines d'entre elles peuvent recevoir des demi-pensionnaires et des externes (gratuitement, bien entendu).

On n'entre à l'École normale que par voie de concours, et pour prendre part aux concours d'examen (2), il faut avoir *quinze ans* au moins, ou *dix-huit ans* au plus, depuis le 1er janvier, et posséder le certificat d'études primaires. — Chaque année le ministre fixe le nombre d'admissions pour chacune des Écoles normales (art. 2-3, 17-18, loi du 29 juillet 1881).

Les candidats doivent se faire inscrire dans les bureaux de l'inspecteur d'académie, dans le courant du mois de *mars*. — Pour être inscrit, il faut présenter : 1° une demande d'inscription indiquant l'école ou les écoles fréquentées depuis l'âge de douze ans; 2° l'acte de naissance; 3° le certificat d'études primaires; 4° l'engagement de servir *pendant dix ans* dans l'enseignement public; 5° une déclaration par laquelle le père ou tuteur autorise à contracter cet engagement, et s'engage lui-même à rembourser les frais d'études, si l'engagement n'est pas tenu. — Ces deux dernières pièces doivent être rédigées sur papier timbré et légalisées par le maire de la commune.

Pendant les mois d'avril, mai et juin il est procédé à une enquête sur les antécédents et la conduite de tous les jeunes gens inscrits, et la *commission de surveillance de l'école* (3) dresse, d'après le résultat de cette enquête, la liste des jeunes gens admis à passer les examens d'admission. Ces jeunes gens sont soumis à la visite de deux médecins; ils ne passent les épreuves d'admission que s'ils sont vaccinés et s'ils ne sont atteints d'aucune infirmité ou vice de constitution les rendant impropres à l'enseignement (art. 21, loi du 29 juillet 1881).

Les candidats admis à l'école ont le titre d'*élèves-maîtres*. Au bout de *trois ans* d'études, ils sont tenus de se présenter aux exa-

(1) Voy. Rapport de M. Antonin Dubost en date du 18 mai 1885.

(2) Les matières de l'examen d'admission sont les mêmes que celles de l'examen du brevet de capacité élémentaire.

(3) La *commission de surveillance*, qui se compose de l'inspecteur d'Académie, de deux conseillers généraux et de quatre autres membres nommés par le recteur, prépare le budget de l'école, surveille la bonne tenue de l'établissement, veille au maintien de la discipline, etc.

mens du *brevet supérieur;* à la fin de chacune de ces années ils passent un examen, et s'ils n'y satisfont pas ils ne sont point admis à passer dans la classe supérieure. Mais, la première année, les épreuves du brevet élémentaire tiennent lieu d'examen de fin d'année.

Tout élève qui n'obtient pas le brevet élémentaire est renvoyé dans sa famille — à moins que les professeurs de l'école ne désirent le voir se représenter, mais s'il échoue à la session suivante, il est nécessairement renvoyé.

Pour qu'un élève-maître puisse renouveler, il faut qu'il ait été atteint d'une longue maladie dans le courant de l'année. Le recteur seul peut donner l'autorisation nécessaire.

L'enseignement donné dans les Écoles normales primaires comprend :

L'instruction morale et civique;
La lecture ; — l'écriture ;
La langue et les éléments de la littérature française ;
L'histoire (notamment l'histoire de France jusqu'à nos jours) ;
La géographie (particulièrement celle de la France) ;
Le calcul, le système métrique, l'arithmétique pratique ;
La géométrie élémentaire ; — des notions de calcul algébrique ;
La tenue des livres ;
La physique et la chimie élémentaires avec leurs applications ;
L'histoire naturelle (zoologie, botanique, géologie), avec ses applications;
L'horticulture ;
Le dessin; — le chant;
La gymnastique;
La pédagogie (méthodes d'enseignement, lois scolaires, etc.) (1);
A titre facultatif : L'étude d'une ou plusieurs langues vivantes (allemand, anglais, espagnol, etc.)
Si le recteur autorise : la musique instrumentale ;

En outre, *dans les écoles d'instituteurs* :

L'arpentage et le nivellement ; — l'agricultere ;
Les travaux manuels ; — les travaux militaires.

Et dans *les écoles d'institutrices* :

L'économie domestique ; — les travaux à l'aiguille.

Le recteur peut aussi accorder aux élèves l'autorisation de suivre des cours accessoires faits dans l'intérieur de l'école, ou au dehors.

Les élèves ont toute facilité pour suivre les pratiques de leur culte, les élèves-maîtres vont seuls à l'église ; quant aux élèves-maîtresses qui désirent être accompagnées, elles sont conduites aux offices, si elles le demandent (décret du 9 janvier 1883).

Tout élève qui se rend coupable d'une faute grave peut être remis immédiatement à sa famille par le directeur (art. 37, décret du 29 juillet 1881).

(1) A chaque école normale est annexée une école primaire élémentaire dans laquelle les élèves de l'école normale s'exercent à la pratique de l'enseignement. — Auprès de chaque école normale d'institutrices est établie en outre une école maternelle ou *salle d'asile* (art 6, décret du 29 juillet 1881).

APPENDICE

BREVETS DE CAPACITÉ. — CERTIFICATS.

Brevets de capacité. — Les *brevets de capacité* ne doivent point être confondus avec les certificats d'études primaires élémentaires ou supérieures : ils sont accordés aux personnes reconnues *capables* de remplir les fonctions d'*instituteur* ou d'*institutrice.*

Il y a deux sortes de brevets de capacité : le *brevet élémentaire* et le *brevet supérieur*.

Pour pouvoir passer les examens du brevet *élémentaire*, il faut avoir *seize ans* accomplis à l'ouverture de la session ; pour les examens du brevet *supérieur*, il faut être âgé de *dix-sept ans* à la même époque. — A partir du 1er *janvier 1887*, les aspirants et aspirantes devront avoir *seize* ans *depuis le 1er janvier* pour le brevet élémentaire, et pour le brevet supérieur *dix-huit* ans au moins à l'ouverture de la session (décret du 26 juillet 1885).

Les examens pour l'obtention de l'un ou l'autre de ces brevets comprennent des épreuves écrites et des épreuves orales.

1° Pour le brevet élémentaire (*brevet de 2e ordre*) :

Épreuves écrites
- Page d'écriture (gothique, ronde, etc.) ;
- Orthographe ;
- Composition française ;
- Arithmétique (fractions, nombres entiers).

— orales
- Lecture de français, analyse d'une phrase ;
- Lecture de latin ;
- Arithmétique ;
- Histoire et géographie de la France ;
- Procédés d'enseignement.

(En outre, pour les *jeunes filles* : travaux à l'aiguille).

2° Pour le brevet supérieur (*brevet de 1er ordre*) :

Épreuves écrites
- Composition d'arithmétique et de géométrie ;
- Composition de physique, chimie et histoire naturelle (*applications*) ;
- Composition française ;
- Composition d'histoire et de géographie ;
- Dessin linéaire ;
- Dessin d'ornement ou d'imitation.

— orales
- Arithmétique ;
- Géométrie ;
- Algèbre ;
- Tenue des livres ;
- Physique, chimie, histoire naturelle (*applications*) ;
- Histoire ;
- Géographie ;
- Langue et littérature française ;
- Chant.

En outre, gymnastique.

Pour les garçons : arpentage et nivellement.

Matière *facultative* (1). — Langue vivante (thème, version, traduction à livre ouvert).

Certificat d'aptitude pédagogique. — Nul ne peut *diriger* une école primaire publique, ni même une école primaire libre sans être pourvu du *certificat d'aptitude pédagogique :* pour être directeur ou directrice d'une école primaire, le brevet de capacité ne suffit point, il faut en outre posséder ce certificat.

Pour être admis à passer les examens exigés pour l'obtention du certificat d'aptitude pédagogique, il faut posséder le brevet de capacité (élémentaire ou supérieur), être âgé de *vingt-et-un, ans* et exercer la profession d'instituteur ou d'institutrice depuis deux ans au moins (2).

L'examen que doivent subir les candidats au certificat d'aptitude pédagogique comprend deux catégories d'épreuves :

1° Épreuve écrite (*éliminatoire*). — Composition française sur les procédés d'enseignement, sur la tenue d'une école, etc.

2° Épreuves orales :
- Correction de devoirs d'élèves;
- Leçon faite devant le jury d'examen sur l'arithmétique, l'agriculture, l'instruction morale et civique, la langue française, l'histoire ou la géographie;
- Leçons de choses.

Nota. — Les candidats au brevet de capacité ou au certificat d'aptitude pédagogique doivent se faire inscrire huit jours au moins avant la session (3). — Pièces à présenter: acte de naissance et (*pour l'examen du brevet supérieur*) le brevet élémentaire.

SECTION IV

Écoles d'adultes

Depuis quelques années, le nombre d'écoles d'adultes s'est accru dans des proportions considérables, notamment à Paris et dans les villes les plus importantes de France. — Les cours d'adultes ont presque toujours lieu le soir, ou le dimanche dans la matinée.

Les écoles d'adultes, ainsi dénommées parce qu'on n'y reçoit poin d'enfants mais des personnes âgées de plus de 18 ans, sont des écoles primaires créées, soit par l'État, soit par les municipalités, soit même par des sociétés d'enseignement composées de particuliers, telles que les associations Philotechnique et Polytechnique.

L'enseignement donné dans les cours d'adultes porte sur la lecture, l'écriture, le calcul, le dessin, la musique, la géométrie élémen-

(1) Obligatoire à partir du 1er janvier 1888.

(2) Mais les années passées dans les écoles normales sont comptées comme années de stage.

(3) Or, il y a deux sessions par an, l'une en *mars*, l'autre en *juillet*.

taire, des notions de physique, de chimie, de mécanique et de technologie.

Les cours d'adultes sont *absolument gratuits.*

SECTION V

Salles d'asile

Les salles d'asile que l'on désigne aussi sous le nom d'*écoles maternelles* rendent d'importants services à la classe ouvrière. Les femmes obligées par leur profession de travailler au dehors, amènent le matin leurs jeunes enfants à la salle d'asile où ils sont gardés avec soin, et reçoivent même un commencement d'instruction dès qu'ils sont arrivés à un certain âge. Les mères viennent les reprendre, leur journée terminée.

Les écoles maternelles sont absolument *gratuites.*

Le nombre des écoles maternelles s'accroît chaque jour en France. On en compte actuellement près de 6 000, dont 4 000 *publiques* et 2 000 *libres.*

Les salles d'asile ne peuvent être dirigées que par des femmes. Les directrices et sous-directrices doivent être pourvues du *brevet de capacité* et, en outre, du *certificat d'aptitude* à la direction des salles d'asile.

Les écoles maternelles reçoivent les enfants âgés de 2 à 7 ans. — Les parents qui veulent y placer leurs enfants doivent demander au maire un billet d'admission. Ils sont tenus de présenter à la directrice de l'école, outre ce billet, un certificat du médecin attestant que l'enfant a été vacciné et qu'il n'est atteint d'aucune maladie contagieuse.

Les salles d'asile sont ouvertes de 7 heures du matin à 7 heures du soir *en été*, de 8 heures du matin à 6 heures du soir *en hiver*; mais elles sont fermées les dimanches et les jours fériés. — Le médecin visite l'école au moins une fois par semaine. — Lorsque les enfants sont malades, ils ne sont pas reçus. — Si les parents ne viennent pas chercher leurs enfants à l'heure indiquée, le maire peut ordonner que ces enfants ne soient plus admis.

Les enfants des écoles maternelles sont traités avec une grande douceur; il est formellement défendu de les frapper. S'ils commettent quelque faute, on ne peut que leur interdire le travail ou le jeu, ou les priver de bons points. — On leur apprend à lire, à écrire; on leur donne des leçons de choses, on leur expose le plus clairement possible les notions les plus simples de la géographie de la France. Les plus âgés sont exercés à compter, à faire de petites opérations de calcul, à plier des papiers, du linge; mais il est interdit de leur faire faire des travaux de couture (décret du 2 août 1881).

On le voit, ce sont vraiment là des écoles *maternelles*, et il est à désirer que toutes les communes de France en soient pourvues le plus tôt possible.

Certificat d'aptitude à la direction des écoles maternelles. Les examens à subir pour l'obtention de ce certificat comprennent des épreuves écrites, des épreuves orales, des épreuves pratiques et une épreuve de couture.

Epreuves écrites	Dictée d'ortographe (épreuve d'écriture); Pratique des 4 opérations et système métrique; Dessin d'un objet usuel.
— orales	Lecture, analyse, question de grammaire; Question de géographie; Histoire de France; Chant.

Pour se présenter à cet examen, l'aspirante doit être âgée de 21 ans, à moins toutefois qu'elle ne possède le brevet élémentaire.

CHAPITRE V

ENSEIGNEMENT LIBRE

Parallèlement à l'enseignement officiel ou *public* se place *l'enseignement libre*. — A côté des Facultés de l'État, ont été créées des Facultés libres et notamment plusieurs Facultés de droit. Près de 700 établissements d'enseignement secondaire libre existent actuellement en France. Enfin, on compte environ 13000 écoles primaires libres et 2000 salles d'asile ou *écoles maternelles*.

Enseignement supérieur. — La loi du 12 juillet 1875 a proclamé la liberté de l'enseignement supérieur. Les associations formées dans un dessin d'enseignement supérieur peuvent ouvrir des cours de droit, de médecine, de pharmacie, etc. Tout Français âgé de 25 ans et jouissant de ses droits civils et politiques peut également créer une école d'enseignement supérieur. Mais l'ouverture d'un cours ne peut avoir lieu que dix jours après la remise au recteur ou à l'inspecteur d'académie, par le directeur de l'établissement, d'une déclaration indiquant ses noms, qualités et domicile, le local où seront faits les cours et les divers objets de l'enseignement qui doit y être donné (art. 3, loi du 12 juillet 1875).

Les établissements libres d'enseignement supérieur doivent être administrés par *trois personnes* au moins, tenues toutes trois de faire la déclaration dont nous venons de parler. Si l'établissement est créé par une association, une déclaration indiquant les noms, professions et domiciles des fondateurs, ainsi que leurs statuts et leur lieu de réunion, est faite au recteur, au préfet, et au procureur général, et la liste des associés avec indication de leur domicile doit être communiquée à toute réquisition de ce dernier (art. 10, loi du 12 juillet 1875). La liste des professeurs et les programmes des cours sont communiqués, chaque année, au recteur ou à l'inspecteur d'académie.

Si ces établissements sont pourvus d'autant de professeurs du grade de docteur que les Facultés de l'État qui comptent le moins de chaires, ils peuvent prendre le nom de *Facultés libres* (de sciences, de médecine, de droit, etc.), mais non point celui d'*Université* (loi du 18 mars 1880).

Dans leur déclaration, les administrateurs doivent attester que la Faculté libre est établie dans un local installé d'une façon convenable et en vue de sa destination; par exemple : les Facultés de sciences doivent être pourvues de laboratoires; les Facultés de médecine d'un jardin de plantes médicinales, d'une collection d'appareils de chirurgie, etc., etc. (art. 6, loi du 12 juillet 1875).

Les établissements d'enseignement supérieur libres ne peuvent être déclarés d'utilité publique (c'est-à-dire être revêtus de la personnalité civile) que par une *loi* (loi du 18 mars 1880).

Les élèves des Facultés libres doivent prendre leurs inscriptions aux secrétariats des Facultés de l'État; de pluss ils ne peuvent passer leurs examens que devant les Facultés de l'État : les Facultés libres n'ont pas le droit de leur décerner le titre de bachelier, de licencié ou de docteur; elles ne peuvent délivrer que de simples certificats d'études (art. 1, 5 et 9, loi du 18 mars 1880).

Tout professeur d'un établissement d'enseignement supérieur libre peut, sur la plainte du recteur ou du préfet, être traduit devant le *conseil départemental de l'instruction publique*, pour inconduite notoire, ou lorsque son enseignement est contraire à la morale et aux lois, ou encore pour désordre grave occasionné ou toléré par lui dans son cours. Le professeur coupable peut être frappé de l'interdiction temporaire ou perpétuelle d'enseigner (art. 22, loi du 12 juillet 1875).

Enseignement secondaire. — Tout Français âgé de *vingt-cinq ans* et jouissant de tous ses droits civils et politiques peut ouvrir un établissement d'enseignement secondaire, mais sous certaines conditions. Ainsi, il est tenu de déclarer au recteur, outre ses nom, prénoms et domicile, la date de l'ouverture de l'établissement qu'il fonde, le local où il veut s'établir. De plus, il doit produire le diplôme de bachelier, un certificat de stage constatant qu'il a rempli pendant *cinq ans* au moins les fonctions de professeur ou de surveillant dans un établissement d'enseignement secondaire; enfin il doit donner le plan du local et l'indication de l'objet de l'enseignement (art. 60, loi du 15 mars 1850).

Par exception, les écoles secondaires ecclésiastiques (*petits sémi-*

naires) ne peuvent être créés sans l'autorisation préalable du gouvernement (art. 70, même loi).

Pour l'enseignement secondaire spécial, le stage n'est point exigé, et le diplôme de bachelier peut être remplacé par un *brevet de capacité* (art. 6, loi du 21 juin 1865).

Enseignement primaire — Pour avoir le droit de remplir les fonctions d'*instituteur* ou d'*institutrice* dans une école primaire libre il faut avoir la qualité de Français, être âgé de *vingt-et-un ans* et pourvu du *brevet de capacité* pour l'enseignement primaire. Le grade de bachelier, la qualité de ministre du culte, le certificat de stage ne peuvent plus tenir lieu de ce brevet, depuis la loi du 16 juin 1881.

L'instituteur ou institutrice qui veut ouvrir une école primaire *libre* doit en faire la déclaration préalable au maire de la commune, au recteur, au procureur de la République, au sous-préfet, et indiquer en même temps le local choisi pour servir d'école. Le postulant doit déclarer en outre quelles professions il a exercées pendant les dix années précédentes.

Les mêmes formalités sont exigees de toute personne voulant exercer les fonctions de *directrice* ou de *sous-directrice* d'une *école maternelle libre*. Mais, pour pouvoir remplir ces fonctions, il faut avoir, en dehors du certificat de capacité, le *certificat d'aptitude à la direction des salles d'asile* (art. 2, loi du 16 juin 1881).

Dans certains cas le préfet a le droit de s'opposer à l'ouverture d'une école maternelle libre.

Les écoles maternelles libres sont placées sous la surveillance et l'autorité du conseil départemental (décret du 2 août 1881).

CHAPITRE VI

BOURSES SCOLAIRES

L'État, les départements, les communes accordent *sous certaines conditions* aux enfants de familles nécessiteuses, et notamment aux enfants dont les pères ont rendu des services publics, soit des *bourses entières*, soit des *bourses partielles* (demi-bourses ou trois quarts de bourse), c'est-à-dire que l'État, les départements, les communes prennent à leur charge la totalité, les trois quarts ou la moitié des dépenses faites pour l'instruction de ces enfants.

Les bourses départementales sont accordées par le conseil général, et les bourses communales par le conseil municipal, sauf approbation du préfet. Quant aux bourses de l'État, elles sont allouées par le ministre compétent.

La loi de finances de 1885 a établi en matière de bourses une innovation remarquable. Elle a décidé *qu'une bourse* serait *de plein droit* concédée dans un établissement d'enseignement secondaire ou d'enseignement primaire supérieur, ou dans une école professionnelle, industrielle, commerciale ou agricole de l'État, à l'enfant de *neuf ans au moins*, appartenant à un père de famille ayant *sept enfants vivants*. C'est le père de famille qui désigne celui de ses enfants qui doit profiter de cette faveur. — Toutefois, cette bourse n'est accordée que si la famille de l'enfant est dans une situation de fortune très médiocre, et l'enfant désigné par le père doit subir, *comme tous les autres enfants pour lesquels on sollicite une bourse*, un examen préalable dont les matières varient suivant l'âge du candidat. Mais ces deux conditions se trouvant réalisées, le père a droit à une bourse entière pour celui de ses enfants qu'il désigne.

§ 1er. — BOURSES DE L'ENSEIGNEMENT PRIMAIRE SUPÉRIEUR

L'État a fondé un grand nombre de bourses dans les écoles d'enseignement primaire supérieur publiques ou libres de garçons et de filles (bourses d'internes, bourses de demi-pension, bourses d'externes, bourses familiales) — (1).

Toutes ces bourses sont données au concours (toutefois, il est tenu compte de la position de fortune des parents des candidats). Elles sont accordées pour *deux ans*, mais les boursiers laborieux obtiennent facilement une prolongation.

Le concours a lieu chaque année, du 15 au 30 avril, au chef-lieu du département. Les candidats doivent se faire inscrire du 20 mars au 10 avril. Ils ont à produire leur acte de naissance, un certificat de vaccine, un certificat de bonne conduite délivré par le chef de l'établissement où ils ont été placés en dernier lieu, et leur certificat d'études primaires élémentaires. Cependant cette dernière pièce n'est pas exigée immédiatement; le candidat qui n'est point en état de la produire peut concourir néanmoins, mais sous la condition de l'obtention de ce certificat à la prochaine session (2).

Les candidats sont répartis en deux séries; la première comprend ceux qui ont douze ans au moins ou quatorze ans au plus à la date

(1) L'enfant qui obtient une bourse *familiale* est externe, mais il est logé et nourri dans une famille désignée par l'autorité et dont le chef a droit à une indemnité annuelle de 400 francs. Les établissements d'enseignement *libre* qui demandent à recevoir des boursiers de l'État, ainsi que les chefs d'établissements d'enseignement *public* chez lesquels l'État place des boursiers, ont droit à une indemnité annuelle fixée au plus à 500 francs par boursier interne, 200 francs par boursier demi-pensionnaire, 100 francs par boursier externe (indemnité à la charge de l'État, bien entendu). — (Arrêté des 2 et 3 janvier 1882.)

(2) S'il échoue, la bourse qu'il sollicite ne lui est point accordée.

du 1er octobre, la deuxième ceux qui ont quatorze ans au moins ou seize ans au plus à la même époque.

Matières des examens subis par les candidats de la 1re série :

Epreuves écrites
- Dictée d'orthographe (*écriture*) ;
- Arithmétique ;
- Composition française (*lettre ou récit*)

— orales
- Lecture, explication, grammaire, analyse ;
- Arithmétique ;
- Histoire et géographie de la France (1) ;
- Instruction morale et civique :

Matières des examens subis par les candidats de la 2e série

Epreuves écrites
- Dictée d'orthographe ;
- Arithmétique ;
- Composition française ;
- Composition de géométrie plane ;
- Composition de dessin.

— orales
- Lecture, explication, grammaire, analyse ;
- Arithmétique ;
- Géométrie plane ;
- Histoire de France ;
- Géographie ;
- Eléments des sciences physiques et naturelles.

A la fin de chaque année, les élèves boursiers passent un examen ; s'ils n'y satisfont pas, ils peuvent être déchus de leurs bourses. — Les boursiers des écoles primaires supérieures sont surveillés d'une façon toute particulière par un *comité de patronage* placé près de chaque école primaire supérieure. Ce comité fait tous les ans un rapport sur les boursiers et donne son avis sur les prolongations et transferts de bourse. Une fois par mois, un ou plusieurs délégués du comité visitent l'école confiée à son contrôle.

§ 2. — BOURSES DE L'ENSEIGNEMENT SECONDAIRE

Ici encore, les candidats aux bourses doivent subir un examen. A cet effet, leurs parents doivent avoir soin de les faire inscrire au secrétariat de la préfecture dans la seconde moitié de mars ou de juin, suivant qu'ils doivent se présenter à la session d'avril ou à celle de juillet.

Les parents de chaque enfant doivent produire son acte de naissance et un certificat de bonne conduite délivré par le directeur de l'école dont il fait partie.

Conditions d'âge. — 1° *Enseignement secondaire classique.* — L'enfant qui veut passer l'examen pour la *huitième* doit avoir moins de *dix* ans au 1er janvier, pour la *septième* moins de *onze* ans, pour la *sixième* moins de *douze* ans, pour la *cinquième* moins de *treize* ans, pour la *quatrième* moins de *quatorze* ans, pour la *troisième* moins de *quinze* ans, pour la *seconde* moins de *seize* ans, pour la *rhétorique* moins de *dix-sept* ans, pour la *philosophie* moins de *dix-huit* ans.

(1) La géographie du département, tout particulièrement.

2° *Enseignement secondaire spécial.* — Pour entrer dans les *cours préparatoires* l'enfant doit avoir moins de treize ans;

Pour entrer dans	la 1re année,	moins de	quatorze	ans;
—	la 2e	—	quinze	»
—	la 3e	—	seize	»
—	la 4e	—	dix-sept	»
—	la 5e	—	dix-huit	»

Matières de l'examen.— Les candidats aux bourses sont interrogés sur les matières qui font l'objet de la classe immédiatement inférieure à celle où leur âge exige qu'ils entrent. Ainsi, l'enfant qui doit entrer en cinquième est interrogé sur les cours de la sixième, et ainsi de suite.

Les candidats de moins de seize ans au 1er janvier peuvent subir l'examen sur les matières préparatoires aux mathématiques élémentaires (Voy. ENSEIGNEMENT SECONDAIRE CLASSIQUE).

Les examens comprennent des épreuves *écrites* (*épreuves éliminatoires*) et des épreuves *orales*.

Examens écrits :

Enseignement secondaire classique	Pour la 8e, la 7e, la 6e et la 5e.	Dictée; Composition d'histoire ou de géographie, ou de science physiques ou naturelles (1).
	Pour la 5e, la 4e, la 3e, la 2e, la rhétorique et la philosophie.	Composition française; Version latine ou grecque.
Enseignement secondaire spécial	pour le cours préparatoire et la 1re série	Dictée; Composition d'histoire ou de géographie ou des sciences physiques ou naturelles.
	pour la 2e, 3e, 4e, ou 5e année	Composition française; Exercice du langage anglais ou allemand.

Examens oraux :

Littérature;	Mathématiques;
Sciences physiques et naturelles;	Histoire et géographie.

Langue vivante : Matière obligatoire seulement à partir de l'examen correspondant à l'âge de treize ans, pour l'enseignement secondaire classique; à partir de quatorze ans, pour l'enseignement secondaire spécial.

§ 3. — BOURSES DE L'ENSEIGNEMENT SUPÉRIEUR

Des bourses et des demi-bourses sont accordées par l'État à un certain nombre des élèves de nos écoles militaires (Voy. VIE MILITAIRE). — D'un autre côté, les élèves des écoles de médecine et de pharmacie et les jeunes gens qui se préparent à la licence et au

(1) Plus ou moins difficile suivant la classe, bien entendu.

doctorat dans les Facultés des lettres ou dans les Facultés des sciences sont admis à concourir chaque année pour l'obtention de nombreuses bourses et demi-bourses décernées par le ministre de l'Instruction publique.

Enfin, dans les écoles supérieures commerciales, des bourses et demi-bourses sont accordées aux élèves méritants (Voy. ÉCOLE DES HAUTES ÉTUDES COMMERCIALES).

CHAPITRE VII

BIBLIOTHÈQUES PUBLIQUES

Il est un certain nombre de bibliothèques où le public n'est point admis. Nous citerons, entre autres, les bibliothèques des Ministères, du Sénat, de la Chambre des députés, des cours et tribunaux. Mais en revanche, des bibliothèques d'une richesse inouie sont ouvertes à tous ceux qui ont à faire des recherches dans les documents anciens et modernes, ainsi qu'aux personnes désireuses de consacrer leurs loisirs à l'étude.

A Paris seulement, on compte, sans parler des nombreuses bibliothèques des quartiers créées tout récemment soit par la Ville (1), soit par des particuliers, et destinées à développer l'instruction populaire et le goût de la lecture, des bibliothèques extrêmement précieuses. Au premier rang se place la *Bibliothèque Nationale* qui renferme plus de 2 000 000 de livres et près de 100 000 manuscrits! Puis viennent la bibliothèque Mazarine, la bibliothèque Sainte-Geneviève, la bibliothèque de l'Arsenal, la bibliothèque du Conservatoire des Arts et Métiers, la bibliothèque du Conservatoire de musique (extrêmement intéressante) etc., etc.

Toutes ces bibliothèques appartiennent à l'État: ce sont des *bibliothèques publiques* au sens juridique du mot. — Elles sont administrées par des administrateurs généraux et par des conservateurs placés sous l'autorité du ministre de l'Instruction publique.

Toutes les villes de France ayant une certaine importance, sont pourvues d'une bibliothèque plus ou moins riche appartenant soit au département, soit à la ville où elle est établie. Les conservateurs des bibliothèques départementales ou municipales ne sont point nommés par le ministre, mais bien par les autorités locales. Ainsi, le conservateur d'une bibliothèque municipale est nommé par le maire de la ville.

Les bibliothèques publiques sont alimentées et s'enrichis-

(1) On compte actuellement 47 bibliothèques municipales dans la capitale. Elles sont ouvertes tous les soirs et le dimanche matin. — Le *prêt à domicile* y est pratiqué dans la plus large mesure.

sent chaque jour par suite des dépôts que sont obligés de faire les imprimeurs, lors de l'apparition d'un ouvrage quelconque (Voy. Chap. VIII).

Tout individu qui dérobe ou détruit un ouvrage appartenant à une bibliothèque publique est puni de la *réclusion* (art. 254-255, C. Pén.).

CHAPITRE VIII

L'IMPRIMERIE ET LA LIBRAIRIE

En principe, l'imprimerie et la librairie (1) sont libres (art. 1er, loi du 29 juillet 1881).

Les imprimeurs n'ont plus à faire, pendant les périodes électorales, la déclaration et le dépôt au parquet des circulaires, professions de foi, manifestes électoraux et bulletins de vote signés par les candidats, etc., etc. — Toutefois, certaines restrictions sont apportées à ce principe de liberté absolue.

Ainsi, tout imprimé *rendu public* — à l'exception cependant des ouvrages dits *de ville* ou *bilboquets* — doit porter l'indication du nom et du domicile de l'imprimeur, à peine contre celui-ci d'une amende de 5 à 15 francs.

En cas de récidive *dans l'année*, l'imprimeur peut être condamné à un ou plusieurs jours de prison (5 jours *au maximum*).

Au moment de la publication d'un imprimé, l'imprimeur doit déposer au ministère de l'intérieur, s'il est établi à Paris ; à la préfecture, s'il est établi dans un chef-lieu de département ; à la sous-préfecture, s'il est établi dans un chef-lieu d'arrondissement ; à la mairie, s'il est établi dans un chef-lieu de canton ou dans une simple commune — *deux exemplaires* de l'imprimé, sous peine de 16 à 300 francs d'amende.

Toutefois cette disposition ne s'applique pas aux bulletins de vote, circulaires commerciales ou industrielles, ouvrages *de ville* ou *bilboquets*. Mais, en dehors de ces exceptions, le dépôt est exigé pour toute reproduction destinée à être publiée ; et même, pour les *estampes*, la *musique* et les *reproductions* autres que les imprimés, ce dépôt doit être de *trois exemplaires* (art. 3-4, loi du 29 juillet 1881).

Les exemplaires déposés sont destinés aux collections publiques, et notamment à la Bibliothèque Nationale.

(1) Autrefois, l'imprimerie et la librairie étaient soumises à une réglementation très sévère — avant 1789 notamment, et même depuis : récemment encore il fallait obtenir l'autorisation de l'administration pour pouvoir s'établir imprimeur ou libraire. Le ministre de l'intérieur délivrait un *brevet*.

Des abus récents ont amené le vote d'une loi qui apporte une nouvelle restriction à la liberté absolue de l'imprimerie et de la librairie.

La loi du 11 juillet 1885 interdit, en effet, la fabrication et la vente d'imprimés imitant les billets de banque, les titres de rentes, les vignettes et timbres du service des postes et télégraphes (les timbres-postes, par exemple) ou de la régie de l'État (service des tabacs, des allumettes etc..) ou ayant une certaine ressemblance avec des actions, obligations, parts d'intérêts, coupons, et généralement avec les valeurs émises par l'État, les départements, les communes, établissements publics, ou par des sociétés, compagnies ou entreprises privées. — Le législateur a établi cette prohibition afin que le public ne soit point exposé à accepter des imprimés de ce genre aux lieu et place des valeurs qu'ils imitent.

Toute infraction à cette disposition entraînerait, pour l'imprimeur coupable 5 jours à six mois de prison, 16 francs à 2 000 francs d'amende et la confiscation des imprimés, des planches et des matières ayant servi à leur confection (art. 2-3, loi du 11 juillet 1885).

CHAPITRE IX

LOI SUR LA PRESSE

SECTION PREMIÈRE

De la Presse périodique

La Presse périodique comprend : 1° les *journaux* de toutes sortes ; 2° tous *écrits périodiques* publiés sous le nom de *revues*, *recueils*, etc., qui paraissent *régulièrement* (revues hebdomadaires, bi-mensuelles, mensuelles, trimestrielles, etc.). — Tout journal ou écrit périodique doit avoir un gérant.

Le gérant doit être Français, majeur, et avoir la jouissance de ses droits civils et politiques (art. 6, loi du 29 juillet 1881).

Avant la publication du journal ou de l'écrit périodique, il doit être déposé au *parquet* du procureur de la République une *déclaration* écrite *sur papier timbré* et signée du gérant du journal ou de l'écrit périodique créé.

Cette déclaration doit contenir : 1° le titre du journal ou écrit périodique et son mode de publication (indiquer combien de fois il doit paraître par semaine ou par mois) ; 2° le nom et la demeure du gérant ; 3° l'indication de l'imprimeur.

En cas de contravention à ces dispositions, le propriétaire, le gérant, ou *à défaut* l'imprimeur, sont passibles de 50 à 500 francs d'amende, et si, malgré cette première condamnation, la publication irrégulière continue (le propriétaire du journal s'obstine, par exemple à ne point nommer de gérant), une amende de 100 francs *pour chaque numéro* publié à partir du jour de la *prononciation du jugement* de condamnation est prononcée *solidairement* contre les personnes déjà condamnées, et ce nonobstant appel ou opposition, si l'exécution provisoire est ordonnée. — Dans le cas où le premier jugement a été rendu par défaut, l'amende ne frappe les contrevenants qu'à partir du troisième jour qui a suivi sa notification (art. 9, même loi.) Le condamné, *même par défaut*, peut interjeter appel.

Au moment de la publication de chaque feuille ou livraison, *deux* exemplaires *signés du gérant* doivent être remis au Parquet — à la mairie, dans les villes où il n'y a pas de tribunal de première instance. — Pareil dépôt doit être effectué au ministère de l'intérieur ou à la préfecture, sous-préfecture ou mairie, suivant la localité (Voy. Chap. VIII). Chacun de ces dépôts est prescrit sous peine pour le gérant de 50 francs d'amende (art. 10, même loi).

Le nom du gérant doit être imprimé *au bas* de tous les exemplaires à peine, *contre l'imprimeur*, de 16 à 100 francs d'amende *pour chaque numéro* publié en contravention (art. 11).

Voilà du reste les seules formalités exigées lors de l'apparition d'un journal; on n'a point comme autrefois à demander l'autorisation de fonder une feuille périodique, et aucun cautionnement ne doit plus être déposé.

Des rectifications. — Toute rectification adressée au gérant, ou au directeur ou rédacteur en chef d'un journal ou d'un écrit périodique *par un dépositaire de l'autorité publique* (préfet, magistrat, etc.) au sujet d'actes *de sa fonction* inexactement rapportés, doit être insérée *gratuitement* et *en tête* du numéro qui suit la réception de cette rectification, sous peine d'une amende de 100 à 1 000 francs prononcée *contre le gérant*. Mais la rectification ne doit pas dépasser le *double* de l'article qu'elle vise (art. 12, loi du 29 juillet 1881).

Quant aux réponses ou rectifications faites par des personnes nommées ou désignées dans le journal ou écrit périodique, mais non dépositaires de l'autorité publique, elles doivent être insérées *à la même place* et en *mêmes caractères* que l'article qui les a provoquées, et ce *dans les trois jours* de leur réception (dans le plus prochain numéro, s'il n'est point publié dans ce délai), sous peine d'une amende de 50 à 5 000 francs, sans préjudice, bien entendu, des autres peines et dommages-intérêts auxquels l'article pourrait donner lieu. — L'insertion de la réponse ou rectification est *gratuite* lorsqu'elle ne dépasse pas le *double* de la longueur de l'article qui l'a déterminée ; si elle dépasse le prix d'insertion, calculé au prix des annonces judiciaires, est dû *pour le surplus* (art. 13, même loi).

Lorsqu'un dépositaire de l'autorité publique est attaqué comme particulier et non plus au sujet des actes de sa fonction, ce sont ces dernières dispositions qui sont applicables et non les précédentes.

Journaux étrangers. — La circulation en France d'un journal ou d'un écrit périodique publié à l'étranger ne peut être interdite par une simple décision du ministre de l'intérieur; une décision spéciale *délibérée en conseil des ministres* est nécessaire pour cela, tandis qu'un arrêté du ministre de l'intérieur suffit parfaitement pour interdire la circulation *d'un numéro* spécial particulier. — La mise en vente faite sciemment, au mépris de l'interdiction, du journal ou du numéro du journal interdit est punie de 50 à 500 francs d'amende (art. 14, même loi).

SECTION II

Colportage. — Vente sur la voie publique

Toute personne voulant *exercer la profession* de colporteur ou de vendeur ou distributeur sur la voie publique ou *en tout autre lieu public* ou *privé*, de *livres*, *écrits*, *brochures*, *journaux*, *dessins*, *gravures*, *lithographies*, *photographies* doit en faire la déclaration à la *préfecture* du département où elle a son domicile.—Cette déclaration porte sur les noms, prénoms, profession, domicile, âge et lieu de naissance du colporteur ou distributeur.

Toutefois, le colporteur ou distributeur de *journaux* ou autres *feuilles périodiques*, peut faire sa déclaration à la mairie de la commune dans laquelle doit se faire la distribution ou à la sous-préfecture, et, *dans ce dernier cas*, il peut distribuer des journaux dans tout l'arrondissement.

Celui qui exercerait sans déclaration préalable ou après déclaration inexacte la profession de colporteur ou de distributeur, serait frappé de 5 à 15 francs d'amende et pourrait même être condamné à un ou plusieurs jours de prison (cinq jours au plus). — En cas de récidive ou de déclaration mensongère, le contrevenant est toujours puni de prison.

Le colporteur ou distributeur qui, en étant requis par un agent de l'autorité, ne présente pas immédiatement le récépissé qui lui a été remis lors de sa déclaration, est passible également de 5 à 15 fr. d'amende et de un à cinq jours de prison (art. 21, loi du 29 juillet 1882).

Mais la distribution et le colportage *accidentels* ne sont assujettis à aucune déclaration; la déclaration n'est exigée que du colporteur ou distributeur *de profession*.

Les colporteurs ou distributeurs de livres, écrits, brochures, journaux, dessins, gravures, lithographies et photographies présentant un caractère délictueux sont frappés par les tribunaux répressifs, à moins qu'ils ne prouvent qu'ils ignoraient absolument le caractère délictueux des feuilles, ouvrages ou objets colportés ou distribués par eux (art. 22, même loi).

Nous verrons plus loin que les vendeurs ou distributeurs de journaux, livres, etc., sont responsables, à défaut des gérants, éditeurs, auteurs et imprimeurs, des crimes et délits commis par la voie de la presse (art 42, même loi).

SECTION III

L'affichage

Les affiches des actes émanés de *l'autorité publique* sont *seules* imprimées sur papier *blanc*. Les personnes qui ne respecteraient point cette disposition et se serviraient, pour leurs affiches, de papier blanc, seraient condamnées à une amende de 5 à 15 francs et, en cas de récidive *dans l'année*, à un ou plusieurs jours de prison (cinq jours au plus).

Dans chaque commune, un arrêté du maire désigne les lieux *exclusivement* destinés à recevoir les *affiches administratives*, et il est interdit d'y placarder des affiches particulières (affiches annonçant des mises en adjudication, par exemple) sous peine de 5 à 15 francs d'amende, et de un à cinq jours de prison en cas de récidive *dans l'année* (art. 15, loi du 29 juillet 1881).

En temps d'élections, les professions de foi, circulaires et affiches *électorales* peuvent être placardées sur tous les édifices publics autres que ceux consacrés au culte, et particulièrement aux abords des salles de scrutin. Mais, bien entendu, elles ne peuvent être apposées sur les murs réservés à l'affichage des actes émanés de l'autorité publique (art. 16, même loi). — Bien plus, les particuliers ont parfaitement le droit de défendre que des affiches soient apposées sur les immeubles à eux appartenant. Tout récemment encore, la Cour de cassation l'a formellement déclaré.

Lacération d'affiches. — Celui qui enlève, déchire, *recouvre*, ou altère *par un procédé quelconque* de manière à les travestir ou à les *rendre* illisibles, des affiches administratives, est passible d'une amende de 5 à 15 francs. — La même amende frappe ceux qui ont enlevé, déchiré, *recouvert*, ou altéré de manière à les travestir ou à les rendre illisibles, des *affiches électorales* émanant de *simples particuliers* — sauf cependant dans le cas où ces affiches déchirées ou altérées étaient apposées précisément sur les propriétés de ceux qui les ont détériorées.

Lorsque le coupable n'est point un simple particulier, mais un fonctionnaire ou un agent de l'autorité publique (un agent de police ou un garde-champêtre, par exemple), l'amende n'est plus de 5 à 15 francs, mais de 16 à 100 francs, et elle est accompagnée d'une condamnation de six jours à un mois de prison. Toutefois il faut supposer que l'affiche détériorée n'était point apposée à un endroit réservé aux affiches administratives, sinon le représentant de l'autorité n'aurait fait que son devoir et n'encourrait naturellement aucune peine (art. 17, même loi).

SECTION IV

Délits de Presse

Sous la dénomination de *délits de presse*, il faut comprendre tous les *crimes* ou *délits* commis par la voie de la presse ; mais les crimes ou délits commis *par tout autre moyen de publication* sont soumis absolument aux mêmes dispositions que les délits de presse, d'après la loi du 29 juillet 1881, et par conséquent les règles de compétence que nous posons à propos des délits de presse sont applicables à cette seconde catégorie d'infractions.

§ 1er. PERSONNES RESPONSABLES DES DÉLITS DE PRESSE

La responsabilité des délits de presse incombe : 1° aux *gérants* ou *éditeurs*, quelles que soient leurs professions ou leurs dénominations ; *à leur défaut*, aux *auteurs* des articles ou ouvrages délictueux ; à défaut des auteurs (par exemple, si l'écrit est anonyme), aux *imprimeurs ;* enfin, à défaut des imprimeurs, aux *vendeurs*, *distributeurs* ou *afficheurs* (art. 42, loi du 29 juillet 1881).

Mais lorsque les gérants ou les éditeurs sont en cause, les auteurs sont poursuivis comme *complices.* — Sont encore poursuivis comme tels ceux qui ont fourni le moyen de commettre le délit ou ont facilité son accomplissement, par exemple par des secours pécuniaires, — à l'exception toutefois des imprimeurs, lorsque le délit incriminé ne consiste pas dans la provocation à un *attroupement* (art. 43 même loi).

Les propriétaires des journaux ou écrits périodiques ne sont responsables que des condamnations pécuniaires prononcées à *titre de dommages-intérêts* contre les gérants, éditeurs, auteurs ou complices ; leur responsabilité est *purement civile* (art. 44).

§ 2. — CRIMES ET DÉLITS COMMIS PAR LA VOIE DE LA PRESSE OU PAR TOUT AUTRE MOYEN DE PUBLICATION

Ceux qui, soit par des écrits, des imprimés vendus ou distribués, mis en vente ou *exposés* dans des lieux *publics*, soit par des placards ou affiches exposés aux regards du public, soit par des discours, cris ou menaces proférés dans des lieux ou réunions *publics*, ont *directement* provoqué l'auteur ou les auteurs d'un crime ou délit à le commettre, sont condamnés comme *complices*.

Lorsque la provocation n'a pas été suivie d'effet, mais seulement d'une tentative, il faut distinguer : s'il y a eu provocation à un *délit*, la provocation n'est point punie; s'il y a eu provocation à un *crime*, elle est punie absolument comme si elle avait été suivie d'effet (art. 23 loi du 29 juillet 1881.)

Cependant la provocation — *non suivie d'effet* — au meurtre, au pillage, à l'incendie, à la trahison contre la France, à l'insurrection, à la guerre civile, à l'usurpation de fonctions militaires ou au pillage n'est punie que de 3 *mois* à 3 ans de prison et de 100 à 3 000 francs d'amende (art. 24.)

Les provocations adressées par les moyens ci-dessus énumérés (par voie de journaux ou d'affiches, par des discours, etc.) à des *militaires*, dans le but de les détourner de leurs devoirs et de l'obéissance qu'ils doivent à leurs chefs dans tout ce que ceux-ci leur commandent pour l'exécution des lois et règlements militaires, sont punis d'un emprisonnement *d'un à six mois* et de 16 francs à 100 francs d'amende (art. 25).

Le publication ou reproduction *faite de mauvaise foi*, de *nouvelles fausses*, de pièces fabriquées, falsifiées ou mensongèrement attribuées à des tiers, est punie d'un *mois à un an* de prison ou de 50 à 1 000 francs d'amende (et même de ces deux peines réunies), lorsque la paix publique a été troublée.

L'outrage aux bonnes mœurs commis par la voie de la presse ou par tout autre moyen de publication, cris, discours, etc., la mise en vente, la distribution ou même la simple *exposition* d'écrits, d'imprimés *autres que le livre* de dessins, gravures, peintures, emblèmes ou images *obscènes* est frappé d'un emprisonnement d'un mois à deux ans de prison et de 16 à 3 000 francs d'amende (1). — (Loi du 2 août 1882.)

Offenses au Président de la République. — L'offense au Président de la République par la voie de la presse, par voie d'affiches, par discours, cris ou menaces proférés dans des lieux ou réunions *publics*, ou par des dessins, gravures, emblèmes ou images obscènes est punie de 3 mois à 1 an de prison et de 100 à 3 000 francs d'amende, ou de l'une de ces deux peines seulement (2) — (art. 26, loi de 1881).

(1) Les imprimés contenant des outrages aux bonnes mœurs sont traités à divers point de vue d'une manière toute spéciale (Voy. § 4 et 5) Toutefois, pour le *livre* (pour le roman notamment), on doit appliquer les règles générales pour les délits de presse ne constituant point des outrages aux bonnes mœurs. — Pour le livre obscène, l'amende varie de 16 à 3000 francs.

(2) C'est là du reste une règle générale en notre matière : les juges peuven appliquer *à la fois* la prison et l'amende ou seulement l'*une* de ces deux peines. — Afin d'éviter les redites, nous faisons cette observation une fois pour toutes.

Délits commis envers les chefs d'État étrangers et agents diplomatiques. — L'offense commise *publiquement* — par la voie de la presse ou autrement — envers les chefs d'État étrangers (souverains ou Présidents de République) est punie de trois mois à un an de prison, et de 100 à 3 000 francs d'amende (art. 36 loi de 1881).

Quant à l'outrage commis *publiquement* envers les *agents diplomatiques* des puissances étrangères (ambassadeurs, légats, ministres plénipotentiaires, chargés d'affaires, etc.) accrédités près du gouvernement français, il entraîne huit jours à un an de prison et une amende de 50 à 2 000 francs (art. 37, même loi).

Diffamations. — Injures. — La *diffamation* est l'allégation ou l'imputation d'un fait qui porte atteinte à l'honneur et à la considération d'une personne, d'un corps constitué, d'une administration publique, de l'armée française, des cours et tribunaux. Quant à *l'injure*, elle consiste dans une expression outrageante, dans un terme de mépris *qui ne renferme l'imputation d'aucun fait.*

Les poursuites pour diffamation ou injure ne sont point intentées *d'office*, mais seulement sur la plainte de la personne diffamée, ou, s'il s'agit d'une diffamation envers un fonctionnaire public ou un agent diplomatique étranger, à la requête du ministre compétent (art. 47 et 60, loi du 29 juillet 1881) (1).

La *diffamation* commise par la voie de la presse ou par la parole envers les corps constitués, les cours ou tribunaux, les armées de terre ou de mer, les administrations publiques, est punie de 8 jours à un an de prison et de 100 à 3 000 francs d'amende. — Les mêmes peines frappent la diffamation commise par les mêmes moyens envers un ministre, un sénateur, un député, un fonctionnaire, un dépositaire ou agent de l'autorité publique, le ministre d'un culte salarié par l'État, à raison de ses fonctions ou de sa qualité, — un citoyen, chargé d'un service public, un juré ou un témoin à raison de sa déposition (1) — (art. 30-31, même loi).

L'injure commise envers les corps publics, fonctionnaires, jurés, témoins, etc., entraîne 6 jours à 3 mois de prison et une amende de 18 à 500 francs.

La diffamation commise envers un *simple particulier* ou envers un fonctionnaire public diffamé *en tant que particulier* est punie de 5 jours à 6 mois de prison et de 25 à 2 000 francs d'amende. On le voit, la diffamation envers un représentant de l'autorité publique est l'objet de peines beaucoup plus sévères. — Il est de même pour l'injure, qui n'entraîne que 5 jours à 2 mois de prison et 16 à 300 francs d'amende, lorsqu'elle est dirigée contre un simple particulier.

Nous n'avons entendu parler jusqu'ici que de l'injure publique,

(1) L'action en dommages et intérêts ne peut être portée dans cette hypothèse devant un tribunal *civil*, à moins, bien entendu, que le diffamateur ne soit décédé (ou amnistié), puisque dans ce cas les tribunaux *répressifs* ne peuvent plus être saisis (art. 46, loi du 29 juillet 1881).

car l'injure qui n'a point ce caractère n'est punie que d'une amende de 1 à 5 francs, et, en cas de récidive, d'un emprisonnement de 1 3 jours (art. 471 et 474, C. Pén.).

Les diffamations ou injures dirigées contre le mémoire d'une personne *décédée* ne sont punies que dans le cas où le diffamateur a eu l'intention de porter atteinte à l'honneur ou à la considération des héritiers vivants. — S'il n'a point eu cette intention, les héritiers de la personne diffamée ne peuvent le poursuivre, mais ils ont le *droit de réponse* dont nous avons parlé plus haut à propos des rectifications (art. 34, loi du 29 juillet 1881).

Il y a *diffamation* même lorsque le fait invoqué par le diffamateur est *absolument exact*. Mais le diffamateur n'est admis à prouver l'exactitude de ses dires que dans le cas où la diffamation a été dirigée contre un fonctionnaire public, un corps constitué, un juré ou un témoin (à raison de sa déposition); ou bien encore contre le directeur ou les administrateurs d'une entreprise industrielle, commerciale ou financière, faisant *publiquement* appel à l'épargne et au crédit (lançant par exemple une émission ou un emprunt). Lorsque la diffamation atteint un simple particulier qui ne peut être rangé dans les catégories que nous venons d'indiquer, le diffamateur n'est point admis à faire la preuve de l'exactitude des faits avancés par lui; il est condamné alors même qu'il aurait dit la vérité. Toutefois, lorsque le fait imputé a donné lieu à des poursuites contre la personne diffamée, le diffamateur n'est poursuivi et condamné qu'après le jugement auquel ces poursuites donnent lieu, et seulement si elle a été acquittée (art. 35, même loi).

Bien entendu, lorsque le diffamateur est admis à faire la preuve, il n'est frappé d'aucune peine dans le cas où il parvient à prouver que les faits imputés sont absolument exacts.

Il est interdit de rendre compte par la voie de la presse, sous peine de 100 à 2000 fr. d'amende, d'un procès en diffamation où la preuve n'est point admise, le diffamé étant simple particulier. — Mais ce dernier a le droit de publier la plainte adressée par lui au Parquet.

Les discours tenus à la Chambre des Députés ou au Sénat, les rapports ou autres documents imprimés par l'ordre de l'une des deux Chambres (enquêtes, lettres, etc.) ne peuvent donner lieu à aucune action en diffamation. — La même immunité est établie pour les comptes rendus *faits de bonne foi*, dans les journaux, des séances publiques de la Chambre ou du Sénat (art. 41, même loi).

Le compte rendu fidèle, *fait de bonne foi*, de débats judiciaires quelconques, de plaidoiries, ou de pièces produites devant les tribunaux ne peut donner lieu à aucune action en diffamation ou injure. Toutefois les juges ont le droit de prononcer la suppression de discours injurieux ou diffamatoires, de faire des injonctions aux avocats ou avoués diffamateurs, et même de les suspendre de leurs fonctions pendant deux mois.

Par exception, les faits diffamatoires *etrangers à la cause* — qui atteignent un tiers, par exemple — peuvent donn er lieu à des dommages-intérêts au profit du tiers diffamé, et même à une action en diffamation au profit des parties, lorsque cette action leur a été réservée par le tribunal.

§ 3. — PUBLICATIONS INTERDITES

Les cours et tribunaux peuvent interdire le compte rendu de tout procès civil — sauf pour les jugements, qui peuvent toujours être publiés. — Il est interdit de rendre compte des délibérations intérieures des jurys, des cours et tribunaux. Toute infraction à ces dispositions est punie d'une amende de 100 à 2 000 fr (art. 39).

Nous savons déjà que le compte rendu de certains procès en diffamation est également interdit (Voy. § 2). — La même interdiction s'applique à la publication des actes d'accusation et de tous autres actes de procédure criminelle ou correctionnelle, *avant qu'ils aient été lus en audience publique*, sous peine de 50 à 1 000 francs d'amende (art. 38, même loi).

Enfin, il est interdit d'ouvrir ou d'annoncer *publiquement* des souscriptions ayant pour objet d'indemniser des amendes, frais et dommages-intérêts prononcés par un tribunal criminel ou correctionnel, sous peine de 8 jours à 6 mois de prison et de 100 à 1 000 francs d'amende.

§ 4. — CIRCONSTANCES ATTENUANTES. — RECIDIVE. — PRESCRIPTION

En matière de délits de presse, l'admission des *circonstances atténuantes* diminue au moins de moitié la peine édictée par la loi. C'est là une disposition toute particulière dans notre droit pénal (art. 64, loi du 29 juillet 1881).

La récidive ne produit en matière de délits de presse aucune aggravation de peine (art. 63, al. 1er). C'est encore là une exception très remarquable aux principes de nos lois répressives.

Lorsqu'une même personne s'est rendue coupable *simultanément* de *plusieurs* délits de presse, elle est frappée d'une seule peine, de la plus forte (art. 63, al. 2).

La prescription, en matière de délits de presse, s'accomplit par 3 mois à compter du jour de l'infraction, ou, — si des poursuites ont été commencées, puis interrompues, — à dater de leur interruption (art. 65, même loi).

Mais, il ne faut pas l'oublier, ces dispositions exceptionnelles ne sont point applicables aux *outrages aux bonnes mœurs* commis par la voie de la presse ou plus exactement par imprimés *autres que le livre* (roman, par exemple) ou par dessins, gravures, etc. (art. 2, loi du 2 août 1882).

§ 5. — COMPÉTENCE EN MATIÈRE DE DÉLITS DE PRESSE

En principe, c'est la *Cour d'assises* qui est compétente en notre matière. — Toutefois cette règle générale comporte d'assez nombreuses exceptions. C'est ainsi que le *tribunal correctionnel* est compétent pour toutes les infractions aux dispositions relatives à la déclaration des nouvelles publications, au gérant, au dépôt des exemplaires, aux rectifications, à la vente des journaux étrangers interdits, à l'enlèvement des affiches par un agent de l'autorité publique, à la vente d'imprimés immoraux (autres que le *livre*) et de dessins obscènes, aux outrages aux bonnes mœurs, à la diffamation, à l'injure envers un particulier, à la publication d'actes d'accusation, au compte rendu de certains procès en diffamation, des délibérations du jury, etc., à l'ouverture de certaines souscriptions.

Quant aux infractions relatives à l'affichage (autres que celles visées ci-dessus), au colportage (fausse déclaration, absence de déclaration), et aux injures non publiques, elles sont déférées au *tribunal de simple police* (art. 45, loi du 29 juillet).

§ 6. — PROCÉDURE EN MATIÈRE DE DÉLITS DE PRESSE

Devant la Cour d'assises. — Le prévenu *domicilié en France* ne subit point de détention préventive, à moins toutefois qu'il ne soit accusé d'un crime (art. 19, loi du 29 juillet 1881). Il reçoit une *citation* (assignation) qui doit contenir, *à peine de nullité*, l'indication précise des imprimés, gravures, discours ou propos qui ont déterminé les poursuites (art. 50, même loi).

Le délai entre la citation et la comparution est de *douze jours* (outre un jour par douze lieues et demi de distance), s'il s'agit d'une poursuite en diffamation ; il n'est que de *cinq jours* (plus le délai des distances) dans tout autre cas. — Mais si le diffamateur veut être admis à *faire la preuve* — dans le cas où il en a le droit — il doit, dans les *cinq jours* de la réception de la citation, faire signifier au ministère public près la Cour d'assises, ou au plaignant (au domicile élu par ce dernier et indiqué dans la citation, *à peine de nullité*), s'il est assigné à la requête de ce dernier :

1° Les faits articulés et qualifiés dont il entend faire la preuve;

2° La copie des pièces;

3° Les noms, professions et demeures des témoins qu'il entend produire;

4° Élection de domicile près la Cour d'assises, — *le tout à peine de déchéance du droit de faire la preuve.*

Si le prévenu fait défaut, il est jugé par la Cour d'assises *sans l'intervention des jurés*, mais, s'il est condamné, il a cinq jours à compter de la signification de sa condamnation, pour former opposition.

Devant le tribunal correctionnel ou de simple police. —

En cas de diffamation ou d'injure, pendant la période électorale, contre un candidat, le délai de citation n'est que de *vingt-quatre heures* (outre le délai à raison des distances).

L'assignation à comparaître devant le tribunal de police correctionnelle ou devant le tribunal de simple police doit, *à peine de nullité*, préciser et qualifier le fait incriminé, et indiquer le texte de loi applicable dans l'espèce (art. 60, loi du 29 juillet 1881).

Pourvoi en cassation. — Le pourvoi en cassation doit être formé *dans les trois jours.* — Dans les vingt-quatre heures qui suivent la formation du pourvoi, les pièces sont envoyées à la Cour de cassation, qui doit statuer dans les dix jours.

En matière de presse, la partie qui se pourvoit en cassation n'a point à faire la consignation exigée d'ordinaire (1) en vue de l'amende qui peut être prononcée (loi du 29 juillet 1881, art. 61-62).

CHAPITRE X

PROPRIÉTÉ LITTÉRAIRE OU ARTISTIQUE

La propriété littéraire ou artistique doit être protégée par le législateur tout autant que la propriété des biens corporels, mobiliers ou immobiliers. Ce principe est cependant resté longtemps dans l'ombre ; il n'a été posé formellement que dans les dernières années du siècle dernier.

Les auteurs d'écrits en tout genre, les compositeurs de musique, les peintres et dessinateurs, les sculpteurs, etc., jouissent, *durant leur vie entière*, du droit *exclusif* de vendre, ou de faire vendre leurs œuvres, d'en céder la propriété en tout ou partie, d'en permettre la traduction, la reproduction ou la représentation (2). — Les imprimeurs ou libraires auxquels ils cèdent leurs droits sont mis en leur lieu et place (décret du 5 février 1810).

Les propriétaires, par succession, d'un ouvrage *posthume* (c'est-à-dire paru après la mort de l'auteur) ont les mêmes droits que l'auteur lui-même, mais ils doivent imprimer *séparément* l'ouvrage posthume, alors même qu'il ne serait que la continuation d'œuvres parues du vivant de l'auteur (décret du 1er germinal an XIII).

Les héritiers, donataires ou légataires des auteurs, compositeurs de musique ou artistes possèdent, pendant *cinquante ans*, à *partir du décès* de l'auteur ou de l'artiste, les droits de propriété littéraire ou artistique qui lui appartenaient de son vivant. — Quant à la veuve

(1) Voy. VIE JUDICIAIRE.

(2) Pour qu'une pièce soit représentée sur un théâtre, il faut le consentement *par écrit* de l'auteur.

de l'auteur, quel que soit le régime matrimonial, — et indépendamment de la propriété de la *moitié* des droits d'auteur, qui résulte pour elle du régime de la communauté — elle a la *jouissance*, pendant cette même période de cinquante ans, des droits dont l'auteur n'a disposé ni par donation, ni par testament, — à moins toutefois que les époux ne fussent séparés de corps. — Si le conjoint survivant vient à se remarier, son droit de jouissance s'éteint.

Bien entendu, le droit de jouissance de la veuve de l'auteur ou de l'artiste est limité par les droits des héritiers *réservataires* (descendants ou ascendants de l'auteur) — (art. 1er, loi du 14 juillet 1866).

Au bout de cinquante ans, à compter du décès de l'auteur ou de l'artiste, ses œuvres tombent dans le *domaine public* : tout le monde peut les éditer, en publier la traduction ou les reproduire.

Plusieurs traités relatifs à la protection réciproque de la propriété littéraire et artistique ont été conclus dans ces dernières années entre la France et diverses nations étrangères. Nous citerons notamment les traités conclus avec l'Angleterre, la Belgique, l'Espagne, l'Allemagne, etc., etc.

D'après le traité conclu avec l'Allemagne en 1883 pour une durée de *six ans*, traité d'une importance toute particulière, les auteurs de chaque pays jouissent du droit exclusif de traduction de leurs œuvres pendant *dix ans* (même si ce droit n'a pas été réservé expressément par eux), mais la traduction doit paraître *en totalité* dans cette période. — Les romans, feuilletons, les articles scientifiques et artistiques, ainsi que les articles des journaux ordinaires (articles politiques, notamment) dont la *reproduction est interdite*, ne peuvent être reproduits dans l'autre pays.

Lorsqu'on cite en Allemagne des extraits d'auteurs français il doit être fait mention du nom de l'auteur ou de la source de la citation (de même en France pour les citations allemandes).

La même convention établit que les auteurs d'œuvres littéraires ou artistiques jouissent dans chacun des deux pays des garanties accordées par les lois aux nationaux. Ainsi, un auteur français a droit en Allemagne à la même protection qu'un auteur allemand. C'est là un grand progrès; les abus scandaleux qui se commettaient jadis de l'autre côté du Rhin vis à vis des auteurs français sont désormais irréalisables.

APPENDICE

LA VIE CIVILE

NOUVELLE PROCÉDURE EN MATIÈRE DE DIVORCE ET DE SÉPARATION DE CORPS

La loi du 18 avril 1886 a simplifié la procédure trop longue et trop minutieuse réglée par la loi du 27 juillet 1884 qui a rétabli le divorce. Sans doute, dans une matière aussi délicate, il importait d'entourer es demandes en divorce et en séparation de corps de précautions multiples, mais il importait également de ne point rendre l'application d'une loi presque impossible par suite de l'accumulation des formalités et des actes de procédure. De là la réforme accomplie par la loi de 1886.

Nous nous bornerons à indiquer les modifications introduites dans la procédure du divorce et de la séparation de corps par la nouvelle loi.

Désormais la même procédure est appliquée au divorce et à la séparation de corps, tandis qu'auparavant la procédure des instances en séparation de corps différait sur beaucoup de points de la procédure du divorce. (V. VIE CIVILE, p. 62.)

Le président n'a plus à faire de procès-verbal constatant la remise des pièces effectuée par le demandeur en divorce ou en séparation de corps, lors de la présentation de la requête qui marque le début de la procédure.

La requête et l'ordonnance rendue par le président sont signifiées en tête de la citation donnée à l'époux défendeur, trois jours au moins avant le jour fixé pour la comparution, outre le délai de distance, *le tout à peine de nullité* (1). La citation doit être délivrée par l'huissier *sous pli fermé* (innovation excellente et qui demanderait à être généralisée). — Le demandeur doit user de la permission de citer dans les vingt jours, sinon les mesures provisoires ordonnées à son profit cessent de plein droit. Au jour indiqué, les *deux*

(1) Avant d'autoriser à citer, le président peut ajourner les parties à un délai de vingt jours *au plus*, mais il doit ordonner les mesures provisoires nécessaires.

parties sont entendues en personne (1). — Si cette première tentative de conciliation ne réussit pas, ou si l'une des parties fait défaut, le président autorise le demandeur à assigner son époux devant le tribunal. Sous la loi de 1884, c'était le tribunal lui-même qui devait accorder cette autorisation.

Le demandeur n'a pas à indiquer au président les témoins qu'il se propose de faire entendre dans l'instance; jadis, au contraire, il devait les nommer au tribunal lors de la deuxième tentative en conciliation.

Par la même ordonnance le président statue à nouveau, s'il y a lieu, sur la résidence de la femme, sur la garde provisoire des enfants, sur la remise des effets personnels et sur la demande de provision alimentaire présentée par la femme.

Cette ordonnance exécutoire pour provision est susceptible d'appel dans la quinzaine de sa signification. Elle a pour conséquence de dispenser la femme demanderesse, pour toute la durée de l'instance et pour les opérations qui en sont la suite, de l'autorisation maritale. Mais le président a toujours le droit de statuer en *tout état de cause* en référé sur la résidence de la femme.

L'époux demandeur lance l'assignation. Le tribunal est désormais saisi de l'affaire.

La loi du 18 avril 1886 applique aux enquêtes ordonnées par le tribunal au cours des instances en divorce ou en séparation de corps la règle établie pour les enquêtes ordinaires ; l'enquête n'est plus faite par le tribunal, mais par un juge-commissaire ; les époux n'ont plus à se faire assister de leurs conseils, parents ou amis. Mais les parents — à l'exception des descendants — et les domestiques des époux peuvent être entendus comme témoins.

Au cours de l'instance, la femme est tenue de justifier de sa résidence toutes les fois qu'elle en est requise — sous peine d'être privée de la provision alimentaire ou d'être déclarée non recevable à poursuivre l'instance, si elle est demanderesse.

Le jugement d'admission de la demande en divorce (V. p. 57) est supprimé par la nouvelle loi; le tribunal n'a plus à prononcer l'admission ou le rejet de la *demande en divorce :* il statue directement sur le fond; il prononce ou ne prononce pas *le divorce*.

L'épreuve dont nous avons parlé (p. 58) ne peut durer plus de *six mois;* le délai pouvait être d'un an, sous la législation antérieure.

La reproduction des débats par la voie de la presse, en matière de séparation de corps et en matière de divorce, est interdite sous peine de 100 à 2,000 francs d'amende.

L'action en divorce ou en séparation de corps s'éteint par le décès,

(1) Si l'une d'elles est dans l'impossibilité de comparaître en personne, le magistrat détermine le lieu où sera tentée la conciliation, ou donne commission pour entendre le défendeur.

de l'un des époux, survenu avant que le jugement prononçant l divorce ou la séparation soit transcrit sur les registres de l'état civil.

La loi nouvelle admet l'opposition pour le jugement prononçant le divorce, à condition qu'elle soit faite dans *le mois* de la signification; dans *les huit mois*, si le jugement a été simplement publié dans les journaux sur l'ordonnance du président.

Le délai d'appel contre un jugement par défaut en matière de divorce court du jour où l'opposition n'est plus recevable, et non plus du jour de la signification.

Les appels en matière de divorce sont instruits comme affaire urgente.

Désormais le pourvoi en cassation est *suspensif*. (V. Vie judiciaire, *Pourvois*.)

Prononciation du divorce. — Il n'y a plus maintenant de *prononciation solennelle* du divorce à la mairie; les époux divorcés n'ont plus à se présenter devant l'officier de l'état civil; il suffit à celui qui a obtenu le divorce de faire faire la transcription du jugement ou de l'arrêt prononçant le divorce sur le registre de l'état civil. A cet effet, l'époux qui a obtenu le divorce signifie la décision judiciaire à l'officier de l'état civil *dans les deux mois* à compter du jour où elle est devenue définitive, en ayant soin d'y joindre le certificat délivré par le greffier, constatant que cette décision est bien définitive. — La partie contre laquelle le divorce a été prononcé peut faire elle-même cette signification, mais seulement *dans le second mois*. La signification vaut réquisition de transcription. *Si la transcription n'est pas requise dans les deux mois, le divorce est considéré comme nul et non avenu.*

Nota. — La loi que nous venons d'analyser, et qui modifie sur tant de points la procédure en matière de divorce et de séparation de corps, s'applique même aux instances commencées sous l'empire de la loi de 1884.

LA VIE MILITAIRE

LOI DU 16 JUILLET 1889 SUR LE RECRUTEMENT DE L'ARMÉE

SECTION PREMIÈRE

La nouvelle loi militaire. — Observations préliminaires

Notre législation militaire, en ce qui touche le recrutement, les engagements et les rengagements, vient d'être complètement refondue. La loi du 27 juillet 1872, dont l'application a donné, on peut le dire maintenant, des résultats inespérés, est déjà abrogée en droit sinon en fait, et sous peu les hommes soumis à ses dispositions rentreront dans leurs foyers; dès le mois de novembre prochain cette loi ne sera plus qu'un souvenir. Il importe donc d'examiner d'ores et déjà les dispositions principales de la nouvelle loi militaire, les principes qu'elle établit et dont elle règle l'application pratique, et surtout de bien préciser, au point de vue des charges militaires, les différences existant entre la législation de 1872 et la législation nouvelle qui va nous régir désormais.

Avant de passer en revue les diverses dispositions de la loi du 16 juillet 1889, il convient d'indiquer dans ses grandes lignes la réforme, d'ailleurs tant discutée, qui vient d'être réalisée.

La nouvelle loi ramène la durée du service militaire de cinq ans à trois ans;

Elle supprime en droit la seconde portion du contingent qui, sous la loi de 1872, n'était astreinte qu'à un an de service (V. p. 485);

Elle fait disparaître le volontariat;

Elle crée la taxe militaire;

Elle astreint au service militaire tous ceux qui en étaient dispensés jusqu'à présent, sauf, bien entendu, les jeunes gens infirmes ou de complexion trop faible;

Elle prolonge de cinq ans la durée du service militaire; désormais la libération définitive n'a lieu qu'à l'âge de *quarante-cinq ans;*

Elle admet des engagements volontaires d'une durée de trois ou quatre ans.

SECTION II

Dispositions générales

L'article 1er de la nouvelle loi militaire reproduit exactement les termes de l'article 1er de la loi de 1872 : « Tout *Français doit le service militaire personnel.* » Le lecteur ne va pas tarder à constater que cette formule est plus exacte qu'elle ne l'était sous la législation antérieure et que son application est assurée dans les limites du possible.

Sous la loi de 1872, tout Français reconnu propre au service militaire appartenait à l'armée, de vingt à quarante ans, soit comme soldat de l'armée active, soit comme soldat de la territoriale. D'après la nouvelle loi, la durée du service militaire, pour tout Français propre à ce service, est de *vingt-cinq ans;* la libération définitive est donc retardée de *cinq ans*. Désormais tous les hommes valides *jusqu'à l'âge de quarante-cinq ans* peuvent être appelés sous les drapeaux en cas de mobilisation.

En vertu de l'article 37 de la loi du 16 juillet 1889, tout Français reconnu propre au service militaire fait partie successivement :

De l'*armée active* pendant *trois ans* (de 20 à 22 ans);

De la *réserve de l'armée active* pendant *sept ans* (de 23 à 29 ans);

De l'*armée territoriale* pendant *six ans* (de 30 à 35 ans);

De la *réserve de l'armée territoriale* pendant *neuf ans* (de 36 à 44 ans inclusivement). — Il est bien entendu que les hommes ayant dépassé quarante ans lors de la mise en vigueur de la loi seront incorporés néanmoins en cas de guerre, jusqu'à ce qu'ils aient atteint l'âge de *quarante-cinq ans*.

Ainsi donc, en principe, tout le monde doit faire *trois ans* de service effectif dans l'armée active ; la division du contingent en deux portions absolument distinctes : l'une comprenant les jeunes gens astreints à cinq ans de service — et qui ne faisaient en réalité, que quarante, quarante-quatre ou quarante-six mois de service effectif — et l'autre (la seconde portion), comprenant les jeunes gens astreints seulement à une année de service et qui dans la pratique étaient renvoyés dans leurs foyers au bout de dix mois, disparaît. Tous les jeunes gens, *en principe*, serviront désormais pendant une durée égale, pendant *trois ans*.

Mais l'article 39 permettra au ministre de la guerre de renvoyer *après une seule année de service* un certain nombre d'hommes. D'après cet article, en effet, le ministre fixe sur la liste de tirage au sort de chaque canton, *en commençant par les numéros les plus élevés*, le nombre d'hommes qui seront ainsi envoyés en disponibilité.

En fait il y aura donc encore une seconde portion du contingent; il y aura encore de bons numéros!

Il est vrai que le ministre conserve le droit de rappeler sous les drapeaux ces hommes privilégiés par le sort, si leur conduite et leur instruction militaire laissent à désirer.

Suppression du volontariat. — Le volontariat, cette institution si impopulaire, dont on a pu dire, sans trop d'exagération, qu'elle était un « remplacement déguisé », est aboli. Les *quinze cents francs* qui donnaient à certains privilégiés le droit de ne faire qu'un an de service ont disparu.

Le législateur de 1872, partant de cette idée juste en elle-même : à savoir que les jeunes gens qui se destinent aux carrières dites libérales, qui sont tenus, pour arriver à exercer la profession de leur choix, de faire des études supérieures, d'une durée de plusieurs années, en vue d'obtenir le diplôme nécessaire, et qui, d'autre part, — étant données leurs habitudes de travail, leur instruction première, leurs qualités intellectuelles, — peuvent arriver, dans un moindre espace de temps que ceux dont la somme d'instruction est médiocre, à s'assimiler la *théorie* et à se mettre au courant de la vie militaire, le législateur de 1872, dis-je, partant de cette idée juste en soi, avait eu la malencontreuse idée d'exiger de ces jeunes gens le payement préalable d'une somme de 1,500 francs. Celui qui pouvait verser ces 1,500 francs était présumé par là même, pourvu que son instruction ne fût pas trop insuffisante, faire partie de l'élite intellectuelle de la nation. Le législateur de 1889, ainsi que nous allons le voir, a donné la préférence à un autre système, et on ne peut que l'en féliciter.

SECTION III

Dispenses

§ 1er. — DISPENSES PARTIELLES A TITRE CONDITIONNEL

La nouvelle loi militaire, s'inspirant de l'idée juste et élevée que je signalais tout à l'heure, comprenant qu'une trop longue interruption des études supérieures entraverait, souvent d'une façon irrémédiable, l'avenir des jeunes gens qui se destinent soit aux lettres, soit aux sciences, soit aux arts, et porterait ainsi un préjudice considérable à la grandeur morale de la France, à sa supériorité intellectuelle, incontestée, sur toutes les nations du monde, n'exige des jeunes gens rentrant dans les catégories qui suivent qu'*un an* de service effectif. Après une année de présence sous les drapeaux, ces jeunes gens seront renvoyés *en congé* dans leurs foyers, *s'ils le demandent* (art. 23, § 1er).

Voici les diverses catégories auxquelles s'applique cette importante disposition (V. art. 23) :

1re *catégorie.* — Les licenciés ès lettres, les licenciés ès sciences, les docteurs en droit, les docteurs en médecine, les pharmaciens de 1re classe, les vétérinaires, les internes des hôpitaux (nommés au concours dans une ville où il existe une faculté de médecine), les élèves diplômés de l'École des Chartes, de l'École des langues orientales vivantes et de l'École d'administration de la marine;

Les jeunes gens qui ont obtenu soit le prix de Rome, soit une médaille ou un prix décerné par l'État dans le concours annuel de l'École nationale des beaux-arts et de l'École nationale des arts décoratifs, soit un prix au Conservatoire de musique;

Les jeunes gens qui ont obtenu le diplôme supérieur délivré aux élèves externes par l'École des ponts et chaussées, l'École supérieure des mines ou l'École du génie maritime; ou encore le diplôme supérieur délivré par l'Institut national agronomique, l'École des haras du Pin aux élèves internes, les Écoles nationales d'agriculture de Grand-Jouan, de Grignon et de Montpellier, l'École des mines de Saint-Étienne, les Écoles des maîtres-ouvriers mineurs d'Alais et de Douai, les Écoles nationales des arts et métiers d'Aix, d'Angers et de Châlons, l'École des hautes études commerciales et les Écoles supérieures de commerce reconnues par l'État.

2e *catégorie.* — Sont assimilés à ces jeunes gens dont les études sont terminées, et qui, par leurs efforts et leur travail continu, ont démontré qu'ils étaient dignes de la faveur que la loi leur accorde, ceux qui n'ont point encore obtenu de diplômes, mais poursuivent leurs études en vue de les obtenir, c'est-à-dire les étudiants en médecine et en pharmacie (à condition qu'ils puissent être admis à la 1re classe), les licenciés en droit qui se préparent aux examens du doctorat (le titre de licencié en droit ne suffit pas pour être dispensé de trois années de service), les élèves de l'École des beaux-arts, du Conservatoire de musique, etc., etc. (*Se reporter à l'énumération ci-dessus.*)

Mais ceux de ces jeunes gens qui, à vingt-six ans, n'auront pas encore obtenu les diplômes ou les prix dont il s'agit, seront tenus d'accomplir les *deux années* de service dont ils avaient été dispensés. C'est là une disposition qui ne peut que produire d'excellents résultats au point de vue de l'enseignement supérieur.

3e *catégorie.*— Les professeurs, maîtres répétiteurs ou instituteurs qui ont contracté ou contractent l'engagement de servir pendant dix ans dans les fonctions de l'instruction publique, dans les institutions nationales de sourds-muets et des jeunes aveugles ; mais, sous peine d'avoir à compléter les trois ans de service, ils doivent avoir obtenu cet emploi dans l'année qui suivra leur année de service et remplir cet emploi pendant toute la durée de l'engagement qu'ils ont contracté ;

D'autre part, les instituteurs laïques ainsi que les novices et membres des congrégations religieuses vouées à l'enseignement et reconnues d'utilité publique, qui prennent l'engagement de servir pendont dix ans dans les écoles françaises d'Orient et d'Afrique subventionnées par le gouvernement français.

4e *catégorie.*— Les élèves ecclésiastiques séminaristes admis à continuer leurs études en vue d'exercer le ministère dans l'un des cultes reconnus par l'État (1). (V. VIE RELIGIEUSE, p. 458 et suiv.) — Ceux qui, à vingt-six ans, ne seront pas pourvus d'un emploi de ministre du culte, seront astreints à faire deux nouvelles années de service.

5e catégorie. — Les jeunes gens exerçant les industries d'art, qui sont désignés par un jury départemental formé d'ouvriers et de patrons (2).

Tous ceux qui sont compris dans les diverses catégories que nous venons d'indiquer doivent avoir satisfait, à la fin de leur année de service, aux conditions de conduite et d'instruction militaire déterminées par le ministre de la guerre ; sinon ils auront à remplir deux nouvelles années de service.

Dans l'année qui précède leur passage dans la réserve de l'armée active, tous les jeunes gens dispensés à titre conditionnel sont appelés à faire vingt-huit jours de service (art. 23).

Catégorie spéciale. — Les élèves de l'École polytechnique, de l'École centrale et de l'École forestière sont admis, à des conditions spéciales, à contracter *préalablement* un engagement volontaire de *trois ans* (de *quatre ans* pour les élèves de l'École centrale), mais pendant tout le temps qu'ils passent dans l'École, ils sont considérés comme étant sous les drapeaux. A la fin de leurs deux années d'école, les polytechniciens qui ne rentrent pas à l'École de Fontainebleau et les élèves de l'École forestière sont nommés officiers de réserve et vont faire un an de service effectif en cette qualité.— Quant aux élèves de l'École centrale, à l'expiration de leurs trois années d'études, ils font un an de service ; à la fin de cette année de service, ils peuvent être nommés officiers de réserve. — Si ces élèves ne satisfont pas aux examens de sortie, ils sont obligés de compléter les trois ans de service (art. 28).

§ 2. — EXEMPTIONS ET DISPENSES PARTIELLES DE DROIT DU SERVICE MILITAIRE

Exemptions. — Les jeunes gens que leurs infirmités rendent impropres à tout service *actif* ou *auxiliaire* sont dispensés du service militaire en temps de paix comme en temps de guerre.

C'est le conseil de revision qui statue. (V. p. 475.) Mais l'exempté

(1) Au cours de la discussion de la loi, le ministre de la guerre a déclaré que les élèves ecclésiastiques passeraient par la caserne en temps de paix, mais qu'en temps de guerre, ils rempliraient, ainsi que les ecclésiastiques proprement dits, les fonctions de brancardiers. Tel est le sens du 2e alinéa du 4e de l'article 23, ainsi conçu : « En cas de mobilisation, les étudiants en médecine et en pharmacie et les *élèves ecclésiastiques* sont versés dans le *service de santé.* »

(2) Le nombre des jeunes gens ainsi favorisés ne pourra, en aucun cas, dépasser 1/2 0/0 du contingent à incorporer pour trois ans. — Jusqu'à vingt-six ans, ces jeunes gens devront, chaque année, fournir des justifications d'aptitude, de travail et d'exercice régulier de leur profession.

est tenu de représenter à toute réquisition des autorités militaire, judiciaire ou civile, le certificat qui lui est délivré (art. 20).

Dispenses de droit. — Pour les dispenses de droit, au contraire, nous trouvons des modifications importantes. Sous la loi de 1872, les dispensés de droit (aîné d'orphelins, fils de veuve, etc.) étaient dispensés de tout service dans l'armée active en temps de paix; désormais les dispensés de droit devront faire *un an de service effectif*, tout comme les jeunes gens dont nous avons parlé plus haut.

Nous trouvons, d'autre part, certains changements dans l'énumération des jeunes gens rentrant dans la catégorie *des dispensés de droit du service de trois ans.*

Est dispensé de droit du service de trois ans, mais astreint à *un an* de service effectif :

L'aîné d'orphelins de père et de mère;

L'aîné d'orphelius de mère dont le père est légalement déclaré absent ou interdit (V. VIE CIVILE);

Le fils unique ou l'aîné des fils, ou, *à défaut de fils* ou de *gendre*, le petit-fils unique ou l'aîné des petits-fils d'une veuve ou d'une femme dont le mari a été légalement déclaré absent ou interdit;

Le fils unique ou l'aîné des fils, ou, à défaut de *fils* ou de *gendre*, le petit-fils unique ou l'aîné des petits-fils d'un père aveugle ou entré dans sa soixante-dixième année;

Puis le fils unique ou l'aîné des fils d'une famille de sept enfants au moins. (Disposition absolument nouvelle.)

Si le frère aîné est aveugle ou atteint d'une infirmité *incurable* qui le rend impotent, le puîné jouit de la dispense à sa place.

Est également dispensé de droit du service de *trois ans* (1) :

Le plus âgé de deux frères inscrits la même année sur les listes du recrutement cantonal;

Celui qui a un frère présent sous les drapeaux lors de l'appel de la classe, si ce frère est officier, appelé ou engagé volontaire *pour trois ans au moins*, rengagé ou commissionné après trois ans de service, ou inscrit maritime levé d'office ou sur sa demande;

Celui dont le frère est mort en activité de service ou a été réformé ou admis à la retraite pour blessures reçues *dans un service commandé*, ou pour infirmité contractée au service.

NOTA. — Les demandes de dispense pour les cas ci-dessus énumérés doivent être adressées au maire de la commune du domicile *avant le tirage au sort.* — Ne pas omettre de se faire délivrer un récépissé.

(1) Les dispenses qui suivent ne sont appliquées qu'à un seul frère pour un même cas, mais elles se répéteront dans la même famille autant de fois que les mêmes droits se reproduiront.

L'appelé ou l'engagé qui entre dans l'une des catégories ci-dessus est, sur sa demande, renvoyé dans ses foyers après un an de service.

Les *enfants naturels* sont exclus du bénéfice de ces dispenses (art. 21, dernier paragraphe).

Soutiens de famille. — Les soutiens de famille ne peuvent plus être dispensés de tout service militaire dans l'armée active, comme sous la loi de 1872. Eux aussi sont astreints à *une année* de service effectif.

Pour être compris dans la catégorie des soutiens de famille, et être dispensé par suite de deux années de service, le jeune homme qui invoque cette situation doit remplir *effectivement* les devoirs de soutien *indispensable* de famille.

Une demande doit être adressée au maire de la commune *avant le tirage au sort ;* elle doit comprendre à l'appui :

1° Un relevé des contributions payées par la famille et certifié par le percepteur;

2° Un avis motivé de trois pères résidant dans la commune, *ayant un fils sous les drapeaux* ou dans la réserve de l'armée active, et jouissant de tous leurs droits civils et politiques.

Le maire présente la liste de demandes au conseil de revision, avec l'avis motivé du conseil municipal.

Le conseil départemental statue ; il ne peut exempter, à titre de soutiens de famille, plus de 5 0/0 du contingent à incorporer *pour trois ans*. Seulement, le ministre peut autoriser les colonels à délivrer des congés de soutiens de famille, non compris parmi les dispensés, dans la proportion de 1 0/0 des hommes de la même classe appartenant au même régiment (art. 22).

De retour dans leurs foyers, les soutiens de famille sont sous la surveillance de la municipalité. Chaque année le maire fait connaître, au conseil de revision cantonal, la situation de ces jeunes gens. Le conseil départemental de revision décide ensuite s'il y a lieu ou non de maintenir les dispenses.

§ 3. — DISPENSES DE SERVICE EN TEMPS DE PAIX

En temps de paix, les jeunes gens qui se sont établis à l'étranger, *hors d'Europe*, avant dix-neuf ans accomplis, et y ont une situation régulière, *peuvent être, sur l'avis du consul de France*, dispensés du service militaire pendant la durée de leur séjour à l'étranger, mais, chaque année, ils sont tenus de justifier de leur situation. S'ils rentrent en France après trente ans, ils sont classés dans la territoriale ou la réserve de la territoriale avec les hommes de leur classe ; mais s'ils rentrent avant trente ans, ils doivent faire leurs trois ans de service.

Pendant la durée de leur établissement à l'étranger, ils ne peuvent séjourner en France accidentellement que pendant trois mois et ils doivent aviser le consul de leur absence (art. 50). En temps de guerre, ils sont tenus de rejoindre immédiatement (art. 50).

§ 4. — LA TAXE MILITAIRE

La loi du 16 juillet 1889 introduit dans notre législation militaire une institution toute nouvelle : *la taxe militaire*. Au payement de cette taxe sont assujettis tous ceux qui, pour une cause ou pour une autre, sont dispensés de tout ou partie de la durée du service militaire (ainsi les jeunes gens qui ne font qu'*un an* de service : les étudiants. les diplômés, les séminaristes ; les jeunes gens exemptés du service par le conseil de revision, les ajournés et les hommes versés dans le service auxiliaire ou dans la seconde partie du contingent, etc., etc.). — Mais les hommes réformés ou admis à la retraite pour blessures reçues dans un service commandé ou pour infirmités contractées à l'armée, ainsi que les contribuables qui sont dans un état d'indigence notoire, sont dispensés de cette taxe.

La taxe militaire se compose d'une taxe fixe de 6 francs et d'une taxe proportionnelle établie d'après la contribution personnelle et mobilière due par l'assujetti. Seulement, ceux qui ont été exemptés du service militaire pour infirmités entraînant incapacité absolue de travail n'ont point à payer la taxe fixe [art. 35] (1).

§ 5. — DISPOSITIONS RELATIVES AUX COLONIES

Nos colonies sont soumises maintenant au droit commun. Les jeunes gens de l'Algérie, de la Martinique, de la Guadeloupe, de la Guyane, de la Réunion feront désormais *trois ans* de service, comme ceux de la métropole (2). Le privilège, la dispense dont ils avaient joui jusqu'à présent *malgré eux* a cessé sur la demande même de leurs représentants au Parlement, qui ont revendiqué l'honneur, pour les populations des colonies, de servir sous le drapeau de la France, dans les mêmes conditions que les Français de la métropole.

SECTION IV

Le conseil de revision

D'après l'article 18 de la loi nouvelle, le conseil de revision comprend :

Le préfet, *président*, à son défaut le secrétaire général de la pré-

(1) Nous ne pouvons ici entrer dans tous les détails de l'application de la taxe militaire. Nous renvoyons le lecteur à l'article 35 de la loi, dont les dispositions sont aussi précises que détaillées.

(2) Sauf ceux qui sont dispensés de deux ans de service pour leurs études, etc. (V. ci-dessus.)

fecture et *exceptionnellement* le vice-président du conseil de préfecture ou un conseiller de préfecture délégué par le préfet);

Un conseiller de préfecture désigné par le préfet;

Un conseiller général, *autre que celui du canton* où la revision a lieu, désigné par la commission départementale;

Un conseiller d'arrondissement (désigné comme ci-dessus);

Un officier général ou supérieur (officier ayant au moins le grade de chef de bataillon ou d'escadron).

Un *sous-intendant militaire*, le commandant de recrutement, un médecin militaire, ou, à défaut, un médecin civil désigné par l'autorité militaire, assistent aux opérations du conseil, mais ne prennent pas part au vote; ils ne peuvent que donner un avis. Seulement, *le conseil de revision ne peut statuer* qu'après avoir entendu l'avis du médecin.

Les jeunes gens qui n'ont pas la taille réglementaire, ou qui sont d'une constitution trop faible, peuvent être ajournés *deux années de suite* par le conseil de revision. Ils sont tenus de représenter à toute réquisition de l'autorité militaire, judiciaire ou civile, le certificat qui leur est délivré. Ils doivent comparaître la troisième année devant le conseil de revision. Cette fois, la décision du conseil est définitive : ou ils sont exemptés pour toujours du service militaire, ou bien ils sont reconnus propres au service armé ou *auxiliaire*, et, dès lors, ils sont soumis aux obligations de la classe à laquelle ils appartiennent. Ils peuvent d'ailleurs faire valoir les cas de dispense de droit ou de dispense à titre conditionnel qu'ils sont en situation d'invoquer. Au cas où la dispense était fondée, lors de l'ajournement, sur la présence d'un frère sous les drapeaux, cette dispense est admise alors même que le frère n'est plus présent sous les drapeaux (art. 27).

Les listes de recrutement cantonal (1), dressées par le conseil de revision pour chaque canton (V. p. 474), sont transmises au *conseil de revision départemental*, composé du conseil de revision ordinaire auquel sont adjoints deux conseillers généraux. C'est le conseil de revision départemental, siégeant au chef-lieu du département, qui statue sur les demandes de soutiens de famille.

(1) Ces listes sont divisées en sept parties.

Elles comprennent, *par ordre de numéros de tirage :*

1° Les jeunes gens déclarés propres au service militaire et qui ne rentrent pas dans les catégories suivantes :

2° Ceux qui bénéficient de la dispense partielle de droit (fils de veuve, aîné d'orphelins, etc.);

3° Les jeunes gens dispensés de deux années de service à titre conditionnel (instituteurs diplômés, étudiants, élèves des grandes écoles, etc.);

4° Les engagés volontaires et les inscrits maritimes;

5° Les jeunes gens ajournés pour taille insuffisante ou faiblesse de complexion;

6° Les jeunes gens classés dans le service *auxiliaire* de l'armée;

SECTION V

Pénalités

Peines applicables en cas de fraudes ou de manœuvres. — Les fraudes ou manœuvres par suite desquelles un jeune homme a été omis sur les tableaux de recensement sont punies d'un emprisonnement d'un mois à un an.

La même peine est applicable aux jeunes gens qui, par suite d'un concert frauduleux, se sont abstenus de paraître devant le conseil de revision, ou qui, à l'aide de manœuvres frauduleuses, se font exempter ou dispenser par un conseil de revision (sans préjudice de peines plus graves en cas de faux).

Le jeune homme indûment exempté ou dispensé est rétabli en tête de la première partie de la classe appelée, *d'où il suit qu'il est affecté à l'armée de mer* (art. 69).

Pénalités édictées contre les insoumis. — Le jeune homme appelé et qui n'est pas rendu à destination au jour fixé par l'ordre de route qui lui a été notifié régulièrement est, *après un délai d'un mois*, traité comme insoumis et puni d'un mois à un an de prison en temps de paix. En temps de guerre le délai n'est plus que de deux jours, tandis que la peine est de deux à cinq ans de prison (art. 13). Celui qui est reconnu coupable d'avoir donné asile à un insoumis ou de l'avoir pris à son service peut être condamné à six mois de prison, ou tout au moins à une amende de 50 à 500 francs. Celui qui a favorisé l'évasion d'un insoumis, empêché ou retardé le départ de jeunes gens appelés, est condamné à un emprisonnement de un mois à un an (art. 74).

En cas de mobilisation, les hommes appelés à servir sont déclarés insoumis et punis comme tels, s'ils n'ont pas rejoint dans le délai de *deux jours* (art. 75).

Les hommes envoyés en disponibilité, les réservistes et les territoriaux sont justiciables des tribunaux militaires, même en temps de paix, lorsqu'ils sont convoqués pour des manœuvres ou des revues, depuis l'instant où ils sont réunis en détachement, ou, s'ils rejoignent isolément, dès leur arrivée à destination, jusqu'au jour où ils sont renvoyés dans leurs foyers (art. 52).

Même non présents sous les drapeaux, les réservistes et les territoriaux *revêtus de l'uniforme* sont traités, au point de vue disciplinaire, comme soldats en activité de service (art. 53 et 54).

7° Les individus exclus de l'armée mais à la disposition du ministre de la marine (condamnés à une peine afflictive et infamante ou à deux ans de prison et frappés en outre d'interdiction civique, relégués collectifs).

SECTION VI

Réserve et territoriale

La loi du 26 juillet 1889 assujettit les réservistes et les territoriaux aux mêmes obligations que la loi de 1872, c'est-à-dire à deux périodes de *vingt-huit jours* et à une période de *treize jours*. (V. p. 486-488.)

Déplacements des hommes de la réserve ou de la territoriale. — Tout homme inscrit sur le registre matricule (V. VIE MILITAIRE, p. 477) qui change de domicile ou de résidence doit faire viser son livret par la gendarmerie dont relève la localité où il s'établit. — S'il va en pays étranger, il doit faire viser son livret avant son départ et prévenir à son arrivée l'agent consulaire de France. — Lorsqu'il s'agit d'un simple voyage, on est tenu de faire viser son livret par la gendarmerie *si l'absence doit durer plus d'un mois*. Pour une absence de trente jours, aucune formalité à remplir (art. 55).

Passage de l'armée active dans la réserve et de la réserve dans la territoriale. — La durée de service part désormais du *1er novembre* de l'année de l'inscription sur les tableaux de recensement (l'incorporation doit avoir lieu au plus tard le 16 novembre, mais elle peut être ordonnée par le ministre dès le 1er novembre). Par suite, c'est le 31 octobre que les militaires ayant accompli le temps de service prescrit passent, soit dans la réserve, soit dans l'armée territoriale, soit dans la réserve de l'armée territoriale, ou sont absolument libérés du service militaire (art. 40).

SECTION VII

Engagements volontaires

Sous la loi de 1872, on ne pouvait s'engager pour moins de cinq ans. La loi nouvelle admet maintenant, non seulement l'engagement volontaire pour une durée de cinq ans, mais encore l'engagement pour *trois* ou *quatre ans*.

La faculté de contracter l'engagement volontaire cesse dès que le jeune homme est inscrit par le conseil de revision sur la liste de recrutement cantonal.

Un jeune homme qui contracte un engagement volontaire, mais qui désire entrer plus tard dans une des écoles de l'enseignement supérieur et qui est admis, après avoir fait *un an* de service, à l'école à laquelle il se destinait, est envoyé en disponibilité, à condition que la demande en ait été formulée au moment de l'engagement.

Le service militaire compte pour les engagés du jour de la signature de l'acte d'engagement (art. 59).

Les conditions et formalités exigées pour l'engagement volontaire sont, à peu de chose près, les mêmes que celles édictées par la loi de 1872. (V. VIE MILITAIRE, p. 488.)

Il ne peut être reçu d'engagement volontaire que pour l'infanterie, la cavalerie, l'artillerie, le génie, les troupes coloniales et la marine.

Les engagements volontaires sont contractés devant les maires de chefs-lieux de canton (art. 62).

La loi nouvelle n'exige plus, à la différence de la loi de 1872, que le jeune homme qui s'engage sache lire et écrire.

SECTION VIII

Les rengagements

Peuvent contracter des rengagements pour *deux*, *trois* ou *cinq ans*, les soldats décorés ou médaillés, les caporaux ou brigadiers, ou les soldats inscrits sur les listes d'aptitude pour le grade de caporal ou brigadier. Ces rengagements sont renouvelables, et cela jusqu'à une durée totale de *quinze ans de service*.

Les caporaux ou brigadiers et les soldats qui contractent un premier rengagement de cinq ans ont droit à une prime payée immédiatement après la signature de l'acte de rengagement. — Cette prime est réduite d'un tiers pour les rengagements de trois ans, et de moitié pour ceux de deux ans.

Les rengagés touchent une haute paye. Après cinq ans de rengagement, la haute paye est doublée pour les caporaux ou brigadiers; elle est augmentée d'un tiers pour les soldats rengagés.

Après quinze années de service effectif, les rengagés ont droit à une pension proportionnelle (art. 63).

Tout homme de la cavalerie peut contracter un rengagement d'*un an* dans le cours de sa troisième année de service.

Dans les troupes coloniales, les hautes payes seront augmentées de trois ans en trois ans (art. 65).

Dans la flotte il n'y a de rengagements que pour *trois* ou *cinq ans* de service. — A la différence de ce qui est établi pour l'armée de terre, les rengagements sont renouvelables jusqu'à une durée de *vingt-cinq ans* de service effectif (art. 63).

A partir du 1er novembre 1892, certains emplois salariés par l'État ou les départements seront *exclusivement* réservés aux officiers, sous-officiers, caporaux ou brigadiers ayant fait *cinq ans* de service actif (ou ayant été retraités ou réformés). Un décret rendu en conseil d'État déterminera les emplois ainsi réservés (art. 85).

SECTION IX

Dispositions transitoires

Parmi les dispositions transitoires (art. 87-94 de la loi), il en est quelques-unes qui présentent un intérêt tout spécial. D'une part, l'article 91 déclare que les jeunes gens qui, *avant la mise en vigueur de la présente loi, seront admis à contracter un engagement d'un an*, bénéficieront des dispositions des articles 53-57 de la loi de 1872, ce qui veut dire que *le volontariat subsistera encore l'année prochaine (1889-1890)*.

En effet, une circulaire du ministre de la guerre, en date du 10 juillet 1889, fixe les époques auxquelles auront lieu les opérations relatives au volontariat. Elle fait connaître, notamment, que les inscriptions pour le volontariat au bureau militaire de la préfecture seront closes le 14 août à quatre heures du soir, et que l'examen écrit aura lieu le 17 août.

Il est bien entendu que les jeunes gens ayant obtenu antérieurement un sursis en vertu de la loi de 1872, après avoir contracté un engagement conditionnel (V. VIE MILITAIRE, p. 480), seront admis de plein droit à faire leur volontariat ; mais tout porte à croire que les sursis ne seront pas renouvelés, et que la loi de 1889 sera appliquée à cet égard dès le mois de novembre prochain.

Autre disposition transitoire importante : Les jeunes soldats, ayant accompli *trois ans de service au moment de la mise en vigueur de la loi*, seront envoyés dans la réserve. Toutefois, le ministre pourra les conserver sous les drapeaux *pendant deux années* (art. 88) ; mais il est certain d'ores et déjà qu'il ne retiendra les hommes de cette catégorie que pendant une année au plus, et même un grand nombre d'entre eux, qui ont été désignés tout récemment par voie de tirage au sort, seront renvoyés dans leurs foyers en novembre prochain.

L'article 87 accorde au ministre de la guerre un délai de *six mois* (jusqu'au 26 janvier 1890, par conséquent) pour la mise en vigueur de la nouvelle loi militaire. Mais le ministre a déclaré, lors de la discussion, qu'il ferait tous ses efforts pour en assurer l'application dès le 1er novembre 1889.

LA VIE COMMERCIALE

LOI RELATIVE A LA LIQUIDATION JUDICIAIRE

Réforme de la législation des faillites

La réforme de la législation des faillites, réclamée depuis plus d'un demi-siècle, est réalisée en partie. Nos lois font maintenant cette distinction, si naturelle, entre le débiteur honnête et malheureux, et celui qui, par son imprudence coupable ou ses prodigalités, a compromis sa fortune et celle de ses créanciers.

C'est la loi du 4 mars 1889 qui a accompli cette grande réforme, en introduisant dans nos lois commerciales la liquidation judiciaire.

La *liquidation judiciaire* est une liquidation ordonnée par un jugement du tribunal de commerce, à la suite de la cessation de payements. Tout commerçant qui cesse ses payements peut obtenir le bénéfice de la liquidation judiciaire, *pourvu qu'il remplisse certaines conditions* que nous allons énumérer (art. 1er, loi du 4 mars 1886).

Le débiteur en état de cessation de payements, assigné ou non en déclaration de faillite, doit présenter au tribunal de commerce, dans les *quinze jours* de la cessation de payements, une requête tendant à ce que la liquidation judiciaire soit ordonnée à son profit; il doit joindre à cette requête son bilan et la liste de ses créanciers (art. 2, même loi). Le tout est déposé au greffe du tribunal de commerce.

Si c'est une société en nom collectif ou en commandite qui est en état de cessation de payements, la requête est signée des associés ayant la signature sociale ; elle doit contenir le nom et le domicile des associés solidaires. — S'il s'agit d'une société anonyme, la requête est signée du directeur ou de l'administrateur qui remplit les fonctions de directeur (art. 3).

Le tribunal statue sur la demande d'admission à la liquidation judiciaire, après avoir entendu le débiteur *en personne* dans la chambre du conseil.

Si la demande est admise, la liquidation judiciaire est déclarée ouverte : le tribunal nomme un juge-commissaire et un *ou plu-*

sieurs liquidateurs *provisoires*, lesquels doivent arrêter et signer les livres du débiteur *dans les vingt-quatre heures* de leur nomination, et requérir les inscriptions hypothécaires sur le bien du débiteur.

Le jugement déclarant ouverte la liquidation judiciaire n'est susceptible d'aucun recours, — sauf au cas où le tribunal aurait été saisi en même temps d'une assignation en déclaration de faillite : le jugement est alors susceptible d'appel (art. 4).

A partir du jugement ouvrant la liquidation judiciaire, toute la poursuite doit être dirigée à la fois contre les liquidateurs et le débiteur. Mais le débiteur ne peut plus contracter aucune dette, ni aliéner son actif; toutefois, il peut, mais seulement avec l'assistance des liquidateurs, recouvrer les créances exigibles, faire des actes conservatoires et intenter une action. Enfin, avec l'assistance de ses liquidateurs et avec l'autorisation du juge-commissaire, il peut continuer l'exploitation de son commerce et de son industrie (art. 6). En somme, *il n'est pas dessaisi de ses biens* comme le failli, seulement il est assisté de liquidateurs.

Le jugement ouvrant la liquidation judiciaire rend exigible la dette non encore échue du débiteur, ainsi que cela a lieu pour le failli (art. 8).

Le greffier convoque les créanciers, soit par lettre, soit par insertion dans les journaux, dans *les trois jours* du jugement déclarant la liquidation judiciaire, à se réunir au tribunal avant l'expiration de la quinzaine; le jour est fixé par le juge-commissaire. Lors de la réunion, le débiteur, assisté des liquidateurs provisoires, présente son état de situation à ses créanciers qui donnent leur avis sur la nomination de liquidateurs définitifs et déclarent s'ils entendent nommer des contrôleurs (art. 9). Ces *contrôleurs* sont chargés de vérifier les livres du débiteur et l'état de situation qu'il a présenté, ainsi que de surveiller les opérations des liquidateurs, qui sont tenus de prendre leur avis sur les actions à intenter ou à suivre. Les liquidateurs peuvent recevoir une indemnité fixée par le juge-commissaire, tandis que les fonctions de contrôleur sont gratuites. — Les contrôleurs ne peuvent être révoqués que par le tribunal de commerce, sur l'avis *conforme* de la majorité des créanciers et sur la proposition du juge-commissaire (art. 10).

Les liquidateurs sont responsables *pendant dix ans*, à partir de la reddition de leurs comptes, des titres, livres et papiers qui leur sont remis, *à moins qu'ils n'aient obtenu une décharge complète des créanciers intéressés.*

Une première assemblée de vérification a lieu le lendemain de la réunion des créanciers dont nous avons parlé plus haut. La remise des titres et bordereaux doit être affichée à ce moment. Il est procédé *à la fois* à la *vérification* et à l'*affirmation* des créanciers suivant les formes usitées en cas de faillite. *Quinze jours* après cette assemblée, a lieu une seconde et dernière assemblée de vérification ; la production des créances doit avoir lieu, au plus tard, le jour de cette seconde assemblée. — Toutefois, si des effets de commerce souscrits par le débiteur, mais non échus, sont en circulation, les créanciers peuvent obtenir du juge-commissaire la convocation d'une troisième assemblée de vérification (art. 14).

Le lendemain de la dernière assemblée, tous les créanciers vérifiés sont convoqués pour entendre les propositions de concordat du débiteur. Cette réunion, en principe, a lieu *quinze jours* avant la dernière assemblée de vérification. Mais, s'il y a des contestations au sujet de l'admission de telle ou telle créance, le tribunal de commerce peut prolonger ce délai.

Pour que le débiteur obtienne son concordat, il faut que ses propositions soient acceptées par la *majorité* de tous les créanciers vérifiés et affirmés ou admis par provision *représentant en outre les deux tiers* des créances vérifiées et affirmées ou admises par provision.

Le concordat est-il homologué par le tribunal de commerce, la liquidation judiciaire est terminée ; la clôture de la liquidation judiciaire est prononcée.

Perte du bénéfice de la liquidation judiciaire. — Le commerçant admis au bénéfice de la liquidation judiciaire *peut être déclaré en faillite* par le tribunal de commerce, *même d'office*, s'il n'a pas présenté la requête à fin d'admission à la liquidation judiciaire *dans la quinzaine de la cessation de ses payements*, ou s'il n'obtient pas de concordat.

Mais, remarquons-le, c'est là une *faculté* pour le tribunal qui apprécie la circonstance, tandis que le tribunal est *forcé* de déclarer en faillite le débiteur admis à la liquidation judiciaire, qui a dissimulé ou majoré son actif ou son passif, ou commis une fraude quelconque, ou qui a été condamné pour banqueroute simple ou frauduleuse, ainsi que le débiteur dont le concordat est annulé ou résolu ou qui, depuis la cessation de ses payements, a consenti tels ou tels actes pouvant porter préjudice à l'ensemble de ses créanciers, tels que des actes translatifs de propriété *à titre gratuit*, des payements, une constitution d'hypothèque ou de privilège, etc., etc. v). 446-449 C. de commerce), à condition, toutefois, que la nullité en ait été prononcée (art. 19).

Déchéances. — C'est ici surtout qu'apparaît la pensée du législateur, que se révèle le sentiment d'humanité qui l'a porté à adoucir la condition du commerçant débiteur insolvable. — Le commerçant admis au bénéfice de la liquidation judiciaire n'est frappé que d'une seule incapacité : il ne peut remplir une fonction *élective, quelle qu'elle soit*. Ainsi donc, il ne peut être ni sénateur, ni député, ni conseiller général, ni conseiller d'arrondissement, ni maire, ni conseiller municipal, ni tuteur, ni administrateur d'une société anonyme, etc., etc., ni juge au tribunal de commerce, et s'il exerce une fonction de cette nature, il est déclaré démissionnaire (art. 21); mais, à la différence du failli, il reste électeur, il peut être juré, il peut être courtier ou agent de change, il conserve le droit d'entrer à la Bourse. En un mot, la liquidation judiciaire traite le débiteur en mauvais administrateur, mais ne le traite point en paria, comme faisait la loi de 1838.

Le salaire dû aux ouvriers du débiteur a le caractère d'une créance privilégiée pour les *trois mois* qui ont précédé l'ouverture de la liquidation judiciaire. Les appointements des *commis* sont privilégiés pour *six mois* (art. 22).

Modifications apportées à la faillite. — Tout d'abord, au cas de faillite comme au cas de liquidation judiciaire, les créanciers pourront nommer *un* ou *deux* contrôleurs chargés de surveiller les liquidateurs.

D'autre part, le délai donné au failli pour déclarer au greffe la cessation de ses payements n'est plus de trois jours, mais bien de *quinze jours* (y compris le jour de la cessation des payements).

Le privilège accordé aux salaires des ouvriers porte désormais sur les salaires dus pour une durée de *trois mois* [autrefois le salaire dû pour le dernier mois était seul privilégié] (art. 22).

Le jugement homologuant le concordat obtenu par un débiteur dont la faillite est antérieure à la promulgation de la loi du 4 mars 1889, ou qui le déclare excusable, *peut décider* que le soumis ne sera privé que de *l'éligibilité* (tout comme le débiteur admis à la liquidation judiciaire). — L'ancien failli qui a obtenu un concordat, ou a été déclaré excusable, peut obtenir le même bénéfice. Pour cela il doit produire son casier judiciaire en saisissant le tribunal de commerce d'une requête. Le tribunal statue en chambre du conseil, mais sa décision — qu'elle soit favorable ou défavorable, — n'est susceptible d'aucun recours (art. 25).

TABLE MÉTHODIQUE

DANS L'ORDRE DES MATIÈRES

LA VIE CIVILE

LA VIE JUDICIAIRE

LA VIE PUBLIQUE

LA VIE RELIGIEUSE

LA VIE MILITAIRE

LA VIE COMMERCIALE

LA VIE INDUSTRIELLE

LA VIE FINANCIÈRE

LA VIE AGRICOLE

LA VIE LIBÉRALE

FIN DE LA TABLE DES MATIÈRES

TABLE ALPHABÉTIQUE

ET ANALYTIQUE

A

B

C

D

E

F

G

H

I

J

L

M

N

O

P

R

T

U

V

W

FIN DE LA TABLE ALPHABÉTIQUE

Imp. du Progrès. — CH. LÉPICE, 7, rue du Bois, Asnières.

www.ingramcontent.com/pod-product-compliance
Lightning Source LLC
LaVergne TN
LVHW020955300926
849160LV00007B/153